인지언어학 탐구의
현황과 과제

한국문화사 학술 분야별 집대성 시리즈
- 인지언어학 편 -

인지언어학 탐구의
현황과 과제

임지룡 외 지음

한국문화사

한국문화사 학술 분야별 집대성 시리즈
– 인지언어학 편 –

인지언어학 탐구의 현황과 과제

1판1쇄 발행 2019년 5월 20일

지 은 이 임 지 룡 외
펴 낸 이 김 진 수
펴 낸 곳 **한국문화사**
등   록 1991년 11월 9일 제2-1276호
주   소 서울특별시 성동구 광나루로 130 서울숲 IT캐슬 1310호
전   화 02-464-7708
팩   스 02-499-0846
이 메 일 hkm7708@hanmail.net
홈페이지   www.hankookmunhwasa.co.kr

ISBN 978-89-6817-763-7 93700

이 도서의 국립중앙도서관 출판예정도서목록(CIP)은 서지정보유통지원시스템
홈페이지(http://seoji.nl.go.kr)와 국가자료공동목록시스템(http://www.nl.go.kr/kolisnet)에서
이용하실 수 있습니다.(CIP제어번호:CIP2019016930)

|머리말|

『인지언어학 탐구의 현황과 과제』는 인지언어학계의 동학 39명이 함께 쓴 책입니다. 이 책이 이루어진 저간의 사정과 책의 내용, 고마움, 그리고 인지언어학 탐구의 제 여정에 대해서 말씀드리려 합니다.

우선 이 책을 구상하게 된 동기입니다. 저는 1983년부터 대학에서 의미론을, 1989년부터 인지언어학을 탐구하고 가르치는 축복 속에서 살아왔습니다. 문득 2019년 8월 정년 퇴임이 다가옴을 느끼고 저 자신과 한국의 인지언어학계를 돌아보게 되었습니다. 우리 학계에서 인지언어학은 1980년대 후반에 소개된 이래로 괄목할 만한 성과를 거두었습니다. 저명한 학자들의 다음과 같은 기술이 이를 뒷받침해 주고 있습니다. "한국은 상당히 많은 학자들이 인지언어학을 진지하게 받아들였던 최초의 나라들 중의 하나이다(Langacker 2001).", "지난 20년 동안 인지언어학은 동아시아 국가들에서 큰 인기를 얻었다. 한국의 담화·인지 언어학회가 1995년에 설립되었다(Radden & Dirven 2009).", "한국 언어학 공동체는 인지언어학의 출발 시점부터 관련을 맺어 왔다(Dancygier & Sweetser 2014).", "한국에서는 인지언어학이 충분히 튼튼한 기반을 구축하고 있다(Dąbrowska & Divjak(eds.) 2015)."

무엇보다도 1995년에 '담화·인지 언어학회'가 결성되어 『담화와 인지』가 간행됨으로써 소통의 공간이 확보되고, 2005년에 제9차 '국제인지언어학대회(ICLC)'가 서울에서 열렸으며, 여덟 번째로 '국제인지언어학회(ICLA)'의 회원국이 되면서, 우리나라 인지언어학은 그 지평을 크게 넓혀 왔습니다. 이러한 성과에도 불구하고, 우리 학계에는 언어 연구와 교육에서 인지언어학의 유용성에 대한 이해의 저변 확대, 이론의 토착화, 국제적 교류의 활성화, 학문 후속 세대 양성 등의 과제가 산적해 있습니다. 또한, 전 세계적으로 인지언어학을 학위과정으로 개설하고 있는 대학이 늘어나는 추세인데도 우리 학계에서는 그렇지 못한 형편입니다. 안타까움을 금할 수 없었습니다.

　이에 저는 뜻있는 동학들과 함께 『인지언어학 탐구의 현황과 과제』를 집필함으로써, 인지언어학 탐구의 지난 자취를 기릴 뿐만 아니라 오늘을 가늠하고 내일을 기약하며, 특히 학문 후속 세대에게 길잡이별이 될 지형도를 그려 내고 싶었습니다. 주제를 엄선하고 그 주제에 특별히 관심을 기울여 오신 분들께 집필을 의뢰하여 의미 있는 책을 꾸며 보고 싶었습니다. 저는 이 계획을 구상하면서 여러 차례 망설이지 않을 수 없었습니다. 모두들 연구와 강의에 바쁜 데다가 학술지의 논문만이 중시되는 오늘날의 풍토에 이 책의 집필을 제안하는 것이 큰 폐를 끼치지 않을까 염려되었습니다. 그러나 "빨리 가려거든 혼자 가고, 멀리 가려거든 함께 가라."라는 아프리카 속담에 용기를 얻고, 무엇보다도 이 구상을 가슴에만 담아두면 오래 후회할 것 같았습니다. 이 책을 통해 동학들이 함께 모이고 학문 후속 세대와 소통의 계기를 마련하는 것이야말로 지난 37년간 우리 학계로부터 받은 따뜻한 격려와 사랑에 보답하는 저의 책무로 생각하였습니다. 2017년 11월 15일, 인지언어학계의 동학 여러분께 『인지언어학 탐구의 현황과 과제』라는 책을 구상하게 된 동기와 개요를 말씀드리고 집필에 참여해 주실 수 있는지 뜻을 여쭙는 메일을 드렸습니다.

　보름 동안 동학들께서 보내 주신 답신에 저는 깊은 감동을 받았습니다. 대부분 참여 의사를 밝혀 오셨고, 사정상 참여하지 못하는 분들도 아쉬움과 함께 책의 성공을 기원해 주셨습니다. 글 쓸 내용은 '인지언어학 탐구의 현황과 과제'에 대한 지정 주제와 집필자 선정 주제, 그리고 자유 주제로 나뉘었으며, 일관성을 위하여 최소한의 기본적인 사항을 공유하기로 하였습니다. 원고가 마무리되는 2018년 9월까지의 시간은 너무 빨리 지나갔습니다. 이 무렵에 원고 집필, 특히 지정 주제를 맡으신 분 가운데 집필이 어렵다는 메일을 보내와서 눈앞이 캄캄해진 적도 있었습니다. 마감일이 지나가는데도 원고가 몇 편밖에 들어오지 않았습니다.

　백석이 '통영'이라는 시에서 동백꽃 피는 철이 언제인지를 걱정스레 자문하며 "옛 장수 모신 낡은 사당의 돌층계에 주저앉아서 나는 이 저녁 울 듯울 듯 한산도 바다에 뱃사공이 되어 가며 녕 낮은 집 담 낮은 집 마당만 높은 집에서 열나흘 달을 업고 손방아만 찧는 내 사람을 생각한다."라고 했던 심정이 되었습니다. 가을날의 릴케처럼 "주여 때가 되었습니다. 지난여름은 참으로 위대했습니다. ……마지막 과실들을 익게 하시고, 이틀만 더 남국의 햇볕을 주시어, 그들을 완성시켜 마지막 단맛이 짙은 포도주 속에 스미게 하소서."의 간절함으로 기도했습니다. 10월을 넘어 11월의 마지막 날 원고가 많이 들어 왔습니다. 늦은 원고들은 해가 바뀌고 목련이 질 때 도착하기도 했습니다.

『인지언어학 탐구의 현황과 과제』는 4부 39장으로 이루어집니다.

제1부는 '이론별 탐구의 현황과 과제'로서, 인지언어학(임지룡), 인지문법론(윤희수), 개념적 은유(권연진), 개념적 환유(정병철), 개념적 혼성(김동환), 동기화(송현주), 도상성(함계임), 주관성과 주관화(강보유), 다중양상성(권익수)을 탐구한 것입니다.

제2부는 '주제별 탐구의 현황과 과제'로서, 대립어(김억조), 연어(김진해), 감각어(정수진), 어순(김령환), 진행상(홍기선), 가상이동(임태성), 수어(석수영), 분류사(리우팡), 어휘 교육(서혜경), 비유 교육(최진아)을 탐구한 것입니다.

제3부는 '언어별 탐구의 현황과 과제'로서, 대조인지언어학(김미형), 중국의 인지언어학(왕난난), 일본의 인지언어학(요시모토 하지메), 일본의 '사태파악'(서민정), 한·중 감정어(이선희), 한·중 색채어의 의미 확장(쥐이펑훼이), 영어 관용어의 은유(박경선)를 탐구한 것입니다.

제4부는 '인지언어학 탐구의 지평 확장'으로서, 기호적 의미의 체험주의적 탐구(노양진), 명칭론과 어의론(이현근), 범주화(박정운), 원형의미론의 의미 분석(권영수), 용례기반이론(김아림), 한국어 기본 문형의 구문문법(정해권), 삶을 지배하는 전쟁 은유(백미현), 몸짓언어에 대한 인지언어학적 고찰(임혜원), 접속어미 '-면'의 다의성과 통사·의미 확장(김종록), 중세한국어 'X둗다'의 다의성과 의미 확장(가와사키 케이고), 다의어 'that'의 의미 구조 분석(나익주), 영·한·중의 푸른 계열 색에 대한 의미 해석(임수진), 한·태 비기본 색채어의 의미 구성(티띠왓 앙쿨)을 탐구한 것입니다.

귀한 주제로 옥고를 집필해 주신 동학 여러분께 머리 숙여 감사드립니다. 책이 나오기까지 많은 분들이 도와주셨습니다. 책의 구성과 차례를 살펴주신 송창선, 이문규, 김동환 교수님께 감사드립니다. 크고 작은 일들을 도와주신 경북대학교 인지언어학 및 국어교육 연구실, 특히 책의 완성도를 높이기 위해 피를 말리면서 시간과 싸운 송현주·김령환·임태성·김학훈 선생님께 감사드립니다. 이 책의 출판을 흔쾌히 결심해 주신 한국문화사와 김형원 과장님, 정성을 다해 편집해 주신 이은하 과장님, 힘써 표지를 디자인해 주신 김솔희 대리님께 감사드립니다.

돌아보니, 제 삶은 의미론 및 인지언어학과 함께한 여행이었습니다. 1974년 암울했던 시절, 대학에 다니면서 시를 쓰다가 개종하듯이 의미의 본질을 찾아 길고 먼 여정을 시작하였으며, 길이 막혔을 때 인지언어학을 만났습니다. 인지언어학의 세계를 여행하면서 조금이나마 그 참뜻을 헤아리고 희열을 맛보기까지는 수많은 시행착오와 방황이 있었습니다. 어둠 속에서 길을 잃고 헤맸으며 타는 목마름에 겨워 제 자리를 맴돈 적도 적지 않았습니다. 그때마다 등불을 켜 주시고 샘물로써 목을 축여 주신 스승님들, 동학들의 가르침과 사랑이 큰 힘이 되었습니다. 인지언어학을 탐구하면서 발견의 기쁨에 전율한 적도 한두 번이 아니었습니다. 이제 대학에서 제 여행은 마무리 시점에 와 있습니다. 견딜 만했던 시련, 꿈꿨던 만큼의 고뇌, 그리고 깊은 울림으로 다가온 환희! '인지언어학'이라는 거인의 어깨 위에서 한국어의 의미를 탐구할 수 있었던 축복받은 이 여행에 감사드립니다. 제가 못다 한 수많은 과제들을 동학 여러분, 그리고 이 책과 인연을 맺으실 학문 후속 세대 분들께서 풀어 주실 것으로 믿습니다. 고맙습니다.

2019년 4월 15일
복현동 연구실에서
임지룡 올림

|차례|

제3부   언어별 탐구의 현황과 과제

제4부   인지언어학 탐구의 지평 확장

제1부

이론별 탐구의
현황과 과제

인지언어학

임 지 룡[*]

1. 들머리

이 글은 인지언어학 탐구의 현황과 과제를 살펴보는 데 목적이 있다. '인지언어학(Cognitive Linguistics)'은 인간 마음의 본질, 더 나아가서 인간의 본질을 규명하기 위한 학제적 연구의 일환으로서 '언어', '몸과 마음', '사회-문화'의 상관성을 밝히려는 언어 이론이다.

현대 언어학계에서 언어 과학을 표방하던 구조언어학이나 생성언어학의 객관주의 관점에 비추어, 체험주의 및 개념주의에 기초한 인지언어학의 출현은 그 정신과 방법론이 정도의 문제가 아니라 질적인 차이를 함의한다는 점에서 '인식의 전환(paradigm shift)'으로 간주된다. 언어학계에서 인지언어학의 공식적인 출범은 1987년을 기점으로 삼으며, 한국어학계에서는 1990년대 초에 도입되어 의미론을 비롯하여 통사론, 형태론, 그리고 화용론과 담화분석에 발상의 전환을 가져왔다.

인지언어학은 지구촌 곳곳을 망라하여 국제 및 현지 언어학계의 검증을

---

[*]   경북대학교 국어교육과 교수, jrlim@knu.ac.kr

거치면서 인간 중심의 언어학이며, 유연성과 설명력이 높고 개방적일 뿐 아니라, 실용적이며, 자료 및 사용자 친화적이라는 7가지 장점을 인정받게 되었다. 무엇보다도, 인지언어학은 언어 현상에 대한 우리의 풍부하고 다양한 직관과 경험의 경향성을 제대로 파악해 자연스럽고 유의미하게 해석해 낸 이론으로서 궁극적으로 인간의 이해를 지향할 뿐만 아니라 응용력이 뛰어나다는 점에서 매력적이다.

이에 이 글에서는 현대 언어학의 새로운 지평을 열어가고 있는 '인지언어학'에 대하여 국제 인지언어학계와 한국 인지언어학계에 대한 탐구의 현황과 과제를 논의하기로 한다. 이 과정에서 인지언어학의 좌표를 조감할 수 있게 될 것이며, 이를 통해서 장차 인지언어학의 방향을 가늠해 보고자 한다.

2. 국제 인지언어학계 탐구의 현황

2.1. 출범

인지언어학은 1970년대 중반 이후 생성문법이 맹위를 떨치고 있던 시기에 그 이론이 지나치게 추상화로 치닫고, 일상적 경험과 동떨어진 데 대한 불만과 대안의 열망 속에서 이론적 씨앗이 싹트기 시작했다. 10여 년간의 모색 기간을 거쳐서 Lakoff(1987)와 Langacker(1987)가 출간되었는데, 이 두 권의 저서는 인지언어학의 존재를 세상에 알리는 결정적인 계기를 제공하였다.

1989년 독일 디스부르크에서 제1차 '국제인지언어학 학술대회(ICLC)'가 개최되고, 이 학술대회에서 '국제인지언어학회(ICLA)'가 결성되었으며, 1990년에 학회지 *Cognitive Linguistics*의 창간호가 간행되면서 인지언어학의 체제가 정립되기에 이르렀다.[1]

---

1 이후 2017년까지 제14차 ICLC가 개최되었고, 2019년에 제15차 ICLC가 일본의 Kwansei Gakuin University에서 개최될 예정이며, 전 세계에 걸쳐 17개의 전국

2.2. 인지언어학의 성격

자의식적인 지적 운동으로 출발한 인지언어학은 40여 년간 수많은 지류가
모여 큰 물줄기를 형성하면서 언어 연구의 가장 중요하고도 지배적인 지위를
획득하게 되었다. 최근의 문헌을 통해 인지언어학의 정의, 기본 가정, 그리고
공유된 정신에 대해서 살펴보기로 한다.

첫째, 인지언어학의 정의에 대한 두 가지 견해를 들면 (1)과 같다.

> (1) a. 언어, 마음, 인간의 사회 문화적 경험 간의 관계를 탐구하는 데
>   관심을 가지고 언어적 사고와 관행을 연구하는 현대 학파로서,
>   인지과학의 학제 간 기획에서 점차 큰 영향력을 발휘하며 급속도
>   로 발전하는 학문 분야 (Evans 2009: 50)
>   b. 우리의 언어적 능력은 우리의 일반적 인지능력에 강하게 뿌리박
>   고 있으며, 의미는 본질적으로 개념화이며, 문법은 용법에 의해서
>   형성된다는 가정에 기초를 둔 언어 연구의 접근법 (Dąbrowska
>   & Divjak 2015: 1)

(1a)에서는 인지언어학을 '인지과학'의 학제적 성격과 언어·인간·사회-
문화적 경험의 상관성에 주목하고 있다. (1b)에서는 언어능력과 인지능력의
상관성을 언급하며, 의미가 개념을 파악해 가는 과정의 '개념화'이며, 문법이
용법에 기반을 두고 있다는 점을 명시하였다.[2]

둘째, 인지언어학의 '기본 가정(fundamental assumption)' 5가지를 들면 (2)
와 같다(Hamawand 2016: 62-72 참조).

및 지역 조직의 인지언어학 관련 학회가 ICLA의 지부로 망을 이루게 되었다. 학회
지 *Cognitive Linguistics*는 2018년까지 29(4), 통권 116호가 간행되었다.

2 "인지언어학의 접근법은 언어 지식이 일반 인지의 일부이고, 언어적 의미가 본질
적으로 개념화의 문제이며, 지각, 학습, 기억과 같은 문제에 대해 알려진 것이 언어
이론에 통합되어야 한다는 가정으로 특징지어진다(Littlemore & Taylor(eds.)
(2014)/김동환 옮김(2018), '한국어판 서문' 12쪽 참조)."

(2) a. 언어는 자율적 구성단위가 아니다. 즉, 언어를 위해 특수화된 뇌의 자율적 부분은 없다.

    b. 언어는 상징적이다. 즉, 언어의 형태와 의미 사이에는 직접적인 관계가 있다.

    c. 언어는 사용에 근거한다. 즉, 언어 지식은 언어의 실제 예에서 파생된다.

    d. 언어는 유의미적이다. 즉, 모든 언어 표현은 의미 값을 부여 받고, 언어에서 중요한 역할을 담당한다.

    e. 언어는 창조적이다. 즉, 언어는 화자가 관습적인 표현에서 새로운 언어 표현을 생산하며 동일한 상황을 다른 방식들로 기술하도록 허용한다.

셋째, 인지언어학은 기존의 구조언어학이나 생성언어학과 같이 그 창시자에 의해 명시된 경전이 있는 것이 아니라, 언어는 일반적 인지능력의 일환이라는 생각에 기반을 둔 채 끊임없이 검증되고 확산되어 가는 '열린 언어학'의 성격을 지니고 있다. 구체적으로, 인지언어학은 언어에 대한 (3)의 세 가지 공통된 생각에 기반을 두고 있다.[3]

(3) a. 언어는 문화적, 심리적, 의사소통적, 기능적 고려의 상호작용을 반영하는 인지의 필수적인 부분이다.

    b. 언어는 개념화와 인지적 과정이라는 현실적 관점의 맥락에서 이해될 수 있다.

    c. 언어에 대한 어떤 이론적 개념이라도 신경 조직과 기능에 관해 알려진 것과 공존해야 한다.

---

3 ICLA 홈페이지 http://www.cognitivelinguistics.org 참조.

2.3. 인지언어학의 위상

인지언어학은 '인지과학(Cognitive Science)'⁴에 속한다. 인지과학은 철학, 심리학, 언어학, 신경과학, 컴퓨터과학 등의 여러 학문 분야로부터 인간의 '마음'과 '마음의 작용'을 탐구하기 위한 학제적 연구로서, 인간의 행동 및 그 산물 자체는 마음의 산물이라는 관점을 취하고 있다. 이 경우 언어가 인지의 주된 도구이며 언어 과정이 인지 과정의 핵심이기 때문에 인지적 언어 연구, 즉 인지언어학은 마음의 본질을 밝히는 데 중추적인 역할을 하고 있다.

'인지언어학'에서는 언어의 이해와 사용이 지각, 개념 체계, 신체적 경험, 세상사의 경험, 지식, 문화적 배경 등의 일반적 인지능력과 깊은 상관성을 전제하고 있다. 이 연장선상에서 인지언어학은 "언어 지식은 일반적 인지의 일환이다."라는 언명을 표방하고 있다. '인지언어학'의 원리가 언어학의 여러 하위 분야에 걸쳐 적용되는 과정에서, 연구의 초점 분야에 따라 '인지의미론', '인지문법론', '인지화용론', '인지음운론', '인지유형론', '인지언어습득론', '인지시학' 등으로 그 지평이 분화 확장되고 있다. 또한, '인지문법론'은 '인지형태론'과 '인지통사론'으로 다시 나뉘기도 한다.

'인지언어학'은 그 이론의 성립과 체계화 과정에서 의미와 문법이 중심 연구 대상이 됨으로써 '인지의미론(Cognitive Semantics)'과 '인지문법론 (Cognitive Grammar)'이 중요한 두 개의 축이 되었다. 곧 '인지언어학'은 인간 마음에 대해 알려진 바와 공존하는 방식으로 언어를 탐구하며, 언어는 마음을 반영하고 마음의 작용 방식을 밝혀 주는 창구라고 간주한다. 그중 '인지의미론'은 의미의 문제를 인지와의 관계 속에서 파악하는 의미 이론으로서, 개념적 체계가 작용하는 방식을 이해하기 위해 언어에 의존하는 것이며, '인지문법론'은 언어의 작용 방식을 이해하기 위해 개념적 지식에 의존하는 것이라

---

4 Lakoff & Johnson(1999: 3)에서는 인지과학의 세 가지 주요 발견 사항으로 "마음은 본유적으로 신체화되어 있다.", "사고는 대부분 무의식적이다.", "추상적 개념들은 대체로 은유적이다."를 들고 있다.

하겠다. 이 경우 의미와 문법은 동전의 양면과 같이 불가분의 관계를 지니는 것으로 간주되므로, 인지의미론과 인지문법론은 상보적이다.

2.4. 인지언어학 탐구의 주요 성과

2.4.1. 인지언어학

국제 인지언어학계의 주요 탐구의 성과를 다섯 가지 측면에서 살펴보기로 한다.

첫째, 인지언어학의 전반적인 내용을 다룬 개론서이다. Ungerer & Schmid (1996/2006)는 '원형과 범주, 범주화의 층위, 은유와 환유, 전경-배경, 틀과 구조, 혼성과 관련성, 도상성' 등 인지언어학의 정선된 내용을 제시한 것이다. Dirven & Verspoor(eds.)(1998/2004)는 10장으로 구성된 언어학 개론서인데, 그중 제1장의 '언어의 인지적 기초', 제2장의 '어휘론', 제3장의 형태론, 그리고 제4장의 '통사론'에서 인지적 탐구가 알차게 제시되어 있다. Lee(2001)는 '기본 개념'을 포함하여 인지언어학에 대한 12가지 주제로 구성된 입문서이다. Croft & Cruse(2004)는 '언어 분석에 대한 개념적 접근, 어휘의미론에 대한 인지적 접근, 문법 형태에 대한 인지적 접근'의 3부 12장에 걸친 진보적 시각의 개론서로서, 특히 어휘의미론과 문법의 구문적 접근을 유의미하게 다루고 있다. Evans & Green(2006)은 '인지언어학 기획의 개관, 인지의미론, 인지적 문법 접근법' 등 23장에 걸친 가장 포괄적이고 일반적인 개론서이다. Kövecses(2006)는 경험과 의미를 이해하기 위해 17장에 걸쳐 언어, 마음, 문화의 상관성을 결합한 최초의 실용적 입문서이다. 인지언어학 저명학자들의 특강으로 꾸며진 Lakoff(2018)은 인지언어학의 배경, 인지의미론, 문법, 언어의 신경이론, 은유, 철학적 함축, 정치 언어 등을 다룬 것이며, Taylor(2018)는 교수-학습을 위한 인지언어학의 양상으로서 인지언어학의 소개, 범주화, 규칙, 의미론의 백과사전적 범위, 공간의 해석, 은유·환유·혼성, 명사와 명사류, 시제와 상, 음소 등을 다룬 것이다. 한편, Evans(2007)는 인지언어학에 관한 주요 이론 및 접근법, 개념, 연구 성과 등을 망라한 350개 이상의 용어사전으로 말미에 상세한 주석이 달린 읽기 목록 및 주요 인지언어학자들을 수록하고 있다.

둘째, 단행본 시리즈의 출간이다. (4)에서 보듯이 명칭·편집자·출판사 및 시작 연도·출간 횟수에 관한 9종류의 총서 230권이 출간되었다.

(4) a. *Cognitive Linguistics Research*(CLR),[5] series editors D. Geeraerts, R. Dirven, J. Taylor, R. Langacker (Mouton, 1990-): Vol. 62

 b. *Cognitive Linguistics in Practice*(CLiP), series editors C. Paradis, S. Wulff (Benjamins, 1998-): Vol. 3

 c. *Human Cognitive Processing*(HCP), series editors K.-U. Panther, L. L. Thornburg (Benjamins, 1998-): Vol. 64

 d. *Constructional Approaches to Language*, series editors M. Fried, J.-O. Østman (Benjamins, 2004-): Vol. 24

 e. *Language, Context, and Cognition*, series editor A. Steube (Mouton, 2004-): Vol. 16

 f. *The Expression of Cognitive Categories*(ECC), series editors W. Klein, S. Levinson (Mouton, 2006-): Vol. 6

 g. *Applications of Cognitive Linguistics*, series editors G. Kristiansen, M. Achard, R. Dirven, F. J. Ruiz de Mendoza (Mouton, 2006-): Vol. 38

 h. *Advances in Cognitive Linguistics*,[6] series editors V. Evans, B. Bergen, J. Zinken (Equinox, 2007-): Vol. 3

 i. *Distinguished Lectures in Cognitive Linguistics*, series editor T. F. LI (Brill, 2017-): Vol. 18

---

5 이 시리즈의 Vol. 34인 Geeraerts(ed.)(2006)는 인지언어학의 주도적인 학자들이 쓴 12편의 개론적인 성격의 논문을 모은 것이다.

6 이 시리즈의 Vol. 1인 Evans, Bergen & Zinken(2007)은 편집자들의 인지언어학 기획의 개관 논문을 포함하여 주요 인지언어학자들이 쓴 28편의 논문 모음집이다.

셋째, 인지언어학 핸드북의 출간이다. Geeraerts & Cuyckens(eds.)(2007)는 '인지언어학 소개'를 포함하여 '기본 개념', '문법 모형', '인지언어학의 자리 매김', '언어적 구조와 언어 사용', '언어적 변이와 변화', '응용 및 학제적 관점'의 6부 49장에 걸쳐 인지언어학을 가장 포괄적으로 개관한 최초의 핸드북이다. Littlemore & Taylor(eds.)(2014)는 '서론'을 비롯하여, 인지언어학의 주요 인물, 인지언어학의 연구 주제, 새로운 방향과 응용의 3부 19장에 걸쳐 인지언어학의 어제와 발자취, 주요 인물 및 연구 주제, 그리고 미래의 방향을 제시한 핸드북이다. Dąbrowska & Divjak(eds.)(2015)는 '서론'을 시작으로, '언어의 인지적 토대', '개관', '중심 주제'의 3부 34장에 걸쳐 학제적이며 실증적 관점에서 인지언어학을 최첨단으로 개관한 핸드북이다. Dancygier(ed.)(2017)는 '서론'의 개관을 비롯하여, '인지와 문화 속에서 언어', '언어, 몸, 그리고 다중 양상의 의사소통', '언어 분석의 양상', '개념적 사상', '방법론적 접근법', '개념과 접근법: 공간과 시간'의 6부 41장에 걸쳐 인지언어학의 자산 확보, 언어 연구의 접근법, 인지와 의사소통 연구의 기여를 모색한 최신의 핸드북이다. 한편, Robinson & Ellis(2008)는 '서론', '인지언어학과 인지', '인지언어학, 제2언어 습득, L2 지도'의 3부 19장에 걸친 인지언어학의 외국어 교수법 핸드북이다.

넷째, 인지언어학 저널이다. (5)의 12개 저널이 정례적으로 인지언어학의 독창적이고 새로운 연구 성과를 담아내고 있다.

(5) a. *Cognitive Linguistics* (De Gruyter Mouton, 1990-)
    b. *Pragmatics and Cognition* (Benjamins, 1993-)
    c. *(Annual) Review of Cognitive Linguistics* (Benjamins, 2003-)
    d. *Constructions* (peer-reviewed e-journal, University of Düsseldorf, 2004-)
    e. *CogniTextes* (peer-reviewed e-journal of AFLiCo, the French Cognitive Linguistics Association, an ICLA affiliate organization, AFLiCO 2007-)

f. *Language and Cognition* (Cambridge University Press, 2009-)

g. *Constructions and Frames* (Benjamins, 2009-)

h. *International Journal of Cognitive Linguistics* (Nova Science Publishers, 2010-)

i. *Cognitive Linguistic Studies* (Benjamins, 2014-)

j. *Cognitive Semantics* (Brill, 2015-)

k. *Journal of Cognitive Linguistics* (Kaitakusha, 2015-)

l. *LaMiCuS* (Language, Mind, Culture, and Society) (web-only, open-access journal 2017-)

다섯째, 인지언어학 웹사이트이다. 인지언어학에 관한 (6)의 13개 웹사이트를 통해 회원 상호간, 그리고 관련 연구자들을 위한 소통 공간이 구축되었다.[7]

(6) a. http://www.cogling.org (Website for the International Cognitive Linguistics Association, ICLA)

b. http://www.cognitivelinguistics.org (Website for International Cognitive Linguistics Association, ICLA)

c. http://cifcl.buaa.edu.cn (Website for China International Forum on Cognitive Linguistics, CIFCL)

d. http://cosebrill.edmgr.com (Website for the journal Cognitive Semantics (ISSN 2352-6408/E-ISSN 2352-6416), edited by CIFCL)

e. http://www.degruyter.com/view/serial/16078?rskey=fw6Q20&res

---

7 이 밖에도 인지언어학 관련 문헌목록에 관해서는 다음 사항 참조. ①Cognitive Linguistics Bibliography(CogBib), (CD, Mouton 2005, free with Cognitive Linguistics subscription/ICLA membership) ②Bibliography of Metaphor and Metonymy(MetBib), (online subscription, Benjamins 2007, special offer for ICLA members) ③Cognitive Linguistics: An Introductory Bibliography, an annotated online bibliography of CL by Dick Hudson, 2000 ④Bibliography of Cognitive Linguistics Analyses of Slavic Data, compiled by Laura A. Janda and Liljana Saric(pdf download, updated 2009)

ult=1&q CLR (Website for the Cognitive Linguistics Research [CLR])

f. http://www.degruyter.com/view/serial/20568?rskey=dddL3r& resul=1&q=ACL (Website for Application of Cognitive Linguistics [ACL])

g. http://www.benjamíns.com/#catalog/books/clscc/main (Website for book series in Cognitive Linguistics by Benjamins)

h. http://www.brill.com/dlcl (Website for Distinguished Lectures in Cognitive Linguistics (DLCL))

i. http://refworks.reference-global.com (Website for online resources for Cognitive Linguistics Bibliography)

j. http://benjamins.com/online/met (Website for Bibliography of Metaphor and Metonymy)

k. http://linguistics.berkeley.edu/research/cognitive (Website for Cognitive Program in Berkeley)

l. https://frameneticsi.berkeley.edu/fndrupal (Website for Framenet)

m. http://www.mpi.nl/ (Website for the Max Planck Institute for Psycholinguistics)

2.4.2. 인지의미론

국제 인지언어학계의 인지의미론에 대한 주요 탐구의 성과를 세 가지 측면에서 살펴보기로 한다.[8]

첫째, 인지의미론의 전반적인 모습을 다룬 단행본이다. Lakoff(1987)는 1책 '기계를 넘어선 마음'의 1부 범주와 범주 모형, 2부 철학적 함축의 21장, 그리고 2책 '사례 연구' 3장으로 이루어진 범주화와 인간 마음의 상관성을 중심으

---

8 이와 관련하여 Hamawand는 "인지의미론은 언어 현상들을 조사할 수 있는 렌즈로 언어를 사용한다. 따라서 인지의미론은 인지언어학 분야에서 가장 최신의 발전을 보여 준다.", "인지의미론은 인지언어학의 연구 분야에서 가장 흥미진진하고 보람 있는 연구 분야 가운데 하나이다."라고 하였다(Hamawand 2016/임지룡·윤희수 옮김 2017: '한국어판 서문' 5쪽 참조).

로 인지의미론의 체제를 확립한 고전이다. Talmy(2000)는 자신의 고전적인 논문을 묶고 업데이트한 것으로 언어가 공간, 힘역학, 이동을 포함해 개념적 구조의 다양한 양상을 어떻게 부호화하는지를 탐구한 것이다. Hamawand (2016)는 인지적 관점에서 단어와 문장 의미에 대해 매우 체계적이고 정선된 내용의 개론서인데, 제2부에서 인지언어학과 인지의미론의 '주된 가정', 은유·환유·영상도식·정신 공간·혼성의 '개념 구조', 통합과 해설의 '인지적 작용 방식'을 명료하게 제시한 점, 그리고 제3부에서 '범주화', '형상화', '개념화'를 창의적으로 기술한 점이 주목된다. Talmy(2018)는 문법의 의미론, 힘역학, 이동 사건 표상의 유형론, 가상이동, 사건 통합의 유형론 등 개념 구조의 언어적 표상을 다룬 것이다.

둘째, 인지의미론의 개요를 기술한 논의로서 Lakoff(1988), Taylor(2009), Talmy(2011), Lemmens(2016) 등이 있다.

셋째, 인지의미론의 전문 주제에 대한 주요 논의이다. Taylor(1989/2003)는 범주화, Evans(2009)는 어휘의미론, Peña(2003)는 감정의 언어적 은유와 영상도식을 다룬 단행본이며, Hampe(ed.)(2005)는 영상도식의 본질에 관한 여러 입장을 제시한 논문 모음집이다. Lakoff & Johnson(1980/2003), Gibbs(1994), Kövecses(2002), Dancygier & Sweetser(2014)는 비유, Panther & Radden (eds.)(1999) 및 Panther & Thornburg(eds.)(2003)는 환유에 관한 논의이다. Sweetser(1990)는 개념적 은유와 영상도식의 이론을 활용하여 문법적 변화의 의미적 양상을 설명한 인지의미론의 고전적 텍스트이다. Fauconnier(1994)는 정신공간, Fauconnier & Turner(2002)는 혼성공간에 관한 논의이다.[9]

2.4.3. 인지문법론

국제 인지언어학계의 인지문법에 대한 주요 탐구의 성과를 세 가지 측면에

---

9 이 밖에도 Fillmore(1982)는 틀 의미론, Croft & Wood(2000) 및 Langacker(2015)는 해석에 관한 논문이다.

서 살펴보기로 한다.

첫째, 인지문법의 전반적인 모습을 기술한 단행본이다. Langacker(1987)는 인지문법 이론의 체제에 대하여 최초로 가장 훌륭하고 포괄적으로 개관한 것이며, 그 자매편인 Langacker(1991a)는 인지문법의 이론적 모형을 영어 및 다른 언어에서 나온 일련의 언어적 현상에 적용한 것이다. Langacker(2008)는 예비 작업, 기본 원리, 구조, 새로운 지평의 4부 14장으로 구성된 인지문법의 고차원적 기본 개론서이며, 이 연장선상에서 Langacker(2017a, b)는 각각 10장으로 구성된 인지문법의 기본적이고 정교화된 내용을 다룬 것이다. Taylor(2002)는 7부 29장에 걸쳐 Langacker의 인지문법 이론을 포괄적으로 개관하고 발전시킨 개론서이며, Radden & Dirven(2007)은 '인지적 체제, 사물, 시간 단위로서 상황, 관계 단위로서 상황' 등 4부 12장으로 된 영어 및 일반 언어학의 인지문법서로서 문법에 대한 발상의 전환을 가져온 명저이다.

둘째, 인지문법의 개요를 기술한 논의에는 Langacker(2007), Radden(2008), Paradis(2013)가 있다.

셋째, 인지문법의 전문 주제에 대한 주요 논의이다. Goldberg(1995), Goldberg(2006), Croft(2007), Hoffmann(2017)은 구문(문법), Cuyckens *et al.*(2003), Radden & Panther(eds.)(2004)는 동기화를 다룬 것이다. Heine *et al.*(1991), Hopper & Traugott(1993), Heine(1997), van der Auwera *et al.*(2017)은 문법화에 관한 논의이다.

2.4.4. 그 밖

그 밖에 신체화에 관한 논의로는 Lakoff & Johnson(1980), Johnson(1987), Lakoff & Johnson(1999)이 있는데, 신체화에 바탕을 둔 은유가 언어와 사고에 중심적인 역할을 한다는 체험주의를 탄생시켰다. 또한, 인지문체론에 관한 논의로 Semino & Culpeper(eds.)(2002)가 있다.

3. 한국 인지언어학계 탐구의 현황

3.1. 출범

한국어 학계와 인지언어학의 첫 만남은 1981년 7월 29일부터 8월 7일까지 한국언어학회에서 "Linguistics in the Morning Calm"이라는 명칭으로 개최한 SICOL-1981이라 하겠다. 이 서울 국제 언어학 학술대회에서 Fillmore(1982)의 "Frame semantics", Lakoff(1982)의 "Categories: An essay in Cognitive Linguistics"가 발표되자 생성문법에 피곤증을 느껴오던 국제 및 한국 언어학계에서는 신선한 충격을 받았다.

이후 한국어 학계에서는 1990년대를 기점으로 인지언어학에 대한 본격적인 논의가 시작되었다. 1995년에 결성된 '담화 · 인지 언어학회'[10]를 중심으로 인지언어학에 관한 탐구를 활성화하게 되었다. 그 일환으로 2001년에는 "21세기의 전망"이란 주제로 제1차, 2003년에는 "인간 언어에 대한 담화와 인지적 전망"이란 주제로 제2차, 2007년에는 "인지, 의미, 함축과 담화"라는 주제로 제3차 "담화와 인지언어학 서울국제학술대회"가 열린 바 있다. 또한, '담화 · 인지 언어학회'에서는 2005년 서울에서 "언어, 마음과 뇌"라는 주제로 제9차 ICLC를 유치하였으며, 여덟 번째로 '국제인지언어학회(ICLA)'의 회원국이 되었다.

한편, '한국어 의미학회'에서는 1999년의 제4차 전국학술대회에서 "인지의미론 특집[11]" 및 2006년의 제18차 전국학술대회에서 "은유 연구의 회고와 전망"을 다루었으며, '한국어학회'에서 개최한 "2002 한국어학회 국제 학술대

---

10 1991년 10월 5일에 "담화 · 인지 문법 연구회"가 설립되어 42회에 걸친 세미나를 진행해 오다가 1995년 6월 14일에 "담화 · 인지 언어학회"로 재정립되었으며, 1995년 9월 20일에 학회지 『담화와 인지』가 창간되었으며, 2018년 현재 통권 66호가 간행되었다.

11 이 특집에는 "인지 의미론의 연구 현황과 과제"(임지룡), "범주화와 언어학"(박정운), "조건범주의 문법화"(구현정)가 다루어졌다.

회: 한국어학의 오늘과 내일"에서는 인지언어학이 한 분과로 논의되었다. 또한, 『국어 연감』(국립국어원)에서 2001년부터 2007년까지 의미론 분야 가운데 '인지언어학' 또는 '인지의미론'의 성과를 다룬 바 있다.

3.2. 인지언어학 탐구의 주요 성과

3.2.1. 이론서의 번역

번역서의 출간은 저자를 번역어의 학계로 초청하는 일이다. 따라서 인지언어학계의 신간을 번역하는 일은 이론의 실체를 제대로 파악하고 토착화하는 데 더없이 중요하다. (7)은 한국어판 서문에 나타난 인지언어학자들의 한국 인지언어학계에 대한 언급이다.

(7) a. 한국은 상당히 많은 학자들이 인지언어학을 진지하게 받아들였던 최초의 나라들 중의 하나이다. 인지언어학 연구의 양과 다양성으로 인해 한국은 인지언어학 흐름의 선봉에 계속해서 서 있었다(Langacker 1999/김종도 · 나익주 옮김 2001: '한국어판 출판에 부쳐' 9쪽).

  b. 한국의 학자들은 인지언어학과 인지문법의 장점을 가장 먼저 인정하였으며, 인지언어학과 인지문법을 뒷받침하고 개발하는 데 중요한 역할을 수행해 왔다(Langacker 1991b · 2002/나익주 옮김 2005: '한국어판 출간에 부쳐' 18쪽).

  c. 지난 20년 동안 인지언어학은 또한 동아시아 국가들에서 큰 인기를 얻었다. 한국의 담화인지언어학회가 1995년에 일찍이 설립되었고, 그 뒤를 이어 일본인지언어학회가 2000년에, 그리고 중국인지언어학회가 2003년에 창립되었다. 2005년에는 한국의 담화인지언어학회가 제9회 국제 인지언어학 학술대회를 서울의 연세대학교에서 개최하였다(Radden & Dirven 2007/임지룡 · 윤희수 옮김 2009: '한국어판 서문' 14쪽).

d. 한국 언어학 공동체는 인지언어학의 출발 시점부터 관련을 맺어 왔다(Dancygier & Sweetser 2014/임지룡 · 김동환 옮김 2015: '한국어판 서문' xii쪽).

e. 한국에서는 인지언어학이 충분히 튼튼한 기반을 구축하고 있다. 가장 초기의 몇몇 기본적인 연구들이 한국어를 사용해서 수행되었다. 예를 들어, 한국어 사용 아동과 영어 사용 아동의 공간 언어 습득을 비교하는 최순자(1991)의 연구는 널리 알려져 있고, 말하기 이전의 유아에게 있어서 언어와 인지 간의 관계를 이해할 수 있도록 하는 데 매우 큰 영향을 끼쳐 왔다. 현재, 한국에는 '국제 인지언어학회의'의 지부인 '담화 · 인지 언어학회'라는 그 자체의 인지언어학회가 있다. 이 학회는 인지언어학 연구에 헌신하는 그 자체의 저널을 가지고 있으며, 2005년 6월 서울에서 제9차 국제 인지언어학 학술대회를 개최했다(Dąbrowska & Divjak(eds.) 2015/임지룡 · 김동환 옮김 2018: '한국어판 서문' 9-10쪽).

1990년대 이후 한국학계에서는 인지언어학, 인지의미론, 인지문법론 등의 번역서를 출간함으로써 이론의 도입을 지속적으로 추구해 오고 있다. 이를 네 가지 측면에서 살펴보면 다음과 같다.

첫째, 인지언어학에 대한 번역서이다. Ungerer & Schmid(1996/2006)/임지룡 · 김동환 옮김(1998/2010), Dirven & Verspoor(eds.)(1998/2004)/이기동 외 옮김(1999), Lee(2001)/임지룡 · 김동환 옮김(2003), Croft & Cruse(2004)/김두식 · 나익주 옮김(2010), Evans & Green(2006)/임지룡 · 김동환 옮김(2008), Kövecses(2006)/임지룡 · 김동환 옮김(2011) 등이다. 한편, 인지언어학 핸드북에 대한 번역서로 Geeraerts & Cuyckens(eds.)(2007)/김동환 옮김(2011), Littlemore & Taylor(eds.)(2014)/김동환 옮김(2018), Dąbrowska & Divjak (eds.)(2015)/임지룡 · 김동환 옮김(2018)이 있으며, 외국어 교수법 핸드북으로 Robinson & Ellis(2008)/김동환 옮김(2013)이 있다. 한편, 인지언어학 용어 사전에 대한 번역서로 Evans(2007)/임지룡 · 김동환 옮김(2010)이 있다.

둘째, 인지의미론에 대한 번역서이다. 인지의미론의 전반적인 내용을 다룬 것으로는 Lakoff(1987)/이기우 옮김(1994), Hamawand(2016)/임지룡 · 윤희수 옮김(2008)이 있다. 세부 주제의 경우 어휘의미론의 Evans(2009)/임지룡 · 김동환 옮김(2012), 범주화의 Taylor(1989/2003)/조명원 · 나익주 옮김(1997), 은유적 영상도식의 Peña(2003)/임지룡 · 김동환 옮김(2006), 은유 및 환유의 Lakoff & Johnson(1980/2003)/노양진 · 나익주 옮김(1995/2006), Gibbs(1994)/나익주(2003) 옮김, Kövecses(2002)/이정화 외 옮김(2003), Dancygier & Sweetser(2014)/임지룡 · 김동환 옮김(2015), Sweetser(1990)/박정운 외 옮김(2006), 정신공간 및 혼성에 관한 Fauconnier(1994)/나익주 · 요시모토 하지메 옮김(2015), Fauconnier & Turner(2002)/김동환 · 최영호 옮김(2009) 등이 있다.

셋째, 인지문법론에 대한 번역서이다. 인지문법의 전반적인 내용을 다룬 것으로는 Langacker(1987 & 1991a)/김종도 역(1999), Langacker(2008)/나익주 외 옮김(2014), Radden & Dirven(2007)/임지룡 · 윤희수 옮김(2009), Taylor(2002)/임지룡 · 김동환 옮김(2005)이 있다. 구문에 관해서는 Goldberg(1995)/손영숙 · 정주리 옮김(2004), 문법화에 관해서는 Hopper & Traugott(1993)/김은일 외 옮김(1999), Heine(1997)/이성하 · 구현정 번역(2004)이 있다.

넷째, 신체화에 대한 번역서로서, Johnson(1987)/노양진 옮김(2000), Lakoff & Johnson(1999)/임지룡 외 옮김(2002)이 있다. 또한, 인지문체론에 대한 번역서로 Semino & Culpeper(eds.)(2002)/양병호 외 옮김(2017)이 있다.

3.2.2. 인지언어학

인지언어학에 대한 주요 논의를 세 가지 측면에서 살펴보면 다음과 같다.

첫째, 인지언어학 전반을 대상으로 한 단행본이다. 이기동 편저(2000)는 1부의 인지언어학 이론으로 "Chafe: 언어와 정신(신현숙 · 이지영)", "Fauconnier: 정신공간 이론(임지룡)", "Fillmore: 틀의미론(박정운)", "Lakoff: 은유 · 환유 · 범주화(송경숙)", "Langacker: 인지문법(이기동)", "Sweetser: 인지의미와 의미확장(김경애)", "Talmy: 언어와 인지(이정화)", "기능문법의 이해(박승윤)", "문법화 이론의 이해(이효상)"의 9장, 2부 응용에 관한 11장의 논문으로 구성된 기념 특집이다. 이수련(2001)은 인지언어학과 한국어, 공간과 인지, 월 짜임새와 인지의 3부 8장으로 된 한국어의 인지론적 분석을 시도한 것이다. 김동환(2005)은 총론, 인지모형, 인지과정, 의미의 속성, 통사 범주·구조적·구문·비유적 의미의 8부 22장으로 이루어진 인지언어학 개론이며, 김동환(2013)은 인지언어학, 인지언어학 연구 방법론, 개념적 혼성 이론의 3부 18장으로 이루어진 인지언어학과 개념적 혼성 이론에 관한 논의이다. 임지룡(2008)은 총론, 의미 구조의 확장, 은유와 환유, 이동과 도상성, 공간과 장면의 5부 17장에 걸쳐 인지언어학적 관점에서 의미 문제를 탐색한 것이며, 임지룡(2017b)은 총론, 몸과 의미, 마음과 의미, 의미 관계의 의미, 문화의 의미, 맺음말의 6부 23장에 걸쳐 인지언어학적 관점에서 한국어의 의미 특성을 규명한 것이다. 임혜원(2013)은 몸과 언어, 인지의 문제를 8장에 걸쳐 기술한 것이다.

둘째, 인지언어학의 개요를 기술한 논의에는 백미현(2003), 임지룡(2004)이 있다.

셋째, 인지언어학의 분야별 탐색에 대한 단행본으로 임지룡 외(2014)는 문법교육, 임지룡 외(2015)는 비유, 임지룡 외(2016)는 어휘 의미, 임지룡 외(2017)는 의미관계, 임지룡 외(2018)는 동기화를 집중적으로 다루고 있다.

3.2.3. 인지의미론

인지의미론에 대한 주요 논의를 세 가지 측면에서 살펴보면 다음과 같다.

첫째, 인지의미론의 전체적인 모습을 기술한 단행본으로 임지룡(1997/2017b)은 인지의미론의 기본 개념을 비롯하여, 6부 16장에 걸쳐 개념화의 원리, 언어와 경험, 의미의 창조, 머릿속 어휘의 세계, 사고와 언어 조직의 문제를 인지의미론적 관점에서 규명한 것이다.

둘째, 인지의미론의 개요를 기술한 논의에는 임지룡(1998), 임지룡(2007), 권연진(2013)이 있다.

셋째, 인지의미론의 주요 분야별 단행본이다. 이종열(2003), 김종도(2004), 임혜원(2004), 김종도(2005), 임지룡(2006), 오예옥(2015), 권연진(2017), 췌이펑훼이(2017)는 은유 및 환유의 비유를 다룬 것인데, 이들 논의를 비롯하여 다양한 논문에서 볼 수 있듯이 개념적 환유와 은유는 한국어 학계에서 인지언어학적 성과를 도출한 대표적 분야라 하겠다. 한편, 김동환(2002)은 개념적 혼성 이론, 정병철(2009)은 시뮬레이션 의미론, 이수련(2001)은 개념화와 의미 해석, 리우팡(2016)은 분류사, 임태성(2018)은 가상이동을 다룬 것이다.

3.2.4. 인지문법

인지문법에 대한 주요 논의를 세 가지 측면에서 살펴보면 다음과 같다.
첫째, 인지문법을 전반적으로 다룬 단행본으로 김종도(2002)는 틀짜기, 적용, 문법적 현상들 분석의 3부 11장으로 구성된 인지문법의 개론서이다.
둘째, 인지문법의 개요에 대한 논의로 이기동(1994)이 있다.
셋째, 인지문법의 주요 분야별 단행본이다. 정주리(2004)는 구문, 이성하(1998/2016)는 문법화, 송현주(2015)는 동기화, 정병철(2017)은 한국어 문법 교육을 다룬 것이다.

3.2.5. 그 밖

인지언어학의 여러 관심사 가운데, 몸과 철학에 대해서는 노양진(2009) 및 노양진(2013), 그리고 몸과 인지에 대해서는 강신익 외(2015) 및 전남대학교 철학과 BK21플러스 횡단형철학전문인력양성사업단 편(2015)이 있다. 또한, 김미형(2009)은 한국어와 영어의 대조에 대한 단행본이다.

4. 인지언어학계의 탐구 과제

4.1. 국제 인지언어학계

주요 학자들이 밝힌 장차 인지언어학계의 탐구 과제 여섯 가지를 들면 다음과 같다.

첫째, Langacker(1991b/2002)에서는 장차 인지문법의 연구 방향에 대한 희망으로 인지문법이 다양한 언어와 다양한 기술적 현상에 심도 있고 자세히 적용되어야 할 것이며, 통시적 연구와 유형론 연구를 수행하는 데도 광범위하게 적용되어야 한다고 보았다. 또한 심리언어학·신경언어학·언어습득 분야의 연구 사항에도 대처해야 하며, 언어 교육과 같은 실용적인 적용을 통해 검증받아야 하며, 언어의 사회적·문화적 토대를 인정하고 수용하는 방식을 더 투명하게 밝혀야 할 것으로 보았다.

둘째, Croft & Cruse(2004: 328-329)에서는 인지언어학과 인지심리학 간의 상호작용을 위해서, 인지언어학 가설이 비판적인 실험을 통해 검증되어야 할 영역과 인지심리학자의 실험적 설계 이면의 언어적 가정을 더 세련시켜야 할 영역이 적지 않다고 하였다.[12] 그리고 인지언어학의 안팎에서 일고 있는 "언어 지식은 언어 사용에서 발생한다."라는 가설의 비판에 대해 인지언어학자들이 장차 어떻게 대응하는가에 따라 위기와 기회가 엇갈릴 것으로 보고 있다.

셋째, Evans & Green(2006: 779-782)에서는 '개념적 은유'와 관련하여 은유 학자들이 만든 이 이론의 일반화가 그들이 의존하는 언어 자료와 거리가 멀며, 이 이론이 문맥의 역할을 경시한다는 점 등이 우려된다고 하였다. 또한

---

12 이와 관련하여 Riemer는 본질적으로 인문주의적 지적 전통에 견고히 뿌리를 내리고 있는 '언어 의미론'의 특징적 설명 모형들은 수십 년 동안 '언어학의 외부에 있다'고 전통적으로 생각된 실험적 연구 방법론'과 점증하는 경쟁에 직면하였다고 하면서, 앞으로 수십 년 동안 두 연구 방식이 어떻게 전개될지 살펴보면 퍽 흥미로울 것이라고 하였다(Riemer 2010/임지룡·윤희수 옮김 2013: '한국어판서문' xi 참조).

개념적 구조에 대한 인지언어학적 설명에는 여전히 경험적 엄격함이 결핍되어 있기 때문에 더 강한 경험적 기초를 개발해야 하며, 문법과 의미론을 넘어서 여러 분야에 대해 더 상세한 설명을 개발할 과제가 남아 있다고 하였다.

넷째, Ungerer & Schmid(2006: 346)에서는 인지언어학이 인지과학 안에서 인접 분야와 학제적 연구를 수행함으로써 얻는 이점뿐만 아니라, 학제적 쟁점과 논의의 과정에서 복합적인 분야의 차용에 의해 방향 감각을 잃어버릴 위험성에 대해서 경고하고 있다.

다섯째, Geeraerts & Cuyckens(eds.)(2007: 16-17)에서는 인지언어학이 말뭉치 언어학, 실험심리학과 같은 실증적 방법론에 기초를 두고 있지만, 용법 기반 언어학의 실증적 양상은 여전히 미완의 상태이므로, 지금보다 더 많은 방법론적 정교화가 이루어져야 함을 주장하고 있다.

여섯째, Dąbrowska & Divjak(eds.)(2015)/임지룡·김동환 옮김(2018: '한국어판 서문' 9쪽)에서는 언어학의 가장 중요한 한 가지 목표는 인간 언어의 풍부함과 다양성을 이해하고, 언어, 문화 인지의 복합적인 관계를 이해하는 것인데, 이런 목표를 달성하기 위해서는 유형학적으로 영어와 매우 다른 언어들을 포함해 폭넓은 범위의 언어 연구에 대한 중요성을 강조하고 있다.

4.2. 한국 인지언어학계

한국 인지언어학계의 과제 다섯 가지를 들면 다음과 같다.

첫째, 인지언어학의 탐구 방법론과 주제에 대한 인식 및 이해를 더 넓고 깊게 해야 한다. 탐구 방법론과 주제에 있어서 기존에 도입된 기제 및 주제라고 하더라도 변화의 추세에 발맞추어야 한다. 더불어, 새로운 탐구 기제와 주제를 도입하고 적용해 보는 기회를 한층 더 확충해야 할 것이다.

둘째, 인지언어학의 특징 가운데 하나인 학제적 연구의 정신에 따라 한국어의 본질 규명을 위해 상승효과를 거둘 수 있는 관련 분야와 협업 또는 학제적 연구가 활성화되어야 한다. 1차적으로, 의미론을 기준점으로 하여 형태론 및 통사론, 화용론, 음운론을 비롯하여, '한국어문학'의 이름 아래 연계할 수 있는 주제와 방법론을 탐색해야 한다. 또한, 언어학의 하위 분야인 말뭉치·심리·사회·전산 언어학뿐만 아니라, 심리학, 철학, 사회학, 문화인류학, 컴퓨터공학, 뇌 과학 등과의 학제적·통섭 연구를 일상화해 가야 할 것이다.

셋째, 응용 연구가 활성화되어야 한다. 예를 들어, 인지언어학적 관점에서 한국어의 특성 규명이 언어정책, 사전편찬, 언어교육, 문학교육, 언어공학 등에 적극적이며 효율적으로 활용될 수 있는 방안 모색이 필요하다. 이러한 모색의 실행을 통해 연구의 동력이 탄력을 받게 되고 그 효용성이 한층 더 강화될 것이다.

넷째, 국제 인지언어학계와의 소통이 적극적으로 이루어야 한다. 일반언어학계의 새로운 이론을 신속 정확하고 능동적으로 수용하고, 그 이론이 한국어의 특성을 분석하는 데 어느 정도의 포괄성과 설명력을 갖는지에 대해 검증한 뒤 이를 일반 언어학계에 알려야 한다. 또한, 한국어와 다른 언어의 의미·형태 및 통사·담화 특성을 대조 분석함으로써, 한국어의 특성을 파악하는 동시에 보편성을 확보하여, 이를 일반 언어학계와 공유해야 한다. 이러한 과정을 통해 한국어학계와 일반 언어학계 간의 상호 소통의 시계를 넓혀가야 할 것이다.

다섯째, 학계의 활성화와 학문 후속 세대의 양성을 위해 지혜를 모아야 한다. 넓게는 한국어문학 및 언어학 관련 학계, 좁게는 한국어 의미학계 및 담화 인지언어학계를 중심으로 앞에서 살펴본 여러 과제를 체계적이고도 균형 있게 논의하고 협업이 이루어져야 한다. 또한, 대학 및 대학원의 어문 및 인문 분야에서 인지언어학 강좌를 개설하고[13] 교수자와 학문 후속 세대를 확충해 나가야 할 것이다.

요컨대 우리 학계에서는 인지언어학의 유용성에 대한 이해의 저변 확대, 이론의 토착화, 국제적 교류의 활성화, 학문 후속 세대의 양성 등의 과제가

---

13 이와 관련하여 전 세계적으로 Ph.D., B.A. in Linguistics, University of California at Berkeley를 비롯하여 25개 대학이 인지언어학의 학위과정이 개설되어 있다.

산적해 있다.

4. 마무리

이상에서 인지언어학의 탐구 현황과 과제를 개괄적으로 살펴보았다. 지난
날 우리에게 경이로움과 함께 적지 않은 실망을 안겨 주었던 언어 이론들에
비추어 인지언어학의 어제와 오늘 그리고 내일을 헤아리면서 이 글을 마무리
하기로 한다.

인지언어학은 40여 년의 연륜 속에서 크나큰 성장을 하게 되었다. 야생의
변경으로 상징되는 미국의 서부 해안 벨트를 중심으로 인지언어학의 정신이
싹트기 시작하여 유럽으로, 아시아로, 호주 및 뉴질랜드로, 그리고 전 세계로
빠르고 넓게 전파되어 뿌리내리고 있다. 이것은 인지언어학이 지닌 여러 가지
덕목에서 비롯된다.

한국어 학계에서도 인지언어학은 특별한 기여를 해 오고 있다. 종래 자율적
인 체계를 중시하던 객관주의 언어관의 한계를 넘어서 다음과 같은 공감대가
확산되고 있다. 첫째, 언어의 원리·현상·지식은 세상사의 원리·현상·지
식과 상통한다. 둘째, 사고 및 인지는 구체적(또는 신체적)인 데서 추상적(또
는 심리적)인 데로 확장된다. 셋째, 범주 구성원(즉 원형과 주변 요소)은 비대
칭적이다. 넷째, 형식(또는 형태·구조)과 내용(또는 기능·의미)은 자의적인
것만이 아니라 도상적이며 동기화되어 있다. 다섯째, 언어적 지식은 용법 기
반적이다. 여섯째, 언어 탐구에서 의미의 중요성과 의미론의 우선성이다. 일곱
째, 의미는 신체화되어 있으며, 의미의 작용은 개념화 또는 해석이다.

출범 당시에서부터 인지언어학은 철학, 심리학, 신경과학 및 컴퓨터과학의
기제를 통합하면서 언어 탐구의 새로운 접근법을 추구해 왔다. 언어의 인지과학
적 접근법은 초기에 마음에 관한 철학적 사고에 기초했지만, 최근에는 한층 더
광범위한 경험적 접근법의 중요성을 강조하고 있다. 오늘에 이르러 인지언어학

은 언어, 몸과 마음, 그리고 사회 문화 간의 한층 더 흥미롭고 혁신적인 방식의 학제적 탐구를 강화하여 그 상관성을 규명하려고 한다. 이로 미루어 볼 때 장차 인지언어학은 시대를 초월하여 그 생명력이 지속되고 번창할 것이다.

참고문헌

강신익·강태경·김동환·박병기·이상욱·이영의·이향준·정혜윤(2015), 『몸과 인지』, 전남대학교출판부.

권연진(2013), "인지의미론", 황규홍 외, 『현대언어학의 흐름』, 167-228, 도서출판 동인.

권연진(2017), 『인지언어학에서 은유의 보편성과 상대성』, 한국문화사.

김동환(2002), 『개념적 혼성이론』, 박이정.

김동환(2005), 『인지언어학과 의미』, 태학사.

김동환(2013), 『인지언어학과 개념적 혼성 이론』, 박이정.

김미형(2009), 『인지적 대조언어학의 방법론 연구: 한국어와 영어를 대상으로』, 한국문화사.

김종도(2002), 『인지문법의 디딤돌』, 박이정.

김종도(2004), 『인지언어학적 원근법에서 본 은유의 세계』, 한국문화사.

김종도(2005), 『인지문법적 관점에서 본 환유의 세계』, 경진문화사.

노양진(2009), 『몸 언어 철학』, 서광사.

노양진(2013), 『몸이 철학을 말하다: 인지적 전환과 체험주의의 물음』, 서광사.

리우팡(2016), 『한국어 분류사의 인지언어학적 연구』, 한국문화사.

백미현(2003), "인지 언어학", 홍영예 외 지음, 『영어학의 이해』, 323-372, 한국문화사.

송현주(2015), 『국어 동기화의 인지언어학적 탐색』, 한국문화사.

오예옥(2015), 『인지 의미론적 언어사용의 보편성』, 역락.

이기동(1994), "인지문법", 장석진 엮음, 『현대언어학 지금 어디로』, 325-367, 한신문화사.

이성하(1998/2016), 『문법화의 이해』, 한국문화사.

이수련(2001), 『한국어와 인지』, 박이정.

이수련(2015), 『개념화와 의미 해석』, 박문사.

이종열(2003), 『비유와 인지』, 한국문화사.

임지룡(1997), 『인지의미론』, 탑출판사.

임지룡(1998), "인지 의미론", 간행위원회 편, 『한결 이승명 박사 화갑기념논총: 의미론 연구의 새 방향』, 35-64, 박이정.

임지룡(2004), "인지언어학의 현황과 전망", 『숭실어문』 19: 51-90, 숭실어문학회.

임지룡(2006), 『말하는 몸: 감정 표현의 인지언어학적 탐색』, 한국문화사.

임지룡(2007), "인지의미론 연구의 현황과 전망", 『우리말연구』 21: 51-104, 우리말학회.

임지룡(2008), 『의미의 인지언어학적 탐색』, 한국문화사.

임지룡(2017a), 『한국어 의미 특성의 인지언어학적 연구』, 한국문화사.

임지룡(2017b), 『<개정판> 인지의미론』, 한국문화사.

임지룡 외(2014), 『문법교육의 인지언어학적 탐색』, 태학사.

임지룡 외(2015), 『비유의 인지언어학적 탐색』, 태학사.

임지룡 외(2016), 『어휘 의미의 인지언어학적 탐색』, 태학사.

임지룡 외(2017), 『의미관계의 인지언어학적 탐색』, 한국문화사.

임지룡 외(2018), 『동기화의 인지언어학적 탐색』, 한국문화사.

임태성(2018), 『가상이동: 인지언어학적 접근법』, 한국문화사.

임혜원(2004), 『공간 개념의 은유적 확장』, 한국문화사.

임혜원(2013), 『언어와 인지: 몸과 언어 의미에 대한 인지언어학적 고찰』, 한국문화사.

전남대학교 철학과 BK21플러스 횡단형철학전문인력양성사업단 편(2015), 『몸과 인지』, 전남대학교출판부.

정병철(2009), 『시뮬레이션 의미론에 기초한 동사의 의미망 연구』, 한국문화사.

정병철(2017), 『한국어 문법 교육의 인지적 토대』, 한국문화사.

정주리(2004), 『동사, 구문, 그리고 의미』, 국학자료원.

쉐이펑훼이(2017), 『한·중 마음(心) 표현의 인지언어학적 탐색』, 한국문화사.

Choi, S. & M. Bowerman(1991), Learning to express motion events in English an Korean: The influence of language specific lexicalization patterns, *Cognition* 41: 83-121.

Croft, W.(2007), Construction Grammar, in D. Geeraerts & H. Cuyckens(eds.),

463-508.

Croft, W. & D. A. Cruse(2004), *Cognitive Linguistics.* Cambridge: Cambridge University Press. (김두식·나익주 옮김(2010), 『인지언어학』, 박이정.)

Croft, W. & E. J. Wood(2000), Construal operations in linguistics and artificial intelligence, in L. Albertazzi(ed), *Meaning and Cognition: A Multidisciplinary Approach*, 51-78, Amsterdam: John Benjamins.

Cuyckens, H., T. Berg, R. Dirven & K-U. Panther(eds.)(2003), *Motivation in Language*, Amsterdam: John Benjamins.

Dąbrowska, E. & D. Divjak(eds.)(2015), *Handbook of Cognitive Linguistics*, Berlin: De Gruyter. (임지룡·김동환 옮김(2018), 『인지언어학 핸드북』, 박이정.)

Dancygier, B. & E. Sweetser(2014), *Figurative Language,* New York: Cambridge University Press. (임지룡·김동환 옮김(2015), 『비유 언어: 인지언어학적 탐색』, 한국문화사.)

Dancygier, B.(ed.)(2017), *The Cambridge Handbook of Cognitive Linguistics*, Cambridge: Cambridge University Press.

Dirven, R. & M. Verspoor(eds.)(1998/2004), *Cognitive Exploration of Language and Linguistics*, Amsterdam: John Benjamins. (이기동 외 9명 옮김(1999), 『언어와 언어학: 인지적 탐색』, 한국문화사.)

Evans, V.(2007), *A Glossary of Cognitive Linguistics*, Edinburg: The Edinburg University Press. (임지룡·김동환 옮김(2010), 『인지언어학 용어사전』, 한국문화사.)

Evans, V.(2009), *How Words Mean: Lexical concepts, Cognitive Models and Meaning Construction,* Oxford: Oxford University Press. (임지룡·김동환 옮김(2012), 『인지언어학적 어휘의미론』, 경북대학교출판부.)

Evans, V. & M. Green(2006), *Cognitive Linguistics: An Introduction*, Edinburgh: Edinburgh University Press. (임지룡·김동환 옮김(2008), 『인지언어학 기초』, 한국문화사.)

Evans, V., B. Bergen & J. Zinken(eds.)(2007), *The Cognitive Linguistics Reader*, London: Equinox.

Fauconnier, G.(1985), *Mental Spaces: Aspects of Meaning Construction in Natural Language*, Cambridge, Massachusettes/London: The MIT Press (Revised. New York: Cambridge University Press, 1994). (나익주·요시모

토 하지메 옮김(2015), 『정신 공간: 자연 언어의 의미 구성 양상』, 한국문화사.)

Fauconnier, G. & M. Turner(2002), *The Way We Think: Conceptual Blending and the Mind's Hidden Complexities*, New York: Basic Books. (김동환·최영호 옮김(2009), 『우리는 어떻게 생각하는가: 개념적 혼성과 상상력의 수수께끼』, 지호.)

Fillmore, C.(1982), Frame semantics, in Linguistic Society of Korea(ed.), *Linguistics in the Morning Calm*, 111-138, Seoul: Hanshin.

Geeraerts, D.(2006)(ed.), *Cognitive Linguistics: Basic Reading*, Berlin: Mouton de Gruyter.

Geeraerts, D. & H. Cuyckens(eds.)(2007), *The Oxford Handbook of Cognitive Linguistics*, Oxford: Oxford University Press. (김동환 옮김(2011), 『인지언어학 옥스퍼드 핸드북』, 로고스라임.)

Gibbs, R. W.(1994), *The Poetics of Mind: Figurative Thought, Language, and Understanding*, Cambridge: Cambridge University Press. (나익주(2003), 『마음의 시학: 비유적 사고·언어·이해』, 한국문화사.)

Goldberg, A. E.(1995), *Constructions: A Construction Grammar Approach to Argument Structure*, Chicago: The University of Chicago Press.

Goldberg, A. E.(2006), *Constructions at Work: The Nature of Generalizations in Language,* Oxford: Oxford University Press.

Hamawand, Z.(2016), *Semantics: A Cognitive Account of Linguistic Meaning*, Sheffield, U.K.: Equinox. (임지룡·윤희수 옮김(2017), 『의미론: 언어 의미의 인지적 설명』, 한국문화사.)

Hampe, B.(ed.)(2005), *From Perception to Meaning: Image Schemas in Cognitive Linguistics*, Berlin: Mouton de Gruyter.

Heine, B.(1997), *Cognitive Foundations of Grammar*, Oxford: Oxford University Press. (이성하·구현정 옮김(2004), 『문법의 인지적 기초』, 박이정.)

Heine, B., U. Claudi & F. Hunnemeyer(1991), *Grammaticalization: A Conceptual Framework*, Chicago: The University of Chicago Press.

Hopper, P. J. & E. C. Traugott(1993), *Grammaticalization*, Cambridge: Cambridge University Press. (김은일 외 옮김(1999), 『문법화』, 한신문화사.)

Hoffmann, T.(2017), Construction Grammars, in B. Dancygier(ed.), 311-329.

Johnson, M.(1987), *The Body in the Mind: The Bodily Basis of Meaning,*

Imagination, and Reason, Chicago & London: The University of Chicago Press. (노양진 옮김(2000), 『마음 속의 몸: 의미 · 상상력 · 이성의 신체적 근거』, 철학과 현실사.)

Kövecses, Z.(2002/2010), *Metaphor: A Practical Introduction*, Oxford: Oxford University Press. (이정화 · 우수정 · 손수진 · 이진희 공역(2003), 『은유: 실용입문서』, 한국문화사.)

Kövecses, Z.(2006), *Language, Mind, and Culture: A Practical Introduction*, Oxford: Oxford University Press. (임지룡 · 김동환 옮김(2011), 『언어 · 마음 · 문화의 인지언어학적 탐색』, 역락.)

Lakoff, G.(1982), Categories: An essay in Cognitive Linguistics, in Linguistic Society of Korea(ed.), *Linguistics in the Morning Calm*, 139-193, Seoul: Hanshin.

Lakoff, G.(1987), *Women, Fire and Dangerous Things: What Categories Reveal About the Mind*, Chicago: The University of Chicago Press. (이기우 옮김 (1994), 『인지의미론: 언어에서 본 인간의 마음』, 한국문화사.)

Lakoff, G.(1988), Cognitive semantics, in U. Eco, M. Santambrogio & P. Violi(eds.), *Meaning and Mental Representations*, 119-154, Bloomington & Indianapolis: Indiana University Press.

Lakoff, G.(2018), *Ten Lectures on Cognitive Linguistics,* Leiden: Brill.

Lakoff, G. & M. Johnson(1980/2003), *Metaphors We Live By*, Chicago & London: The University of Chicago Press. (노양진 · 나익주 옮김(1995/2006), 『삶으로서의 은유』, 서광사.)

Lakoff, G. & M. Johnson(1999), *Philosophy in the Flesh: The Embodied Mind and Its Challenge to Western Thought*, New York: Basic Books. (임지룡 · 윤희수 · 노양진 · 나익주 옮김(2002), 『몸의 철학: 신체화된 마음의 서구 사상에 대한 도전』, 박이정.)

Langacker, R. W.(1987/1991a), *Foundations of Cognitive Grammar* Vol. 1 & 2, Stanford, California: Stanford University Press. (김종도 역(1999), 『인지문법의 토대: 이론적 선행조건들, 기술적 적용』, 박이정.)

Langacker, R. W.(1991b/2002), *Concept, Image, and Symbol: The Cognitive Basis of Grammar*, Berlin/New York: Mouton de Gruyter. (나익주 옮김(2005), 『개념 · 영상 · 상징: 문법의 인지적 토대』, 박이정.)

Langacker, R. W.(1999), *Grammar and Conceptualization*, Berlin/New York:

Mouton de Gruyter. (김종도 · 나익주 옮김(2001), 『문법과 개념화』, 박이정.)

Langacker, R. W.(2007), Cognitive grammar, in D. Geeraerts & H. Cuyckens (eds.), 421-462.

Langacker, R. W.(2008), *Cognitive Grammar: A Basic Introduction*, Oxford: Oxford University Press. (나익주 외 4인 옮김(2014), 『인지문법』, 박이정.)

Langacker, R. W.(2015), Construal, in E. Dabrowska & D. Divjak(eds.), 634-650.

Langacker, R. W.(2017a), *Ten Lectures on the Basics of Cognitive Grammar*, Leiden: Brill.

Langacker, R. W.(2017b), *Ten Lectures on the Elaboration of Cognitive Grammar*, Leiden: Brill.

Lee, D.(2001), *Cognitive Linguistics: An Introduction*, Oxford: Oxford University Press. (임지룡 · 김동환 옮김(2003), 『인지언어학 입문』, 한국문화사.)

Lemmens, M.(2016), Cognitive semantics, in N. Riemer(ed.), *The Routledge Handbook of Semantics*, 90-105, London/New York: Routledge.

Littlemore, L. & J. R. Taylor(eds.)(2014), *The Bloomsbury Companion to Cognitive Linguistics*, London: Bloomsbury Publishing Plc. (김동환 옮김 (2018), 『인지언어학 블룸즈버리 핸드북』, 로고스라임.)

Panther, K.-U. & G. Radden(eds.)(1999), *Metonymy in Language and Thought*, Amsterdam: John Benjamins.

Panther, K.-U. & L. Thornburg(eds.)(2003), *Metonymy and Pragmatic Inferencing*, Amsterdam: John Benjamins.

Paradis, C.(2013), Cognitive Grammar, in C. A. Chapelle(ed.), *The Encyclopedia of Applied Linguistics*, 690-697, Oxford: Wiley-Blackwell.

Peña, M. S.(2003), *Topology and Cognition: What Image-schema Reveal about the Metaphorical Language of Emotion*, Muenchen: Lincom Europa. (임지룡 · 김동환 옮김(2006), 『은유와 영상도식』, 한국문화사.)

Radden, G.(2008), The cognitive approach to language, in Z. Andor *et al.*(eds.), *When Grammar Minds Language and Literature*, 387-412, Debrecen: Institute of English and American Studies.

Radden, G. & K.-U. Panther(eds.)(2004), *Studies in Linguistic Motivation*, Berlin: Mouton de Gruyter.

Radden, G. & R. Dirven(2007), *Cognitive English Grammar*, Amsterdam: John

Benjamins. (임지룡・윤희수 옮김(2009), 『인지문법론』, 박이정.)

Riemer, N.(2010), *Introducing Semantics,* Cambridge: Cambridge University Press. (임지룡・윤희수 옮김(2013), 『의미론의 길잡이』, 박이정.)

Robinson, P. & N. Ellis(2008), *Handbook of Cognitive Linguistics and Second Language Acquisition,* London: Routledge. (김동환 역(2013), 『인지언어학의 외국어 교수법 핸드북』, 공감엔피엠.)

Semino, E. & J. Culpeper(2002), *Cognitive Stylistics: Language and Cognition in Text Analysis,* Amsterdam: John Benjamins. (양병호・유인실・이승철・이강하 옮김(2017), 『인지문체론: 텍스트의 언어와 인지 분석』, 한국문화사.)

Sweetser, E.(1990), *From Etymology to Pragmatics: Metaphorical and Cultural Aspects of Semantic Structure,* Cambridge: Cambridge University Press. (박정운・나익주・김주식 옮김(2006), 『어원론에서 화용론까지: 의미 구조의 은유적・문화적 양상』, 박이정.)

Talmy, L.(2000), *Toward a Cognitive Semantics* (2 Vols), Cambridge, M.A.: The MIT Press.

Talmy, L.(2011), Cognitive semantics, in C. Maienbon, K. von Heusinger, P. Portner(eds.), *Semantics,* Berlin: De Gruyter Mouton.

Talmy, L.(2018), *Ten Lectures on Cognitive Semantics,* Leiden: Brill.

Taylor, J. R.(1989/2003), *Linguistic Categorization: Prototypes in Linguistic Theory,* Oxford: Clarendon Press. (조명원・나익주 옮김(1997), 『인지언어학이란 무엇인가?: 언어학과 원형 이론』, 한국문화사.)

Taylor, J. R.(2002), *Cognitive Grammar,* Oxford: Oxford University Press. (임지룡・김동환 옮김(2005), 『인지문법』, 한국문화사.)

Taylor, J. R.(2009), Cognitive semantics, in K. Brown(ed.), *Concise Encyclopedia of Semantics(1)*, 73-86, Amsterdam: Elsevier.

Taylor, J. R.(2018), *Ten Lectures on Applied Cognitive Linguistics,* Leiden: Brill.

Ungerer, F. & H. J. Schmid(1996/2006), *An Introduction to Cognitive Linguistics,* London/New York: Longman. (임지룡・김동환 옮김(1998/2010), 『인지언어학 개론』, 태학사.)

van der Auwera, J. *et al.*(2017), Grammaticalization, in B. Dancygier(ed.), 634-650.

인지문법론

윤 희 수*

1. 들머리

전통문법, 구조문법, 기술문법을 거쳐 변형문법이 주류이었던 1970년대 후반에, 심층구조와 의미표시를 동일시함으로 의미표시에 직접 변형규칙을 적용하여 표층구조를 형성한다고 주창한 G. Lakoff, R. W. Langacker, C. Fillmore 등 소위 미국의 생성의미론 학자들에 의해 시작되어 거의 40여 년 동안 현대언어학의 새로운 영역을 개척해나가고 있는 인지언어학은 이제 더 이상 언어학의 지류가 아니고 본류라고 해도 지나친 말이 아닐 정도로 발전하였고 전 세계의 많은 언어를 대상으로도 연구되어 왔다. Gibbs(1996: 50)가 "인지언어학은 마음, 몸 그리고 언어의 상호 작용에 대한 새로운 이론적 이해의 방법을 선도하고 있다."라고 언급했듯이, 인지언어학은 인간 마음의 인지적 양상을 언어를 통하여 여러 학문과 연합하여 학제적으로 연구하고 있다.

인지언어학의 한 하위분야인 인지문법론에 관해 논의하기에 앞서 문법이

* 금오공과대학교 인문사회과학부 교수, yoonprof@hanmail.net

무엇인지 살펴보자. Radford(1997: 1-3)는 다음과 같이 문법에 대해서 말한다. "문법은 전통적으로 두 개의 다르지만 상호 관련된 연구 분야, 즉 형태론과 통사론으로 구분된다… 그러나 문법은 낱말들, 구들, 문장들의 *형성(formation)*을 결정하는 원리들에만 관심이 있는 것이 아니라, 그것들의 *해석(interpretation)*을 지배하는 원리들에도 관심이 있다… 우리는 문법을 *낱말들, 구들, 문장들의 형성과 해석을 지배하는 원리들*에 관한 연구라고 단정할 수 있을 것이다… 만약 우리가 문법을 문법적 능력(grammatical competence)에 관한 연구라고 말한다면, 그러면 우리는 은연중에 문법의 본질에 대해 *인지적* 견해를 취하고 있는 것이다…"

그리고 문법이 충족시켜야 할 세 가지 타당성, 즉 관찰적 타당성(observational adequacy), 기술적 타당성(descriptive adequacy), 설명적 타당성(explanatory adequacy)이 있는데 인지문법은 설명적 타당성이 가장 높은 문법으로 인정된다.

다음으로, 용어 인지언어학(Cognitive Linguistics)과 인지문법(Cognitive Grammar)을 구분할 필요가 있다. 여기서는 Taylor(2002: 3-4)에 근거하여 인지언어학과 인지문법이라는 용어의 차이를 살펴보기로 하자. 그의 분류에 의하면, "인지언어학은 현대언어학 내에서 다소 광범위한 연구 방식을 기술하는 용어이다. 인지언어학은 많은 공통의 가설에 의해 통합된 다양한 접근방식, 방법론, 강조점을 포함한다. 이것들 중에서 가장 중요한 것은 언어가 인간 인지의 한 통합 부분을 형성하고 있고, 언어 현상에 대한 어떤 통찰력 있는 분석도 인간의 인지능력에 관해 알려진 내용 속에 매입될 필요가 있을 것이라는 믿음이다. 따라서 인지능력은 언어를 안다는 것이 무엇이며, 언어들은 어떻게 습득되며, 그리고 그들은 어떻게 사용되는가에 관해 인지적으로 그럴 듯하게 설명하는 것을 목적으로 하고 있다." 한편, "인지문법은 인지언어학의 더 광범위한 연구 방식 속에 위치한 특정한 언어이론이다. 비록 인지문법에 그 자체의 용어, 기술(記述)적 기술(技術), 그리고 그림으로 표시한 규약들이 있지만, 인지문법은 인지언어학 연구 방식의 기본 가설[1]을 공유하고 있다." 인지문법은 문법 연구에 대한 인지적 접근 방식이라고 할 수 있는데, 그의 인지문법은 음운론, 형태론, 통사론, 그리고 의미론을 포함하고 있다.

한편, Lakoff(1987)는 인지언어학을 인지의미론(Cognitive Semantics)으로, 그리고 Langacker(1987)는 인지언어학을 인지문법으로 불렀다. 인지언어학의 원리들이 언어학의 하위분야들에 적용되어, 인지언어학은 인지유형론, 인지화용론, 인지의미론, 인지문법론(인지형태론, 인지통사론) 그리고 인지음운론으로 분류되었다.

Radden & Dirven(2007, xi-xii)은 인지문법은 아래 다섯 가지 가정에 근거하고 있다고 했다. (1) 한 언어의 문법은 **인간 인지**의 일부분이고, 다른 인지기능들, 특히 지각, 주의, 그리고 기억과 상호작용한다. 예를 들면, 새를 둘러싸고 있는 하늘에 초점을 맞는 것이 아니고 공중에서 나는 새에 초점을 맞추는 것과 동일한 방식으로, 우리는 그 상황을 *the sky around the bird*가 아니고 *a bird in the sky*로 기술한다.

(2) 한 언어의 문법은 이 세상에 존재하는 현상들에 관한 **일반화를** 그 화자들이 그것들을 경험하는 대로 반영하고 제시한다. 예를 들면, 문법형태로서 시제는 어휘 재료에 의해 표현되는 년이나 시간이나 일과 같은 특정한 개념들이 아니고 시간의 일반적 개념들 (현재, 과거, 미래)을 표현하는 데 사용된다.

(3) 어휘항목처럼 문법형태도 **유의미적**이고, 순수하게 구조적인 문법 모형에서 흔히 가정되는 것 같이 결코 "빈" 상태로 있거나 무의미적이지 않다. 예를 들면, *I'd like to hear from you*에서처럼 to- 부정사의 원소 *to*는 내 소원이 어떤 목표를 지향한다는 것을 나타낸다.

(4) 한 언어의 문법은 그 언어의 어휘범주와 문법구조에 대한 원어민 화자의 지식(knowledge)을 나타낸다.

(5) 한 언어의 문법은 한 특정한 장면에 대한 화자들의 견해를 제시하기

---

1   Taylor(2002: 27-30)에 의하면 인지문법론의 세 가지 일반적 특성은 용법에 근거 (usage based), 의미론의 중요성(the importance of semantics), 그리고 구분 흐리기 (blurring of distinctions)이다.

위해 그들에게 다양한 구조적 선택을 제공한다는 점에서 용법에 근거한다 (usage-based). 예를 들면, 나는 동일한 장면을 *I'm running out of time(시간이 끝나간다)* 또는 *Time is running out(시간이 끝나간다)*으로 기술할 것이다.

이 글에서는 여러 특정 언어의 문법이 있겠지만, 특히 영문법에 대하여 인지문법이 지금까지 연구한 내용을 고찰하고 앞으로의 과제를 제시하는 데 목적이 있다. 제2장에서는 인지문법에 필요한 기본 개념 연구현황을, 제3장에서는 인지문법의 연구현황을 살펴볼 것이다. 제4장에서는 인지문법의 앞으로의 과제와 전망을 조사할 것이다. 제5장은 요약과 결론으로 이 글을 마무리할 것이다.

2. 인지문법 연구에 필요한 기본 개념 연구현황

이 장에서는 인지문법의 연구에 필요한 개념들에 관한 연구 현황을 주제별로 조사해보기로 한다.

첫째, 일반적 인지언어학에 관한 연구로는 Croft & Cruse(2004), Dirven, René & Verspoor(eds.)(1988), Evans, & Green(2006), Lee (2001), Ungerer & Schmid(2006)가 있다.

둘째, 영역에 관한 연구로는 Fillmore(1977), Barsalou(1992), Clausner & Croft(1999), Croft(1993)가 있다.

셋째, 신체화에 대한 연구로는 Johnson(1987), Lakoff & Johnson(1999)이 있다.

넷째, 범주화와 원형이론에 관한 연구로는 Rosch(1977, 1978), Rosch & Mervis(1975), Taylor(1989), Tsohatzidis(ed.)(1990)가 있다.

다섯째, 개념화와 인지모형에 관한 연구로는 Langacker(1999), Geiger & Rudzka-Ostyn(eds.)(1993), Nuyts & Pederso(eds.)(1997), Dirven, Frank & Putz(eds.)(2003)가 있다.

여섯째, 의미확장과 다의어에 관한 연구로는 Sweetser(1990), Cuyckens & Zawada(eds.)(2001)가 있다.

일곱째, 감정에 관한 연구로는 Kövecses(1986, 2000), Niemeier & Dirven (eds.)(1997), Athanasiadou & Tabakowska(eds.)(1998), Harkins & Wierzbicka (eds.)(2001)가 있다.

여덟째, 정신공간과 혼성에 관한 연구로는 Dancygier & Sweetser(2005), Fauconnier(1994, 1997), Fauconnier & Sweetser(1996), Fauconnier & Turner (2002), Coulson(2000), Gibbs(2000), Sweetser(2000)가 있다.

아홉째, 영상도식에 관한 연구로는 Clausner & Croft(1999), Gibbs & Colston(1995), Hampe(ed.)(2005), Johnson(1987), Mandler(2004)가 있다.

열째, 가상이동에 관한 연구로는 Langacker(1991b), Talmy(2000), Fauconnier (1997), Matlock(2004a, 2004b)이 있다.

열한째, 도상성에 관한 연구로는 Bybee(1985), Haiman(1985), Haiman (ed.)(1985)이 있다.

열두째, 객관성과 주관성에 관한 연구로는 Langacker(1990, 2002)가 있다.

열셋째, 전경과 배경에 관한 연구로는 Talmy(1978/2000), Wallace(1982), Hayase(1997)가 있다.

열넷째, 주의의 창문화에 관한 연구로는 Talmy(1996), Fillmore(1977), Lawler(1989), Croft *et al*(2001)이 있다.

열다섯째, 개념적 은유에 관한 연구로는 Gibbs(1994), Lakoff (1987), Lakoff & Johnson(1980), Lakoff & Turner(1989), Hanks & Giora(eds.)(2012) 가 있다.

열여섯째, 개념적 환유에 관한 연구로는 Barcelona(2003), Dirven & Pörings(2002), Kövecses & Radden(1998), Panther & Radden(eds.)(1999), Panther & Thornburg(eds.)(2003)가 있다.

3. 인지문법의 연구현황

본 장에서는 인지문법의 주요 연구내용을 영문법을 통해 살펴보기로 한다. 먼저 일반적 인지문법에 관한 연구로는 Langacker(1987, 1991b, 2008), Taylor(2002), Radden & Dirven(2007)이 있다.

3.1. 명사(Noun)

가산명사와 불가산명사에 관한 연구로는 Pelletier(1979), Allan(1980), Mufwene(1984), Markman(1985), Bunt(1985), Wierzbicka(1985), Quirk et al(1985), Talmy(1988/2000), Wilckens(1992), Svensson(1998)이 있다. 집합명사에 관한 연구로는 Depraetere(2003)가 있다. 명사화에 관한 연구로는 Nikiforidou(1999), Heyvaert(2003)가 있다. 추상명사에 관한 연구로는 Lakoff & Johnson(1980), Langacker(1991a), Sinha(1999), Schmid(2000)가 있다. 고유명사와 정관사에 관한 연구로는 Hewaon(1972), Horowitz(1989), Berezowski(1997, 2001)가 있다.

3.2. 지시(Reference)

지시에 대한 일반적 인지적 접근방식에 관한 연구로는 Chesterman(1991), Epstein(2001), Ariel(1998)이 있다. 지시의 유형과 실례의 구분에 관한 연구로는 Langacker(1991a)가 있다. 한정성에 관한 연구로는 Hawkins(1991), Prince(1981), Clark & Marshall(1992), Birner & Ward(1994), Epstein(2001), Gundel(1996)이 있다. 비-한정성에 관한 연구로는 Hawkins(1978: 1991)가 있다. 전방조응지시에 관한 연구로는 Langacker(1991a), van Hoek(1997), Davidse(2004)가 있다. 직시에 관한 연구로는 Tfouni & Klatzky(1986), Fillmore(1997), Ariel(1998)이 있다. 지시점 현상으로서의 소유격에 관한 연

구로는 Langacker(1993), Taylor(1996)가 있다. 총칭적 한정성에 관한 연구로는 Declerck(1986), Krifka *et al.*(1995), Langacker(2000)가 있다.

3.3. 양화사(Quantifier)

양화사에 관한 논리언어학적 연구로는 May(1977), Cushing(1982), Dryer (1989)가 있다. 집합양화사(*each, every, all, any*)에 관한 연구로는 Labov (1985), Radden & Dirven(2007)이 있고, 양화사 *any*에 관한 연구로는 Langacker (2003)가 있으며, 양화사 *most*에 관한 연구로는 Ariel(2004)이 있다.

3.4. 수식어(Modifier)

형용사의 일반적 속성에 관한 연구로는 Thompson(1989), Taylor(1992), Ferris(1993), Sweetser(1999)가 있고, 속성형용사와 서술형용사에 관한 연구로는 Bolinger(1977), Radden & Dirven(2007)이 있다. 형용사적 과거분사에 관한 연구로는 Goldberg & Ackerman(1996)가 있다. 탈명사적 형용사에 관한 연구로는 Levi(1973), Post(1986), Wierzbicka(1988)가 있다. 형용사와 도상성에 관한 연구로는 Vendler(1961), Posner(1986)가 있다. *of-* 구에 관한 연구로는 Langacker(1992), Taylor(1994)가 있다. 소유 속격에 관한 연구로는 Langacker(1993), Sheffer(1996), Taylor(1996)가 있다. 관계형용사절에 관한 연구로는 Tabakowska(1980), Fox & Thompson(1990), Prince(1995), Sheffer (1996), Gibson *et al.*(2005)이 있고, 관계형용부정사에 관한 연구로는 Geisler (1995)가 있다.

3.5. 상(Aspect)

기본적인 상에 관한 연구로는 Comrie(1976)가 있고, 상과 동사의 관계에 관한 연구로는 Leech(1971), Palmer(1988), Declerk(1991), Binnick(1991), Smith(1997)가 있다. 상에 대한 최근의 접근방식에 관한 연구로는 Sasse (2002)가 있다. 유경계(완료) 상황과 무경계(미완료) 상황에 관한 연구로는 Langacker(2001)가 있다. 다양한 언어에서 상의 발전에 관한 연구로는 Dahl(1985), Bybee, Perkins & Pagliuca(1994)가 있고, 다양한 언어에서 상, 시제 및 서법성의 관계에 관한 연구로는 Bybee, Perkins & Pagliuca(1994), Hewson & Bubenik(1997)이 있다.

3.6. 시제(Tense)

시간과 시제에 관한 연구로는 Comrie(1985), Binnick(1991), Klein(1994), Declerck(2006)이 있다. 영어의 시제 체계에 관한 연구로는 Leech(1971), Palmer(1988)가 있다. 시간의 공간적 은유 분석에 관한 연구로는 Lakoff & Johnson(1980), Lakoff & Johnson(1999), Radden(2006)이 있다. 시간 체계와 정신공간에 관한 연구로는 Fauconnier(1997)가 있다. 현재시제에 관한 연구로는 Langacker(2001)가 있고, 미래시제에 관한 연구로는 Wekker(1976), Bybee & Pagliuca(1987), Haegeman(1989), Nicolle(1997)이 있으며, 현재완료에 관한 연구로는 Inoue(1978), Klein(1992)이 있다.

3.7. 서법성(Modality)

서법성에 관한 영문법의 전통적 연구로는 Perkins(1983), Coates(1983), Palmer(2001), Leech(1971), Suzuki(1989)가 있다. 서법성에 관한 인지적 접근으로는 Langacker(1991a), Nuyts(2000), Johnson(1987), Talmy(2000), Sweetser(1990), Pelyvás(2003)가 있다. 서법동사의 문법화에 관한 연구로는 Bybee, Perkins & Pagliuca(1999), Haegeman(1989), Nicolle(1997) Traugott (1989), Bybee, Perkins & Pagliuca(1994), Traugott & Dasher(2002)가 있다.

의무와 필요성의 서법동사에 관한 연구로는 Nordlinger & Traugot(1997), Collins(2005)가 있고, 가능성의 서법동사에 관한 연구로는 Coates(1995)가 있으며, 서법동사와 서법부사의 상호관계에 관한 연구로는 Fraser(1975), Hoye(1997)가 있다

3.8. 문장유형

격역할과 사건 해석에 관한 연구로는 Radden(1989), Croft(1991), Delancey (1991), Palmer(1994), Levin(1993)이 있고, 동사류의 교체에 관한 연구로는 Dixon(1991), Levin(1993), Goldberg(2002)이 있다. *come*과 *go*에 관한 연구로는 Radden(1996)이 있고, *there-* 구문에 관한 연구로는 Lakoff(1987), Davidse (1999)가 있다. 이동도식에 관한 연구로는 Talmy(1991, 2000), Slobin(1996) 이 있고, 목표역과 근원역에 관한 연구로는 Ikegami(1987)가 있다. 에너지 연쇄로서 타동성에 관한 연구로는 Langacker(1991a)가 있고, 행위자로서 도구의 역할에 관한 연구로는 Schlesinger(1995)가 있으며, 중간태구문에 관한 연구로는 Kemmer(1993)가 있다. 유발된 이동구문에 관한 연구로는 Goldberg (1995; 구성문법의 관점), Broccias(2003; Langacker의 문법모형의 관점), Fauconnier & Turner(2002; 혼성의 관점)가 있다. 영어의 이중목적어구문과 여격교체에 관한 연구로는 Langacker(1991a), Goldberg(1989, 1995), Panther (1997)가 있다.

3.9. 전치사(Preposition)

공간전치사에 관한 연구로는 Svorou(1994), Levinson(2003)이 있고, 전치사의 의미와 의미 확장에 관한 연구로는 Talmy(2000), Herskovits(1985, 1986), Tyler & Evans(2003)가 있다. 전치사 *over*에 관한 연구로는 Tyler & Evans(2001)가 있고, 방위 전치사에 관한 연구로는 Boers(1986)가 있으며, 전

치사 *on*에 관한 연구로는 Beitel, Gibbs & Sanders(1997)가 있다. 시간 전치사에 관한 연구로는 Bennett(1975), Wierzbicka(1993)이 있고, 인과관계 전치사에 관한 연구로는 Dirven(1995, 1997), Radden(1985, 1998), Radden & Dirven(2007)이 있다.

3.10. 문법화(Grammaticalization)

일반적 개론서로는 Hopper & Traugott(2003)이 있으며, 문법화의 다양한 양상에 관한 연구로는 Heine, Claudi & Hünnemeyer(1991), Traugott & Heine(eds.)(1993), Heine & Kuteva(2002), Traugott & Dasher(2002), Stathi, Gehweiler & König(eds.)(2010)가 있다.

4. 앞으로의 과제와 전망

본장에서는 인지문법이 앞으로 다루어야 할 과제와 인지문법의 전망을 살펴보기로 한다.

4.1. 과제

인지문법은 아래의 세 분야와 관련하여 더 세밀하게 연구해야 할 필요가 있을 것이다.

4.1.1. 문체

문체는 여러 가지로 분류할 수 있겠지만, 여기서는 영문법에서 격식체와 비격식체에 관하여 관계사를 중심으로 살펴보고자 한다.

격식체와 비격식체의 한 예를 들면 목적격 관계대명사에 *whom*을 사용하는 것과 *who*를 사용하는 것이다. 베이비부머들은 목적격에는 *whom*을 사용해야 하며 *who*를 사용하면 틀린다고 배웠다. 바꿔 말하면, 관계대명사가 관계사절 동사의 목적어일 경우 전통적으로 *whom*을 사용해야 한다고 배웠지만, 언어는 유동적이어서 현재는 목적격 관계대명사 *whom*은 격식체에서만 사용되고 주로 주격 *who*가 사용된다. 비격식체에서는 *whom*이 사용되지 않으며 *who*나 *that*이나 *Φ*가 선호된다(Murphy & Smalzer 2003: 182).

(1) a. The woman **whom** I wanted to see was away on vacation.
         (격식체)
     b. The woman **who** I wanted to see was away on vacation.
         (비격식체)
     c. The woman **that** I wanted to see was away on vacation.
         (비격식체)
     d. The woman Φ I wanted to see was away on vacation.
         (비격식체)

이것은 아래 (2)에서처럼 계속적 용법에서도 마찬가지이다(Hewings 2014: 106-110).

(2) a. Professor Johnson, **whom** I have long admired, is to visit the
         university next week. (격식체)
     b. Professor Johnson, **who** I have long admired, is to visit the
         university next week. (비격식체)

관계대명사의 소유격에서는 *whose + 명사*보다 *명사+ of which*가 격식체에서 선호된다.

(3) a. A huge amount of oil was spilled, the effects **of which** are still
         being felt. (격식체)

b. A huge amount of oil was spilled, **whose** effects are still being felt. (비격식체)

전치사와 관련하여 전치사 + 관계대명사(*which, whom*)는 격식체이고 전치사를 문미에 두는 것, 즉 일종의 전치사 좌초(preposition stranding)는 비격식체이다.[2]

(4) a. She is one of the few people to **whom** I look up. (격식체)
     b. She is one of the few people **whom** I look up to. (비격식체)

관계부사 *how*의 경우 선행사 *the way*와 함께 사용될 수 없지만, 각각 별도로 사용될 수 있는데, *how*가 사용되면 비격식체이다(Hewings 2014: 48).

(5) a. Go back **the way** (**that** / **by which**) you came. (격식체)
     b. Go back **how** you came. (비격식체)

관계부사 보다 *전치사+ which*가 더 격식적이다.

(6) a. This was the place **where** we first met. (격식적)
     b. This was the place **at** / **in which** we first met. (더 격식적)

인지문법은 설명력이 뛰어나므로 문법에서 격식체와 비격식체의 형태와 원리에 관한 일관된 설명이 요구된다.

---

2 이것은 의문사에도 적용된다.
  (i) a. In **whose** desk was it found? (격식적)
     b. **Whose** desk was it found in? (덜 격식적)

4.1.2. 보문화

인지문법에서 네 가지 보문소, 곧 *-ing, to-, for…to-, that-* 을 이용한 보문화 (complementation)에 관한 연구는, 비록 의미에 근거하여 네 보문소를 Wierzbicka(1988)가 설명했지만, 인지문법의 다른 연구 분야에 비해 많지 않아서 앞으로 더 깊고 체계적인 연구가 요구된다. 즉, 동사의 어휘적 특성인지, 의미적 특성인지, 구문적 특성인지에 대한 연구가 필요하다. 보문소의 예를 들면 다음과 같다(Achard 2007: 787-789).

(7) a. He tried **frying** the mushrooms. (동시성)
  b. He tried *to* **fry** the mushrooms. (미래지향성)
(8) a. She expected him to come. (더 큰 신뢰)
  b. *She expected **for him to come**. (**for him**이 필요 없음)
(9) a. *She waited him **to come**. (더 작은 신뢰)
  b. She waited **for him to come**. (**for him**이 필요함)
(10) a. I saw him **coming**. (직접적 지각)
  b. I saw **that he had come**. (간접적 지각)

4.1.3. 영어교육학에 적용

지금까지 인지언어학에 근거하여 연구된 인지문법 분야는 명사, 지시사, 양화사, 수식어, 상, 시제, 서법성, 전치사, 문장유형, 주어(목적어) 상승구문, 사역이동구문, 관용어 등이다. 연구결과를 볼 때 그 원리가 체계적이고 따라서 그 설명력이 매우 높다는 것을 알 수 있다. 미국의 미시시피 강과 미시시피 주를 예로 들어 살펴보자.

(11) a. the Mississippi (미시시피 강)
  b. Mississippi (미시시피 주)

미시시피 강은 사람의 머릿속에서 강의 근원에서 시작하여 바다에 이르는 경로를 인지하기가 어렵지만, 미시시피 주의 경계는 비교적 명료하다. 따라서 명료하지 않으므로 강 이름 앞에는 정관사 *the*를 붙이고 주 이름 앞에는 붙이지 않는다.

인지문법의 높은 설명력에 의지하여 학생들에게 영문법을 설명하면 지금까지의 문법사항에 대한 무조건적 암기를 초월할 수 있을 뿐만 아니라, 영어에 대한 통찰력을 드높이고, 아울러 흥미도 유발할 수 있을 것이다. 그러면 학생들의 영어에 대한 이해도를 증가시켜서, 학생들의 영어 습득을 용이하게 할 것이다.

4.2. 전망

지금은 언어학의 많은 분야에서 corpus가 이용되고 있다. Corpus 언어학의 역사는 깊다. 초기 corpus 언어학(early corpus linguistics)은 Chomsky의 Syntactic Structures(1957)의 출현 이전에 구조주의 언어학자들에 사용된 방법론이다. 우리가 요즘 일컫는 Corpus 언어학이 활성화된 것은 1980년대 컴퓨터의 사용과 관련이 있는데, 그 후로 corpus 이용이 크게 증가되었다. 미국에서는 Brown Corpus, 그리고 영국에서는 1억 단어의 The British National Corpus가 corpus의 시초이며 지금은 corpus의 크기가 확대되어 미국의 COCA(The Corpus of Contemporary English)는 약 5억 6천 단어이다. Corpus 언어학자들은 corpus를 이용하지 않는 다른 언어학자들을 "안락의자 언어학자(armchair linguist)"라고 부르기도 했다.

인지언어학이 용법에 근거한(usage based) 학문이므로 corpus 언어학과 밀접한 관계가 있을 것이다. 따라서 인지문법도 그런 영향을 받을 것이다. 이것의 대표적인 예는 사전편찬 전문가 그룹이 2015년 올해의 단어(word of the year for 2015)로 선정한 "singular they"[3]이다.

---

3   10년 전까지만 해도 예컨대 *each person*이나 *somebody*의 대명사는 *he*이었으나

(12) a. Each person must bring **their** own lunch.

b. Somebody left **their** umbrella in the office.

이런 예들을 볼 때, 앞으로 인지문법도 corpus를 이용하여야 할 것이다. 이런 말뭉치들과, 특별히 감정분야에 관한 자료들이 축적되고 체계적으로 정리되면 인지문법은 인공지능(AI: Artificial Intelligence) 개발 분야에도 활용될 수 있을 것이다.

5. 마무리

인지언어학은 다섯 개의 주요 원리, 곧 신체화, 동기화, 역동성, 백과사전적 지식, 개념화 근거하여 언어를 연구하는데, 인지언어학의 한 하위분야로 인지 현상을 연구하는 도구로서 문법을 사용하는 인지문법은 설명력이 뛰어난 인지언어학의 원리들에 근거하여 문법의 거의 모든 분야를 연구해오고 있다. 인지문법은 기존의 학교문법에서 사용하는 암기 위주의 규범적인 방법 대신에 동기화에 근거한 체계적인 설명 방식을 사용한다. 근래에는 일부 문법서들이 인지문법의 연구 내용을 일부분 도입하여 문법 사항들을 설명하기도 한다.

앞으로 인지언어학의 원리들과 말뭉치를 이용하여 영문법의 전 분야에 대한 더 깊고 체계적인 연구가 진행될 필요가 있다. 인간의 인지에 근거한 인지문법은 말뭉치가 축적되고 설명력이 높아질수록 문법교육은 말할 것도 없고 인공지능 분야에도 크게 활용될 것으로 전망된다.

---

feminism의 영향으로 지금은 singular they를 사용한다.

참고문헌

Achard, M.(2007), Complementation, in D. Geeraerts & H. Cuyckens(eds.), *Handbook of Cognitive Linguistics*, 782-802, Oxford: Oxford University Press.

Allan, K.(1980), Nouns and countability, *Language* 56: 541-567.

Ariel, M.(1998), The linguistic status of the "here" and "now." *Cognitive Linguistics* 9: 189-237.

Ariel, M.(2004), Most, *Language* 80: 658-606.

Athanasiadou, A. & E. Tabakowska(eds.)(1998), *Speaking of Emotions: Conceptualisation and Expression*, Berlin: Mouton de Gruyter.

Barcelona, A.(2003), Introduction: The cognitive theory of metaphor and metonymy, in A. Barcelona(ed.), *Metaphor and Metonymy at the Crossroads: A Cognitive Perspective*, 1-30, Berlin: Mouton de Gruyter..

Barsalou, L.(1992), Frames, concepts and conceptual Fields, in A. Lehrer & E. F. Kittay(eds.), *Frames, Fields and Contrasts: New Essays in Semantic and Lexical Organisation*, 21-74, London: Routledge.

Beitel, G. & P. Sanders(1997), The embodied approach to the polysemy of the spatial preposition *on*, in H. Cuyckens & B. Zawada(eds.), *Polysemy in Cognitive Linguistics*, 241-260, Amsterdam: John Benjamins.

Bennett. D. C.(1975), *Spatial and Temporal Uses of English Prepositions: An Essay in Stratificational Semantics*, London: Longman.

Berezowski, L.(2001), *Articles and Proper Names*, Wroclaw: Wydawn, Uniwersytetu Wroclawskiego.

Binnick, R. I.(1991), *Time and the Verb: A Guide to Tense and Aspect*, Oxford: Oxford University Press.

Birner, B. & G. Ward(1994), Uniqueness, familiarity, and the definite article in English, *Berkeley Linguistics Society* 20: 93-102.

Boers, F.(1986), *Spatial Prepositions and Metaphor: A Cognitive–semantic Journey along the UP–DOWN and the FRONT–BACK Dimensions*, Tübingen: Gunter Narr.

Bolinger, D.(1977), *Meaning and Form*, London: Longman.

Brisard, F.(ed.)(2003), *Grounding: The Epistemic Footing of Deixis and Reference*, Berlin: Mouton de Gruyter.

Broccias, C.(2003), *The English Change Network: Forcing Changes into Schemas*, Berlin: Mouton de Gruyter.

Bunt, H. C.(1985), *Mass Terms and Model–Theoretic Semantics*, Cambridge: Cambridge University Press.

Bybee, J. L.(1985), *Morphology: A Study of the Relation Between Meaning and Form*, Amsterdam: John Benjamins.

Bybee, J. L. & W. Pagliuca(1987), The evolution of future meaning, in Ramat, A. G., O. Carruba & G. Bernini(eds.), *Papers from the 7th International Conference on Historical Linguistics*, 109-122, Amsterdam: John Benjamins.

Bybee, J. L., R. Perkins & W. Pagliuca(1994), *The Evolution of Grammar: Tense, Aspect and Modality in the Languages of the World*, Chicago: The University of Chicago Press.

Chesterman, A.(1991), *On Definiteness: A Study with special Reference to English and Finnish*, Cambridge: Cambridge University Press.

Christopherson, P.(1939), *The Articles: A Study of Their Theory and Use in English*, Copenhagen: Ejnar Munksgaard.

Clark, H. & C. R. Marshall(1992), Definite reference and mutual knowledge, in Clark, H.(ed.), *Arenas of Language Use*, 9-77, Chicago: The University of Chicago Press.

Clausner, T. & W. Croft(1999), Domains and image schemas, *Cognitive Linguistics*, 10(1): 1-31.

Coates, J.(1983), *The Semantics of the Modal Auxiliaries*, London: Croom Helm.

Collins, P. C.(2005), The modals and quasi–modals of obligation and necessity in Australian English and other Englishes, *English World–Wide* 26: 249-273.

Comrie, B.(1976), *Aspect*, Cambridge: Cambridge University Press.

Comrie, B.(1985), *Tense*, Cambridge: Cambridge University Press.

Coulson, S.(2000), *Semantic Leaps: Frame–Shifting and Conceptual Blending in Meaning*, Cambridge: Cambridge University Press.

Croft, W.(1991), *Syntactic Categories and Grammatical Relations*, Chicago: The

University of Chicago Press.

Croft, W.(1993), The role of domains in the interpretation of metaphors and metonymies, *Cognitive Linguistics* 4: 335-370.

Croft, W., C. Taoka & E. J. Wood(2001), Argument linking and the commercial transaction frame in English, Russian and Japanese, *Language Sciences* 23: 579-602.

Croft, W. & D. A. Cruse(2004), *Cognitive Linguistics*, Cambridge: Cambridge University Press.

Cushing, S.(1982), *Quantifier Meanings: A Study in the Dimensions of Semantic Competence*, Amsterdam: North–Holland.

Cuyckens, H. & B. Zawada(eds.)(2001), *Polysemy in Cognitive Linguistics*, Amsterdam: John Benjamins.

Dahl, Ö.(1985), *Tense and Aspect Systems*, Oxford: Blackwell.

Dancygier, B. & E. Sweetser(2005), *Mental Spaces in Grammar: Conditional Constructions*, Cambridge: Cambridge University Press.

Davidse, K.(1999), The semantics of cardinal versus enumerative existential constructions, *Cognitive Linguistics* 10: 203-250.

Davidse, K.(2004), The interaction of quantification and identification in English determiners, in M. Achard & S. Kemmer(eds.), *Language, Culture, and Mind*, 507-534, Stanford: CSLI Publications.

Declerck, R.(1986), The manifold interpretation of generic sentences, *Lingua* 68: 149-188.

Declerck, R.(1991), *Tense in English: Its Structure and Use in Discourse*, London: Routledge.

Declerck, R.(2006), *The Grammar of the English Verb Phrase*, vol. 1: *The Grammar of the English Tense System: A Comprehensive Analysis*, Berlin: Mouton de Gruyter.

Delancey, S.(1991), Event construal and case role assignment, *Berkeley Linguistics Society* 17: 338-353.

Depraetere, I.(2003), On verbal concord with collective nouns in British English, *English Language and Linguistics* 7: 85-127.

Dirven, R.(1995), The construal of cause: The case of cause prepositions, in J.

R. Taylor & R. E. MacLaury(eds.), *Language and the Cognitive Construal of the World*, 95-118, Berlin: Mouton de Gruyter.

Dirven, R.(1997), Emotions as cause and the cause of emotions, in S. Niemeier & R. Dirven(eds.), *The Language of Emotions: Conceptualization, Expression and Theoretical Foundation*, 55-83, Amsterdam: John Benjamins.

Dirven, R., R. Frank & M. Putz(eds.)(2003), *Cognitive Models in Language and Thought: Ideology, Metaphors and Meanings*, Berlin: Mouton de Gruyter.

Dirven, R. & R. Pörings(eds.)(2002), *Metaphor and Metonymy in Comparison and Contrast*, Berlin: Mouton de Gruyter.

Dirven, R & M. Verspoor(eds.)(1998), *Cognitive Exploration of Language and Linguistics*, Amsterdam: John Benjamins.

Dixon, R. M. W.(1991), *A New Approach to English Grammar on Semantic Principles*, Oxford: Clarendon Press.

Dryer, M. S.(1989), Article–noun order, *Chicago Linguistic Society* 25: 83-97.

Epstein, R.(2001), The definite article, accessibility, and the construction of discourse referents, *Cognitive Linguistics* 12: 333-378.

Evans, V. & M. Green(2006), *Cognitive Linguistics: An Introduction*, Edinburgh: Edinburgh University Press.

Fauconnier, G.(1985/1994), *Mental Spaces*, Cambridge: Cambridge University Press.

Fauconnier, G.(1997), *Mappings in Thought and Language*, Cambridge: Cambridge University Press.

Fauconnier, G. & M. Turner(1996), Blending as a central process of grammar, in A. E. Goldberg(ed.), *Conceptual Structure, Discourse and Language*, 113-131, Stanford: CSLI Publications.

Fauconnier, G. & E. Sweetser(eds.)(1996), *Spaces, Worlds and Grammars*, Chicago: The University of Chicago Press.

Fauconnier, G. & M. Turner(2002), *The Way We Think: Conceptual Blending and the Mind's Hidden Complexities*, New York: Basic Books.

Ferris, C.(1993), *The Meaning of Syntax: A Study in the Adjectives of English*, London: Longman.

Fillmore, C. J.(1977), Scenes–and–frames semantics, in A. Zampolli(ed.), *Linguistic Structures Processing*, 55-81, Amsterdam: North-Holland.

Fillmore, C. J.(1982), Frame semantics, in The Linguistic Society of Korea(ed.), *Linguistics in the Morning Calm*, 111-137, Seoul: Hanshin Publishing Co.

Fillmore, C. J.(1997), *Lectures on Deixis*, Stanford CA: CSLI Publications

Fraser, B.(1975), Hedged performatives, in P. Cole & J. L. Morgan(eds.), *Syntax and Semantics*, vol. 3: *Speech Acts*, 187-210, New York: Academic Press.

Geeraerts, D.(ed.)(2006), *Cognitive Linguistics: Basic Readings*, (*Cognitive Linguistics Research* 34), Berlin: Mouton de Gruyter.

Geeraerts, D. & H. Cuyckens(eds.)(2007), *Handbook of Cognitive Linguistics*, Oxford: Oxford University Press.

Geiger, R. I. & Rudzka-Ostyn(eds.)(1993), *Conceptualization and Mental Processing in Language*, Berlin: Mouton de Gruyter.

Geisler, C.(1995), *Relative Infinitives in English*, Stockholm: Almqvist & Wiksell.

Gentner, D.(1981), Some interesting differences between verbs and nouns, *Cognition and Brain Theory* 4: 161-178.

Gibbs, R. W.(1994), *The Poetics of Mind: Figurative Thought, Language, and Understanding*, Cambridge: Cambridge University Press.

Gibbs, R. W.(1996), What's cognitive about cognitive linguistics, in E. H. Casad(ed.), *Cognitive Linguistics in the Redwoods: The Expansion of a New Paradigm in Linguistics*, Berlin: Mouton de Gruyter.

Gibbs, R. W. & H. Colston(1995), The cognitive psychological reality of image-schemas and their transformations, *Cognitive Linguistics* 6: 347-378.

Gibson, E., *et al.*(2005), Reading relative clauses in English, *Cognitive Linguistics* 16: 313-353.

Goldberg, A. E.(1989), A unified account of the semantics of the English ditransitive, *Berkeley Linguistics Society* 15: 79-90.

Goldberg, A. E.(1995), *Constructions: A Construction Grammar Approach to Argument Structure*, Chicago: The University of Chicago Press.

Goldberg, A. E.(2002), Surface generalizations: an alternative to alternations, *Cognitive Linguistics* 13: 327-356.

Goldberg, A. E. & F. Ackerman(1996), Constraints on adjectival past participles, in A. E. Goldberg(ed.), *Conceptual Structure, Discourse and Language*, 17-30, Stanford CA: CSLI Publications.

Gundel, J. K.(1996), Relevance theory meets the givenness hierarchy: An account of inferrables, in T. Fretheim & J. K. Gundel(eds.), *Reference and Referent Accessibility*, 141-153, Amsterdam: John Benjamins.

Haegeman, L.(1989), Be going and will: A pragmatic account, *Journal of Linguistics* 25: 291-317.

Haiman, J.(ed.)(1985), *Iconicity in Syntax*, Amsterdam: John Benjamins.

Hampe, B.(in cooperation with J. E. Grady)(ed.)(2005), *From Perception to Meaning: Image Schemas in Cognitive Linguistics*, Berlin: Mouton de Gruyter.

Hanks, P. & R. Giora(eds.)(2012), *Metaphor and Figurative Language*, vol. 1-6, New York: Routledge.

Harkins, J. & A. Wierzbicka(eds.)(2001), *Emotions in Crosslinguistic Perspective*, Berlin: Mouton de Gruyter.

Hawkins, J. A.(1978), *Definiteness and Indefiniteness: A Study in Reference and Grammaticality Prediction*, London: Croom Helm.

Hawkins, J. A.(1991), On (in)definite articles: Implicatures and (un)grammaticality prediction, *Journal of Linguistics* 27: 405-442.

Hayase, N.(1997), The role of figure, ground, and coercion in aspectual interpretation, in M. Verspoor, K. Lee & E. Sweetser(eds.), *Lexical and Syntactical Constructions and the Construction of Meaning*, 33-50, Amsterdam: John Benjamins.

Heine, B., U. Claudi & F. Hünnemeyer(1991), *Grammaticalization: A Conceptual Framework*, Chicago: The University of Chicago Press.

Heine, B. & T. Kuteva(2002), *World Lexicon of Grammaticalization*, Cambridge: Cambridge University Press.

Herskovits, A.(1985), Semantics and pragmatics of locative expressions, *Cognitive Science* 9: 341-378.

Herskovits, A.(1986), *Language and Spatial Cognition: An Interdisciplinary Study of Prepositions in English*, Cambridge: Cambridge University Press.

Hewings, M.(2014), *Advanced Grammar in Use*, 4th edn, Cambridge: Cambridge

University Press.

Hewson, J.(1972), *Article and Noun in English*, The Hague: Mouton.

Hewson, J. & V. Bubenik(1997), *Tense and Aspect in Indo-European Languages*, Amsterdam: John Benjamins.

Heyvaert, L.(2003), *A Cognitive–Functional Approach to Nominalization in English*, Berlin: Mouton de Gruyter.

Hopper, P. J. & E. C. Traugott(2003), *Grammaticalization*, Cambridge: Cambridge University Press.

Hopper, P. J. & S. A. Thompson(1980), Transitivity in grammar and discourse, *Language* 56: 251-299.

Horowitz, F.(1989), ESL and prototype theory: Zero vs. definite article with place names, *IRAL* 27: 81-98.

Hoye, L.(1997), *Adverbs and Modality in English*, London: Longman.

Huddleston, R. & G. K. Pullum.(2002), *The Cambridge Grammar of the English Language*, Cambridge: Cambridge University Press.

Ikegami, Y.(1987), 'Source' vs 'Goal': A case of linguistic asymmetry, in R. Dirven & G. Radden(eds.), *Concepts of Case*, 122-146, Tübingen: Narr.

Inoue, K.(1978), An analysis of the English present perfect, *Linguistics* 17: 561-589.

Johnson, M.(1987), *The Body in the Mind: The Bodily Basis of Meaning, Imagination and Reason*, Chicago: The University of Chicago Press.

Kemmer, S.(1993), *The Middle Voice*, Amsterdam: John Benjamins.

Klein, W.(1992), The present perfect puzzle, *Language* 68: 525-552.

Klein, W.(1994), *Time in Language*, London: Routledge.

Kövecses, Z.(1986), *Metaphors of Anger, Pride, and Love: A Lexical Approach to the Structure of Concepts*, Amsterdam: John Benjamins.

Kövecses, Z.(1990), *Emotion Concepts*, New York: Springer Verlag.

Kövecses, Z. & G. Radden(1998), Metonymy: developing a cognitive linguistic view, *Cognitive Linguistics* 9(1): 37-78.

Krifka, M., *et al.*(1995), Genericity: An Introduction, in N. C. Gregory & F. J. Pelletier(eds.), *The Generic Book*, 1-124, Chicago: The University of Chicago Press.

Kristiansen, G., M. Achard, R. Dirven & F. R. Mendoza(eds.)(2006), *Cognitive Linguistics: Current Applications, Future Perspectives*, Berlin: Mouton de Gruyter.

Labov, W.(1985), The several logics of quantification, *Berkeley Linguistics Society* 11: 175-195.

Lakoff, G.(1977), Linguistic gestalts, *Chicago Linguistic Society* 13: 236-287.

Lakoff, G.(1987), *Women, Fire, and Dangerous Things: What Categories Reveal about the Mind*, Chicago: The University of Chicago Press.

Lakoff, G. & M. Johnson(1980), *Metaphors We Live By*, Chicago: The University of Chicago Press.

Lakoff, G. & M. Johnson(1999), *Philosophy in the Flesh: The Embodied Mind and Its Challenge to Western Thought*, New York: Basic Books.

Lakoff, G. & M. Turner(1989), *More Than Cool Reason: A Field Guide to Poetic Metaphor*, Chicago: The University of Chicago Press.

Lakoff, R. 1969. Some reasons why there can't be any some–any rule, *Language* 45: 608-615.

Landsberg, M. E.(ed.)(1995), *Syntactic Iconicity and Linguistic Freezes: The Human Dimension*, Berlin: Mouton de Gruyter.

Langacker, R. W.(1987), *Foundations of Cognitive Grammar*, vol. 1: *Theoretical Prerequisites*, Stanford: Stanford University Press.

Langacker, R. W.(1990), Subjectification, *Cognitive Linguistics* 1: 5-38.

Langacker, R. W.(1991a), *Foundations of Cognitive Grammar*, vol. 2: *Descriptive Application*, Stanford: Stanford University Press.

Langacker, R. W.(1991b), *Concept, Image, and Symbol: The Cognitive Basis of Grammar*, Berlin: Mouton de Gruyter.

Langacker, R. W.(1993), Reference–point constructions, *Cognitive Linguistics* 4: 1-38.

Langacker, R. W.(1999), *Grammar and Conceptualization*, Berlin: Mouton de Gruyter.

Langacker, R. W.(2001), The English present tense, *English Language and Linguistics* 5: 251-272.

Langacker, R. W.(2002), Deixis and subjectivity, in F. Brisard(ed.), *Grounding:*

The Epistemic Footing of Deixis and Reference, 1-28, Berlin: Mouton de Gruyter.

Langacker, R. W.(2003), One any, Korean Linguistics 8: 65-105.

Langacker, R. W.(2008), Cognitive Grammar: A Basic Introduction, New York: Oxford University Press.

Lawler, J. M.(1989), Lexical semantics in the commercial transaction frame: Value, worth, cost and price, Studies in Language 13: 381-404.

Lee, D.(2001), Cognitive Linguistics: An Introduction, Oxford: Oxford University Press.

Leech, G. N.(1971), Meaning and the English Verb, London: Longman.

Levi, J. N.(1973), Where do all those other adjectives come from? Chicago Lingistic Society 9: 332-354.

Levin, B.(1993), English Verb Classes and Alternations: A Preliminary Investigation, Chicago: The University of Chicago Press.

Levinson, S. C.(2003), Space in Language and Cognition: Explorations in Cognitive Diversity, Cambridge: Cambridge University Press.

Lyons, J.(1977), Semantics, vol. 2, Cambridge: Cambridge University Press.

Mandler, J. M.(2004), The Foundations of Mind: The Origins of Conceptual Thought, Oxford: Oxford University Press.

Markman, E. M.(1985), Why superordinate category terms can be mass nouns, Cognition 19: 31-53.

Matlock, T.(2004a), The conceptual motivation of fictive motion, in G. Radden & K-U. Panther(eds.), Studies in Linguistic Motivation, 221-248, Berlin: Mouton de Gruyter.

Matlock, T.(2004b), Fictive motion as cognitive simulation, Memory and Cognition 32: 1389-1400.

May, R. C.(1977), The Grammar of Quantification, MIT Doctoral Dissertation.

Mufwene, S.(1984), Non–individuation and the count/mass distinction, Chicago Linguistic Society 20: 221-238.

Murphy, R. & R. S. William(2003), Grammar in Use Intermediate, Cambridge: Cambridge University Press.

Nicolle, S.(1997), A relevance–theoretic account of be going to, Journal of

Linguistics 33: 355-377.

Niemeier, S. & R. Dirven(1997), *The Language of Emotions: conceptualization, Expression, and Theoretical Foundation*, Amsterdam: John Benjamins.

Nikiforidou, K.(1999), Nominalizations, metonymy and lexicographic practice, in L. de Stadler & C. Eyrich(eds.), *Issues in Cognitive Linguistics*, 141-163, Berlin: Mouton de Gruyter.

Nordlinger, R. & E. C. Traugott(1997), Scope and the development of epistemic modality: Evidence from ought to, *English Language and Linguistics* 1: 295-318.

Nuyts, J.(2000), *Epistemic Modality, Language, and Conceptualization: A Cognitive-Pragmatic Perspective*, Amsterdam: John Benjamins.

Nuyts, J. & E. Pederso(eds.)(2000), *Language and Conceptualization*, Cambridge: Cambridge University Press.

Palmer, F. R.(1988), *The English Verb*, London: Longman.

Palmer, F. R.(1994), *Grammatical Roles and Relations*, Cambridge: Cambridge University Press.

Palmer, F. R.(2001), *Mood and Modality*, Cambridge: Cambridge University Press.

Panther, K.(1997), Dative alternation from a cognitive perspective, in B. Smieja & M. Tasch(eds.), *Human Contact through Language and Linguistics*, 107-126, Frankfurt: Peter Lang.

Panther, K-U. & G. Radden(eds.)(1999), *Metonymy in Language and Thought*, Amsterdam: John Benjamins.

Panther, K-U. & L. Thornburg(1999), The potentiality for actuality metonymy in English and Hungarian, in K-U. Panther & G. Radden(eds.), *Metonymy in Language and Thought*, 333-357, Amsterdam: John Benjamins.

Parrot, M.(2010), *Grammar for English Language Teachers*, Cambridge: Cambridge University Press.

Pelletier, F.(ed.)(1979), *Mass Terms: Some Philosophical Problems*, Dordrecht: Reidel.

Pelyvás, P.(2003), Metaphorical extension of may and must into the epistemic domain, in A. Barcelona(ed.), *Metaphor and Metonymy at the Crossroads*,

233-250, Berlin: Mouton de Gruyter.

Perkins, M. R.(1983), *Modal Expressions in English*, London: Francis Pinter.

Post, M.(1986), A prototype approach to denominal adjectives, in D. Kastovsky & A. Szwedek(eds.), *Linguistics across Historical and Geographical Boundaries: In Honour of Jacek Fisiak on the Occasion of his 50th Birthday*, vol. 2, 1003-1013, Berlin: Mouton de Gruyter.

Prince, E. F.(1981), Toward a new taxonomy of given–new information, in P. Cole(ed.), *Radical Pragmatics*, 223-255, New York: Academic Press.

Quirk, R., S. Greenbaum, G. Leech & J. Svartvik.(1985), *A Comprehensive Grammar of the English Language*, London: Longman.

Radden, G.(1985), Spatial metaphors underlying prepositions of causality, in W. Paprotté & R. Dirven(eds.), *The Ubiquity of Metaphor*, 177-205, Amsterdam: John Benjamins.

Radden, G.(1989), Semantic Roles, in R. Dirven(ed.), *A User's Grammar of English: Word, Sentence, Text, Interaction*, 421-472, Frankfurt: Lang.

Radden, G.(1996), Motion metaphorized: The case of 'coming' and 'going', in E. H. Casad(ed.), *Cognitive Linguistics in the Redwoods: The Expansion of a New Paradigm in Linguistics*, 423-458, Berlin: Mouton de Gruyter.

Radden, G.(1998), The conceptualisation of emotional causality by means of prepositional phrases, in A. Athanasiadou & E. Tabakowska(eds.), *Speaking of Emotions: Conceptualisation and Expression*, 273-294, Berlin: Mouton de Gruyter.

Radden, G.(2006), Where time meets space, in R. Benczes & S. Csábi(eds.), *The Metaphors of Sixty: Papers Presented on the Occasion of the 60th Birthday of Zoltán Kövecses*, 210-235, Budapest: Eötvös Loránd University.

Radden, G. & R. Dirven(2007), *Cognitive English Grammar*, Amsterdam: John Benjamins.

Radford, A.(1997), *Syntax: A Minimalist Introduction*, Cambridge: Cambridge University Press.

Rosch, E.(1978), Principles of categorization, in E. Rosch & B. B. Lloyd(eds.), *Cognition and Categorization*, 27-48, Hillsdale: Lawrence Erlbaum.

Rosch, E. & C. Mervis(1975), Family resemblances: Studies in the internal structure of categories, *Cognitive Psychology* 7(4): 573-605.

Sasse, H-J.(2002), Recent activity in the theory of aspect: accomplishments, achievements, or just non-progressive state?, *Linguistic Typology* 6: 199-271.

Schlesinger, I. M.(1995), *Cognitive Space and Linguistic Case: Semantic and Syntactic Categories in English*, Cambridge: Cambridge University Press.

Schmid, H.(2000), *English Abstract Nouns as Conceptual Shells: From Corpus to Linguistics*, Berlin: Mouton de Gruyter.

Sheffer, R. E. Jr.(1996), Roles, values and possessives: Deictic adjectives in the noun phrase, in A. E. Goldberg(ed.), *Conceptual Structure, Discourse and Language*, 435-447, Stanford, CA: CSLI Publications.

Simone, R.(ed.)(1995), *Iconicity in Language*, Amsterdam: John Benjamins.

Sinha, C.(1999), Grounding, mapping, and acts of meaning, in T. Janssen & G. Redeker(eds.), *Cognitive Linguistics: Foundations, Scope, and Methodology*, 223-255, Berlin: Mouton de Gruyter.

Slobin, D. I.(1996), Two ways to travel: verbs of motion in English and Spanish, in M. Shibatani & S. A. Thompson(eds.), *Grammatical Constructions: Their Form and Meaning*, 195-219, Oxford: Oxford University Press.

Smith, C. S.(1997), *The Parameter of Aspect*, Dordrecht: Kluwer.

Sperber, D. & D. Wilson(1986), *Relevance: Communication and Cognition*, Oxford: Blackwell.

Stathi, K., E. Gehweiler & E. König(eds.)(2010), *Grammaticalization*, Amsterdam: John Benjamins.

Suzuki, N. Y.(1989), Modality, in R. Dirven(ed.), *A User's Grammar of English: Word, Sentence, Text, Interaction*, 275-309, Frankfurt: Lang.

Svensson, P.(1998), *Number and Countability in English Nouns: An Embodied Model*, Umeå, Sweden: Umeå University.

Svorou, S.(1994), *The Grammar of Space*, Amsterdam: John Benjamins.

Sweetser, E.(1990), *From Etymology to Pragmatics: Metaphorical and Cultural Aspects of Semantic Structure*, Cambridge: Cambridge University Press.

Sweetser, E.(1999), Compositionality and blending: Semantic composition in a cognitively realistic framework, in T. Janssen & G. Redeker(eds.), *Cognitive Linguistics: Foundations, Scope, and Methodology*, 129-162, Berlin: Mouton de Gruyter.

Talmy, L.(1978), Figure and ground in complex sentences, in J. H. Greenberg(ed.), *Universals of Human Language*, vol. 4: *Syntax*, 625-649, Stanford: Stanford University Press.

Talmy, L.(1988), Force dynamics in language and cognition, *Cognitive Science* 12: 49-100.

Talmy, L.(1996), The windowing of attention in language, in M. Shibatani & S. Thompson(eds.), *Grammatical Constructions: Their Form and Meaning*, 235-287, Oxford: Oxford University Press.

Talmy, L.(2000), *Toward a Cognitive Semantics*, vol. 1: *Concept Structuring Systems*, Cambridge, M.A.: The MIT Press.

Talmy, L.(2000), *Toward a Cognitive Semantics*, vol. 2: *Typology and Process in Concept*, Cambridge, M.A.: The MIT Press.

Taylor, J. R.(1989), *Linguistic Categorization. Prototypes in Linguistic Theory*, Oxford: Clarendon Press.

Taylor, J. R.(1992), Old Problems: Adjectives in cognitive grammar, *Cognitive Linguistics* 3: 1-36.

Taylor, J. R.(1994), 'Subjective' and 'objective' readings of possessor nominals, *Cognitive Linguistics* 5: 201-242.

Taylor, J. R.(1995/2004), *Linguistic Categorization: Prototypes in Linguistic Theory*, Oxford: Clarendon Press.

Taylor, J. R.(1996/2006), *Possessives in English: An Exploration in Cognitive Grammar*, Oxford: Clarendon Press.

Taylor, J. R.(2002), *Cognitive Grammar*, Oxford: Oxford University Press.

Tfouni, L. V. & R. L. Klatzky(1986), A discourse analysis of deixis: Pragmatic, cognitive and semantic factors in the comprehension of *this, that, here* and *there*, *Journal of Child Language* 10: 123-133.

Thompson, S. A.(1989), A discourse approach to the cross-linguistic category 'adjective', in R. L. Corrigan, F. R. Eckman & M. Noonan(eds.), *Linguistic Categorization*, 245-265, Amsterdam: John Benjamins.

Traugott, E. C.(1989), On the rise of epistemic meanings in English: An example of subjectification in semantic change, *Language* 65: 31-55.

Traugott, E. C. & R. B. Dasher(2002), *Regularity in Semantic Change*, Cambridge: Cambridge University Press.

Traugott, E. C. & B. Heine(eds.)(1993), *Approaches to Grammaticalization*, vol. 1, vol. 2, Amsterdam: John Benjamins.

Tsohatzidis, S. L.(ed.)(1990), *Meanings and Prototypes: Studies in Linguistic Categorization*, London: Routledge.

Tyler, A. & V. Evans(2001), Reconsidering prepositional polysemy networks: The case of 'over', *Language* 77: 724-765.

Tyler, A. & V. Evans(2003), *The Semantics of English Prepositions: Spatial Scenes, Embodied Meaning and Cognition*, Cambridge: Cambridge University Press.

Ungerer, F. & H. Schmid(2006), *An Introduction to Cognitive Linguistics*, London: Longman.

van der Auwera, J.(ed.)(1980), *The Semantics of Determiners*, London: Croom Helm.

van Hoek, K.(1997), *Anaphora and Conceptual Structure*, Chicago: The University of Chicago Press.

Vendler, Z.(1968), *Adjectives and Nominalizations*, The Hague: Mouton.

Wallace, S.(1982), Figure and ground: The interrelationships of linguistic categories, in P. Hopper(ed.), *Tense-Aspect: Between Semantics and Pragmatics*, 201-223, Amsterdam: John Benjamins.

Wekker, H. C.(1976), *The Expression of Future Time in Contemporary British English*, Amsterdam: North-Holland.

Wierzbicka, A.(1985), Oats and wheat: The fallacy of arbitrariness, in J. Haiman(ed.), *Iconicity in Syntax*, 311-342, Amsterdam: John Benjamins.

Wierzbicka, A.(1988), *The Semantics of Grammar*, Amsterdam: John Benjamins.

Wilckens, M. A.(1992), *Grammatical Number in English Nouns*, Amsterdam: John Benjamins.

개념적 은유[*]

권 연 진[**]

1. 들머리

인지언어학(cognitive linguistics)은 인간 마음의 본질을 규명하기 위해 언어학, 철학, 심리학, 신경과학, 인공지능(AI) 등의 여러 학문을 아우르는 학제적 연구의 일환으로 탄생된 이론으로서, 현대 언어학에서 급속하게 발전되어 온 언어 이론 중의 하나이다. 변형생성문법이 지닌 한계에 대한 반성과 대안으로 1970년대 중반에 시작되어 1980년 이후 여러 인지언어학자들(Lakoff & Johnson 1980; Johnson 1987; Lakoff 1987; Langacker 1987 등)이 인지언어학 분야를 본격적으로 연구하기 시작하였다.

인지언어학 분야 내에서 가장 활발하게 연구되고 있는 주제 중의 하나가 아마도 은유(metaphor)일 것인데, 은유에 대한 논의는 Aristotle의 문학이나 수사학적 관점에서 출발하여 현재는 언어학적 영역으로까지 확대하여 연구하고 있다. 특히 1980년대 이후 Lakoff & Johnson(1980)을 비롯한 많은 인지언

---

[*] 이 글은 권연진(2015, 2017a, 2017b, 2018a, 2018b)을 바탕으로 수행되었다.
[**] 부산대학교 언어정보학과 교수, yeonjin@pusan.ac.kr

어학자들은 은유가 언어와 사고에 중추적인 역할을 하며 일상 언어에 널리 퍼져 있는 개념구조로서 중요한 역할을 한다고 주장하였다.

따라서 이 글에서는 은유를 단순히 언어만의 문제라기보다는 사고나 개념의 차원으로 보고 우리의 사고과정이 대부분 은유적이라는 개념적 은유 이론(conceptual metaphor theory)에 바탕을 두고서 개념적 은유 탐구의 현황과 과제를 살펴보고자 한다. 특히 개념적 은유 이론의 기본 개념을 비롯하여 지금까지 연구되어 왔던 주요 연구 주제와 쟁점 그리고 앞으로의 과제 등을 중심으로 살펴보고자 한다.

2. 개념적 은유 이론

2.1. 기본 개념

Lakoff & Johnson(1980)을 비롯한 많은 인지언어학자들(Lakoff 1987; Johnson 1987; Kövecses 2005, 2010/2002 등)은 은유란 하나의 개념 영역을 다른 개념 영역으로 이해하고 경험하는 것으로 우리 사고의 과정이며 언어 전반에 보편적으로 퍼져 있는 언어 현상이라고 주장하였다. 다시 말해서, 은유란 경험의 한 영역(근원영역; source domain)으로부터 다른 경험 영역(목표영역; target domain)으로의 인지적 사상(cognitive mapping)이라 정의하고, 이를 Lakoff & Johnson(1980)은 개념적 은유(conceptual metaphor)라 칭하였다.[1]

Lakoff & Johnson(1980: 3)에 따르면, 인간의 개념화 과정은 대부분 은유적이며 신체화된 경험(embodied experience)에 바탕을 둔다는 것이다. 따라서

---

1 근원영역은 구체적이고 물리적이며 명확하게 윤곽이 주어지고 직접적으로 경험하고 지각할 수 있는 개념인 반면에 목표영역은 표현하고자 하는 영역으로서 더 추상적이고 주관적인 개념이다.

은유를 사고나 개념의 차원으로 보고 하나의 사물을 다른 종류의 사물로 이해하고 경험하는 것으로 정의한다.[2] 이것은 은유가 근원영역과 목표영역 사이의 사상(mapping) 관계에 의해 이루어진다고 보는 것이다.

은유의 본질은 하나의 사물을 다른 종류의 사물로 이해하고 경험하는 인지적 장치라는 것을 [사랑은 여행이다](LOVE IS A JOURNEY)라는 개념적 은유를 통해서 살펴보자.

(1) a. Look **how far we've come**.
    b. We're **at a crossroads**.
    c. I don't think **this relationship is going anywhere**.
    d. It's been a **long, bumpy road**.

이 은유는 우리가 살아가는 동안에 사랑을 하면서 얻는 체험을 여행 중에 겪는 자연적 경험의 관점에서 구조화하여 이해하고 표현한 것이다. 사랑의 구조는 연인, 난관, 목적 등으로 이루어지며, 여행의 구조는 여행자, 장애물, 목적지 등의 개념적 요소로 구성된다. 사랑과 여행의 개념적 사상 관계는 연인은 여행자로, 난관은 장애물로, 사랑의 목적은 여행의 목적지로 은유적으로 개념화되고 이해된다. 이처럼 여행이라는 구체적인 개념구조를 통해서 사랑이라는 추상적인 개념을 구조화하고 이해한다.

2.2. 개념적 은유의 경험적 기반

개념적 은유 이론에서 은유란 우리의 신체적 경험에 바탕을 두고 있는데, 이를 경험적 기반(experiential basis) 또는 동기부여(motivation)라고 한다. 은유가 신체적 경험에 의해 동기부여 된다는 의미는 개념체계가 신체적 경험을

2　The essence of metaphor is understanding and experiencing one kind of thing in terms of another(Lakoff & Johnson 1980: 5).

바탕으로 하여 은유적으로 구조화된다는 것이다. 이것은 우리의 신체를 통해서 얻은 경험이 은유에 동기를 부여한다는 의미이다(Lakoff & Johnson 1980).

은유에 대한 신체적 동기부여의 예로 열(heat)을 생각해보자. 일반적으로 심한 운동을 할 때, 화를 내거나 감정이 상할 때, 또는 강한 심리적 압박을 받을 때, 우리의 몸은 체열 상승을 일으킨다. 이처럼 우리는 신체 활동이나 상태의 강도 증가가 체열 간의 상관성이 있음을 신체적으로 경험하게 된다. 화에 대한 열 은유는 다양한 언어에서 언어적으로 표현되는데 인간 신체의 기능에 경험적 기반을 두고 있다고 할 수 있다. 다음의 예를 살펴보자(Lakoff 1987; Aldokhayel 2014).

> (2) a. You make my **blood boil**.
> b. 그는 화가 나서 **얼굴이 벌겋게 달아올랐다**.
> c. **Fawwar-t dammi-i** (아랍어)
> Boiled-you blood-my
> 'You made me extremely angry.'

위의 예문들은 화에 대한 경험과 신체 열기에 대한 경험과의 상관관계에 의해 동기부여되고 있다. 우리의 경험상 화가 났을 때 일어나는 신체적 반응으로 몸의 열, 혈압 상승, 얼굴이 붉어짐 등을 들 수 있다. 감정 경험과 신체 경험의 이러한 상관성은 [화는 열이다] 은유의 형태인 [화는 그릇 속의 뜨거운 액체이다](ANGER IS A HOT FLUID IN A CONTAINER)와 [화는 불이다](ANGER IS FIRE)에 기반을 두고 있다. 여기에서 인간의 신체는 그릇(container)으로 개념화되며 화가 난 상태와 관련이 있는 신체 내의 열기는 그릇 속에 있는 뜨거운 액체로 개념화된다.

2.3. 개념적 은유의 유형

개념적 은유는 인지적 기능에 따라 구조적 은유(structural metaphor), 존재론적 은유(ontological metaphor), 지향적 은유(orientational metaphor)의 크게 세 가지 종류로 구분된다.

2.3.1. 구조적 은유

구조적 은유란 하나의 개념이 다른 개념을 통해서 은유적으로 구조화되는 것이다. 예컨대, '인생', '사랑', '논쟁' 등의 추상적 개념을 '여행', '전쟁', '건물' 등의 구체적 개념의 관점에서 구조화하여 표현하는 것이 구조적 은유의 예이다. [인생은 여행이다]라는 은유에서 인생과 여행은 서로 다른 개념이지만 인생과 여행에 대한 경험의 유사성을 바탕으로 인생을 여행의 관점에서 이해한다.

(3) a It's been a **long, bumpy road**.
   b. We stand **at the crossroads**.
   c. 인생은 기쁨도 슬픔도 삼키고 가야할 **기나긴 여정**이다.
   d. 힘들지만 **목적지**를 향해 한 걸음씩 나아가렴.

(3)에서 추상적인 개념인 인생이 구체적인 개념인 여행의 관점에서 이해된다. 예컨대, (3a)에서 long, bumpy road는 여행 중에 일어나는 방해물을 나타내는데, 이는 인생을 살아가면서 여러 가지 장애물이 있음을 은유적으로 표현하고 있으며, (3d)에서 목적지는 인생의 목표를 은유적으로 표현하고 있다. 이처럼 추상적인 개념을 구체적인 개념의 관점에서 구조화하여 이해하는 은유 현상을 구조적 은유라고 한다.

2.3.2. 존재론적 은유

존재론적 은유란 사건, 정서, 생각 등과 같이 추상적인 개념을 구체적인 사물의 관점으로 은유적으로 개념화하는 현상을 말한다. 경계나 구분이 명확하지 않은 사물이나 추상적인 개념을 좀 더 명확하게 이해하기 위해 그 사물

에 경계를 투사하기도 하고, 추상적인 개념을 경계가 뚜렷한 물건이나 물질로
이해하려고 한다.

(4) a. **Inflation has robbed** us of our savings.
     b. **Inflation is lowering** our standard of living.
     c. 배가 시야에 **들어온다.**
     d. 그가 내 시야에서 **사라졌다.**

위에서 인플레이션이라는 추상적인 개념이 구체적인 사물로 개념화되어
있는데, (4a)에서 인플레이션이 우리에게서 저축을 빼앗아가고, (4b)에서 우리
의 생활수준을 낮춘다. 한국어 예문 역시 추상적인 개념인 '시야'에 구체적인
사물인 '그릇'을 투사함으로써 '시야'를 '그릇'의 범주로 확장하고 개념화하
여 생성된 것이다.

2.3.3. 지향적 은유

지향적 은유란 공간적 방향과 상호작용하여 하나의 전체적인 체계를 조직
함으로써 생성되는 은유로 방향적 은유라고도 한다. 주로 위-아래(up-down),
안-밖(in-out), 앞-뒤(front-back) 등과 같은 공간적 방향과 관련이 있기 때문에
지향적 은유라 한다. 예컨대, 일상생활에서 행복과 슬픔이란 정서적 경험을
하게 되는데, 행복은 긍정적인 가치를, 슬픔은 부정적인 가치를 지닌다. 따라
서 행복은 위와 연결되어 [행복은 위이다]라는 개념적 은유가, 슬픔은 아래와
연결되어 [슬픔은 아래이다]라는 개념적 은유가 생성된다.

(5) [행복은 위이다], [슬픔은 아래이다](HAPPY IS UP, SAD IS DOWN)
     a. I'm feeling **up** these days.
     b. I'm **under** the weather today.
     c. 우리 팀의 사기가 최고조로 **올랐다.**
     d. 시험에 낙방하여 의욕이 **떨어졌다.**

위의 은유적 표현들은 우리의 신체적 경험에 바탕을 두고 있음을 알 수 있다. (5)에서 기분이 좋을 때나 행복을 표현할 때는 '위'의 방향성을 나타내는 up이나 '오르다' 등과 같은 어휘를 사용하지만, 기분이 나쁠 때나 슬플 때는 '아래'의 방향성을 나타내는 under나 '떨어지다' 등과 같은 어휘를 사용한다.

2.4. 개념적 은유의 사상

개념적 은유 이론에 따르면, 근원영역에서 목표영역으로의 개념적 전이를 사상이라 부른다. 즉, 은유는 근원영역과 목표영역의 개념적 사상 관계이며, 하나의 은유를 안다는 것은 근원영역과 목표영역 사이의 체계적인 사상을 안다는 것을 의미한다고 할 수 있다. 이러한 개념적 은유의 사상은 다음과 같은 특징이 있다.

2.4.1. 사상의 부분성

근원영역에서 목표영역으로의 사상은 부분적이라는 특징이 있다. 이것은 근원영역에 있는 하나의 개념을 통하여 목표영역에 있는 하나의 개념적 측면을 은유적으로 이해한다는 것을 의미한다.

개념적 은유 이론에 따르면, 부각(highlighting)이라는 개념을 사용하여 근원영역의 자질을 목표영역으로 선택적으로 사상하는 것이다. 이때 다른 자질의 억압을 은폐(hiding)라 한다. 즉, 목표영역이 특정한 근원영역에 의해 구조화될 때, 은유적 구조화를 통해 어떤 개념의 한 측면을 다른 개념의 관점에서 이해하여 부각시킴으로써 은유적으로 이해할 수 있다. 하지만 이때 필연적으로 그 개념이 지니고 있는 다른 개념을 은폐하게 된다. 근원영역과 목표영역의 개념 영역은 복잡하고, 은유마다 다른 양상들이 부각된다.

개념적 은유에서 목표영역 개념의 어떤 측면은 부각되는데 반해서 다른 측면은 은폐되는데, 그 이유는 은유적 사상의 부분성 때문이다. 즉, 개념 X를

Y로 이해하고 경험하는 데 있어서 Y의 모든 측면을 X에 투사하지 않는다는 것이다. 만약 은유적 구조화가 부분적으로 진행되지 않고 전체적으로 진행된다면, 그 개념은 단순히 다른 개념의 관점에서 이해되는 것이 아니라 실제로 다른 개념 그 자체가 되어버릴 것이다. 따라서 은유적 사상은 부분적일 수밖에 없다는 것은 당연한 결과라 할 수 있다.

2.4.2. 사상의 단일방향성

Lakoff & Johnson(1980)에 따르면, 은유에서의 사상은 근원영역에서 목표영역으로 진행되지만 그 반대는 성립되지 않는데, 이것을 은유의 단일방향성 또는 일방향성(unidirectionality)이라 부른다. 은유적 사상(metaphorical mapping)은 전형적으로 구체적인 것에서 추상적인 것으로 진행되지만, 그 반대 방향은 성립하지 않기 때문에 사상의 비대칭성을 보인다. 논쟁, 사랑, 인생, 이론 등은 전쟁, 여행, 건물보다 더 추상적이다. 이것은 우리가 이해하기 어려운 추상적인 개념들을 이해하기 위해서는 추상적인 개념 그 자체들을 이해하기보다는 좀 더 구체적이고 물리적이며 실체가 있는 개념들을 활용하는 것이 훨씬 더 바람직하다는 것을 의미한다.

따라서 [논쟁은 전쟁이다], [인생은 여행이다], [사랑은 여행이다], [이론은 건물이다]와 같은 표현은 자연스러운 은유이지만, [전쟁은 논쟁이다], [여행은 인생이다], [여행은 사랑이다], [건물은 이론이다]와 같은 표현은 자연스럽지 못한 개념적 은유가 된다.

2.4.3. 사상의 일관성

은유적 사상은 근원영역의 영상도식(image schema)[3] 구조가 목표영역에

---

3 영상도식은 우리의 일상 환경에서 신체적 운동 경험, 대상조작, 지각적 상호작용으로부터 직접적이며 반복적으로 나타나는 역동적인 패턴으로서 선개념적(preconceptual)이고 일상생활에서의 신체적, 물리적 경험을 바탕으로 형성되는 구조인데, 가장 기본적인 신체적, 물리적 경험은 바로 우리의 몸이라는 것이다. 다시 말해서, 신체

그대로 유지되는 내적인 일관성을 지니는데, 이를 Lakoff(1990)는 불변성 가설(invariance hypothesis)이라고 한다. 다시 말해서, 개념 영역들 간의 사상이 기본적인 골격을 그대로 유지한다는 것이다. 예를 들어, 박정운(2001)이 지적했듯이, 범주(category)라는 개념은 흔히 그릇으로 은유적으로 이해되는데 근원영역인 그릇의 안과 밖은 목표영역인 범주의 안쪽과 바깥쪽으로 각각 사상되는 것이지 그릇의 밖이 범주의 안쪽으로 또는 그릇의 안이 범주의 바깥쪽으로 사상되지는 않는다는 것이다.

불변성 가설이 어떻게 적용되는지 살펴보자(박정운 2001: 96).

   (6) **앞**으로 한 달 **뒤**에 다시 만나자.

박정운(1998, 2001)이 지적했듯이, 위 예문은 불변성 가설이 위배되는 것처럼 보인다. 왜냐하면 앞도 미래를 나타내고 뒤도 미래를 나타내기 때문이다. 공간영역에서 앞과 뒤는 서로 반대되는 개념임에도 불구하고 (6)에서처럼 시간영역에서 모두 미래를 나타내고 있기 때문에 언뜻 보기에는 공간과 시간 간의 사상에 있어서 일관성이 없는 것처럼 보인다. 하지만, (6)에서 앞이 미래를 나타낼 수 있는 것은 사람 이동 은유에 근거한 것인 반면에 뒤가 미래를 나타낼 수 있는 것은 시간 이동 은유에 근거한 것이기 때문에 공간에서 시간으로의 사상은 실제로 내적 일관성을 유지하고 있다고 하겠다.[4] 다시 말해서, 두 개의 서로 다른 시간 은유가 관여하고 있기 때문에 불변성 가설을 준수한다.

의 여러 모습들을 가장 잘 반영하고 있는 인지모형이 바로 영상도식이다(Johnson 1987).

4 사람 이동 은유에서는 시간은 고정되어 있는 반면에 화자가 고정된 시간을 따라서 이동하는 것으로 시간이 개념화된다. 하지만, 시간 이동 은유에서는 시간이 뒤인 미래에서부터 현재를 나타내는 화자의 위치를 지나 시간이 앞인 과거로 이동하는 것으로 개념화된다. 따라서 사람 이동 은유에서는 앞이 미래를 나타내고 뒤가 과거를 나타내지만, 시간 이동 은유에서는 앞이 과거를 나타내고 뒤가 미래를 나타낸다.

3. 주요 연구 주제와 쟁점

본 장에서는 인지언어학 분야에서 가장 연구가 많이 되어왔던 주요 연구 주제인 감정어(emotion term), 신체어(body-part term), 정치담론(political discourse) 상에서의 은유, 그리고 주요 쟁점인 은유의 보편성(universality)과 상대성(variation), 신체화(embodiment), 사상의 방향성(directionality of mapping) 등을 중심으로 논의할 것이다.

3.1. 주요 연구 주제

3.1.1. 감정어 은유

감정이나 정서의 문제가 주요 연구 주제로 등장한 것은 언어사용자의 몸과 마음, 그리고 문화적 맥락을 언어와 유기적으로 파악하려는 인지언어학의 시도와 궤를 같이한다. 감정은 사람에게 있어서 가장 본능적이며 원초적이고 특정적인 인지 기제 가운데 하나이기 때문에 남녀노소를 불문하고 사람의 신체 생리적 반응과 인지 양상은 상당 부분 유사하게 마련이다.

인지언어학에서는 감정을 인간의 가장 중요한 체험 요소로 간주할 뿐만 아니라 언어와 감정 간의 밀접한 관련성에도 초점을 맞추고 있다. 인지언어학적 측면에서 본다면 은유가 일상적인 언어 사용에 널리 퍼져 있을 뿐만 아니라 감정과 감정 경험에 대한 대부분의 개념화를 이해하는 데 본질적이기 때문에 감정어 은유가 주요 연구 주제로 부각된 것은 당연하다 하겠다.

인지언어학적 관점에서 은유와 감정어 분석에 대한 연구가 활발하게 진행되어 오는데(Lakoff & Johnson 1980, 1999; Kövecses 1986, 2000, 2005, 2010/2002; Lakoff 1987; Lakoff & Kövecses 1987 등), 특히, 감정어 중에서 '화', '행복', '두려움', '사랑'과 관련된 은유가 가장 많이 연구되어 왔다. 기본 감정은 체험주의(experientialism)와 신체화에 바탕을 두기 때문에 영어권을 비롯하여 모든 문화권에서 공통적으로 지니게 되는 은유의 보편성과 문화적 변이에 따른 상대성에 대한 관심이 증대되면서 감정어에 대한 연구가 활발하게 진행되었다(King 1989; Matsuki 1995; Yu 1995, 1998; Taylor & Mbense 1998 등).

한편 국내에서도 감정어 은유에 대한 연구가 활발하게 진행되었다(나익주 1995, 2006; 임지룡 1999, 2000, 2001, 2005, 2010, 2014, 2015; 박정운 2001; 정희자 2002b; 이종열 2006; 권연진 2014; 오상석 2014; 이민우 2017 등). 특히 임지룡은 일련의 연구를 통하여 한국어에 나타나는 '화', '사랑', '두려움', '기쁨', '슬픔', '미움', '부끄러움' 등 감정 표현들이 어떻게 개념화되는지를 심층적으로 분석하여 인지언어학 분야의 선구자적 역할을 하였다. 뿐만 아니라 나익주(2006)는 한국인의 대표적인 정서라 할 수 있는 '정'과 '한'이 어떻게 은유적으로 개념화되는지를 분석하였는데,5 그에 따르면, 한국어의 '정'은 [정은 끈적끈적한 물건], [정은 그릇 속의 액체], [정은 귀중한 소유물], [정은 자양분]으로 개념화되며, '한'은 [한은 물건], [한은 그릇 속의 응고 액체], [한은 차가움]으로 개념화되어 있음을 지적하였다.

이제 인지언어학 연구에서 가장 핵심적인 주제인 '화'의 개념화 양상을 간략하게 살펴보자. 영어와 한국어에서 대부분의 감정어가 액체로 개념화되는데(임지룡 2000; Kövecses 2000, 2005, 2010/2002), 특히 화는 그릇의 역할을 하는 우리의 몸속에서 뜨거운 액체나 불로 개념화되는 경우가 많다. 사람들은 화가 나면 대개 열을 동반하게 되는데, 몸에서 체온이 상승하고, 혈압이 상승하며, 얼굴이 붉어지는 등 신체 내부에서 여러 가지 생리적 증상들을 경험하게 된다. 다음 예문을 살펴보자.

(7)   a. She is **boiling** with anger.

---

5 '정'과 '한'은 한국인에게 있어서 매우 특별한 의미를 지니는데, '정'은 애정이나 친밀감, 좋아함, 따스한 느낌, 연민, 희생, 배려 등의 의미를 지니며, '한'은 몹시 원망스럽고 억울하거나 안타깝고 슬퍼 응어리진 마음의 의미를 지닌다. 이 두 단어는 한국인의 삶에 다양한 방식으로 스며들어 있으며 일상생활에도 직간접적으로 영향을 미친다.

b. You're getting all **steamed up** about nothing.

c. My anger **kept building up** inside.

d. I left him alone until he **simmered down**.

(8) a. 그는 머리끝까지 **화로 가득 차** 있었다.

b. 너무 화가 나서 **끓어오르는 분노의** 감정을 억누를 수 없었다.

c. 그는 참았던 **울분을 터뜨리고야** 말았다.

d. 드디어 **들끓던 분노가** 가라앉기 시작했다.

위의 예문 (7-8)에서 알 수 있듯이, 화의 감정이 뜨거운 액체로 개념화되어 있다. 즉, 우리 몸속에서 화가 나서 폭발하기까지의 과정은 마치 그릇 속의 액체가 열을 받아서 폭발하는 과정과 동일한 영상도식을 지닌다. 따라서 화를 나타내는 가장 특징적인 개념적 은유는 [화는 그릇 속의 뜨거운 액체이다]이 며 이를 토대로 화에 대한 다양한 은유적 표현을 사용한다. 우리 몸의 내부는 그릇으로 개념화되고 화는 그릇 속에 담긴 뜨거운 액체로 개념화된다는 것이 인지언어학적 감정 은유의 설명이다.

3.1.2. 신체어 은유

사람들은 신체의 일부분을 나타내는 단어들을 사용하여 다양한 은유적 표 현으로 사용하는데, 인지언어학적 측면에서 은유가 신체적, 물리적 그리고 사 회·문화적 경험을 바탕으로 형성되는 점을 감안한다면 신체어 은유가 인지 언어학에서 주요 연구 주제라는 것은 당연한 결과라 하겠다. 신체어는 사람들 이 흔히 경험할 수 있는 대상물이고 신체의 각 부분들은 특정한 위치, 모양, 구조 그리고 기능을 지니고 있으며, 이러한 각각의 특징을 부각시키기 위해 은유의 형식을 자주 사용한다.

인지언어학적 측면에서 신체어 은유에 대한 연구가 활발하게 진행되어 왔 다(Lakoff & Johnson 1980; Johnson 1987; Kövecses 2005, 2010/2002 등). 예컨대, Kövecses(2005)에 따르면, 신체와 관련이 있는 개념들은 은유적 표현에 자주 사용되고 있으며, 이러한 것들은 인간의 신체적 경험에 바탕을 두고 있기 때문에 무의식적이고 자동적으로 발생한다. 이것은 보편적인 신체적 경험에 기초하므로 그에 상응하는 은유 역시 보편적이라는 것이다.

한편 국내에서도 신체어에 대한 연구 역시 활발하게 진행되어 왔다(나익주 1995; 임지룡 1999, 2007, 2016; 정희자 2002a; 김해연 2009, 2010; 송현주 2017 등). 나익주(1995)는 체험주의 이론에 근거한 은유가 우리의 신체와 관련된 경험에 근거하고 있음을 밝혔다. 정희자(2002a) 역시 관용어에 자주 나타나는 신체어를 중심으로 한국어와 영어에서의 유사성과 차이점에 대해 논의하였는데, 신체어의 의미 확장은 청자에게 의미를 명확하게 전달하려는 담화 전략(discourse strategy)에 의한 것이라고 주장하였다. 임지룡(1999, 2007, 2016) 역시 일련의 연구를 통하여 인지언어학적 관점에서 신체어의 의미 확장에 대한 원리를 제시하고 의미 확장의 종합적인 양상들을 체계화하였다.

또한 한국어의 신체어에 대한 코퍼스 자료를 기반으로 인지언어학적인 관점에서 분석한 연구도 있다. 김해연(2009, 2010)은 순수 국어 어휘인 '얼굴'과 '낯', 한자어인 '면목', '안면'을 코퍼스 분석 방법을 활용하여 연구하였으며 송현주(2017) 역시 말뭉치언어학에서의 자료 처리 방법을 활용하여 신체어에 대한 인지언어학적 해석을 시도하였는데, 신체어가 비유적 의미로 사용되는 빈도를 중심으로 그 용례와 더불어 사용 패턴을 밝히고자 시도하였다.

이제 인지언어학적 관점에서 신체어 은유의 주요 연구 주제 중 하나인 머리를 간략하게 살펴보자. 머리는 사고, 지성 등 정신과 관련이 있는 관용어들이 많다. 또한 머리는 얼굴, 머리통, 머리털 등으로 구성되어 있는데, 이러한 작고 둥근 모양의 특징을 바탕으로 그릇이라는 관점으로 이해하여 [머리는 그릇이다](THE HEAD IS A CONTAINER)라는 은유적 개념이 생성된다.

우리의 신체적 경험에 바탕을 두고 있는 그릇은 경계를 짓는 표면과 안과 밖의 지향성을 가진다. 즉, 그릇은 경계에 의해 분리된 내부와 외부로 구성되는데, 머리의 내부 구조는 그릇의 안에 해당되고, 외부 구조는 경계를 짓는 그릇의 표면에 해당된다. [머리는 그릇이다]라는 은유적 개념을 바탕으로 다음과 같은 은유적 표현들이 사용되기도 한다.

(9) a. Not a word of the lecture is coming **into my head**.
b. I just can't seem to get those silly love songs **out of my head**.
c. All this talk about being in love is putting ideas **in your head**.
d. I don't have rocks **in my head** — I'm just different.
(10) a. 도무지 영어 단어가 **머릿속에 들어가지** 않는다.
b. 저 녀석 아주 **머릿속이 꽉 찬** 애어른이더군.
c. 갑자기 **머리가 텅 빈** 것 같은 느낌이 들었다.
d. 그 아름다운 모습을 내 **머릿속에 담았다.**

위에서 추상적인 목표영역인 '머리'를 구체적이고 명확하게 윤곽이 주어지고 직접 경험하고 지각할 수 있는 개념인 근원영역 '그릇'이라는 물리적 실재에 사상시킴으로써 추상적 개념을 구체적으로 이해하게 된다. 예컨대, 머리와 그릇의 유사성을 바탕으로 (9a)에서 강의 내용이라는 물질을 머리라는 그릇에 넣을 수 없음을, 즉, 강의 내용을 이해할 수 없음을 은유적으로 표현하고 있다. 마찬가지로 (10a)에서 영어 단어를 머리라는 그릇 속에 넣으려 하지만 들어가지 않음을, 다시 말해서, 암기할 수 없음을 의미하며, (10b)에서는 머리에 생각이나 지식, 판단력과 같은 물질이 가득 차 있음을, 다시 말해서, 지식이 많음을 은유적으로 표현하고 있다.

임지룡(2016)은 인지언어학의 신체화를 바탕으로 신체어의 의미 확장 기제로는 개념적 은유와 개념적 환유(conceptual metonymy), 범주적 은유(categorial metaphor), 그리고 문법화(grammaticalization) 등이 있음을 밝혔다. 그에 의하면, 우리 신체의 윗부분에 해당되는 신체어(머리, 얼굴, 눈, 코, 귀, 입, 턱 목, 고개)는 개념적 환유에 의해 신체어 영역 안에서 의미 확장이 일어나며 개념적 은유에 의해 비유적 표현이 이루어진다. 또한 사람의 신체어를 중심으로 '동물, 식물, 사물, 공간, 시간 그리고 추상'에 대해서 의미 확장이 일어나며 신체어를 중심으로 구체적인 영역에서 비신체적인 추상적인 영역으로 의미가 확장된다.

3.1.3. 정치담론 상에서의 은유

정치인들은 자신들의 정치적 효과를 극대화하기 위해 다양한 수사를 사용하는데, 정치담론을 구성하는 언어는 정치적 의사소통과 목적을 달성하기 위한 핵심적인 도구이자 무기이다. 실제로 많은 정치인들은 일반 대중들에게 주요 이슈들을 특별히 강조하기 위해 은유라는 기제를 자주 사용하곤 한다.

최근에 개념적 은유 이론을 바탕으로 정치 은유에 대한 연구가 꽤 많이 진행되어 왔다(Lakoff 2004; Richie 2013 등). 예컨대, Lakoff(2004)가 제시한 자상한 부모 모델(The Nurturant Parents Model)과 엄격한 아버지 모델(The Strict Father Model)을 바탕으로 언어적 표현들이 어떻게 정치담론에 적용되는지를 분석한 연구도 있었다. Richie(2013)는 토니 블레어 전 영국 총리와 오바마 전 미국 대통령은 서로 다른 국가 정치인임에도 불구하고 정치담론에서 유사한 은유를 사용하고 있음을 지적하였다.

한편 국내에서도 인지언어학적 관점에서 정치와 은유에 대한 연구가 활발하게 진행되어 왔다(김은주 2016; 권연진 2017b, 2018a, 2018b 등). 김은주(2016)의 연구에서는 프레임(frame)[6]이란 개념을 이용해서 한국사 교과서 국정화에 대한 정치인들의 언어 표현을 분석하였다. 또한 권연진(2018a)은 정치담론 상에서의 국가 은유(national metaphor) 중에서 가장 빈도수가 높은 은유들을 중심으로 분석하였고, 권연진(2018b)에서는 최근 미국 대통령 취임사 10개에서 사용된 은유 중에서 [정치는 여행이다](POLITICS IS A JOURNEY) 은유를 분석하고 이 은유들이 지니는 함축적 의미를 아메리칸 드림(American Dream)의 관점에서 논의하였다.

---

6 Lakoff(2004: xv)에 따르면, 프레임이란 우리가 세상을 바라보는 방식을 형성하는 정신적 구조물인데, 정치에서의 프레임은 사회 정책과 그 정책을 수행하고자 수립하는 제도를 형성한다는 것이며 프레임을 재구성하는 것은 바로 사회적 변화를 의미한다.

Lakoff(2004: 3-4)에 따르면, 정치인들은 자신들의 정치적 목적을 성취하기 위하여 특정한 프레임을 자주 사용함과 동시에 다양한 은유적 표현을 사용한다. 예컨대, 그는 공화당 정치인들은 주로 세금 구제(tax relief) 정책을, 민주당 정치인들은 자주 세금 감면(tax cut) 정책을 사용했는데, 이 중에서 공화당 정치인들이 사용하는 구제라는 어휘가 자신들의 지지에 도움을 주는 프레임을 작동시키기 때문에 훨씬 더 긍정적인 프레임을 형성한다는 것이다. 일반 대중들을 자신들에게 유리하게 이끄는 것은 세금 정책에 대한 진실이 아니라 대중들의 머릿속에 설정되어 있는 프레임이라는 것이다.

대한민국은 2017년 민간인 국정 농단으로 인해 대통령이 탄핵되었으며 정권 또한 바뀌었다. 이에 정권을 잡은 여당의 입장에서는 적폐청산이라는 프레임을, 야당의 입장에서는 정치보복이라는 프레임을 지속적으로 사용함으로써 정치 공방을 이어가고 있다.

> (11) a. 이번 대선은 보수 대 진보의 대결이 아닙니다. … 과거 **적폐세력**이냐 미래 **개혁세력**이냐 선택입니다. (문재인, 2016.04.03.)
>
> b. 이명박 전 대통령이 노무현 대통령의 죽음을 직접 거론하며 **정치보복** 운운한 데 대해 분노의 마음을 금할 수 없습니다. (문재인, 2018.01.18.)
>
> c. 휴전 이후 가장 엄중한 안보위기에 처해 있는데 국내정치는 **정치보복**에만 여념이 없습니다. (홍준표, 2017.11.01.)
>
> d. 검찰수사에 대하여 많은 국민들이 보수를 궤멸시키고 또한 이를 위한 정치 공작이자, 노무현 대통령의 죽음에 대한 **정치보복**이라고 보고 있습니다. (이명박, 2018.01.17.)

위에서 보듯이, 적폐청산과 정치보복이라는 상반된 프레임을 사용함으로써 자기들에게 여론을 유리하게 이끌려 하고 있음을 알 수 있다. 대통령과 여당의 입장에서는 적폐청산의 프레임을 활용하여 [부정부패는 악이다]라는 개념적 은유가 도출되는데 반해, 야당의 입장에서는 현 정부가 하고 있는 적폐청산을 정치보복의 프레임으로 몰아감으로써 [편향된 혁신은 보복이다]라는 개념적 은유를 도출하려고 한다(권연진 2018a).

이제 정치 은유 분석에서 비교적 많이 연구되고 있는 프레임이라는 개념을 활용하여 Lakoff(2004)가 제시한 자상한 부모 모델과 엄격한 아버지 모델을 중심으로 살펴보고자 한다. 자상한 부모 모델은 미국 진보주의적 가족관으로 공감(empathy)과 책임감(responsibility)을 중요하게 간주하는 데 반해, 엄격한 아버지 모델은 미국 보수주의적 가족관으로 아버지의 권위(authority)와 통제(control)를 중요하게 간주한다.[7]

Lakoff(2004)는 국가를 가족으로 간주하는 은유가 널리 사용되고 있음을 지적하였는데, 가족으로서의 국가 은유(NATION AS A FAMILY)는 오바마 전 대통령의 연설문에서 자주 등장하고 있다. 이것은 미국 국민 전체가 하나의 가족 공동체 속에 살고 있으며 모두가 꿈을 이룰 수 있고 공정한 기회를 강조하는 자상한 부모 모델의 프레임에 바탕을 두고 있기 때문이다.

(12) a. We the People have remained faithful to the ideals of **our for bearers**, and true to our founding documents. (Inaugural Address, 2009.01.20.)

b. It is time to revisit our **Founding Fathers** vision for this wonderful country. (2016.05.22.)

c. We are **one American family**. I stand firmly with Muslim American communities in rejection of the voices that seek to divide us or limit our religious freedoms or civil rights. (2016.06.06.)

자상한 부모 모델에서 감정이입은 다른 사람들과의 관계를 맺으며 타인들

---

7 자상한 부모 모델에서 부모의 주된 책임은 자녀들을 자상하게 보살피고 그 자녀들이 다시 다른 사람들을 보살피는 사람이 될 수 있도록 길러야 한다고 본다. 반면에 엄격한 아버지 모델에서 부모의 주된 책임은 세상은 악이 존재하는 위험한 곳이기 때문에 권위와 통제로 자녀들을 훈육해야 한다고 본다.

이 느끼는 것을 서로 공유하기 때문에 다른 사람들에 대해 가족적인 친밀감을 느끼게 되고 하나의 가족 공동체를 이룰 수 있다. 위의 (12)에서 볼 수 있듯이, forbearer, founding father, one American family 등과 같이 가족을 나타내는 단어들을 사용함으로써 국가를 가족으로 간주하고 있음을 알 수 있다.

반면에 보수주의적 가족관으로 대표되는 엄격한 아버지 모델에 따르면, 가족이 위험한 세상으로부터 살아남으려면 엄격한 아버지가 필요하며 아버지는 가족을 보호하며 부양해야 한다. 따라서 국가 안보와 자국의 이익을 대변해 주고 국민들을 구해 줄 수 있는 영웅인 아버지로서 프레임을 지향하고 있다.

> (13) a. We will **defend our freedom**. We will bring freedom to others. And we will prevail. May God bless our country and all who defend her. (G. Bush, 2003.03.19.)
>
> b. I will **fight for every child** in this country who deserve better futures. (D. Trump, 2016.09.09.)
>
> c. I will also **fight for the American family and American family values**. The family must be at the center of any anti-poverty agenda. (D. Trump, 2016.09.09.)

(13a)에서 미국이라는 국가를 자유를 수호하고 국민들에게 자유를 가져다 주는 아버지로 표현하고 있으며 (13b-c) 역시 가족과 가족의 가치를 위해서 싸우는 강한 아버지로 표현하고 있다.

3.2. 주요 쟁점

본 절에서는 그동안 인지언어학에서 연구되어 온 주요 쟁점들 중에서 은유의 보편성 대 상대성 문제, 신체화 문제, 그리고 사상의 방향성 문제에 대해 논의하고자 한다.

3.2.1. 보편성 대 상대성

인지언어학자들(Lakoff & Johnson 1980; Johnson 1987; Kövecses 2005)이 지적했듯이, 우리의 신체적 경험을 통해서 얻은 보편적인 경험이 은유에 동기를 부여하므로 은유는 보편적이라고 보는 경향이 우세했다. 다른 한편으로 사람들은 서로 다른 언어를 사용하고 다른 문화권에서 살기 때문에 개별적인 문화에 따라 은유 역시 다를 수 있다는 견해가 제시되었다(King 1989; Matsuki 1995; Yu 1998; Taylor & Mbense 1998; Kövecses 2005, 2006).

본 소절에서는 은유의 보편성과 상대성에 대해 논의하고자 한다. Kövecses (2005)에 따르면, 어느 문화권에 살고 있든 사람들은 보편적인 인간의 경험에 바탕을 두는 일차적 은유(primary metaphor)와 복합적 은유(complex metaphor)를 사용하는데, 일차적 은유는 우리의 보편적인 신체적 경험으로부터 발생한다는 것이다. 그는 우리의 은유적 사고란 신체적 경험과 뇌 속의 신경 활동에 바탕을 두고 있기 때문에 이 층위에서 만들어지는 개념적 은유는 범문화적으로 보편적이라고 주장한다.

우선 은유의 보편성에 대해 살펴보자. 감정이란 신체의 다양한 생리적 변화를 동반하기 마련인데, 화가 날 때 얼굴이 붉어지고 체온이 상승하는 등 생리적 증상들을 경험하게 된다. 따라서 인지언어학에서 화를 나타내는 가장 대표적인 개념적 은유는 [화는 그릇 속의 뜨거운 액체이다]이다(Lakoff & Kövecses 1987; Kövecses 2005, 2010/2002; 임지룡 2000).

(14) a. She is **boiling** with anger.
　　 b. You make my blood **boil**.
　　 c. Let him **stew**.
　　 d. I left him alone until he **simmer down**.
(15) a. 그는 화가 머리끝까지 치밀었다.
　　 b. 온 국민의 **분노가** 끓었다.
　　 c. 가슴에 **타오르는 분노의 감정을** 어찌 누그러뜨리겠는가!

d. 그는 **울분**을 참을 수가 없었다.

위에서 볼 수 있듯이, 영어와 한국어에서 화의 감정이 뜨거운 액체나 액체의 열기로 개념화되어 있음을 알 수 있는데, 이 은유는 범문화적으로 보편적이라 할 수 있다.

보편성의 또 다른 예라 할 수 있는 사랑 은유에 대해 살펴보자. [사랑은 여행이다] 은유는 우리의 일상 경험에서 흔히 나타나는 유형 중의 하나인 경로(path)에 대한 영상도식에 바탕을 두고 있다. 경로 도식(path schema)은 출발점, 도착점, 그리고 출발점과 도착점을 연결하는 장소의 연속을 지닌다(Johnson 1987). 사랑의 목표영역은 주로 낭만적인 관계의 양상을 강조하는 여행으로 간주된다. 이 은유는 일차적 은유를 [목표는 목적지이다](PURPOSES ARE DESTINATIONS)와 같은 보편적인 경험으로 이해되므로 인지적으로 동기부여되고 보편적인 것으로 간주될 수 있다.

다음으로 은유의 상대성에 대해 살펴보자. 서로 다른 언어와 문화권에서 생활한다면 문화적 경험이 다르므로 은유 역시 상대적이고 변이가 존재한다는 견해가 제시되었다(Matsuki 1995; Yu 1998; Kövecses 2005, 2006; 오상석 2014; 임지룡 2014; 2015 등).

Matsuki(1995)는 Lakoff & Kövecses(1987)가 분석한 영어의 모든 화(怒, nu) 은유가 일본어에서도 공통적으로 나타난다고 지적하였다. 뿐만 아니라 hara(はら, '배'(belly))와 관련이 있는 문화적으로 특이한 화 관련 은유, 즉, [화는 배이다(배 속에 있다)](ANGER IS (IN THE) HARA)가 일본어에 특히 많음을 지적하였는데, 이는 일본 문화의 특수성이 반영된 것이라고 주장하였다.

King(1989)과 Yu(1995, 1998) 역시 중국어 화의 개념이 기(氣 qi)의 개념, 즉 몸속에 흐르는 에너지와 밀접한 관련이 있음을 지적했다. 그들은 중국어의 화 은유, 특히 [화는 압축된 그릇이다](ANGER IS A PRESSURIZED CONTAINER)를 통해서 영어와 중국어의 유사성과 상이점을 분석하였던 바,

개념적 은유 자체는 두 언어에 존재하지만, 영어에서는 액체가 작용하는 반면에 중국어에서는 기가 작용하는 것으로 개념화되는 것이 차이점이라고 지적하였다. 이 개념은 중국 철학과 의학의 긴 역사에 깊게 뿌리박혀 있다는 것이다(Kövecses 2005: 69, 2006: 158).

Taylor & Mbense(1998)에 따르면, 줄루어(Zulu)는 영어와 유사한 개념적 은유가 존재하지만, 영어에 존재하지 않는 개념적 은유 [화는 심장 속에 있다](ANGER IS IN THE HEART)가 있다는 것이다. 심장 은유가 영어에 적용될 때는 사랑, 애정 등과 연관되는 반면에, 줄루어에서 이 은유는 화와 인내에 적용된다는 것이다.

'화'의 문화적 변이 양상에 대한 논의에서 임지룡(2014)은 영어, 중국어, 일본어, 폴란드어, 줄루어, 한국어, 튀니지 아랍어, 독일어, 그리고 스페인어 등 9개 문화권에서 '화' 은유의 근원영역 사이에는 공통점과 상이점이 존재하는데, 이것은 개념화 방식이 서로 다를 뿐만 아니라 연구자들의 관점과 분류 기준이 서로 다르기 때문이라고 지적하였다. 그는 9개 문화권 중에서 근원영역의 수에 있어서 한국어가 가장 많으며, 영어의 '작동 중인 기계', 중국어의 '그릇 속의 뜨거운 기', 줄루어의 '왕성한 식욕', 중국어와 한국어의 '실'은 문화 특정적인 근원영역의 대표적인 보기라고 지적하였다.

3.2.2. 신체화

앞서 지적했듯이, 은유는 신체적 경험에 바탕을 두고 있는 개념적 은유에 의해 동기부여된다. 이것은 개념체계가 신체적 경험을 바탕으로 하여 은유적으로 구조 지어져 있다는 것이다. 이처럼 신체화는 의미에 대한 인지언어학적 개념을 다른 인지기반 이론의 개념과 구별시켜주는 가장 중요한 개념 중의 하나이다. 의미 연구에 대한 중요성이 두드러지면서 특히 인간의 몸이 의미 형성 과정에 큰 역할을 하게 되었다(Johnson 1987; Lakoff 1987; Lakoff & Johnson 1999). 신체화와 관련하여 중요한 개념이 바로 영상도식임을 앞서 지적했다. 왜냐하면 영상도식이란 인간의 가장 기본적인 육체적, 물리적 경험에 바탕을 두고 있으며 세상을 이해하는 데 필수적이기 때문이다.

하지만 Alverson(1994), Rakova(2002)를 비롯한 일부 학자들은 은유가 신체화되어 있으며 은유의 여러 양상들이 신체화된 지식과 경험을 바탕으로 한다는 점에 대해 문제가 있음을 지적하였다. 이들에 따르면, 신체화 이론이 개념적 은유의 보편성과 문화 특수성(cultural specificity)을 동시에 설명하려고 시도할 때 문제가 생길 수 있다는 것이다. Rakova(2002)는 일반적으로 유사한 물리적 경험이라는 보편성에 기반을 두고 있는 이론이 동일한 맥락에서 문화적 특수성 내지는 문화적 상대성의 이론이 될 수 없다고 주장한다. 물론 Lakoff & Johnson(1999)은 영상도식과 신체화를 보편적 경험으로 간주하는데, 이는 신체화의 보편성이 기계적으로 보편적인 의미를 생성한다는 것을 의미한다.

이러한 문제에 대한 해결책으로 Kövecses(2008)는 의미에 대한 신체화된 개념을 수정 또는 개선할 필요가 있다고 주장했는데, 신체화에 대한 기존 생각을 바꾸어야 하며 신체화를 단순하고 획일적인 요소로 간주해서는 안 된다는 것이다. 언어마다 동일하거나 같은 정도로 보편적인 신체적 기초를 바탕으로 보편적인 은유를 생성하는 것은 아니다. 다시 말해서, 신체화는 단일 요소가 아니라 여러 구성요소로 이루어져 있으며, 구성 요소들 중에서 어느 하나가 다른 문화에 의해 강조될 때 가능하다는 것이다. Kövecses(2005)는 이를 차별적인 경험적 초점(differential experiential focus)이라고 칭하였다.

서로 다른 문화권에서 '화'에 대한 개념화를 살펴보자. 화는 보편적인 생리적 반응을 동반하는데 피부 온도와 혈압이나 심장 박동수의 증가 등이다. 반면에 서로 다른 언어와 문화권에 따라 '화'와 관련된 보편적인 생리적 반응이 서로 다르다는 점을 잊지 말아야 한다. 영어와 헝가리어에서 화에 따른 생리적 변화는 동일하지만, 중국어의 경우 압력(PRESSURE)에 기초하는 것처럼 보인다(Yu 1998). 뿐만 아니라 Rosaldo(1980)에 따르면, 뉴기니(New Guinea)의 일롱고어(Ilongot)에서 '화'의 주요 생리적 특성은 일반화된 '생리적 흥분 상태'라고 지적하였다. 다시 말하면, 화의 개념이 서로 다른 언어와 문화에 따라 구성 요소와 신체화의 층위가 서로 다르게 나타나므로 부분적으로 보편적이거나 부분적으로 문화 특이성이 존재한다. 결국 이러한 현상은 차별화된 경험적 초점의 과정에 의해서 가능하다(Kövecses 2008).

차별적인 경험적 초점 현상은 역사적으로도 관찰되었다(Kövecses 2005, 2008). Gevaert(2005)는 영어의 역사적 코퍼스에 기초하여 850년 전에는 화를 기술하는 모든 단어 중에서 화를 열로 기술하는 단어가 1.59%밖에 되지 않았는데, 850년과 950년 사이에는 화를 열로 개념화하는 단어의 수가 현저하게 증가하였다고 지적하였다. 하지만 화를 열로 개념화하는 비율이 점점 감소하다가 1400년경에 다시 핵심적인 역할을 하기 시작하였다는 것이다.

여기서 강조하고 싶은 것은, 화의 경우와 마찬가지로 보편적인 신체화는 여러 구성 요소나 서로 다른 양상들로 구성될 수 있다는 것이다. 은유가 한 특정 시점에서는 한 가지 구성 요소나 양상에 기초하지만, 다른 시점에서는 다른 구성 요소나 양상에 기초할 수 있다. 어떤 것을 선택하느냐의 문제는 주변의 문화적 문맥의 다양한 요인에 달려 있다. 뿐만 아니라 은유가 한 문화에서는 한 가지 구성 요소나 양상에 기초할 수 있지만, 다른 문화에서는 다른 구성 요소나 양상에 기초할 수 있다. 다시 말해서, 목표영역은 하나의 경험적 기초와 관련을 맺는 것이 아니라 동등하게 타당한 몇 가지 경험적 기초와 관련을 맺을 수 있다는 것이다. 따라서 우리가 신체화를 화자들이 차별적인 경험적 초점을 적용할 수 있는 복잡한 요소들의 집합으로 간주한다면 많은 학자들이 제기했던 신체화의 딜레마를 해결할 수 있을 것으로 보인다(Kövecses 2008).

3.2.3. 사상의 방향성

개념적 은유 이론에서 은유적 사상은 일방향성을 지니는데, 근원영역에서 목표영역으로 사상되는 것이지 그 반대는 성립되지 않음을 앞서 보았다. Lakoff & Johnson(1980, 1999)에 따르면, '애정'(affection)과 같은 추상적인 어휘를 개념화하기 어렵기 때문에 애정과 신체적 따뜻함의 경험을 기반으로 하고 있는 명확한 개념인 '온도'(temperature)라는 어휘를 사용하여 '따뜻한 사람'(warm person) 또는 '냉정한'(cold hearted)과 같은 표현을 생성해낸다. 예를 들어, 사회적 관계(social relation)를 이야기할 때 종종 '온도'라는 어휘를 사용하여 He is a warm person과 같은 표현은 은유적으로 사용되지만, This is a kind/friendly temperature와 같은 표현은 해석하기 어렵다. 따라서 사회적 관계는 온도라는 관점에서 이해 가능하다는 것이다. 결국 이러한 개념적 방향성(conceptual directionality)은 우리 신체와 환경의 상호작용에 근원을 두고 있음을 알 수 있다(Porat & Shen 2017).

신체화 인지(embodied cognition)에 관한 최근의 정신물리학적 (psychophysical) 연구에서 사상의 일방향성을 뒷받침하는 일련의 실험들이 있었다(Landau, Meier & Keefer 2010; Porat & Shen 2017). 예를 들어, Williams & Bargh(2008)의 실험에 의하면, 차가운 음료를 마시는 실험참가자보다 따뜻한 음료를 마시는 실험참가자가 더 따뜻하거나 더 친근한 성격을 지닌 사람으로 인식되는 경향이 있다는 것이다. 이는 곧 [애정은 따뜻함이다](AFFECTION IS WARMTH)라는 개념적 은유와 일치하는 결과라 할 수 있다.

하지만 근원영역과 목표영역 간의 사상이 일방향성일 때도 있지만, 일련의 실험 연구에서 양방향의 사상(bidirectional mapping)도 가능하다는 주장이 제기되었다(IJzerman & Koole 2011; Porat & Shen 2017, 2018). 실례로, Porat & Shen(2017, 2018)은 정신물리학의 여러 연구를 바탕으로 기존의 일방향성의 사상관계가 정반대의 유형인 두 영역 간의 양방향성의 사상이 있음을 주장했다. 예를 들어, 따뜻한 음료를 마시는 실험참가자가 그렇지 않은 실험참가자보다 더 따뜻한 인상을 남겼던 것과 반대로, 실험참가자들에게 편안한 환경을 조성하느냐, 불쾌한 환경을 조성하느냐에 따라 방의 온도가 더 따뜻하게 변할 수도 있지만, 반대로 더 차갑게 변할 수도 있다. 이것은 구체적인 것에서 부터 추상적인 것으로의 사상과는 정반대의 사상으로서 생성되는 [따뜻함은 애정이다](WARMTH IS AFFECTION)라는 개념적 은유와 일치하는 결과이다(Zhong & Leonardelli 2008).

뿐만 아니라 일방향성을 위반하는 경우가 종종 있음을 최윤영(2013: 11)도 지적하였다. 다시 말해서, 목표영역이 더 구체적이고 근원영역이 더 추상적인 성격을 지니고 있는 은유적 표현들이 있는데, 이러한 표현들은 대개 대중들의 관심이나 흥미를 끌고 효과를 최대화하기 위한 상업적 광고들이다.[8]

    (16) a. 집은 엄마다(A house is a mother).
        b. 침대는 과학이다(A bed is science).
        c. 영어는 생활이다(English is life).
        d. 책은 스승이다(A book is a teacher).

위의 예에서, 목표영역으로 사용된 '집, 침대, 영어, 책'이 근원영역으로 사용된 '엄마, 과학, 생활, 스승'보다 상대적으로 좀 더 구체적임을 알 수 있다. 이러한 예들은 비록 광고에 사용된 예문들이긴 하지만, 은유의 일반적인 특징인 구체적인 개념을 사용하여 추상적인 개념을 이해한다는 것을 위배하고 있다.

이와 유사한 논의는 최재영·김태호(2016: 77-78)에서도 확인할 수 있는데, 실생활에서 일방향성이 엄격하게 적용되는 것이 아니라 오히려 양방향성이 적용될 수 있음을 알 수 있다.

    (17) a. 인생은 여행이고, 여행은 인생이다.
        b. Travel is love. (검색빈도수 132,000)
        c. Love is travel. (검색빈도수 58,600)
        d. 여행은 사랑 (검색빈도수 321,000)
        e. 사랑은 여행 (검색빈도수 80,900)

---

8 (16a)는 래미안 광고에서, (16b)는 에이스 침대 광고에서, (16c)는 영어회화 광고에서, (16d)는 도서관 표지판에 온 표현들이다.

(17c, e)의 예문은 근원영역에서 목표영역으로의 사상을 잘 나타내고 있다. 하지만, (17a)는 양방향으로 사상이 일어난 예문이고, (17b, d) 예문은 목표영역에서 근원영역으로 사상이 일어난 예문이다. 최재영·김태호(2016)는 심지어 빈도수에 있어서 (17c)의 예문보다 (17b)의 예문이, (17e)의 예문보다 (17d)의 예문이 훨씬 더 많음을 지적하였다. 여러 조사를 바탕으로 은유적 사상이 목표영역에서 근원영역으로도 가능하며, 외형적으로는 근원영역에서 목표영역의 사상이 일어나지만 상황에 따라 목표영역이 근원영역이 되기도 하며 또한 근원영역이 목표영역으로 사상되는 예도 있다는 것이다.[9]

4. 앞으로의 과제

인지언어학에서 은유는 언어학 분야를 비롯하여 다양한 학문 분야에 상당한 영향을 미쳤다고 할 수 있지만, 향후에 해결해야 할 과제들 역시 존재한다. 간략하게 나열하면 다음과 같다(Gibbs 2006, 2009, 2011; Kövecses 2008 참조).

첫째, 은유에 대해 연구하는 사람들은 개념적 은유를 추론하기 위하여 언어 분석을 수행하는 방식뿐만 아니라 연구에 동기부여할 이론적 목표를 분명하게 제시하여야 한다. 이것은 구체적으로 무엇이 단어나 구가 은유적으로 해석되게끔 하는지, 또는 어떤 특정한 요소들이 특정한 개념적 은유의 증거가 되는지에 대해 고민해야 한다는 것을 의미한다. 어떠한 표현이 은유적이고 무엇이 개념적 은유에 대한 적절한 증거가 되는지 결정하는 기준을 마련하는 것이 개념적 은유 이론을 발전시키는 것이며 은유가 우리의 일상 언어와 사고에 널리 퍼져있다는 주장에 대해 확고한 기초를 제공할 것이다.

---

9   최재영·김태호(2016)는 은유의 일방향적 사상이 엄격하지 적용되지 않는 원인으로 맥락(context)의 개입, 작가의 의도적 변용 또는 시대 변화에 따른 언어사용자들의 언어습관의 변화 등을 들고 있다.

둘째, 은유 연구자들은 언어분석을 통해서 얻는 발견과 코퍼스 언어학, 심리학, 인공지능, 신경과학 기반 연구방법론 등에서 얻는 발견과를 통합하도록 시도해야 한다. 사실 지금까지 개념적 은유를 연구하는 대부분의 학자들은 그들 자신의 경험적 연구와 뇌과학, 인지심리학 등 다른 분야에서 연구하는 학자들의 연구 사이에 상호관련성을 모색하지 않는 경향이 있었다. 물론 타 분야를 연구하고 있는 학자들의 연구나 방법론을 이해하고 적용하는 것이 상당히 도전적일 수 있으나 언어학이나 심리학 이외의 타 학문분야에 전문지식을 가지고 있다면 개념적 은유 이론의 발전에도 분명 유익할 것이다. 따라서 은유 연구자들을 비롯한 인지언어학자들은 인지심리학이나 신경과학의 유용한 기법인 실험을 통한 실증적 연구(empirical study)와 신경 과학 분야 등을 접목할 수 있는 융합적 학문 자세를 가져야 할 것이다.

셋째, 지금까지 은유에 대한 연구는 은유적 표현을 분석하는데 주로 초점이 맞추어져 있었지, 특정한 은유가 어떤 담화상의 문맥(discourse context)에서 특히 두드러지게 되는 개인 간의 역동성에 대해서는 상대적으로 소홀하였다. 실제로 담화분석을 통해서 알 수 있듯이, 대화참가자들은 말을 할 때 은유를 자주 사용하며, 어떤 은유가 감정이나 사고를 특징짓는지를 잘 알고 있다. 대화에서 이러한 동적 과정(dynamic process)을 기술할 방법을 필요로 하며 특히 실제 대화에서 서로 다른 은유적 표현들이 어떤 특정한 개념적 은유와 관련이 있는지, 화자와 청자가 사용하는 단어를 바탕으로 어떻게 은유적으로 이해하는지에 대한 담화 상에서의 분석적 도구 내지는 보편적 책략을 마련할 필요성이 있다.

마지막으로, 언어와 사고와의 관계에서 은유의 문화적 바탕을 이해하려는 시도가 그다지 많지 않았다. 실제로 대부분의 연구는 특정한 개념적 은유가 전통적 은유 표현의 특정 양상의 존재에 동기부여를 해주는 정도의 연구들이 있었다. 물론 이러한 연구 역시 문화를 떠어 넘어 나타나는 은유의 보편성을 보여주었다는 점에서 중요하고도 가치 있는 일이다. 하지만 인간의 신체화된 경험에 대한 이해와 우리의 경험이 개념적 은유에 영향을 주는 정확한 방식에 대해서는 충분한 논의가 없었다. 예컨대, [인생은 여행이다]와 같은 개념적 은유나 혹은 그릇과 같은 영상도식이 다양한 언어에서 은유의 기저를 이룰지라도, 서로 다른 문화권에 사는 사람들이 여행이나 그릇을 정확하게 동일한 방식으로 이해한다고는 할 수 없다. 따라서 은유를 사용하는 사람들뿐만 아니라 대부분의 은유적 표현이 바탕을 두고 있는 신체화된 경험을 위해서도 문화적인 기반을 이해할 필요가 있다. 다시 말해서, 은유 연구자들은 인지적 접근법의 주요 요소로 물리적, 경험적인 요인을 바탕으로 사회 문화적 환경도 동시에 고려하는 자세를 가져야 할 것으로 판단된다.

5. 마무리

지금까지 인지언어학적 관점에서 개념적 은유 탐구의 현황과 과제를 중심으로 살펴보았다. Lakoff & Johnson(1980)이 제시한 개념적 은유 이론에서 은유란 구체적인 경험의 영역인 근원영역으로부터 추상적인 영역인 목표영역으로의 인지적 사상이다. 특히 인지언어학에서 개념화 과정은 대부분 은유적이며 신체화된 경험에 바탕을 두고 있음을 보았다. 이어서 우리의 신체를 통해서 얻은 경험이 은유에 동기부여한다는 개념적 은유의 경험적 기반, 그리고 개념적 은유의 유형인 구조적 은유, 존재론적 은유, 지향적 은유에 대해 개괄하였으며 은유적 사상의 특징인 사상의 부분성, 사상의 단일방향성, 그리고 사상의 일관성에 대해 논의하였다.

이어서 인지언어학의 출현 이후 지난 40여 년 동안 인지언어학 분야에서 가장 연구가 많이 되어왔던 주제인 감정어 은유, 신체어 은유, 그리고 정치담론 상에서의 은유를 개괄하였다. 그리고 그동안 연구의 주요 쟁점들 중에서 은유의 보편성 대 상대성 문제, 신체화 문제, 그리고 사상의 방향성 문제에 대해 살펴보았다.

마지막으로 은유 이론은 언어학 분야를 비롯하여 다양한 학문 분야에 상당한 영향을 미쳤다고 할 수 있지만, 향후에 나아가야 할 방향에 대해 간략하게 제시하였다. 개념적 은유 이론에 동기부여할 이론적 목표를 제시해야 하며, 타 학문과 접목할 수 있는 융합적 학문 자세를 가져야 한다. 또한 담화 상에서 의 분석적 도구 내지는 보편적 책략을 마련할 필요성이 있으며, 물리적, 경험 적인 요인을 기반으로 하여 사회 문화적 환경도 동시에 고려하는 자세를 가질 필요성을 제시하였다.

참고문헌

권연진(2014), "한국어와 영어의 대중가요에 나타난 '사랑' 은유의 양상", 『언어 과학』 21(4): 1-20, 한국언어과학회.

권연진(2015), "은유의 개념화 양상에 관한 연구", 『인문과학연구』 44: 339-358, 강원대학교 인문과학연구소.

권연진(2017a), 『인지언어학에서 은유의 보편성과 상대성』, 한국문화사.

권연진(2017b), "프레임과 은유에 대한 인지언어학적 연구: 정치 분야를 중심으로", 『인문과학연구』 53: 85-108, 강원대학교 인문과학연구소.

권연진(2018a), "정치담론 상에 나타난 은유의 대조 분석 연구", 『인문 연구』 82: 33-62, 영남대학교 인문과학연구소.

권연진(2018b), "미국 대통령 취임사에 나타난 '정치는 여행이다' 은유에 관한 연구", 『코기토』 85: 291-318, 부산대학교 인문학연구소.

김은주(2016), "정치은유와 프레이밍: '한국사 교과서 국정화' 이슈를 중심으로", 『담화·인지 언어학회 학술대회 발표논문집』, 149-161, 담화·인지 언어학회.

김해연(2009), "한국어 코퍼스에 나타난 '얼굴'과 관련 어휘의 분석", 『담화와 인지』 16(3): 89-110, 담화·인지 언어학회.

김해연(2010), "한국어 코퍼스에 나타난 '얼굴'의 은유적 의미의 인지언어학적 분석", 『언어와 언어학』 49: 23-45, 한국외국어대학교 언어연구소.

나익주(1995), "은유의 신체적 근거", 『담화와 인지』 1: 187-214, 담화·인지 언어 학회.

나익주(2006), "'정'과 '한'의 은유적 개념화", 『한국어 의미학』 20: 91-120, 한국어 의미학회.

박정운(1998), "앞으로 한달 뒤에 만납시다: 시간의 개념적 은유", 『언어와 언어학』 23: 85-110, 한국외국어대학교 언어연구소.

박정운(2001), "개념적 은유 이론", 『언어와 언어학』 28: 85-107, 한국외국어대학교 언어연구소.

송현주(2017), "신체어의 비유적 의미에 대한 말뭉치 기반 접근", 『어문론총』 74: 77-105, 한국문학언어학회.

오상석(2014), "한국어와 영어의 '두려움' 개념화의 보편성과 특수성 연구", 『한국어 의미학』 44: 141-170, 한국어 의미학회.

이민우(2017), "개념적 은유의 특수성: 최근세 말뭉치에 나타난 '사랑'의 개념화 양상을 중심으로", 『한국어 의미학』 57: 1-19, 한국어 의미학회.

이종열(2006), "신체화 경험에 의한 '마음'의 개념화 양상", 『한국어 의미학』 20: 205-230, 한국어 의미학회.

임지룡(1999), "감정의 생리적 반응에 대한 언어화 양상", 『담화와 인지』 6(2): 89-117, 담화·인지 언어학회.

임지룡(2000), "'화'의 개념화 양상", 『언어』 25: 693-721, 한국언어학회.

임지룡(2001), "'두려움'의 개념화 양상", 『한글』 252: 109-143, 한글 학회.

임지룡(2005), "'사랑'의 개념화 양상", 『어문학』 87: 201-233, 한국어문학회.

임지룡(2007), "신체화에 기초한 의미 확장의 특성 연구", 『언어과학연구』 40: 1-31, 언어과학회.

임지룡(2010), "감정의 그릇 영상 도식적 양상과 의미특성", 『국어학』 57: 31-73, 국어학회.

임지룡(2014), "감정의 문화적 변이 양상: '화'를 중심으로", 『한국어 의미학』 44: 199-234, 한국어 의미학회.

임지룡(2015), "'두려움'의 문화적 변이 양상", 『언어과학연구』 74: 217-252, 언어과학회.

임지룡(2016), "신체어의 의미 확장 양상과 해석", 『배달말』 59: 1-43, 배달말학회.

정희자(2002a), "관용어에 나타난 신체어의 의미 확장", 『외대논총』 24: 355-378, 부산외국어대학교.

정희자(2002b), "감정과 비유적 의미: 인지적 접근", 『외대어문논총』 17: 107-132, 부산외국어대학교 어문학연구소.

최윤영(2013), "개념적 은유에 입각한 언어적 표현에 관한 분석", 『신학과 목회』 39: 363-385, 영남신학대학교.

최재영·김태호(2016), "개념적 은유의 영역과 사상에 대한 소고", 『담화·인지 언어학회 학술대회 발표논문집』, 73-80, 담화·인지 언어학회.

Aldokhayel, R.(2014), On the motivations of conceptual metaphors: Comparing Arabic and English, *Arab World English Journal* 5(2): 3-14.

Alverson, H.(1994), *Semantics and Experience: Universal Metaphors of Time in English, Mandarin, Hindi, and Sesotho*, Baltimore: Johns Hopkins University Press.

Gevaert, C.(2005), The anger is heat question: Detecting cultural influence on the conceptualization of anger through diachronic corpus analysis, in N. Delbecque, J. van der Auwera & D. Geeraerts(eds.), *Perspectives on Variation: Sociolinguistic, Historical, Comparative*, 195-208, Berlin: Mouton de Gruyter.

Gibbs, R.(2006), Cognitive linguistics and metaphor research: Past successes, skeptical questions, future challenges, *DELTA* 22: 1-20.

Gibbs, R.(2009), Why do some people dislike conceptual metaphor theory?, *Cognitive Semiotics* 5(1-2): 14-36.

Gibbs, R.(2011), Evaluating conceptual metaphor theory, *Discourse Processes* 48(8): 529-562.

IJzerman, H. & S. Koole(2011), From perceptual rags to metaphoric riches-bodily, social, and cultural constraints on sociocognitive metaphors: Comment on Landau, Meier, and Keefer(2010), *Psychological Bulletin* 137(2): 355-361.

Johnson, M.(1987), *The Body in the Mind: The Bodily Basis of Meaning, Imagination and Reason,* Chicago: The University of Chicago Press.

King, B.(1989), *The Conceptual Structure of Emotional Experience in Chinese,* Ph.D. Dissertation: The Ohio State University.

Kövecses, Z.(1986), Metaphors of Anger, Pride, and Love: *A Lexical Approach to the Study of Concepts,* Amsterdam: John Benjamins.

Kövecses, Z.(2000), *Metaphor and Emotion: Language, Culture and Body in Human Feeling*, Cambridge: Cambridge University Press.

Kövecses, Z.(2005), *Metaphor in Culture. Universality and Variation,* Cambridge:

Cambridge University Press.

Kövecses, Z.(2006), *Language, Mind, and Culture. A Practical Introduction*, Oxford: Oxford University Press.

Kövecses, Z.(2008), Conceptual metaphor theory: Some criticisms and alternative proposals, *Annual Review of Cognitive Linguistics* 6: 168-184.

Kövecses, Z.(2010/2002), *Metaphor: A Practical Introduction*, Oxford: Oxford University Press.

Lakoff, G.(1987), *Women, Fire, and Dangerous Things: What Categories Reveal About the Mind*, Chicago: The University of Chicago Press.

Lakoff, G.(1990), The invariance hypothesis: Is abstract reason based on image-schmas?, *Cognitive Linguistics* 1: 39-74.

Lakoff, G.(2004), *Don't Think of an Elephant: Know Your Values and Frame the Debate*, White River Junction, V.T.: Chelsea Green Publishing.

Lakoff, G. & M. Johnson(1980), *Metaphors We Live By*, Chicago: The University of Chicago Press.

Lakoff, G. & M. Johnson(1999), *Philosophy in the Flesh*, New York: Basic Books.

Lakoff, G. & Z. Kövecses(1987), The cognitive model of anger inherent in American English, in N. Quinn & D. Holland(eds.), *Cultural Models in Language and Thought*, 195-221, New York: Cambridge University Press.

Landau, M., B. Meier, & L. Keefer(2010), A metaphor-enriched social cognition, *Psychological Bulletin* 136(6): 1045-1067.

Langacker, R.(1987), *Foundations of Cognitive Grammar: Vol. 1, Theoretical Prerequisities,* Stanford: Stanford University Press.

Matsuki, K.(1995), Metaphors of anger in Japanese, in J. Taylor & R. MacLaury (eds.), *Language and the Cognitive Construal of the World*, 137-151, Berlin: Mouton.

Porat, R. & Y, Shen(2017), Metaphor: The Journey from bidirectionality to unidirectionality, *Poetics Today* 38(1): 123-140.

Porat, R. & Y, Shen(2018), Metaphorical directionality: The role of language, in B. Hampe(ed.), *Metaphor: Embodied Metaphor in Cognition*, 62-81, Cambridge: Cambridge University Press.

Rakova, M.(2002), The philosophy of embodied realism: A high price to pay?, *Cognitive Linguistics* 13(3): 215-244.

Richie, D.(2013), *Metaphor: Key Topics in Semantics and Pragmatics*, Cambridge: Cambridge University Press.

Rosaldo, M.(1980), *Knowledge and Passion: Ilongot Notions of Self and Social Life*, Cambridge: Cambridge University Press.

Taylor, J. & T. Mbense(1998), Red dogs and rotten mealies: How Zulus talk about anger, in A. Athanasiadou & E. Tabakowska(eds.), *Speaking of Emotions: Conceptualization and Expression*, 191-226, Berlin: Mouton de Gruyter.

Williams, L. & J. Bargh(2008), Experiencing physical warmth promotes interpersonal warmth, *Science* 322: 606-607.

Yu, N.(1995), Metaphorical expressions of anger and happiness in English and Chinese, *Metaphor and Symbolic Activity* 10: 59-92.

Yu, N.(1998), *The Contemporary Theory of Metaphor: A Perspective from Chinese*, Amsterdam: John Benjamins.

Zhong, C. & G. Leonardelli(2008), Cold and loenly: Does social exclusion literally feel cold?, *Psychological Science* 19(9): 838-842.

개념적 환유

정 병 철*

1. 들머리

신문과 인터넷을 살짝만 들춰보아도 '*잉글랜드 4강행*', '*내셔널지오그래픽이 한국 지도를 극찬한 이유*', '응답하라 *1988*', '*약물 중독*'과 같은 다양한 환유 표현들을 쉽게 만날 수 있다. 뿐만 아니라 환유는 'eyewitness(목격자)', 'whistle blower(제보자)', 'black head(검게 산화된 피지)'처럼 새로운 단어를 만드는 데도 활발하게 사용되며, 언어의 다의성을 생성하고 추론적인 의미를 발생시키는 데도 작용한다. 이처럼 환유는 언어의 다양한 층위에서 편재하며 인간의 개념화와 언어적-비언어적 의사소통에 지금까지의 예상보다 훨씬 더 중요한 역할을 한다는 것이 밝혀져 가고 있다. Lakoff & Johnson(1980)의 저서 『삶으로서의 은유(*Metaphors We Live By*)』의 등장과 함께 은유에 대한 언어학계의 관심은 최고조에 달했지만, 환유는 은유만큼 큰 관심을 끌지 못했다. 지금도 환유의 대중적인 인기는 은유에 미치지 못하는 것이 현실이지만,

---

* 경남대학교 국어교육과 교수, chorri@daum.net

환유의 중요성에 대한 인식은 그 어느 때보다도 깊어져 가고 있으며, 환유에 대한 연구도 크게 활성화되고 있는 추세다. *Metaphor and Metonymy at the Crossroads*(2000)은 환유를 은유와 동등하게 다루면서 그 둘의 작용을 다양한 언어 층위에서 논의한 책인데, 이 책의 논의를 기점으로 해서 환유는 인지언어학자들의 독립적인 연구 주제로 떠오르게 된다. John Benjamins 출판사에서 간행된 *Metonymy in Language and Thought*(1999), *Metonymy and Metaphor in Grammar*(2009), *Defining Metonymy in Cognitive Linguistics* (2011), *Conceptual Metonymy*(2018)과 같은 여러 기고자들의 논문 모음집과 Bierwiaczonek(2013)이나 Littlemore(2015)와 같은 개인 연구자의 단행본은 환유가 이미 인지언어학의 핵심적인 연구 주제로 자리잡았음을 보여준다. 국내에서도 일찍이 임지룡(1995)에서 환유의 인지적 의미 특성에 대한 논의가 시작되었고, 그 후로 환유에 대한 관심은 문법에 작용하는 환유(김종도 2005a, 윤희수 2005), 환유 표현의 분류(임지룡 2006, 박재연 2014), 환유에 의한 의미 확장(정병철 2009, 2014, 2017a), 어미의 의미 확장에 작용하는 환유(박재연 2013, 2014), 환유의 언어 교육적 함의(김주식 2012, 정병철 2017b), 언어의 대조적 연구(이강호 2013, 정병철 2011), 개념적 혼성에서의 환유(김동환 2017) 등 다방면으로 심화 되어 가는 추세를 보인다. 특히 김종도(2005b)의 『환유의 세계』는 인지언어학적 관점에서 환유만을 집중적으로 다룬 국내 최초의 단행본인데, 환유의 중요성을 깊게 인식하고 환유의 유형과 기능, 환유의 편재성과 환유와 개념적 혼성 이론의 연관성 등 환유에 대한 기본적인 내용들과 해외의 연구 성과들을 소상하게 다루고 있다.

이처럼 환유에 대한 국내외의 연구는 꾸준히 확장되어 왔고, 그 성과도 방대하기 때문에 이 글에서 환유의 모든 측면을 살펴보기는 어렵다. 그러므로, 이 글에서는 환유에 대하여 최근까지 이루어진 주요 연구 성과들을 바탕으로 환유의 정의와 개념, 환유의 유형과 기능, 환유의 의미 확장 작용, 그리고 환유와 의미 변화의 관련성과 같은 주제들에 대하여 선택적으로 논의하고, 앞으로 이루어질 환유 연구의 방향과 과제를 제언해 보고자 한다.

2. 환유의 정의와 개념

"환유는 같은 영역(domain), 혹은 같은 ICM 안에서 하나의 개념적 실체
(매체)를 통해 또 다른 개념적 실체(목표)에 정신적으로 접근하는 인지적
인 과정이다(a cognitive process in which one conceptual entity, the
vehicle, provides mental access to another conceptual entity, the target,
within the same domain, or ICM)."

최근에 널리 받아들여지고 있는 Kovecses & Radden(1998)의 환유에 대한
정의에서 볼 수 있듯이 인지언어학 진영에서는 환유를 개념적인 것으로 다루
기 때문에 영역(domain)이나 ICM(Idealized Cognitive Model; 이상적 인지
모형)에 기반하여 환유의 발생 조건을 설명하는 경향을 보인다. 환유가 개념
적이라는 인지언어학적 통념이 발생한 근원지는 Lakoff & Johnson(1980: 36)
에서 찾을 수 있다. '우수한 두뇌'라는 말은 단순히 사람 전체를 나타내기 위
해서가 아니라 주로 사람의 지적인 측면을 나타내기 위해 사용된다. 하지만,
이것이 인지언어학자들이 개념적 환유를 주장하는 주된 이유는 아니다. 인지
언어학자들은 대부분 환유가 언어적 층위가 아닌 개념적 층위에서 발생한다
고 보았기 때문에, 그들의 환유에 대한 정의에는 항상 틀(frame), 영역
(domain), ICM과 같은 용어가 포함되어 있다. 한 예로, Koch(1999: 146)는
인접성을 한 틀에 속하는 요소들, 혹은 한 틀과 그것이 포함하는 요소들 간의
관계(the relation that exists between elements of a frame or between the
frame as a whole and its elements)라고 규정했다.

인지언어학 이전에는 영역이나 ICM을 개입시키지 않고 객관적으로 존재
하는 인접성(contiguity)의 관계를 근거로 환유를 정의했다(Ullmann 1972:
218). Ullmann의 '인접성'이라는 개념은 너무 은유적(혹은 추상적)이어서 환
유의 발생 조건을 충분히 제약해주지 못했다는 문제점이 있었다. 하지만, 인
지언어학자들이 인접성을 틀, 영역, ICM에 근거하여 규정하는 것도 이 문제
를 완전히 해결해 주었다고 보기는 어렵다. 왜냐하면, 이와 같은 개념의 구조

들도 환유가 발생하는 관계만을 포함하고 있는 것은 아니기 때문이다. 그리고 환유를 틀, 영역, ICM에 의존하여 규정한다는 것은 환유보다 틀, 영역, ICM이 더 원초적인 인지적 구조물이라는 잘못되었거나 증명되지 않은 가정에 기초한다는 문제점을 드러낸다. 많은 인지언어학자들은 환유가 틀, 영역, ICM보다 더 근원적인 인지 작용일 수 있다는 가능성을 간과하고 있는데, 이에 정병철(2017a)에서는 반대로 환유가 틀, 영역, ICM의 핵심적인 부분을 조성하는 기제로 작용한다고 제안한 바 있다.

최근 Bierwiaczonek(2013: 16)은 환유의 매체와 목표가 하나의 영역(domain)이나 ICM 내부에서 발생한다는 설명의 문제점을 인식하고 환유에 대한 기존의 정의를 다음과 같이 수정했다.

> "하나의 개념적 실체(매체)가 하나의 단일한 통합된 개념화 안에서 그것과 연합되어 있는 또 다른 개념적 실체(목표)에 대한 정신적 접근을 제공하는 인지적인 과정
> (a cognitive process in which one conceptual entity, the vehicle, provides mental access to another conceptual entity, the target, associated with it within the same single integrated conceptualisation.)"

Bierwiaczonek이 여러 면에서 가장 만족스러운 정의라고 평가했던 Kövecses & Radden(1998)의 정의를 수정한 이유는 환유의 매체(vehicle)와 목표(target)가 언제나 하나의 영역이나 ICM에 속하는 것이 아니기 때문이다. 예를 들어 'The pork chop is waiting for his check'에서는 주문한 사람과 음식이 영역모체(domain matrix)나 ICM에 고착화되어 있는 것이 아니라 즉석에서 통합된 전체의 일부를 이룬다. Dirven(2003)은 환유적 확장이 하나의 영역모체 안에 있는 것처럼 생각되는 것은 두 개의 개념적 개체(entity)가 인접한 것으로 해석하게 된 것의 효과라고 하였다.

Bierwiaczonek(2013)은 이와 같은 이유에서 'contiguity'보다 'association'이라는 용어를 선호한다고 밝히는데, 특히 'association'은 언어학과 심리학에서

'연상', '결속', '관념 연합', '함축', '암시적 의미'와 같은 다양한 용어로 번역되고 있다. Bierwiaczonek(2013)은 환유가 하나의 ICM에서 발생한다는 착시 효과의 함정에서 빠져나왔지만 환유가 발생하기 위해 틀이나 ICM과 같은 더 큰 개념적 모체가 있어야 한다는 가정은 유지하고 있다. 하지만, 환유가 발생하기 위해 반드시 틀이나 ICM, 혹은 통합된 개념화(integtated conceptualisation)가 필요한 것은 아니다. ICM은 어떤 환유의 매체와 목표의 관계를 포함하는 경우도 있지만, 환유의 발생과 관련 없는 잉여적인 구조도 풍부하게 가지고 있다. 예를 들면, '봄'이 '계절'의 영역, 혹은 ICM에 포함된다고 해서 봄이 계절을 대신하지는 않는다. 마찬가지로, '월요일'이 '주일'을, '아들'이 '가족'을 대신하지 않는다. 인지언어학에서 환유를 다루기 시작한 이후에 개념적 환유(conceptual metonymy)에 대한 인식이 강조되면서 환유를 영역이나 ICM에 기반한 작용으로 보려는 경향이 강해졌지만, Langacker(1993: 30)가 언급한 것과 같이 환유는 인지적으로 더 접근이 용이한 개념적 존재를 통해 또 다른 개념적 존재에 접근하게 해 주는 참조점(reference point) 현상이므로 환유의 제약을 더 직접적으로 설명하기 위해서는 매체와 목표의 관계가 발생하는 조건에 더 집중할 필요가 있다. Herwegen *et al.*(2013)의 실험에서는 아직 백과사전적인 지식이 부족한 어린이들이라도 10세 전후에 처음 보는 매체와 목표를 기반으로 한 환유를 어려움 없이 이해하는 것을 관찰했다. "**빨간 앞치마**가 요리를 태웠어.", "**검은 수염**의 계략"과 같은 문장을 처음 들은 아이들도 처음 보는 이야기와 장면에서 매체가 의미하는 대상이 무엇인지 어려움 없이 파악할 수 있는데, 이것은 정상적인 언어 능력을 가진 인간의 선천적인 특성에 속한다.[1]

대부분의 인지언어학자들이 틀이나 ICM과 같은 더 큰 개념적 모체가 생성된 후에 환유가 발생할 수 있다고 제안하지만, 반대로 아이들은 아직 틀이나

---

[1] 은유와 환유는 새로운 생각을 이해하고 조직하는 방법을 제공할 뿐만 아니라 (Glucksberg 2001, Ortony 1975), 은유와 환유를 이해하지 못한다면 개념적 학습과 의사소통에 심각한 결손이 생길 수 있다(Blasko 1999, Shelestiuk 2005).

ICM이 완성되지 않은 단계에서도 환유를 통해 개념화 작업과 의사소통을 자연스럽고 자유롭게 수행해 가고 있다. 본질적으로 환유는 언어의 모든 층위에 편재하는데, 그 이유는 어떤 언어의 형식도 그것이 사용되는 상황에 필요한 개념을 원래부터 가지고 있지 않기 때문이다. 우리가 살아가면서 접하는 모든 새로운 경험은 기존의 언어 형식이 가졌던 개념이 환유나 은유를 통해 확장됨으로써만 표현되고 이해될 수 있다.

예를 들어, <그림 1>과 같은 나방을 처음 본다면 사람들은 이것을 어떻게 부르게 될까? 신유항(2001)의 원색 한국 나방 도감에서는 이 곤충의 이름을 검은무늬수염나방이라고 밝히고 있다. 우리에게 익숙하지 않은 다양한 생물의 이름에는 처음 보는 대상에 대한 개념화의 과정이 반영되어 있다. 이 생물의 이름에 포함된 '나방'은 유사성에 근거한 은유적 개념화를 반영한다. 그리고 '검은무늬'와 '수염'은 가장 뚜렷하게 인식되는 특징을 매체로 한 환유적 개념화를 반영한다.

〈그림 1〉 검은무늬수염나방의 사진

기억의 부담으로 인해 인간은 경험의 모든 새로운 요소들을 독립된 언어 형식을 갖춘 개념으로 저장하는 것이 불가능하다. 그러한 제약으로 인해 인간은 어떤 대상에서 가장 중요하다고 여겨지는, 혹은 그것을 범주화하는 데 유리한 변별적 특성을 언어에 표시하여 의사소통에 활용하고 장기기억에 보존하는 전략에 의존하게 된다. 이것이 바로 환유가 경험을 개념화하고 장기기억에 저장하는 핵심적인 기제로 작동하는 원인이라 하겠다. 이 생물을 나방으로 분류하기 위한 은유적 개념화가 발생하기 위해서는 나방이나 나비를 구분하기 위한 ICM이 있어야 하지만, 환유적 개념화는 이와 같은 선행 구조를 필요로 하지 않는다.

우리는 환유가 언어적 층위가 아닌 개념적 층위에서 발생하는 현상이라는 것에 주목할 필요가 있는데, 운전은 언어적 층위가 아닌 개념적 층위에서 발생하는 환유의 좋은 예이다. 자전거, 자동차 등을 처음 운전할 때는 핸들을 어느 정도 돌려야 원하는 각도로 회전할 수 있는지 잘 모르지만, 운전의 경험이 쌓이면서 핸들의 회전이 차체의 방향 조정에 어떤 영향을 끼칠지, 어떻게 해야 지하 주차장의 좁은 입구에 부딪치지 않고 안전하게 진입할 수 있는지 학습하게 된다. 이와 같은 학습의 기제 역시 근본적으로 환유에 기반한 것이라 할 수 있다. 핸들의 회전방향과 회전각 x가 자동차의 특정 속도 y에서 차체의 회전각 z로 나타난다면, 운전자는 특정 차량을 운전하는 동안 x가 어떤 y에서 z를 의미하게 되는지, 복합적인 환유의 매체와 목표 관계를 학습하게 된다. '상황화된 인지(situated cognition)'라는 인지과학의 새로운 혁명은 인간의 정신적인 상태와 과정, 혹은 인간 그 자체가 문자적으로 그것을 둘러싼 환경으로 확장되어간다는 생각의 전환을 제시하고 있는데, 환유는 이러한 상황화된 인지에서 가장 중추적인 역할을 하는 것으로 보인다. 이처럼 환유는 인간의 언어에만 편재하는 것이 아니라 인간의 학습 과정에도 편재하며, 학습의 과정에서 개념을 연결하고 확장하는 가장 기본적인 층위를 담당하고 있다(정병철 2017a: 199). 그러므로 기존의 가정과 달리 ICM이 먼저 생기고 그 안에서 환유가 발생하는 것이 아니라, 반대로 복합적인 환유적 개념화를 통해 ICM과 같은 인지적인 틀이 형성된다고 보는 것이 더 타당하다.

정병철(2007)에서는 환유의 매체와 목표가 하나의 영역이나 ICM의 내부에서 발생한다는 설명의 문제점을 해결하기 위해 환유의 매체와 목표가 동반 경험의 관계에서 발생한다고 제안한 바 있다. A가 B에 특징적으로 동반되는 것으로 장기기억에 저장된다면 A는 B를 활성화하는 매체가 될 수 있다는 것이다. 이와 같은 환유에 대한 정의는 매체와 목표가 하나의 틀이나 ICM에 속해야 한다는 제약으로부터 자유로울 뿐 아니라 환유의 매체와 목표가 그것보다 더 본질적인 개념적 모체를 필요로 해야 한다는 가정도 내포하지 않는다. 이와 같은 생각은 그 이후 다양한 언어 범주에 대한 검증을 거쳐 동반 경험에 기반한 환유 모형, 혹은 고착 환유의 매체 발생 원리로 제시된 바 있다(정병철 2017a). 이에 대한 더 자세한 논의는 4장에서 이루어지겠지만, 이 환유에 대한 새로운 정의는 인접성이나 틀, ICM이 아닌 비대칭적인 동반 경험이 환유를 발생 조건을 설명해주는 가장 근본적인 토대가 된다고 제안한다는 점에서 특징적이다. 개념적 층위에서의 환유는 틀과 ICM보다 더 기본적인 층위의 인지적 기제이며, 틀과 ICM을 토대로 작용하기 이전에 틀과 ICM을 형성하는 역할을 한다고도 말할 수 있다.

3. 환유의 유형

국내에서는 임지룡(2006)에서 환유의 유형에 대한 논의가 시작되었고, 박재연(2014)에서 환유의 유형을 더욱 체계화하기 위한 시도가 있었다. 임지룡(2006)의 논의는 아직 환유에 대한 인식이 무르익지 않았던 상황에서 환유의 기본 개념을 설정하고 일상 언어에 광범위하게 내재된 환유 표현의 양상을 정밀하게 수집한 결과를 토대로 이루어진 분류라는 점에서 상당한 의미를 지닌다. 임지룡(2006: 272-283)에서는 환유의 양상을 확대지칭, 축소지칭, 상호전이의 3가지로 분류했는데, 이와 같은 분류는 단순한 유형론적 분류가 아니라 작용의 특성에 따른 분류라는 점에서 독창성을 지닌다. 또한, 박재연(2014)에서는 인접성의 유형을 지시대상에서 발생하는 인접성, 개념적 인접성, 언어 표현에서 발생하는 인접성으로 나누고, 이를 토대로 다시 환유를 하위 분류하는 방식을 보여주었는데, 이는 Kövecses & Radden(1998: 46)이 환유를 매체와 목표가 속한 존재론적 영역의 차이에 따라 상징 환유, 지시 환유, 개념 환유 등으로 나눈 것에 바탕을 둔 분류 방식을 부분적으로 적용한 것이다.[2]

하지만, 이렇게 기호론적 영역의 구분에 따라 환유를 분류한다면 개념 환유에만 한정시킨다 하더라도 <표 1>과 같이 더 많은 하위 유형들이 나타난다. 그러므로, 이 글에서는 전통적으로 논의되어 온 '형태A-개념A ⇨ 형태A-개념B'에만 국한시켜 환유의 유형을 논의하도록 하겠다.

〈표 1〉 **개념 환유의 하위 유형** (Kövecses & Radden 1998: 46)

개념 환유의 하위 유형	예시
(가) 형태A-개념A ⇨ 형태B-개념B	bus-'bus' ⇨ bus drivers-'bus driver'
(나) 형태A-개념A ⇨ 개념B	mother-'mother' ⇨ 'housewife-mother'
(다) 형태A-개념A ⇨ 형태A-개념B	White House-'place' ⇨ White House-'institution'
(라) 형태A-개념A ⇨ 형태B-개념A	UN ⇨ United Nations

1990년대 이후 인지언어학자들은 '영역(domain)', ICM(Idealized Cognitive Model: 이상화된 인지 모형), '틀(frame)', '시나리오(scenario)'와 같은 인지적인 구조에 기대어 환유의 유형을 분류해 왔다. Barcelona(2015: 149)나 Littlemore(2015: 20)와 같은 환유 연구자들은 ICM에 근거하여 환유의 유형을 '부분-전체' 환유와 '부분-부분' 환유로 나누는 Radden & Kövecses(1999)의 방식을 수용하고 있다. <표 2>에 제시된 환유의 예들을 통해서 환유의 매체와 목표가 하나의 틀이나 ICM 안에서 기능적으로 연결되어 있는 것 같은 인상을 받을 수 있다. 만약에 이것이 사실이라면 환유는 [전체 ⇨ 부분], [부분 ⇨ 전체], 그리고 하나의 ICM에 속한 부분들끼리의 [부분 ⇨ 부분]과 같은 세 가지 유형으로만 발생할 수 있다는 원칙을 세울 수 있을 것이다.

---

2 Ogden & Richards(1985 [1923])의 기호 삼각형은 '형태(form)', '지시물(referent)', '개념(concept)'의 세 가지 기호론적 영역으로 구성되는데, '개념'과 '형태'의 짝은 '상징 ICM', 실제로 존재하는 사물이나 사건, 즉 '지시물'이 '형태', 혹은 '개념'과 연결된 짝은 '지시 ICM', 형태와 연결되거나 연결되지 않은 두 '개념들'의 짝은 '개념 ICM'으로 기술되며, 이들은 각각 상징 환유, 지시 환유, 개념 환유를 발생시킨다(정병철 2017: 188).

《표 2》 핵심적인 환유의 유형들 (Radden & Kövecses 1999)[3]

환유의 주요 범주	[ICM의 유형] 환유의 예
'전체와 부분' 환유	a. [물체와 부분] (예) 부분이 전체를 The perfect *set of wheels* b. [척도] (예) 척도의 끝이 척도 전체를 *Young and old* alike c. [구성] 재료가 대상을 Use only a *3-wood* off the tee d. [사건] 하위 사건이 전체 사건을 Jay and Denise are to *walk up the aisle* e. [범주와 구성원] 범주가 범주 구성원을 Fancy coming round for some *drinks* f. [범주와 속성] 현저한 속성이 범주를 The brothers needed some *muscle*
'부분과 부분' 환유	a. [행동] (예) 시간이 행동을 They *summered* at Ville d'Avray b. [인식] (예) 인식된 대상이 인식을 *Head* not so great c. [원인] (예) 결과가 원인을 Because you live on a *fast* road d. [생산] (예) 생산자가 생산품을 She took out the *hoover* e. [통제] (예) 통제자가 통제의 대상을 *Rommel* was in retreat f. [소유] (예) 소유물이 소유자를 he married *money* and became a M.P. g. [용기] (예) 용기가 내용물을 Sits you down and have a *glass* h. [거주] (예) 장소가 거주민들을 *The whole town* is on the verge of starvation i. [변형] (예) 변형된 형태가 원래 형태를 LOL (for 'laugh out loud')

<표 2>는 환유가 발생하는 조건을 빠짐없이 보여주지는 않지만, ICM과 같은 인지적 구조물이 환유의 발생을 제약한다는 인상을 주기에는 충분할지

---

3 <표 2>의 내용은 Littlemore(2017: 411)에서 재인용된 것이다.

모른다. 하지만, <표 2>에 제시된 ICM들이 환유가 발생하는 환경을 충분히 제약해 줄 거라는 믿음을 가지기 전에 검토해보아야 할 문제들이 있다. 첫째, 생산자가 생산품을 환기하는 [생산]의 ICM은 왜 '철수는 *삼양*을 먹는다.'나 '철수는 *나이키*를 입는다.'와 같은 환유 표현은 자연스러운 반면 '!철수는 *김밥일번지*를 먹지 않는다.'나 '!철수는 *타지마할*(인도음식점)을 먹지 않는다.' 와 같은 환유 표현은 어색한지를 잘 설명해 주지 못한다. 모든 생산자와 그 생산품의 관계에서 환유가 발생하지는 않기 때문이다. 화가의 이름은 화가의 작품을 대신할 수 있지만, 주방장의 이름은 그의 음식을 대신할 수 없다. 둘째, 영어에는 'She is a rare beauty'와 같은 [범주와 속성]의 ICM에서 발생한 환유 표현이 일반적으로 사용되지만, 한국어에서는 '그녀는 보기 드문 아름다움이 다'와 같은 표현이 다소 어색하게 여겨진다. 셋째, Papafragou(1995: 148)에서 언급한 바와 같이 ICM만으로는 창조적이고 일회적인 환유를 설명하기 어렵다. 예를 들어 김진웅(2017: 17)에서는 '간장 두 종지'가 '서민들을 무시하는 언론사 간부'로 해석되는 환유를 소개하고 있는데, 이 환유는 중국집 종업원에게 간장 종지 두 개를 더 달라고 부탁했지만 거절을 당한 칼럼의 일화를 근거로 만들어진 것이다. 이처럼 ICM만으로는 설명하기 어려운 창조적이고 일회적인 환유의 발생을 어떻게 설명할 수 있을까? 어쩌면 사소해 보이는 이런 현상들은 환유가 ICM보다 더 밑바닥에 있는 다양한 환경과 문화적 차이가 퇴적된 경험의 토대 위에서 발생한다는 것을 암시하는 것일지도 모른다.

4. 환유와 의미 확장

환유는 언어의 의미가 발생하는 원천이기도 하고, 다른 한편으로 의미 확장의 기제, 혹은 동기로 작용하기도 한다. 환유는 하나의 참조점을 통해 또 다른 실체에 접근하는 정신적 과정이기 때문에, 필연적으로 맥락적인 의미의 전이를 발생시킨다. 3장에서는 개념적인 층위에서 환유가 맥락에 따라 잠재적인 의미를 어떻게 활성화시킬 수 있는지를 중심으로 살펴보았다. 이와 같이 맥락에 따라 ICM의 적절한 부분이 활성화되는 환유는 인지언어학자들의 적지 않은 관심을 받아온 반면, 언어의 의미를 영구적으로 확장시키거나 변화시키는 환유의 작용은 큰 주목을 받지 못했다. 이에 정병철(2017a)에서는 전자를 즉석 환유, 후자를 고착 환유라 칭하고 환유가 언어의 의미 확장에 기여하는 방식에 대한 설명 모형을 제시하였다. (1)은 즉석 환유의 예들이다. (1a)에서는 파리를 잡는 데 관여한 개구리의 일부분이 환유를 통해 적절하게 활성화되지만, 그것이 '개구리'의 확장 의미로 등록되지는 않는다. 또한 (1b)에서는 냄비에 들어 있는 내용물이 환유를 통해 활성화되지만, 그것이 '냄비'의 확장 의미로 등록되지는 않는다.

(1)   a. **개구리**가 파리를 잡았다.
      b. **냄비**가 다 끓고 있다.

(2)는 고착 환유가 발생한 예들이다. (2a)에서는 '머리'가 '머리카락'의 의미로 해석되는데, 이 의미는 『표준국어대사전』에도 실려 있다. 참고로, '頭'나 'head'는 '머리카락'이라는 의미로 사용되지 않는다. (2b)의 '손을 벌리다'는 '다른 사람에게 (주로 금전적인) 도움을 부탁하다'의 의미로 해석될 수 있는데, 이렇게 단어 이상의 수준에서 환유에 의해 의미가 확장되면 관용구가 형성되는 일이 많다. 한편, '크다'는 기본적으로 부피의 개념으로 사용되지만, (2c)의 '크다'는 '키'의 개념을 서술하는 데 사용되었다. 영어, 독일어, 중국어 등에서는 '키'의 개념을 서술하는 데 부피의 개념을 서술하는 형용사가 사용되지 않는다는 점을 고려하면, '키'의 개념을 서술하는 것은 '크다'의 기본 의미가 아닌 확장 의미임을 알 수 있다.[4]

---

4 '키'는 형용사 '크-'에 형용사 파생 접사 '-의'가 결합한 중세국어 '킈'에서 유래했으며, 19세기에 발생한 이중모음의 단모음화로 인해 '키'가 되었다. 16세기서 문헌에 "흔 킈 큰 노미 큰 신 스스고≪1510년대 번박 40ㄱ≫"처럼 '크다'가 '키'의 서술어로 사용된 용례가 확인되는데, 이는 '키' 역시 '크다'처럼 '신장'을 나타내는

(2) a. 영희는 **머리**를 예쁘게 깎았다.

　　b. 그는 나에게 **손을 벌렸다.**

　　c. 영희는 키가 **크다.**

　정병철(2017a)에서는 즉석 환유와 고착 환유가 작동하는 메커니즘의 차이를 <그림 2>와 같이 제시했다. '냄비'가 '냄비의 내용물'로 해석되는 즉석 환유는 이미 형성되어 있는 ICM에 근거하여 상황 의존적으로 발생한다. 그러므로 '냄비'의 개념이 '냄비의 내용물'의 개념을 활성화하는 환유는 발생하지만, '냄비'의 형태가 '냄비의 내용물'을 활성화하는 환유는 발생하지 않는다. 이때 환유는 언어의 형태와 분리된 개념의 층위에서 작용하고 있다(정병철 2017a: 192). 반면, '보다'의 개념이 '돌보다'의 개념으로 이해되는 고착 환유는 유형화된 ICM에 근거하여 발생하는 것이 아니라 '보는 것'이 '돌보는 것'의 특징적인 동반 경험이기 때문에 발생한다.

〈그림 2〉 즉석 환유와 고착 환유 (정병철 2017a: 192)

　고착 환유는 ICM에 기반하여 발생하는 즉석 환유와 다른 매체 선택의 원리를 가지고 있다. ICM 기반의 환유에서는 목표에 접근하기 유리한 특징을 가진 실체가 매체로 선택되지만 고착 환유에서는 (3)과 같이 목표에 특징적으로 (자주) 동반되어 경험되는 실체가 매체로 선택된다.

───────────

확장된 의미로 사용되었음을 보여준다.

(3) 고착 환유의 매체 선택 원리

    a. x가 y의 특징적인 동반 경험이라면 x는 y에 접근하는 매체가 될 수 있다.

    b. x가 y의 특징적인 동반 경험이라고 해서 반드시 y가 x의 특징적인 동반 경험이라고 할 수는 없다. 즉, x가 y에 접근하는 매체가 될 수 있다고 해서 반드시 y가 x에 접근하는 매체가 될 수 있는 것은 아니다.

이처럼 고착 환유의 최초 발생은 즉석 환유와 달리 반복적인 경험을 통한 통계적인 학습을 토대로 이루어진다. 고착 환유의 매체와 목표가 뒤바뀌지 않는 이유는 (3b)에 제시된 비대칭성의 원리 때문이다. '보는 것'은 '돌보는 것'의 특징적인 동반 경험이지만, '돌보는 것'은 '보는 것'의 특징적인 동반 경험이 아니다. 그러므로, '보다'는 '돌보다'로 의미가 확장이 되지만, '돌보다'는 '보다'로 의미가 확장되지 않는다.

이와 같은 고착 환유의 메커니즘을 적용한 AENM(동반경험망모형; Accompanied Experience Network Model)은 한국어의 동사, 보조 동사, 형용사, 부사, 조사 등과 같은 다양한 범주의 의미 확장 양상과 의미망 구조를 설명해 왔다(정병철 2009, 2010, 2011, 2018). 환유가 의미 확장의 주요한 기제라는 주장은 결코 새로운 것이 아니다. Reisig(1839), Darmesteter(1887), Blank(1999: 82)에서 환유를 의미 변동의 중요한 기제로 보았는데, 의미 변동은 공시적 측면에서 바라보는 다의성과 의미 확장을 통시적인 측면에서 바라본 것에 지나지 않으므로, 환유가 의미 확장에 중요한 역할을 한다는 인식은 매우 오래 전부터 있었다는 것을 알 수 있다. 또한, 국내에서 이루어진 의미 확장에 대한 논의에서도 환유의 중요성은 지속적으로 강조되어 왔다(임지룡 1995, 2017). 다만, AENM에서는 고착 환유가 발생하는 조건을 신경망의 학습 원리에 근거하여 더 포괄적으로 규정하고 인간 언어의 또 다른 중추적인 특성을 보여주는 시뮬레이션 의미론(simulation semantics)과 결합시킴으로써 설명의 범위를 넓혀가고 있다.

한편, 박재연(2013)에서는 한국어 의도 관련 어미의 의미 확장에 환유가 어떻게 작용하는지에 대해서 논의하였는데, 의미 확장에 관한 기존의 논의가 주로 단어의 층위에서 이루어진 것과 대조된다. 박재연(2013, 2014)은 정수진 (2011, 2012)과 마찬가지로 어미에 대하여 인지적으로 접근하고 있지만, 환유를 의미 확장의 주요 기제로 보고 접근하는 차이를 보인다. 어미의 의미 확장에 환유가 개입하는 현상에 대한 논의는 영어의 시제 표현 'be going to'의 문법화 과정에 대한 Hopper & Traogott(1993/2003: 84-88)의 논의에서부터 출발한다. 문법화에 대한 기존의 설명은 'be going to'의 의미가 은유에 의해 확장된 것으로 보았으나, 이 설명으로는 'to'가 개입되는 원인이 규명되지 않는다. 하지만, [[be going] [to V]]의 '-을 하기 위해 간다'라는 의미가 환유에 의해 의도와 미래의 의미로 확장되면서 [[be going to] V]의 구문이 만들어지게 된다. 참고로, 이 과정은 정병철(2017a)에서 제안했던 고착 환유와 그로 인한 새로운 구문의 형성으로 설명될 수도 있다. 이처럼 문법화는 단순히 의미의 추상화나 탈색만으로 설명되기 어렵다는 것이 마침내 밝혀지면서 환유에 의한 의미의 확장이라는 보다 포괄적인 과정으로 어미의 의미 확장을 논의하는 것이 새로운 대안으로 떠오르고 있다. 박재연(2013)에서는 '-을게'의 의미가 <표 3>과 같이 환유를 통해 단계적으로 확장되어 왔다고 제안하고 있다.

〈표 3〉 '-을게'의 의미 확장 단계 (박재연 2013: 273)

의미 확장 단계	의미 항목	해당 예문
1단계 의미(A)	약속	이 일은 제가 해 드릴게요.
2단계 의미(B)	청자를 고려한 (화자의 행위에 대한) 화자의 의도	기사님, 저 내릴게요.
2-3단계 의미(C)	화자와 청자의 공동 행위에 대한 화자의 의도	강당에서 7시에 모일게요.
3단계 의미(D)	청자의 행위에 대한 화자의 의도	3층으로 올라가실게요.

이와 같은 '-을게'의 환유적 의미 확장 양상은 (4b)의 선어말어미 '-겠-'에서도 관찰된다(박재연 2013: 270).

(4) a. 베토벤 교향곡 5번 운명을 들려드리겠습니다.
    b. 베토벤 교향곡 5번 운명을 감상하시겠습니다.

'-을게요'나 '-겠'과 같은 어미 표현들이 가진 '의도'의 의미가 원래 주어가 화자인 상황에서만 사용되다가 주어가 청자인 상황에서도 사용되는 변화는 분명히 흥미로운 현상임에 틀림없다. 그러나 환유는 기본적으로 참조점 (referenc point) 현상에 속하기 때문에 언어의 전달 과정에서 극도로 섬세하고 미묘한 의미의 불안정성과 떨림을 유발한다(Langacker 2009: 53, 정병철 2017a: 183). 그러므로 (4b)의 '-겠'은 청자의 행위에 대한 화자의 의도를 나타낼 수도 있지만 청자가 앞으로 겪게 될 미래의 상황을 예고하는 것으로 이해될 수도 있다. 이와 같은 새로운 의미의 발생과 불안정성은 언어가 사용될 때 발생하는 특정한 맥락적 의미들이 특징적으로 반복될 때 새로운 확장의미로 덧붙게 되는 고착 환유로 인해 언제든 발생할 수 있다(정병철 2017a: 183). (5)에 제시된 '-겠'의 더 많은 예들을 살펴보면 고착 환유로 인해 발생하는 의미 확장의 특징적인 양상들이 더 여실히 확인된다.

(5) a. 살다보면 좋은 날도 오겠지.
    b. 이 문제는 제가 해결하겠습니다.
    c. 별 사람을 다 보겠다.
    d. '열대어'라는데, 난 잘 모르니, '어항 속의 작은 물고기'라 하겠다.
    e. 구급방이란 위급한 질병에 응급처치를 올바로 해줌으로써 도움을 주려고 만들어 낸 일종의 의서(醫書)라 하겠다. (한국민족문화대백과사전)

(5a)와 (5b)에 사용된 '-겠'은 각각 추측과 의지의 의미를 나타내며, '-겠'의 가장 전형적인 용법에 속한다. 학교 문법에서는 '-겠'이 미래 시제를 나타내는 것으로 설명하고 있지만, 실제로 미래의 의미는 '-겠'이 추측이나 의지를 나타낼 때 부수적으로 발생하는 경우가 대부분이다. 그런데, (5c)의 '-겠'

은 지금까지 논의되었던 추측, 의지, 미래, 의도 중에서 어떤 것으로도 단순하게 설명하기 어렵다. 이것은 화자가 어찌할 수 없는 상황에 대한 '추측'의 경험에 동반되어 발생한 '관조'의 의미로 생각된다. (5e)와 같은 '-겠-'의 '고찰후 결론짓기'의 의미는 (5d)에서처럼 '-겠-'의 '의지'를 나타내는 용법을 통해발생한 고착 환유에 의한 것이라고 추측해 볼 수 있겠다. 하지만, (5e)의 '-겠-'은 동시에 추측, 의지와 같은 의미로도 해석될 수 있는 의미의 떨림을 보여주고 있다. 이러한 의미의 떨림은 쉽게 단정짓기 어려운 어떤 결론에 대한 화자의 태도를 불분명하게 함으로써 신중한 태도를 유지함과 동시에 발언의 신빙성에 대한 책임도 회피하는 화용적인 전략으로 작용하기도 한다. 한편, 이와같은 환유에 의한 의미의 확장은 문법화의 과정과 긴밀하게 관련되어 있다. Heine *at al.*(1991a, 1991b)에 따르면 문법화에는 연속적인 면과 불연속적인면이 동시에 있는데, 불연속적인 변화는 은유에 의해 발생하며 개념이 서로다른 영역에서 사용되기 때문에 개념의 적용영역상 비약(jump)이 나타나는반면 연속적이고 점진적인 변화는 문맥적 상황이나 언어외적 상황에 의존하는 환유에 의해서 발생한다(이성하 2016: 220).

5. 환유와 의미 변화

Geeraerts(1997: 6)는 다의성을 통시적인 의미 변화의 공시적인 반영이라고정의하고, 통시적인 변화가 다의성의 의미 다발을 발생시킨다고 하였다. 최근인지언어학의 관점에서 이루어지고 있는 다의성에 관한 논의는 주로 공시적인 차원에서만 이루어지는 경향을 보인다. 하지만, 다의성은 공시적인 측면과함께 통시적인 측면도 가지고 있기 때문에 의미 확장에 기여하는 환유는 의미의 변화에도 동시에 작용하고 있는 것으로 이해할 수 있다. 하지만 국내에서의미 변화를 환유에 기대어 연구한 사례는 임지룡(1995)을 제외하면 찾아보기가 어렵다. 임지룡(1995: 6)에서는 현대어의 '지치다'의 직접적 소급형태인

'지츼다'는 15세기에서 18세기까지 '설사하다'를 의미했는데, 이는 '설사하다'의 의미가 환유적으로 확장된 결과라고 제안하였다. 환유에 의해서 의미가 변화하는 사례는 특정 단어의 어원을 추적할 때 손쉽게 관찰되곤 한다. '사무실'을 뜻하는 프랑스어 'bureau'는 기원적으로 책상보의 '천'을 가리켰는데, 그 천은 책상을 지칭했고, 나중에는 책상이 있는 사무실을 나타내게 되었다. 또한, 현대 영어에서 구슬이나 기도용 묵주를 가리키는 'bead'라는 단어가 원래는 '기도'라는 의미를 가지고 있었는데, 기도를 할 때 묵주의 구슬을 하나씩 넘기던 관습으로 인해 'bead'의 의미는 '기도'에서 '기도용 구슬'로, 그리고 '기도용 구슬'에서 모든 종류의 구슬로 변하게 되었다.

어떤 경우 환유에 의해 발생한 의미의 다의성은 의미의 변화를 거쳐서 어휘의 분화를 초래하기도 한다. 현대국어의 '붉다'의 15세기 소급형태는 '븕다'였는데, 이는 또한 현대국어 '밝다'의 어원이기도 하다. 태양이 붉으면서도 또한 밝다는 사실은 '븕다'의 이와 같은 의미 확장에 환유가 어떻게 작용했을지 짐작할 수 있게 해준다. 또한, 현대국어의 '넘다'와 '남다'는 15세기 국어에서 '남다'라는 동일한 소급형태로 존재했었는데, 이러한 의미의 확장과 분화도 남는 것은 넘치게 된다는 동반 경험을 토대로 발생하는 환유로 설명이 가능하다.[5]

환유가 의미 변화에 어떻게 작용하는지에 대한 논의는 아직 국내에서는 미진한 상태이지만, 이미 지금까지 이루어져 왔던 의미 변화에 대한 연구들을 돌이켜 보면 환유에 기대어 다시 설명할 수 있는 것들이 많다. 홍사만(2003: 226)에서는 '어리다'가 15세기에는 '어리석다(愚)'의 의미로만 사용되다가 16세기 이후에 현대적인 의미(幼)가 출현하기 시작하여 20세기 전까지 혼재했음을 밝혔다. 여기서 '어리석다'가 '어리다'의 의미로 변하는 과정도 판단력이 부족하고 어리숙하다는 특징이 나이가 어린 사람들에게서 특징적으로 발견되기에 발생하는 환유가 작용한 것으로 짐작할 수 있다. '스랑ᄒ다'가 '생각하다(思)'의 의미로 사용되다가 현대적인 의미(愛)로 바뀐 것도 환유에 의한 의미

---

5 '마리'와 '머리', '묽다'와 '맑다', '넑다'와 '늙다'의 분화도 같은 방식으로 설명될 수 있다.

확장의 과정을 겪은 것으로 볼 수 있다.

한편, 특정 단어의 다의적 체계와 해당 단어의 의미가 역사적으로 변해온 과정이 어떤 연관성을 맺고 있는지에 대해 더 많은 연구가 필요해 보인다. 송지혜(2011)에서는 '시원하다'의 어원적인 기본 의미가 15세기부터 18세기까지 '마음이 후련하다'였고, 17세기부터 언행이나 신체의 동작이 마음을 시원하게 해준다는 의미로 사용되었음을 밝히고 있다. 그런데, '시원하다'가 '시원한 냉수'처럼 음식이나 온도 감각어로 사용되기 시작한 것은 19세기 이후였으며 '뜨거운 국물'이 후련하게 해준다는 의미로 사용된 시기는 명확하게 제시되지 않고 있다(송지혜 2011). 그러므로, '시원하다'가 뜨거운 국물 등이 기분을 좋게 한다는 의미로 사용되기 시작한 것은 최근에 이르러서라고 추정하는 것도 가능하다. 일반적으로 인지언어학에서는 의미의 확장이 구체적인 것에서 추상적인 것의 방향으로 진행된다고 보기 때문에, 역사적인 의미 변화 과정을 고려하지 않는다면 '시원하다'의 다의적 체계는 <그림 3>과 같이 분석될 가능성이 있다.[6] 하지만 이와 같은 분석은 다의어 의미망의 일반적인 속성에 비추어 볼 때 다소 자연스럽지 않아 보인다. 정병철(2018)에서는 형용사 '크다'의 의미망이 13개의 확장 의미들이 각각 공간적인 개념을 가진 기본 의미와 연결된 구조를 가지고 있음을 제안한 바 있는데, 이렇게 하나의 기본 의미를 중심으로 확장된 의미들이 뻗어나오는 모습은 대부분의 다의어 의미망이 공유하고 있는 특징이다. 이와 달리, <그림 3>의 의미망은 기본 의미보다 확장된 의미가 의미망의 중심에 위치하고 있어 불안정해 보인다. 결과적으로 <그림 3>의 의미망은 심리적 실재성이나 역사적인 의미 변화의 양상과도 부합되기가 어려워 보인다.

<그림 4>는 의미의 역사적인 변화 추이를 반영한 '시원하다'의 의미망이다. 송지혜(2011: 50)에 따르면, 15세기에 사용되었던 '시원하다'의 가장 일반적인 의미는 마음이나 사건에 대하여 서술하는 것이었고, 17세기에는 말이나

---

6 <그림 3>은 여러 사전을 참고하여 얻은 대략적인 분석의 결과이므로, 빠진 것이 있을 수 있다.

행동을 서술하는 용법의 확장도 발견된다. '시원한 바람', '시원하게 뻗은 길'과 같이 온도 감각이나 공간 영역에 대해 사용되기 시작한 것이 20세기부터라는 것을 감안한다면, <그림 4>가 역사적인 변화 과정이나 심리적 실재성에 더욱 부합하는 모습이라 할 수 있을 것이다.

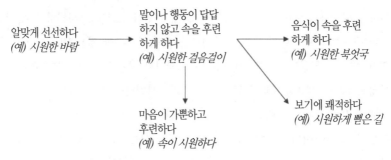

〈그림 3〉 '시원하다'의 의미망 후보 A

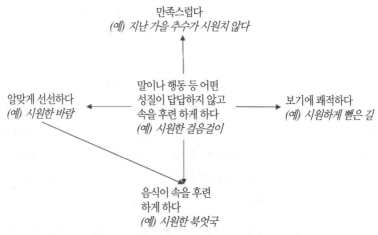

〈그림 4〉 '시원하다'의 의미망 후보 B

참고로, '음식이 속을 후련하게 하다'의 의미는 기본 의미인 '말이나 행동 등 어떤 성질이 답답하지 않고 속을 후련하게 하다'에서 확장된 것일 수도 있지만, '알맞게 선선하다'에서 확장된 것으로, 혹은 두 의미의 영향을 모두 받은 것으로 추측해 볼 수 있다.

단적으로 <그림 3>과 <그림 4> 중에서 어떤 것이 더 타당하다고 이야기하기는 어려울 수도 있다. 공시적으로는 '시원하다'의 기본 의미가 '알맞게 선선하다'라는 온도 감각 영역으로 바뀌어 의미망의 재구조화가 발생할 가능성도 있을 것이다. 이처럼 의미 변화의 역사적 과정과 환유에 의한 의미의 확장은 서로 긴밀하게 연관되어 있으며, 보다 적절한 의미망 분석을 위해 공시적인 자료와 통시적인 자료, 그리고 언어 습득 과정에서 관찰되는 자료 등이 종합적으로 충분히 검토될 필요가 있다.

6. 마무리

지금까지 환유의 정의와 개념, 환유의 유형, 환유와 의미 확장, 환유와 의미 변화에 대한 인지언어학의 연구 현황과 앞으로의 과제에 대하여 간략히 살펴보았다. 인지언어학자들은 환유가 인간의 개념화와 학습에서 핵심적인 역할을 담당하고 있으며, 사고 과정과 언어 표현에 편재하고 있다는 것을 제안하고 있다. 더 나아가 이 글에서는 환유가 신경망의 학습 층위에서 은유보다 더 중추적인 역할을 담당하기 때문에 틀이나 ICM을 기반으로 작동할 뿐만 아니라 틀과 ICM을 형성하는 역할을 한다고 제안하였다. 또한 즉석 환유와 고착 환유를 구분하는 관점을 토대로 다양한 층위의 의미 확장 과정에서 환유가 어떻게 개입하고 있는지를 살펴보았고, 의미 변화에 대한 연구에도 환유에 대한 지식이 적용될 수 있음을 확인하였다. 이 글에서는 환유가 인간의 사고와 언어적 표현, 그리고 언어의 습득 및 변화 과정에 편재하고 있는 모습을 다소 거친 붓으로 그려보았다. 물론, 이 글에서 다루어진 논의의 사항들은 아직 완전히 종결된 것이 아니며, 그 안에는 구체적인 언어 사실들을 통해 더 검증되고 확립되어야 하는 논쟁거리들도 있다. 하지만, 환유가 인간 언어의 거의 모든 연결 지점에서 작동하고 있는 인지적인 메커니즘이라는 것은 부정하기 어려워 보이며, 연결주의 이론과 함께 학제적으로 연구되어야 할 핵심적인 주제로 떠오를 것으로 예상한다.

참고문헌

김동환(2017), "개념적 혼성에서 환유의 작용 방식에 관한 연구", 『영어영문학』 22(1): 141-162, 미래영어영문학회.

김종도(2005a), "문법에서의 환유", 『현대영미어문학』 23(3): 229-253, 현대영미어문학회.

김종도(2005b), 『환유의 세계』, 경진문화사.

김주식(2012), "환유의 언어 교육적 함축 연구", 『언어과학연구』 60: 87-108, 언어과학회.

김진웅(2017), "화용적 추론에 기반한 환유의 해석", 『한글』 315: 5-33, 한글 학회.

박재연(2013), "한국어 의도 관련 어미의 환유적 의미 확장", 『국어학』 68: 253-288, 국어학회.

박재연(2014), "한국어 연결어미 의미 확장에서의 환유와 은유", 『국어학』 70: 117-155, 국어학회.

송지혜(2011), "'시원하다'의 통시적 의미 변화 양상 연구", 『어문학』 111: 37-56, 한국어문학회.

신유항(2001), 『한국 나방 도감』, 아카데미서적.

윤희수(2005), "몇몇 영어 구문의 문법성에 대한 환유의 설명력", 『언어과학연구』 35: 89-106, 언어과학회.

이강호(2013), "독일어와 영어 환유의 대조 연구", 『독어교육』 56: 233-257, 한국독어독문학교육학회.

이성하(2016), 『문법화의 이해』, 한국문화사.

임지룡(1995), "환유의 인지적 의미특성", 『국어교육연구』 27: 223-254, 국어교육학회.

임지룡(2006), "환유 표현의 의미특성", 『인문논총』 55: 265-300, 서울대학교 인문학연구원.

임지룡(2017), "감각어의 의미 확장 양상과 특성", 『국어교육연구』 63: 335-372,

국어교육학회.

정병철(2009),『시뮬레이션 의미론에 기초한 동사의 의미망 연구』, 한국문화사.

정병철(2010), "시뮬레이션 모형에 의한 한국어 보조동사의 의미 해석 과정 연구", 『한국어 의미학』 31: 249-282, 한국어 의미학회.

정병철(2011), "동반 경험 망 모형에 의한 부사 '바로'의 체계적 다의성 연구", 『담화와 인지』 18(1): 183-207, 담화·인지 언어학회.

정병철(2014), "한국어 동사와 문장 패턴의 상호작용", 『언어과학연구』 69: 285-314, 언어과학회.

정병철(2017a), "의미 확장 기제로서의 환유",『담화와 인지』 24(4): 181-212, 담화·인지 언어학회.

정병철(2017b), "AENM에 기반한 다의 동사 학습 보조 영상의 제작 원리",『문화와 융합』 39(6): 925-962, 한국문화융합학회.

정수진(2011), "연결어미 '-고'의 다의적 쓰임에 대한 인지적 해석",『언어과학연구』 58: 211-232, 언어과학회.

정수진(2012), "연결어미 '-어서'의 의미 확장에 대한 인지언어학적 접근",『국어교육연구』 50: 405-428, 국어교육학회.

홍사만(2003),『국어 어휘의미의 사적 변천』, 한국문화사.

Barcelona, A.(2015), Metonymy, in E. Dąbrowska & D. Divjak(eds.), *Handbook of Cognitive Linguistics*, 143-167, Berlin/New York: Mouton de Gruyter.

Bierwiaczonek, B.(2013), Metonymy in Language, *Thought and Brain*, Sheffield: Equinox.

Blank, A.(1999), Why do new meanings occur? A cognitive typology of the motivations for lexical Semantic change, in A. Blank & P. Koch(eds.), *Historical Semantics and Cognition*, 61-90, Berlin/New York: Mouton de Gruyter.

Darmesteter, A.(1887), *La vie des mots*, Paris: Delagrave.

Dirven, R.(2003), Metonymy and metaphor: Different mental strategies of conceptualisation, in *Metaphor and Mtonymy in Comparison and Contrast*, 75-111, Berlin/New york: Walter de Gruyter.

Heine, B., U. Claudi & F. Hünnemeyer(1991a), *Grammaticalization: A Conceptual Framework*, Chicago: The University of Chicago Press.

Heine, B., U. Claudi & F. Hünnemeyer(1991b), From cognition to grammar, in

E. C. Traugott & B. Heine(eds.), *Approaches to Grammaticalization*, vol. 1 (*Typological Studies in Language 19*), 149-187, Amsterdam: John Benjamins.

Hopper, P. J. & E. C. Traugott(1993/2003), *Grammaticalization*, 2nd edn, Cambridge: Cambridge University Press.

Koch, P.(1999), Frame and Contiguity: On the Cognitive Based of Metonymy and Certain Types of Word Formation, in K-U. Panther & G. Radden(eds.), *Metoymy in Language and Thought*, 139-168, Amsterdam/Philadelpia: John Benjamins.

Kövecses, Z. & G. Radden(1998), Metonymy: Developing a cognitive linguistic view, *Cognitive Linguistics* 9(1): 37-77.

Lakoff, G. & M. Johnson(1980), *Metaphors We Live By*, Chicago: The University of Chicago Press.

Lakoff, G. & M. Turner(1989), *More Than Cool Reason: A Field Guide to Poetic Metaphor*, Chicago: The University of Chicago Press.

Langacker, R. W.(1993), Reference-point construction, *Cognitive Linguistics* 4: 1-38.

Langacker, R. W.(2009), Metonymic grammar, in K-U. Panther, L. L. Thornburg, A. Barcelona(eds.), *Motonymy and Metaphor in Grammar*, 45-71, Amsterdam/Philadelphia: John Benjamins.

Littlemore, J.(2015), *Metomymy*, Cambridge: Cambridge University Press.

Littlemore, J.(2017), Metonymy, in B. Dancygier(ed.), *Cambridge Handbook of Cognitive Linguistics*, 407-422, Cambridge: Cambridge University Press.

Papafragou, A.(1995a), Metonymy and relevance, UCL Working Papers in Linguistics 7: 141-75.

Radden, G. & Z. Kövecses(1999), Towards a Theory of Metonymy, in K-U. Panther & G. Radden(eds.), *Metonymy in Language and Thought*, 17-59, Amsterdam/Philadelphia: John Benjamins.

Reisig, K.(1839), Semasiologie oder Bedeutungslehre, in F. Haase(ed.), *Professor Karl Reisigs Vorlesungen über lateinische Sprachwissenschaft*, Leipzig: Lehnhold.

Ullmann, S.(1972), *Semantics: An introduction to the science of meaning*, Oxford: Blackwell.

개념적 혼성

김 동 환*

1. 들머리

A가 B에게 C에 대해 "그는 네가 그곳에 살기 전에 네 옆집 이웃이었지."라고 말하는 상황을 고려해 보자. 이와 같은 A의 말은 '이웃'이라는 관습적인 의미에서는 C는 결코 B의 옆집에 사는 이웃이 아니었고, 형식의미론에서는 분명히 거짓일 것이다. 그런데 1주일 후에 B는 직업상 알고 있는 C를 우연히 만나서 "어이, 내 이웃!"이라고 대담하게 인사를 건넨다. C는 처음에 '이웃'이라는 말을 듣고 약간 당황하지만 B에게서 설명을 듣고 난 뒤, C는 자신의 새로운 역할을 인식하고서는 그 마을에 대하여 B와 이야기를 나누기에 이른다. 누가 언제 그 마을에 살았고, 누가 이혼해서 그곳을 떠났는지 등에 대해 이야기를 나누면서 이제 둘은 결코 공유하지 않았던 이웃의 추억에 잠기는 '명예 이웃(honorary neighbor)'이 된다. 이와 같은 괴상하지만 그래도 상식적인 담화 상황을 어떻게 생각할 것인가라는 문제가 제기된다.

---

*   해군사관학교 영어과 교수, kimdhbook@hanmail.net

Fauconnier & Turner(1996, 1998, 2000, 2002)는 이와 같은 개념적 곡예에 집중한다. 위에서 A의 발화는 진짜가 아닌 옆집 이웃들이 이웃에 대해 잡담하는 풍부한 시나리오를 발전시키기 위한 언어적 촉진제로 간주될 수 있다. 이러한 가상적 활동을 설명하기 위해 '개념적 통합(conceptual integration)' 또는 '개념적 혼성(conceptual blending)' 이론이 요구된다.

개념적 혼성은 '사자인간(lionman)'[1]이라는 고고학의 예를 이해하는 데도 절실히 요구된다.

〈그림 1〉 사자인간의 조각상[2]

어쩌면 이 '사자인간' 조각상은 우리 조상들이 '사자'와 '인간' 둘 다를 마음속에서 계속 활성화할 수 있었던 순간을 뒷받침하는 증거가 되고, 정확히는 사자도 아니고 인간도 아닌 '사자인간'이라는 혼성된 새로운 개념을 창조하는

---

1   사자인간은 1939년에 발견된 3만2천 년 전의 상아로 만든 작은 조각상으로, 독일 남부의 한 동굴에서 조각조각 깨진 채 발견되어 사자인간처럼 보이지 않았고, 이 파편은 수십 년 동안 방치되어 있었다. 그러나 1998년에 완전히 새로 조립한 이후에 과학자들은 창조적 인간 문화가 작동기억의 확장이라는 주요한 진화적 변화로부터 발생했다는 증거로 이 작은 조각상을 제시했다.

2   http://www.bradshawfoundation.com/ishop/lion_man.php

데도 사용된다. 사자인간의 개념은 사자와 인간의 혼성공간이다. 이 혼성공간은 사자의 개념과 인간의 개념을 활용한다. 이 각각의 개념은 혼성공간이 사용하는 '입력 정신공간(input mental space)'이다. 혼성공간은 이런 입력공간들의 일부만을 가져와서 단 하나의 새로운 생각으로 결합시킨다. 이것은 마음과 꼭 일치하는 간단하고 단단한 생각이다. 이런 사고를 위한 정신망에는 사자에 대한 정신공간, 인간에 대한 정신공간, 그 둘의 혼성공간인 사자인간에 대한 정신공간이 포함되어 있다. 사자인간에는 사자와 인간 둘 다에 속하지 않는 요소가 있는 것이다.

이 글에서는 이처럼 창의성이 깃든 언어적 현상뿐만 아니라 비언어적 현상을 설명하는 데 최적인 개념적 혼성 이론의 현황과 그 과제를 다룰 것이다.

2. 개념적 혼성의 본질

2.1. 기본 가정

개념적 혼성의 작동 원리와 지배 원리들을 이끌어나가는 중요한 하나의 목표가 있다. 개념적 혼성의 주된 인지적 기능이기도 한 그 목표는 '인간 척도(human scale)[3]를 달성하라'는 것이다. 즉, 인간 척도와 어울리는 장면을 창조하는 것이다. 인간이 생각하고 이야기하고 행동하는 것 중 많은 것은 너무 작거나 너무 커서 우리의 평범한 경험의 범위와 수월하게 일치하지 않는 시간과 공간의 척도에서 작용한다. 이런 큰 목표에는 몇 가지 하위목표가 있다.

---

3   인간 척도란 인간이 활동하는 데 알맞은 공간이나 사물의 크기, 즉 인간의 크기를 기준으로 삼은 척도를 가리키는 건축 용어이다. 인간은 자기 몸의 크기와 비슷한 것에서 친근함을 느끼고 쉽게 이해하고 사용할 수 있으므로, 사람 몸의 크기와 길이를 기준으로 척도를 만드는 것이다. 가장 명확한 인간 척도 상황은 사물이 떨어지고, 누군가가 사물을 들어올리고, 두 사람이 서로 이야기하고, 한 사람이 어디론가 가는 것과 같은, 인간이 쉽게 이해하는 친숙한 프레임 안에 직접적인 지각과 행동이 있는 경우이다.

'산만한 것을 압축하라', '총체적 통찰력을 달성하라', '중추적 관계를 강화하라', '이야기를 만들어내라', '다수에서 하나로 진행하라'가 그것이다. 즉, 개념적 혼성의 기본 원리는 본래부터 산만한 것을 압축하고(compress), 본래부터 응축된 것을 탈압축하는(decompress) 것이다.

개념적 혼성의 압축 작용을 위해 아버지가 어린 딸에게 식탁 위에 올라와 있는 농산물을 사용해서 복잡하고 추상적인 태양과 지구의 관계를 설명하는 상황을 고려해 보자.

> (1) This hazelnut is the Earth, which rotates like this around the Sun, this orange. (이 개암은 지구이고, 이것은 이 오렌지인 태양 주변을 이렇게 회전한다.)

(1)에서는 '농산물' 공간과 '행성' 공간의 정신망(mental web)[4]이 구축되고, 이런 정신공간들은 생산적으로 정렬되고 순간적으로 혼성되어, 즉 너무 광대해서 우리의 경험에서 이해하지 못하는 행성 간의 관계를 우리가 쉽게 경험하고 이해할 수 있는 인간 척도의 수준으로 압축하여, 기본적인 인간 경험으로부터 쉽게 얻을 수 없는 관계를 구체적인 것으로 만들 수 있다.

동일한 기본적인 작용은 탈압축을 목적으로도 작동한다.

> (2) The hazelnut is an electron, which rotates around the nucleus, this orange. (이 개암은 전자이고, 이것은 이 오렌지인 원자핵 주변을 회전한다.)

여기에서 식탁 위에 있는 농산물은 원칙상 육안으로 보이는 세계에 사는 사람들에게는 이용할 수 없는 관찰과 경험 방식을 폭발적으로 불어나게 하는, 즉 탈압축하는 친숙한 수단이 된다.[5]

---

4 정신망이 혼성공간을 포함할 때, 그것은 종종 "개념적 통합망(conceptual integration network)"이나 "혼성망(blending network; blending web)"이라고 부른다.

압축과 탈압축은 개념적 혼성 과정의 핵심 부분으로서, 본질상 예측 불가능하고 비결정적이긴 하지만 규칙적이고 일상적인 개념적 연결에 따라 작동한다. 정신망에는 많은 개념적 연결이 있으며, 가장 빈번하고 중요한 정신적 연결을 "중추적 관계(vital relation)"라고 부른다. 시간(Time), 공간(Space), 동일성(Identity), 변화(Change), 원인-결과(Cause-Effect), 부분-전체(Part-Whole), 유사(Analogy), 비(非)유사(Disanalogy), 표상(Representation), 특성(Property), 유사성(Similarity), 변화(Category), 의도성(Intentionality), 특이성(Uniqueness)이 그것이다. 예컨대, (2)에서 물리적 고정장치 혼성은 개암과 오렌지 사이에 새로운 부분-전체 관계를 창조하는데, 이 관계는 '농작물' 입력공간에서는 관계가 아니지만 화자가 그 정신망을 구성하고 나면 가능하게 되는 유사와 표상에 의존하는 관계이다. 이런 관계들은 정신공간들의 정신망에서 요소들과 관계들 간의 정신공간 연결을 위한 기초를 제공한다. (1)과 (2)에서 지구/전자를 위해 개암을 선택하고, 태양/원자핵을 위해 오렌지를 선택하는 것은 특성 '회전타원체'와 상대적 크기에 의해 동기화되어, 더 작은 개암은 실증적으로 '더 큰' 태양과 원자핵이라는 유추적 상관물로의 사상에 대한 적절한 예로 만들어 준다. 과일과 행성은 유사성에 의해 사상되어 혼성공간에서 특이성으로 압축되는데, 이 혼성공간에서 현 시점에서의 한 실체가 우주공간이나 미시세계 속에 있는 영역을 대표한다. 이와 관련해 농작물이 행성/원자 부분을 나타내도록 하는 혼성공간의 기초는 "모양"의 상정된 유사성을 활용한다.

2.2. 구성 원리

Fauconnier & Turner(2002: 310)에서는 공간횡단 사상, 혼성공간으로의 선택적 투사, 혼성공간에서 발현구조의 발전 같은 개념적 혼성의 구조적 · 동적

---

5 이해의 대상이 되는 '전자'와 '원자핵'과 같은 개념들로 사상되고 그것과 융합될 '농산물' 공간의 요소들은 실세계의 사물로서 의사소통의 상황에 존재하기 때문에 '물리적 고정장치(material anchor)'라고 부른다(Hutchins 2003 참조).

원리를 개념적 혼성의 구성 원리(constitutive principle)라고 부른다.

Coulson(2001: 115)에 따르면, "개념적 혼성은 일련의 비합성적인 개념적 통합의 과정으로서, 그 과정 속에서 발현구조를 생산하기 위해 의미구성을 위한 상상의 능력이 환기된다." 더 구체적으로 말하면, 개념적 혼성은 입력공간의 구축을 포함해서, 입력공간들 간의 공간횡단 사상 및 입력공간에서부터 혼성공간으로의 투사를 포함하는 강력한[6] 인지 과정이다.

Fauconnier(1997: 149-151)는 개념적 혼성이 발생할 때 충족되어야 하는 몇 가지 조건을 제시한다. 첫째는 공간횡단 사상(cross-space mapping)이다. 공간횡단 사상이란 입력공간들 사이의 체계적인 대응(correspondence)을 말한다.

둘째는 총칭공간(generic space)이다. 총칭공간은 입력공간들이 공유하는 추상적인 구조와 조직을 반영하는 포괄적인 구조이다. 더욱이 총칭공간은 입력공간들 사이의 공간횡단 사상을 한정해 준다. 총칭공간은 각 입력공간과 사상된다. 즉, 총칭공간에 있는 각 요소는 입력공간들에서 쌍을 이룬 대응요소에 사상된다.[7]

---

6 개념적 혼성이 강력한 인지 과정이라 함은 그것으로 다양한 유형의 언어 현상뿐만 아니라 비언어적 현상도 설명할 수 있다는 것을 뜻한다. 많은 종류의 상황에서 혼성공간의 예를 발견할 수 있다. 그리스신화(가령, 페가수스(Pegasus))에서부터 오늘날(가령, 포켓몬 캐릭터)까지 혼성공간이 만들어지고 있었다. 혼성공간의 예는 우리의 일상 의사소통(가령, John digested the book), 기술적 혁명("컴퓨터 바이러스"), 예술(가령, 무조르그스키(Mussorgsky)의 "전람회의 그림(Pictures at an exhibition)," 칸딘스키(Kandinsky)의 "즉흥(Improvisations)"), 광고(가령, Swatch 는 "swiss"와 "watch"의 혼성어이다)에서 존재한다. Mandelblit(1997), Sweetser & Dancygier(1999), Coulson(2001), Veale & O'Donoghue(2000)의 연구는 개념적 혼성이 언어학, 창조적 인지, 유추, 은유에 기여하는 방법에 대한 예이다.

7 총칭공간은 학자들마다 개념적 통합망에서 생략하기도 하고 반드시 그리기도 할 만큼 개념적 혼성 이론가들 사이에서 가장 많은 논란을 일으키는 부분이다. 이런 상황에서 Oakley & Pascual(2017: 438)은 정신공간이 우리가 생각하고 이야기할 때 활성화되는 장면과 시나리오로 간주된다면, 총칭공간의 총칭적 구조가 장면들 자체와의 직접적인 연대로 인한 발현적 특징이라고 주장한다. 즉, 총칭공간은 연결망의 입력이라기보다는 출력일 가능성이 높다는 것이다. 정신공간 연결망들이 재빨리 나타났다 사라지거나, 한 정신공간의 부분을 다른 정신공간을 희생하여 밝게

셋째는 혼성공간(blended space)이다. 혼성공간은 입력공간 1과 입력공간 2가 선택적으로 투사되어 형성되는 공간이다. 혼성공간에는 총칭공간에서 포착되는 총칭적인 구조뿐만 아니라 총칭공간보다 더 특이한 구조가 들어 있고, 입력공간에 없는 구조가 형성될 수도 있다.

넷째는 발현구조(emergent structure)이다. 혼성공간에는 입력공간에 없는 발현구조가 생성되는데, 이것은 세 가지 방식으로 가능하다. 합성(composition), 완성(completion), 정교화(elaboration)가 그것이다. Grady, Oakley & Coulson (1999: 107)에 따르면, "가장 직접적인 과정인 합성은 각 입력공간의 내용물을 혼성공간으로 투사하는 것을 가리킨다." 즉, 합성은 결국 투사이다. "완성은 입력공간들에서 투사된 구조가 장기기억에 들어 있는 정보와 조화를 이룰 때 환기되는 특정 패턴을 혼성공간에서 채운다." "정교화는 혼성공간에서 사건에 대한 가장된 정신적 수행이며, 우리는 이것을 무한히 계속할 수도 있다."

개념적 혼성 이론에서 가장 두드러진 공간은 발현구조가 창조되는 혼성공간이다. 혼성공간은 입력공간의 요소들이 선택적으로 투사되어 만들어진다. 그리고 선택적 투사(selective projection)는 입력공간들 사이의 공간횡단 사상에 의해 가능하고, 공간횡단 사상은 다시 총칭공간 때문에 가능하다. 즉, 총칭공간은 공간횡단 사상의 전제조건이 되고, 공간횡단 사상은 선택적 투사의 전제조건이 된다. 이처럼 입력공간, 혼성공간, 총칭공간은 밀접하게 연결된 망을 형성하는데, 그것을 개념적 통합망(conceptual integration network)이라고 한다. 이것은 다음과 같이 나타낼 수 있다(Fauconnier 1997: 151).

하는 데 사용되거나, 다른 점에서는 국부적이고 실시간의 개념화를 위해 고안된 것이라고 한다면, 총칭공간은 담화 생산과 처리 동안 전개되는 과정을 반영하는 것이 아니라 분석의 인공물, 즉 이론가를 위한 정신적 비계의 형태로 역할을 할 뿐이다.

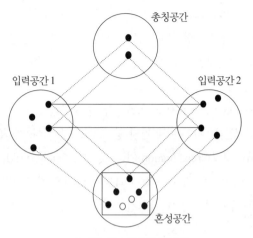

〈그림 2〉 개념적 통합망

입력공간 1과 입력공간 2 사이의 공간횡단 사상은 실선으로 표시되고, 각 입력공간의 요소들 모두가 사상되는 것은 아니라는 점에서 사상은 부분적 (partial)이다. 입력공간들 사이의 공간횡단 사상은 입력공간에 공통된 총칭공 간에 의해 가능하다. 공간횡단 사상에 의해 연결된 요소들은 다시 혼성공간으 로 투사되는데, 투사는 점선으로 표시된다. 입력공간의 요소들 모두가 혼성공 간으로 투사되는 것은 아니라는 점에서 투사는 선택적이다. 더욱이 입력공간 의 요소들이 혼성공간에서 융합되기도 하고 융합되지 않기도 한다. 마지막으 로, 혼성공간에는 입력공간에서 투사되지 않는 새로운 요소들이 형성되어 발 현구조가 창조되는데, 이것은 네모상자로 표시된다. 네모상자 안의 흰색 점은 혼성공간에서 창조된 요소를 나타낸다.

다음 예를 사용해 개념적 혼성의 작용 방식을 살펴보자.

(3) In France, Bill Clinton wouldn't have been harmed by his relationship with Monica Lewinsky. (프랑스였다면, 빌 클린턴은 모 니카 르윈스키와의 관계로 인해 피해를 입지 않았을 것이다.)

이 문장은 프랑스라면 클린턴이 르윈스키와의 관계로 인해 정치적으로 피해를 입지 않는다는 것을 뜻한다. 이런 의미가 구성되기 위해서는 두 개의 입력공간이 필요하다. 입력공간 1은 클린턴, 르윈스키, 그들의 관계가 들어 있는 미국 정치 프레임에 의해 구조화된다. 입력공간 2는 프랑스 정치 프레임에 의해 구조화된다. 총칭공간에는 [나라], [대통령], [섹스 파트너], [시민]이 있다. 혼성공간에는 빌 클린턴, 모니카 르윈스키는 물론이고 프랑스 대통령, 프랑스 대통령의 정부(情婦)라는 역할도 있으며, 클린턴과 르윈스키가 각각 이 두 역할과 연상된다. 혼성공간을 구조화하는 프레임은 미국 정치가 아닌 프랑스 정치이다. 따라서 혼성공간에서 클린턴은 혼외정사로 인해 정치적으로 피해를 입지 않는다는 결론이 나온다. (3)의 의미구성을 위한 개념적 통합망은 다음과 같이 나타낼 수 있다.

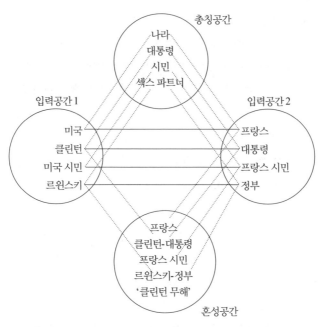

〈그림 3〉 '클린턴은 프랑스 대통령이다'의 개념적 통합망

위의 그림을 통해 알 수 있듯이, 두 입력공간의 각 요소들은 서로 사상된다. [미국]이 [프랑스]가 혼성공간으로 투사되어 정치적 배경으로 설정된다. 이런 프랑스에서는 클린턴이 르윈스키를 정부로 데리고 있고, 그녀와 혼외정사를 하더라도 정치적인 해를 입지 않는다. 이런 사실은 두 입력공간에서는 없는 내용으로서, 혼성공간에서는 [클린턴 무해]라는 새로운 사실이 추가된 발현구조가 구축되는 것이다.

2.3. 개념적 통합망

Fauconnier & Turner(2002)는 개념적 통합망의 유형을 제시한다. 개념적 통합망을 분류하는 데에는 '개념적 통합망의 정신공간들이 하나의 프레임을 공유하는가?', '모든 입력공간이 혼성공간의 발현구조를 만드는 데 참여하는가?'라는 두 가지 차원이 필요하다. 이 두 가지 차원에 입각하여 단순 연결망(simplex network), 거울 연결망(mirror network), 단일범위 연결망(single-scope network), 이중범위 연결망(double-scope network), 다중범위 연결망(multiple-scope network)이라는 다섯 가지 유형의 개념적 통합망을 식별할 수 있다. 단순 연결망은 하나의 입력공간에만 조직 프레임(organizing frame)이 있고 다른 입력공간에는 특정한 요소들만 있는 개념적 통합망이다. 이것은 일반적인 정신적 틀과 그 틀에 적용되는 사물을 가진 정신공간이 혼성되는 망이다. father of, mother of, son of, daughter of 등의 친족관계 표현이 단순 연결망으로 설명되는 예들이다. 거울 연결망은 모든 정신공간들이 하나의 조직 프레임을 공유하는 개념적 통합망을 말한다. '배 경주'의 예가 거울 연결망으로 설명된다. 서로 다른 시간대에서 이루어진 항해에 대해 이 예에서는 배 두 대가 경주를 하고 있고, 현재까지 GA호가 NL호보다 4.5일 앞서고 있는 것으로 추론된다. 단일범위 연결망은 입력공간들이 서로 다른 조직 프레임을 가지며, 하나의 입력공간만 혼성공간을 조직하기 위해 투사되는 개념적 통합망이다. 단일범위 연결망은 개념적 은유를 나타내는 데 사용된다. 흔히 개념적 은유

이론을 개념적 혼성 이론의 하위이론으로 간주하는 견해는 이 단일범위 연결망 때문이다. 실제로 개념적 혼성 이론은 은유를 비롯한 비유 언어뿐만 아니라 언어적 창의성과 비언어적 현상까지도 설명하는 더욱 일반적인 이론이다. 이중 범위 연결망은 입력공간들이 서로 다른 조직 프레임에 의해 조직되고, 그런 입력공간들이 혼성공간을 조직하기 위해 투사되는 개념적 통합망이다. 이중범 위 연결망의 한 가지 예는 same-sex marriage(동성결혼)라는 합성어이다. 이것 의 의미구성을 위한 입력공간 1은 전통적인 '결혼' 프레임이고, 입력공간 2는 동성인 두 사람을 포함하는 특이한 '가정' 프레임이다. 다중범위 연결망은 이중 범위 연결망의 확장으로서, 다중 입력공간이 서로 다른 조직 프레임에 의해 조직되고, 그것들이 혼성공간을 조직하기 위해 투사되는 개념적 통합망이다. 이것은 Fauconnier & Turner(2002)의 냉혹한 수확자(Grim Reaper)에 대한 논 의로 예증할 수 있다. '냉혹한 수확자' 혼성공간에 대한 세 개의 입력공간은 세 명의 행위자와 관련이 있다. 큰 낫을 사용해 작물을 베는 수확자, 사람을 살해하는 살인자, 한 사람의 죽음을 초래하는 죽음이 그것이다.[8]

Turner(2014: 216-217)는 개념적 통합망을 혼성망(blending web)이라고 부 르고, 혼성망에 대한 엄격한 분류법이 아닌 개방적 분류법을 채택한다. 그는 Fauconnier & Turner(2002)에서 제안한 다섯 가지 유형 외에 몇 가지 유형을 추가로 더 제안한다. 첫째는 혼성공간에 대한 입력공간들 중 하나가 이미 혼 성공간인 경우인 초혼성공간(hyper-blend) 망이다. 둘째는 입력공간들에서 유 사와 비유사 관계가 혼성공간에서 유일한 요소를 위한 변화로 혼성되는 경우 인 변화(change) 망이다. 셋째는 입력공간들에서 상호작용하지 않는 행위자들 이 혼성공간에서 상호작용하도록 혼성되는 경우인 가상적 상호작용(fictive interaction) 망이다. '승려'의 예는 서로 다른 두 승려가 만남으로써 혼성공간 에서 상호작용하기 때문에 가상적 상호작용 망이기도 하다. 넷째는 반복되는 무언가를 혼성공간에서 창조하는 순환(cycle) 망이다. 그는 이런 특별한 분류

---

8 개념적 통합망의 유형에 대한 구체적인 분석을 위해서는 김동환(2013: 504-523) 참조.

와 일치하지 않는 혼성공간들이 끊임없이 발생한다는 것을 기억하는 것이 중요하다고 지적한다.

2.4. 지배 원리

개념적 혼성 이론에 대한 중요한 질문은 이러한 의미구성의 모형이 어떻게 제약되는지에 관한 것이다. 의미구성은 종의 진화와 동일하다. 진화생물학의 경우에, 해마다 거듭해서 예측을 벗어나는 진화 현상이 발견된다. 이제 유전공학은 진화생물학의 법칙과 완전히 통합되어 인간의 귀가 쥐의 등 뒤에서 자라고, 메뚜기 다리 위에 눈이 달리게 할 수도 있다. 그렇다면 '무엇이든지 다 되는가?'라는 질문이 제기된다. 진화생물학에서 거의 모든 결합은 실패하지만, 그래도 성공적인 결합도 존재한다. 의미구성에는 매우 풍부한 정신적·문화적 세계에서 언제나 일관된 원리가 작용한다. 많은 새로운 통합이 뒷무대 인지에서, 그리고 문화의 구성원들에 의한 상호교환에서 시도되고 탐구되고 있으며, 그중 대부분은 결코 살아남지 못하지만, 그 가운데 살아남은 것들도 있다. 개념적 혼성에서 무엇이 성공과 실패를 조장하는지 탐구할 필요가 있다.

인간의 인지적 힘을 설명하는 이론은 인간 혁신의 풍부함과 다양성을 설명해야 할 뿐만 아니라, 그런 혁신이 어떻게 통제되는지도 보여주어야 한다. Fauconnier & Turner(2002: 327-334)는 혼성공간으로 투사되는 적당한 구조를 창조되도록 선택적 투사가 어떻게 제약되어야 하는가라는 문제를 해결하기 위해 많은 개념적 혼성의 지배 원리(governing principle)를 제안한다.

첫째는 위상 원리(Topology Principle)이다. 즉, "다른 것이 동일하다면, 입력공간과 외부공간 관계의 유용한 위상이 혼성공간의 내부공간 관계에 의해 반영될 수 있도록 혼성공간과 입력공간을 구축하라(Fauconnier & Turner 2002: 327)."[9] 이 원리는 입력공간과 혼성공간 속의 요소들 간의 관계를 보존

---

9 입력공간 내의 조직적 관계는 내부공간 위상(inner-space topology)이라고 부르고, 입력공간들 사이의 조직적 관계는 외부공간 위상(outer-space topology)이라고 부른다.

하는 것이 최적이라고 규정한다. 예컨대, 식탁 태양계를 소금과 후추 디스펜서로 고정하는 것이 가능하지만, 오렌지와 개암이 크기가 서로 다른 회전 타원체라는 사실은 혼성공간에서 개략적인 기하학적 모양을 보존하는 효과를 지닌다.

둘째는 패턴완성 원리(Pattern Completion Principle)이다. 즉, "다른 것이 동일하다면, 기존의 통합적 패턴을 부가적인 입력공간으로 사용하여 혼성공간의 요소를 완성하라. 다른 것이 동일하다면, 입력공간들 간의 중요한 외부공간 중추적 관계의 압축된 형태일 수 있는 관계를 가진 완성 프레임을 사용하라(Fauconnier & Turner 2002: 328)." '칸트와의 논쟁'이나 '배 경주'의 예처럼 많은 개념적 혼성의 경우에는 단단하게 통합된 기존의 프레임이 혼성공간으로 보충됨으로써 단단한 통합을 제공한다.

셋째는 통합 원리(Integration Principle)이다. 즉, "통합적인 혼성공간을 달성하라(Fauconnier & Turner 2002: 328)." 개념적 혼성은 단 하나의 장면이나 단위를 형성하고 그러한 것으로 조작될(manipulate) 수 있다고 가정한다. 통합된 혼성공간을 달성하려는 충동은 인간 인지의 최상위 원리이다. 개념적 통합망의 본질은 때때로 충돌하는 다양한 입력공간들로부터 단 하나의 혼성공간으로 투사하는 것이다. 혼성공간에서의 통합은 혼성공간의 조작을 한 단위로 할 수 있게 해 주고, 더욱더 기억하기 쉽게 만들고, 사고자가 연결망 내의 다른 정신공간을 계속해서 참조하지 않고서도 혼성공간을 운용할 수 있게 해 준다. 즉, 통합은 혼성공간을 인간 척도로 가져올 수 있도록 도와준다. 이 원리는 압축의 원리를 반영한다. 예컨대, 식탁에서 아버지가 오렌지와 개암을 가져와서 그것들을 공간으로 궤도 배열로 조작할 때, 오렌지/태양-개암/지구라는 혼성된 정신적 비유는 단 하나의 시나리오로 활동하게 되어 아버지는 이제 개암을 호로 움직여서 그것이 지구의 운동을 나타내도록 할 수 있다.

넷째는 중추적 관계의 최대화 원리(Maximization of Vital Relations Principle)이다. 즉, "다른 것이 동일하다면, 연결망 속의 중추적 관계를 최대화하라. 특히 혼성공간 속의 중추적 관계를 최대화하고 그것을 외부공간 중추적 관계에서 반영하라(Fauconnier & Turner 2002: 330)." 혼성공간이 내부공간 중추적 관계를 발전시키는 일은 흔하다. 이러한 중추적 관계의 최대화는 혼성공간으로의 새로운 프레임 보충과 협력하고, 혼성공간의 인간 척도로의 전환과 협력한다. 또한 외부공간 중추적 관계와 내부공간 중추적 관계 사이의 반영을 최대화하는 일반 원리도 있다. 이런 원리는 새로운 외부공간 중추적 관계를 구축하도록 자극한다.

다섯째는 망 원리(Web Principle)이다. 즉, "다른 것이 동일하다면, 혼성공간을 단위로 조작해 쉽고 부가적인 합성의 감시 없이 입력공간과의 적절한 연결망이 유지되어야 한다(Fauconnier & Turner 2002: 331)." 이 원리는 혼성공간에서 입력공간들 간의 사상을 유지하는 것이 최적이라고 명시한다. 즉, 이 원리는 우리가 연결망에서 하나의 정신공간에만 초점을 두고 있을 때에도 전체 연결망이 함축된다는 사실을 반영한다. 연결망 안의 좋은 연결이 무의식적으로 유지되기 때문에, 혼성공간 내에서 이루어지는 일은 입력공간 안에서든 입력공간들 사이에서든 자동적인 영향을 미칠 수 있다. 예컨대, 혼성공간에서 승려가 자신을 만나는 것은 입력공간에 직접적인 영향을 미친다. 왜냐하면 혼성공간과 입력공간에서 하루 중의 시간은 항상 동일하기 때문이고, 하루 중 어느 때의 승려의 위치는 각 입력공간에서 그 시간에 그의 대응요소가 있었던 위치와 동일하기 때문이다. 이러한 혼성공간과 시계의 진행 입력공간 및 특정한 시간에서의 승려 위치 입력공간 사이의 엄격한 동일성은 망 원리를 매우 흡족하게 만족시킨다.

여섯째는 풀기 원리(Unpacking Principle)이다. 즉, "다른 것이 동일하다면, 혼성공간 자체는 모두 전체 연결망의 재구성을 촉진해야 한다(Fauconnier & Turner 2002: 332)." 이 원리는 혼성공간이 입력공간들의 구조를 추리할 수 있는 기초를 제공해야 한다고 규정한다. 혼성공간의 힘 가운데 하나는 그것이 본질적으로 전체 연결망의 싹을 지닌다는 것이다. 이미 전체 연결망을 활성화했다면, 혼성공간을 운용하는 것은 나머지 연결망에 추리와 결론을 제공한다. 그러나 전체 연결망이 아직 구축되지 않았거나 망각되었다면, 또는 연결망의 적절한 부분이 사고하는 순간에 활성화되어 있지 않다면, 혼성공간이 그런 활성화를 촉진시키는 일을 훌륭히 수행한다. 풀기는 종종 혼성공간에서 탈통합과 부조화로 인해 용이해진다. '칸트와의 논쟁' 혼성공간은 풀기를 충족한다. 왜냐하면 18세기의 누군가와 21세기의 누군가가 동일한 정신공간에 있기 때문이다.

일곱째는 적절성 원리(Relevance Principle)이다. "다른 것이 동일하다면, 혼성공간 속의 요소는 적절성을 가져야 한다. 이는 다른 정신공간과의 연결을 확립하는 것과 혼성공간을 운용하는 것에 대한 적절성을 포함한다. 역으로 연결망의 목적에 중요한 입력공간들 사이의 외부공간 관계는 혼성공간에서 그에 상응하는 압축을 가져야 한다(Fauconnier & Turner 2002: 333)." 적절성 원리는 연결망이 혼성공간에서 관계를 가지도록 압력을 가한다. 이것은 입력공간들 사이의 중요한 외부공간 관계의 압축이다. '배 경주' 예에서 NL호가 있는 정신공간은 참조 정신공간이다. GA호의 항해자들은 NL호에 대해 알고 있고 그와 관련해 야망을 가지고 있으며, 그 지식은 그들 활동에 대해 인과적이다. 의도성과 원인-결과라는 외부공간 관계는 적절성 원리에 의해 혼성공간에서 압축을 가질 필요가 있으며, 이런 관계는 경주 프레임의 의도적·인과적 구조 때문이다.

개념적 혼성의 지배 원리는 개념적 통합망에 대한 흑백의 제약이 아니라, 발현구조를 효과적으로 활용하기 위한 전략이다. '다른 것들이 동일하다면'이라는 원리는 최적성 원리(optimality principle)라고 부른다. 보통 하나를 충족하는 것은 어느 정도까지는 또 다른 것을 충족시키는 쪽으로 나아가지만, 지배 원리는 종종 서로 경쟁한다. 예컨대, 한 어린이가 군사 박물관에서 모조 칼을 집어 드는 시나리오를 고려해 보자. 어머니의 놀라는 표정을 보고 관리자는 '걱정하지 마세요. 저 칼은 안전합니다'라고 말하고, 그 말을 듣고 부모는 '이 아이가 만지면 칼이 안전하지 않아요'라고 대답한다. 이 대화에서 관리자는 칼이 어린이에게 해를 끼치지 않는다는 의도였다. 이런 해석에서 투사되는 구조는 칼이 초래할 수 있는 잠재적 위험과 관련이 있다. 그러나 어머니는 이런 혼성공간을 거부하고 어린이가 아니라 칼이 잠재적 해로부터 위험할 수 있다는 새로운 혼성공간을 제안한다. 아이에 대한 어머니의 개인적 지식과 어린이가 만지는 것은 무엇이든 망가트리는 아이의 습성을 투사하기 때문에 이런 혼성공간이 발생한다. 이 예는 동일한 입력공간으로부터 어떻게 서로 다른 선택적 투사에 의해 서로 다른 혼성공간이 구축되는지를 예증한다.

3. 개념적 혼성 이론의 적용

3.1. 동양고전 해석

개념적 혼성 이론의 한 가지 장점은 담화나 대화 중에 구축된 복잡한 혼성공간의 구성을 추적할 수 있다는 것이다. 사실상 즉흥적인 이런 혼성 창조의 과정을 추적하면, 어떻게 적절한 입력공간을 선택하고, 더 나아가 논쟁의 상대가 만든 혼성공간에 맞서 '반대 입력공간(counterinput)'을 창조적이고 미세하게 겨냥하여 불러낼 수 있는 방식을 들여다볼 수 있다. 이 절에서는 기원전 4세기의 중국 텍스트인 『맹자』에서 나온 담화를 분석하여 논쟁 중에 혼성공간이 동적으로 창조되고 변화되는 현상을 개념적 혼성 이론으로 살펴볼 것이다.[10]

『맹자』의 6권은 사람들에게 어떻게 도덕을 가르칠 것인가의 논제와 관련된 인간 본성이라는 주제를 두고 맹자와 고자[11]라는 인물 간의 논쟁으로 시작한다. 고자는 세상의 수많은 고통이 우리가 타인보다 스스로를 편애하거나 타인의 가족과 친구보다 자기 가족과 친구를 편애하듯이, 인간의 이기적이고 편파적인 경향에서 나온다고 믿었던 초기 중국 사상가인 묵자의 추종자이다. 고자는 이런 이기적인 경향이 타고난 것이긴 하지만 사람들에게 스스로의 타고난 이기심을 버리고 공평하게 행동하도록 설득할 수 있다고 믿었다. 이와 대조적으로, 맹자는 부모와 가족을 보살피고 편애하는 유교 문화를 옹호하는

10　이것은 Slingerland(2008: 188-196)의 분석에 기초한 것이다.

11　학자들은 아직 고자가 누구인지에 대해 논쟁 중이다. 최근에 발견된 고고학적 텍스트에서 나온 증거는 그도 맹자처럼 공자의 제자였지만, 고자는 더욱 권위주의적이고 노력에 기반한 자아의 개조, 즉 갈고닦기 전략을 옹호했다는 점에서 차이가 있다고 제안한다.

데 지대한 관심이 있었다. 유교의 관점에서 가족에 대한 편애는 인간의 타고난 경향일 뿐만 아니라 긍정적인 것이었다.

맹자와 고자 간의 몇 차례 대화에서, 고자는 노력의 필요성과 외부 힘에 의한 개조를 암시하는 자기수양의 은유를 제안한다. 그는 다음과 같은 유명한 조각(carving) 은유로 시작한다.

(2) 사람의 본성은 갯버들과 같고 의는 갯버들로 만든 그릇과 같으니, 사람의 본성으로 인과 의를 행하는 것은 갯버들로 그릇을 만드는 것과 같다.

이런 고자의 주장은 다음과 같은 이중범위 혼성공간의 구축을 위한 촉진제 역할을 한다(Slingerland 2008: 190).

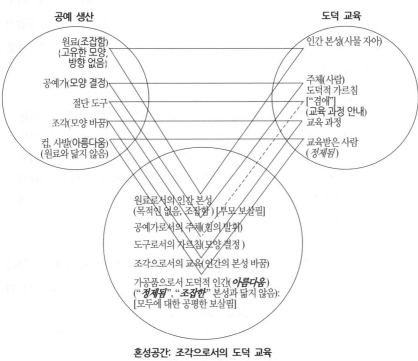

혼성공간: 조각으로서의 도덕 교육
〈그림 4〉『맹자』 6:A:1(고자의 입장)

여기서 부모의 보살핌에 해당하는 인간 본성은 공예 생산에서 원료로 묘사된다. 이런 원료는 공평한 보살핌의 가르침이라는 '도구'에 의해 완전히 재형성될 수 있다. 그래서 애당초 가공하지 않은 원료와 전혀 닮은 데라고는 없는 아름다운 가공품이 결과로 나온다. 이 혼성공간에서 대부분의 구조가 '공예 생산' 입력공간에서 나오지만, 점선으로 암시되는 인과성의 중요한 양상 중 하나는 '도덕 교육' 입력공간으로부터 도출되기 때문에 이중범위로 볼 수 있다. 공예 생산에서는 공예가가 제품의 모양을 결정하지만, 공평한 보살핌이라는 가름침의 행동 결정의 중요성은 혼성공간에 널리 퍼져 있어, 공예가가 아닌 도구가 '도덕적 가공품'의 모양을 결정하는 상황이 발생하게 된다. 이 혼성공간을 구축할 때 고자의 주된 목적은 듣는 사람에게 아름답고 곱게 조각된 가공품에 대해서는 긍정적 느낌, 그리고 조잡하고 모양을 갖추지 못한 원료에 대해서는 부정적 느낌을 갖도록 하는 것이다. 부모를 편애하고 보살피는 타고난 인간의 본성은 추하고 조잡하지만, 모두에 대한 공평한 보살핌은 아름답고 정제되어 있다는 것을 고자는 전파하고 싶은 것이다. 이에 대해 맹자는 다음과 같이 응수한다.

(3) 그대는 갯버들의 본성을 그대로 살려서(직역. 'flow with') 그릇을 만드는가? 아니면 갯버들을 억지로 구부리고 꺾은 후에 그릇을 만드는가? 만일 갯버들을 구부리고 꺾어서 그릇을 만든다면, 마찬가지로 사람의 본성을 구부리고 꺾어서 인과 의를 행한다는 것인가? 그래서 그러한 이론은 틀림없이 세상 사람들을 이끌어서 인과 의를 해치게 할 것이다.

맹자는 고자의 혼성공간을 좌절시키고자 두 가지 새로운 정신공간을 구축한다. '유정물'과 '물' 입력공간이 바로 그것이다. 수정된 혼성공간은 다음과 같이 나타낼 수 있다(Slingerland 2008: 191).

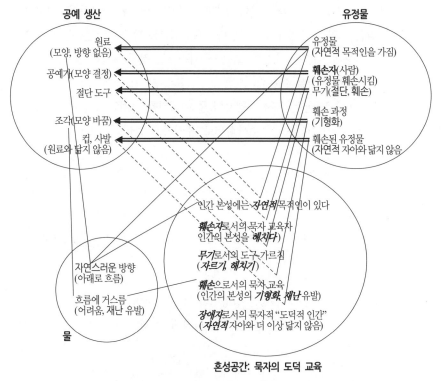

공예 생산　　　　　　　　　　　유정물

원료　　　　　　　　　　　　　유정물
(모양, 방향 없음)　　　　　　　(자연적 목적인을 가짐)

공예가(모양 결정)　　　　　　　훼손자(사람)
　　　　　　　　　　　　　　　(유정물 훼손시킴)
절단 도구　　　　　　　　　　　무기(절단, 훼손)

조각(모양 바꿈)　　　　　　　　훼손 과정
　　　　　　　　　　　　　　　(기형화)
컵, 사발　　　　　　　　　　　훼손된 유정물
(원료와 닮지 않음)　　　　　　(자연적 자아와 닮지 않음)

인간 본성에는 *자연적* 목적인이 있다

*훼손자*로서의 묵자 교육자
인간의 본성을 *해치다*)

*무기*로서의 도구 가르침
(*자르기, 해치기*)

자연스러운 방향
(아래로 흐름)

*훼손*으로서의 묵자 교육
(인간의 본성의 *기형학, 재난* 유발)

흐름에 거스름
(어려움, 재난 유발)

*장애자*로서의 묵자적 "도덕적 인간"
(*자연적* 자아와 더 이상 닮지 않음)

물

혼성공간: 묵자의 도덕 교육

〈그림 5〉『맹자』 6:A:1(맹자의 입장)

　새로이 도입된 이 두 정신공간은 혼성공간에 결정적인 영향을 미친다. 맹자가 구축하는 '유정물' 입력공간은 '공예' 입력공간에 매우 훌륭하게 사상되지만, (큰 화살표로 표시되듯이) 전적으로 비非유추적 방식으로 이루어진다. 무형의 원료는 타고난 목적인(telos)을 가진 유정물과 비교된다. 이런 목적인은 다시 고자 혼성공간의 숙련된 공예가를 잔인한 훼손자로 변형시키고, 유용한 도구를 해로운 무기로 변형시키며, 조각 과정을 자연스럽지 못한 기형으로 변형시킨다. 맹자는 확실히 유정물에 칼을 대어 고통을 유발하고 그것을 훼손시키는 이미지에서 환기되는 부정적인 본능적 반응에 의존하고 있다. 그 결과로 그는 '공예'로부터 혼성공간으로의 원래의 투사(점선)를 규범적으로 강력한 부정적 투사로 변형시킴으로써 고자의 혼성공간을 효과적으로 파괴시킨다. 신-묵자의 교육 과정의 산물은 이제 숙련되게 형성된 가공품이라기보다는 고문 받은 도덕적 장애자로 묘사된다. 그는 덤으로 '물' 입력공간을 혼성공간에 추가하는데, 이것은 자연적 '흐름'에 거스르는 것의 부정적 함축을 강화하고 6:A:2로의 전이를 이룬다.

『맹자』 6:A:2에서는 고자가 맹자의 물 이미지를 가져와서, 관개 관리의 영역으로 전환하여 자신에게 수사적으로 유리하게 돌리려 한다.

> (3) 사람의 본성은 소용돌이치는 물과 같다. 동쪽 방향으로 물을 흐르게 하면 그 물은 곧장 동쪽으로 흐르고, 서쪽 방향으로 물을 흐르게 하면 그 물은 곧장 서쪽으로 흐른다. 사람의 본성이 착함이나 착하지 않음으로 나누어질 수 없는 것은 물의 본성이 동쪽이나 서쪽으로 나누어질 수 없는 것과 같다.

개념적 은유 '행동의 유형은 방향이다'를 가정하면, 고자의 주장은 다음과 같이 다소 간단한 단일범위 연결망으로 나타낼 수 있다(Slingerland 2008: 192).

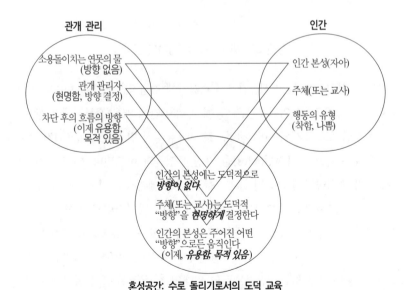

혼성공간: 수로 돌리기로서의 도덕 교육
〈그림 6〉『맹자』 6:A:2(고자의 입장)

맹자가 '유정물'과 '물' 입력공간을 도입함으로써 6:A:1의 공예 은유가 좌절되면서, 고자는 '물 관리'라는 다른 영역으로 전환하여 주장을 계속해나간다. 여기서의 요지는 6:A:1에서와 동일하다. 공예가가 가공하지 않은 원료를 아름답게 하기 위해 일정한 모양을 만드는 것처럼 현명한 관리인도 관개수로 속의 방향이 없이 소용돌이치는 물을 적절한 장소로 보내기 위해서는 방향을 돌려야 한다는 것이다.

6:A:1에서처럼, 맹자는 고자의 은유를 파괴하면서 다음과 같이 응수한다.

(3) 물에는 동서로 나누어짐이 결코 없고 상하로 나누어짐도 없다는 것인가? 사람의 본성이 선한 것은 마치 물이 아래로 흐르는 것과 같다. 인간은 누구나 선하고 물은 언제나 아래로 흐르는 법이다.

여기서 맹자는 새로운 정신공간을 추가하는 것이 아니라 고자가 놓쳤던 기존 입력공간의 요소를 사상하여 고자의 혼성공간을 파괴하고 있다. 물이 동쪽이나 서쪽을 선호하진 않지만, 확실히 아래로 흐르는 것을 자연스럽게 선호한다. 맹자의 대답은 다음과 같이 나타낼 수 있다(Slingerland 2008: 195).

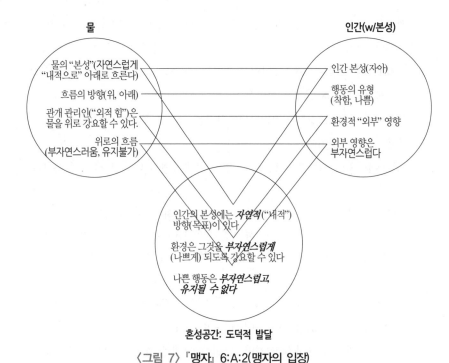

물　　　　　　　　　　　　　　　　　　　인간(w/본성)

물의 "본성"(자연스럽게
"내적으로" 아래로 흐른다)　　　　　　　　　　　인간 본성(자아)

흐름의 방향(위, 아래)　　　　　　　　　　행동의 유형
　　　　　　　　　　　　　　　　　　　　(착함, 나쁨)
관개 관리인("외적 힘")은
물을 위로 강요할 수 있다.　　　　　　　　　환경적 "외부" 영향

위로의 흐름　　　　　　　　　　　　　　외부 영향은
(부자연스러움, 유지불가)　　　　　　　　　부자연스럽다

인간의 본성에는 *자연적*("내적")
방향(목표)이 있다

환경은 그것을 *부자연스럽게*
(나쁘게) 되도록 강요할 수 있다

나쁜 행동은 *부자연스럽고,*
유지될 수 없다

혼성공간: 도덕적 발달

⟨그림 7⟩ 『맹자』 6:A:2(맹자의 입장)

　　맹자의 대답은 한 입력공간의 적절한 자질을 결정하는 것이 어떻게 논의의
여지가 있는 과정임을 여실히 보여준다. 새로운 요소에 초점을 맞추면, 전혀
다른 특징이 혼성공간에 제시될 수 있다. 관개 관리자가 결정하는 방향으로
수로가 돌려지는 소용돌이치는 물의 잠재력에 초점을 두는 대신, 맹자는 목적
론적·규범적 자질을 도입하기 위해 '물' 입력공간을 사용한다. 즉, 물의 자연
스러운 내적 경향은 아래로 흐르는 것이고, 이런 경향에 반하려면 외적인 힘
을 가해야 한다. 특정 상황에서 물을 위로 흐르게 하는 것이 가능하지만, 그렇
게 하려면 막대한 힘이 요구되고 궁극적으로는 계속해서 그렇게 할 수 없다.
자연-하늘의 흐름에 거스르는 것은 실패하기 마련이다.

3.2. 광고 해석

이 절에서는 천식 치료제인 Symbicort(심비코트)의 텔레비전 광고를 개념적 혼성으로 분석한 예를 제시할 것이다.[12] 이 광고는 『아기돼지 삼형제』라는 그림책을 할아버지가 손자에게 읽어 주는 장면으로 시작한다. 할아버지가 "그리고 늑대는 숨을 헐떡이며 훅 불고 있었지."라고 말하자, 손자는 "어느 정도는 때때로 할아버지처럼"이라는 말로 불쑥 끼어든다. 그러자 할아버지는 "글쎄, 너도 천식을 앓으면 숨 쉬기가 어려워. 공기를 내뿜는 것이 어렵고, 그래서 공기를 들어 마시는 것도 어려워."라고 대답한다.

그러자 카메라는 이야기 세계 속으로 들어간다. 이 이야기에서 숨을 헐떡이고 있는 나쁜 늑대는 할아버지처럼 초록색 스웨터를 입고 있고, 짚으로 지은 집을 불어서 무너뜨리지 못하고 있다. 광고가 계속되면서 할아버지 늑대는 암컷 늑대로 묘사되는 폐전문의의 진찰을 받는다. 의사 늑대는 심비코트를 처방하여, 할아버지 늑대는 손자 늑대와 함께 생일 케이크의 초를 불어서 끌 수 있게 된다.

『아기돼지 삼형제』 자체는 하나의 혼성공간이다. 야생동물인 늑대가 우리 안에서 키우는 가축인 돼지를 잡기 쉬운 먹잇감으로 생각하고, 늑대와 돼지가 서로를 적으로 돌린다는 것은 '포식' 공간을 위한 정보이다. 민간설화에서 늑대에게 있어서 최상의 무기는 이빨이 아니라 폐이다. 두 번째 입력공간은 '거주지'에 관한 내용을 바탕으로 한다. 늑대는 아기돼지의 요새인 집을 불어서 무너뜨려서 먹잇감에게 접근한다. 늑대가 내뿜는 강력한 회오리바람에 맞서기 위해 아기돼지는 그 힘을 견딜 수 있는 재료로 집을 짓는다. 매번 늑대로부터 공격을 받은 아기돼지 삼형제는 좋은 공학 원리를 이용해 잇따라 더 강한 집을 짓는다. 늑대는 짚으로 지은 집과 나무로 지은 집은 쉽게 처리하지만, 벽돌집에서는 어려움을 겪는다.

혼성공간은 '거주지'와 '포식' 입력공간으로부터의 선택적 투사에 기초하

---

12 이것은 Oakley & Pascual(2017: 440-445)의 분석에 기초한 것이다.

여 구축된다. '거주지' 공간에서 의도적인 행위자는 폭풍우나 침입자로를 피해 집에서 피난한다. 어떤 재료는 다른 재료들보다 더 튼튼하고 내구성이 더 강하다. 짚으로 지은 집은 나무로 지은 집보다 더 약하고, 벽돌로 지은 집은 짚과 나무로 지은 집보다 더 튼튼하다. 집을 짓는 건축자는 잠재적인 침입자에 대한 의도적인 정신적 상태를 상상하고 그에 따라 계획을 세운다. 따라서 '마음 이론(Theory of Mind; ToM)'과 '의도성(Intentionality)'이라는 요소는 혼성공간에서 우화에 나오는 돼지들의 두드러진 특징이 된다. 이 정신공간의 논리는 비침투성의 척도를 제공하는데, 짚, 나무, 벽돌의 강도로 오름차순으로 갈수록 증가한다. '포식' 공간에서는 늑대가 주로 돼지와 같은 가축을 잡아먹는 정점 포식자의 역할을 한다. 이 정신공간에서 정점 포식자는 가능한 한 온갖 수단을 사용해 먹잇감을 잡고자 한다.

혼성공간은 늑대와 돼지 간에 자연적인 포식자–먹잇감 관계를 활용하고, 동시에 사람들이 보호 목적이라는 의도로 집을 짓고, 집을 짓는 사람은 잠재적인 침입자의 사악한 의도를 예상하면서 강도를 증가시키는 건축 재료를 선택하는 것과 같은 집에 대한 사람들의 지식도 활용한다. 혼성공간에서 늑대가 휘두르는 최상의 무기는 그의 호흡이고, 돼지들이 선택한 방어 수단은 건축 재료이다. 혼성공간의 발현적 논리는 돼지들이 매번 탈출하고 야영하면서 건축 재료의 비침투성이 그에 따라 증가하게 되고, 이는 다시 늑대가 집을 불어무너뜨리는 데 필요한 에너지의 양을 증가시킨다는 것이다. 전설에 따르면, 이 늑대는 처음 두 집을 불어서 무너뜨리는 데 성공하지만, 벽돌집에서는 실패한다. 이것을 그림으로 나타내면 다음과 같다(Oakley & Pascual 2017: 443).

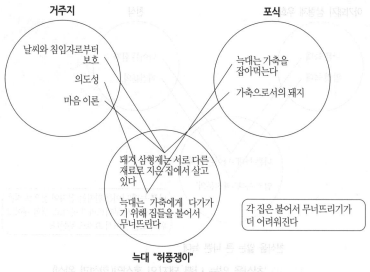

〈그림 8〉 '아기돼지 삼형제'의 혼성망

폐를 최상의 무기로 하는 포식자에 대한 혼성된 시나리오가 있다. 이 경우에 그 최상의 무기에 문제가 있다. 이런 이야기는 앞서 말한 늑대의 '숨을 헐떡이며 훅 불기' 행동을 부각하고 그것을 선택적으로 투사한다. 이것은 정점 포식에 대해서는 유별난 작전이지만 천식의 경우에는 꼭 들어맞는 작전이다. 늑대가 숨을 헐떡이며 훅 부는 것은 건강한 것이지만, 할아버지가 숨을 헐떡이며 훅 부는 것은 병의 증상이다. 이 혼성된 시나리오에서 늑대는 천식을 앓고 있어서 세 집 중에서 가장 쉬운 짚으로 지은 집도 불어서 무너뜨리지 못한다. 이것을 그림으로 나타내면 다음과 같다(Oakley & Pascual 2017: 444).

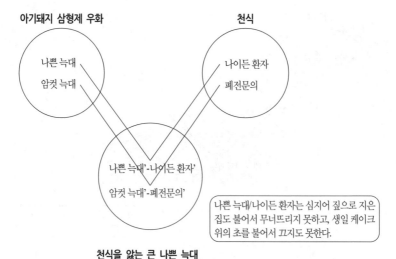

아기돼지 삼형제 우화

천식

나쁜 늑대
암컷 늑대

나이든 환자
폐전문의

나쁜 늑대'-'나이든 환자'
암컷 늑대'-'폐전문의'

나쁜 늑대/나이든 환자는 심지어 짚으로 지은 집도 불어서 무너뜨리지 못하고, 생일 케이크 위의 초를 불어서 끄지도 못한다.

천식을 앓는 큰 나쁜 늑대

〈그림 9〉 '천식을 앓는 나쁜 돼지'의 혼성망(합성과 완성)

여기에서 할아버지(노인)는 늑대로서 『아기돼지 삼형제』의 이야기 세계로 들어가게 된다. 아쉽게도, 늙은 늑대는 천식에 걸렸으므로 정상적으로 호흡을 하지 못한다. 그는 짚으로 지은 집을 불어서 무너뜨리기는커녕, 손자 늑대와 함께 생일 케이크의 초도 불어서 끄지 못한다. 폐전문의와의 의료상담이라는 부가적인 이야기를 동기화하는 것은 다름 아닌 천식을 앓고 있는 늑대의 정교화된 개념이다. 늑대의 우화 세계에서 폐전문의는 암컷 늑대이고, 환자에게 심비코트를 처방한다. 이것을 그림으로 나타내면 다음과 같다(Oakley & Pascual 2017: 445).

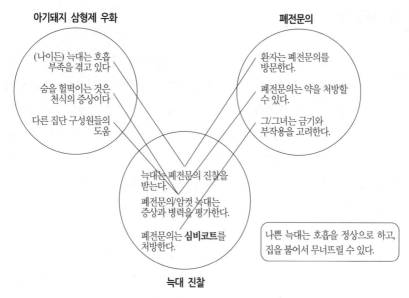

〈그림 10〉 '천식을 앓는 나쁜 돼지'의 혼성망(정교화)

이 연결망은 이제 정교화의 상태에 도달하여, '폐전문의' 공간은 혼성된 비유의 작동에서 훨씬 더 큰 역할을 한다. 여기에서 전문의는 다양한 치료 선택권뿐만 아니라 각 약의 금기와 있을 수 있는 부작용도 고려한다. 이 장면에서 의사 늑대는 늙은 늑대에게 심비코트를 처방하고, 그 약은 긍정적인 효과를 보이기 시작한다. 늙은 늑대는 이제 손자/새끼들과 즐거운 시간을 보낼 수 있다. 그는 이제 돼지들의 짚으로 지은 집을 지나간다. 아기돼지들은 더욱 건강해진 늑대를 알아차리고 긴장하기 시작한다. 그런 다음 이야기는 손자와 할아버지 사이의 2인 구도로 갑자기 들어가며, 여기에서 할아버지는 광고가 끝날 쯤에 늑대를 연기한다.

이 광고는 천식을 앓고 있는 나쁜 늑대의 혼성된 비유뿐만 아니라 이야기 구조에서도 복잡하다. 개념적 혼성 이론은 이런 이야기 구조를 설명하는 데 유용한 것으로 입증된다.

4. 마무리

개념적 혼성은 발전하고 번창하고 있는 인지언어학의 연구 분야로서, 담화, 문학 분석, 수사학적 분석의 분야들에 종사하는 거의 모든 연구자들은 개념적 혼성의 기본 작용과 원리를 잘 알고 있어야 할 정도이다. 개념적 혼성이란 압축과 탈압축을 통해 산만한 개념을 인간 척도에 어울리는 개념으로 혼성하는 인지 과정이다. 이 장에서는 개념적 혼성의 기본 가정, 구성 원리, 개념적 통합망, 지배 원리를 검토하면서 개념적 혼성의 본질을 살펴보았다. 다음으로, 이런 개념적 혼성이 적용되는 분야를 두 가지 검토했다. 먼저 동양고전에서 나오는 담화를 참조하면서 개념적 혼성 이론의 적용력을 제시했다. 다음으로는 심비코트라는 약품 광고에 특별히 초점을 두면서, 담화적·수사적 현상으로서 개념적 혼성의 역동성을 이해하는 데 관여하는 과정들에 주의를 집중했다. 이런 분석을 통해 몇 가지 중요한 사실이 드러난다. 즉, 정신공간은 더욱 정교한 연결망 내에서 시나리오와 장면으로 가장 잘 이해되고, 내용을 해석하는 동일한 역동성은 의사소통 자체의 행동을 이해하는 데도 적용되어, 복잡하지만 일상의 문화적 산물에서 우리가 경험하는 상호작용의 복잡한 장면과 시나리오를 풀도록 한다. 개념적 혼성은 이런 활동들의 세부사항을 파악하기 위한 일반적인 체제와 모형을 만들어낸다.

참고문헌

김동환(2013), 『인지언어학과 개념적 혼성 이론』, 박이정.

Coulson, S.(2000), *Semantic Leaps: Frame shifting and Conceptual Blending in Meaning Construction*, Cambridge: Cambridge University Press.

Coulson, S.(2001), What's so funny: cognitive semantics and jokes, *Cognitive Psychopathology/Psicopatologia Cognitive* 2(3): 67-78.

Fauconnier, G.(1997), *Mappings in Thought and Language*, Cambridge:

Cambridge University Press.

Fauconnier, G. & M. Turner(1996), Blending as a central process of grammar, in A. E. Goldberg(ed.), *Conceptual Structure, Discourse, and Language*, 113-147, Stanford: Center for the Study of Language and Information Publications.

Fauconnier, G. & M. Turner(1998), Conceptual integration networks, *Cognitive Science* 2(1): 133-187.

Fauconnier, G. & M. Turner(2000), Compression and global insight, *Cognitive Linguistics* 11(3/4): 283-304.

Fauconnier, G. & M. Turner(2002), *The Way We Think: Conceptual Blending and the Mind's Hidden Complexities*, New York: Basic Books.

Grady, J., T. Oakley & S. Coulson(1999), Blending and metaphor, in R. Gibbs & G. J. Steen(eds.), *Metaphor in Cognitive Linguistics*, 101-124, Amsterdam: John Benjamins.

Hutchins, E.(2003), Material anchors for conceptual blends, *Journal of Pragmatics* 37(10): 1555-1577.

Mandelblit, N.(1997), Grammatical Blending: Creative and Schematic Aspects in Sentence Processing and Translation, Ph.D. dissertation, UC San Diego.

Oakley, T. & E. Pascual(2017), Conceptual blending theory, in B. Dancygier(ed.), *The Cambridge Handbook of Cognitive Linguistics*, 423-448, Cambridge: Cambridge University Press.

Slingerland, E.(2008), *What Science Offers the Humanities: Integrating Body and Culture*, Cambridge: Cambridge University Press.

Sweetser, E. & B. Dancygier(1999), Semantic overlap and space-blending, in *Proceedings of Sixth International Cognitive Linguistics Conference*.

Turner, M.(2014), *The Origin of Ideas: Blending, Creativity, and the Human Spark*, New York: Oxford University Press.

Veale, T. & D. O'Donoghue(2000), Computation and blending, *Cognitive Linguistics* 11: 253-282.

동기화

송 현 주*

1. 들머리

　언어의 형태와 의미 간에는 필연성을 찾을 수 없다는 자의성(arbitrariness)
은 언어의 대표적인 특성으로 손꼽힌다. 그러나 언어 표현의 형태와 의미는
자의적이기만 한 것은 아니라서, 일부 단일어를 제외한 적지 않은 언어 표현
에서 언어의 형태와 의미가 동기화(motivation)된 양상을 풍부하게 살펴볼 수
있다. 동기화는 기능주의자와 인지주의자들의 주된 관심 중의 하나인 '인간의
언어가 어느 정도 동기화되었으며, 어떤 양상을 보이는가?'에 대해 설명할 수
있다.

　구조언어학을 비롯한 종래의 관점은 한 언어 표현의 형태와 의미의 연결은
자의적이라고 규정하였다. 즉, 한 언어 표현의 의미를 그 형태에 의해 예측하
는 방법은 존재하지 않는다는 것이다. 즉, Saussure가 기호의 형태와 의미 간
의 관계에 대한 자의성을 주창한 구조언어학에서부터 생성언어학에 이르기까

---
*　계명대학교 타불라라사칼리지 교수, camus0101@naver.com

지 언어의 형태와 의미 간의 관계는 자의적인 것으로 간주되어 왔다.

그러나 인지의미론은 한 언어 표현의 형태와 의미 사이의 관계는 동기화되어 있음에 주목한다. Lakoff & Johnson(1999: 464)은 대부분의 언어는 자의적인 것도 아니고 전적으로 예측 가능한 것도 아니며, 오히려 어느 정도 동기화되어 있다고 하였다. 또한, 임지룡(2008: 328)은 "자의성은 한 언어의 '단일어' 대부분에 대해서는 적용될 수 있지만, 형태 속에서 의미를 찾는 인간의 일반적인 성향과는 일치하지 않는다. 신조어나 기존 단어에 덧붙여진 새로운 의미는 대체로 동기화되어 있으며, 통사구조나 담화구조 역시 전적으로 자의적으로 구성된 것이라기보다 언어 기능과 언어 주체의 인지 경향을 반영한 것이라 하겠다."라고 하면서 동기화에 주목하였다.[1]

인지언어학적 접근법에서는 언어의 자의성보다는 언어의 형태와 의미는 인지적 필터를 통해 이해되고 동기화되어 있다는 관점에 서 있다. 즉, 인지주의자들은 언어의 구조가 인지의 직접적인 반영이라고 주장하며, 그 까닭은 특정한 언어 표현은 주어진 상황을 개념화하는 특정한 방법과 관련이 있다고 보기 때문이다(Lee 2001: 1). 따라서 '동기화(motivation)'의 개념은 인지언어학에서 중요한 개념이 되었으며, 언어 현상들의 이면에 있는 동기화를 이해할 때 우리는 언어 구조에 대한 통찰력을 획득하고 언어가 현재의 모습대로 존재하는 이유를 이해하게 될 것이다(임지룡·윤희수 옮김 2009: 13-14). 이러한 동기화 개념은 종래의 형태와 의미의 자의성에 대한 편향적인 시각을 극복하게 해 준다.

---

1 동기화의 일환으로서, 형태와 의미 사이에 구조적 대응관계가 인정되는 경우를 '도상성(iconicity)'이라고 한다. 내용어와 기능어를 조합으로 이루어진 문장에는 지금까지 생각해 왔던 것보다 한층 더 광범위한 도상성이 확인된다.

2. 동기화의 개념

동기화(motivation)는 인지언어학 연구에서 가장 중요한 개념 중 하나이다. 'motivation'은 국어로 '유연성(有緣性), 배의성(配意性), 동기화'로 번역해 사용하고 있다. '유연성'과 '배의성'은 주로 어휘의 형태가 분석 가능한 요소의 결합으로 이루어져 있다는 데 주목한 것으로 어휘적 요소에 국한된 개념이며, 언어의 구성 요소 자체만을 고려한다. 이에 반해 '동기화'는 단어는 물론 구와 문장, 담화와 같은 언어 단위 전체에 나타난 언어의 형태와 의미 간의 상관성에 주목할 뿐만 아니라, 언어 사용자인 인간의 경험, 지각적 동기, 인지적 동기 등을 두루 고려한 개념이다.

동기화는 일반적으로 자의성과 대조하면 그 개념이 좀 더 잘 파악된다. Saussure(1916: 133)는 동기화를 "언어 기호의 자의성 원리를 제약하는 것, 자의성으로 설명되지 않는 기호의 특성"이라고 했다.

(1) 만약 자의성의 원리가 제약이 없이 적용된다면 최악의 복잡함을 초래할 것이다. 하지만, 마음은 기호 무더기의 어떤 부분에 질서와 규칙을 도입하는 방법을 고안해 내는데, 이것이 바로 상대적 동기화의 역할이다. 만약 언어의 메커니즘이 완전히 이성적이었다면 그것은 독립적으로 연구될 수 있었을 것이다. 언어의 메커니즘은 본질적으로 무질서하며 부분적으로만 교정이 되는 체계이기 때문에 우리는 그 언어의 무질서한 속성에 의해 강요된 관점을 택하며 자의성이 최소한으로 규제되는 범위 안에서 그것을 연구한다.
동기화되는 것이 아무것도 없는 언어는 없으며, 우리의 정의로 모든 것이 동기화되는 언어를 생각하는 것은 불가능하다. 조직의 최소화와 자의성의 최소화라는 이 두 극단 사이에서 모든 가능한 변이를 발견할 수 있다(Saussure 1916/1959: 133).

'동기화'는 정도의 문제이다. Saussure는 언어 기호에서 구조와 의미는 자의적이며, 동기화는 의성어와 의태어 일부 복합어에 나타나는 성질로서 자의성을 제한하는 역할을 한다고 본다. 반면 인지주의자들은 언어 기호에서 자의성은 최소의 역할만을 하고, 동기화가 오히려 일반적인 것이라고 본다는 점에서 Saussure와 관점을 달리한다. 인지적·기능적 관점에서 Heine(1997: 3)는 자의성을 주장하는 사람들은 언어의 자의성에 대해서 입증할 책임이 있다고 하였는데, Heine는 인간 행동은 자의적인 것이 아니라 오히려 동기화되어 있으므로 인간 행동의 산물 중의 하나인 언어 구조도 반드시 동기화되어야 한다고 주장했다. 다시 말해, 인간의 삶이 여러 가지 면에서 동기화되어 있듯이 인간이 사용하는 언어 또한 동기화되어 있다는 것이다.

언어의 동기화에 대표적인 연구에는 다음과 같은 것이 있다. 먼저 국외에서는, 그 시작을 Zipf(1935/1999)로 볼 수 있을 것이다. 단어의 길이와 빈도에 관한 연구에서 Zipf(1935: 29)는 "자주 사용하는 것은 형태를 최소화한다(High frequency is the cause of small magnitude)."라고 하였는데 이것은 언어 독립적 요인 중에 경제적 동기, 즉 의사소통적 동기에 대한 언급이라 할 수 있다.

또한, Haiman(1980/1985)의 일련의 연구는 도상성(iconicity)에 관한 논의로서 동기화를 경제적 동기화(economic motivation)와 도상적 동기화(iconic motivation)로 나누어 설명하고 있다. 여기에서 Haiman은 언어 형태에서 가장 중요한 두 가지 경쟁적인 동기화로는 도상성을 최대화하는 경향과 경제성을 최대화하는 경향임을 제시한다.[2] 도상성과 관련한 최근 논의로는 Dirven & Verspoor(2004)를 들 수 있는데, 여기에서는 언어에서의 도상적 순서(iconic

---

2 이와 관련된 예로 인도네시아어의 orang(사람)을 들 수 있다. 인도네시아어에서 복수는 낱말을 중복하여 사용하기 때문에 도상적으로 형성된다. 즉, orang은 '사람'을 의미하는 데, orang을 두 번 쓴 orang-orang은 '사람들'을 의미한다. 후자의 형태가 '두 사람'뿐만 아니라 둘 이상의 사람에게도 적용된다는 것이 중요한데, 이는 경제성 때문이다. 즉, 셋 이상을 나타내기 위해서 orang-orang-orang과 같이 쓰는 것은 비효율적이기 때문에 둘 이상일 경우에는 언제나 orang-orang으로만 쓴다. 물론 도상성과 경제성은 서로 조화를 이루기도 한다. 예를 들어, 영어의 book과 books에서처럼, 많은 언어에서 단수는 무표적으로 표현되고, 복수는 유표적으로 표현된다. 이는 경제적인 동시에 도상적이다(Langendonck 2007: 401-402).

sequencing), 도상적 근접성(iconic proximity), 도상적 양(iconic quantity)으로 나누어서 설명하고 있다.

특히, Ungerer & Schmid(2006)는 소설 '반지의 제왕'에서 허구의 인물인 주인공들을 대상으로 어떤 이름이 긍정적인 인물에 적절하고 어떤 이름이 부정적인 인물에 적절하다고 생각하는지에 대해 실험대상자들에게 질문하였다. 그 결과 대다수의 실험 대상자들은 전설모음을 가진 이름은 긍정적으로 평가하고, 후설모음을 가진 이름은 부정적으로 평가하였는데 이는 '반지의 제왕'의 작가 돌킨(Tolkien)이 할당한 주인공의 이름과 같은 결과를 보인 것이다.[3]

인지언어학적 관점에서 '동기화'에 대한 논의를 집약한 가장 의미 있는 논의는 Radden & Panther(eds.)(2004)의 *Studies in Linguistic Motivation*과 Panther & Radden(eds.)(2011)의 *Motivation in Grammar and the Lexicon*을 들 수 있다. 이 두 단행본은 동기화를 주제로 한 본격적인 논의로 약 30여 편의 논문을 수록한 것이다. 먼저, Radden & Panther(eds.)(2004)에서는 동기화를 생태적 동기화(ecological motivation), 발생적 동기화(genetic motivation), 경험적 동기화(experiential motivation), 인지적 동기화(cognitive motivation) 등으로 나누어 다양한 동기화 양상을 살피고 있다. 이 책은 동기화만을 주제로 한 본격적인 논의라는 점에서 주목할 만하다. 이후 출간된 Panther & Radden(eds.)(2011)은 인간을 중심에 두고 고려한 '정보-처리 체계'에 관한 것으로 문법에서의 동기화(motivation in grammar)와 어휘에서의 동기화(motivation in lexicon)로 나누어 동기화에 대해 살피고 있다. 또한 동기화만을 주제로 한 것은 아니지만, Brdar, M., M. Omazić & V. P. Takač(eds.)(2009)에서는 문법에서의 동기화라는 주제로 5편의 논문을 싣고 있다.[4]

---

3 긍정적인 인물은 Aegnor, Earendil, Idril, Celebrindal 등이고 부정적인 인물은 Carcharoth, Draugluin, Gorthaur 등이었다.

4 여기에서 실린 다섯 편의 논문은 다음과 같다. ①동사 표현의 도상성: 영어의 '경' 동사, ②인식적 영역으로 will의 확장: 인지적 분석, ③은유적, 환유적 합성어의 생산과 사용에 대한 동기화, ④-ion 명사화의 다양한 환유적 해석에 대한 동기화, ⑤영어 전환의 의미: 기발한가 또는 그렇지 않은가?

지금까지 수행된 다수의 연구는 동기, 동기 부여, 동기화라는 개념을 바탕으로 하고 있다. 이 중에서는 특별히 동기화 중에서 '도상성'에 주목한 연구로는 박종갑(2000), 임지룡(2004), 김규철(2005)을 들 수 있다.[5] 이 중에서도 임지룡(2004)은 언어가 자의적인 것이 아니라 동기화되어 있음을 밝히기 위해 단어와 문장, 텍스트의 층위에서 도상성의 실례를 풍부하게 수집하여 제시한 것으로 의의가 있다.

특히, 임지룡 외(2018)의 『동기화의 인지언어학적 탐색』은 국어학 및 영어학, 국어교육과 한국어 교육, 대조언어학적 논의를 포함하여 동기화에 대해 본격적으로 논의하기에 이르렀다.

3. 주요 연구 주제와 쟁점

여기에서는 동기화에 대해 언어 층위에 따라, 음운, 문법, 어휘 층위의 동기화 연구로 나누어 국내의 주요 연구 주제와 쟁점을 살펴보기로 한다.[6]

3.1. 음운 층위의 동기화

인지언어학 연구가 음운 분야에서 충분하지 않은 것처럼 국어 음운에 대한 동기화 연구 역시 충분하지 않다. 이러한 가운데 정병철(2018)과 왕난난(2018)은 아주 귀한 논의라 할 수 있다.

정병철(2018)은 동기화 이론으로 한국어 음운론과 음운 교육에 대해 논의

---

5 국내에서 도상성과 관련한 논의는 영어를 대상으로 한 연구(이기동 1988, 임상순 1989, 1990, 1991, 권영문 1999, 김광현 2000, 2003)가 지배적이며, 러시아어를 대상으로 한 연구(송은지 2006, 이기웅 2006)가 일부 있다.

6 실제로 인지언어학적 연구는 기본적으로 '동기화'를 전제하고 있으므로 인지언어학의 관점에서 논의한 언어 연구는 대부분 동기화 연구라고 해도 과언이 아니다. 그러나 여기에서는 논의의 범위를 제한하기 위하여, 인지언어학의 관점에서 '동기화'에 대해 본격적으로 논의한 것만을 대상으로 살펴보기로 한다.

하였다. 내용이 형태를 동기화하는 경우, 형태가 내용을 동기화하는 경우, 형태가 형태를 동기화하는 경우로 나누어 국어 음운론을 새로운 시각으로 살펴보고 있다. 정병철(2018: 184)은 동기화의 관점에서 음운 교육을 할 경우의 장점으로 "음운 자체의 변동 현상뿐만 아니라 음운의 선택이 언어의 의미 구성에 어떤 효과를 주는지 이해하고 활용하도록 교육하는 것이 가능해진다. 또한, 동기화의 관점에서 음운 현상을 바라보면 탐구학습을 통하여 음운 현상에 교육적으로 접근하는 것이 가능해진다."를 들었다. 이 연구는 동기화의 관점에서 국어 음운 현상을 살펴보았다는 점에서 상당히 도전적이다. 뿐만 아니라, 그 결과를 실제 교육에 적용하여 국어 교육이 지식의 암기가 아니라 탐구의 즐거움을 깨우치도록 하는 데 유의미하게 적용될 수 있는 가능성을 보여주었다는 점에서 가치가 있다.

왕난난(2018)은 한국어와 중국어의 말소리에 나타난 동기화, 가운데 음성적 도상성(phonetic iconicity)의 양상을 대조·분석한 것으로 음성적 도상성의 다양한 사례를 분석하여 두 언어 간의 공통점과 차이점을 밝히고 있다. 공통점은 두 언어 모두 음성적 도상성이 존재하지만, 정도성에서는 차이가 있다는 점이고, 차이점은 한국어의 경우, 음장의 대립으로 대립적 의미를 나타낼 수 있지만 중국어의 경우, 음고의 대립으로 대립적 의미를 나타낼 수 있다는 점이다. 또한 한국어의 경우, 주로 자모의 교체를 통해 대립되는 의미적 양상을 보이지만 중국어의 경우, 개별적 자모의 변별적 자질을 통해 의미적 특성을 나타낸다는 차이점이 있음을 밝히고 있다. 이 연구는 중국어와 한국어 각각의 음운론적 특성을 동기화에 기반하여 살폈다는 점에서 음운론 연구의 새로운 시각을 확보해 주었으며, 대조언어학적 연구를 통해 두 언어에 대한 이해의 폭을 넓혔다는 점에서 의의가 있다.

3.2. 문법 층위의 동기화

문법 층위의 동기화 연구의 대표적인 것으로는 임지룡·김령환(2013), 정병철(2015, 2016), 김동환(2018), 김억조(2018), 김령환(2018), 김학훈(2018) 등이 있다. 이들 연구는 어순, 사동 표현, 피동 표현, 부정 구문, 시제 등을 주제로 한다. 이 가운데 몇 가지 특징적인 논의를 살펴보기로 한다.[7]

임지룡 · 김령환(2013)은 어순에 반영된 인지적 특성에 대한 논의로 동기화의 대표적인 유형인 도상성에 관한 연구이다. 지금까지 어순에 관한 적지 않은 연구가 수행되어 왔으나, 이 연구는 이전 연구의 결과를 수렴하고 다양한 인지적 원리를 종합하고 재분류했다는 점에서 의미 있는 논문이다. 특히 '일차적 어순 배열 단계'와 '이차적 어순 배열 단계'로 나누고 일차적 단계에서는 순서가 내재된 대상과 순서가 내재되지 않은 대상으로 나누어 살피고, 이차적 단계에서는 '머리말 효과'와 '꼬리말 효과'로 나누어 살폈다는 점에서 논의의 탁월함이 있다.

김령환(2018)은 임지룡 · 김령환(2013) 연구의 연장선상에서 특별히 관형사의 어순으로 연구의 초점을 좁혀 논의한 것이다. 근접성의 원리에 따라 관형사의 어순에 대해 살펴본 결과, 피수식어와의 관계에서 '성상관형사'가 가장 근접하고, 그 다음으로 '수관형사'가 근접하고, '지시관형사'가 가장 멀리 떨어져 있다. 따라서 관형사의 하위분류에 따른 어순은 피수식어와의 본유적 속성의 근접성 정도에 동기화되기 때문으로 보았다. 이 연구는 관형사 배열의 순서에 대해 동기화의 관점을 도입함으로써 어순에 대한 설명력을 제고하였다는 점에서 의의가 있다.

정병철(2015)은 인지 문법의 당구공 모형을 용하여 한국어의 사동 표현에 나타나는 동기화된 측면, 즉 사동 표현에서 발견되는 형태와 의미의 동기화에 대하여 새롭게 조명하고 설명한 논의이다. 연구자는 사동의 범주와 관련하여, 사동의 범주에는 원형 효과가 발생하기 때문에 [Vstem-게 하다]나 [Vstem-도

---

7 정병철(2016)은 정병철(2015)의 후속 연구로 피동 표현의 교육에 대해 동기화의 관점에서 논의한 것이다. 김억조(2018)는 부정 구문의 동기화에 대한 것으로, 'X하지 않-', 'X치 않-', 'X찮-'의 의미와 사용이 단순한 축약이 아닌 거리적 도상성, 주관화, 빈도에 의해 동기화됨을 보인 것이다. 김학훈(2018)은 과거시제 선어말 어미 '-았-'이 다양한 시제 의미를 갖는 것을 동기화의 관점에서 살펴본 것이다.

록 하다]와 같은 구문도 사동 범주의 가장자리에는 들어갈 수 있으며, 사동의 범주를 불분명한 경계까지 넓혀서 보면 장형과 단형의 구조가 사동의 의미와 어떻게 관련되어 있는지 더 잘 확인할 수 있음을 지적하였다. 또한, 직접성이 아닌 강제성의 정도가 단형 사동과 장형 사동의 선택에 가장 직접적으로 영향을 주는 의미 요인이 된다는 것을 밝혔다. 그리고 강제성이 높을수록 더 짧은 사동 표현이 선택되고, 강제성이 낮을수록 더 긴 사동 표현이 선택되는 도상성은 어휘 사동에서부터 [Vstem-게 하다], [Vstem-도록 하다] 사동 구문, '-게'나 '-도록'이 들어간 이어진 문장까지도 설명이 가능하게 해 준다. 이 연구는 사동 표현 연구에 대한 기존 논의의 문제점을 부각하고, 사동의 유형과 범주에 대한 포괄적 설명이 가능하게 했다는 점에서 주목할 만한 논의이다. 특히, 장형 사동과 단형 사동의 의미 차이에 대한 지엽적인 논의에서 벗어나 사동의 범위를 재정의하고, 사동의 유형 선택을 강제성이라는 하나의 원리로 설명할 수 있음을 보여주었다는 점에서 가치가 있다. 이러한 관점의 연구는 정병철 (2016, 2017)로 지속되어 국어학 분야뿐만 아니라 국어교육 분야까지 확장하고 있다는 점에서 후속 논의를 기대하게 한다.

김동환(2018)은 영어의 전환(conversion)에 관한 논의이다. 예를 들어, "Be careful not to drill into gas pipes!(가스 파이프를 송곳으로 구멍을 뚫지 않도록 조심해!)"에서 동사로 전환된 명사 drill은 그 행동을 수행하기 위한 도구를 가리킨다. 즉, 'to drill'은 드릴을 사용해서 일한다는 의미를 표현하며 이는 행동 ICM에 근거한 "도구는 행동을 대한다"라는 환유의 결과이다. 다른 다양한 예를 살펴보면 '전환'은 전환된 동사의 의미가 이중 환유에 기초를 두기도 하고, 환유는 은유와 상호작용하여 복잡한 은환유(metaphtonymy)의 결과이기도 하다. 이 연구는 품사의 변화가 환유, 은환유와 같은 인지적 동기화에 기반하고 있음을 풍부한 사례를 통해 보여주고 있다. 이 연구의 결과는 국어의 품사 연구, 특히 품사통용어가 어떠한 동기화에 기반하여 둘 이상의 품사로 사용되는지에 대한 새로운 관점의 연구에 대한 시사점을 제공한다.

3.3. 어휘 층위의 동기화

동기화 연구는 주로 어휘 층위에서 다수 수행되어 왔다. 주요 논의로 송현주(2010), 송현주·최진아(2010, 2011), 송현주(2017), 정수진(2018), 리우팡(2018), 임태성(2018) 등의 연구가 있다.[8] 이들 연구는 합성어, 관용표현, 어휘교육, 대조언어학적 관점의 연구인데, 이 가운데 몇 가지 특징적인 논의를 살펴보기로 한다.

송현주(2010)는 현저성, 경제성, 환유라는 요인을 중심으로 하여 한국어 합성어를 대상으로 동기화 양상을 살핀 것이다. 이 연구는 크게 두 부분으로 구성되는데 하나는 여러 언어에 나타난 합성어를 비교하여 언어마다 언어 사용자의 해석(construal) 방식의 차이로 인해 합성어의 구성 요소 선택이 다름을 확인한 것이다. 다른 하나는 한국어의 도구명 합성어를 대상으로 합성어의 구성 요소를 분석한 결과 '도구, 동작, 재료, 모양, 속성, 사용처, 사용대상'으로 구성되는데, 그 가운데 '동작, 재료, 모양, 사용대상'이 합성어를 구성하는 중요한 요소임을 확인한 것이다. 이 연구는 합성어 연구의 새로운 시각을 제공하였다는 점에서 의미가 있으며, 합성어 형성의 동기화 요인을 밝히고자 했다는 점에서 이전 연구와 차별성이 있다. 다만, 좀 더 많은 언어 자료를 대상으로 한 대조언어학적 연구를 통해 합성어가 언어에 따라 다르게 구성되는 원인이 무엇인지 밝힐 필요가 있다. 이러한 연구가 다양하게 수행된다면 합성어 형성의 보편성과 특수성에 관한 논의로 나아갈 수 있을 것이다.

정수진(2018)은 한국어 관용표현 교육을 위해 인지적 동기화 가운데 하나

---

8 송현주·최진아(2010)는 동기화에 기반을 둔 단어 형성법 교육에 관한 것이고, 송현주·최진아(2011)는 인지언어학에 기반을 둔 관용 표현 교육 연구이다. 이 둘은 동기화 연구의 성과를 국어교육에 직접 적용할 수 있는 방법론과 내용을 제공하였다는 점에서 의의가 있다. 송현주(2017)의 의식주 관련 한국어 관용 표현의 동기화 양상은 관용 표현이 언어문화의 경험과 긴밀하게 동기화되어 있음을 실증적으로 보인 것이다. 또한, 임태성(2018)은 가상 이동에 나타난 동기화를 살핀 것으로 '이동 사건'에서 실제 이동은 가상 이동'을 인식하게 하는 동기를 제공한다는 점에 주목하여 가상 이동에 대해 논의한 것이다.

인 개념적 혼성 이론을 적용한 연구이다. 이 연구는 먼저 교육용 관용표현 목록을 선정하고 이들 표현을 개념적 혼성 이론을 적용해 설명한 후 실제 교육 내용과 방법에 관해 상세히 소개하고 있다. 정수진(2018: 211)은 "목표언어인 한국어의 단위를 동기화된 것으로 제시하는 것은 학습자에게 언어 현상에 대한 명시적이고 적절한 설명을 제공하는 것이다. 이처럼 인지언어학의 높은 설명력에 근거하여 한국어교육이 이루어지면, 한국어에 대한 학습자의 이해도가 높아지고 기억이 강화될 뿐만 아니라, 나아가 학습자가 한국어의 구조와 의미에 대한 통찰력을 갖게 될 것으로 기대된다."라고 하였다. 이 연구는 동기화를 기반으로 하는 어휘 교육이 왜 필요한지에 대해 잘 설명하고 있다. 이 연구는 한국어 학습자가 가장 익히기 어려운 부분 중의 하나인 관용표현을 대상으로 하여 동기화를 통한 학습 방법을 찾고 이를 구체화하였다는 점에서 실천적인 면에서 큰 가치가 있는 논의이다. 다만, 연구자가 제공한 교수학습 내용이 실제로 학습자의 학습 부담을 줄여주고, 장기기억에 도움이 되는지에 대한 실증적 연구가 후속 연구를 통해 수행될 필요가 있을 것이다.

리우팡(2018)은 한국어와 중국어의 동물 이름에 기반한 물고기 이름이 어떻게 동기화되어 있는지 밝힌 것이다. 한·중 물고기 이름에 공통적으로 사용된 동물 이름은 '용, 범'을 비롯한 19가지였다. 물고기 이름에 동물 이름을 사용하는 것은 한국어보다 중국어에서 더 선호되며, 한국어에서 '쥐'가 중국어에서 '매'가 가장 많이 쓰이는데 각 동물 이름에 대한 사용 빈도는 서로 다르다. 동물 이름이 부각하는 의미요소 가운데 모양과 색깔이 중심이 되는데 이는 시각의 1차성을 보여주며, 모양의 하위 요소로 한국어에서 입·이빨 모양이 가장 많이 나타나고 중국어에서는 체형이 가장 많이 나타난다는 차이가 있었다. 이 연구는 다양한 문헌을 통해 수집한 상당량의 한국어 물고기 이름과 중국어 물고기 이름을 하나하나 분석하고, 이를 목록화하고 계상하였다는 점에서 연구자의 노력이 돋보이는 논문이다. 물고기 이름이라는 특정 주제에 대해 한국어와 중국어를 대조하고, 물고기의 이름이 동물의 이름을 바탕으로 할 때 어떤 동기화 요인이 있으며, 그 결과는 어떠한지에 대해 상세하게 논의하고 있어 대조언어학적 연구 성과가 돋보이는 연구이다. 연구자가 중국어 화자로서 연구 자료의 수집과 분석이 한국어에 비해 더 용이하므로, 한국어 연구자와의 협업을 통해 연구 결과의 신뢰도를 높이고 성과를 확산할 수 있을 듯하다.

3.4. 기타

지금까지 수어에 대해 언어학자들이 충분히 관심을 기울이지 않았기 때문에, 하나의 체계화된 언어로서 수어[9]가 갖는 동기화에 대한 논의 역시 충분하지 않다. 최근 이러한 한계를 극복하고자 하는 적극적 노력의 일환으로 임지룡·송현주(2015), 석수영·김기석(2017), 임지룡(2018)은 수어에 나타난 동기화 양상에 대해 논의하였다.

임지룡·송현주(2015)는 한국 수어의 형태와 의미 간에 나타나는 동기화 양상을 규명하고자 한 것으로, '도상성(iconicity)'과 '개념적 은유(Conceptual Metaphor)'의 기제를 통해 살펴본 것이다. 도상적 수어에는 '소, 시계, 집'과 같이 외형에 기반한 수어와 '야구, 축구, 수영, 꽃, 말, 책'과 같이 동작에 기반한 수어가 있었다. 수어는 도상적으로 사상된 뒤, 은유적으로 사상되는 이중 사상의 과정을 겪는데, 개념적 은유에 의해 동기화된 수어에는 "시간은 공간이다"라는 구조적 은유에 기반한 수어, "의사소통은 사물의 이동이다"라는 존재론적 은유에 기반한 수어, "긍정적인 것은 위, 부정적인 것은 아래이다"라는 방향적 은유에 기반한 수어 등을 확인하였다. 단일어만을 대상으로 한 연구라는 점에서 한계가 있으나, 언어의 하나로 수어가 갖는 동기화 양상에 주목한 연구라는 점에서 의의가 있다.

---

9 우리나라에서는 일제 강점기부터 '수화(手話)'라는 용어를 널리 써 오다가 최근 들어 '한국어, 중국어, 영어' 등의 '-어(語)'에 바탕을 둔 '수어(手語)'라는 용어가 사용되고 있다. 특히 2013년에 한국 수어 관련 법령 제정을 준비하며 용어 선호도를 조사한 결과 '수어'에 대한 선호도가 더 높아 법정 용어로 '수어'가 선택되고, '한국수어법안'이 발의되었다(김아영·전북대 21세기 수화연구단 2014: 8 참조).

석수영·김기석(2017)은 중국어와 수어를 대조하여 동기화 양상을 밝혔다는 점에서 흥미로운 논의이다. 이 연구는 '해석(construal)' 이론에 기초하여 한국과 중국 수어 어휘의 구성 방식, 어휘에 나타나는 동기화의 양상 및 동기화 요인을 살펴본 것이다. 스포츠명은 전형적으로 동작에 기반하여 수어 형태가 형성되고, 동물명의 경우 한국 수어가 좀 더 동적인 측면, 중국 수어가 좀 더 정적인 측면에 초점을 부여하여 현저한 요소로 선택하는 경향이 짙다. 과일·채소명의 경우, 한국 수어는 이상적 인지 모형 가운데 두 요소가 함께 작용하는 양상이 중국 수어보다 훨씬 많았으며 한국 수어는 요소 가운데 '색깔'이 활성화되었고, 중국 수어는 '지문자'가 활성화됨을 확인하였다. 이러한 논의를 바탕으로, 상대적으로 한국 수어는 동적인 해석을, 중국 수어는 정적인 해석을 하는 경향이 있음을 확인하였다. 이 연구는 대조언어학적 관점에서 수어를 다루었다는 점과 수어의 특성을 지각적 동기화 요인 중 하나인 '해석'이라는 기제를 통해 설명하고자 했다는 점에서 연구의 탁월성이 있다. 다만, 연구자들 스스로 지적하듯이 결론에 도달하기 위해 분석한 용례가 충분하지 않았다는 점은 보완될 필요가 있는 듯하다.

최근 임지룡(2018)은 한국 수어의 도상적 양상과 의미 특성에 대해 논의한 것으로, 인지언어학적 관점에서 수어를 탐구하는 것은 연구의 상승효과를 극대화할 수 있음을 보였다. 이 연구에서는 수어의 도상성을 영상적 도상성, 구조적 도상성, 비유적 도상성으로 나누어 살피고 있다. 수어의 도상적 의미 특성은 환유적 도상성이 활성화되어 있으며, 은유적 도상성 가운데 방향적 도상성이 흔하며, 영상적·구조적·비유적 도상성이 복합적으로 나타나는 일이 흔하다. 이 연구는 수어의 동기화을 '도상성'에 주목하여 체계적이고 풍부하게 논의한 것으로 가치가 매우 높은 논의이다.

앞으로 수어의 동기화에 대한 논의는 사회 문화의 차이에 주목한 연구와 대조언어학적 연구가 필요할 것이다.

4. 과제와 전망

지금까지 인지언어학을 중심으로 한 동기화를 주제로 한 다양한 연구가 수행되어 왔고, 유의미한 성과가 축적되고 있다. 동기화 연구에 대한 과제는 다음과 같다.

첫째, 지금까지 동기화에 관한 연구는 어휘 층위에 집중되어 왔고, 문법과 음운 층위의 연구도 최근 활발히 시도되고 있다. 다만, 담화 층위의 연구는 여전히 부족한 형편이다. 이는 인지언어학이 주로 인지의미론 중심으로 발달하였고, 인지문법과 인지음운론으로 연구 영역이 확장된 것과도 관련될 것이다. 최근 국외의 인지언어학계에서 담화와 텍스트 층위의 연구가 다양하게 시도되고 있다.

몇 가지 대표적 사례를 제시하면, Dancygier(2012)는 문학 텍스트의 다양한 해석을 유발하는 의미구성 과정을 탐구한 것으로, 문장 층위의 현상에서 시작하여 텍스트 전체의 의미에 기여하는 동기화 방식에 대해 논의한 것이다.[10] 특별히, Hart(2010, 2014)의 연구는 인지언어학적 관점에서 비판적 담화 분석을 시도한 것으로, 어떻게 이데올로기가 담화를 통해 실현되는지에 대해 영상 도식이나 은유와 같은 인지적 동기화에 기반하여 설명하고 있다. 이들 연구는 동기화 연구의 대상을 담화와 텍스트 층위까지 확장한 것으로 큰 의미가 있다.

둘째, 말뭉치 언어학적 성과와 방법론을 활용한 연구를 확대할 필요가 있다. 인지언어학은 용법 토대적(usage-based) 연구를 지향하므로, 실제 언어생활에서 관련된 자료를 통해 인간의 세상에 대한 인식 양상을 살피는 것을 목적으로 한다. 이를 위해서는 현재와 같이 연구자가 선택적으로 용례를 수집하여 분석하거나, 소규모 말뭉치를 대상으로 한 연구에서 벗어나 대규모 말뭉치를 적극적으로 활용한 양적 연구가 수행되어야 할 것이다.

---

10 이 단행본은 언어 연구와 문학 텍스트를 결합한 것으로, 인지언어학의 대표적인 두 이론인 구문문법(construction grammar)과 개념적 통합(conceptual integration)을 적용한 것이다.

국외에서는 말뭉치를 활용하여 인지언어학적 관점에서의 동기화 연구가 왕성하게 수행되고 있다. 대표적으로, Deignan(2005), Gries & Stefanowitsch (eds.)(2007), Stefanowitsch & Gries(eds.)(2008) 등을 시작으로 2000년대 중반부터 말뭉치와 통계 프로그램을 활용한 실증적 연구가 활발하게 수행되고 있다. Janda(ed.)(2013: 4-5)는 1990년부터 2012년까지 학술지 *Cognitive Linguistics*를 분석한 결과 2008년을 기점으로 말뭉치와 통계를 기반으로 한 양적 연구가 전체 논문의 50% 이상을 차지하고 있음을 보고하기도 했다. 이처럼 국외에서는 이미 10여 년 전부터 말뭉치 언어학적 방법론을 적용한 동기화 연구가 점차 확산되고 있어 인지언어학적 연구 성과의 타당성을 더욱 공고히 하고 있다.

셋째, 인지언어학의 이론적 내용을 뒷받침하기 위해서 인지과학에서 나온 증거를 수용하고, 관련 연구자와 적극적으로 협업할 필요가 있다. 임지룡(2018: 22)에서는 "언어 사용의 원리는 일반적 인지 원리를 구체화하므로, 언어의 원리·현상·지식은 세상사의 원리·현상·지식과 상통한다. 언어학의 내적 분야에서나 외적 분야에서 엄격한 경계를 허물고 협업과 학제적 탐구를 지향한다. 특히 언어 탐구에서 배제되어 왔던 사람의 신체적 경험과 사회 문화적 기반을 중시한다."라는 점을 지적한 바 있다. 그럼에도 불구하고 여전히 국어학계에서는 인지과학의 성과를 도입한 연구가 미약한 실정이다.

최근 국외에서는 Bierwiaczonek(2007)가 환유가 신경-생리적 기초를 갖는다는 의미에서 신체화되므로, 원칙상 신경-전산 모형화(neuro-computational modeling)나 인공신경망(Artificial Neural Networks)으로 환유를 기술할 수 있음을 보여주었다. 또한 Lakoff & Johnson(1999), Dodge & Lakoff(2005)에서도 오랫동안 실증적 토대를 두고 신경-생리적으로 제약된 이런 접근법에 대해 논의했고, Dąbrowska(2004)와 Bierwiaczonek(2007) 역시 이런 관점에서 연구를 수행한 바 있다.

요컨대, 앞으로 동기화 연구는 연구 대상의 범위를 음운에서 담화까지로 그 폭을 넓히고, 대규모 말뭉치와 통계적 방법론을 활용하여 언어 분석 결과의 타당성을 높이며, 인지과학의 연구 성과를 도입하고, 관련 연구자와 적극적으로 협업할 필요가 있다.

5. 마무리

지금까지 인지언어학적 관점에서 수행된 동기화 연구의 현황과 과제를 살펴보았다. 이상의 논의를 간추려 제시하면 다음과 같다.

첫째, '동기화'는 단어는 물론 구와 문장, 담화와 같은 언어 단위 전체에 나타난 언어의 의미와 구조 간의 상관성에 주목할 뿐만 아니라, 언어 사용자인 인간의 경험, 지각적 동기, 인지적 동기 등을 두루 고려한 개념이다. 이러한 '동기화'는 자의성과 예측 가능성 사이에 존재한다.

둘째, 동기화 연구를 '음운, 문법, 어휘' 층위로 나누어 주제와 쟁점을 살펴보았다. 음운을 대상으로 한 동기화 연구는 충분하지 않으나, 정병철(2018)과 왕난난(2018)을 주목할 수 있다. 문법 층위의 연구는 어순, 시제, 사동, 품사 등의 주제와 관련한 동기화 연구가 있었으며, 임지룡·김령환(2013)과 김동환(2018)이 특히 흥미로운 연구이다. 동기화와 관련해서는 어휘를 대상으로 한 연구가 가장 풍성한데, 송현주(2010), 정수진(2018), 리우팡(2018) 등 국어 어휘론, 한국어교육, 대조언어학 분야에서 다양한 논의가 있었다.

셋째, 동기화 연구에 관한 남은 과제는 다음과 같다. 동기화 연구는 어휘와 문법 층위에서 음운과 담화 차원으로 분석의 폭을 확장해야 할 것이다. 또한, 말뭉치 언어학적 성과와 방법론을 활용하여 양적 연구와 질적 연구를 병행하는 방향으로 나아가야 할 것이며, 이론적 내용을 뒷받침하기 위해서 인지과학에서 나온 증거를 수용하고, 관련 연구자들과 적극적으로 협업할 필요가 있다.

참고문헌

권영문(1999), "복잡 표현의 의미 양상", 『현대문법연구』 16: 1-21, 현대문법학회.

김광현(2003), "영어 사역구문의 도상적 분석", 『언어과학』 10(1): 1-21, 한국언어학회 동남지회.

김광현·황규홍(2001), "거리의 도상성 원리와 영어여격교체현상", 『새한영어영문학』 43(2): 547-564, 새한영어영문학회.

김규남(2000), "변항 (-Xo)의 개신에 대한 전주시 화자들의 언어태도와 비제도적 규범", 『한국언어문학』 44: 543-566, 한국언어문학회.

김동환(2018), "전환에 대한 환유적 동기화", 임지룡 외, 『동기화의 인지언어학적 탐색』, 41-68, 한국문화사.

김령환(2016), "국어 격 표지 교체 구문에 관한 인지언어학적 연구", 경북대학교 대학원 국어국문학과 박사학위논문.

김령환(2018), "관형사 어순의 동기화", 임지룡 외, 『동기화의 인지언어학적 탐색』, 112-127, 한국문화사.

김아영·전북대 21세기 수화연구단(2014), 『수어, 또 하나의 언어』, 국립국어원.

김억조(2018), "부정 구문에 나타난 동기화", 임지룡 외, 『동기화의 인지언어학적 탐색』, 69-89, 한국문화사.

김학훈(2018), "시간표현 '-았-'에 나타난 동기화", 임지룡 외, 『동기화의 인지언어학적 탐색』, 128-146, 한국문화사.

김해연(2007), "콩글리시 어휘의 유형과 형성의 인지적 동기", 『담화와 인지』 14(3): 25-52, 담화·인지 언어학회.

김해연(2009), "합성명사의 형성과 번역의 언어적 동기", 『담화와 인지』 16(1): 1-23, 담화·인지 언어학회.

리우팡(2018), "한중 동물명 기반 물고기 이름의 동기화", 임지룡 외, 『동기화의 인지언어학적 탐색』, 223-263, 한국문화사.

박종갑(1996), "언어의 圖像性과 그 의미적 대응물에 대하여 : 국어 사동문을 중심으로", 『韓民族語文學』 30: 33-53, 韓民族語文學會.

박종갑(2000), "접속문 어미 '-고'의 의미 기능 연구(3): 문장의 선형 구조와 관련된 도상성을 중심으로", 『국어학』 35: 93-111, 국어학회.

박종갑(2013), "국어 사동문의 지시체와 심리영상 및 도상성", 『민족문화논총』

54: 215-234, 영남대학교 민족문화연구소.

석수영·김기석(2017), "해석에 기초한 한중 수어 어휘의 동기화 양상", 『한국어 의미학』 58: 31-56, 한국어 의미학회.

송은지(2006), "도상적 메타포를 통한 ДушА의 개념화에 대한 연구: СЕРДЦЕ,ум과의 비교를 통하여", 『러시아연구』 16(2): 229-269, 서울대학교 러시아연구소.

송현주(2010), "한국어 합성어에 나타난 동기화 양상", 『한글』 289: 125-150, 한글학회.

송현주(2011), "국어 구조와 의미 간의 동기화 연구", 경북대학교 대학원 국어국문학과 박사학위논문.

송현주(2017), "의식주 관련 한국어 관용 표현의 동기화 양상", 『한국어 의미학』 58: 185-209, 한국어 의미학회.

송현주·최진아(2010), "동기화에 기반을 둔 단어 형성법 교육", 『한국어 의미학』 33: 153-177, 한국어 의미학회.

송현주·최진아(2011), "인지언어학에 기반을 둔 관용 표현 교육 연구", 『중등교육연구』 59(3): 789-812, 경북대학교 중등교육연구소.

왕난난(2018), "한국어와 중국어의 말소리에 나타난 동기화", 임지룡 외, 『동기화의 인지언어학적 탐색』, 201-222, 한국문화사.

이기동(1988), "언어의 도상성: 영어 동사+전치사+목적어 구문을 중심으로", 『연세논총』 24: 29-50, 연세대학교 대학원.

이기웅(2006), "러시아어 동사의 상: 문법범주화의 도상성과 역동성", 『러시아어문학 연구논집』 23: 199-222, 한국러시아문학회.

이성하(1998/2016), 『문법화의 이해』, 한국문화사.

임상순(1989), "영어 통사구조의 도상성에 관한 연구", 『서울시립대학교 논문집』 23: 17-45, 서울시립대학교.

임상순(1990), "현대영어의 은유적 표현에 있어서 어휘선택의 도상성에 관하여", 『서울시립대학교 논문집』 24: 5-19, 서울시립대학교.

임상순(1991), "영어 전치사 구문에서 전치사 선택의 도상성에 관하여", 『서울시립대학교 논문집』 25: 5-25, 서울시립대학교.

임지룡(1997), 『인지의미론』, 탑출판사.

임지룡(2004), "국어에 내재한 도상성의 양상과 의미 특성", 『한글』 266: 169-205, 한글 학회.

임지룡(2008), 『의미의 인지언어학적 탐색』, 한국문화사.

임지룡(2014), "한국어의미론과 인지심리학의 접점 및 전망", 『어문연구』 79: 81-115, 어문연구학회.

임지룡(2017), 『한국어 의미 특성의 인지언어학적 연구』, 한국문화사.

임지룡(2018a), 『(개정판)인지의미론』, 한국문화사.

임지룡(2018b), 『한국어 의미론』, 한국문화사.

임지룡(2018c), "한국 수어의 도상적 양상과 의미 특성", 『국어교육연구』 68: 63-88, 국어교육학회.

임지룡·김령환(2013), "어순에 반영된 인지적 특성", 『한글』 300: 119-158, 한글학회.

임지룡·송현주(2015), "한국 수어의 동기화 양상", 『한국어 의미학』 49: 59-85, 한국어 의미학회.

임지룡·송현주(2018), "동기화의 개념과 유형", 임지룡 외, 『동기화의 인지언어학적 탐색』, 3-40, 한국문화사.

임지룡 외(2018), 『동기화의 인지언어학적 탐색』, 한국문화사.

임태성(2018), "가상 이동에 나타난 동기화", 임지룡 외, 『동기화의 인지언어학적 탐색』, 90-111, 한국문화사.

정병철(2015), "당구공 모형으로 보는 한국어 사동 표현의 동기화", 『담화와 인지』 22(1): 79-102, 담화·인지 언어학회.

정병철(2016), "동기화에 기초한 피동 표현의 교육 내용 연구", 『청람어문교육』 57: 135-179, 청람어문교육학회.

정병철(2017), 『한국어 문법 교육의 인지적 토대』, 한국문화사.

정병철(2018), "동기화 이론으로 보는 한국어 음운론과 음운 교육", 임지룡 외, 『동기화의 인지언어학적 탐색』, 149-177, 한국문화사.

정수진(2018), "동기화에 기반한 한국어 어휘 교육", 임지룡 외, 『동기화의 인지언어학적 탐색』, 177-198, 한국문화사.

정주리(2006), "'-음', '-기'의 의미와 제약", 『한국어학』 30: 291-318, 한국어학회.

Bierwiaczonek, B.(2007), Toward a neural theory of metonymy, in B. Bierwiaczonek & C. Humphries(eds.), *Studies in English Culture, Literature and Linguistics*, vol. 1, 17-36, Bielsko-Biala: WydawnictwoAkademii Techniczno-Humanistycznej.

Blake, R. & M. Josey(2003), The /ay/ diphthong in a Martha's Vineyard community: What can we say 40 years after Labov?, *Language in Society* 32: 451-485.

Brdar, M., M. Omazić & V. P. Takač(eds.)(2009), *Cognitive Approaches to English: Fundamental, Methodological, Interdisciplinary and Applied Aspects*, Cambridge: Cambridge Scholars Publishing. (임지룡 · 김동환 옮김 (2015), 『영어의 인지언어학적 접근법』, 경북대학교출판부.)

Cooper, W., J. Ross, R. Grossman, L. San & T. Vance(1975), *Papers from the Parasession on Functionalism*, Chicago: Chicago Linguistic Society.

Crystal, D.(1997), *The Cambridge Encyclopedia of Language* vol. 1, Cambridge: Cambridge University Press.

Dancygier, B.(2011), *The Language of Stories: A Cognitive Approach*, Cambridge: Cambridge University Press.

David, L.(2001), *Cognitive Linguistics: An Introduction*, Oxford: Oxford University Press. (임지룡 · 김동환 옮김(2003), 『인지언어학 입문』, 한국문화사.)

Deignan, A.(2005), *Metaphor and Corpus Linguistics*, Amsterdam: John Benjamins.

Gries, S. T. & A. Stefanowitsch (eds.)(2007), *Corpora in Cognitive Linguistics: Corpus-based Approaches to Syntax and Lexis*, Berlin: Walter de Gruyter.

Haiman, J.(1980), The iconicity of grammar: Isomorphism and motivation, *Language* 56: 514-540.

Haiman, J.(1985), *Natural Syntax: Iconicity and Erosion*, Cambridge: Cambridge University Press.

Hart, C.(2010), *Critical Discourse Analysis and Cognitive Science: New Perspectives on Immigration Discourse*, Basingstoke: Springe Macmillan. (김동환 · 이미영 옮김(2017), 『비판적 담화분석과 인지과학』, 로고스라임.)

Hart, C.(2014), *Discourse, Grammar and Ideology: Functional and Cognitive Perspectives*, London/New York: Bloomsbury Publishing. (김동환 · 이미영 옮김(2016), 『담화, 문법, 이데올로기: 인지언어학과 비판적 담화분석』, 로고 스라임.)

Heine, B., C. Ulrike & F. Hünnemeyer(1991), *Grammaticalization: A Conceptual Framework*, Chicago: The University of Chicago Press.

Hiraga, M.(2005), *Metaphor and Iconicity: A Cognitive Approach to Analysing*

Text, New York: Palgrave Macmillan. (김동환·최영호 역(2007), 『은유와 도상성: 인지언어학적 텍스트 분석』, 연세대학교 출판부.)

Janda, L. A.(ed.)(2013), *Cognitive Linguistics: The Quantitative Turn: The Essential Reader*, Berlin: Walter de Gruyter.

Labov, W.(1972), The social motivation of a sound change, in W. Labov, *Sociolinguistic Pattern*, 1-42, Philadelphia: University of Pennsylvania Press.

Langendonck, W.(2007), Iconicity, in D. Geeraerts & H. Cuyckens(eds.), *The Oxford Handbook of Cognitive Linguistics*, Oxford: Oxford University Press.

Panther, K. U. & G. Radden(eds.)(2011), *Motivation in Grammar and the Lexicon*, Amsterdam: John Benjamins.

Radden, G. & R. Dirven(2007), *Cognitive English Grammar*, Amsterdam: John Benjamins. (임지룡·윤희수 옮김(2009), 『인지문법론』, 박이정.)

Radden, G. & K. U. Panther (eds.)(2004), *Studies in Linguistic Motivation*, Berlin · New York: Mouton de Gruyter.

Rhee, S.(2009), Through a borrowed mouth: Reported speech and subjectification in Korean, *The LACUS Forum* 34: 201-210.

Riemer, N.(2010), *Introducing Semantics*, Cambridge: Cambridge University Press. (임지룡·윤희수 옮김(2013), 『의미론의 길잡이』, 박이정.)

Sperber, D. & D. Wilson(1995), *Relevance: Communication and Cognition*, Oxford: Blackwell.

Stefanowitsch, A. & S. T. Gries(eds.)(2008), *Corpus-Based Approaches to Metaphor and Metonymy*, Walter de Gruyter.

Tendahl, M.(2009), *A Hybrid Theory of Metaphor: Relevance Theory and Cognitive Linguistics*, London: Springer. (김동환 옮김(2016), 『하이브리드 은유 이론: 적절성 이론과 인지언어학의 통합』, 로고스라임.)

Zipf, G.(1935), *The Psychobiology of Language: An Introduction to Dynamic Philology*, Cambridge, M.A.: The MIT Press.

Zipf, G.(1949), *Human Behaviour and the Principle of Least-effort*, Cambridge M.A.: Addison-Wesley Press.

도상성

1. 들머리

1980년대 중반 이후 인지언어학이 우리나라에 소개된 이후 30여 년간 인지언어학의 세부 이론들을 한국어에 적용시키는 연구들이 활발히 이루어졌다. 은유와 환유, 영상도식, 개념적 혼성 등 다양한 이론들로 한국어에 나타나는 여러 현상들을 설명해 냈고 한국어 역시 다른 외국어들과 마찬가지로 언어적 보편성을 가지고 있음을 확인할 수 있었다.

이 글의 목표는 여러 인지언어학 이론들 중 국어와 한국어 분야에서 연구된 도상성에 관한 연구들을 정리하여 그간의 연구 동향을 살펴보고 앞으로의 과제를 제시하는 것이다.

언어학에서 도상성은 김동환(1997)에서 언급한 것과 같이 로마자나 의성어, 의태어와 같이 형태와 의미가 일치하는 영상적 도상성과 인간의 사고가 언어에 반영되어 언어 형식으로 나타나는 구조적 도상성으로 분류가 되는데

---

*   한국외국어대학교 언어연구소 책임연구원, ssonya1@hanmail.net

이 글에서는 구조적 도상성에 관한 연구를 대상으로 하고자 한다. 영상적 도상성은 로마숫자나 상형문자와 같이 개념과 형식이 일치한 것으로 영상(보여지는 것)을 그대로 문자화 한 것이고 구조적 도상성은 인간의 사고 과정이 어떻게 언어에 반영이 되었는지를 설명하는 것이다. 모든 언어학 분야에서 나타나는 구조적 도상성에 대해 주제별, 연구물의 발간 형태별로 살펴보고자 한다.

2. 주요 연구 내용과 쟁점

2.1. 발간 형태별 도상성 연구의 현황

크게 학위논문과 학술지 논문, 단행본으로 나누어 볼 수 있다.

먼저 도상성에 대한 학위논문[1]을 살펴보면 한국어 대립 접속어의 의미 확장에서 의미 확장 원리와 도상성과의 관계를 연구한 함계임(2013a)의 박사학위논문인 "한국어 대립연결어에 관한 인지언어학적 연구: '-지만'과 '그렇지만', '-(으)나'와 '그러나'를 중심으로"가 있다. 그리고 석사학위논문 중 한국어 어휘의 문제를 도상성으로 풀어낸 조미숙(2017)의 "인지언어학적 접근에 의한 국어 어휘의미 교육 방안 연구", 김민혜(2009)의 "미각 형용사의 의미 도식과 확장 원리에 대한 연구"가 있고, 조사 결합 순서를 도상성으로 설명한 여현정(2018)의 "현대국어 조사에 대한 인지적 접근: 조사의 통합 순서를 중심으로"가 있다. 한국어와 다른 외국어를 대조하면서 양 언어에서 나타나는 어순을 도상성으로 설명한 왕사우(2016)의 "중국어와 한국어의 순서적 도상성 대조연구: 중국어의 특수문형을 중심으로", 김윤환(2015)의 "영어와 한국어의 도상성 비교연구: 보충어와 부가어에 나타난 도상적 어순과 비도상적

---

1   학위 논문 제목에 '도상성'이 포함된 논문들도 일부 있었으나 본 연구에서 다루는 구조적 도상성이 아닌 경우는 제외했다.

어순을 중심으로"등이 있다.

학술지 논문은 학위 논문보다 그 수가 더 많았다. 학술지 논문은 크게 '도상성'이론에 대한 논문과 '도상성'으로 언어의 여러 현상들을 설명하는 논문으로 나누어 볼 수 있다. '도상성'이론에 대한 논문은 임지룡(2010a) "어휘 의미론과 인지언어학", 권희상(2005) "언어의 도상성", 성창섭·김광현(2001) "언어 분석의 도상적 접근", 김동환(1997) "언어의 도상성 탐구" 등이 있다. 언어학 하위 분야별로 살펴보면 도상성을 어떻게 언어학에 적용할 수 있는지를 다룬 임지룡(2004) "국어에 내재한 도상성의 양상과 의미 특성", 김동환(2009) "도상성과 형태론, 통사구조"가 있다. 그리고 도상성의 음성·음운론에의 적용에 대한 임규홍(2006) "한국어 첫 소리 [ㅁ]과 [ㅂ] 낱말의 의미 특성 -소리와 의미의 관련성을 중심으로-", 임규홍(2015) "국어 모음의 음상과 의미의 유연성 -동사와 형용사를 중심으로-"이 있고, 어순을 도상성으로 설명하는 연구로는 임지룡·김령환(2013) "어순에 반영된 인지적 특성"과, 김영철(2000) "국어 관용어에 관한 고찰: 의미적 특성과 도상성을 중심으로", 왕난난(2015) "한·중 존재문의 구문 확장 대조 연구"가 있다. 어휘의미에 대한 연구로는 임지룡(2010b) "국어 어휘교육의 과제와 방향", 임지룡·함계임(2015) "도상성을 적용한 한국어 색채 어휘 변별 방안 - '검다'와 '희다'를 중심으로 -". 정수진(2003) "국어 '단맛' 표현의 인지적 의미 해석"이 있다. 형태론과 통사론 분야에서의 도상성 적용 가능성에 대한 연구는 박종갑(2013) "국어 사동문의 지시체와 심리영상 및 도상성"과 함계임(2013b) "한국어 부정어의 도상적 연구 : '안', '-지 않다'를 중심으로"에서 이루어졌다. 그 밖에도 도상성이 사회언어학 연구에도 적용될 수 있음을 김광현(2009) "The Iconic Relationship between the Linguistic Form and Social Distance in Korean Requests"에서 보여 줬고 한국어나 영어의 복잡표현에도 도상성이 작용하고 있음을 권영문(1999) "복잡 표현의 의미 양상"을 통해 알 수 있었다.

단행본으로 나온 자료들 중에서 책 제목에 "도상성"이 포함된 책은 2권이 있었다. 하나는 김규철(2005) 『단어형성과 도상성에 대한 연구』와 김동환·

최영호(2007) 『은유와 도상성』이다. 그 밖에 인지언어학에 관한 책들의 한 장(chapter)에서 도상성에 대해 다루고 있고 이런 경우는 보통 도상성에 관한 개괄적 설명을 하고 있는 경우가 많았다. 임지룡(2017) 『인지의미론(개정판)』, 임혜원(2013) 『언어와 인지』, 김동환(2013) 『인지언어학과 개념적 혼성이론』 등이 있다.

현재까지 도상성의 이론에 대한 정리와 한국어에서의 적용을 다룬 학위논문은 2009년 이후 박사학위논문은 1개, 석사학위논문은 5개 정도이고, 일반 학술지 논문은 1990년대 후반부터 등장하기 시작하여 언어학 하위 부류별로 꾸준히 발표 되고 있었다. 단행본은 도상성을 제목으로 한 책은 2권, 나머지는 인지언어학의 한 장(chapter)으로 도상성에 대해 소개를 하고 있다.

2.2. 도상성 연구의 주요 내용

본 절에서는 앞서 언급한 연구들의 주요 내용들을 정리해 보도록 하겠다. 2.1.에 제시된 연구들을 유사 주제로 묶어 도상성 적용 과정과 결과를 살펴보도록 하겠다.

2.2.1. 도상성 이론에 대한 연구

많은 연구들에서 도상성이란 무엇인지 소개와 설명을 하고 있다. 대부분의 학위 논문에서는 이론적 배경에서, 일부 논문과 저서에서도 한 장을 할애해서 도상성을 설명하고 있다. 대부분 유사한 내용과 예문으로 도상성을 설명하고 있기 때문에 본 연구에서는 임지룡(2017), 임지룡(2010a), 권희상(2005), 김동환(1997)의 내용을 정리하여 제시하도록 하겠다.

도상성이란 언어의 형식(구조, 형태)과 언어의 의미(내용) 간의 유사성을 말하는 것으로 1개의 형식은 1개의 의미라는 구조동형성(isormophism)과 언어의 구조에 따라 의미도 달라진다는 동기유발성(motivation)이라는 기본 개념을 가지고 만들어졌다.

도상(icon)이라는 말은 Peirce의 기호 분류에서 나온 용어로 기호의 형태가 내용과 유사성이 있다는 것으로 정의 되고 있다. 임지룡(2017)에서는 기호와 형태의 유사성을 가진 도상성을 상형문자와 같은 자연적 도상성과 인지체계의 구조가 언어 형태에 반영되는 언어적 도상성으로 나누었다. 본 연구의 대상이 되는 여러 연구들 역시 언어적 도상성에 대한 연구이다.

언어적 도상성의 원리는 그간에는 3개의 원리라고 설명해 왔으나 임지룡(2017)에서는 그것을 4개의 원리로 세분화하였다. 임지룡(2010a), 권희상(2005), 김동환(1997)에서는 양의 원리, 순서의 원리, 거리의 원리로 나누고 있다. 양의 원리는 형태의 양이 늘어날수록 의미의 양도 늘어난다는 것이다. '학생'-'학생들'의 경우 '학생'은 단수로 사용되는 어휘인데 '학생들'은 '학생'이 여러 명 있는 것이다. '-들'이라는 복수형 접미사가 결합하면서 형태적으로도 의미적으로도 '추가'라는 변화가 생겼다. 순서의 원리는 언어 요소들이 나열이 될 때 어떤 기준에 의해서 먼저 배치될 것이 결정이 된다는 것이다. '아침저녁으로'의 경우 시간적으로 먼저 나타나는 것이 언어 표현에서도 먼저 위치하고, '이쪽저쪽'의 경우는 나에게 가까운 것이 먼저 위치한다. '주종', '강약'과 같이 강하고 센 것이 (현저성이 있는 것)이 먼저 위치한다. 거리의 원리는 개념의 근접성이 형태의 근접성과 비례 관계에 있으며 심리적으로 함께 속해 있는 것은 통사적으로도 가깝게 위치한다는 것이다. '맛있는 호박엿'의 경우 재료인 '호박'이 '엿'의 속성과 관계가 강함으로 '엿' 바로 앞에 위치하고 평가의 개념인 '맛있다'는 재료인 '호박'보다는 '엿'에서 멀리 위치하게 된다. 그 밖에도 사동이나 높임의 표현들도 심리적 거리에 의한 차이로 설명하고 있다.

그러나 임지룡(2017)에서는 기존의 3분류체계를 4분류체계로 구체화했다. 양의 원리(복잡성의 원리), 근접성의 원리(=거리의 원리), 합성의 원리(순서의 원리). 직접성의 원리로 나누고 있다. 기존의 구분과 비교해 보면 직접성의 원리가 새로 추가되었음을 알 수 있다. 직접성의 원리란 '개념의 직접성이 표현 형태의 길이와 비례 관계에 있는 것'을 말한다. 즉, 의미가 동일한 경우

의미상 직접적인 개념이 짧은 형태를 취하며 간접적인 개념이 긴 형태를 취하는 것이다. 그 예로 한국어의 직접사동과 간접사동의 예, 완곡표현의 예, 한국어 대우 표현 등을 들고 있다. 이것은 기존의 3분류체계에서는 거리의 원리로 분류했던 것을 직접성이라는 요소를 기준으로 새로운 영역을 만든 것이다. 특히 한국어의 경우에는 간접적인 표현들이 많아 이 분야를 따로 떼어 구분하는 것이 필요하다고 판단된다.

도상성의 분류체계를 정리하면 다음 <표 1>과 같다.

〈표 1〉 도상성 분류체계 비교

3분류체계	4분류체계
임지룡(2010), 김동환(1997) 등	임지룡(2017)
양의 원리	양의 원리
순서의 원리	합성의 원리
거리의 원리	근접성의 원리
	직접성의 원리

도상성의 원리를 다르게 해석한 연구도 있다. 함계임(2013a)에서는 동일 예문에 대해 연구자들이 다른 도상성 원리를 적용하고 있음을 지적하면서 도상성 원리 간에 관련성이 있음을 설명하고 있다. 즉, 도상성의 세 원리는 서로 연관되어 있다고 주장하고 있다. 이 연구에서 의미 확장 과정에 도상성의 거리의 원리가 적용되고 있다고 설명하고 있다. 원형의미에서부터 확장되는 의미의 순서는 원형의미와 가까운 순서로 의미가 확장 된다는 것이다. <그림 1>와 같이 중심어와 밀접한 의미를 가질수록 중심어에 가깝게 놓인다는 순서의 원리와도 일맥상통한다고 할 수 있다.

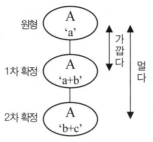

〈그림 1〉 **의미 확장과 도상성간의 관계** (함계임 2013a)

이런 도상성 원리를 실제 언어 현상에 어떻게 적용할 지에 관한 내용이 임지룡(2004)과 김동환(2009)에 제시되어 있다. 임지룡(2004)에서는 한국어에서의 도상성으로 해결할 수 있는 문제가 무엇인지 제시하고 있다. 양적 도상성이 단일어-복합어, 긍정- 부정, 현재-비현재 등을 설명할 수 있고 순서적도상성은 합성어, 복합문을 설명하는데 사용될 수 있다고 했다. 거리적 도상성은 한정어와 수식어, 호칭어, 사역형 등에 적용해 볼 수 있음을 제안하고 있다. 김동환(2009)에서는 형태론적 입장에서 명사, 동사, 형용사에서 어떤요소들이 도상성의 영향을 받는지, 통사론적 입장에서는 어순에 나타나는 도상성에 대해 설명하고 있다.

2.2.2. 음성, 음운론에서의 도상성 연구

음성, 음운론에서 소리자질과 의미와의 관계를 연구한 논문들이 있다. 임규홍(2009)에서는 [ㅁ]과 [ㅂ]의 음성자질과 이 자음들이 포함된 어휘의 의미간의 관계가 있다는 연구를 했다. [ㅁ]은 내적 성향을 가진 막힌 소리, [ㅂ]은 외적 성향을 가진 터지는 소리인데 [ㅁ]이 포함된 단어는 소리의 성질과 유사하게 안, 아래, 멈춤, 어둠, 부정, 액체, 습함, [ㅂ]이 포함된 단어는 소리의 성질처럼 밖, 위, 음직임, 밝음, 긍정, 기체, 건조의 의미를 가지고 있다고 하고 있다. 임규홍(2015)에서는 한국어 기본 모음인 [ㅏ], [ㅓ], [ㅗ], [ㅜ]의 음상자질이 동사, 형용사 어휘의 의미와 어떤 관계가 있는지 살펴보았고 이들 간에

는 유의미한 상관관계가 있다고 결론을 내렸다.[2]

김규철(2005)에서는 한국어의 음성상징어의 대립쌍의 의미가 인후강 크기와 일치함을 밝혔다. 인후강이 커지는 모음의 경우 의미도 큰 의미가 된다는 것이다. 예를 들어 '빙글'의 경우 [ㅣ]모음은 인후강이 커지게 됨으로 의미적으로 원을 그리는 동작이 큰 것이고 '뱅글'의 경우 [ㅐ]모음은 인후강이 작아지기 때문에 의미적으로 원을 그리는 동작이 작은 것이라는 것이다. 보통 다른 언어에서는 구강자질이 기준이 되지만 한국어의 경우는 인후강 자질이 기준이 된다는 새로운 사실을 밝혀낸 연구다.

2.2.3. 어휘론에서의 도상성 연구

어휘론에서 다루어진 도상성 연구는 어휘의미에 관한 연구와 어휘 교육에 도상성을 적용하는 연구가 있다.

정수진(2003)에서는 단 맛 표현에 관한 연구로 '달콤새콤', '달콤쌉살'과 같은 복합적인 단 맛의 경우 인지적 현저성과 실제 미각 영역에 의해 두드러진 쪽이 그렇지 않은 쪽에 비해 먼저 인식되게 되는데 그런 경우 먼저 지각하는 것이 어순상에서도 먼저 배치되고 그렇지 않은 것은 그 후에 배치가 된다는 것을 밝혔다. 즉, 체험적으로도 그렇고 긍정지향의 우선성에서도 복합미각어의 경우 '달다'가 먼저 배치되는 순서의 원리가 작용하고 있다고 설명하고 있다.

임지룡·함계임(2015)에서는 흑백 색채어의 의미변별에 도상성을 적용하여 설명하고 있다. 접미파생 색채어의 경우 기본색보다 명도나 채도가 떨어지고, 접두 파생 색채어의 경우 기본색보다 명도나 채도가 높아지고 있음을 도상성의 원리로 다음 그림과 같이 설명하고 있다.

---

2 [ㅏ]는 밖, 나아감, 밝음, 가벼움, 확장, [ㅓ]는 무거움, 어둠, 안, 들어감, 축소, [ㅗ]는 오름, 위, 밝음, [ㅜ]는 아래, 낮음, 어둠의 음상 자질을 가지고 있고 이 모음들이 들어간 어휘들도 해당 의미를 가진다.

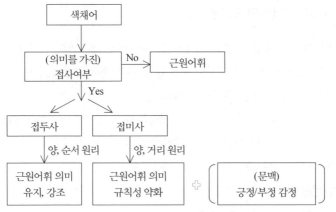

〈그림 2〉 **도상성을 적용한 파생 색채어 의미 변별 과정** (임지룡 · 함계임 2015)

　김민혜(2009)에서는 미각 형용사의 어휘 확장을 도상성으로 설명했다. 기본 어휘에서 형태적으로 확장이 되면 양적으로 늘어나기 때문에 의미도 추가가 된다고 하고 있고, 복합미각어의 경우 현저성의 작용으로 인해 자극적이고 강해서 먼저 인식되는 것이 우선 배치된다고 하고 있다. 즉, 도상성의 양의 원리, 순서의 원리가 적용 된 것을 알 수 있다.

　임지룡(2010a)에서는 국어교육에서 언어의 자의성만을 강조하는 것에 문제를 제기하고 언어 기호의 형태가 의미를 반영하는 성질인 도상성도 다루어야 한다고 강조하고 있다. 도상성은 복합어의 의미와 형태 관계를 설명하기 적합한 이론이라고 언급하며 언어 학습 및 어휘 학습에 효율적임을 강조하고 있다.

　조미숙(2017)에서는 인지언어학 이론들을 국어 어휘 교육에 사용해야 한다고 하고 있다. 어떤 이론을 사용할지는 가르쳐야 할 학습 목표에 따라 달라지는데 도상성의 경우는 단어의 확장, 축약, 파생, 상태변화, 긍정과 부정 등을 설명하는데 용이하다. 이러한 내용들을 설명할 때 도상성 원리로 설명하게 된다면 학습 효과를 높일 수 있다고 주장하고 있다.

2.2.4. 형태론에서의 도상성 연구

형태론에서의 도상성 연구는 다른 분야에 비해 많지 않은 편이다. 앞으로 이 분야의 활발한 연구가 이루어져야 할 것이다. 현재까지 진행된 연구는 함계임(2013a, b), 여현정(2018)이 있다.

함계임(2013a)은 대립 연결어미와 접속부사의 호환성 여부를 밝힌 연구인데 이 과정에서 의미확장원리와 도상성이론 간의 연관성이 있음을 밝히고 있다. 의미확장에서도 중심의미와 가까운, 공통성이 있는 의미의 순서로 확장단계가 형성되는데 이것은 도상성의 거리의 원리와 일치함을 보여 주고 있다.

함계임(2013b)은 한국어 부정어에 대한 연구다. 짧은 부정인 '안-'부정과 긴 부정인 '-지 않다'가 용언에 대한 부정이라는 기능은 동일하지만 다른 형태로 사용되고 있다는 것은 사용상황이나 의미가 다르기 때문임을 도상성 원리를 적용해서 설명한 연구다.

〈표 2〉 **단형부정과 장형부정이 사용되는 상황과 그 이유** (함계임 2013b)

	단형부정	장형부정
양의 원리	형태의 양이 적어 의미의 양도 적다. ㄴ 어휘 의미 자체에 충실	형태의 양이 많아 의미의양도 많다. ㄴ어휘의미 이외의 의미 가능
순서의 원리	용언 앞 부정어 위치 ㄴ부정 의미에 우선성 부여	용언 뒤 부정어 위치 ㄴ용언 의미에 우선성 부여
거리의 원리	핵심 문법 요소와 부정 요소의 거리가 가까움 ㄴ화,청자관계 가까움. 주관성 강함	핵심 문법 요소와 부정 요소의 거리가 멀다.(다른 문법형태소 개입) ㄴ화,청자 관계의 거리감. 객관성이 강함
사용상황	·부정을 통한 주장, 강조 ·주관적 감정 표출의 상황 (분노, 흥분, 짜증) ·가까운 관계	·공식적이거나 공적인 상황 ·객관적으로 설명하는 상황 ·시간적, 공간적으로 거리감이 있는 관계 (회상, 가정, 예시)

이 연구는 단형 부정 혹은 장형 부정이 사용되는 상황을 <표 2>와 같이 도상성의 각 원리를 적용하여 구체적으로 설명하고 있다.

여현정(2018)의 연구는 한국어 조사 결합의 순서가 도상성의 거리의 원리에 적용을 받는다는 내용의 연구다. 한국어 조사의 결합 순서는 <그림 3>과 같다고 하고 있다.

조사의 통합 순서와 개념적 구조

[[[[[	명사구	]	의미격조사	]	특수조사	]	문법격조사	]
[[[[[	유형	]	상술	]	양화	]	고정화	]

〈그림 3〉 **조사의 통합 순서와 개념적 구조** (여현정 2018)

결합 순서를 정하는 기준은 명사와 의미적으로 얼마나 가까운 가이다. 명사에 의미를 더하는 상술의 역할을 하는 의미격 조사가 명사와 가장 가까이 위치하고 특수조사(보조사)는 의미를 가진 조사이지만 의미의 성질이 양화적 표현이므로 명사를 상술하는 의미격조사보다는 후순위가 될 수 밖에 없다. 그리고 의미를 가지지 않고 문법성을 더해주는 조사인 문법격 조사는 가장 마지막에 배치된다는 것인데 의미의 근접성 기준으로 본다면 여기서 도상성의 거리의 원리가 적용이 됨을 설명하고 있다.

2.2.5. 통사론에서의 도상성 연구

통사론에 관한 연구에서는 어순에 대한 연구가 가장 활발히 이루어지고 있다. 그리고 가장 많은 양의 연구가 이루어진 분야이기도 하다.

임지룡·김령환(2013)에서는 어순 배열의 단계를 1차적 어순 배열과 2차적 어순 배열로 구분하였다. 1차적 어순 배열은 시간적 순서가 있는 것과 없는 것으로 구분하여 살펴 본 결과 시간적 순서가 있는 것은 순서의 원리 중 시간 순서에 의해 배열됨을 확인하였고 시간 순서가 없는 경우에는 정도성, 긍정성, 방향성, 근접성의 원리에 따라 어순이 배열되는 것을 확인하였다. 2차적 어순 배열은 담화 전략에 따른 화자의 선택 사항으로 머리말 효과와 꼬리말 효과에 대해서 설명하고 있다. 1차 어순 배열이 일반적인 인지 과정의 결과라면 2차

어순 배열은 전달 효과를 극대화하기 위한 인지 과정의 선택의 결과라고 할 수 있겠다.

김영철(2000)에서는 한국어 관용표현의 어휘 배열 순서에서 도상성 원리가 적용됨을 언급했다. '오늘 내일 하다', '환갑 진갑 다 지냈다'는 시간의 순서에 따라 어휘가 배치되었다. 시간에 따른 순서의 원리에 입각한 것이다. 또, '꿩 대신 닭', '피는 물보다 진하다', '눈코뜰 새 없이' 는 힘이나 강함의 현저성에 기반한 순서의 원리, '머리끝에서 발끝까지', '입에 오르내리다'는 나 먼저 원리에 기반한 순서의 원리 등이 관용표현의 어휘 배열에 작용했음을 설명하고 있다.

박종갑(2013)은 한국어의 직접 사동문과 간접 사동문의 형태의 차이는 의미의 차이를 동반한다는 것을 밝힌 논문이다. Haiman의 X와 Y 사이의 언어적 거리의 유형 4가지[3]를 바탕으로 장형 사동과 단형 사동의 거리 유형을 제시하면서 언어적 긴밀도가 높은 단형 사동이 인과성의 개념적 거리가 짧은 직접 사동의 의미를 가지고, 언어적 긴밀도가 낮은 장형 사동이 인과성의 개념적 거리가 긴 간접 사동의 의미를 가진다고 설명했다. 그러나 장형 사동과 단형 사동의 선택의 문제는 심리세계에 존재하는 것이므로 실제 사건과 상관없이 화자가 생각하고 느끼기에 따라 장형 사동 혹은 단형 사동이 선택된다고 했다.

어순에 관한 연구는 한국어만을 대상으로 하지 않고 다른 외국어와의 대조 연구도 활발히 이루어졌다.

왕난난(2015)은 중국어와 한국어 존재문의 어순을 비교했다. 이 연구는 중국어 존재문이 한국어 존재문보다 더 도상성이 강하게 나타난다고 보고 있다. 한·중 존재문에서 먼저 공간요소가 배치되고 존재 주체가 이후에 배치되는 점은 공통점으로 장면(장소)에 대한 감지 이후에 그 장면(장소)에 무엇이 있는

---

3 Haiman의 언어적 거리의 4 유형
  ①X#A#Y ②X#Y ③X+Y ④ Z (# : 단어 경계, + : 형태소 경계)
  ④ 은 단일어의 형태로 분리되지 않으므로 가장 긴밀한 형태이다.
  ③은 형태소로 연결된 형태로 단어로 연결된 ②보다는 긴밀한 형태이다. ①은 새로운 단어 A로 연결된 형태로 가장 긴밀도가 떨어진다.

지를 제시하는 인지 순서에 따라 실세계와 언어표현간의 관련성이 있다고 하고 있다. 중국어의 경우 존재문에서는 일반적인 어순을 어겨가며 도상적 순서대로 어휘가 배치되지만 한국어는 일반적인 어순을 파괴하면서까지는 도상성을 유지하지 않아 존재문에서는 중국어가 더 도상적이라고 하고 있다.

김윤환(2015)은 영어와 한국어의 보충어와 부가어의 어순 배열에 도상성을 적용하였고, 여기서 나타나는 도상성 거리의 원리가 보충어를 구별하는 데 명시적으로 적용되는지 알아보는 연구를 하였다. 그 결과 영어에서는 보충어와 부가어의 어순 배열에 도상성의 거리의 원리가 잘 적용이 되어 도상성이 어순 배열에 영향을 미치고 있음을 확인했고, 한국어에서는 동사구에서 핵어가 보충어를 필수적으로 요구하는 경우와 명사구에서 보충어가 무표격 체언인 경우에 한해서 도상성이 적용하고 있으나 체언에 조사나 후치가 붙는 경우는 어순변이가 자유롭게 일어나서 도상성이 적용된다고 보기는 어렵다고 밝혔다.

왕사우(2016)는 중국어의 5개 특수문형과 해당 문형의 한국어 번역을 어순 중심으로 대조하였다. 중국어의 연동문은 연속된 행위에 대한 문장인데 한,중 모두 도상성의 순서의 원리를 따르고 있었다. 겸어문은 보통 사동의미를 가진 문장으로 중국어의 경우 도상성의 순서의 원리가 적용되었으나 한국어는 그렇지 않았다. 존현문은 존재를 나타내는 경우로 한·중 모두 도상성의 적용을 받고 있었다. '자문'은 처치의 의미를 나타내는데 동작의 처치 방식을 묘사하며 처치 과정과 결과를 그대로 서술하기 때문에 도상성의 순서의 원리가 적용되지만 한국어는 어미를 통해 의미를 표현하기 때문에 순서의 원리가 명확하게 드러나지는 않는다고 했다. 피동문의 의미상 피동문에서 한국어와 중국어 모두 동작의 순서에 따라 기술되지만 피동의 부치사가 있는 경우 중국어는 매우 선형적인 모습을 보여 도상성의 적용을 받지만 한국어는 단어의 위치나 순서에 제약을 덜 받아 도상성의 적용을 덜 받게 된다고 하고 있다.

다른 언어와의 대조연구를 살펴보면 어순에 있어서 한국어가 도상성의 적용을 덜 받는다는 결론에 도달하고 있다. 그러나 비교 언어가 SVO 언어이고 고립어인 영어와 중국어이기 때문에 그러한 결과가 나온 것이 아닌가 한다. 이들 언어는 문장을 만들 때 다른 결속기제 없이 어순에 의존하는 언어이므로 철저하게 어순 중심, 시간 중심으로 어순 배치가 되어야 하기 때문이라고 판단된다.

2.2.6. 화용론에서의 도상성 연구

김광현(2009)은 사회언어학적인 관점에서 한국어 요청담화에서 언어의 형태와 사회적 거리에 대한 연구를 진행했다. 이 연구에서는 요청담화의 상황에 따라 사용되는 단어의 개수를 <그림 4>와 같이 조사했다.

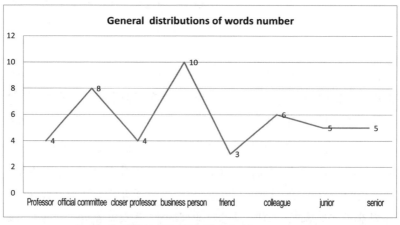

〈그림 4〉 담화상대에 따른 단어 수 분포 (김광현 2009)

화자와의 관계가 가까울수록 단어의 수는 적어지고 담화 상황이 격식적일수록 단어의 수는 많아지고 있음을 알 수 있다. 한국어 화자는 담화의 상황과 상대방에 따라 면대면 대화에서 특히 더 사회적, 심리적 거리가 언어에 나타난다고 하고 있다.

3. 앞으로의 과제와 전망

지금까지 국내에서 국어와 한국어 분야에서 이루어진 도상성 관한 연구를 살펴보면 그 수가 많지는 않다. 그리고 다른 인지언어학 이론을 적용한 연구와 비교해도 그 수가 적다고 할 수 있다. 그러나 초창기 도상성 논문이 1990년대 후반부터 등장하면서 현재까지 꾸준하게 다양한 방식(저서, 학위논문, 학술지 논문)으로 발표되고 있다는 것은 도상성으로 설명할 수 있는 언어현상들이 많다는 것을 증명하는 것이라고 본다.

3.1. 일반 언어학에서의 도상성 연구

2장의 연구 동향을 살펴보면 가장 많은 연구가 진행된 분야는 통사론으로 어순 연구에 집중되어 있다. 그리고 어휘 분야의 연구도 활발한 편이라고 볼 수 있다. 그 밖의 형태, 음성, 음운론, 화용론의 연구는 그 수가 많지 않다.

음성, 음운론의 경우 의성어, 의태어의 조음방법과 음소교체에 따른 어감의 차이에 대한 연구가 더 이루어져야 할 것이다. 그리고 도상성을 초분절음소에도 적용하는 것도 살펴볼만한 주제라고 생각한다. 억양이나 장단이 의미에 미치는 영향을 도상성의 관점에서 해석할 수도 있을 것이다. 또한 의성어, 의태어뿐만 아니라 일반 어휘의 음소와 의미의 관계에 대한 연구가 더 확장되어야 할 것이다. 이미 임규홍(2009, 2015)에서 다룬 내용이지만 다른 자음과 모음에 대해서도 연구가 이루어지기를 바란다.

형태론의 경우 연구 주제가 다양하다. 유사의미를 가진 형태소들이 연구의 대상이 될 수 있다. 부정어, 사동, 피동, 미래표현, 추측표현 등 많은 유사 형태소들의 의미 변별, 사용 상황 분류를 도상성의 이론들을 통해 할 수 있으리라 본다.

어휘론의 경우 기 연구된 결과물이 많다는 것은 그만큼 많은 연구의 주제가 될 수 있다는 것이다. 어휘란 계속 생산되어 연구대상이 무한대가 될 수 있다.

합성어와 파생어의 결합 원리나 유의어의 변별, 관용어나 속담에서 나타나는 어휘들 간의 관계나 결합 양상들 역시 인지의 반영의 결과물이기 때문에 도상성으로 설명 가능할 수 있을 것이다.

통사론의 경우도 이미 많은 연구가 진행되어 왔다. 사동이나 어순에 대한 연구를 비롯해서 앞으로는 수식 어순이나 비교의 어순, 위치의 어순 등 세부적인 부분에 대한 연구도 이루어지기를 바란다.

화용론의 경우 화자의 심리가 반영된 여러 표현들이 연구의 대상이 될 수 있겠다. 위의 언급한 언어학의 세부 분야에 대한 연구의 결과물이 결국에는 사회언어학적 관점에서 설명될 수 있기 때문이다. 한국어의 높임 표현, 정중 표현, 금지 표현 등 화자의 정보에 따라 다르게 구사되게 되는데 언어적 표현에 담긴 도상성의 원리가 의사소통을 위한 담화까지 확장되어 화자의 심리적, 사회적 태도를 보여주기 때문이다.

3.2. 언어 교육에서의 도상성 연구

3.1.에서 언어학에서의 도상성 연구의 기반이 마련이 되었다면 이제 도상성 연구의 결과를 언어 교육과 접목 시켜 언어 현상을 설명하는데 그치는 것이 아니라 실제 응용 학문으로 확장시켜야겠다. 이미 몇몇 연구들에서 도상성 원리가 적용된 언어 현상을 언어 교육에 적용하는 방법을 제시하였다.

국어 교육에서는 국어의 어순, 단어 형성법, 어휘, 사동과 피동의 의미적 차이 등에 도상성의 원리가 어떻게 적용되었는지 설명하는 과정을 통해4 우리가 사용하는 언어가 결코 자의적이지 않고 국어 화자의 보편적 사고 과정이 반영된 결과물임을 인식시킬 수 있을 것이다.

한국어 교육에서는 국어 교육적 접근보다 대조언어학적 접근이 필요하다

---

4 설명 과정에서 '도상성'이라는 용어나 '양의 원리', '순서의 원리', '거리의 원리'라는 용어를 사용할 필요는 없겠지만 도상성 원리에 대한 설명을 통해 인지가 반영된 언어 현상에 대한 이해를 도울 수 있을 것이다.

고 판단된다.[5] 외국어인 한국어와 기 습득된 모국어 사이에는 동일 표현에 대한 다른 인지기제가 작용될 수도 있기 때문이다. 그래서 모국어 혹은 메타언어가 되는 언어와 목표어의 대조를 통해 두 언어에서 적용된 인지기제를 비교해 보는 과정이 필요하다. 왕사우(2015)나 김윤환(2015)에서도 영어와 중국어에서 잘 지켜지는 거리의 원리가 한국어에서는 잘 지켜지지 않는 것을 볼 수 있었다. 이 경우 선 습득된 인지 방식과 후 학습된 인지 방식의 차이로 인해 목표어 습득에 방해가 될 수 가 있다. 그렇기 때문에 목표어의 인지 방식만을 제시하기보다 기 습득된 언어의 인지 방식과 대조를 통해 차이를 이해하고 학습하게 된다면 더 효과적으로 외국어를 배울 수 있을 것이다.

4. 마무리

이 글에서는 1990년대 중후반부터 시작된 도상성에 관한 연구를 살펴보았다. 한국어의 여러 언어 현상을 도상성으로 설명한 연구들이 그 대상이 되었다. 초기에는 도상성 이론을 소개하는 논문이 많았다면 2000년대에 들어서는 실제 언어 현상에 적용하는 논문들이 등장하기 시작했고, 최근에는 다른 언어와 대조하며 한국어에 적용되는 도상성이 다른 외국어의 언어 현상에도 적용되는지를 살펴보는 연구까지 확장되게 되었다. 그 밖에도 언어 현상을 밝히는 연구 결과를 언어교육에 까지 적용시켜 도상성 연구의 활용 범위를 넓힌 연구도 있었다.

도상성은 다른 인지언어학의 이론보다 사건을 그대로 언어에 반영하는 이론이라고 할 수 있다. 즉, 현상과 인지과정, 언어가 가시적으로 일치하는 이론

---

5   교사와 학습자가 동일언어를 사용하는 경우 언어에 대한 배경지식이 동일하여 해당어의 언어 현상에 인지기제가 반영됨을 설명하는 것에 무리가 없지만 교사와 학습자의 언어가 다를 때는 각자의 언어적 배경지식 또한 다르기 때문에 교사의 언어(목표어)에 대한 인지 기제가 적용된 언어 현상을 그대로 받아들이기에는 무리가 있다.

으로 복잡한 인지과정을 거치지 않기 때문에 범언어적으로 설명력이 있고 누구나 이해할 수 있다는 장점이 있다.

앞으로 적용력과 설명력이 높은 도상성 이론을 사용한 언어 현상의 연구와 그것을 활용한 대조 분석 연구, 언어 교육 연구가 많이 이루어져야 할 것이다.

참고문헌

권영문(1999), "복잡표현의 의미양상", 『현대문법연구』 16: 199-219, 현대문법학회.

권희상(2005), "언어의 도상성", 『언어연구』 21: 1-33, 한국현대언어학회.

김규철(2005), 『단어형성과 도상성에 대한 연구』, 박이정.

김동환(1997), "언어의 도상성 탐구", 『현대영미어문학』 15(1): 233-262, 현대영미어문학회.

김동환(2009), "도상성과 형태론·통사구조", 『영어영문학』 14(2): 123-142, 미래영어영문학회.

김동환(2013), 『인지언어학과 개념적 혼성이론』, 박이정.

김민혜(2009), "미각 형용사의 의미 도식과 확장 원리에 대한 연구", 전북대학교 대학원 국어국문학과 석사학위논문.

김영철(2000), "국어 관용어에 관한 고찰: 의미적 특성과 도상성을 중심으로", 『국어문학』 35: 33-50, 국어문학회.

김윤환(2015), "영어와 한국어의 도상성 비교 연구: 보충어와 부가어에 나타난 도상적 어순과 비도상적 어순을 중심으로", 한국외국어대학교 대학원 언어인지과학과 석사학위논문.

박종갑(2013), "국어 사동문의 지시체와 심리영상 및 도상성", 『민족문화논총』 54: 215-234, 영남대학교 민족문화연구소.

여현정(2018), "현대국어 조사에 대한 인지적 접근: 조사의 통합 순서를 중심으로", 영남대학교 대학원 국어국문학과 석사학위논문.

왕난난(2015), "한·중 존재문의 구문 확장 대조 연구", 『국어교육연구』 58: 199-224, 국어교육학회.

왕사우(2016), "중국어와 한국어의 순서적 도상성 대조 연구: 중국어 특수문형을 중심으로", 경희대학교 대학원 동양어문학과 석사학위논문.

임규홍(2006), "한국어 첫 소리 [ㅁ]과 [ㅂ] 낱말의 의미 특성: 소리와 의미의 관련성을 중심으로", 『우리말글』 37: 197-227, 우리말글학회.

임규홍(2015), "국어 모음의 음상과 의미의 유연성: 동사와 형용사를 중심으로" 『언어과학연구』 74: 189-216, 언어과학회.

임지룡(2004), "국어에 내재한 도상성의 양상과 의미 특성", 『한글』 266: 169-205, 한글 학회.

임지룡(2010a), "어휘의미론과 인지언어학", 『한국어학』 49: 1-35, 한국어학회.

임지룡(2010b), "국어 어휘교육의 과제와 방향", 『한국어 의미학』 33: 259-296, 한국어 의미학회.

임지룡(2017), 『인지의미론(개정판)』, 한국문화사.

임지룡·김령환(2013), "어순에 반영된 인지적 특성", 『한글』 300: 119-158, 한글 학회.

임지룡·함계임(2015), "도상성을 적용한 한국어 색채어휘 변별 방안: '검다'와 '희다'를 중심으로", 『언어와 문화』 11(1): 139-162, 한국언어문화교육학회.

임혜원(2013), 『언어와 인지: 몸과 언어의미에 대한 인지언어학적 고찰』, 한국문화사.

조미숙(2017), "인지언어학적 접근에 의한 국어 어휘의미 교육방안 연구", 경남대학교 교육대학원 국어교육전공 석사학위논문.

정수진(2003), "국어 '단맛' 표현의 인지적 의미해석", 『언어과학연구』 24: 303-320, 언어과학회.

함계임(2013a), "한국어 대립연결어에 관한 인지언어학적 연구: '-지만'과 '그렇지만', '-(으)나'와 '그러나'를 중심으로", 한국외국어대학교 대학원 국어국문학과 박사학위논문.

함계임(2013b), "한국어 부정어의 도상적 연구: '안-', '-지 않다'를 중심으로", 『언어와 문화』 9(3): 353-375, 한국언어문화교육학회.

김동환·최영호 옮김(2011), 『은유와 도상성: 인지언어학적 텍스트 분석』, 연세대학교 출판부.

Kim, K. H.(2009), "The Iconic Relationship between the Linguistic form and Social Distance in Korean Requests", 『언어과학』 16(2): 123-137, 한국언어과학회.

주관성과 주관화

강 보 유(姜寶有)*

1. 들머리

　언어표현의 객관성과 주관성은 언어 보편성과 특수성을 띠는 상대적 개념
이다. 범언어적으로 어떤 언어는 상대적으로 객관성이 더 돋보일 수 있고, 또
어떤 언어는 주관성이 더 돋보일 수 있다. 한 언어에서도 객관적 표현방식과
주관적 표현방식은 상보적 분포를 이루고 있다.

　언어는 사실이나 사건 자체를 표현할 뿐만 아니라 그 사실이나 사건에 대한
화자의 심리적인 태도를 나타내게 됨으로써 언어표현에는 객관성과 주관성이
비치게 된다. 화자는 말을 하는 동시에 화자의 입장과 태도 그리고 감정을
표출하게 됨으로써 언어구조에는 자연적으로 화자의 주관성이 투사된다.

　언어의 주관성 표현은 언어에 따라 서로 다른 차이를 보이고 있는데 주관성
표현의 정도는 언어의 구조 유형과 지리적 분포와 밀접히 관계되고 있다. 언
어구조 유형으로 볼 때, 일반적으로 분석성이 강한 언어가 종합성이 강한 언

---

*　복단대학(復旦大學) 한국어문학과 교수, byjiang@fudan.edu.cn

어보다 주관성 표현이 더 풍부한 것으로 나타났으며 지리적 분포로 볼 때, 동아시아와 동남아 지역의 언어들인 일본어, 한국어, 태국어 그리고 중국의 한어가 주관성 표현에서 다른 지역의 언어보다 더 뚜렷한 것으로 알려졌다(吳福祥 2011: 479). 주관성은 언어 보편 현상으로서 언어마다 표현형식이 서로 다르고 정도에 차이가 있을 뿐이다. 어떤 실체나 상황은 객관적으로 해석되어 객관성을 얻거나 주관적으로 해석되어 주관성을 획득할 수 있게 되는데, 개념화자가 어느 정도의 주관성이나 객관성으로 해석하는가에 따라서 언어표현이 달라질 수 있다.

구조주의와 형식주의 언어학에서는 언어 기능을 명제에 대한 객관적 표현으로 보고 화자의 주관성 개입을 인정하지 않으려는 언어관 때문에 언어의 주관성과 주관화는 장기간 깊은 중시를 받지 못했다. 인문주의 소생과 함께 체계기능언어학, 화용론, 인지언어학, 문법화 연구가 흥기하면서 언어의 주관성과 주관화는 새롭게 중시를 받게 되었다. 언어는 사건 명제를 객관적으로 표현할 뿐만 아니라 화자의 입장과 태도 그리고 감정을 표현한다는 새로운 인식이 대두하게 되었다.

언어표현의 객관성과 주관성 그리고 주관화는 인지언어학의 탄생과 함께 서방언어학계에서부터 제기된 것으로 잘못 알고 있는지는 모르겠지만 한·중·일을 중심으로 하는 동방언어학계에서는 일찍부터 언어표현의 객관성과 주관성에 대하여 인식하고 있었던 것만은 사실이다. 단지 그것이 언어학 이론으로 정립이 되지 않았을 뿐이다.

한국어는 객관성과 주관성 표현 형식이 비교적 뚜렷이 구분되는 언어지만 그간 한국어 연구에서는 서법(mood)과 양태(modality)라는 개념으로 문장의 종결형에서 많이 논의되었다.

고영근·구본관(2008: 380)에서는 '현실적'이라고 함은 사태에 대한 앎이 객관성이 높다는 뜻이고 '비현실적'이라고 함은 사태에 대한 화자의 앎이 매우 주관적이어서 추측이나 상념의 세계에 진입한다는 것을 의미한다고 하면서 현실적 내지 객관적 표현 방식을 서실법(敍實法, fact-mood)이라고 하고,

비현실적 내지 주관적 표현 방식을 서상법(敍想法, thought-mood)이라고 하였다.

구본관 외(2015: 323)에서는 한국어는 '화자의 주관적인 태도'를 세분화하여 표현하는 문법적 장치가 발달한 것으로, 화자의 표현 의도에 따라 해당 표현을 쓸 것인가 말 것인가를 결정하는 주관적인 범주가 바로 양태라는 것이다. 이와 같이 한국어 문법 연구에서는 언어표현의 객관성과 주관성에 대하여 인식하고 있음을 알 수 있다.

중국에서는 呂叔湘主編『現代漢語八百詞』(商務印書館, 1980: 257)에서 "'旣然'句的重点在后面的推斷, 含主觀性。 '因爲'則是提出實際上的原因, 不含主觀性。"과 같이 원인구문에 나타나는 객관성과 주관성 표현의 차이를 지적하고 있었다.

일본에서는 일찍부터 일본어 표현구조의 객관성과 주관성에 대한 관심이 높았다. 山田孝雄(1936/1984: 907-924)에서는 문장의 서술방식을 두 가지 부분으로 나누었는데, 하나는 객관사물에 대한 묘사 부분이고 다른 하나는 객관사물에 대한 묘사에서의 언어 주체의 주관적 태도 부분이다. 객관사물에 대한 묘사 부분을 객관적 표현이라 하고 객관사물에 대한 묘사에서의 언어 주체의 주관적 태도 부분을 주관적 표현이라고 하였다. 즉, 문장은 객관적 표현과 주관적 표현이 유기적으로 결합되면서 비교적 완전한 문장으로 된다는 것이다.

아래에 서방언어학계에서의 주관성과 주관화 이론으로부터 그를 바탕으로 한 한국과 중국에서의 주관성과 주관화에 대한 연구 주제와 쟁점 그리고 향후 과제와 전망에 대해서 짚어보기로 한다.

2. 주관성과 주관화 이론

서방언어학계에서 인지언어학 연구를 중심으로 주관성과 주관화 이론을 어떻게 구축하고 있는지를 객관성과 주관성, 주관성과 주관화, 주관화와 문법화 등으로 나누어 살펴보기로 한다.

2.1. 객관성과 주관성

인지언어학에서는 어떤 실체나 상황은 객관적으로 해석되어 객관성을 얻거나 주관적으로 해석되어 주관성을 획득할 수 있다고 믿으면서 원근법 개념으로 객관성(objectivity)과 주관성(subjectivity)에 접근하고 있다. 인지언어학에서는 해석의 차원을 상세성(specificity), 규모/범위(scale/scope), 배경가정(background assumption)과 기대치(expectation), 전경-배경(figure-ground) 정렬, 원근(화)법(perspective), 주사(scanning) 등 여섯 가지로 나누면서 원근(화)법의 차원에서 주관적 해석과 객관적 해석에 대해 논의하고 있다. 즉, 해석의 차원에서 '한 실체는 그것을 바라보는 개념화자와 구별될 때는 객관적으로 해석되고, 개념화자가 개념화 과정에 몰두할 때는 주관적으로 해석된다.'고 하면서 '어떤 실체나 상황은 객관적으로 해석되어 객관성을 얻거나 주관적으로 해석되어 주관성을 획득할 수 있다'고 하였다(김동환 2013: 313, 322).

Langacker(1991: 316)에서는 개념화자가 어느 정도의 주관성이나 객관성을 갖고서 실체나 상황을 해석한다고 하면서 안경의 예를 통해 주관성과 객관성을 비교하였다. 예컨대, 안경을 벗고 그것을 손에 쥐고 안경 자체를 바라본다고 가정할 경우 안경이라는 실체에 대한 관찰자의 지각은 최대의 객관성을 가지게 된다. 이때 안경이라는 실체는 지각의 도구로 기능하는 것이 아니라 지각대상(object of perception)으로만 기능한다는 것이다. 반면에, 안경을 쓰고 다른 사물을 지각할 때는 안경이 관찰자의 의식에서 사라지게 되는데, 이 경우에 안경에 대한 관찰자의 지각은 최대한 주관적이 된다. 이때 안경은 지각주체(subject of perception)로만 기능한다는 것이다(김동환 2013: 322).

Finegan(1995: 1)은 '주관성'이란 담화에서 화자 자신을 표현하거나 화자의 관점이나 화자의 흔적을 표현하는 것이라고 하였다.

河上誓作(1996)는 사태를 해석하는 방식으로 객체성(objective)과 주체성

(subjective)을 들고 있는데, 하나는 해석하는 사태를 자기와는 완전히 떨어진 것으로서 객체화하는 방식이고 다른 하나는 의식하는 것과는 상관없이 자기가 그 사태에 관련된 모습으로 주체적으로 해석하는 방식이라고 하였다(이기우·이정애·박미엽 옮김 1997: 32-33).

Langacker(1999: 297)는 객관성과 주관성을 다음과 같이 정의하였다. "한 실체는 초점이 부여된 개념대상으로서 무대 위(on-stage)에 놓이는 경우에 객관적으로 해석된다. 반대 극단의 경우에, 무대 밖(off-stage)의 개념화자는 그 자체가 표현되지 않으면서 개념화의 주체로 기능하는 경우에 주관적으로 해석된다." 한 실체가 언어 표현이라고 할 때, 그 표현의 윤곽은 직접 범위에서 주의 초점이 되면서 객관적인 것으로 해석되고, 관찰자나 개념화자는 주관적인 것으로 해석된다는 것이다(김동환 2013: 323).

개념배열 상에서 중심부에 있는 요소는 객관적으로 해석되고 주변부에 있는 요소는 주관적으로 해석된다는 점에서, 주관성과 객관성은 개념배열에서 요소들이 차지하는 관점과 역할의 문제인 것이다(김동환 2013: 324). 그래서 인지문법에서는 언어의 객관성과 주관성은 분명한 분계점이 있는 것이 아니라 어느 한 쪽이 줄어들면 다른 쪽이 증가하는 상보적인 개념으로 이해하고 있다(김종도 2002: 182-185).

결국 어떤 실체나 상황은 객관적으로 해석되어 객관성을 얻거나 주관적으로 해석되어 주관성을 획득할 수 있게 되는데, 개념화자가 어느 정도의 주관성이나 객관성으로 해석하는가에 따라서 언어표현이 달라질 수 있다는 것이다.

2.2. 주관성과 주관화

Lyons(1977: 739)는 주관화란 언어생활 중 화자의 '자아'가 반영되는 것으로, 발화 중 화자의 입장이나 태도, 감정이 언어 문맥 속에 드러나는 것이라 하고, Finegan(1995: 1)은 주관성(subjectivity)이란 담화에서 화자 자신을 표현하거나 화자의 관점(흔적)을 표현하는 것이며, 주관화(subjectivization)란 주관성을 언어적으로 실현할 때의 구조 및 전략을 뜻하는 것이라고 규정하였다(임지룡 2008: 304).

범언어적으로 언어의 주관성과 주관화에 대한 본격적 연구는 20세기 80년대 후기에 시작되는데, 공시적인 측면과 통시적인 측면에서 연구되었다.[1] 공시적으로는 화자가 어떤 구조 혹은 형식으로 주관성을 표현하는가를 인지언어학의 시각에서 고찰하였는데, Langacker가 대표적이다. 통시적으로는 주관성 표현의 구조 혹은 형식은 어떻게 변하고 있는가를 역사언어학 시각에서 고찰하였는데, Traugott이 대표적이다(吳福祥 2011: 478). Langacker(1990)의 주관성에 대한 분석은 의미를 개념화와 동일시하는 인지문법의 기제에서 공시적 접근을 취한다면 Traugott(1989)은 주관성과 문법화를 결부시키는 통시적인 입장을 취한다.

Langacker(1990)는 기술 대상의 의미 속에 해석의 '주체'가 들어가게 되는 현상을 가리켜 주관화(subjectification)라고 하면서 '객관적 해석'에서 '주관적 해석'으로의 변이 과정을 들고 있었다. Langacker(1990)는 주관화를 어떤 관계가 객관적 축에서 주관적 축으로 재정렬(realignment)이나 대치(replacement)되는 것이라는 초기 정의로부터 Langacker(1999: 297)에서는 재정렬이나 대치가 아니라 전이(shift)에 의한 것으로 후기 수정하면서 '주관화는 어떤 실체에 대한 상대적인 객관적 해석에서 더 주관적 해석으로의 전이이다'고 다시 정의한다. 전치사 across의 의미 확장 과정을 통해 객관적 이동에서 주관적 이동으로의 전이인 주관화는 단 하나의 단계에서 발생하는 것이 아니라, 몇 가지 매개변수(위상의 변화, 초점의 변화, 영역의 변화, 활동의 중심의 변화)를 통해서 몇 번의 단계를 거치는 연속적인 진화적 단계를 통해 발생한다는 것을 알 수 있다(김동환 2013: 327, 334). 이와 같이 Langacker는 주관화가 의미 확장과 의미 해석의 기제로 작용한다고 보았다. 따라서 김동환(2013: 334)에

---

[1] 20세기 90년대에 들어서면서 언어의 주관화에 대한 연구는 점차 두 갈래 연구방향으로 갈라졌는데, Langacker, Verhagen을 대표로 하는 인지파(認知派)와 Traugott을 대표로 하는 화용교제파(語用交際派)가 있다(潘海峰 2017: 3).

는 주관화는 객관적 축에서 주관적 축으로 재정렬이나 대치되는 불연속적인 과정이 아니라, 객관적 해석에서부터 주관적 해석으로 전이하는 연속적 과정이라고 주장하였다.

Traugott(1995: 31)은 '처음에는 구체적이고 어휘적이며 객관적인 의미를 표현하던 형태나 구문이 특정 문법 환경에서 반복적으로 사용되면서 점차 추상적이고 화용적인 의미로 변하게 되며, 화자 중심(speaker-based)으로 변하게 된다.'(박향란 2011: 104)고 하였는데, 주관화 역시 문법화와 마찬가지로 점진적인 변화과정을 거친다는 것을 알 수 있다.

이와 같이 인지언어학은 주관적 의미론의 입장을 취하여 표현이 같더라도 해석이 다르면 의미가 다르다고 생각한다. 객관적 사태는 하나지만 의미 구조는 다르게 해석된다는 것이다. 언어표현은 사람이 바라보는 주관적 관점에 따라서 의미 해석이 달라질 수 있다고 본다(이수련 2015: 71, 73). 결국 주관화는 동일한 상황을 다양한 방법으로 구조화하고 해석하는 인간의 인지 능력인 해석(construal)의 한 가지 작용이다(김동환 2013: 305).

주관성과 주관화에 대한 연구가 심화됨에 따라 그 연구가 화자의 발화 측면으로부터 화자와 청자 간의 의사소통 공간으로 확대된다. 언어의 주관성은 동태(動態)적이고 화자와 청자 간의 상호적인 것으로 파악되어야 함을 Benveniste(1971)와 Verhagen(2005)에서 지적하면서 상호주관성(intersubjectivity) 이론이 등장하게 된다.

Benveniste(1971)는 상호주관성(intersubjectivity)을 화자와 청자 간의 관계로 정립하였다. 주관성(subjectivity)은 화자의 태도나 믿음을 언어화(encoding)한 것임에 반해, 상호주관성은 화자와 청자를 함께 고려한다. 즉, 상호주관성은 주관성에 비하면 조금 더 청자를 고려하는 것이다(조미희 2016: 78). 주관화는 인간언어에서 자연스럽게 나타나는 현상이고 청자는 또 다른 화자이기도 하기 때문에 대화 맥락에서 상호주관화가 나타나는 것은 너무나 자연스럽다고 할 것이다.

Verhagen은 『상호주관성의 구축(Constructions of Intersubjectivity)』(2005)

에서 영어와 네덜란드어에서의 부정표현과 한정구조, 그리고 텍스트 연결 등 세 가지 측면으로부터 상호주관화 이론을 구축함으로써 언어의 주관성(화) 연구를 상호주관성(화) 연구로 영역을 넓혀 나갔다(潘海峰 2017: 18). 이로부터 언어의 주관성과 주관화에 대한 분석은 의미, 통사, 화용 측면에서의 해석이 필요함을 보여준다.

이상에서 보다시피 주관화를 주관성의 생성기제와 의미 확장과 의미 해석의 기제로 보는가 하면 문법화의 기제로 보기도 하는데 주관화를 화자의 발화 측면으로부터 화자와 청자 간의 상호주관화로 확장해 나가는 모습을 볼 수 있다. 아래에서는 주관화와 문법화의 관계에 대해서 보기로 한다.

2.3. 주관화와 문법화

인지언어학에서는 문법화에 대한 인지적 접근법으로 주관화가 고찰의 대상으로 되고 있다.

주관화와 문법화의 관계에 대해서 대부분 학자들은 문법화가 일반적으로 주관화를 동반한다고 보고 있다. 문법화의 진행에 따라 빈번하게 일어나는 주관성 표지의 산생과 발달 현상들은 주관화의 산물이기 때문에 주관화는 문법화론에서 중요한 개념으로 등장하게 되었다.

Traugott(1989)이 가장 먼저 주관화를 문법화의 연구 프레임에 넣고 문법화의 시각에서 주관화에 대한 정의를 내렸다. 의미는 갈수록 사건 명제에 대한 화자의 주관적 신념과 태도에 바탕을 두게 되는데 이런 의미-화용의 변천과정이 주관화라는 것이다(吳福祥 2011: 478). 다시 말하면, 주관화는 주로 언어 형태의 의미 변화를 설명하는 기제로서 언어 형태의 의미가 변화할 때 덜 주관적인 의미에서 점점 더 주관적인 의미의 방향으로 이동한다는 것이다. 명제 혹은 외연 위주의 의미에 화자가 자신의 관점을 투사함으로써 점점 주관적인 의미로 변해 가는 과정을 가리키는데 이러한 주관화는 실제적 상황에서 담화적 상황으로 옮겨간다는 것이다.

Traugott & König(1991: 208-209)에서는 주관화를 아래와 같이 크게 세 가지 의미-화용적 경향성으로 요약하였다(이성하 1998: 153).

(1) a. 의미-화용적 경향 I: 외적인, 기술된 상황에 기초한 의미로부터 내적인, 평가/인식/인지에 기초한 의미로 변화한다.
    b. 의미-화용적 경향 II: 외적 또는 내적인, 기술된 상황에 기초한 의미로부터 텍스트에 기초한 의미로 변화한다.
    c. 의미-화용적 경향 III: 상황에 대한 화자의 주관적인 신념/태도의 의미가 점점 더 강한 주관적인 신념/태도를 의미하는 것으로 변화한다.

이 세 가지 경향성은 의미가 점점 주관성이 늘어나는 방향으로 변화함을 보여주는데, 이는 모두 화자의 주관성이 투사되었기 때문인 것으로 해석된다.

Traugott & Dasher(2002)는 문법화에서 의미 변화가 객관적 의미에서 주관적 의미로의 전이로 포착된다고 주장하면서 이런 과정을 주관화라고 부르고 있다(김동환 2013: 391).

Langacker(1999)의 문법화에 대한 주관화 접근법[2]에서는 문맥적 접근법이 아닌 개념적 접근법을 취하고, 문법화를 특징짓는 (개념적 의미에서) 주관화가 언어로 부호화되는 장면에 대한 개념화자의 해석에 내재적이며 객관적 현저성의 약화에 의해 드러난다고 주장한다(임지룡·김동환 옮김 2008: 512-513, 772-778). 즉, Langacker는 주관화가 문법화에 중심적이고 주관적 해석이 객관적 해석에 내재해 있다고 주장한다는 것을 볼 수 있다.

Geerarrts & Cuyckens의 『인지언어학 옥스퍼드 핸드북』(김동환 옮김 2011: 79)에서는 "통시적 주관화는 '단일방향성'을 보여준다. (어의론적 관점에서)

---

2 Evans & Green(2006)에서는 문법화에 대한 인지적 접근법으로 (1) Bernd Heine 등이 개발한 은유적 확장 접근법(metaphorical extension approach), (2) Elizabeth Closs Traugott & Richard Dasher가 개발한 유도적 추리 이론(Invited Inferencing Theory), (3) Langacker가 개발한 주관화 모형(subjectification model) 등 세 가지를 들고 있다(임지룡 김동환 옮김 2008: 758-778).

언어 표현의 의미는 객관적인 것에서 주관적인 것으로 발달하는 것이지 그역이 아니다. 따라서 우리는 바람/의도의 동사(영어의 will)가 미래 표지로 발달하는 것을 거듭 발견하지만, 미래 표지가 의도를 가리키는 동사로 발달하는 것은 거의 발견할 수 없다."라고 하였다.

김동환(2013: 386-396)에서는 문법화의 기제로 은유와 환유, 주관화, 재분석, 유추를 들면서 주관화는 주로 언어 형태의 의미적 변화를 설명하는 기제로서 언어 형태의 의미가 변화할 때 덜 주관적인 의미에서 점점 더 주관적인 의미의 방향으로 이동한다는 것이다. 즉, 명제나 외연 위주의 의미에 화자가 자신의 관점을 투사함으로써 점점 주관적인 의미로 변화해 가는 과정을 가리키는 것이라고 한다.

이상에서 보면, 언어표현의 객관성과 주관성은 언어 보편 현상으로서 개념화자가 어느 정도의 객관성이나 주관성으로 해석하는가에 따라 언어표현이 달라질 수 있음을 모두가 인정하고 있음을 알 수 있다. 개념화자의 '자아'가 투사되는 주관화로 하여 주관성이 생성되고 그로 인해 의미가 확장되며 더 나아가 문법화가 촉진된다고 인식하고 있음도 알 수 있었다. 그럼에도 주관성 표현의 보편성에 어느 정도의 공통성이 있으며 차이성은 없는지, 차이성이 있다면 서로 다른 언어에서 어떻게 체현되는지에 대한 탐구가 미약함을 볼 수 있다. 그리고 주관성과 주관화의 관계에 대한 개념 정립도 그다지 분명하지 않은 점 등으로 미루어 체계적인 이론 구축이 아직 미완성임을 보여준다.

3. 주관성과 주관화 연구 주제와 쟁점

주관성과 주관화에 대한 주요 연구 주제와 쟁점들을 다룸에 있어서 한국어와 한어(漢語) 영역에서 어떠한 공통성과 차이성이 있는지를 보기로 한다.
한국이나 중국은 모두 주관성과 주관화에 대한 이론 정립보다 서방이론을 그대로 받아들여 그를 바탕으로 자국어에 대한 주관성 표현과 주관화 실현

양상을 고찰하고 있는 모습이다.

한국어 연구 영역에서는 1980년대 후반에 들어서면서 비교적 일찍 언어의 주관성과 주관화에 대한 연구가 시작되었다. 이기동의 논문 "언어 주관성의 문제"(『한글』 1989년 206호)에서 선구적으로 한국어의 주관성과 주관화에 대한 연구가 서막을 열었다. 이기동(1989)에서는 Langacker의 '인지문법'의 틀 속에서 한국어에서의 지시어, 심리술어, 체험의 선어말어미 '더', 부정부사 '못', 조동사, 관점의 이동 등 주관화와 관련된 현상을 살폈다.

한어 연구 영역에서는 2000년대에 들어서면서 언어의 주관성과 주관화에 대한 연구가 본격적으로 진행되었는데, 한어의 주관성과 주관화에 대한 선도적 연구는 沈家煊의 논문 "語言的'主觀性'和'主觀化'"(『外語敎學与硏究』 2001年第4期)에서부터라고 할 수 있다. 沈家煊(2001)에서는 Lyons, Finegan, Langacker, Traugott의 언어의 주관성과 주관화, 주관화와 문법화, 주관화와 인지문법 등 이론을 소개하면서 한어에서 주관성과 주관화가 어떤 방식으로 어떻게 표현되는지에 대한 탐구를 시도하였다.

아래에 한국어와 한어 영역에서의 주관성과 주관화에 대한 주요 연구 주제와 쟁점을 정리해 보도록 한다.

3.1. 문법현상의 주관화 생성과 해석

주관성과 주관화를 새로운 문법현상의 생성과 해석의 기제로 간주한다. 沈家煊(2002)은 Lyons(1977)와 Finegan(1995)에 근거하여 주관성과 주관화의 개념을 선구적으로 漢語의 '把字句' 연구에 도입하였다. 화자의 정감(情感; affect), 화자의 시각(視角; perspective), 화자의 인식(認識; epistemic modality)의 3차원에서 漢語에서의 把字句를 고찰하였다. 즉, 把字句가 동정(同情)과 같은 감정이입을 통해서 화자의 정감을 표현하고, 把字句가 '주관량(主觀量)'이나 '상' 등을 통해 화자의 시각을 표시하며, 把字句가 뜻밖이거나 여의치 않은 등 인식양상을 통해 화자의 인식을 나타낸다고 보았다. 결국 화자의 주관성 투사에 의해 把字句가 산생됨으로써 把字句의 생성기제가 바로 화자의 주관성 투사라는 것이다.

宋文輝(2005)에서는 일반 서술문과 把字句, 被字句에 대한 비교로부터 서술[施事]의 의지적 강도(强度)에 따른 주관성 기제의 사용에 대해 논의하였다.

최규발·조경환(2006: 107-133)에서는 주관성과 주관화의 개념으로부터 Langacker(1999)의 '주관화 모형'에 근거하여 漢語 把字句의 주관화를 고찰하면서 把字句 사이에도 주관성 정도의 차이가 있음을 특별히 주목하였다. 한 걸음 더 나아가 把字句의 객관적 이동과 주관적 이동, 그리고 중간 이동류가 있음을 밝히면서 '객관적 이동'이 把字句의 원형이며 이로부터 '주관적 이동'으로 변천함을 보여, 주관화 과정이 통시적인 산물일 것이라는 가설을 제공하였다.

崔蕊(2014)에서는 통시적 주관화 시각에서 한어 허사(虛詞)가 객관성 의미로부터 주관성 의미에로 변화 발전하는 과정을 중점 고찰하였다. 崔蕊(2014)에서는 허사의 주관성과 주관화는 情理誘導的推理(인정 사리 추리), 認知推理(인지추리), 伴隨義的獨立化(수반 의미 독립화), 語境吸收(언어환경 흡수) 등 네 가지 생성기제를 통해 다양하게 실현되고 있음을 구체적으로 밝혔다.

임지룡(1998)에서는 객관적 이동(objective motion)은 이동체의 물리적·공간적 이동으로, 주관적 이동(subjective motion)은 개념화자의 상대적·심리적 이동으로 정의하면서 객관적 이동표현과 구별되는 주관적 이동표현의 인지적 특성을 고찰하였다. 이동의 언어화 과정에서의 표현상의 제약으로부터 이동체의 실질적 이동에 의한 객관적 이동과 개념화자에 의한 주관적 이동으로 대별하고 주관적 이동표현을 또 개념화자 자신의 이동에 의한 '상대적 이동'과 개념화자 시선의 이동에 의한 '심리적 이동'으로 구별함으로써 이동동사 구문 연구의 새 지평을 열어놓았다.

함계임(2016)과 함계임(2017: 210)은 한국어 교재에서의 한국어 연결어미 '-(으)ㄴ/는데'와 '-(으)면'의 사용 상황 선정과 의미 조합을 각기 분석하면서 주관화 판별기준 세 가지를 제시하였다. 첫 번째는 후행절의 서법이 서의법인 것을 들고 있다. 서의법은 화자의 의지가 나타나므로 화자의 해석 개입이 잘 드러나고 있는 대표적인 주관화 지표라는 것이다. 다음은 주어의 인칭을 들고 있다. 서술의 주체가 3인칭인 경우는 객관적인 해석이 가능하나 1인칭인 경우는 화자와 문장의 주체가 일치하면서 화자가 해석에 개입하게 된다는 것이다. 마지막으로 서술어의 품사가 형용사나 감정동사인 경우를 들고 있는데, 형용사나 감정동사의 경우 그 정도를 객관화하기 어렵기 때문이라고 하였다. 결국 한국어 교재에서 인지적 효율을 높이기 위해 연결어미의 제시 순서를 객관성이 큰 것을 우선으로 하여 점차 주관성이 큰 것으로의 순서로 제시하는 것이 바람직하다고 지적하였다.

강보유(2017: 57-61)에서는 한국어 구문해석 방법론을 구축함에 있어서 문화인지적 해석기반의 하나로 주관성과 주관화의 해석기반을 제안하면서 연결어어미의 통사구성 차이와 격조사의 보조사 용법을 화자의 주관성 투사로 해석하였다.

3.2. 문법화의 주관화

한국어나 한어나 주관성과 주관화를 문법화의 프레임에서 논의를 전개하는 것이 일반적이다. 한국어 영역에서는 일찍 문법화 과정을 주관화 과정의 일환으로 인지하고 있었다.

이기동(1989: 197-201)에서는 한국어에서 '버리다, 내다, 주다, 놓다, 두다, 쌓다, 대다, 보다' 등 동사들은 본동사로도 쓰이고 조동사로도 쓰이는 경우가 있는데, 주관화 과정을 거치면서 역사적으로 비주관적이던 본동사가 주관적인 조동사로 바뀐 것으로 보고 있다. 이로써 본동사로부터 조동사로의 역사적 변화과정을 주관화 과정을 보여주는 좋은 보기라고 하였다.

안주호(1997: 291-293)에서는 한국어 명사의 문법화 현상의 특징의 하나로 '의미의 주관화'를 들고 있는데, 문법화하면서 의미는 '주관적'으로 변한다는 것이다. 비교적 객관적인 의미를 내포하고 있던 자립명사가 문법화되면서 '화자가 명제 내용을 표현할 때의 태도'를 나타내게 된다는 것이다. 의미의 주관화에서 특히 '주어 인칭' 중심에서 '화자' 중심으로 바뀌면서 '주어'보다도 '화자' 중심으로 문법화되어 간다고 하였다.

조미희(2013)에서는 유사한 의미를 가진 보조동사 구성 두 쌍을 비교하여 문법화 과정을 거칠수록 의미의 주관화가 진행되는 경향성을 관찰하고, 보조동사가 가진 의미의 주관화 정도를 확인할 수 있는 통사적인 근거를 제시하고자 하였다. 결과 보조 동사 '-어 놓다' 구성은 의미의 주관화 과정을 겪은 뒤 주어중심적 의미의 구성과 화자중심적 의미의 구성이 공시적으로 공존하며, 두 구성이 통사적으로 다른 특성을 보이고 있으며, '-어 두다' 구성과 '-어 치우다' 구성은 주어중심적 의미와 그에 따른 통사적 특성을 보이며, '-어 버리다'는 가장 주관화가 많이 진행되어 의미적·통사적으로 화자중심적인 특성을 보인다고 하였다.

조미희(2016)에서는 주관화와 문법화 관계를 고찰하면서 연결어미의 종결어미화로의 체계적인 변화로부터 주관화 이론이 의미 변화의 방향과 이를 동기화하는 인지적 기제를 설명하는 데 유용하다고 하였다. 그리고 주관화와 화용화가 던지는 문제 제기를 통해 문법화 이론을 다시 점검함으로써 문법화의 외연을 확장할 필요성을 제기하였다.

吳福祥(2011)의『漢語主觀性与主觀化研究』에서는 주관성과 주관화에 대한 그간의 수많은 연구 성과 중 20편을 선정, 수록하였다. 수록된 대부분 논문이 주관화에 따른 문법화 과정에 대한 연구들로서 문법화 과정에는 흔히 주관화 과정이 동반된다는 것이 주요 논지(論旨)였다.

최규발·조경환(2008: 290)에서는 주관성과 주관화의 개념에 대해 '주관성'을 얼음에, '주관화'를 물에 비유하였다. 다시 말해 주관성은 흐름이 없는 정적인 상태인 반면, 주관화는 흐름, 즉 시간을 포함한 동적인 변화 과정으로 간주하였다. 최규발·조경환(2008: 297, 305)에서는 또 주관성이 생기는 과정, 즉 주관성이 강해지는 과정을 '주관화'라고 하면서 주관화의 통시적 움직임을 강조한 나머지 주관화가 把字句의 통시적인 변천과정의 동기로 된다고 하였다.

김정필(2010)에서는 주관성 표현의 기제로서의 주관화는 문법화의 일종으로 간주되면서도, 기능화와는 서로 다른 차이점이 있음을 파악하였다. 한어를 실례로 어휘로서의 능력을 상실하여 완전히 허화(虛化)되는 것은 기능화로 파악하고 반대로, 주관화는 의미의 추상화를 통해 허화가 진행되고 있지만, 여전히 어휘성과 자립성을 지니고 또 다른 구문에서는 문장성분으로 기능할 수 있는 특성을 지니고 있다고 보았다. 특히 한어의 개사구조(介詞構造)에서 술어 앞에서 부사어로 기능하는 개사는 주관화 과정에 존재하며, 술어에 후행하는 보어로 기능하는 개사는 기능화 과정에 속한다는 사실을 주목하였다.

박향란(2011)에서는 어휘화 과정과 주관화 과정에서 한어 '所以'의 의미역이 내용역에서 인식역으로, 다시 화행역으로 점차 발전하는 모습을 고찰하였다.

강보유(2017: 61)는 한국어 격조사는 격조사의 주관화 기제를 통해 격이라는 문법적 원형의미로부터 주관적인 양태 의미를 얻음으로써 보조사처럼 기능하는 것으로 판단하고 있다.

결국 주관화와 문법화는 필연적인 관계는 아니지만 개념화자의 주관성이 문법화에 크게 영향을 미친다는 사실은 부정할 수 없으며 또 문법화는 주관화 기제로 하여 해석력이 강화된다는 점 때문에 문법화 연구에서 주관화가 각광을 받게 된다.

3.3. 주관성과 주관화 기능 표지

어떠한 문법 현상이든 언어구조에 흔적을 남기게 되는데, 개념화자의 주관성 투사로 하여 형성된 주관화 기능 표지가 쟁점이 되고 있다.

이기동(1989: 192-193)에서는 형태소 '-더-'의 의미 기술에는 반드시 화자가 포함되어 있기 때문에 '-더-'는 주관적 형태소라고 보았으며 부정어 '못'의 의미 기술에는 화자가 반드시 개입되어야 하기 때문에 '못'은 주관화 술어라고 할 수 있다고 하였다.

강보유(2011)에서는 주격조사 '-이/-가'의 의미자질은 [+주체화]와 [+객관성]이고 의미기능은 미지(未知)로서 신정보를 나타냄으로써 객관적 표현 방식에 적절하고 보조사 '-은/-는'의 의미자질은 [+주제화]와 [+주관성]이고 의미기능은 기지(旣知)로서 구정보를 나타냄으로써 주관적 표현 방식에 적절하다고 하였다. 그리고 한국어에서 보조사, 보조동사, 서법, 부사 '아니(안), 또, 벌써', 인칭대명사 '나, 너, 우리' 등을 주관성 기능 표지 목록으로 제시하였다.

한어 연구에서는 주관성 표지의 기능상의 정도(강약)에 따른 차이를 밝히는 데 집중하고 있다. 沈家煊(2002)에서는 被字句와 마찬가지로 把字句도 초기에는 주관적 표현의 수요로부터 생성되었지만 장기간 사용과정에서 주관성이 점차 약화됨을 지적하면서 정도부사의 높은 정도성이 사용빈도가 높아지면서 점차 낮은 정도성을 나타내게 되는 것과 같은 도리라고 하였다.

陸方喆・李曉琪(2013)에서는 화자의 강한 주관성을 나타내는 한어 連詞 '何況'과 '況且'의 화용론적 차이를 분석하였다.

김정필(2010)에서는 한어에서 술어를 중심으로 분포하는 부사어와 보어의 어순 차이를 통해 주관성 강약의 차이를 밝히면서 시간순서 원칙에 근거하여, 전치수식어인 부사어는 화자의 주관성을 강하게 드러낸다는 사실을 전제하고 후치수식어인 보어는 오히려 본래의 주관의도를 객관화하는 경향이 있다고 하였다.

주관성과 주관화 기능 표지로 주관량 표지가 쟁점으로 많이 떠오른다.

강보유(2014: 109)에서는 목적격조사 '-을/-를'이 양화 표지로 주관량을 나타내면서 주관화 표지로 기능하고 있음을 밝히고 있다. 채옥자(2014: 375)에서는 주관적 수량은 언어의 주관성과 수량범주의 주관성으로 말미암아 형성되는데, 주관적 수량의 생성 기제는 '참조수량과의 비교'이며 화자가 참조수량과 비교함으로써 주어진 수량을 주관적 대량이나 주관적 소량이 되게 한다고 하였다. 한국어 주관적 수량 표현은 주로 어휘적 요소, 문법적 요소 및 통사론적 구성 등 다양한 요소로 나타남을 지적하였다.

梁海勝(2015)에서는 인지언어학적 관점으로 주관량의 형성과정, 정의, 참조량, 생성원리 그리고 주관량의 구분기준에 대해 논의한 후 형태론적, 통사론적, 조어론적, 음운론적, 표현론적 등 차원에서 한국어 주관량 표현을 비교적 구체적으로 다루었다. 형태론적으로 부사와 조사는 주관량을 나타내는 데 있어서 동사, 형용사, 명사, 관형사보다 훨씬 더 우세를 보인다고 하면서 이를 부사와 조사의 주관화 정도가 다른 품사의 주관화 정도보다 훨씬 더 높기 때문인 것으로 보았다. 통사론적으로 주관 대량의 단순 통사적 표현보다 주관 소량의 단순 통사적 표현은 주관화 정도가 높아서 객관량을 표현하기 어렵다고 보았으며 주관 대량은 항상 긍정적 표현에 의해 실현되고 주관 소량은 항상 부정적 표현에 의해 실현된다고 하였다.

주관성과 주관화 기능 표지가 너무나 다양하지만 그에 대한 체계적이고 종합적인 연구가 한국이나 중국이나 아직 미약함을 보여주고 있다.

3.4. 주관화의 통사적 제약

통사적 제약이 주관성과 주관화를 판단하는 주요 수단으로 되면서 쟁점화되고 있다.

한국어나 한어나 모두 안긴문장에는 개념화자의 주관성이 투사될 수 없다는 통사적 제약이 따름을 볼 수 있다.

楊彩梅(2007)에서는 문장의 주관성과 관형사절[關系從句]의 객관성이라는 서로 다른 차원의 의미특징을 비교하면서 영어와 한어에서는 문장(안은문장)의 주관성이 관형사절에서는 실현될 수 없다는 언어사실로부터 관형사절화[關系化]를 문장의 주관성 실현의 형식적 수단으로 보았다.

강보유(2014: 106)에서는 한국어에서도 개념화자의 주관성 투사는 안은문장(모문)에서만 가능하고 일반적으로 안긴문장에서는 불가능하다는 통사적 제약이 따른다고 하면서 이를 '주관성 투사의 통사제약 규제'라고 하였다. 한국어에서 주관화는 또 통사제약 규제를 벗어난 통사적 위치 이동으로 실현된다. 강보유(2014: 107)에서는 객관성 기능 표지로서의 주격조사 '-이/-가'와 목적격조사 '-을/-를'이 논항구조에서 벗어나는 통사적 위치 이동으로 주관화 기능표지로서의 보조사 역할을 하게 됨을 '격조사의 주관화'라고 하였다. 개념화자의 주관성 투사로 하여 주관화가 이루어지고 또 그로 인하여 문법이 부단히 변화해 감을 보여준다.

3.5. 품사 분류의 주관성과 주관화

한어 연구 영역에서는 주관성과 주관화를 품사 분류 기제로 활용하면서 품사 유형론 연구를 새로운 차원으로 끌어올릴 것으로 예상된다.

沈家煊(2015)에서는 한어 품사 체계에는 주관성이 강하게 내재해 있다고 하면서 한어 품사를 4단계로 나누어 분류하였다. 먼저 摹狀詞(묘사어)와 大名詞로 양분하고, 다음 大名詞에서 주관성이 비교적 강한 形容詞(수식어)를 名詞와 動詞와 구분하였다. 그 다음 形容詞 내에서 단음절과 쌍음절에 따라 '定性'과 '摹狀'으로 구분하였다. 마지막으로 動詞를 분류하였는데, 예컨대 '非作格動詞'와 '非賓格動詞'들이다. 특히 주목되는 부분은 '是'구문을 '주관긍정'으로 보고, '有'구문을 '객관서술'로 본다는 것이다. 즉, '是'구문의 부정은 부정사로 '不/非'를 쓰는데 주관적인 '是非'의 문제이고 '有'구문의 부정은 부정사로 '沒/無/未'를 쓰는데 객관적인 '有無'의 문제라는 것이다.

石定栩·孫嘉銘(2017)에서는 주관사(主觀詞) 개념을 도입하면서 동작의 성격을 수식하는 '常常'은 객관부사(客觀副詞)로, 화자의 주관적 판단을 나타내는 '往往'은 주관부사(主觀副詞)로 구분하여 그 차이를 구별하였다.

한국어 품사분류에서도 하위분류에서 객관성과 주관성 그리고 주관화 개념을 도입할 수 있을 것으로 보인다. 강보유(2017: 57)에서는 '-어하다'를 붙일 수 있는가 없는가를 객관형용사와 주관형용사로 판단하는 기제로 활용할 수 있다고 하였다.

3.6. 상호주관성(화)

주관성과 주관화 연구 영역을 화자의 입장으로부터 화자와 청자를 포함한 화용-텍스트 차원에서 상호주관성(화)으로 연구 영역으로 확장하고 있다.

Langacker는 언어의 주관화는 언어의 의미와 통사구조 형식의 변화에 영향을 준다고 하고 Verhagen는 언어의 주관화는 언어의 의미와 형식의 변화에 영향을 줄 뿐만 아니라 언어표현의 기능 변화에도 영향을 준다고 보고 있다. 그래서 주관화 연구를 텍스트 영역으로까지 확장하여 상호주관성(화)을 제기하면서 연구 시각을 주체와 객체 사이로부터 주체 간 사이로 확장한다(潘海峰 2017:30). 이를 받아서 중국의 한어 연구에서는 상호주관성(화)으로 연구 영역을 넓혀나가고 있는데, 구체적으로 보면 아래와 같다.

潘海峰(2017)은 인지-화용 시각에서 한어 부사(副詞)의 주관성과 주관화를 논의하였다. 主觀情態功能(주관적 표정과 태도 기능), 主觀銜接功能(주관적 연결 기능), 主觀量化功能(주관적 양화 기능) 등 세 가지 주관화 기능으로부터 한어 부사의 주관성 표현, 주관화 동기, 주관화 기제, 주관화 방도[路徑], 주관화 궤적(軌迹) 등 제 문제를 다루었다.

鐘小勇·張霖(2013)에서는 '旣然'句와 '因爲'句의 주관성 차이를 밝혔는데, '旣然'句는 전제가 화자와 청자 간의 공지(共知)의 사실로서 상호주관성을 나타낸다면 '因爲'句는 대화 쌍방의 공지의 사실이 아닐 수도 있기 때문에 반드시 상호주관성을 나타내는 것은 아니라고 하였다.

完權(2017)에서는 청자가 화자의 언어표현 형식으로부터 청자를 향한 주관 시각, 정감, 인식을 직접 해독(解讀)할 수 있다는 상호주관성(intersubjectivity; 交互主觀性) 판별 원칙을 세우고 '我'(나), '那麼'(그러면), '当然'(당연히), '毫无疑問'(의심할 바 없이), '眞的'(진짜로), '對吧'(그렇지/옳지), '我想'(내가 생각하건대) 등 실례로부터 상호주관성의 강약과 기능상 차이를 논의하였다. 한어에서의 상호주관성 표현은 영어와 프랑스어와 달리 통사 위치상 규제가 없이 유표성[標記性]으로 나타난다고 하면서 통사구조상 통상에서 일탈

(逸脫)될수록 상호주관성이 더 강하게 나타나며 특별 형식은 특별 기능과 대응되고 특별 위치는 특별 의미와 대응된다는 가설을 제기하였다.

吳一安(2003)에서는 화용-텍스트 차원에서 영어와 한어의 공간 지시어 'this, that'과 '這, 那'의 '자아(自我)' 실현으로부터 텍스트상의 주관성 표현을 비교하였다. 孫鵬飛(2018)에서는 또 한어 호칭어의 자기 지칭(自稱) 특수 현상을 상호주관성 투사로 해석하였다.

한어 영역에서 이처럼 주관성과 주관화 연구를 상호주관성(화) 연구로 확장함에 따라 인지화용론 연구가 각광을 받을 전망이다.

이상의 연구 주제와 쟁점에서 살핀 바와 같이 개념화자의 주관 태도를 나타내는 주관성과 주관화는 형태가 있는 기능 표지로서 문법현상의 생성(해석) 기제와 문법화의 주관화 기제, 통사적 제약 기제, 그리고 품사 분류 기제로 작동하면서 화자와 청자를 아우르는 언어 보편적인 문법 장치라는 것을 알 수 있었다.

한국어와 한어 영역을 비교해 볼 때, 주관화 생성 기제와 문법화의 주관화 기제에서는 많은 면에서 같은 맥락을 유지하고 있다고 볼 수 있다. 하지만 한어 영역에서는 품사 분류 기제, 통사 제약 기제에 많은 관심을 보이고 있었으며 상호주관(성)화 연구로 영역을 과감히 확장해 나감을 알 수 있었다. 그리고 주관성과 주관화의 기능 표지 발굴이나 주관화 기제에 따른 정밀한 구문분석이 한어 영역이 한국어 영역보다 앞서가는 모습을 보이고 있었다. 이는 주관성과 주관화 연구에 많은 연구자들이 적극 동참하기에 절대적으로 가능하다.

4. 과제와 전망

주관성과 주관화에 관한 이상의 연구 주제와 쟁점으로부터 앞으로의 과제를 짚어보고 그 미래를 전망해 보기로 한다.

4.1. 문법형태의 주관화 생성(해석) 기제 구축

주관성 기능 표지를 발굴하여 설정한다면 주관화 생성(해석) 기제를 구축할 수 있다.

한국어에는 주관성 표현을 위한 다양한 형태 표지가 있는데, 그것이 어떻게 분포되어 있으며 어디까지로 확장할 수 있는지에 대한 정밀한 분석이 필요하다.

아래에 한국어 주격조사 '-이/-가'와 보조사 '-은/-는'을 실례로 한국어에서 주관화 생성(해석) 기제 구축의 필요성에 대해 알아보기로 한다.

화자의 시점에서 볼 때, 객관성과 주관성이 격조사와 보조사를 구분하는 가장 원초적 선별 기준이었을지도 모른다. 한국어 조사 표현의 객관성과 주관성을 격조사와 보조사를 선별하는 기준으로 예상해 볼 수도 있다. 격조사는 객관적으로 순수 문법적 관계를 표시해주고 보조사는 개념화자의 주관성이 투사되면서 어떤 뜻을 더해주는 것으로 개념화할 수 있는 가능성이 열려 있다 (강보유 2015).

객관성과 주관성이 격조사와 보조사의 선별 기준으로 성립된다면, 문법 형태 기술에서는 조사를 통사 기능을 하는 '객관 조사'와 화용 의미 기능을 하는 '주관 조사'로 갈라볼 수 있고, 통사 기술에서는 주어에 주격조사 '-이/-가'가 쓰이면 객관적 서술형이고, 주어에 보조사 '-은/-는'이 쓰이면 주관적 서술형이라고 규정할 수 있을 것이다. 그리고 격조사의 주관화로 인한 화용 의미는 기본 의미 기능에서 파생된 2차적 의미 기능으로 처리될 수 있다. 결국 주격조사 '-이/-가'는 객관성 표지로 쓰이고 보조사 '-은/-는'은 주관성 표지로 쓰이는 것(강보유 2011, 2012, 2015)[3]으로 되어 한국어에서 격조사 존재 자체를 부정

---

3 홍정하(2011: 473-475)에서는 코퍼스 언어학적 접근으로 시점과 관련한 '-는'/'-가'의 분포적 특징을 모문 서술어로 사용된 동사와 모문 주어의 공기 분포를 고찰하였는데, '-가'와 상관적 분포를 보이는 발화동사는 객관적 관찰과 관련되며, '-는'과 상관적 분포를 보이는 발화동사는 화자의 주관성이 개입된 발화동사로 판단된다고 하였다. 결국 '-는'은 시공간적 화시 중심의 주관성을, '-가'는 시공간적 원칭과

하는 논의(김의수 2017: 203)를 잠재울 수도 있을 것이다.

주관성 기능 표지는 조사를 비롯한 문법형태소, 통사, 서법, 어휘 등 다양한 구조에서 타나나고 있다. 그러므로 한국어문법 프레임에서 주관화 생성 기제를 구축한다면 동류 조사나 어미, 부사들 간 차이점 및 사용 양상이 자세히 밝혀질 것이기 때문에 그에 대한 연구는 기대가 크다.

4.2. 문법화의 주관화 기제 구축

문법화란 의미적으로 완전한 단어가 별 의미 없이 문법적 기능만을 주로 하는 단어로 바뀌는 변화를 말한다. 다시 말하면 어휘 표현으로부터 문법 표현으로, 덜 문법적인 의미에서 더 문법적인 의미에로 변화하는 현상을 말한다. 문법화는 내용어에서 기능어로의 문법화와 기능어에서 기능어로의 문법화라는 두 가지 유형이 있는데, 내용어에서 기능어로의 문법화 현상이 있고 기능어에서 기능어로의 문법화 현상이 있다(임지룡 1997: 429).

아래에 개념화자의 주관성 투사로 인한 문법화 현상을 보기로 한다.

(2) a. 웃기고 **자빠졌네**. / 웃기고 있네.
     b. 놀고 **자빠졌네**. / 놀고 있네.
(3) a. 사람이 너무 순해 **빠진** 것도 좋지 않아.『고려대 한국어대사전』
     b. 아이가 약아 **빠져서** 매사에 꾀만 부리려고 한다.『고려대 한국어 대사전』

(2)에서 동사 '자빠지다'는 연결어미 '-고' 뒤에 붙어서 앞말이 지시하는 행동이나 동작을 얕잡아 속되게 이르는 보조동사로 문법화를 실현했다. (3)에서 동사 '빠지다'는 연결어미 '-아/-어/-여'를 연결고리로 평가형용사에 붙어

객관성을 나타내므로, 시공간적 근접성과 화자의 주관적/객관적 태도와 관련성이 있다고 보았다.

어떤 성질이나 상태에 대한 개념화자의 불만족스러운 감정을 드러내면서 보조형용사로 문법화를 실현했다. 개념화자의 가치 판단에 따른 주관화 동기가 부여됨으로써 의미가 더 추상화되면서 동사 '자빠지다'는 보조동사로, '빠지다'는 보조형용사로 문법화되었다.

개념화자의 주관성이 투사되면서 어휘적인 것이 문법적인 것으로, 덜 문법적이던 것이 더 문법적인 것으로 문법화가 실현된다. 그러므로 주관성이 문법화의 주요 동기가 되고 주관화가 문법화의 심리적인 생성 기제가 되는 셈이다. 즉, 어휘형태가 문법형태로 전환(문법화)되려면 어떤 동력이 필요하게 되는데, 그 동력이 바로 주관성 투사라고 할 수 있다(강보유 2017: 70).

주관화와 문법화는 필연적인 관계는 아니라고 하지만 주관화 기제 구축으로 하여 문법화에 대한 동태적인 해석력이 강화되었다는 것만은 사실이다. 개념화자의 주관성이 문법화에 영향을 미치지만 어느 정도의 영향을 미치는가에 대해서는 더 깊은 연구를 기대해 본다.

4.3. 통사적 제약의 주관화 기제 구축

주관성은 아무 곳에서나 자유롭게 투사되는 것이 아니라 통사구조의 제약을 받게 되는데, 안긴문장에는 개념화자의 주관성이 투사될 수 없다는 통사적 제약이 따른다,

강보유(2014: 106)에서는 한국어에서 안긴문장의 주어 자리에는 주격조사 '-이/-가'가 쓰이고 보조사 '-은/-는'은 쓰일 수 없다는 사실을 가지고 개념화자의 주관성 투사는 안은문장(모문)에서만 가능하고 일반적으로 안긴문장에서는 불가능하다는 통사적 제약이 따른다고 하면서 이를 '주관성 투사의 통사제약 규제'라고 하였다.

> (4) a. 나는 정부가 이런 난국을 잘 수습하기를 기대했다. (남기심 · 고영근 2014: 385)

b. *나는 정부는 이런 난국을 잘 수습하기를 기대했다.

안긴문장의 명사절을 고찰할 때, 일반적으로 명사화 절차에만 관심을 보이고 명사절 속에 개념화자의 주관성이 투사될 수 있는지에 대해서는 무관심했다. 그래서 예문 (4b)가 왜 비문이거나 어색한지를 해석할 수 없었다.

(5) a. 인생은 짧고 예술은 길다. (고영근ㆍ구본관 2008: 490)
     b. *봄은 오면 꽃은 핀다. (고영근ㆍ구본관 2008: 490)

(5a)와 같이 대등적으로 이어진 문장에서는 선행절과 후행절에 '대조'나 '주제'의 보조사 '-은/-는'은 결합될 수 있다. 하지만 (5b)와 같이 종속적으로 이어진 문장에서는 보조사 '-은/-는'은 결합될 수 없고 '-이/-가'만이 결합될 수 있다는 사실 또한 한국어에서 종속절로 이어진 문장에서 선행절의 주어에 보조사 '-은/-는'이 쓰일 수 없다는 통사적 제약이 있음을 말해준다. 이는 바로 '-이/-가'는 객관성 표지로 기능하고 '-은/-는'은 주관성 표지로 기능하기 때문인 것으로 해석이 가능해진다.

언어의 통사 규칙은 고정불변하는 것이 아니다. 부단히 쓰이는 과정에서 개념화자의 주관성 투사로 하여 통사 제약이 점점 느슨해지기도 한다.

(6) a. 나는 [철수는 공을 차는 것을] 보았다.
     b. 우리는 [철수는 공을 차기를] 바란다.
     c. 철수가 [영희는 성적이 좋음을] 알았다/몰랐다.

(6)은 임홍빈(2007: 327-329)에서 아무런 이상이 없는 적격한 문장으로 받아들이고 있는 예문들이다. (6)이 부적격한 문장인지는 제쳐두고라도 어색한 문장으로 느껴지지만 말뭉치에서 많이 발견되고 또 언중이 거부감 없이 적격문으로 받아들이고 있다면 이는 바로 보조사 '-은/-는'의 주관화이고 또 그 주관화로 인한 주관적 표현이라고 할 수 있다.

(7) a. 나는 제발 네가 잘되기를 바란다.
　　 b. 나는 제발 너는 잘되기를 바란다.

(6)이나 (7b)는 본래부터 주관성 표지로 쓰이던 보조사 '-은/-는'이 안긴문 장에서 쓰일 수 없다는 통사구조의 선택 제약을 깨뜨리면서까지 안긴문장에 서도 쓰일 수 있다는 조짐을 보인 것이다. 이것은 개념화자의 강한 주관적 태도를 반영하는 주관화 현상은 현재 진행형으로 매우 생산적임을 말해준다 (강보유 2015: 142).

주관성과 주관화에 따른 통사 제약 규제 기제 구축으로 하여 강조 기능을 하고 있는 격조사에 대한 합리적인 해석이 가능해질 것으로 보이며 따라서 화제와 초점에 대한 문제도 해석할 길이 열릴 것으로 기대된다.

그렇다면 주관화의 통사적 제약 규제를 어디까지를 인정할 것이며 안긴문 장에서의 주관화 통제가 통시적으로 가능할 것인가가 의문의 대상이 될 수 있다. 그러므로 말뭉치를 통한 경향성 파악으로부터 한국어 통사제약 규제를 좀 더 면밀히 검토해 보아야 할 것이다.

4.4. 품사 분류의 주관화 기제 구축

한어는 한국어와 같은 형태변화가 없는 고립어로서 품사 분류의 필요성에 대해 쟁론이 끊이지 않고 있다는 것은 주지의 사실이다. 하지만 한어 품사 체계에는 아주 강한 주관성이 내재해 있는 것으로 인식되면서 앞의 3.5에서 보았듯이, 한어 연구에서는 품사 분류의 주관화 기제 구축이 쟁점으로 떠오르 고 있다.

언어유형론의 연구 중점이 품사·형태론으로부터 어순으로 갔던 것이 오늘 날 또다시 품사·형태론으로 돌아오는 이 시점에서 품사 분류의 주관화 기제는 품사 유형론 연구에 새로운 시야를 넓혀 줄 것으로 기대된다.

한국어 품사 분류의 기준으로 형식, 기능, 의미를 들고 있는데, 그중 가장 중요한 기준으로는 기능이고 그 다음이 형식이며 의미는 보조적인 기준으로만 사용되고 있다. 교착어라는 한국어의 특성상 한국어의 품사는 기능을 중심으로 하고 형식과 의미가 더해져서 분류가 이루어지게 되는데, 분류 기준 적용은 순서상 대체로 먼저 형식을, 그 다음에 기능을, 마지막에 의미를 적용하는 것이 가장 자연스럽다(고영근·구본관 2008: 44-45)고 할 수 있다. 이는 한국어 품사에 대한 상위분류 기준으로서 하위분류에서는 그대로 적용하기 어려울 때가 많다.

그래서 한국어 품사 분류에서 이러한 상위분류 기준에다가 하위분류 기준으로 주관화 분류 기제를 구축해 볼 필요가 있다. 그렇게 되면 비슷한 의미를 가진 품사들의 통사적 공기와 제약을 해석할 수 있게 된다. 부사를 예로 든다면, '못'은 객관부사, '아니(안)'은 주관부사로, '다시'는 객관부사, '또'는 주관부사로, '이미'는 객관부사, '벌써'는 주관부사로, '자주'는 객관부사, '자꾸'는 주관부사로 처리할 수 있을 것이다.

한국어문법에서는 일찍부터 객관성과 주관성 기제로 품사 하위분류를 시도한 바가 있었다.

최현배(1937/1987: 256)에서는 한 가지의 말이 말하는 사람의 마음 먹기에 따라 제움직씨도 되고 남움직씨도 된다고 하면서 객관적 지배 관계를 가지지 아니하고, 다만 주관적 지배 관계를 가진 남움직씨를 주관스런 남움직씨(主觀的他動詞)라고 하였다. 즉, 자동사로 쓰이거나 타동사로 쓰이거나 하는 것은 화자의 주관적 판단에 따른 것으로 설명하면서 '-를'이 쓰이는 명사구는 화자의 주관적 판단에 의해 행위의 '대상'으로 파악될 수 있다는 것이다. 최현배(1937/1987: 483)에서는 꼴 그림씨(形式形容詞)를 다시 객관적과 주관적의 두 가지로 가르고 객관적인 것을 셈숱 그림씨(數量形容詞)라 하고, 주관적인 것을 가리킴 그림씨(指示形容詞)라 하였다.

구본관 외(2015: 327)에서는 명제에 대한 화자의 주관적 태도와 관련된 어휘 항목으로 '아마도, 반드시' 등의 부사를 양태부사라 하고 '확실하다, 결심하다' 등의 동사를 양태동사라고 구분을 하였다.

5. 마무리

구조주의와 형식주의 언어학이 객관적인 명제를 표현하는 수단으로서의 언어에 초점을 두고 화자와 청자를 연구 영역에서 배제하면서 객관성과 주관성 그리고 주관화는 그간 깊은 중시를 받지 못했다. 20세기 70년대 중반 인지 언어학이 인간을 언어 연구 프레임에 포함시키면서부터 주관성과 주관화에 대한 연구가 활기를 띠게 되었다.

모든 발화는 화자와 청자의 감정이 투사되기에 주관성은 정도상의 강약의 문제이지 존재상의 유무의 문제가 아니라고 할 때, 주관성 분포와 주관화 실현 양상에 대한 활발한 논의가 계속될 것은 의심할 바 없다. 그래서 인지언어학 시각에서 뿐만 아니라 언어유형론 시각에서도 범언어적으로 주관성 분포와 주관화 변화 양상이 어느 정도 대동소이한지에 대해 많은 관심을 보이고 있다.

주관성과 주관화는 언어 보편현상으로서 그간 많은 연구 성과들을 이룩하였음에도 불구하고 체계적인 이론을 구축하여 주관성과 주관화 강도를 객관적으로 측정할 수 있는 정밀한 도구를 개발하는 단계에는 아직 이르지 못했다. 본 글에서는 과제와 전망으로 문법형태의 주관화 생성(해석) 기제, 문법화의 주관화 기제, 통사적 제약의 주관화 기제, 품사 분류의 주관화 기제 등 기제 구축을 시도해 보았다. 이 글은 한국어 구문해석 방법론으로 주관성과 주관화 기제를 한국어 문법 연구 프레임에 넣자는 것이 목적이다.

참고문헌

강보유(2009), "한중 언어 문화: 인지구조 비교로부터 본 한국어문화 교육 방법 연구", 『국제고려학』 13: 139-160, 국제고려학회.
강보유(2011), "한국어 연구 시각: 언어표현의 객관성과 주관성", 『제54회 국어국문학회 전국 학술대회 발표자료집』 69-79, 국어국문학회.

강보유(2012), "조사 표현의 객관성과 주관성 그리고 주관화: 주격조사 '-이/-가' 와 보조사 '-은/-는'을 중심으로",『제31차 한국어 의미학회 전국학술대회 발표자료집』 55-68, 한국어 의미학회.

강보유(2014), "인지언어학과 한국어 교육",『한국(조선)어교육연구』 9: 87-114, 중국한국(조선)어교육연구학회.

강보유(2015), "한국어 조사의 기능: 객관성과 주관성 그리고 주관화",『국어국문 학회 2015년 국제학술대회 발표자료집』 129-144, 국어국문학회.

강보유(2016), "언어의 주관성과 주관화",『중국조선어문』 5: 5-13, 길림성민족사 무위원회.

강보유(2017), "한국어 구문해석 방법론 구축: 구문분석 방법으로부터 구문해석 방법으로",『국어국문학』 180: 45-78, 국어국문학회.

고석주(2004),『현대 한국어 조사의 연구 I: '격 개념'과 조사 '가'와 '를'을 중심으 로』, 한국문화사.

고영근·구본관(2008),『우리말 문법론』, 집문당.

구본관·박재연·이선웅·이진호·황선엽(2015),『한국어 문법 총론 I』, 집문당.

김동환(2001), "주관화와 의미확장",『현대문법연구』 23: 127-148, 현대문법연 구회.

김동환(2005),『인지언어학과 의미』, 태학사.

김동환(2013),『인지언어학과 개념적 혼성 이론』, 박이정.

김의수(2017),『문법 연구의 주제 탐색』, 한국문화사.

김종도(2002),『인지문법의 디딤돌』, 박이정.

김정필(2010), "문법화 중의 기능화와 주관화의 상관관계: 중국어 어기범주와 개 사(전치사)를 중심으로",『東北亞細亞文化學會 第20次 國際學術大會 발표 자료집』 34-44, 동북아시아문화학회.

남기심·고영근(2014),『표준 국어문법론』 (제4판), 박이정.

박향란(2011), "'所以'의 어휘화와 주관화",『中國言語研究』 35: 103-122, 한국중 국언어학회.

안주호(1997),『한국어 명사의 문법화 현상 연구』, 한국문화사.

梁海勝(2015), "한국어의 주관량 표현 연구", 서울대학교 대학원 국어국문학과 박사학위논문.

윤평현(2005),『현대국어 접속어미 연구』, 박이정.

이기동(1989), "언어 주관성의 문제", 『한글』 206: 177-208, 한글 학회.

이성하(1998), 『문법화의 이해』, 한국문화사.

이수련(2001), 『한국어와 인지』, 박이정.

이수련(2015), 『개념화와 의미 해석』, 박문사.

임지룡(1997), 『인지의미론』, 탑출판사.

임지룡(1998), "주관적 이동표현의 인지적 의미 특성", 『담화와 인지』 5(2): 181-206, 담화 · 인지 언어학회.

임지룡(2008), 『의미의 인지언어학적 탐색』, 한국문화사.

임지룡(2010), "어휘의미론과 인지언어학", 『한국어학』 49: 1-35, 한국어학회.

임홍빈(2007), 『한국어의 주제와 통사 분석』, 서울대학교출판부.

조미희(2013), "국어 보조동사 의미의 주관화: '-어 놓다, -어 두다', '-어 버리다, -어 치우다' 쌍을 중심으로", 『형태론』 15(1): 35-54, 형태론연구회.

조미희(2016), "국어의 주관화 과정과 문법화의 범위에 대하여", 『韓民族語文學』 73: 67-92, 한민족어문학회.

채옥자(2014), "한국어 주관적 수량 표현에 대하여", 『한국어 의미학』 46: 351-377, 한국어 의미학회.

최규발 · 조경환(2006), "把字句와 주관화(Subjectification)", 『中國語文學論集』 40: 107-133, 中國語文學學會.

최규발 · 조경환(2008), "把字句의 주관성과 주관화", 『中國語文學論集』 50: 287-307, 中國語文學學會.

최현배(1939년/1987), 『우리말본』, 정음문화사.

한국어학회(1999), 『국어의 격과 조사』, 월인.

함계임(2016), "인지언어학이론을 적용한 한국어 연결어미 '-(으)ㄴ/는데'의 사용 상황 선정과 의미 제시 순서", 『언어와 문화』 12(4): 239-261, 한국언어문화교육학회.

함계임(2017), "주관화 이론을 적용한 연결어미 '-(으)면'의 의미 조합 분석과 의미 제시순서", 『언어와 문화』 13(2): 195-215, 한국언어문화교육학회.

허 웅(1995), 『20세기 우리말의 형태론』, 샘 문화사.

홍정하(2011), "담화 표지 '-는/-가'와 화자 시점", 『한국어 의미학』 34: 451-477, 한국어 의미학회.

崔 蕊(2014), 『現代漢語虛詞的主觀性和主觀化硏究』, 知識産權出版社.

房紅梅 · 馬玉蕾(2008), "言据性 · 主觀性 · 主觀化", 『外語學刊』 4: 96-99.

馮光武(2006), "語言的主觀性及其相關研究", 『山東外語教學』5: 26-33.

陸方喆・李曉琪(2013), "'何況'的主觀性表達功能: 兼析与'況且'的區別", 『漢語學習』6: 47-54.

陸儉明(2005), 『現代漢語語法研究教程』(第三版), 北京大學出版社.

陸儉明(2010), 『漢語語法語義研究新探索』(2000-2010演講集) 商務印書館.

潘海峰(2017), 『漢語副詞的主觀性与主觀化研究』, 同濟大學.

齊滬揚・李文浩(2009), "突顯度、主觀化与短時義副詞'才'", 『語言教學与研究』5: 23-30.

沈家煊(1999), 『不對稱和標記論』, 江西教育出版社.

沈家煊(2001), "語言的"主觀性"和"主觀化", 『外語教學与研究』33(4): 268-275.

沈家煊(2002), 『如何處置"處置式"?: 論把字句的主觀性』, 『中國語文』5: 387-399.

沈家煊(2006), 『認知与漢語語法研究』, 商務印書館.

沈家煊(2011), 『語法六講』, 商務印書館.

沈家煊(2015), "漢語詞類的主觀性", 『外語教學与研究』47(5): 643-658.

宋文輝(2005), "主觀性与施事的意愿性強度", 『中國語文』6: 508-513.

孫鵬飛(2018), "交互主觀性与漢語特殊自稱現象", 『漢語學習』5: 59-66.

石定栩・孫嘉銘(2017), "客觀副詞与主觀副詞: 再論'常常'与'往往'的區別", 『現代外語(双月刊)』40(1): 14-23.

石毓智(2004), 『漢語研究的類型學視野』, 江西教育出版社.

完權(2017), "漢語(交互)主觀性表達的句法位置", 『漢語學習』3: 3-12.

王馥芳(2014), 『認知語言學反思性批判』, 外語教學与研究出版社.

王寅(2011), 『构式語法研究(上卷、下卷): 理論思索』, 上海外語教育出版社.

文旭(2014), 『語言的認知基礎』, 科學出版社.

吳福祥 主編(2011), 『漢語主觀性与主觀化研究』, 商務印書館.

吳一安(2003), "空間指示語与語言的主觀性", 『外語教學与研究』35(6): 403-409.

楊彩梅(2007), "關系化: 种識別句子主觀性語言實現的形式手段", 『現代外語』30(1): 1-10.

趙彦春(2014), 『認知語言學: 批判与應用』, 南開大學出版社.

鐘小勇・張霖(2013), "'既然'句和'因爲'句主觀性差异探", 『漢語學習』4: 35-40.

山田孝雄(1936/1984), 『日本文法學概論』, 寶文館出版.

河上誓作 편저(1996), An Introduction to Cognitive Linguistics. (이기우·이정애·박미엽 옮김(1997), 『인지 언어학의 기초』, 한국문화사.)

Benveniste, E.(1958), Subjectivity in Language, *Journal de Psychologie*.

Benveniste, E.(1971), *Problems in General Linguistics*, Coral Gables: University of Miami Press.

Brinton, L. J. & E. C. Traugott(2005), *Lexicalization and Language Change*, Cambridge: Cambridge University Press. (羅耀華·鄭友階·樊城呈·紫延艶 譯(2013), 『詞匯化与語言演變』, 商務印書館. (최전승·서형국 역(2015), 『어휘화와 언어 변화』, 역락.)

Cruse, D. A. & W. Croft(2004), *Cognitive Linguistics*, The University of Cambridge Press. (김두식·나익주 옮김(2010), 『인지언어학』, 박이정.)

Edward, F.(1995), Subjectivity and subjectivisation: an introduction, in D. Stein & S. Wright(eds.), *Subjectivity and subjectivisation: Linguistic Perpectives*, Cambridge: Cambridge University Press.

Evans, V. & M. Green(2006), *Cognitive Linguistics: An Introduction*, Edinburgh: The Edinburgh University Press. (임지룡·김동환 옮김(2008), 『인지언어학 기초』, 한국문화사.)

Evans, V.(2009), *How Words Mean: Lexical Concepts, Cognitive Models, and Meaning Construction*, Oxford: Oxford University Press. (임지룡·김동환 옮김(2012), 『인지언어학적 어휘의미론』, 경북대학교출판부.)

Geerarrts, D. & H. Cuyckens(2007), *The Oxford Handbook of Cognitive Linguistics*, Oxford: Oxford University Press. (김동환 옮김(2011), 『인지언어학 옥스퍼드 핸드북』, 로고스라임.)

Hdpper, P. J. & E. C. Traugott(2003), *Grammaticalization*, Cambridge: Cambridge University Press. (梁銀峰 譯(2008), 『語法化學說(第二版)』, 夏旦大學出版社.)

Heine, B.(1997), *Cognitive Foundations of Grammar*, Oxford: Oxford University Press. (이성하·구현정 번역(2004), 『문법의 인지적 기초』, 박이정.)

Hopper, P. J.(1993), *Grammaticalization*, The Press Syndicate of the University of Cambridge. (김은일·박기성·채영희 옮김(1999), 『문법화』, 한신문화사.)

Jeannette, L.(2009), *Applying Cognitive Linguistics to Second Language Learning and Teaching*, New York: Palgrave Macmillan. (김주식·김동환 옮김

(2012), 『인지언어학과 외국어교수법』, 소통.)

Lakoff, G & M. Johnson(1980), *Metaphors We Live By*, Chicago: The University of Chicago Press. (노양진·나익주 옮김(2006), 『삶으로서의 은유』, 박이정.)

Langacker, R. W.(1987), *Foundations of Cognitive Grammar*, vol. 1, Stanford: Stanford University Press. (牛保義·王義娜·席留生·高航 譯(2013), 『認知語法基础(第一卷)理論前提』, 北京大學出版社.)

Langacker, R. W.(1991), *Concept, Image, and Symbol: The Cognitive Basis of Grammar*, Berlin: Mouton de Gruyter.

Langacker, R. W.(1999), *Grammar and Conceptualization*, Berlin New York: Mouton de Gruyter. (김종도·나익주 옮김(2001), 『문법과 개념화』, 박이정.)

Lee, D.(2001), *Cognitive Linguistics: An Introduction*, Oxford: Oxford University Press. (임지룡·김동환 옮김(2003), 『인지언어학 입문』, 한국문화사.)

Radden, G. & R. Dirven(2007), *Cognitive English Grammar*, Amsterdam: John Benjamins. (임지룡·윤희수 옮김(2009), 『인지문법론』, 박이정.)

Sweetser, E.(1990), *From Etymology to Pragmatics*, Cambridge: Cambridge University Press. (박정운·나익주·김주식 옮김(2006), 『어원론에서 화용론까지: 의미 구조의 은유적·문화적 양상』, 박이정.)

Traugott, E. C. & R. Dasher(2002), *Regularity in Semantic Change*, Cambridge: Cambridge University Press.

Traugott, E. C. & E. König(1991), The semantics-pragmatics of grammaticalization revised, in E. C Traugott & B. Heine(eds.), *Approaches to Grammaticalization*, vol. 2, Amsterdam: John Benjamins.

Traugott, E. C.(1989), On the rise of epistemic meanings in English: An example of subjectificaion in semantic change, *Language* 65: 31-55.

Traugott. E. C.(1995), Subjectification in garmmaticalization, in D. Stein & S. Wright(eds.), *Subjectivity and Subjectivisation: Linguistic Perspective*, 31-54, Cambridge: Cambridge University Press.

Verhagen, A.(2005), *Constructions of Intersubjectivity*, Oxford: Oxford University Press.

다중양상성(Multimodality)[*]

권 익 수[**]

"언어는 서로 연결되어 있는 많은 인지적 경험 – 시각, 청각, 촉각, 몸의 움직임 등 – 의 경로를 사용한다는 점에서 본연적으로 다중양상성 (multimodality)을 띤다. 이러한 경향성은 다중양상적 통합이 뇌의 여러 다른 부분에서 발견되었다는 신경학적 연구 결과가 뒷받침한다(Gallese & Lakoff 2005: 456)".

* 이 글은 한국외국어대학교 교내학술연구비의 지원에 의하여 이루어진 것임. 또한, 2018년 대한민국 교육부와 한국연구재단의 지원을 받아 수행된 연구임 (NRF-2018S1A5A8026846). 오탈자를 바로잡아 준 김은송, 김하영, 노정휘, 진우용에게 감사드립니다. 이 글에서 드러나는 크고 작은 오류는 모두 필자의 책임임을 밝힙니다. 필자는 『담화와 인지』와 『언어연구』의 동의를 구하여, 필자가 권익수 (2015), 이정은 외(2016), Kwon & Roh(2018)에서 논의했던 사례 연구의 부분을 이 글에 다시 펼치고 생각을 다듬어 포함시켰음을 밝힙니다. 허락을 내어 주신 두 학술지에게 감사드립니다.
** 한국외국어대학교 ELLT학과 교수, kwoniks@hufs.ac.kr

1. 들머리

인지언어학의 기본 전제는 언어사용은 사용자들의 경험, 그에 대한 개념화, 그리고 인지적 경향성을 바탕으로 타인과의 소통을 목적으로 하는 역동적인 공동 행위(joint activity)라는 것이다. 인지언어학자들은 언어능력이 인지능력과 독립적으로 존재하는 것이 아니라, 그 둘은 오히려 맞물려 있음을 믿는다. 또한 구두언어(verbal language) 뿐만 아니라 비구두언어(non-verbal language)의 사용에 있어서도 개념화와 인지적 경향성이 일관성있게 나타난다는 여러 질적/양적 연구 결과는 그 믿음을 설득력있게 뒷받침한다. 더 나아가 구두표현과 비구두표현이 같이 쓰이는 일상 속의 수많은 다중양상적 경우에서도 그러한 일관성은 어렵지 않게 찾아볼 수 있음 역시 여러 학자들에 의해 논의되었으며 이는 인지언어학의 기본 전제 – 구두적 언어능력과 인지능력(예를 들어, 비구두적 언어표현을 구사할 때 몸을 움직일 때 쓰이는 능력) 모두에 바탕이 되는 개념화와 인지적 경향성이 존재한다는 – 를 보다 더 강화시키는 논거로 쓰인다. 앞에서 인용된 Lakoff(2005)의 상술에서도 알 수 있듯이, 이러한 맥락에서 신경학적으로도 언어사용의 본질이 다중양상성과 무관하지 않음이 발견된 것은 어쩌면 그리 놀랄 일이 아닐지도 모른다.

이러한 배경을 염두에 둔다면 90년대 전후로 하여 다중양상적 현상에 대하여 많은 인지언어학자들이 일찍이 관심을 갖고 살펴보기 시작했다는 것은 당연한 귀결인 듯하다. 구두표현은 물론, 비구두표현, 그리고 그 둘의 결합인 다중양상적 표현 모두를 아우르는 인지적 경향성과, 인지 기제가 심리적으로 실재함을 보이는 것만큼 인지언어학의 기본 전제가 타당함을 효과적으로 증명해내는 방법은 없기 때문이다. 본 장은 인지언어학의 관점에서 바라보는 다중양상성의 정의에 대해서 논하고, 그 현상, 분석 사례를 소개한 후, 국내 다중양상성 탐구가 하나의 독자적인 연구분야로서 갖는 의의와 방향성을 개괄적으로 이야기하는 것을 목적으로 한다. 구체적으로, 본고는 다중양상적 표현에 나타난 의미와 그의 바탕이 되는 개념체계를 개념적 은유/환유(Lakoff

& Johnson 1999, Lakoff 2008)와 개념적 혼성(Fauconnier & Turner 2002, Oakley & Pascual 2017), 의미틀 이론(Fillmore 2006[1982])을 포함하는 인지의미론의 이론틀로 질적으로 접근한 연구를 중심으로 살피면서, 다중양상적 현상의 정의와 유형을 정리한다.

이 글의 구성은 다음과 같다. 2장에서는 다중양상성의 개념정의와 국내외의 탐구 현황을 소개하고, 3장에서는 주요 연구 주제에 대하여 크게 몸짓언어, 만평, 인터넷 밈에 대한 국내의 인지의미론적 연구를 간략하게 소개한다. 마지막으로 4장에서 논의를 정리하며, 앞으로의 연구 방향성과 의의를 논한다.

2. 다중양상성의 정의와 탐구 현황

이 글의 주요 연구대상인 다중양상 표현은 두 가지 이상의 방식(mode of expression)의 결합을 통하여 의도한 메시지를 전달하는 현상 전반을 지칭한다. Dancygier & Vandelanotte(2017: 567)에 따르면, 인지언어학의 방법론으로 진행된 다중양상성 연구는 구두표현은 물론이고, 구두발화와 동시에 일어나는 몸짓언어, 시선의 움직임, 표정, 자세, 이 밖에도 다른 신체적/시각적 표현 수단, 영상과 텍스트의 결합물에 이르기까지 다양한 현상을 연구 대상으로 삼는다.

이미 해외에서는 다중양상 표현이 갖는 중요성을 인식하고 몸짓언어, 광고 언어 등 여러 유형의 다중양상 자료를 바탕으로 연구를 진행하고 있다. 만평에서 나타난 인지기제와 개념화 유형에 대한 분석이 이미 Bergen(2003)(9.11 테러에 대한 만평 분석), Teng(2009)(국제 테러와 안보에 대한 만평 분석)을 포함한 Forceville & Urios-Aparisi(2009)의 만평 분석 섹션 등에서 이루어진 바 있고, Shinohara & Matsunaka(2009)를 포함한 Forceville & Urios-Aparisi(2009)의 만화 분석 섹션과 Borkent(2017) 등에서 만화에 대한 인지의미론적 분석을 상세하게 진행하여 보고한 바 있다. 또한 대표적인 비구두적 표현으로서의 몸짓언어는 *Gestures, Sign Language and Linguistics*과 같은 학술지를 발간함으로써 독자적인 언어학연구영역으로 자리매김하였고, 다중양상성 현상 전반에 대하여 *Review of Cognitive Linguistics, Cognitive Linguistics, Journal of Pragmatics* 등과 같은 저명학술지에서 그와 관련된 다수의 논문을 발행하여 해당 현상에 대한 관심을 고조시킨 바 있다. 구체적으로 관점 현상과 다중양상 표현에 대한 인지의미론적 연구는 이미 미국과 유럽에서 '인간의 인지작용은 신체화(embodiment)에 그 뿌리를 두고 있고, 그렇기 때문에 인간의 언어사용도 내재적으로 관점화(viewpointed)되어 있음'을 여러 예시를 통하여 Dancygier & Sweetser(2012)에서 보인 바 있다. 또한 그러한 인지작용이 수반하는 인지기제로서의 개념적 은유가 대화참여자의 의사결정에 중대한 영향을 미침(Sweetser 2000)을 보여주는 흥미로운 인지 현상으로 간주되어 활발하게 연구가 진행된 바 있다. 2000년대를 기점으로 Pinar Sanz(2015), Forceville (2008, 2016) 등과 같이 다수의 학자들은 비구두적 표현 혹은 다중양상 표현에서도 개념적 은유와 혼성과 같은 인지기제가 생산적이고 효과적으로 사용되고 있음에 주목하고 인지기제가 구두 언어 층위에 존재하는 데 그치지 않고, 개념적 층위에 존재한다는 것을 재확인하여 인지언어학의 기본 가정의 타당성을 강화하고 있다. 특히 2017년에는 *Cognitive Linguistics* 28권 3호와 *Journal of Pragmatics* 122호에서 테마로 정하여 특별호를 낼 정도로, 관점현상과 다중양상 표현에 대한 관심이 언어학계 전반에 퍼져 있다.

반면 국내에서는 다중양상 표현이라는 명칭이 아직 생소할 정도로, 해당 현상에 대하여 체계적으로 접근한 인지의미론적 연구는 양적으로나 질적으로나 제한적이고(예외: 만평분석: Kwon 2019, Kwon & Roh 2018, 권익수 2015; 몸짓언어: 임혜원 2010, 2015, 2017, 2018; 몸짓언어와 관련한 기호학적 연구 및 단순 분류 연구: 김현강·송재영 2011, 김영순·김연화 2007, 김영순 2000, 임지룡·김영순 2000), 다중양상성에 대한 인지언어학적 접근을 논제로 개최된 국내의 학술대회는 2018년 6월에 서울대에서 개최되었던 The Seoul National University International Conference on Linguistics에서 UC

Berkeley의 Eve Sweetser 교수를 초청하여 하나의 주제 분과를 구성하였던 것이 전부이다.

3. 다중양상현상의 주요 사례 연구

본 장에서는 우선 다중양상 표현이 포괄할 수 있는 다양한 유형을 살핀다. 특히 본 절에서 초점을 맞추어 소개하고자 하는 다중양상 현상에 대한 인지언어학적 분석 사례는 크게 몸짓언어(이정은 외 2016), 만평(권익수 2015, Kwon & Roh 2018), 광고 및 인터넷 밈(Park 2016, Jin 2016)에 대한 연구이다. 해당 사례 연구는 각각의 다중양상 현상 속에 표출된 사용자의 관점과 개념체계, 그리고 의미를 전달하는 과정에 포함된 인지 체계를 살핌으로써, 다중양상 표현 역시 인지언어학의 이론 틀 안에서 더 많은 흥미로운 의미기능을 밝혀낼 수 있는 흥미로운 연구 대상임을 방증한다. 이들 현상을 분석 대상으로 삼은 이유는 해당 현상 속에 복수의 소통 방법이 내재하고, 그로 인해 서로 다른 관점이 섞임으로써, 단일 소통 방법을 통하여 의미를 전달할 때에는 찾아볼 수 없는 새로운 의미가 발현되는 흥미로운 현상의 좋은 예이기 때문이다.

3.1. 몸짓언어(이정은 외 2016)

구두발화와 동시에 일어나는 몸짓언어(co-speech gesture)는 지극히 무의식적이어서, 대화를 나눈 후에 대화 참여자들의 뇌리에는 몸짓보다는 구두로 이루어졌던 언어활동(verbal modalities)에 대한 기억만이 주로 저장되곤 한다. 하지만 대화에 있어서 몸짓은 구두 언어활동만큼이나 대화 참여자들 간의 자연스러운 의사소통을 돕는 데 중추적인 역할을 한다. Krauss *et al.*(2000)은 사람들이 구두 언어를 사용할 때 몸짓을 병행하지 못하게 하면(양손으로 의자를 잡게 하여) 공간 개념과 관련된 어휘를 사용하거나 이해할 때 상대적으로 더 어려움을 느낀다는 것을 보임으로써 인간의 구두 언어 사용과 몸짓은 밀접한 관련이 있다는 것을 밝혔다(Sweetser 2007: 204에서 재인용).

이처럼 몸짓과 구두 언어 활동은 밀접한 관련이 있고, 이 밀접성의 인지적인 원인으로 McNeill(2005: 3)은 인간의 몸짓, 언어, 사고가 같은 뇌신경의 활성화 과정에서 비롯되기 때문이라고 이야기한다. 또한 McNeill & Duncan (2000: 488)은 시각적 요소(몸짓 표현)와 구두 표현이 발화될 때 그 둘은 하나의 개념적 단위(idea unit)로 통합되어 있고, 그렇게 하나로 묶였던 것이 구두 발화와 몸짓 발화로 실현되면서 의미가 전달된다고 주장한다. 인지언어학에서는 이러한 몸짓의 인지적 무의식에 주목하고, '언어는 우리 마음속에서 그려내는 영상과 불가분의 관계에 있다'(Damasio 1994, 1999)는 전제하에, 어떻게 이러한 영상이 구체화되어 구두 언어 표현과 자연스럽게 더불어 사용되는지 연구하였다. 그리고 몸짓이 표상하는 대상과 몸짓 사이에 나타나는 도상성(iconicity), 개념적 은유(conceptual metaphor)(Lakoff & Johnson 1980, Cienki 1998, 2017, Cienki & Müller 2008, McNeill 1992, 2005, Nuñez & Sweetser 2006, Sweetser 2007, Müller & Cienki 2009, Parrill 2012)등의 인지 기제를 중심으로 꾸준히 연구를 진행하고 있다. 이 글에서는 2015 미국 공개 대선 후보 토론회(이하 미 대선 후보 토론회)에서 구두 발화와 동시에 실현되는 몸짓 언어 중, 특히 부정의 표현을 나타내는 은유적 손짓 언어를 중심으로 살펴보고자 한다.

몸짓 언어가 구두 언어와 인지적으로 불가분의 관계에 있으며, 의사소통의 중요한 부분을 차지함에도 불구하고, 국내에서 인지언어학적 관점에서 이루어진 몸짓 언어에 대한 본격적인 연구는 상대적으로 많지 않다. 최근까지 인지언어학의 이론적 전제를 바탕으로 이루어진 몸짓 언어에 대한 국내의 연구는 크게 둘로 나누어 볼 수 있는데, 하나는 기호학적 접근을 통해 언어 기호로서의 몸짓을 논의한 학자들(김영순 2000, 임지룡·김영순 2000, 김영순·김연화 2007)이고, 또 다른 하나는 우리의 개념 체계 내의 은유나 영상도식 (image schema)이 몸짓 언어와 상관관계가 있음을 논의한 학자(임혜원 2010,

2015, 2018)이다. 전자는 몸짓 언어를 '특정한 의미를 담고 있는 화자의 의도
적 동작'만을 가리키는 개념으로 이해하지만, 후자는 화자의 무의식속에서 일
어나는 몸짓까지도 포함하여 이해한다는 점에서 다르다. 본 절은 인지적 무의
식으로서 실현되는 손짓 언어와 그와 관련된 인지 기제를 살펴보는 것을 목적
으로 하므로, 후자에 속한다.

Kendon(2004)은 몸짓 언어의 중요성을 더욱 잘 이해하기 위해서 여러 가지
용어와 개념을 제시한다. Kendon에서 제시한 전사 방법 중 주요한 기호를
중심으로 요약하면 다음과 같다.

〈표 1〉 손짓 언어 전사의 주요 기호 및 약어 (Kendon 2004)

기호	설명 (약어)
|	제스처 구의 경계
~~	준비(P)
***	스트로크(S)
-.-.	복귀
~~	준비 후 유지(H)
***	스트로크 후 유지(H)
/	스트로크와 유지, 스트로크와 스트로크 사이의 경계
LH	왼손
RH	오른손
BH	양손

실제 손짓 언어를 전사할 때는 손짓 언어와 병행하는 구두 언어 바로 밑에
기호와 약어를 쓰고, 구두 언어의 경우 발화 상에서 강세를 받은 음절은 대문
자로 표기한다.

몸짓 발화와 구두 발화가 동일한 개념적 은유 체계를 기반으로 이루어진다
는 사실은 미국 대선 후보 토론회에서 '부정(negation)'의 의미를 나타내는
후보자들의 손짓을 통해서도 어렵지 않게 확인할 수 있다. 후보자들은 '부정'
의 의미를 나타내는 구두 발화를 할 때, 양손이나 한 손의 손바닥을 아래나

정면을 향하게 하여 자신 앞의 어떠한 물체를 옆으로 치워내는 듯한 손짓을 병행하는 경우가 많았다. 이 손짓은 머리 가로젓기(head shake) 다음으로 가장 흔히 사용되는 '부정'의 몸짓이다(Calbris 1990, 2003, 2005, Calbris & Porcher 1989, Kendon 2002, 2004, Morris 1977, Harrison 2009).

Kendon은 엎드린 펼친 손(Open Hand Prone) 범주에 속한 몸짓이 '부인(denial)', '부정(negation)', '방해(interruption)', '정지(stop)' 등을 포함한 다양한 '부정'의 의미를 표상한다고 주장하였지만(ibid: 248-264), 이러한 손짓이 '부정'의 의미를 나타내게 되는 인지적 기제나 원인에 대해서는 구체적으로 설명하고 있지 않다. 이에 대한 답은 '부정'의 의미를 나타내는 손짓과 구두 발화와의 개념적 관련성에 있고, 그 개념적 관련성은 [생각은 물체(IDEAS ARE OBJECTS)], [상태는 장소(STATES ARE LOCATIONS)] 은유로 설명할 수 있다. 본 연구에서 살펴본 4개의 미 대선 후보 토론회에 나타난 후보자들의 '부정'의 의미를 나타내는 손짓의 특징을 정리해 보면 아래와 같다.

(1) a. 화자는 '부정'의 의미를 발화할 때, 양손이나 한 손의 손바닥을 아래나 정면을 향하게 하여 몸의 중앙에서부터 양 옆의 바깥쪽으로 이동하거나, 손끝이 정면을 향하게 하도록 손바닥을 옆으로 세워서 몸의 중앙에서부터 바깥쪽으로 이동한다.

   b. 화자는 [생각은 물체(IDEAS ARE OBJECTS)] 은유를 통해 부정이 되는 주제 혹은 명제를 물체로 개념화하여 이 물체가 존재함을 손짓으로 전제한 후, 이 물체를 치워내는 손짓을 통해 '부정'의 의미를 나타내거나, 물체로 개념화되어 부정이 되는 주제 혹은 명제를 손짓으로 표상하지 않고, 단지 '치워내는' 손짓만으로 '부정'의 의미를 전달한다.

   c. 화자가 '부정'의 의미를 '어떠한 물체를 몸의 중앙에서 바깥으로 치워내는' 손짓으로 나타내는 것은 [상태는 장소(STATES ARE LOCATIONS)] 은유와 관련이 있다.

   d. 화자는 no, not, nobody, nothing 등의 부정소(negativizer)를 포함한 문법적 부정(grammatical negation)뿐만 아니라 eliminate, get rid of, decimate 등과 같이 어휘 내에 물리적 영역에서의 '제거'를 통한 '부정'의 의미를 포함하고 있는 어휘적 부정(lexical negation)을 발화할 때 모두 자신의 앞의 물체를 '치워내는' 손짓을 한다.

예를 들어 '부정'의 의미를 나타내는 전형적인 손짓은 힐러리 클린턴이 토론 중에 보였던 손짓이 담긴 <그림 1.1>과 같으며, 이 손짓을 구두 발화와 정렬(alignment)시켜 전사하면 아래 (2)와 같이 나타낼 수 있다. 화자(힐러리 클린턴)는 '급진적 이슬람(radical Islam)'이라는 표현을 사용하는 것에 동의하느냐('Do you agree with that characterization, radical Islam?')는 사회자의 질문에 대해, '동의하지 않는다'는 자신의 주장을 'don't'를 포함한 문법적 부정을 통해 발화하면서, 양손으로 '부정'의 손짓을 한다.

(2)의 구두 발화와 손짓이 표상하고자 하는 대상과의 관계는 다음과 같은 이유에서 [생각은 물체(IDEAS ARE OBJECTS)] 은유와 관련이 있는데(구두 언어의 예: 여러 사람의 **의견을 모아보자**, 그러한 **생각을 버려라** 등), 어떠한 생각이나 의견을 물체를 통하여 이해하는 것이다. 화자는 특정 집단을 'radical Islam'이라고 부름'이라는 명제를 [생각은 물체(IDEAS ARE OBJECTS)] 은유를 통하여 하나의 물체로 개념화하고, 그 물체를 양손으로 잡고 있다가(S1), 몸의 중앙에서 바깥쪽으로 치워냄으로써 '부정'의 의미를 나타낸다(S2, S3). Calbris(2003, 2005)와 Kendon(2002, 2004)에서는 이러한 부정을 나타내는 엎드린 펼친 손 범주의 손동작은 원치 않는 물체를 대하는 손을 도구로 사용하는 인간의 행위(instrumental action of the hands), 예를 들면 멈추게 하기(stopping), 한쪽으로 쳐내기(knocking aside), 가르기(cutting through) 등의 손동작에서 유래된 것이라고 하였다(Harrison 2009: 423에서 재인용). 화자는 <그림 1.2>에서 정면을 향하여 편 손바닥을 몸의 중심에서 양 옆으로 이동하여 몸의 중앙에 있는 물체를 바깥으로 치워내고 있다. 이 때, 중앙이라 함은 개인 몸짓 공간(personal gesture space, Sweetser & Sizemore 2008)이라 불리

는 화자의 몸통 앞의 반원형 공간의 중심이다.

〈그림 1.1〉
양 손의 손바닥을 마주보게 하여 몸의
중앙에서 어떠한 물체를 잡는 듯한
동작을 한다(S1).

〈그림 1.2〉[1]
양 손의 손바닥을 정면을 향하게 펴서
세우고 몸의 중앙에서부터 양 옆의
바깥쪽으로 이동한다(S2, S3).

(2) [Debate #3_00:20:58]

       And yes, we are at WAR with those people
  BH |~~~***/**************************|
       P   S1 H

       but I DON't want us to be PAINting with too broad a brush.
  BH |~~~********************/**********²****-.-.-.-.-.|
       P   S2   S3   H

구체적으로, <그림 1.2>의 손짓을 통해 화자의 개인 몸짓 공간 중심에 존재
하던 추상적인 물체는 가장자리로 밀려나게 된다. 이러한 추상적인 물체의
장소 변화는 '논의 중인 상태'에 있던 생각이나 의견이 '논외의 상태'로 밀려났

---

1 CBS(2015), http://www.cbsnews.com/news/democratic-debate-transcript-clinton-
   sanders-omalley-in-iowa/, 2015년 12월 24일 미국 민주당 대선후보 토론회 자료.

음을 뜻하며, 이것은 우리가 '상태'의 개념을 '장소'의 개념으로 이해하는 [상태는 장소(STATES ARE LOCATIONS)] 은유(구두 언어표현의 예: 그의 주장은 **논의에서 벗어났다,** 그는 **사대주의에 빠졌다** 등)와 관련이 있다. [상태는 장소(STATES ARE LOCATIONS)] 은유는 사건 구조 은유(Event Structure Metaphor, Lakoff and Johnson 1999) 체계의 일부인데, 상태변화, 행동, 활동과 같은 사건이 물리적인 이동, 물리적 힘, 물리적 공간을 통해 개념화되는 것이고, 이러한 은유 체계를 통해, 상태는 장소로 개념화되고, 상태 변화는 물리적인 이동을 통해 개념화된다. 추상적인 생각의 '상태', 즉 해당 생각이 중요한지 아닌지의 여부가 '장소'의 영역에서 개념화된다면, 중요해서 논의의 '중심'이 되어야 할 화제는 개인 몸짓 공간의 '중심'에, 상대적으로 중요하지 않아 중심 논의의 '밖'에 두어야 할 생각은 개인 몸짓 공간의 '가장자리'에 위치하게 되고, 이는 인지적으로 자연스러운 경향인 것이다. '부정'의 손짓에 나타난 [상태는 장소(STATES ARE LOCATIONS)] 은유의 사상관계는 <그림 2>와 같다.

근원영역		목표영역
물리적인 개체	—	논의에서 부정이 되는 주제
물리적 개체의 위치	—	논의에서 부정이 되는 주제의 상태
중심에 위치한 물리적 개체	—	논의의 '중심'
가장자리에 위치한 물리적 개체	—	논의의 '밖'
물리적인 개체의 이동	—	논의에서 부정이 되는 주제의 상태 변화

〈그림 2〉 '부정'의 손짓에 나타난 [상태는 장소(STATES ARE LOCATIONS)]
은유의 사상관계

　　근원 영역은 개인 몸짓 공간 안의 물리적 개체와 이 물체의 위치 및 이동으로 구성된다. 그리고 여기에 사상되는 목표영역은 논의에서 부정이 되는 주제, 그리고 논의에서 이 주제의 상태 및 상태 변화와 관련된 요소들로 구성된다. 이 은유 체계에 따르면, 화자와 청자가 마주보는 상황에서 화자가 어떠한 물리적 개체를 청자에게 보일 때, 중요한 개체는 화자와 청자 둘의 시선의 중심에 위치하고, 상대적으로 중요하지 않은 개체는 둘의 시선의 가장자리에 위치할 것이다. 이렇듯, 부정이 되는 주제는 현재 논의의 '중심'이 되는 중요한 생각이므로 개인 몸짓 공간의 중심으로, 논의의 '밖'의 화제는 몸짓 공간의 가장자리에 위치하는 것으로 개념화된다. 즉, 논의에서 부정이 되는 주제의 상태가 화자의 개인 몸짓 공간 내의 물리적인 개체의 장소로 사상된다.

이렇듯, 구두 발화와 동시에 일어나는 몸짓언어 표현에도 개념적 은유가 그 인지적 동인이 된다는 것은 90년대 이후 인지언어학자들의 활발한 연구 대상이 되어왔다. 더욱이, 이러한 개념기제에 대한 기본적인 분석 외에, 몸짓 언어에서 드러나는 관점이 무언인지, 즉 주인공시점(Character Viewpoint-CVPT)인지 관찰자시점(Observer Viewpoint-OVPT)인지에 따라 유기적이고 역동적으로 구축되는 의미에 대한 인지의미론적 접근도 활발하게 이루어지고 있다(McNeill 1992, 2005, Cienki & Kok 2017). 그러나, 아직 국내에서는 상대적으로 관심을 많이 받지 못한 분야이다. 이는 다중양상현상의 대표적인 유형으로 국내에서 앞으로 더 많은 분석과 고찰이 있어야 할 것으로 보인다.

3.2. 만평(권익수 2015, Kwon & Roh 2018)

본 절의 목적은 개념적 은유와 혼성의 인지 기제를 분명하게 포함하는 만평 자료들을 살펴보고, 그에 나타난 개념화 과정을 인지의미론적 관점에서 접근, 분석하는 것이다. 두 가지 분석 사례를 중심으로 살필텐데, 하나는 Charlie Hebdo 총격 사건 전후로 그려진 만평에 대한 분석 사례(권익수 2015)이고, 다른 하나는 북핵위기를 둘러싼 미북관계를 소재로 그려진 만평에 대한 분석 (Kwon & Roh 2018)이다. 이는 개념적 인지 기제가 구두 언어 표현에 뿐만 아니라, 인간의 인지 작용과 관련된 모든 소통 매체에, 특히 다중의 채널을 통해 널리 나타난다는 인지언어학의 기본 전제를 뒷받침한다. 본 소절에서 주로 활용하고자 하는 언어학적인 방법론은 개념적 은유와 개념적 혼성 이론 이다. 개념적 은유 이론은 그 설명력이 널리 알려져 있음을 전제하고 앞 소절 에서 해당 이론에 대한 설명을 함의하여 이미 분석에 사용한 바 있고, 개념적 혼성 이론이 함의하는 이론적 전제에 대한 간략한 소개를 하면 다음과 같다.

언어 표현을 이해하는 것은 해당 언어자극이 언어사용자의 인지 활동을 통하여 그들의 마음속에 맥락에 맞는 개념 체계를 적절하게 환기시킴으로써 가능한데, 그러한 개념 체계를 구축하는 인지 기제 중 하나가 개념적 혼성 이론이다. 예를 들어, 아기의 사진을 통해 아기라는 개체의 존재를 인식하는 상황을 분석하면, 엄밀히 이야기한다면, 해당 인지자는 납작한 개체 위에 표시된 2차원적인 점과 선, 그리고 색의 조합을 보고 있는 것이지 아기라는 개체 자체를 보는 것이 아니다(Fauconnier & Turner 2002: 3). 하지만, 인간이라면 해당 인지자는 종이 위의 익숙한 패턴을 지각하고, 아기의 모습을 마음 속에 환기시키면서, 자신의 배경 지식으로 간극을 메워가면서, 특정한 아기라는 정보를 완성하고, 그 자극이 특정한 아기의 존재를 증거하는 것이라고 인식한다. 2차원적 패턴에 대한 지각, 색깔에 대한 지각, 그리고 경험자의 배경 지식 모두 특정 아기의 존재라는 정보를 구성하는 개념적 혼성의 입력물인 것이다.

Charlie Hebdo 총격 피습 사건 전후의 만평(권익수 2015)

개념적 혼성을 포함하는 의미 현상들은 각 입력 공간에서 선별된 요소를 바탕으로 구성하여 혼성물을 완성하고, 혼성 공간은 입력 공간과의 상호 작용을 통하여 더 창의적인 추론을 정교화 과정을 통해 만들어낸다. 본 소절에서는 이렇듯 정교화(elaboration)가 현저하게 이루어져서 창의적이고 풍부한 추론을 만들어 내는 Charlie Hebdo의 만평 사례 분석을 살펴본다.

Charlie Hebdo 총격 사건은, 2015년 1월 7일에 프랑스의 풍자 주간지 Charlie Hebdo사의 사무실에 이슬람 급진 무장 세력이 침입, 총기를 난사하여 언론인 열 두 명의 사망자를 포함, 스물 세 명의 사상자를 낸 사건이다. 그 후 세계 각국 지도자들과 군중들이 무장 세력에 의해 숨진 희생자들의 넋을 기리고 Charlie Hebdo 언론사로 대표되는 언론의 자유를 수호하기 위해 광장에 모여 행진을 하기도 하였다. 이 때 행진을 한 사람들이 내세운 구호가 'Je suis Charlie'(나는 Charlie입니다)인데, 이는 해당 언론사의 이름을 따서 해당 언론사가 펼쳐왔던 언론정신을 지지하는 문구인 것은 물론, 언론의 자유를 상징하는 대표적인 문구가 되기도 하였다. 해당 언론사는 총격 사건 이후에도 총격 사건까지도 풍자 보도의 대상으로 삼아서 발간을 계속하였는데, 본 소절이 분석하는 자료가 바로 해당 언론사가 총격 사건 전후로 그려 낸 풍자 만화이다.

<그림 3>을 살펴보면, 무장 세력을 표상하는 복면을 쓰고 총기를 든 사내가 사내만큼 큰 연필을 향해 총격을 가한다. 그로 인해 연필은 부러졌지만, 연필깎이로 다시 제 기능을 다하는 연필로 되었고, 오히려 그 연필 뒤의 지우개로 만화 속의 무장 세력을 지워낸다. 언뜻 보면, <그림 3>의 만평은 복면을 쓴 총을 든 사내와, 연필, 그리고 연필깎이의 참여자를 바탕으로, [언론을 대신하는 연필(혹은 펜)] 환유, [논쟁은 전쟁]과 [도덕적 셈]의 은유가 포함되어 있다 (세부 논의는 권익수 2015: 10 참조). 하지만 여기에는 적어도 두 가지의 개념적 은유 체계가 추가적으로 포함되어 있고, 정교화를 통하여 '지우개'라는 참여자의 역할을 통해, 보다 더 창의적인 혼성 역시 포함되어 있다.

JE SUIS CHARLIE

〈그림 3〉 정교화된 개념적 혼성의 예(1)[2]

---

2 J. Walmesley(2015), https://www.dailymail.co.uk/news/article-2901459/jesuis Charlie-world-s-cartoonists-react-Paris-massacre-poignant-drawings.html, 2015년 1월 발췌.

우선 [의식은 위(Conscious is Up)], [무의식은 아래(Unconscious is Down)] 은유(Lakoff & Johnson 1980)가 포함되어 있다. 이러한 은유는, Jane woke up, John fell asleep 등의 예문에서 쉽게 찾아볼 수 있는데, <그림 3>에서는 연필로 표상되는 언론인, 특히 이번 총격으로 숨진 언론인들이 왼쪽 위에서는 서 있다가, 오른쪽 위에서 총격을 입어 쓰러짐으로 그려진 것을 보면 알 수 있다. 또한 왼쪽 아래, 오른쪽 위에서 연필깎이로 다시 연필이 '일어난' 것은 숨진 이들의 부활이 아니라, 이 사건으로 인해 언론인들 전체가 '일어남'을 의미한다. 연필로 표상되는 모습이 숨진 언론인들에서 언론인들 전체로 확장되었다는 점에서 이는 개념적 혼성의 산물로 보인다. 이에 대한 자세한 논의는 아래에서 계속하기로 한다.

[본질은 중심(Essential is Central)]이라는 은유(Sweetser 2004: 28) 또한 찾아볼 수 있는데, 이는 That's the core of his idea 등의 문장에서 나타난다. <그림 3>에서는 무장 세력이 총격을 가한 부분이 연필의 중심이고, 특히 왼쪽 위의 그림에서 연필의 중간 부분이 절단되었음을 보이면서 언론인들의 숨짐을 표상하였다. 만약 작가가 연필의 가장자리나 끝부분이 절단되거나 파손되는 장면을 만평에 실었다면, 무장 세력의 의도가 언론인에게 본질적이고 중요한 것에 타격을 입히는 것임을 효과적으로 전달하지 못했을 것이다.

정교화가 현저하게 드러난 개념적 혼성이 또한 포함되어 <그림 3>을 자연스럽지만, 창의적이고 돋보이게 만든다. 우선 해당 만화는 [언론을 대신하는 연필]이라는 환유를 통하여, 연필로 숨진 언론인들 혹은 언론 전체를 표상하고, 앞서 언급한 여러 개념적 은유 체계를 바탕으로 실재하지 않는 혼성의 공간을 만들어 낸다. 그 혼성의 공간에서는 총을 든 사내가 '의식이 있는' 연필을 맞닥뜨리고 있기도 하고, 연필을 향해 총격을 가하기도 하며, 총격을 입고 절단된 연필이 연필깎이를 통해 다시 '살아나기도' 한다. 이러한 혼성을 모의실행할 적에 만화를 그린 작가는 연필을 구성하는 부분 중 뒤에 달린 지우개와 그 기능에 주목한다. 그리고 그 혼성 공간 안에서 작가는 지우개로 가해자를 지워낸다. 이는 앞서 논의한 여러 가지 입력 공간으로부터 구성하여,

완성한 혼성 공간에서 더 심화된 추론을 만들어 내고, 혼성 공간에서 존재 자체를 제거한다는 것은 실제 세계에서 무장 세력을 '지워버린다'는, 즉 또 다른 앙갚음을 암시하기도 한다.

특히 <그림 3> 오른쪽 아래의 장면에서는 개념적 혼성의 정교화 기제가 두드러지게 보이고, 각각 다른 입력 공간에서 전제하는 관점까지도 혼성의 대상이 된다. 우선, 연필 뒤에 달린 지우개가 현저한 의미 요소로 참여함으로써, 그 주 기능(지움)이 의미 해석에 있어서 중요한 영향을 미친다. 인지자로 하여금 해당 혼성 공간 속에 자신의 역할을 모의실행하게 하고, 연필 뒤에 붙은 지우개의 기능과 관련된 경험까지 환기하면서, 더 심화된 추론과 함축을 낳는 것이다. 흥미로운 점은, 오른쪽 위에서 충격을 당했던 언론 주체가 오른쪽 아래가 그려내는 혼성의 공간에서는 충격을 가한 무장 세력을 마음대로 지울 수 있는 전지전능한 힘을 가진 존재로 탈바꿈한다는 것이다. 만화는 그려낸 작가가 있음을 전제하고, 작가의 의도대로 창조되기 때문에, 만화 속의 인물은 작가의 의도에 따라 존재할 수도, 존재하지 않을 수도 있기 때문이다. <그림 3>을 그려낸 작가의 세계에서 만화 속의 주체가 더해지거나 지워지는 것은 수많은 창작 행위 중 하나에 지날 바 아니겠지만, 혼성 공간 속에서 무장 세력이 지워지는 것은 '존재를 지워버리는' 것으로, 무장 세력이 가한 충격에 대한 앙갚음으로 해석된다. 또한 이러한 혼성 공간에서의 '앙갚음'은 실제 세계를 표상했던 입력 공간과 의미적 상호관계를 맺으며 가해 세력에게 '되갚음'의 메시지를 함축한다. 이러한 함축이 가능한 것은, 실제 일어났던 사건을 반영하는 입력 공간에서의 언론인들과, 충격 사건 이후 언론의 자유를 외치며 한 목소리를 내었던 언론인들, 그리고 <그림 3>의 만화를 그려낸 또 다른 언론인의 관점이 혼성되었기 때문이다.

북핵 위기를 둘러싼 미북관계에 대한 만평(Kwon & Roh 2018)

개념적 은유의 인지 기제가 잘 드러난 만평 분석의 사례는 북핵사태 전후로 그려진 만평들을 분석한 Kwon & Roh(2018)의 연구가 있다. 북한은 이미 한국전쟁 휴전 이후부터 핵무기 개발 의지를 천명하였다가, 1980년대에는 핵무기비확산협정에 가입하였다가 탈퇴하는 등 일련의 사태를 겪었으며, 2017년에는 자체 핵실험과 미국 본토에도 도달할 수 있는 탄도미사일실험까지 강행하면서 한반도에서의 긴장을 고조시킨 바 있다. 특히 2017년에 이루어진 긴장상태는 Donald Trump 미국대통령과 김정은 북한국방위원장 간의 설전으로 고조되었는데, 그러한 전개과정을 개념화하고 시각화한 산물이 바로 Kwon & Roh에서 살펴본 만평이고, 본 소절에서는 그중 대표적인 유형 분석을 인용하여 살펴본다.

북핵사태를 둘러싼 미북관계를 그려낸 만평들에서 가장 흔하게 발견할 수 있는 은유는 [원인은 힘] 은유이다. 초강대국이라 일컬어지는 미국이 강력한 '힘'을 바탕으로 다른 나라에게 막대한 영향력을 끼친다는 사실과, 북핵사태와 같은 핵위협에서 결코 '물러서지 않을' 것이라는 개념화 유형을 쉽게 찾아볼 수 있다는 것을 고려하면 해당 은유가 만평 안에 나타나는 것은 지극히 자연스러운 결과이다. 이렇듯 국제정치에서의 인과관계가 이러한 작용-반작용의 역학을 통하여 이해됨을 담화에서나, 또 의사결정 단계에서나 어렵지 않게 찾아볼 수 있는데, 이것이 바로 [원인은 힘] 은유를 통한 개념화의 바탕이 된다. 아래의 만평은 [원인은 힘] 은유가 비구두적 표현인 만평에 나타난 흥미로운 사례이다.

〈그림 4〉 만평 속 은유적 개념화 사례(1)[3]

<그림 4>에서 두 정치 지도자들은 헤어드라이어로 바람을 만들어 서로의 얼굴과 머리를 조준하여 내어보내고 있다. 물론 그 결과 머리는 형클어질 것이고,[4] 당사자들이 느끼는 감정이 유쾌하지 않음은 자명하다. 흥미로운 점은 만평 속 그려진 세상에서 두 정상이 물리적인 접촉을 함의하는 그 어떠한 적대적 행위도 하지 않았다는 점이다. 그들은 접촉없이 상대방의 머리모양을 훼손시키기 위하여, 통념상 위험하지 않은 도구인 헤어드라이어를 사용한다 (생각해 보라, 전쟁 혹은 물리적 타격이 포함된 사건 속에서 헤어드라이어가 얼마나 비효과적인 무기일지!). 이러한 개념화 유형은 해당 정치 지도자들의 머리스타일이 독특하다는 여론의 평가를 배경지식으로 삼고, 머리에 영향을 줄 수 있는 힘의 종류 중 직접적인 접촉을 함의하지 않는 힘이 바람이라는 사유를 바탕으로 한다. 긴박한 국제정세에서 물리적 타격의 가능성을 염두에 두고 벌이는 두 국가의 신경전의 심각성을 고려해 볼 때, 치명적인 무기가 아닌 헤어드라이어를 사용하여 정세를 개념화한 위의 만평은 해학을 유발한다. 해당 만평의 바탕이 되는 은유의 개념적 사상관계는 아래와 같다.

근원영역(물리적 작용/이동)	목표영역(국제정세)
주체	정치인
	(즉, 국가[개념적 환유를 통해])
작용	상호'작용'
방향성	목적
이동	행위
결과상태	결과상태
바람(힘)	비난/제재(원인)

〈그림 5〉 〈그림 4〉에 나타난 [원인은 힘] 은유 사상관계

---

3 P. Pismestrovic(2017), https://www.caglecartoons.com/viewimage.asp? ID={12AA 7929-AD3F-4B11-BCB5-072EFDAA6867}, 2017년 11월 발췌.

4 두 정상은 그들의 독특한 머리스타일로 잘 알려져 있고, 해당 만평을 그려낸 작가는 그러한 점을 희화화할 의도로 머리손질과 관련된 틀요소 중 헤어드라이어를 구체화하여 만평 속에 그려낸 것으로 추정된다.

해당 만평은 실재세계의 사건을 바탕으로 하기 때문에, 목표영역은 북핵을 둘러싼 국제 정세의 인과관계이고, 그 영역에서는 두 참여자(국가)가 서로에게 위협적인 언사를 늘어놓는다. 보통의 대화가 그러하듯, 하나가 의사를 표시하면 다른 하나가 그에 대해 반응한다. 그 결과 대화참여자는 결과상태를 겪게 되고, 이러한 과정이 반복되면 공통의 결론(목적)에 도달하게 된다. 한편, 힘의 근원영역에는 주체와, 작용, 방향성, 이동, 결과상태, 힘 등이 있는데, 이 영역에서 두 주체는 서로 다른 방향성을 갖고 마주하고 있다. 그리고 적대감을 표시하며 서로에게 헤어드라이어를 쏜다. 이러한 구체적인 사건 구조는 <그림 4>의 만평 속에 그대로 개념화되어 나타난다.

흥미로운 점은 여러 종류의 힘 중, 바람, 특히 헤어드라이어로 만들어지는 바람이 만평 속의 의미요소로 사용되었다는 것이다. 이러한 정교화 과정은 두 정치 지도자가 독특한 헤어스타일로 여론에 잘 알려져 있음을 감안하면 최적의 개념화인 셈이다. 이 때 중요한 것은 근원영역 속의 '접촉없음'이라는 추론적 지식이 목표영역 속에서도 그대로 유지되면서, 실제세계에서도 미국과 북한 사이에는 군사적 '충돌'은 없었다는 것을 함의한다. 두 국가가 직접적인 '충돌'을 피하면서 신경전을 벌이는 형국을 잘 표현해 내고 있는 것이다. 이러한 인식을 바탕으로, 치명적인 공격의 수단이 될 수 없는 헤어드라이어가 개념화된 만평 속 모습에 절묘하게 사용되었음을 알 수 있다.

이번 소절에서는 개념적 은유와 개념적 혼성과 같은 인지기제가 구두표현 뿐만 아니라, 비구두표현의 채널을 통한 표현에서도 드러난다는 것을 만평의 사례를 통해서 살펴보았다. 만평 역시 이미 Forceville(2009)에서 몇 개의 챕터로 구성된 하나의 섹션 분량으로 논의가 이루어졌을 정도로 또 다른 대표적인 다중양상현상의 예시이다.[5]

---

5 Charles Forceville이 다양한 다중양상성의 현상들을 하나의 독자적인 언어학의 연구 대상으로 삼아 생산적으로 연구를 진행하였다는 점에서는 그 의의가 크다고 하겠으나, 그의 기본적인 분석 이론 틀은 적절성 이론(Relevance Theory)에 바탕을 두고 있어 개념적 은유 혹은 혼성 이론과는 그 가정에 있어서 차이가 있다.

3.3. 광고 및 인터넷 밈(memes)

본 절의 목적은 다중양상 표현의 또 다른 주요한 세부 분야로서 광고와 인터넷 밈에 나타난 개념화 과정을 인지의미론적 관점에서 접근하는 것이다. 본 절 역시 두 가지 분석 사례를 중심으로 살필텐데, 하나는 공익 광고에 대한 분석 사례(Park 2016)이고, 다른 하나는 배터리에서 결점이 발견된 휴대전화를 풍자한 인터넷 밈에 대한 분석(Jin 2016)을 재고찰한 것이다. 광고는 이미 대중매체를 통하여 우리에게 익숙하지만, 인터넷 밈은 현상에 대한 정의가 필요하다. 인터넷 밈(meme)은 인터넷상에서 사용자 개인이 잘 알려진 영상이나 사진을 임의대로 편집한 이미지이다. 그의 특징은, 우선 밈의 바탕이 되는 영상은 일정 규모의 언중들에게 공유되어 충분히 잘 알려진 영상이어야 한다. 그리고 그 위에 덧댄 자막은 특정한 폰트와 크기, 색깔로 편집되어야 하며, 주로 사회적으로 이슈가 되는 현상들에 대한 풍자가 많다(더 자세한 설명과 관점현상으로서의 분석 사례는 Dancygier & Vandelanotte 2017 참조). 광고와 밈의 예시는 <그림 6, 7>과 같다.

〈그림 6〉 개념적 혼성 예시: 공익광고   〈그림 7〉 개념적 혼성 예시: meme[6]

---

6   작자미상(2016). https://www.demilked.com/samsung-galaxy-note-7-exploding-fun ny-reactions/, 2016년 10월 발췌

<그림 6>은 매연의 심각성에 대해서 경고하는 메시지를 담고 있는 공익광고의 예시이다. 그리고 <그림 7>은 특정 기업의 휴대전화가 배터리 과열로 폭발한 것을 희화화하는 메시지를 담고 있다. <그림 6>은 "Do not pollute the air."(공기를 오염시키지 마시오.)라는 문장과 이미지의 조합으로 이루어진 다중양상 표현의 사례이다. 해당 그림은 크게 두 가지 관점이 혼성되어 있는데, 하나는 공기를 오염시키는 행위가 공장의 굴뚝에서 나오는 매연을 통하여 표현된 공장주의 관점이고, 다른 하나는 권총의 형상, 특히 총신과 총구에서 탄도체가 발사되어 나오는 것을 통하여 표현된 권총 사용자의 관점이다. 이 두 가지 관점을 두 가지 입력물이라고 생각했을 때, 그 두 가지 입력 공간을 바탕으로 혼성된 결과물이 광고 이미지로 표상되었음을 알 수 있다. 흥미로운 점은 혼성된 결과물로서의 이미지는 두 가지 입력 공간에서는 볼 수 없는 새로운 의미 구조가 발현된다는 것이다. 예를 들어, 공장주의 관점에서 매연을 뿜어내는 것의 목적은 누군가에게 해를 가하기 위함이 아니다. 단지 상품을 만들어 내기 위해 무언가를 연소할 때 나오는 부산물일 뿐 다른 누군가를 해치기 위하여 의도적으로 매연을 만들어내는 것이 아니기 때문이다. 반면 권총 사용자의 관점에서 총알을 발사하는 것의 목적은 누군가에게 직접적으로 해를 가하기 위함이다. 목표물이 있고, 그 목표물을 맞추어 그로 하여금 급격한 상태변화(가령, 상해를 입히는 것)를 겪게 하기 위해서 행하는 것이다. 하지만 광고물에 나타난 혼성된 공간에서는 앞의 두 입력 공간과는 다르게 '당신이 의도하지는 않았지만 이 행위가 불특정 다수에게 상해를 입힐 만큼 심각한 위해 행위가 될 수 있다.'는 함의를 품게 되는 것이다. 결과적으로 이러한 함의는 "공기를 오염시키지 말라."는 메시지를 통하여 구체화된다.

<그림 7>은 영화의 한 장면을 편집한 영상과 구어체의 문장으로 이루어진 다중양상 표현의 예인데, 다음과 같은 이유에서 흥미로운 사례이다. 우선, 해당 영상은 '다크 나이트'라고 하는 영화에서 불의의 사고로 한쪽 안면에 심한 화상 상처를 입은 등장인물이 나온 장면을 편집한 영상이다. 이 영화 공간에서 해당 인물이 안면에 상처를 입은 이유는 누군가의 방화로 인한 화상이었으

며 <그림 7>에 나온 휴대전화는 등장하지 않는다. 반면 구어체의 문장 "Hi I came to exchange my Galaxy Note 7."(안녕 갤럭시 노트 7을 교환하러 왔어.)는 영화 속 인물의 관점이 아닌 영화 밖의 인물, 구체적으로는 특정 휴대 전화 제품의 불완전성(배터리 과열로 인한 폭발 위험), 위험성을 희화화하려는 이의 관점에서 비롯된 것이다. 이 두 가지 관점이 혼성되어 <그림 7>의 사건 구조를 이룬다. 해당 자료는 안면에 심각한 상처를 입은 인물이 휴대전화 제품을 교환하러 왔다는 사건을 그려냄으로써, 다음과 같은 인과구조를 환기한다: 해당 인물은 그 휴대 전화를 사용하다가 배터리 과열로 폭발했고, 그 폭발력이 마치 폭발물처럼 강하여 자신의 안면 반쪽에 심한 화상 상처를 남겼으며, 그렇기 때문에 그 휴대 전화는 불량품이라고 판단할 수 있고 그를 교환하고자 한다. 이는 영화 속 사건에도, 실제 해당 휴대 전화를 사용하다가 고장을 겪은 이의 사건에도 존재하지 않는 개념적으로 혼성된 사건인 것이다 (예를 들어 해당 자료에 함축된 정도의 폭발력이라면 당사자는 생존하기 어려웠을 뿐 아니라, 교환하려고 의도할 수도 없었을 것이고, 또 한편으로는 해당 영화의 줄거리 속에 휴대전화를 교환하는 내용도 포함되어 있지 않다).

흥미로운 점은 <그림 7>에서, 해당 자료를 편집한 이는 그 속에서 보여주는 가상의 사건 결과 상태를 통하여 실제 세계에 일어날 것이라고 추론 가능한 결과 상태를 경계하라는 메시지를 전달한다는 것이다. 그림에서 환기된 인과구조는 휴대 전화 배터리의 결함으로 폭발했고, 그로 인해 등장인물은 얼굴에 심한 화상을 입게 되었다는 것이며, 마치 결과가 확실하게 주어져 있는 것처럼 보인다. 하지만 이를 통해 만든 이가 의도하고자 하는 것은 실제 세계에 존재하는 해당 제품의 안정성에 대한 경고이다. 그림에 표현된 사건 구조가 실제 세계를 그대로 표상하고 반영하는 것이었다면 해당 제품을 쓰는 사람은 모두 안면에 깊은 상처를 입었다는 사실을 묘사하는 것에 지나지 않았을 것이다. 하지만 궁극적으로 만든 이가 전달하고자 한 메시지는 해당 영상에 나온 인물처럼 휴대 전화 배터리 폭발로 인하여 심한 화상을 입지 않으려면 해당 제품을 쓰지 않아야 한다는 것이다.

4. 마무리

이 글에서는 다중양상현상을 인지의미론적 시각에서 분석하는 방법과 그 이론적 바탕을 소개하고, 그중 몸짓언어와, 만평, 광고와 인터넷 밈(meme)을 질적 사례연구를 중심으로 살펴보았다. 앞으로의 인지언어학의 큰 연구 동향의 한 줄기는 다중양상현상 연구가 될 것이다. 왜냐하면 다중양상현상 속에서도 구두언어 현상에서 발견할 수 있는 인지 기제가 널리 퍼져있다는 것을 증명하고 보이는 것만큼 인지언어학의 기본 가정이 맞음을 더 잘 방증하는 것도 없을 것이기 때문이다. 현재 국내 언어학계의 학풍은, 다중양상표현을 연구대상으로 삼아 분석을 진행한 논문을 언어학 분야의 논문으로 여기지 않을 만큼 아직은 인접분야와의 통섭에 인색한 듯하다. 하지만 그 틀을 깨고, 인간 언어사용의 인지적 경향성과 관련한 질문에 대한 궁극적인 답을 찾는 것을 목적으로, 앞으로 국내에서도 다중양상현상 연구, 특히 그 안에 개념화되어 있는 관점을 중심으로 살피는 관점현상으로서의 연구 – 가령, 인지자가 자신의 관점을 언어표현에 나타난 참여자의 시점과 동일시하는지 아니면 해당 상황에 관여하는 관찰자의 시점과 동일시하는지 등에 따른 상호주관적이고 역동적인 의미 구축 현상으로서의 연구(예를 들어, 영국 정치 포스터에 나타난 여러 관점들의 상호작용을 담화관점공간 이론(Dancygier & Vandelanotte 2017)으로 분석한 Roh et al.(under review), 보디빌더와 크로스피터 사이의 논쟁을 주제로 한 인터넷 밈을 분석한 Jin et al.(2018), 모바일 게임에 나타난 주인공과 게임 참여자 관점 사이의 상호작용을 통한 의미 구축을 분석하고 모형화한 Kim et al.(2018) 등) – 가 보다 더 활발하게 이루어지길 기대한다.

참고문헌

권익수(2015), "Charlie Hebdo 만평에 나타난 인지 기제 분석", 『담화와 인지』 22(1): 1-23, 담화 · 인지 언어학회.

김영순(2000), "한국인 손동작의 의미와 화용", 『한국어 의미학』 6: 27-47, 한국어 의미학회.

김영순 · 김연화(2007), 『몸짓기호와 손짓언어: 교사-학생 간 비언어의사소통연구』, 한국문화사.

김현강 · 송재영(2011), "담화 연구를 위한 자료 구축의 문제: 비언어 요소의 담화 기능을 중심으로", 『언어 사실과 관점』 27: 149-171, 연세대학교 언어정보연구원.

임지룡 · 김영순(2000), "신체 언어와 일상언어 표현의 의사소통적 상관성", 『언어과학연구』 17: 59-78, 언어과학회.

임혜원(2010), "동작언어 분석을 통한 영상도식의 신체화 연구: 척도 도식을 중심으로", 『언어와 언어학』 48: 135-164, 한국외국어대학교 언어연구소.

임혜원(2015), "손날의 의미/기능 연구: 토론 참여자의 손짓언어를 중심으로", 『언어와 언어학』 69: 107-129, 한국외국어대학교 언어연구소.

임혜원(2017), "힘 영상도식의 신체화 연구: TV 토론프로그램 참여자의 손짓을 중심으로", 『담화와 인지』 24(1): 93-112, 담화 · 인지 언어학회.

임혜원(2018), "그릇도식의 신체화 연구: 토론 참여자의 손짓언어를 중심으로", 『언어와 언어학』 78: 99-125, 한국외국어대학교 언어연구소.

이정은 · 전진리 · 박영은 · 권익수(2016), "미 대선 후보토론회에 나타난 은유적 손짓 분석", 『담화와 인지』 23(3): 53-79, 담화 · 인지 언어학회.

Bergen, B.(2003), To awaken a sleeping giant: Cognition and culture in September 11 political cartoons, in M. Achard & S. Kemmer (eds.), *Language, Culture, and Mind*, 1-12, Stanford: CSLI Publications.

Borkent, M.(2017), Mediated characters: Multimodal viewpoint construction in comics, *Cognitive Linguistics* 28(3): 539-563.

Calbris, G.(1990), *The Semiotics of French Gesture*, Bloomington: Indiana University Press.

Calbris, G.(2003), From cutting an object to a clear cut analysis, Gesture as the representation of a preconceptual schema linking concrete actions to abstract notions, *Gesture* 3: 19-46.

Calbris, G.(2005), La negation: son symbolisme physique, Online: http://gesture-lyon2005.ens-lsh.fr/article.php3?id_article=222.

Calbris, G. & L. Porcher(1989), Geste et Communication, Paris: Hatier.

Cienki, A.(1998), Metaphoric gestures and some of their relations to verbal metaphoric expressions, in J. P. Koenig(ed.), *Discourse and Cognition*, 189-204, Stanford CA: CSLI Publications.

Cienki, A.(2017), Analysing metaphor in gesture: A set of metaphor identification guidelines for gesture (MIG-G), in E. Semino & Z. Demjén(eds.), *The Routledge Handbook of Metaphor and Language,* 131-147, London: Routledge.

Cienki, A. & C. Müller(2008), Metaphor, gesture, and thought, in R. W. Gibbs(ed.), *The Cambridge Handbook of Metaphor and Thought*, 483-501, Cambridge: Cambridge University Press.

Cienki, A. & K. Kok(2017), Mental simulation semantics out of the laboratory: towards an interactive and multimodal reappraisal of embodied language comprehension, *Language and Cognition* 9(1): 1-23

Damasio, A. R.(1994), *Descartes'error: Emotion, Reason, and the Human Brain*, New York: Putnam.

Damasio, A. R.(1999), *The Feeling of What Happens: Body and Emotion in the Making of Consciousness*, New York: Harcourt Brace.

Dancygier, B. & E. Sweetser(eds.)(2012), *Viewpoint in Language: A Multimodal Perspective*, Cambridge: Cambridge University Press.

Dancygier, B. & L. Vandelanotte(2017), Internet memes as multimodal constructions, *Cognitive Linguistics* 28(3): 565-598.

Teng, N. Y.(2009), Image alignment in multimodal metaphor, in C. J. Forceville & E. Urios-Aparisi(eds.), *Multimodal Metaphor.* 197-212, Berlin: Mouton de Gruyter.

Fauconnier, G. & M. Turner(2002), *The Way We Think: Conceptual Blending and the Mind's Hidden Complexities*, New York: Basic Books.

Fillmore, C.(2006[1982]), Frame semantics, in D. Geeraerts(ed.), *Cognitive*

Linguistics: Basic Readings, 373-400, Berlin/New York: Mouton de Gruyter.

Forceville, C.(2008), Metaphor in pictures and multimodal representations, in R. W. Gibbs(ed.), *The Cambridge Handbook of Metaphor and Thought*, 462-482, Cambridge: Cambridge University Press.

Forceville, C.(2016), Pictorial and multimodal metaphor, in N. Klug, & H. Stöckl(eds.), *Handbuch Sprache in Multimodaten Kontext* [The language in multimodal contexts handbook], 241-260, Berlin: Mouton de Gruyter.

Forceville, C. & E. Urios-Aparisi(eds.), *Multimodal Metaphor*, Berlin: Mouton de Gruyter.

Gallese, V. & G. Lakoff(2005), The brain's concepts: The role of the sensory-motor system in conceptual knowledge, *Cognitive Neuropsychology* 22(3): 455-479.

Harrison, S.(2009), The expression of negation through grammar and gesture, in J. Zlatev, M. Andrén, M. J. Falck & C. Lundmark, *Studies in Language and Cognition*, 405-409, Newcastle upon Tyne: Cambridge Scholars Publishing.

Jin, W.(2016), Conceptual blend in internet memes: A case study of Galaxy Note 7 advertisements. ms. Hankuk University of Foreign Studies.

Jin, W., E. Kim, J. H. Roh, H. Y. Kim, & I. Kwon(2018), Internet memes of different viewpoints: A cognitive semantic study of debate between bodybuilders and crossfitters. A paper presented at the regular Fall Discourse and Cognitive Linguistics Conference, Hankuk University of Foreign Studies, Nov. 10, 2018.

Kim, E., W. Jin, J. H. Roh, H. Y. Kim, & I. Kwon. 2018. A game that you cannot win: Viewpoint and cognitive mechanisms in the mobile game <Liyla and the Shadows of War>. A paper presented at the regular Fall Discourse and Cognitive Linguistics Conference, Hankuk University of Foreign Studies, Nov. 10, 2018.

Lakoff, G.(2008), The neural theory of metaphor, in R. Gibbs(ed.), *The Cambridge Handbook of Metaphor and Thought*, 17-38. Cambridge: Cambridge University Press.

Lakoff, G. & M. Johnson(1980), *Metaphors We Live By*, Chicago: The University of Chicago Press.

Lakoff, G. & M. Johnson(1999), *Philosophy in the Flesh: The Embodied Mind and Its Challenge to Western Thought*, New York: Basic Books.

Park, Y. E.(2016), The conceptualization of "gun" in public service advertisements. ms. Hankuk University of Foreign Studies.

Roh, J. H., E. Kim, W. Jin, H. Y. Kim, & I. Kwon(Under review), Multimodality and discourse viewpoint configuration: A case study of UK political posters. ms. Hankuk University of Foreign Studies.

Kendon, A.(2002), Some uses of the head shake, *Gesture* 2: 147-183.

Kendon, A.(2004), *Gesture: Visible Action as Utterance*, Cambridge: Cambridge University Press.

Krauss, R. M., Y. Chen & R. F. Gottesman(2000), Lexical gestures and lexical access: A process model, in D. McNeill(ed.), *Language and Gesture*, 261-283, Cambridge: Cambridge University Press.

Kwon, I.(2019), Conceptual mappings in political cartoons: A comparative study of the case of nuclear crises in US-North Korean relations, *Journal of Pragmatics* 143: 10-27.

Kwon, I., J. E. Lee, J. Jeon & Y. E. Park(2016), Iconicity and conceptual metaphor in the U.S. military hand signals, *Linguistic Research* 33(2): 219-347.

Kwon, I. & J. H. Roh(2018), Multimodality and cognitive mechanisms: A cognitive-semantics analysis of political cartoons <stay out of my hair>, *Linguistic Research* 35(1): 117-143.

McNeill, D.(1992), *Hand and Mind: What Gestures Reveal about Thought*, Chicago: The University of Chicago Press.

McNeill, D.(2005), *Gesture and Thought*, Chicago: The University of Chicago Press.

McNeill, D. & S. Duncan(2000), Growth points in thinking-for-speaking, in D. McNeil(ed.), *Language and Gesture*, 141-161, Cambridge: Cambridge University Press.

Morris, D.(2002[1977]), *People Watching: the Desmond Morris Guide to Body Language*, London: Vintage.

Müller, C. & A. Cienki(2009), Words, gestures, and beyond: Forms of multimodal metaphor in the use of spoken language, in C. J. Forceville & E. Urios-Aparis(eds.), *Multimodal Metaphor*, 297-328, Berlin: Mouton de Gruyter.

Núñez, R. & E. Sweetser(2006), With the future behind them: Convergent evidence from language and gesture in the crosslinguistic comparison of spatial construals of time, *Cognitive Science* 30: 1-49.

Oakley, T. & E. Pascual(2017), Chapter 3: Conceptual blending theory, in B. Dancygier(ed.), *Cambridge Handbook of Cognitive Linguistics*, 423-448, Cambridge: Cambridge University Press.

Parrill, F.(2012), Interactions between discourse status and viewpoint in co-speech gesture, in B. Dancygier & E. Sweetser(eds.), *Viewpoint in Language: A Multimodal Perspective*, 97-112, New York: Cambridge University Press.

Pinar Sanz, M. J.(ed.)(2015), *Multimodality and Cognitive Linguistics*, Amsterdam: John Benjamins.

Shinohara, K. & Y. Matsunaka(2009), Visual metaphoric conceptualization in editorial cartoons, in C. J. Forceville & E. Urios-Aparisi(eds.), *Multimodal Metaphor*, 265-296, Berlin: Mouton de Gruyter.

Sweetser, E.(2000), Blended spaces and performativity, *Cognitive Linguistics* 11(3): 305-333.

Sweetser, E.(2004), "The suburbs of your good pleasure": Cognition, culture and the bases of metaphoric structure, in G. Bradshaw, T. Bishop & M. Turner(eds.), *The Shakespearean International Yearbook*, vol. 4: *Shakespeare Studies Today*, 24-55, England: Ashgate Publishing.

Sweetser, E.(2007), Looking at space to study mental spaces: Co-speech gesture as a crucial data source in cognitive linguistics, in M. Conzalez-Marquez, I. Mittelberg, S. Coulson & M. J. Spivey(eds.), *Methods in Cognitive Linguistics*, 201-224, Amsterdam: John Benjamins.

Sweetser, E. & M. Sizemore(2008), Personal and Interpersonal Gesture Spaces: Functional Contrasts in Language and Gesture, in A. Tyler, Y. Kim & M. Takada(eds.), *Language in the Context of Use: Discourse and Cognitive Approaches to Language*, 25-51, Berlin: Mouton de Gruyter.

제2부

주제별 탐구의
현황과 과제

대립어

김 억 조[*]

1. 들머리

이 글은 국어 대립어[1] 연구 현황을 인지언어학적 관점에서 살펴보고 향후 과제와 전망을 살펴보는 것이 목적이다. 의미의 대립관계는 어휘 자체의 의미라기보다는 우리의 사고방식뿐만 아니라, 일상적인 삶의 담화와 관련되어 있다. 대립어는 그 동안 언어학 이론의 흐름과 함께 발전해 왔다. 지난 반세기 동안 구조의미론, 말뭉치 언어학, 화용론, 그리고 인지언어학 등 언어학 이론

---

[*] 동국대학교 국어국문학과 교수, ukjokim@hanmail.net

[1] '대립어(opposite)'는 '대립관계(opposition)'에 있는 단어들을 지칭한다. Lyons (1968: 460-469)에서 의미의 대립(oppositeness of meaning)에 대해 논의하면서 상보성(complementarity-male:female), 반의성(antonymy-big:small), 상반성(converseness-husband:wife)을 지적하였다. '대립어'는 '반대말, 반대어, 반의어, 상대어, 대조어, 대립어, 짝말, 맞섬말' 등으로 다양하게 사용되어 왔다(임지룡 1989: 11). 임지룡 (2018: 176)에서 지적한 것처럼 의미 대립의 다양성에 비추어 볼 때, '대립어'가 포괄적이고 적합한 용어라 할 수 있다고 판단하여 이 글에서는 등급적 상대성(gradable contrariness)으로 간주되는 반의어(antonymy)와 상보성(complementrarity)으로 정의되는 상보어의 상위 개념으로 대립어(opposite)를 사용하기로 한다. 즉, '대립어'를 상위어로, '상보대립', '정도대립', '방향대립'를 하위어로 사용한다.

이 변해온 것과 대립어를 바라보는 관점이 함께 왔다고 할 수 있다.

의미의 대립관계(opposition)는 의미적으로 공통점을 많이 가진 바탕 위에서 차이점을 통해 대립을 이루는 단어의 쌍을 가리키는데 '이원대립(binary opposition)'과 '다원대립(multiple opposition)'으로 나눌 수 있다. '이원대립'은 '살다/죽다'와 같이 대립 항이 두 개인 경우이며, '다원대립'은 색채어나 금속명과 같이 대립 항이 세 개 이상의 경우인데 구조주의 언어학 이론에서는 그 전형적인 경우가 이원대립으로 보았으며 국어 대립어에 관한 연구는 남기심(1974), 심재기(1975)를 필두로 많은 연구가 이루어져 왔다.

이 글에서는 대립어 연구 현황을 인지언어학적 접근법 이전과 이후로 나누어 살펴본 후에 앞으로의 과제와 전망을 제시하기로 한다.

2. 대립어의 주요 연구 현황과 쟁점

2.1. 인지언어학 이전의 연구 현황

2.1.1. 구조의미론적 접근법

국어 대립어의 구조의미론적 접근의 주요 성과는 이승명(1973, 1980), 전수태(1997), 임지룡(1989) 등을 대표적으로 꼽을 수 있다. 이 접근법의 핵심은 어휘사전에서 잘 확립된 대립어 쌍을 체계적으로 분류하는 것이었다. 체계성을 확보하기 위해 논리학의 '반대관계(contrary)'와 '모순관계(contradictory)'의 개념을 그 저변에 깔고 있는데, 이러한 모색의 결과 대립어의 유형을 (1)과 같이 범주화하였다.

    (1) a. 이항대립(binary opposition): ①반의어(antonym), ②상보어(complementary), ③방향대립어(directional opposite)(㉠대척어(antipodal) ㉡대응어(counterpart) ㉢역동어(reversive) ㉣역의어

(converse))

　　b. 비이항대립(non-binary　opposition)[2]:　①순환적　순서　집합 (cyclically ordered set), ②연속적 순서 집합(serially ordered set) (㉠척도(scale)　㉡등급(rank))

(1)은 구조의미론적 접근법으로, (1a)의 이항대립과 (1b)의 비이항대립으로 나눌 수 있다. 이 접근법에서는 어휘의 의미를 언어내적 관계의 망인 '정적 체계(static system)'로 파악함으로써 실제 언어 상황에서 사용되는 어휘적 유연성을 설명해 내지 못하는 한계를 가진다. 즉, 이 접근법에서는 '어휘 관계' 이지 '의미 관계'에 의한 대립어라고 할 수 없다.[3] 이 접근법에서는 하나의 문장이나 문맥 속에서 공존하는 대립 쌍에 관심을 두지 못하였거나 정도성에 주목하지 않았으며 각 유형에 속한 대립어의 용례가 제한되므로, 소수의 관습적이고 규범적인 대립어가 해당 유형을 대표하게 되었으며, 불명확하거나 예외적인 사례는 무시되었다.

2.1.2. 말뭉치 접근법

'말뭉치 접근법(corpus approach)'은 말뭉치 자료에서 대립어 쌍을 추출하여 그 사용 양상을 살펴보는 관점이다. 국어의 경우 임채훈(2009), 홍윤기(2009), 이광호(2009, 2010), 김억조(2012), 이민우(2011) 등을 들 수 있다. 이 접근법에서는 실제 사용된 언어 자료인 말뭉치에서 대립어를 추출하였기 때문에 기술적 연구에 유용하며, 검증할 수 있다는 점에서 언어 연구의 과학적 접근법으로 간주된다(Willners & Paradis 2010: 18 참조). 이광호(2009)를 살펴보면 형용사, 동사, 명사 반의어 쌍을 각각 10개씩 선정한 뒤 이들 30개

2　양립불가능 관계의 정의에 관해서는 도재학(2013b) 참조.

3　'어휘 관계'는 어떤 각각의 의미를 담고 있는 언어 단위(즉 단어)들의 관계를 지칭 하는 것이고, '의미 관계'는 형식에 담긴 내용(즉 의미)들의 관계를 지칭하는 것이 다(도재학 2013a: 46).

반의어 쌍이 우연히 공기할 빈도와 실제 공기한 빈도를 비교하였는데, 반의어 쌍이 실제 공기한 빈도가 우연히 공기할 빈도보다 6배 정도 높게 나타난 것으로 보고하고 있다.

이 접근법의 한계는 준비된 관습적·규범적 대립어 쌍을 통사적 틀에서 확인하는 수준에 머물거나, 대립어 쌍이 나타나는 통사적 틀 찾기에 초점이 놓였다는 점이다. 따라서 말뭉치 접근법은 문장 층위를 넘어서지 못하였을 뿐 아니라, 잠재적으로 특이하고 창조적인 대립어 쌍을 탐색하는 데 이르지 못하는 한계를 가지고 있다.

2.1.3. 화용적 접근법

대립어에 대한 '화용적 접근법(pragmatic approach)'은 대립어를 공동체의 문화를 중심으로 인간의 머릿속에서 그 사용 및 지위와 관련해서 고려하는 관점이다.

이 접근법은 Murphy(2003: 4-8)가 채택한 관점으로 국어의 경우 강연임(2006), 문금현(2016), 김억조(2014) 등을 들 수 있다. 강연임(2006)에서는 광고 문구에 나타나는 화용적 대립어를 연구하였다. 화용적 대립어의 유형을 '동위 계열'형, '상위어-하위어'형, '범주 확대'형으로 나누고 이에 대해 광고 문구를 대상으로 이들의 의미 기능에 대해 탐색하였다. 화용적 대립어는 어휘 의미보다 발화 문맥을 바탕으로 형성되기 때문에 전혀 다른 의미장에 속하는 어휘가 대립어로 기능할 수도 있고, 같은 의미장이더라도 상위어나 하위어의 관계로 연결되거나 의미 추론에 의해 추출될 수 있는 어휘가 대립어로 설정되는데 이러한 대립어는 어휘적 의미에 초점이 놓이지 않고 발화자의 전달 의도에 해석의 초점이 놓인다.

문금현(2016)에서는 대중가요를 대상으로 대립어의 의미 양상을 다루었다. 이 연구에서의 대립어는 일반적으로 생각하는 고정적인 것이 아니라 상황적 맥락에 따라서 일시적인 의미 대립을 이루는 것이다. 김억조(2014, 2017)의 연구도 이와 같은 맥락에서 이루어졌는데 국어교육적 적용 방안을 제안하고 있다. 이 접근법을 채택한 Murphy(2003: 203-205)는 대립어의 '담화 기능 (discourse function)'을 피력하고 있다. 즉, '통사적 틀'과 그 기능을 아는 것이 대립관계의 문맥 의존적 용법을 인지하는 수단을 제공한다고 하였다.

2.2. 인지언어학적 접근법의 연구 현황

대립어에 관한 인지언어학적 관점의 주요 논의는 원형이론, 환유, 영상도식, 도상성 등을 기반으로 한 연구로 나누어 살펴볼 수 있다.

2.2.1. 원형이론

원형이론을 기반으로 대립어의 범주를 연구한 논의는 왕파(2012)와 도재학 (2011, 2013) 등의 연구를 들 수 있다. 왕파(2012)에서는 대립어를 하나의 원형으로 보고 원형 의미에서 점점 확장해서 가족 닮음에 의해서 형성된다고 보는 관점에서 대립어의 개념과 분류를 정립하려 하였다. 도재학(2011, 2013) 에서는 의미가 실현되는 환경에 따라 기본적 의미, 문맥적 의미, 화맥적 의미로 성격이 나뉠 수 있음을 확인하고 문맥적 의미 차원에서 대립이 확인되는 단어를 대상으로 상보적 대립, 상반적 대립, 상관적 대립, 정도적 대립의 유형으로 나누어 논의하였다.

2.2.2. 중화

중화에 대한 논의는 김억조(2012a)와 김진수(2017)를 들 수 있다. 김억조 (2012a)에서는 정도대립어의 중화 문제를 인지언어학의 기제인 환유와 연관하여 살펴보았다.[4] 언어에서 배경을 참조하여 해석하는 우리의 능력 때문에

---

4 환유 및 중화의 문제는 임지룡(1985, 1987, 1988, 1989, 1995)에서 다루어졌으나 이는 구조 언어학의 관점에서 대립어의 의미특성에 관한 연구로 중화현상과 유표성의 관계를 규명하였다.

국어 대립어의 인지적 복잡성과 현저성에서 차이가 난다. 동일한 영역에 속하는 것들도 중심성의 정도를 부여할 수 있다. 이처럼 인지언어학적인 관점에서 언어는 활성화 가능성 혹은 활성화 강도 때문에 달리 해석된다. 이 논문에서는 중화를 기반으로 인지적 복잡성과 현저성이 언어빈도나 어순에 반영되어 있음을 밝혔다.

김진수(2017)에서는 '사다/팔다', '나다/들다' 등을 대상으로 방향대립어의 대립성 약화와 중화에 대해 인지언어학적 관점에서 분석하였다. 대립관계에 있는 동사들이 특정한 요소와 결합하거나 합성어를 이루었을 때 의미의 대립성이 사라지고 동일한 의미를 공유하거나 대립 쌍을 이루는 두 단어 가운데 어느 한 동사의 의미에 윤곽부여 되거나 새로운 의미를 획득하게 되는 현상을 프레임 이론으로 분석하였다.

2.2.3. 영상도식

영상도식 이론을 적용한 논의는 백미현(2010)과 홍달오(2010, 2013)를 들수 있다. 백미현(2010)에서는 영상도식 개념을 국어 대립어에 적용하였다. '안/밖' 도식과 '속/겉' 도식을 반영하였다. 이 논문에서는 '나다/들다'의 "은유적 의미 확장 경로"뿐만 아니라 두 동사의 기본도식과 관련하여 "관찰자 관점의 차이, 문화, 관습적 요인으로 인한 의미값" 등이 달라짐을 밝혔다.

홍달오(2010)에서는 동사 '들다/나다'의 의미를 영상도식이론을 통하여 밝혔다. 동사 '들다'와 '나다'는 각각 개방형도식과 폐쇄형도식을 지닌다고 보고 동사 '들다'의 원형 의미는 개방형의 도식이 기본이 된다고 하였다. 그 원형 공간구조는 '앤[內]/밖[外]'의 부수도식을 함의하며, 이에 따라 '진입, 포함, 침윤, 축적과 소모, 수용' 등의 의미가 파생되는 것으로 파악하였다. 반면 '나다'의 의미는 폐쇄형의 도식을 기본으로 '속[裏]/겉[表]'의 부수 도식을 동반하며, 따라서 '발생과 표출, 배출과 산출, 부각, 결과와 완료' 등의 뜻이 파생된다고 주장하였다.

홍달오(2013)에서는 동사 '가다/오다, 들다/나다'의 의미 합성 과정을 영상도식 이론을 통하여 분석하였다. 이 연구에서 '가다/오다'는 선행 동사의 이동 행위에 경로성의 성분을 강화하거나 행위주가 어떠한 사물을 소지·소유·지참하는 양상을 나타내는 것으로 보았다. 특히 '오다'는 도착점에 주체가 포함되어 있는지의 여부에 따라 영향권이 생성된다고 하였다.

2.2.4. 정신공간

정신공간이론을 국어 대립어 연구에 적용한 연구로는 이종열(1999)을 들수 있는데 이 연구에서는 '나다:들다', '가다:오다, 주다:받다' 등의 동사가 '드나들다, 오가다, 주고받다' 등과 같은 합성어가 될 때 대립성의 약화와 함께 새로운 의미 획득 과정에 대해 설명하였다.

2.2.5. 기타

이 밖에 이민우(2011)에서는 '자체대립 관계'라는 명명 아래, 의미의 관계에 따라서 상보 대립, 반의 대립, 방향 대립으로 구분하고 형식에 따라서 어휘적 대립, 문법적 대립, 맥락적 대립을 구분하였다. 이선영(2011)에서는 모순어의 유형을 형식적으로 분류하여 단어와 연어가 서로 상반되는 의미로 해석되는 경우에 대한 여러 예들을 다루었다. 이 두 접근법은 Cruse(1986: 197)가 대립어를 근접성과 소원성을 동시에 지니고 있다고 한 것에서 출발하는 것으로 Murphy(2003: 174-176)는 대립관계·상하의관계·동의관계 등 계열관계 가운데 대립이 가장 원형적인 의미관계라고 하였다(임지룡 2015: 66). 이러한 맥락의 연구는 김억조(2017)와 임태성(2017)의 연구에서도 마찬가지다. 임태성(2017)에서는 상보어인 '죽다/살다'의 해석 방식이 '상보성→반의성'으로 넓어질 수 있다고 하였고 김억조(2017)에서는 가변적으로 해석되는 반의어 유형을 국어교육에 적용할 것을 제안하였다.

이 외에도 임지룡·석수영(2015)에서는 한중 '수어(Sign Language)'의 대립어를 대상으로 '도상성'과 '개념적 은유/환유'의 관점에서 의미 특성을 연구하였다.

3. 앞으로의 과제와 전망

3.1. 범주화와 의미 대립

임지룡(1989: 23-24)에서는 자연언어에 존재하는 수많은 대립어들은 그 강도나 성격에 있어서 한결같지가 않은데 이들을 몇 가지 유형으로 포괄하기란 어느 면에서는 불가능한 일로까지 여겨지기도 한다고 밝히며 대립어의 유형을 바르고 정밀하게 설정하기란 쉽지 않다고 하였다. 지금까지는 구조주의를 비롯한 객관주의 또는 자율언어학에서는 의미의 구조나 작용 방식을 대칭적, 평면적으로 파악하고 있다. 이것은 '언어 중심적 관점(logocentric view)'으로 '고전 범주화(classical categorization)'의 세계관에 뿌리를 둔 것인데, 범주는 필요 충분한 특정 자질로 구성되며, 그 구성원은 등가적이며, 범주의 경계는 명확하다고 본다. 이러한 관점에서는 '어휘 관계'와 '의미 관계'를 동일시해 온 경향이 있다. 하지만 '어휘 관계'와 '의미 관계'는 달리 보아야 한다. 어휘 관계는 어떤 각각의 의미를 담고 있는 언어 단위(즉 단어)들의 관계를 지칭한 것이고, 의미 관계는 형식에 담긴 내용(즉 의미)들의 관계를 지칭하는 것이다 (도재학 2018: 302). 이러한 관점에서 '의미 관계'를 중심으로 대립어의 범주가 새로 만들어져야 한다.

인지언어학은 '인간 중심적 관점(anthropocentric view)'으로 신체화와 관련하여 대립어의 범주를 연구할 수 있다. 인간의 신체가 어떻게 인식되는가 하는 것을 출발점으로 '위/아래'와 '앞/뒤'의 개념이 대립을 이루는 것에서 출발한다.

다음으로 '원형 범주화(protypical categorization)'의 원리를 따르는데, 범주는 특정한 자질로 구성되는 것이 아니라 가족닮음의 구조를 이루며, 범주의 구성원은 등가적이 아니라 원형에서부터 주변에 이르기까지 등급적이며, 범주의 경계는 뚜렷한 것이 아니라 불명확하다고 본다(임지룡 외 2017: 5-6). 인지언어학 이전의 관점에서 대립어의 유형 분류는 고전범주화의 연장선상에서 뚜렷한 경계가 전제되었다. 그런데, 인지의미론에서는 대립어 유형의 경계 간에 '불명확성(fuzziness)'이 존재할 것으로 본다. 이는 원형이론에 근거하여 새로운 분류가 필요하다. 왕파(2012)에서 원형이론을 이용해서 대립어의 개념과 유형을 설명한 바 있다. 이 연구에서는 원형의미에서 점점 확장해서 가족 닮음에 의해 형성된다고 보았다. 왕파(2012)가 설정한 '대립어'의 성립조건에 따르면 현재 언중들이 대립어로 인정하는 많은 단어들이 대립어의 원형에 속하지 못하게 된다.5 또한 대립어 안에서도 정도성이 존재하기 때문에 대립어 범주에서 정도성에 관한 논의가 새로 이루어져야 한다.

그리고 지금까지의 연구에서는 주로 어휘 의미론의 관점에서 대립어에 관해 범주화를 진행해 왔다.

(2) a. 어머니-아버지
     b. 큰어머니-큰아버지
     c. 큰어머니-작은어머니

(2a)의 '어머니'와 '아버지'는 대립어이다. (2b)는 (2a)를 기반으로 대립이 이루어진다. 하지만 (2c)는 (2a)를 기반으로 대립어가 이루어지는 것이 아니라 '큰-작은'을 기반으로 대립이 이루어진다. 즉, 어휘가 단일하지 않다. 어휘가 단일하지 않다는 것은 의미를 가지는 형태소 이상의 단위가 여러 개 들어 있다는 의미이고 따라서 그 경우의 수만큼 다른 어휘와 맺는 의미 관계가 다양할 수 있다(최형용 2018: 296). 그러므로 작게는 어휘 내부의 구성원에 의해

---

5 왕파(2012)의 원형적 '반의어' 성립조건
  ㄱ. 상반되는 두 원소가 연속체를 형성한다. → 연속성조건
  ㄴ. 상반되는 두 원소가 하나의 개념의 유일한 두 성원이다. → 완전성조건
  ㄷ. 상반되는 두 원소의 경계가 불분명하다 → 배타성조건

의미 대립 관계가 형성된다. 어휘 사이의 대립 관계와 어휘 내부의 대립 관계에 대해서 인지언어학적 관점에서 연구가 이루어질 수 있다.

3.2. 해석과 의미 대립

대립어는 어휘 항목 간의 고착화된 의미 관계가 아니라, 다양한 상황·맥락 속의 작용 양상을 화자가 역동적으로 해석하는 관계이다(임지룡 2018: 187). 이것은 하나의 어휘소를 어떤 관점에서 해석하느냐 즉 어떤 프레임에서 무엇을 중심으로 바라보느냐에 따라 의미의 해석이 달라진다고 할 수 있다. Langacker(2008, 나익주 외 역 2014: 85-128)가 '초점화'로 지칭한 것처럼 언어적 제시를 위한 개념적 내용을 선택하고 그 내용을 배열하여 대체적으로 전경(foreground) 대 배경(background)으로 기술할 수 있는 것을 포함한다. 전경과 후경은 담화영역과 범위 그리고 관찰자 혹은 개념화자의 시각, 탄도체(trajector)와 지표(landmarker)의 정렬이 작용하여 그 결과로 생긴 의미의 결과물이다. 이러한 관점에서 개념화자가 사물을 어떻게 바라보는지에 따라서 대립성의 정도가 달라지며 상황성이 부각된다.

지금까지 관습적으로 대립어로 간주한 어휘 항목 쌍에 대한 해석이 맥락에 따라 변화할 가능성이 있다. 또한 해석의 관점을 '절대 해석'과 '상대 해석'으로 나누어 살펴볼 수도 있다. 지금까지의 연구에서 일부 대립어 쌍이 어떤 맥락에서는 한 쌍의 상보 대립어처럼 행동하고 다른 어떤 맥락에서는 정도 대립어로 행동한 것을 파악한 관점과 같다.

최형용(2018: 162)의 예에서도 볼 수 있는 것처럼 '손'과 '발'이 대립 관계를 이루어 결과적으로 그 합성어도 대립 관계에 있다. 즉, '손등'은 '발등'과 '손바닥'을 대립어로 갖게 되는데 이와 마찬가지로 '발등'도 '손등'과 '발바닥'을 대립어로 갖게 되는 것이다. 이러한 사실은 임시어나 신어의 경우에도 대립 관계로 해석하여 단어를 형성하는 경우를 보면 알 수 있다.[6]

---

6 최형용(2018: 166)에 제시된 '엄친아-엄친딸', '차도남-차도녀'는 [남자]와 [여자]

종래 구조의미론이나 형식의미론에서는 대립관계의 단어 쌍이 구조적으로나 의미적으로 고정적이고 등가적인 것으로 간주해 왔다. 그러나 인지언어학적 관점에서는 대립관계가 언어적 맥락이나 언중의 의식 속에서 수시로 활성화되고 비대칭적으로 파악된다(임지룡 2016: 29-30). 인지언어학적 관점에서 대립어는 개념 관계, 즉 개념화의 문제라 하겠다. 이와 관련하여 Panther & Thornburg(2012: 186)에서는 대립어를 어휘항목 간의 고착화된 의미관계가 아니라, 다양한 어휘-문법적 층위와 화용적 층위에 작용하는 양상을 화자가 역동적으로 해석하는 관계라고 하였다. 담화 상황맥락 속에서 대립어의 작용 양상을 살펴보면 대립어는 종이사전 속에 정적으로 고착화된 것이 아니라, 담화 상황 속에서 수시로 활성화되는데, 이를 '상황적 대립어(situational opposite)' 또는 '맥락 의존적 대립어(context-bound opposite)'라 할 수 있다.

3.3. 비유와 의미 대립

'비유'는 인간의 기본적인 인지능력 가운데 하나이다. 즉, 인지언어학의 관점에 따르면 인간은 '개념적 은유(conceptual metaphor)' 및 '개념적 환유(conceptual metonymy)'를 통해 세상을 인식하므로 인간의 개념적 체계는 본질적으로 비유적이라고 한다. '은유'가 유사성에 바탕을 둔 것이라면, '환유'는 '인접성'에 바탕을 둔 것이다.

인지적 관점에서 등급적 상대성(gradable contrariness)으로 간주되는 반의관계(antonymy)(Murphy 2003: 제5장 참조)와 상보성(complementrarity)이라는 대립(opposition)의 두 가지 기본적인 관계를 한 영역 내에서 유지되는 개념적 관계로 간주해야 한다고 말한다. 이런 관계에 수반되는 두 개념이 개념상 가까운 지역을 대표한다면, 그 관계는 환유 관계인 것이다. 즉, 환유에 기초한 대립 관계라고 할 수 있다. 친구 X에게 사기를 당한 Y의 발화에서 'X는

라는 대립 관계에 기반하고 있으며 '훈남-훈녀', '흔남-흔녀', '찍먹파-부먹파' 등도 대립 관계가 전제되어 있다.

좋은 친구이다'에서처럼 목표 의미가 발화에서 사용되는 표현의 반대이다. 이처럼 한 부분이 전체 차원을 대표할 수 있다는 사실은 대립어가 인지적으로 인접적이라는 주장을 추가적으로 뒷받침할 수 있다.

공간 개념의 확장인 평가 영역에서 비상보적인 평가적 공간도 상보적인 것으로 해석될 수 있다. 논리적·의미적 관점에서 대부분의 가치 영역에는 긍정, 중립, 부정이라는 세 가지 '평가적 지역'이 있지만, 환유적 평가는 '이가적 사고(two-valued orientation)'에 기초를 둔다.[7] 환유에 기반한 반의관계에 의하면 등급적 반의성과 상보성은 한 영역 내에서 유지되는 개념적 관계로 간주되어야 하며, 반의어와 상보어는 개념적으로 가깝고 밀접하게 연상되는 지역을 가리키기 때문에, 두 관계 모두 환유에 대한 자연스러운 개념적 기초를 제공한다.

역의어도 환유에 기반하여 연구될 수 있다. Fillmore의 고전적인 연구(Fillmore 1982, 1985 참조) 이후로 역의어(converse)는 전체 프레임을 환기한다고 알려졌다(가령, buy와 sell 모두는 동일한 상거래 프레임을 환기시킨다). 이런 점에서 역의어는 개념적 공간에서 동일한 지역을 활성화시킨다고 말할 수 있다. 물론 역의어 집합의 각 구성원은 동일한 프레임의 다른 해석을 나타낸다. 전형적으로 역의어가 동일한 요소를 활성화시키지만, 세기와 현저성의 정도에서는 차이가 있다. 역의어는 전체 프레임을 활성화시키기 때문에 어떤 개념이 포함어로 간주되고 어떤 개념이 통합어로 간주되어야 하는지 결정하는 것이 불가능하다는 것이다.

역동어도 환유에 기반하여 연구될 수 있다. 역동어(reversive)도 동일한 프레임을 환기시킨다는 점에서 역의어와 비슷한 것처럼 보이지만, 전혀 통합관계적이지 않다는 점에서 결정적으로 차이가 나며, 서로를 함의하지 않는다. 하지만 동일한 프레임을 공유하는 대립어로서, 역동어는 다른 대립어의 전형이기도 한 아이러니적 환유에 이용 가능하다.

---

7   김억조(2012a)에서는 '긍정'항을 '상가어'로, '부정'항을 '하가어'로 명명하여 사용하였다.

3.4. 동기화와 의미 대립

Saussure가 기호의 형식(form)과 내용(meaning) 간의 관계에 대해 '단어 'X'에 대해 'X 같은' 것은 아무것도 없다'라는 '자의성(恣意性, arbitrariness)'에 대해 언급한 이래, 자의성은 구조언어학에서부터 촘스키의 생성문법에 이르기까지 언어의 특성의 하나로 강조되어 왔다(임지룡 외 2018: 3). 하지만 언어 표현의 구조와 의미는 상당 부분 동기화되어 있다.

임지룡(2004)에서 국어를 대상으로 구조적 도상성이 실현된 경우를 탐색하였는데, 복잡성 정도가 언어적 재료의 양과 비례하는 '양적 도상성', 시간적 순서나 우선성의 정도가 언어 구조에 반영된 '순서적 도상성', 개념적 거리와 언어적 거리가 비례 관계를 형성하는 '거리적 도상성'의 세 가지로 나누어 살펴보고 있다. 지금까지 연구된 결과물에서 드러나듯이 대립어의 합성에 의한 인지적 특성을 살펴보면 대립어 A/B에 의한 합성어 어순은 대체로 고정되어 있으며(임지룡 1985: 103-111 참조), 그러한 어순은 인지적으로 동기화 되어 있다. 예를 들어 시간의 경과에 따른 상태나 동작의 변화와 관련하여 대립어가 합성될 경우, '선행 사건+후행 사건'의 어순이 형성되는데 이것은 시간이 개재된 사건에서 시간의 경과를 물의 흐름처럼 선후의 개념으로 간주하기 때문이다. 또한 원근 관련 대립어가 합성될 경우, '가까운 쪽+먼 쪽'의 어순이 형성된다. 이것은 우리의 인지적 지평이 가까운 데서 먼 데로 확장 해 나가기 때문이다. 방향 관련 대립어가 합성될 경우, '앞뒤', '안팎'에서처럼 지각하기 쉽거나 안에서 밖으로 향하는 경향성을 따른다, 이처럼 대립어가 합성이나 혼성될 때 그 어순은 언어 공동체의 인지적 경향성과 전략에 기반을 두고 있으므로 이러한 연구를 통해 한국어에 나타난 인지적 경향성을 통해 한국 문화를 설명할 수 있을 것이다.

4. 마무리

이 글은 국어 대립어 연구 현황을 살펴보고 향후 과제와 전망을 살펴보는 것이 목적이었다. 의미의 대립관계는 어휘 자체의 의미라기보다는 우리의 사고방식뿐만 아니라, 일상적인 삶의 담화와 관련되어 있는데 대립어는 그 동안 언어학 이론의 흐름과 함께 발전해 왔다.

2장에서 대립어 연구 현황을 인지언어학적 접근법 이전과 이후로 나누어 살펴보았다. 먼저 인지언어학적 접근법 이전에는 구조의미론적 접근법, 말뭉치 접근법, 화용적 접근법으로 나눌 수 있었는데 국어 대립어 연구는 주로 구조의미론적 접근법에서 많이 이루어졌다. 이 접근법에서는 어휘의 의미를 정적 체계로 파악함으로써 실제 언어 상황에서 사용되는 어휘적 유연성을 설명해 내지 못했다는 한계를 가진다. 말뭉치 접근법은 실제 사용된 언어 자료인 말뭉치에서 용례를 가져와서 검증할 수 있고 과학적이긴 하지만 문장 층위를 넘어서지 못하는 한계를 가진다. 화용적 접근법은 공동체 문화를 중심으로 그 사용을 고려한다는 이점을 가진다.

인지언어학적 접근법에서는 '원형이론, 개념적 은유/환유, 영상도식, 정신공간, 해석, 도상성' 등을 적용하여 대립어를 연구하였다. 지금까지 연구된 인지언어학 이론이 대립어 연구에 더 확장되어 적용될 수 있을 것으로 판단되어 3장에서는 대립어의 '범주화, 해석, 비유, 동기화'로 나누어 과제와 전망으로 제시하였다.

참고문헌

강윤경·강수균(2003), "언어발달지체 아동의 대립어 의미습득에 관한 연구", 『난청과언어장애』 26(2): 33-51, 한국재활과학회.
강연임(2006), "광고 문구에 나타난 '화용적 대립어' 연구", 『언어과학연구』 20:

305-323, 언어과학회.

김동환(1999), "틀의미론과 의미구조",『언어과학연구』16: 73-101, 언어과학회.

김동환(2013),『인지언어학과 개념적 혼성이론』, 박이정.

김슬옹(1998), "상보반의어 설정 맥락 비판",『한국어 의미학』3: 70-84, 한국어 의미학회.

김억조(2011), "대립어 {가볍다/무겁다}의 의미 척도 체계 연구",『언어과학연구』57: 63-82, 언어과학회.

김억조(2012a), "환유에 기초한 국어 차원형용사의 중화에 대한 해석",『언어과학연구』60: 67-86, 언어과학회.

김억조(2012b), "대립어의 다의적 양상과 의미척도 체계연구",『국제언어문학』26: 81-101, 국제언어문학회.

김억조(2012c),『국어차원형용사의 의미』, 한국문화사.

김억조(2013), "대조의 관점에 기초한 반의어 교육 개선 방안 연구",『국제언어문학』28: 177-204, 국제언어문학회.

김억조(2014), "어휘 외적 대립어 설정에 관한 인지언어학적 접근",『국제언어문학』30: 187-205, 국제언어문학회.

김억조(2017), "국어 반의어 교육 내용 제안",『의미관계의 인지언어학적 탐색』, 177-198, 한국문화사.

김주보(1989), "국어 의미대립어 연구", 성균관대학교 대학원 국어국문학과 석사학위논문.

김진수(2017), "인지이론으로 본 방향대립어의 대립성 약화·중화 현상 연구",『국제어문』73: 33-60, 국제어문학회.

남경완(2000), "다의 분석을 통한 국어 어휘의 의미 관계 연구", 고려대학교 대학원 국어국문학과 석사학위논문.

남기심(1974), "반대어고",『국어학』2: 133-139, 국어학회.

도재학(2011), "현대 국어 다의어의 대립적 의미관계 연구", 고려대학교 대학원 국어국문학과 석사학위논문.

도재학(2013a), "대립적 의미 관계에 대하여",『국어학』66: 41-77, 국어학회.

도재학(2013b), "양립불가능 관계와 어휘 관계의 상관성에 대한 일고찰",『한국어 의미학』42: 1-26, 한국어 의미학회.

도재학(2018),『국어의 문장 의미와 어휘 의미』, 역락.

문금현(2016), "대중가요에 나오는 반의어의 의미 양상",『국어의미론의 새로운

인식과 전개: 국어의미론의 접목과 확장(윤평현 선생 정년퇴임 기념논총)』 2, 193-224, 역락.

백미현(2010), "OUT과 IN 도식의 의미확대연구: 동사 '나다'와 '들다'의 경우", 『담화와 인지』 17(3): 111-138, 담화·인지 언어학회.

손남익(2006), "국어 반의어의 존재 양상", 『한국어 의미학』 19: 65-83, 한국어 의미학회.

신중진(2018), "[다름]의 '틀리다'를 형성하는 유의-반의 관계망 분석", 『한국어학』 78: 31-54, 한국어학회.

심재기(1975), "반의어의 존재 양상", 『국어학』 3: 135-149, 국어학회.

왕 파(2012), "반의어 개념의 확장: 원형이론으로 본 반의어의 개념과 유형", 『Journal of Korean Culture』 21: 203-224, 한국어문학국제학술포럼.

윤희수(2015), "순서가 고정된 영어 대립어 쌍들의 사용빈도와 어순", 『문화와융합』 37: 507-526, 한국문화융합학회.

윤평현(2008), 『국어의미론』, 역락.

이광호(2008), "대립어의 정도성 연구: 대립성과 부정성", 『우리말글』 42: 115-134, 우리말글학회.

이광호(2009), "코퍼스를 활용한 반의어의 총체적 목록 확보 방법에 대한 연구", 『국어학』 56: 281-318, 국어학회.

이동혁(2012), "격틀이 다른 반의어쌍에 대하여", 『어문학교육』 45: 119-141, 한국어문교육학회.

이민우(2011), "어휘 의미의 자체대립 유형 연구", 『어문론집』 11: 55-74, 중앙어문학회.

이선영(2011), "국어의 모순어에 대하여", 『국어학』 61: 265-289, 국어학회.

이선영(2016), "반의어가 결합한 단어의 특징과 의미", 『어문론집』 68: 37-58, 중앙어문학회.

이종열(1999), "정신공간을 통한 합성어의 인지적 의미해석", 『언어과학연구』 16: 483-504, 언어과학회.

이종열(2000), "의미의 구성에 있어서 도식적 사상", 『문화와 융합』 16: 27-42, 한국문화융합학회.

이승명(2016), 『국어 어휘의 의미구조에 대한 연구』, 형설출판사.

임지룡(1989), 『국어 대립어의 의미 상관체계』, 형설출판사.

임지룡(2004), "국어에 내재한 도상성의 양상과 의미 특성", 『한글』 266: 169-205,

한글 학회.

임지룡(2007), "인지의미론 연구의 현황과 전망", 『우리말연구』 21: 65-100, 우리말학회.

임지룡(2008), 『의미의 인지언어학적 탐색』, 한국문화사.

임지룡(2015), "대립어 작용 양상의 인지의미론적 특성", 『우리말연구』 40: 65-100, 우리말학회.

임지룡(2015), "대립어의 머릿속 작용 양상", 『한글』 307: 171-207, 한글 학회.

임지룡(2016), "어휘의미론과 인지언어학", 『국어의미론의 새로운 인식과 전개: 국어의미론의 접목과 확장(윤평현 선생 정년퇴임 기념논총)』 3, 11-40, 역락.

임지룡(2017), 『한국어 의미 특성의 인지언어학적 연구』, 한국문화사.

임지룡(2018), 『한국어 의미론』, 한국문화사.

임지룡·석수영(2015), "한중 수어에 나타난 대립어의 양상 비교", 『현대문법연구』 85: 87-114, 현대문법학회.

임지룡 외(2017), 『의미관계의 인지언어학적 탐색』, 한국문화사.

임지룡 외(2018), 『동기화의 인지언어학적 탐색』, 한국문화사.

임태성(2017), "'살다'와 '죽다'의 대립성 해석", 임지룡 외, 『의미관계의 인지언어학적 탐색』, 71-88, 한국문화사.

전수태(1997), 『국어 반의어의 의미 구조』, 박이정.

정유진(2018), "대립어의 결합관계에 대한 구문적 접근", 『언어학연구』 23: 133-159, 한국언어연구학회.

최형용(2018), 『한국어 의미 관계 형태론』, 역락.

홍달오(2010), "동사 '들다/나다'의 의미에 대한 인지언어학적 고찰", 『어문연구』 38(1): 63-90, 한국어문교육연구회.

홍달오(2013), "가다, 오다, 들다, 나다'의 의미 합성에 관한 인지의미론적 고찰", 『어문논집』 55: 63-99. 중앙어문학회.

홍순성(1990), "대립어와 부정", 『한국학논집』 17: 85-98, 계명대학교 한국학연구원.

Cruse, D. A.(1986), *Lexical Semantics*, Cambridge: Cambridge University Press. (임지룡·윤희수 역(1989), 『어휘의미론』, 경북대학교출판부.)

Cruse, D. A.(2000), *Meaning in Language: An Introduction to Semantics and Pragmatics*, Oxford: Oxford University Press. (임지룡·김동환 역(2002), 『언어의 의미: 의미 화용론 개론』, 태학사.)

Geeraerts, D.(1994), Antonymy, in R. E. Asher & J. M. Y. Simpson(eds.), *The Encyclopedia of Language and Linguistics*, Oxford: Pergamon Press.

Hamawand, Z.(2016), *Semantics: A Cognitive Account of Linguistic Meaning*, Sheffield: Equinox Publishing Ltd. (임지룡·윤희수 옮김(2017), 『의미론: 언어 의미의 인지적 설명』, 한국문화사.

Kempson, R. M.(1977), *Semantic Theory*, Cambridge: Cambridge University Press. (허광일·이석주·박양구 역(1980), 『의미론』, 한신문화사.)

Kövecses, Z.(2017), Levels of metaphor, *Cognitive Linguistics* 28(2): 321-347.

Langacker, R. W.(2008), *Cognitive Grammar: A Basic Introduction*, Oxford: Oxford University Press. (나익주 외 옮김(2014), 『인지문법』, 박이정.)

Leech, G.(1981), *Semantics: The Study of Meaning*, 2nd edn, UK: Penguin Books.

Lemmens, M.(2016), Cognitive semantics, in N. Riemer(ed.), *The Routledge Handbook of Semantics*, 90-105, London/New York: Routledge.

Lyons, J.(1968), *Introduction to Theoretical Linguistics*, Cambridge: Cambridge University Press.

Lyons, J.(1977), *Semantics*, vol. 1, Cambridge: Cambridge University Press. (강범모 역(2011), 『의미론 1: 의미 연구의 기초』, 한국문화사.)

Murphy, M. L.(2003), *Semantic Relations and the Lexicon*, Cambridge: Cambridge University Press. (임지룡·윤희수 역(2008), 『의미관계와 어휘 사전』, 박이정.)

Palmer, F. R.(1981), *Semantics*, 2nd edn, Cambridge: Cambridge University Press. (언어학연구회 역(1984), 『의미론』, 한신문화사.)

연어

김 진 해*

1. 들머리

   (1)   '망연자실해 있던 팬들은 그라운드에 누운 선수들을 향해 뜨거운 박수를 보냈다.' (연합뉴스 2018.7.8.)

  비록 졌지만 투혼을 발휘한 선수들에게 '뜨거운 박수'를 보낼 수 있다. 하지만 졸전을 벌인 선수들에게 '??차가운 박수'를 보내기는 어렵다. 마음에 안 드는 사람에게 사사건건 트집을 '잡고' 말끝마다 꼬투리를 '잡을' 수는 있지만, 트집을 '쥘' 수도 꼬투리를 '놓을' 수도 없다.

  어느 선언서를 흉내 내어 말하자면, '하나의 유령이 언어에 떠돌고 있다, 연어라는 유령이'. 연어관계는 뭔가 있긴 있는 것 같은데 손에 잡히지도 않고 형체도 불분명하다. 개념 규정을 시도해 보지만, 시작하자마자 손가락 사이를 빠져나가는 바람처럼 예외와 반례들이 기어 나온다. '뜨거운 박수, 트집을 잡

---

*   경희대학교 후마니타스칼리지 교수, jinhae@khu.ac.kr

다, 도망을 치다, 어안이 벙벙하다'처럼 어휘들끼리 '자주' 결합하는 것이 연어라고 한다면, '밥을 먹다'는 연어가 아닌가? '김치를 담그다'는 어떠한가? '책을 읽다'는?

연구자와 학파, 목적에 따라 개념도 다르고 해석도 다르다.[1] 관용구와 자유결합을 포함하여 모든 결합관계를 연어관계로 보는가 하면, 엄밀한 기준에 따라 연어관계를 제한하는 경우도 있다. 계열관계가 동질적인 부류들이 맺는 논리적이고 정연한 관계라고 한다면, 연어로 대표되는 어휘들 간의 반복적 공기관계는 논리적이지도 정연하지도 않다. 자기장처럼 정도의 문제이기도 하고 트랜스포머처럼 복잡하게 변신하기도 한다.

내부의 질서와 면모를 추적하는 것이 쉬운 일이 아니라고 하더라도 우리가 쓰는 언어의 면면에 연어관계가 떠돌고 있다. 뿌옇더라도 어딘가 '존재하는' 연어는 인간 언어의 본질을 이해하는 데 필수적이다. 연어관계에 대한 탐구는 우리가 언어를 이해하는 전통적인 방식인, '중핵(中核)으로서의 문법'이라는 신화를 뒤엎는다. 연어관계 연구는 언어학을 문법이나 규칙 중심의 하향식 관점에서 탈피하여 어휘의 용법과 통계 중심의 상향식 관점의 가능성을 열어 주었다. 그 결과 문법과 어휘의 통합 일원화, 또는 문법에 대한 어휘의 우선권 부여, 그도 아니면 적어도 문법과 어휘의 대등한 공존을 모색한다. '문법'과 '어휘'라는 두 개의 층위를 구분하고 여기에 문법의 절대적 우위를 강조한 촘스키주의와 본질적으로 다른 시각이다. 유령처럼 불분명한 범주인 연어는 언어의 존재 방식에 대한 의문에 새로운 활로를 열어 주었다.

연어관계를 포함한 고정 표현은 전체로서 모어 화자의 기억 속에 축적되며, 그대로 말과 글을 생산하는 데 사용된다. Di Sciullo & Williams(1987)에서 도입한 등재소(Listeme)라는 개념도 기계적으로 기억된 덩어리(rote-memorized

---

1 이 글에서 collocation은 '연어관계', 또는 '연어구성'이라 부르기로 한다. '연어관계'는 범주로서의 collocation을 지칭하는 것으로 하고, '연어구성'은 collocation(s)의 각 실현형을 지칭하기로 한다. node는 '대상어'로, span은 '범위'로 부르기로 한다. 한 대상어에 대해 일정 범위(예컨대, 4:4) 내에서 발견되는 collocate가 바로 '연어'이다(한영균 2002, 이동혁 2004, 김진해 2007 참고).

chunk)이다. '연어'라는 용어를 사용하지는 않았지만, 등재소는 Sinclair의 관용원리(idiom principle)와 부합하며, 관용어, 연어, 상투어구 및 여타의 고정 표현을 포함한다. 그에 따르면 등재소는 통사 규칙에 의해 기계적으로 생산되는 것이 아니라, 어휘부에 하나의 단위처럼 입력되어 있는 것이다.

Sinclair(1991: 109-115)에서는 문법 규칙에 맞게 단어들을 하나씩 조합해 가는 원리인 '개방선택 원리(open-choice principle)'와 함께, 단어보다 좀 더 큰 단위의 미리 조직된 구성도 사용한다는 '관용 원리(idiom principle)'을 병립시킨다.[2] 최근 아동의 초기 언어 습득 과정에서 분석적 처리보다 종합적 처리의 비중이 훨씬 높고 이후 조정기를 거쳐 성인이 되어서는 두 가지 언어 처리 방식이 균형을 유지한다고 알려져 낱개가 아닌 덩어리로서의 언어에 대한 유용성이 주목받고 있다. 일례로, 언어습득 과정에서 분석적 처리와 종합적 처리 간의 비율의 변화 양상을 살핀 Wray(2002)의 연구 결과를 보면, 전통적으로 '일어문' 단계(one-word stage)라고 하는 생후 20개월 정도까지의 아동은 언어 자료를 하나의 미분석된 소통 단위로 처리한다. 2세 무렵부터 하나의 발화 속에 여러 개의 하위 단위가 들어 있고 이를 분석하여 비슷한 단어로 대치하면서 문법을 만들어간다. 이러한 분석적 처리는 8세 정도에 안착되고 그 후 18세 정도까지 다시 고정적 표현(formulaic language)의 사용량이 점점 증가하게 된다(Wray 2002: 132-135, <그림 1> 참고).[3]

---

2 "the principle of idiom is that a language user has available to him a large number of semi-preconstructed phrases that constitute single choices, even though they might appear to be analyzable into segments."(Sinclair 1991: 110).

3 언어습득 이론은 생성문법의 '단어와 규칙 접근법(words and rules approach)'과 '용례 기반 접근법(usage-based approach)'으로 나눌 수 있다. 촘스키의 생성문법에서는 아이들이 보편문법을 생득적으로 타고나며 문법에 맞게 단어들을 채운다고 본다. 핵심적인 문법과 주변부적인 어휘라는 이중적인 과정으로 언어습득이 이루어진다고 보는 입장이다. 반면에 용례 기반 언어학은 언어 구조가 생득적이지 않고 언어의 사용에서 출현한다(emerge)는 점을 강조한다. 아이들의 초기 언어는 대체로 항목 기반이며, 용례가 누적됨에 따라 성인이 사용하는 문법 구조를 구성할 수 있다고 본다. 인지-기능 언어학은 구문 자체가 의미를 갖는 언어기호로 이해하기 때문에 용례 기반 접근법을 옹호한다. 언어습득의 용법 기반 이론에 대해서는 Tomasello(2003/2011) 참고.

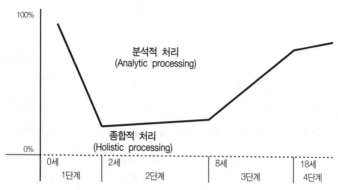

〈그림 1〉 출생~성인기까지 종합적 처리와 분석적 처리 간의 균형
(Wray 2002: 133 수정)

이는 성인들의 언어자료에서도 확인되는 바, Cowie(1991: 101)에서는 신문 기사 말뭉치에 등장하는 'Verb+Noun' 구성에서 40%가 훨씬 넘는 비율로 연어적 밀도(collocational density)를 보인다고 했고, 구어 말뭉치(London-Lund Corpus of Spoken English)를 분석한 Altenberg(1998: 102)에서는 반복적인 어휘 결합 형태가 80%가 넘는 비율로 출현한다고 보고하고 있다. 어휘 교육에서 연어의 중요성을 강조한 Hill(2000: 53)에서도 '말하고 듣고 읽고 쓰는 것의 70% 정도가 모두 고정 표현들'이라고 밝히고 있다.

그 동안 국내에서도 연어관계에 대한 연구가 꾸준히 이어져 왔다. 이론적인 논의는 주로 연어관계의 개념 규정과 관련된 것이고, 주요한 논의는 주로 언어교육에서 연어관계의 활용 방안이었다. 그러나 개념 규정과 관련해서도 실증적이고 생산적인 논쟁이 미흡했다. 언어교육과 관련해서도 연어구성의 유형과 목록 제시 및 교수방법에 대한 논의는 다양하게 진행되었지만, 연어관계가 의미 형성에 어떻게 관여하는지에 대한 고민과 이를 교육과 어떻게 연결시킬지에 대한 논의가 부족했다.

이러한 문제의 연장선상에서 연어관계를 이해하기 위한 두 가지 주제를 살펴보려고 한다. 첫째, 연어관계에 대한 세 가지 주요한 접근법(심리학적, 통계학적, 성구론적 접근법)을 살펴보고, 둘째, 연어관계에 대한 인지언어학적 접근 가능성, 특히 일반적으로 말하는 공기하는 어휘의 자의성(arbitrariness)에 대해 재검토해 보고자 한다.

2. 연어 연구의 세 가지 방법론

논의의 출발점 삼아 연어관계를 '어휘들 간의 긴밀한 결합관계(공기관계)' 정도로 정의해 두자. 그렇다면 결합관계의 핵심으로 연어관계는 어디에 존재하는 건가?[4] 다시 말해 무엇으로 연어관계의 존재를 보증할 수 있는가? 인간의 머릿속인가, 텍스트인가? 연어관계가 무엇인지에 대해서는 연어가 머릿속 어휘부에 저장된 심리적 실체인지 텍스트에서 발견할 수 있는 것인지, 또는 통계적 차원에서 확인할 수 있는 것인지 논리적 개념 규정을 통해 구분할 수 있는 것인지 등 다양한 논쟁의 지점들이 있다. 우리는 연어관계에 접근하는 다양한 방법론을 세 가지 정도로 나누어 살펴보려고 한다. 그것은 연어구성이 머릿속 어휘부에 저장되어 있다고 보는 심리언어학적 방법론과 머릿속이 아니라 궁극적으로 텍스트에 기입되어 있다고 보는 통계학적 방법론, 그리고 연어관계라는 개념의 성격을 규정한 후에 그 특성에 따라 연어관계 여부를 확인하려고 하는 성구론적 방법론이다.[5]

---

4 결합관계와 관련한 연구로 전통적으로 관용구, 속담, 고정표현 등이 있고, 말뭉치 언어학에서는 연어관계 외에 연접범주(colligation), 의미운율(semantic prosody), 의미선호(semantic preference) 등을 다루고 있다.

5 연어관계 연구 유형으로 Gitsaki(1996)에서는 (1)어휘조합적 관점, (2)의미론적 관점, (3)구조적 관점 등 세 부류로 나누었고, Gledhill(2000)에서는 (1)통계적/텍스트적 관점, (2)의미론적/통사론적 관점, (3)담화론적/수사학적 관점 등 세 부류로 구분했다. 임근석(2011)에서는 성구론적 연어관과 말뭉치 지향적 연어관으로 양분하고 있으며, Lu(2017)에서는 퍼스주의적 관점, 러시아 성구론적 관점, 의미론적 관점, 구조주의적 관점 등 네 가지로 나누고 있다.

2.1. 심리언어학적 방법론

심리언어학적인 차원에서 연어관계는 한 단어를 둘러싼 '연상(association)' 관계라고 할 수 있다. Leech(1974/1981: 17-20)에서는 의미의 7가지 유형 중의 하나로 연어적 의미(collocative meaning)를 들고 있다. 한 단어의 연어적 의미는 그것과 공기하는 단어들 때문에 획득되는 연상들로 구성된다. 예를 들어 '건장하다'는 '몸이 튼튼하고 기운이 세다' 정도의 뜻이지만, 이 형용사와 결합하는 체언은 주로 '사내, 남자, 청년, 남학생, 젊은이, 종놈, 스님, 사람, 경호원, 원주민, 어깨, 풍모, 체격, 체구, 모습, 말, 왕퉁뎅이, 나무' 등과 결합하여 '남성' 또는 '남성성'의 의미를 갖고 있다. 비슷하게 '요염하다'라는 단어는 '여성, 여자, 자태, 교태, 몸, 목소리, 눈동자, 색체, 빛' 등과 공기하여 '여성' 또는 '여성성'의 의미를 갖게 된다.

연어적 의미는 심리언어학에서 사용하는 단어 연상 실험에서 자주 등장한다. 심리언어학에서 연어관계를 다루는 것은 머릿속 어휘부 속에 계열관계를 맺는 어휘 네트워크와 결합관계를 맺는 어휘 네트워크가 공존한다는 것을 확인하기 위해서이다. 예컨대, Aitchison(2012: 101-102)에서는 자극-반응어 연상 실험을 통해 제시어 '나비', '배고프다', '빨강', '소금'에 대한 반응어들이 동위어, 연어, 상위어, 유의어 등의 네 가지 부류로 나뉜다고 하고, 이들이 한 단어를 둘러싼 어휘 네트워크라고 본다. 이 중에서 두 번째로 빈번한 유형이 연어구성이다.[6] 예컨대, '소금(salt)'이라는 자극어를 주면, 결합관계를 맺는 '물(water)' 등의 반응어가 상위 10위 안에 여럿 포함되었다. 이를 통해 머릿속 어휘부 속의 단어들은 연어들과 함께 저장된다고 본다. 특정 단어를 호출하면 그것과 연어관계를 맺고 있는 단어들도 하나의 기억 단위로 함께 저장된다. 즉, 단어의 연어관계는 우리 뇌 안에 실재하며 머릿속 어휘부의 중

---

6 자극-반응어 실험에서 가장 빈번하게 연상되는 단어들은 동위어이다. 예를 들어, 자극어 '소금'에 대해서 '후추', '설탕' 등 같은 층위의 단어들을 산출하는 것이다 (Aitchison 2012: 102).

요한 위치를 차지한다.

이러한 연상적 결합 관계가 모어 화자에게는 있고 비-모어 화자에게는 없다. 그렇기 때문에 한국어 화자는 '달이 휘영청 밝다'는 자연스럽지만 '*?해가 휘영청 밝다'는 부자연스럽다는 것을 잘 안다. 하지만 한국어가 모어가 아닌 사람은 이러한 자연스러움에 대한 지식이 없다. 한국어를 배우는 외국인 학습자는 어휘들 간의 결합에 대한 지식을 별도로 배워야 한다.

2.2. 통계적 방법론

통계적 방법은 언어가 실제로 사용되는 양상을 빈도와 통계를 통해 접근하는 태도이다. 영미권에서 연어관계를 다루는 대부분의 연구는 통계적 방법론을 기반으로 논의를 진행하고 있다. 물론 통계적 방법론이 심리언어학적 방법론과 엄격하게 대립되는 것은 아니다. 머릿속 어휘부에 저장된 연어구성은 텍스트에서도 빈번하게 출현하는 것이 당연하기 때문이다.

하지만 통계적 방법론은 연어관계에 대한 접근 방식에 중요한 차이를 보인다. Firth(1957)에서는 '연어관계에 의한 의미(meaning by collocation)'가 결합관계 층위에서 이루어지는 것이기 때문에 개념적·심리적 차원과 직접 관련이 없다고 보았다. 한 단어가 텍스트 내에서 무작위적으로 분포하는 것이 아니어서, 한 단어의 의미는 그것과 함께 공기하는 단어들을 보아야만 알 수 있다(Firth 1957: 11).[7] 연어관계를 심리적 현상으로 보기보다는 '습관적 공기 현상(habitual co-occurrence)'으로 보는 것이다(Firth 1957: 181). 습관적 공기 현상은 '빈번한 공기 현상(frequent co-occurrence)'과 같은 의미이다.

Firth 이론의 계승자인 Sinclair는 연어관계를 통계적인 영역으로 좀 더 밀고 나간다. 즉, 텍스트의 특정 범위 내에서 두 개 이상의 단어가 예상치보다 더 많이 공기하는 현상을 연어관계로 본다(Sinclair 1991: 170).[8] 다시 말해,

---

7 "A word is known by the company it keeps."

8 "the occurrence of two or more words within a short space of each other in a

유의미한 연어(collocate)는 대상어(node)의 좌우 4:4 어절 범위(span) 내에서
발견되는 것이라고 했다(Sinclair 1991: 115).

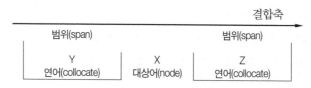

- Nattinger & DeCarrico(1992: 20) 참고

〈그림 2〉 통계적 방법론에서 연어관계 관련 용어

이러한 정의는 통계학적인 관점에서 더 구체화할 수 있을 것이다. 통계적으
로 유의미한 연어구성이 되기 위해 어떤 통계식을 적용하는 것이 적당한지에
대한 여러 제안들이 있었다. 대표적으로 상호정보(MI), z-점수, t-점수 등을
들 수 있다.[9] 세 통계식 모두 특정 범위(span) 내에 출현하는 어휘 간의 출현
빈도가 임의의 예상 출현 비율보다 높은지를 계산하여 연어구성이라 판단할
수 있는 기준을 제시하기 위한 것이다.

그런데 문제는 이러한 객관적 통계식을 통한 연어 추출이 통계식에 따라
달라진다는 점이다. 예를 들어 다음 <표 1>은 1천만 어절 규모의 21세기 세종
계획 형태분석 말뭉치에서 대상어 '담배'에 대한 연어를 상호정보(MI), t-점
수, z-점수에 따라 나열한 것이다.[10]

---

text."

9 통계식에 대한 자세한 설명은 서상규 · 한영균(1999), 강범모(2003), Barnbrook
(1996), McEnery & Hardie(2015) 등 참고.

10 정확하게는 11,882,815어절 규모이며, 여기에서 대상어(node) '담배'는 10,026회
출현했다. 관찰 범위(span)는 대상어 기준 좌우 4:4 어절 범위로 했다. 조사, 어미
등은 삭제했고(명사형 어미는 포함) 접사는 어근과 통합하여 하나의 품사로 전처
리했다.

순위	상호정보(MI)	t-점수	z-점수
1	피워물-(14.67)	피우-(17.66)	피워물-(22.00)
2	그들(14.02)	물-(12.16)	그들(14.00)
3	그때(13.53)	한(11.38)	피우-(11.42)
4	한대(13.21)	꺼내-(9.19)	그때(10.00)
5	이들(12.80)	나(8.84)	한대(8.00)
6	아이들(12.80)	술(8.17)	개비(6.83)
7	피워대-(12.53)	개비(7.48)	이들(6.00)
8	피우기(12.53)	연기(7.33)	아이들(6.00)
9	내주-(12.21)	대(7.26)	물-(5.59)
10	한번(12.21)	붙이-(7.06)	피워대-(5.00)
11	사람들(12.21)	불(7.03)	피우기(5.00)
12	말없이(12.21)	앉-(6.37)	내주-(4.00)
13	사주-(11.80)	마시-(6.03)	한번(4.00)
14	안돼-(11.80)	그(5.71)	말없이(4.00)
15	구하기(11.80)	태우-(5.50)	사람들(4.00)
16	한개피(11.80)	입(5.38)	갑(3.52)
17	어른들(11.80)	있-(5.28)	사주-(3.00)
18	청소년들(11.80)	하-(5.13)	안돼-(3.00)
19	난장보살(11.80)	여자(5.06)	구하기(3.00)
20	개비씩(10.80)	진우(4.96)	한개피(3.00)
21	꼬나물-(10.21)	끊-(4.71)	어른들(3.00)
22	삐끔거리-(10.21)	피워물-(4.69)	난장보살(3.00)
23	재건조장(10.21)	먹-(4.67)	청소년들(3.00)
24	뻑뻑(10.06)	다(4.67)	뻑뻑(2.84)
25	개비(9.95)	빨-(4.64)	꺼내-(2.80)

상위 25위까지 목록을 살펴보면 세 통계식에 모두 출현하는 단어는 동사 '피워물-'과 의존명사 '개비' 2개밖에 없고, 두 개에 공통으로 출현하는 어휘는 23개이다. 반면에 하나의 통계식에서만 추출된 어휘가 무려 25개였다(이텔릭체에 굵은 글씨로 표시). 그렇다면 '담배'의 연어가 무엇인가 하는 질문에

통계적인 결과 목록을 제시하는 것만으로 그것이 연어관계를 이룬다고 확정하기가 어려워진다.

아울러 기본적으로 통계에는 세 가지 오염 요소가 있다. 첫째, 극단적으로 절대 빈도가 높거나 낮을 때 통계 결과가 왜곡되는 경우가 있다. 둘째, 통계적으로는 유의미하나 언어학적으로는 무관한 구성이 추출될 때가 있다.[11][12] 셋째, 띄어쓰기를 비롯한 맞춤법 오류나 주석(tagging) 오류 등에서 발생하는 원자료의 오류 때문에 발생한다.[13] 이외에도 통계적으로는 수치가 높지만 그것이 곧바로 연어성이 높다고 판단하기 어려운 자유결합의 예도 있다.[14]

물론 통계적 입장에서 가장 중요한 기준은 구성요소가 얼마나 '자주' 쓰이

---

[11] 단어의 통사적 내부 구성을 전혀 고려하지 않고 오직 통계적 유의미성을 기준으로 연어관계를 살핀 대표적 연구로 Kjellmer(1987)를 들 수 있다. Kjellmer(1987)에서는 문법적 적형성이 전혀 없지만 말뭉치에서 출현 빈도가 높은 'although he'나 'hall to' 등은 연어구성으로 본 반면, 해당 말뭉치에서 자주 출현하지 않은 'yesterday evening'은 연어구성이 아니라고 판단한다. 한국어의 경우에도, 기본적으로 연어관계는 주로 구(phrase) 단위 내에서 이루어지는 현상이다. 빈도 통계 처리에서는 문장의 일정 범위(span)를 대상으로 하다 보면, 다른 절의 지배를 받는 단어들도 포함된 채 추출되는 경우가 많다. Kjellmer(1987)와 반대로 Wray(2002)에서는 빈도가 다어기 단위(multi-word unit)의 관습성을 결정하는 기준이 될 수 없다고 보았다.

[12] 앞의 오염 가능성 두 가지에 대해 Barnbrook, Mason & Krishnamurthy(2013: 64) 참고.

[13] 위의 표에서도 원자료의 오류 때문에 '안 되(다)'를 한 어절로 붙여 쓰거나, 수관형사와 단위명사를 붙여 쓴 예들이 있다. 또한 보조용언을 본용언에 붙여 써서 통계 수치에 왜곡이 있었다. 이 글에서는 엄밀한 목록 추출이 목적이 아니라, 통계식에 따른 결과값을 전적으로 신뢰하기 어렵다는 것을 보여주기 위한 것이므로 별다른 수정 없이 원자료 그대로를 대상으로 통계를 냈다.

[14] 세종계획 말뭉치에서 동사 '받다'를 대상어로 해서 좌우 4:4어절 범위로 상호정보(MI) 통계를 냈을 때, '때'가 1위(15.54), '사람'이 2위(15.49)였다. 이들은 대부분 '{질문/선물/대출}을 받을 **때**, 국회의원 선거 **때** 돈 받고 공천한 ~, 소지품을 보았을 **때** 받은 충격은 ~'이나 '스트레스를 받은 **사람들이** ~, 신장 기능자와 이식 받은 **사람**, 도로 연수 받은 **사람**, 절친한 **사람의** 사주를 받고, 중계료를 받지 않고 물건을 내놓은 **사람**'에서처럼 연어구성이라고 보기 어려운 예들이었다. 홍종선 · 강범모 · 최호철(2000)에서도 대상어 '먹다'의 연어 목록에서 상대빈도 1위가 '밥을 먹다'이고, 절대빈도 1위는 '나는 먹다'였다고 하면서 이들을 연어에 포함시키기 어렵다고 보고 있다. '밥을 먹다'의 연어성에 대해서는 2.3.절에서 다시 다룬다.

냐 하는 문제이다. 통계적 입장에서는 일단 빈도를 통해 연어구성을 추출한 다음, 이를 내적 통사 구성에 따라 하위유형을 나눈다. 따라서 통계적 입장에서는 어휘가 자주 결합하면 일단 연어관계를 이룬다고 본다.[15] 하지만 내적 구성요소 간의 의미 양상에 대해서는 별다른 기준을 제시하지 않는다.[16]

이런 점에서 볼 때, 한국어 연어구성을 객관적으로 추출하기 위한 적절한 통계식을 찾는 작업은 별도로 하더라도, 근본적으로 연어구성을 확인하는 데 통계적 방법에만 의존하기는 어렵다는 것을 알 수 있다.

2.3. 성구론적 방법론

연상 실험을 바탕으로 한 심리언어학적 방법론이나 빈도를 바탕으로 한 통계적 방법론과 달리, 성구론적 방법론(phraseology)은 연어관계의 개념 정의와 하위 특성(기준)에 따라 연어관계인 것과 그렇지 않은 것을 구분하려는 태도이다.[17] [18]

---

15 이를 한국에서는 일반적으로 '광의의 연어(관계)'라고 부르고 있다. 성구론적 입장에서는 'open collocation(combination)', 또는 'free collocation'이라는 개념과 대응한다.

16 Sinclair(1991)에서는 collocation을 casual collocation과 significant collocation으로 구분하는데, 그 기준은 그저 빈도 기반이다. 한편 Scott(1997/2015: 179)에서는 연어구성을 이루는 연어(collocates)를 두 가지로 나눈다. 하나는 단어들 간의 연상 관계를 나타내는 'coherence collocates'이다. 예를 들어, '편지'에 대하여 '우표', '봉투', '주소', '우체국'처럼 대상어와 '연상' 관계를 이루는 연어들이다. 다른 하나는 단어들 간에 실제로 출현하는 공기관계를 말하는 'neighborhood/horizon collocates'이다. '편지'라는 대상어의 좌우에 오는 '내, 나한테, 이, 친구에게, 붙이다, 보내다, 오다…'처럼 말뭉치에서 기계적으로 추출되는 연어들이 neighborhood collocates이다. 문제는 통계적 입장에서는 neighborhood collocates가 연어관계의 중심인 반면에, 심리적으로는 더 긴밀할 것 같은 coherence collocates를 문맥행에서 통계적으로 추출하는 일은 무척 어렵다는 점이다. coherence collocates를 찾기 위해서는 좌우 범위(span)를 넘거나 경우에 따라 문장 범위를 넘어서 찾아야 할 필요도 있는데, 이렇게 되면 통계가 오염될 가능성이 점점 더 커지기 때문이다.

17 러시아와 일본, 북한에서 진행된 성구론(단어결합론)의 성과와 인접 연구 영역과의 관계에 대해서는 Cowie(1998: 1-20), 노마 히데키(2002) 참고.

예컨대, 대표적인 러시아 성구론자인 Vinogradov(1947)는 단어결합(word-combination)을 '성구론적 융합(phraseological fusion)'(예: *spill the beans*), '성구론적 통합(phraseological unity)'(예: *blow off steam*), '성구론적 결합 (phraseological combination)'(예: *meet the demand*) 등의 3가지 하위범주로 나누었다. 성구론적 융합과 성구론적 통합은 주로 관용구(idiom)를 지칭하는 데, 의미 결합의 정도성에 따라 나눈 것이다. 다른 학자들은 이를 각각 순수 관용구(pure idiom)와 비유적 관용구(figurative idiom)로 나누기도 하고 (Cowie 1998, Howarth 1998), 구분 없이 모두 관용구(idiom)로 부르기도 한다 (Aisenstadt 1979).

연구자에 따라 단어결합에 대한 하위분류와 용어에 차이를 보이지만, 대체로 단어결합이 '관용구 – 연어관계 – 자유결합'이라는 연속변차선으로 구성되며, 연어관계는 관용구와 자유결합 사이에 있는, 경계가 불분명한 범주로 본다. 연구자에 따라 비슷한 영역의 개념을 다른 용어로 표현하고 있어 유사한 것을 모아 정리하면 <그림 3>과 같다.

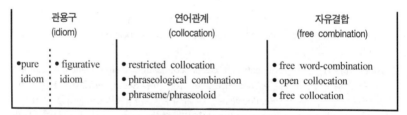

〈그림 3〉 **단어결합의 하위유형** (Cowie 1998, Howarth 1998 참고)

---

18 성구론적 방법론 중에서 다소 결이 다른 태도로 Mel'čuk의 결합설명사전(ECD: Explanatory Combination Dictionary)을 들 수 있다. 결합설명사전은 한 단어가 맺고 있는 모든 계열적, 결합적 관계를 기술하려고 하는 야심찬 계획이다. 이를 위한 핵심 기제가 어휘함수(LF: Lexical Function)이다. 어휘함수에 의한 연어관계의 기술은 성분분석의 가장 극단적 방식이라고 할 수 있다. 어휘함수와 관련해서는 Mel'čuk(1998, 2007), Wanner(ed.)(1996), 홍재성·박동호(2000), 이병근·박진호 (2000), 임근석(2011), 김진해(2013), Gelbukh & Kolesnikova(2013) 등 참고

세 범주를 구분하는 주요 기준 중의 하나는, '전체 의미의 불투명성/투명성'을 들 수 있다. 결합된 단어의 전체 의미가 구성요소의 의미와 전혀 다른 의미를 갖는지에 따라 관용구와 비관용구(연어관계, 자유결합)를 구분할 수 있다. '미국 증시 급락의 충격으로 국내 증시가 롤러코스터를 탔다.'에서 쓰인 '롤러코스터를 타다'라는 관용구는 '어떤 지표, 감정, 성패 등이 짧은 시간에 오르내림이 거듭되다' 정도의 뜻이다. 원래 놀이기구를 즐기는 행동을 표현하는 구인데, 이것이 '(주식, 성적 등의) 지표나, 감정 상태나 (인생, 사업 등의) 성패'처럼 전혀 다른 의미 영역에 쓰이면서, 애초의 의미에서 직접적으로 추출할 수 없는 제3의 의미를 갖는다. 반면에 관용구가 아닌 '결정을 내리다'(연어관계), '책을 읽다'(자유결합) 등은 결합된 의미가 그대로 유지되고 있다. 의미의 불투명성 여부로 관용구와 비관용구를 구분하는 것은 비교적 명쾌한 기준이다.[19]

반면에, 연어관계와 자유결합을 구분하는 것은 매우 어렵다.[20] 대부분의 연구자들이 연어관계와 자유결합을 구분하는 기준으로 구성요소 중의 하나가 전의적 의미로 바뀌어야 한다는 점을 제시한다(Moon 1998, 임홍빈 2002, 박만규 2003 등). 임홍빈(2002)에서는 연어핵(node, base)이 '비전의적 의미를 가지고 독자적인 쓰임'을 가져야 한다고 주장했고, 여기서 한걸음 더 나아가 박만규(2003: 316)에서는 연어관계가 '한 구성요소의 의미는 유지되지만 다른 하나의 의미는 유지되지 않는 경우'에 해당한다고 보았다.

---

19 관용구는 역사성이 있기 때문에 화자들의 어휘적 지식의 차이에 따라 관용구인지 연어관계인지 판단이 달라지는 경우가 있다. 예를 들어, '시치미를 떼다'에서 '시치미'의 원뜻('매에 다는 표식')을 아는 사람이라면, '시치미를 떼다'를 관용구라고 생각하겠지만, 원뜻을 모르는 사람은 '시치미'를 '알고도 모르는 척함' 정도의 뜻을 갖는 명사가 보이는 연어관계로 판단할 것이다. '트집을 잡다', '꼬투리를 잡다', '어이가 없다' 등도 마찬가지이다.

20 연어관계의 특성에 대해 언급한 연구를 몇 가지를 제시하면 다음과 같다. 박성숙(1997)에서는 연어관계의 '공기성, 인접성, 유연성, 회귀성, 환기성'을 제시했고, 이동혁(1998)에서는 '분석 가능성, 의미의 투명성, 순환적 의미의 대조, 비유성의 유무, 전체 의미와 같은 것'을 들었다. 김진해(2000)에서는 '선택의 단일 방향성, 심리적 현저성, 특정 의미 관련성, 구조 변형의 의미 의존성, 경계의 모호성, 특정 언어 집단 의존성'에 주목했다.

(2) a. 피해를 **보다**, 은혜를 **입다**, 욕을 **먹다**
　　 b. **착한** 소비, **폭풍** 흡입, **미친** 고음
(3) a. 하늘을 보다, 양복을 입다, 순대를 먹다
　　 b. 착한 아이, 폭풍 예보, 미친 사람

　(2)와 같은 '명사 + 동사' 구성이나 '수식어 + 피수식어' 구성에서, 구성요소 중 하나가 전의적 의미로 바뀌었기 때문에 전형적인 연어구성이라고 판단할 수 있다. 반면에 (3)은 두 구성요소들의 의미가 구 전체에도 그대로 투영된다는 점에서 자유결합이라고 할 수 있다.
　이 기준에 따라 '밥을 먹다'의 예를 어떻게 다루게 될지 살펴보자. 사실 '밥을 먹다'는 두 가지 뜻으로 쓰인다. 하나는 '곡류를 끓여 익힌 특정 음식을 먹다'이고, 다른 하나는 '식사를 하다'이다. 후자는 '밥'이라는 특정 음식이 음식류 전체를 대표하는 환유적 쓰임이다. 이 두 용법의 의미는 전혀 다르다.

(4) a. {밥/죽/빵/고기/라면/수제비/떡볶이/회}-를(을) 먹다
　　 b. "밥도 같이 먹어야지, 고기만 먹으면 못써."
(5) a. A. "밥 먹었어?" - B. "응." - A. "뭐 먹었어?" - B. "라면."
　　 b. A. "배고픈데 밥 먹자." B. "그래, 뭐 먹을까?" A. "칼국수 어때?"

　구성요소의 의미 전이 여부를 기준으로 본다면, 음식의 일종으로 쓰인 예 (4)는 자유결합이고, '식사 일반'을 뜻하는 (5)는 연어관계로 보게 될 것이다. 결과적으로 '밥을 먹다'는 자유결합일 때도 있고, 연어관계일 때도 있다고 보게 된다.
　이렇게 구성요소의 의미 전이 여부로 연어관계와 자유결합을 구분하는 기준으로 삼는 것이 일견 명쾌해 보일 수 있다. 하지만 실제 사례들을 만나면 판단하기가 쉽지 않은 경우가 많다. 예 (6)을 보자.

(6) a. 범죄를 저지르다, 잔치를 치르다, 어안이 벙벙하다, 손색이 없다,

어이가 없다, 배가 고프다

    b. 강력한 {지지/우승후보}, 센 술, 진한 {커피/술}, 강한 {엔진/정신력/멘탈}[21]

  (6)을 보면 구성요소 중 어느 하나도 전의적 의미로 쓰이지 않았는데도 직관적으로 연어구성이라고 판단한다. 의미 전이와 무관하게, 결합 빈도가 높거나 결합 가능한 어휘의 범위가 매우 제한적이기 때문에 그러한 판단을 내리는 것으로 보인다. 따라서 구성요소의 의미 전이 여부를 연어성 판단의 기준으로 삼기 어렵다.

  그렇다면 개념적 차원에서 연어관계와 자유결합을 구분하는 다른 기준은 무엇인가? 연어관계의 정의에서 공통적으로 나타나는 언급은 연어관계를 구성하는 요소들 간에 '구성요소 간의 고정적 · 제한적 · 긴밀한 공기 관계'를 갖는다는 것이다. 그런데 '긴밀성'이라는 기준도 주관적이라 이를 객관적으로 포착할 만한 기준이 명확하지 않다(서상규 2002: 324). 물론 통계적 방법론에서 각종 통계식을 통해 '긴밀성'을 수치화할 수도 있지만, 앞서 보았다시피 결과가 아무리 통계적으로 유의미하더라도 그것을 무조건 연어구성이라고 판정하기 어려운 예들이 많이 있다.

  이와 관련하여 성구론적 입장에서는 긴밀성을 유의관계에 있는 단어들 간의 '교체 가능성(commutability, substitutability)'이라는 개념과 대응시켜 접근한다(Aisenstadt 1979, Howarth 1996, Nesselhauf 2005, Laufer & Waldman 2011). 즉, 유사한 의미를 갖는 다른 단어와 교체되지 않고, 교체 가능한 단어의 폭이 좁을수록 긴밀성이 높다고 할 수 있다. '긴밀성'을 '교체 가능성'과 대응시켜 생각한다면, 구성요소 중에서 제한적인 출현 범위를 갖는 구성에 대해 연어관계를 이룬다고 볼 가능성이 크다. 반면에 구성요소의 출현 범위가 지나치게 광범위하거나 무제한적이면 자유결합에 가깝다고 할 수 있다.

---

21 연어관계를 다룬 많은 외국 연구에서 'strong tea'와 'powerful car'가 자주 제시되는데, 한국어의 경우에도 유의어인 '강하다, 세다, 강력하다' 등이 이와 비슷한 양상을 보인다.

예를 들어, Howarth(1998: 169-170)의 경우, 영어의 '동사 + 명사' 구성을 대상으로 교체 가능성, 또는 출현 범위의 제한성을 기준으로 5가지의 '제약의 단계(levels of restrictedness)'를 설정하였다. 자유결합에 해당하는 '1단계(Level 1)'에서 출발하여 단계가 올라갈수록 어휘 교체의 제한성에 따라 연어성의 차이가 있음을 제시하고 있다.

〈표 2〉 영어 '동사+명사'형 연어구성의 범주화 (Howarth 1998: 169-170)

단계	동사	명사	예시
1단계	약한 제약 (소수 유의어)	개방 부류	{adopt/accept/agree} to a {proposal/suggestion/recommendation/convention/plan ···}
2단계	약간의 대체	약간의 대체	{introduce/table/bring} forward a(n) {bill/amendment}
3단계	약간의 대체	심한 제약	{pay/take} heed
4단계	심한 제약	약간의 제약	give the {appearance/impression}
5단계	심한 제약	심한 제약	curry favour

이와 유사하게, Hill(2000: 63-64)에서도 구성요소 간의 긴밀성을 기준으로 4가지 하위유형을 나누었다. 여기에서 'unique collocation'은 관용구에 해당하며, 나머지가 우리가 다루고 있는 연어관계에 해당한다. 구성요소의 교체 폭이 상당히 협소한 'strong collocation'과 그런 제약이 없는 자유결합이라고 할 수 있는 'weak collocation'이라는 양 극단의 사이에 존재하는 '중간 강도의 연어관계(medium strength collocation)'가 대다수의 연어구성이라고 보고 있다.22

---

22 Hill(2000: 64)에서는 '중간 강도의 연어관계'를 언어교육적 측면에서 학습자의 머릿속 어휘부를 확장시키기 위한 핵심 영역이라고 강조한다.

〈표 3〉 긴밀성을 기준으로 한 연어관계의 하위분류 (Hill 2000: 63-64 참고)

유형	예시	설명
Unique collocation	foot the bill	관용구. 동사가 다른 명사와 결합할 수 없음
Strong collocation	rancid butter	매우 밀접. rancid는 butter나 bacon에만 쓰임
Medium strength collocation	make a mistake	자유롭지도 완전히 고정적이지도 않음. 대부분의 연어
Weak collocation	white shirt	완전히 자유롭고 예측 가능

이에 비해 국내의 연어관계 연구에서는 구성요소 간의 긴밀성이나 교체 가능성에 따른 분류를 시도한 연구를 찾기 어렵다. 대부분 광의의 연어(넓은 연어)와 협의의 연어(좁은 연어)로 나누거나, 어휘적 연어와 문법적 연어(형태·통사적 연어)[23]로 나누고 그 구성요소의 문법 범주에 따라 '체언+용언', '수식어+피수식어', '체언-(의) 체언' 형 등으로 나누고 있을 뿐이다(김진해 2000, 서상규 2002, 임근석 2010 등).[24] 향후에 교체 가능성에 대한 객관적인 기준을 마련하여 연어관계의 정도성을 실증적으로 보여줄 필요가 있다.[25]

이상의 논의를 보았을 때, 연어관계는 다소 소극적인 방식으로 규정할 수밖에 없을 것이다. 즉, 연어관계는 두 개 이상의 어휘가 긴밀하게 결합되는 구성으로, 구성요소들의 전체 의미가 관용구처럼 불투명하지 않기만 하면 되며(즉, 완전 투명하거나 반투명하면 됨), 구성요소의 교체 가능성에 제약이 있는 구

---

23 특정 어휘와 특정 문법범주와의 결합관계를 문법적 연어를 인정하지 않는 연구로는 이동혁(2003) 참고. 외국에서도 비슷한 대상에 대해 연어의 일종으로 문법적 연어(grammatical collocation)라는 개념을 쓰는가 하면, colligation(연접범주)라는 별도의 범주로 처리하기도 한다.

24 이동혁(2003, 2004)에서는 연어관계를 구성요소의 통사 범주를 중심으로 구분하지 않고, 어휘가 조합되는 과정에서 구성요소의 의미 분절 양상의 차이로 유형분류를 시도한다는 점에서 독특한 접근법이다.

25 한정한(2010)에서는 대명사화, 분열문 형성, 부분 수식 등 결합 정도를 알아보기 위한 통사적 검증 장치를 통해 연어성을 판별하고자 하였다. 이는 다분히 통사적 검증이라는 점에서 어휘의 교체 가능성이나 의미의 투명성과는 성격이 다르다.

성이다.

이는 연어관계가 관용구와 자유결합의 중간 어디쯤을 차지하는 '어정쩡한' 개념이라는 것을 보여준다. 관용구는 하나의 의미단위가 되어 의미적으로 불투명한 반면, 자유결합은 통사 규칙에 따라 이루어지기 때문에 의미적으로 투명하다. 교체 가능성 면에서 볼 때 관용구는 구성 요소의 교체가 불가능하거나 극히 제한적인 반면, 자유결합은 통사 규칙이 허용하는 한 교체 가능성은 개방적이다. 연어관계는 이 사이의 넓은 범위에 포진해 있다.

즉, 연어관계는 정도성이나 개연성(확률)을 갖는 현상이며, 특수한 양상이라기보다는 매우 일반적이고 흔하다는 점에서 '평범한' 현상이다. 특수한 의미를 획득하고 통사적으로도 경직된 관용구와 합성성의 원리에 따라 단어들을 조합하는 자유결합이라는 양 극단 사이 어디에서나 발견할 수 있는 현상이다. 연어는 긴밀한 결합관계이지만 통사적으로 유연하고 의미적으로도 비교적 투명성을 유지한다는 점에서 범주적 고유성을 갖는다.

3. 연어관계의 인지언어학적 해석

이 장에서는 연어관계에 대한 인지언어학적 설명 가능성을 모색해 보고자 한다. 연어관계는 기계번역, 자연언어처리와 같은 컴퓨터공학의 영역에서 왕성하게 연구되고 있고, 언어교육에서도 많은 관심을 끄는 주제이다. 특히 언어교육과 관련해서는 연어관계의 종류에 따른 교육 방식, 교재 분석, 연어 오류 분석 등 다양한 주제로 접근하고 있다. 다만, 이러한 연구들이 대부분 연어 구성을 일종의 단어와 비슷하게 고정되거나 어휘화된 무엇으로 가정하다 보니, 연어 목록 추출을 바탕으로 한 교수 방안에 초점을 맞추고 있다는 점에서 일정한 한계를 갖는다.

목록 작성이 실용적 차원에서 절실한 것은 분명하지만, 연어관계가 언어 전체에 대해 갖는 기능이나 역할에 대한 보다 본질적인 논의가 연어관계에 대한 이해를 좀 더 심화시킬 수 있다. 관용구에 대한 연구가 관용구의 목록 추출에 머무르지 않고, 문장에서 관용구의 통사적 기능이 어떠한지, 범주적 특성이 무엇인지, 관용의미와 직설의미 간의 의미적 관계는 어떠한지, 관용구와 문화의 연관성은 어떠한지 등을 따지는 것은 관용구가 언어 전반에서 어떤 위상을 갖는지 검토할 기회를 제공한다. 마찬가지로 연어관계에 대한 이해도 연어 목록 추출을 뛰어넘어 새로운 시야를 확보할 필요가 있다.

이 장에서는 연어관계를 이루는 구성요소가 특정 어휘로 제한되는 이유가 '자의적이다'라고 말해 온 것에 대해 그것이 조금 엄밀한 차원에서 쓰여야 한다는 것과 인지언어학적 관점에서 연어관계를 이루는 구성요소가 자의적이지 않고 동기 부여되어 있다는 것을 알아보고자 한다.

3.1. 연어의 자의성/관습성

연어관계를 다룰 때 우리는 선택된 단어에 대한 예측 불가능성을 많이 언급한다. '새빨간 거짓말'은 되고 '??빨간 거짓말'은 이상한 이유가 무엇이냐고 물으면 '그냥 습관적으로 그렇게 쓴다.'고 말할 뿐이다. '안녕히 {가세요/계세요/주무세요/다녀오세요}'는 자연스러운데 '??안녕히 {쉬세요/오세요/드세요/노세요/관람하세요}'는 어색한 이유를 물어도, '그냥 습관적으로 그렇게 쓴다'고 말할 뿐이다.

여기에서 '습관적으로 쓴다'는 말은 어휘 선택이 자의적이라는 뜻으로 쓰인다. 자의성(arbitrariness)은 해당 언어 공동체에서 형식으로서의 음성과 내용으로서의 의미 사이에 필연성이 없고 임의의 약속을 통해 사용된다는 뜻이다. 관습성(conventionality, institutionalization)이란 말과 비슷한 뜻이다. 관습성은 한 언어의 어떤 표현이 반드시 그래야 할 필연성이 없음에도, 또한 다르게 표현해도 충분히 받아들일 수 있음에도 특정한 상황에서 특정한 표현을 사용하는 것을 말한다. 언어의 관습성은 모든 언어 단위에서 이루어진다. 해당 언어 사용자들은 이러한 관습성을 자연스럽고 당연한 것으로 받아들이기 때문에 별다른 의문을 품지 않는다.

그런데 '연어관계의 자의성/관습성'이란 말은 외부적 관점과 내부적 관점에 따라 두 가지 다른 의미로 사용할 필요가 있다. 즉, 대조언어학적 관점에서 보면, 연어관계는 자의적이다. 서로 다른 언어를 비교하면 음운, 형태, 단어, 형태, 통사, 의미분절 등 모든 국면에서 전혀 다른 양상을 보인다는 점에서 자의적이다. 마찬가지로 대조언어학적 관점에서 연어관계를 보면, 예컨대 한국어 '관심'은 '기울이거나 가질' 수 있지만, 영어에서는 '지불하고(pay attention)' 불어는 '만들어야(faire attention)' 한다는 점에서 자의적이다.

그러나 언어 내부적 관점에서 보면, 표면적으로는 자의적으로 보일지 몰라도 그 이면에는 기본의미에서 동기 부여되어 있음을 알 수 있다. 이는 인지언어학이 취하는 관점이다(Liu 2010 참고). 이와 비슷하게 관용구의 의미는 전통적인 관점에서 보면 직설의미에서 예측할 수 없는 의미를 갖는다는 점에서 불투명하고 자의적이라고 볼 수 있지만, 인지언어학적 관점에서는 관용의미와 직설의미가 자의적이지 않고 동기 부여되어 있다고 볼 수 있다(심지연 2009).

연어관계를 중심으로 의미를 탐구하는 연구자들 대부분은 의미가 고립적인 단어 차원에서 형성되지 않으며, 개별 단어의 의미는 잠재적(potential)일 뿐이라는 점에 동의한다(Evans 2012: 41-68). 단어는 의미 단위(unit of meaning)를 이루지 못하고(Sinclair 2004: xx), 다른 단어와의 결합이나 맥락을 통해서만 의미가 구체화된다.

그런데 여기에서 잠재적이라는 말은 모든 것이 뒤섞여 있는 혼돈상태라거나 아무것도 없이 텅 비어 있다는 뜻이 아니다. 인지언어학적으로 본다면, 단어는 미결정적이긴 하되, 그것이 존재하는 방식은 원형성(prototypicality), 중심성(centrality) 또는 도식적 네트워크(schematic networks)의 형태를 띤다. 그렇다면 개별 연어구성에서 선택된 단어도 자의적이지 않고 단어의 원형의미와 연결되어 있다고 할 수 있다. 연어관계는 각자 별도의 의미 확장의 길을 가다가 만난 단어들이 결합관계 선상에 병렬 배치되면서 만들어진다.

한 단어의 의미변화는 거의 전적으로 그것이 쓰이는 문맥이 확장된 결과이다. 역사 자료의 예를 들어 보자. 장계향이 쓴 조리서 『음식디미방』(1670년)[26]을 보면, 미각형용사 '맵다'가 '술'과 연관된 문맥에 사용되는 것을 처음 보면 생소한 쓰임이라는 느낌을 받는다. 글쓴이가 술에 대해 개인적 비유를 쓰는 것 같다는 생각도 든다.

(7) ᄃᆞᆷ갓던 ᄡᆞᆯ을 셰말ᄒᆞ여 ᄀᆞ장 **ᄆᆡ온 쳥쥬의** 된 증편마치 프로
<강정법: 11b>

그러다가 술 담그는 법(주국방문(酒麴方文))을 설명한 (8)과 같이 비슷한 용례들이 거듭해서 나타난다는 것을 발견한다.

(8) a. 이 법을 일치 아니ᄒᆞ면 **ᄆᆡ온 술이** 세 병 나ᄂᆞ니라 <쇼쥬: 21b>
b. 찐 밥을 미처 녀허 젓고 봉ᄒᆞ엿다가 칠 일 휘면 **ᄆᆡᆸ고** 죠ᄒᆞ니라
<ᄉᆞ시쥬: 18b>
c. 죠ᄒᆞᆫ 쇼쥬ᄅᆞᆯ 열헤 복ᄌᆞᄅᆞᆯ 부어 두면 **ᄆᆡᆸ고** ᄃᆞ니라 칠 일 후 ᄡᅳ라
<과하쥬: 20a>
d. 사흘만이면 닉어 ᄆᆞᆯ가 귀덕이 ᄯᅳ고 마시 **ᄆᆡᆸ고** ᄃᆞᆯ고 하졀의 ᄡᅳ기
죠ᄒᆞ니라 <부의쥬: 20b>

이런 용례가 다른 자료에도 거듭 발견되면 17세기 당시에 '맵다'의 의미가 현대어와 달리 '(술이) 독하다, 강하다'의 뜻으로도 쓰였다고 추론하게 된다. 사실 의미변화에 대한 국어사적 발견은 그게 전부이다. 유사한 문맥에서 반복적으로 쓰이면 의미는 변화/확장된다고 보는 것이다. 그렇다면 긴밀하고 반복적인 공기관계를 이루는 연어관계 속의 단어들은 자의적이지 않고 해당 단어의 의미 확장의 결과이거나 과정이라고 이해하는 것이 자연스럽다고 할 수 있다.

26 경북대출판부 엮음(2003), 『음식디미방』, 경북대출판부.

3.2. 연어관계에 대한 인지언어학적 접근

이 글은 연어구성을 이루는 단어들이 그저 자의적으로 결합한 것이 아니라 해당 단어의 기본의미로부터 동기 부여되어 있다고 본다. 최근의 연구에서도 인지언어학적 관점에서 연어관계에 접근하려는 시도가 이어져 왔다. 외국의 경우, 연어구성 'break an appointment'를 인지·기능주의적 관점에서 분석한 Poulsen(2005)이나 언어교육적 측면에서 연어관계에 인지적 분석 가능성을 살핀 Liu(2010)가 대표적이다. 국내에서는 형용사 '착하다'의 의미 확장 양상을 연어 환경의 확장을 통해 살핀 연구(김명광 2009, 김철규 2009, 임지룡 2014)나 '미친+N, 폭풍+N'이라는 구성에서의 의미 확장을 환유적 관점에서 해석한 연구(최형주·김은진 2016), 'N+나다', 'N+부리다' 등과 같은 어휘적 연어의 형성 원리를 '유추'나 '의미 전이'로 설명한 연구(조은영 2010, 최형강 2006) 등이 있다. 국내에서 이루어진 인지언어학적 연어관계 연구는 주로 단어가 새로운 의미를 획득하는 과정을 보여주기 위한 것이다. 단어는 이전에는 출현하지 않던 결합 문맥에 반복적으로 사용되면서 새로운 의미를 획득한다.

여기에서는 몇 가지 사례를 통해 연어관계를 이루는 구성요소들이 자의적이지 않고 동기 부여되어 있다는 것을 보이고자 한다.

3.2.1. 사례 연구(1): 운동 동사 [27] - '치다/타다/하다/두다'

한 언어를 학습한다는 것은 단어 목록만 외운다고 해서 가능하지 않다. 각각의 단어들은 동일한 의미부류나 의미장에 속한다 하더라도 각기 다른 연어 (collocate)를 갖는다. 같은 의미부류의 계열관계에 포함된 단어일지라도 그들의 결합관계는 다르다. 대상 의미영역을 하위 분할하는 기준의 차이가 결합 가능성의 차이를 만든다.

---

[27] 통상 국어학에서 '운동 동사'는 이동 동사(movement/motional verb)를 칭하지만, 여기서는 말 그대로 '운동(sports)'을 할 때 쓰는 동사를 뜻한다.

예를 들어 '축구, 야구, 배구, 탁구, 테니스, 스키, 스케이트, 등산, 낚시, 수영, 달리기, 조깅, 럭비, 바둑'과 같은 단어들은 모두 운동 종목인데 이들이 결합하는 동사들은 다음에서 보듯이 동일하지 않다.

(9) a. {탁구, 테니스, 당구, 골프, 배드민턴}-치다
    b. {스케이트, 스키, 사이클, 자전거, 보드, 스노보드}-타다
    c. {축구, 야구, 배구, 농구, 럭비, 등산, 수영, 달리기, 조깅, 낚시, 요가}-하다
    d. {장기, 바둑, 체스}-두다

(9)의 예들을 보면, 한국어의 운동 동사 중에서 '치다'는 공을 매개로 하되 직접 손에 닿지 않고 도구를 이용하는 종목과 결합하며, '타다'는 이동 도구와 관련된 운동과 결합한다. '하다'는 공을 직접 만져야 하는 운동이거나 특별한 운동 도구가 필요하지 않는 운동과 결합한다. '두다'는 전통적으로 운동이라기보다는 놀이로 인식한 '장기, 바둑' 등에 한정해서 결합한다.

이러한 설명은 동사에 의한 운동 종목에 대한 의미 분할과도 관련되지만, 해당 동사 각각이 갖는 기본의미와 관련된다는 점에서 동기 부여되어 있다고 할 수 있다. 특히 '치다, 타다, 두다'는 개별 운동 종목을 수행하는 과정에서 가장 현저한 행동(동작)을 부각한(highlighting) 것이다.[28] 동사 '치다'는 '손이나 손에 든 물건으로 세게 부딪게 하다'라는 기본의미가 운동 경기에 확대되어 전이된 것이다. 전체 운동 경기에서 공을 치는 행위가 갖는 현저성을 환유적으로 부각한 것이다. 기실 '치다'는 '탁구공, 테니스공, 당구공, 골프공, 셔틀콕' 등과 결합하는 것이 논리적으로 맞고, 해당 운동 종목명은 (9c)처럼 '하다'

---

28 그런 차원에서 '축구하다'와 비슷한 뜻인 '공(을) 차다'도 전체 운동 경기의 특정 행동을 환유적으로 부각한 것이다. 축구 경기에서는 공을 차는 행위 외에도 공을 (발, 무릎, 가슴, 머리 등으로) 받기도 해야 하고, 공이 선 밖으로 나가면 손으로 스로인을 해야 한다. 공을 차는 것 외에도 머리로 헤딩을 하거나 무릎이나 발로 공을 받을 수도 있다. 골키퍼는 공을 손으로 잡거나 던질 수 있다. 그리고 축구에서 대부분의 시간은 공을 차기보다는 뛰거나 걷는 데 들어간다.

와 결합해도 충분히 가능하다('{탁구, 테니스, 당구…}를 하다'). 그럼에도 이들 운동명이 '치다'와 결합하는 것은 동사 '치다'가 해당 운동의 특정 행위를 현저화하기 때문이다.29 '타다'도 '탈것이나 짐승의 등 따위에 몸을 얹다'라는 기본의미가 '스케이트, 보드' 등에 전이되어 쓰인 것이라 볼 수 있다. '두다' 역시 '무엇인가를 일정한 곳에 놓다'라는 기본의미에서 '장기말이든 바둑알을 판에 놓거나 쓴다'는 뜻으로 확장 전이되었다고 볼 수 있다. 따라서 인지언어학적인 관점에서 볼 때, 운동 종목과 결합하는 한국어 동사 연어는 '부분이 전체를 대신하는 환유(+PART FOR WHOLE+ metonymy)' 기제에 의해 표현된다고 할 수 있다.

한편 영어에서도 운동 종목에 따라 다른 동사들과 결합하지만, 의미 분할 방식이 확연히 다르다. 영어에서는 주로 특별한 도구 없이 몸으로 하는 운동은 'do'와 결합하며, 동명사형(-ing)으로 쓰인 운동은 'go'와 결합한다.30 그 외 대부분의 운동경기와 놀이는 'play'를 사용한다.

(10) a. do {gymnastics, judo, weightlifting, aerobics, yoga, wrestling}
　　 b. go {skiing, climbing, skating, fishing, swimming, bowling, jogging, cycling}
　　 c. play {games, badminton, billiards, hockey, bowls, rugby, golf, (table) tennis, baseball, chess, darts, cards, dominoes}

- McCarthy & O'Dell(2005: 56)

---

29 이와 비슷하게 '?축구 차다'와 같은 표현을 쓰는 경우가 있는데, 이 또한 '축구' 경기에서 공을 차는 특정 활동을 현저화한 것으로 해석할 수 있다. 한편, 같은 구기 종목이지만 '야구'나 '배구', '농구'는 특정 국면을 현저화하는 동사가 없다는 점에서 비교된다('*야구를 {치다/때리다}, *배구를 {치다/때리다}, *농구를 {던지다/넣다}).

30 흥미롭게도 '볼링을 하다'에 해당하는 표현도 명사의 형태에 따라 동사도 달라진다. 'go bowling', 'play bowls'.

3.2.2. 사례 연구(2): 질병 동사 - '나다/들다/걸리다'

'나다/들다'는 기본의미로 쓰일 때는 대립 관계를 형성하는데 질병 명사와 연어구성을 이루면 대립성을 상실하고 동의관계를 형성한다.

(11) {병, 노망}이 {나다/들다}

이는 우리에게 기본의미만의 의미관계가 아닌, 결합관계에 따라 재구성되는 어휘관계도 살펴야 할 필요성을 보여준다. 그렇다고 해도, 원래 '나다/들다'가 갖고 있는 각각의 의미가 유사한 연어구성 맥락에서 대립성을 '완전히' 상실한다고 할 수 없다. 개별 어휘가 각각의 의미 확장 및 의미 전이를 겪고 그것이 공통의 의미 현상을 나타내는 것으로 보아야 한다. 즉, 각각의 단어는 고유한 의미 전이의 역사를 유지한다. 우리는 현상적으로는 의미 대립이 사라졌지만, 그 이면에 걸려 있는 원래의 기본의미와의 연결고리를 찾아야 한다. 다음 예에서 볼 수 있듯이, 모든 질병 명사에 대해 '나다/들다'가 결합하는 것은 아니라는 것은, 각 동사가 자신의 의미를 여전히 유지하고 있다는 것을 보여준다.

(12) a. {병, 노망} - 나다/들다
     b. {발병, 배탈, 종기, 욕창} - 나다
     c. {감기, 골병, 멍} - 들다

(12)의 '나다/들다'가 질병의 '발생, 시작'이라는 [기동(起動)]의 의미를 공유하지만, 질병의 시작이 내부에서 외부로 발현된 것으로 보는지, 외부에서 내부로 유입된 것으로 보는지에 따라 다르게 개념화한 것이다(김진해 2000: 177-178). 이들 동사는 모두 질병을 '안, 밖, 경계'로 구분된 '그릇(CONTAINER)' 은유(영상도식)로 개념화한다는 것을 보여준다. 다만, 해당 질병이 그릇의 어느 지점에서 발동하는지에 대한 개념화의 차이가 있을 뿐이다.

한편 질병 명사들은 '나다/들다' 외에 예 (13a)처럼 '-에 걸리다'와 자주 결합한다.

(13) a. {병/감기/무좀/암/심장병/위궤양/백내장/대상포진/치질/에이즈}에 걸리다

b. ??{노망/발병/배탈/종기/욕창/골병/멍}에 걸리다

'걸리다'는 '걸다'의 피동형으로 기본의미가 '드리워지거나 달려 있다' 정도이다. 이들이 의미 전이를 하게 되면 다음과 같은 통사구조에 따른 의미기능의 변화를 겪는다.

(14) a. X-가 Y[장소]-에 걸리다:(예. 사진이 벽에 걸려 있다.)
b. X-가 Y[장애물]-에 걸리다:(예. 물고기들이 그물에 걸렸다.)
c. X-가 Y[마음]-에 걸리다:(예. 남편이 마음에 걸렸다.)
d. X-가 Y[인물/직업]-에 걸리다:(예. 강도가 경찰에 걸렸다.)

'X-가 Y[질병]-에 걸리다'라는 구성에서 '질병'에 대해 (14b) 또는 (14d)와 의미적 연쇄고리를 찾을 수 있다. 즉, 질병을 원치 않는 상황을 가져오는 인물 또는 '장애물'이라는 '원인(cause)'으로 본 것이다. 질병의 의인화(personification), 또는 의도치 않는 장애물(cause)로 개념화되었기 때문에 질병 명사와 동사 '걸리다'가 연어구성을 이룬 것이라고 설명할 수 있다.

3.2.3. 사례 연구(3): '결론에 도달하다' vs. '??결정에 도달하다'

보통 사건(event)은 시간성이나 인과성을 갖기 때문에 '먹다, 뛰다, 날다'처럼 동사(서술어)로 개념화되는 것이 전형적이다. 그러나 사건은 동사가 아닌 명사로 개념화되기도 하는데, 그러기 위해서는 필연적으로 사건을 대상(object)으로 인식해야 한다. 명사 범주로 개념화하는 사건은 내부의 시간적

(사건적) 속성과 문법범주로서의 명사적 속성이 공존한다. 사건성을 갖는 명사를 서술성 명사라고 하고 그것과 결합하는 동사를 기능동사로 불러왔다. 용언에 대한 보조용언의 관계와 평행하게 기능동사는 논항과 의미역 할당을 하는 서술성 명사의 통사적 마무리를 위해 시제, 상, 서법, 양태 등을 실현하는 것으로 보았다.[31] 그런데 서술성 명사에 따라 결합 가능한 동사의 범위에 차이가 난다.

아래 (15), (16)과 연결되는 실제 사건은 동일할지 모르지만, 이를 개념화한 '돕다/보살피다'와 '{도움/보살핌}을 주다'는 전혀 다르다. 사건의 명사화가 이루어지면, 이후의 명사는 별도의 통사적 결합 양상을 갖는다. '도움'은 줄 수도 받을 수도 있지만, '보살핌'은 받을 수는 있지만 주기는 어렵다든가 하는 식이다((15b, c), (16b, c) 참고).

(15) a. 철수가 영희를 **도왔다.**
 b. 철수가 영희에게 **도움을 주었다.**
 c. 영희는 철수에게 **도움을 받았다.**
(16) a. 철수는 영희를 **보살폈다.**
 b. ??철수는 영희에게 **보살핌을 주었다.**
 c. 영희는 철수에게 **보살핌을 받았다.**

서술성 명사와 결합 가능한 동사의 범위는 서술성 명사에 대한 개념화의 차이에서 온다고 볼 수 있다. 예컨대, 대상어 '결정'과 '결론'의 연어는 겹치기도 하고 다르기도 하다. 결합 가능한 연어들의 대응쌍들을 나열해 보면 다음 (17)과 같다.[32]

---

31 강범모(2002: 11-20)에서 서술성 명사를 판별하는 기준으로 '하다' 기능동사 결합 가능성, '-케, -토록' 결합 가능성, 명사문 가능, '중' 결합 가능성, '언제나 - 이다' 가능성 등을 제시했다.
32 '결정'과 '결론'은 엄밀하게 보아 의미가 다르다. 사전에 의하면 '결정'은 '행동이나 태도를 분명하게 정함. 또는 그렇게 정해진 내용'이며, '결론'은 '말이나 글의 끝을 맺는 부분'이다(『표준국어대사전』 뜻풀이 참고). 중심의미를 중심으로 영어

(17) a. 결론을 {내다/내리다/보다/짓다/맺다/얻다/??하다}
　　 b. 결정을 {??내다/내리다/보다/짓다/?맺다/??얻다/하다}

'결론/결정(-을) V' 구성에서 V 자리에 오는 각각의 동사들이 어떤 의미 확장 과정을 밟아왔는지를 별도로 살펴보면 동사의 의미 전이에 따라 명사와의 결합 가능성의 차이를 설명할 수 있을 것이다.

우리가 여기에서 주목하는 것은 왜 '결론에 도달하다'는 가능한데, '??결정에 도달하다'는 부자연스러운가 하는 점이다. 일단 '도달하다'라는 동사는 중심의미가 '목적한 곳에 다다르다'이고, 목적한 곳이 '장소' 외에도 '수준, 경지' 등으로 의미영역이 확장되었다고 해 두자. 그렇다면 'N-에 도달하다' 구성의 성립 여부는 'N' 자리에 오는 명사의 성격에 따라 달라질 것이다.

'{결론/결정}을 내리다/보다/짓다'나 '{결론/결정}이 나다' 연어구성에서 볼 수 있듯이, '결론'과 '결정'의 의미가 미세하게 다르다고 하더라도 어떤 최종적인 판단을 하는 상황을 뜻한다는 점에서 유사한 의미라고 할 수 있다. 그런데도 'N-에 도달하다' 연어구성의 가능성에 차이가 나는 이유는 무엇일까?

인지언어학적인 관점에서 보면, 이는 사건구조(event-structure)를 은유적으로 명사화하는 방식의 차이에서 온다. 사건을 사물로 인식하는 방식은 두 가지로 나뉜다. 하나는 '위치'로 개념화하는 방식이고, 다른 하나는 '대상'으로 개념화하는 방식이다(Lakoff & Johnson 1999: 178). <위치 사건-구조 은유(location event-structure metaphor)>는 사건을 '공간적 이동'의 영역으로 사상하는(mapping) 것이다. 반면에 <대상 사건-구조 은유(object event-structure metaphor)>는 사건을 '대상'의 영역에 사상하는 것이다. 두 사건 구조는 목적(종착지)에 차이가 있다. 위치 사건-구조에서 목적은 도착지에 닿는 것(Purposes are Destinations)인 반면, 대상 사건-구조에서 목적은 원하는 대상의 획득(Purposes are Desired Objects)이다.

―――――――――

대역어를 생각해 보면 '결정'은 decision이고 '결론'은 conclusion 정도이다.

그렇다면 '결정'은 '대상 사건-구조 은유'에 머무는 반면, '결론'은 '대상 사건-구조 은유'는 물론 '위치 사건-구조 은유'에까지 확장된 것이다. '결정'은 판단 자체를 현저화한 것이지만, '결론'은 '서론 - 본론 - 결론'이라는 사건의 흐름과 각 지점 간의 이동(movement)을 모두 상정할 수 있고, 그 이동의 종착지로서 최종 판단을 나타낸 것이기 때문에 특정 위치로의 도달을 은유화한 'N-에 도달하다' 연어구성이 가능한 것이다.

(18) a. 결론을 내리다   -   결론에 도달하다
            <대상 사건-구조>   <위치 사건-구조>
    b. 결정을 내리다   -   ??결정에 도달하다
            <대상 사건-구조>   <위치 사건-구조>

4. 마무리

이상에서 우리는 그동안 진행되어 온 연어관계에 대한 세 가지 접근법을 살펴보고 각 방법론의 한계에 대해 검토해 보았다. 통계적 방법만으로는 연어관계 성립 여부를 판단하는 절대 기준으로 삼기 어려워 언어 사용자의 직관과 개념적 차원에서 연어관계의 특성을 살펴볼 필요가 있음을 살펴보았다. 연어관계의 개념도 전체 연어구성의 의미가 불투명하지 않되 구성요소의 교체 가능성에 일정한 제약이 따르는 결합관계 정도로 규정할 수 있다. 이렇게 연어관계를 경계가 불분명한, 느슨하고 어정쩡한 범주로 보는 것이 도리어 어휘의 다양한 결합 현상을 포괄하고 세부적인 설명으로 진입하는 데 유리할 수 있다 (Schmid 2003 참고).

또한 연어관계의 '관습성/자의성'에 대한 언급이 언어 간 비교·대조를 할 경우에는 성립하지만, 언어 내부적으로 보았을 때는 달리 이해해야 한다고 보았다. 즉, 구성요소의 선택은 자의적이지 않고 동기 부여되었다. 이를 밝히

기 위해 몇 가지 사례에 대한 인지언어학적 설명을 시도해 보았다. 대상 의미 영역 분할의 차이(운동 동사), 단어 자체의 어원적 기본 의미와의 관련성(질병 동사), 사건구조의 명사화 방식(결정/결론) 등에 따라 결합 어휘의 차이가 발생하기 때문에 연어관계는 자의적이지 않고 동기 부여되어 있다고 말할 수 있다.[33]

　　의미 전이를 통한 결합 가능성의 설명은 전통적인 어휘의미론에서 다의어의 의미 확장에 대한 설명과 만나게 된다. 다의어의 의미 확장이 기본적으로 결합 관계가 확대된 결과라고 한다면, 그것은 자연스럽게 연어관계를 살핌으로써 확인된다. 따라서 연어관계 연구는 연어관계라는 범주 자체에 매몰되기보다는 다의화, 유의성, 의미운율, 의미선호, 구문, 패턴 등 어휘의미론의 다른 연구주제와 연결되어 사유되어야 한다. 특히, 연어관계는 구조주의의 기본 가정인 결합관계에 대한 계열관계의 우위성에 의문을 제기한다. 도리어 계열관계는 결합관계를 바탕으로 고찰되어야 한다. 궁극적으로 연어관계는 말뭉치 언어학이나 용례 기반 접근법 및 인지언어학적 방법론의 타당성을 입증해 준다는 점에서 언어이론적 함의가 크다고 할 수 있다. 결합관계를 맺는 단어들이 비슷한 결합관계를 갖는 것이 아니라, 비슷한 결합관계를 갖는 요소들이 모종의 결합관계를 맺는다. 연어관계의 평범성은 언어에 대한 새로운 이해의 길로 이끈다.

참고문헌

강범모(2002), "술어 명사의 의미 구조", 『언어학』 31: 3-29, 한국언어학회.
강범모(2003), 『언어, 컴퓨터, 코퍼스 언어학』, 고려대학교출판부.

---

33 이와 관련하여 Walker(2008: 294-307)에서는 연어구성 처리에 영향을 미치는 요인으로 다음의 5가지를 제시한다. (1)개별 어휘항목의 의미, (2)항목의 어원, (3)은유, (4)의미운율, (5)성구론적 쓰임. 이러한 설명은 모두 대상어와 연어의 결합이 자의성보다는 동기 부여에 의해 이루어진다는 전제에서 이루어진 것이다.

강현화(2008), "한국어교육을 위한 연어의 유형에 대한 고찰: 기초어휘의 연어 관계를 바탕으로", 『응용언어학』 24(3): 197-217, 한국응용언어학회.

김명광(2009), "형용사 '착하-'의 구조 변화에 대한 일고찰", 『언어와 문화』 5(3): 117-137, 한국언어문화교육학회.

김성애 · 주지선(2016), 『유학생을 위한 한국어 연어학습사전』, 소통.

김진해(2000), "국어 연어 연구", 경희대학교 대학원 국어국문학과 박사학위논문.

김진해(2007), "연어 관계의 제자리 찾기: 국내의 이론적 논의에 대한 재검토를 중심으로", 『한국어학』 37, 229-260, 한국어학회.

김진해(2013), "연어 연구의 의미론적 함의: 목록과 경향 사이에서", 『국어학』 68: 189-223, 국어학회.

김철규(2012), "한국어 형용사 '착한'의 연어에 관한 단기 통시적 고찰", 『언어과학』 19(4): 65-87, 한국언어과학회.

김하수 외(2007), 『한국어 교육을 위한 한국어 연어사전』, 커뮤니케이션북스.

노마 히데키(2002), "한국어 단어결합론의 심화를 위하여", 『국어학』 39: 361-396, 국어학회.

박만규(2003), "관용표현의 범주적 정체성 확립을 위하여: 의미론적 분석을 중심으로", 『국어학』 41: 307-359, 국어학회.

박성숙(1997), "한불사전에서의 연어 처리", 『불어불문학연구』 34: 571-587, 한국불어불문학회.

박진희(2005), "연어 제약에 대하여", 『어문연구』 33: 83-106, 한국어문교육연구회.

서상규(2002), "한국어 정보 처리와 연어 정보", 『국어학』 39: 321-360, 국어학회.

서상규 · 한영균(1999), 『국어정보학 입문: 인문학과 컴퓨터』, 태학사.

서혜경(2015), "국어 어휘의미 교육의 인지언어학적 연구", 경북대학교 대학원 국어교육학과 박사학위논문.

신명선(2015), "문법 교육에서 어휘적 연어 수용의 한 방향", 『한국어 의미학』 47: 55-82, 한국어 의미학회.

심지연(2009), "국어 관용어의 인지의미론적 연구", 고려대학교 대학원 국어국문학과 박사학위논문.

왕 단 · 박문자(2016), 『한중연어사전』, 박이정출판사.

이동혁(1998), "국어의 연어적 의미 연구", 고려대학교 대학원 국어국문학과 석사학위논문.

이동혁(2003), "연어 표현의 유형에 대하여", 『국어국문학』 135: 131-161, 국어국문학회.

이동혁(2004), "국어 연어관계 연구", 고려대학교 대학원 국어국문학과 박사학위
　　논문.

이민우(2011), "한국어 동사 "놓-"의 의미 변화 양상 분석", 『한국어 의미학』 36:
　　265-283, 한국어 의미학회.

이민우(2014), "말뭉치 자료를 이용한 유의어의 역사적 변화 양상 분석: "놓다"와
　　"두다"를 중심으로", 『한말연구』 34: 235-264, 한말연구학회.

이병근·박진호(2000), "결합설명 사전의 어휘 기술 방법론", 『인문논총』 43:
　　155-200, 서울대학교 인문학연구원.

임근석(2010), 『한국어 연어 연구』, 월인.

임근석(2011), "한국어 연어 연구의 전개와 쟁점에 대하여", 『국어학』 61: 359-
　　466, 국어학회.

임유종(2006), "연어의 개념과 범주 한정의 제 문제", 『국제어문』 36: 145-181,
　　국제어문학회.

임지룡(2014), "'착하다'의 의미 확장 양상과 의의", 『언어』 39(4): 971-996, 한국
　　언어학회.

임지룡(2017), 『한국어 의미 특성의 인지언어학적 연구』, 한국문화사.

임지룡 외(2017), 『의미관계의 인지언어학적 탐색』, 한국문화사.

임홍빈(2002), 한국어 연어의 개념과 그 통사·의미적 성격, 『국어학』 39: 279-
　　311, 국어학회.

조은영(2010), "어휘적 연어의 형성과 유추", 『한국어학』 48: 299-331, 한국어
　　학회.

최영주·김은진(2016), "연어 환경에서 발견되는 '미친'과 '폭풍'의 환유적 의미
　　확장", 『언어학』 24(4): 261-280, 대한언어학회.

최형강(2006), "'명사+부리다' 연어 구성에서의 의미 전이", 『한국어학』 30:
　　319-340, 한국어학회.

한송화·강현화(2004), "연어를 이용한 어휘 교육 방안 연구", 『한국어교육』
　　15(3): 295-318, 국제한국어교육학회.

한영균(2002), "어휘 기술을 위한 연어정보의 추출 및 활용과 관련된 몇 가지 문
　　제", 『국어학』 39: 137-171, 국어학회.

한영균(2016), 『학습용 기본 명사 연어 빈도 사전』, 한국문화사.

한정한(2010), "용언형 연어의 문법범주", 『한국어학』 49: 405-433, 한국어학회.

홍재성·박동호(2000), "멜축의 의미·텍스트 대응 모형 연구", 『인문논총』 43: 107-154, 서울대학교 인문학연구원.

홍종선·강범모·최호철(2000), "한국어 연어 정보의 분석·응용에 관한 연구", 『한국어학』 11: 73-158, 한국어학회.

Aichison, J.(2012), *Words in the Mind: An Introduction to the Mental Lexicon*, 4th edn, Chichester: John Wiley & Sons Inc.

Aisenstadt, E.(1979), Collocability Restrictions in Dictionaries, *ITL* 45·46: 71-74.

Altenberg, B.(1998), On the phraseology of spoken English: The evidence of recurrent word combinations, in A. P. Cowie(ed.), *Phraseology: Theory, Analysis, and Applications*: 101-122, Oxford: Clarendon Press.

Barnbrook, G.(1996), *Language and Computers: A Practical Introduction to the Computer Analysis of Language*, Edinburgh: Edinburgh University Press. (유석훈 옮김(1999), 『언어와 컴퓨터』, 고려대학교출판부.)

Barnbrook, G., O. Mason & R. Krishnamurthy(2013), *Collocation: Applications and Implications*, New York: Palgrave Macmillan.

Bartsch, S.(2004), *Structural and Functional Properties of Collocations in English*, Tübingen: Gunter Narr Verlag Tübingen.

Di Sciullo, A. & E. Williams(1987), *On the Definition of the Word*, Cambridge, M.A.: The MIT Press.

Cowie, A. P.(1991), Multiword Units in Newspaper Language, in S. Granger(ed.), *Perspectives on the English Lexicon: A Tribute to Jaques van Roey*, 101-116, Cahiers de l'Institut de Linguistique de Louvain.

Cowie, A. P.(1998), Introduction, in A. P. Cowie(ed.), *Phraseology: Theory, Analysis, and Applications*, 1-20, Oxford: Oxford University Press.

Firth, J. R.(1951/1957), Modes of meaning, reprinted in J. R. Firth(1957), *Paper in Linguistics 1934-1951*, 190-215, Oxford: Oxford University Press.

Gelbukh, A. & O. Kolesnikova(2013), *Semantic Analysis of Verbal Collocations with Lexical Functions*, New York: Springer.

Gitsaki, C.(1996), The Development of ESL Collocational Knowledge, Centre for Language Teaching and Research The University of Queensland, Ph.D. dissertation.

Gledhill, C. J.(2000), *Collocations in Science Writing*, Tübingen: Gunter Narr

Verlag Tübingen.

Handl, S. & E. Graf(2010), Collocation, anchoring, and the mental lexicon: an ontogenetic perspective, in H. Schmid & S. Handl(eds.), *Cognitive Foundations of Linguistic Usage Patterns*, 119-147, Berlin: De Gruyter Mouton.

Hill, J.(2000), Revising priorities: from grammatical failure to collocational success, in M. Lewis(ed.)(2000), *Teaching Collocation: Further Developments in the Lexical Approach*, Language Teaching Publications.

Howarth, P.(1998), The Phraseology of Learners' Academic Writing, in A. P. Cowie(ed.), *Phraseology: Theory, Analysis, and Applications*, 161-186, Oxford: Oxford University Press.

Kjellmer G.(1987), Aspects of English Collocations, in W. Meijs(ed.), *Corpus Linguistics and Beyond: Proceedings of the Seventh International Conference on English Language Research on Computerized Corpura*, Rodopi.

Kövecses, Z.(2017), Levels of metaphor, *Cognitive Linguistics* 28(2): 321-347.

Lakoff, G. & M. Johnson(1999), *Philosophy in the Flesh*, New York: Basic Books. (임지룡 외 옮김(2002), 『몸의 철학: 신체화된 마음의 서구 사상에 대한 도전』, 박이정.)

Laufer, B. & T. Waldman(2011), Verb-noun collocations in second language writing: A corpus analysis of learners' English, *Language Learning* 61(2): 647-672, Language Learning Research Club, University of Michigan.

Leech(1974/1981), *Semantics: The Study of Meaning*, Penguin Books.

Lewis, M.(ed.)(2000), *Teaching Collocation: Further Developments in the Lexical Approach*, London: Language Teaching Publications.

Liu, D.(2010), Going beyond patterns: Involving cognitive analysis in the learning of collocations, *TESOL QUARTERLY* 44(1): 4-30.

Lu, Y.(2017), *A Corpus Study of Collocation in Chinese Learner English*, London/New York: Routledge.

McCarthy, M. & F. O'Dell(2005), *English Collocations in Use*, Cambridge: Cambridge University Press.

McEnery, T. & A. Hardie(2015), *Corpus Linguistics: Method, Theory and*

Practice, Cambridge: Cambridge University Press. (최재웅 옮김(2018), 『코퍼스 언어학: 방법・이론・실제』, 고려대학교출판문화원.)

Mel'čuk, I.(1998), Collocations and lexical functions, in Cowie(ed.), *Phraseology: Theory, Analysis, and Applications*, 23-54, Oxford: Clarendon Press.

Mel'čuk, I.(2007), Lexical functions, in H. Burger, D. Dobrovol'skij & P. Kühn(eds.), *Phraseology: An International Handbook of Contemporary Research*, vol. 1: 119-131, Berlin/New York: Walter de Gruyter.

Moon, R.(1998), *Fixed Expressions and Idioms in English: A Corpus-based Approach*, Oxford: Clarendon Press.

Nattinger, J. R. & J. S. DeCarrico(1992), *Lexical Phrases and Language Teaching*, Oxford: Oxford University Press.

Nesselhauf, N.(2005), *Collocations in a Learner Corpus*, Amsterdam: John Benjamins.

Poulsen, S.(2005), Collocations as a language resource: A functional and cognitive study in English phraseology, University of Southern Denmark, Ph.D. dissertation.

Schmid, H.(2003), Collocation hard to pin down but bloody useful, *Zeitschrift fur Anglistik und Amerikanistik* 513(3): 235-258, Tübingen: Stauffenburg Verlag.

Scott, M.(2015), *WordSmith Tools Manual*(Version 6.0), Lexical Analysis Software Ltd.

Sinclair, J.(1991), *Corpus, Concordance, and Collocation*, Oxford: Oxford University Press.

Sinclair, J.(2004), *Trust the Text: Language, corpus and discourse*, London/New York: Routledge.

Tomasello, M.(2003), *Construction a Language: A Usage-Based Theory of Language Acquisition*, Cambridge, M.A.: Harvard University Press. (김창구 옮김(2011), 『언어의 구축: 언어 습득의 용법 기반 이론』, 한국문화사.)

Walker, C.(2008), Factors which influence the process of collocation, in F. Boers & S. Lindstromberg(eds.), *Cognitive Linguistic Approaches to Teaching Vocabulary and Phraseology*, 291-308, Berlin: Mouton de Gruyter.

Wanner, L.(ed.)(1996), *Lexical Functions in Lexicography and Natural Language*

Processing, Amsterdam: John Benjamins.

Wray, A.(2002), *Formulaic Language and the Lexicon*, Cambridge: Cambridge University Press.

감각어[*]

1. 들머리

우리는 감각을 통해 우리를 둘러싼 모든 환경과 지속적인 상호 작용을 이루며 살아간다. 즉, 우리는 "눈이 보고 귀가 듣고 코가 냄새를 맡고 혀가 맛보고 손과 살갗이 접촉하는 세계"(이재선 1986: 159-161)를 인식하고 판단하면서 자신만의 경험 세계를 구축해 나가고 있다. 이처럼 감각은 우리가 인지 체계를 확립하고 마음의 작용을 확장해 가는 원초적이며 기본적인 신체 경험이다. 이러한 신체적 '지각(perception)' 경험은 일상에서 수없이 반복되면서 감각 개념이 형성되고 구조화되는 근간을 이룬다. 또한 이와 같이 '신체적 인지(embodied cognition)'를 토대로 형성된 감각 개념은 인간의 기본적인 인지 영역으로서 추상적인 개념을 구성하거나 이해하는 데 개념적 토대가 된다.

감각어는 이러한 감각의 개념을 집약적으로 표상한다. 즉, 감각어는 일차적으로 우리의 물리적 감각 경험을 이해하고 표현하는 수단이 된다. 이뿐만 아

---

[*] 이 글은 정수진(2005b, 2010, 2012, 2016)을 바탕으로 전개하였다.

[**] 경북대학교 강사; ariel94@hanmail.net

니라 어떤 대상에 대한 주관적인 인식이나 판단처럼 매우 추상적인 경험 세계를 나타내기도 한다.

(1) a. 집에 들어서자마자 향긋한 **냄새**가 가득했다.
    b. 진우 씨한테는 아무래도 시인 **냄새**가 나.
(2) a. 어디서 깨를 볶는지 **고소한** 냄새가 풍겨 온다.
    b. 자네 요즘 새살림 재미가 무척이나 **고소한가** 봐.
    c. 그 얄미운 놈이 시험에 떨어졌다니 그것 참 **고소하다**.

위의 예문을 보면 감각어 '냄새'와 '고소하다'는 (1a)와 (2a)에서처럼 일차적으로 신체의 외부 자극에 대한 우리 몸의 인지적 반응을 의미한다. 이러한 신체적 경험을 바탕으로 (1b)와 (2b, 2c)에서처럼 어떤 대상이 지닌 본래의 특성이나 어떤 상황에 대한 주관적인 판단 및 감정을 의미하는 데에도 사용된다. 이처럼 감각어의 의미는 우리의 감각 체계를 기반으로 구성되며, 물리적인 감각 경험을 토대로 확장된다.

이러한 관점에서 보면 감각어의 의미는 인간의 신체적 경험이 언어의 의미 구조에 반영되고 제약을 부가하는 양상을 탐색하기에 매우 적합한 주제가 된다. 즉, 감각어의 의미가 구성되고 확장되는 양상을 탐구함으로써, 우리의 개념 구조가 본질적으로 신체화되어 있으며 언어의 의미 구조는 이러한 개념 구조를 반영한다는 인지언어학의 주장을 뒷받침할 수 있을 것이다.

이에 이 글에서는 감각어의 의미 탐구에 '경험주의적 접근(empiricist approach)'[1]을 시도한 인지언어학의 연구 성과를 검토하고, 이를 바탕으로 감각어 의미 연구의 전개 양상과 전망을 제시하고자 한다.

---

1 이는 인간의 사고가 본질적으로 신체화된 경험에서 유래하기 때문에 인간의 마음과 언어는 인간의 신체적 경험과 분리하여 연구할 수 없다는 인지언어학의 관점으로서 다른 말로는 '체험주의(experientialism)'라고 한다. 이처럼 인지언어학에서는 언어의 구조와 의미가 인간의 신체화된 경험 및 사회·문화적 배경이라는 인지적 필터를 통해 긴밀히 동기화되어 있다는 입장을 취한다(임지룡 1997: 17).

2. 감각어의 의미 연구

2.1. 주요 연구의 흐름

감각어는 눈, 귀, 살갗, 코, 혀 등의 감각기관에 가해지는 외부 자극에 대한 우리 신체의 반응을 표상하는 어휘를 말한다(정수진 2012: 275). 이를 다섯 가지 감각[2]에 따라 분류해 보면, <표 1>과 같다.

〈표 1〉 감각에 따른 감각어의 유형과 어휘

감각어 감각		감각명사	감각동사	감각형용사
시각	느 낌	색, 명암, 차원	보다	검다, 밝다, 길다 등
청각		소리	듣다	요란하다, 은은하다, 잠잠하다 등
촉각		온도, 감촉, 통증	느끼다	뜨겁다, 부드럽다, 따갑다 등
후각		냄새	맡다	비리다, 쾨쾨하다, 구리다 등
미각		맛	맛보다	달다, 시다, 짜다, 쓰다, 맵다, 떫다 등

한국어는 이러한 감각어가 풍부하게 발달한 언어이다. (3)과 같이 음운 대립이나 다양한 접사를 통해 색채어를 비롯하여 미각어, 온도어 등이 발달되어 있어서 이들 감각에 대한 미묘한 차이를 아주 섬세하게 표현할 수 있다.

(3) a. 색채어 : 발갛다-벌겋다, 붉다-불그스름하다-불그무레하다-붉으죽죽하다
     b. 미각어 : 달다-달콤(/곰)하다, 달큼(/큼)하다, 달큰하다, 달짝(/착)지근하다, 들큼하다, 들쩍(/척)지근하다 등
     c. 온도어 : 뜨겁다-뜨뜻(/끈)하다-따뜻(/끈)하다-미지근하다-시원하다-차갑다

---

2 감각의 종류에 대해서는 최현배(1980), 권주예(1982), 천기석(1984), 박문섭(1987), 정재윤(1988), 정인수(1997) 등에서 자세히 다루고 있다.

또한 이들 감각어는 체계적인 구성을 이루고 있다. 이러한 까닭에 <표 2>와 같이 감각어의 의미 특성을 밝히기 위한 연구가 다양한 방면에서 이루어졌다.

〈표 2〉 감각어의 의미에 대한 대표적 논의

논의대상			대표적 논의
감각어 전반			최창렬(1980), 권주예(1982), 천기석(1984), 박문섭(1987), 정재윤(1988), 강석준(1989) 등
감각형용사	개별감각어	색채어	홍선희(1982), 김인화(1987), 이승명(1993), 김준호 외(1998), 송현주(2003) 등
		미각어	천시권(1982), 이승명(1988), 김준기(1999), 정수진(2003, 2005), 김민혜(2009), 이경수(2012) 등
		온도어	천시권(1980), 양태식(1988), 정재윤(1991), 김준기(2002) 등
		공간감각어	임지룡(1984), 김억조(2009) 등
	공감각적 표현		최창렬(1973), 정인수(1997), 김중현(2001) 등
	감각동사		임지룡·송현주(2012), 임지룡(2017)
	감각명사		정수진(2012)

감각어의 의미에 대한 대표적 논의를 살펴보면 이들은 대체로 감각동사나 감각형용사를 대상으로 하여 논의를 진행하였으며, 그 연구 내용은 크게 세 방향에서 진행되었다. 첫째 감각어 전반, 혹은 특정 개별 감각어의 어휘 의미 체계를 수립하는 데 논의의 초점을 둔 연구가 이루어졌다. 감각어와 관련된 비교적 초기 연구에서 이러한 경향이 보이는데, 이들 연구에서는 감각어의 의미장을 규명하고 있다. 둘째, 감각어가 비유적으로 전용되는, 즉 의미가 확장되는 양상을 밝히는 데 논의의 초점을 둔 연구가 잇따랐다. 이들 연구에서는 대체로 감각어가 사용되는 용례를 중심으로 감각어의 다의적인 양상을 파악하고 이를 토대로 감각어의 의미가 확장되는 인지적 동기를 설명하고 있다. 셋째, 하나의 자극에 대해 여러 감각적 체험이 동시에 나타나는 공감각적 언어 표현에 주목하여 이들의 의미 특성을 분석하는 데 논의의 초점을 둔 연구가 시도되었다. 이들 연구에서는 각 감각들이 서로 교차되는 양상에 따라 공감각적 표현의 유형을 분류하고, 그 의미를 기술하고 있다. 이와 같이 감각어

의 의미 양상과 특성을 밝히기 위한 발전적 논의가 계속적으로 이루어지고 있다. 최근에는 한국어 및 다른 언어의 감각어를 비교·대조한 연구들이 늘어나면서(손경호 2007, 이수경 2007, 조윤경 2009, 이민 2011, Angkul 2012, 석수영 2015 등) 감각어의 연구 범위가 한층 확대되는 추세이다.

2.2. 감각의 개념화

인지언어학에서는 기본 개념이 일상적으로 반복되는 신체적 경험을 통해 '도식(schema)'[3]이라는 형태로 구조화되고, 이렇게 도식화된 개념이 추상적인 경험이나 사고를 조직한다고 본다. 즉, 도식은 <표 3>에서 보듯이 우리의 신체적 경험과 사고 및 언어 등의 인지 영역을 연결하는 인지 구조의 기본적인 계층으로서, 개념화 과정에서 광범위한 추상적 경험을 개념화하는 데 기초가 된다(정수진 2010: 172).

〈표 3〉 도식과 경험 및 언어의 관계

신체 경험	도식으로 개념화	언어
우리의 몸 자체를 하나의 그릇이나 그릇 속에 들어있는 물체로 경험 ➡	그릇 도식 (CONTAINMEMT) ⊗ ➡	-정신이 {나갔다/들었다/돌아왔다}. -{열린/닫힌} 사고

앞서 보았듯이, 감각은 외부 자극에 대해 우리 몸이 인지하고 반응하는 모습이다. 이처럼 감각은 우리 몸을 통해 인지되기 때문에 매우 구체적이고 직

---

3 도식은 인지 구조를 나타내는 기본 단위로서 인간이 경험 세계의 특정 대상이나 사건에 대해 머릿속에 조직화 및 추상화하여 갖고 있는 지식 구조나 정신적 표상을 가리킨다(김현택 외 1996: 254-256). 즉, 도식은 우리가 세계와 일상적으로 상호작용함으로써 파생되는 간단하고 기본적인 인지구조이다(Ungerer & Schimid 2006, 임지룡·김동환 옮김 2010: 197 참조).

접적인 경험을 구성한다. 따라서 인지언어학의 관점에서 보면 구체적이고 일상적인 신체 경험을 토대로 감각의 기본 개념이 형성되고, 이러한 개념은 새롭고 추상적인 개념을 여러 방식으로 해석할 수 있는 형태로 도식화되는 것이다.

(4)　a. 신체적 경험: 감각기관을 통해 외부 자극 인지
　　　b. 도식: 몸-그릇, 감각-그릇 속의 물체
　　　c. 언어: 느낌이 {난다/들었다/떨어진다/가득하다/사라졌다…}.

예를 들어 (4a)처럼 다섯 감각기관을 통해 외부 자극을 인지하는 경험이 반복되면서 (4b)와 같이 우리 몸은 '그릇'으로, 감각은 '그릇 속의 물체'로 개념화되고, 이러한 도식적 개념은 (4c)에서처럼 언어로 구현된 감각을 통해 확인할 수 있다.

　　그러면 감각의 개념이 우리의 신체적 경험을 통해 어떻게 개념화되는지 살펴보자.

〈표 4〉 감각의 개념화 양상

신체 경험		개념화	도식
		그릇 속의 물체	포함
	감각	물체	척도
		이동체	방향

　　<표 4>에서 보듯이 우리는 감각을 인지하는 몸은 '그릇'으로 개념화한다. 그리고 외부 자극에 대해 우리 몸이 인지하고 반응하는 신체적 경험이 반복되면서 몸과 감각(자극)은 자연스럽게 포함 관계로 도식화되고, 이에 따라 감각

은 우리 몸이라는 그릇에 담겨 있는 '물체'로 개념화되는 것이다.

(5) a. 한 입 베어 물면 달콤함과 고소함이 입 안에 **가득합니다.**
    b. 태평양과 만나는 해변에서 파도소리를 오래오래 귀에 **담았다.**
    c. 아이의 눈에는 자연의 모든 색이 **들어 있죠.**

예문 (5)와 같이 일상언어에서 '가득하다'나 '담다', '들어 있다' 등을 통해 감각의 의미가 구현되는 것으로 보아 우리가 감각의 개념을 그릇 속의 물체로 개념화하고 있음을 알 수 있다.

(6) a. 육수의 차이 때문인지 닭개장의 맛이 **가벼웠어요.**
    b. 명상책을 **낮은** 소리로 읽어주고 있어요.
    c. 명도에 관계없이 채도가 **높은** 색은 강한 느낌을 준다.

또한 이렇게 감각이 물체로 개념화되기 때문에 예문 (6)에서처럼 감각의 정도를 평가할 때에는 척도 도식[4]이 자연스럽게 활성화된다.

(7) a. 처음부터 100까지 세면 눈이 얼얼한 느낌이 **든다.**
    b. 마른침을 꼴딱 삼키는 소리가 **났다.**
    c. 여름이니까 피부 온도가 **올라가는** 것은 어쩔 수 없어요.

그리고 외부 자극의 강도를 조절함에 따라 감각의 정도가 달라지는 경험을 토대로 감각의 강도가 커지고 작아지는 변화의 양상을 이동 방향으로 도식화하게 됨으로써, 예문 (7)에서처럼 감각이 몸이라는 그릇 안팎을 이동하거나 위·아래 방향으로 이동하는 물체로 개념화된다.

---

4 이 척도 도식은 물체의 길이, 높이, 깊이, 무게 등과 같은 물체의 형태적 특성을 신체적 지각 경험에 기초하여 측정하고 파악하면서 형성된다.

(8) a. 방송에서 **달달한 신혼의 맛**을 과시한 이들은 소박한 웨딩으로 눈길을 끌었다.

  b. **따뜻한 문자**를 받으며 **말에도 온도가 있다**는 것을 알게 되었습니다.

  c. 촬영 내내 느꼈던 **포근한 느낌**이 시청자 여러분들께도 전달됐으면 좋겠습니다.

한편 어떤 감각을 경험할 때 우리는 만족/불만족이나 유쾌/불쾌와 같은 감정을 갖게 된다. 색, 맛, 촉감, 냄새, 소리를 지각하는 과정에서 이들 감각에 대한 심리적 판단이 자동적으로 발생하게 되는데, 이러한 경험이 반복되면서 감각의 개념은 '감정이 수반된 감각'으로 도식화되고 이렇게 도식화된 개념은 예문 (8)과 같이 새롭고 추상화된 상황이나 행위에 동반되는 감정을 이해할 수 있는 토대가 된다.

2.3. 감각어의 신체화 양상

감각어는 외부 자극에 대해 우리 몸이 인지하고 반응하는 모습을 표현하는 만큼 이들 어휘의 구조와 의미는 신체적 경험과 매우 밀접하게 연관된다. 그 신체화의 작용 양상을 두 가지 측면에서 살펴보자.

첫째, 감각 경험이 감각어 분화에 작용한 경우이다. 예컨대 미각어 '달다'의 형태는 매우 다양하게 분화되어 있는데, 이는 단맛과 관련된 우리의 신체 경험에 기초한 것이다. 누구나 한 번쯤은 스트레스가 있을 때 단 음식을 먹은 후 금세 기분이 좋아진 경험을 했을 것이다. 또 쓴 약을 먹을 때에는 쓴맛을 바로 없애려고 약을 먹자마자 사탕이나 초콜릿을 입에 넣기도 하고, 짠맛이나 신맛이 너무 강한 음식에 단맛을 추가하면 그 자극적인 맛이 다소 중화되는 것을 느낀 경험도 있을 것이다(정수진 2016: 141). 이러한 신체적 경험에 비추어 보면 단맛은 우리에게 쾌감을 주는 대표적인 맛이고, 음식의 불쾌한 맛을 덜어 주는 맛이다.[5] 또한 단맛은 설탕이나 꿀, 엿 등이 들어갔을 때 이들이 부드럽게 녹아내리거나 이들의 *끈끈*한 성질이 감기는 듯한 느낌을 주기도 하는데, 단맛의 농도에 따른 부드러움과 *끈끈*함이 주는 쾌감을 구분하여 표현할 수도 있다. 이러한 이유로 단맛을 표현하기 위한 어휘들이 다양하게 분화될 수 있는 것이다. 이처럼 '달다'의 생산적인 어휘 분화는 단맛의 정도와 쾌적도에 대한 우리의 신체 경험에 기반하였다(정수진 2003: 307-308 참조).

둘째, 신체 구조가 감각어의 어순에 작용한 경우이다. 예컨대 (9)의 복합 미각어의 어순은 우리 신체 구조에 동기화되어 있다.

(9) a. 달콤짭짤하다, 달콤새콤하다, 달콤쌉쌀하다, 달콤매콤하다
    b. 새콤짭짤하다, 새콤쌉쌀하다

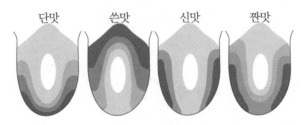

〈그림 1〉 미각세포 분포도에 따른 혀 표면의 맛 영역[6]

<그림 1>을 보면 혀의 앞쪽에 단맛을 느끼는 세포가 집중적으로 분포되어 있다. 즉, 혀끝이 단맛에 가장 민감하다. 따라서 단맛이 포함된 복합적인 맛을 경험할 때 단맛을 가장 먼저 느끼는 것은 신체 구조상 자연스러운 것이고,

---

5 이는 생물학에서 밝힌 '맛의 농도와 쾌적도의 상관성'에 의해서도 뒷받침된다. 맛의 농도와 쾌적도의 상관성에 따르면 단맛 이외의 맛은 농도가 일정한 값을 넘으면 쾌감에서 불쾌감으로 질적인 변화를 보이는 데 반해, 단맛은 농도에 관계없이 쾌적한 맛으로 남아 있는 것으로 확인되었다(두산대백과사전(www.doopeia.co.kr)의 '단맛' 참고).

6 <그림 1>을 보면 혀 표면에서 느끼는 맛 영역의 경계를 뚜렷하게 구분하기는 어렵다. 다만 각각의 맛을 느끼는 세포가 조밀하게 분포된 곳, 즉 <그림 1>의 가장 짙은 부분에서 특정 맛에 민감하게 반응할 뿐이다. 따라서 각 맛에 민감하게 반응하는 부분 이외의 영역에서는 이들 맛을 복합적으로 느끼게 된다.

이러한 경험이 언어표현의 구조에 반영되어 대부분 단맛이 합성어의 앞부분에 위치한다.[7] 또한 긍정과 부정에 대하여 긍정을 지향하는 인간의 심리 기제가 언어 구조에 반영되어 긍정과 부정의 합성이 이루어지는 경우 '긍정-부정'으로 어순이 고정되는 것이 일반적이다. 따라서 대표적 쾌감인 단맛이나 상쾌함으로 입맛을 돋우는 적절한 농도의 신맛이 합성어의 앞부분에 위치하는 것은 매우 자연스러운 현상인 것이다(정수진 2003: 310-311). 이처럼 복합 미각어의 구조는 우리의 신체 구조에서 비롯된 경험에 기반하였다.

지금까지 신체화에 기초하여 우리가 감각을 어떻게 개념화하고 언어화하는지 간략하게 살펴보았다. 감각을 수용하는 신체 구조와 외부 자극에 대한 신체 감각의 반복적 경험이 감각어 생성의 진원지가 되고, 특정 감각을 경험할 때 동반되는 감정은 감각어의 의미가 확장되는 준거가 된다. 이처럼 감각어는 생성 단계와 범주 확장 단계에서 모두 신체화의 작용과 유기적인 상관성을 맺고 있다.

2.4. 감각어의 의미 확장 양상

감각어의 의미는 우리의 신체적 감각 경험을 근원으로 하여 어떤 대상의 고유 속성이나 추상적인 경험, 개념화자의 감정 등으로 의미가 확장된다.

(10) a. 언어의 **맛**을 통해서 깊은 사색의 생활을 만들어 주었다.
    b. 많이 배운 사람이라 그런지 풍기는 **냄새**부터 다르네.
    c. 그 작가는 자기만의 **색**을 가지고 있는 사람이야.

---

7 다만 단맛이 신맛이나 매운맛과 결합될 때, 신맛과 매운맛이 합성어의 앞부분에 오는 경우를 볼 수 있다(예: 매콤달콤, 새콤달콤 등). 이는 두드러진 쪽을 그렇지 않은 쪽보다 먼저 지각하는 현저성의 원리가 어순에 그대로 투영되었기 때문이다. 즉, 단맛보다 두드러지게 자극적인 신맛이나 매운맛을 먼저 강하게 느낀 경험이 어순에 반영되어 신맛이나 매운맛이 합성어의 앞부분에 놓일 수 있다.

예문 (10)에서 보듯이 '언어', '많이 배운 사람', '작가' 등의 대상이 지닌 본래의 특성이 '맛', '냄새', '색' 등의 감각어를 통해 표현되는 것은 일상 언어 생활에서 흔히 볼 수 있다. 이러한 감각어의 의미 확장에는 '은유(metaphor)'의 기제[8]가 작용되었다.

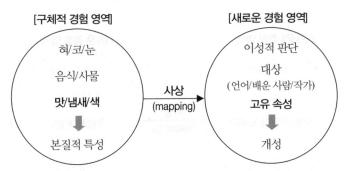

〈그림 2〉 '언어의 맛', '배운 사람 냄새', '자기만의 색'에 대한 은유적 해석

<그림 2>에서 보듯이 음식 고유의 특성을 맛으로 감별하는 경험은 감각어 '맛'으로 어떤 대상의 본질적인 특성을 전달할 수 있는 기반이 된다. 또한 직접 보지 않아도 지각이 가능한 냄새를 통해 어떤 대상의 특성을 식별할 수 있는 경험을 통해 되어 감각어 '냄새'는 몇 가지 단서로 어떤 대상의 특징을 추측하는 의미를 전달한다. 이와 마찬가지로 색이 특정 대상의 두드러진 특징이 된다는 경험이 토대가 되어 감각어 '색'으로 어떤 대상의 특징을 표현하는 것이 자연스러워진다.

(11) a. 그녀는 임용 시험에서 생애 첫 실패를 **맛보았다**.
　　 b. 범인들이 냄새를 **맡기** 전에 신속히 체포해야 한다.

8　인지언어학적 관점에서 '은유(metaphor)'는 유사성을 바탕으로 새로운 경험이나 불분명한 추상적 개념을 친밀하고 구체적인 경험의 관점에서 개념화하는 인간의 기본적인 인지 수단이다(임지룡 외 2015: 260).

c. 외국어를 공부하면서 국어의 중요성을 새삼 **느끼게** 되었다.

예문 (11)에서처럼 '실패하다', '일의 낌새를 알아차리다', '중요성을 깨닫다'와 같은 추상적인 경험을 표현할 때 감각어 '맛보다', '(냄새를) 맡다', '느끼다' 등을 즐겨 사용한다. 이는 감각기관을 통한 구체적인 지각 경험이 특정 상황에서 겪게 되는 추상적인 경험에 '사상(mapping)'된 은유적 표현이다.

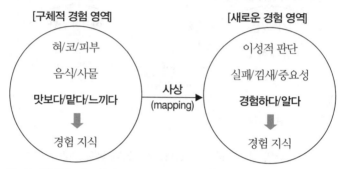

〈그림 3〉 '실패를 맛보다', '냄새를 맡다', '중요성을 느끼다'에 대한 은유적 해석

<그림 3>에서 보듯이 음식을 맛보고 사물의 냄새를 맡고 사물의 촉감을 느끼는 것은 가장 원초적인 경험으로서 다른 추상적인 경험의 토대가 된다. 즉, '맛보다', '(냄새를) 맡다', '느끼다'라는 친밀하고 구체적인 행동 경험을 통해 새롭고 추상적인 경험인 '실패하다', '낌새를 알아차리다', '중요성을 깨닫다'를 표현함으로써 그 의미를 생생하게 전달할 수 있게 된다.

(12) a. 밀린 과제를 모두 제출하고 나니 이제야 마음이 **시원하다**.
    b. 그녀는 안 좋은 일이 있는지 표정이 몹시 **어두웠다**.
    c. 몸이 피곤해선지 나는 그의 칭찬이 **시끄럽기만 했다**.

예문 (12)에서처럼 특정 상황에서 경험하는 '흐뭇하고 후련함', '슬픔', '성가시고 귀찮음' 등의 감정을 표현할 때 감각어 '시원하다', '어둡다', '시끄럽다' 등을 자연스럽게 사용한다. 일반적으로 어떤 감각을 경험할 때 그 경험에 대한 개념화자의 주관적이고 인상적인 심리적 판단이 발생한다. 이러한 경험이 토대가 되어 감각어를 통해 어떤 상황에 대한 심리적 태도, 즉 감정을 전달하는 것이 자연스러워진다.

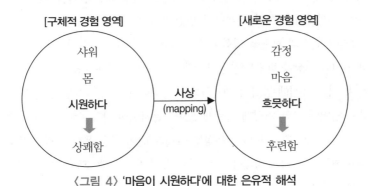

〈그림 4〉 '마음이 시원하다'에 대한 은유적 해석

<그림 4>에서 보듯이 부담이 되었던 일을 끝낸 후의 심정이 마치 씻고 난 후 몸이 상쾌해진 경험처럼 느껴질 수 있다. 이런 경험의 유사성을 토대로 '시원하다'라는 친밀하고 구체적인 행동 경험을 통해 새롭고 추상적인 감정 '흐뭇하고 후련함'을 표현함으로써 그 의미를 생생하게 전달할 수 있게 된다.

지금까지 감각어의 의미가 확장되는 양상을 간략하게 살펴보았다. 감각어는 일차적으로 물리적 신체 감각에 대한 표현으로 사용되며, 이를 근원으로 하여 추상적인 경험이나 감정 등의 의미를 나타낼 때에도 확장되어 사용된다. 이 경우 의미 확장은 신체화에 기반을 두고 있으며, 그 주요 기제는 개념적 은유이다(임지룡 2017b: 132).

3. 감각어 연구의 전망

감각어에 대한 인지언어학적 연구는 감각어의 구조와 의미가 어떻게 일상의 신체적 경험에 기반하는지를 고찰함으로써 감각의 개념이 언어에 반영된 방식을 분석할 수 있는 틀을 제시하였다. 이를 토대로 감각어의 의미 연구에 대한 지평이 한층 넓어졌다. 앞으로 감각어를 주제로 하는 연구 영역이 다음과 같이 확장되어 감각어에 대한 연구가 더욱 활성화되기를 기대한다.

첫째, 감각어에 대한 대조언어학적 접근이 필요하다. 감각은 인간의 가장 기초적인 개념이고 이러한 개념이 인간의 신체 경험을 바탕으로 형성된다. 즉, 감각은 인간의 보편적 경험이며 보편적 개념이다. 따라서 언어권별로 감각의 언어화 양상을 탐구한다면 감각과 관련된 언어적 보편소를 찾을 수 있을 것이다. 이와 동시에 감각이 개념화되는 방식이나 감각의 개념이 범주화되는 양상이 언어에 따라 어떻게 다르게 실현되는지도 파악할 수 있다. 이처럼 감각은 인간의 개념화의 보편적 특성뿐 아니라 언어 혹은 문화 특정적 해석 방식을 이해하기 위해 규명해야 하는 아주 흥미로운 주제이므로 감각어의 의미에 대한 대조언어학적 연구가 활발히 이루어져야 할 것이다.

둘째, 감각어에 대한 인지언어학적 연구 성과를 활용하여 효율적인 한국어 교육 방안을 제안할 수 있다. 예를 들어 감각의 개념화 과정은 인간에게 보편적으로 나타나는 인지 과정이므로 한국어 감각어의 다의적 쓰임을 학습자에게 제공할 때 유용한 설명 방식을 도입할 수 있을 것이다. 이처럼 어휘의 형태와 의미, 용법을 동기화된(motivated) 단위로 제시한다면 한국어에 대한 학습자의 이해도가 높아지고 기억이 강화될 것이다.

4. 마무리

지금까지 감각어 의미에 대한 인지언어학적 연구의 성과와 향후 과제를 살펴보았다. 이상의 논의를 간추리면 다음과 같다.

첫째, '감각'은 외부 자극에 대한 우리 몸의 반응과 인지의 결과이기 때문에 감각의 개념은 신체 경험에 근거하여 구성된다. 즉, 다섯 감각기관을 통해 외부 자극을 인지하는 경험이 반복되면서 우리 몸은 '그릇'으로, 감각은 '그릇 속의 물체'나 '이동체'로 개념화된다.

둘째, 감각어의 구조 및 의미는 신체화의 작용과 깊은 상관성을 맺는다. 즉, 감각어 생성의 진원지는 감각을 수용하는 신체 구조와 반복된 신체 경험 이라고 할 수 있다. 감각의 경험이 감각어의 분화에 작용한 경우나 신체 구조 가 감각어의 어순에 작용한 경우에서 그 예를 찾을 수 있다.

셋째, 감각어는 일차적으로 신체 감각에 대한 표현으로 사용되며, 이를 근 원으로 하여 추상적인 경험이나 감정 등의 의미로 확장되어 사용되기도 한다. 이러한 확장 의미는 대체로 은유의 방식으로 구성되며, 이로써 추상적인 경험 의 의미가 직감적으로 이해되기도 하고 생생하게 구현되기도 한다.

넷째, 앞으로 감각어에 대한 인지언어학적 연구는 대조언어학적 방법론을 통해 감각어의 보편적 특성뿐 아니라 언어 혹은 문화 특정적 해석 방식을 규 명해야 할 것이다. 또한 감각어와 관련된 한국어 및 문화 교육의 내용 연구에 인지언어학적 접근을 시도함으로써 감각어 연구의 외연이 실용적인 분야로 점차 확장되기를 기대한다.

참고문헌

강석준(1989), "현대 국어의 감각어 연구", 충남대학교 교육대학원 국어교육전공 석사학위논문.
국립국어연구원(1999), 『표준국어대사전』, 두산동아.
권주예(1982), "국어의 감각동사 연구", 서울대학교 대학원 국어교육과 석사학위 논문.
김민혜(2009), "미각 형용사의 의미 도식과 확장 원리에 대한 연구", 전북대학교 대학원 국어국문학과 석사학위논문.
김억조(2009), "국어 차원 형용사의 의미 대립 연구", 경북대학교 대학원 국어국 문학과 박사학위논문.

김인화(1987), "현대 한국어의 색채어 연구", 이화여자대학교 대학원 국어국문학과 석사학위논문.

김준기(1999), "국어 미각어의 고찰", 『한국어 의미학』 5: 249-269, 한국어 의미학회.

김준기(2002), "온도어의 의미 고찰", 『어문학』 78: 21-45, 한국어문학회.

김준호·류무수·이몽희(1998), "우리말 색채감각형용사의 정량화에 관한 연구", 『한국색채조형학회지』 7(1): 86-145, 한국색채교육학회.

김중현(2001), "국어 공감각 표현의 인지 언어학적 연구", 『담화와 인지』 8(2): 23-46, 담화·인지 언어학회.

노대규(1988), 『국어의미론 연구』, 국학자료원.

박문섭(1987), "우리말 형용사의 감각어 연구", 『어문논집』 20: 125-146, 중앙어문학회.

석수영(2015), "신체화에 기초한 한중 감각어의 의미 확장 연구", 경북대학교 대학원 국어교육학과 박사학위논문.

손경호(2007), "한일 양언어의 미각어 고찰-기본 미각형용사를 중심으로", 『일어일문학연구』 62(2): 251-275, 한국일어일문학회.

송현주(2003), "색채 형용사의 의미 확장 양상", 『언어과학연구』 24: 131-148, 언어과학회.

양태식(1988), "우리말 온도 어휘소 무리의 의미구조 2", 『한글』 201·202: 124-173, 한글 학회.

연세대학교 언어정보개발연구원(1998), 『연세한국어사전』, 두산동아.

이경수(2012), "한국어 미각 형용사의 의미와 개념화", 상명대학교 대학원 한국학과 박사학위논문.

이 민(2011), "맛과 관련된 한국어 어휘 대조 연구: {달다}와 {쓰다}를 중심으로", 상명대학교 대학원 한국학과 석사학위논문.

이수경(2007), "한일 양언어의 미각 형용사 연구: 의미 전이를 중심으로", 건국대학교 대학원 일어일문학과 석사학위논문.

이승명(1988), "국어 미각 표시 어군의 구조에 대한 연구", 『국어국문학』 100: 335-358, 국어국문학회.

이승명(1993), "국어 색상어의 연구", 『홍익어문』 11: 305-321, 홍익어문연구회.

이종열(2002), "국어 비유적 의미의 인지과정에 대한 연구", 경북대학교 대학원 국어국문학과 박사학위논문.

임지룡(1984), "공간감각어의 의미 특성", 『배달말』 9(1): 119-137, 배달말학회.

임지룡(1992), 『국어의미론』, 탑출판사.

임지룡(1997), 『인지의미론』, 탑출판사.

임지룡(2008), 『의미의 인지언어학적 탐색』, 한국문화사.

임지룡(2017a), "감각어의 의미 확장 양상과 특성", 『국어교육연구』 63: 1-38, 국어교육학회.

임지룡(2017b), 『한국어 의미 특성의 인지언어학적 연구』, 한국문화사.

임지룡 외(2015), 『비유의 인지언어학적 탐색』, 한국문화사.

임혜원(2004), 『공간 개념의 은유적 확장』, 한국문화사.

정수진(2003), "국어 '단맛' 표현의 인지적 의미 해석", 『언어과학연구』 24: 303-320, 언어과학회.

정수진(2005a), "국어 '맛' 표현의 의미 확장 양상: '단맛'과 '쓴맛'을 중심으로", 『문학과 언어』 27: 71-88, 문학과언어학회.

정수진(2005b), "미각어의 의미 확장 양상", 『한국어 의미학』 18: 149-174, 한국어의미학회.

정수진(2010), "국어 공간어의 의미 확장 연구", 경북대학교 대학원 국어국문학과 박사학위논문.

정수진(2012), "국어 감각명사의 의미 확장에 대한 인지언어학적 접근", 『한민족어문학』 60: 271-290, 한민족어문학회.

정수진(2016), "국어 맛 표현의 양상과 의미", 임지룡 외, 『어휘의미의 인지언어학적 탐색』, 131-157, 태학사.

정인수(1997), "국어 형용사의 공감각적 전이 연구", 『현대문법연구』 11: 163-180, 현대문법학회.

정재윤(1988). 『우리말 감각어 연구』, 한신문화사.

정재윤(1991), "국어 온도 감각 동사의 어휘체계", 『국어교육』 75: 15-28, 한국국어교육연구회.

조윤경(2009), "한중 미각형용사 '짜다, 싱겁다' 대비연구", 『중국조선어문』 163: 20-24, 길림성민족사무위원회.

천기석(1984), "국어의 동작동사와 상태동사의 체계연구", 경북대학교 대학원 국어국문학과 박사학위논문.

천시권(1980), "온도어휘의 상관체계", 『국어교육연구』 12(1): 1-14, 국어교육학회.

천시권(1982), "국어 미각어의 구조", 『어문연구』 7: 1-6, 경북대학교 어학연구소.

천시권 · 김종택(1991), 『국어의미론』, 형설출판사.

최창렬(1973), "공감각적의 의미의 전이", 『한국언어문학』 11: 107-138, 한국언어문학회.

최창렬(1980), 『한국어의 의미구조』, 한신문화사.

홍선희(1982), "우리 말의 색채어 낱말밭: 현재 사용되고 있는 색채어를 중심으로", 『한성어문학』 1: 121-136, 한성어문학회.

최현배(1980). 『우리말본』, 정음사.

Angkul, T.(2012), "한국어와 태국어의 공감각 표현에 대한 인지언어학적 대조 연구", 경북대학교 대학원 국어국문학과 석사학위논문.

Langacker, R. W.(1991), *Concept, Image, and Symbol: The Cognitive Basis of Grammar*, Berlin/New York: Mouton de Gruyter.

Lakoff, G. & M. Johnson(1999), *Philosophy in the Flesh: the Embodied Mind and Its Challenge to Western Thought*, New York: Basic Books.

어순

김 령 환*

1. 들머리

이 글은 한국어 어순에 관한 인지언어학 탐구의 현황을 고찰하고 앞으로의 연구 방향에 대해 제언하는 것을 목적으로 한다. 한국어를 대상으로 한 인지언어학적 어순 연구는 크게 '합성어와 구 구성의 어순', '수식어 연쇄 구조의 어순', '문장의 기본어순과 어순 변이' 등으로 나누어 볼 수 있다.

합성어는 직접구성성분들의 의미적 결합 관계에 따라 '대등합성어', '종속합성어', '융합합성어'로 분류되는데, 그중에서도 '대등합성어'를 대상으로 한 어순 연구가 다양하게 이루어졌다. 또한 구 구성에서는 '와/과'로 접속되는 명사구의 어순에 대해 논의된 바 있다. 이와 관련된 연구에서는 직접구성성분들 간에 나타나는 의미적 관련성에 따라 그 선후 관계를 밝히는 데 초점이 있었다. 이는 해당 명사의 개념적 의미에만 기반하여 제한적으로 그 선후 관계가 분석되는 것이 아니라 그에 대한 연상적·심리적·사회적 의미에 따라

---
* 경북대학교 강사, hwanabii@hanmail.net

선후 관계가 분석된다. 이는 언어 사용에 대한 화자의 심리적 태도가 어순에 반영된 것이다.

수식어의 연쇄 구조에 대한 연구에서는 둘 이상의 수식어가 연쇄되어 하나의 피수식어를 수식하는 경우에 대해 수식어의 배열 순서를 논의하였다. '소문난 맛있는 울릉도 호박엿'과 같이 '엿'을 수식하기 위해 '소문난', '맛있는', '울릉도', '호박' 등의 수식어가 연쇄되어 나타날 때, 이들의 배열 순서에 관한 인지적 경향성을 분석하였다. 이들 수식어들은 일반적으로 피수식어와의 의미적 관련성이 높은 것이 피수식어에 가장 인접해 놓이는 것으로 설명될 수 있다. 이는 언어의 형태와 의미가 동기화되어 있다는 인지언어학의 기본 가정을 보여 주는 하나의 사례가 된다.

또한, 문장 차원의 어순 연구에서는 기본문형을 토대로 기본어순을 설정하고 특정한 문장성분이 문두에 놓이는 어순 변이에 대해 논의되었다. 문장성분의 자리 이동과 제약에 관한 연구는 대체로 변형생성문법에 기반하여 문장성분의 이동에 따른 문장의 적형성과 의미 보존 여부를 분석하는 데 초점이 있었다. 한국어는 언어유형적으로 문장의 기본 어순이 SOV의 순서를 지니고 있지만 교착어의 특성에 따라 문장 성분들 간의 자리 이동이 비교적 자유롭다. 이에 따라 문장성분의 이동에 관한 그간의 논의는 대체로 문장성분들 간의 자리 옮김의 가능성과 제약 그리고 그에 따른 의미 차이를 분석하는 데 초점이 있었던 것이다. 이는 언어 형태와 의미에 대한 동기화를 주장하는 인지언어학의 연구 방법과는 차이가 있다. 문장의 기본어순에 대한 인지언어학적 연구에서는 동사로부터 연상되는 사건도식에 기반하여 시간의 흐름에 따른 사건의 진행 과정이 문장의 어순에 동기화되어 나타난다고 보았다. 이는 문장 구성의 핵심 성분인 동사에 대한 언어사용자의 백과사전적 지식과 축적된 경험이 언어의 구조에 영향을 미친다는 인지언어학의 기본 가정에 따른 연구 방법이라 할 수 있다.

이 글에서는 어순과 인지언어학의 상관성에 대해 약술하고, 인지언어학에 기반한 한국어 '합성어와 구 구성', '수식어 연쇄구조', '문장' 차원의 연구

내용과 앞으로의 남은 과제에 대해 논의하기로 한다.

2. 어순과 인지언어학의 상관성

인지언어학의 주요 관점 중에서 '동기화(motivation)'는 언어의 '형태(form)'와 '의미(meaning)'가 서로 상관관계를 지니고 있음을 뜻하는 것으로 '자의성(arbitrariness)'에 대비되는 개념이다. 즉, 단일어는 그 형태와 의미 간에 특별한 관련성을 찾기 어려운 경우가 대부분이지만 복합어나 문장, 담화 구성에서는 그 구조와 의미 간에 동기화되어 있다.[1]

<그림 1> 서술어와 성분 간의 구조동형성 (임지룡 2018: 403)

<그림 1>은 서술어의 구성 요소와 문장성분 간에 나타나는 근접성의 보기이다. <그림 1>에서 '읽-히-시-었-습니다'의 각 요소는 문장 속의 다른 성분과 구조적인 동형 관계를 맺고 있다. 이는 문장의 구성과 배열 순서에 있어서도 그 형태와 의미가 동기화되어 있음을 보여 주는 한 사례가 된다. 이처럼 "언어의 형태와 의미 간에 아무런 관련성이 없다."라고 하기보다 언어의 형태와 의미 간에 내재된 관련성을 찾고 그와 같은 형태와 의미 구조를 지니게 된 까닭을 찾는 것이 인지언어학의 주된 연구 목표이자 방향이라 할 수 있다.

---

1 Lakoff & Johnson(1999: 464)에서는 "대부분의 언어는 전적으로 자의적이지도 않고 전적으로 예측 가능한 것이 아니며, 오히려 어느 정도 동기화되어 있다."라고 하였다. 즉, 동기화는 정도(degree)의 차이를 지니고 있지만 언어 단위 어디에나 적용될 수 있다.

언어의 형태적 특징을 가장 잘 드러내 주는 한 가지 요소가 곧 '어순(word order)'이다. 언어는 형태·통사·담화 등 여러 언어 단위에 걸쳐서 결합관계를 보이는데 그 속에서 일정한 순서를 지니면서 구성 요소들이 결합된다.

(1) a. 오늘내일, 여닫다, 인과, 승하차
    b. *내일오늘, *닫열다, *과인, *하승차
(2) a. 호랑이는 죽어서 가죽을 남기고, 사람은 죽어서 이름을 남긴다.
    b. ?사람은 죽어서 이름을 남기고, 호랑이는 죽어서 가죽을 남긴다.
(3) a. Veni, vidi, vici. (왔노라, 보았노라, 이겼노라)
    b. ?Vici, vidi, veni. (?이겼노라, 보았노라, 왔노라)

(1a)는 고유어와 한자어로 이루어진 합성어로서 시간적 순서에 따라 '오늘+내일', '열다+닫다', '원인+결과', '승차+하차'의 순서로 결합된 것이다. 그 순서가 역전된 (1b)의 쓰임은 찾아보기 어렵다. 또한 (2a)는 속담으로 시간적 선후 관계에 따라 1차적으로 연결어미를 통해 '호랑이는 죽다'와 '호랑이는 가죽을 남기다' 그리고 '사람은 죽다'와 '사람은 이름을 남기다'가 결합하고, 2차적으로 전체 내용의 핵심 요소인 '사람은 죽어서 이름을 남긴다.'가 '호랑이는 죽어서 가죽을 남긴다.' 뒤에 배치된 것이다. 이 경우에도 접속문의 순서가 역전된 (2b)는 어색하다. (3a)는 기원전 47년에 로마의 장군인 Caesar가 전쟁에서 승리한 직후 로마 시민과 원로원에 보낸 승전보에 쓴 라틴어 글귀로 사건의 시간적 순서에 따라 어순 배열이 이루어진 것이다. 세 가지 사건은 서로 인과적인 관련성이 없고, 사건들 사이의 시간적 간격이 상대적으로 작다. 이 경우 실제로 가장 먼저 일어난 사건이 언어적으로 가장 먼저 언급된다. 특별한 맥락이나 발화 의도가 반영되지 않은 상황에서 (3b)와 같은 어순의 발화는 나타나지 않을 가능성이 높다(Van Langendock 1955: 80 참조). 이상에서 본 바와 같이 형태·통사·담화의 전 층위에서 그 구조와 의미 간에는 어느 정도의 상관관계를 지니면서 일정한 어순을 나타내고 있다.

요컨대, 인지언어학의 기본 가정인 언어 형태와 의미 간의 동기화는 어순에도 동일하게 적용된다. 따라서 어순에 반영된 인지적 경향성에 대한 연구는 언어사용자의 사고방식에 토대를 두고 언어의 본질을 탐구하는 언어학 연구의 한 분야로서 중요한 가치를 지닌다.

3. 인지언어학적 어순 연구의 주요 내용과 과제

여기에서는 인지언어학에 기반한 어순 연구의 주요 성과로서 '합성어 및 구 접속', '수식어 연쇄 구조', '문장' 차원의 어순 연구의 주요 내용과 앞으로의 연구 과제에 대해 논의하기로 한다.

3.1. 합성어 및 구 접속 구조의 어순 연구

합성어 및 구 접속 구조의 어순에 대한 연구로는 주로 대등합성어의 어순을 결정하는 요인을 분석하거나 '와/과'로 연결된 명사구의 어순을 결정하는 요인을 분석한 경우가 많다.

합성어와 구 접속의 어순 결정 요인을 분석한 선행 연구들은 대체로 Cooper & Ross(1975)의 논의에 기반하고 있다. Cooper & Ross(1975: 63-67)에서는 '나 먼저 원리(Me First Principle)'를 통해 영어에서 접속된 말의 어순에 나타난 의미적 제약에 대해 논의하였다. '나 먼저 원리'는 '원형적 화자(prototypical speaker)'에 해당하는 요소들이 접속된 말에서 앞쪽에 놓이는 원리를 말한다. '원형적 화자'는 경우에 따라 '나(Me)'로 언급되기도 한다. '나 먼저 원리'를 적용받는 20개의 하위 유형은 '여기(Here)', '지금(Now)', '현재 세대(Present Generation)', '성인(Adult)', '남성(Male)', '긍정(Positive)', '단수(Singular)', '자기 집단(Patriotic)', '유정성(Animate)', '친밀도(Friendly)', '고체(Solid)', '앞(Front)', '동작주(Agentive)', '강한 요소(Power Source)', '살아있음(Living)', '자기 집(At Home)', '일반성(General)', '명사(Nominal)',

'가산성(Count)', '음식과 음료의 위계성(The Food and Drink Hierarchy)' 등이다. '나 먼저 원리'는 대부분의 접속된 말에 적용될 수 있으나, 이것이 유일한 의미적 제약은 아니다. 경우에 따라서는 이 원리가 적용되지 않기도 하며, 언어에 따라 달리 나타나기도 한다.

한국어의 합성어와 명사구 병렬 어순에 대한 연구는 노대규(1982), 임지룡(1985), 채완(1986) 등이 대표적이다. 노대규(1982)에서는 '복합어(complex word)'의 어순을 결정하는 요인으로 '시간', '거리', '관심', '남성', '성인', '힘', '긍정', '공간'을 들고 있으며, 임지룡(1985)에서는 대등합성어의 어순에 반영된 언중의 심리적 기제를 '시간', '수(數)', '성(性)', '거리', '크기', '긍·부정' 등으로 나누어 제시하였다. 또한, 채완(1986)에서도 합성어나 구의 어순을 결정하는 요인으로 '시간', '긍·부정', '화자와의 거리', '중요도' 등을 제시한 바 있다.

임지룡·김령환(2013)에서는 기존에 논의되었던 합성어와 명사구 병렬 어순의 결정 요인을 재분류하여 위계적으로 제시한 바 있다. 어순과 관련하여 1차적 분류로서 자연적으로 그 순서가 정해져 있는 '순서가 내재된 대상에 대한 표현'과 자연적인 순서가 정해져 있지 않고 화자의 심리와 현저성 부여에 따라 순서가 정해지는 '순서가 내재되지 않은 대상에 대한 표현'으로 구분하여 제시하였다. 2차적 분류로서 '순서가 내재된 대상에 대한 표현'으로는 '시간'과 '수(數)'가 어순을 결정하는 언어 표현이 있고, '순서가 내재되지 않은 대상에 대한 표현'으로는 '정도성', '긍정성', '방향성', '근접성' 등이 어순을 결정하는 언어 표현이 있다. 이상에 제시된 합성어와 명사구 병렬 어순의 결정 요인에 대한 위계는 (4)와 같다.

> (4) 합성어와 구 접속 어순의 결정 요인
>   a. 순서가 내재된 대상에 대한 표현
>   ① 시간
>   ② 수(數)
>   b. 순서가 내재되지 않은 대상에 대한 표현

① 정도성

② 긍정성

③ 방향성

④ 근접성

(4)의 분류에 따라 합성어와 구 접속의 어순에 대해 살펴보기로 한다. 먼저 순서가 내재된 대상에 대한 표현을 살펴보면 다음과 같다.

(5) a. 아침저녁, 오르내리다, 문답(問答), 개폐(開閉)

　　 b. *저녁아침, *내리오르다, *답문(答問), *폐개(閉開)

(6) '오늘과 내일'(24회) / '내일과 오늘'(0회)[2]

　　 a. 민족주의는 결코 죽은 과거의 사상이나 이념이 아니라 **오늘과 내일**에 인류의 모둠체와 함께 하는 사상임을 전제하고 있기 때문이다.

　　 b. 7천만의 **오늘과 내일**을 심사숙고할 때 그 누구도 경솔해질 수 없다.

(5)와 (6)은 시간적 순서에 따른 합성어와 구 구성의 보기이다. (5a)의 대등 합성어 '아침저녁', '오르내리다', '문답', '개폐'는 모두 시간의 선후 관계에 따라 사건의 순서가 자연적으로 정해진 것이다. 따라서 (5b)의 '저녁아침', '내리오르다', '답문', '폐개'와 같이 시간적 순서가 역전된 표현은 사용되지 않는다. (6)에 제시된 '오늘과 내일'의 명사구 접속의 경우에도 그 사용 빈도를 살펴보면 시간적 순서를 따르는 '오늘과 내일'은 빈도수가 24회인 반면 시간적 순서가 역전된 '내일과 오늘'은 출현하지 않는다.

2　괄호 안에 제시된 숫자는 '21세기 세종 계획 형태 분석 말뭉치(국립국어원, 2010)'에서 검색한 빈도수를 나타낸다. 임지룡 · 김령환(2013)에서는 말뭉치 색인을 통해 합성어 및 명사구의 병렬 어순의 출현 빈도를 조사한 바 있다. 이하에 제시된 빈도수도 모두 임지룡 · 김령환(2013)에 따른 것이다.

(7) a. 한둘, 일이등, 홀짝수, 단복수
    b. *둘한, *이일등, *짝홀수, *복단수

(7a)는 수와 관련된 합성어로 '한둘', '일이등', '홀짝수', '단복수'와 같이 작은수에서 큰수의 순서로 결합되는 특성을 지니고 있다. 이 경우에도 (7b)와 같이 그 순서가 역전된 '둘한', '이일등', '짝홀수', '복단수' 등은 사용되지 않는다. 이와 같이 '시간' 및 '수(數)'와 같이 본유적으로 순서를 내재하고 있는 표현은 어순이 매우 고정적이며 순서가 역전된 표현은 거의 사용되지 않음을 알 수 있다.

다음으로 순서가 내재되지 않은 대상에 대한 표현을 살펴보기로 한다. 순서가 내재되지 않은 대상에 대한 표현에서 어순을 결정하는 요인으로는 '정도성', '긍정성', '방향성', '근접성'이 있다.

먼저, '정도성'과 관련해서 우리는 큰 것과 작은 것이 양립할 때, 큰 것을 선호하는 인지적 특성을 지니고 있다. 또한, 많은 것과 적은 것이 양립할 때에도 많은 것을 선호하는 경향이 있다. 이러한 심리는 언어 표현에도 반영되어 정도성이 큰 것이 선행하고 정도성이 작은 것이 후행하여 나타난다.

(8) a. 대소(大小), 장단(長短), 고저(高低)
    b. *소대(小大), *단장(短長), *저고(低高)
(9) '크고 작은'(183회) / '작고 큰'(4회)[3]
    a. 중엽 이후 유럽의 산업국들이 여러 차례 **크고 작은** 공황을 겪었음에도 불구하고 그들은 그것을 단지 일시적이고 우연한 사건이라고 우겼다.
    b. 몇 해 전 **작고 큰** 책을 모두 합쳐 백 권째 책을 펴냈습니다.

---

3 '크고 작은'과 '작고 큰'은 명사구 접속은 아니지만 대립적 의미를 지닌 형용사구 접속으로 여기에 함께 제시하여 논의하였다. 아래에 제시한 '옳고 그른(름)'과 '그르고 옳은(음)'도 이와 같다.

(8a)의 '대소', '장단', '고저'는 정도성을 나타내는 한자어 합성어로 그 정도가 큰 것이 선행하고 작은 것이 후행한다. (8b)와 같이 정도성이 작은 것이 선행하는 '소대', '단장', '저고'는 사용되지 않는다. (9)에서도 '크고 작은'과 같이 정도성이 큰 것이 선행하는 표현은 사용 빈도가 현저히 높은 반면 '작고 큰'과 같이 정도성이 작은 것이 선행하는 표현은 사용 빈도가 현저히 낮음을 알 수 있다.

또한, '긍정성'과 관련해서 우리는 좋은 것과 나쁜 것이 양립할 때, 좋은 것을 선호하는 인지적 특성을 지니고 있다.[4] 긍정적인 것과 부정적인 것의 대립에서는 긍정적인 것에 현저성을 부여하여 긍정적인 것이 부정적인 것에 선행하여 나타난다.

(10) a. 잘잘못, 승패(勝敗), 성패(成敗), 가부(可否), 선악(善惡)
　　 b. *잘못잘, *패승(敗勝), *패성(敗成), *부가(否可), *악선(惡善)
(11) '옳고 그른(름)'(86회) / '그르고 옳은(음)'(0회)
　　 a. 결국 누구보다도 **옳고 그른** 것의 기준이 철저해야 할 언론에서
　　　　 별다른 생각 없이 독자들이 위법 행위를 저지르도록 권유하고 있
　　　　 는 셈이다.
　　 b. 철학은 **옳고 그름**을 판단하는 근본적인 태도를 뜻하는 가치관이
　　　　 라는 의미로도 많이 쓰인다.

(10a)의 '잘잘못', '승패', '성패', '가부', '선악'은 긍정성과 부정성의 대립을 대등합성어로 긍정성을 지닌 것이 부정성을 지닌 것에 선행한다. (10b)의 '잘못잘', '패승', '패성', '부가', '악선'과 같이 그 순서가 역전되어 부정성이

4　Boucher & Osgood(1969: 1-8)에서는 긍정 낱말을 E+, 부정 낱말을 E-라 하여 폴리아나 가설(Pollyanna hypothesis)을 세 가지 측면에서 증명하고 있다. 곧 E+ 낱말은 E- 낱말에 비해 빈도수가 높으며, E+ 낱말에 부정접사가 붙어 E- 낱말이 되는 경우가 많고, 어린이들이 E+ 낱말을 E- 낱말에 비해 먼저 배운다고 한다(임지룡 1985: 110-111 참조). 한편, 우리는 어떤 사람의 인상을 평가할 때 대개는 긍정적으로 평가한다. 기왕이면 사람을 좋게 평가하려는 경향을 '인물 긍정성 편향'이라고 하는데, 미국 소설에 나오는 여주인공의 성격에 비유해 '폴리아나 효과'라고 한다.

선행하는 표현은 사용되지 않는다. (11)에서도 긍정성을 나타내는 '옳다'가 부정성을 나타내는 '그르다'에 선행하는 표현의 빈도가 86회인 반면 '그르고 옳은(음)'과 같이 부정성이 선행하는 표현은 나타나지 않음을 알 수 있다.[5]

'방향성'과 관련해서 우리는 시작점에 현저성을 부여하는 경향성이 있다. 왼쪽과 오른쪽의 대립에서는 왼쪽을 시작점으로 인식하고, 위쪽과 아래쪽의 대립에서는 위쪽을 시작점으로 인식하며[6], 앞과 뒤의 대립에서는 앞을 시작점으로 인식한다. 우리는 글을 쓸 때, 왼쪽에서부터 오른쪽으로 써 나가며, 위에서부터 아래로 써 나간다. 또, 운동장에서 줄을 설 때, 앞에서부터 뒤로 줄을 선다. 이와 같은 행위의 방향성이 언어 사용에도 그대로 적용되어 어순 배열과 관련을 맺는 것으로 이해할 수 있다.

(12) a. 앞뒤, 상하, 위아래, 좌우
　　 b. *뒤앞, *하상, 아래위, 우좌
(13) '앞뒤'(90회) / '뒤앞'(0회)
　　 a. 어떤 일이 마음대로 안 되면 **앞뒤** 말도 없이 이런 폭력적인 단어들을 내뱉을 뿐이다.
　　 b. 이 사람 이제 보니까 **앞뒤** 꽉 막힌 사람 아닌가.
(14) '위와 아래'(6회) / '아래와 위'(2회)
　　 a. 모델과 상품은 비현실적 공간 안에 위치지어지고 있으면서 상품은 자유자재로 모델의 **위와 아래**에서 움직인다.
　　 b. 기둥돌 **아래와 위**에 새겨진 연꽃 무늬도 부조가 강하고 힘차다.
(15) '좌뇌와 우뇌'(11회) / '우뇌와 좌뇌'(1회)
　　 a. 논리적 **좌뇌**와 직관적 **우뇌** 두뇌 연구 결과 인간의 두뇌는 **좌뇌와**

5　임지룡 · 김령환(2013: 138-139)에서는 '옳고 그름' 외에도 '긍정과 부정', '성공과 실패', '좋고 나쁨' 등의 어순에 따른 빈도 차이를 조사한 바 있다. '긍정과 부정'(7회), '부정과 긍정'(2회), '성공과 실패'(9회), '실패와 성공'(0회), '좋고 나쁨'(26회), '나쁘고 좋음'(0회)의 빈도 차이를 통해서도 긍정성이 부정성에 선행함을 알 수 있다.

6　Cooper & Ross(1975: 88)와 Clark & Clark(1977: 534-535)에서는 사람들이 일반적으로 '위'를 '아래'보다 지각하고 수행하는 데 시간이 덜 걸린다고 하였다.

우뇌로 구분되며, 이 두 반구는 서로 다른 종류의 인지 작용을
한다고 한다.

b. 근데 불행하게도 사람들은 한평생 그 엄청난 정보량이 담긴 **우뇌**
는 한 번도 써 보질 못하고 **좌뇌**만 쓰다 간다는 거야… 특히 사람
들이 좌절에 빠졌을 때 나는 안 돼…이제 끝났어…하는 거 그것
도 좌뇌의 결론이래….

(12a)의 '앞뒤', '상하' 방향적으로 앞과 위가 선행하는 경우인데, (12b)의
'뒤앞', '하상'과 같이 순서가 역전된 표현은 사용되지 않는다. '앞뒤'의 경우,
(13)과 같이 말뭉치를 통한 사용빈도 조사에서도 그 쓰임이 현저한 차이를
보인다. 반면, '위아래'7, '좌우'는 그 순서가 역전된 '아래위', '우좌'도 사용된
다. 그러나 그 빈도에 있어서는 '위' 또는 '좌'가 선행하는 표현의 사용 빈도가
높음을 (14)-(15)를 통해 알 수 있다.

'근접성'과 관련해서는 기준점이 있는 시간적 선후의 대립과 공간적인 위
치의 대립이 있을 때, 기준점에 가까운 것에 현저성이 부여된다. 즉, 시간적
선후의 대립에서는 '현재'가 기준점이 되고, 공간적 위치의 대립에서는 '화자'
가 기준점이 되어 기준점에 가까운 것이 먼저 나타난다. 또한, 공간적인 위치
의 대립뿐만 아니라 심리적이고 추상적인 위치의 대립에서도 '화자'에 가까운
것이 먼저 나타난다. 앞서 언급한 바와 같이 Cooper & Ross(1975: 65-67, 93)
에서는 시간적·공간적·심리적 대상을 파악할 때 나에게 가까운 요소를 먼
요소보다 앞자리에 놓게 되는 심리 현상을 '나 먼저 원리(Me First Principle)'
라 하였다.

(16) a. 여기저기, 이곳저곳, **한미**군사동맹

---

7 Cooper & Ross(1975: 87)에서는 언어에 따라 '위-아래' 어순을 따르는 언어도 있
고, '아래-위' 어순을 따르는 언어도 있음을 보인 바 있다. 영어, 라틴어, 인도네시
아어, 독일어 등은 '위-아래' 어순인 반면, 이디쉬(Yiddish)어는 orop un aroyb
(down and up), untan un oybn(below and above)과 같이 '아래-위' 어순을 갖는다
고 하였다.

b. *저기여기, *저곳이곳, **U.S. and South Korea** military alliance

(17) '동양과 서양'(17회) / '서양과 동양'(1회)

　　a. 교육의 궁극적인 이념에 있어서는 **동양과 서양**의 가치관에는 별
　　　차이가 없었다.

　　b. **서양과 동양**은 상보 관계를 갖는다고 ○○○은 말하지만, 그 역
　　　시 서양의 합리주의 전통에 속하는 철학자이다.

(18) '어제와 그제'(19회) / '그제와 어제'(0회)

　　a. 나두 사방으루 알아는 보았소만 **어제 그제** 이틀간에는 갯가구 선
　　　착장이구 그런 사람들이 찾아오질 않았다는구려.

　　b. 선생님은 **어제와 그제** 아침 아홉 시 반경에 오셨지요?

　(16a)의 '여기저기', '이곳저곳', '한미군사동맹'은 공간적으로 화자 가까이
에 놓인 '여기', '이곳', '한국'이 화자로부터 멀리 놓인 '저기', '저곳', '미국'
에 선행한다. (16b)의 '저기여기', '저곳이곳'과 같이 화자로부터 멀리 떨어진
요소가 선행하는 합성어는 사용되지 않는다. (16b)의 'U.S. and South Korea
military alliance'는 미국인 화자의 입장에서 서술된 것이다. (17)과 같이 '동
양과 서양'에서도 일반적으로 한국인 화자의 입장에서 '동양'이 '서양'에 선행
하는 경우의 사용빈도가 현저히 높게 나타남을 알 수 있다. 또한 (18)과 같이
시간적인 선후 관계에서도 화자에게 가까운 '어제'가 상대적으로 멀리 떨어진
'그제'보다 선행함을 알 수 있다.

　이상에서 살펴본 바와 같이 합성어와 구 접속의 어순에서는 결합되는 두
구성 성분 중에서 어떤 성분이 앞쪽에 놓이는지에 대한 인지적 해석이 주요
연구 내용이었다. 시간이나 수량을 나타내는 표현에서는 먼저 일어난 시간
또는 작은수가 앞에 놓이고, 의미적으로 대립성을 지닌 두 어휘의 결합에서는
정도성이 큰 것, 긍정적인 것, 방향적으로 시작점에 놓인 것, 원형적 화자에
가까이 놓인 것이 앞에 놓이는 인지적 의미 특성이 있다.

3.2. 수식어 연쇄 구조의 어순 연구

수식어 연쇄 구조는 하나의 피수식어를 수식하기 위해 둘 이상의 수식어가 결합된 것을 말한다. 수식어의 연쇄 구조와 관련하여 Van Langendock(1995: 84-87)에서는 화자와는 상관없이 내용 요소 간의 관계에 따른 어순의 배열 원리를 제시하였다. 문장에서 수식어와 피수식어의 배열에 있어서 수식어와 피수식어는 서로 인접해 있으며, 여러 개의 수식어가 나타날 경우에는 수식어 들끼리 인접해 있다. 특히, 여러 개의 수식어가 나타날 경우에 피수식어의 본 유적인 성분에 근접한 수식어가 피수식어에 더 인접해 배열되는 의미적 특성 이 있다.

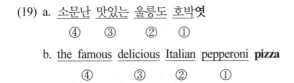

(19)에서 수식어는 피수식어의 본유적 성분에 근접한 정도에 따라 ①→② →③→④의 차례로 놓인다. (19a)에서 '호박', '울릉도', '맛있다', '소문나다' 는 '엿'을 수식하면서 그 의미를 한정한다. '호박'은 '엿'의 주재료이면서 핵심 구성요소가 된다. '울릉도'는 '호박엿'의 원산지를 나타내는 것으로 '호박'에 비해 '엿'과의 개념적 거리가 상대적으로 멀다. 또한 '맛있다'는 '울릉도 호박 엿'의 맛에 대한 평가를 나타내는 것으로 '엿' 그 자체의 본유적인 성질이나 상태를 나타내는 것이라기보다는 '울릉도 호박엿'에 대한 화자의 평가를 나타 내는 것이기 때문에 원산지를 나타내는 '울릉도'에 비해 '엿'과의 개념적 거리 가 상대적으로 멀다. 그리고 '소문나다'는 화자의 범위를 넘어 화자가 속한 집단에서 '맛있는 울릉도 호박엿'이 통용되고 있는 상태를 나타내므로 화자의 평가인 '맛있다'에 비해 '엿'과의 개념적 거리가 상대적으로 더 멀다. 이상의 내용을 토대로 수식어의 근접성 정도를 <그림 2>와 같이 도식화할 수 있다.

〈그림 2〉 '소문난 맛있는 울릉도 호박엿'의 근접성 정도

<그림 2>와 같이 수식어가 둘 이상 나열될 경우에는 피수식어의 본유적 성분에 근접한 수식어가 피수식어에 상대적으로 더 인접하여 결합됨을 알 수 있다. '소문난 맛있는 울릉도 호박엿'과 같이 음식과 관련된 수식어는 [주재료]를 나타내는 것이 음식의 본유적 성분에 가장 근접해서 결합되고, 그 다음으로 [원산지/제작자], [화자의 평가], [공동체의 평가]의 순서로 수식어의 결합 순서가 정해진다. 이와 동일하게 (19b)의 영어 표현에서도 'pizza'와 본유적인 속성이 가장 근접한 'pepperoni'가 가장 인접하여 결합되고 그 정도성에 따라 'Italian', 'delicious', 'famous'의 순서로 인접하여 결합된다.

김령환(2018)에서는 이와 같은 근접성의 원리에 기초하여 관형사의 어순을 논의한 바 있다. 관형사는 의미를 기준으로 '성상관형사', '수관형사', '지시관형사'로 하위분류된다. 성상관형사는 일반적으로 '꾸밈을 받는 명사의 성질이나 상태를 실질적으로 제안하는 관형사'로 정의됨에 따라 피수식어와의 의미적 근접성이 매우 높다. 반면에 수관형사는 사물의 수효를 나타내는 범주이기 때문에 사물(피수식어)과의 직접적인 관련성을 맺고 있다고 보기는 어렵다. 따라서 상대적으로 성상관형사보다 수관형사는 의미적으로 근접성이 낮다. 또한 '지시관형사'는 화자와 지시물(피수식어)의 위치 관계를 나타내기 때문에 문장에는 명시되지 않은 '화자'의 시점이 반영된다. 이는 지시관형사의 선택이 지시물의 상태와 속성 또는 수량에 따라 이루어지는 것이 아니라 화자가 지시물을 바라보는 시점에 따라 이루어지므로 지시물(피수식어)보다는 화자에 더 가깝게 놓여 있다. 이와 같은 관계에 따라 관형사의 근접성 정도를 <그림 3>과 같이 도식화할 수 있다.

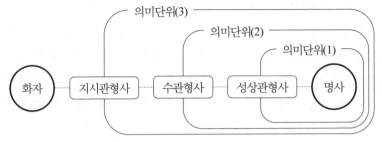

〈그림 3〉 **관형사 하위유형의 근접성 정도** (김령환 2018: 120)

<그림 3>과 같이 '지시관형사', '수관형사', '성상관형사'는 '화자'와 '명사' 사이에 위치하며, '화자'와 '명사' 사이의 배열은 '지시관형사→ 수관형사→ 성상관형사'의 순서를 따른다. 즉, '명사'의 의미를 직접적으로 한정하는 '성상관형사'가 '명사'에 가장 가깝게 위치하여 결합하여 '의미단위(1)'을 이루고, '수관형사'는 '의미단위(1)'에 결합하여 그에 대한 수량을 나타내어 '의미단위(2)'를 구성한다. 다음으로, '화자'의 시점에 따라 결정되는 '지시관형사'는 '화자'에 가장 가깝게 위치하여 '의미단위(2)'와 결합함으로써 '화자'와 '명사'의 위치 관계를 나타내는 '의미단위(3)'을 구성하게 된다. 따라서 둘 이상의 관형사가 하나의 명사를 수식할 경우에 관형사의 어순은 의미를 기준으로 한 하위유형의 근접성 정도에 따라 배열되는 특성을 지닌다.

(20) a. 경기도 구리의 **한 새** 아파트에서는 올겨울 세탁실 배관이 툭하면 얼어 주민들이 고생을 많이 했습니다. (SBS뉴스 2018.2.12.)

　　 b. **이 새** 프로그램은 명칭은 물론, 출연진까지 대거 교체가 예상된다. (마이데일리 2013.8.9.)

　　 c. 실제로 **저 두** 사람의 궁합은 매우 좋은 궁합이었다. (광주매일신문 2017.12.27.)

　　 d. 구매자들은 **이 두 새** 제품을 보고 환불을 할지, 새 제품으로 교환할지 결정할 것으로 보입니다. (SBS CNBC 2016.9.7.)

(20a)는 수관형사와 성상관형사가 동시에 나타나는 경우로 '수관형사→ 성상관형사'의 어순으로 배열되어 있다. 또한 (20b)는 지시관형사와 성상관형사가 동시에 나타나는 경우로 '지시관형사→ 성상관형사'의 어순으로 배열되어 있으며, (20c)는 지시관형사와 수관형사가 동시에 나타나는 경우로 '지시관형사→ 수관형사'의 어순으로 배열되어 있다. (20d)는 지시관형사, 수관형사, 성상관형사가 동시에 나타나는 경우로 '지시관형사→ 수관형사→ 성상관형사'의 어순으로 배열되어 있다.

3.3. 문장의 어순 연구

문장의 어순 연구는 기본어순과 어순 변이에 대한 논의가 주를 이룬다. 문장 차원에서 한국어는 언어유형학적으로 SOV 어순을 지니고 있는데, 발화자의 의도나 목적에 따라 문장 성분들의 어순을 바꾸어 발화하는 경우가 있다. 기본문형8으로부터 확인되는 무표적인 어순을 기본어순이라 한다면, 기본어순으로부터 어순이 바뀌어 유표성을 띤 것을 어순 변이라 할 수 있다. 기본어순과 어순 변이에 대한 생성언어학과 인지언어학의 관점은 그 기본 가정에서 차이를 보인다. 생성언어학의 입장에서 어순 변이된 문장은 기본어순의 문장으로부터 특정한 문장성분이 위치 이동을 하여 생성된 결과물이고 그에 대한

---

8 국립국어원(2005: 54-55)에서는 서술어에 의해 결정되는 격을 기준으로 한국어의 기본문형을 다음과 같이 제시하고 있다.

(i) a. 주어 + 서술어 (꽃이 핀다.)
   b. 주어 + 부사어 + 서술어 (영미가 의자에 앉았다.)
   c. 주어 + 목적어 + 서술어 (영미는 준호를 사랑한다.)
   d. 주어 + 보어 + 서술어 (준호는 어른이 되었다.)
   e. 주어 + 목적어 + 부사어 + 서술어 (영미는 준호를 천재로 여겼다.)

(i)에서 제시된 문장성분들의 배열순서는 언어유형학적 분류에 따른 한국어 기본어순으로 문장성분들을 SOV의 순서로 제시한 것이다. 기본문형 설정의 기본 목적은 서술어의 의미에 따른 필수적 문장성분의 수와 종류를 제안하는 데 있지만 문장성분들의 배열순서도 중요한 요소로 작용한다. 즉, 기본문형의 어순을 기본 어순으로 하여 어순 변이에 따른 문장의 의미 변화를 설명하는 것이 효율적이다.

의미 해석은 기본어순의 문장과 어순이 변이된 문장이 동일하다. 반면에 인지
언어학의 입장에서 어순 변이는 발화자의 발화 목적과 의도에 따라 서로 다른
어순을 지닌 문장이 발화된 것으로 본다. 이는 형태가 달라지면 그 의미도
달라진다는 인지언어학의 기본 가정에 따른 것이다.

문장 차원에서의 어순 변이는 중요한 요소를 앞에 먼저 제시하는 것이 일반
적이며 경우에 따라 반대로 핵심 요소를 감추었다가 뒤에 제시하는 인지 전략
을 사용하기도 한다. 먼저 기본어순과 중요한 요소를 앞에 먼저 제시하는 인
지 전략에 대해 살펴보기로 한다.

Radden & Dirven(2007: 285)에서는 인간행위자가 실재물(대상)에 대해 어
떤 의도를 가지고 물리적 힘을 가하는 행동 사건에서의 에너지 연쇄 과정을
<그림 4>와 같이 제시하였다.

〈그림 4〉 에너지 연쇄 (Radden & Dirven 2007: 285)[9]

<그림 4>는 인간행위자로부터 발생한 에너지가 신체부분과 도구를 거쳐
대상으로 도달하는 에너지의 연쇄 과정을 나타낸다. 이와 같은 행동 사건을
나타내는 문장을 (21)과 같이 제시할 수 있다.

---

9 이 그림은 Langacker(1990: 216-217)에서 윤곽화에 따른 문장의 구성 방식을 논의
하기 위해 고안된 것이다. '행위자'와 '대상'을 굵은 원으로 표시한 것은 이들 요소
가 문장으로 구성될 때, 현저하게 윤곽부여 되는 요소임을 나타내기 위해서이다.
즉, 굵은 원으로 표시된 '행위자'와 '대상'은 더 현저하게 윤곽 부여되는 요소로서
문장에서 필수적인 요소로 나타나고, '신체부분'이나 '도구'는 덜 현저하게 윤곽부
여 되는 요소로서 필요에 따라 문장에 수의적으로 나타난다. 예를 들어, '철수가
돌로 유리창을 깼다.'라는 문장에서 '철수'와 '유리창'은 행위자와 대상으로서 더
현저하게 윤곽 부여되는 필수적인 요소이고, '돌'은 도구이기 때문에 덜 현저하게
윤곽 부여되는 요소로 필요에 따라 문장에 수의적으로 나타난다.

(21) a. 철수가 주먹으로 문을 두드렸다.
　　 b. 철수가 망치로 못을 벽에 박았다.
　　 c. 철수가 책을 영희에게 주었다.

(21a)는 '철수(행위자) → 주먹(신체부분) → 문(대상)'의 에너지 연쇄 과정을 따르고, (21b)는 '철수(행위자) → 망치(도구) → 못(대상) → 벽(목표)'의 에너지 연쇄 과정을 따르고, (21c)는 '철수(행위자) → 책(대상) → 영희(목표)'의 에너지 연쇄 과정을 따르고 있다. 이들 문장은 모두 해당 동사가 나타내는 사건의 장면에서 에너지의 연쇄가 일어나는 방향과 동일한 순서로 문장의 구성 성분이 배열되어 있다. 즉, (21)에 제시된 문장들은 모두 에너지 연쇄의 과정이 어순과 동기화되어 있다.

임지룡·김령환(2013: 33-34)에서는 (21)과 같이 해당 사건에서의 에너지 연쇄 과정과 동일한 순서로 동기화된 문장의 어순을 기본어순으로 설정하고 기본 어순과 다른 어순을 보이는 문장 사용에 대한 인지적 전략에 대해 논의하였다.

(22) a. **철수**가 책을 영희에게 주었다.
　　 b. **책**을 철수가 영희에게 주었다.
　　 c. **영희**에게 철수가 책을 주었다.

(22)의 '주다'는 행위자(철수)가 대상(책)을 목표(영희)에 전달하는 사건을 나타낸다. 따라서 '주다'가 나타내는 사건에서는 '행위자→ 대상→ 목표'의 순서로 화자의 시선이 이동하므로 그에 따른 기본어순은 (22a)와 같이 나타난다. 이에 반해 (22b)는 대상(책)이 문두에 놓여 있고, (22c)는 목표(영희)가 문두에 놓여 있다. 이는 '주다'가 나타내는 사건의 장면을 발화함에 있어 사건의 진행 순서에 따라 발화하기 이전에 발화자가 해당 장면에서 더 중요하다고 생각하는 요소를 부각시키기 위해 먼저 언급한 것으로 설명할 수 있다.

(23) a. **철수**가 영희 옆에 있다.

    b. **영희**가 철수 옆에 있다.

(23)은 동일한 장면에 대한 발화자의 서로 다른 해석이 잘 드러나는 문장의 예시이다. (23)의 장면은 '철수'와 '영희'가 나란히 배치되어 있는 상황으로 (23a)는 '철수'에, '(23b)'는 '영희'에 더 현저성이 부여되어 있다. 이는 문장의 머리에 오는 대상이 '전경(figure)'이 되고 후행하는 요소가 '배경(background)'이 됨을 보여 준다.

이상에서 살펴본 바와 같이 문장의 어순에서는 사건의 시간적 순서를 따르는 어순을 기본어순으로 설정하고, 기본어순과는 다르게 의도적으로 특정한 문장성분을 문두에 위치시키는 발화 전략을 사건에 참여하는 특정한 요소를 강조하기 위한 발화자의 현저성 부여 차이에 따른 것으로 설명할 수 있다.

한편, 대등접속문에서 발화자의 발화 의도에 따라 전달 가치가 높은 핵심 문장을 뒤에 배치하는 경우가 있다.[10]

(24) a. 호랑이는 죽어서 가죽을 남기고, 사람은 죽어서 이름을 남긴다.

    b. ?사람은 죽어서 이름을 남기고, 호랑이는 죽어서 가죽을 남긴다.[11]

(24)는 대등접속문의 구조를 취하고 있는 속담으로 인간의 삶과 관련된 교

---

10 대등접속문의 구조를 보이는 다음과 같은 속담에서는 시간적 선후 관계에 따라 어순이 달라질 수 있다.

  (ii) a. 낮 말은 새가 듣고, 밤 말은 쥐가 듣는다.
       b. 밤 말은 쥐가 듣고, 낮 말은 새가 듣는다.

  (ii a)와 (ii b)는 서로 반대의 어순을 보이지만 그 전달 가치는 동일하게 해석된다. 그러나 두 문장의 차이는 발화 시간의 차이에 따른 것으로 볼 수 있다. 즉, (ii a)는 '낮'에 발화되고 (ii b)는 '밤'에 발화될 가능성이 높다.

11 발화자의 의도에 따라 (24b)의 문장이 발화될 가능성도 충분히 있다. 예를 들어, 발화자가 호랑이의 죽음을 목격하고 그에 대한 발화로 (24b)와 같이 발화할 수 있다. 그러나 (24b)와 같은 발화에서는 (24a)가 내포하고 있는 교훈적 성격을 찾기 어렵다.

훈을 전달하는 데 목적이 있다. 이 경우에는 내용의 핵심 요소가 뒤에 제시되는데 이는 발화자가 청자로 하여금 선행 문장의 내용에 비추어 후행 문장 내용을 이해하고 전체 문장이 전달하고자 하는 교훈을 깨닫도록 하기 위한 전략으로 해석될 수 있다.

3.4. 인지언어학적 어순 연구의 과제

지금까지 한국어 어순에 관한 인지언어학적 연구 내용에 대해 살펴보았다. 한국어 어순에 관한 인지언어학적 연구는 언어 단위별로 '합성어 및 구 접속 구조의 어순', '수식어 연쇄 구조의 어순', '문장의 기본어순과 어순 변이' 등으로 나뉘어 연구된 바 있다. 지금까지 논의된 내용을 바탕으로 인지언어학적 어순 연구의 남은 과제와 앞으로의 연구 방향에 대해 제안하기로 한다.

첫째, 언어 단위별로 연구 대상을 다양화할 필요가 있다. 인지언어학에 기반한 어순 연구는 주로 합성어와 구 접속에 대한 구조를 분석하고 그 어순 관계를 해석한 연구가 대부분이고 음운이나 통사, 담화 차원에서의 어순을 인지언어학적으로 연구한 사례는 극히 드물다. 따라서 언어 단위별로 다양한 층위의 어순 관계를 고찰하고 인지언어학적인 해석이 이루어질 필요가 있다.

둘째, 한국어의 고유한 어순이 어떠한 문화적 특성을 반영하고 있는지 고민해 볼 필요가 있다. 예를 들어, 언어유형학적으로 한국어의 문장은 SOV 어순을 지니고 영어의 문장은 SVO 어순을 지닌다. 또한 주소를 쓸 때, 한국어는 '대구시 북구 산격동 대학로 80'과 같이 행정구역상 큰 단위에서 작은 단위로 배열되고, 영어의 경우에는 이와 반대로 배열된다. 이와 같은 어순 차이가 어떠한 문화적 차이에서 기인한 것인지를 밝힐 수 있다면 한국어와 다른 언어권과의 언어·문화적 차이뿐만 아니라 한국어의 고유한 문화적 특성까지 이해할 수 있을 것이다.

셋째, 어순에 대한 학제적 연구가 요구된다. 인지언어학은 단순히 언어를 언어사용자와 독립된 별개의 것으로 간주하는 학문 분야가 아니라 뇌과학,

심리학, 철학, 인류학 등 인간과 관련된 모든 학문적 요소가 망라된 학제적 연구의 일환이라 할 수 있다. 어순 연구와 관련하여 핵심 요소에 더 현저성을 부여하여 먼저 발화를 하거나 강조할 내용을 가장 나중에 제시하는 언어사용자의 심리적 기제를 뇌과학 또는 심리학의 영역에서 실험적으로 증명할 수 있다면 언어와 인간의 관계에 대한 본질에 한 걸음 더 다가갈 수 있을 것이다.

이상에서 제안한 어순의 인지언어학적 연구 과제는 사실상 어순과 관련한 연구뿐만 아니라 언어 연구에 대한 모든 주제에 대해서 적용되어야 할 당위적 성격을 지니고 있다. 지금까지 인지언어학 분야에서 어순을 주제로 한 연구는 비교적 활발히 이루어지지 못한 측면이 있다. 이와 같은 제안은 앞으로 어순에 대한 연구가 좀 더 활발히 이루어지기를 바라는 마음의 표현임을 밝히고 마무리하기로 한다.

4. 마무리

이 글에서는 한국어 어순에 관한 인지언어학 탐구의 현황을 고찰하고 앞으로의 연구 방향에 대해 몇 가지 제언을 하는 것으로 마무리하였다.

한국어를 대상으로 한 인지언어학적 어순 연구는 크게 '합성어와 구 접속 구조', '수식어의 연쇄 구조', '문장의 기본어순과 어순 변이' 등으로 나누어 볼 수 있다. '합성어와 구 접속 구조'의 어순 연구들은 Cooper & Ross(1975)에 기반하여 직접구성성분들의 개념적 · 내포적 · 심리적 · 문화적 의미 관계에 따른 결합 순서를 분석하는 데 초점을 두었다. '수식어 연쇄 구조'에 대한 연구에서는 둘 이상의 수식어가 하나의 피수식어를 수식하는 경우에 대해 수식어와 피수식어 간의 의미적 근접성 정도에 따라 근접성이 큰 것이 피수식어에 더 인접하여 결합됨을 보였다. '문장의 기본어순과 어순 변이'에 대한 연구에서는 동사의 사건 구조에 기반하여 사건의 시간적 흐름에 따른 문장성분의 배열을 기본어순으로 설정하고 특정한 문장성분을 문두에 위치시키는 발화

전략을 현저성 부여의 차이에 따른 것으로 설명하였다.

이상에서 살펴본 어순 연구의 내용을 토대로 인지언어학적 어순 연구의 과제를 세 가지로 제안하였다.

첫째는 언어 단위별 연구 대상의 다양화이다. 인지언어학에 기반한 어순 연구는 주로 형태론의 차원에 집중된 경향이 있었다. 따라서 음운이나 통사, 담화 등 언어 단위별로 다양한 층위의 어순 관계를 연구할 필요가 있다.

둘째는 한국어의 고유한 어순과 문화의 상관성을 고찰하는 것이다. 한국어의 문장 구조와 어순 배열이 영어 등 다른 언어와 차이를 보이는데, 이것이 어떠한 문화적으로 차이로부터 발생하는 것인지에 대한 고민과 분석이 필요하다.

셋째는 어순에 대한 학제적 연구의 필요성이다. 인지언어학이 뇌과학, 심리학, 철학, 인류학 등과 같은 다양한 학문적 요소가 망라된 학제적 연구의 일환인 만큼 어순에 대한 다양한 측면에서의 연구가 이루어질 필요성이 있다.

끝으로 본고에서 미처 다루지 못하거나 언급하지 못한 어순의 인지언어학적 연구 성과들도 있다. 이는 전적으로 필자의 무지와 능력 부족에 따른 것이다. 앞으로 좀 더 폭 넓은 독서와 탐구를 통해 어순의 본질을 이해하는 데 한 걸음 더 나아갈 수 있기를 희망한다.

참고문헌

강소영(2006), "우측 어순 변동 구문의 실현 양상과 의미 기능 연구", 『한국어 의미학』 20: 281-303, 한국어 의미학회.

강소영(2008), "어순 도치구문의 담화 기능 분석", 『한국어 의미학』 26: 1-20, 한국어 의미학회.

국립국어원(2005), 『외국인을 위한 한국어 문법 1: 체계편』, 커뮤니케이션북스.

김광현·황규홍(2001), "거리의 도상성 원리와 영어여격교체현상", 『새한영어영문학』 43(2): 547-564, 새한영어영문학회.

김동환(1997), "언어의 도상성 탐구", 『현대영미어문학』 15(1): 233-262, 현대영미어문학회.

김령환(2011), "힘-역학적 세계의 사건도식에 의한 문형 설정", 경북대학교 대학원 국어국문학과 석사학위논문.

김령환(2018), "관형사 어순의 동기화", 임지룡 외, 『동기화의 인지언어학적 탐색』, 111-126, 한국문화사.

김승렬(1985), "보편적 어순 제약과 국어의 어순: 하나의 작은 문법 연습(6)", 『어문논집』 24·25: 69-80, 민족어문학회.

김승렬(1987), "국어 어순 연구", 고려대학교 대학원 국어국문학과 박사학위논문.

김용하(1999), 『한국어 격과 어순의 최소주의 문법』, 한국문화사.

김유진(2008), "대화의 도치구문에 나타나는 강조 표현에 대한 연구", 『한국언어문화』 37: 89-109, 한국언어문화학회.

남기심·고영근(1985/2014), 『표준국어문법론』, 박이정.

남미혜(1989), "국어 어순 연구: 어순 재배치 현상을 중심으로", 서울대학교 대학원 국어국문학과 석사학위논문.

노대규(1982), "국어 복합어 구성 법칙", 『인문논총』 4: 5-27, 한양대학교 인문과학대학.

리 광(2012), "한국어 관형사의 하위분류에 대하여", 『중국조선어문』 181(5): 38-45, 길림성민족사무위원회.

성기철(1992), "국어 어순 연구", 『한글』 218: 77-114, 한글 학회.

송현주(2010), "한국어 합성어에 나타난 동기화 양상", 『한글』 289: 125-150, 한글학회.

신서인(2003), "논항의 배열 순서와 실현 양상", 『제15회 한글 및 한국어 정보처리 학술대회 자료집』, 137-141, 한국정보과학회 언어공학연구회.

신서인(2007), "한국어의 어순 변이 경향과 그 요인에 대한 연구", 『국어학』 50: 213-239, 국어학회.

이규호(2015), "관형사의 하위분류: 인칭/의문·부정 관형사의 설정", 『국어학』 74: 207-232, 국어학회.

이익섭·채완(1999/2011), 『국어문법론강의』, 학연사.

이정택(2000), "우리말 어순 발견의 원리", 『한말연구』 7: 249-259, 한말연구학회.

이정훈(2002), "국어 어순의 통사적 성격", 『어문연구』 30: 93-114, 한국어문교육연구회.

임지룡(1985), "대등 합성어의 의미 분석", 『배달말』 10: 87-114, 배달말학회.

임지룡(1997), 『국어 의미론』, 탑출판사.

임지룡(2004), "국어에 내재한 도상성의 양상과 의미 특성", 『한글』 266: 169-205, 한글 학회.

임지룡(2008), 『의미의 인지언어학적 탐색』, 한국문화사.

임지룡(2017), 『한국어 의미 특성의 인지언어학적 연구』, 한국문화사.

임지룡(2018), 『한국어 의미론』, 한국문화사.

임지룡·김령환(2013), "어순에 반영된 인지적 특성", 『한글』 300: 119-158, 한글 학회.

임홍빈(2007), "어순에 관한 언어 유형적 접근과 한국어의 기본 어순", 『서강인문 논총』 22: 53-120, 서강대학교 인문과학연구소.

장태진(2008), "국어 병렬 어순의 유형 및 그 사회언어학적 규칙과 패턴", 『사회언 어학』 16: 265-298, 한국사회언어학회.

전정례(1995), "국어의 어순과 통사적 제약", 『한말연구』 1: 155-160, 한말연구 학회.

정재형(1991), "국어의 어순과 초점에 대하여, 『우리말연구』 1: 275-289, 우리말 학회.

정주리(1992), "국어의 주제와 주제화", 『한국어문교육』 6: 135-159, 한국어문교 육연구소.

채 완(1986), 『국어 어순의 연구: 반복 및 병렬을 중심으로』, 탑출판사.

辻幸夫 編(2002), 『認知言語學キーワード事典』, 東京: 硏究社. (임지룡·요시 모토 하지메·이은미·오카 도모유키 옮김(2004), 『인지언어학 키워드 사 전』, 한국문화사.)

Boucher, J. & C. E. Osgood(1969), The pollyanna hypothesis, *Journal of Verbal Learning and Verbal Behavior* 8(1): 1-8.

Clark, H. H.(1970), Word associations and linguistic theory, in J. Lyons(eds.), *New Horizons in Linguistics*, 271-286, Harmondsworth: Penguin.

Clark, H. H. & E. V. Clark(1977), *Psychology and Language*, New York: Harcourt Brace Jovanovich, Ltd.

Cooper, W. E. & J. R. Ross(1975), World order, in R. Grossman, L. San & T. Vance(eds.), *Papers from the Parasession on Functionalism*, Chicago: CLS, 63-111.

Lakoff, G.(1987), *Women, Fire and Dangerous Things: What Categories Reveal about the Mind*, Chicago/London: The University of Chicago Press.

Langacker, R. W.(1990), *Concept, Image and Symbol: The Cognitive Basis of Grammar*, Berlin/New York: Mouton de Gruyter. (나익주 옮김(2005), 『개념 · 영상 · 상징: 문법의 인지적 토대』, 박이정.)

Lee, D.(2001), *Cognitive Linguistics: An Introduction*, Oxford: Oxford University Press. (임지룡 · 김동환 옮김(2003), 『인지언어학 입문』, 한국문화사.)

Radden, G. & R. Dirven(2007), *Cognitive English Grammar*, Amsterdam/Philadelphia: John Benjamins. (임지룡 · 윤희수 옮김(2009), 『인지문법론』, 박이정.)

Radden, G. & K-U. Panther(eds.)(2004), *Studies in Linguistics Motivation*, Berlin/New York: Mouton de Gruyter.

Taylor, J. R.(2002), *Cognitive Grammar*, Oxford: Oxford University Press. (임지룡 · 김동환 옮김(2005), 『인지문법』, 한국문화사.)

Van Langendonck, W.(1995), Categories of word order iconicity, in M. E. Landsberg(eds.), *Syntactic Iconicity and Linguistic Freezes*, 79-90, Berlin/New York: Mouton de Gruyter.

진행상

홍 기 선*

1. 들머리

이 글에서는 진행상(progressive aspect)에 대한 인지언어학적 탐구를 개관한다. 진행상과 관련된 주요 연구주제들과 쟁점을 살펴보고, 앞으로의 과제와 전망을 고찰할 것이다. 기존 연구들에 대한 상세한 개관을 제시하는 Boogaart & Janssen(2007)과 졸고(2013)의 내용을 많이 포함할 것이며, 기본적인 설명에서는 주로 영어의 예를 들고, 연구주제 부분에서 한국어의 진행상에 대해 설명한다.

상(aspect)은 의미·화용론의 주요 주제로, 이론 틀에 관계없이 "언어사용자가 절이 지시하는 상황의 내적인 시간적 구성을 어떻게 보는가(how the language user conceives of the internal temporal constituency of the situation described in that clause)"라는 Comrie(1976)의 정의가 대체로 받아들여지고 있다.

상은 "사용자의 관점"이나 "상황 내적인 구성"과 관련된다는 면에서 "절이

* 서울대학교 영어영문학과 교수, kshong@snu.ac.kr

지시하는 상황이 외부적인 기준 상황(주로 발화상황)과 어떻게 관련되는지를 표현하는" 시제(tense)와 구분된다. 상이 시제와 독립적인 개념이라는 것은 (1)과 같이 진행상이 현재, 과거, 미래 시제와 함께 쓰일 수 있다는 것에서 알 수 있다.

> (1) a. I am reading a book.
> b. I was reading a book.
> c. I will be reading a book.

그러나 많은 언어에서 완료상(perfective aspect)이 대체로 과거에 일어난 사건을 그리는 등 두 개념이 완전하게 독립적인 것은 아니다(Dahl 1985, Bybee, Perkins & Pagliuca 1994 등).

상에 관한 일반적인 논의에서는 어휘상(Aktionsart)과 문법상(aspect)의 구분이 많이 연구되었는데, 전자는 대체로 동사 어휘에 포함되어 있는 상적 정보(lexical aspect)를 지시하고, 후자는 각 언어 별 문법형태가 표현하는 상적 정보(grammatical aspect)를 지시한다. 인지언어학에서는 어휘와 문법의 의미를 엄격하게 구분하지 않으므로 어휘상과 문법상에 대한 구분이 중요하게 연구되지는 않았으나, 함께 논의되어야 할 문제이므로 후에 상술하겠다.

2장에서는 인지언어학적 관점에서 진행상에 대한 주요 연구주제와 쟁점에 대해 서술하고, 3장에서 남은 과제와 전망에 대해 논한 뒤, 4장에서 마무리하겠다.

2. 주요 연구주제와 쟁점

2.1. 정의

상은 사실 현상의 이해를 위한 정확한 정의 내리기가 가장 중요한 연구주제이다. Comrie(1976)의 일반적인 정의에서도 "내적인 시간적 구성"이라는 것이 무엇인가, 절에 명시적으로 표현되지 않는 "언어사용자"의 관점을 어떻게 알 수 있는가 등을 정확하게 설명해야 한다. Bache(1997: 258)도 상에서 "상황적 지시체가 아니라 상황적 지시(situational reference rather than situational referent)"가 중요하다고 강조하였으며 이 구분은 많은 연구(Smith 1983, Brinton 1988, Chilton 2007)에서 논의된 바 있다.

Langacker(2001b: 259-261)는 시제와 상을 인지언어학의 영역(scope) 개념을 활용하여, 시제는 발화시와 관련된 직접영역(immediate scope)을 부과하고, 진행상은 상황의 끝점을 배제한 직접영역을 부과한다고 설명하였다. 영역은 "바라보기 배열(viewing arrangement)"과 관련되는 개념으로, Drożdż (2010)가 설명하듯이 인지언어학은 언어표현들을 상황을 바라보는(viewing) 여러 가지 방식들의 기호화로 설명하며(Croft & Cruse 2004: 1-2, Geeraerts & Cuyckens 2007: 3-5 등), 이 때 바라보기 배열의 도식은 다음과 같다.

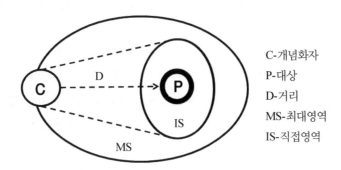

C-개념화자
P-대상
D-거리
MS-최대영역
IS-직접영역

〈그림 1〉 개념적 배열의 기초로서의 바라보기 배열과 성분들
(Langacker 2000: 207, Drożdż 2010: 9에서 간접인용)

Drożdż(2010: 8)의 설명에 따르면 <그림 1>에서 사건을 바라보는 관찰자이며 개념화의 주체인 개념화자(conceptualizer)의 위치가 사건의 관측점(vantage point)이다. 대상(profile)은 개념화의 대상으로 굵은 선으로 표시하는 것은 개념화자를 위해 대상을 둘러싼 직접영역과의 차이를 강조하고 선명도(acuity)[1]를 표현하는 것이다. 개념화자와 대상 간의 거리(distance)에서 화

살표는 개념화자가 전체적인 개념화를 하고 그것을 특정한 방식으로 구조화하는 해석(construal) 관계를 표상하는 것이다. 최대영역(maximal scope)은 주어진 개념화의 전체적인 내용을 지시하며, 직접영역은 우리가 특별히 주의를 기울이고 있는 지역을 가리킨다. 두 개념에서 영역이란 Langacker(2008: 63)의 정의에 따라 "그것을 이해하는 데에 내재된 주관적인 관찰틀 안에 나타나는 개념적 내용(the conceptual content appearing in the subjective viewing frame inherent in its apprehension)"을 가리킨다.

좀더 구체적으로 Langacker(2001a: 12)는 최대영역을 "완전한, 경계지어진 프로세스를 포함하는 시간범위(a span of time containing the full, bounded process)", 직접영역을 "프로세스의 내적 발전의 자의적인 일부분에 대응되는 범위(the one which subtends only an arbitrary portion of its internal development)"라고 정의하고, 후자에서 그 부분만이 대상화된다고 설명한다.

Langacker의 직접영역은 완결 프로세스(perfective processes)와 미완결 프로세스(imperfective processes)의 구분과 관련되며 이들은 또한 완결동사와 미완결동사의 구분과 동일하다. 완결동사는 시간 상 경계지어지고(bounded in time) 시작과 끝이 있는 사건들을 지시하는 동사를 지시하며, 미완결동사는 무한히 지속되는 안정된 상황(stable situations of indefinite duration)을 대상화하는 동사를 지시한다. 아래 <그림 2>의 도식화와 같이 전자는 직접영역 내에 상황의 양 끝점이 포함되고, 후자는 직접영역 내에 양 끝점이 없는 상황을 지시하는데, 이런 정의에 따르면 <그림 2>의 (b)는 완결동사의 진행상과 미완결동사를 모두 표현하게 된다.

---

1 해상도(resolution) 또는 입상도(granularity)라고 불리기도 한다.

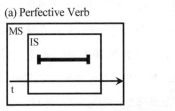
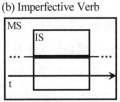

(a) Perfective Verb　　　　　(b) Imperfective Verb

〈그림 2〉 완결동사와 미완결동사

(Langacker 2008: 153, Drożdż(2010: 13)에서 간접인용)

Drożdż(2010: 14)는 이런 Langacker의 설명에서 영역에 대한 정의를 수정하면 설명력이 높아진다고 주장한다. 그의 수정안은 동사가 지시하는 두 가지 프로세스를 구분하는 것이 아니라, 해석 자체를 두 가지로 구분하는 것이며 이는 언어 구조(construction)와 개념화자의 선택이라는 두 가지 요소에 의해 결정된다.

그의 새로운 정의에서는 <그림 1>에 도식화된 해석의 바라보기 배열의 여러 요소들이 통합적으로 관여하여 상을 설명하게 된다. 그에 따르면 (2a)의 단순현재(Present Simple)와 (2b)의 현재지속(Present Continuous) 구조는 각기 <그림 3>과 같은 해석을 받게 된다.

(2)　a. She knows him well.

　　　b. She is reading a book now.

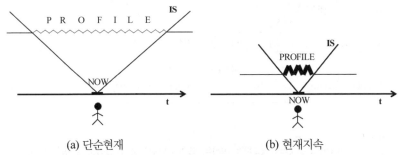

(a) 단순현재　　　　　(b) 현재지속

〈그림 3〉 단순현재와 현재진행의 해석유형의 비교 (Drożdż 2010: 16)

<그림 3>이 보여주듯이, (2)의 두 가지 언어구조는 바라보기 배열의 여러 요소들에 의해 구분된다. (2a)에서 개념화자는 이 "know"의 프로세스가 두 사람이 만났을 때부터 그중 한 사람이 죽을 때까지 지속된다는 것을 의미하는데, 이는 <그림 3a>와 같이 이 프로세스의 직접영역이 매우 넓고, 개념화자와 대상 간의 거리가 멀고, 그 결과 프로세스의 선명도가 낮다는 것으로 표현된다. 이때 안다는 프로세스는 진행 중인 것(in progress)으로서가 아니라 전체적인 것으로(holistically) 해석된다.

이와 달리 (2b)는 <그림 3b>와 같이 프로세스의 직접영역이 좁고, 개념화자와 대상 간의 거리가 가깝고, 프로세스의 선명도가 높으며, 이 결과 개념화자가 내적 관점(internal perspective)을 취할 수 있게 된다고 설명한다. Drożdż의 이런 정의는 진행상에 대한 기존 정의들에서 "내적인 시간적 구성" 또는 "언어사용자의 관점"이라고 규정지었던 것들을 바라보기 배열의 요소들의 차이로 설명해 준다.

또한 Radden & Dirven(2007: 196)은 전망틀(viewing frame)이라는 은유적 개념을 도입한 정의를 제안하고, 그에 따라 영어의 진행상, 과거시제, 단순현재시제의 문장들을 <표 1>과 같이 상세히 구분한다.[2]

〈표 1〉 **상황 유형의 분류**(typology of situation types)
(Radden & Dirven 2007: 196 졸고 2013: 1054에서 간접인용)

비진행상 (non-progressive aspect) 최대전망틀 (maximal viewing frame)		진행상(progressive aspect) 제한적전망틀 (restricted viewing frame)	
(A) 유경계 사건(bounded events)		(B) 무경계 사건(unbounded events)	
동작 (bounded activity)	Ann cuddled the baby.	무경계동작 (unbounded activity)	Ann was cuddling the baby.

---

2 이 표는 Radden & Dirven(2007: 196)의 표에 (A)-(D)를 삽입하고 유형들의 순서를 약간 바꾼 졸고의 표(2013: 1054)이다.

완성 (accomplishment)	Ann changed the nappy.	완성중의 동작 (accomplishing activity)	Ann was changing the nappy.
성취 (achievement)	The baby fell asleep.	정점에 이르는 동작(culminating activity)	The baby was falling asleep.
순간(acts)	The baby burped.	반복동작 (iterative activity)	The baby was burping.
(C) 지속적 상태(lasting states)		(D) 일시적 상태(temporary states)	
무한 지속적 상태(indefinitely lasting state)	How do you like your new job?	일시적 상태 (temporary state)	How are you liking your new job?
습관적 상태 (habitual state)	She works in a pub.	일시적 습관적 상태 (temporary habitual state)	She is working in a pub.
영구적 상태 (everlasting state)	Parallel lines never intersect.	NA	

Radden & Dirven(2007)의 설명은 우리가 비행기를 타고 그 안에서 Norwich에서 Peterborough로 가는 기차를 내려다 보면 기차의 전체 행로가 한 눈에 보일 것이나, 그 기차를 직접 타고 창을 통해 밖을 내다보면 기차의 행로의 일부분만을 볼 수 있다는 것이다. Radden & Dirven(2007)은 이 때 전자에서는 화자가 상황을 최대 전망틀(maximal viewing frame)에서 보는 것이며, 후자에서는 제한적 전망틀(restricted viewing frame)에서 보는 것이라고 정의하고, 영어에서 전자는 비진행상의 단순시제로 표현되고, 후자는 진행상으로 표현된다고 설명한다.

이런 정의는 <표 1>과 같이 영어의 동사들이 표현하는 다양한 의미를 체계적으로 설명한다. 화자가 최대 전망틀에서 상황을 보는 비진행상의 문장들은 크게 (A)와 같이 경계가 있는 사건(bounded events)을 지시하거나, (C)와 같이 지속적 상태(lasting states)를 지시한다. 얼핏 보기에는 이 두 가지 상황이 매우 다른 것으로 보이나, 전자는 사건을 전체적으로 보면 사건은 시작과 끝이 있게 마련이며 후자의 상태는 전체를 보아도 시작과 끝이 없이 무한히 지속된다는 점에서 함께 분류된다.

이에 비해 제한적 전망틀에서 보는 진행상의 문장들은 (B)와 같이 경계가 없는 사건(unbounded events)을 지시하거나, (D)와 같이 일시적 상태(temporary states)를 지시한다. 이런 설명은 진행상에 대한 매우 흥미로운 해석으로, 진행상이 (B)와 같이 경계가 없는 것으로 그려져 있지만 사실은 화자나 청자가 사건이기 때문에 본질적으로 일시적일 수밖에 없음을 인지하고 있다는 것과, (D)와 같이 상태이기 때문에 본질적으로 무경계인데 진행상 구문을 씀으로써 일시적인 것으로 해석되도록 강제(force)하는 두 가지 면을 표현할 수 있다는 점이다.

이런 일련의 연구들에서 보듯이 진행상의 정의를 어떻게 내리느냐에 따라 설명력이 달라지기 때문에 정의에 대한 연구는 매우 중요하다.

2.2. 어휘상과 문법상

진행상 연구에서 중요한 주제 중 하나는 어휘상(Aktionsart)과 문법상(aspect)의 구분으로(Binnick 1991 등), 이 부분은 대체로 Boogaart & Janssen (2007: 813-817)의 설명을 소개하기로 한다. 이런 구분은 "구분이 정말 필요한가? 구분을 한다면 두 가지 체계는 어떻게 상호작용하는가? 예를 들어 영어의 진행상은 이런 구분 속에서 어떻게 설명되어야 하는가?" 등의 질문으로 연결된다.

동사의 상적의미를 중시한 Vendler(1967)와 Dowty(1979) 등은 영어의 동사를 네 가지로 분류하였다. 그의 기준은 (1) 동사가 지시하는 상황이 지속성(duration)이 있는가, (2) 상황이 변화(change)를 수반하는가, (3) 상황이 유한한가(telic) 즉, 내재적 끝점(inherent endpoint)을 가졌는가의 세 가지였다.

> (3) a. 상태(State: 지속, 무변화, 끝점없음): have, possess, know, love, hate 등

b. 행동(Activity: 지속, 변화, 끝점없음): walk, swim, push, pull 등

c. 완성(Accomplishment: 지속, 변화, 끝점): paint a picture, build a house 등

d. 성취(Achievement: 비지속, 변화, 끝점): recognize, stop, start 등

(Boogaart & Janssen 2007: 813)

이런 동사들은 전형적인 테스트에 의해 자신의 상적의미를 드러낸다.

(4) a. He is walking.

b. *He is knowing it.

(5) a. He walked for two hours.

b. ?He walked in two hours.

(6) a. ?He walked a mile for two hours.

b. He walked a mile in two hours.

(4)와 같이 비상태동사는 진행상으로 쓰일 수 있으나 상태동사는 쓰일 수 없다. 또한 (5)와 같이 끝점이 없는 행동동사는 일정 시간동안의 지속을 의미하는 for-부사구와는 함께 쓰일 수 있으나, 한정적인 시간을 의미하는 in-부사구와는 함께 쓰일 수 없다. 이에 비해 같은 "walk"이라는 동사도 목적어에 의해 동사구 전체가 끝점을 지시하게 되면 (6)과 같이 지속부사와는 부자연스럽고 한정부사와 자연스럽게 쓰이게 된다.

그러나 (6)에서 알 수 있듯이, 어휘의 상적의미는 동사에 의해서만 결정되는 것이 아니다. (6)과 같이 목적어를 통해 끝점이 없는 동사가 끝점이 주어질 수도 있고, 주어, 부사에 의해서도 변할 수 있다. 즉, 어휘상은 동사의 자질이 아니라 절(clause)의 자질이며, Verkuyl(1993)은 어휘상은 동사와 다른 요소들의 정보가 합성적으로(compositionally) 이루어내는 것이라고 주장하였다.

이런 어휘상 연구와 달리 슬라브어들이 가진 완료/비완료(perfective/imperfective) 구분이나 로만스어들의 과거시제 등과 같이 언어들의 독립적인 문법기재들이 표현하는 문법상에 대한 연구들이 있어 왔다. Garey(1957)는

완료/비완료와 끝점있음/끝점없음의 개념은 의미적으로 서로 독립적인 것이라고 주장했다. (7)과 같이 네 가지 경우가 모두 가능하기 때문이다.

(7)　　　비완료　　　　　　　완료
　　　　끝점있음　　　Pierre arrivait　　　Pierre est arrivé
　　　　끝점없음　　　Pierre jouait　　　　Pierre a joué
　　　　　　　　　(Garey 1957: 106, Boogaart & Janssen 2007: 814
　　　　　　　　　　　　　　　　　　　　　　에서 간접인용)

Boogaart & Janssen(2007: 815)이 설명하듯이, 인지언어학에서는 어휘상과 문법상을 구분하지 않는다. 앞에서 설명하였듯이 Langacker(1987)는 완결 프로세스와 미완결 프로세스를 구분하며 이들은 완결동사와 미완결동사의 구분과 동일하다고 본다. 여기에서 주의할 점은 Langacker(1999)는 동사의 상적의미가 하나로 결정되어 있는 것이 아니고 절에 따라 유동적일 수 있다고 본다는 점이다.

(8)　a. The road winds through the mountains.
　　　b. The road is winding through the mountains.
　　　　　　　　(Langacker 1999: 390, note 14, Boogaart & Janssen
　　　　　　　　　　　　　　　　　2007: 815에서 간접인용)

Langacker(1999)의 설명에 따르면 (8a)의 절은 변화를 표현하지 않으므로 동사 "wind"는 미완결동사이며, 이와 달리 (8b)는 진행형으로 쓰였기 때문에 이 절에 나오는 "wind"는 완결동사이다. 즉, 동사의 의미가 하나로 결정되어 있는 것이 아니라, 어떤 절에서 어떤 상황을 표현하는가에 따라 동사 자체를 다르게 분류해야 한다는 것이다. 이런 입장은 Vendler(1967)나 Dowty(1979)와 같이 동사의 상적의미는 하나로 결정되어 있고 각 절에서 쓰임이 다르다고 보는 어휘의미론자들의 입장과는 매우 다르다.

Croft(1998)도 Langacker(2000)와 마찬가지로 어휘상과 문법상을 구분할 수 없다는 입장이다. 동사들을 상적으로 분류할 때 가장 중요한 테스트로 쓰이는 진행상에서도 절이 변화를 의미하는가 아닌가에 따라 (9)와 같이 문법성이 달라지기 때문이다.

(9) a. ?I am loving her.
    b. I am loving her more and more, the better I get to know her.
       (Croft 1998: 71, Boogaart & Janssen 2007: 816에서
                                                        간접인용)

Croft(1998)는 "시간척도의 전이(a shift in temporal scale)"라는 개념을 제안하고, (9b)에서 사랑하는 상태가 변화를 포함하는 것으로 시간척도가 전이되어 진행상으로 쓰이는 것으로 설명하였다. 그의 설명에 따르면 동사별로 진행형이 되는가 안 되는가 하는 것을 구분할 수 없으며, 개념화 프로세스에 의해 조정되는 어휘와 문법 간의 상호작용이 이런 것들을 결정한다고 주장하였다.

인지언어학적 설명에서 어휘상과 문법상을 구분한 연구는 Michaelis(1998)이다. Michaelis(1998)는 상황상(situation aspect)과 관점상(viewpoint aspect)을 구분하고, 전자는 언어보편적 인지적 구분인 사건(events)과 상태(states)에 관한 문제이며, 후자는 이런 사건과 상태의 구분이 언어별로 구체화된 완결(perfective)과 미완결(imperfective)의 구분이라고 설명하였다. 상황상과 관점상 간에 체계적인 관계는 없으며, 개별언어의 관점상은 보편적이고 전형적인 상황상보다 우선할(override) 수 있다. 그는 영어는 상황상에 대한 특별한 문법구조를 가지고 있지 않은 언어라고 설명하였다.

Michaelis(1998)의 이론에서 흥미로운 점은 진행상을 미완결상과 연결시키는 대신, 국면상(phasal aspect)이라는 세 번째 유형의 상으로 설명하는 것이다. 그는 국면상이 기동상(inceptive aspect: start, begin 등), 진행상, 완결(perfect)의 세 가지를 포함한다고 주장하고, 국면상은 사건 서술로부터 상태

서술로 관점의 전이(perspectival shift)를 만들어 낸다고 설명하였다.

2.3. 한국어의 진행상

언어개별적 문법상과 관련된 주제로 영어와 한국어의 진행상의 비교도 주요 연구 주제 중 하나였다. 많은 기존연구들은 영어와 한국어의 진행상이 다르다고 주장하였다.

(10) a. 영미가 철수를 사랑하고 있다.
     b. 영미가 철수를 알고 있다.
(11) A: (전화통화에서) 지금 뭐 해?
     B: a. 밥 먹고 있어.
        b. 밥 먹어.   (졸고 2013: 1074)

영어와 달리 한국어에서는 (10)과 같이 상태동사도 "고 있"의 형태를 취할 수 있고, (11B)와 같이 진행상 외에 단순현재시제도 현재진행중인 사건을 지시할 수 있기 때문이다.

기존연구들은 이들을 대체로 세 가지 방식으로 설명하였다(졸고 2013: 1074). 첫째, 한국어의 "고 있"이 영어의 진행상과 다르다고 보는 입장으로, Lee(1991)는 "고 있"을 상황의 중간단계(middle phase)를 지시하는 역동적 지속(dynamic duratives) 표지로 분석하였다. Kim(1993)은 "고 있"을 두 가지로 나누고 상태동사와 함께 쓰이는 "고 있"은 진행상이 아니라 결과표지라고 주장하였고, Ahn(1995)은 일반적 미완결 시점표지(general imperfective viewpoint marker), 박진호(2010)는 진행상이 더 문법화된 연속상(continuous aspect)로 분석하였다.

두 번째 입장은 "사랑하다, 알다"와 같은 동사들이 영어의 상태동사와 다르다는 입장이다. 브라운 외(2010)는 그들이 연속적인 상태의 시작을 묘사하는 기동상(inchoative eventualities)을 지시한다고 설명하였다. Lee(2006)도 기동상으로 보는데, 인지동사와 감정동사로 구분하고, 전자는 사건의 시작을 지시하는 기동상 성취동사(inchoative achievement verbs), 후자는 사건의 시작 후에 지속되는 과정과 유사한 상태를 지시하는 기동상 동작동사(inchoative activity verbs)라고 주장하였다.

세 번째 입장은 졸고(2013)의 입장으로 영어와 한국어는 진행상과 동사의 미는 동일하고, 두 언어 간의 차이는 (12)와 같이 첫째, 진행상과 단순현재시제가 어떤 의미관계에 있는가, 둘째, 동사의 의미가 고정되어 있는가 또는 절의 의미에 따라 바뀌는가, 즉, 어휘상이 얼마나 중요한 언어인가에 있는 것이라고 주장하였다.

(12) a. 단순현재시제와 진행상 간의 의미 관계: 영어는 대립 관계, 한국 어는 전자가 후자를 포함

b. 어휘상: 영어는 절의 의미에 따라 동사의미 결정, 한국어는 동사 의미 고정

우선, (12a)와 관련되어서는, 한국어는 (11B)에서 본 바와 같이 단순현재시제와 진행상이 동일하게 현재 진행 중인 상황을 지시할 수 있다. 그러나 영어는 현재 진행 중인 상황을 지시하기 위해서는 상태동사는 (13)과 같이 단순현재시제, 비상태동사는 (14)와 같이 진행상이 전형적이다.

(13) a. I love her.

b. ?I am loving her.

(14) a. ?I eat a sandwich.

b. I am eating a sandwich.

즉, 영어에서는 단순현재시제와 진행상이 의미적 대립관계에 있어 서로 역할이 분담되어 있으며, 한국어에서는 단순현재시제의 의미가 진행상의 의미를 포함하는 관계로 두 형태가 함께 쓰일 수 있다.

둘째, (12b)는 한국어와 영어의 상태동사를 일항/이항, 의미, 수동태 등에 따라 세분해 본 다음 표에서 알 수 있다.

〈표 2〉 한국어와 영어의 상태동사 진행상 (졸고 2013: 1078-1079)

	동사종류	영어 예	진행상 가능	한국어 예	진행상 가능
a	일항상태동사/ 양태	be pretty	×	예쁘다	×
b	일항상태동사/ 관찰가능한 상태	be polite	(맥락에 따른 정도차이)	공손하다	×
c	이항상태동사	NA	NA	좋다	×
d	수동태	be destroyed	(맥락에 따른 정도차이)	파괴되다	○
e	이항상태동사/ 대격목적어	adore, like, love	(맥락에 따른 정도차이)	좋아하다, 사랑하다	○
f	이항상태동사/ 대격목적어/관계	contain	×	포함하다	○

<표 2>에서 기존연구들은 주로 (e)에 초점을 맞추고 학교 문법적인 설명에 따라 이 그룹에 속하는 영어의 동사들이 진행형이 안 된다는 가정 하에 한국어와 영어가 다르다고 설명하였다. 그러나 실제로는 영어에서 이 그룹에 속하는 동사들도 절 의미에 따라 진행형이 가능하기 때문에(Leech *et al.* 2009, Levin 2013 등), (e)에서도 한국어와 영어는 대립적이 아니다.

이 외에도 영어에서 <표 2>의 (b)와 (d)의 상태동사들도 문맥에 따라 (15)-(16)과 같이 진행형으로 쓰인다.

(15) a. He is being polite. (Celce-Murcia and Larsen-Freeman 1999: 120)
    b. You're being obnoxious. (Radden and Dirven 2007: 192-193)
    c. The car is being difficult.   (Leech 1971: 25)

(16) a. So much is being destroyed nowadays.

b. The ceremony is being delayed.

그런 반면, 한국어는 <표 2>의 (a)-(c)에서는 어떤 절에서도 진행상이 전혀 안 되며, (d)-(f)에서는 항상 가능하다. 따라서 (12b)에서 요약한 것처럼, 한국어는 상태동사들이 어떤 절에서 쓰이던 각 동사의 의미에 따라 진행상 여부가 고정되어 있으며, 영어는 절의 의미에 따라 의미가 바뀌어 진행상을 허용하는 상태동사들이 있다고 보는 것이 더 정확한 일반화일 것이다.

한국어와 영어에 대한 이런 비교는 위의 어휘상과 문법상의 구분과 관련되는 주제로 앞으로도 연구가 더 필요하다. 3장에서는 진행상 연구에 대한 미래 연구 방향과 주제를 살펴본다.

3. 앞으로의 과제와 전망

3.1. 연구범위의 확대

3.1.1. 상의 담화화용적 기능

Boogaart & Janssen(2007: 818)에서 잘 설명하고 있듯이, 상이 절에 국한되는 문법현상이 아니라 절을 넘어서는 문제라는 통찰은 여러 연구들에서 이미 제시된 바 있다. Hopper(1982: 5)는 "상의 근본 개념은 의미논리적인 것이 아니라 담화화용적"이라고 하고, 완결상과 미완결상은 각기 담화의 전경화 (foreground)와 배경화(background)의 묘사와 관련된다고 주장하였다. 전경화는 대체로 담화의 중심적인 사건을 지시하고, 배경화는 전경 사건과 함께 일어나는 상황이나 행동을 지시한다. 또한 이들이 각기 인지언어학적 개념인 전경(Figure)과 배경(Ground)와 연결된다는 것은 Talmy(1978) 등 초기 연구에서부터 지적된 바 있다.

3.1.2. 상과 법(modality)

상과 시제, 시제와 법은 자주 비교 연구되었으나, 상과 법에 대해서는 연구가 많지 않았다. Fleischman(1995)은 여러 언어를 살펴볼 때 완결상과 "객관적(objective)" 또는 "사실적(factive)" 정보, 미완결상과 "주관적(subjective)," "관점화된(perspectivized)" 또는 "반사실적(counterfactual)" 정보 간에 관계가 있다고 주장하였다. 여러 언어에서 그런 관계가 발견된다면, 상과 법이 지시하는 언어보편적 의미가 무엇이며, 어떤 점에서 그들이 관련될 수 있는지 흥미로운 연구주제가 될 것이다.

3.2. 방법론의 확대

3.2.1. 말뭉치(corpus) 연구

말뭉치 연구는 많은 언어 현상들에서 기존의 이론적 주장이 틀렸음을 밝혀낼 때가 많다. 영어의 진행상에 대한 연구에서도 Jespersen(1909-1949)으로부터 많은 학자들이 상태동사의 진행상이 실제 많이 쓰임을 보고해 왔으나, 이론 언어학이나 학교 문법에서는 계속 비문법적이라고 주장해 왔다. 최근 영어 진행상에 대한 연구들(Mair & Leech 2006, Kranich 2008/2010, Leech *et al.* 2009, Aarts *et al.* 2010, Levin 2013 등)은 말뭉치 분석을 통해 영어에서 상태동사의 진행상이 많이 쓰이고 있음을 보여준다. 이런 사실에 근거하여 Kranich(2010: 32-35)는 영어의 진행상이 이제 상태나 습관도 지시할 수 있으며, 전형적인 진행상 단계를 넘어 일반적 미완결상(general imperfective aspect)의 방향으로 발전 중이라고 볼 수 있다고 제안하였다. Astrid De Wit *et al.*(2014)은 Santa Barbara Corpus of Spoken American English의 자료 분석에 근거하여 영어의 진행상에 대한 새로운 통합적인 인지적 설명을 제시하였다.

졸고(2013: 1052)의 설명을 빌리면, 말뭉치 연구들은 언어의 역사적 변화에도 관심이 많아 Hundt(2004) 등은 영어에서 진행상의 사용이 후기중세영어

(Late Middle English) 또는 초기근대영어(Early Modern English) 시대부터 계속 증가해 왔으며, 20세기 후반에도 그 이전에 비해 두 배에 가깝게 증가하였다고 주장하였다.

최근 영어에서도 증가하고 있는지에 대해서는 구어체에서 점점 증가하고 있다는 연구(Mair & Hundt 1995 등)와 증가하지 않았다는 연구(Leech *et al.* 2009 등)가 모두 있다. Levin(2013)은 Time Magazine Corpus 분석을 통해 "be 형용사" 형태의 상태동사와 사적동사(private verbs: believe, like, dislike, hate, intend, know, love, pity, want, wish)의 진행상이 20세기에 증가하였다고 주장하였다. Levin(2013)은 이런 변화의 이유 중의 하나로 현대영어의 구어체화(colloquialization) 경향을 들고 Time지의 문체도 점점 구어체화하고 있다고 설명한다. Freund(2016)는 구어체 영국영어는 상태동사의 진행상을 넓게는 허용하지 않으나, "love"와 "think"가 특징적으로 증가를 보이고 있다고 주장하였다.

다양한 말뭉치 분석을 통해 진행상의 역사적 변천, 다양한 영어(Englishes)의 진행상 용법의 비교, 한국어의 진행상 분석 등을 살펴본다면 언어유형론(language typology), 역사언어학, 문법화(grammaticalization) 등 여러 분야에서 독창적인 주장을 할 수 있을 것이다.

3.2.2. 실험방법론적(experimental) 연구

최근 이론언어학과 응용언어학 모든 분야는 실험방법론을 적용하여 새로운 주장들을 하고 있다. Parrill *et al.*(2013)은 진행상과 완료상에 대한 실험연구를 통해 화자들이 진행상과 완료상으로 사건을 묘사할 때 동일한 사건을 다른 방식으로 생각한다는 주장이 실험적으로 입증되지 않는다고 주장하였다. 그들은 상과 제스처의 상관관계를 살펴보았으며, 화자들이 비진행상으로 사건을 묘사할 때보다 진행상으로 묘사할 때 더 길고 복잡한 제스처를 사용함을 알아내었다. 이로부터 언어 이해 뿐 아니라 발화에서 상이 사람들이 사건에서 중요하게 생각하는 지표라는 것을 알 수 있다. 그러나 연구는 이에서 한걸음 더 나아가, 화자들이 처음에 진행상을 통해 이해한 사건에 대해서만 그 사건을 진행상으로 발화하면서 길고 복잡한 제스처를 동반하였다고 보고 하였다. 이와 대조적으로 처음에 완료상으로 이해하게 된 사건을 진행상의 문장으로 묘사할 때에는 제스처의 길이가 특별히 늘어나지 않았다.

이런 실험결과는 Parrill *et al.*(2013)이 주장하였듯이 상에 대한 연구 뿐 아니라, 언어의 본질과 인간의 인지에 대한 보다 깊이있는 고찰로 이어질 수 있다. McNeill(1992) 등의 연구는 언어를 이미지-모토 부분(imagistic-motoric component)과 상징 부분(symbolic component)으로 이루어진 것으로 보며, 이런 주장은 인지언어학이나 심리언어학의 기본 가정들과도 관련되는데, 실제 언어의 이해 부분과 발화/제스처 부분에서의 이미지 생성 과정이 어떻게 연관되는가를 연구하는 데에 도움을 준다.

인지언어학은 인간의 인지과정으로 언어를 설명하기 때문에 실험방법론과 매우 잘 부합되는 이론이다. 또한 보다 적극적으로 실험방법론을 활용하여 인지언어학의 많은 가설들을 검증하고 수정 보완한다면 훨씬 발전할 수 있는 언어이론이다. 앞으로 실험방법론을 적용하여 많은 연구가 이루어질 것으로 기대된다.

3.3. 교육에의 적용

인지언어학은 대체로 인지와 개념의미에 초점이 맞춰져 있고 사용 기반 (usage-based) 설명을 도입하고 있어 언어 교육 효과를 높일 수 있다는 것이 최근 연구들의 주장이다. Niemeier(2016: 3)는 인지언어학의 인간과 언어에 대한 기본 가설들이 언어의 주된 기능이 의사소통(communication)이고 인간이 근본적으로 사회적인 존재로서 언어를 타인과 상호작용하기 위한 도구로 사용한다는 것을 잘 반영한다고 주장한다. 또한 최근 일련의 연구들(Putz, Niemeier & Dirven 2001, Achard & Niemeier 2004, De Knop & De Rycker 2008, Robinson & Ellis 2008 등)은 인지언어학에 기반한 문법이 외국어 학습자들에게 기술적으로 적절하고 직관적으로 이해가능한 문법 설명을 제시한다는 연구들을 보고하고 있다.

Niemeier(2016)는 Langacker(1991)에 기반을 두고 다른 연구들(Fauconnier 1994/1997, Tyler & Evans 2001, Niemeier & Rief 2008)을 통합하면서 영어의 시제와 상에 대한 인지언어학적 설명을 외국어 교육에 적용하는 구체적인 방안을 연구하였다. 상황 유형(situation types)과 문법적/관점 상(grammatical/viewpoint aspect) 간의 상호작용, 시제/상의 조합에 대한 제약들, 상황의 개념화에서 배경의 역할, 시제가 시제로서 사용되지 않는 경우들에 대한 인지언어학적 설명이 영어 교육에서 매우 유효함을 보여주고 있다.

Niemeier(2016)는 인지언어학적 설명의 가장 큰 장점 중의 하나로 원형(prototype) 개념을 꼽는다. 인지언어학에서는 시제와 상의 모든 예들을 전형적인(typical) 것들로부터 점진적으로 경계적인(marginal) 것들로 설명할 수 있는데 이런 설명이 모든 예를 문법적인(grammatical) 것과 예외(exceptions)의 두 가지로 구분하는 다른 문법의 설명보다 더 합리적이라고 주장한다. 외국어 학습자들에게 특이한 예외들을 설명없이 무조건 암기하게 하는 교육보다, 그런 예들이 원형과의 관계에서 어떤 의미 관계에 있는가를 설명해 주는 인지언어학적 설명이 교육효과가 더 높다는 것이다. 이런 설명은 보다 근본적으로 실제의 언어 현상을 반영하여 학생들에게 언어가 어떤 식으로 운용되는가를 보여줌으로써 자연스럽게 학습이 일어나도록 돕는다는 것이다.

Niemeier(2016)는 구체적으로 외국어 학습자들이 습득하기 어려워하는 상의 경우들을 인지언어학적으로 설명한 뒤, 수업에서 교사들이 가장 먼저 원형적인 경우들을 의미적으로 설명해 주고, 그 뒤에 비원형적인 경우들을 차례대로 설명하는 방안을 제안하였다. 이때 중요한 것은 그런 경계적인 경우들도 항상 원형적 의미와 관련이 있다는 것을 명확히 하는 것이다.

이와 같이 인지언어학적 설명이 외국어 학습자들에게 상, 법, 시제, 그리고 나아가 다른 문법현상 등을 어떻게 더 쉽고 정확하게 이해시킬 수 있는지도 흥미로운 연구 주제가 될 것이다. 인지언어학이 교육에 유용하리라는 것은

Langacker(1987, 1991, 2008)에서부터 주장되어 왔었는데, 교육에 인지언어학적 설명을 적용해 보는 것은 반대로 인지언어학의 언어와 인지에 대한 이해를 더 깊게 만들어 인지언어학을 발전시키는 데에도 도움이 되리라 생각한다.

4. 마무리

이 글에서는 진행상(progressive aspect)에 대한 인지언어학적 탐구를 개관하였다. 주로 영어와 한국어의 진행상에 대한 기존의 연구들을 고찰하고, 최근의 연구동향과 전망을 살펴보았다. 상은 화자가 세계를 어떻게 바라보는가의 문제로 다양한 언어현상 중에서도 특히 인지언어학과 관련이 깊은 현상이다. 인지언어학 탐구 속에서 진행상의 본질이 밝혀지고, 진행상 연구를 통해 인지언어학이 더욱 발전할 수 있을 것으로 기대한다.

참고문헌

박진호(2010), "시제, 상, 양태", 『국어학』 60: 289-322, 국어학회.

브라운·루시언·연재훈(2010), "한국어 학습자들의 동사 시제 상 습득 양상에 대한 실험적 연구: 진행형 '-고 있다'를 중심으로", 『한국어교육』 21(1): 151-173, 한국어교육학회.

홍기선(2013), "영어와 한국어의 진행상", 『언어』 38(4): 1049-1092, 한국언어학회.

Aarts, B., J. Close & S. Wallis(2010), Recent changes in the progressive construction in English, in Cappelle, B. & N. Wada(eds.), *Distinctions in English Grammar*, 148-168, Japan: Kaitakushu.

Achard, M. & S. Niemeier(2004), *Cognitive Linguistics: Second Language Acquisition and Foreign Language Teaching*, Berlin: Mouton de Gruyter.

Ahn, Y. J.(1995), *The Aspectual and Temporal System of Korean: from the Perspective of the Two-component Theory of Aspect*, unpublished doctoral dissertation, University of Texas at Austin.

De Wit, A. & F. Brisad(2014), A cognitive grammar account of the semantics of the English present progressive, *Journal of Linguistics* 50(1): 1-42.

Bache, C.(1997), *The Study of Aspect, Tense and Action: Towards a Theory of the Semantics of Grammatical Categories*, Grankfurt: Lang.

Binnick, R. I.(1991), *Time and the Verb: A Guide to Tense and Aspect*, New York: Oxford University Press.

Boogaart, R. & T. Janssen(2007), Tense and aspect, in D. Geeraerts & H. Cuyckens(eds.), *The Oxford Handbook of Cognitive Lingustics*, 803-828.

Brinton, L.(1988), *The Development of English Aspectual Systems*, Cambridge: Cambridge University Press.

Bybee, J. L., R. D. Perkins & W. Pagliuca(1994), *The Evolution of Grammar: Tense, Aspect, and Modality in the Languages of the World*, Chicago: The University of Chicago Press.

Celce-Murica, M. & D. Larsen-Freeman(1999), *The Grammar Book: An ESL/EFL Teacher's Course*, Boston: Heinle and Heinle Publishers.

Chilton, P.(2007), Geometrical concepts at the interface of formal and cognitive models, *Pragmatics and Cognition* 15: 91-114.

Comrie, B.(1976), *Aspect*, New York: Cambridge University Press.

Croft, W.(1998), The structure of events and the structure of language, in M. Tomasello(ed.), *The New Psychology of Language: Cognitive and Functional Approaches to Language Structure* 1: 67-92, Mahwah, N.J.: Lawrence Erlbaum.

Croft, W. & D. A. Cruse(2004), *Cognitive Linguistics*, Cambridge: Cambridge University Press.

Dahl, O.(1985), *Tense and Aspect Systems*, Oxford: Basil Blackwell.

De Knop, S. & T. De Rycker(2008), *Cognitive Approaches to Pedagogical Grammar*, Berlin: Mouton de Gruyter.

Dowty, D.(1979), *Word Meaning and Montague Grammar: The Semantics of Verbs and Times in Generative Semantics and in Montague's PTQ*, Dordrecht: Reidel.

Drozdz, G.(2010), Scope as a cognitive tool in tense analysis, *Linguistica*

Silesiana 31: 1-21.

Fauconnier, G.(1994), *Time in Language*, London: Routledge.

Fauconnier, G.(1997), *Mappings in Thought and Language,* Cambridge: Cambridge University Press.

Fleischman, S.(1995), Imperfective and irrealis, in J. L. Bybee & Flieschman (eds.), *Modality in Grammar and Discourse,* 519-551, Amsterdam: John Benjamins.

Freund, N.(2016), Recent changes in the use of stative verbs in the progressive form in British English: *I'm loving it, Language Studies Working Papers* 7: 50-61.

Garey, H. B.(1957), Verbal aspect in French, *Language* 33: 91-110.

Geeraerts, D. & H. Cuyckens(2007), *The Oxford Handbook of Cognitive Linguistics*, New York: Oxford University Press.

Hopper, P.(1982), Aspect between discourse and grammar: an introductory essay for the volume, in P. Hopper(ed.), *Tense-Aspect Between Semantics and Pragmatics*, 3-18, Amsterdam: John Benjamins.

Hundt, M.(2004), Animacy, agentivity, and the spread of the Progressive in Modern English, *English Language and Linguistics* 8(1): 47-69.

Jespersen, O.(1909-1949), *A Modern English Grammar on Historical Perspectives*, London: George Allen and Unwin.

Kim, Y. K.(1993), The resultative progressive in Korean, *Proceedings of the 29th Regional Meeting of Chicago Linguistic Society*, 251-265.

Kranich, S.(2008), *The Progressive in Modern English: A Corpus-based Study of Grammaticalization and Related Changes*, unpublished doctoral dissertation, Freie Universitat, Berlin.

Kranich, S.(2010), *The Progressive in Modern English. A Corpus-based Study of Grammaticalization and Related Changes*, Amsterdam: Rodopi.

Langacker, R. W.(1987), *Foundations of Cognitive Grammar vol. 1: Theoretical Prerequisities*, Stanford: Stanford University Press.

Langacker, R. W.(1991), *Foundations of Cognitive Grammar vol. 2: Descriptive Application*, Stanford: Stanford University Press.

Langacker, R. W.(2000), *Grammar and Conceptualization*, Berlin: Mouton de

Gruyter.

Langacker, R. W.(2001a), Cognitive linguistics, language pedagogy, and the English present tense, in M. Putz, S. Niemeier & R. Dirven(eds.), *Applied Cognitive Linguistics 1: Theory and Language Acquisition*, 3-39, Berlin: Mouton de Gruyter.

Langacker, R. W.(2001b), The English present tense, *English Language and Linguistics* 5: 251-272.

Langacker, R. W.(2008), *Cognitive Grammar: A Basic Introduction*, Oxford: Oxford University Press.

Lee, H. S.(1991), *Tense, Aspect and Modality: a Discourse-Pragmatic Analysis of Verbal Suffixes in Korean from a Typological Perspective*, unpublished doctoral dissertation, UCLA.

Lee, E. H.(2006), Stative progressives in Korean and English, *Journal of Pragmatics* 38: 695-717.

Leech, G.(1971), *Meaning and the English Verb*, London: Longman.

Leech, G.(2009), Marianne Hundt, C. Mair & N. Smith, *Changes in Contemporary Englslish(Studies in English Language)*, Cambridge: Cambridge University Press.

Levin, M.(2013), The progressive verb in modern American English, in B. Aarts, J. Close, G. Leech & S. Wallis(eds.), *The Verb Phrase in English: Investigating Recent Language Change with Corpora*, 187-216, Cambridge: Cambridge University Press.

Mair, C. & M. Hundt(1995), Why is the progressive becoming more frequent in English? a corpus-based investigation of language change in progress, *Zeitschrift fur Anglistik und Amerikanistik* 43(2): 111-122.

Mair, C. & G. Leech(2006), Current changes in the English syntax, in B. Aarts & A. McMahon(eds.), *The Handbook of English Linguistics*, 318-342, Oxford: Blackwell Publishing Company.

McNeill, D.(1992), *Hand and Mind: What Gestures Reveal about Thought*, Chicago: Chicago University Press.

Michaelis, L. A.(1998), *Aspectual Grammar and Past Time Reference*, London: Routledge.

Niemeier, S.(2016), A cognitive grammar perspective on tense and aspect, in F. Kermer(ed.), *A Cognitive Grammar Approach to Teaching Tense and Aspect in the L2 Context*, Newcastle upon Tyne: Cambridge Scholars Publishing.

Niemeier, S. & M. Rief(2008), Progress isn't simple: teaching English tense and aspect to German learners, in S. de Knop & T. de Rycker(eds.), *Cognitive Approaches to Pedagogical Grammar*, 325-355.

Parrill, F., B. K. Bergen & P. V. Lichtenstein(2013), Grammatical aspect, gesture, and conceptualization: using co-speech gesture to reveal event representations, *Cognitive Linguistics* 24(1): 135-158.

Putz, M., R. Dirven & S. Niemeier(2001). *Applied Cognitive Linguistics 1: Theory and Language Acquisition*, Berlin: Mouton de Gruyter.

Radden, G. & R. Dirven(2007), *Cognitive English Grammar*, Amsterdam: John Benjamins.

Robinson, P. & N. C. Ellis(2008), *Handbook of Cognitive Linguistics and Second Language Acquisition*, London: Routledge.

Smith, C.(1983), A theory of aspectual choice, *Language* 59: 479-501.

Talmy, L.(1978), Figure and ground in complex sentences, in J. Greenberg(ed.), *Universals of Human Language vol. 4 Syntax*, 625-649, Stanford: Stanford University Press.

Tyler, A. & V. Evans(2001), The relation between experience, conceptual structure and meaning: non-temporal uses of tense and language teaching, in M. Putz, S. Niemeier & R. Dirven(eds.), 63-105.

Vendler, Z.(1967), *Linguistics in Philosophy*, Ithaca, N.Y.: Cornell University Press.

Verkuyl, H. J.(1993), *A Theory of Aspectuality: The Interaction between Temporal and Atemporal Structure*, Cambridge: Cambridge University Press.

가상이동

임 태 성*

1. 들머리

일상에서 직·간접적인 이동에 대한 체험은 우리의 상상력을 불러일으킨다. 이동에 대한 인식은 이동 행위뿐만 아니라 이동의 경로나 대상의 상태 등을 통해서도 가능하다. 또한 이동에 대한 체험은 시뮬레이션 되어 떠올릴 수 있다. 이러한 이동에 대한 복합적인 체험들은 그 인식의 확장을 동기 부여하는데, 사랑, 여행, 시간 등과 같은 추상물뿐만 아니라 비이동체를 이동으로 인식할 수 있다.

'인지언어학'에서는 이동의 인식과 더불어 그 확장에 지속적인 관심을 가져왔다. 예를 들어, '사랑이 가다', '추석이 다가오다'와 같이 은유적으로 확장된 경우, 그리고 '이 길이 대구에서 서울로 가다'와 같이 '가상이동'이라고 일컫는 예들은 일상에서 흔히 찾아볼 수 있으며, 인지적으로 이동의 확장으로 간주된다. 특히 '이 길이 대구에서 서울로 가다'와 같이 비이동체를 이동

---

* 경북대학교 강사, sofi99@naver.com

으로 나타내는 '가상이동'에 대한 관심은 인간 상상력의 매력적인 측면을 보여준다.

이 글에서는 '가상이동'에 대한 연구의 발자취를 따라가면서 그 연구의 특징과 성과 그리고 앞으로의 과제를 살펴보려는 데 목적이 있다. 2장에서는 '가상이동' 연구의 현황, 3장에서는 '가상이동' 연구의 과제를 살펴볼 것이다.

2. 가상이동 연구의 현황

'가상이동'은 이동의 함축적 유형으로, '가상이동' 표현을 중심으로 유형과 해석 방식 그리고 심리학적 연구로 진행되어 왔다. 아래에서는 '가상이동'의 초기 연구와 최근 연구로 나누어 살펴볼 것이다.

2.1. 가상이동의 초기 연구

'가상이동'은 Talmy(1983)의 연구를 필두로, "'비사실적 현상(nonveridical phenomena)'에 대한 인식(Talmy 2000: 99)"으로 정의되었다. '가상이동'이 '비사실적 현상'이라는 정의는 연구자에 따라 다양한 관점에서 연구되어 왔다. 우선 '가상이동'이 상대적으로 '순식간(fleeting)' 혹은 '암묵적(tacit)'으로 나타난다는 연구로, Talmy(1983)는 *virtual motion*으로, Langacker(1987)는 *abstract motion*으로 명명했다. 이러한 관점에서 살펴본 '가상이동'의 예는 다음과 같다(Talmy 1983: 236).

(1) a. This road runs past the factory.
    b. This road extends through the tunnel.
    c. This road goes from Burney to Redding.

(1)의 표현에서 *this road*는 문장의 주어이면서 정적인 대상이다. 하지만 (1a)에서 *run, past*, (1b)에서 *extend, through*, (1c)에서 *go, from, to*는 '실제이 동'을 나타내는 표현들이다. 즉, 문장에서 주어와 서술어 간에 의미적 불일치 를 나타낸다. 하지만 이러한 예들이 실제 언어 상황에서 사용되며, 이해가 된 다는 점은 이동 인식이 함축되어 있다는 측면에서 중요하다.[1]

다음으로, Langacker(1987)에서는 '가상이동'을 해석의 하나인 '주사'[2]의 방식으로 살펴보았다. 이것은 예문 (1)에서처럼 화자는 경로 상에서 주어로 나타나는 대상을 심리적으로 쫓아간다(Langacker 1987: 170-171). 아래 그림 을 살펴보자.

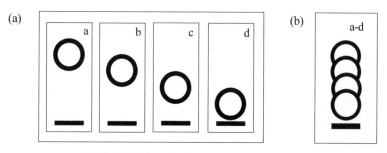

〈그림 1〉 '순차 주사'와 '요약 주사'의 도식

<그림 1>에서 (a)는 '순차 주사', (b)는 '요약 주사'를 나타내는데, '순차 주사(sequential scanning)'는 어떤 장면을 시간의 흐름에 따라 연속으로 파악 하는 것을 말하며, '요약 주사(summary scanning)'는 어떤 장면을 통합된 전 체로서 파악하는 것을 말한다(Langacker 1987: 144-146). 이 '주사'의 방식은 '가상이동'에서 이동 인식 즉, 이동 시간에 대한 '개념화'[3]로 나타난다. 다시

---

1 Talmy(1983: 236)는 (1)에 제시된 예가 정지된 선으로 인식되는 것보다, 이동하는 점이나 선으로 고려되는 것이 더 근본적이라고 주장하였다.

2 '주사(scannig)'란 '개념화자'가 어떤 장면에 주의를 두고 시간 흐름을 인식 (Langacker 1987: 80)하는 방식이다.

3 '개념화(conceptualization)'란 "어떤 언어 표현의 의미 구조는 개념적 내용과 그

말하면, '순차 주사'는 실제이동을 인식할 수 있는 상황에서 비이동체를 이동으로 인식하는 경우에, '요약 주사'는 실제이동 없이 비이동체를 이동으로 인식하는 경우에 적용된다.

그리고 Lakoff(1987: 105-106)는 '가상이동'과 같은 현상을 '영상도식4의 변형(image-schema transformation)'으로 처리하였다. 이동은 '영상도식' 중 '경로(PATH)' 도식과 관련되는데, 이 도식에서 '출발 지점 A', '도착 지점 B', 'A, B 사이에 경로를 따르는 방향', 그리고 A에서 B로 이동하게 하는 '힘(force)'이라는 요소(elements)가 나타난다(Johnson 1987: 28). 이 도식은 다음과 같다.

〈그림 2〉 '경로(PATH)' 도식

<그림 2>와 같이 '경로(PATH)' 도식은 한 위치에서부터 또 다른 위치로 이동을 약술하는 추상적 선이다.5 여기에서 '추상적 선'은 '가상이동'을 이해

내용을 개념화하는 특정한 방식을 포함한다(Hamawand 2016: 79-80)"는 것을 말한다. 여기에서 '개념화'란 "시간이 경과하고 시간에 걸쳐서 일어나는 것 (Conceptualization takes place *in* and *through* time)(Langacker 1987: 145)"을 말한다.

4 '영상도식(image schema)'은 감각 경험과 지각적 경험으로부터 도출되는 세계와의 상호작용의 결과로 발생한다(Evans & Green 2006: 178). 이러한 영상 도식에는 '그릇', '경로', '연결', '힘', '균형' 도식뿐 아니라, 방향성과 관련된 '위-아래', '앞-뒤', '부분-전체', '중심-주변' 도식 등이 있다.

5 이 도식은 공간상에서 눈에 보이는 길 또는 경로로 이해되는 '경로(길)' 틀의 기초가 되고, 그런 길은 다른 표면, 그 위에 사물의 부재, 인간의 사용을 위한 적합성, 방향성 등의 특징이 있다. 그러나 이 도식은 더욱 복잡한 '여행(Travel)' 틀의 기초도 되는데, 여기에서 경로는 상상적이고(지도 위에 그린 여행 일정), 경로를 따라 이동하는 수단(수송 수단)을 포함한다. 또한 이 도식은 '경주(Race)' 개념의 기초가 되기도 한다(여기에서 둘 또는 그 이상의 탄도체는 각각 목적지에 더 빨리 도달할 목적으로 그곳을 향해 실재 경로나 가상의 경로를 따라 이동하고 있다)(Dancygier & Sweetser 2014: 24).

할 때, 비이동체를 이동으로 인식하도록 변형된다.

이러한 연구들은 '가상이동'에 대한 연구의 발판으로, 그 현상과 해석 과정, 그리고 영상도식에 대한 변형 등의 여러 측면에서 살펴보았다는 의의가 있다.

'가상이동'의 초기 연구들을 기반으로 '가상이동'에 대한 재정의 및 분류 그리고 다양한 언어에서 이러한 현상들을 살펴본 연구들이 이어졌다. 우선 Talmy(1990, 1996, 2000)는 '사실적(factive)'이라는 용어에 상대적인 *fictive* 라는 용어를 고안하였고, '중복 체계(overlapping systems)' 모형을 제안했다. 그는 언어에서 이러한 현상들을 *fictivity*라고 명명했다. 그리고 이러한 예들을 여섯 가지로 분류했다. 이것은 '발산(emanation)', '패턴 경로(pattern paths)', '틀 상대적 이동(frame-relative motion)', '도래 경로(advent paths)', '접근 경로(access paths)', '동연 경로(coextension paths)'가 이에 해당된다.

(2) a. She crossed in front of me. (그녀는 내 앞을 가로질렀다.)

b. As I painted the ceiling, (a line of) paint spots slowly progressed across the floor. (내가 천장에 칠을 함에 따라, 페인트의 얼룩이 천천히 마루 위에 떨어졌다.)

c. I sat in the car and watched the scenery rush past me. (나는 차에 앉아서, 나에게 밀려오는 풍경을 보았다.)

d. The palm trees clustered together around the oasis. (야자수들은 오아시스 주위에 함께 무리를 이루었다.)

e. The bakery is across the street from the bank. (빵집은 은행에서 부터 거리를 가로질러 있다.)

f. The fence goes from the plateau to the valley. (울타리는 고원에 서 계곡까지 간다.)

(2)에서 (2a)는 '발산'[6], (2b)는 '패턴 경로'[7], (2c)는 '틀 상대적 이동'[8], (2d)

---

[6] '발산'은 비실체적인 어떤 것의 원천에서 발생하는 가상적 이동으로, '방위 (orientation)', '방사(radiation)', '그림자(shadow)', '감각(sensory)' 경로로 나누어 진다.

는 '도래 경로'9, (2e)는 '접근 경로'10, (2f)는 '동연 경로'11의 예이다. 이러한 예들은 정지된 대상을 이동 동사를 통해 나타냈다는 공통점과 각 의미 유형에 따라 분류되었는데, 이러한 발상의 근본은 인간의 비대칭적인 역동성에 대한 일반적인 인지적 경향이다.

다음으로, (2)에서 (2f)로 제시된 '동연 경로'의 예가 주목을 받으며 다른 언어들에서 지속적으로 연구되었다.

첫째, Matsumoto(1996)는 *subjective motion*으로 명명한, '가상이동'의 표현상 특징에 주목하면서 영어와 일본어를 대조 연구했다.12 Matsumoto는 '가상이동'을 두 가지 조건으로 살펴보았다(Matsumoto 1996: 194).

   (3) a. 경로 조건: 이동 경로의 몇 가지 속성은 표현되어야 한다.
        b. 방식 조건: 이동 방식의 몇 가지 속성은 경로의 몇 가지 상관된 속성을 나타나는데 쓰이지 않는다면 표현되지 않아야 한다.

(3a)의 '경로 조건'에 따라, *run*과 같은 동사는 영어나 일본어에서, 실제이동을 나타낼 때 전치사구나 부사구와 같은 정보가 필요하지 않지만 (4)와 같이 '가상이동'에서는 나타난다.13

---

7 '패턴 경로'는 어떤 형상이 공간을 통해 이동하는 것이 가상으로 개념화하는 것과 관련 있으며, (2b)에서 페인트의 얼룩이 내가 이동하는 방향으로 이동함을 가상적으로 주사함을 나타낸다.

8 '틀 상대적 이동'은 전체적인 참조 틀에서, 언어를 통해 관찰자가 정적인 환경에 상대적으로 이동하는 것으로 사실적으로 가리키는 것을 말한다.

9 '도래 경로'는 정지한 사물이 차지하고 있는 현장에 도착하거나 표명되는 사물의 위치를 묘사하는 것이다.

10 '접근 경로'는 어떤 실체가 정적인 사물과 만날 수 있는 지점까지 따라갈 수 있는 경로에 의해 정적인 그 사물의 위치를 묘사한다.

11 '동연 경로'는 사물의 넓이상에 있는 경로에 의해 공간적으로 확장된 사물의 형태, 방위, 위치를 묘사한다.

12 Matsumoto(1996: 184-185)는 Talmy에서 제시한 '접근경로', '발산'이 전형적으로 전치사구이며, '주관적 변화(subjective change)'에 해당되므로 제외한다고 밝혔다.

(4) a. The road began to run {straight/along the shore}.

　　 b. Sono michi wa {massugu/kaigan ni sotte} hashitte iru.

　　　 the road TOP straight/ shore along   run   ASP

　　　 'The road runs {straight/along the shore}.'

(3b)의 '방식 조건'에 따라, *slowly, angrily, desperately* 등과 같은 부사구는 (5)와 같은 영어와 일본어의 '가상이동'에서 나타날 수 없다.

(5) a. *The Highway runs {slowly/angrily/desperately} through the desert.

　　 b. *Sono haiuee wa   sabaku o   {yukkuri/hisshi ni} hashiru.

　　　 the highway TOP desert ACC slowly/desperately run

　　　 'The highway runs through the desert {slowly/desperately}.'

또한 영어와 일본어의 '가상이동'에서 표현상 차이가 있다.

(6) a. *The road {often/always} runs through the center of the city.

　　 b. Sono michi wa machi no   mannaka o   tooru.

　　　 the road TOP city GEN center   ACC go.through

　　　 'The road goes through the center of the city.'

(6a)에서 *run*은 '상태동사(stative verb)'를 나타내기 때문에 *often/always*와 같은 부사와 함께 나타날 수 없는 반면, (6b)의 일본어는 가능하다. 이러한 언어별 제약은 각 언어에 따라 그 표현 방식의 차이가 나타나며, 이러한 차이가 '가상이동'을 개념화하는 데 영향을 준다는 것이다.

　둘째, 임지룡(1998)에서는 한국어에 나타난 '가상이동'의 표현상 특징을 살

---

13 반면 *ascend, descend, curve*와 같은 동사로 나타나는 주관적 이동에서는 전치사구나 부사구와 같은 정보가 나타나지 않는다(Matsumoto 1996: 195).

펴보았다.[14] 다음 예를 살펴보자(임지룡 2008: 309).

(7) a. 철길이 동네 마당을 막 {*가고/지나가고} 있다.
b. 백운산 어름에서 큰 산맥 하나가 백두대간과 갈라져 서쪽으로 {*간다/뻗어간다}.

(7)에서 볼 수 있듯이, 한국어에서 '가상이동' 표현은 '가다', '오다' 앞에 경로나 방식의 정보가 포함된 '지나가다'와 '뻗어가다' 등의 합성동사의 공기가 더 선호되는 것으로 살펴볼 수 있다.

이상의 연구들은 '가상이동'의 표현상 특성을 연구함으로써, '가상이동'을 의미적으로 분류했다는 의의를 가진다. 이러한 연구들은 계속적으로 이동에 대한 관심으로 이어지며, 언어 간 대조[15]나 심리학적 실체에 대한 근거를 제시해 보려는 심리학적 연구로 이어졌다.[16]

첫째, Goldstone & Barsalou(1998)는 '가상이동'과 같은 현상이 무의식적으로 발생한다고 주장한다. 이 관점에서 지각적 표상들은 지각과 선택적 주의를 통해 추출되는 무의식적 상태이다. 이것은 Barsalow(1999a)에서 '상황화된 이동(situated motion)'으로 명명되었고, '거울 뉴런(mirror-neuron)'과 관련되어,[17] '실제이동'이 시뮬레이션 된다는 주장으로 확립되었다.

둘째, Matlock(2001)에서 실험 참가자들은 이동이 포함된 이야기를 읽으면

---

14 임지룡(1998)에서는 이 글에서 명명한 '가상이동'을 '객관적 이동'의 상대적인 용어로 '주관적 이동'이라 명명했다.

15 김준홍(2012)에서는 이동의 확장 중 하나로 '허구적 이동(fictive motion)'을 정의하고, 영어와 한국어를 대조 분석하였다.

16 심리학적 연구는 앞서 제시한 언어 연구의 결과뿐만 아니라, 이동 경험에 대한 이해(Clark 1973; Jackendoff 1983; Mandler 1992, 1996; Radden 1996, 1997; Slobin 1996; Talmy 2000), 공간 경험에 따른 시간의 추상적 영역에 대한 지식의 이해(Boroditsky & Ramscar 2002: 185-189), '가상이동'의 시간적 추론(Matlock, Ramscar & Boroditsky 2005: 655-664)과 관련된다.

17 '가상이동'의 '거울 뉴런'을 통해 시뮬레이션 된다는 주장은 Matlock(2004b)를 참조할 수 있다.

서, 그것이 '가상이동'인지를 판별했다. 예를 들어, 참가자들은 *A road crosses the desert*라는 표현에서, '느림', '긴 거리', 그리고 '복잡한 지형'의 정보가 포함되었을 때, '가상이동' 표현을 찾는 데 더 많은 시간이 걸렸다고 보고되었다(Matlock 2001: 45-46). Matlock은 이러한 결과가 이동을 시뮬레이션 할 수 있는 우리의 인지능력과 관련된다고 결론지었다.

셋째, Matlock & Richardson(2004)은 실험 참가자들이 '가상이동'을 이해할 때 눈의 움직임을 살펴보았다. 이 실험에서 참가자들은 '가상이동'을 읽으면서 지속적이면서 예측 가능한 방식으로 눈의 움직임을 나타냈다. 이 결과는 비유적 언어 역시 시각적 경험에 영향을 주며, '가상이동' 표현이 정신적으로 시뮬레이션 된 이동을 포함한다는 것을 보여준다.

넷째, Matlock(2004a)에서 '가상이동'은 '실제이동'에 의해 동기화된다고 주장한다. 이동 동사는 본질적으로 고정된 장면을 기술하고, 상상된 공간을 통해, 탄도체를 따라 '움직임(movement)'이나 '주사(scanning)'의 시뮬레이션이 일어난다. 이러한 인식의 기반에는 개념화자가 움직임이나 주사를 발생시키는데, 그 목적은 시뮬레이션된 이동이 물리적 장면의 배경에 대한 정보를 추론하도록 언어 사용자를 허락한다고 믿는다는 점이다. 특히 이동의 경로나 전경의 '배열(configuration)' 혹은 위치와 관련되어, 시뮬레이션된 이동을 수반한다.

더불어 인지신경과학 연구에서는 참가자들이 '가상이동' 문장을 이해할 때, 뇌 활성화의 패턴을 조사했다.[18]

첫째, Kourtzi & Kanwisher(2000)는 fMRI의 활성화를 통해, 고정된 장면에서 '가상이동'과 같은 함축된 이동을 처리하는 것이 '실제이동'의 지각을 처리하는 것과 다르지 않다고 제안했다.

---

18 수학에서 핵심적 개념들이 전적으로 추상적이고, 정적인 용어임에도 불구하고, 현대적이면서 역사적 관습에서 역동적으로 개념화되어 정의된다(Marghetis & Núñez 2013: 299-316). 예를 들어, 수학적 '기능(function)', '제약(limit)' 그리고 연결성(continuity)에서 이동의 가상성을 살펴볼 수 있다(Núñez & Lakoff 1998, Núñez 2006).

둘째, Krekelberg et al.(2003)은 함축된 이동이 실제이동 정보를 통합한다고 주장한다. 우리의 뇌는 이동을 함축하는 정지된 이미지(Kourtzi & Kanwisher 2000)나 사진, 만화(Kourtzi 2004)를 통해서 '실제이동'으로 인식할 수 있다.

셋째, Núñez, Huang & Sereno(2007), Saygin, McCullough, Alac & Emmorey(2010) 등은 뇌영상 연구에서 '실제이동' 그리고 '가상이동' 문장 모두를 '지각적 이동(perceived motion)'에 선택적으로 반응하는 MT+에서 활성화된다는 사실을 발견했다. 특히, '신경 기질(neural substrate)'들이 활성화되는데 이동 동사들의 비유적 사용이 그 활성화에 참여하고(Saygin, McCullough, Morana & Emmorey 2009: 2480-2490), 정지된 문맥이라도 이동 동사가 사용된 표현들은 왼편 가운데 '측두엽(temporal cortex)'을 활성화시킨다(Wallentin et al. 2005: 649-652)는 결과를 도출했다.

이러한 심리학, 신경과학적 연구들은 사람들이 실제로 '가상이동'을 어떻게 인식하는지 그리고 뇌의 반응이 어떤지를 살펴보았다. 이 연구들을 통해, '가상이동'이 단순히 표현상의 문제가 아니라, 인간 인지에 무의식적으로 인식할 수 있는 능력이 있다는 것을 알게 되었다.

2.2. 가상이동의 최근 연구

최근에는 '가상이동'에 대한 심리학적 실험 연구가 이어지고 있으며, 언어적으로 해석 작용이나 양적 연구를 통해 그 본질을 살펴보려는 시도가 진행되고 있다.

첫째, Matlock(2010)은 '가상이동'을 '정신적 시뮬레이션(mental simulation)'의 하나로 간주하며, '가상이동'이 단순히 '허구(fiction)'가 아니라는 것을 보여준다. '행위(behavioral)'와 '눈-움직임(eye-tracking)'에 대한 실험 연구는 '가상이동' 표현의 이해가 공간적 처리과정을 구성한다고 주장한다.

여기에서 '정신적 시뮬레이션'은 Barsalow(1999a, 1999b, 2008)에서 제시한 '기반적 인지(grounded cognition)'와 유사한 개념이다. '기반적 인지'란

'양상 시뮬레이션(modal simulations)', '신체적 상태(bodily states)', 그리고 '상황화된 행위(situated action)'가 인지의 기저를 이룬다고 제안한다 (Barsalow 2008: 617). 이 관점에서 '가상이동'이 '실제이동'을 직접 겪거나, 그것을 관찰하는 방식과 유사하다는 것이다.

둘째, Langacker(2008)는 Langacker(1987)에서 제시한 *abstract motion*을 *fictive motion*으로 명명하고, 해석의 '역동성(dynamicity)'을 주장하였다. 이 논의에서 '실제이동'과 '가상이동'의 도식은 다음과 같이 제시되었다 (Langacker 2008: 529-530).

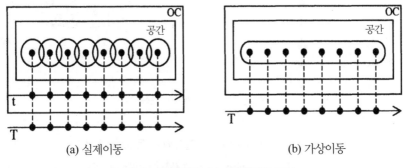

(a) 실제이동　　　　　　　　(b) 가상이동

〈그림 3〉 '실제이동'과 '가상이동'의 도식

<그림 3>은 동일한 '객관적 내용(OC)'과 '처리시간(T)'을 가진다. <그림 3>의 (a)는 '실제이동'의 도식으로, 소문자 t는 개념화 시간을 나타낸다. 여기에서 개념화 시간은 그 시간에 따라 이동을 주사한다는 것을 나타낸다. 즉, 개념화자는 <그림 3>의 (a)에서 이동체가 경로를 동일하게 '주사(scanning)' 하는 것으로 인식한다.

반면, <그림 3>의 (b)는 '가상이동'의 도식으로, 개념화자는 각 위치들의 경로를 따라 주사하지만 그 경로는 전체적인 형상을 나타낸다. 즉, 개념화자는 <그림 3>의 (b)에서 관찰 대상인 비이동체의 형상을 구축한 후에 나타나는 경로를 따라 주사한다.

이에 덧붙여 '가상이동' 발생의 동기는 '실제이동'에 대한 시뮬레이션과 관련 된다(Langacker 2008: 535).

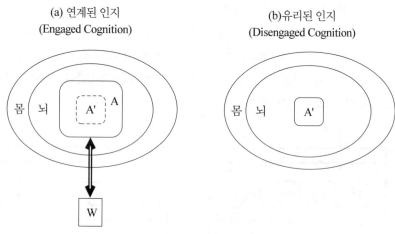

(a) 연계된 인지
(Engaged Cognition)

(b)유리된 인지
(Disengaged Cognition)

〈그림 4〉 시뮬레이션 도식

'시뮬레이션'[19]이란 '틀(frame)'[20]로 연상되는 동적인 개념으로, <그림 4>에서 (a)는 '물리적 세계(W)'와 직접 상호작용이 가능한 반면, (b)는 물리적 세계와의 상호작용이 없이 자동적으로 나타난다. 즉, 무의식적이다. A'는 A가 출현할 때 언제나 출현하고, (b)에서 A'는 '물리적 세계'와의 접촉이 없는 상황 즉, 시뮬레이션을 가리킨다. '시뮬레이션'은 직접 경험과 비교해서 두 가지 특징이 있는데, 직접 경험보다 강도나 생생함이 희박해지고, 직접 경험보다

---

19 이 글에서 제시한 '시뮬레이션'은 '계산적 시뮬레이션'과 구별된다. '계산적 시뮬레이션'은 인지과정이 컴퓨터에 의해 시뮬레이트 할 수 있다는 것으로(Lakoff 1987: 345-346), 인간의 마음은 모듈로 구성되어 있다는 '객관주의(Objectivist)' 견해이며, 이 글에서 제시하는 '시뮬레이션'은 '체험주의(Experientialist)' 견해로, '체험주의'란 인간의 마음은 우리가 경험하고 지각하는 그대로의 세계를 반영한다고 주장한다(Kövecses 2006: 10-12).

20 '틀'이란 경험의 지식 구조를 나타내며 문화적으로 고정된 특정한 장면이나 상황, 사건과 연상되는 요소와 실체를 관련시킨다(Fillmore 1985: 226-230).

정교함이 덜하다(Langacker 2008: 536-537)는 것이다.[21]

   셋째, 임태성(2016)에서는 Talmy(1996, 2000)에서 제시한 정의에 따라, '가상이동'을 "'비사실적 현상(nonveridical phenomena)'에 대한 인식"으로 정의하고, 임지룡(1998)에서 분류한 체계에 따라 '상대적 이동'과 '심리적 이동'으로 나누어 살펴보았다. 이 논의는 기존의 연구 방식에 따라 해석의 방식들 중 '개념화자'의 '주의(attention)'와 관련된 현상으로 제시하였고, 언어적 특성[22]과 그 의미 구성을 '개념적 혼성'[23]의 도식으로 살펴보았다. '가상이동'의 도식은 다음과 같다(임태성 2013: 233).

---

21 '가상이동'이 '시뮬레이션'을 통해 발생된다면, '가상이동' 표현에서 전경으로 나타나는 '길, 도로, 철도, 담, 벽, 탑' 등을 실제 모습 그대로 인식되는 것이 아니라, 쭉 이어진 '선'과 같이 인식한다는 점, 그리고 '변경선', '구획선'과 같이 실제 관찰할 수 없는 '선'의 확장 양상을 설명하는 데에도 적절해 보인다(임태성 2016: 34-35).

22 예를 들어, '상대적 이동'에서 임지룡(2008: 311-312)은 표현상 특성으로 '경로의 수의성', '이동 속도', '이동의 일방향성'의 3가지로 제시하였으나, 임태성(2016)에서는 동사의 양상도 함께 살펴보았다.

23 '개념적 혼성'은 Fauconnier & Turner(2002)의 *The Way We Think*에서 제안된 이론으로, 의미 구성의 동적인 양상을 살펴볼 수 있으며, '개념적 혼성' 이전의 '개념적 은유' 이론과 '정신공간' 이론에서 타당하게 설명하지 못하는 현상을 극복하기 위하여 개발되었다.

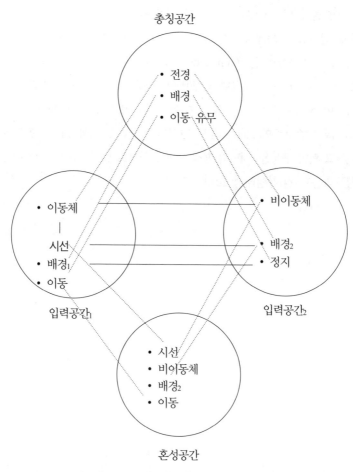

총칭공간

- 전경
- 배경
- 이동 유무

- 이동체
- 시선
- 배경₁
- 이동

입력공간₁

- 비이동체
- 배경₂
- 정지

입력공간₂

- 시선
- 비이동체
- 배경₂
- 이동

혼성공간

〈그림 5〉 개념적 혼성으로 나타낸 '가상이동'

    〈그림 5〉는 '가상이동'을 '개념적 혼성'으로 나타낸 것이다. 〈그림 5〉에서 '가상이동'이 발생할 때 전제되는 '이동', '정지' 공간의 각각의 요소들이 나타나고, 두 공간이 혼성되어 '가상이동'이 나타나는 '혼성공간'이 있다. 〈그림 5〉에서 '입력공간₁'과 '입력공간₂'는 각각 실제이동과 정지의 상태를 나타낸다. 각각의 '입력공간'에서 '입력공간₁'은 '이동' 공간을 나타내는데, '이동체', '배경₁', '이동'의 의미 성분으로 나타난다.

'총칭공간'은 각 입력공간의 공통 속성이 나타난 것으로 '전경', '배경', '이동 유무'로 나타난다. 그리고 '혼성공간'은 우리가 '가상이동'과 같은 표현을 이해할 때, 각 '입력공간'의 의미 성분 중에서 '시선', '비이동체', '배경$_2$', '이동'이 '혼성공간'에서 나타난다. 여기에서 '시선'이란 '입력공간'에서 '이동체'의 속성이 비대응적으로 투사되는 것을 말한다. 즉, '이동체' 전부가 혼성공간에 투사되는 것이 아니라, '이동체'의 '시선'이라는 한 부분만이 혼성공간에 투사된다. 이러한 성분들이 혼합되어 나타날 때, 우리는 '가상이동'을 자연스럽게 인식할 수 있다.

넷째, 임태성(2018a)에서는 '가상이동'의 정의를 고찰해 보았다. 이것은 Talmy(1996, 2000)에서 '비사실적 현상(nonveridical phenomena)에 대한 인식'이라는 정의 방식에 대해, '가상이동'이 '실제이동'처럼 실재한다는 공통점과 상대적으로 비이동체를 이동체로 인식한다는 차이점에서, '물리적 공간에서 비이동체의 위치 변화 인식'으로 '가상이동'을 정의했다(임태성 2018a: 414-415). 여기에서 '물리적 공간'은 실재하는 공간이며, '위치 변화'는 시간에 따른 변화이며, '비이동체의 인식'은 우리가 '실재'를 인식하는 방식으로, 인간의 상상력에 의해 창조되는 투사된 실재(Kövecses 2006: 10)를 말한다.

지금까지 살펴본 대로, '가상이동'의 최근 연구는 언어적으로 이전의 연구보다 세밀하게 의미적 특성들을 살펴보았으며, '가상이동'의 실재와 본질에 대한 심리학적 연구, 그러한 인식이 '정신적 시뮬레이션'으로 발생한다는 연구가 진행되어 왔다. 그렇다면 '가상이동'에 대한 연구는 앞으로 어떤 방향으로 나아가야 하는가?

3. 가상이동 연구의 과제

'가상이동'은 그 언어적 현상에서부터 심리학 및 신경과학 연구를 통한 실증, 그리고 그 의미적 특성에 대한 연구로 진행되었다. 이 절에서는 '가상이동'

이라는 주제가 더 활발하게 연구되기 위해, 앞으로의 방향을 모색해 보고자 한다.

첫째, '가상이동' 연구 범위의 확장이다. Talmy(1996, 2000: 116-139)에서 '가상성(fictivity)'이라고 명명한 6가지 범주들이 있었다.[24] 이 연구 이후에 대부분의 '가상이동'과 관련된 연구가 이 범주들 중에서 '동연 경로(coextension paths)'와 관련 된다. 이것은 '가상이동'의 범위를 제한 시켜, 언어별 연구의 활성화를 불러일으킨 장점이 있다. 하지만 이러한 제한된 연구 범위는 '정신적 시뮬레이션'의 범위가 제약을 받으며, 지엽적인 연구로 이어지게 되었다.

대신에 '가상이동'을 '실제이동'에 상대적으로 '비이동체'를 이동으로 인식한다(임태성 2018a)고 하면, 그 연구 대상이 다양하게 제시될 수 있다. 예를 들어, 수학에서 핵심적 개념들이 전적으로 추상적이고, 정적인 용어임에도 불구하고, 이동으로 개념화되어 정의된다(Marghetis & Núñez 2013: 299-316)는 결과가 있다. 이러한 예는 추상적 개념들이 물리적 이동 공간에서 인식 가능하다는 점에서 이러한 현상들을 주의 깊게 살피고, 그 현상에 나타나는 인식의 확장을 살펴볼 필요가 있음을 예증한다.

또한, '가상이동'의 통시적인 연구가 필요하다. 예를 들어, 문학작품 중에 '기행가사'는 여행의 여정을 소개하는 가사 종류 중 하나로, '솟다'의 경우 시기별로 유사한 표현 방식이 나타난다.

(8) a. 撐天(탱천) 鰲柱(오쥬)는/蛟室(교실)에 소사낫고 (관동속별곡, 1623년경)

   b. 만학(萬壑) 천봉(千峰)이/반공(半空)의 소수시니 (만언수, 1765년경)

   c. 셔가봉(釋迦峰) 지장봉(地藏峰)은/반공(半空)에 소삿는더 (병자금강산가, 1816년)

---

24 앞서 제시했듯이 Talmy(2000)에서 제시한 여섯 가지 범주는 '발산(emanation)', '패턴 경로(pattern paths)', '틀 상대적 이동(frame-relative motion)', '도래 경로(advent paths)', '접근 경로(access paths)', '동연 경로(coextension paths)'이다.

(8a)에서 '鰲柱(오쥬)', (8b)에서 '쳔봉(千峰)', (8c)에서 '셔가봉(釋迦峰) 지장봉(地藏峰)'은 고정된 대상으로, '솟다'를 통해 그 대상이 이동하는 것으로 인식된다. 이러한 표현 방식들은 이동, 특히 '가상이동'이 특정한 시기에만 나타나는 것이 아니라, 이동의 경험이 인지적으로 '정신적 시뮬레이션'을 통해 자연스럽게 사용되어 왔다는 사실들을 살펴볼 수 있다.[25]

둘째, '가상이동'의 인식에 대한 연구가 필요하다. <그림 5>를 통해 제시한 '개념적 혼성'의 도식은 그 실마리를 제시한다. '개념적 혼성'은 우리 생각의 흐름을 읽을 수 있는 방식 중 하나로, 최근에 Turner(2014)는 '생각의 기원 (The Origin of Ideas)'이라는 글에서 '인간적 스파크(human spark)'에 대한 주장을 한다. '인간적 스파크'란 여러 생각들을 '혼성하여(blend)' 새로운 생각을 만들 수 있는 고등 능력(Turner 2014: 1-10)으로 정의되는데, 이를 통해 우리는 보지 못한 대상이나 추상물을 인식할 수 있고, 새로운 의미를 부여할 수 있다. 이처럼 우리가 정신적으로 시뮬레이션 할 수 있고, 동시에 혼성할 수 있다는 사실은 '가상이동'이 우리의 인식에서 '실제이동'과 유사하게 무의식적으로 발생한다는 사실을 뒷받침한다.

이에 덧붙여서, '가상이동' 인식에 대한 심리학적, 신경과학적 연구가 진행되어야 한다. 앞에서 몇 가지 연구 사례를 제시했듯이, '가상이동'의 본질이나 실재에 대한 심리학적 연구가 진행이 되고 있다. 이러한 연구는 실제 사람들이 이동에 대한 인식에서부터 이동의 가상적 인식 그리고 '사랑', '인생'과 같이 추상적인 영역을 이해하는 데에도 이동의 인식이 나타난다(임태성 2018b)는 점에서 '가상이동'에 대한 사람들의 실제 반응을 살펴본다는 점에서 의의가 있다. 또한 언어에 따라 이동의 인식하는 태도가 다르게 나타날 것으로 예상된다. 이것은 '가상이동' 연구의 다면적 양상과 언어적 양상이 동시에 연구되어

---

25 이러한 예들은 특정 시기에만 나타나는 것이 아니라 현대 나타난 기행문 중에도 이러한 표현들이 나타난다. 유홍준(1993)의 『나의 문화유산답사기 1』에서 "반남을 지난 우리의 버스가 영암에 거진 다 닿았을 때 일행은 모두 육중하게 **다가오는 검고 푸른 바위산**의 준수한 자태에 탄성을 지른다."라는 표현에서 '바위산'을 이동하듯이 나타냈다.

야 함을 나타낸다. 이를 위해 각 언어별로 '가상이동'의 심리학적, 신경과학적 연구가 함께 진행된다면 가상이동의 인식을 넓히는 데 촉진제가 될 것이다.

마지막으로 '가상성(fictivity)'에 대한 범주를 확장해야 한다. 한 예로, Pascual(2014)은 '가상적 상호작용(fictive interaction)'[26]이라는 개념을 중심으로, 담화 내에서 의사소통 간 나타날 수 있는 '가상성'을 탐구한다. Pascual(2014: 38-44)에서는 문장에서 나타나는 이러한 상호작용을 5가지로 분류하는데, '가상적 단정(fictive assertions)', '가상적 질문(fictive questions)', '가상적 명령(fictive command)', '가상적 사과(fictive apology)', '가상적 인사(fictive greeting)' 등이다. 이 중에서 '가상적 사과'의 예를 살펴보면 다음과 같다.

(9) *So sorry, Pluto*, you are not a real planet.

(9)는 기사 제목으로, 기자는 '명왕성(Pluto)'에게 사람에게 말하듯이 표현하며, 안타까운 심정의 사과를 나타낸다. 이것은 일종의 담화 전략으로 풀이되며, 이 글의 기자는 '명왕성'과 가상적으로 연결된다. 이러한 가상적 상호작용의 예는 '가상성'의 연구가 이동뿐만 아니라, 더 넓은 범주로 확장될 수 있음을 보여준다.

4. 마무리

이 글에서는 '가상이동' 연구의 과거와 현재 그리고 미래의 과제를 살펴보았다. 모든 연구가 그렇듯이, '가상이동' 연구의 과거와 현재는 그 기반을 다

---

26 Pascual(2014)에서 '가상적 상호작용'은 '정신적이고, 두서없는 언어적 처리과정의 구조를 위한 틀'로 정의되는데, ①사고(thought), ②경험의 개념화(conceptualization of experience), ③담화 조직(discourse organization), ④언어 체계와 사용(the language system and its use)으로 기능한다(Pascual 2014: 8-9)고 주장한다.

지는 작업이었다면, 그 미래는 연구의 세분화와 그 범위의 확장이 지속적으로 이어져야 할 것이다.

최근에 '가상현실', '가상 화폐', '가상 통화', '가상 인물', '가상 대학', '가상 광고' 등 '가상(fictive/virtual)'과 관련된 어휘들의 사용이 눈에 띈다. 이러한 쓰임들은 실재와 상상 간의 경계가 모호해지고 있으며, 인간의 상상력을 자극하는 새로운 대상이나 매체들의 등장이 이미 우리에게 친숙한 것이 되어 간다는 표시이다.

이 글에서 제시한 '가상이동' 역시 이러한 시대적 맥락과 함께, 이동에 대한 상상력이 실재적이며, '실제이동'에 대한 체험이 더 활발하게 확장되어 나타날 수 있음을 보여준다. 이를 통해 인간 인지의 의식 너머를 탐험해 볼 수 있는 시간이 다가왔다.

참고문헌

김준홍(2012), "허구적 이동의 인지적 구조: 영어와 한국어를 중심으로", 경북대학교 대학원 영어영문학과 박사학위논문.

임지룡(1998), "주관적 이동표현의 인지적 의미 특성", 『담화와 인지』 5(2): 181-205, 담화·인지 언어학회.

임지룡(2008), 『의미의 인지언어학적 탐색』, 한국문화사.

임태성(2013), "가상 이동의 의미 구성 방식 연구", 『언어과학연구』 66: 219-242, 언어과학회.

임태성(2016), "국어 가상 이동의 양상과 의미 특성 연구", 경북대학교 대학원 국어국문학과 박사학위논문.

임태성(2018a), "가상 이동의 개념과 인식에 대한 연구", 『한글』 79(2): 399-431, 한글 학회.

임태성(2018b), "이동의 가상적 확장에 대한 연구", 『담화와 인지』 25(3): 49-67, 담화·인지 언어학회.

임태성(2018c), 『가상이동: 인지언어학적 접근법』, 한국문화사.

Barsalou, L. W.(1999a), Language comprehension: Archival memory or preparation for situated action?, *Discourse Processes* 28: 61-80.

Barsalou, L. W.(1999b), Perceptual symbol systems, *Behavioral & Brain Sciences* 22: 577-660.

Barsalou, L. W.(2008), Grounded cognition, *Annual Review of Psychology* 59: 617-645.

Boroditsky, L. & M. Ramscar(2002), The roles of body and mind in abstract thought, *Psychological Science* 13: 185-188.

Clark, H. H.(1973), Space, time, semantics, and the child, in T. E. Moore(ed.), *Cognitive Development and the Acquisition of Language*, 27-63, New York: Academic Press.

Dancygier, B. & E. Sweetser(2014), *Figurative Language*, New York: Cambridge University Press. (임지룡・김동환 옮김(2015), 『비유 언어: 인지언어학적 탐색』, 한국문화사.)

Evans, V. & M. Green(2006), *Cognitive Linguistics: An Introduction*, Edinburgh University Press. (임지룡・김동환 옮김(2008), 『인지언어학 기초』, 한국문화사.)

Fauconnier, G. & M. Turner(2002), *The Way We Think: Conceptual Blending and the Mind's Hidden Complexities*, New York: Basic Books. (김동환・최영호 옮김(2009), 『우리는 어떻게 생각하는가: 개념적 혼성과 상상력의 수수께끼』, 지호.)

Fillmore, C. J.(1985), Frames and the semantics of understanding, in *Quaderni di Semantica* 6: 222-254.

Goldstone, R. L. & L. W. Barsalou(1998), Reuniting perception and conception, *Cognition* 65: 231-262.

Hamawand, Z.(2016), *Semantics: A Cognitive Account of Linguistic Meaning*, Sheffield, U.K.: Equinox Publishing Ltd. (임지룡・윤희수 옮김(2017), 『의미론: 언어 의미의 인지적 설명』, 한국문화사.)

Jackendoff, R.(1983), *Semantics and cognition*, Cambridge, M.A.: The MIT Press.

Johnson, M.(1987), *The Body in the Mind: The Bodily Basis of Meaning, Imagination, and Reason*, Chicago/London: The University of Chicago Press. (이기우 옮김(1992), 『마음속의 몸: 의미・상상력・이성의 신체적 기

초』, 한국문화사.)

Kourtzi, Z.(2004), But still, it moves, *TRENDS in Cognitive Sciences* 8(2): 47-49.

Kourtzi, Z. & N. Kanwisher(2000), Activation in human MT/MST by static images with implied motion, *Journal of Cognitive Neuroscience* 12: 48-55.

Krekelberg, B., S. Dannenberg, K.-P. Hoffmann, F. Bremmer & J. Ross(2003), Neural correlates of implied motion, *Nature* 424: 674-677.

Kövecses, Z.(2006), *Language, Mind, and Culture: A Practical Introduction*, Oxford: Oxford University Press. (임지룡 · 김동환 옮김(2010), 『언어 · 마음 · 문화의 인지언어학적 탐색』, 역락.)

Lakoff, G.(1987), *Women, Fire and Dangerous Things: What Categories Reveal About the Mind*, Chicago: The University of Chicago Press. (이기우 옮김(1994), 『인지의미론: 언어에서 본 인간의 마음』, 한국문화사.)

Langacker, R. W.(1987), *Foundations of Cognitive Grammar*, vol. 1, Stanford, California: Stanford University Press. (김종도 옮김(1999), 『인지문법의 토대: 이론적 선행조건들』, 박이정.)

Langacker, R. W.(2008), *Cognitive Grammar: A Basic Introduction*, Oxford: Oxford University Press. (나익주 · 박정운 · 백미현 · 안혁 · 이정화 옮김(2014), 『인지문법』, 박이정.)

Mandler, J. M.(1992), How to build a baby: II. Conceptual primitives, *Psychological Review* 99: 587-604.

Mandler, J. M.(1996), Preverbal representation and language, in P. Bloom, M. A. Peterson, L. Nadel, & M. F. Garrett(eds.), *Language and Space*, 365-384, Cambridge, M.A.: The MIT Press.

Marghetis, T. & R. Núñez(2013), The motion behind the vymbols: A vital role for Dynamism in the conceptualization of limits and continuity in expert mathematics, *Topics in Cognitive Science* 5: 299-316.

Matsumoto, Y.(1996), Subjective motion and English and Japanese verbs, *Cognitive Linguistics* 7(2): 183-226.

Matlock, T.(2001), *How Real is Fictive Motion?*, Ph. D. dissertation, University of California, Santa Cruz.

Matlock, T.(2004a), Conceptual motivation of fictive motion, in *Studies in Linguistic Motivation*, 1-28, Berlin/New York: Mouton de Gruyter.

Matlock, T.(2004b), Fictive motion as cognitive simulation, *Memory & Cognition* 32(8): 1389-1400.

Matlock, T.(2006), Depicting fictive motion in drawings, in J. Luchjenbroers(ed.), *Cognitive Linguistics Investigations: across Languages, Fields, and Philosophical Boundaries* 15: 67-86, Amsterdam/Philadelphia: John Benjamins.

Matlock, T.(2010), Abstract motion is no longer abstract, *Language and Cognition* 2(2): 243-260.

Matlock, T., M. Ramscar & L. Boroditsky(2003), The experiential basis of meaning, *Proceedings of the Twenty-fifth Annual Conference of the Cognitive Science Society*, 792-797, Mahwah, NJ: Lawrence Erlbaum.

Matlock, T., M. Ramscar & L. Boroditsky(2005), On the experiential link between spatial and temporal language, *Cognitive Science* 29: 655-664.

Matlock, T. & D. Richardson(2004), Do eye movements go with fictive motion?, *Proceedings of the Annual Meeting of the Cognitive Science Society* 26: 909-914.

Núñez, R.(2006), Do real numbers really move? Language, thought, and gesture: The embodied cognitive foundations of mathematics, in R. Hersh(ed.), *18 unconventional essays on the nature of mathematics*, 160-181, New York: Springer.

Núñez, R. & G. Lakoff(1998), What did Weierstrass really define? The cognitive structure of natural and ε-δ continuity, *Mathematical Cognition*, 4(2): 85-101.

Núñez, R., R. S. Huang & M. Sereno(2007), Neural basis of metaphorical abstraction: An fMRI study of ego-reference-point spatial construals of time, *Proceedings of the Cognitive Neuroscience Society Annual Meeting*, 284-285.

Pascual, E.(2014), *Fictive Interaction: The conversation frame in thought, language, and discourse*, Amsterdam: John Benjamins.

Radden, G.(1996), Motion metaphorized: The case of 'coming' and 'going', in E. Casad(ed.), *Cognitive Linguistics in the Redwoods: The Expansion of a New Paradigm in Linguistics*, 423-458, Berlin: Mouton de Gruyter.

Radden, G.(1997), Time is space, in B. Smieja & T. Tasch(eds.), *Human contact through language and linguistics*, 147-166, Frankfurt, Germany: Peter Lang.

Ramachandran, V. S. & E. M. Hubbard(2003), The phenomenology of synaesthesia, *Journal of consciousness studies* 10(8): 49-57.

Richardson, D. & T. Matlock(2007), The integration of figurative language and static depictions: An eye movement study of fictive motion, *Cognition* 102: 129-138.

Saygin, A. P., A. McCullough, M. Alac & K. Emmorey(2009), Modulation of BOLD response in motion-sensitive lateral temporal cortex by real and fictive motion sentences, *Journal of Cognitive Neuroscience* 22(11): 2480-2490.

Slobin, D. I.(1996), Two ways to travel: Verbs of motion in English and Spanish, in M. Shibatani & S. A. Thompson(eds.), *Grammatical Constructions: Their form and Meaning*, 195-217, Oxford: Oxford University Press.

Talmy, L.(1983), How language structures space, in H. L. Pick, Jr. & L. P. Acredolo(eds.), *Spatial Orientation: Theory, Research, and Application*, 225-282, New York: Plenum Press.

Talmy, L.(1985), Lexicalization patterns: Semantic structure in lexical forms, in T. Shopen(ed.), *Language Typology and Syntactic Description*, vol. 3, 57-149, Cambridge: Cambridge University Press.

Talmy, L.(1996), Fictive motion in language and 'ception', in P. Bloom, M. A. Peterson, L. Nadel, & M. F. Garrett(eds.), *Language and Space*, 211-276, Cambridge, M.A.: The MIT Press/London: Bradford.

Talmy, L.(2000), *Toward a Cognitive Semantics,* vol. 1: *Concept Structuring Systems*, Cambridge, M.A.: The MIT Press/London: Bradford.

Turner, M.(2014), *The Origin of Ideas, Blending, Creativity, and the Human Spark*, Oxford: Oxford University Press.

Wallentin, M., T. E. Lund, S. Østergaard, L. Østergaard & A. Roepstorff(2005), Motion verb sentences activate left posterior middle temporal cortex despite static context, *NeuroReport* 16: 649-652.

수어

석 수 영(昔秀穎)*

1. 들머리

이 글의 목적은 인지언어학적 관점에서 수어 연구를 탐구하는 데 있다. 수어(Sign Language)는 음성언어와 달리 수형(손의 모양), 수위(손의 위치), 수동(손의 움직임), 수향(손바닥의 방향), 그리고 비수지 기호(얼굴 표정 등 손이외 다른 표지)를 사용하여 의사를 전달하고 소통한다(석수영 2005: 283 참조). 하지만, 수어도 소리를 전달 매체로 하는 음성언어와 마찬가지로 어휘나 문법 체계를 갖춘 독립적인 하나의 언어이고,[1] 음성언어와 마찬가지로 세상에 대한 우리의 경험, 세상을 인지하는 우리의 개념화 방식에 기초하여 형성된다.

언어를 연구하는 이론 가운데 '인지언어학(Cognitive Linguistics)'은 인간의 '언어, 몸과 마음, 문화'의 상관성을 밝히려는 언어 이론이다(임지룡 2008:

---

* 상하이외국어대학교(上海外國語大學) 한국어통번역과 교수,
mukaxi2012@163.com

1 William C. Stokoe가 처음으로 수어가 하나의 독립적인 언어라는 관점을 제시하였다.

3-12 참조).

인지언어학은 여러 시각에서 종래의 접근법과 다르다. 몇 가지 특징을 제시해 보면 다음과 같다(임지룡 2008: 7-10, 임지룡 2017: 3-4 참조). 첫째, 언어 분석에서 인간의 배제 또한 포함 여부에 대한 시각으로 인지언어학에서는 언어를 인간 마음의 반영이라고 보고, 인간의 마음 또는 마음과 연관된 언어는 인간의 신체적 경험 및 사회 문화적 경험과 분리하여 연구할 수 없다고 본다. 둘째, 언어의 구조와 의미에 대한 시각으로 인지언어학에서는 구조와 의미에 대해 '동기화'와 '도상성'을 강조하고 있다. 셋째, 언어의 의미에 대한 시각으로 인지언어학에서는 의미를 언어적 지식과 백과사전적 지식 속에 들어 있는 인지구조로 보고, 단어의 의미를 본질적으로 백과사전적 지식으로 본다. 넷째는 언어의 규칙과 자료에 대한 시각으로 인지언어학에서는 '아래에서 위로(bottom-up)' 방식의 접근법, 곧 '용법 토대적 모형(usage-based model)'을 취하고 있다. 마지막으로는 보편성과 상대성에 대한 시각으로 인지언어학에서는 보편성과 상대성을 인정하고 있다. 보편성은 인간이 공유하는 몸의 특성에서 비롯되는 것이라면, 상대성은 특정한 환경에 기반을 둔 인간의 사회 문화적 경험의 차이에서 비롯된다고 하겠다.

이러한 인지언어학의 시각에서 출발하여 인지언어학의 연구방법론을 통해 의미의 본질, 나아가 인간의 본질을 밝히려고 노력을 기울였다. 학계에서는 이러한 인지언어학의 이론적 바탕 위에 음성언어를 연구하였고, 우수한 성과를 이루었으며, 지금까지도 여러 분야에 대한 탐구를 지속하고 있다. 대표적으로 몇 가지를 간략히 소개해 보면 다음과 같은 것이 있다.

〈표 1〉 인지언어학 연구 방법론과 음성언어의 탐구 분야

인지언어학의 연구 방법론	탐구 분야
원형이론	범주화, 단어의 의미 규정, 다의어, 의미 관계, 의미 확장, 의미 변화
백과사전적 의미관	의미의 본질, 다의어, 은유, 의미 변화
신체화와 영상도식	의미의 본질, 다의어, 의미 확장, 감정의 개념화

틀 의미론	의미장, 인지 모형, 다의어, 의미 변화, 해석 및 개념화
개념적 환유 · 은유 · 혼성	다의어, 의미 확장, 의미 변화, 합성어, 주관적 이동, 수수께끼
동기화	합성어 어순, 새말 형성, 외국어 학습, 단어 형성법
해석	의미 규정, 동의성, 중의성
구문문법	다의어, 은유, 틀, 동기화, 관용어

인지에 바탕을 둔 인지언어학은 음성언어의 의미의 본질을 밝히려는 데 기여하였다. 인지언어학은 음성언어에 적용될 뿐만 아니라 수어 연구에도 적용된다. 무엇보다 인지언어학적 관점에서 바라보는 수어, 수어에 대한 해석은 기존 해석과 달리 심리적 타당성에 더 가깝다고 할 수 있다.

국립국어원에서 2014년에 발간한 『수어, 또 하나의 언어』에서는 언어 기호와 의미 사이의 임의성은 수어에도 마찬가지라고 하여 '사과'라는 한국 수어를 <그림 1>과 같이 제시한 바 있다.

〈그림 1〉 KSL '사과'

<그림 1>에 보는 바와 같이, '사과'는 '오른손 주먹을 쥐고 집게손가락을 펴서 입술 밑을 오른쪽으로 스쳐 내는 동작'과 '모로 세운 왼손 주먹의 등을 오른 손바닥으로 닦아 내리는 동작'으로 표현한다. 이는 '빨간색을 나타내는 동작'[2]과 '닦는 동작'을 이어서 나타낸 것이다. 이를 국립국어원에서 발간한

김아영·전북대 21세기 수화연구단(2014)에서는 언어 기호와 의미 사이의 '임의성'[3]으로 설명하고 있다. 그런데, 인지언어학적 입장에서 바라보면 '사과'는 사과의 '색깔'과 사과를 '먹기 위해 행한 동작'이 결합된 것으로, 형태와 의미 사이에는 임의적인 것이 아니라 도상성이 반영되어 있다(석수영 2016a: 328-331 참조).[4] 이처럼 인지언어학적 관점에서 바라보는 한국수어 '사과'의 형태와 의미는 동기화된 관계이다.

방위를 나타내는 한국수어 '동', '서', '남', '북'도 마찬가지이다.[5]

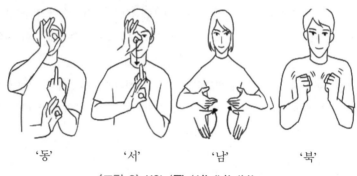

| '동' | '서' | '남' | '북' |

〈그림 2〉 KSL '동', '서', '남', '북'

<그림 2>에서 보듯이, 한국수어 '동'은 '해가 떠오르는 동작'으로, '서'는 '해가 떨어짐을 나타내는 동작'으로, '남'은 '따뜻하다'와 같은 기호로, '북'은 '춥다'와 같은 기호로 표현한다. 이는 해는 동쪽에서 뜨고 서쪽에서 지는 자연

---

2 입술의 색깔이 빨간색이라는 점에 기인하여 '빨강'은 '입술 밑을 스쳐 내는 동작'으로 표현하고 있다.

3 이는 '자의성'이라고도 부르는데 기호의 형식과 내용 간의 관계가 직접적인 관련이 없음을 의미한다.

4 인지언어학에서 말하는 '도상성'은 언어의 형태와 그 형태가 나타내는 사물 간의 유사성뿐만 아니라, 언어의 형태와 의미 간에 나타나는 유사성, 언어 구조와 개념 구조 간의 유사성으로 확장될 수 있다(임지룡 2008: 327-328 참조).

5 이 글에서 사용되는 한국수어는 국립국어원의 『한국수어 사전』을 참조하였다 (http://sldict.korean.go.kr/front/main/main.do).

적 특성, 남부가 대체로 따뜻하고 북부가 춥다는 지역적 특성에 기반한 것이다(임지룡·석수영 2015: 105-107 참조). 곧 '동', '서', '남', '북'의 수어 형태와 의미는 동기화되어 있다. 이처럼 인지언어학적 관점에 입각하여 수어 연구를 하면, 수어에 반영된 개념 구조를 밝힐 수 있고 보다 심리적 타당성에 가까운 설명을 할 수 있다.

현재 학계에서도 수어 연구에 대한 본격적인 탐구가 시작되었다고 할 수 있다. 아래에서는 학계에서의 수어 연구의 인지언어학적 탐구 현황을 살펴보고 앞으로의 수어 연구의 탐구 과제를 조망하고자 한다.

2. 주요 연구 주제와 쟁점[6]

인지언어학에 기반한 연구는 아니지만 국어학자들도 수어에 많은 관심을 보이고 있는 실정인데, 이 가운데 대표적인 연구로 윤석민(2017), 정한데로(2018a, 2018b)를 들 수 있다.

윤석민(2017)에서는 한국수어(KSL)에 대한 연구의 필요성과 앞으로의 연구 전망을 살피었다. 국어 연구자들이 한국수어에 대해 관심을 가져야 하는 이유를 세 가지로 들었다. 첫째는 수어도 언어라는 점, 둘째는 한국 농인의 의사소통 도구라는 점에서 국어 연구자들은 그것을 연구하고 소통능력을 향상시키는 데 기여해야 한다는 것이며, 마지막으로 '한국수화언어법'이 제정되

---

6 이 글은 수어 연구의 인지언어학적 탐구로 연구 현황 역시 인지언어학적 관점에 입각하여 논의한 선행연구만 주로 살펴볼 것이다. 물론 수어의 언어학적 연구는 특수교육 분야부터 시작해서 수어의 언어학적 접근, 수어의 말뭉치 구축, 수어 통역이나 교육과정 검토, 수어 정책이나 표준화 사업 등 여러 면에서 다양하게 이루어지고 있다. 예컨대 수어의 부정문을 다룬 양경숙·김희섭(2007), 수어 반의어를 다룬 고인경·조희경·현영옥·이숙기·윤병천(2016), 관용 표현을 다룬 이정옥·이준우(2005), 동사 표현과 수 표현의 특성을 다룬 남기현·원성옥·허일(2010), 동사 유형과 수 분류사를 다룬 장세은(2008) 등이 있다(석수영 2017: 32-33 참조).

어 한국수어에 대한 연구의 계기가 마련되었다는 것이다. 아울러 한국수어의 몇 가지 쟁점 사항을 제시하였는데 다음과 같다.

〈표 2〉 한국수어의 몇 가지 쟁점 사항

수어 형태론	1) 단어의 체계와 단어 형성의 방식에 대한 연구: 단일수어, 복합수어 2) 한국수어의 품사에 대한 연구: 단일품사, 품사통용 3) 분류사에 대한 연구
수어 통사론	1) 문장의 구조와 유형에 대한 연구: 문장의 기본 구조는 어떠하며 어떻게 확대되는가? 어순이나 시제 등은 어떻게 실현되는가? 2) 문장의 일치성, 격실현 방식, 주제-설명 구조의 실현 방식 등은 어떠한가?
수어 의미화용론	1) 단어 관계에 대한 연구 2) 가족유사성에 대한 연구

〈표 2〉에서 제시한 쟁점 사항은 수어 현상의 묘사에 중점을 두고 있어, 이러한 쟁점 사항에 대한 해석은 언급되지 않고 있다. 사실 윤석민(2017)에서 제시한 〈표 2〉의 쟁점 사항 기초위에서 더 나아가, 이러한 현상에 대한 해석이 동반되어야 하는데, 그 해석을 인지언어학이라는 이론에서 찾으면 보다 더 심리적 타당성에 가까운 해석을 할 수 있을 것으로 기대된다.

정한데로(2018a)에서는 '사람' 관련 중심으로 한국수어의 단어형성을 살펴보았는데, 대체로 음성언어인 한국어와 비교를 하여 한국수어 복합어의 형성과 특징을 논의하였다는 점에서 가치가 있다. 기본적으로 한국어와 한국수어 모두 '결합'의 기본 원리를 통해 새로운 단어를 형성한다는 점에서 유사하나, 한국수어는 한국어와 달리 '합성(compounding)'의 방식만을 활용한다는 점, '계기적 결합'뿐만 아니라 '동시적 결합'을 통해서도 단어를 형성할 수 있으며, '지문자'와 '지숫자'를 활용한다는 점 등이 주목된다고 밝힌 바 있다. 이 외에도 3음절 한자어의 구성 방식 등을 포함한 5가지 소주제를 중심으로 한국어와 한국수어의 상이한 특징을 밝혔다.

정한데로(2018b)에서는 한국수어 음식 명사의 형성을 살펴보았다. 이 글은 인지언어학의 접근법에 가까운 논의라 볼 수 있다. 동일한 대상을 개념화하고 언어화하는 과정에 한국어와 한국수어는 얼마나 유사하고, 또 얼마나 다른 방식으로 표현되는지를 한국수어 음식 명사의 단어 형성 양상을 통해 살폈다. 이를 바탕으로 한국수어 형성의 몇 가지 특징을 제시하였다. 이른바 '재료, 색깔, 맛, 조리 방식, 촉감, 형상' 등 다양한 개념 표현이 수어의 단어 형성 과정에 참여하고, 외래어의 경우 특정 개념으로 치환하여 언어화한다는 점을 밝히었다. 또 한국수어에서는 단일한 동작만으로 목표 대상을 표현하는 경우가 있으며, 지문자를 활용하여 개념을 표현할 수 있다고 하였다. 이러한 특징은 기존의 수어 연구에서도 부분적으로 밝힌 바가 있는 특징이지만, 기존 연구와 달리, 이 글은 한국어와 비교하여 더 일반화된 차원에서 단어 형성을 연구하고자 하는 점이 흥미롭고 가치가 있다고 하겠다.

인지언어학에 기반하여 지금까지 수행된 수어 연구로는 석수영(2015, 2016a, 2016b), 임지룡·송현주(2015), 임지룡·석수영(2015), 석수영·김기석(2017), 최영주(2017), 임지룡(2018) 등을 들 수 있다. 아래에서는 몇 가지 연구 주제로 나누어 현황을 살펴보고자 한다.

2.1. 비유: 개념적 환유와 개념적 은유

개념적 은유와 개념적 환유를 통칭하여 비유라고 한다. 수어 탐구에 있어서 비유 기제를 통해 수어를 바라보는 연구가 주된 논의였다. 이 가운데 석수영(2015, 2016a, 2016b), 최영주(2017) 논의가 있다.

석수영(2015)에서는 처음으로 인지언어학적 관점에서 한국 수어와 중국 수어의 비유를 다루었다. 구체적인 한중 수어 '소, 양, 돼지, 개, 닭, 말'과 '성공, 실패', '좋다, 나쁘다', '아름답다, 추하다', '검다, 희다', '달다, 쓰다'를 통해 수어에서도 <부분이 전체를 대표한다>, <동물의 특정한 신체부위가 특정 동물을 대표한다>, <인간의 특정한 동작이 특정 동물을 대표한다> 등 환유 과정이 작용하고 있고, <좋음은 위, 나쁨은 아래>와 같은 은유 과정이 작용하고 있다고 밝혔다. 또 두 수어의 비교를 통해 인간 경험, 지각적 선택성, 문화적 선호도 등의 차이로 인해 선택되는 매체 간에 차이가 나타나며, 문화권에 따라 차이가 있음을 확인하였다. 사례가 한정되어 있으나, 처음으로 인지언어학적 관점에서 수어를 탐구하였다는 점에서 의의가 있다. 석수영(2016a)에서는 이동동사와 요리동사를 선택하여 수어에서의 실현 양상, 몸의 경험과의 관련성, 내재된 문화적 보편성과 특이성을 살펴보았다. 논의 결과 이동동사의 경우는 인간이 움직이는 모습이나 행위에 기반하여 수어가 형성되고, 인간의 삶과 밀접한 요리동사의 경우 요리하는 장면이나 상황을 지각하는 몸의 경험에 기반하여 수어가 형성됨을 확인하였다. 수어에 도상적 특징이 내재되어 있고, 은유적 과정, 환유적 과정이 개입되어 있으며, 문화적 특징을 반영하고 있음을 확인하였다.

석수영(2016b)에서는 '신체어'를 통해 수어의 구조와 의미 간의 상관성을 고찰하였다. 신체어야말로 '신체화(embodiment)' 논의의 핵심적인 중심이다. 외부에 위치한 신체어 '머리, 얼굴, 눈, 귀, 코, 입, 혀, 이, 손, 발, 팔, 다리'와 내부에 위치한 신체어 '심장, 간, 쓸개, 창자, 위' 등을 통해 구체적인 수어 실현 방식과 의미 특성을 밝혔다는 점에서 의의가 있다. 신체 외부에 위치한 신체부위의 제일 현저한 특징은 '가시성'이다. 이러한 특성은 수어 형성에도 반영되어 있다. 곧 신체외부에 위치한 신체부위의 경우는 직접 지시물을 지시하는 동작을 통해 의미를 표현한다. 예컨대, 한국 수어 '머리'가 해당한다. 한편, 신체내부에 위치한 신체부위의 현저한 특징은 '비가시성'이다. 그렇기 때문에 직접 지시하는 방식으로 구성되지 않는다. 인지 과정에 있어서 한중 수어는 구체적인 이미지에서 전형적인 이미지를 선택하고, 이를 도식화하여 수어 형태로 부호화하는 일련의 '선택(image selection)→도식화(schematization)→부호화(encoding)' 과정을 거치게 되는데, 각 과정이 문화권에 따라 차이가 있을 수 있음을 확인하였다. 예컨대, 한중 수어 '위'의 경우이다.

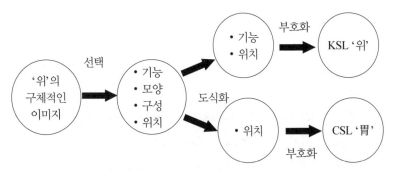

〈그림 3〉 한국수어 '위'와 중국수어 '胃'의 형성 과정 (석수영 2016b: 167 참조)

최영주(2017)에서는 한국 수화7에 나타난 개념적 은유와 개념적 환유를 고찰하였는데, 수화는 단일어에도 은유와 환유가 존재한다는 전제하에 조사하였다. 이러한 전제하에 국립국어원에서 제공하는 형용사를 대상으로 살펴보았다. 그 결과 은유의 경우, 한국수화에 나타나는 지향적 은유와 지향적 은유 이외의 은유로 나누어 은유와 은유적 표현을 살펴보았고, 은유 중에서는 지향적 은유를 가장 많이 사용하며, 그중에서도 '위'와 '아래'의 개념을 가장 많이 사용하는 것으로 나타났다고 밝힌 바 있다. 그리고 환유의 경우, 결과와 원인 환유, 범주와 속성 환유, 전체와 부분 환유, 용기와 내용물 환유, 상위어와 하위어 환유 등을 살펴보았다. 다만 논의에서 구조적 은유를 발견하기는 쉽지 않았다고 하였는데 이 부분은 제고의 여지가 있는 것으로 보인다.

인지언어학의 비유 기제를 통해 수어 탐구를 하는 연구는 아직도 충분치 않다. 더 많은 사례를 확보할 필요가 있을뿐더러, 단일어뿐만 아니라, 합성어, 관용 표현, 문장 층위까지 연구의 범위를 확대할 필요가 있다고 하겠다. 비유 없이는 인간은 사고를 제대로 할 수 없다. 이러한 결과로 일상 언어에는 많은 비유적 표현이 편재해 있다. 수어의 본질을 유의미하게 규명할 수 있는 인지언어학의 기제 가운데 중요한 기제 하나가 바로 비유라고 할 수 있겠다.

---

7 '수어'의 다른 말인 '수화'가 있지만, 2016년에 수화언어의 약칭으로 '수어'가 법정 용어로 채택되어 지금은 '수어'를 더 많이 쓰는 상황이다. 이 글에서는 '수어'라는 용어를 사용한다.

2.2. 동기화

동기화는 인지언어학의 중요한 개념이다. 종래의 언어학 접근법과 달리, 인지주의에서는 언어의 형태와 의미 간의 관계를 동기화된 관계로 파악하고 있다. 앞서 살펴본 한국수어 '사과'에서 보는 바와 같이, 수어의 형태와 의미 간에는 충분히 동기화된 관계로 구성되어 있다.

수어에서 동기화를 탐구한 논의로는 임지룡·송현주(2015), 석수영·김기석(2017)을 들 수 있다.

임지룡·송현주(2015)는 한국 수어의 형태와 의미 간에 나타나는 동기화 양상을 규명하고자 하였다. 이 글에서는 인지언어학적 관점에서 한국 수어에 나타난 동기화 양상을 '도상성(iconicity)'과 '개념적 은유(Conceptual Metaphor)'의 기제를 통해 살펴보았다. 수어의 유형을 자의적 수어, 도상적 수어, 은유적 수어 세 가지로 나누고, 자의적 수어에는 '사람, 수어'와 같은 형태가 존재하고, 도상적 수어에는 '소, 시계, 집'과 같은 외형 기반 도상적 수어, '야구, 수영, 축구'와 같은 동작 기반 도상적 수어를 살펴보았고, 은유적 수어에서는 '과거, 현재, 미래, 어제, 오늘, 내일'과 같이 "시간은 공간이다"라는 구조적 은유에 기반한 수어, "대화, 알리다"와 같이 "의사소통은 사물의 이동이다"라는 존재론적 은유에 기반한 수어, '이기다, 발전, 실망하다, 뒤떨어지다, 좋다, 나쁘다'와 같은 "긍정적인 것은 위, 부정적인 것은 아래"라는 방향적 은유에 기반한 수어를 확인하였다. 이 논의는 사례가 많지는 않지만, 수어에서의 동기화 양상을 유형별로 살펴보았다는 점에서 의의가 크다.

석수영·김기석(2017)은 인지언어학의 '해석(construal)' 이론에 기초하여 한국수어와 중국수어의 어휘의 구성 방식, 어휘에 나타나는 동기화의 양상 및 동기화 요인을 살펴보았다. 논의 결과, 스포츠명은 전형적으로 동작에 기반하여 수어 형태가 형성되고, 동물명의 경우 한국 수어가 좀 더 동적인 측면, 중국 수어가 좀 더 정적인 측면에 초점을 부여하여 현저한 요소로 선택하는 경향이 짙으며, 과일·채소명의 경우, 한국 수어는 이상적 인지 모형 가운데 두 요소가 함께 작용하는 양상이 중국 수어보다 훨씬 많았으며 한국 수어는 요소 가운데 '색깔'이 활성화되었고, 중국 수어는 '지문자'가 활성화되었음을 확인하였다. 이러한 기호의 해명은 곧 인간 경험의 구조에 대한 해명으로, 한국수어는 동적인 해석을, 중국수어는 정적인 해석을 하는 경향성이 있음을 확인하였다. 아울러 동기화 요인에서는 인간의 경험적 동기, 지각적 동기, 의사소통적 동기가 어휘 형성에 영향을 주고 있음을 밝혔다. 지각적 동기에서는 현저성의 동기가 제일 많이 작용하고, 경험적 동기화에서는 수어 어휘의 형성 과정에서 전형적인 이미지 가운데 도식화되는 영상이 '신체화'와 관련이 있음을 확인하였으며, 의사소통적 동기와 관련해서는 수어는 언어 특성상 제한된 몸짓 언어로 의미를 표현하고 있기 때문에 전달이 잘 되는 경제적인 형태로 소통을 하고자 할 것이어서 '최소한'의 형태로 '최대한'의 효과를 얻고자 하는 의사소통적 적절성의 원리가 작동한다는 점을 밝혔다. 무엇보다 이 글에서는 어휘 형성에 참여하는 지시물의 ICM를 설정하였다는 점이 매우 큰 의의가 있다. ICM의 구성성분으로 '외형'에는 '형상', '색깔', '위치', '크기', '동작'에는 '사용대상', '목적', '방법/방식' 등을 세부화한 점은 앞으로 더 많은 어휘의 동기화 양상을 살펴볼 수 있는 기본 틀을 제시하였다고 볼 수 있다. 이러한 인지모형이 문화권에 따라 다름을 확인하여, 장차 문화권에 따른 동기화의 보편성과 특이성을 살펴볼 수 있다는 점에서도 의의가 크다고 하겠다.

동기화에 대한 탐구는 언어의 형태와 의미 간의 자의성에 대한 편향적 시각을 극복해주었다(임지룡 2017: 19 참조). 동기화 역시 수어의 구조와 의미 간의 상관성을 고찰하는 데 중요한 분석 기제이다. 지금까지는 수어의 어휘에 한정되어 동기화 양상을 살펴보았다는 점에서 아쉽다. 더 많은 언어 층위를 포함하여 수어의 형태와 의미 간의 동기화 양상을 탐구하는 과제가 남았다고 하겠다.

2.3. 도상성

도상성에 대한 논의는 임지룡·석수영(2015), 임지룡(2018)에서 이루어졌다. 이 가운데 임지룡(2018)은 도상성을 중심으로 한국수어의 양상과 의미 특성을 체계적으로 논의하였다는 점에서 매우 높은 가치가 있다.

임지룡·석수영(2015)은 한중 수어에 나타난 대립어의 양상을 살펴보았는데, 수어에도 도상성과 은유가 존재함을 확인하였다. 예컨대, '길다, 짧다'를 통해 거리적 도상성이 존재함을 확인하였고, 여기에는 유사성에 바탕을 둔 도상성과 은유가 동시에 존재함을 확인하였다. 특히 수어도 몸의 경험에 기초하여 개념화하는 방식이 확인되어, 인지언어학이 수어 연구를 하는 데 적절한 방법임을 입증하였다.

임지룡(2018)에서는 한국수어의 형태와 의미 간에 존재하는 도상성의 지형도를 그렸다. 수어는 신체화의 문제를 실증할 수 있는 매우 직접적이며 효율적인 장이라는 점을 밝히면서, 수어 분석을 위한 도상성의 유형을 영상적 도상성, 구조적 도상성, 비유적 도상성 세 가지 유형으로 나누어 살피고 있다. 영상적 도상성에서는 한국수어 '다리, 얼굴, 달, 나팔'을 통해 모양을 통한 영상적 도상성을, '마시다, 걷다, 돌다'를 통해 동작을 통한 영상적 도상성을 살펴보았다. 구조적 도상성에서는 수어 '그끄저께, 그저께, 어제, 내일, 모레, 글피'를 통해 양적 도상성을, '이월, 백두산'을 통해 순서적 도상성을, '가깝다, 멀다'를 통해 거리적 도상성을 살펴보았다. 비유적 도상성에서는 수어 '개, 소, 닭, 돼지, 하마'를 통해 환유적 도상성을, '결혼, 이혼', '향상, 퇴보'를 통해 은유적 도상성을, 그리고 '과거, 어제, 내일, 미래'를 통해 복합적 도상성을 살펴보았다. 수어의 도상적 의미 특성에 대해서는 자연언어와 대비하여, 수어의 도상성은 영상적, 구조적, 비유적 도상성이 흔히 복합적으로 일어나고, 비유에 의한 환유적 도상성이 가장 활성화되어 있으며, 은유적 도상성에는 방향적 도상성이 흔하고, 신체부위를 가리킬 때 지시를 사용하는 경향이 짙으며, 수어의 대립어는 형태와 의미의 관계가 도상적이라는 5가지 특징을 제시하였다.

도상성에 대한 인지적 해석은 Ungerer & Schmid(1996: 253)에서 밝힌 바와 같이 당연한 것으로 받아들였지만 제대로 설명되지 않았던 언어적 사실이 도상성의 원리에 대한 표명으로서 해석할 수 있게 되었다(임지룡 2008: 341 참조). 수어도 마찬가지이다. 앞서 살펴본 한국수어 '사과'처럼 수어라는 언어적 사실을 도상성의 원리에 의해 표명된다면 수어의 본질을 더 잘 해명할 수 있다고 하겠다.

3. 남은 과제와 전망

지금 학계에서는 인지언어학적 관점에서 수어 연구에 대해 적극적으로 탐구하고 있다. 연구의 성과들이 나타나기 시작했지만, 아직도 많은 과제가 남아 있다. 앞으로 수어 연구가 나아갈 과제와 방향 몇 가지를 살펴보면 다음과 같다.

첫째, 연구의 분야를 확대할 필요성이 있다. 지금까지의 수어 연구는 어휘 층위에 많이 집중되어 왔고, 그중에서도 단일어에 많이 집중되어 왔다. 단일어뿐만 아니라, 합성어, 관용표현, 문장, 텍스트 층위까지 연구의 범위를 확장해 나갈 필요가 있다. 인지언어학의 연구방법론으로 음성언어의 음운론, 형태론, 통사론, 담화를 살펴보는 것과 마찬가지로, 인지언어학의 연구방법론으로 수어의 음운 층위, 형태론 층위, 통사론 층위, 담화 층위를 살펴볼 필요가 있다. 세부적으로는 윤석민(2017)에서도 제시한 바와 같이, 수어에서 분류사의 실현 양상, 구문의 실현 양상, 품사의 실현 양상 등 다양한 과제를 탐구할 수 있다. 이 뿐만 아니라, 수어에 존재하는 동의어 또는 유의어, 반의어, 상하위어, 다의어, 이러한 어휘들이 어떻게 실현되며, 음성언어와는 또 어떤 차별이 있는지도 연구할 가치가 있다. 통사론 분야에서는 어순, 수식관계, 시제 등을 탐구할 수가 있다. 화용론 분야에서는 음성언어에서 많이 다루는 대우법도 수어에서는 어떻게 실현되는지, 어떤 동기화된 양상을 보여주는지 살펴볼 가치가 있다. 종래의 연구 분야뿐만 아니라, 신조어, 새말, 외래어 등도 수어에 널리 편재할 가능성이 높다. 이러한 양상들이 수어에서는 어떻게 실현되는지, 또 음성언어와는 어떤 차별성이 있는지를 탐구할 필요가 있다.

둘째, 이론적 방법론을 확대할 필요성이 있다. 지금까지 수어 연구는 개념적 환유, 개념적 은유, 동기화, 도상성에 집중되어 왔다. 이 중에서도 개별적인 사례를 통해 개념적 환유나 개념적 은유가 작용을 하고 있고, 수어의 형태와 의미 간에는 동기화된 관계로 살펴볼 수 있으며, 도상성이 수어의 중요한 특성으로 자리매김하고 있음을 확인하였다. 인지언어학은 '용법토대 모형' 접근법을 취하고 있다. 수어 연구도 더 많은 사례를 통해, 음성언어에서 밝힌 개념적 은유나 개념적 환유 외에, 보편적인 특성으로 작용하나 아직 밝히지 못한 개념적 환유, 개념적 은유 또는 다른 인지적 기제를 밝혀 낼 필요성이 있다. 또 인지언어학의 연구방법론에는 개념적 환유, 개념적 은유 외에도 원형이론, 영상도식, 틀, 인지모형 등 다수 있다. 수어 탐구에 적합한 연구방법론을 더 많이 모색할 필요성이 있다. 세부적으로는 음성언어와 마찬가지로, 수어에서 감정의 개념화 양상, 시간의 개념화 양상, 이동사건의 수어화 등을 탐구할 수 있다. 구체적인 예로 설명해 보면 다음과 같다. <그림 4>는 '기쁘다, 화나다, 슬프다'의 수어화 양상이다. '기쁘다'는 두 주먹의 1·5지를 펴고 손등이 밖으로 향하게 하여 1지 끝을 양쪽 가슴 앞에 대고 상하로 두 번 엇갈리게 움직이는 동작으로 표현하고 있고, '화나다'는 화가 치밀어 오르는 동작으로 표현하고 있으며, '슬프다'는 오른 주먹의 1·5지를 펴서 끝을 맞대어 오른쪽 눈밑에 댔다가 내린 다음, 손가락을 펴서 구부려 가슴에 대고 왼쪽으로 돌리는 동작으로 표현하고 있다. 수어의 감정 개념화 양상도 <그림 4>에서 보다시피, '눈물'이라는 신체의 외부적 증상을 나타내는 생리적 환유가 작용하고 있고, 또 감정을 그릇 속의 액체로 파악하는 은유적 양상이 존재함을 확인할 수 있다. 따라서 수어에서의 감정의 개념화 양상을 탐구하는 과제도 흥미롭다고 하겠다.

  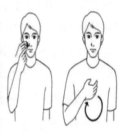

KSL '기쁘다' KSL '화나다' KSL '슬프다'

〈그림 4〉 '감정'의 수어화 양상

또, 이동사건의 경우를 보면, 이동은 인간의 사고 작용과 밀접히 연관되어 있다. 이동사건(motion event)을 구성하는 인지적 성분으로 <전경>, <배경>, <경로>, <이동> 및 <방식>, <원안>의 6개 요소를 Talmy(1985: 61)에서 제시하고 있는데, 이러한 인지적 요소들이 수어에서는 어떻게 실현되는지 탐구할 가치가 있다. 또 다른 수어와의 비교를 통해 범언어적인 보편성과 개별성을 살펴볼 수 있다.

셋째, 범언어적 연구 또는 대조언어학적 연구가 절실하다. 수어의 문화 간 변이 양상을 규명하기 위해서는 한국수어와 중국수어, 일본수어, 미국수어 등 다른 나라 수어와의 대조를 통해 연구할 필요가 있는데, 현재 학계에서는 이러한 연구자군이 많지 않아, 더 많은 관심을 기울일 필요가 있다. 또 다른 나라와의 대조에만 그치지 않고 내재되어 있는 범언어적인 보편성을 추출해 내고, 개별성을 찾아내며, 왜 그러한지에 대한 설명을 충분히 해야 한다.

넷째, 말뭉치 접근법이 필요하다. 현재 한국이나 중국에서는 수어 말뭉치 구축 사업이 한창이기는 하지만, 구축된 말뭉치를 활용하여 진행된 연구는 거의 없는 실정이다. 한국수어 말뭉치, 중국수어 말뭉치를 구축하여 말뭉치 연구방법을 활용한 연구를 더 확대할 필요가 있다. 대조언어학이나 수어 연구도 말뭉치에 기반하여 연구할 수 있다면, 일상 수어에 좀 더 가까운 많은 사례로, 더 객관적인 연구 결과가 나타나리라고 본다.

다섯째, 음성언어에서 이룬 연구 성과를 많이 수용하여 수어 연구에 적용할 필요성이 있다. 인지언어학이 본격적으로 한국에서 발전하면서 수많은 학자들이 인지언어학적 관점에 입각하여 수많은 언어 현상을 밝히려는 노력을 하였다. 대표적인 학자로 이기동, 임지룡, 윤희수 등 학자들이 노력을 기울였으며, 경북대학교 인지언어학 연구실 선생님들께서도 많은 노력을 하였다. 이러한 학자들의 연구 성과를 살피고, 기존 연구를 활용하여 수어를 탐구할 필요가 있다.

여섯째, 연구자 간의 협업이 필요할 것이다. 국내 연구자들 간의 협업, 국내와 국외 연구자들 간의 협업이 필요하다. 현재 학계에서는 농아인 수어를 연구하는 학자와 인지언어학을 연구하는 학자들 간의 협력이 부족하다. 인지언어학을 연구하는 연구자가 수어에 대한 이해가 깊지 않다거나, 수어를 연구하는 연구자가 인지언어학 이론에 대한 이해가 깊지 않다는 것을 감안하면, 두 분야의 학자들 간에 협력이 조성되면 좋은 시너지가 될 것으로 보인다. 국내 연구자들 간의 협업뿐만 아니라, 국내외 학자들 간의 협업도 활성화되어야 한다.

4. 마무리

지금까지 인지언어학적 관점에서 수행된 수어 연구의 현황과 과제를 살펴보았다. 이상의 논의를 간추려보면 다음과 같다.

첫째, 인지언어학은 언어, 몸과 마음, 문화의 상관성을 밝히는 이론으로 인지언어학의 연구 방법론은 음성언어에 적용될 뿐만 아니라, 수어 연구에도 동일하게 적용된다.

둘째, 지금까지 수행된 수어 연구를 개념적 환유와 개념적 은유, 동기화, 도상성 등 주제별로 연구 현황을 살펴보았다. 논의에서도 밝혔듯이, 아직 학계에서의 연구가 많이 부족한 실정이다. 한국수어에 대한 탐구, 한국수어와 다른 수어와의 대조언어학적 탐구, 수어 연구의 인지언어학적 접근법 모두 지금 시작된 단계라 할 수 있다. 그 가운데 비유에서는 석수영(2015, 2016a, 2016b), 최영주(2017)의 연구가 있고, 동기화에서는 임지룡·송현주(2015), 석수영·김기석(2017)의 연구가 있으며, 도상성에서는 임지룡·석수영(2015), 임지룡(2018)의 연구가 주목된다. 대조언어학적 관점에서 수어를 탐구한 논의도 아직 많이 부족한 실정이다. 음운 층위, 형태 층위, 통사 층위, 담화 층위뿐만 아니라, 세부적으로 분류사, 구문, 동의어, 반의어, 상하위어, 다의어 등의 의미 본질을 밝힐 필요가 있으며, 이동사건의 개념화 양상, 감정의 개념화 양상, 시간의 개념화 양상 등 수어에서의 개념화 방식 및 양상을 탐구해야 한다.

셋째, 수어 연구의 남은 과제는 다음과 같다. 연구 분야를 확대할 필요성이 있고, 이론적 방법론을 확대할 필요가 있으며, 범언어적 연구 또는 대조언어학적 연구가 절실하고, 말뭉치 접근이 필요하며, 음성 언어에서의 연구 성과를 활용할 필요가 있고, 연구자들 간의 협업이 필요하다.

수어 연구는 새로운 영역이다. 새로운 영역을 개척하기 위해서는 여러 가지 다양한 시도를 해봐야 한다. 앞으로 더 많은 학자들이 수어에 대한 관심을 갖고, 수어의 본질을 밝히는 데 기여해야 할 것이다.

참고문헌

김아영·전북대 21세기 수화연구단(2014), 『수어, 또 하나의 언어』, 국립국어원.
석수영(2015), "한중 수화의 비유", 임지룡 외, 『비유의 인지언어학적 탐색』, 283-304, 태학사.
석수영(2016a), "한중 수어에 나타난 동사의 의미 특성", 임지룡 외, 『어휘의미의 인지언어학적 탐색』, 327-348, 태학사.
석수영(2016b), "수어의 구조와 의미 간의 상관성 고찰: 한중 신체어를 중심으로", 『언어과학연구』 76: 139-160, 언어과학회.

석수영·김기석(2017), "해석에 기초한 한중 수어 어휘의 동기화 양상", 『한국어 의미학』 58: 31-56, 한국어 의미학회.

윤석민(2017), "한국수어(KSL) 연구의 필요성과 전망", 『국어학』 83: 93-118, 국어학회.

임지룡(2008), 『의미의 인지언어학적 탐색』, 한국문화사.

임지룡(2017), 『한국어 의미 특성의 인지언어학적 연구』, 한국문화사.

임지룡(2018), "한국 수어의 도상적 양상과 의미 특성", 『국어교육연구』 68: 63-88, 국어교육학회.

임지룡·석수영(2015), "한중 수어에 나타난 대립어의 양상 비교", 『현대문법연구』 85: 87-114. 현대문법학회.

임지룡·송현주(2015), "한국 수어의 동기화 양상", 『한국어 의미학』 49: 59-85, 한국어 의미학회.

임지룡 외(2018), 『동기화의 인지언어학적 탐색』, 한국문화사.

정한데로(2018a), "한국수어의 단어 형성: '사람' 관련 명사를 중심으로", 『국어학』 96: 121-156. 국어학회.

정한데로(2018b), "한국수어 음식 명사의 형성", 『형태론』 20(2): 232-260. 형태론 연구회.

최영주(2017), "한국수화에 나타난 개념적 은유와 개념적 환유", 『현대문법연구』 92: 123-147. 현대문법학회.

Evans, V. & M. Green(2006), *Cognitive Linguistics: An Introduction*, Edinburgh: Edinburgh University Press. (임지룡·김동환 옮김(2008), 『인지언어학 기초』, 한국문화사.)

Lakoff, G.(1987), *Women, Fire and Dangerous Things: What Categories Reveal about the Mind*, Chicago/London: The University of Chicago Press. (이기우 옮김(1994), 『인지의미론』, 한국문화사.)

Talmy, L.(1985), Lexicalization patterns: semantic structure in lexical forms, in T. Shopen(ed.), *Language Typology and Syntactic Description* vol 3, 57-149, Cambridge: Cambridge University Press.

Ungerer, F & H-J. Schmid(1996). *An Introduction to Cognitive Linguistics*, London/New York: Longman. (임지룡·김동환 옮김(1998), 『인지언어학 개론』, 태학사.)

분류사

리 우 팡(劉芳) *

1. 들머리

이 글은 인지언어학적 관점에서 분류사에 대한 탐구의 현황을 살펴보고 앞으로의 탐구 과제를 조망하는 데 목적을 둔다.

분류사는 전형적으로 '학생 한 명'의 '명'이나 '소 한 마리'에서의 '마리'와 같이 수량 표현에서 선행 명사 지시 대상의 속성에 호응하면서 그 수량화 단위를 나타내는 언어 형태이다. 분류사는 현행 학교 문법에서 명사의 하위 유형인 '의존명사'의 일부로 간주되어 '단위성 의존명사'라고 불린다. 학계에서 이것을 보편적으로 '분류사(classifier)'라고 지칭하는 것은 이와 같은 형태들이 사물의 부류적 속성을 함의하여 세계를 분류하는 기능을 가지기 때문이다.

다시 말하자면, 분류사는 명사의 지시 대상을 범주화하는 언어적 장치로서 인간이 세계를 분류하는 태도와 방식을 나타낸다. 이와 관련하여, Denny (1976: 125)는 "명사는 바깥 세계를 반영하고 분류사는 인간이 세계와 어떻게

---

* 웨이팡대학(濰坊學院) 한국어학과 교수, liufang@daum.net

상호작용하는지를 나타낸다."라고 주장한 바 있다. 그러므로 분류사는 '언어, 몸과 마음, 문화'의 상관성을 밝히려는 인지언어학의 중요한 연구 대상이 되며 인지언어학은 언어 현상의 인지적 설명에 뛰어난 언어이론으로서 분류사 연구에 적합한 방법론 중의 하나로 꼽힐 수 있다.

이에 이 글에서는 인지언어학적 관점에서 분류사에 대한 그 동안의 탐구 성과를 살펴보고 앞으로의 탐구 과제를 제시하도록 할 것이다. 이 과정에서 분류사와 분류사 연구에 대한 이해와 인식이 한층 더 심화될 것이다.

이 글의 구성은 다음과 같다. 먼저 2장에서는 일반언어학계와 한국 언어학계로 나누어 분류사에 대한 그동안 연구의 개황을 살펴볼 것이다. 3장에서는 분류사의 인지언어학적 탐구의 착안점과 논의 내용을 살펴볼 것이다. 4장에서는 2, 3장의 고찰을 바탕으로 분류사에 대한 인지언어학적 탐구에서 아직 남은 과제를 조망하고자 한다. 마지막 5장에서는 이 글을 정리하고 마무리할 것이다.

2. 분류사 연구의 개황

2.1. 일반언어학계의 분류사 탐구

분류사는 인구어에서 현저한 언어 형태가 아니다. 그래서 인구어를 중심으로 언어 연구를 전개하는 일반언어학계에서 분류사가 오랫동안 주목을 받지 못했다. 그러나 언어유형론의 발전으로, 1970년대에 들어오면서 많은 학자들이 분류사에 주목하게 되었고 이후 그것을 명사 범주화 장치의 하나로 보고 많은 연구가 이루어져 왔다. 이들 연구는 분류사-언어[1]의 분포, 분류사의 유형,

---

1 언어유형론에서는 분류사라는 언어 형태의 발달 여부에 따라 세계 언어를 '분류사-언어(classifier language)'와 '비분류사-언어(non-classifier language)'를 양분한 바 있다.

특징, 통사적 구성 등 여러 면에서 합의를 이루었고 분류사 연구의 틀을 어느 정도 구축하였다. 대표적 연구로는 Greenberg(1972), Adams & Conklin(1973), Lyons(1977), Allan(1977), Craig(1986, 1994), Aikhenvald(2000) 등을 들 수 있다.

Greenberg(1972)는 언어유형론의 관점에서 분류사의 존재를 밝혔고 분류사와 명사 수량 범주의 관계를 검토하였던 논의로서 분류사가 발달한 언어에서 명사가 수와 관련하여 단수·복수의 형태적 변화가 없고 가산명사와 불가산명사의 구분이 존재하지 않는다는 것을 지적하였다. Adams & Conklin(1973)은 분류사의 의미적 특성에 대한 집중적 논의로서 '유정성', '모양', '기능'이 분류사의 3대 의미 범주이며 그 가운데 '유정성'이 가장 기본적인 범주라고 밝혔다. Lyons(1977)는 분류사를 명사가 지시하는 실재 사물(entity) 또는 그것의 집단(group)의 성격에 의존하여 선택되는 언어 요소라고 정의하고 분류사의 도량성과 부류성 및 이와 관련한 분류사의 개체화 기능과 부류화 기능을 집중적으로 검토하였다. 그리고 Craig(1986)에서는 37가지 언어를 연구 대상으로 하여 분류사의 의미 체계, 사용 빈도, 역사적 발달 등을 고찰하였고 분류사 습득의 위계를 제시하였다.

Allan(1977)과 Craig(1994)는 분류사-언어의 유형과 분류사의 유형에 관한 논의들이다. Allan(1977)은 분류사가 발달한 언어를 '분류사-언어'로 보고 이를 '수 분류사 언어(numeral classifier language)', '일치적 분류사 언어(concordial classifier language)', '술어 분류사 언어(predicate classifier language)', '처소-내적 분류사 언어(intra-locative classifier language)' 4가지로 유형화하였다. Craig(1994)는 범언어적으로 명사의 범주화 장치로서의 분류사를 '명사류(noun class)', '수 분류사(numeral classifier)', '명사 분류사(noun classifier)', '속격적 분류사(genitive classifier)', '동사적 분류사(verbal classifier)' 5가지로 유형화하였다.

Aikhenvald(2000)는 분류사에 대한 종합적 논의로서 분류사의 유형, 각 언어 분류사의 특징, 용법, 분포 등을 체계적으로 고찰하였고 각 유형 분류사의 보편적 의미 속성 및 각 언어에서의 구체적 표현 양상 등을 살펴보았으며 분류사의 통사적 구성과 담화적 기능, 분류사의 생성과 발달 등을 검토하였다. 이 연구에서는 Allan(1977)과 Craig(1994) 등의 연구를 바탕으로 세계 500여 개의 언어를 조사함으로써 분류사를 '명사 부류와 성(noun class and gender)', '명사 분류사(noun classifier)', '수 분류사(numeral classifier)', '소유 분류사 (possessed classifier)', '관계 분류사(relational classifier)', '동사적 분류사 (verbal classifier)', '처소 분류사(locative classifier)', '직시 분류사(deictic classifier)' 등 8가지로 유형화하였다. 또한 분류사의 의미 범주에 관해서는 '생물적 속성', '물리적 속성', '기능적 속성', '배열과 수량'의 4가지를 제시한 바 있다.

2.2. 한국어 언어학계의 분류사 탐구

한국어 분류사는 명사지시물의 수량을 표현하는 데 사용되며 일반언어학에 서 말하는 수 분류사에 해당된다. 한국어 언어학계에서 '분류사'라는 용어의 사용은 초창기 서양인의 한국어 문법 연구인 Underwood(1890)와 Ramstedt (1939)의 용어에 따른 것으로 추정된다(채완 1990: 167, 최형도 외 2017: 90-92). 그러나 한국어 전통문법에서는 분류사를 명사의 하위 부분인 의존명사 의 일부로 간주하여 대체로 수사 뒤에 쓰여야 하는 통사적 의존성 및 관련 명사지시물의 수량 계산 단위를 표시하는 수량화 기능을 지닌 것으로 정의해 왔다. 예를 들면, 최현배(1955: 223)에서는 '반드시 셈을 나타내는 매김씨 뒤에 쓰이어 그 셈의 낱덩이를 나타내는 것'을 '셈낱덩이 안옹근 이름씨'라고 하였 다. 이숭녕(1968: 73)에서는 수를 계산할 때 쓰이는 '뭇, 마리, 채, 말, 벌, 그루' 등을 '단위명사' 또는 '수명사(數名詞)'라고 정의하였다. 또한, 현행 학교문법 에서는 대체로 이와 같은 형태를 '단위성 의존명사'라고 부르고 있다(고영근 · 남기심 1993: 78, 고영근 · 구본관 2008: 68, 임지룡 외 2005: 155 등). 이와 같은 정의 아래 전통문법에서는 수량 표현을 논의할 때만 분류사의 통사적 관계를 언급했을 뿐 분류사 자체에 관한 전문적 연구는 찾기 어렵다.

1980년대에 들어오면서, 일반언어학계 관련 연구의 영향을 입어, 김영희(1981)는 한국어가 언어유형론적으로 '가름말 언어(분류사-언어)'에 속하며 한국어 수량 단위어가 분류사의 한 가지인 '셈 가름말(수 분류사)'이라는 것을 지적하고 Allan(1977)을 참조하여 한국어 분류사의 의미 범주로 재료, 모양, 밀도, 크기, 장소, 배열, 수량 7가지를 제시하면서 본격적으로 분류사에 대한 연구를 시작하였다. 그 후로 한국어 언어학계에서 '분류사'라는 용어가 점점 보편화되어 가고 분류사 자체에 대한 논의도 갈수록 많아지고 있다. 구체적 논의 내용은 주로 분류사의 범위와 어휘목록, 의미와 기능, 통사적 구성 등에 집중되어 있다.

첫째, 분류사의 범위와 어휘목록에 관해서이다. 분류사의 범위는 단위명사 및 자립명사와의 범주 구분과 관련된 문제로서 많은 논의가 있어 왔다. 단위명사 전체와 수량 표현 구성에 나타난 '사람, 그릇'과 같은 자립명사를 모두 분류사로 보는 논의(유동준 1983, 우형식 2000a, 2001)와 도량 단위명사 전체나 일부를 제외한 단위명사와 분류사 용법을 가진 자립명사를 분류사로 보는 논의(채완 1990, Oh 1994)가 있는가 하면, 형태적 관점에서 분류사를 의존명사에만 국한시키고 자립명사의 분류사적 용법을 분류사의 범위에서 제외시키는 논의(임홍빈 1991, 이남순 1995)도 있다.

이상과 같은 분류사 범주의 범위 논란으로 분류사의 어휘목록에 대해서도 합의가 이루어지지 못하고 있다. 예컨대, Oh(1994), 이연화(2000), 우형식(2001), 진려봉(2012), 최형도 외(2017) 등에서 확정한 분류사의 수는 각각 131개, 217개, 465개, 319개, 500개이다. 채완(1996: 194)에서 주장하듯이, 분류사의 개념 자체를 기능적 관점에서 받아들이고 개방적인 부류로서 이해한다면 분류사 목록을 확정하는 것은 곤란하기도 하려니와 그리 필연적인 문제도 아니다.

둘째, 분류사의 기능과 의미에 관해서이다. 전통문법과는 달리, 김영희(1981), 유동준(1983)을 비롯한 많은 논의는 분류사가 관련 명사지시물에 대하여 수량 단위를 표시하는 수량화 기능을 할 뿐만 아니라 명사지시물의 부류를 나타내는 범주화 기능도 가지고 있다고 주장한다. 예컨대, 채완(1990: 169)에서는 "분류사의 주된 기능이 셀 수 있거나 셀 수 없는 명사의 셈에 관여해서 그 명사를 셀 수 있게 해 주는 것과, 셈의 대상이 되는 명사의 의미론적 특성을 명세해 주는 것이다."라고 지적하였다. 특히 우형식(2000a: 64)에서는 "분류사가 셈의 단위로 인식되고 실제로 그렇게 쓰이는 것은 분류사가 지니고 있는 부류 지시의 성격에 기인하는 것이다."라고 하면서 범주화가 분류사의 1차적 기능이고 수량화 기능은 범주화 기능에 기댄 부차적인 기능이라고 주장하여 명사의 범주화 장치로서의 기능에 치중하고 있다.

분류사의 의미와 용법에 대한 논의는 대체로 이상과 같은 범주화 기능에 주목하면서 진행해 왔다. 분류사 체계 전체에 대한 종합적 논의로는 채완(1990), Oh(1994), 곽추문(1996), 이종은(1997), 이연화(2000), 우형식(2001), 진려봉(2012), 리우팡(2016) 등이 있다. 이런 논의들은 모두 연구 목록을 확정한 다음에 관련 항목들을 하위분류하여 각 유형 분류사의 의미와 용법을 조사한 것이다. 예컨대, 채완(1990)은 명사에 대한 범주화 기능을 중심으로 한국어 분류사를 '기능', '사건·행위', '모양', '인체' 4가지로 유형화하였고 분류사의 선택 혹은 분류사에 의한 범주화가 의미론적이라기보다는 화용론적이어서 하나의 명사가 어떤 분류사를 선택하느냐 하는 것은 해당 상황에서 그 명사의 현저 자실이 어떻게 나타나느냐에 의하여 달라진다고 주장한 바 있다. 우형식(2001)은 분류사를 '인간', '동물', '식물', '형상', '기능', '집단', '부분', '사건' 등을 유형화한 바탕 위에서 명사에 대한 범주화 기능을 중심으로 유형별로 분류사의 의미와 용법을 논의하였다.

개별 분류사에 관한 논의로는 김수진(1998), 우형식(2002, 2005), 석주연(2009), 채옥자(2012), 유정정(2013) 등을 들 수 있다. 김수진(1998)과 유정정(2013)은 한국어 식물성 분류사의 의미적 특성을 살펴보았고 우형식(2002)은 한국어와 일본어, 중국어, 미얀마어의 인간성 분류사의 범주화 양상을 대조 분석하였다. 우형식(2005)은 '장(張)', '개(個)', '대(臺)', '줄기', '가지' 등 몇 가지 분류사 항목과 일부 인간성 분류사 항목의 의미와 용법을 논의하였다.

또한 석주연(2009)은 '뭉치, 덩어리, 덩이, 무더기, 움큼, 더미, 아름, 줌, 짐' 등을 '뭉치류' 분류사로 정의하여 이들의 기능과 발달을 고찰하였고 채옥자 (2012)는 동작이나 사건의 횟수를 세는 단위를 나타내는 '번, 차례, 회, 바퀴, 바탕, 판, 끼' 등을 개념 및 명칭 규정을 비롯하여 의미적 특성과 기능적 특성 등을 살펴보았다.

통시적 관점에서 분류사의 의미 발달 과정을 논의한 연구도 주목할 만하다. 대표적으로 채완(1996), 정경재(2011a, 2011b), 김양진·단명결(2013), 단명결(2015) 등이 있다. 채완(1996)은 분류사 '개(個)'의 차용 과정과 의미 발달 양상을 고찰하였고, 정경재(2011a, 2011b)는 분류사 '자루'와 '점(點)'의 용법의 통시적 변화를 각각 살펴보았다. 김양진·단명결(2013)은 한국어 한자어 분류사 '건(件)'과 중국어 분류사 '件'의 통시적 발달을 대조 분석하였으며 단명결(2015)에서는 한국어 한자어 분류사와 중국어 분류사의 의미 양상을 통시적 관점에서 대조 분석하였다.

셋째, 분류사의 통사적 구성에 관해서이다. 관련 논의는 대개 수관형사와 분류사의 결합 관계, 분류사와 명사 간의 어순, 각 분류사 구성의 통사적 특징과 의미적 차이, 분류사가 실현되어 있는 수량 표현 구성의 통시적 발달 등에 집중되어 있다.

예컨대, 채완(1983)과 우형식(1996)에서는 고유어·한자어 수관형사와 고유어·한자어·외래어 분류사 간의 결합 관계를 논의하였는데 수관형사와 분류사의 결합 관계가 분류사의 어휘적 성격과 한국어 화자의 어원 의식에 관련된 것이라고 지적하였다. 채완(1982)은 통시적 고찰로 한국어 수량사구가 겪은 두 방향의 변화, 즉, 분류사 없는 수량사구에서 분류사 있는 수량사구로의 변화와 수량사가 명사를 선행하는 어순으로부터 후행하는 어순으로의 변화를 살펴보았다. 우형식(1998)에서는 3권으로 구성된 3종의 소설에서 수량화 구성 예문 665개를 추출하였고 이런 예문을 바탕으로 명사의 수량화 구성에서 후행 구성과 선행 구성의 분포, 환언 가능성, 통사·의미·담화적 차이성 등을 논의하였다. 이 외에, 곽추문(1998)과 유정정(2013)은 '알알이,

송이송이, 군데군데'와 같은 한국어 분류사의 반복형에 주목하여 그 의미·분포적 특징을 논의한 바도 있다.

3. 분류사의 인지언어학적 탐구 성과

앞에서 말했듯이 분류사는 인간이 세계를 분류하는 태도와 방식을 함의하여 인지언어학 연구의 중요한 대상이다. 일반언어학계에서 가장 잘 알려진 분류사의 인지언어학적 연구로는 Lakoff(1987)가 '디어발(Dyirbal)'어의 분류사 체계를 살펴본 논의이다. 이 논의에 의해 디어발어에서는 우주 안에 있는 모든 대상물을 4가지 범주로 분류한다. Lakoff(1987)에서는 또한 한국어 분류사와 같은 수 분류사에 해당되는 일본어 분류사 '本'의 범주 확장 양상을 원형이론으로 접근하면서 가장 전형적인 대상으로부터 주변적인 대상으로 확장하도록 동기화하는 요인으로 은유, 환유, 영상도식 변환 등 인지기제의 역할을 살펴보았다(Lakoff 1987: 104-113).

분류사가 인간의 사고 방식과 세계 인식 태도가 풍부하게 함의된 언어 형태로 인지언어학 연구의 좋은 소재임에도 불구하고 한국어 언어학계에서는 인지언어학적 방법론으로 분류사를 연구하는 논의가 그리 많지 않다. 현재까지 관련 논의로는 김진수(1998), 최정혜(2000), 김선효(2005), 우형식(2005), 정경재(2011a, 2011b), 장미란(2014), 리우팡(2015a, 2015b, 2016), 임지룡·리우팡(2017) 등을 들 수 있다. 이런 연구들은 주로 분류사의 의미와 범주화, 그리고 기원과 문법화 같은 문제에 논의를 집중하고 있다.

3.1. 의미와 범주화에 관한 탐구 성과

분류사의 의미와 용법은 명사에 대한 범주화 기능에 기반한 것이라 범주화 기능과 범주화 양상을 분석함으로써 밝혀지는 것이다. 전통적으로 분류사의 의미를 분석하는 데 '고전 범주화(classical categorization)'에 기반한 자질 분석 이론을 적용해 왔다.[2] 고전 범주화에 따르면, 범주는 필요충분 속성으로 이루어지며, 범주는 분명한 경계를 가지며, 범주의 구성원들은 동등한 자격을 갖는다(임지룡 2013: 16).

이와 대조적으로, 인지언어학에서는 원형 이론에 기반한 원형적 범주화를 주장한다. 즉, 원형 이론에 의하면, 범주는 필요충분 속성으로 구성된 것이 아니라 중심적인 '원형(prototype)'을 원점으로 주변적인 '비원형(nonprototype)'에 이르기까지 '방사상 구조(radial structure)'를 형성하며 인간이 사물을 범주화할 때 익숙한 원형을 인지적 참조점으로 삼는다. 이와 같은 원형적 범주화는 인지적으로 사물 간의 유사성이나 인접성에 기반한 개념적 은유·환유 기제에 근거하기도 한다.

이상과 같은 원형적 범주화 관점에서 분류사의 의미와 용법을 분석한 논의로는 우형식(2005), 정경재(2011a, 2011b), 장미란(2014), 리우팡(2015a, 2016), 임지룡·리우팡(2017) 등이 있다.

우형식(2005)에서는 분류사의 범주화 기능은 의미자질의 집합에 의한 것이 아니라 해당 분류사와 선택 관계를 이루는 명사가 지시하는 사물의 원형 또는 대표적인 구성원에 따라 분석되며, 여러 명사에 대한 분류사 용법의 확대는 일종의 은유적 확대로 설명될 수 있다고 주장하면서 한국어 분류사 중 일부를 대상으로 이들이 지니는 원형적 특성을 살피고 관련되는 대상이 은유적으로 확대되는 양상을 기술하였다. 구체적인 연구 대상으로는 '장(張)', '개(個)', '대(臺)', '줄기', '가지', '명(名)', '분', '사람' 등이다. 예컨대, 이 연구에서 '줄기'와 같은 형상성 분류사의 범주는 은유에 의해 고정적인 대상물에서 유동적인 사물로 확대되고, 청각적 대상을 시각화하거나 추상적인 것을 구체화하는 것으로까지 확대된다고 설명하고 있다.

리우팡(2016)에서는 한국어 분류사 체계 전체의 범주화 양상을 논의하였다. 우선 한국어 분류사를 크게 생물 분류사, 무생물 분류사, 추상물 분류사의

---

2 곽추문(1996), 이종은(1996), 이연화(2000) 등을 참조할 수 있다.

세 갈래로 유형화하고 각 유형 아래에서 원형 이론으로 각 분류사의 범주화 양상을 분석해 보았다. 그 다음으로는 분류사와 명사지시물의 대응 관계를 분류사-명사지시물의 일 대 다 관계와 다 대 일 관계로 나누어서 분류사의 범주화 양상을 요약하고 인지적 설명을 시도하였다. 즉, 명사지시물에 대한 분류사의 범주화는 개념적 은유·환유 기제에 기반한 원형적 범주화의 결과이고 하나의 명사지시물이 하나 이상의 분류사와 대응되는 양상은 같은 대상에 대한 개념화자의 대안적 해석에 기반한 것이라고 설명하였다.

정경재(2011a, 2011b)는 통시적으로 분류사 '자루'와 '점(點)'이 수량화하는 범주의 변화와 그 변화에 미치는 요인을 각각 살펴보았다. 정경재(2011a)에서는 후기 중세한국어 시기부터 현대한국어 시기에 이르기까지 분류사 '자루'의 의미 발달을 논의한 연구이다. 이 연구에서 '자루'는 원형적으로 '손잡이를 지닌 도구나 무기'를 수량화하고 그 수량화 대상이 점점 '피리, 회초리, 옥수수'와 같이 손잡이가 없지만 손으로 잡고 다루는 대상으로 확장되는 과정을 고찰하였다. 그리고 '자루'의 범주 확장 과정에는 손으로 잡고 다루는 대상이라는 '기능적 속성'과 함께 가늘고 기름하다는 '형상적 속성'이 중요한 역할을 함을 확인하였다.

정경재(2011b)는 중세·근대·현대한국어에서 분류사 '점(點)'의 의미 발달 과정을 살펴보았다. 즉, '점'은 중세한국어에서 중국어에서 차용했던 용법, 즉 '작은 얼룩이나 흔적', '액체의 방울', 그리고 '구름, 별' 등에 대한 수량화를 그대로 차용하였다. 근대한국어에서 중국어에서 확인되지 않는 독자적인 용법을 형성하여 '생강 조각, 고기 조각' 등을 수량화할 수 있게 되었고 현대한국어에서는 일본어의 영향으로 '예술품' 등을 수량화하는 용법도 지니게 되었다. 이 연구에서는 또한 중세한국어에서 근대한국어까지 '점'의 범주 확장이 '전체 배경의 아주 작은 일부'를 나타내는 영상도식(image schema)[3]에

---

3 '영상도식'이란 우리 주변 세계와의 일상적인 상호작용과 관찰로부터 직접적으로 발생하는 비교적 추상적인 개념적 표상이다(Evans & Green 2006: 176). 인간이 개념을 구성하는 데 흔히 이와 같은 추상적 개념 표상을 토대로 한다.

기반한 것이라고 확인하였다.

장미란(2014), 리우팡(2015a), 임지룡·리우팡(2017)은 한·중 언어 대조를 통해 분류사의 의미 특성에 대한 논의들이다. 장미란(2014)에서는 우선 한·중 형상성 분류사를 1차원, 2차원, 3차원으로 하위분류하고 한·중 간에 의미가 비슷한 것들을 선별하여 대조 분석하였고 전체 형상성 분류사가 명사를 형상화하여 인식하는 과정에서 은유, 환유, 영상도식의 전환 등의 기제가 작용하여 범주 확장을 했다고 주장하고 있다.

리우팡(2015a)에서는 한·중 1차원적 형상성 분류사에 초점을 두어 이들의 범주화 양상 및 양 언어 공통성과 개별성과 관련된 동기화 요인을 살펴보았다. 이 연구에서는 이들 분류사의 범주화에 대해 한정적인 가시적 대상으로부터 비한정적인 비가시적 대상으로의 확장으로 기술하고 있고 한·중 양 언어 간 범주화 양상의 차이에 대해 같은 대상에 대한 한·중 언어공동체의 대안적 해석 등에 의해 설명하고 있다.

임지룡·리우팡(2017)에서는 의미 범주와 범주화 양상의 두 측면에서 한국어와 중국어를 중심으로 분류사의 의미 특성을 살펴보았다. 이 연구에서는 분류사의 의미 범주로 대체로 인간성, 동물성, 식물성, 형상성, 기능성, 수효성, 부분성, 도량성, 사건성 그리고 총칭성 등이 있다는 것을 고찰하였고 분류사의 범주화는 그 기원 의미와 유연성이 깊고 원형적 범주화 양상을 나타낸다고 지적하였다.

이 외에 김진수(1998)에서는 '그루, 포기, 송이, 떨기, 줄기, 뿌리'를 중심으로 분류사들 간 의미 차이에 대한 인간의 인지 작용을 살피고 식물 분류사의 의미 분류 기준을 살펴본 바도 있다. 이들 분류사의 의미와 용법은 우리의 인식작용에 따라서 '지시물', '이동의 용이함', '기능', '인지의 초점' 등 의미 자질의 선택으로 분화된 것이라고 지적하였고 식물명사와 분류사 간의 선택 관계를 정리하였다. 예컨대, 식물 전체를 지칭하는 것인가 어느 한 부분을 지칭하는 것인가에 따라 '그루', '포기'와 '송이', '떨기', '줄기', '뿌리'로 갈라지고 그 다음에 '그루'와 '포기'는 '이동의 용이함' 혹은 '옮겨심기의 용이함'이라는 기준에 의해 분화되는데 이러한 의미성분이 있으면 '포기'가 되고 그런 성분이 없으면 '그루'가 된다.

3.2. 기원과 문법화에 관한 탐구 성과

분류사는 처음부터 생성된 것이 아니고 대부분이 자립·실질적 어휘로부터 발달하게 된 것이다.[4] 이는 분류사의 기원과 문법화[5]에 관한 것으로 김선효(2005), 최정혜(2000), 리우팡(2015b, 2016)에서 논의한 바 있다.

김선효(2005)는 구체적인 의미를 지닌 실질 명사에서 분류사로 발전하는 것이 문법화의 한 현상으로 보고 한국어 분류사가 어떻게 문법범주로 인정되는지를 살펴보았다. 우선 한국어 분류사를 문법화의 정도에 따라 '마리'와 같이 분류사로만 기능하는 전형적 분류사, '가락'과 같이 주로 분류사로 기능하지만 명사로도 사용 가능한 준분류사, 그리고 '사람'과 같이 분류사 구성에 나타날 수 있지만 문법범주는 아직 명사인 언어 형태 등 3가지 유형으로 구분하고 문법화의 주요 기제인 은유, 유추, 환유, 재분석, 화용적 추론, 일반화 등의 작용 양상을 분석하였다. 예컨대, 이 연구에서 '마리'의 문법화를 은유와 유추, 화용적 추론으로 설명하고 있다. 이 연구에 의하면, 사람의 신체 일부분인 '마리(머리)'가 다른 대상의 머리를 의미하는 것은 은유 기제의 영향이고 한시의 단위인 '수(首)'가 '마리'로 나타날 수 있었던 것은 의미상 '頭'와 유사하므로 유추에 의해 번역하거나 표현한 것이다. 마지막으로 '함축의 관습화 (conventionalization of implication)'라는 화용적 추론에 의해 '마리'의 분류사 용법이 정착하게 된 것이다.

---

4 Aikhenvald(2000: 353)에서는 대부분의 분류사가 명사나 동사에서 기원되고 명사가 분류사의 주요 기원이라고 밝힌 바가 있다. 한국어 분류사도 마찬가지이다.
5 '문법화(grammaticalization)'란 내용어가 기능어로, 기능어가 더 추상적인 기능어로 바뀌는 현상을 말한다(임지룡 2008: 95).

최정혜(2000)에서는 분류사로 기능할 수 있는 자립명사에 초점을 맞춰 일반명사가 분류사로서 기능하도록 하는 데 어떤 인지적인 원리가 있는지를 살펴보았다. 이 연구에서는 먼저 분류사로 사용될 수 있는 320개나 되는 자립명사 목록을 제시하였다. 그리고 자립적인 일반명사를 분류사로 인식하게 하는 기제로 환유와 은유를 들면서 이 두가지 기제를 바탕으로 자립명사가 분류사 용법을 가지게 되는 과정을 살펴보았다. 구체적 분석 과정에서는 환유를 다시 공간적 인접성, 시간적 인접성, 논리적 인접성으로 나누고 은유를 다시 형태의 유사성과 상황의 유사성으로 나누어 각각에 분류사를 소속시켰다. 예컨대, '그루, 뿌리, 줄기'는 공간적 인접성에 의해 부분이 전체를 지시하는 것에 해당되어 환유 기제로 설명될 수 있다고 밝혔다. 또 '그는 이제 막 50고개를 넘었다'에서 물리적 실체인 '산이나 언덕을 넘어 다니도록 길이 나 있는 비탈진 곳'이라는 '고개'로 '나이'를 표현하는 것은 이 둘 사이에 '힘든 곳 또는 상황'이라는 공통분모가 있기 때문이라며 이는 은유 기제로 설명할 수 있다고 주장하고 있다.

리우팡(2015b, 2016)에서는 분류사 생성의 인지적 기제를 논의하였다. 리우팡(2015b)은 '머리', '입', '손', '손가락' 등 신체어를 의미하는 데에서 문법화된 한국어 분류사 '마리', '입', '손', '가닥, 가락'과 중국어 분류사 '頭, 首, 顆', '口', '手', '指'를 중심으로 신체어에 기반한 한·중 분류사의 생성 과정을 탐구하고 대조 분석해 보았다. 연구를 통해 신체어 기반 분류사의 문법화에서 한·중 두 언어는 모두 부분→ 전체 환유, 그릇→ 내용물 환유, 형태적 유사성에 기초한 은유를 사용하였지만 문화 간 변이의 표현으로 이런 생성 기제는 두 언어에서 각각 다르게 실현된다는 것을 밝혀 냈다.

리우팡(2016)은 기원이 확정될 수 있는 일부 고유어 분류사를 중심으로 자립·실질적 어휘가 분류사로 문법화 되도록 동기화하는 인지적 기제를 고찰하였다. 먼저 기존 어원 연구 성과를 참조하여 연구 대상을 사람명사·신체어·식물어에 기반한 것, 사물·장소·시간명사에 기반한 것, 신체동작어에 기반한 것 세 부분으로 나누어서 한국어 분류사의 의미적 근원을 살펴보았다.

다음으로는 개념적 환유·은유 이론으로 기원 어휘로부터 분류사가 생성되도록 동기화하는 인지적 기제를 제시하였다. 예컨대, 분류사 '마리'는 중세국어에 '머리'란 뜻이었고 '부분 → 전체' 환유에 의해 동물에 접근하여 동물을 세는 분류사로 발달하게 된 것이다.

4. 분류사의 인지언어학적 탐구 과제

이상에서 보듯이 분류사에 관한 인지언어학적 탐구는 명사지시물에 대한 원형적 범주화의 시점에서 분류사의 의미와 용법을 분석해 보았고 자립·실질적 어휘로부터 의존·형식적 어휘로 발달하게 되었다는 문법화의 시점에서 그 기원과 생성의 인지기제를 검토해 보았다. 언어 현상의 기술에만 그치지 않고 그 배후에 숨어 있는 인지·문화적 신비를 밝히는 데 예리한 통찰력을 가지는 인지언어학적 방법론을 적용했음으로 분류사에 함의된 인지·문화적 정보와 한국 언어공동체의 사고 방식과 인지적 경향성을 인식하는 실마리로 될 수 있다.

그러나 현재로서 분류사에 대한 인지언어학적 탐구는 아직 많이 충분하지 않고 더 극복할 한계성과 해결할 과제를 안고 있다. 이를 다음과 같이 4가지로 들 수 있다.

4.1. 문법적 접근의 필요성

분류사를 연구하는 데 의미적 접근과 함께 문법적 접근을 병행할 필요가 있다. 분류사는 어휘적 형태를 지닌 요소로서 고정된 통사 위치에서 관련 명사의 지시대상과 수량·범주적 호응 관계를 이루므로 어휘·문법의 이중적 성격을 가지기 때문에 의미와 문법의 두 측면에서 접근할 필요가 있다. 그러나 현재까지 분류사에 대한 인지언어학적 연구는 의미적 접근에만 그치고 있다.

분류사는 수관형사와 함께 명사지시물의 수량을 표현하는 구성에 참여하여 통사적으로 다음 (1)과 같은 두 가지 구문을 가진다. 이 외에 한국어에는 분류사가 실현되지 않은 (2)와 같은 수량 표현 구문도 있다. 또한 (3)과 같이 특정 분류사가 형태적으로 반복형을 구성하는 경우도 있다.

(1) a. 명사-수관형사-분류사
　　예: 운전석에는 **남자 한 명**이 누워있었고, 차량 문은 잠겨있었다. (아주경제 2018.08.15.)
　 b. 수관형사-분류사(의)-명사
　　예: **한 명의 남자**로서 읽은 감상을 요약해 말하자면 조금 생소했다. 평범했던 일상에서도 나와 조금씩 달랐던 그녀들이었기 때문이다. (오마이뉴스 2018.03.25.)

(2) a. 명사-수사
　　예: **남자 하나**로 인해 여자 둘 다 희생했던 것이다. (제주일보 2018.03.30.)
　 b. 수관형사-명사
　　예: **한 남자**가 확인되지 않은 민간요법으로 병을 고치려다가 혼쭐이 났습니다. (SBS 2018.08.30.)

(3) 분류사 반복형
　　예: 기존 포도보다 단맛이 강하고 상큼한 '망고포도'는 **알알이** 씹히는 아삭한 식감이 일품이다. (인사이트 2018.09.22.)

그러므로 분류사에 대한 문법적 접근은 (1), (2), (3)과 같은 통사·형태적 구성을 대상으로 각 분류사가 이들 구성에서의 분포적 양상을 조사하고 이들 구성 간의 의미·담화적 동질성과 차이성을 분석하는 것이다. 이 문제에 대해서 인지언어학의 '구문문법(Construction Grammar)' 이론으로 접근할 수 있다. '구문문법'은 문법 구조와 의미의 쌍인 '구문'이 통사적으로 기본 형태이며, '구문'이 그 자체의 의미를 가진다고 주장한다. 구문문법에 의하면 분류사의 통사·형태적 구성도 어휘와 같이 원형으로부터 주변으로의 의미 확장 양상을 나타내고 이런 양상을 살펴봄으로써 분류사 특정 구성의 의미와 용법을 더 심층적으로 파악할 수 있고 그와 같은 문법적 현상 뒤에 숨어 있는 인지적 신비도 어느 정도 밝혀 낼 수 있을 것이다.

4.2. 통시적 접근의 필요성

분류사에 대한 인지언어학적 탐구에는 공시적 접근과 함께 통시적 접근을 병행할 필요가 있다. 분류사는 다른 어휘처럼 생성, 발달, 또는 소멸의 과정을 거친다. 우선, 통사적 구성의 실현 양상이 시대에 따라 변화할 수 있다. 이는 채완(1982)에서 이미 자세히 살펴본 바 있다.[6] 또한, 각 분류사 항목의 범주화 양상이 시대에 따라 다를 수 있다. 즉, 분류사의 범주화 양상은 공시적 접근뿐만 아니라 역사적 문헌에 의탁하여 통시적으로 추적할 필요가 있다. 이에 대해서 정경재(2011a, 2011b)는 좋은 시범을 보이고 있다.

(4) a. **머리 갓ᄂᆫ 갈 일빅 ᄌᆞᄅ ᄀᆞ애 일빅 ᄌᆞᄅ** 솔옷 일빅 낫 큰 저울 셜흔 ᄆᆞᄅ 햐근 저울 열 ᄆᆞᄅ 뎌 큰 저울 져근 저울둘히 다 구의예 셔 밍ᄀᆞ니오(剃頭刀子一百把 剪子一百把 錐兒一百箇 秤三十連 等子十連 那秤等子都是官做的) <번역노걸대, 하: 69a> (정경 재 2011a: 277)

b. **두 ᄌᆞᄅ 향**을 가져다가 퓌오라 (將兩根香來燒) <박통사언해, 하:2a> (정경재 2011a: 280)

c. 필통엔 언제나 반듯하게 깎인 **연필 세 자루**가 있었습니다. <한번만 더 조금만 더, 6> (정경재 2011a: 283)

(4)는 분류사 '자루'의 통시적 범주 확장 양상을 고찰한 정경재(2011a)에서

---

6 채완(1982)에 의하면 분류사가 실현되어 있는 수량사구는 분류사가 없는 수량사구에서 분화되어 온 것이고 현대한국어에서 가장 많이 나타나는 '명사-수량사-분류사' 구문은 수량사가 명사를 선행하는 구문에서 분화되어 온 것이다.

인용한 예문들이다. (4a)는 후기 중세한국어의 예문이고 (4b)는 근대한국어의 예시이며 (4c)는 현대한국어의 예이다. 즉, '자루'는 후기 중세한국어에서 칼을 비롯한 손잡이가 있는 무기류와 도구류를 원형으로 삼아 근대한국어에서 점점 손잡이가 없는 '향' 등으로 범주가 확장되고 현대한국어에서는 '연필'을 비롯한 필기류까지 범주가 더욱 확장되었다.

이와 같이 분류사의 의미 발달 맥락을 더욱 분명하게 파악하고 공시적 범주화 양상의 분석 결과를 검증하기 위해서는 통시적 관점에서 분류사 하나하나의 범주화 양상을 고찰하고 이를 바탕으로 분류사 전체 체계의 통시적 발달 양상을 파악하며 앞으로의 발전 경향성을 전망할 필요가 있다. 이는 분류사에 대한 인식과 이해를 심화하는 데 꼭 걸어야 할 길이라고 본다.

4.3. 양방향 접근의 필요성

현재까지 분류사의 범주화 기능에 대한 연구는 주로 분류사를 중심으로 하나의 분류사가 여러 개의 명사지시물과 호응하는 관계를 고찰하는 데 논의를 집중하고 있다. 예컨대, (5)와 같이 분류사 '장'에 '종이'와 '편지'가 모두 호응할 수 있다.

> (5) a. **이 종이 한 장**에 1300만 도민들의 민심과 명령이 담겨있다고 생각한다. (아시아투데이 2018.06.15.)
>   b. 서울 강남구의 한 아파트 엘리베이터에 손으로 쓴 **편지 한 장**이 붙었습니다. (YTN 2018.09.27.)

그러나 경우에 따라서는 하나 이상의 분류사가 동일한 명사지시물과 호응관계를 이루기도 한다. 예컨대, (6)과 같이 같은 대상 '편지'에 대하여 두 개의 분류사 즉, '장'과 '통'이 호응관계를 이룰 수 있다. 이는 특정 언어 개념화자가 같은 대상에 대한 대안적 해석 양상을 나타낸다. 즉, '편지 한 장'의 경우

편지지의 모양을 부각하는 해석을 나타내고 '편지 한 통'의 경우는 통신 행위와의 관련에 인지의 초점을 두고 있는 것을 보여 준다.

(6) a. 서울 강남구의 한 아파트 엘리베이터에 손으로 쓴 **편지 한 장**이 붙었습니다. (YTN 2018.09.27.)
b. 날마다 그렇게 대통령을 위해 편지를 썼던 블룸은 오바마 임기 말 무렵 오바마 대통령에게서 **편지 한 통**을 받았다. (조선일보 2018.09.10.)

요컨대, 분류사의 범주화는 양방향의 문제라서 두 가지 방향에서 접근해야 한다. 한편으로 분류사를 중심으로 하나의 분류사가 여러 명사와 호응하는 관계를 고찰하고 또 한편으로는 명사를 중심으로 하나의 명사가 여러 분류사와 호응하는 양상을 살펴본다. 앞으로는 특히 그동안 간과했던 두 번째 방향, 즉 명사-분류사의 일 대 다 호응 양상에 논의의 중심을 더 많이 두어야 한다. 이에 대한 접근은 분류사의 의미 이해를 더 심화시킬 뿐만 아니라 언어에 숨어 있는 인지·문화적 신비를 밝히는 데에도 도움이 될 수 있다.

4.4. 언어유형론 및 언어접촉론과 접목의 필요성

우선, 분류사의 인지언어학적 탐구는 언어유형론과 접목할 필요가 있다. 분류사는 단 하나의 언어에만 특유한 형태가 아니라 세계 여러 언어에 존재하여[7] 범언어적 연구의 중요한 부분이 된다. 분류사 연구는 언어유형론의 큰 배경에 들어가야 보편성을 가지는 규칙적 특징을 발견할 수 있다. 반세기 동안의 조사 연구를 거쳐, 언어유형론에서는 이미 분류사 연구의 기본적인 틀을

---

7 한국어 분류사가 해당되는 수 분류사는 가장 보편적이며 잘 인식되는 분류사 유형으로 티베트 어와 함께 타이 어, 미얀마 어 등의 동남아시아 제어, 중국어, 일본어 등의 동아시아 제어, 중앙아메리카의 마야 어, 그리고 오세아니아의 일부 언어에서도 나타난다(우형식 2000b: 40).

구축하였다. 이런 기본적인 틀 안에서 각 언어의 일반성과 개별성을 더 쉽게 알아볼 수 있다.

언어유형론과 접목하는 분류사의 인지언어학적 탐구는 한국어 분류사를 다른 언어 분류사와 대조 분석하는 작업에 기초해야 한다. 예컨대, 리우팡 (2016)에서 한·중 대조를 통해 한국어 식물성 분류사 체계에 목본식물과 초본식물의 구분이 있지만 중국어에는 이런 구분이 없다는 것을 알아낸 바 있다. 즉, 다음 (7), (8)과 같이 한국어 분류사 '그루'와 '포기'에 대하여 중국어에서는 '棵' 한 분류사로만 대응한다. 이는 식물에 대하여 한·중 개념화자 인지적 상세성의 차이를 나타낸다.

(7) a. 경북 울진군의회 의장이 **소나무 한 그루**를 훔친 혐의로 경찰에 붙잡혔다. (일요신문 2015.06.04.)

b. 看到山邊有兩棵樹, 一棵長得很茂盛, 另一棵早已枯萎。(산기슭에 **나무 두 그루**가 있다. 한 그루는 무성하고 다른 한 그루는 일찍부터 시들어졌다.) (리우팡 2016: 227)

(8) a. 그리고 **배추 한 포기**를 사와 배추전을 부치던 중 아들의 집으로 들어옵니다. (오마이뉴스 2015.09.02.)

b. 李根買了半斤猪肉, 一棵白菜, 獨自包起了餃子。(이근(李根)은 돼지고지 반 근과 **배추 한 포기**를 사서 혼자서 물만두를 빚고 있다.) (리우팡 2016: 227)

현재까지 인지언어학적 시점에서 분류사의 대조 연구는 아직 많이 부족하다. 한국어 분류사의 유형적 일반성과 개별적 특징을 더 잘 파악하기 위해서는 중국어, 일본어, 미얀마어, 베트남어, 태국어 등 다른 언어의 분류사를 한국어 분류사와 면밀히 대조 분석하는 일이 계속 해야 할 과제라 하겠다.

다음으로, 분류사의 인지언어학적 탐구는 언어접촉론과 접목할 필요도 있다. 분류사의 발달은 언어내적인 문제만이 아니라 때로는 다른 언어와의 접촉에 의해 이루어지기도 한다.

예컨대, 정경재(2011b)에서 한국어 한자어 분류사 '점(點)'의 의미 발달 양상을 분석하는 과정에서 중국어의 영향과 일본어의 영향을 두루 확인하였다. 구체적 예시는 (9)와 같다. (9a)는 중세한국어 관련 예시로서 '점(點)'이 중국어에서 차용한 용법을 그대로 사용하고 있다는 것을 보여 준다. (9b)는 중국어에 없는 용법을 나타내는 현대한국어의 예시이다. 이는 개화기 이후 일본과 일본어의 영향 속에서 일본어에서 유입된 것으로 추정된다.

(9) a. **잔호 별 두어 뎜**의 기려기 흔 フ새빗겻고 (殘星數點鴈橫塞) <백 련초해_東, 007a> (정경재 2011b: 363)
    b. 고려시대 **유물 석 점**을 도둑맞았다. (정경재 2011b: 373)

이상과 같이 언어접촉론을 접목하여 한국어 한자어 분류사의 의미 발달 양상을 분석하면 분류사 의미 범주의 형성 과정과 형성 동인을 더욱 잘 파악할 수 있다. 현재까지 이와 같은 연구가 아직 부족하므로 후속 연구의 방향으로 삼을 필요가 있다.

5. 마무리

이상에서 분류사에 대한 인지언어학적 탐구의 성과를 살펴보고 앞으로 해결해야 할 과제를 제시해 보았다. 지금까지 논의한 바를 간추려 이 글을 마무리하기로 한다.

첫째, 1980년대에 들어오면서, 일반언어학계 관련 연구의 영향을 입어 한국어 언어학계에서 분류사 자체에 대한 논의가 갈수록 많아지고 있다. 논의의 내용은 주로 분류사의 범위와 어휘목록, 의미와 기능, 통사적 구성 등에 집중되어 있다. 대표적 연구로는 김영희(1981), 유동준(1983), 채완(1982, 1983, 1990, 1996), 우형식(1996, 1998, 2001, 2002), 석주연(2009), 진려봉(2012)

등을 들 수 있다.

둘째, 분류사는 인간의 세계 분류 방식을 함의하는 언어 형태로 인지언어학 연구의 중요한 대상이다. 현재까지 한국 언어학계에서 인지언어학 이론으로 분류사를 연구하는 논의는 주로 의미와 범주화 및 기원과 문법화에 집중되어 있다. 전자의 관련 논의로는 김진수(1998), 우형식(2005), 정경재(2011a, 2011b), 장미란(2014), 리우팡(2015a, 2016), 임지룡·리우팡(2017) 등이 있고 후자의 관련 논의로는 최정혜(2000), 김선효(2005), 리우팡(2015b, 2016) 등을 들 수 있다. 관련 연구 결과는 분류사에 함의된 인지·문화적 정보와 한국 언어공동체의 사고 방식과 인지적 경향성을 인식하는 실마리로 될 수 있다.

셋째, 현재로서 분류사에 대한 인지언어학적 탐구는 아직 많이 충분하지 않고 더 해결할 과제를 안고 있다. 이는 문법적 접근의 필요성, 통시적 접근의 필요성, 범주화에 대한 양방향 접근의 필요성, 그리고 언어유형론 및 언어접촉론과 접목할 필요성 4가지로 들 수 있다. 그러므로 분류사의 인지언어학적 탐구에 있어서 더 걸어야 할 길이 아직 많이 남아 있어 계속하여 한 걸음씩 꾸준히 나아갈 필요가 있다.

참고문헌

고영근·구본관(2008), 『우리말 문법론』, 집문당.
고영근·남기심(1985), 『표준국어문법론』, 탑출판사.
곽추문(1996), "한국어 분류사 연구", 성균관대학교 대학원 국어국문학과 박사학위논문.
곽추문(1998), "韓國語 分類詞의 反復形", 『성균어문연구』 33: 33-49, 성균관대학교성균어문학회.
김선효(2005), "국어의 분류사와 문법화", 『한국어학』 27: 107-123, 한국어학회.
김양진·단명결(2013), "한·중 한자어 분류사 '건'(件)에 대한 통시적 연구", 『국어사 연구』 17: 337-371, 국어사학회.

김영희(1981), "부류 셈숱말로서의 셈 가름말",『배달말』 6: 1-28, 배달말학회.

김진수(1998), "식물 분류사의 인지의미론적 고찰",『언어』 19: 99-114, 충남대학교 언어교육원.

단명결(2015), "한·중 문헌에 등장하는 한자어 분류사의 통시적 연구: 동물성 분류사의 대조를 중심으로",『인문학연구』 25: 161-193, 경희대학교 인문학연구소.

리우팡(2015a), "한·중 분류사의 범주화 양상 대조 연구: 1차원적 형상성(形狀性) 분류사를 중심으로",『국어교육연구』 57: 23-52, 국어교육학회.

리우팡(2015b), "신체어에 기반한 한·중 분류사", 임지룡 외,『비유의 인지언어학적 탐색』, 305-204, 태학사.

리우팡(2016),『한국어 분류사의 인지언어학적 연구』, 한국문화사.

석주연(2009), "국어 분류사의 수량화 기능에 대한 일고찰: '뭉치류' 분류사의 기능과 발달을 중심으로",『우리말글』 47: 25-46, 우리말글학회.

우형식(1996), "분류사의 수량 명사구 분석",『한어문교육』 4: 373-388, 한국언어문학교육학회.

우형식(1998), "국어 수량화 구성의 분포와 기능 분석",『담화와 인지』 5(2): 57-80, 담화·인지 언어학회.

우형식(2000a), "한국어 분류사의 기능과 범위",『한글』 248: 49-84, 한글 학회.

우형식(2000b), "분류사: 언어와 분류의 유형",『우암어문론집』 10: 37-50, 우암어문학회.

우형식(2001),『한국어 분류사의 범주화 기능 연구』, 박이정.

우형식(2002), "한국어 인간성 분류사의 대조언어학적 검토",『비교문화연구』 13: 105-124, 부산외국어대학교비교문화연구소.

우형식(2005), "한국어 분류사의 원형론적 분석",『우리말연구』 17: 71-95, 우리말글학회.

유동준(1983), "국어 분류사와 수량화",『국어국문학』 89: 53-72, 국어국문학회.

유정정(2013), "말뭉치기반 한국어 분류사 반복형 연구",『언어학연구』 18(1): 141-162, 한국언어연구학회.

이남순(1995), "수량사구성의 몇 문제",『애산학보』 16: 43-67, 애산학회.

이숭녕(1968),『문법』, 을유문화사.

이연화(2000), "한국어 수분류사의 의미 분석", 건국대학교 대학원 국어국문학과 석사학위논문.

이종은(1997), "한국어 수분류사의 의미 분석", 상명여자대학교 대학원 국어국문학과 석사학위논문.

임지룡(2008), 『의미의 인지언어학적 탐색』, 한국문화사.

임지룡(2013), "문법 교육의 인지언어학적 탐색", 『국어교육학연구』 46: 7-44, 국어교육학회.

임지룡·리우팡(2017), "한·중 언어를 통해 바라본 분류사의 의미 특성", 『언어과학연구』 80: 325-348, 언어과학회.

임지룡 외(2005), 『학교문법과 문법교육』, 박이정.

임태성(2017), "가상 이동 구문의 확장 양상 연구", 『어문론총』 73: 9-30, 한국문학언어학회.

임홍빈(1991), "국어 분류사의 변별 기준에 대하여", 간행위원회 편, 『석정 이승욱 선생 회갑기념논총』 I, 335-377, 이지헌북스.

장미란(2014), "한·중 형상성 분류사의 범주 확장에 대한 대조 연구", 서울시립대학교 대학원 국어국문학과 박사학위논문.

정경재(2011a), "분류사 '자루'가 수량화하는 범주의 변화", 『우리어문연구』 41: 259-293, 우리어문학회.

정경재(2011b), "분류사 '점(點)'이 수량화하는 범주의 통시적 변화", 『Journal of Korean Culture』 16: 357-380, 한국어문학국제학술포럼.

진려봉(2012), "유형론적 관점에서 본 한국어 분류사 연구", 서울대학교 대학원 국어국문학과 박사학위논문.

채옥자(2012), "한국어의 동작이나 사건의 횟수를 세는 동작단위사에 대하여", 『국어학』 64: 301-325, 국어학회.

채 완(1982), "國語數量詞句의 通時的 考察", 『진단학보』 53·54: 155-170, 진단학회.

채 완(1983), "국어 數詞 및 數量詞句의 유형적 고찰", 『어학연구』 19(1): 19-34, 한국언어학회.

채 완(1990), "국어 분류사의 기능과 의미", 『진단학보』 70: 67-180, 진단학회.

채 완(1996), "국어 분류사 '개'의 차용과정과 의미", 『진단학보』 82: 192-215, 진단학회.

최정혜(2000), "한국어 명사의 단위성 획득에 대하여", 『어문논집』 42: 301-329, 민족어문학회.

최현배(1955), 『우리 말본』, 정음사.

최형도 외(2017), 『한국어 분류사 연구』, 역락.

Adams, K. L. & N. F. Conklin(1973), Toward a theory of natural classification, *Papers from Ninth Regional Meeting*, 1-10, Chicago Linguistics Society.

Allan, K.(1977), Classifiers, *Language* 53(2): 285-311.

Aikhenvald, A. Y.(2000), *Classifiers: A Typology of Noun Categorization Devices*, Oxford: Oxford University Press.

Evans, V. & M. Green(2006), *Cognitive Linguistics: An Introduction*, Edinburgh: Edinburgh University Press. (임지룡·김동환 옮김(2008), 『인지언어학 기초』, 한국문화사.)

Craig, C.(ed.)(1986), *Noun Classes and Categorization*, Amsterdam: John Benjamins.

Craig, C.(1994), Classifier Languages, in R. E. Asher & J. M. Y. Simpson, *The Encyclopedia of Language and Linguistics* 2, Oxford/New York: Pergamon Press.

Denny, P. J.(1976), What are noun classifiers good for?, *Paper from the 12th International Meeting*, 122-132, Chicago Linguistic Society.

Greenberg, J. H.(1972), Numeral classifiers and substantival number: Problems in the genesis of a linguistic type, *Working Papers on Language Universals (Stanford University)* 9: 1-39.

Lakoff, G.(1987), *Women, Fire and Dangerous Things: What Categories Reveal about the Mind*, Chicago/London: The University of Chicago Press. (이기우 옮김(1994), 『인지의미론』, 한국문화사.)

Lyons, J.(1977), *Semantics* 2, Cambridge: Cambridge University Press.

Oh, S. R.(1994), *Korean Numeral Classifiers: Semantics and Universals,* Seoul: Taehagsa.

어휘 교육

서 혜 경*

1. 들머리

이 글은 어휘 교육의 인지언어학적 탐구 현황을 살펴보고 이를 바탕으로 보다 발전적인 실천 과제를 제시하며 이상적인 어휘 교육의 모습을 전망해 보는 것을 목적으로 한다.

국어교육에서 어휘 교육은 매우 중요한 부분을 차지하고 있으며 이는 교육과정이나 교수·학습활동에서 잘 드러난다. 또한 그 중요성에 걸맞게 바람직한 어휘 교육을 위한 연구 역시 활발하게 있다. 교육은 학문적 이론의 탐구 결과가 자연스럽게 반영되고 활발하게 진행되어 왔다. 이는 어휘 교육에서도 마찬가지이다.

지금까지의 어휘 교육은 언어에 대해 자율적이고 폐쇄적인 관점을 가진 형식주의 언어관에 영향을 받았다.[1] 형식주의 언어관은 특히 어휘의 의미가

---

* 대구광역시 교육청 교육연구사, namu31@hanmail.net

[1] 20세기 언어학계의 큰 흐름은 구조언어학, 변형생성언어학, 인지언어학으로 대별된다. 구조언어학은 언어의 형태와 의미는 언어 체계 자체 내에서 결정되며 언어 사용자와는 무관한 체계라고 보았다. 변형생성언어학은 언어적 능력이 인간의 머

언어 체계 자체에 의해서 결정되며 언어 사용자와는 무관하다고 보았다. 그렇기 때문에 어휘의 형식이나 내용에 담긴 인간의 사고나 경험, 문화의 모습 등 의미적 내용이 어휘 교육 요소로 주목받지 못했다. 언어의 형식과 내용이 언어 사용자와 무관하다는 주장은 우리의 직관과도 매우 어긋나며 이러한 관점은 어휘 교육에 있어서도 여러 가지 한계를 드러내게 되었다.

그러나 의미를 언어 연구에 중심에 두는 인지언어학이 가지는 유연한 설명력과 연구 방법론은 학교 현장의 어휘 교육에 대한 지금까지의 많은 한계점을 보완할 수 있는 새로운 시각을 열어 주었다. 인지언어학은 의미를 중심에 두고 언어 모습을 연구하며, 언어를 사용하는 인간의 경험, 사고, 문화 등을 탐색하는 학문으로, 인간의 바람직한 성장을 목표로 하는 교육의 본질과도 잘 부합된다.

2장에서는 어휘 교육에서 의미를 부각시켜 논의한 지금까지의 연구들을 살펴보고 주요 논제들에 대해 기술할 것이다. 또한 인지언어학적 탐구에 대한 주요 쟁점들을 논의한다. 3장에서는 어휘 교육에 대한 인지언어학적 탐구 과제를 제시하고 보다 발전적 모습에 대한 전망을 논의하는 것으로 마무리한다.

2. 연구 주제와 주요 쟁점

2.1. 연구 주제

2.1.1. 선행연구

어휘는 의미를 담는 기본 단위로 언어학에서 현저한 위치를 갖는다. 그런

리 속에 들어 있는 독립적인 능력으로 다른 정신 능력과 무관하다고 보았다. 이런 점에서 구조언어학과 변형생성언어학은 자율언어학 또는 형식주의 언어학이라고 본다. 반면에 인지언어학은 언어는 인간의 일반 인지의 산물이며, 지각, 신체적 경험, 문화적 배경 등의 모습이 필연적으로 반영된다는 점에서 인지주의 또는 기능주의 언어학이라고 볼 수 있다(임지룡 1997b: 7 참조).

점에서 언어교육의 대상으로서 어휘에 대한 많은 연구들이 있으나, 의미적 측면에서의 논의는 비교적 최근에 이루어졌으며, 본격적으로 인지언어학에 기초를 둔 연구는 이제 시작이라 볼 수 있다.

어휘 교육에 있어서 의미의 중요성을 강조하거나 부각시켜 논의한 연구를 살펴보면 다음과 같다. 먼저 어휘의미가 지니고 있는 여러 가지 층위에 대한 논의[2]는 민현식(2000)에서 볼 수 있다. 여기서 '촌지(寸志)'를 예로 들어 사전적 정의와 가치 의미를 설명하고 있는데, '모든 사물이 가치를 지니듯 모든 어휘도 그 의미에 따라 의미 가치를 지녀 의미 가치의 상승과 타락을 보인다. 어휘의미의 가치에 대한 이해는 바른 어휘 선택 능력을 위해 필요하다.'라고 하면서 어휘의미에 대한 가치를 <표 1>과 같이 분류하였다.

〈표 1〉 의미 가치의 구분 (민현식 2000: 141)

구분 가치	설명	예
긍정	선하고 참되고 진실된 가치를 지닌 것인데 일반적으로 인간이 인간 심성에 긍정적으로 기여하는 것으로 보는 가치	사랑, 인내, 희망, 봉사, 정조
부정	인간들이 싫어하고 혐오하고 악하며 거짓으로 보는 것	미움, 절망, 방종, 간음
중립	일차적 가치가 긍정, 부정 가치의 판단 대상으로 보지는 않는 것들	기계, 차, 국가, 커피

<표 1>의 논의는 어휘가 가지는 의미의 여러 유형 가운데 사전적 의미에만 강조점을 두어온 종전의 모습에서 어휘 교육의 장에 의미에 대한 논의를 시작했다는 점에서 의의가 있다.

어휘를 포함하는 의미 교육 전반에 대한 논의는 문향숙(2005), 주세형(2005b), 임지룡(2006), 이동혁(2009) 등을 들 수 있다. 의미론에서의 접근 단위는 어휘, 문장, 발화, 담화 정도로 볼 수 있는데, 어휘가 의미를 실을 수

---

[2] 심재기(1983)는 국어 어휘의 의미에 대한 가치를 논의하며 가치론적 의미 변화를 '경멸적 발전'과 '계량적 발전'으로 구분하여 설명하고 있다.

있는 가장 기본적인 단위이며, 문장이나 텍스트, 담화를 엮어 내는 바탕이라는 생각[3] 때문에 이들 연구는 어휘의미 차원에 관한 기술이나 분석 내용들이 많이 포함되어 있다.

안찬원(2012)은 이동 동사를 중심으로 초등 어휘 교육의 방법을 어휘들의 의미 관계에 주목하여, 개별 어휘에 대한 의미 학습이 이루어진 뒤 계열 관계와 결합 관계의 단계로 학습하는 것을 논의했다. 주세형(2005)에서는 모어 화자를 대상으로 하는 어휘 교육은 어휘에 담긴 이데올로기적 측면과 가치 판단, 어휘가 가지는 백과사전적 지식을 모두 포함해야 함을 강조했다. 특히 모국어 화자를 대상으로 하는 어휘 교육과 제2 외국어 학습에서의 어휘 교육은 본질적으로 다르다고 보고, 어휘 선택에서 문체적 효과, 발신자의 표현 태도, 언중의 이데올로기 등을 모두 고려하여 교육 내용을 구성해야 한다고 하였다.

박재현(2006: 21)은 어휘의미가 지니는 가치에 초점을 맞추어 '가치'의 요소를 어휘 교육에 적용했을 때 지금까지의 탈맥락, 탈가치의 틀에서 벗어나지 못했던 어휘 교육의 문제점을 극복할 수 있다고 보았다. 여기서 논의하는 '가치'는 어휘가 가지는 지시적 차원의 의미를 넘어서는 심리적 차원의 정의적 의미를 가리키는 듯한데, 이러한 정의적 차원의 '가치' 인자를 어휘 교육에 적용하여, 의미의 정교화나 어휘가 가지는 상징 능력에 편중되어온 문제를 해결하려고 하였다. 그러면서 고유어, 외래어, 한자어, 속어, 비어, 은어, 표준어, 방언 등 다양한 어휘 유형의 교육에 의미의 '가치'라는 개념을 적용할 수 있다고 보았다.

임지룡 외(2005)는 새말 만들기를 중심으로, 의미적 차원에서 단어 형성법 교육에 대해 교수·학습 방법의 실제를 제시하고 있다. 신명선(2004)은 어휘 교육의 목표로 '어휘 능력'의 개념을 어휘에 대한 지식, 어휘를 활용하는 능력,

---

3 Lipka(1992: ix)에서는 단어의 무리인 어휘, 그리고 어휘사전은 언어의 가장 기본적인 층위이며 의사소통의 가장 중요한 도구라고 하였다. Talmy(2000)는 어휘의 위상적 지식, 백과사전적 배경지식이 있으면 어휘의미 습득에 유리하다고 보았다 (임지룡 2010a 참고).

언어 의식의 고취, 국어 문화와 능력 함양 그리고 국어적 사고력 신장 등을 모두 포함하여 폭넓게 다루고 있다. 신명선(2009)에서 인간은 자신의 경험 세계에 근거하여 단어의 의미를 이해한다는 논의를 시작하였으며, 이동혁(2011)은 어휘부에 기반한 어휘 교육에 대해서, 윤천탁(2012)은 머릿속 어휘 사전을 활용한 국어 어휘 교육 방법을 제시했는데 인지의미론을 기반하여 단어의 의미를 살펴보고, 어휘의미가 가진 역동성을 어휘 교육에 반영하려 했다고 볼 수 있다.

위의 연구들은 어휘 교육에서 의미의 측면을 한 부분으로 부각하여 논의한 반면 본격적으로 인지언어학을 배경으로 어휘 교육의 방향을 제시한 연구는 임지룡(2010a)이다.

임지룡(2010a)에서는 국어 어휘 교육의 목표, 내용, 방법, 평가 등에 대한 전반적인 검토를 바탕으로 각각의 항목에 대해 구체적 내용을 과제로 제시하고, 바람직한 어휘 교육의 방향을 '열린 시각의 어휘 교육, 탐구 과정의 어휘 교육, 삶을 위한 어휘 교육, 국어 사랑의 어휘 교육' 등 4가지로 제시한 바 있다. 교육과정의 내용 분석을 바탕으로 어휘 교육의 사적인 변화를 살피고, 어휘 교육의 목표, 내용, 방법, 평가 등에서 요구되는 과제들을 체계적이고 일관성 있게 제시하고 있다. 또한 언어에 대해 폐쇄적이고 자율적인 시각을 벗어나서 언어 사용의 주체인 인간 중심적 언어관과 개념주의 언어관이 필요함을 강조했다. 그 뿐만 아니라 국어 어휘 현실이 처한 어두운 면에 대한 반성과 이에 대한 극복 방안의 마련을 통해 국어 어휘 교육을 통한 바람직한 태도 및 가치의 함양에 대해서도 논의하고 있다.

그 외 송현주·최진아(2010, 2011)의 동기화와 관용 표현 교육 연구, 박수경(2010)의 다의어 '잡다'에 대한 논의 등이 있다. 서혜경(2014)은 지금까지의 어휘 교육이 구조주의나 기술언어학을 배경으로 이루어져 어휘 의미의 본질에 대한 관점이 치우쳐져 있음을 지적하고 균형 있는 시각으로 어휘 교육의 본질에 다가가야 함을 주장하였다. 그러면서 지금까지 어휘 교육을 사적으로 살펴보고 그 한계를 지적하며 인지언어학을 바탕으로 어휘 교육의 목표, 내용,

방법 등을 제안하며 교육의 실제 모습을 구현하였다.

2.1.2. 논의 주제

어휘 교육에 대한 인지언어학적 탐구 주제는 일련의 교육활동 과정에 비추어 다음과 같이 갈래지어 볼 수 있다.

첫째, 인지언어학적 관점에서 어휘 교육에 대한 기본적 관점이나 바탕 철학에 대한 담론을 형성하고 그 위에서 새롭게 어휘 교육의 방향이나 지향점을 모색하는 것이다.

교육이 단지 특정한 학문적 이론을 그대로 수용하는 것은 아닐 것이다. 학문의 장에서 논의되는 다양한 관점들을 교육적 관점에서 수용하고 균형 있는 시각으로 본질에 접근하려는 노력이 필요하다. 지금까지 구조주의 언어학이나 기술언어학에 편중된 어휘 교육의 장에 인지언어학의 관점으로 보다 확장된 논의를 위한 바탕 철학을 세우고 교육적 타당성을 확보할 수 있는 담론이 필요하다고 하겠다.

둘째, 국어 교육의 목표에 부합하는 어휘 교육의 목표를 설정하는 것이다. 어휘에 대한 지식의 적용 및 확장과 탐구, 언어 수행 능력 향상, 국어에 대한 태도 형성 및 가치를 인식할 수 있는 어휘 교육의 목표에 대한 교육 주체들의 일치된 목소리가 필요하다.

지금까지 어휘 교육의 목표에 대해서 김광해(1997), 임지룡(1998), 손영애(2000), 이충우(2001), 신명선(2004) 등 많은 논의들이 있어왔다. 대개 어휘력 신장, 언어사용능력 향상, 언어문화 창조 등으로 크게 정리할 수 있는데, 이는 어휘 교육이 문법 능력이나 언어 사용 영역의 기능 향상을 위한 도구적 역할로 보았음에 다소 아쉬움이 있다.

이에 임지룡(2010a)은 어휘 교육의 목표를 '어휘사용 능력, 어휘 지식, 어휘 인식을 확장·세련시킴으로서 정확하고도 풍부한 어휘를 사용하며, 세상사의 지식을 넓히며, 언어문화의 창조에 이바지하는 데 있다.'라고 제시하여 어휘 교육의 독자적 위치와 중요성을 인식하는 열린 목표를 제시하였다. 어휘 교육을 통해 세상사의 지식을 넓히며 언어문화를 창조함을 추구하는 것은 어휘에는 인간 사고의 모습, 의식, 사고나 가치관이 반영되어 있으며 어휘의 의미가 본질적으로 백과사전적이라는 인지언어학적 관점이 반영된 목표라고 할 수 있다.

셋째, 어휘 교육의 내용 요소들에 대한 선정과 배열, 위계화에 대한 논의이다. 이상적인 어휘 교육의 실현을 위해 어떤 내용을 얼마만큼 어떤 순서로 교육해야 하는지에 대한 논의가 필요하다.

지금까지 어휘 교육의 내용 연구는 주로 교육과정이나 교과서 분석을 통해 이루어졌고, 내용 요소들에 대한 일관성, 체계성, 균형성 등이 지적되었다. 어휘 교육에 대한 내용 선정과 배열, 내용 요소에 대한 위계화 등은 여전히 과제로 남아 있으며 논의가 필요한 부분이다. 교육과정이 개정되면서 어휘 교육의 내용 요소들이 풍부해지고 다양해졌음은 긍정적이나 내용 요소들에 대한 많은 부분들이 더 알차게 구성되어야 한다.

넷째, 선정된 어휘 교육 내용에 대한 교육 방법적 논의이다. 지금까지 교육과정에 제시된 교수·학습 방법에 관한 안내는 탐구 학습, 협동학습, 토의, 토론, 역할놀이 정도로 제시되어 있다. 이는 모든 교육 활동에 적용될 수 있는 두루뭉술한 교수방법으로 이상적인 어휘 교육 방법의 전부가 될 수 없다. 교육방법은 학습자나 학습 주제, 학습 상황에 많은 영향을 받을 수 있다. 이러한 측면들을 모두 고려한 어휘 교육의 학습 방법에 대한 논의가 필요하다.[4]

다섯째, 평가는 교육활동에 대한 결과이지만 교육 목표나 내용, 방법에 대한 발전적 성찰의 자료가 되므로 평가에 대한 발전적 논의 또한 요구된다.

여섯째, 어휘 교육의 연구에 대한 메타적 접근이다. 어휘 교육에 대해 인지언어학적 탐구가 유용하고 차별화되며 언어 현상을 설명할 수 있는 강력한 이론이라는 점에 대한 논의들이 필요하다. 이는 어휘 교육에 있어서 다양한 관점을 확보하고 교육 현장에서 언어의 실체적 본질에 다가설 수 있는 배경

---

4 어휘 교육의 방법에 관한 논의로는 김형철(1997), 손영애(2000), 민현식(2001), 임정선(2005), 이정화(2010) 등이 있다(임지룡 2010a: 274).

철학이 될 수 있음을 강조하는 것이다.

2.2. 주요 쟁점

2.2.1. 언어관에 대한 관점의 차이

어휘 교육에 대한 기존의 주된 관점은 구조주의적 관점이다. 구조주의적 언어관은 어휘의 체계성과 어휘 항목들 간의 구조적인 관계에 대해 연구의 초점을 두고, 언어 연구에서 언어 사용자인 인간을 배제하고 언어 자체의 자율적 구조를 기술하는 데 그 목적이 있다. 따라서 어휘가 가지는 의미 자질이나 어휘 자체 구조의 내적인 관계를 중시하여 어휘를 독립적으로 기술한다. 단어나 어휘에 대한 언어 사용자를 고려하지 않으며, 의미는 언어의 구조 속에서만이 이해될 뿐이라는 관점이다.[5]

이러한 구조주의 의미론의 장이론과 성분분석, 의미 관계에 관한 연구들은 어휘 교육 현장에 다양한 내용과 방법론을 제공하고 큰 영향을 끼치며, 지금까지 교육 과정이나 교과서에 기술된 어휘 관련 교육 내용을 구성하는 기본 바탕이 되고 있다.

인지언어학은 '언어는 인간의 인지적 산물이고 거기에는 필연적으로 인지적 양상이 반영되어 있다.'는 관점이다. 어휘의미 또한 언어를 부려 쓰는 개념화자가 언어적 지식과 백과사전적 지식을 활용하여 적극적으로 구성한 결과이며, 다양한 층위를 가지고 문맥이나 화용의 상황에서 항상 변화할 수 있는 것이다. 즉, 언어의 이해와 사용은 지각, 개념 체계, 신체화된 경험, 세상사의 경험이나 지식, 문화적 배경 등 일반적 인지 능력과 불가분의 관계를 맺고 있으며, 개방적이고 사고 의존적이다. 의미 또한 이러한 관점에서 언어 사용

---

5 최호철(2006: 39-40)에서는 구조주의 의미론의 특징을 다음의 다섯 가지로 들고 있다. 첫째, 어휘의 공시적 분석이 통시적 분석에 선행한다. 둘째, 어휘는 무질서한 요소 목록이 아니라 구조화된 망상 조직이다. 셋째, 어휘의 의미 분석은 언어 내적인 방법으로 진행된다. 넷째, 어휘의 의미 가치는 관련 어휘의 대립으로 기술된다. 다섯째, 어휘의 의미 관계는 계열 관계와 결합 관계를 포괄한다.

자가 적극적으로 구성하고 해석(construal)한 개념과 동일시한다.

인지언어학의 관점은 기존의 구조주의가 가지는 한계를 극복하고 어휘의 미의 본질에 대해 보다 유연한 관점으로 어휘의미 교육에 접근할 수 있는 철학적 바탕을 마련해 준다. 즉, 기존의 어휘의미 교육이 가지는 한계를 넘어 학습자에게 보다 더 유용하고 적절한 교육 내용과 방법을 제시할 수 있다.

2.2.2. 교육적 접근의 필요

교육은 학문적 연구 결과에 바탕을 두고 그 내용과 형식을 구성한다. 이는 단지 이론을 적당히 요약하거나 압축하여 학습 내용으로 제시하는 것을 의미하는 것이 아니다. 교육 현장이나 학습자의 발달 단계에 맞는 교육적 재구조화가 필요하다는 점이다.

어휘 교육의 지난 모습을 살펴보면 언어학의 연구 흐름에 편성하여 그동안 연구된 구조주의 어휘론의 이론적 내용을 적절하게 수용하여 교육과정에 제시한 점을 부인할 수 없다. 편향된 이론적 내용으로만 구성된 교육 내용도 시급히 보완해야 할 부분이지만, 그렇다고 언어학의 모든 내용들을 교육과정에 제시하는 것도 바람직한 것은 아니다. 우리는 원만한 의사소통을 하며 바람직한 국어 사용자를 기르는 것이 목적이지 언어학자를 키우는 것은 아니기 때문이다.

이를 위해 '학습자를 위한 어휘 교육'을 교육 활동의 중심에 두고 본질을 꿰뚫어 보는 내용과 형식으로 새롭게 구성해야 한다. 즉, 구조주의 언어학이든지 인지언어학이든지 교육적 관점에서 교육적인 필요에 의해 학습자의 성장을 위한 교육 문법이 필요한 것이다. 언어학자가 아닌 언어교육학자의 시각이 요구된다 하겠다.

2.2.3. 어휘 교육 패러다임의 전환

지금까지 어휘 교육의 내용 요소들은 듣기, 말하기, 읽기, 쓰기의 언어사용

영역과 문법, 문학의 세 영역에 산재하여 <표 2>와 같이 제시되어 있다.

〈표 2〉 국어교육의 3영역에 모두 제시된 어휘 교육 요소

국어교육의 내용 영역		
언어사용 (듣기, 말하기, 읽기, 쓰기) (어휘)	문법 (어휘)	문학 (어휘)

<표 2>의 동그라미 크기에서 알 수 있듯이, 어휘 교육의 내용 요소들이 문법 영역에 많이 배치되어 있고, 언어 사용 영역, 문학 영역의 순으로 제시되어 있다. 이는 어휘 교육의 많은 내용들이 어휘론의 학문적 내용에 바탕을 두고 있다는 판단에서 형태론, 화용론의 내용과 함께 문법 영역을 이루는 한 요소로 보고 있음을 알 수 있다.

그러나 의미를 담는 기본 단위인 어휘를 아는 것은 원만한 언어사용과 문학 작품을 이해하고 감상하는 바탕이 됨을 생각할 때 어휘 교육은 하나의 교육 내용 요소라기보다는 전 영역에 걸친 기본 바탕이 되는 교육 요소라고 보아야 할 것이다.

즉, 어휘가 가지는 의미에 대한 본질, 사용 양상, 관점 등에 대한 새로운 시각이나 탐색을 바탕으로 어휘 교육의 외연을 넓혀, 어휘 교육이 국어교육의 시작이라는 패러다임의 전환이 필요하다고 하겠다. 즉, 어휘를 대상으로 의미적 차원에서 국어교육 현장의 전체적 모습을 조망하는 큰 숲을 그리는 작업과 함께, 교육 내용의 선정이나 방법에 대한 체계적이고 구체적인 연구가 필요하다.

지향	국어교육의 목표 실현		

⇧

내용 영역	언어사용	문법	문학

⇧

어휘 교육	어휘의미의 본질, 사용 양상, 특징		

⇧

언어관	체험주의, 기능주의, 경험주의		

3. 과제와 전망

3.1. 과제

3.1.1. 어휘의미의 본질에 대한 인식 전환

어휘 교육에서 어휘의 의미를 대하는 인식의 전환이 필요하다. 아래 <그림 1>을 살펴보면, 지금까지 어휘의 의미는 (a)와 같이 형식 속에 담겨진 고정된 내용이라는 관점이었다. 이는 어휘 교육에도 그대로 반영되어 어휘가 가지는 의미적 요소의 식별을 위해 고유한 성분 분석이나 의미 분해 접근법을 취하며 어휘의 명제적 의미들의 학습에 치중하여 왔다. 따라서 문맥이나 화용 상황에서 사용되는 발현되는 어휘의미의 다양한 양상들을 어휘 교육의 장에서 온전히 논의되지 못하고 '문학'이나 '읽기' 영역에 자의적으로 배치되어 교육되어 왔다.

반면 (b)는, 하나의 낱말은 원형적인 주된 의미, 즉 사전적인 의미가 있지만 거기에 고정되지 않는다. 백과사전적 지식에 의한 다양한 의미들이 문맥이나 화용의 상황에서 발현될 수 있는데 그 가능성의 의미들을 의미 2, 3, 4 등으로 나타낼 수 있다.

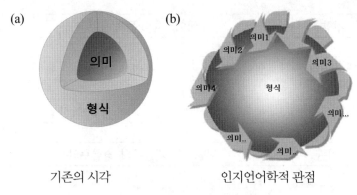

(a)   (b)

기존의 시각   인지언어학적 관점

〈그림 1〉 어휘의미에 대한 관점

의미를 보는 (b)의 관점은 앞서 2.2.3.에서 논의한 어휘 교육 패러다임의 변화를 가져오는 바탕 시각이 된다. 어휘의미는 고정된 것이라기보다는 문맥이나 화용의 상황에서 언어 사용자가 가지고 있는 백과사전적 지식에 접근할 수 있는 '닻' 또는 '접근 통로'의 기능을 하기에 항상 변이적이며 다면적이다. 어휘의 의미에 대한 이러한 관점의 전환은 듣기, 말하기, 읽기, 쓰기의 언어 사용 교육에도 매우 유용하다.

3.1.2. 언어관에 대한 균형 잡힌 시각의 확보

국어 어휘 교육은 어휘의미에 관한 학문적 배경이나 그 성과에 많은 영향을 받아왔다. 지금의 어휘 교육은 구조주의 언어학에 바탕을 두고, 구조주의적 관점의 주요 내용들이 어휘 교육의 요소들로 채워져 있다.

그러나 교육의 장에서는 다양한 이론들에 대해 균형 있는 시각을 가지고 그 장점들을 교육적으로 수용할 필요가 있다. 어휘가 가지는 의미적 차원에서 논의되는 발전적인 내용들이 국어 교육이 추구하는 이상과 부합한다면 교육적으로 수용될 필요가 있다. 앞서 살펴보았듯이 어휘 교육에 대한 인지언어학적 관점은 어휘의미의 본질에 대해 보다 유연하고 실제적으로 접근할 수 있다.

즉, 기존의 어휘의미 교육이 가지는 한계를 넘어 학습자에게 보다 더 유용하고 적절한 교육 내용과 방법을 제시할 수 있다.

어휘 교육에 있어서 인지언어학적 관점의 유용성에 대해서는 <표 3>과 같이 정리할 수 있다.

〈표 3〉 어휘 교육에 있어서 인지언어학적 관점의 교육적 필요성

현재의 관점	인지언어학적 관점	교육적 필요성 및 유용성
형식주의, 논리주의, 구조주의 표방	인지주의 언어관 표방	의미의 확장, 해석에 설명력을 부여하고, 어휘 교육의 타당성 확보 및 지식의 구성에 학습자의 역할을 중시함
어휘의미의 국부적, 총체적 접근법 중심	어휘의미의 개념적 접근법 중심	학습자가 의미를 구성하고 해석하는데 주체적 역할을 강조함. 어휘의미, 문장의미, 담화의미가 정도의 차이라는 인식을 갖고, 어휘 차원에서 문장, 담화의미까지 교육적으로 수용 가능함
어휘의미에 대해 최소주의적 관점 지향 (의미원자의 집합)	어휘의미에 대해 최대주의적 관점 지향	어휘의미가 접근하는 백과사전적 지식을 활용하여, 말하기, 듣기, 읽기, 쓰기, 문학 등의 영역에서 어휘의 이해와 표현 활동의 교육에 효율적임
언어는 사용자와는 무관(독립적, 자율적 체계)	언어 주체의 모습 반영	어휘의미의 본질에 더 가깝고 어휘사용 양상을 더 실제적으로 보여 줄 수 있으며, 어휘나 언어 사용에 대한 태도나 가치에 대한 교육적 타당성을 확보함

3.1.3. 교육내용 요소의 선정과 체계적 구조화

교육내용 요소의 선정은 교육목표를 실현시키는 구체적 대상이 된다. 임지룡(2010a)에서는 지금까지 교육과정에 제시된 어휘 교육의 내용 요소에 대해 일관성, 균형성, 체계성의 측면에서 한계점을 지적하고, 어휘 교육의 목표에 부합되게 어휘 교육의 내용 요소로 다음과 같이 제시한 바 있다.

(2) 어휘 교육의 내용요소
   a. **어휘 사용능력**: 기초어휘 · 2차 어휘 · 관용어 등 어휘량 확장, 단어의 다의적 용법 확장, 어휘 사용의 정확성, 어휘 사용의 풍부성

b. **어휘 지식**: 어휘의 개념, 국어 어휘의 특징, 어휘의 의미관계-동의 관계 · 반의관계 · 하의 관계 · 부분전체관계, 어종-고유어 · 한자 어 · 외래어 · 혼종어, 어휘의 지리적 변이-표준어와 방언, 어휘의 정치적 변이-남북한 어휘의 이질성, 어휘의 사회적 변이-은어 · 전문어 · 속어 · 비어 · 유행어 · 새말, 어휘의 계층적 위상-높임 말과 예사말, 어휘의 변화

c. **어휘 인식**: 어휘 순화, 남북한 어휘의 동질성 회복, 어휘와 인간 · 사회 · 문화의 상관성, 국어 어휘의 어제 · 오늘 · 내일

서혜경(2014)은 어휘 교육에 대해 인지언어학의 원리를 수용하여, 어휘의 미 교육의 내용 요소를 <표 4>와 같이 선정하여 학교급 별로 수준에 맞게 제시한 바 있다.

〈표 4〉 어휘의미 교육의 학교급별 성취 기준과 구체적 내용 요소

내용성취 요소 수준		초	중	고
어휘 의미 의 동기 화	성 취 기 준	• 도상성과 자의성이 어휘의 의미와 구조 간에 존재하는 특성 임을 다양한 어휘 자 료를 통해 인식하고, 흥미를 가진다	• 도상성의 뜻과 종류 에 대해 구체적으로 이해하며, 의미는 어 휘, 담화, 텍스트의 차원에서 다양하게 동기화되어 나타남 을 이해한다.	• 동기화에 대한 체계 적인 지식을 바탕으 로 그 의의와 가치를 인식하고 언어생활 에 적용하여 활용할 수 있다.
	구 체 적 요 소	언어와 기호, 자의성과 도상성이 나타나는 어 휘 자료의 특성	도상성의 뜻과 종류, 도 상성의 의미 특성, 담화 나 텍스트에 나타나는 도상성의 양상	동기화의 개념과 특성, 종류, 의의와 가치, 동 기화의 활용
어휘 의미 의 확장	성 취 기 준	• 어휘의 기본 의미를 익히고, 다양한 다의 적 의미들이 사용된 어휘의미를 이해하 고 흥미를 가진다.	• 언어 자료에서 다의 어, 동음이의어, 다 면어를 구별하고, 의 미의 특성과 관점에 대해 설명한다. • 어휘의미의 확장에 다양한 배경지식이	• 다의어의 개념, 원리, 관점, 특성을 알고, 의미확장의 원리를 언어 자료를 통해 탐 색한다. • 사전에서의 기술 내 용과 실제 언어 사용

			작용함을 이해한다.	양상과 비교하여 설명한다.
	구체적요소	텍스트 수준에 맞는 기본 어휘의미, 다의적 현상(다의어, 동음이의어, 다면어)에 대한 언어 자료 제시로 흥미 유발	다의어, 동음이의어의 개념, 어휘의미의 방사형 구조로 인한 다의적 현상, 다의어에 대한 두 가지 관점, 의미 확장의 다양한 예시, 다의적 의미의 비대칭성, 다면어	다의어의 개념, 원리, 관점, 의미 확장의 원리, 다의적 의미의 비대칭성, 사전 기술의 방법, 비유적 확장
어휘 의미 의 해석	성취기준	• 언어 표현은 문자 그대로의 의미뿐만 아니라, 언어 사용자에 따라 의미가 다르게 해석될 수 있음을 안다. • 중의적 표현, 동의적 표현 등이 사용된 언어 자료의 의미 이해를 통해 흥미를 가진다.	• 어휘 자료에서 해석이 가지는 장점을 알고 표현과 이해에 적극 활용한다. • 다양한 어휘 자료를 통해 화자의 숨은 의도를 읽는 활동을 강조한다.	• 해석의 개념과 다양한 양상에 대한 체계적인 지식을 바탕으로, 어휘 자료에서 '해석'의 가치와 유용성을 인식하고 언어생활의 수준을 높인다.
	구체적요소	개념화자의 해석에 따라 달라지는 어휘 자료, 해석이 관여하는 언어 자료로 흥미 유발	어휘 자료에서 해석이 가지는 장점을 알고 사용하기, 화자의 의도에 따라 달라지는 언어 표현의 의미 분석(동의성, 중의성, 시점, 장면해석, 현저성 등)	해석의 개념과 특징, 인지모형 속에서 어휘자료의 해석, 다양한 해석의 기제로 텍스트나 담화 이해하기, 해석의 가치와 유용성
어휘 의미 의 관계	성취기준	• 어휘가 체계를 이루며 상·하위어, 반의어, 유의어 등이 있음을 언어 자료를 통해 이해하고, 흥미를 가진다.	• 의미장과 인지모형 속에서 발현되는 어휘의미를 찾아보고, 용법에 기반을 둔 어휘의미의 계열 관계에 대해 이해한다.	• 어휘의미 관계의 양상과 종류에 대한 체계적인 지식을 바탕으로 어휘에 담긴 인간의 인지 방식이나 경험, 문화가 스며 있음을 인식한다.
	구체적요소	관계 속에서 존재하는 어휘, 계열적 의미 관계(상하위어, 대립어, 유의어, 동의어)의 언어 자료 예시	의미장과 인지모형 속에서의 어휘의미, 용법에 기반을 둔 계열 관계 언어 자료, 문화 모형	어휘의 의미 관계의 개념, 종류, 의미관계에 대한 관점, 계열 관계의 언어 자료 예시와 설명

3.1.4. 교수 · 학습 방법 모형 개발

어휘나 어휘의미의 교육 방법에 대해서는 어휘 교육의 필요성이나 어휘 교육의 내용에 대한 논의만큼 활발하지 못한 듯하다.[6] 이는 교육활동을 하는 데 그 타당성을 부여하고, 내용 요소를 알차게 채워 꾸리는 것이 무엇보다 중요하다는 인식에서 비롯된 듯하다. 그러나 어휘 교육의 목표에 도달하기 위해서는 '무엇을'이 담보되었을 경우에 '어떻게'의 고민도 반드시 따라야 하며, 이는 효율적인 교육 활동의 완성을 위해 반드시 필요하다고 하겠다.

교육과정에 제시된 교수 · 학습 방법은 탐구학습, 토론, 토의, 협동학습 정도이다. 특히 탐구 학습법[7]은 국어 문법이나 국어 교육에만 한정하여 적용될 수 있는 맞춤형 교육 방법을 넘어선다. 또한 문제의 정의, 가설 설정, 검증, 일반화 등에 대한 활동은 많은 선행지식을 필요로 하며, 어린 학령의 학습자에게는 다소 어렵게 느껴져서, 어휘 교육에 대한 맞춤형 방법으로는 충분하지 않다고 하겠다.[8]

---

6 언어교육방법으로 심영택(2013)에서는 비판적 언어인식의 교육 방법으로 '성찰하기 → 체계화하기 → 설명하기 → 사회적 실천 개발하기'의 과정을 실제 사례를 중심으로 논의하고 있으며, 그 외 언어나 어휘 교육의 방법에 대한 연구는 외국어 화자를 대상으로 한 한국어교육 방법에 대한 논의들이 많다.

7 김광해(1997: 114-131)에서 지식 자체보다는 가장 합리적인 결과에 도달하는 과정을 경험시킬 수 있도록 구안된 새로운 교수 · 학습 방법으로 탐구 학습법을 제안하였다. 지금까지의 문법 교육이 설명식, 지식 주입식 수업으로 이루어졌음을 비판하면서 문법 관련 지식의 가장 창조적이며 생산적인 힘을 가진 교수 · 학습 방법으로 탐구 학습을 강조하였다. 여기서 제시한 탐구 학습의 단계는 '① 문제의 정의-문제, 의문 사항의 인식, 문제에 의미 부여, 문제의 처리 방법 모색 ② 가설 설정-유용한 자료 조사, 추리, 관계 파악, 가설 세우기 ③ 가설의 검증-증거 수집, 증거 정리, 증거 분석 ④ 결론 도출-증거와 가설사이의 관계 검토, 결론 추출 ⑤ 결론의 적용 및 일반화-새로운 자료에 결론 적용, 결과의 일반화 시도'인데 본 책에서도 밝혔듯이 탐구 학습의 적용 과정을 사회과에서의 적용 예를 국어의 교수 · 학습 방법으로 가져 온 것이다. 어떤 과목에 적용하더라도 본질적인 차이가 없기 때문에 국어과의 교수 · 학습 방법으로도 적합하다고 논의하였다. 그러나 본문에서도 밝혔듯이, 선행 지식이나 배경지식이 별로 없는 경우나 어린 학령의 학습자들이 주도적으로 학습을 수행하기에는 다소 어려운 점도 지적할 수 있다.

8 이관규(2001: 50)에서는 탐구학습법의 현실적인 한계를 지적하고, 그 대안으로 '음

서혜경(2014)에서는 인지언어학에서 추구하는 연구 방법의 과정과 절차를 어휘 교육의 교수 방법으로 수용하여 '인지통합적 어휘 교육법'을 제안하였다. 인지언어학의 원리, 즉 '아래에서 위로(bottom up)'의 귀납적 방법, 실제 언어 사용 자료 중심의 실용성 추구, 의미를 중심에 두는 방법 등 인지언어학의 주된 연구 방법을 교수 방법으로 활용하여 어휘의미에 대한 지식을 습득하게 하는 것이다. 이러한 어휘에 대한 지식을 바탕으로 해서, 어휘에 담긴 인간의 인지 방식, 경험, 문화의 모습을 깨닫고, 이러한 인식은 어휘 학습에 대한 흥미나 동기, 어휘를 사용하는 태도, 습관 등의 가치 교육에까지 나아가도록 의도한다.

인지통합적 어휘 교육법은 <표 5>와 같이 나타낼 수 있다.

〈표 5〉 인지통합적 어휘 교수 모형

단계		주요 내용	활동 및 방법
1	관찰	학습 주제에 부합하는 다양한 언어 자료 제시, 학생들의 실제 언어생활 속에서 접할 수 있는 자료들에 대해 관찰하기	용법토대, 자료탐색
2	기술	학습 주제에 부합하는 문제를 던지고, 그러한 관점에서 대상을 기술해 보기	관점 제시
3	설명	기술 양상에 대한 원인이나 이유를 분석하고, 장단점을 비교 분석하여 설명하고 자신의 언어로 표현하기	협력적 배움 토의 활동
4	인식	설명한 자료들에 대한 특징 등을 찾아내어 이를 바탕으로 언어 자료에 담긴 인간의 모습, 사고방식 등의 특성을 인식하기. 언어 사용 주체는 인간이며 언어와 인간의 관계 인식하기	지식의 구성
5	내면화	습관, 가치, 태도 등 정의적 교육 활동으로 연결. 앎이 행동이나 실천으로 나아갈 수 있도록 내면화시키기	정의적 가치 수용

절끝소리 규칙'을 대상으로 절충식 탐구학습법에 대해 논의한 바 있다.

3.1.5. 평가의 선진화

평가는 교육 활동에 대한 결과를 측정하기도 하지만, 교육의 방향을 설정하는 메타적인 지위를 갖는다.[9] 어휘에 대한 평가 문항 분석 작업은 단순하게 평가 방법을 살피는 것 이상으로, 어휘 교육 내용 요소의 설정이나 방향에 대한 지금까지의 교육 활동에 성찰의 기회도 제공한다.

현재 교육현장에서 이루어지는 어휘와 관련된 평가 문항은 한자어 중심의 사전적 의미를 묻는 문항들이 많은 부분을 차지하고 있다. 또한 교육과정에는 '학습자의 표현 능력과 이해 능력, 인지적 요소 · 행동적 요소 · 정의적 요소가 균형 있게 평가되도록 계획한다.'라고 제시는 되었으나, 인지적 요소의 평가에 치우쳐 있다. 평가 방법이나 형식이 지필 평가라는 한계가 있지만, 정의적 요소의 평가 방법이나 행동적 요소의 내용에 대한 고려도 필요할 것이다. 특히 우리말, 바른 말, 고운 말을 사용하려는 인식이나 태도 형성은 어휘와 관련되는 주요한 정의적 내용 요소가 될 수 있음을 생각해 볼 때 이 점에 대한 인지언어학적 논의도 필요하다.

이상의 논의를 바탕으로 어휘 교육의 인지언어학적 탐구를 위해 지향해야 할 과제를 정리하면 <표 6>과 같다.

〈표 6〉 인지언어학적 탐구를 위한 어휘 교육의 과제

구분	현재 모습	지향점
언어를 보는 관점	구조주의 중심	인지주의 관점 수용
어휘 교육의 중심	문자중심주의	백과사전적 의미 수용
어휘의미 교육의 범위	사전적 의미에 국한	다양한 층위의 의미 수용

---

9 교육에서 평가는 교육 목적, 교육 내용, 교육 활동, 학업 성취도 등 모두 대상이 될 수 있다. Taylor는 "평가의 과정이란 본질적으로 교육과정 및 수업 프로그램에 의하여 교육 목표가 실제로 어느 정도 실현되었는지를 밝히는 과정"이라고 규정하고 있다(박도순 2012: 18-19 참조). 평가를 소극적으로 해석하면 특정 교육과정이나 수업 프로그램에 대한 교육 목표의 현실적인 달성도에 대한 판단으로 해석할 수 있으며, 나아가 교육 활동 일련의 과정에 대한 점검 및 조정의 기능이라는 더 적극적 개념으로 해석할 수 있다.

교육 내용 요소	어휘의 종류, 사용 및 어휘의 자율적 체계에 관한 내용	어휘의미의 본질에 맞는 특성 수용 (의미의 동기화, 확장, 해석, 관계 등)
교수·학습 방법	• 교육과정: 탐구학습 • 교과서: 연역적 방법 (Top-down) • 어휘 교육의 양적·질적 면에서 교사의 자의성 개입	• 귀납적 방법(Bottom-up) 적용 • 구체적이고 실제적으로 사용되는 다양한 언어 자료 중시 • 어휘 교육의 양적·질적 균형 확보 • 인지통합적 교수 모형의 적용
평가	한자어, 사전적 의미 중심	어휘의미의 여러 요소, 정의적, 행동적 요소 포함
정의적 가치 교육	바람직한 태도 교육에 대한 인식이 드러남	구체적 방법이나 내용으로 설계

3.2. 전망

3.2.1. 학습자 친화적인 어휘 교육

언어에 대한 인지언어학의 유연한 설명력이나 해석은 언어를 사용하는 인간의 모습, 사고, 문화 등을 잘 읽어낸다. 이 점에서 인지언어학은 인간 중심의 언어학이다. 따라서 어휘 교육에 있어서 인지언어학적 접근은 학습자 친화적인 교육활동을 전개할 수 있다.

어휘나 언어가 지식의 선언적 제시로 학습자와 유리된 대상으로 인식될 때 어휘 교육이나 문법교육은 그들의 삶과는 무관하게 되고 배움의 즐거움도 사라지게 된다.

인지언어학의 연구 방법인 언어 사용에 기반한 아래에서 위(bottom up)로의 접근 방식은 학습자의 눈높이나 그들의 실제 언어 자료를 활용한다는 점에서 종전의 문법 교육이 가진 한계를 극복할 수 있을 것이다. 이는 어휘 교육을 넘어 국어교육의 목표를 달성하는 데에도 크게 기여할 수 있을 것이다.

3.2.2. 실천적 연구와 현장 사례의 발전 방안 공유

구슬이 서 말이라도 꿰어야 보배다. 교육적 연구는 현장에서 실천이 담보될 때 효용성을 가지며 더 발전할 수 있다. 따라서 인지언어학이라는 잣대로 시작된 어휘 교육에 대한 많은 발전적 논의들은 국어교육 현장에서 얼마나 안착될 수 있고 실현 가능한 지에 대한 실천적 사례 연구가 반드시 필요하다. 또한 결과에 대한 피드백으로 대안적 연구도 계속되어야 한다.

지금까지 어휘 교육에 대한 많은 연구들이 쏟아져 나왔음에도 불구하고 학교 교육의 현장에서 큰 변화를 감지하지 못함은 교육의 보수적 성격이라는 면도 있지만, 생생하게 현장을 살피고 교육 주체의 목소리에 귀 기울이는 배려가 부족한 면이 있었을 것이다.

따라서 실천적 연구와 더불어 교육 현장에 대한 관찰 및 지속적 배려가 어휘 교육의 전망을 더욱 밝게 할 것으로 여겨진다,

4. 마무리

이 글은 어휘 교육의 어제와 오늘을 살펴보고 인지언어학에 기반을 둔 보다 발전적인 어휘 교육의 지향점을 과제로 제시하였다. 지금까지 어휘 교육은 언어에 대한 구조주의나 형식주의 언어관에 바탕을 두고 다소 편향적으로 이루어져 왔다. 이를 보완하기 위해 인지언어학이 가지는 유연하고 언어사용자 중심의 관점을 어휘 교육에 적극 반영해야 함을 강조하였다.

학습자 친화적인 어휘 교육을 내용과 방법에서 제시하였고, 교육현장에서의 실천적 연구와 사례의 공유를 통한 어휘 교육의 발전에 대해 전망해 보았다.

참고문헌

구본관(2011), "어휘교육의 목표와 의의", 『국어교육학연구』 40: 27-59, 국어교육
　　학회.

김광해(1997), 『국어지식교육론』, 서울대학교출판부.

김은성(1999), "국어에 대한 태도 교육 연구", 서울대학교 대학원 국어교육과 석
　　사학위논문.

김진해(2013), "어휘관계의 체계성을 다시 생각한다", 『한국어 의미학』 42:
　　443-462, 한국어 의미학회.

김창원(2012), "고등학교 어휘교육의 위상과 어휘교육론의 과제", 『국어교육학 연
　　구』 44: 229-259, 국어교육학회.

문향숙(2005), "초등학교 의미 교육 현황", 『한국어 의미학』 16: 231-256, 한국어
　　의미학회.

민현식(2000), 『(국어교육을 위한) 응용국어학 연구』, 서울대학교출판부.

민현식(2002), "국어 지식의 위계화 방안 연구", 『국어교육』 108: 71-129, 한국어
　　교육학회.

박재현(2006), "어휘교육 내용 체계화를 위한 어휘의미의 가치교육연구", 『새국어
　　교육』 74: 5-24, 한국국어교육학회.

박형우(2012a), "국어 어휘교육 개선 방안 연구", 『청람어문교육』 46: 407-433
　　청람어문교육학회(구 청람어문학회).

서혜경(2002), "제7차 교육과정의 국어지식 영역에 대한 연구", 경북대학교 교육
　　대학원 국어교육전공 석사학위논문.

서혜경(2014), "국어 어휘의미 교육의 인지언어학적 연구", 경북대학교 대학원 국
　　어교육학과 박사학위논문.

손영애(2000), "국어과 어휘 지도의 내용 및 방법", 『국어교육』 103: 53-78, 한국
　　어교육학회.

송현주·최진아(2010), "동기화에 기반을 둔 단어 형성법 교육", 『한국어 의미학』
　　53: 153-177, 한국어 의미학회.

송현주·최진아(2011), "인지언어학에 기반을 둔 관용 표현 교육 연구", 『중등교
　　육연구』 59(3): 789-812, 경북대학교 중등교육연구소.

신명선(2004), "어휘교육 목표로서의 어휘능력에 대한 연구", 『국어교육』 112(2):

263-296, 한국어교육학회.

신명선(2009), "국어 어휘의 담화 구성 양상에 관한 연구",『한국어 의미학』28: 73-104, 한국어 의미학회.

신명선(2011), "국어과 어휘교육 내용의 유형화에 관한 연구",『국어교육학연구』 40: 61-101, 국어교육학회.

심영택(2013), "비판적 언어인식 교육 방법 연구",『국어교육학연구』46: 45-75, 국어교육학회.

심재기(1983), "국어문장의 바른길 찾기를 위한 어휘론적 연구",『외국어로서의 한국어교육』8(1): 109-128 , 연세대학교 한국어학당.

안찬원(2012), "의미 관계 중심의 초등 어휘교육 방법: 이동 동사를 중심으로", 『한국어문교육』11: 187-211, 고려대학교 한국어문교육연구소

윤천탁(2012), "'머릿속 어휘 지식 사전'을 활용한 국어 어휘교육 방법 연구", 한 국교원대학교 대학원 국어교육학과 박사학위논문.

이기연(2012), "국어 어휘 평가 내용 연구", 서울대학교 대학원 국어교육과 박사 학위논문.

이관규(1998), "국어교육: 학교 문법의 내용 체계",『새국어교육』56: 73-92, 한국 국어교육학회.

이관규(2001), "학교 문법 교육에 있어서 탐구 학습의 효율성과 한계점에 대한 실증적 연구",『국어교육』106: 31-63, 한국어교육학회.

이관규(2011), "어휘교육의 발전 방향 탐색 : 문법 교육과 어휘교육",『국어교육학 연구』40: 127-158, 국어교육학회.

이경옥(2009), "국어 교육과정의 어휘교육 내용 국제비교 연구: 한국, 영국, 일본, 미국 캘리포니아 주를 중심으로", 연세대학교 교육대학원 국어교육전공 석 사학위논문.

이문규(2010), "문법교육론의 쟁점과 문법 교육의 내용",『한국어교육학회학술발 표논문집』, 235-255, 한국어교육학회.

이동혁(2011), "어휘의미 관계의 발현과 규범화에 대하여",『우리말연구』29: 125-151, 우리말학회.

이동혁(2012), "단어의 백과사전적 의미에 대하여",『우리말연구』31: 165-193, 우리말학회.

이동혁(2013), "의미관계 교육의 문제와 개선 방향에 대하여",『한국어 의미학』 42: 321-349, 한국어 의미학회.

이영숙(1997), "어휘력과 어휘 지도: 어휘력의 개념을 중심으로", 『선청어문』 25: 189-208, 서울대학교 국어교육과.

이인제 외(2004), "국어과 교육 과정 실태 분석 및 개선 방향 연구", 한국교육과정 평가원.

이충우(1997), "어휘교육과 어휘의 특성", 『한국국어교육회논문집』 95: 83-103, 한국어교육학회.

이충우(2001), "국어 어휘교육의 위상", 『국어교육학연구』 13: 467-490, 국어교육 학회.

이충우(2005), "국어 어휘교육의 개선 방안", 『국어교육학연구』 24: 385-407, 국 어교육학회.

이충우(2006), 『좋은 국어 어휘교육 어떻게 할 것인가?』, (주)지학사.

임지룡(1992), 『국어 의미론』, 탑출판사.

임지룡(1996), "국어 어휘/의미 연구의 성과와 전망", 『광복 50주년 국학의 성과』, 303-334, 한국정신문화연구원.

임지룡(1997a), 『인지의미론』, 탑출판사.

임지룡(1997b), "21세기 국어 어휘 의미의 연구 방향", 『한국어 의미학』 1: 5-28, 한국어 의미학회.

임지룡(2001), "학교 문법 교육에 있어서 탐구 학습의 효율성과 한계성에 대한 실증적 연구", 『국어교육』 30: 31-63, 한국어교육학회.

임지룡(2006), "의미교육의 학습 내용에 대하여: 제7차 교육과정과 교과서를 중심 으로", 『한국어학』 33: 87-116, 한국어학회.

임지룡(2007), "인지의미론 연구의 현황과 전망", 『우리말연구』 21: 51-104, 우리 말학회.

임지룡(2008), 『의미의 인지언어학적 탐색』, 한국문화사.

임지룡(2009), "20세기 국어어휘와 어휘연구", 『국어국문학』 152: 63-98, 국어국 문학회.

임지룡(2010a), "국어 어휘교육의 과제와 방향", 『한국어 의미학』 33: 259-296, 한국어 의미학회.

임지룡(2010b), "어휘의미론과 인지언어학", 『한국어학』 49: 1-35, 한국어학회.

임지룡·최웅환·송창선·이문규(1998), "국어교육과 평가(어휘력평가연구연구 보고서 98-4)", 서울대학교 교육 종합연구원 국어교육연구소.

임지룡 외(2005), "국어과 교육 과정의 내용 선정과 조직에 대한 탐색: 국어 지식

영역을 중심으로", 『중등교육연구』 53(3): 231-255, 경북대학교 중등교육연
구소.

임지룡 외(2014), 『문법교육의 인지언어학적 탐색』, 태학사.

임지룡 외(2015), 『비유의 인지언어학적 탐색』, 태학사.

임지룡 외(2016), 『어휘의미의 인지언어학적 탐색』, 태학사.

임지룡 외(2017), 『의미관계의 인지언어학적 탐색』, 한국문화사.

임지룡 외(2018), 『동기화의 인지언어학적 탐색』, 한국문화사.

전은주(2012), "중학교 어휘교육의 위상과 개선 방안", 『새국어교육』 93: 181-
213, 한국국어교육학회.

주세형(2005), "통합적 문법 교육 내용의 원리와 실제", 서울대학교 대학원 국어
교육학과 박사학위논문.

최경봉(2012), "의미 교육과 국어교과서-2011년 개정교육과정에 따른 중학교 국
어교과서를 대상으로", 『한국어학』 57: 121-152, 한국어학회.

최호철(2006), "전통 및 구조 언어학에서 본 의미의 본질", 『한국어 의미학』 21:
31-49, 한국어 의미학회.

Croft, W. & D. A. Cruse(2004), *Cognitive Linguistics*, Cambridge: Cambridge
University Press. (김두식 · 나익주 옮김(2010), 『인지언어학』, 박이정.)

Cruse, D. A.(1986), *Lexical Semantics*, Cambridge: Cambridge University Press.

Cruse, D. A(2000), *Meaning in Language*, Oxford: Oxford University Press. (임지
룡 · 김동환 옮김(2002). 『언어의 의미: 의미 · 화용론 개론』, 태학사.)

Edelman, G. M.(2006), *Second nature*, New York: Brockman Inc. (김창대 옮김
(2009), 『세컨드 네이처』, 이음.)

Evans, V. & M. Green(2006), *Cognitive Linguistics: An Introduction*, Edinburgh:
Edinburgh University Press. (임지룡 · 김동환 옮김(2008), 『인지언어학 기초』,
한국문화사.)

Evans, V.(2009), *How Words Mean: Lexical Concepts, Cognitive Models and
Meaning Construction*, Oxford: Oxford University Press. (임지룡 · 김동환
옮김(2012), 『인지언어학적 어휘의미론』, 경북대학교출판부.)

Geeraerts, D.(2010), *Theories of Lexical Semantics*, Oxford: Oxford University
Press. (임지룡 · 김동환 옮김(2013), 『어휘 의미론의 연구 방법: 역사의미론
에서 인지의미론까지』, 경북대학교출판부.)

Lakoff, G.(1996), *Moral Politics*, Chicago: The University of Chicago Press. (손

대오 옮김(2004), 『도덕의 정치』, 생각하는 백성.)

Langacker, R. W.(1987), *Foundations of Cognitive Grammar*, vol. 1, Stanford, C.A.: Standford University Press. (김종도 역(1999), 『인지문법의 토대: 이론 적 선행조건들』, 박이정.)

Lee, D.(2001), *Cognitive Linguistics: An Introduction*, Oxford: Oxford University Press. (임지룡 · 김동환 옮김(2003), 『인지언어학 입문』, 한국문화사.)

Littlemore, J.(2009), *Applying Cognitive Linguistics to Second Language Learning and Teaching*, Basingstoke/New York: Palgrave Macmillan. (김주식 · 김동 환 옮김(2012), 『인지언어학과 외국어 교수법』, 소통.)

Löbner, S.(2002), *Understanding Semantics*, Oxford: Oxford University Press. (임 지룡 · 김동환 옮김(2010), 『의미론의 이해』, 한국문화사.)

Mey, J. L.(1993), *Pragmatics: An Introduction*, Oxford: Blackwell Publishers. (이 성범 역(1996), 『화용론』, 한신문화사.)

Nation(2001), *Learning Vocabulary in Another Language*, Cambridge: Cambridge University press.

Riemer, N.(2010), *Introducing Semantics*, Cambridge: Cambridge University Press.

Robert E. Owens, Jr.(1988/2005), *Language Development: An Introduction*(6th edn), Boston: Pearson Education, Inc. (이승복 · 이희란 옮김(2005), 『언어발 달(제6판)』, 시그마 프레스.)

Robins, R. H.(1967), *A Short History of Linguistics*, 4th edn, London/New York: Routledge. (강범모 옮김(2007), 『언어의 역사』, 한국문화사.)

Searle, J. R.(1979), *Expression and meaning*, Cambridge: Cambridge University Press.

Ungerer, F & H-J. Schmid(1996/2006), *An Introduction to Cognitive Linguistics*, London/New York: Longman. (임지룡 · 김동환 옮김(1998/2010), 『인지언 어학 개론』, 태학사.)

Vygotsky, L. S.(1962), *Thought and Language*, Cambridge, M.A.: The MIT Press. (신현정 역(1985), 『언어와 사고』, 성원사.)

Winner, E.(1997), *The Points of Words*, Cambridge, M.A.: Harvard University Press.

Weisgerber, L.(1929), *Muttersprache und Geistesbildung*, Göttingen: Vandenhoeck & Ruprecht. (허발 역(2003), 『모국어와 정신형성』, 문예출판사.)

비유 교육

최 진 아[*]

1. 들머리

(1) 2018 올해의 아이콘

transfer (동사) 이동하다, 넘겨주다, 갈아타다

　　　　(명사) 이동, 환승

길고 긴 여행에서 환승은 필수다. 한 번에 목적지까지 바로 이동하고 싶지만, 현실은 중간 중간 환승역에서 다른 노선, 혹은 다른 교통수단으로 갈아타야 원하는 곳으로 갈 수 있다. 지금 우리는 시대와, 그 시대를 만들어가는 사람들과, 그들이 공감하는 감수성의 흐름이 바뀌는 환승역에 도착했다. 자, 이제 새로운 열차로 갈아타보자. 우리가 원하는 미래를 찾아가는 여행은 계속 되어야 하니까.

(2018.12.31. 교보문고 www.kyobobook.co.kr)

(2) a. **시간을 파는** 상점(김선영, 2012)

b. **축적의 시간**(서울대학교 공과대학, 2015)

c. 하버드 첫 강의 **시간관리** 수업(쉬셴장, 2018)

* 대구광역시 교육청 장학사, jina6709@hanmail.net

비유적 표현은 일상에서 흔하게 발견된다. (1)과 같이 '여행'의 개념(근원 영역)으로 '인생'(목표 영역)을 이야기하는 것은 어제 오늘의 일은 아니다. 하지만 묵은해를 보내고, 새해를 맞이하는 것을 '환승'으로 표현한 것은 새롭다. (2)는 '시간'이란 단어로 도서명을 검색하면 쉽게 발견할 수 있는 몇 가지로서, 만질 수도 볼 수도 없는 '시간(목표 영역)'을 사고 팔 수 있는 것, 쌓이는 것, 돈처럼 관리할 수 있는 것(근원 영역)으로 물량화한 것을 확인할 수 있다. 이렇게 우리가 일상적으로 사용하는 언어 표현에는 은유가 녹아 있고, 은유는 시대의 선호를 반영하면서 끊임없이 다른 모양으로 변주되고 있다.

인류가 생활하고, 사고하고, 표현하는 역사의 어느 시점, 어떤 장면을 뚝 떼어 그 단면을 세심하게 들여다보면 은유를 비롯한 비유는 아마도 어렵지 않게 발견될 것이다. 그래서 교육적인 차원에서도 비유는 종종 관심의 대상이 되어 왔다. 이 글에서는 1990년대 후반부터 2018년까지, 약 20여 년 동안 인지언어학 탐구의 대상으로서 국내의 '비유 교육'에 대한 연구 현황과 성과를 정리해보고, 앞으로의 연구 과제를 찾고, 전망을 제시하고자 한다. 1990년대 후반부터를 검토의 기점으로 삼은 것은 인지언어학에 대한 본격적인 관심이 1990년대부터 우리 학계에서 뚜렷해졌고(임지룡 2004: 68), 1997년에 임지룡의 『인지의미론』이 번역서가 아닌 단행본으로 국내에서는 처음으로 출간되었기 때문이다.

비유에 대한 연구 중 인지언어학을 토대로 삼은 연구의 역사가 그리 길지 않고, 더구나 교육 분야에서 인지언어학적 관점으로 비유에 접근한 연구는 양적으로 많지 않다. 그러나 비유 교육의 인지언어학적 접근은 연구의 흐름이 끊어지지 않고, 이어지고 있으며 관심 분야도 점차 넓어지는 추세를 보이고 있다. 이 글에서는 인지언어학점 관점에서 '비유'를 다룬 연구 중 '교육적 목적'을 가진 연구로 범위를 한정하여 그 특징과 성과를 정리한다. 특히 1990년대 후반부터 2010년대 초반까지의 연구 성과는 최진아(2013)에 기초하되 자료를 추가하고, 그 이후인 2010년대 중반부터 2018년까지는 새로운 연구 성과를 찾아 덧붙이는 방식을 취하기로 한다.

2. 분야별 연구 현황

여기에서는 국어(모국어) 교육과 외국어 교육으로 나누어 분야별 연구 현황을 살펴본다. 먼저 국어(모국어) 교육 분야의 연구를 살펴보자.

2.1. 국어(모국어) 교육

국어 교육의 비유 교육 연구는 크게 두 갈래이다. 첫째, 기존의 전통적인 관점인 수사학적 관점에서 벗어나, 인지언어학적 관점에서 비유에 관한 내용을 직접 본격적으로 가르치자는 주장을 담고 있는 연구와, 둘째, 비유를 활용해서 듣기, 말하기, 읽기, 쓰기, 문학 감상 등을 할 수 있도록 가르치자는 비유의 도구적 사용 분야 연구이다.

시간적으로 보자면, 낯선 학문 세계인 인지언어학적 관점에서의 비유에 대한 연구가 먼저 집중적으로 이루어졌고, 비유가 무엇인가에 대한 인식의 공유가 어느 정도 이루어진 후에는 비유의 교육적 필요를 주장하는 논의가 뒤따르면서, 비유 교육의 목표, 내용, 방법 등에 관한 본격적인 논의와 비유의 다양한 교육적 활용에 대한 논의가 이어지게 되었다.

(3)   a. (1995) 은유의 인지적 의미 특성
       b. (1995) 환유의 인지적 의미 특성
       c. (1996) 은유의 인지언어학적 의미 분석
       d. (2000) 기본 감정 표현의 은유화 양상 연구
       b. (2002) 시간의 개념화 양상
       e. (2005) 사랑의 개념화 양상
       f. (2006a) 개념적 은유에 대하여
       g. (2006b) 환유 표현의 의미 특성
       h. (2007) 연결 도식과 그 은유적 확장
       i. (2009) 비유의 새로운 이해

(4) a. (2000) 의미 구성에 있어서 인지사상의 중요성

    b. (2001) 환유와 은유의 인지적 상관성에 관한 연구

    c. (2002) 비유에 대한 국어과 학습 내용 설정 연구

    d. (2003a) 한국어 비유 표현의 개념적 통합 양상

    e. (2003b) 비유와 인지(단행본)

    f. (2006a) 시사만화(만평)에 나타난 이미지 은유의 양상과 의미 특성

    g. (2006b) 유아의 은유 능력과 언어 인지적 요인과의 상관성

    h. (2006c) 은유 이해 능력의 습득과 발달 양상

    i. (2007) 사물 및 공간 개념에 대한 유아의 은유 양상 연구

(3)은 인지언어학을 국내에 본격적으로 도입하고 이론적으로 한국어에 꾸준히 적용해 온 임지룡의 연구 목록 중 비유와 관련된 몇 가지다. 특히 임지룡(2009)에서는 그간 새롭게 정립되고 많은 연구자들의 관심을 모은 비유에 대한 인지언어학적 관점을 종합적으로 정리하면서 개념적 차원의 비유에서 발견할 수 있는 통섭적 특징을 토대로 비유를 국어, 미술, 음악 등 교과 간의 공동 관심사로 통합 지도할 수 있음을 제안하였다. 또한 (4)는 임지룡 교수의 인지언어학연구실에서 공부하면서 (3)의 이론적 연구를 토대로 비유와 인지의 관계를 집중적으로 조명하고, 비유 교육의 가능성을 폭넓게 연 이종열의 연속적 연구 주제 몇 가지다. 이종열의 연구는 비유 자체에 대한 연구에서 유아의 은유 능력 발달 쪽으로 옮겨가는 양상을 보인다.

한편 언어학 전공자는 아니지만 국어교육 관점에서 비유의 국어교육적 활용 가치를 눈여겨보고 정리한 정혜승의 연속적인 연구 세 편도 주목할 만하다. 정혜승(2002)에서는 은유와 속담을 중심으로 초등학생들이 간접적 표현을 어떻게, 어느 정도 이해하는지를 다루었고, 정혜승(2005)에서는 화용적인 관점에서 은유의 4가지 기능과 3가지 국어교육적 함의를 밝힌 바 있다. 은유는 일상적 담화에서 일반화 기능, 가치판단 기능, 명료화 기능, 텍스트 구조화 기능을 수행하므로, 은유는 창의적인 사고력과 국어사용 능력을 계발하는 데,

비판적 사고력과 이해력을 기르는 데, 언어 표현의 다양성과 차이를 인식하고, 문자적 표현과 은유적 표현을 구분하며 그에 적절한 해석을 능숙하게 하는 상위 언어적 능력을 계발하는 데도 활용된다. 이 밖에도 은유는 국어 문화를 이해하는 벼리(綱)와 효율적인 교수·학습 전략이 될 수 있다고 하였다(최진아 2013: 13). 정혜승(2005)은 이후 비유의 교육적 효과를 논의하는 후속 연구에서 자주 인용되었다. 마지막으로 정혜승(2007)에서는 초등학생이 은유와 아이러니를 얼마나 이해하는지, 이해의 모습은 어떠한지를 살폈다.

임지룡, 이종열, 정혜승 등의 비유에 대한 접근 방식을 기반으로 최진아(2007)는 인지언어학적 관점의 비유 교육 가능성을 타진하기 위해 먼저 교수요목부터 7차 교육과정까지 비유를 어떤 관점에서 어떻게 교육해 왔는지를 점검하고, 최진아(2012)에서는 설득하는 글쓰기 영역에서 비유 교육의 내용을 구체적으로 제시했다. 이후 최진아(2013)에서는 비유의 개념과 유형을 정리하고, 국어교육에서 개념적 은유와 환유를 본격적으로 가르치기 위해 목표, 내용, 방법 등을 설계하고, 실제적인 교육 방안을 제시하였다. 이 연구에서는 비유의 본질 인식과 더불어 비유의 속성을 활용하는 수업을 통해, 언어 인식 능력의 고양, 어휘 능력의 향상, 의미 이해와 생성 능력의 향상이 가능하다고 전망했다.

최진아(2013)와 같이 국어 교과교육에서 비유를 교육의 내용으로 설정해서 본격적으로 가르치자는 종합적인 논의는 드문 편이지만, 국어교육의 여러 영역, 즉 듣기, 말하기, 읽기, 쓰기, 문학 등에서 비유의 기능을 다각도로 활용하자는 제안적 성격의 연구는 비교적 많다.

이동혁(2009)에서 개념적 은유 이론을 수사학적 문법으로 활용하자는 논의를 시작으로, 정병철(2011)에서는 인지언어학을 대안적인 '수사학적 문법(rhetorical grammar)'으로 제시한 바 있고, 이를 토대로 최진아(2012, 2013)에서는 개념적 은유를 활용한 글쓰기 방안을 실제적인 학습활동으로 구성해 제시했다. 심지연(2013)도 이동혁(2009)의 제안을 적극적으로 수용해 이공계 학부생을 대상으로 한 교양 글쓰기 수업에서 개념 은유 이론을 활용, 학부 학생들의 실질적 만족도를 높인 사례를 소개했다. 최진아(2013)의 논의를 보다 구체화한 김동희(2014) 역시, 설득 담화 교육에 개념적 비유를 활용할 수 있음을 다양한 예를 통해 보여주었다. 이러한 논의를 종합해 보면 인지언어학적 비유는 담화 혹은 텍스트 생성의 측면에서 효용이 크다는 것을 알 수 있게 된다.

한편, 개념적 은유에서 발전된 혼성 이론을 텍스트의 생산과 이해의 도구로 활용한 연구도 있다. 김용도(2013)는 대학 작문 교육에 개념적 혼성이론을 활용할 수 있음을, 임지룡 외(2014, 제10장)는 대학수학능력 시험의 비문학 독해 문제 해결, 즉 텍스트 분석에 개념적 혼성이론을 활용할 수 있음을 보이고 있다.

비유를 활용한 교육에 대해서는 국어학이나 의미교육 분야 연구자들이 주류를 이루고 있으나, 문학 교육 쪽에서도 몇 가지 연구 성과가 확인된다. 중·고의 국어교사와 대학의 연구자가 함께 쓴 이원영 외(2017)에서는 개념적 은유의 관점으로 틀 의미론을 적용해 시어의 의미를 탐구해 보고자 했고, 이원영 외(2018)에서도 인지시학의 관점에서 시 은유의 분류를 시도했다.[1] 초등교육학 쪽에서는 전통적인 관점의 비유 연구가 많은 편인데 독특하게도 인지언어학적인 관점의 연구로 방은수(2017)가 관심을 끈다. 이는 박사학위논문으로서 인지언어학과 서사 창작을 연결하고, 초등학교 6학년을 대상으로 한 교육 실천 경험을 토대로 경험을 은유적으로 혼성해 서사물을 창작하는 방안을 제시했다.

2.2. 외국어 교육

다음으로 외국어교육 분야의 연구 현황을 살펴보자. 비유 교육에서는 국어교육 분야보다는 외국어교육 분야의 비유 교육 관련 연구물이 양적으로 많다. 아마도 인지언어학적 접근이 외국어 교육에 더욱 더 실용적이고 효용이 컸기 때문이 아닌가 짐작된다. 이 분야의 연구는 외국어로서의 한국어, 영어, 중국어, 스페인어 등을 배울 때 모국어와 인지적 문화적으로 매우 달라 습득하기

---

1 인간의 생각과 정서가 어떻게 언어로 기호화되는지를 연구하는 학문이 인지언어학이라면 인지시학은 시인의 생각과 정서가 어떻게 시로 기호화되는지를 탐구한다. 2013년 이전, 국내의 인지시학 연구로는 양병호(2005), 이강하(2009), 이송희(2010), 소필균(2012) 등이 있다(최진아 2013: 11 참조).

어려운 비유적 표현, 그 자체를 어떻게 가르치면 좋을지를 제안하는 연구와, 개념적 차원의 비유를 활용해 다양한 외국어 표현을 어떻게 가르치면 좋을지를 다루는 활용 측면의 연구로 나누어 볼 수 있다. 그러나 연구물을 검토해 보면 두 가지 성격을 어느 정도 공유하는 경우가 대부분이다.

한국어 화자가 영어를 배울 때 어려워하는 표현이 무엇일까? 류웅달(1998)에서는 한국어 화자들이 '환유적 표현'을 특별히 어려워한다는 문제의식에서 출발, 개념적 환유를 직접 가르침으로 이 문제를 해결하자고 제안했다. 이후 Angela Lee(2004)에서는 연구자 자신이 미국에서 한국어를 가르친 풍부한 경험을 토대로, 다양한 예를 통해 개념적 은유를 활용할 경우, 한국어를 가르치고 배울 때 훨씬 더 효과적임을 설명했고, 전혜영(2006)에서도 동일한 결론을 확인할 수 있다. 이연정(2011)은 Angela Lee(2004), 전혜영(2006)의 논의를 종합하여 한국어 교육에서 은유 학습이 어떤 의의를 갖는지 6가지로 정리했다. 이 6가지를 종합해 보면 한국어를 배우는 외국인 화자들이 한국인의 인지체계를 모를 때는 한국어를 배우기 어려우므로, 한국인의 인지체계를 습득하는 방안의 하나로 개념적 은유로 형성된 은유 표현을 배우도록 해야 하며, 또 그렇게 했을 때 의사소통 능력이 향상된다는 것이다.

이런 연구와 동일한 내용의 연구가 외국어 학습과 관련되어 지속적으로 생산되었다. 즉, 새로운 언어를 학습할 때, 언어적 측면뿐만 아니라 그 언어를 사용하는 사람들의 인지·문화적 측면을 고려하면, 학습의 효과가 높아진다는 논의가 그것이다. 유경민(2008)에서는 한국어 표현 속에 녹아 있는 개념적 은유를 추출하여 한국인들이 인간관계를 어떻게 생각하는지를 살폈다. 그리고 한국인의 인간관계에 대한 암묵적 언어 지식을 명시적인 학습 자료로 체계화해서 가르칠 때 교육적 효과가 높을 것이라는 제안을 내놓았다. 이러한 입장은 이선희(2012), 호심(2012), 임유미(2013), 임유미·이희정(2013)에서도 확인된다. 이선희(2012)에서는 한국어나 영어를 가르칠 때 그릇은유를 활용해 감정표현을 가르치는 경우가 많다는 점에 착안, 중국어를 가르칠 때 활용 가능한 방안을 찾아 제시했다. 호심(2012)에서는 중국에서 온 한국어 학습자를 대상으로 '희다' 계열의 색채어를 가르칠 경우, 두 나라에 모두 존재하는 개념적 은유는 쉽게 학습되지만, 두 나라 중 한 나라에만 있는 개념적 은유는 학습이 잘 되지 않으므로 명시적으로 개념적 은유를 파악하는 활동을 교육 방안으로 제시했다. 또 임유미가 진행한 두 편의 연구에는 고급 한국어 학습 자일수록 사회문화적 틀을 전제로 의미를 가르쳐야 하기에, 언어교육과 문화 교육이 통합되어야 하는데, 이 둘의 통합에 인지의미론, 개념적 은유·환유가 큰 역할을 할 수 있다는 주장이 담겨 있다.

외국어를 배울 때 가장 많은 시간을 할애하고도 큰 효과를 보지 못하는 것이 무엇일까? 인지언어학 연구자들은 관용어, 관용 표현이라고 답을 한다. 왜냐하면 그 표현을 구성하고 있는 각 단어의 의미를 더하기만 해서는 그 표현의 정확한 의미 파악이 어렵기 때문이다. 따라서 비유 교육 분야에서도 관용어와 관련된 연구가 많이 생산되고, 연구의 주류를 이룬다. 이지용·심지연(2010)은 관용어 교육에 영상도식과 은유를 활용할 경우, 실제적 효과가 있을 것으로 추측하고, 실제 중급 중국인 학습자 32명을 대상으로 그 효과를 실험하고, 외국어를 배우는 학습자들의 의미 추론 능력이 향상된다는 긍정적인 결론을 내놓았다. 이와 같은 결론을 조혜진(2014)에서는 스페인어 학습에서, 권영도(2017)와 송선미(2018)에서는 영어 학습에서 확인할 수 있다.

박근희(2018)는 관용표현 연구 분야에서 가장 최근에 나온 종합적인 연구로서, 관용표현 분석에 개념적 은유, 영상도식, 이상적 인지모형, 개념적 환유를 종합적으로 활용하였다. 이 연구에서는 다양한 관용표현들을 그릇, 이동, 방향, 연결과 같은 영상도식이 뚜렷한 은유와 사물, 식물, 동물, 의인과 같은 존재론적 은유로 나누거나, 사건 환유나 심리 상태 환유로 설명이 되는 것으로 나누어 살피고, 각 범주별로 다른 교육 내용을 제안했다.

한편 이지용(2011)은 기존의 비유 연구가 어휘, 관용어, 문학 텍스트를 이해하는 방편으로 사용되는 데 그쳤으나, '활용'의 가치를 '단편적'으로만 부각하던 방식에서, 비유 그 자체가 학습의 내용이 되도록 구성하면, 외국어 교육에서 더 많은 효용을 확인할 수 있을 것이라 제안하고, 실제 수업 모형과 학습

자료를 제시했다. 개념적 은유는 사고의 도구요 의사소통의 도구이므로 학습자들이 비유를 전면적으로 이해한다면 어느 한 가지 영역뿐만 아니라 말하기, 듣기, 읽기, 쓰기 전 영역에 걸쳐서 더 큰 효용, 활용 가치가 나타날 것으로 전망했다.

소수이긴 하지만 쓰기와 문학 교육 쪽에서 개념적 은유, 환유를 활용한 경우도 있다. 서효원(2014)은 한국어교육에서 은유의 활용은 관용표현이나 속담, 어휘의 다의적 표현을 배울 때 등에 한정적이었으나, 쓰기에 대한 어려움과 거부감을 재미와 흥미로 변화시키는 데도 효과적임을 설명하며 다음과 같은 학습단계를 제안했다.

> 1단계: 은유적 언어 표현 통해 개념적 은유 이해하기
> 2단계: 개념적 은유가 포함된 문장 몇 개를 모아 한 단락을 구성해보기
> 3단계: 개념적 은유를 활용해 추상적인 개념을 보다 구체적으로 표현해
> 　　　　보기

또한 문학교육 분야의 접근으로 박환옥(2017)에서는 초급, 중급, 고급 단계의 한국어 학습자들이 개념적 차원의 비유가 녹아 있는 현대시를 활용해서 묘사하거나 설득하는 글을 쓰도록 하는 학습모형을 제시했다. 김금숙(2018)에서도 다양한 국적의 한국어 학습자들이 시에 녹아 있는 개념적 은유를 확인하고 그런 표현을 모방하는 과정에서 한국어를 습득하고 활용하는 모델을 구성했다.[2]

우리나라에서 국어교육보다 외국어 교육 분야에서 인지언어학에 토대를 둔

2 　언어 교육 분야뿐만 아니라 과학, 수학교육 분야에서도 개념적 은유에 대한 관심이 많다. 추상적인 개념이나 현상을 말하고 가르치는 일이 많은 과학 분야에서 개념적 은유에 가장 큰 관심을 가진 것으로 알려져 있는데, 최근엔 수학교육 분야에서도 개념적 은유에 토대를 둔 연구들이 생산되고 있다. 예컨대, 김양권 · 홍진곤(2017)에서는 초등학생들이 수직선을 이해하고 사용하는 데 어려움을 겪는 이유를 '수 개념과 수직선 은유'라는 측면에서 찾고, 수직선을 인지발달 단계 중 어느 시점에, 어떤 방식으로 제시해야 하는지에 대한 답을 찾고 있다.

비유 연구가 더 많이 생산된 것은 무엇 때문일까? 앞서 추론한 바와 같이 실제 새로운 언어를 가르치는 데 종사하면서 연구를 병행하는 연구자들이 인지언어학적 접근, 개념적 은유와 환유에 대한 통찰을 토대로 했을 때 외국어 교육의 효과가 더 크다는 것을 경험한 것이 가장 큰 이유일 것이다. 그러나 그와 더불어 김주식·김동환이 2012년에 번역해 외국어 교육의 길잡이 역할을 맡긴 Littlemore(2009)가 출간되었기 때문이 아닐까 짐작해본다. Littlemore(2009)에서는 해석, 범주화, 백과사전적 지식, 은유, 환유, 신체화, 언어적 동기 등 인지언어학의 핵심 개념들을 설명한 뒤, 이런 개념들이 외국어 학습과 교육에 어떤 영향을 미치는지를 고찰한다. 특히 개념적 은유·환유에 대해서는 1) 개념적 은유와 언어적 은유의 관계, 2) 개념적 은유 이론의 최근 발달과 언어학습, 3) 언어교육에 대한 함축, 4) 환유와 은유의 관계(차이), 5) 환유의 기능, 6) 환유가 제2언어 학습자에게 주는 어려움, 7) 언어학습자들이 환유를 다룰 때 도움을 받는 방식 등을 설명해 인지언어학적 접근을 통해 현실의 문제를 해결해보려는 연구자들에게 해당 분야의 풍부한 정보를 집약해서 제공해 주었다.

3. 몇 가지 흥미로운 연구 주제[3]

여기에서는 앞서 살핀 연구 분야 중에서 많은 연구자들이 비유 교육에서 특별히 흥미를 가지고 집중적으로 연구한 주제 세 가지를 선정해, 연구의 특징과 성과를 정리해 본다. 세 가지 연구 주제는 다음과 같다.

(5) a. 비유에 대한 새로운 관점, 그 자체를 가르치자는 연구
　　 b. 비유를 관용 표현의 이해, 생산에 활용하자는 연구

---

3 이 책의 독자들에게는 많은 연구자들이 관심을 가진 주제 몇 가지를 골라 연구의 쟁점을 소개하는 것이 유익하겠지만, 최근 20여 년의 연구사에선 두드러진 쟁점을

c. 비유를 담화(텍스트)의 이해, 생산에 활용하자는 연구

첫째, 전통적인 관점의 비유가 아닌 인지 기제로서의 비유, 개념적 차원의 비유를 접하게 된 연구자들은 초중고 국어교육에서 새로운 내용과 방식으로 비유를 가르쳐야 한다는 요지의 연구물을 생산하게 된다. 이는 이종열(2003), 임지룡(2009), 최진아(2013)로 이어지는 연구에서 확인할 수 있다. 인간이 사용하는 일반적인 인지 양식으로는 이해, 기억, 추리 등이 있는데, 비유도 그런 인지 양식, 도구의 하나라는 비유에 대한 새로운 이해, 비유에 대한 새로운 인식은 학교 교육의 주요 내용으로 비유를 포함해야 한다는 연구를 필연적으로 도출하게 된다.[4]

언어에 대한 인식 능력의 고양, 어휘 능력의 향상, 의미 이해 능력과 생성 능력의 향상을 비유 교육의 목표로 설정한 최진아(2013)에서는 두 가지 단계적인 학습 내용을 제시했다. 첫 번째는 비유의 본질에 대한 인식, 두 번째는 비유의 속성 활용이다. 또한 비유 교육에서는 교육의 내용만큼 가르치고 배우는 방식을 중요하게 생각하여, 학습자 스스로 의미를 구성해 나가도록 학습자

찾기가 어려워 흥미로운 주제를 소개한다. 응용언어학자로서 언어 교육을 연구하는 자들은 인지언어학이라는 새로운 이론에 접근해 비유의 새로운 속성을 깨달은 다음, 교육적인 측면에서 교육 내용이나 교육 방법을 제안하거나 간단한 방식의 적용을 통해 교육적 효과를 보고하는 정도의 연구를 진행해왔기에 20여년의 기간은 쟁점을 생성하기에 충분한 기간은 아니었던 것으로 짐작이 된다.

4 이는 인지언어학자가 아닌, 국어교육 전공자의 입장이기도 하다.
"은유를 수사적인 방법으로 보는 관점을 벗어난다면 은유는 인간 사고의 원천적 영역에 든다는 것을 금방 이해하게 된다. 불가에서 말하듯 '인생은 고해'라고 하는 것이 은유다. 아이들이 친구 별명을 붙이는 것 또한 은유를 활용한 예이다. 머리가 길쭉하게 생겼다고 해서 '고구마'라고 한다든지, 얼굴이 동그랗다고 '탱자'라고 하는 예가 그것이다. 은유는 세계를 재해석하는 장치이다. 예컨대 '인생은 고해다' 하는 예를 주고 달리 변형해 보도록 함으로써 은유가 세계 해석의 장치가 된다는 것을 알게 할 수 있다. 학생들이 스스로 은유를 생산하게 할 수 있다. 사물 차원, 현상 차원, 세계 차원 등 차원을 달리하고 영역을 달리하면서 은유를 만들어 보는 중에 대상을 다른 시각으로 보는 방법을 배우게 된다. 따라서 교육의 장에서 은유를 다룰 때 수사학적, 기술적 차원에서 벗어나 은유의 동기와 목적, 욕구 차원을 먼저 고려해야 한다(우한용·박인기 2010: 10, 최진아 2013: 94에서 재인용)."

들의 의미 탐색 통로를 넓게 확보해주고, 풍부한 사례와 영상을 제시하도록 했다(최진아 2013: 122).

흥미롭게도 국어교육 분야뿐만 아니라 영어교육 분야에서도 비슷한 주장이 확인된다. '영어교사를 위한 인지언어학'(http://slownews.kr/39535)이라는 이름의 사이트에서 최진아(2013)의 제안과 매우 비슷한 내용을 확인할 수 있다. 학술적인 매체는 아니지만 일반인들의 접근이 쉬운 인터넷 사이트에서 이 사이트의 운영자는 영어교사들이 개념적 은유(메타포)에 대한 새로운 이해를 기반으로 학생들을 가르칠 필요가 있음을 다양한 자료와 예시를 통해 이야기하고 있다.[5]

개념적 차원의 비유를 가르친다는 것은 무엇을 포함하는 행위일까? 즉, 무엇을 가르쳐야 하는가? 가르칠 때의 효용, 배웠을 때의 유익은 무엇일까? 정병철(2017)의 논의에서 이러한 물음에 대한 답을 유추해 볼 수 있다. 정병철은 세계는 인지적인 패러다임으로 커다란 지각 변동을 겪었으나 현재 우리나라 문법 교육은 아직도 구조주의, 생성주의 패러다임에 머물러 있다고 진단하면서 학교 문법의 교육 내용을 개선할 수 있는 구체적인 방안으로 인지언어학의 혼성 이론을 소개한다. 그러나 인지언어학의 이론을 학생들에게 그대로 소개하는 방법 대신, 학생들이 이해하기 쉽게 변형된 '혼성 학습 모형'을 활용하는 방안을 제시한다. 특히 합성어가 은유나 환유를 통해 효과적으로 의미를 구성하고 표현의 영역을 확장하는 모습을 드러내주도록 설계된 Geeraerts(2003: 433-465)의 분광기 모형은 매우 흥미롭다(정병철 2017: 77-78). 학생들은 인지적 정합성이 고려된 학습 모형을 통해 합성어를 구성하는 요소들이 어떤

---

5 『영어교사를 위한 인지언어학』 목차 1) 촘스키의 보편문법에 반기를 들다. 2) 언어는 기본적으로 비유적이다. 3) 메타포적 의미를 함께 생각하라. 4) 분노와 행복의 메타포. 5) 경제, 기계 그리고 메타포 6) 마케팅과 메타포 7) 과학적 언어와 메타포의 관계 8) 언어와 사고의 관계 9) 언어와 공간지각능력 10) 메타포가 생각에 영향을 끼치다 11) '먼 산'의 인지언어학적 분석 12) 사적 공간과 'Excuse me'의 이해 13) 언어는 텍스트와 콘텍스트의 통합 14) 언어와 맥락의 역동적 관계 15) 언어의 자의성과 동기화 16) 여러 형태의 동기화 17) [장도리]로 본 개념적 혼성 18) 의미의 문법과 정신 공간

작용을 통해 전체적의 의미를 구성하게 되는지, 어떤 합성어가 좋은 합성어인지 판별하거나 좋은 합성어를 만드는 방식을 알게 된다. 정리하면, 개념적 차원의 비유를 가르치기 위해 연구자와 교육자들은 기존의 언어학적 이론을 가르치기 위한 새로운 교수학습 모형을 개발할 필요가 있다. 새로운 패러다임을 수용한 교수학습 모형은 학습자들에게 생경한 이론을 쉽게 이해하면서 언어의 신비에 접근하고, 언어생활에도 활용할 수 있도록 해 줄 것이다.

둘째, 관용 표현의 이해와 생산에 비유를 활용하자는 연구는 두 가지 차원에서 이루어진다. 송현주·최진아(2011)와 같이 국어 의식 측면에서 국어교육의 변방에 있던 관용 표현을 통해 인간의 개념화 방식의 특징, 국어 생활 문화의 특성, 한국인의 삶과 의식 등에 교육적으로 접근하는 경우가 있다. 또 다른 차원에서는 박근희(2018)와 같이 외국어를 가르칠 때 비유를 어떻게 가르쳐야 적은 노력으로 많은 표현을 효율적으로 배울 수 있을까 논의하는 경우이다.

특정한 관용 표현의 의미가 무엇인가를 특정 맥락에서 해석하고 암기하는 방식에서 나아가 한국인의 관용 표현 속에 지속적이고 뚜렷하게 나타나는 생각의 방식, 인지 체계를 학습자들이 발견한다면 학습자들의 배움의 질은 한층 수준이 높아지게 될 것은 틀림이 없다. 또 새로운 언어의 관용 표현을 그저 암기하던 방식에서 벗어나 관용 표현이 만들어진 동기화 방식을 이해하고 그런 인지적 기제를 활용하여 관용 표현을 이해하고 사용하게 되었을 때는 완전히 다른 차원의 외국어 학습이 이루어질 것이다.

셋째, 비유를 담화(텍스트)의 이해, 생산에 활용해보자는 연구이다. 이것은 비유에 대한 인지언어학적 탐구 중 가장 뚜렷한 연구 성과를 확인할 수 있고, 가장 많은 연구자들이 관심을 가진 주제이다. 김동희(2014)는 학습자들이 일상에서 매일 만나면서, 흥미롭게 접근할 수 있는 광고의 정확한 의미를 파악하도록 하기 위해 매우 구체적으로 광고 텍스트 교육의 과정을 제시한다. 먼저 광고의 '이해' 측면에서는 목표 영역 찾기, 근원 영역 찾기, 부각된 부분 찾기, 은폐된 부분 찾기 등으로 이어지는 학습 모형을 만들고, '표현' 측면에서는 목표 영역 설정하기, 은혜와 부각의 의미 구성, 근원 영역 설정, 언어적으로 표현하기 등으로 이어지는 학습 모형을 만들었다. 이 연구는 광고 자체에 대한 이해와 더불어 인간이 타인을 설득하는 방식, 광고를 읽고 쓸 수 있는 기초적인 능력을 기를 수 있는 학습 모형을 제시함은 물론, 인지언어학적 관점의 비유를 직·간접적으로 잘 활용했다.

보다 더 복잡한 은유에 대한 이론인 혼성 이론도 교육적 장면에서 활용될 수 있음을 보여주는 연구도 있다. 방은수(2017)에서는 서사 창작 과정의 초반부, 즉 쓸 내용을 생성하는 단계에서 혼성 이론을 활용했다. 다양한 삶의 경험을 가지지 못한 학습자가 이전과 다른 삶을 상상해 내지 못하는 한계에서 벗어나도록 삶에서 발견한 문제 경험을 동질적인 경험, 이질적인 경험과 대응해 보도록 한 뒤, 이를 다양한 방식으로 혼성하여 새로운 삶의 국면을 생성해 보는 학습 모형을 구성한 것이다.

이런 텍스트의 생산과 이해와 관련된 연구들은 비유가 인지적 기제임을 다시 한 번 확인시켜 준다. 즉, 비유는 단순한 수사 방식이 아니라 우리가 생각하고 표현하는 다양한 활동들을 가능케 하는 근본적인 기제이며, 이것을 더 잘 사용할 수 있도록 가르칠 내용과 방법을 선정, 조직하는 것이 이 분야의 연구자, 교육자에게 맡겨진 역할일 것이다.

4. 마무리

1990년대 후반부터 20여 년 동안 인지언어학에 관심을 가진 여러 연구자들이 비유를 새로운 관점에서 바라보고 탐구한 결과 비유 교육 분야에서는 다음과 같은 의미 있는 진전이 이루어졌다.

첫째, (모)국어 교육에서 '수사 방법' 차원을 넘어선 비유교육론이 만들어졌다. 초·중등학교 국어교육에서 비유를 가르친다면 무엇을 목표로, 학교 급별로 어떤 내용과 방법으로 비유를 가르치는 것이 타당한지에 대한 연구가 이루어졌고, 이를 토대로 한 후속 연구가 담화·텍스트의 이해와 생산, 문학의 수용과 창작 분야에서도 이어지고 있다.

둘째, 특정 언어를 학습하는 경우를 넘어서 한국어, 중국어, 영어, 스페인어 등과 같은 다양한 외국어를 가르칠 때 인지언어학적 관점에서 비유를 활용할 수 있음이 증명되고 있다. 해당 언어 사용자가 세상을 인지하는 방식에 대한 이해가 선행될 때 해당 언어 사용이 훨씬 쉽고 빠르게 이루어질 수 있다는 연구 결과가 축적되고 있다.

셋째, 국어학, 국문학, 국어교육, 외국어교육의 경계가 허물어지고 보다 큰 연구 공동체가 형성되고 있다. 언어의 '형태'와 '의미'를 각각 연구하던 모습, 언어를 구성하는 각 요소를 분절적으로 연구하는 모습에 많은 변화가 나타나고 있다. 정병철(2018)에서 언급한 바와 같이 은유적, 환유적 메커니즘에 기대어 음운적 동기화가 이루어지는 만큼, 음운의 세계를 탐구하기 위해서도 은유나 환유 같은 비유에 대한 이해가 필요하기 때문이다.

그러나 이런 진전이 앞으로도 계속되기 위해서는 다음과 같은 과제가 해결되어야 할 것이다. 첫째, 국어교사들의 비유에 대한 인식 전환, 관심이 필요하다. 국어교육학 전공자, 혹은 국어교사들이 현장 연구학회나 포럼, 워크숍 등을 통해 인지적 메커니즘으로서 비유가 어떤 역할을 하는지 배울 수 있는 기회를 얻는다면 비유 교육의 새로운 국면이 열리게 될 것이다. 인지언어학적 관점에서 비유를 연구한 국어교육 전공자들의 지속적인 대중적 활동, 즉 저술과 강연, 기고 등이 필요하다. 아직도 많은 국어교사들은 비유의 세계가 직유법, 은유법, 활유법, 의인법 같은 수사적 표현법으로만 존재하는 것으로 알고 있다.

둘째, 외국어 교육이나 국어교육 현장 사례 연구가 더 많이 생산되어야 한다. 어떤 수준의 외국어 학습자에게 어떤 방식으로 외국어를 학습하도록 했을 때 어떤 효과가 있었는지 보고하는 연구, 어떤 학교 급, 학년의 학습자에게 무슨 내용을 어떤 방식으로 제시했을 때 배움이 일어났는지, 그 과정은 어떠했으며, 학습자의 실제적인 인식의 변화는 무엇이었는지를 알리는 구체적인 연구가 더 많이 수행되어야 한다. 그러한 연구들이 축적되었을 때 보다 더 정교한 학습 모형 개발이 이루어질 수 있다.

셋째, 인지언어학을 집중적으로 연구하는 전문 연구자들과 언어교육 연구자들 간의 교류가 필요하다. 인지언어학 및 국어교육 연구실은 2008년 8월부터 2019년 2월 현재까지 하계와 동계, 매년 두 차례 학술대회를 열어 연구의 성과를 공유하고 있는데, 깊이 있는 이론 전문가와 현장의 교육 연구자들이 만나 공동 연구를 진행해 왔다. 이런 교류의 장이 더 많은 곳에서 더욱 자주 열려야 하겠다.

인지적 메커니즘으로서 비유는 건축, 광고, 미술, 음악은 물론 수학교육, 과학교육, 언어교육 분야에서 다양하게 활용되고 연구되어 왔으나 교육 분야로 범위를 좁혀 보더라도 앞으로는 더 많은 교과에서 관심을 가지게 될 것이다. 대표적으로 사회 교과를 들 수 있다. 과학이나 수학교육이 그러하듯, 정치, 사회, 문화, 경제 등의 분야에서 개념 용어를 가르치는 데 교사들의 에너지가 매우 많이 소모되는 사회 교과는 사회 현상을 개념화하는 단계에서 사용했던 은유를 교실에서 가르치는 방식에 대한 고민이 필요할 것이다.

이제 들머리에서 인용했던 (1)의 문구로 다시 돌아가 이 글을 마무리한다.

> "길고 긴 여행에서 환승은 필수다. 지금 우리는 비유에 대한 새로운 이해를 발견한 사람들과, 그들의 연구물이 축적된 환승역에 도착했다. 자, 이제 새로운 열차, 인지언어학의 열차로 갈아타보자. 우리가 원하는 미래를 찾아가는 여행은 계속 되어야 하니까." (2018. 12. 31. 교보문고 www.kyobobook. co.kr '2018 올해의 아이콘' 소개 글을 변용함)

참고문헌

권용도(2017), "은유에 기초한 영어 관용어 교육 연구", 『인문사회 21』 8(3): 21-38, (사)아시아문화학술원.

김금숙(2018), "한국어 학습자의 비유적 표현 능력 향상을 위한 모방시 쓰기 수업 연구", 『인문논총』 46: 45-72, 인문과학연구소.

김동희(2014), "설득 담화 교육을 위한 개념적 비유의 활용 방안: 광고 텍스트를 중심으로", 경북대학교 교육대학원 국어교육학과 석사학위논문.

김선영(2012), 『시간을 파는 상점』, 자음과 모음.

김양곤·홍진곤(2017), "초등학생의 수직선 이해와 사용의 어려움", 『수학교육논문집』 31(1): 85-101, 한국수학교육학회.

김용도(2013), "개념적 혼성을 활용한 창의적 글쓰기 방안", 『교양교육연구』 7(5): 43-78, 한국교양교육학회.

류웅달(1998), "환유적 표현의 인지적 특성과 영어 어휘 교육", 『영어교육연구』 9: 11-32, 팬코리아영어교육학회(구 영남영어교육학회).

박근희(2018), "한국어 학습자를 위한 인지언어학 기반 관용표현 교육 연구", 세종대학교 대학원 한국어교육학과 박사학위논문.

박환옥(2017), "한국어 교육에서 현대시를 활용한 비유 교육 방안 연구", 세명대학교 대학원 국어국문학과 석사학위논문.

방은수(2017), "경험의 은유적 혼성을 통한 서사 창작 교육 연구", 한국교원대학교 대학원 국어교육학과 박사학위논문.

서울대학교 공과대학(2015), 『축적의 시간』, 지식노마드.

서효원(2014), "한국어 쓰기 교육에서의 은유 활용 방안 연구", 『제24차 국제학술대회 논문집』, 365-377, 국제한국어교육학회.

송선미(2018), "은유(Metaphor)와 환유(Metonomy)를 활용한 영어 다의어와 관용어 지도방안", 충남대학교 교육대학원 석사학위논문.

송현주·최진아(2011), "인지언어학에 기반을 둔 관용 표현 교육 연구", 『중등교육연구』 59(3): 789-812, 경북대학교 중등교육연구소.

하정희 옮김(2018), 『하버드 첫 강의 시간관리 수업』, 리드리드출판.

심지연(2013), "개념 은유 이론을 이용한 교양 글쓰기 및 말하기 수업 방안 연구", 『한국어학』 60: 1-41, 한국어학회.

유경민(2008), "개념 은유를 활용한 한국의 어휘, 문화 교육: 인간관계에 대한 개념 은유를 중심으로", 『한국어 의미학』 26: 153-182, 한국어 의미학회.

이동혁(2009), "개념적 은유 이론에 기반한 글쓰기 전략 교육에 대하여", 『한국어학』 44: 245-272, 한국어학회.

이선희(2012), "감정표현의 그릇은유 양상과 중국어 교육에의 활용", 『중국어교육

과연구』 15: 23-41, 한국중국어교육학회.

이연정(2011), "광고에 나타난 은유표현의 한국어 교육에서의 활용방안 연구", 『어
  문연구』 39(3): 467-489, 한국어문교육연구회.

이원영·김규훈·윤재웅(2018), "인지시학 관점의 시 은유 분류 방식 연구: 서정
  주의 국화 옆에서의 실례로", 『동악어문학』 75: 275-305, 동악어문학회.

이원영·김효연·김다슬·김주식·김규훈(2017), "틀 의미론을 적용한 시어의
  의미 탐구 가능성: 개념적 은유의 관점으로", 『우리말교육현장연구』 11(2):
  387-421, 우리말교육현장학회.

이종열(2000), "의미 구성에 있어서 인지사상의 중요성", 『문화와융합』 22: 27-42,
  한국문화융합학회.

이종열(2001), "환유와 은유의 인지적 상관성에 관한 연구", 『언어과학연구』 19:
  169-190, 언어과학회.

이종열(2002), "비유에 대한 국어과 학습 내용 설정 연구", 『국어교육연구』 34:
  161-186, 국어교육학회.

이종열(2003a), "한국어 비유 표현의 개념적 통합 양상", 『담화와 인지』 10(1):
  167-190, 담화·인지 언어학회.

이종열(2003b), 『비유와 인지』, 한국문화사.

이종열(2006a), "시사만화(만평)에 나타난 이미지 은유의 양상과 의미 특성", 『담
  화·인지 언어학회 학술대회 발표논문집』 97-117, 담화·인지 언어학회.

이종열(2006b), "유아의 은유 능력과 언어 인지적 요인과의 상관성", 『담화·인지
  언어학회 학술대회 발표논문집』, 27-38, 담화·인지 언어학회.

이종열(2006c), "은유 이해 능력의 습득과 발달 양상", 『담화와 인지』 13(3):
  147-166, 담화·인지 언어학회.

이종열(2007), "사물 및 공간 개념에 대한 유아의 은유 양상 연구", 『어문학』 98:
  187-213, 한국어문학회.

이지용(2011), "개념적 은유를 활용한 한국어 수업 방안 연구: [정치는 전쟁] 은유
  를 중심으로", 『어문론집』 47: 7-32, 중앙어문학회.

이지용·심지연(2010), "인지의미론을 통한 한국어 관용어 교육의 효율성 연구",
  『한국어 의미학』 31: 209-247, 한국어 의미학회.

임유미(2013), "인지의미론적 은유를 통한 한국어 은유 표현과 문화 항목의 통합
  교육", 한국외국어대학교 대학원 국어국문학과 석사학위논문.

임유미·이희정(2013), "현대단편소설을 활용한 고급 학습자 대상의 한국어·문

화 교육 방안: 인지의미론적 접근을 중심으로", 『언어와 문화』 9(3): 271-299, 한국언어문화교육학회.

임지룡(1995a), "은유의 인지적 의미 특성", 『한국학논집』 22: 157-175, 계명대학교 한국학연구원.

임지룡(1995b), "환유의 인지적 의미 특성", 『국어교육연구』 27: 223-254, 국어교육학회.

임지룡(1996), "은유의 인지언어학적 의미 분석", 『국어교육연구』 28: 117-150, 국어교육학회.

임지룡(1997), 『인지의미론』, 탑출판사.

임지룡(2000), "기본 감정 표현의 은유화 양상 연구", 『한국어학』 17: 135-162, 한국어학회.

임지룡(2002), "시간의 개념화 양상", 『어문학』 77: 201-222, 한국어문학회.

임지룡(2004), "인지언어학의 현황과 전망", 『숭실어문』 20: 51-91, 숭실어문학회.

임지룡(2005), "사랑의 개념화 양상", 『어문학』 87: 201-233, 한국어문학회.

임지룡(2006a), "개념적 은유에 대하여", 『한국어 의미학』 20: 29-60, 한국어 의미학회.

임지룡(2006b), "환유 표현의 의미 특성", 『인문논총』 55: 265-299, 서울대학교 인문대학 인문학연구원.

임지룡(2007), "연결 도식과 그 은유적 확장", 『한글』 276: 105-132, 한글 학회.

임지룡(2009), "비유의 새로운 이해", 『국어교육연구』 20: 11-42, 국어교육학회.

임지룡 외(2014), 『문법교육의 인지언어학적 탐색』, 태학사.

전혜영(2006), "은유를 이용한 한국어 교육", 『제2차 한·중·조 Korean 교육 국제 학술 토론회 논문집』, 3-4, 이화여자대학교 한국어문학연구소.

정병철(2011), "수사학적 문법의 인지적 토대", 『청람어문교육』 44: 551-582, 청람어문교육학회(구 청람어문학회).

정병철(2017), "문법 교육 내용의 언어학적 패러다임 전환: 형태론과 관련된 교육 내용을 중심으로", 『국어교육연구』 63: 39-86, 국어교육학회.

정병철(2018), "동기화 이론으로 보는 한국어 음운론과 음운 교육", 임지룡 외, 『동기화의 인지언어학적 탐색』, 149-177, 한국문화사.

정혜승(2002), "초등학생의 간접적 표현의 이해에 관한 연구: 은유와 속담을 중심으로", 『국어국문학』 132: 89-119, 국어국문학회.

정혜승(2005), "은유의 기능과 국어교육적 함의", 『국어교육』 118: 181-219, 한국어교육학회.

정혜승(2007), "초등학생의 은유와 아이러니 이해 양상", 『한국초등국어교육』35: 233-268, 한국초등국어교육학회.

조혜진(2014), "개념은유를 이용한 스페인어 관용표현 학습", 『외국어교육』 21(3): 313-331, 한국외국어교육학회.

최진아(2012), "인지언어학에 기반을 둔 비유 교육 내용 연구", 『한국어 의미학』 38: 165-192, 한국어 의미학회.

최진아(2013), "인지언어학에 기초한 비유 교육 연구", 경북대학교 대학원 국어교육학과 박사학위논문.

호 심(2012), "중국인 고급 학습자를 위한 한국어 동물 표현 교육 연구", 경희대학교 대학원 국어국문학과 석사학위논문.

Angela Lee(2004), "한국어 능력 향상을 위한 은유 교수", 『영어교육연구』 9: 11-32, 팬코리아영어교육학회(구 영남영어교육학회).

Littlemore, J.(2009), *Applying Cognitive Linguistics to Second Language Learning and Teaching*, Basingstoke/New York: Palgrave Macmillan. (김주식 · 김동환 옮김(2012), 『인지언어학과 외국어 교수법』, 소통).

제3부

언어별 탐구의
현황과 과제

대조인지언어학

김 미 형*

1. 들머리

1.1. 등장 배경

대조인지언어학이란 이름에 포함된 뜻 그대로 대조언어학과 인지언어학의 두 방법을 함께 적용하는 학제적 언어학을 말한다. 대조언어학과 인지언어학이 언어학의 한 학문 분야로 정착하고 연구된 것과는 달리 대조인지언어학이라는 학문 명칭은 아직 우리에게 생소할 수 있다. 그러나 학계에는 이미 이러한 융합 방식으로 많은 연구들이 진행되고 있었다. 다만 명명(命名, naming)을 통한 독립된 구별 인식이 아직 익숙하지 않은 상황이라고 볼 수 있다.

대조언어학은 두 개 이상의 언어를 비교·대조하여 유사점 또는 차이점을 연구하는 학문으로, 발생 초기부터 주로 외국어 교육과 외국어 번역과 같은 응용언어학의 관점에서 연구되었다.[1]

---

* 상명대학교 한국언어문화학과 교수, mekim@smu.ac.kr
1 단어 의미를 기준으로 삼아, 유사점을 찾는 것을 비교 방식이라 하고 차이점을

인지언어학은 다양한 언어 현상에 대해 인간의 경험, 심리, 인지 특성 등에서 근거를 찾아 설명하는 학문으로, 인간의 몸과 마음, 그리고 문화는 인간의 언어와 서로 긴밀한 상관성이 있음을 규명하는 데에 역점을 둔다. 인지언어학은 그 시작이 일개인에 의해서가 아니라 언어의 설명을 심리학이나 인간의 인지적 양상에 의존하여 접근하면서 차츰차츰 정교한 예각을 이루기도 하면서 커다란 산맥을 형성했다고 할 수 있다. 그동안 이루어진 많은 연구들은 언어와 인지의 상관성을 밝히려는 설명 기제들을 제시하며 언어 현상에 대해 해석을 하고자 했다.

이 두 방법을 융합하여 언어를 설명하는 것이 대조인지언어학이다. 대조언어학과 다른 점은 두 언어를 견주면서 인지언어학적으로 탐구하는 것이고, 인지언어학과 다른 점은 둘 이상의 언어에 들어 있는 인지 양상을 비교·대조하는 데에 주력한다는 것이다. 과문인지는 모르겠으나 대조언지언어학이라는 학문 분야가 거론된 것은 그리 오래되지 않았다고 생각한다. 김미형(2009b)에서 주로 인간의 '보편적 인지'에 기반한 언어 현상을 설명하는 데에 초점을 두는 인지언어학과는 달리 '인지적 개별성'에 대해 연구하는 대조인지언어학적 방법론을 제안하였다.[2] 이것은 새로운 방법론을 제시한 것이 아니라 이러

찾는 것을 대조 방식이라고 구분 짓기도 한다(그러나 사실, 국어의 '비교'와 '대조'는 모두 유사점, 차이점, 일반법칙을 찾는 것으로 이해된다. 다만 서로 달라서 대비되는 것에 대해서는 '대조'라는 단어가 더 적절히 쓰이기는 한다. 대조에 대응되는 영어 단어 'contrast'는 차이점에 더 비중을 싣고, 비교에 대응되는 'compare'는 비슷하다고 본다는 뜻을 내포한다.). 그러나 학문 범주에 이를 엄격히 적용하여 대조연구는 차이점을 분석하는 연구이며 비교연구는 유사점을 분석하는 연구라는 경계를 두는 것은 불편할 수 있다. 왜냐하면 차이점 있는 대조 항목을 찾는 것도 결국 비교와 대조를 통해 뽑을 수 있는 것이기 때문이다. 대조연구라고 제목을 붙인 언어학 연구들은 대부분 언어 간 대조를 통해 같은 점과 다른 점을 확인한다. 또한 학문의 발생 과정에서 이른 시기에 등장한 역사적 언어 연구에 해당하는 언어 간의 비교연구를 비교언어학이라 칭했다. 비교언어학은 언어 형식 간 공통점을 찾아 친족 관계를 수립하려는 것이 목적이었다. 이에 비해 대조언어학은 역사적 연구로서가 아니라 공시적 언어학으로서 성립된 것으로 대상 간에 대조되는 점을 기술하는 데에 주력했다. 주로 외국어 학습이나 외국어 번역을 위한 응용 목적이 있었으므로 어떤 점이 다른가에 더 주목했다. 즉, 대조언어학과 비교언어학은 학문 발생 동기와 학문 목적이 서로 달랐다.

한 학문 영역도 하나 설정될 필요가 있음에 대한 제안이었다.

학계에는 이미 이러한 방식으로 연구가 진행되고 있었다. 이 명칭을 거론한 것은 아니나, Lakoff & Johnson(1999)과 Kövecses(2005)에서 감정은 기본적으로 신체화되는 보편성을 지니며 동시에 개념화 과정에는 문화의 변이에서 비롯된 특이성도 있음을 언급하였다. 즉, 인지를 반영하는 은유 체계가 다른 문화권에서 다루어질 때 변이형이 나타날 수 있고, 이에 따라 더욱 섬세하고 정교한 은유적 체계를 발견할 수 있다는 것이다. 은유들의 일부가 정교화되는 방식에 있어서 중요한 문화 교차적 변이의 증거가 있을 수 있는데, 예를 들면, 많은 문화들에 심리적·정서적 균형에 관한 은유들이 존재하되 어떤 문화는 다른 것들에 비해 균형을 훨씬 더 강조하며, 정신적·정서적 균형의 종류들과 측면들을 섬세하게 표현하는 정교한 은유적 체계들을 갖게 되는 등의 차이가 난다는 것이다(임지룡 외 옮김 2002: 14). 이러한 지적은 이제까지의 인지언어학은 주로 인간 인지의 보편성에 대해 연구하였으나 앞으로는 언어권에 따른 인지적 개별성에 대한 논의도 함께 진행될 수 있음을 기대한 것이라고 할 수 있다.

이런 과정 속에서 명명된 대조인지언어학은 인간의 인지를 밝히고자 하는 인지언어학 연구를 여러 언어권에 적용하고 논의를 확장하는 효과를 가져와 더욱 통찰력 있는 연구 성과를 이룩하게 될 것이다.

1.2. 정의와 목적

이상과 같은 등장 배경에 의해 설정된 대조인지언어학은 "세계 여러 언어들 간의 비교·대조 분석을 통하여 특징적인 언어 현상을 기술하고, 그 언어 현상이 인간의 어떠한 인식을 반영하는가에 대한 해석을 이끌어내고, 나아가

---

2 김미형(2009b)에서는 '인지적 대조언어학'이라는 이름으로 제안하였다. 그런데 임지룡 선생님께서 대조인지언어학이라는 이름으로 명명하여 인지언어학의 한 분야를 정하셨고, 이에 필자는 선생님의 계획에 따라 대조인지언어학이라는 표현을 쓰고자 한다.

공통적 인지모형뿐만 아니라 언어권별로 차이 나는 특이한 인지양상까지를 규명하는 학문"이라고 정의할 수 있다.

이러한 정의에 의거하여 대조인지언어학이 갖는 학문적 목적을 거론할 수 있을 것이다. 그런데 대조인지언어학이 갖는 목적의 대부분은 인지언어학의 목적과 동일하다. 따라서 인지언어학의 목적을 간추리고 나아가 확장적 영역으로서의 대조인지언어학의 목적을 덧붙이면 좋을 것이다.

먼저, 인지언어학은 언어 연구의 형식적 접근이 지닌 한계점을 비판하면서 언어는 인간 사고의 표현을 위해 존재하는 것으로 그 설명 역시 언어가 인간 마음의 근본적인 특성과 구성자질을 반영한다는 것을 기반으로 해야 함을 강조한다. 따라서 언어학자들이 분석해내는 언어의 체계적 구조와 특징은 인간 의식에 내재된 개념의 체계적 구조와 특징을 반영하는 연계성을 지니고 있음을 고찰한다.

그런데 세계의 다양한 언어는 모두 동일한 체계적 구조와 특징을 지니는 것이 아니다. 따라서 언어권별로 같은 종류와 다른 종류의 경험적 근거에 의해 언어가 형성된다는 점을 전제로 하고 개별 언어의 체계적 구조와 특징을 규명하는 연구도 해야 한다. 한 언어의 특성은 다른 언어와의 비교·대조 속에서 잘 규명된다. 그 특성에는 공통성과 특이성이 다 포함된다.

이상과 같은 전제에 따라 인지언어학의 목적은 "언어구조와 언어 사용의 방식에 들어 있는 인간의 인지모형을 발견하여 그것을 기술하는 것"이다. 그리고 대조인지언어학의 목적은 "인지언어학에서 도출된 인지모형들이 각 언어권에 적용되는가를 살피기 위해 언어권 비교·대조 분석을 하고, 언어구조와 언어 양상에 반영된 인간 인식의 공통성과 특이성을 설명하는 것"이다.

이제까지 인지언어학에서 도출된 인지모형 내지는 인지적 개념으로는 범주화 모형, 이상화된 인지모형, 민간 모형, 전경과 배경 인식, 현저성 관점, 주의적 관점, 신체 기반 개념화, 은유적 개념, 환유적 개념, 도상성, 개념적 혼성 이론, 영상 도식, 감정 표현 문화모형, 동반 경험 망 모형 등이 있다. 현재 대조인지언어학은 다양한 인지적 기제가 제시되고 실험되는 과정에 있으며 또 다른 인지모형을 제안할 발전 가능성을 품고 있다고 할 것이다.

1.3. 연구 범위와 의의

대조인지언어학은 언어 연구를 하는 하나의 방법론이므로, 어떤 언어 단위 또는 어떤 주제의 텍스트에도 적용될 수 있다. 거칠기는 하지만, 대조인지언어학의 연구 과제로 삼을 수 있는 항목들을 예로 제시하면서 연구 범위를 대략적으로 이해해 보기로 한다.

〈표 1〉 대조인지언어학 연구 주제 예시

언어 연구 대상	분석 관점
어휘 구조	세상에 대한 분절적 관점, 기호화 관점, 범주화 특성 등과 관련된 언어권 특성
어휘장 구조	유의어 형성, 대립어 구조 등과 관련된 언어권 특성
개별 어휘의 다의 구조	신체어, 색채어, 감각어 등의 의미 확장 특성(원형성, 은유, 환유, 동반경험망모형 등)과 관련된 언어권 특성
문장의 통사 구조	언어유형적 특징, 어순, 선호 통사 유형(피동, 능동 등), 선호 수행문 유형(명령, 청유 등) 등과 관련된 언어권 특성
구어체 대화문	문장 표현(예: 질문과 대답, 높임법, 완곡법, 강조법, 매매 표현, 협상 표현, 설득 효현, 담화 표지어 등) 방식에서 나타나는 화용적 · 현저성 · 주의적 관점, 개념화 등과 관련된 언어권 특성
텍스트 문체	보도 문장, 표제어 표현 등의 문체, 논리성(객관성 확보, 주관성 개입 방식 등) 등과 관련된 언어권 특성
감정 표현	신체 생리적 반응 관련 장치, 신체적 경험 등 감정 표현의 기제와 관련된 언어권 특성
문법화	문법화가 진행된 어휘, 각 어휘의 진행 단계 등과 관련된 언어권 특성
언어문화 콘텐츠	광고 표현, 상품명, 영화 제목 등 언어문화콘텐츠에 쓰인 기제와 관련된 언어권 특성
신조어, 유행어	발생에 개입하는 인식, 표현 의미 범주, 표현 기제 등과 관련된 언어권 특성
특정 사회 집단 차별언어	사회에서 사용되는 차별적 표현(성별, 장애인, 군대, 노년층 등) 등과 관련된 언어권 특성

앞의 표에서 음성과 관련된 내용은 빼고 정리한 것은 주로 의미와 관련된 연구가 주된 것이라고 생각했기 때문이다.[3] 위와 같이 표를 만들어 개관함으로써 뭔가 확정을 짓는 듯한 인상을 주고 있으나, 위 표 내용들은 하나의 사례일 뿐이다. 대조인지언어학의 연구 범위는 인간이 사용하고 있는 전체 언어에 걸친다.

앞에서도 말했듯이 대조인지언어학은 학제적 연구이다. 현대 사회에서 학제적 연구 연구가 갖는 의의는 매우 크다. 학문을 확장하며 더욱 설명력이 강력해질 것이기 때문이다. 인지언어학이 이미 언어 분석과 개념 해석을 융합하는 학제성을 띠는 것이라 볼 수 있는데, 대조인지언어학은 더욱 다각적 융합을 도모하여 탐색해야 할 학문이다. 그런 점에서 아직은 대조인지언어학을 통해 도출된 체계화되고 설명력 있는 연구 결과를 확인하기 어려우나 지금 진행형이고 향후 가속도가 붙을 것이라고 생각한다.

2. 대조인지언어학의 연구와 쟁점

2.1. 대조인지언어학 방식에 대한 이해

언어들 간의 비교·대조 분석이란 무엇인가. 이 물음은 대조인지언어학 연구 작업 중 가장 먼저 명백히 해 두어야 할 중심점이 된다. 표현 그대로 언어들을 비교·대조한다는 것은 언어들을 서로 견주어 보아 그 공통점과 차이점을 드러낸다는 말이다. 그런데 과연 무엇을 어떻게 견주어 비교·대조할 수

---

3 그러나 음성학과 음운론 분야도 역시 언어권 비교·대조 연구 주제가 될 수 있다. 김미형(2009b)에서는 한국어와 영어의 의성어(사람소리, 사물소리, 동물소리)를 대조하였는데, 한국어에서는 의성어가 그 소리만을 상징하는 데에 쓰이고 그것이 그 형태 그대로 동사로 쓰일 수 없고, 영어에서는 의성어가 그 형태 그대로, '소리' 또는 '그 소리를 내다'를 뜻하는 어휘로 쓰이고 확장의미도 갖는다는 차이점을 살폈다. 그리고 한국어 의성어와 영어 의성어 중 어떤 것이 더 자연 소리에 가까울까 하는 점을 음향분석기를 통해 검토해 볼 수 있을 것이며, 이를 통해 의성어의 자의성 개입 정도를 밝혀낼 수 있으면 매우 흥미로울 것임을 제안했다.

있을까 하는 점에 대해서 좀 더 깊이 생각할 필요가 있다. 왜냐하면, 전혀 다른 언어들을 견준다는 것이 불가능하거나, 아니면 그다지 중요한 의의가 없을 것으로 생각될 수 있기 때문이다.

가령, 영어의 'dog'와 한국어의 '개'를 어떻게, 그리고 왜 견주어 본단 말인가? 언어의 이원성 요소인 언어의 형식과 의미는 자의적인 관계에 있는 것이므로, 이러한 것을 견주어 보는 것은 의미가 없을 것이다. 물론, 계통론에서는 이러한 비교가 매우 중요한 것이었다. 같은 계통의 언어라면 언어 형식상의 유사성 법칙과 연계될 수 있기 때문이다. 그러나 공시적인 언어의 대조 연구를 위해서는 같은 계통이 아닌 다른 계통의 언어들도 연구 대상이 되며, 비교와 대조를 하는 이유가 언어 간의 발생론적 관련성을 보고자 하는 것이 아니므로 언어 형식상의 비교와 대조는 의미도 없거니와 가능하지도 않은 것이다.

그렇다면, 언어 형식상의 대조가 아닌 어떤 측면에서 언어의 비교·대조 분석이 가능하다는 것인가? 이것은 언어는 생각의 표상이라는 점에서 그 구실 점을 찾을 수 있다. 언어란 말소리를 매개체로 하는 표현 수단의 체계로서 그 말소리 곧, 언어 형식과 그 전하는 내용, 곧 언어 의미의 관계는 자의적이라 하더라도, 인간이 언어적 수단을 써서 표현하려고 하는 개념 또는 심리 내용인 의미는 인간 공통적인 것이다.

가령, 각 언어권 사람들이 어떤 지시 대상을 언어화하고 어떤 지시 대상은 언어화하고 있지 않는가, 그리고 어떻게 세상을 해석하고 분절하여 언어화하고 있는가 하는 점들은 비교와 대조의 대상이 충분히 될 수 있고 또한 분석해 볼 만한 것이 된다. 또는 한 언어에서 이름 지은 명명 기반이 어떻게 다른가, 은유적인 의미 확장의 양상이 어떻게 다른가 하는 문제도 대조 분석의 대상이 될 수 있는 것으로서, 이런 관점에서 본다면 각기 다른 언어들의 대조 분석 거리는 무궁무진하다고 볼 수 있다.

그러면 두 언어의 대조 분석의 예를 들어보기로 한다. 분절의 관점에서 각 언어를 비교하면 재미있는 현상을 발견할 수 있다. 가령 한국어에서는 '싹 트다'라는 두 단어로 표현하는 것을 영어에서는 'sprout'라는 한 단어로 표현한다.[4] 또한 한국어에서 '배 고프다'라고 두 단어로 표현하는 것을 영어에서는 'hungry'라는 한 단어로 표현한다.

사람들이 무엇을 인지했는가 하는 점도 언어의 성립에서 중요한 요건이 된다. 예를 들어, 한국어의 '세대 차'란 말은 영어에서도 'generation gap'이란 표현으로 존재한다. 그러나 한국어에 '낮술'이란 단어가 있는 반면, 영어에는 이에 해당하는 말은 없으며, 자기 전에 마시는 술이란 뜻의 'nightcap'이 있다.[5] 이러한 관찰은 각 언어권의 사람들이 무엇을 인식하며 사는가 하는 점을 비교·대조해 볼 수 있는 예들이 될 것이다.

또한 하나의 언어 형식은 그 기본 의미가 확장되면서 더욱 유용하게 쓰이게 되는 특성을 지닌다. 인간은 언어적 표상화를 통해 더욱 많은 세상과 사고를 표현하려 하면서, 자꾸만 새 단어를 만들어서 언어를 거대화시킨 것이 아니라 기존의 단어를 사용하며 확장된 의미를 부여하는 현명한 방식을 택했다. 따라서 한 단어는 기본 의미로부터 확장의미를 형성하여 사용되는 경우가 많다. 이러한 확장 과정은 주로 은유적 사고방식에 의한 것으로, 이렇게 발생한 다의어의 비교와 대조는 그 언어 사용자의 인지적인 특성을 보여주는 자료가 될 수 있다.

예를 들어, 영어의 'head'는 '머리'라는 신체 부위의 뜻도 가지며 이에서 확장된 '두뇌, 지능'의 뜻도 가진다. 이 점은 한국어와 같다. 한국어에서도 '머리'라는 단어는 '두뇌, 지능'의 뜻으로도 쓰인다. 그런데 영어에서는 '이마'의 뜻을 지니는 'brow'도 은유적 확장을 거쳐 '지능의 정도'라는 의미를 지닌다. 이에 비해 한국어의 '이마'는 '지능의 정도'라는 의미를 가지지 않는다. 영어의 'simmer'는 '끓다'라는 기본 의미로부터 '화가 치밀다'라는 확장의미까지를 갖는데, 이 점은 한국어에서도 마찬가지이다. 한국어에서도 '끓다'라는 뜻

---

4 한국어에서도 한자어를 쓰면 '발아하다'라는 한 단어 표현이 가능하지만 주로 많이 쓰이는 일상의 대중적인 표현은 '싹 트다'이다.

5 'nightcap'이란 밤에 잘 때 쓰는 모자라는 뜻인데 구어(口語)로 자기 전에 마시는 술이라는 의미로도 쓰인다. 한국어에는 자기 전에 마시는 술이라는 뜻을 나타내는 단어는 없다.

은 가열에 의한 물리적인 지시와 함께 화가 나는 심리까지를 지시한다. 이러한 양상들을 비교·대조하는 것은 각 언어권 화자들의 인지 양상을 드러내는 것이 될 수 있다.

또는, 단어의 다의어 형성의 과정 속에서 우리는 사회의 가치관을 그대로 볼 수 있는 대조적 언어 사실을 발견하게 된다. 가령 영어의 'minister'는 '성직자, 장관'이란 의미와 함께 '섬기다'의 의미를 지니며, 영어의 'deliverance'는 '구출'이란 의미와 함께 '(배심의) 평결'이란 의미를 지닌다. 이것은 정부 각료나 배심원들에 대한 영어권 사회의 가치관을 그대로 드러내는 예라고 할 수 있을 것이다. 곧 영어권 사회의 'minister(성직자, 장관)'는 섬기는 사람이라는 기저의 가치관을 가지고 있으며 'deliverance(배심의 평결)'는 구출하는 것이라는 기저의 가치관을 가지고 있다고 생각해 볼 수가 있는 것이다. 이에 비해 한국어의 '장관(長官)'이란 '우두머리 벼슬'이라는 뜻을 지니는 말이며 '평결(評決)'이란 '평가하여 결정'한다는 뜻을 지니는 말이 된다. 명명의 기저 속에 들어 있는 인식이 매우 다름을 알 수 있다.

이상의 예들은 모두 단어 수준의 의미 관련 비교·대조이다. 이러한 예를 통해 볼 때, 대조인지언어학에서 언어 현상을 비교·대조한다는 것은 언어의 형식을 견주는 것이 아니라 언어 의미 형성의 됨됨이와 언어를 만든 데에 들어가 있는 인간의 사고방식을 견주는 뜻임을 알 수 있다.

언어의 비교·대조는 단어 수준뿐 아니라 구절·문장·담화 수준에서도 가능하다. 구절·문장·담화 수준에서 표현의 방식, 통사구조의 특징, 문체의 면모 등 다양한 분석이 시도될 수 있다. 영어 습득방법을 안내하는 많은 학습서들에서 영어 문장은 소유의 표현이 많고 한국어 문장에는 존재의 표현이 많다는 특징을 지적한 것은 잘 알려진 사례이다.[6] 예를 들면 다음과 같다.

---

6 영어 학습법을 얘기하는 많은 교재에서 이 점을 지적했다. 그 예로 강낙중(2000)에서는 영어식 사고와 영어식 표현이라는 점을 중시하면서, 그 가장 큰 특징으로 영어는 소유 중심의 언어임을 지적했다.

(1) a. You **have** a nice place. (집이 참 좋군요.)

    b. Shall we **have** a nightcap? (자기 전에 한잔할까요?)

    c. I **have** a headache. (저는 두통이 있습니다.)

    d. I've **lost** my voice. (저는 목이 쉬었어요.)

    e. We **have** a small gift for you. (약소하지만 선물입니다.)

    f. **Get** the picture? / You **got** it? (이해가 가니?)

위의 예들에서 영어 표현을 보면, '가지다, 잃다'와 같은 소유 관련 동사를 사용하고 있는 데 반해, 한국어로는 소유 관련 표현을 쓰지 않음을 알 수 있다. 그러나 한편 위 예들을 보면, 영어의 소유 표현이 모두 한국어의 존재 표현에 대응되는 것은 아님을 알 수 있다. 위 예 중 (1c)만이 한국어에서 존재 표현이 된 예이고, 나머지들은 형용사로(1a), 대동사로(1b), 지정사로(1e), 동사로(1f), 형용사 성격을 띠는 동사로(1d) 다양하게 대응되고 있다. 다음 예들은 오히려 영어에서 존재 표현이 사용된다.

(2) a. I'm **here** to get my son. (아들 데리러 여기 **왔어요**.)

    b. We **are in** the middle of a history lesson. (지금 역사 수업**하고 있어요**.)

    c. You **are under** investigation. (당신은 관찰 대상**입니다**.)

    d. **There's** some swelling here. (여기가 좀 **부었군요**.)

위 표현들에서 영어는 존재 표현을 하고 있음에 비해, 이에 대응하는 한국 어는 동사(2a)나 동사의 진행형(2b), 지정사(2c), 형용사 성격을 띠는 동사(2d) 등을 써서 행위나 상태를 표현함을 알 수 있다. 그러므로 우리가 이제까지 통상적으로 영어는 소유 표현을 즐겨 하고 한국어는 존재 표현을 즐겨 한다고 본 것이 과연 타당한가에 대해서도 의문을 가지고 다시 다양한 자료를 수집하고 살펴볼 필요가 있다.

이상의 몇 예들을 통해, 대조인지언어학 연구를 하기 위해 언어들을 비교

・대조한다는 것이 무엇인지에 대해 설명하였다. 기본적으로는 대응하는 두 언어 표현의 특징을 관찰하는 데서부터 시작하며, 다각적으로 인지 양상을 살피면서 특징적인 것으로 집약할 수 있어야 그것이 가치 있는 분석이 될 수 있을 것이다.

그리고 이러한 연구가 체계를 갖춘 인지언어학 속에 자리 잡기 위해 어떠한 요건이 필요할 것인가 하는 점 역시 대조인지언어학의 방식을 이해하는 데에 중요한 요건이 될 것이다. 요점은 대조적 언어 양상에 대한 인지언어학적 해석을 해야 한다는 점이다. 대조되는 언어 양상의 특징은 두 가지 층위의 것이 있을 수 있다. 그 하나는 언어 기호가 발생할 때부터 형성된 언어 양상으로 한 언어를 이루는 어휘, 통사 같은 것이 이에 해당된다. 또 하나는 형성된 언어들이 사회 속에서 사용되는 언어 양상으로, 변화되는 사회 속에서 새롭게 등장하는 언어 표현들, 예를 들어 광고어, 신조어, 표제어, 선호 표현 같은 것이 이에 해당한다.

이러한 언어 양상의 층위적 구분이 인지모형과 유형적으로 관계될 것인지에 대해서는 좀 더 연구가 진행되면서 가름될 수 있을 것이다. 많은 대조인지언어학 연구가 진행되면서 보편성 범주에 해당하는 인지모형과 개별성 범주에 해당하는 문화모형이 구분될 수도 있을 것이고, 또 다른 특이성 모형이 연구될 수도 있을 것이다. 대조인지언어학은 아직 이루어가야 할 것이 너무 많다.

2.2. 대조인지언어학적 관점의 앞선 연구 사례

언어학계에는 이미 대조인지언어학으로 분류될 수 있는 많은 앞선 연구들이 진행되고 있었다. 그러나 그 전적인 면모를 이 지면에 정리하는 것은 역부족임을 양해 바란다. 미흡하나마 개략적으로 검토한 대조인지언어학 범주의 연구 사례들을 훑어보기로 한다. 편의상 발표 연도순으로 정리해본다. 연도순 제시가 아니라 앞선 연구를 분류하여 종합적 제시를 하는 것이 좋겠으나, 아직 그러기에는 그리 많은 연구가 진행되지 않은 듯하다. 여기서는 연구 사례들을 살펴보면서, 향후 우리가 노력해야 할 대조인지언어학 연구의 방향에 대해 생각해 보는 계기가 되었으면 한다.

황병순(1996: 119-166)에서, 한국의 문화 특징을 '가정중심문화, 상대중심문화, 어른중심문화, 집단중심문화'로 들고 한국어 현상을 예로 들어 설명한다. 친척관계말이 발달되어 있는 것은 가정중심문화를 반영하는 것이고, 한국어 인사말이 주로 상대방의 안부를 묻는 것으로 이루어져 있는 점과 상대대우법은 상대중심문화를 반영하는 것이며, 주체대우법은 어른중심문화를 반영하고, 1인칭대명사로 '나' 대신 '우리'를 많이 쓰는 것은 집단중심문화를 반영하는 것이라고 해석하고 있다.[7]

김미형(1996)에서는 국어 문장이 좌분지구문구조(左分枝構文構造, left-branching construction)임에 비해, 영어 문장은 이와 상반되는 우분지구문구조(右分枝構文構造, right-branching construction)라는 점을 들어 통사론적 관점의 대조의 예를 제시하였다. 이러한 특성은 한국어에서는 그러하지 못한데 영어에서는 구조적인 수식 관계를 분명히 할 수 있는 기능성을 지닌다. 영어에서는 중요한 것을 먼저 얘기하고 거기에 덧붙일 것을 계속 덧붙일 수 있다. 이에 비해 한국어는 구문 구조상 주변적 상황에 해당하는 수식 구조를 먼저 표현한 후 맨 마지막에 가장 중요한 기능을 지니는 서술어를 쓰며 자체 내포구조를 지녀야 하는 불편함을 안고 있다. 이러한 문장 구조 특징은 한국어는 미괄식을 선호하고 영어는 두괄식을 선호하는 단락 쓰는 방식과도 연계된다고 보았다. 이러한 언어 양상에 대해 한국어는 과정 중심의 언어로 덜 중요한 것을 앞에 얘기하고 중요한 것을 뒤로 유보하게 하고, 영어는 결과적인 것을 먼저 얘기하고 거기에 부가되는 것을 구조적으로 덧붙여 얘기하는 차이점이 있다고 설명했다.

---

7 기성세대는 '우리 엄마'와 같은 표현을 쓰지만 요즘 초등학생들은 '내 엄마'와 같은 표현을 쓰고 있음을 자주 발견할 수 있다. 한 언어권의 문화가 변화하고 있음을 보여주는 예가 될 수 있을 것이다.

김호경(2001)에서 시간관에 대해 언급했다. "'때'를 의미하는 그리스어로 크로노스(chronos), 카이로스(kairos), 호라(hora) 등이 있다. 이 단어들은 모두 시간을 나타내지만, 조금씩 의미가 다르다. 크로노스는 인간 존재의 시간, 카이로스는 외부에서 인간의 역사로 들어오는 시간으로, 크로노스에서 나타나는 연속성의 의미가 없다. 크로노스가 처음에서 시작하여 인과율에 따라 순서대로 진행되는 시간이라면, 카이로스는 처음이 아니라 '끝' 혹은 '종말'에서 시작하여 크로노스를 깨고 들어오는 돌발적인 시간이다."라고 설명하였다. 이러한 내용은 단어 의미의 어휘장의 관점에서 본 해석이라고 할 수 있다. 우리말의 '시간'과 '시각'을 구분하는데 영어에서는 'time' 하나로 지칭한다는 점도 한국인과 미국인의 시간관념을 반영하는 하나의 예가 될 수 있다. 이러한 언어 차이는 한 언어권 화자들이 가지고 있는 철학적인 측면을 관찰할 수 있는 자료들이 될 수 있다.

이관규(2002: 372)에서는 질문과 대답의 형식을 보면, 한국어와 영어의 큰 차이를 알 수 있다고 하면서 다음의 예를 들었다.

(3) a. (질문) 밥 먹었니?
        (긍정) 응. 먹었어.
        (부정) 아니. 안 먹었어.
     b. (질문) 밥 안 먹었니?
        (긍정) 아니, 먹었어.
        (부정) 응. 안 먹었어.
     c. (질문) 이 집, 유령 나올 것 같지 않니?
        (긍정) 응, 나올 것 같아.
        (부정) 아니, 나올 것 같지 않아.

위의 (3a)는 긍정의 질문이고 (3b)는 부정의 질문이다. 화자가 청자에게 긍정문으로 묻느냐 부정문으로 묻느냐에 따라 '응'과 '아니'의 선택이 달라짐을 알 수 있다. 이것은 청자의 물음에 들어간 긍정과 부정의 양상에 따라 '응'과

'아니'를 선택하는 것으로, 앞으로 화자가 대답할 문장이 긍정문인가 부정문인가를 따르는 것이 아니다. (3c)는 확인 질문으로, 형식은 부정의 질문이지만 화자의 기본 생각이 정해진 가운데 묻는 것이므로 화자의 입장에서는 긍정문으로 질문하는 것이 된다. 그러므로 청자가 대답하는 방식은 (3a)와 같이 긍정의 질문에 대한 대답과 같은 양상으로 '응'과 '아니'를 쓴다.

반면에 영어에서는 질문과 대답의 양상이 다음과 같이 나온다.

(4) a. (질문) Did you eat meal?
     (긍정) Yes, I did.
     (부정) No, I didn't.
   b. (질문) Didn't you eat meal?
     (긍정) Yes, I did.
     (부정) No, I didn't.

(4)의 예에서 보면, 영어에서는 대답을 화자가 말할 긍정과 부정에 따라서 'Yes'와 'No'를 선택함을 알 수 있다. 이에 대해 이관규(2002: 373)에서는 한국어는 청자 중심의 언어이고, 영어는 화자 중심의 언어라고 해석했다.

이상에서 예 든 몇 연구들은 인지언어학적 관점에서 행해진 설명 기제와 같은 체계적 관점을 제시한 것은 아니나 언어 현상을 인식과 연관하여 설명했다는 점에서 소개해보았다. 위와 같이 한국인의 사고 특징, 한국어와 영어의 언어 차이와 사고방식의 차이에 대해서 다루어진 것들이 꽤 있다. 그런데 이 내용들이 대조인지언어학의 가치를 지니기 위해서는 이것을 하나의 체계적인 인지모형, 또는 문화모형으로 기술할 필요가 있다. 각 언어권의 세상을 보는 관점, 대상을 인식하는 관점, 가치관적 특성이 어떤 인지모형 또는 문화모형으로 기술되면 좋을지에 대해 궁구해야 한다.

박경선(2001)에서 색채어와 신체어의 개념적 은유 양상에 대해 한국어와 영어, 두 언어권을 비교·대조하였다. 색채어 은유에서는 한영 두 언어가 대체로 유사성을 보였다. 신체어 은유에서는 다소 다른 양상이 나타났는데

'face'는 무생물에도 쓰이지만 '얼굴, 낯'은 무생물에 쓰이지 않음을, '코'는 자존심, 고집 은유로 쓰이는데, 'nose'는 관심, 간섭 은유로 쓰임을, 또한 '간'은 용기 은유로 쓰이는데 'liver'는 그렇지 않음에 대해 살폈다. 그리고 이러한 차이점에 대해 Lakoff & Johnson(1980: 19-20)을 인용하여 다른 종류의 경험적 근거가 있기 때문이라고 언급하였다.

지인영(2005)에서 한국어와 영어의 발병 관련 표현을 연구하였다. 그 내용 중 특히 차이 나는 점은 한국어는 수동형(예: 감기에 걸리다)을, 영어는 능동형(예: catch a cold)을 쓴다는 점이다. 이에 대해 두 언어권 화자의 발병 책임 소재에 대한 다른 의식이 관련됨을 언급하였다.

송부선(2006)에서는 한국어와 영어의 '화'와 '행복'의 감정 은유의 개념화에 대해 살폈다. 각 감정에 대해 공통성이 더 많이 추출됨을 살피고 차이점 역시 존재함을 보았다. 화 은유에서는 한국어가 오장육부, 이, 간, 뼈, 명치 같은 다양한 신체 부위를 사용하여 개념화하는데, 영어에서는 그렇지 않다고 하였다. 행복 은유에서는 행복의 정도를 농도 개념으로 표현하거나 기체 형태의 에너지로 개념화하는데 이런 것은 영어에서 나타나지 않는다고 하였다.

나익주(2008)에서는 한국어와 영어의 사랑 표현의 개념적 은유 영역을 분석하였다. 공통점으로 제시한 것이 더 많은데, 차이점으로는 영어에서는 [사랑은 식물] 은유를 한국어처럼 잘 사용하지 않고 한국어에서는 [연인은 음식] 은유를 잘 사용하지 않는 특징을 언급하면서 이러한 것을 사랑 은유의 문화적 변이라고 하였다. 즉, 사랑에 대하여 사고하고 개념화하는 다양한 방식이 존재하는 것은 우리가 사랑에 대한 단 하나의 인지적 모형을 갖고 있지 않음을 말해 주는 것이라고 하였다.

이성하(2008)에서는 다음과 같은 예를 통해 영어와 한국어 문장의 특징을 언급하였다. 그중 하나로 '책임수용 : 책임전가'의 인식 특성이 있음을 보이는 예를 다음과 같이 들었다.

(5) a. Where did I put my keys? (내 열쇠가 어디 갔지?)

b. Where did I put my jacket? (내 재킷이 어디 갔지?)

즉, 무엇을 찾을 때 영어에서는 내가 그것을 어디에 두었느냐고 표현하는 것이 상례인 반면 한국어에서는 그 찾는 대상이 어디 갔느냐고 표현하는 것이다. 이에 대해 영어는 책임 수용의 인식이 있고 한국어는 책임 전가의 인식이 있음을 보여주는 것으로 해석하였다. 타당한 분석이라고 생각한다. 그런데 이 예문을 영어가 갖는 화자 중심 표현의 특성으로 해석해도 되지 않을까 생각해 보았다. 화자 중심으로 표현하다보니 잃어버린 물건을 내가 어디에 두었느냐고 묻게 된다. 이에 비해 한국어는 화자 중심의 표현을 즐겨하지 않고 청자나 대상 중심으로 표현하는 특성을 가지고 있으므로 위 예문처럼 문제의 '열쇠'와 '재킷'을 주어로 하여 표현을 한 것이 아닌가 생각해 볼 여지도 있는 듯하다.

임지룡(2008)에서는 영어와 한국어 미각어로 '달다, 짜다, 시다, 쓰다'는 공통적인데, 영어에는 '떫다'가 없다는 미각어 차이를 언급하면서, 영국에서는 떫은맛의 자극원이 없으므로 고유한 단어가 만들어지지 않은 것으로 보았다.

지인영(2009)에서는 영어의 'heart'와 한국어의 '심장, 마음, 가슴'의 사용 맥락을 인지언어학적 관점에서 살폈다. 두 언어 모두 [감정을 담는 그릇] 은유를 공유하며, 한국어는 심장중심주의 문화모형에 기초하고 영어는 두뇌중심주의 문화모형에 기초하며 일부 혼합주의모형으로 변화했음을 살폈다.

김미형(2009a)에서는 한국어와 영어의 완곡어 표현에 대해 완곡어 어휘들의 의미 범주, 그리고 명명 기반 속에 내재된 인식이 무엇인가를 살폈다. 다양한 유사성과 상이성이 나타났는데, 예를 들어 사람의 결함·직업·특성이나 노인 관련 다양한 완곡어들은 영어에 더 발달해 있고, 질병에 대해 아첨의 방식을 쓰는 완곡어는 한국어에 주로 발달해 있는 점 등을 언급했다. 완곡어 명명 기반과 관련하여 모양 묘사와 환유적 지시의 예는 영어 예가 더 많음을 살폈다.

이영옥(2009)에서는 한국어와 영어의 화행 구문을 비교·대조하였다. 한국어와 영어 공히 지니는 특징들에 대해 밀접한 연관성을 갖는 문화적 함의를 제시하고, 알림과 질문의 범주에서는 한국어에서는 존대법이 별도로 발달해 있음을 확인하여 이는 집단주의적이고 고맥락문화인 한국인의 특성과 개인주의적이고 저맥락문화인 영어의 특성을 반영하는 것이라고 해석하였다.

정병철(2011)에서는 한국어 '바로'가 지니는 다의성을 설명하기 위해 의미 확장 기제로서 인지언어학의 한 모형인 동반 경험 망 모형을 제안하고, 영어 'right'와 러시아어 'прямо'를 대조인지언어학적으로 고찰하였다. 'right'는 '바로'가 지니는 망 모형 중 많은 부분 일치하지만 신체 영역인 '바른 자세'와 가치 영역인 '왜곡 없이' 부분에서 다른데, 이 다른 부분은 영어에서 'straight' 가 담당하고 있음을 살폈다. 'прямо'는 의미망 중심축에서 다르게 설정되며 확장 과정에서 차이가 있음을 살폈다.

이선희(2012b)에서는 한중 감각형용사의 공감각적 전이 양상을 대조하였다. 이를 위해 중국어의 감각형용사를 연구한 이영(李穎)(2010)의 공감각적 전이 양상 통계를 수정 검토하고 한국어 감각 형용사의 공감각적 전이 양상에 대해서는 김중현(2001)의 내용을 자료로 하여 두 언어 간의 전이 양상에 대해 공통점과 차이점을 분석했다.[8]

태국어의 공감각적 표현을 한국어와 대조 분석한 티띠왓 앙쿨(2012)은 앞으로 대조인지언어학이 영어, 중국어, 일본어에만 국한하지 않고 세계의 다양한 언어로 그 연구 영역을 넓혀가야 한다는 점에서 매우 고무적인 연구로 간주된다. 연구의 시작 단계에서는 한 연구가가 두 언어 이상을 비교하기 힘겹겠으나 이러한 각종 연구들이 축적되면 그 다음 단계로는 전체 언어권을 아우르고 그 안에서 새로운 어떤 인지 체계가 발견될 수 있을 것으로 기대한다.

---

8 특히 이선희(2012b)에서는 대조인지언어학 연구절차의 모범형을 잘 보여주고 있다고 생각된다. 대조 연구란 것은 혼자서 두 개 이상의 언어권을 다 알기 어려우므로 협동의 연구가 필요하다. 1차적으로는 잘 된 선행 연구들을 기본으로 하고, 2차적으로 대조 연구를 하면서 인지언어학의 관점을 고심해야 한다. 여기서 더 바랄 것이 있다면 왜 그런 차이점이 나타나는지에 대한 각 언어권의 경험, 인지, 심리, 문화 등의 근거에 대해 해석하기 위해 마음과 사회 연구가들이 협업하는 3차 단계의 연구가 진행되면 좋을 것이다.

췌이펑훼이(2012)에서는 한국어와 중국어에 나타난 '마음'의 공간 은유를 대조하여 '마음'을 언어화하는 과정에서 비슷한 점과 차이 나는 점을 살폈다. 그중 차이점은 한국어에서 '마음'은 추상적인 실체를 뜻하는데 중국어에서 '心'은 심장을 가리키는 구체적인 실체와 추상적인 실체 모두를 뜻한다. 형태적으로 한국어는 처격조사와 서술어의 관계를 통해 표현하는 반면 중국어는 '心 + A'의 단순한 형식으로 마음을 표현한다. 또한 중국어는 '마음'을 2차원으로 인식하는 부분에서 양사 '瓣', '門', '面' 등으로 더욱 다양하게 표현한다. 이와 같이 나타나는 두 언어의 차이에 대해 사람들은 '마음(心)'을 개념화된 공간을 통해 표현함에 동일한 개념 대상을 다른 각도에서 다루기 때문이며 문화의 차이에 따라 같은 사물에 대해 인지하는 방식이 다르기 때문으로 보았다. 즉, 서로 다른 문화 방식과 생활 경험은 한국어와 중국어가 '마음'의 공간 개념 은유 표현에서 비슷하면서도, 각 언어의 고유한 특징을 가지도록 결정짓는다는 것이다.

강길호·김경은(2012)에서는 미국에서 사용되는 대인 설득 전략이 한국인에게도 적용 가능한가를 연구 주제로 하여, 미국의 대인 설득 전략과 한국의 대인 설득 전략에는 차이가 있다는 점을 살폈다. 이 연구는 탐사적 연구라는 한계로 인해 사회현상을 설명하는 원리를 발견하기에는 부족했음을 언급하면서 앞으로 대인 설득 전략의 선택과 사용에 미치는 메커니즘을 밝히는 연구가 나오기를 기대한다고 덧붙이고 있다.

이영희(2013)에서는 뉴스 인용 보도에서 한국 신문은 미국 신문보다 평가를 하면서 개입하는 방식으로 독자와의 상호작용을 도모하는 경향을 보인다는 차이점을 분석하였다.

채춘옥(2014)에서는 한국어와 중국어의 죽음에 관한 완곡어 표현이 대체로 비슷하게 구성되나 특별히 다른 점은 특별 상황에 따른 완곡어를 보면 갑작스러운 죽음을 한국어에서는 모두 '死'로 표현하지만 중국어에서는 '卒'자를 써서 더욱 완곡하게 표현한다는 점을 살폈다. 위 두 논문은 사회언어학 주제로서 연구된 것으로 인지언어학적인 관점을 고려하지는 않았으나, 이러한 연구는 언어권별 문화모형의 제안으로 접근할 수 있을 것으로 생각된다.

김민수(2014)에서는 한국어와 일본어의 '화'의 은유 양상을 대조하여 공통점과 차이점을 가려내고, 차이점에 대해서는 한국인과 일본인의 기질과 문화로서 설명하고자 하였다. 또한 화 개념에 대한 한국어와 다른 언어권 대조연구의 앞선 연구로 이선희(2011a), 조혜진(2013) 등을 소개했다. 이선희(2011a)에서는 임지룡(2006)에서 분석한 한국어 '화'의 근원 영역에 중국어를 대조하여 한국어에 있는 글씨, 위험한 동물 영역은 중국어에 없고, 중국어에는 한국어에 없는 식물 영역이 있다고 보았다. 이밖에도 이선희(2010a, 2010b, 2011b)에서는 얼굴, 슬픔, 두려움, 애정 표현에 대해서도 한중 대조 분석을 하였다.

오상석(2014)에서는 한국어와 영어의 '두려움'의 환유와 은유 표현의 분석을 통해 '두려움' 개념화의 보편성과 특수성을 고찰하였다. 환유 개념과 은유 개념은 매우 높은 비율의 유사성을 보임을 통계적으로 분석했다. 차이점에 대해서도 몇 가지 해석을 했다. [꼬리표를 내리는 것은 두려움을 지칭한다(LOWERING A TAILBONE STANDS FOR FEAR)]와 [작아진/ 떨어진/ 녹은 간은 두려움을 지칭한다(SHRUNKEN/ FALLEN/ MELT LIVER STANDS FOR FEAR)] 은유는 한국어에서만 찾을 수 있다. 이에 대해 한국어 언중들이 진화론의 과학적 틀을 가지고 아주 오래전에는 존재했지만 지금은 사라진 꼬리표의 반응을 상상을 통해 표현해냈다고 보기보다는 생활 속에서 오랫동안 관찰된 동물들의 친숙한 반응을 사람에게 투사시키는 민간 모형에서 나온 것으로 추정했다. 또한 두려움을 간으로 표현하는 것에 대해서 영어에는 부재하는 개념인데 문화권의 민속의학, 종교 등의 영향에 의한 개념적 투사로 해석했다. 영어권 문화모형이나 한국적 문화모형에서 독자적으로 영향을 받은 '두려움'의 개념화 변이는 개념적 은유에서도 찾아볼 수 있다고 하며 [두려움은 건축물이다(FEAR IS A CONSTRUCTION)]라는 영어의 개념적 은유와 [두려움은 음식이다], [두려움은 눈물이다], [두려움은 증기이다]와 같은 한국어의 예를 들고 설명을 하였다.

이선희(2014/2015)에서는 광고어에 나타나는 공감각적 표현에 대해 한중 대조 분석을 하고, 각각의 양상을 제시하며 한국이 중국에 비해 더 다양하고 빈도 높게 공감각적 은유를 사용하고 있다고 분석했다.

이주영(2014)에서는 말레이어 매매 표현에 대한 인지언어학적 분석을 했는데, 방법론을 언급하는 부분에서 대조인지언어학 관련 내용을 서술했다. 즉, 은유 [HAPPINESS IS FLOWERS IN THE HEART]는 중국어와 말레이어에 존재하지만 영어에서는 사용되지 않고, 영어에는 은유 [BEING HAPPY IS BEING OFF THE GROUND]가 널리 사용되나 중국어와 말레이어에는 존재하지 않는다는 점을 살폈다. 그리고 이와 같은 은유의 유무는 중국 사회와 말레이 사회의 내향적 문화와 미국 사회의 외향적 문화가 감정 표현에 투영된 결과이며 말레이인들의 간접적 감정 표현은 말레이 사회에서 간접성이 예의와 고상함을 나타내기 때문이라고 했다(Yu 1998, Asmah 1996, 전태현 2001 재인용).

이하영(2015)에서는 설득상황에서 한일 모어 화자의 설득 전략의 사용 양상이 어떠한가를 살폈다. 한국어 모어 화자와 일본어 모어 화자는 설득 전략에서 보편적 특징이 많이 발견되었는데 한편으로 특수성 또한 발견됨을 살폈다. 그것은 피설득자의 사회적 관계가 '하'에 해당할 경우, 한국어 모어 화자는 응답유형(직접적 거절 또는 간접적 거절)에 관계없이 '화자입장 표명 전략'을 사용하여 상대방을 설득하고자 하는 경향을 보였으나 일본어 모어 화자는 상대방이 직접적으로 거절할 경우, 객관성 추구 전략이 가장 높게 나타난다고 했다.

주현희·채영희(2016)에서는 한국어와 일본어의 후각 형용사의 특징을 살폈는데, 두 언어 모두 부정적인 의미가 훨씬 더 많음을 살폈다. 그리고 부정적인 표현의 한국어 후각 형용사는 좀 더 다양한 방식으로 형태 확장이 일어남을 보았다.

석수영(2017)에서는 한국어와 중국어의 신체 부위를 근원영역으로 해석을 할 수 있는 사물 명칭을 대조하였다. 이를 통해 사물 명칭은 자의적으로 형성된 것이 아니라 인간의 생리적 구조, 인지 주체가 해석하는 능력과 동기화되어 있으며 세상을 이해하는 방법은 보편적임을 언급했다. 또한 각 언어권의 해석 양상이 다른 점도 많이 확인하면서 공통적인 생리적 구조와는 달리 신체 부위의 확장에는 큰 다양성이 존재한다고 보았다. 그리고 그것은 체험적, 사회적, 문화적 배경과 관련된 영향이 있다고 언급했다.

주보현·박기성(2017)에서는 논문 제목에 인지언어학적 대조 연구라고 하여, 세 언어 간의 차이점을 언급할 것 같았는데, 그보다는 보편성을 갖는다는 결론에 도달했다. 즉, 한국어, 영어, 중국어의 세 언어의 색채어에서 세 언어권 화자들이 연상한 색채어의 원형들은 매우 유사하고 색채어가 주는 추상적인 느낌도 크게 다르지 않고 은유적 확대 과정 역시 흡사하게 나타남을 보았다.

장윤아(2017)에서는 일본인 친구 간의 대화에서는 자신의 발화가 비난으로 해석될 경우 친구의 페이스를 침해하는 행위로 파악될 가능성이 높기 때문에 화자는 자신의 발화가 농담이라는 것을 전하는 명확한 문맥화 단서를 사용하고 한국인 친구 간의 대화에서는 명확한 문맥화 단서 없이 부동의와 부정적 평가를 발화하는 경향이 있으며 해당 발화를 듣는 이의 해석에 맡기는 상호행위가 일어남을 관찰했다. 중요한 것은 해당 발화를 듣는 이가 비난으로 해석한 경우에도 그 후의 상호행위에 오해가 생기거나 트러블이 발생하는 용례는 관찰되지 않았다는 점도 살폈다. 이러한 현상에 대해 한국인 친구 간 대화에서는 화자는 자신의 부정적 평가가 농담이 아닌 비난으로 해석되어도 대인관계 유지에 큰 문제가 없기 때문에 명확한 문맥화 단서를 사용하지 않는다고 해석했다. 이것은 한국인 친구 관계는 일본인 친구 관계보다 FTA(face - threatening act)를 허용하는 정도성이 높다는 것을 의미한다. 친밀한 관계에서 상대의 부동의와 부정적 평가 발화가 자신을 공격하기 위한 목적으로 발화된 것이 아니라는 상호신뢰와 공통인식을 일본인보다 한국인이 더 강하게 공유하고 있기 때문으로 추측했다.

이상과 같은 여러 연구 사례를 들어보았다. 분석 자료도 다양하고 해석 또한 다양함을 볼 수 있다. 앞으로 이러한 연구가 더 축적되면서 대조인지언어학의 해석을 위한 체계적인 설명 기제에 대한 종합적 논의도 이루어질 수 있을 것을 기대해본다.

2.3. 대조인지언어학의 쟁점

대조인지언어학은 아직 학계의 활발한 연구와 심층적인 논의가 이루어진 것은 아니라고 생각한다. 즉, 대조인지언어학은 예전부터 시작된 학문 영역이지만 아직 축적된 전통을 지니지 못한 상황이라고 볼 수 있다. 그러므로 대조인지언어학의 본론적 내용과 관련된 쟁점을 제시하기보다는 이 학문 영역이 앞으로 더욱 활성화되기를 바라면서 기본적인 몇 문제를 짚어보기로 한다. 편의상 차례를 매기며 정리한다.

2.3.1. 학문 영역의 문제

첫째, 현재의 인지언어학 연구에서 두 언어권의 인지언어학적 자료를 사용하여 보편적 인지를 밝힌 것은 인지언어학인가, 대조인지언어학인가?

두 언어권을 보았어도 그 둘을 견주면서 비교·대조한 것이 아니라 어떤 설명 기제를 적용하는 것이 주목적이라면, 보편성에 초점을 맞춘 것이 된다. 인지적 개념을 증명하기 위한 연구로서 접근한 것이라면 인지언어학으로 보는 것이 좋고 굳이 대조인지언어학이라는 명명을 쓰지 않아도 된다. 인지언어학은 인간의 인지가 반영된 언어 현상을 한 언어권에서 다룰 수도 있고 두 언어권에서 다룰 수도 있다. 그리고 만일 두 언어권에서 다룰 때, 그 연구 과정에서 비교·대조 방식을 사용하여 공통성과 특이성을 살폈다면 그것은 대조인지언어학이라고 해야 할 것이다.

둘째, 한 언어권에 대한 연구 결과를 다른 언어권 자료와 대비하여 새롭게 비교·대조 분석을 했는데 그 결과 차이점은 나타나지 않고 공통성만 나타났다면 그것은 인지언어학인가, 대조인지언어학인가?

대조인지언어학은 둘 이상의 언어권을 비교·대조하여 연구하는 것으로 그 결과로는 공통점만 나타날 수도 있다. 만일 공통점을 언급하는 것은 인지언어학이고 차이점을 언급하는 것은 대조인지언어학이라고 구분 짓는다면, 그 결과에 따라 제목을 달리 붙여야 할 테니 매우 불편한 논문 작성 과정을 거치게 된다. 그러므로 연구 결과로 나타나는 것이 무엇인가에 따라 가름하는 것은 좋지 않다. 대조 분석을 통해 상이점이 없다는 것 또한 그 연구 결과에 해당하기 때문이다. 두 언어권의 비교·대조 분석으로 이루어졌으면 대조인지언어학 범주에 든다.

셋째, 우리는 이미 대조인지언어학의 전제에 대해 인지언어학이 이룬 설득력 있는 인지적 해석을 중심에 두고 언어권별로 사회문화가 다르기 때문에 형성되는 대조적인 인지모형이 있을 거라는 점을 언급했고, 이것을 밝히는 것을 주목적으로 한다고 강조했다. 그러므로 대조인지언어학은 연구 과정에서 두 언어 이상의 언어 현상을 연구하고 이에 존재하는 인지모형을 밝히는 연구를 해야 하며, 그 결과로 공통성과 특이성이 나타날 수 있다. 혹 개별적인 특이성이 나타나지 않는다면 왜 그런가에 대해 설명하는 것 역시 대조언어학적 연구가 된다. 이러한 연구는 인지언어학에서 제시한 설명 기제에 힘을 더실을 것이고, 특이한 것이 나타나면 그에 대한 체계적인 해석을 함으로써 인지언어학에서 예상한 변이형을 세우고 이를 통해 더 정교한 인지모형을 발견할 수 있게 된다.[9] 결국 대조인지언어학은 인지언어학 본래의 목적에 더욱 충실하기 위해 필요한 확장적인 연구 영역을 다루게 되는 것이다.

---

9 예를 들어 임지룡·리우팡(2017: 344-345)에서는 한중 분류사의 대조인지언어학적 연구와 관련하여 공통성과 특이성에 대해 설명했다. 먼저 공통성에 대해 설명하는 문맥을 보이면 다음과 같다: "대조언어학적 차원에서 본다면 다른 언어 간의 분류사 체계는 대체적으로 대응되는 의미 범주 체계와 거시적으로 동일한 범주화 양상을 가진다. 분류사 의미의 이와 같은 문화적 공통성은 대체로 언어공동체 간의 유사한 자연·사회·문화적 경험 및 인간에게 공유되는 원형적 범주화 능력으로부터 비롯된다." 또한 특이성에 대해 설명하는 한 문맥을 보이면 다음과 같다: "언어의 특이성으로 인하여 다른 언어 간 분류사의 세부적 의미 양상은 필연적으로 상이한 모습으로 나타나기 마련이다. 인지적으로 본다면 분류사 의미의 이런 문화적 특이성은 주의의 상세성, 주의의 초점, 관찰의 시점 등으로 표상되는 언어공동체 간 인지적 경향성의 차이와 문화적 경험의 차이로부터 비롯된 것이라 하겠다."

2.3.2. 언어 현상에 대한 해석의 문제

첫째, 두 언어를 대조하여 분석한 내용을 사회학적으로 해석하는 것과 인지언어학적으로 해석하는 것의 구분 방법이 있는가. 가령 강현석(2002: 366)에서는 일본인은 대화를 할 때 상대방의 감정을 고려하여 말을 하는 데 반해, 사모아인은 자신의 감정을 고려하여 말을 하는 특징이 있다는 사실을 분석했다. 일본인들과는 달리 사모인은 상대방에게 자신을 동정하도록 만들어 의견을 일치시키거나 지시를 수용하게 만드는 방식(예: 물을 달라고 할 때, "불쌍한 나에게 물을 주세요."라고 표현)을 사용하며 정의 표지어를 사용하기도 한다. 이러한 언어 양상의 차이와 관련되는 것은 사회성과 관련되는 사회언어학 연구인가, 인지 양상과 관련되는 대조인지언어학 연구인가?

인지언어학의 해석의 문제는 인지언어학의 중심적 기제의 하나이다. 언어가 사고의 조직을 반영하므로 그것을 추출해낼 때, 그것은 인간의 내재적 인식의 형태일 수도 있고 사회문화적 특성일 수도 있다. 그러나 그 모든 정신과 사고 영역은 어쨌든 크게는 인지의 범주에 든다. 그렇다면 문화인류학적으로, 사회언어학적으로 해석한 그 모든 것도 결국 대조인지언어학이라고 할 수 있을 것이다. 다만, 그러한 해석이 견강부회하거나 주관적이거나 나열적인 것이 되어서는 안 될 것이다. 그것은 원리가 있는 기제로서의 가치가 있어야 하고, 설명력이 있어야 하며 단발성에 그치는 것이 아니라 여러 현상과의 연계성을 가져야 할 것이다. 왜냐하면 적어도 언어 현상에 반영된 인간의 인지 형태는 귀에 걸면 귀걸이, 코에 걸면 코걸이가 되는 가변적인 것이 아니라, 오랜 세월 언어와 인지의 상호작용을 통해 형성된 견고한 어떤 형태가 되어야 할 것이기 때문이다.

둘째, 인지적 사고가 보다 본질적인 것이라면 사회적 현상에 의해 형성되는 의식은 조금 다른 차원의 문제일 수도 있을 것 같다. 예를 들어, '청소부'를 '환경미화원'으로 바꾸는 것은 한국 사회의 인권 존중의 변화 의식을 반영한다. 이러한 양상이 다른 나라에서도 발생하는지 그 양상을 살피면, 한 사회의 의식 양상이 특징적으로 분석될 수 있을 것이다. 그것이 동일할 수도 있고 차이가 날 수도 있다. 이때, 이렇게 분석된 의식 특성이 대조인지언어학적 분석의 영역에 포함될 수 있을 것인가. 단지 가변적인 의식의 반영이므로 본질적 의식은 아니라고 할 것인가.

'기제(機制)'라는 것은 인간의 행동에 영향을 미치는 심리의 작용이나 원리를 뜻한다. 그러므로 현재 인지언어학에서 추출하고 있는 '인지모형' 같은 것은 이에 합당한 방식이라 할 것이다. 그러나 이것에 국한되지 않고 아직 더 많은 인지 양식의 기제를 밝히게 될 가능성을 가진 것이 또한 대조인지언어학이다. 그러므로 우리는 어떤 언어 현상이든, 즉 그것이 급변하는 사회를 반영하는 것이든 원래적인 것이든, 모두 연구 주제가 되며 이에 따라 그에 합당한 설명 기제가 제안되어야 할 것이다. 주지하듯이 문화 간의 기본감정 개념화의 공통성과 특이성에 대한 연구들이 대조인지언어학내에서 이루어지고 있다. 이러한 연구가 발전하면서 문화 간의 기본 감정도 문화모형의 유형을 갖출 수 있도록 학문 기술이 이루어질 것이고 언어권 보편성과 특이성에 대한 체계적인 모습을 보일 수 있게 될 것이다.

3. 앞으로의 과제와 전망

앞에서도 언급했듯이 대조인지언어학은 아직 초반부 단계에 있다. 그러므로 앞으로 무궁무진하게 연구될 광맥을 품고 있다. 더욱이 대조인지언어학은 성격상 융복합 연구로서, 어쩌면 지식정보화가 더욱 고도화되는 미래시대에 매우 필요한 학문이 될 수 있다.

현재 각 언어의 현상을 밝히는 언어학 연구들의 주제는 모두 대조인지언어학의 주제가 될 수 있다. 모든 언어 양상에는 인간의 개념 체계와 연계되는 보편성과 특이성을 안고 있기 때문이다. 그리고 그러한 특성은 곧 인간의 인지적 사고로부터 비롯되는 것이므로 인지적 특성이 어떠한지를 규명하는 연구를 해야 하는 것이다.

각 언어 속의 은유적 명제에 대한 논의들은 주로 보편성에 초점을 맞추었으나, 은유적 명제 연구가 심화되면서 그 특이성에 대한 연구도 진행되고 있음을 보았고 앞으로 더욱 활성화될 것으로 전망한다. 가령 사람을 지시하는 동물 은유 같은 것은 언어권별 대조인지언어학적 방법으로 연구하여 공통성과 특이성을 발견할 수 있을 것이다. 예를 들어 유희재(2017)에서는 '남자는 늑대, 여자는 여우'라는 동물 은유에 대해 살펴보고 있다. 이 은유는 동서양을 막론하고 널리 받아들여지고 있는 은유적 명제라고 전제를 하며 이러한 은유가 텔레비전 프로그램에서 어떻게 사용되는지를 살폈다. 이 프로그램 발화에서 남성은 침팬지, 늑대, 호랑이, 일벌로, 여성은 곰, 여우, 뱀, 여왕벌, 강아지, 고양이로 은유되고 있음을 조사하면서 이데올로기와 헤게모니를 반영하는 고착화된 언어 표현이 아닌가 하는 문제를 제기하고 있다. 이런 식의 연구를 몇 언어 간 대조인지언어학적으로 접근해도 매우 흥미로운 연구 결과가 도출될 수 있을 것이다.

또는 어휘의 다의성 의미망 연구를 확장하여 타 언어권의 해당 어휘도 그러한 다의성 의미망을 가지고 있는지를 살펴보는 것도 매우 흥미로울 것이다. 예를 들어 나익주(2012)에서 영어의 'walk'가 지니는 다의성 의미망을 분석하였다. 한국어 단어로는 '걷다'와 '걸음'이 이에 해당하는데, 이러한 단어들의 다의성 의미망인 'walk'의 그것과 어떻게 다르게 나타나는지를 살펴볼 수 있을 것이다.

텍스트 작성의 방식에 대해서도 언어권 별 특징을 찾아볼 수 있을 것이다. 도성경·진송수(2018)에서는 신문 텍스트의 헤지 표현은 학술 텍스트의 헤지 표현과는 달리 상대적으로 담화 맥락 의존도가 높고 화자의 판단 정도가 단정에 가까운 헤지 표현을 많이 씀을 분석했다. 이러한 특징들이 다른 언어에서도 나타나는지를 비교·대조하여 공통점과 차이점을 분석하고 분석 결과에 따른 인지 양상을 해석할 수 있을 것이다.

두 언어권에 대한 대조 분석을 한 많은 연구들 중 외국어로서의 한국어 교육 자료로 활용할 목적으로 진행된 것은 인지적 양상에 대해 관심을 두지 않았다. 가령 한국어와 일본어의 대조언어학을 정리한 저서인 김옥순(2010), 윤상실(2015)에는 두 언어 간의 세밀한 대조 분석의 결과인 좋은 자료들이 많이 실려 있다. 이러한 내용들을 자료로 하여, 인지언어학적 관점에서 해석할 자료들을 찾을 수 있고 대조인지언어학적으로 새롭게 접근함으로써 연구 성과를 얻을 수 있을 것이다.

박재현(2004)에서는 한국인과 중국인의 승낙 획득 전략을 비교하였다. Marwell & Schmitt(1967)에서 제시한 16가지 대인설득 전략에 대해 설문하여, 한국인이 가장 좋아하는 전략은 '좋아함'이고 중국인의 경우 '이타주의'로 나타남을 살폈다. 또한 두 항목은 양국에서 가장 선호하는 전략으로 각각 교차해서 2위를 차지, 3위는 양국 모두 '미리 보상하기', 가장 꺼리는 전략은 양국 모두 '부정적 평가 제시하기'로 나타남을 살폈다. 언어권 별로 승낙 획득을 위해 어떤 표현을 선호하는가 하는 문제는 매우 흥미로운 대조인지언어학 주제가 될 수 있을 것이다. 그 결과에 대한 인지적 해석을 연구하기 위해서는 한국인과 중국인의 사회문화적 특징을 알아야 할 것이고 그와 관련된 인지 형태를 찾아야 할 것이다.

대조인지언어학은 그 언어 자체로 보아서는 잘 발견되지 않던 특징을 새롭게 드러낼 수 있는 장점을 지니고 있다. 예를 들어, 첨가어라는 언어유형적 특질을 지니고 있는 한국어는 그 특질과 함께 흘러온 인식적 특징을 지니고 있다. 조사 하나, 어미 하나 어떻게 쓰는가에 따라 달라지는 섬세한 내포적 의미 차이를 한국인들은 경험하며 산다. 어쩌면 그러한 한국어와 한국인 의식의 특성이 우리 문화에 내포되어 있어서 우리가 미처 깨닫지 못했던 갈등의 기제로 작용하고 있는지도 모른다(물론 이것은 하나의 가설이다.). 그런데 그 특징이 지니는 정체가 과연 무엇인지를 알려면 반드시 대조인지언어학적 탐구가 필요하다. 한국어에서 첨가적으로 이루어지는 양태적, 문체적, 내포적 의미들이 다른 언어권과는 다르게 특징적으로 나타난다는 것을 발견하게 되면, 그것은 언어 본연성과 결부되는 것이므로 본질적 인지 특성으로 간주할 수 있을 것이며 그에 따른 인지적 모형이 도출될 수 있을 것이다.

그런데 대조언어학에서 분석된 모든 특이성들이 인지적으로 잘 해석될 수 있을 것으로 기대할 수는 없다. 왜냐하면 다양한 언어의 사용에 인지적 기반이 작용하지 않는 것은 없으나 언어 간 체계적 대조를 할 만한 인지 관련성을 발견하는 것은 매우 세심한 탐구가 필요한 것이기 때문이다. 아울러, 모든 언어 기호에 대해 인지적 해석을 하려고 과욕을 부릴 때, 우리는 설명의 오류를 범할 수도 있다. 따라서 대조인지언어학은 앞으로 더욱 성실한 탐구에 의해 확장과 정제를 거듭해야 할 학문 영역이라고 생각된다.

4. 마무리

이 글에서는 대조인지언어학의 전반적 현황에 대해 살펴보았다. 꽤 오래 전부터 둘 이상 언어 간의 대조 연구가 시도되었고 이를 인지적으로 해석하려는 시도도 행해졌음을 확인할 수 있으나 아직 대조인지언어학 연구가 활발하게 진행되며 본 궤도에 오르지 않았음을 알 수 있었다. 필자의 넓지 못한 학문 탓에 대조인지언어학 관련 앞선 연구들을 총체적으로 조명하지 못한 이유가 분명히 있을 것이다. 현재까지의 연구 성과에서도 어느 정도 체계를 갖춘 인지 패러다임을 추출해낼 수도 있을 것인데, 그러한 작업을 이 지면에서는 하지 못했음을 아쉽게 생각한다.

두 언어 간 비교·대조를 통해 특이성을 발견하고, 그것이 왜 그러한지에 대해 인지적 해석을 하기 위해서는 두 언어권 학자가 만나 더욱 심화된 고찰을 하지 않으면 안 되는데, 그러한 융합적 연구 기회를 만들기가 그리 수월한 것은 아니다. 그러나 주지하는 바와 같이 인지언어학은 짧은 기간 동안 매력 있는 학문으로 발전해왔다. 그리고 기대와 희망을 덧붙이자면, 그 심화 단계의 연구 중 하나가 대조인지언어학 연구가 될 것임은 자명하다. 왜냐하면 한 언어 자료를 사용하며 분석한 인지언어학적 기제의 설명력을 증명하기 위해서 필히 다른 언어권에 대한 적용이 필요하기 때문이다. 또한 인간의 언어와 인지를 밝히는 인지언어학의 목적은 다양한 언어권의 총체적 망라를 통하지 않고서는 완성될 수 없기 때문이다.

　현재 우리 학계에는 담화인지와 의미학 분야, 사회언어학 분야, 그리고 이중언어학 분야에서 관련 연구들이 이루어지고 있다. 이러한 연구들이 잘 계승되어 더욱 확장된 인식, 총체적 관망을 할 수 있는 학문적 발전이 이루어지기를 바란다.

참고문헌

강길호 · 김경은(2012), "한국인 커뮤니케이션에 나타난 대인설득 전략", 『스피치와 커뮤니케이션』 18: 78-120, 한국소통학회.

강낙중(2000), 『따라만 하면 뇌 구조가 바뀌는 영어식 사고 · 영어식 표현』, 홍익미디어플러스.

강현석(2002), "의사소통 능력의 습득", 『문화와 의사소통의 사회언어학』 (한국사회언어학회 엮음), 한국문화사.

구현정(1996), "은유 해석에 있어서의 혼합공간의 역할: Turnner와 Fauconnier의 이론을 중심으로", 『자하어문논집』 11: 83-112, 상명대학교 상명어문학회.

김미형(1996), "번역문체의 언어 양상", 『자하어문논집』 11: 147-178, 상명대학교 상명어문학회.

김미형(2009a), "한영 완곡어의 대조 분석", 『한말연구』 25: 61-112, 한말연구학회.

김미형(2009b), 『인지적 대조언어학의 방법론 연구: 한국어와 영어를 대상으로』, 한국문화사.

김민수(2014), "한일 '화' 은유의 양상", 『담화와 인지』 21(2): 1-23, 담화 · 인지 언어학회.

김옥순(2010), 『한일 대조언어학』, 제이앤씨.

김종현(2001), "국어 공감각 표현의 인지언어학적 연구", 『담화와 인지』 8(2): 22-46, 담화 · 인지 언어학회.

김호경(2001), 『인간의 옷을 입은 성서』, 책 세상.

나익주(2008), "사랑의 개념화: 문화적 변이 가능성 탐구", 『담화·인지 언어학회 제30회 정기학술대회 자료집』, 79-88, 담화·인지 언어학회.

나익주(2012), "다의어 'walk'의 인지의미론적 접근", 『담화와 인지』 24(1): 55-79, 담화·인지 언어학회.

도성경·진송수(2018), "신문 텍스트에 나타난 한국어 헤지 표현의 사용 양상 연구", 『이중언어학』 70: 111-135, 이중언어학회.

박경선(2001), "영어와 한국어의 색채어와 신체어에 나타나는 개념적 은유". 『담화와 인지』 8(1): 69-83, 담화·인지 언어학회.

박재연(2003), "한국어와 영어의 양태 표현에 대한 대조적 고찰: 부정과 관련한 문법 현상을 중심으로", 『이중언어학』 22: 199-222, 이중언어학회.

박재현(2004), "한국인과 중국인의 승낙 획득 전략 비교연구", 『한국어교육』 15(2): 115-144, 국제한국어교육학회.

서소아(2006), "인지문법을 통한 *face*의 의미 분석", 『담화와 인지』 13(3): 43-68, 담화·인지 언어학회.

석수영(2017), "한중 사물 명칭에 나타나는 해석의 양상 대조 연구: 신체부위를 근원영역으로 하는 은유적 해석을 중심으로", 『한국어 의미학』 55: 29-52, 한국어 의미학회.

송부선(2006), "영어와 한국어에서의 '화'와 '행복' 은유", 『한국어 의미학』 20: 121-137, 한국어 의미학회.

오상석(2014), "한국어와 영어의 '두려움' 개념화의 보편성과 특수성 연구", 『한국어 의미학』 44: 141-170, 한국어 의미학회.

유춘정(2013), "한중 색채어 관용표현의 대조 연구: 기본 오색을 중심으로", 동국대학교 대학원 국어국문학과 석사학위논문.

유희재(2017), "남성과 여성을 나타내는 동물 은유의 비판적 분석", 『담화와 인지』 24(4): 87-113, 담화·인지 언어학회.

윤상실(2015), 『한일 연어 대조 연구』, 한국문화사.

이경수(2012), 『한일어 대조 연구』, 에피스테메.

이관규(2002), 『(개정판) 학교문법론』, 월인.

이기동(1997), 『말 그 모습과 쓰임』, 한국문화사.

이기동(편저)(2000), 『인지언어학』, 한국문화사.

이선희(2010a), "한중 '얼굴'의 의미 확장과 개념화 양상", 『중국어문학』 55: 411-438, 영남중국어문학회.

이선희(2010b), "한중 '슬픔'과 '두려움' 은유 표현 인지적 연구",『중국어문학』 56: 241-274, 영남중국어문학회.

이선희(2011a), "한중 '화(火)'의 개념적 은유",『중국어문학』 57: 373-388, 영남 중국어문학회.

이선희(2011b), "한중 '愛情' 은유 표현: 개념적 은유의 관점에서",『중국어문학』 58: 381-401, 영남중국어문학회.

이선희(2012a), "중국어 감각 형용사의 공감각적 전이 재고",『중국어문학』 60: 529-558, 영남중국어문학회.

이선희(2012b), "한중 감각형용사의 공감각적 전이 대조 분석",『중국어문학』 61: 777-789, 영남중국어문학회.

이선희(2014), "한중 식품광고에 나타난 공감각적 은유 양상",『중국어문학』 65: 289-317, 영남중국어문학회.

이선희(2015), "한중 광고에 나타난 공감각적 은유의 인지적 연구",『중국어문학』 68: 205-242, 영남중국어문학회.

이성하 (2008), "대조언어학",『2008년도 한국어·문화 교육 강사 양성 과정 자료 집』: 136-169, 상명대학교 국어문화원.

이성하·구현정 옮김(2004),『문법의 인지적 기초 / 베른 하이네 지음』, 박이정.

이 영(李穎)(2010), "通感的日漢比較研究", 西南大學 碩士學位論文.

이영옥(2009), "한국어와 영어의 화행 구문 비교연구",『담화·인지 언어학회 제 31회 정기학술대회 자료집』, 담화·인지 언어학회.

이영희(2013), "한국과 미국 신문의 인용 보도 방식 비교: 한미FTA 보도에 나타난 개입 양상",『사회언어학』 21(1): 185-214, 한국사회언어학회.

이주영(2014), "말레이어 매매 표현의 인지언어학적 분석: 은유와 환유를 중심으 로",『담화와 인지』 21(3), 165-180, 담화·인지 언어학회.

이하영(2015), "한일 설득 행동에 관한 대조언어학적 연구: 전략적 특징을 중심으 로",『사회언어학』 23(3): 263-289, 한국사회언어학회.

임지룡(2003), "장면의 인지적 해석에 관한 연구",『담화·인지 언어학회 제16차 정기학술대회 자료집』, 3-16, 담화·인지 언어학회.

임지룡(2006),『말하는 몸: 감정 표현의 인지언어학적 탐색』, 한국문화사.

임지룡(2008a), "인지언어학의 성격과 설명력",『담화·인지 언어학회 제30회 정 기학술대회 자료집』, 15-36, 담화·인지 언어학회.

임지룡(2008b),『의미의 인지언어학적 탐색』, 한국문화사.

임지룡(2016), "신체어의 의미 확장 양상과 해석", 『배달말』 59: 1-43, 배달말학회.

임지룡(2017), 『한국어 의미 특성의 인지언어학적 연구』, 한국문화사.

임지룡·리우팡(2017), "한중 언어를 통해 바라본 분류사의 의미 특성", 『언어과 학연구』 80: 325-348, 언어과학회.

임지룡·윤희수 옮김(2017), 『의미론: 언어 의미의 인지적 설명』, 한국문화사. (Z. Hamawand(2016), *Semantics: A Cognitive Account of Linguistic Meaning*)

임지룡·윤희수·노양진·나익주 옮김(2002), 『몸의 철학: 신체화된 마음의 서 구 사상에 대한 도전』, 박이정.

장경희(2017), "추측 표현의 한중 대응 양상 연구", 연세대학교 대학원 국어국문 학과 박사학위논문.

장윤아(2017), "한일 양국인의 대화에 나타나는 농담 프레임과 문맥화 단서: 부동 의와 부정적 평가 발화를 중심으로", 『사회언어학』 25(4): 119-141, 한국사 회언어학회.

전태현(2001), "헤드라인의 은유에 관한 이해", 『언어와 언어학』 26: 263-285, 한 국외국어대학교 외국어종합연구센터 언어연구소.

정병철(2011), "동반 경험 망 모형에 의한 부사 '바로'의 체계적 다의성 연구: 대조 언어학을 위한 새로운 접근", 『담화와 인지』 18(1): 183-207, 담화·인지 언 어학회.

조숙환(2013), 『언어와 인지 이야기』, 한국문화사.

조혜진(2013), "스페인어와 한국어 분노 관용어의 은유적 유형 분석", 『이중언어 학』 153: 241-274, 이중언어학회.

주보현·박기성(2017), "색채어 은유의 인지언어학적 대조 연구: 영어, 한국어, 중국어의 시각적 보편성과 양적 스키마를 중심으로", 『이중언어학』 66: 183-216, 이중언어학회.

주현희·채영희(2016), 한·일어의 후각 형용사 의미 대조 연구: 형태 확장과 의 미 전이를 중심으로, 『한국어 의미학』 53: 97-116, 한국어 의미학회.

지인영(2005), "Disease-related expressions in Korean and English", 『언어과학연 구』 34: 349-368, 언어과학회.

지인영(2009), "영어와 한국어의 heart 관련 표현", 『영어학』 9(4): 737-759, 한국 영어학회.

채춘옥(2014), "한국어와 중국어에서 사용되는 죽음에 관한 완곡어 대조 분석", 『사회언어학』 22(1): 255-279, 한국사회언어학회.

쉐이펑훼이(2012), "공간 은유의 구조에 대한 한중 비교 연구: 어휘소 마음(心)을 중심으로", 『한국어 의미학』 37: 291-308, 한국어 의미학회.

티띠왓 앙쿨(Titiwat Angul)(2012), "한국어와 태국어의 공감각 표현에 대한 인지 언어학적 대조 연구", 경북대학교 대학원 국어국문학과 석사학위논문.

허 발(2013), 『언어와 정신』, 열린책들.

황병순(1996), 『말을 알면 문화가 보인다』, 태학사.

Asmah, H. O.(1996), Metaphor of anatomy as a reflection of Malay cultural belief, *Jurnal Bahasa Jendela Alam* 1: 7-20, Kuala Lumpur: Persatuan Bahasa Moden Malaysia.

Kövecses, Z.(2005), *Metaphor in Culture: Universality and Variation*, Cambridge, U.K.: Cambridge University Press.

Kövecses, Z.(2017), Levels of metaphor, *Cognitive Linguistics* 28(2): 321-347.

Lakoff, G & M. Johnson(1980), *Metaphors We Lived By*, Chicago/London: The University of Chicago Press.

Lakoff, G. & M. Johnson (1999), *Philosophy in the Flesh: The Mind and Its Challenge to Western Thought*, New York: Brockman Inc.

Lemmens, M.(2016), Cognitive semantics, in N. Riemer(ed.), *The Routledge Handbook of Semantics*, 90-105, London/New York: Routledge.

Marwell, G & D. Schmitt(1967), Dimensions of compliance-gaining behavior: An empirical analysis, *Sociometry* 30: 350-364.

Yu, Ning(1998), *The Contemporary Theory of Metaphor in Chinese: A Perspective from Chinese*, Amsterdam: John Benjamins.

중국의 인지언어학

왕 난 난(王楠楠) *

1. 들머리

이 글은 중국의 인지언어학 탐구에 대한 기존의 종합논평[1]을 참조하여, 1988년부터 2017년 사이에 CNKI[2]에 수록된 언어학 영역 학술지 10종[3]과 그동안 출판된 인지언어학 관련 저서에 대한 조사 결과에 의해, 30년 가까이 동안 중국 인지언어학의 연구 현황을 정리하고 존재하는 문제점을 지적하며 앞으로의 발전 방향을 조감하는 데 목적을 둔다.

---

* 안산사범대학교(鞍山師范學院) 국제교류학과 교수, wangnannan@hanmail.net

1 이와 관련된 기존연구는 俞建梁·黃和斌(2006), 席留生(2007), 束定芳(2009, 2013), 向仍東·劉琦등(2009), 王朝暉·魏華·杜玮·戴林紅(2009), 朱紅玉 (2011), 蔡宝來·張詩雅(2012), 陳傳顯(2012), 吳金華·朱小美(2013), 梁燕華 ·王小平(2014), 羅一麗·張輝(2018) 등이 있다.

2 "China National Knowledge Infrastructure"의 약자이며 중국 국내에서 규모가 가장 큰 문헌 검색 데이터베이스이다.

3 《当代語言學》, 《中國語文》, 《語言教學与研究》, 《外國語》, 《外語教學与研究》, 《現代外語》, 《語言研究》, 《語言科學》, 《中國外語》, 《外語界》 등이다.

인지언어학은 형식주의 언어 접근법의 한계에 대한 대안으로서 언어가 인간 마음의 어떤 근본적인 특성과 구성 자질을 반영한다는 믿음에서 출발되었으며(임지룡 2007: 52) 인간 마음의 본질, 더 나아가서 인간의 본질을 규명하기 위한 학제적 연구의 일환으로서 언어, 몸과 마음, 문화의 상관성을 밝히려는 언어 이론이다(임지룡 2004: 52). 인지언어학의 철학 기초로는 주관과 객관이 결합된 경험 현실주의 인식론, 즉 경험주의(Embodied Realism), 또는 체험철학(Embodied Philosophy)[4]이다. 따라서 인지언어학의 연구는 유심론과 객관주의를 지양하고 인간의 인지와 언어에서 경험이 차지하는 중요성을 강조한다. 인지언어학의 심리적 기초에 대하여 趙艶芳(2001: 6)에서는 인지심리학의 성과를 통합하고 발전하며, 피아제의 상호작용론을 숭상하고 대뇌를 기계로 간주하는 관점을 부정하며, 인간의 생리적 기초에서 출발하고 "몸은 마음속에 있고, 마음은 몸속에 있다."라고 하였다.

인지언어학은 20세기 70년대 초반에 인지과학의 토대 위에서 발전된 언어학 패러다임이다. 미국에서 태어난 인지언어학은 80년대부터 90년대 사이에 신속히 다른 나라에 전파되어 점점 많은 언어학자들에게 받아들여졌다. 1980년대 후반에 중국에서 씨앗이 싹트기 시작했고 지금까지 국내에서 이미 30년 가까운 발전을 해 왔다. 인지언어학의 기본 이론과 사상이 최초 중국에 도입된 것은 형식주의에 대한 반박이 아니라 문법 묘사의 수요와 언어 연구에 새로운 시각을 제공하기 위한 것이었다. 초보적인 이론 도입과 실제적 응용에서부터 다방면의 발전과 반성에 이르기까지 중국의 인지언어학은 문법 연구, 번역, 문학, 시학, 그리고 외국어 교육 등 분야에서 넓은 응용과 발전을 거두었다(束定芳 2009: 248 참조).

인지언어학의 개념에 대하여 학자들은 넓은 의미와 좁은 의미로 나누었으나[5] 언어학 분야에서 논의하고자 하는 인지언어학은 보통 좁은 의미의 인지언

---

4   체험철학은 구미의 분석철학과 Chomsky의 "마음(mind)과 몸(body) 분리"의 이원론과 Putnam의 내부 현실주의(Internal Realism)를 반대하고 서구철학의 관점을 철저히 바꿨기 때문에 인지언어학의 출현과 발전에 커다란 영향을 끼쳤으며 "제1대와 제2대 인지과학의 분기점"이라고 불렸다.

어학이다. 王寅(2007)에서는 체험철학을 고수하고 신체경험과 인지를 출발점으로, 개념, 구조 그리고 의미에 대한 연구를 중심으로, 언어 배후에 숨겨 있는 인지 방식을 힘써 추구하며 인지 방식과 인지 구조 등을 통해서 언어에 대해 통일한 해석을 하는 새로운 학제적 학문이라고 좁은 의미에서 인지언어학에 대하여 정의를 하였다. 李福印(2008: 13-14)에서는 인지언어학을 언어의 보편적인 원칙과 인간의 인지 규율을 연구하는 언어학 유파라고 하였다. 그 외, 趙艷芳(2001)에서는 인지언어학을 인지 취향(認知取向), 해석 취향(解釋取向), 의미 취향(語義取向), 공성 취향(共性取向)을 추구하는 언어학이라고 정하였다. 좁은 의미의 인지언어학은 실제로 언어학의 연구에서 언어를 인간의 인지로 보고 인지에서 출발하여 구체적인 언어 사실을 해석하는 것이다. 요컨대, 인지언어학에 대한 정의는 학자마다 다르지만 총체적으로 인지와 언어의 관계를 논의한다는 점은 공통적이다. 따라서 이 글에서 논의하고자 하는 인지언어학도 좁은 의미의 인지언어학이다.

인지언어학의 연구 분야에 대하여 학자들은 서로 다른 관점을 취하고 있다. 개념혼성 이론의 창시자인 Fauconnier가 인지언어학을 네 가지 주요 연구 분야, 즉 인지의미론, 인지문법, 개념적 은유, 그리고 정신 공간 및 개념혼성 이론으로 나누었다. 대조로 Evans(2007)에서는 인지언어학을 크게 두 분야, 즉 인지의미론과 인지문법으로 나누었다. 그중 인지의미론의 주요 연구 내용으로는 개념적 틀(conceptual framework), 은유(metaphor), 범주화(categorization), 개념화(conceptualization) 등이 있으며 인지문법의 주요 연구 내용으로는 머릿속 문법(mental grammar), 지향성(intention), 논항 구조(argument structure), 구문(construction) 등이 있다. 국내의 관련 저서와 논문을 보면 후자의 관점을 취하는 학자가 더 많으며 또한, 지금의 발전 상황을 보면 이 두 분야의 발전이 가장 완비하고 체계적으로 가장 완전하며 이론적으로 가장 풍부하다.

본 연구의 목적을 달성하기 위해 이 글은 다음과 같이 구성한다. 2장에서는

---

5 Taylor(2002)에서 좁은 의미의 인지언어학을 "Cognitive Linguistics"로, 넓은 의미의 인지언어학을 "cognitive linguistics"로 구별하였다.

중국에서의 연구 현황을 발전 과정, 연구 내용, 그리고 문제점을 통해 검토할 것이다. 3장에서는 2장을 바탕으로 중국의 인지언어학 연구에 있어서 유의할 점과 앞으로의 과제를 통해 중국 인지언어학의 발전 방향을 모색할 것이다. 4장은 마무리 부분이다.

2. 중국 인지언어학의 연구 현황

서구의 인지언어학 이론이 주로 인도유럽어족을 탐구하는 과정에서 제기됐는데 그 가설이나 형식이 어느 정도의 보편성을 보이지만 중국어가 음운, 형태, 통사 등 면에서 자신만의 특징을 가지기 때문에, 중국의 인지언어학 연구는 중요한 현실적 의미가 있다. 이 장에서는 중국에서 인지언어학이 발전하는 과정을 회고하고 그 동안 주요 연구 내용과 드러난 문제점을 검토해 보고자 한다.

2.1. 발전 과정

국내에서 발표된 논문과 출판된 저서에 대한 조사 결과에 따라 중국에서 30년의 발전을 거친 인지언어학은 크게 세 가지의 발전 단계로 나누어질 수 있다.

2.1.1. 태동기(1988~1992)

이 시기는 인지심리학과 심리언어학의 연구 과정을 거치는 시기라고 볼 수 있다. 인지심리학은 인지언어학의 이론적 배경이자 기초이다(袁毓林 1994). 이 시기에는 인지언어학의 연구가 심리학과 인지과학의 감지, 기억, 주의 등 각도에서 인지와 언어 교육, 인지와 언어 습득 간의 관계를 탐구하는 데 있다. 주로 연구 성과는 다음과 같다.

(1) a. 인지심리학 이론과 연구에 대한 종합논평(鄭齊文 · 魯忠義 1989)

b. 인지와 외국어 학습전략(王初明 1989)

c. 학습심리, 인지 그리고 교수법 연구(阮福根 1989)

d. 아동 인지의 습득 연구(劉龍根 1989)

e. 인지와 언어 테스트, 인지와 언어 습득 등 연구(桂詩春 1991, 1992a, 1992b)

이상의 연구들은 인지언어학이 우리나라에서 출발하고 발전하는 데 조건을 만들어 주었다(兪建梁 · 黃和斌 2006: 1). 실제로 인지언어학에서 늘 거론된 게슈탈트 이론, 원형 범주화, 도식과 틀 등 개념은 인지심리학, 언어학, 정보과학과 다른 인지과학이 통합된 연구에서 나왔을 뿐만 아니라 인지언어학에서의 많은 가정이나 분석 결과도 심리 언어학이나 언어 습득의 실증 연구에 의존한다.

2.1.2. 도입기(1993~2000)

국내 인지언어학의 발전은 국외 관련 이론에 대한 도입과 소개에 힘입었다. 吳鐵平(1994)에서 국외 인지언어학 연구의 대표작을 번역하고 국내로 소개하는 것을 창도하였다. 90년대 중기부터 국내의 많은 학자들이 국외 인지언어학의 관련 학설에 대한 소개와 도입에 애썼다. 이와 동시에 인지언어학의 방법론으로 영어나 중국어의 언어 현상을 해석하기 시작하였다. 이 시기의 주요 연구 성과는 크게 다음과 같은 세 가지를 나눌 수 있다.

(2) a. 논문이나 서평의 형식으로 국외 인지언어학 분야의 주제 연구를 소개, 도입(沈家煊 1993, 1994, 2000; 石毓智 1995; 何自然 · 冉永平 1998)

b. 국외 인지언어학 연구 상황과 추세에 대한 종합논평(趙艶芳 2000; 文旭 1999)

c. 개념적 은유 이론의 소개와 도입(伍鐵平 1995; 趙艶芳 1995; 胡

壯麟 1996; 林書武 1994, 1997; 束定芳 1996 등)

국외 인지언어학의 주요 저서와 논문에 대한 서평은 90년대 중기에 상당한 비중을 차지하며 인지언어학의 국내 발전에 중요한 추진 역할을 하였다. 예컨대, 沈家煊(1993)에서 『인지문법의 토대(Foundations of cognitive grammar)』에 대한 논평을 하였고 石毓智(1995)에서 『인지 의미론: 언어에서 본 인간의 마음(Women, fire, and dangerous things: what categories reveal about the mind)』에 대한 논평을 하였다. 沈家煊(1993, 1994, 2000)에서 인지문법과 문장의 도상성에 대한 소개와 도입의 작업을 하였고 石毓智(1995)에서 범주화 이론을 소개하였다. 楊忠・張紹杰(1998)에서 인지언어학의 '원형 이론(prototype theory)'을 논의하였고 何自然・冉永平(1998)에서 인지화용론의 기초인 '관련성 이론(relevance theory)'을 검토하였다. 그리고 趙艶芳(2000), 文旭(1999) 등 일부 학자들이 거시적 관점에서 국외 인지언어학의 주요 연구 분야와 발전 동향을 소개하였는데 이 연구들은 추후 인지언어학을 연구하는 인원들에게 참고할 만한 자료를 제공하였다.

이 시기의 현저한 특징은 개념적 은유에 대한 소개와 연구가 가장 많아 보인다. 伍鐵平(1995)에서는 인지언어학의 발흥이 수사학을 언어학의 연구 분야로 보고 은유 등 수사기법으로 많은 언어 현상을 분석하는 것과 관련을 끊을 수 없다고 언급하였다. 이 시기에는 은유에 대한 연구가 주로 두 가지 경향을 보인다. 첫째, 거시적 관점으로 은유 이론을 소개, 도입하는 것이다. 예컨대, 趙艶芳(1995)에서 개념적 은유 이론을 소개하였고 胡壯麟(1996)에서 문법 은유 그리고 언어, 인지와 은유 간의 관계를 논의하였다. 林書武(1994, 1997)에서 은유 연구에 대한 종합논평을 하였고 束定芳(1996, 1998)에서 은유 연구의 목표, 방법과 과제 그리고 은유의 본질, 기제 등을 고찰하였다. 둘째, 미시적인 관점에서 시공간의 영상도식에 대한 고찰을 하거나 인지 문화 계통의 공통점과 차이점을 밝히기 위해 추상적인 개념에 대한 은유적 양상을 밝히는 연구이다. 예컨대, 陶文好(1997, 2000; 周榕 2000)에서 영어 전치사

'over', 'up'에 대하여 공간 은유를 고찰하였고 시간의 은유적 양상에 대한 범문화적 특성을 밝혔다. 林書武(1998) 등 연구에서는 '분노'와 같은 감정 표현에 관한 영어와 중국어의 말뭉치를 통해서 감정 은유를 검토하였다.

이상의 연구 외에 이 시기에는 인지언어학 이론으로 중국어 문법을 해석하는 연구도 종종 보인다. 학자들은 점점 인지언어학의 이론이 중국어의 어순, 품사 분류 등 문제에 일정한 계발을 줄 수 있고 또한 구조주의 또는 형식주의로 해석하지 못하거나 잘 해석하지 못하는 문제를 해석할 수 있다는 것을 인식하였다. 예컨대, 陸儉明(1988)에서는 '盛碗里兩條魚'가 정상적인 문장이지만 '*盛碗里魚'가 비문이라는 언어 현상을 해석하기 위해 한 문법범주(수량범주)가 문법구조에 일정한 제약을 한다고 설명하였고, 沈家煊(1995)에서는 '한계성(bound)'과 '비한계성(unbound)'의 개념으로 수량범주가 왜 이중목적어 구조에 제약을 주는지를 설명하였다. 그리고 '한계성'과 '비한계성'의 개념으로 품사 분류를 하였는데 명사를 가산명사와 불가산명사로, 동사를 지속동사와 비지속동사로, 형용사를 성질형용사와 상태형용사로 나누었다. 袁毓林(1995)에서는 '가족닮음(Family Resemblance)' 개념으로 중국어의 품사를 분류하였다. 또한 劉宁生(1994)와 중국어의 공간관계 표현에 대한 연구들은 인지언어학 이론으로 중국어 문법 연구 가운데의 논쟁점을 해결하는 연구들이며 張敏(1998)과 袁毓林(1998) 등 저서도 인지언어학의 기본 개념을 도입해서 중국어 문법 현상을 해석하는 것이다. 이 시기의 연구는 연구 내용이나 연구 각도에서 첫 단계보다 많은 돌파와 발전을 하였음을 알 수 있다.

2.1.3. 지속 확대기(2001~현재)

이 시기는 20세기에 들어와서부터인데 국외의 인지언어학 이론을 끊임없이 도입하는 동시에, 학자들은 다각도적, 다층면적, 학제적으로 언어 체계와 규율에 대한 연구를 진행해 왔다. 이 시기의 인지언어학 연구는 주로 네 가지 특징을 가지고 있다.

첫째, 관련 논문과 단행본의 수량이 크게 증장하였다.

국내 모든 언어학 학술지에서는 거의 집마다 인지언어학과 관련이 있는 논문을 등재한다. 이는 중국 인지언어학의 연구가 다방면적 소개와 지속적 발전의 단계에 들어섰음을 의미한다. CNKI에서 '인지언어학'을 검색어로 하여 검색된 논문이 만 편을 넘었는데 인용빈도의 순위에 따라 가장 많이 인용된 논문은 다음과 같다. 林書武(2002), 王寅(2002, 2005a, 2005b), 梁曉波(2002), 朱永生(2003), 王文斌(2004), 匡芳濤·文旭(2003), 文旭(2001, 2002), 張輝·楊波(2008), 李福印(2007) 등이 있다.

石毓智(2001, 2006), 趙艷芳(2001), 藍純(2003), 張輝(2003), 胡狀麟(2004), 李福印(2004a, 2004b), 徐德寬(2004), 陳忠(2005), 王寅(2005, 2006, 2007), 沈家煊(2006), 盧植(2006), 劉國輝(2007), 劉正光(2007), 牛保義(2007) 등 수십 권의 저서가 출판되었는데 이들은 인지언어학의 이론적 응용을 크게 추진하였다. 이와 동시에 외국어 교육 및 연구 출판사(外語教學与研究出版社), 북경대학교출판사(北京大學出版社) 등 출판사에서도 잇달아 Langacker(1987)의『인지문법의 토대(*Foundations of Cognitive Grammar*)』, Ungerer & Schmid(2006)의『인지언어학 개론(*An Introduction to Cognitive Linguistics*)』과 같은 인지언어학의 중요한 대표 원서를 번역·출판하였다. 이 번역서들은 중국 연구자와 학습자에게 인지언어학 이론을 학습·연구하는 데 많은 편리를 주었다. 그 외, 학자들은 이 분야의 일부 연구 성과를 묶어서 시리즈 독서의 형식으로 출판하였다. 그중『인지 및 언어(認知与語言)』가 대표적이다. 이 시리즈 도서는 모두 6집으로 나누어지는데 국내외 학자의 연구 성과를 중심으로 언어 현상 분석, 인지 이론, 언어 및 인지의 논리 연구, 인지 철학, 인지언어학, 인지 및 문화와 은유 등 주제 내용이 포함되어 있다. 그리고 王寅·趙永峰이 편집한『인지언어학 연구(認知語言學研究)』는 주제별로 국내외 인지언어학의 연구 성과를 소개하는 시리즈 도서이다.

둘째, 연구 주제의 범위가 신속히 확대되었다.

국내 인지언어학 연구가 시작됐을 때 연구 주제는 주요 중국어 문법의 인지적 해석, 언어와 인지의 관계, 은유와 환유 등에 집중하였으나 이 시기에는 은유와 환유에 대한 검토가 급격히 증가하였고 인지화용론, 인지의미론 등 연구도 현저히 늘었다. 그 외 문법화, 개념혼성, 정신 공간 등 이론에서부터 번역, 문학, 교육, 사전학 등 분야와 이러한 이론들의 적용에 이루기까지 신속한 발전을 이루었다.

셋째, 각종 학술회의 및 학술강좌를 잇달아 개최하였다.

인지언어학이 지난 30년 동안 확대되어 온 증거는 국가에서 인지언어학회가 설립되었다는 것이다. 인지언어학 연구를 발전시키기 위해 국내 학자들은 전구적인 학술 활동을 펼치기 시작하였다. 2001년 10월에 제1회 인지언어학 전국 '학술대회'가 상하이외국어대학교에서 개최되었고 참여자는 70여 명이었다. 2003년 10월에 쑤저우대학교에서 제2회 인지언어학 전국 학술대회가 개최되었는데 참여자는 100여 명에 달하는 동시에 제1차 인지언어학 워크샵을 거행하였다. 2004년 4월에 서남대학교에서 제3회를 개최하였는데 참여자는 200명을 넘었다. 또한 이번 학술대회에서 인지문법 이론의 창시자이자 미국 캘리포니아대학교의 교수인 Langacker와 구문문법의 창시자이자 미국 일리노이대학교의 교수인 Goldberg, 중국사회과학원 언어연구소 소장인 沈家煊과 허난대학교 교수인 徐盛桓 등이 주제발표를 하였다. 같은 시기에 은유 이론의 창시자인 Lakoff가 초청을 받아서 베이징, 상하이, 쑤저우 등 지역의 대학교에서 일주일 동안 순회강연을 하였다. 같은 해 5월, 신경언어학의 대표 인물인 Lamb가 초청을 받아서 난징대학교에서 개최한 "인지 기능 언어학 강습반(認知功能語言學講習班)"에 참석하였다. 2006년 5월에 난징사범대학교에서 개최한 제4회 인지언어학 전국 학술대회는 개념혼성 이론의 창시자인 Fauconnier와 Turner를 초청하였으며 상하이외국어대학교 王德春 교수와 허난대학교 徐盛桓 교수가 발표하였다. 이 대회에서 중국 인지언어학 연구회가 성립되었다고 발표하였다. 2007년 5월에 후난대학교에서 개최한 제5회 인지언어학 전국 학술대회는 Langacker, Panther, Gibbs 그리고 중국의 徐盛桓 교수와 束定芳 교수를 초청하였다. 이번 대회는 2011년에 중국에서 인지언어학 국제 학술대회를 하기로 하였다. 2009년 7월에 제6회 인지언어학 전국 학술대회가 동북사범대학교에서 개최되었고 대회의 주제는 "인지언어학의 중국 발전: 이론 탐구 및 응용 연구"이다. 이번 대회에서는 Panther, Taylor, Oakley 그리고 沈家煊, 徐盛桓, 束定芳 등 교수가 주제 발표를 하였다. 2011년 7월, 제7회 인지언어학 전국 학술대회가 다시 상하이외국어대학교에서 개최되었는데 이번 대회는 시안에서 개최한 인지언어학 국제 학술대회와 시간이 가까워서 시안에서 개최한 대회를 참석한 일부 국내외 학자를 초청해서 발표하게 하였다. 시안에서 개최한 인지언어학 국제 학술대회는 중국의 인지언어학 연구가 국제 인지언어학 연구와 한 층 더 융합되고 국제 인지언어학의 중요한 구성이 되었음을 보여주었다. 2017년까지 인지언어학 전국대회를 이미 열 차례 개최를 하였는데 난징사범대학교에서 개최된 제10회 인지언어학 전국 대회에는 중국, 영국, 스페인, 말레이시아 등 국내외의 대표 400여 명이 참석하여 참자가 수가 역대 최고였다.

마지막으로, 인지언어학 이론에 대한 반성을 하기 시작하였다.

외국 이론에 대한 소개와 응용을 진행하는 동시에 劉正光(2001) 등 일부 학자들은 관련 이론의 문제점과 결함에 대한 반성을 하였다. 2004년 이후, 인지언어학의 기본 가정에 대하여 객관적으로 생각하고 중국어 연구의 적응성에 대한 연구가 현저히 증가되었다. 石毓智(2004, 2008), 鄧云華·石毓智(2007) 등은 인지언어학의 '공로'와 '과오' 그리고 '구문문법 이론의 진보와 한계', 또한 언어 규율의 다양성 및 그들의 연구에 대하여 생각하게 되었다. 沈家煊(2008)에서도 언어학자의 임무는 언어학 이론을 연구하는 것이 아니라 언어를 연구하는 것이며 언어학 유파가 아닌 언어 사실에 의거해야 한다고 강조하였다.

2.2. 주요 연구 주제

10종 학술지에 대한 통계로, 그동안 중국 인지언어학의 주요 연구 주제는 개념적 은유, 인지와 의미, 인지와 문법, 인지와 번역, 인지와 외국어 교육 등 다섯 가지로 나눌 수 있다.

2.2.1. 개념적 은유

개념적 은유에 관한 논문이 가장 많으며 연구 대상도 다양하다. 이론탐색에 관한 논문은 은유의 특성, 유형, 양상, 한계점 등 문제에 대한 고찰 및 반성인데 그중 은유와 환유의 관계에 대한 이론적 검토는 학자들의 관심사이다. 어휘적 층면의 은유 연구는 연도별로 총체적으로 하강세를 보이지만 중국어를 대상으로 한 연구가 증가하고 있다. 이 연구들 가운데 대부분이 특정한 대상의 은유적 유형과 특징에 대하여 관심을 가졌다. 특히 중국 전통 경전에 나타난 은유를 탐구하는 연구가 대표적이다. 문법 은유 연구는 문법 은유의 특징, 이론적 구축과 기제, 그리고 시태 은유 등 문제를 중심으로 전개되었다. 시공간 은유 연구는 서로 다른 각도에서 시공간 은유의 양상과 인지 기제를 검토하였다. 그리고 광고, 만화, 영화, 수화에 대한 은유 연구는 그들의 은유적 특성, 유형, 해석 기제 및 은유와 환유의 상호작용 등에 대하여 논의하였다. 그 외, 음악 은유 연구는 음악 은유가 인물 구축 및 영상도식과의 관계를 고찰하였고 청각 은유 연구는 음악 은유의 범언어적 특성, 청각 영역의 범위 등 문제를 논의하였다.

2.2.2. 인지와 의미

검색된 논문 가운데 어휘적 측면의 논문은 논문 총량의 절반에 달한다. 의미 생성 기제에 관한 연구 가운데 의미 다의성의 심리적 요인, 의미의 생성 기제, 원형 의미와 확장 의미의 관계 그리고 다의성의 해석 기제 등 문제를 둘러싸는 연구가 대표적이다. 그리고 형용사의 다의성 존재 여부와 인터넷 신어에 대한 연구도 주목할 만하다. 어휘 의미의 특징에 대한 연구는 영어와 중국어의 같은 어휘가 드러나는 의미 유형과 의미 특성의 차이점 및 생성 원인을 대조하였고 중국 속담과 숙어에 관한 연구는 의미 처리의 신경 기제

(ERP) 및 성어의 구성 특징, 의미 해석 등 문제를 고찰하였다. 어휘 의미의 변화에 대한 연구는 의미 변화의 원인과 인지 기제, 그리고 복합어의 의미 변화 유형, 특징 및 의미 변화의 사고성과 정서성을 고찰하는 것은 이목을 끌었다.

2.2.3. 인지와 문법

검색된 논문 가운데 중국어 말뭉치나 문법 현상을 연구 대상으로 한 연구가 비교적 많으며, 영어를 참조하여 중국어와 영어를 비교하는 연구도 적지 않다. 인기 연구 분야는 주로 다음과 같다.

문법화 연구는 주로 계사, 서법 동사, 의문사 등 어휘적 층면의 문법화 연구에서부터 구문, 문장, 그리고 화용적 층면의 문법화 연구에 이르기까지 문법화의 형성 기제와 변화 과정을 검토하였다. 인지 참조점 연구는 주로 중국어 구문의 인지 원칙을 밝히거나 영어와 중국어에서 같은 구문의 인지 참조점을 대조하는 연구들이다. 수사 방식과 도치문의 생성 및 인지 기제가 도형-배경 연구에서 논의되는 인기 문제이다. 자동-의존(autonomy-dependency) 모형 연구는 이론적 틀과 기제에 대한 검토 외에, 수사 방식과 고대의 시(詩)와 사(詞) 등 중국어 언어 현상의 생성, 구축, 해석 기제에 대한 검토도 주목을 받았다. 명사화 연구는 중국어 말뭉치를 대상으로 명사화 기제, 개념화의 역할과 명사화의 발생 범위 등 문제를 검토하였다.

2.2.4. 인지와 번역

인지언어학과 번역의 통합 연구는 일찍이 언어학계의 주관심사가 된다. 검색된 은유와 환유에 대한 번역 연구 가운데 과학기술, 비즈니즈 등 분야에 속한 연구가 주목을 받았는데 대부분이 개념적 혼성, 명사화, 담화 특징 구축 등 면에서 은유의 번역 책략을 논의하였다. 그리고 은유와 번역 인지 층면의 이론적 탐색도 인기 연구 분야이다. 연구자들은 대부분이 은유의 분류, 해석,

인지 기제, 투사, 문화 특성 및 공통성 등 측면에서 번역 문제를 검토하였다. 이론 연구는 번역 인지 연구의 필요성과 실행 가능성, 그리고 번역의 인지 심리 기제 등 문제에 중점을 두었다. 도식 이론과 번역 연구는 번역의 인지 기초, 또는 번역자의 심리 기제 등에 대한 도식 이론의 설명력을 검증하려고 했다. 관련성 이론의 번역 연구는 번역에 대한 관련성 이론의 설명력을 구축하는 동시에 대부분이 문맥 관련의 시점에서 번역의 인지 추리 과정, 문맥의 인지 효과 등을 검토하는 실용적 연구들이다.

2.2.5. 인지와 외국어 교육

인지언어학의 관점에서 제2언어 습득 및 외국어 교육에 대한 연구가 최근 몇 년간 신속히 발전되었다. 검색된 논문 가운데 은유와 외국어 교육 연구는 은유 능력 테스트 면에 존재하는 타당성 부족, 기준 혼란 등 여러 문제에 대하여 해석 방안을 제의했으며 은유 능력과 언어 수준의 상관성에 대한 실증 연구 및 어휘, 독해, 그리고 교육 현장에서 이러한 실증 연구의 응용 등 문제에 관심을 가졌다. 그 외, 어휘나 독해 교육에 있어서 개념적 은유나 환유의 실행 가능성과 유효성을 탐색하는 것은 외국어 교육에 새로운 시사점을 제공하였다. 도식과 교육 연구는 주로 인지심리학의 관점에서 듣기 수업에서 도식 이론의 응용, 도식 이론이 듣기 과정에 끼치는 영향, 그리고 도식 이론으로 인해 제기된 듣기 책략과 한계성 문제를 논의하였다. 영어의 읽기, 쓰기 및 외국 문학 수업에서 도식 이론의 응용도 날로 학자들의 주목을 받고 있다. 이론 연구는 실증 연구 성과를 통해 검증하거나 인지언어학 이론이나 가설의 진위를 검증하는 것 외에, 대부분이 제2언어습득이나 교육에 대한 교육 원칙, 언어 입력, 어휘적 접근법, 교사 요인, 모국어 전이 등의 계발성 역할에 관심을 가졌으며 제2언어습득의 인지 기초 및 과정, 교육 방식 등도 학자들의 관심사가 된다.

2.3. 한계점

인지언어학은 아직 많은 해결하지 못하는 문제를 탐구하는 중이라 성숙한 학문이라고 부를 수 없지만 중국에 도입된 이래로 지금까지 커다란 성장을 하였고 또한 풍부한 성과를 거둔 것도 사실이다. 그러나 국외 인지언어학 연구에 비해 피할 수 없는 여러 문제점을 안고 있다.

2.3.1. 연구 내용

이론에 대한 소개와 도입을 중요시하지만 이론에 대한 혁신이 부족하다.

우선, 국내 인지언어학의 연구 성과를 보면 국외 인지언어학 이론을 소개하는 연구가 애초부터 상당히 많았고 지금까지도 비슷한 논문과 저서가 끊임없이 나타나고 있다. 이러한 연구들은 국내 학자들에게 국외 인지언어학의 이론과 기본 개념들을 파악하게 하는 데 많은 도움을 주었지만 대부분은 기존 인지언어학 이론에 대한 중복이고 이러한 이론들을 뛰어넘는 관점이 거의 없으며 새로운 이론을 제기하는 것은 더 말할 나위도 없다. 각종 학술지에서 발표된 관련 논문 가운데 서평과 개설이 큰 비중을 차지하고 있으며 많은 논문들이 기본적인 개념에 대한 소개일 뿐이다. 『馬氏文通』이 나타난 이래로, 국내의 언어학 연구는 대부분이 외국 이론을 빌려 썼다는 것을 크게 비난할 것이 없지만 문제의 관건은 중복 현상이 상당히 심했다. 많은 연구자들이 투기와 공리의 심리에 부추겨서 원서를 읽지 않고 단순히 2차 재료에 의존했기 때문에 이론에 대하여 깊은 이해 없이 제 멋대로 사용하는 경우가 많았다. 그 결과 수평 저하의 논문이 출판되고 연구가 표면화된다.

그 다음으로, 많은 연구들은 아직 이론적 원칙에 대한 설명에 머물러 있고 구체적인 언어 현상에 대한 해석이 비교적으로 적다. 언어 연구는 묘사와 해석을 유기적으로 결합시킬 필요가 있고 또한 억지로 하는 해석을 피해야 하는데 국내 인지언어학의 관련 연구들을 검토해 보면 중국어의 실제와 말뭉치를 활용한 체계적이고 창의적인 연구가 보기 드물다. 또한 은유와 환유, 원형 범주화, 문법화에 관한 사례 연구가 많지만 다른 영역에 있어서 뛰어난 연구 성과를 찾기 어려울 뿐만 아니라 양적으로도 상당히 적다. 따라서 중국의 인지언어학 연구는 아직 인지언어학 이론에 대한 전체적, 체계적 연구 수준이라고 볼 수 없다.

또한, 구체적인 중국어 현상에 대한 해석은 표면적이고 언어 현상 배후에 숨겨 있는 심각한 원인을 밝히지 못하고 있다. 국내 인지언어학 연구 성과에 대한 검토를 통해 국외 인지언어학 이론을 그대로 옮겨 중국어의 언어 사실을 분석하고 해석하는 연구가 대부분이었다. 이러한 성과들은 그들이 연구하는 문제에 대한 심화된 연구가 아니라 단순히 그 이론을 빌려서 표면적으로 해석만 했을 뿐이다. 따라서 이러한 성과들은 아직 일정한 이론 체계를 이루지 못하고 있다. 즉, 국내 인지언어학 연구는 외국 인지언어학 이론을 흡수하여 소화시키고 보충하여 풍부하게 해야 하는데 구체적인 언어 현상에 대한 사례 연구와 실증 연구 등에 있어서 외국에 비해 아직 큰 격차가 존재한다.

마지막으로, 거시적인 이론적 체계를 구축하는 연구가 부족하다. 인지언어학은 개별 이론에 대한 미시적인 연구와 중국어에 대한 사례 연구에서 일정한 성과를 거두었지만 중국어의 의미적 규칙, 통사적 구조 등 체계에 대한 인지적 해석은 아직 더 시간이 필요하다. 이것은 인지언어학 연구 분야에 있어서 중국어 학계와 외국어 학계의 교류와 통합이 필요함을 의미한다. 이렇게 해야 인지언어학의 공통성 연구에 아이디어와 인력을 제공하는 기초를 마련해 줄 수 있고 또한 중국어 특성에 맞는 인지적 이론 체계를 형성할 수 있다.

2.3.2. 연구 범위

지금까지 국내 인지언어학의 연구 성과에 대한 조사를 한 결과 인지의 내포가 점점 확대되는 경향을 보인다. 인지언어학의 정의에 대하여 넓은 의미와 좁은 의미로 나누어지는데 인지언어학에서 말하는 '인지'는 좁은 의미로 쓰여야 한다. 그러나 인지언어학의 열풍으로 인해, 중국 학계에서 '인지'라는 말은 유행어가 된 만큼 연구자들이 툭하면 자신의 연구에 '인지'를 키워드나 제목으로 달아서 억지로 인지와 관련시킨다. 그 결과 인지언어학의 연구 범위를 모호하게 하였고 모든 연구들을 다 인지언어학의 연구 범위에 연관시키는 경향을 보인다.

2.3.3. 연구 방법

국내에서 인지언어학의 연구 범위는 넓지만 방법론은 지나치게 단조롭다. 따라서 연구 방법에 대하여 더욱 중요시하고 보완할 필요가 있다. 대부분의 연구는 내성법으로 국외 언어학의 최신 성과를 중국어 연구, 외국어 교육 그리고 번역 이론에 적용시키는 데 힘을 주었지만 연구의 심화에 따라 내성법만으로 연구자의 수요를 만족시킬 수 없다. 따라서 새로운 방법이나 기술을 인지언어학 연구에서 사용할 필요가 있다. 예컨대, 신경과학에서의 ERPs 기술, fRMI 기술을 들 수 있다. 또한 범언어적, 공시적 분석 문맥과 문화 구조에 대한 고찰, 그리고 심리언어학에서의 관찰과 실험 수단 등 방법을 결합하여 연구에 적용시키도록 할 필요가 있다. 그 외, 인지언어학의 연구 방법론이 다양해서 다른 이론과 개념과 용어의 교차와 겹침이 있는데 연구하는 과정에서 이러한 개념들과 그들의 관계를 파악한 다음에 연구를 진행하는 태도를 가질 필요가 있다.

2.3.4. 연구 인원

연구 인원은 많지만 핵심 연구자는 적은 편이다. 특히 교차 학문과 실증 연구에서 관련 배경 지식과 필요한 과학 훈련이 부족하다. 한 마디로 학제적인 연구 능력을 가진 학자는 별로 없다. 국내에서 인지언어학을 연구하는 학자들은 대부분이 언어학 전공이나 외국어 전공이 출신인데 이러한 전공은 모두 인문 분야에 속한다. 인문 분야와 이공 분야를 엄격히 구분하는 교육 제도로 인해 인문 분야의 연구자가 연구하는 내용은 거의 이공 분야와 관련시키지 않기 때문에 이공 분야의 방식과 사고로 문제를 해결하는 것도 거의 불가능하다. 또한 이러한 연구자들은 철학이나 심리학 지식이 많이 부족하다. 그러나 인지언어학은 분명히 철학, 심리학, 이공 분야 등과 관련되며, 이들 간의 학제적 연구가 필요하다. 따라서 이러한 학제적 연구를 진행할 수 있는 인재를 육성해야 한다. 이렇게 해야 다른 학과와 유기적으로 연결하지 못하는 한계점을 해결할 수 있고 특히 심리학과 컴퓨터와 결합시키는 연구를 순조롭게 전개할 수 있다.

2.3.5. 국제 학계와의 교류

지금 중국의 인지언어학 연구는 인지언어학 연구의 큰 힘이 되면서 점점 국외 인지언어학 연구 추세에 따라가고 있다. 하지만 중국 국내에서 인지언어학을 연구하는 학자들이 국외에서 가지는 영향력은 아직 한계가 있다. 그들의 성과가 해외 인지언어학 학계의 주목을 끄는 데 모자란 것이 아니라 그 주요 까닭은 많은 우수한 성과가 외국으로 알려지지 못하는 데 있다. 따라서 우리나라의 인지언어학자들은 국제 인지언어학계에 우리의 목소리를 들려주는 기회를 많이 갖기 위해 노력해야 한다.

현재 국내 인지언어학을 연구하는 학자들은 주로 언어학계나 외국어학계에 속한다. 언어학계에서 언어에 대한 이론 분석과 해석은 관련 이론을 도입해서 주로 중국어에 적용시켜 중국어를 해석하는 데 목적을 두는 것이 대부분이다. 이와 대조로 외국어학계는 이론의 응용을 중요시해서 관련 이론을 도입해서 주로 외국어 교육이나 번역 작업을 지도하는 데 목적을 두는 것이 대부분이다. 언어학계의 학자들은 대부분이 외국어에 능통하지 못하는 반면, 외국어학계의 학자들은 외국어에 능통하지만 언어학 지식이 부족하다. 이러한 상황에서 아주 소수의 연구자만 외국어와 언어학 전문 지식을 겸비하기 때문에 광범위하게 국제 협력을 전개하는 것은 단기간에는 불가능한 일이다. 그러나 많은 학자들은 이러한 문제를 점점 인식하게 되고 국제간의 협력을 위해 자신의 외국어 수준과 언어학 전문 소양을 향상시키도록 노력하고 있다. 2011년 7월에 인지언어학 국제학술대회가 서안에서 개최되면서 중국의 인지언어학

연구가 국제 인지언어학 연구의 일부분이 되었다. 최근 몇 년 동안 각종 인지언어학 학술대회가 개최되면서 중국의 학자들은 세계적으로 인정받는 인지언어학자들의 초청 강연을 들을 수 있게 되었다. 하지만 초청 강연에 비해 초청받는 강연이 적다. 인지언어학의 국제 교류가 상호 작용의 과정이므로 우리나라의 학자들도 외국에 나가서 자기 연구 성과와 목소리를 알려야 한다.

요컨대, 중국에서 인지언어학은 강한 생명력과 활력을 가지고 빠른 성장을 하고 있지만 아직 많은 문제점을 안고 있다. 게다가 중국어와 영어의 차이로 영어에 대한 연구를 기반으로 한 인지언어학을 중국어에 적용시켜 개량하는 길은 아직 멀다. 따라서 국외 인지언어학 이론을 도입하는 동시에 우리는 이런 이론들을 잘 파악하고 연구 분야를 넓히며 연구를 심화하여 실증적인 연구를 진행해 나가야 한다.

3. 중국 인지언어학의 미래

이 장에서는 중국 인지언어학의 연구에 있어서 유의할 점과 과제를 중심으로 앞으로의 전망을 모색해 보기로 한다.

3.1. 유의할 점

전환생성 학파가 구조주의 학파를 대치해서 20세기 언어학 주류 학파가 되듯이 인지언어학 학파도 결국 전환생성 학파를 대치하여 21세기의 언어학 주류 학파가 될 것이다. 그러나 이것은 구조주의 언어학과 전환생성 언어학이 한물갔다는 것이 아니라 이들은 서로 보충하고 상호 촉진의 관계며 후자는 전자의 계승이다. 沈家煊이 말했듯이 "국외 '인지언어학'의 창시자들이 원래 형식 언어학의 영역에서도 깊은 조예를 가졌고 형식 언어학의 한계를 일깨웠기 때문에 새로운 이론을 제기한 것이다. 만약에 우리가 형식 언어학과 구조언어학에서 관련된 지식과 훈련이 부족하면 '인지언어학'의 연구를 제대로 하지 못할 것이다." 따라서 인지언어학의 아름다운 전경을 보는 동시에 우리가 성급하게 성공을 바라지 말고 구조주의 언어학과 변형생성언어학의 전문 소양을 길러야 한다. 이래야 인지언어학의 영역에서 돌파구를 찾아서 뒤에 따라가는 국내 인지언어학 연구의 국면을 타개할 수 있다. 이는 앞으로 국내 인지언어학자들이 먼저 유의해야 하는 문제이다.

盧植(2006)에서는 국내 인지언어학 연구가 다음과 같은 몇 가지 관계를 잘 처리해야 한다고 언급하였다. 즉, 소개와 연구의 관계, 이론과 사실의 관계, 묘사와 해석의 관계, 거시적 연구와 미시적 연구의 관계이다. 국내의 인지언어학 연구 현황에 대한 분석 결과, 이러한 관계들은 앞으로 인지언어학을 연구하는 국내 학자들이 중요시하는 부분이며 또한 이러한 관계들은 긴밀하게 서로 연결되어 있다. 우리가 외국 인지언어학의 소개와 도입에 있어서 많은 작업을 하였고 지금까지도 지속되어 있다. 다음은 우리가 이론을 깨닫고 혁신하는 데 집중해야 한다. 또한 이러한 이론들을 언어 사실과 결합시켜 운용해야 한다. 그러나 이론을 운용하는 시, 언어 사실에 대한 묘사 또한 중요하다. 이는 언어 연구에서 가장 기본적인 작업이기도 한다. 인지언어학 이론으로 언어 사실을 해석하는 것은 인지언어학이 기술언어학과 다른 면이다. 각종 언어 현상에 대하여 구체적으로 분석하는 데 인지언어학 이론에 대한 거시적인 파악을 간과해서는 안 된다.

요컨대, 우리가 인지언어학을 발전시키는 동안, 인지언어학의 국제 발전 추세와 동향에 따라가야 할 뿐만 아니라 자기 자신의 조건을 끊임없이 조정해서 적당한 자세로 이러한 추세와 동향을 맞춰 나가야 한다.

3.2. 과제

인지언어학은 무한한 잠재력과 성장의 가능성을 지니고 있다. 이 점을 고려해서 장차 인지언어학의 과제를 살펴보기로 한다.

첫째, 신경의 인지 기초를 마련해야 한다. 현재 국내 인지언어학의 연구 방법은 주로 사변과 내성이다. 인지심리학과 언어학의 교차 학문으로써 그 발전은 인지심리학과 뇌 과학의 지지를 떠날 수 없다. 언어 현상을 해석하기 위해 언어 현상을 생성하고 이해하는 인지 능력을 연구해야 한다. 따라서 신경 인지언어학의 발흥은 필연한 추세이다. Lakoff는 이러한 발전 추세를 여러 번 언급하였고 본인 현재의 연구 흥미도 여기에 있다. 국내 일부 학자들도 관련 문제에 대한 실험성 연구를 하기 시작하였다.

둘째, 말뭉치를 기반으로 하는(corpus based) 인지언어학 연구를 강화할 필요가 있다. 인지언어학의 한 기본적인 가설은 사용기반적이다. Langacker (1987, 1988, 1999), Barlow & Kemmer(2000), Tomasello(2000), Croft & Cruse(2004) 등에서도 언어의 실제적인 사용에 관심을 가졌다. 최근 몇 년간, 전통적인 내성의 방법을 보충하는 말뭉치 방법 연구가 상승세를 보인다. 국제 학술지 인지언어학(*Cognitive Linguistics*)에서 말뭉치 방법으로 연구를 진행하는 논문을 검색한 결과, 5편을 제외한 나머지는 2004년 이후에 발표된 것이다. 그 외, Mouton de Gruyter 출판사에서 출판한 논문집인 *Corpus- Based Approaches to Metaphor and Metonymy*(2006)는 바로 말뭉치를 기반으로 한 은유와 환유의 연구이며 그중 12편이 말뭉치를 통해 검증되었고 심지어 내성법으로 인해 제기된 가설이나 이론을 뒤집었다.

셋째, 중국어 말뭉치를 기반으로 한 대조 연구와 유형론적 연구에 중점을 둘 필요가 있다. 외국어를 아는 연구자들은 외국어 교육과 연구에 도움을 주기 위해 세계 언어의 공통성과 특수성을 밝히는 데 노력을 기울일 필요가 있다. 沈家煊(2007)에서 외국어학계가 중국어와 외국어의 비교 연구를 권하는데 이렇게 하는 것은 하나는 언어 교육에 이바지할 수 있고 다른 하나는 언어 간의 대조를 통해 언어의 보편적인 규율을 탐구하고 표면적인 차이를 찾아서 인류 언어의 공통성을 밝히는 데 목적이 있다.

마지막으로, 학제적 연구와 실용적 연구를 강화할 필요가 있다. 인지언어학은 언어학 연구자의 시야를 넓힐 뿐만 아니라 다른 언어학 학과에 방법론을 제공하기도 했다. 인지문체론과 인지화용론은 틀이 잡히고 있으며 어느 정도의 연구 성과가 나오고 있다. 인지언어학의 발전 과정 중에 인지화용론, 인지번역학 그리고 다른 인지를 수식어로 하는 학과가 나타나는 것을 어렵지 않게 상상할 수 있다. 또한 지금까지 인지언어학은 외국어 교육, 번역, 문화 교육 등 면에서 많은 양의 저서와 논문이 나왔다. 연구의 심화에 따라 인지언어학의 응용 잠재력이 한층 더 발전될 수 있다. 인지언어학의 이론을 더 많은 관련 분야에 적용시키고 또한 언어 본질에 대한 인지언어학의 견해가 더 많은 관련 분야의 연구에 시사점을 줄 수 있다. 예컨대, 인지언어학과 비판담론 분석의 융합(張輝·江龍 2008: 12-19), 인지언어학과 화용론의 융합, 인지언어학과 유형론의 융합 등이다. 그리고 인지언어학은 번역 연구, 사전 편찬, 외국어 교육 등에 새로운 시점을 가져다 줄 수 있고 이러한 분야에 널리 응용할 수 있다.

4. 마무리

인지언어학은 언어 연구의 새로운 패러다임으로서 지난 30년 동안 비약적인 발전과 성과를 거두었다. 그동안 인지언어학은 중국에서 어떻게 발전해 왔으며 또한 앞으로 어떻게 발전할 것인가를 보여 주기 위해 이 글은 다각도적으로 인지언어학의 사업이 중국에서 거둔 성과와 갖는 한계점, 그리고 앞으로의 발전 방향을 논의하였다.

인지언어학의 매력은 언어 사실과 규율에 대한 강한 해석력과 일정한 예측성, 그리고 언어 사용자의 심리 현실성, 문화와 언어 특성에 대한 충분한 고려에 있다. 인지언어학이 중국에서 양호한 발전 전경을 보이는 것은 의미와 문맥을 언어 연구 중심으로 하는 그 연구가 중국어의 특성에 더 부합하기 때문이다. 앞으로 인지언어학 연구를 더욱 학제적, 다차원적, 다각도적으로 발전시켜 나갈 것이 기대된다.

참고문헌

임지룡(2004), "인지언어학의 현황과 전망", 『숭실어문』 20: 51-91, 숭실어문학회.

임지룡(2007), "인지의미론 연구의 현황과 전망", 『우리말연구』 21: 51-104, 우리말학회.

Croft, W. & D. A. Cruse(2004), *Cognitive Linguistics*, Cambridge: Cambridge University Press.

Diessel, H.(2008), Iconicity of sequence: A corpusbased analysis of the positioning of temporal adverbial clauses in English, *Cognitive Linguistics* 19(3): 465-490.

Evans, V.(2007), *Glossary of Cognitive Linguistics*, Edinburgh: Edinburgh University Press.

Ungerer, F. & H. J. Schmid(2001), *An Introduction to Cognitive Linguistics*, Beijing: Foreign Language Teaching and Research Press.

Geeraerts, D. & H. Cuyckens(eds.)(2007), *The Oxford Handbook of Cognitive Linguistics*, Oxford: Oxford University Press.

Goldberg A.(1995), A *Construction Grammar Approach to Argument Structure*, Chicago: The University of Chicago Press.

Hamawand, Z.(2016), *Semantics: A Cognitive Account of Linguistic Meaning*, Sheffield, U.K.: Equinox Publishing Ltd. (임지룡 · 윤희수 옮김(2017), 『의미론: 언어 의미의 인지적 설명』, 한국문화사.)

Hamilton, C. A.(2004), Review on Metaphor inCognitive Linguistics, *Cognitive Linguistics* 15(1): 104-112.

Hopper, P. J. & E. C. Traugott(1993), *Grammaticalization*, Cambridge: Cambridge University Press.

Kövecses, Z.(2017), Levels of metaphor, *Cognitive Linguistics* 28(2): 321-347.

Lakoff, G. & M. Johnson(1980), *Metaphors We Live By*, Chicago: The University of Chicago Press.

Lakoff, G.(1987), *Women, Fire, and Dangerous Things: What Categories Reveal about the Mind*, Chicago: The University of Chicago Press.

Lemmens, M.(2016), Cognitive semantics, in N. Riemer(ed.), *The Routledge*

Handbook of Semantics, 90-105, London/New York: Routledge.

Stefanowitsch, A. & S. Th. Gries(eds.).(2006), *Corpus-Based Approaches to Metaphor and Metonymy*, Berlin/New York: Mouton de Gruyter.

蔡宝來·張詩雅(2012), "我國認知語言學研究: 理論進展, 實踐創新及未來走向",『周口師范學院學報』29(1): 11-17.

蔡輝·孫莹·張輝(2013), "浮現中的熟語性: '程度副詞+名詞'构式的E1/P研究--熟語表征和理解的認知研究之十",『解放軍外國語學院學報』36(1): 1-7.

蔡金亭·朱立霞(2010), "認知語言學角度的二語習得研究: 觀点, 現狀与展望",『外語研究』119(1): 1-7.

陳傳顯(2012), "國內認知語言學研究方法: 調查与分析",『海南广播電視大學學報』46(1): 26-34.

黃洁(2012), "國外認知語言學研究的最新動態",『現代外語』(1): 87-94.

韓大偉·王娜(2011), "基于認知神經理論和實驗手段的隱喻研究進路",『外語電化教學』139(5): 33-37.

江桂英·李恒(2011), "概念隱喻研究在神經科學中的新進展--以心理現實性問題爲例",『外語教學与研究』43(6): 934-941.

李福印(2005), "思想的'形狀': 關于体驗性的實証研究",『外語教學与研究』(1): 44-49.

梁燕華·王小平(2014), "中國認知語言學(2004-2013)研究綜述--基于15种外語類核心期刊的統計分析",『昆明理工大學學報(社會科學版)』14(6): 103-108.

羅一麗·張輝(2018), "認知語言學在中國: 回顧, 現狀与展望--第十屆中國認知語言學研討會綜述",『外國語』41(1): 96-97.

劉麗虹·張積家(2009), "時間的空間隱喻對漢語母語者時間認知的影響",『外語教學与研究』41(4): 266-271.

劉文宇·張勖茹(2013), "語境對隱喻理解影響研究文獻的可視化分析",『外語研究』140(4): 17-26.

劉正光·孫一弦(2013), "'下來', '下去'作補語時的句法語義限制及其認知解釋--一項基于語料庫的研究",『外語學刊』170(1): 60-64.

沈家煊(1994), "語法化研究綜觀",『外語教學与研究』26(4): 17-24.

沈家煊(1999), "'轉指'和'轉喻'",『当代語言學』86(1): 3-15.

沈家煊(1999),『不對称和標記論』, 南昌: 江西教育出版社.

沈家煊(2000), "句式和配价",『中國語文』277(4): 291-297.

沈家煊(2000), "說'偸'和'搶'", 『外語教學与研究』 32(1): 19-24.

沈家煊(2001), "語言的'主觀性'和'主觀化'", 『外語教學与研究』 33(4): 268-275.

沈家煊(1998), "語用法的語法化", 『福建外語』 56(2): 1-14.

沈家煊(2002), "'有界'和'无界'", 『著名中年語言學家自選集 · 沈家煊卷』, 合肥: 安徽教育出版社, 163-190.

沈家煊(2003), "夏句三域'行, 知, 言'", 『中國語文』 294(3): 483-493.

沈家煊(2004), "人工智能中的'聯結主義'和語法理論", 『外國語』 151(3): 2-10.

沈家煊(2004), "說'不過'", 『清華大學學報』 19(5): 30-61.

沈家煊(2000), "認知語法的槪括性", 『外語教學与研究』 32(1): 29-33.

沈家煊(2008), 『認知語言學系列叢書序』, 上海: 上海外語教育出版社.

石毓智 · 李訥(1998), "漢語發展史上結構助詞的興替--論'的'的語法化歷程, 『中國社會科學』 108(6): 165-179.

石毓智 · 李訥(2000), "十五世紀前后的句法變化与現代漢語否定標記系統的形成--否定標記'沒(有)'産生的句法背景及其語法化過程", 『語言研究』 39(2): 39-62.

石毓智(2000), 『語法的認知語義基础』, 南昌: 江西教育出版社.

石毓智(2001), 『語法的形式和理据』, 南昌: 江西教育出版社.

石毓智(2002), "量詞, 指示代詞和結构助詞的關系", 『方言』 94(2): 117-126.

石毓智(2004a), "認知語言學的'功'与'過'", 『外國語』 150(2): 21-33.

石毓智(2004b), 『漢語研究的類型學視野』, 南昌: 江西教育出版社.

石毓智(2004c), "兼表被動和處置的'給'的語法化", 『世界漢語教學』 51(3): 15-26.

石毓智(2005), "被動式標記語法化的認知基础". 『民族語文』 153(3): 14-22.

師琳(2011), "從認知語言學角度看强勢文化對翻譯的影響", 『外語教學』 32(6): 109-112.

束定芳(1996), "試論現代隱喩學的研究目標, 方法和任務", 『外國語』 102(2): 9-16.

束定芳(2000), 『隱喩學研究』, 上海: 上海外語教育出版社.

束定芳(2009), "中國認知語言學二十年-回顧与反思", 『現代外語』 32(3): 249-256.

束定芳(2013), "認知語言學研究方法, 研究現狀, 目標与內容", 『西華大學學報哲學(社會科學版)』 32(3): 52-56.

孫毅(2013), "基于語義域的隱喻甄別技術初探--以Wmatrix語料庫工具爲例", 『解放軍外國語學院學報』 36(4): 10-16.

唐樹華・田臻(2012), "認知語言學的兩个承諾及其發展趨勢", 『外語學刊』 166(3): 62-66.

汪泳(2008), "≪認知語言學与翻譯詩學≫ 簡評", 『外語研究』 110(4): 110-111.

汪少華・王鵬(2011), "歇后語的概念整合分析", 『外語研究』 128(4): 40-44.

王朝暉・魏華・杜玮・戴林紅(2009), "認知語言學在中國13年的發展歷程", 『重慶工學院學報(社會科學)』 23(5): 147-149.

王福祥・劉潤淸(1995), "我國語言學研究現狀和發展趨勢", 『外語教學与研究』 27(3): 1-5.

王改燕(2012), "認知語言學框架下的詞匯理据解析与二語詞匯教學", 『外語教學』 36(6): 54-57.

王文斌(2006), "受喻者的主体性与主体自洽", 『外國語』 166(6): 34-39.

王寅(2002), "認知語言學的哲學基礎: 体驗哲學", 『外語教學与研究』 34(2): 82-89.

王寅(2003), "体驗哲學和認知語言學對句法成因的解釋", 『外語學刊』 112(1): 20-25.

王寅(2004a), "体驗哲學和認知語言學對詞匯和詞法成因的解釋", 『外語學刊』 117(2): 1-6.

王寅(2004b), "中西學者對体驗哲學的論述對比初探", 『外語与外語教學』 187(10): 35-40.

王寅(2004c), "認知語言學之我見", 『解放軍外國語學院學報』 27(5): 1-5.

王寅(2005a), "語言的体驗性--從体驗哲學和認知語言學看語言体驗觀", 『外語教學与研究』 37(1): 37-43.

王寅(2005b), "再論語言的体驗性", 『山東外語教學』 105(2): 3-8.

王寅(2005c), "認知參照点原則与語篇連貫--認知語言學与語篇分析", 『中國外語』 7(5): 17-22.

王寅(2006a), "解讀語言形成的認知過程--七論語言的体驗性: 詳解語言的体驗認知過程", 『四川外語學院學報』 22(6): 53-59.

王寅(2006b), "認知語言學与語篇連貫研究--八論語言的体驗性: 語篇連貫的認知基础", 『外語研究』 100(6): 6-12.

王寅(2006c), "認知語言學研究動態", 『中國外語』 11(3): 10.

王寅(2007a), "'As X As Y构造'的認知研究--十論語言的体験性",『解放軍外國語學院學報』30(4): 7-13.

王寅(2007b), "漢語'動名构造'与英語'VN构造'的對比——一項基于語料庫'吃/eat构造'的對比研究",『外語教學』28(2): 1-6.

王寅(2007c),『認知語言學』, 上海: 上海外語教育出版社.

魏在江(2006), "隱喩的語篇功能--兼論語篇分析与認知語言學的界面研究",『外語教學』27(9): 10-14.

魏在江(2008), "認知參照点与語用預設",『外語學刊』142(3): 93-97.

文旭(1998), "≪語法化≫ 簡介",『当代語言學』, 試刊(3): 47-48.

文旭(1999), "國外認知語言學研究綜觀",『外國語』119(1): 34-40.

文旭・江曉紅(2001), "范疇化: 語言中的認知",『外語教學』22(4): 15-18.

文旭(2002), "認知語言學的研究目標, 原則和方法",『外語教學与研究』34(2): 90-97.

吳波(2008), "認知語言學的翻譯觀及其對翻譯能力培養的啓示",『四川外語學院學報』24(1): 56-60.

吳金華・朱小美(2013), "國內認知語言學研究論文的文獻計量分析",『哈爾濱大學學報』34(9): 77-81.

吳世雄・陳維振(2004), "范疇理論的發展及其對認知語言學的貢獻",『外國語』152(4): 34-40.

席留生(2006), "認知語法和索緒爾語言學思想的連通性",『山東外語教學』115(6): 26-31.

席留生(2007), "認知語言學在中國的研究現狀和展望",『溫州大學學報』20(2): 79-85.

辛斌(2007), "批評語篇分析的社會和認知取向",『外語研究』106(6): 19-24.

熊學亮(1999),『認知語用學槪論』, 上海: 上海外語教育出版社.

熊學亮・王志軍(2001), "英漢被動句的認知對比分析",『外語學刊』106(3): 1-6.

徐盛桓(1998), "疑問句的語用性嬗變",『外語教學与研究』30(4): 27-34.

徐盛桓(2002), "常規關系与認知化--再論常規關系",『外國語』137(1): 6-16.

徐盛桓(2003), "常規關系和句式結构研究",『外國語』144(2): 8-16.

徐盛桓(2005), "結构和邊界--英語謂補句語法化研究",『外國語』155(1): 14-22.

徐盛桓(2006a), "常規關系与'格賴斯循环'的消解",『外語教學与研究』38(3): 163-170.

徐盛桓(2006b), "'成都小吃團'的認知解讀", 『外國語』 162(2): 18-24.

徐盛桓(2006c), "相鄰和補足--成語形成的認知研究之一", 『四川外語學院學報』 22(2): 107-111.

徐盛桓(2007), "基于模型的語用推理", 『外國語』 169(3): 2-9.

徐盛桓(2008), "轉喻与分類邏輯", 『外語教學与研究』 40(2): 93-99.

許余龍(2002), "語篇回指的認知語言學探索", 『外國語』 137(1): 28-36.

向仍東・劉琦등(2009), "國內新世紀認知語言學研究趨勢与特点--基于8种外語期刊的調査", 『湖南医科大學學報(社會科學版)』 11(5): 201-204.

楊烈祥(2007), "二語習得研究: 從普遍語法到認知處理", 『外語与外語教學』 221(8): 27-30.

袁毓林(1994), "一价名詞的認知研究", 『中國語文』 241(4): 241-253.

袁毓林(1995), "詞類范疇的家族相似性", 『中國社會科學』 91(1): 154-170.

袁毓林(1998), 『語言的認知研究和計算分析』, 北京: 北京大學出版社.

俞建梁・黃和斌(2006), "國內認知語言學研究述評", 『英語演講』 4(2): 1-7.

張敏(1998), 『認知語言學与漢語名詞短語』, 北京: 北京社會科學出版社.

張輝(2003), 『熟語及其理解的認知語義學研究』, 軍事誼文出版社.

張輝・蔡輝(2005), "認知語言學与關聯理論的互補性", 『外國語』 157(3): 14-21.

張輝・宋偉(2004), "ERP与語言研究", 『外語電化教學』 100(6): 38-68.

張伯江(1999), "現代漢語的双及物結构式", 『中國語文』 270(3): 175-184.

張玮(2012), "認知隱喻謀篇机制的再思考--兼談漢英隱喻篇內映射方式的差异", 『上海外國語大學學報』 35(4): 52-60.

趙秀鳳(2011), "概念隱喻研究的新發展--多模態隱喻研究--兼評 Foreeville & Urios Aparisi ≪多模態隱喻≫", 『外語研究』 125(1): 1-10.

趙艷芳(2000), "認知語言學的理論基础及形成過程", 『外國語』 125(1): 29-36.

趙艷芳(2001), 『認知語言學概論』, 上海: 上海外語教育出版社.

朱紅玉(2011), "中國認知語言學研究20年", 『北京理工大學學報(社會科學版)』 27(2): 76-78.

일본의 인지언어학

요시모토 하지메(吉本一)[*]

1. 들머리

이 글은 일본의 인지언어학 탐구의 현황을 살피고 앞으로의 과제를 전망해 보는 것이다. 인지언어학이 영어권에서 탄생하고 발전하고 있으므로 물론 영어권의 연구 동향을 당연히 알아야 하지만, 지리적으로나 언어적으로 가까운 일본에서 이루어진 연구를 살피면 한국어 연구에도 도움이 되리라 믿는다.

본론으로 들어가기 전에 연구 대상을 명시해 둔다. '일본의 인지언어학 탐구'란 일본에서 발표된 연구를 가리킨다. 조금 더 부연 설명을 한다. 첫째, 일본인(일본어 모어 화자) 연구자가 다른 나라에서 발표한 연구는 포함하지 않는다. 예를 들어, 필자(요시모토)가 한국에서 발표한 연구는 포함하지 않는다. 일본인 연구자가 펴낸 책으로서 Masa-aki Yamanashi(ed.)(2016). *Cognitive Linguistics*(Five Volume Set)와 같은 중요하고 큰 성과도 있으나 같은 이유로 포함하지 않는다. 둘째, 어떤 연구자가 일본 이외의 나라에서 일

---

[*] 도카이대학(東海大學) 국제교육센터 교수, yosimoto@hanmail.net

본어로 발표한 연구도 포함하지 않는다. 예를 들어, 일본인(일본어 모어 화자) 연구자나 일본어 전공자가 한국에서 일본어로 발표한 연구도 포함하지 않는 다. 셋째, 외국인(일본어 모어 화자가 아닌 사람)이 일본에서 발표한 연구는 포함한다. 예를 들어, 한국인(한국어 모어 화자) 연구자가 일본에서 발표한 연구는 포함한다. 즉, 연구자의 국적이나 연구의 사용 언어가 아니라 연구가 발표된 지역에 따라 결정한다는 뜻이다.

일본에서는 인지언어학 연구가 활발하게 이루어지고 있다. 일본인지언어학 회는 2000년에 설립되었는데 지금은 회원 수가 1,000명을 훨씬 넘는 거대한 학회가 되었다. 언어학 이외의 전공자가 많고 젊은 연구자가 많은 것이 특징 이다.

1,000명 이상의 회원들과 기타 연구자들이 여러 형태로 연구 성과를 발표 하고 있으니 그 방대한 연구를 모두 다룰 수는 없다. 따라서 조금 더 범위를 한정하기로 한다. 첫째, 서적만 다루고 논문은 제외한다. 예를 들어, 일본인지 언어학회에서 발간되는 『일본인지언어학회 논문집(日本認知言語學會論文 集)』, 『인지언어학 연구(認知言語學研究)』를 비롯하여 『인지언어학 논고(認 知言語學論考)』, 『은유 연구(メタファー研究)』 등 인지언어학과 직접 관련 된 논문집뿐만 아니라 각 대학 등에서 나오는 논문집과 각종 잡지에도 인지언 어학 연구가 실려 있는데, 그 모든 연구를 파악하여 섭렵할 수도 없고 소개할 수도 없다. 둘째, 일본어로 발표된 연구만 다루고 다른 언어로 발표된 연구는 제외한다. 예를 들어, *Hituzi Linguistics in English* 시리즈처럼 일본에서 영어 로 나온 책들도 있는데, 영어로 써진 책은 굳이 여기서 소개하지 않아도 쉽게 검색할 수 있고 읽을 수 있을 것이다. 셋째, 처음부터 일본어로 쓰인 책만 다루고 번역서는 제외한다. 예를 들어, Langacker, Lakoff, Fauconnier 등의 저서들은 일본어로 번역·출판되고 있으며, 넓은 의미에서는 이러한 번역도 일본에서 이루어진 연구라고 할 수 있으나, 역시 굳이 여기서 다루지 않아도 될 것이다.

정리하면 이 글에서 다루는 대상은 일본에서 일본어로 공간된 인지언어학 관련 서적이다. 이렇게 한정하더라도 상당히 많은 책들을 다루어야 하므로 그중 일부만 간략하게 소개하기로 한다. 관심이 있으신 분은 각 저서를 보시기 바란다.

2. 일본의 인지언어학 탐구의 현황

아래에서는 지금까지 일본에서 출판된 인지언어학 관련 서적을 사전·총서·단행본으로 나누어 그 내용을 소개할 것이다. 그중에서 사전과 총서는 일본을 대표하는 여러 학자들이 참여해서 만든 것이어서 일본의 인지언어학 탐구 수준을 아는 데 크게 도움이 될 것이므로 비교적 자세히 살펴보고, 기타 단행본에 대해서는 모두 언급할 수 없으므로 특색이 있는 몇 가지만 골라서 살펴본다.

2.1. 사전

여기에서 다루는 '사전'은 책 전체가 인지언어학에 관해서 기술된 사전이다. 예를 들어, 인지과학 사전이나 인지심리학 사전 등도 나와 있으며 그러한 사전에서도 인지언어학 관련 기사가 실려 있지만, 여기에서 다루지는 않는다.

일본에서는 인지언어학이 활발하게 연구되고 있는 만큼 알차고 잘 정리된 사전들이 나와 있다.

쓰지 유키오[辻 幸夫] 편 『말의 인지과학 사전[ことばの認知科學事典]』은 인지과학 중에서 언어와 관련된 내용에 초점을 맞추어 제작된 사전이다. 그 내용은 너무나 광범위하나 500여 쪽에 비교적 간결하게 기술되어 있다. 집필자는 34명이고, 언어학 전공자뿐 아니라 인지과학, 복잡계 과학, 심리학, 인류학, 철학 등 다양한 학자들이다. 사전의 구성은, 제1장 언어와 인식, 제2장 인지와 언어의 기반, 제3장 언어의 이론, 제4장 언어와 인지의 발달, 제5장

언어의 산출과 이해, 제6장 언어와 사고, 제7장 언어와 기억, 제8장 사회·문화로부터 본 언어와 인지, 제9장 언어와 인지의 모형, 제10장 인지의 이론으로 되어 있다. 인지언어학 전공자에게는 필수적인 사전이라 하겠다.

이 사전은 한국어판 임지룡 외 옮김『언어의 인지과학 사전』이 나와 있다. 한국어판은 700여 쪽에 이르는 두꺼운 책이 되었다. 한국어로 옮기는 과정에서 편자와 각 집필자의 도움을 많이 받았다. 번역자들이 정확히 이해가 안 되는 부분은 편자를 통해 각 집필자에게 질문을 하였으며, 그대로 한국어로 옮기면 곤란한 부분은 편자를 통해 각 집필자의 양해를 구하여 바꾸기도 하였다. 예를 들어, 제3장 제3절에서 은유·환유·제유를 '꽃[花]'이라는 단어를 가지고 설명하고 있다. 그중 제유의 사례는 '花見'이다. 그대로 한국어로 옮기면 '꽃구경' 또는 '꽃놀이'가 된다. 일본어 '花見'는 벚꽃 구경을 가리키기 때문에 제유의 사례로서 적당하다. 한편 한국어 '꽃구경'/'꽃놀이'는 특정한 꽃에 한정되지 않기 때문에 제유의 사례가 되기 어렵다. 그래서 한국어판에서는 '꽃 부침개(화전)'라는 사례로 바꾸었다. '꽃 부침개(화전)'라고 할 때 '꽃'은 한 가지로 한정되지 않지만 진달래·개나리·국화 등 일부 꽃에 한정되기 때문에 제유의 사례가 될 수 있다. 또 원서에서는 핵심어가 일본어와 영어로 적힌 경우와 일본어만으로 적힌 경우가 있었는데 역시 편자를 통해 각 집필자의 양해를 구하여 영어를 병기하기로 하였다.

쓰지 유키오[辻 幸夫] 편『인지언어학 키워드 사전[認知言語學キーワード事典]』은 인지언어학의 핵심어를 쉽게 설명한 사전이다. 약 230개 핵심어에 대해서 기본적으로는 항목당 1쪽, 특별히 중요한 항목은 2-3쪽 분량으로 설명하였다. 그러한 편집 방침 덕분에 내용에 비하여 아담하게 꾸며져 있다. 본문 부분이 260쪽, 색인 등을 합쳐도 300여 쪽에 불과하다. 집필자는 7명이고 모두 언어학 전공자들이다. 인지언어학의 주요 개념은 이 사전만으로도 파악할 수 있으며 인지언어학을 공부하다가 잘 모르는 용어가 나오면 이 사전으로 확인할 수 있다. 인지언어학을 배우려면 반드시 가지고 있어야 할 책이다.

이 사전도 한국어판 임지룡 외 옮김 『인지언어학 키워드 사전』이 나와 있다. 한국어판은 일본어판보다 판형이 크지만 기본적으로 항목당 1쪽이라는 원칙은 유지하였으며 내용에 비하면 아담하게 꾸며졌다고 할 수 있다. 이 사전을 한국어로 옮기는 과정에서도 편자와 각 집필자의 도움을 많이 받았다. 번역자들이 정확히 이해가 안 되는 부분은 편자를 통해 각 집필자에게 질문을 하였으며, 그대로 한국어로 옮기면 곤란한 부분은 편자를 통해 각 집필자의 양해를 구하여 바꾸기도 하였다. 예를 들어, 원서에서는 'ゆらぎ(fluctuation)'라는 항목에서 각 품사에도 비교적 안정된 중심부와 불안정한 주변부가 있다고 논하면서 일본어 동사 '違う(다르다)'가 '違かった(달랐다)'처럼 형용사적인 활용을 하거나 일본어 형용사 '欲しい(갖고 싶다)'가 '-を欲しい(-을/를 갖고 싶다)'처럼 대격 보어를 취하는 사례를 예로 들었다. 그런데 이러한 기술을 제대로 이해하려면 일본어에 관한 지식이 필요하다. 한국어 '다르다'는 형용사이지만 그에 상응하는 일본어 '違う'는 동사라는 사실, 동사 '違う'를 형용사적으로 활용시켜 '違かった'처럼 말하는 것은 비표준적이라는 사실, 한국어 '갖고 싶다'는 동사 뒤에 보조형용사가 결합된 형식인 한편 그에 상응하는 일본어 '欲しい'는 형용사라는 사실 등등을 알아야 이 기술을 이해할 수 있다. 이만큼 일본어에 관한 지식이 있는 사람은 굳이 한국어 번역을 읽지 말고 일본어 원서를 읽으면 된다. 그래서 한국어판의 '요동(fluctuation)'이라는 항목에서는 동사와 형용사의 중간적 성격을 가진 한국어의 사례로 바꾸어 제시하였다. 또한 일본어판에는 인지언어학 용어의 영어-일본어 대조 일람이 붙어 있는데 한국어판에는 영어-일본어-한국어 대조 일람이 붙어 있다. 그리고 일본어판은 일본어의 자모순으로 표제어가 배열되었지만 한국어판은 한국어의 자모순으로 바꾸었다.

이 사전이 나온 지 11년 뒤에 쓰지 유키오[辻 幸夫] 편 『신편 인지언어학 키워드 사전[新編 認知言語學キーワード事典]』이 나왔다. 기본적인 체재는 『인지언어학 키워드 사전[認知言語學キーワード事典]』을 답습했으나 완전히 다른 책이라고 할 정도로 내용이 달라졌다. 큰 변화는 다음과 같다.

첫째, 해설된 핵심어 수가 약 230개에서 약 330개로 1.5배 가까이 늘었다. 둘째, 집필자가 7명에서 15명으로 2배 이상이 되었으며 전공 분야도 언어학뿐 아니라 인지과학·심리학 등 다양해졌다. 셋째, 참고 문헌도 2배로 늘었으며 인지언어학을 배우는 사람을 위한 기본 문헌 안내가 따로 추가되었다. 넷째, 내용이 많이 추가된 만큼 분량도 늘어 500쪽 가까운 사전이 되었다. 이 사전은 아직 한국어판을 내지 못하였다.

쓰지 유키오[辻 幸夫] 편『인지언어학 대사전[認知言語學大事典]』이 가까운 시일 안에 발간될 예정이다. 이 사전은 일본인지언어학회 창립 20주년과 국제인지언어학회 일본 개최를 기념하여 펴내는 것으로, 인지언어학의 최신 이론과 관련 연구 영역에 대하여 알기 쉽게 해설하는 것이다. 아직 발간되지 않았지만 다행히 편자분으로부터 간행 기획서 등의 정보를 얻을 수 있었다. 대략 다음과 같이 될 예정이다. 사전의 구성은, 서장(序章) 인지언어학의 개관과 전망, 제1장 총론, 제2장 이론적인 틀, 제3장 주요 개념, 제4장 이론적 문제, 제5장 학제 영역으로 되어 있다. 집필자는 100여 명에 이르고 다루는 내용도 위에서 소개한 사전들보다 훨씬 방대하며 600-700쪽 분량이 된다고 한다. 인지언어학 연구의 집대성이라 할 만하고, 인지언어학을 깊이 이해하려면 반드시 읽어야 할 책이 될 것이다. 늦어도 2020년 3월까지는 발간할 수 있을 것으로 보인다.

이 사전에 오쓰키 미노루[大月 實] "유럽·미국·일본에서의 인지언어학[歐米日における 認知言語學]"이라는 글이 실린다. 앞에서 개별 논문은 다루지 않기로 한다고 하였으나, 이 글은 이번 연구와 관련이 깊으므로, 편자와 집필자의 양해를 구하여 초고를 입수해서 참고하였다. 이 글에 따르면, 인지언어학이 미국에서 탄생·발달한 것처럼 알려져 있으나 인지언어학이 탄생하기보다 훨씬 이전부터 유럽 및 일본에는 인지언어학과 상통하는 언어관이 자리잡고 있었기 때문에 인지언어학을 쉽게 받아들이고 크게 발전시킬 수 있었다고 한다. 세계 각국에서 이루어진 인지언어학적 연구 동향을 알려면 읽어야 할 글이라 하겠다.

2.2. 총서

여기에서 다루는 '총서'는 한 질 전체가 인지언어학과 관련된 기획 출판물이다. 예를 들어, 언어학·인지과학·인지심리학 등의 기획 총서나 출판사별 총서의 일부로 인지언어학 관련 책이 들어가는 경우도 있지만, 2.3에서 다루거나 참고 문헌에만 올리기로 한다.

이케가미 요시히코[池上 嘉彦] 외 감수『시리즈 인지언어학 입문[シリーズ 認知言語學入門]』은 인지언어학 입문 총서이다. 전체적 구성은, 제1권 쓰지 유키오[辻 幸夫] 편『인지언어학으로의 초대[認知言語學への招待]』, 제2권 요시무라 기미히로[吉村 公宏] 편『인지 음운·형태론[認知音韻·形態論]』, 제3권 마쓰모토 요[松本 曜] 편『인지의미론[認知意味論]』, 제4권 니시무라 요시키[西村 義樹] 편『인지문법론 I [認知文法論 I]』, 제5권 나카무라 요시히사[中村 芳久] 편『인지문법론 II [認知文法論 II]』, 제6권 오호리 도시오[大堀 壽夫] 편『인지 의사소통론[認知コミュニケーション論]』이다. 2003년에 발간되기 시작하고 2018년에 완간되었으니, 약 15년에 걸쳐서 나온 것이다.

제1권은 인지언어학의 기본적 사고방식과 방법론 등을 다루었으며 전체적 조감도에 해당한다. 이 책에는 "인지언어학의 윤곽", "인지언어학의 역사적·이론적 배경", "인지언어학의 기본적인 사고방식", "개념 형성과 비유적 사고", "인지로부터 본 언어의 구조와 기능", "인지언어학의 주변 영역" 등이 실려 있다.

제2권은 인지언어학에서 비교적 미개척 분야라 할 수 있는 인지음운론, 인지형태론, 인지어휘론을 다루었으며 진취적 시도를 담고 있다. 이 책에는 "인지음운론", "인지형태론", "인지 음운·형태론과 연결주의", "인지어휘론", "인지어휘론과 구문의 습득" 등이 실려 있다.

제3권은 인지언어학에서 중심적인 위치를 차지하는 인지의미론을 다루었다. 이 책에는 "인지의미론이란 무엇인가?", "단어의 의미", "의미의 확장",

"다의성", "은유 표현의 의미와 개념화", "의미의 보편성과 상대성" 등이 실려 있다.

제4권과 제5권은 인지언어학에서 비중 있게 연구되어 온 인지문법론을 다루었다. 제4권에는 다양한 인지문법 연구가 수록되었으며 "인지언어학의 문법 연구", "명사의 인지문법론", "문법 속의 환유", "인지문법과 격", "사물과 일의 인지문법론", "영어의 정도 비교, 정도 수식 표현의 인지문법" 등이 실려 있다. 제5권에는 구문과 관련된 인지문법 연구가 수록되었으며 "주관성의 언어학: 주관성과 문법구조ㆍ구문", "행위연쇄와 구문 I", "행위연쇄와 구문 II: 결과구문", "행위연쇄와 구문 III: 재귀중간구문", "타동성과 구문 I: 원형, 확장, 도식", "타동성과 구문 II: 태와 타동성", "담화와 인지" 등이 실려 있다. 제6권은 화용론보다 더 넓은 범위에 걸쳐 의사소통과 관련된 주제들을 인지언어학적인 관점에서 분석한 것이다. 이 책에는 "인지와 의사소통", "지시어의 이해: 영어의 it과 that", "상ㆍ시제ㆍ법", "절(節)을 넘어서: 사고를 자아내는 정보 구조", "수사(修辭)의 화용론" 등이 실려 있다.

야마나시 마사아키[山梨 正明] 편『강좌 인지언어학의 프런티어[講座 認知言語學のフロンティア]』는 인지언어학의 최첨단 연구를 소개하는 총서이다. 전체적 구성은, 제1권 우에하라 사토시[上原 聰]ㆍ구마시로 후미코[熊代 文子]『음운ㆍ형태의 메커니즘[音韻ㆍ形態のメカニズム]』, 제2권 오다니 마사노리[尾谷 昌則]ㆍ니에다 미쓰코[二枝 美津子]『구문망과 문법[構文ネットワークと文法]』, 제3권 후카다 지에[深田 智]ㆍ나카모토 고이치로[仲本 康一郎]『개념화와 의미의 세계[概念化と意味の世界]』, 제4권 사키타 도모코[崎田 智子]ㆍ오카모토 마사시[岡本 雅史]『언어운용의 다이너미즘[言語運用のダイナミズム]』, 제5권 호리에 가오루[堀江 薰]ㆍ프라샨트 파르데쉬[プラシャントㆍパルデシ]『어어의 타이폴로지[言語のタイポロジー]』, 제6권 고다마 가즈히로[兒玉 一宏]ㆍ노자와 하지메[野澤 元](2009)『언어 습득과 용법의존 모형[言語習得と用法基盤モデル]』이다.

제1권은 인지언어학에서 여전히 미개척 분야로 머물러 있는 음운론과 형태론을 다루었다. 이 책은, 인지음운론, 음운론에 대한 망적인 접근방식, 음운론에 대한 비환원주의적 접근방식, 인지 어형성론, 인지형태론, 총괄과 전망으로 되어 있다.

제2권은 연구가 심화되어 온 인지문법의 최첨단 내용을 다루었다. 이 책은, 전통문법에서 구문문법까지의 역사적 전개, 인지언어학과 구문문법, 태와 구문, 격과 구문, 화용론적 관점에서 본 구문의 확장, 일반적 전망으로 되어 있다.

제3권은 인지언어학의 핵심 분야인 인지의미론을 중심으로 관련 분야(뇌과학, 생태심리학, 발달심리학, 사회문화심리학 등)의 연구 성과도 소개하였다. 이 책은, 인지언어학과 의미론의 역사적 전개, 인지의미론의 기본적 개념, 언어의 창조성과 의미 확장, 인지의미론의 새로운 전개, 일반적 전망으로 되어 있다.

제4권은 새로운 연구 영역인 인지화용론의 접근 방식을 통하여 담화·텍스트, 언어운용, 의사소통의 문제를 밝히려고 한 것이다. 이 책은, 인지화용론, 인지와 담화·정보, 인지와 대화·문법, 인지화용론에서 본 언어 이해의 여러 측면, 수사학이 밝히는 인지와 의사소통의 상호 관계, 인지화용론: 총괄과 전망으로 되어 있다.

제5권은 역시 새로운 연구 영역인 인지유형론에 관하여 세계에서 처음으로 간행된 개설서이다. 이 책은, 인지유형론이란 어떠한 연구 분야인가, 인지유형론의 관점에서 본 구문의 연속성, 문법의 인지적·처리적·화용론적 기반과 문법화의 방향성, 주관성을 띤 피동구문의 사용에 따른 언어의 인지 유형, 인지유형론의 접근 방식과 어휘 항목: 기본 동사 'EAT'의 의미 확장에 보이는 언어 간의 유사점과 차이점, 인지유형론: 전망과 총괄로 되어 있다.

제6권은 인지언어학이 주장하는 용법의존 모형의 관점에서 언어 습득과 언어 진화에 관한 문제를 조명해 본 것이다. 이 책은, 인지언어학과 언어 습득, 초기 언어 발달, 구문문법과 언어 습득, 용법의존 모형과 구문의 습득, 언어 진화에 관한 인지언어학적 전망, 총괄과 일반적 전망으로 되어 있다.

세토 겐이치[瀨戶 賢一] 외『인지언어학 연습[認知言語學演習]』은 인지언어학과 언어학 일반에 관심을 가진 대학생·대학원생 및 소장 학자를 위해 출간된 해설이 붙은 문제집이다. 전체적 구성은, 제1권『풀면서 배우는 인지언어학의 기초[解いて 學ぶ 認知言語學の基礎]』, 제2권『풀면서 배우는 인지의미론[解いて 學ぶ 認知意味論]』, 제3권『풀면서 배우는 인지구문론[解いて 學ぶ 認知構文論]』이다. 인지언어학의 각 주제에 대하여, 주요한 용어와 개념, 해설, 기본 문제, 응용 문제, 발전 문제, 확인 문제, 실력 양성 문제, 연구 문제로 구성되어 있으며, 문헌 안내가 달려 있다. 초보자에게도 친절하며 연구자에게도 도움이 되는 총서라 하겠다.

제1권은 인지언어학의 기초를 배우기 위한 문제집이며, 해석(해석, 신체와 생태학, 주체성)과 범주화(범주의 성질, 범주와 부범주, 원형)에 관한 문제를 풀어 보도록 되어 있다.

제2권은 인지의미론을 배우기 위한 문제집이며, 다의(은유, 환유, 다의성, 문법화)와 토대화(명사의 토대화, 동사의 토대화)에 관한 문제를 풀어 보도록 되어 있다.

제3권은 인지구문론을 배우기 위한 문제집이며, 구문(세계의 분절, 구문의 종류, 관용구·연어)과 담화(언어·문화·사고, 화용론, 텍스트·담화)에 관한 문제를 풀어 보도록 돼 있다.

야마나시 마사아키[山梨 正明] 외 편『인지 일본어학 강좌[認知日本語學講座]』는 인지언어학의 이론을 일본어 분석에 적용한 총서이다. 종래의 인지언어학 연구서는 영어를 중심으로 분석한 경우가 많았으며 간혹 일본어를 분석한 경우도 있었으나 여러 영역을 폭넓게 다루지는 못했다. 그러한 의미에서 이 총서는 존재 의의가 크다. 전체 구성은, 제1권 우스이 도모코[碓井 智子] 외『인지언어학의 기초[認知言語學の基礎]』, 제2권 이 재회[李 在鎬] 외『인지 음운·형태론[認知音韻·形態論]』, 제3권 오구마 다케시[小熊 猛] 외『인지통사론[認知統語論]』, 제4권 오쓰키 미노루[大月 實] 외『인지의미론[認知意味論]』, 제5권 고야마 데쓰하루[小山 哲春] 외『인지화용론[認知語用論]』,

제6권 나카무라 와타루[中村 涉] 외『인지유형론[認知類型論]』, 제7권 가나스기 다카오[金杉 高雄] 외『역사 인지언어학[歷史認知言語學]』이다. 2019년 4월 현재, 제1권과 제3권은 안 나와 있다.

제2권은 인지음운론, 인지형태론, 인지어휘론을 다루었다. 위에서 소개한 총서들에 포함된 관련 서적 출판 이후에 이루어진 연구 성과를 토대로 새로운 분석을 하였다. 이 책은, 인지음운론, 인지형태론, 인지형태론에서 어휘론으로, 인지어휘론, 총괄과 전망으로 되어 있다.

제4권은 인지의미론을 다루었다. 고대부터 현재까지의 의미에 관한 논의 속에 인지의미론을 자리매김하고, 범주화, 의미 변화, 부정 등 중요한 문제를 고찰하고 있다. 이 책은, 의미론의 역사와 인지언어학, 범주화와 명명, 색채어, 의미 변화의 종류와 동기화, 의미 변화와 문법화, 의미 확장과 다의, 의미론 연구 속의 부정의 여러 모습으로 되어 있다.

제5권은 인지화용론을 다루었다. 인지언어학적 접근 방식으로 화용론적 현상을 분석하되 단일 문장·발화를 넘어선 광범위한 기호 활동을 대상으로 하였다. 이 책은, 화용론의 범위와 텍스트·담화, 사회인지화용론에 기초한 발화 이해 모형, 일반적 인지능력과 화용론적 해석, 이야기의 화용론으로 되어 있다.

제6권은 인지유형론을 다루었다. 인지언어학과 공통점이 많은 기능주의적 언어유형론의 연구서인데, 일본 홋카이도 방언에 대한 분석과 대규모 데이터베이스를 배경으로 한 정량적 언어유형론의 소개가 포함되었다. 이 책은, 서장(序章), 문장의 통사구조와 의미구조, 어휘격의 분석, 홋카이도 방언에서의 형태적 반사동의 유형론적 자리매김, 사동구문, 언어의 다양성을 추구하는 언어유형론, 진화적 관점에서 보는 언어로 되어 있다.

제7권은 역사언어학적인 주제를 인지언어학적인 관점에서 다시 바라본 것이다. 이 책은, 일본어 존재 표현의 문법화 – 인지언어학과 역사언어학의 접점을 찾는다 –, 시제·상의 문법화와 유형론 – 존재와 시간의 언어범주화 –, 언어의 상대적인 차이와 단일방향 가설 – 가능 표현의 문법화·(간)주관화 –, 절

사이의 결합과 관련된 문법화·(간)주관화–복문구조에서 중단구문으로–,
유사성에서 파생되는 (간)주관적인 용법–직유에서 인용 도입 기능으로의 문
법화–, 복합동사의 역사적 확장–대우법에서 문법화로–, 명사구의 화용론적
해석–주관성의 강화가 자아내는 복합명사의 여러 모습–으로 되어 있다.

2.3. 단행본

사전과 총서 이외의 단행본은 너무나 많고 다양하여 도저히 모두 소개할
수 없다. 따라서 일본의 대표적인 학자의 저서와 일본의 특징적인 저서를 골
라서 소개한다.

일본의 대표적 학자라고 하면 우선 일본인지언어학회의 역대 회장(초대-3
대 회장)을 꼽을 수 있을 것이다.

일본인지언어학회 초대 회장(2000-2009년)은 이케가미 요시히코[池上 嘉
彦] 선생님이다. 이 분은 인지언어학이 탄생하기 전부터 의미론·기호론·언
어유형론 등 여러 분야에서 오랫동안 제일인자로 활약하신 분이며 일본을 대
표하는 언어학자라 하겠다. 이 분이 1981년에 발표한 '하다' 언어[「する」的
言語]와 '되다' 언어[「なる」的言語]라는 개념은 일본 인지언어학계에서 주
요 논점의 하나로 계승되어 지금도 자주 거론되고 있다.

수많은 저서·역서·논문이 있는데, 인지언어학적인 관점이 반영된 저서
로『<영문법>을 생각한다–<문법>과 <의사소통> 사이–[<英文法>を考え
る–<文法>と<コミュニケーション>の 間–]』,『영어의 감각, 일본어의
감각–<말의 의미>의 구조–[英語の感覺·日本語の感覺–<ことばの意
味>のしくみ–]』,『일본어와 일본어론[日本語と日本語論]』등이 있고 편
저로『자연스러운 일본어를 가르치기 위하여–인지언어학에 기초하여–[自
然な日本語を教えるために–認知言語學をふまえて–]』가 있다. 다른
언어학자들이 접근하기 어려워하는 시의 분석도 하고 언어와 문화의 관계를
고찰하고 있는 것이 특징이다.

필자가 대학원을 다니고 있었을 때 이 분의『시학과 문화기호론[詩學と文化記号論]』을 교재로 배운 적이 있고, 일본에 귀국한 뒤 2년 동안 직접 가르침을 받을 수 있었다. 필자와 같은 사람에게도 늘 따뜻한 격려의 말씀이 담긴 자필 편지와 함께 최신 연구 결과를 보내 주신다.

일본인지언어학회 2대 회장(2009-2013년)은 야마나시 마사아키[山梨 正明] 선생님이다. 이 분은 인지언어학이 탄생하기 전에 생성의미론을 연구하셨으며 이 분야 선두에 서서 계속 학계를 이끌어 오신 분이다. 이 분의 연구를 빼고 일본 인지언어학을 논할 수 없다.

이 분도 많은 저서·역서·논문이 있는데, 인지언어학과 관련이 깊은 저서로『비유와 이해[比喩と理解]』,『추론과 조응[推論と照応]』,『신판: 추론과 조응 – 조응 연구의 새 전개 – [新版 推論と照応 – 照応研究の新展開 –]』,『인지문법론[認知文法論]』,『인지언어학 원리[認知言語學原理]』,『말의 인지공간[ことばの認知空間]』,『인지구문론 – 문법의 게슈탈트성 – [認知構文論 – 文法のゲシュタルト性 –]』,『인지의미론 연구[認知意味論研究]』,『수사적 표현론 – 인지와 언어의 기교 – [修辭的表現論 – 認知と言葉の技巧 –]』,『자연논리와 일상언어 – 언어와 논리의 통합적 연구 – [自然論理と日常言語 – ことばと論理の統合的研究 –]』등이 있다. 인지언어학 전반에 걸쳐서 연구하셨음을 알 수 있다. 그중에서도 비유·추론·조응에 관해서 오랫동안 연구를 하셨다. 예문을 보면 영어와 일본어의 고전문학·현대문학의 대표적 작품과 유행가 가사 등이 골고루 들어 있어, 시야가 넓고 통찰력이 있음에 감탄하게 된다. 이 분은 본인도 활발한 연구를 하시는 한편 후진 육성에도 열성을 다하고 계시다. 앞에서 소개한 총서들도 기획·편집하시고 젊은 학자들이 연구 성과를 발표할 수 있는 논문집도 발간하고 계시다. 직접 가르친 제자뿐만 아니라 필자와 같은 사람까지 늘 챙겨 주신다.

필자가 대학원을 다니고 있었을 때 이 분의『발화행위[發話行爲]』를 교재로 배운 적이 있고, 석사 논문을 쓰고 있을 때『인지문법론[認知文法論]』이 나와 참고하게 되었다. 그 후로 이 분의 저서와 논문으로부터 많은 가르침을 받았다. 이번 연구의 방향을 잡을 때에도 의논을 드려 많은 조언을 구하였다.

일본인지언어학회 3대 회장(2013년-)은 쓰지 유키오[辻 幸夫] 선생님이다. 이 분은 인지언어학과 인지과학의 중개 역할을 오랫동안 하시고 인지언어학을 세상에 알리는 큰 역할을 하고 계시다.

역시 많은 저서·역서·논문이 있는데, 그중에서도 이미 앞에서 소개한 사전과 총서들이 특히 중요하다. 그 이외에 다른 분야 전공자들과의 대화를 정리한 『대담: 마음과 언어의 뇌과학[對談 心とことばの腦科學]』, 『사람은 어떻게 언어를 획득했는가?[ヒトはいかにしてことばを獲得したか]』 등이 나와 있다.

필자가 한국에 있으면서 『언어의 인지과학 사전』과 『인지언어학 키워드 사전』을 번역하는 과정에서 참으로 많은 질문과 부탁을 드렸는데, 일일이 성실히 응해 주셨다. 이번 연구를 진행하는 데에도 귀중한 자료들을 기꺼이 보내 주셨을 뿐만 아니라 이번 연구의 초고를 읽어 주시고 귀중한 조언도 해 주셨다.

아래에서는 일본의 인지언어학 연구서들 중 특색이 있는 것을 몇 가지만 소개하기로 한다.

인지언어학에서 영어를 대상으로 고찰하는 경우가 많지만 일본어를 대상으로 고찰한 저서들도 있다. 그중 대표적인 사례가 모미야마 요스케[籾山 洋介] 선생님의 책들이다. 이 분은 일본어 교육을 하시는 한편 『인지의미론의 얼개[認知意味論のしくみ]』, 『일본어는 인간을 어떻게 보고 있는가?[日本語は人間をどう見ているか]』, 『일본어 표현을 통해서 배우는 입문 인지언어학[日本語表現で學ぶ入門からの認知言語學]』, 『인지언어학 입문[認知言語學入門]』, 『일본어 연구를 위한 인지언어학[日本語研究のための認知言語學]』 등의 저서를 내셨다. 그중 『일본어는 인간을 어떻게 보고 있는가?』 는 한국어판도 나와 있다. 필자가 이 책을 번역하는 과정에서 역시 많은 질문과 부탁을 드렸다.

인지언어학 이론을 언어 교육에 응용하려는 연구도 활발히 이루어지고 있

다. 예를 들어, 외국어 교육에 관해서 논한 다케우치 오사무[竹內 理]『인지적 접근에 따른 외국어 교육[認知的アプローチによる外國語敎育]』, 영어 교육에 관한 우에노 요시카즈[上野 義和]『영어 교육의 논리와 실천 – 인지언어학의 도입과 그 유용성 – [英語敎育における論理と實踐 – 認知言語學の導入とその有用性 –]』, 우에노 요시카즈[上野 義和] 편『영어 교사를 위한 효과적 어휘 지도법 – 인지언어학적 접근법 – [英語敎師のための效果的語彙指導法 – 認知言語學的アプローチ –]』, 조 가나코[長加奈子]『인지언어학을 영어 교육에 살린다[認知言語學を英語敎育に生かす]』, 이마이 다카오[今井 隆夫]『영상으로 파악하는 감각 영문법 – 인지문법을 참조한 영어 학습법 – [イメージで捉える感覺英文法 – 認知文法を參照した英語學習法 –]』, 일본어 교육과 관련된 고야나기 가오루[小柳 かおる] · 미네 후유키[峯 布由紀]『인지적 접근으로부터 본 제2언어 습득 – 일본어의 문법 습득과 교실 지도의 효과 – [認知的アプローチから見た第二言語習得 – 日本語の文法習得と敎室指導の效果 –]』, 아라카와 요헤이[荒川 洋平] · 모리야마 신[森山 新]『일본어 교사를 위한 알기 쉬운 응용 인지언어학[わかる!! 日本語敎師のための応用認知言語學]』, 모리야마 신[森山 新]『인지언어학에서 본 일본어 격조사의 의미구조와 습득 – 일본어 교육에 살리기 위하여 – [日本語格助詞の意味構造と習得 – 日本語敎育に生かすために –]』, 일본어 학습자들이 다의어를 이해하기 위한 사전인 아라카와 요헤이[荒川 洋平]『일본어 다의어 학습 사전 – 명사편 – [日本語多義語學習辭典 名詞編]』, 이마이 다카오[今井 隆夫]『일본어 다의어 학습 사전 – 형용사 · 부사편 – [日本語多義語學習辭典 形容詞 · 副詞編]』, 모리야마 신[森山 新]『일본어 다의어 학습 사전 – 동사편 – [日本語多義語學習辭典 動詞編]』 등이 있다.

인지언어학의 주요 과제인 비유 연구는 일본에서도 활발하다. 특히 많은 저서를 내신 분이 세토 겐이치[瀬戸 賢一] 선생님이다. 저서로는『공간의 수사학[空間のレトリック]』,『은유적 사고 – 의미와 인식의 구조 – [メタファー思考 – 意味と認識のしくみ –]』,『인식의 수사학[認識のレトリッ

ク]』,『일본어의 수사학-문장 표현의 기법-[日本語のレトリック-文章
表現の技法-]』,『알기 쉬운 비유-말의 뿌리를 더 알아보자-[よくわかる
比喩-ことばの根っこをもっと知ろう-]』,『시간의 언어학-은유로부
터 해석한다-[時間の言語學-メタファーから讀みとく-]』, 편저로는『말
은 맛을 넘어선다-맛있는 표현의 탐구-[ことばは味を超える-美味しい
表現の探求-]』,『맛을 나타내는 말의 세계[味ことばの世界]』,『영어 다의
망 사전[英語多義ネットワーク辭典]』등을 내셨다. 그 이외에 나베시마 고
지로[鍋島 弘治朗]『일본어의 은유[日本語のメタファー]』,『은유와 신체성
[メタファーと身体性]』, 모리 유이치[森 雄一]『배움의 연습-수사학-[學
びのエクササイズ レトリック]』, 노우치 료조[野内 良三]『수사와 인식
[レトリックと認識]』, 고마쓰바라 데쓰타[小松原 哲太]『수사와 의미의 창
조성-말의 일탈과 인지언어학-[レトリックと意味の創造性-言葉の逸
脱と認知言語學-]』, 구스미 다카시[楠見 孝] 편『은유 연구의 최전선[メタ
ファー研究の最前線]』, 세이케이대학 문학부학회[成蹊大學文學部學會] 편
『수사의 쇠사슬[レトリック連環]』등이 있다. 후쿠모리 마사후미[福森 雅
史]・모리야마 도모히로[森山 智浩]『금기의 언어태-일본어・영어・스펜
인어・루마니아어의 식인 표현에 대한 인지언어학적 접근-[禁忌の言語態
-日本語・英語・スペイン語・ルーマニア語におけるカニバリズム
表現への認知言語學的アプローチ-]』은 일본어・영어・스펜인어・루마
니아어를 대상으로 인체를 음식에 빗댄 표현을 분석한 연구이다. 인지언어학
에서 흔히 다루어 온 은유 연구인데 성적 표현을 다룬 점과 식인 행위
[cannibalism]와 연관지은 점 등이 특이하다. 이러한 책들을 보면 일본에서
얼마나 다양하고 깊이 있게 연구가 수행되고 있는지 새삼 느낄 수 있다.

　　일본에서는 '(간)주관성'과 관련된 연구도 활발하다. 예를 들어, 나카무라
요시히사[中村 芳久]・우에하라 사토시[上原 聰] 편『래네커의 (간)주관성과
그 전개[ラネカーの(間)主觀性とその展開]』, 오노 마사키[小野 正樹]・리
기남[李 奇楠] 편『언어의 주관성-인지와 대우 표현의 접점-[言語の主觀

性－認知とポライトネスの接点－」』등이 대표적이다. Langacker의 '(간)주관성'은 중요한 개념이지만 영어를 대상으로 분석한 한계를 벗어나지 못했으며 일본어를 대상으로 분석해 보면 또 다른 도식을 도출할 수 있다고 하여 독자적인 연구로 발전해 가고 있다. '주관성'에 관한 한국어와 일본어의 대조를 시도한 것이 서 민정[徐 珉廷]『<사태파악>에서 일본어·한국어 화자의 인지적 태도－ 인지언어학의 관점에서 본 보조동사적인 용법의 '-te iku/kuru(-ていく/くる)'와 '-어 가다/오다'의 주관성－[<事態把握>における日韓話者の認知スタンス－認知言語學の立場から見た補助動詞的な用法の「ていく/くる」と「e kata/ota」の主觀性－]』이다. 이 책은 박사 논문을 토대로 하여 수정·보완한 것이다. 같은 논문을 토대로 하여 한국어로 서술한 서 민정『<사태파악>의 한일대조연구－'ていく/くる'와 '어 가다/오다'의 보조동사 용법을 중심으로－』도 나와 있다. 다만 단순히 일본어에서 한국어로 번역한 것이 아니라는 점은 유의해 둘 필요가 있다.

그 외에도 특징적인 연구들이 많다. 오카 도모유키[岡 智之]『장소의 언어학[場所の言語學]』은 서구의 '주체의 논리', '주체의 철학', '주체의 언어학'에 대하여 일본의 '장소의 논리', '장소의 철학', '장소의 언어학'을 확립하려고 한 것이다. 일본어에 '주어'라는 개념은 필요 없다고 주장하였으며 장소 이론에 기초하여 일본어 격조사의 체계화를 시도하였다. 나카노 겐이치로[中野 硏一郎]『인지언어유형론 원리－'주체화'와 '객체화'의 인지 기제－[認知言語類型論原理－「主體化」と「客體化」の認知メカニズム－]』는 대담하고 과격한 주장을 담고 있다. 지금까지 인지유형론이라고 해 온 연구들은 기능주의언어학의 관점과 이론에 따른 것이었다고 하면서 인지언어학의 관점과 이론에 따른 새로운 언어유형론을 수립하려고 한 것이다. 영어와 일본어가 너무나 다른 언어임을 논하면서 영어의 논리를 일본어 분석에 적용하는 것을 거부하였다. 일본어 분석에 '주어'나 '목적어'라는 개념이 필요 없을 뿐만 아니라 '격'·'태'·'시제' 등의 개념도 모두 필요 없다고 하였다. 이러한 논의가 자리를 잡기까지는 상당한 시간이 걸릴 것이다. 또 후지타 고지[藤田 耕司]

· 니시무라 요시키[西村 義樹] 편『일본어 · 영어의 대조: 문법과 어휘에 대한 통합적 접근－생성문법 · 인지언어학과 일본어학[日英對照 文法と語彙への統合的アプローチ－生成文法 · 認知言語學と日本語學]』은 일본어와 영어를 대상으로 생성문법적 분석과 인지언어학적 분석을 해 본 책이다. 생성문법적 분석 뒤에는 인지언어학적 관점에서 본 코멘트가 달려 있고 인지언어학적 분석 뒤에는 생성문법적 관점에서 본 코멘트가 달려 있다. 인지언어학에서 일방적으로 생성문법을 비판하는 경우가 많지만 서로 보충할 수 있는 가능성도 있지 않을까 하는 의도에서 나온 시도이다. 앞으로 이런 시도가 더 많이 이루어지는 것도 의미가 있을 것이다. 필자는 니시무라 요시키 선생님으로부터도 1년 동안 가르침을 받았다. 니시타야 히로시[西田谷 洋]『인지 이야기론인란 무엇인가?[認知物語論とは何か?]』, 니시타야 히로시[西田谷 洋] · 하마다 슈[浜田 秀] 편『인지 이야기론의 임계 영역[認知物語論の臨界領域]』은 인지언어학 이론을 문학 분석에 응용한 것이다. 언어학 연구가 아니라 문학 연구라고 볼 수도 있지만 인지언어학의 응용 가능성을 보여 주는 좋은 사례라 하겠다.

필자는 현재 구할 수 있는 인지언어학 관련 책을 거의 다 입수하고 처음부터 끝까지 통독하였다. 모든 책을 소개할 수 없는 것이 아쉽다. 참고 문헌 정보를 참고하시기 바란다.

3. 마무리

위에서 일본의 인지언어학 탐구의 현황을 고찰하였다. 먼저 이 글에서 다루는 범위를 명확히 한 뒤에 일본에서 나온 인지언어학 관련 서적을 사전 · 총서 · 단행본으로 나누어 그 내용을 개관하였다.

일본인지언어학회 회원만 하더라도 1,000명을 훨씬 웃도는 학자들이 있다. 인지언어학을 연구하는 사람은 그보다 더 많을 것이다.

이번 연구에서 다루는 범위는, 일본에서 나온 인지언어학 관련 서적 중 번역을 제외하고 일본어로 발표된 것으로 한정하였다.

사전으로는, 『말의 인지과학 사전[ことばの認知科學事典]』, 『인지언어학 키워드 사전[認知言語學キーワード事典]』, 『신편 인지언어학 키워드 사전[新編 認知言語學キーワード事典]』이 이미 출간되었으며, 『인지언어학 대사전[認知言語學大事典]』이 출간 준비 중임을 살폈다.

총서로는, 『시리즈 인지언어학 입문[シリーズ 認知言語學入門]』, 『강좌 인지언어학의 프런티어[講座 認知言語學のフロンティア]』, 『인지언어학 연습[認知言語學演習]』이 완간되었으며, 『인지 일본어학 강좌[認知日本語學講座]』가 간행 중임을 살폈다.

단행본으로는, 일본인지언어학회 역대 회장의 업적과, 일본어, 언어 교육, 비유, (간)주관성에 관한 연구서들을 살폈다.

인지언어학이 탄생하기보다 훨씬 전부터 일본에는 인지언어학과 비슷한 언어관이 있었고, 지금도 인지언어학 연구가 활발하다. 서구를 중심으로 이루어지고 있는 인지언어학 연구를 그대로 받아들이는 것이 아니고, 일본어를 대상으로 분석함으로써 유럽 언어만 고찰할 때 보이지 않는 새로운 이론도 제시하고 있다.

일본의 인지언어학이 앞으로 해야 할 과제는, 그러한 연구 성과를 세계에 알리고 언어학 이론을 정밀화하는 데 기여할 일이다. 일본에는 우수한 학자가 많이 있으므로 충분히 가능할 것이다.

참고문헌

서민정(2010), 『<사태파악>의 한일대조연구: 'ていく/くる'와 '어 가다/오다'의 보조동사 용법을 중심으로』, 제이앤씨.
青木克仁(2002), 『認知意味論の哲學: コミュニケーションの身体的基盤』, 大

學教育出版.

東眞須美(2014), 『比喩の理解』, ひつじ書房.

荒川洋平(2009), 『日本語という外國語』, 講談社.

荒川洋平(2011), 『日本語多義語學習辭典 名詞編』, アルク.

荒川洋平(2013), 『デジタル・メタファー: ことばはコンピューターとどの
　　ように向きあってきたか』, 東京外國語大學出版會.

荒川洋平・森山新(2009), 『わかる!!　日本語教師のための応用認知言語學』,
　　凡人社.

有光奈美(2000), 『日・英語の對比表現と否定のメカニズム: 認知言語學と語
　　用論の接点』, 開拓社.

池上嘉彦(1995), 『<英文法>を考える: <文法>と<コミュニケーション>の間』,
　　筑摩書房.

池上嘉彦(2006), 『英語の感覺・日本語の感覺: <ことばの意味>のしくみ』,
　　日本放送出版協會.

池上嘉彦(2007), 『日本語と日本語論』, 筑摩書房.

池上嘉彦・守屋三千代 編著(2009), 『自然な日本語を教えるために: 認知言語
　　學をふまえて』, ひつじ書房.

井上恭英(2000), 『英語の認知メカニズム』, 晃洋書房.

今井隆夫(2010), 『イメージで捉える感覺英文法: 認知文法を參照した英語學
　　習法』, 開拓社.

今井隆夫(2011), 『日本語多義語學習辭典 形容詞・副詞編』, アルク.

上野義和(2007), 『英語教育における論理と實踐: 認知言語學の導入とその有
　　用性』, 英宝社.

上野義和 編(2002), 『認知意味論の諸相: 身体性と空間の認識』, 松柏社.

上野義和 編(2006), 『英語教師のための効果的語彙指導法 – 認知言語學的ア
　　プローチ』, 英宝社.

上原聰・熊代文子(2007), 『音韻・形態のメカニズム』, 研究社.

碓井智子 他(未刊), 『認知言語學の基礎』, くろしお出版.

內田聖二(2013), 『ことばを讀む、心を讀む – 認知語用論入門』, 開拓社.

大月實(未刊), "歐米日における認知言語學", 『認知言語學大事典』, 朝倉書店.

大月實 他(未刊), 『認知意味論』, くろしお出版.

大橋浩 他編(2018), 『認知言語學研究の廣がり』, 開拓社.

大堀壽夫(2002),『認知言語學』, 東京大學出版會.

大堀壽夫 編(2002),『認知言語學 II: カテゴリー化』, 東京大學出版會.

大堀壽夫 編(2004),『認知コミュニケーション論』, 大修館書店.

岡智之(2013),『場所の言語學』, ひつじ書房.

小熊猛 他(2019),『認知統語論』, くろしお出版.

小田涼(2012),『認知と指示－定冠詞の意味論』, 京都大學學術出版會.

尾谷昌則・二枝美津子(2011),『構文ネットワークと文法』, 研究社.

尾野治彦(2018),『「視点」の違いから見る日英語の表現と文化の比較』, 開拓社.

小野正樹・李奇楠 編(2016),『言語の主觀性－認知とポライトネスの接点』, くろしお出版.

夏海燕(2017),『動詞の意味擴張における方向性－着点動作主動詞の認知言語學的研究』, ひつじ書房.

金杉高雄 他(2013),『歷史認知言語學』, くろしお出版.

河上誓作(1996),『認知言語學の基礎』, 研究社. (이기우 외 옮김(1997),『인지언어학의 기초』, 한국문화사.)

河上誓作・谷口一美 編(2007),『ことばと視点』, 英宝社.

楠見孝 編(2007),『メタファー研究の最前線』, ひつじ書房.

國重徹(2000),『メンタル・スペース理論入門』, 筑波大學出版會.

兒玉一宏・小山哲春 編(2008),『言葉と認知のメカニズム－山梨正明教授還曆記念論文集』, ひつじ書房.

兒玉一宏・小山哲春 編(2013),『言語の創發と身体性－山梨正明教授退官記念論文集』, ひつじ書房.

兒玉一宏・野澤元(2009),『言語習得と用法基盤モデル』, 研究社.

小松原哲太(2016),『レトリックと意味の創造性－言葉の逸脱と認知言語學』, 京都大學學術出版會.

小柳かおる・峯布由紀(2016),『認知的アプローチから見た第二言語習得－日本語の文法習得と教室指導の効果』, くろしお出版.

小山哲春 他(2016),『認知語用論』, くろしお出版.

坂原茂(1985/2007),『日常言語の推論』, 東京大學出版會.

坂原茂 編(2000),『認知言語學の發展』, ひつじ書房.

崎田智子・岡本雅史(2010),『言語運用のダイナミズム』, 研究社.

定延利之(2000),『認知言語論』, 大修館書店.

澤田治美(1993),『視点と主觀性 – 日英語助動詞の分析』, ひつじ書房.

澤田治美 編(2011),『主觀性と主體性』, ひつじ書房.

篠原和子・片岡邦好 編(2008),『ことば・空間・身体』, ひつじ書房.

ジョン・R・テイラー・瀬戸賢一(2008),『認知文法のエッセンス』, 大修館書店.

菅井三實(2015),『人はことばをどう學ぶか – 國語教師のための言語科學入門』, くろしお出版.

杉本孝司(1998),『意味論2 – 認知意味論』, くろしお出版.

成蹊大學文學部學會 編(2004),『レトリック連環』, 風間書房.

瀬戸賢一(1995),『空間のレトリック』, 海鳴社.

瀬戸賢一(1995),『メタファー思考 – 意味と認識のしくみ』, 講談社.

瀬戸賢一(1997),『認識のレトリック』, 海鳴社.

瀬戸賢一(2002),『日本語のレトリック – 文章表現の技法』, 岩波書店.

瀬戸賢一(2005),『よくわかる比喩 – ことばの根っこをもっと知ろう』, 研究社.

瀬戸賢一(2017),『時間の言語學 – メタファーから讀みとく』, 筑摩書房.

瀬戸賢一(2017),『よくわかるメタファー – 表現技法のしくみ』, 筑摩書房.

瀬戸賢一 編著(2003),『ことばは味を超える – 美味しい表現の探求』, 海鳴社.

瀬戸賢一 編著(2007),『英語多義ネットワーク辭典』, 小學館.

瀬戸賢一 他(2005),『味ことばの世界』, 海鳴社.

瀬戸賢一 他(2017),『解いて學ぶ認知言語學の基礎』, 大修館書店.

瀬戸賢一 他(2017),『解いて學ぶ認知意味論』, 大修館書店.

瀬戸賢一 他(2017),『解いて學ぶ認知構文論』, 大修館書店.

徐珉廷(2013),『<事態把握>における日韓話者の認知スタンス – 認知言語學の立場から見た補助動詞的な用法の「ていく/くる」と「e kata/ota」の主觀性』, ココ出版.

高橋英光(2010),『言葉のしくみ: 認知言語學のはなし』, 北海道大學出版會.

高橋英光(2017),『英語の命令文: 神話と現實』, くろしお出版.

高橋英光 他編(2018),『認知言語學とは何か: あの先生に聞いてみよう』, くろしお出版.

竹内理(2000),『認知的アプローチによる外國語教育』, 松柏社.

田中茂範(1990),『認知意味論: 英語動詞の多義の構造』, 三友社.

田中茂範 編著(1987),『基本動詞の意味論: コアとプロトタイプ』, 三友社.

田中茂範・深谷昌弘(1998),『<意味づけ論>の展開: 狀況編成・コトバ・會話』,
紀伊國屋書店.

田中茂範・松本曜(1997),『空間と移動の表現』, 研究社.

谷口一美(2003),『認知意味論の新展開: メタファーとメトニミー』, 研究社.

谷口一美(2005),『事態概念の記号化に關する認知言語學的研究』, ひつじ書
房.

谷口一美(2006),『學びのエクササイズ 認知言語學』, ひつじ書房.

長加奈子(2016),『認知言語學を英語教育に生かす』, 金星堂.

張恒悦(2016),『現代中國語の重ね型: 認知言語學的アプローチ』, 白帝社.

陳奕廷・松本曜(2018),『日本語語彙的複合動詞の意味と体系: コンストラク
ション形態論とフレーム意味論』, ひつじ書房.

辻幸夫 編(2001),『ことばの認知科學事典』, 大修館書店. (임지룡 외 옮김
(2008),『언어의 인지과학 사전』, 박이정.)

辻幸夫 編(2002),『認知言語學キーワード事典』, 研究社. (임지룡 외 옮김
(2004),『인지언어학 키워드 사전』, 한국문화사.)

辻幸夫 編(2003),『認知言語學への招待』, 大修館書店.

辻幸夫 編(2013),『新編 認知言語學キーワード事典』, 研究社.

辻幸夫 編(未刊),『認知言語學大事典』, 朝倉書店.

坪本篤朗 他編(2009),『「內」と「外」の言語學』, 開拓社.

中井孝章(2013),『イメージスキーマ・アーキテクチャー: 初期發達の認知
意味論』, 三學出版.

中右實(1994),『認知意味論の原理』, 大修館書店.

中右實・西村義樹(1998),『構文と事象構造』, 研究社.

中野研一郎(2017),『認知言語類型論原理:「主体化」と「客体化」の認知メカ
ニズム』, 京都大學學術出版會.

中村芳久 編(2004),『認知文法論 II』, 大修館書店.

中村芳久・上原聰 編(2016),『ラネカーの(間)主觀性とその展開』, 開拓社.

中村芳久教授退職記念論文集刊行會 編(2018),『ことばのパースペクティヴ』,
開拓社.

中村渉 他(2015),『認知類型論』, くろしお出版.

中本敬子・李在鎬 編(2011),『認知言語學研究の方法: 內省・コーパス・實驗』, ひつじ書房.

鍋島弘治朗(2011),『日本語のメタファー』, くろしお出版.

鍋島弘治朗(2016),『メタファーと身体性』, ひつじ書房.

二枝美津子(2007),『格と態の認知言語學: 構文と動詞の意味』, 世界思想社.

二枝美津子(2007),『主語と動詞の諸相: 認知文法・類型論的視点から』, ひつじ書房.

西田谷洋(2006),『認知物語論とは何か?』, ひつじ書房.

西田谷洋・浜田秀 編(2012),『認知物語論の臨界領域』, ひつじ書房.

西村義樹 編(2002),『認知言語學 I: 事象構造』, 東京大學出版會.

西村義樹 編(2018),『認知文法論 I』, 大修館書店.

西村義樹・野矢茂樹(2013),『言語學の教室: 哲學者と學ぶ認知言語學』, 中央公論新社.

野內良三(2000),『レトリックと認識』, 日本放送出版協會.

野村益寛(2014),『ファンダメンタル認知言語學』, ひつじ書房.

濱田英人(2016),『認知と言語: 日本語の世界・英語の世界』, 開拓社.

早瀨尙子(2002),『英語構文のカテゴリー形成: 認知言語學の視点から』, 勁草書房.

早瀨尙子・堀田優子(2005),『認知文法の新展開: カテゴリー化と用法基盤モデル』, 研究社.

早瀨尙子 編(2018),『言語の認知とコミュニケーション』, 開拓社.

平山崇(2014),『日本語慣用句と中國語表現の認知言語學的比較研究:「舌」「口」「聲」「耳」を中心に』, デザインエッグ.

深田智・仲本康一郎(2008),『概念化と意味の世界』, 研究社.

深谷昌弘・田中茂範(1996),『コトバの<意味づけ論>: 日常言語の生の營み』, 紀伊國屋書店.

福森雅史・森山智浩(2017),『禁忌の言語態: 日本語・英語・スペイン語・ルーマニア語におけるカニバリズム表現への認知言語學的アプローチ』, デザインエッグ.

藤田耕司・西村義樹 編(2016),『日英對照 文法と語彙への統合的アプローチ: 生成文法・認知言語學と日本語學』, 開拓社.

堀江薫・プラシャント・パルデシ(2009),『言語のタイポロジー』, 研究社.

本多啓(2005), 『アフォーダンスの認知意味論: 生態心理學から見た文法現象』, 東京大學出版會.

本多啓(2013), 『知覺と行爲の認知言語學:「私」は自分の外にある』, 開拓社.

卷下吉夫・瀬戸賢一(1997), 『文化と發想とレトリック』, 大修館書店.

正高信男・辻幸夫(2006), 『ヒトはいかにしてことばを獲得したか』, 大修館書店.

松田文子(2004), 『日本語複合動詞の習得研究: 認知意味論による意味分析を通して』, ひつじ書房.

松中完二(2005), 『現代英語語彙の多義構造: 認知論的視点から, 【理論編】』, 白桃書房.

松中完二(2006), 『現代英語語彙の多義構造: 認知論的視点から, 【實証編】』, 白桃書房.

松本曜 編(2003), 『認知意味論』, 大修館書店.

松本曜 編(2017), 『移動表現の類型論』, くろしお出版.

籾山洋介(2002), 『認知意味論のしくみ』, 研究社.

籾山洋介(2006), 『日本語は人間をどう見ているか』, 研究社. (박수경・요시모토 하지메 옮김(2014), 『일본어는 인간을 어떻게 보고 있는가?』, 소통.)

籾山洋介(2009), 『日本語表現で學ぶ入門からの認知言語學』, 研究社.

籾山洋介(2010), 『認知言語學入門』, 研究社.

籾山洋介(2014), 『日本語研究のための認知言語學』, 研究社.

森雄一(2012), 『學びのエクササイズ レトリック』, ひつじ書房.

森雄一 他編(2008), 『ことばのダイナミズム』, くろしお出版.

森雄一・高橋英光 編(2013), 『認知言語學 基礎から最前線へ』, くろしお出版.

森山新(2008), 『認知言語學から見た日本語格助詞の意味構造と習得: 日本語教育に生かすために』, 凡人社.

森山新(2012), 『日本語多義語學習辞典 動詞編』, アルク.

安原和也(2017), 『ことばの認知プロセス: 教養としての認知言語學入門』, 三修社.

山鳥重・辻幸夫(2006), 『對談 心とことばの腦科學』, 大修館書店.

山梨正明(1988/2007), 『比喩と理解』, 東京大學出版會.

山梨正明(1992), 『推論と照応』, くろしお出版.

山梨正明(1995), 『認知文法論』, ひつじ書房.

山梨正明(2000),『認知言語學原理』, くろしお出版.

山梨正明(2004),『ことばの認知空間』, 研究社.

山梨正明(2009),『認知構文論: 文法のゲシュタルト性』, 大修館書店.

山梨正明(2012),『認知意味論研究』, 研究社.

山梨正明(2015),『修辭的表現論: 認知と言葉の技巧』, 開拓社.

山梨正明(2016),『自然論理と日常言語: ことばと論理の統合的研究』, ひつじ
　　書房.

山梨正明(2017),『新版 推論と照応: 照応研究の新展開』, くろしお出版.

湯本久美子(2004),『日英認知モダリティ論: 連續性の視座』, くろしお出
　　版.

吉村公宏(1995),『認知意味論の方法: 経験と動機の言語學』, 人文書院.

吉村公宏(2004),『はじめての認知言語學』, 研究社.

吉村公宏(2011),『英語世界の表現スタイル:「捉え方」の視点から』, 青灯社.

吉村公宏 編(2003),『認知音韻・形態論』, 大修館書店.

李在鎬(2010),『認知言語學への誘い: 意味と文法の世界』, 開拓社.

李在鎬(2011),『コーパス分析に基づく認知言語學的構文研究』, ひつじ書房.

李在鎬 他(2013),『認知音韻・形態論』, くろしお出版.

渡部學(2015),『日本語のディスコースと意味: 概念化とフレームの意味論』,
　　くろしお出版.

일본의 '사태파악'

서 민 정(徐珉廷)*

1. 들머리

언어의 의미 본질은 개개의 언어형식이 관습적으로 규정되어 있는 것이 아니고, 그것들에 의해 지시되는 대상이나 현상과 관련하여 객관적으로 규정될 수 있는 것도 아니다. 언어의 궁극적인 의미 본질은 화자의 주체적인 인지활동을 통해서 창출된다는 것이 인지언어학의 기본적인 입장이다. 인지언어학에서 화자는 발화 주체(speaking subject)에 앞서 인지 주체(cognizing subject)로 보는 관점을 취하고 있는데, 화자는 발화에 앞서 먼저 언어화하려고 하는 '사태'의 어느 부분을 언어화하고 어느 부분을 언어화하지 않는가, 언어화하는 부분에 대해서는 어떤 시점에서 언어화하는가라는 인지적인 활동을 행한다는 것이다. 이러한 과정을 인지언어학에서는 '사태파악(construal)'[1]이라고

---

* 쇼와여자대학(昭和女子大学) 국제학과 교수, seomj@swu.ac.jp

1 '사태파악(construal)'은 인지언어학에서 사용되는 중요한 개념의 하나이다. 영어 'construal'은 일본어로 '事態把握' 이외에 '把握', '解釈', '捉え方' 등으로도 번역되고, 한국어에서는 '해석', '파악방법'으로 번역되는 말인데, 이 글에서는

부른다.

2000년에 설립된 일본인지언어학회(http://www.2jcla.jp/)는 2019년이면 20주년을 맞이한다. 그동안의 학회발표와 논문을 보면 사태파악에 관한 연구가 설립 이후 지금까지 활발히 진행되어 왔다. 일본의 인지언어학에서는 'construal'을 일본어 화자의 입장에서 이론적 틀을 제창한 이케가미(池上 2003, 2004)에 따라 '事態把握(사태파악)'이라는 학술용어가 정착되었다고 말할 수 있다.

이 글에서는 먼저 제2장에서 사태파악을 둘러싼 주요 쟁점-사태파악이란 무엇인가를 비롯하여 그 이론적 틀에 대해 알아보고자 한다. 이케가미는 Langacker의 subjectivitiy 이론에 대해 언어의 본질을 꿰뚫는 설득력 있는 이론이라고 인정하면서도, 영어라는 한 언어에서만 분석하였다는 한계점을 지적하고, 일본어 화자의 입장에서 보충 내지는 수정을 제기하였다. Langacker는 영어라는 하나의 언어에서 주관적 파악과 객관적 파악의 대비를 제시하고 있는데, 이케가미 (池上 2003, 2004, 2006, 2009, 2011, Ikegami 2015)는 "어떤 언어의 화자가 특히 선호하는 표현(好まれる言い回し)(fashions of speaking)[2]이 고도로 체계적인 형태로 인정되는 경우가 있다."라고 지적하며, 일본어와 영어를 비교하였다. 여기에서 말하는 '선호하는 표현'이라는 것은 구체적인 구(句)나 숙어를 말하는 것이 아니라 사태가 언어로 표현될 때 그 언어 화자가 선호하여 취하는 표현 방식을 말하는데, 이 선호하는 표현의 배후에는 사태파악이라는 인지적 활동이 있다는 것이다. 이케가미는 Langacker의 '주관적 파악'과 '객관적 파악'이라는 구별에 대해 화자가 언어화하려고 하는 사태를 얼마나 '자기-중심적'(ego-centric, ego-centered)으로 행하는가 하는 관점에서 재고찰하였다.

제3장에서는 이케가미가 주창한 사태파악의 두 가지 대립- 이른바, '주관적 파악'과 '객관적 파악'에 관련한 일본 국내에서의 연구 동향에 대해 살펴보고,

---

'construal'를 이케가미(池上 2003, 2004, 2006 등)에 따라 '事態把握(사태파악)'으로 부르기로 한다.

2 '好まれる言い回し'는 Whorf(1956)의 'fashions of speaking'를 이케가미(池上 1993)가 일본어로 번역한 것이다. 이를 한국어로 나타내면 "선호하는 표현/말/말투" 정도로 볼 수 있는데, 이 글에서는 '선호하는 표현'이라고 하기로 한다.

제4장에서는 이 연구 분야에 대한 앞으로의 과제에 대해 생각해 보고자 한다.

2. '사태파악'을 둘러싼 주요 쟁점

의미는 사태 자체에 내재하고 있는 것이 아니라 인지 주체로서의 인간(화자)이 주체적으로 창출하는 것이라는 인지언어학의 관점에서 일본어의 특징을 고찰한 이케가미의 사태파악 이론은 일본의 인지언어학계에서 활발한 논의가 되어 왔다.

사태파악은 어떤 언어의 화자라도 같은 사태를 몇 가지의 다른 방식으로 파악하고 다른 방식으로 표현하는 능력을 가지고 있으며 때와 장소, 그리고 경우에 따라 여러 가지 다른 표현 방식을 취한다는 보편성을 가진다. 동시에 어떤 중립적인 상황에서 A라는 언어의 화자가 선호하는 사태파악의 방식과 B라는 언어의 화자가 선호하는 사태파악의 방식이 꼭 일치한다고는 할 수 없고, 각 언어 화자에 따라 달라질 수 있다는 상대성을 가지고 있다.

이케가미는 Langacker의 이론에 대해 언어의 본질을 꿰뚫는 충분히 설득적인 논의라고 인정하면서도 일본어 화자의 입장에서 생각했을 경우, Langacker의 주관적 파악의 생각에도 보충 내지는 수정을 제기하고 싶은 부분이 몇 가지 있다고 말한다. 구체적으로 말하면, 화자가 문제의 장면에 자기 자신의 몸을 두고 체험의 장(場)인 지금/여기에 시좌(視座)를 두고 사태파악을 하는가, 아니면 문제의 장면에서 빠져 나와 밖에서 보고 있는가라는 대립으로 재인식하여 일본어와 영어를 비교·대조하였다. 그 결과, 일본어 화자[3]는 주관적 파악을 하는 경향이 있고, 영어 화자는 객관적 파악을 하는 경향이 있다고 고찰하였다. 이케가미(池上 2011)의 주관적 파악과 객관적 파악의 정의는 다

---

3 이 글에서 말하는 '일본어 화자'는 '일본어 모어 화자'를 가리키고 '한국어 화자'는 '한국어 모어 화자'를 가리킨다. 이 글에서는 편의상 '일본어 화자/한국어 화자'라고 한다. '영어 화자', '중국어 화자'의 경우도 마찬가지이다.

음과 같다.

주관적 파악(主觀的把握)(subjective construal)

話者は問題の事態の中に自らの身を置き、その事態の当事者として体験的に事態把握をする－實際には問題の事態の中に身を置いていない場合であっても、話者は自らがその事態に臨場する当事者であるかのように体験的に事態把握をする。(화자는 문제의 사태 안에 스스로의 몸을 두고 그 사태의 당사자로서 체험적으로 사태파악을 한다－실제로 문제의 사태 안에 몸을 두고 있지 않더라도 화자는 스스로가 마치 그 사태 안에 있는 당사자인 것처럼 체험적으로 사태파악을 한다.)

객관적 파악(客觀的把握)(objective construal)

話者は問題の事態の外にあって、傍觀者ないし觀察者として客觀的に事態把握をする－實際には問題の事態の中に身を置いている場合であっても、話者は(自分の分身をその事態の中に殘したまま)自らはその事態から拔け出し、事態の外から、傍觀者ないし觀察者として客觀的に(自分の分身を含む)事態を把握する。(화자는 문제의 사태 밖에 있고 방관자 내지는 관찰자로서 객관적으로 사태파악을 한다－실제로 문제의 사태 안에 몸을 두는 경우여도, 화자는 (자신의 분신을 그 사태 안에 남겨 둔 채로) 스스로는 그 사태에서 벗어나 사태 밖에서 방관자 내지는 관찰자로 객관적으로 (자신의 분신을 포함한) 사태를 파악한다.)

또 이케가미(池上)는 주관적 파악과 객관적 파악 중 어느 쪽이 채용되는가에 대해서 궁극적으로는 사태에 대해 화자 자신이 어떤 자세를 취하는가에 의해 정해진다고 말하며, 각 언어 사이에는 다른 사태파악의 방식이 존재하며 이것이 표현의 차이로 나타난다고 지적하였다. 그리고 이러한 관점에서 영어와 일본어를 비교하여 영어 화자는 객관적 파악의 경향이 강하고, 일본어

화자는 주관적 파악을 선호하는 경향이 있다고 고찰하였다.

이후 일본 국내에서는 이케가미의 사태파악 이론에 의거한 다양한 연구가 진행되고 있는데, 그와 더불어 그 개념과 용어의 혼란 또한 가중되었다. 먼저 2.1에서는 Langacker의 subjectivity 이론과 이케가미(池上 2003, 2004)의 '사태파악' 이론의 관계와 그 개념에 대해 살펴보고, 2.2.에서는 이케가미(池上 2003)가 사태파악의 객관적 파악과 주관적 파악의 설명모델로서 일본어 언어화자의 입장에서 고찰하여 제안한 이론적 틀에 대해 살펴보겠다.

2.1. subjectivity와 주관성/주체성

Langacker의 'subjectivity'가 일본어로는 '主觀性(주관성)' 내지는 '主体性(주체성)'이라는 두 가지 용어로 번역되어 혼란을 야기하는 문제가 대두되었다. 또한 이케가미(池上 2003, 2004)의 '사태파악'의 두 가지 대비 '주관적 파악'과 '객관적 파악', 나카무라(中村 2004)가 인지모드와 관련하여 제창한 'I모드', 'D모드' 등도 혼재하여 용어와 개념에서 오는 혼란이 가중되었다. 그러한 상황에서 일본의 인지언어학자들도 이러한 문제를 자각하고 이 연구주제에 정통한 연구자들이 모여 제5회 인지언어학회의 심포지엄 "Subjectivity Construal이란 무엇인가(2004)"라는 워크숍을 시작으로 일본영어학회에서의 심포지엄 "(間)主觀性の諸相((간)주관성의 여러 모습)(2011)", "言語と(間)主觀性研究フォーラムin仙台(언어와 (간)주관성연구포럼 in 센다이)(2012)" 등으로 이어져 활발한 논의가 되어 왔다.

여기에서는 Langacker의 subjectivity 이론과 이케가미(池上 2003, 2004)의 사태파악 이론의 관계와 그 개념에 대해 논의하고자 한다. 일본 내에서는 Langacker의 subjectivity 이론이 주관성인가 주체성인가라는 물음에 대한 논의가 오랫동안 되어 왔는데, 우에하라(上原 2016)는 세밀한 분석을 통해 '주체성'으로 통일되게 다루고 있다고 고찰하였다. Langacker(1990)는 subjectivity를 두 가지의 subjectification으로 구분하는데, 다음의 예는 Langacker의 subjectification

을 나타내는 두 가지 예이다.

(1) a. Vanessa jumped across the table.
    b. Vanessa is sitting across the table from Veronika.
(2) a. Vanessa is sitting across the table from me.
    b. Vanessa is sitting across the table.

Langacker의 subjectification의 2분류에 대해 우에하라(2016)는 Langacker (1985, 1990)의 논고를 정리하여 다음과 같이 말한다. (1a)는 테이블을 두고 한쪽에서 다른 한쪽으로 Vanessa의 물리적 이동으로 나타내고, 거기에 따라 개념화 주체의 시점이 이동한다. 반면, (1b)에서는 물리적 이동이 아니라 Vanessa의 위치를 특정할 때 참조점인 Veronika로부터 테이블을 두고 그 맞은 편 쪽까지 이동하는 것은 개념화 주체의 시점뿐이다. 다시 말하면, 전자는 Vanessa라는 개념화 객체의 물리적인 이동을 나타내는데, 후자는 객체의 이동이 아니라 개념화자의 시점 이동만을 나타낸다. 따라서 (1a)보다 (1b)가 보다 주체적이다. 즉, 물리적 이동이 시점 이동보다 기본적이고, 따라서 (1a)에서 (1b)로의 확장과 변화의 방향성이 있으므로, 이것을 'subjectification'이라고 부른 것이다. (1)과 같은 경우를 Langacker(1985)에서는 non-deicitic라고 하고, Langacker(1990)에서는 제1종이라고 하였는데, 우에하라(2016)는 주체성만의 문제라고 하며 '객체의 희박화'라고 하였다. (2)는 Langacker(1990)에서 (1)보다 그 정도가 높은 다른 하나의 타입의 주체화라고 하여, further subjectification 이라고 부르며 구별한 제2종의 subjectification의 경우이다. (2)에서 주목할 만한 것은, (1)과 달리 동일한 두 사람의 위치 관계를 나타내는 두 가지 표현이라는 점이다. (2b)의 화자가 명시되지 않은 문장은 자신의 눈 앞에 Vanessa가 앉아 있는 상황, (2a)의 화자가 명시된 문장은 Vanessa와 화자간의 위치 관계를 제3자가 설명하는 듯한 상황에서 사용된다는 것이다. (2)와 같은 경우를 Langacker (1985)에서는 deicitic, Langacker(1990)에서는 제2종이라고 하였는데, 우에하라(上原 2016)는 주체성과 주관성의 문제라고 하며 '체험자 주관성'

이라고 하였다. 다음의 <표 1>은 우에하라(上原 2016)가 Langacker(1985, 1990, 1991)의 subjectivity 이론과 주관성/주체성에 대해 정리한 표이다.

〈표 1〉 Langacker의 subjectivity 이론과 주관성/주체성 (上原 2016: 64)

Langacker 1991	Langacker 1990	Langacker 1985	우에하라(上原 2016)	
Type1	제1종 (1a → 1b)	non-deicitic	주체성만의 문제	객체의 희박화(문법화의 관여)
	제2종 (2a → 2b)	deicitic	주체성/주관성의 문제	체험자 주관성(주체성의 2레벨간의 전환)
Type2	modals	epistemic predication	주체성/주관성의 문제	인식자 주관성(문법화의 관여)

Langacker는 subjectivity 이론 중에서 제2종의 subjectification 현상에 한하여 보면, 이케가미(池上 2003, 2004)의 사태파악과의 관계가 확실히 보인다. 즉, 이케가미는 (2a)와 같은 경우를 객관적 파악, (2b)를 주관적 파악이라고 하였다.

2.2. '주관적 파악'과 '객관적 파악'

2.3.1. '주관적 파악'이 사태파악의 기본

Langacker의 subjectivity 이론은 영어를 중심으로 그 이론적 틀이 제시되어 있는데 통상적인 경우에서 일탈한 파생적인 경우로 subjectification을 다루고 있다. 이에 대해 이케가미는 (영어와 같은 언어와의 대비를 특히 강조하여) 일본어 화자의 입장에서 보면 오히려 주관적인 사태파악 쪽이 언어화를 의도한 사태파악의 기본적인 형식, 즉 원형(prototype)으로 보는 입장이다. Langacker의 이론 안에서 볼 때, 인간이 구사하는 언어의 문장으로서 가장 기본적인 형식은 화자가 사태를 체험으로서 제시하는 문장과 같이 극한적인 subjectification을 거친 문장일 것이다. 예컨대 "비 온다"라는 문장은 발화의 장면과 따로 떨어져

놓고 생각하면, 통상 상징으로 보고 객관적인 사실을 묘사하는 문장이 되지만, 화자가 길을 걸을 때 빗방울 하나 둘이 얼굴에 떨어져 비가 내리는 것을 알아차리고 놀라움을 동반하여 반사적으로 "비 온다."라고 발화할 때는 다르다. 즉 이 장면에서 화자는 자신을 직시(dexis)하고 초점화하여 표현한 문장이라고 볼 수 있다. 이러한 문장을 전통적인 일본어 연구에서는 '현상문(現象文)'이라고 명명했다. 현상문은 단순한 상황묘사에 지나지 않는 문장으로 보일 수 있으나, 현상문이 제시하고 있는 것은 자신의 신체 레벨에서의 체험을 언어라는 매개로 나타난 것이다.

또한 화자가 자신이 주목하는 사태를 알아차림으로서 발화된다고 한다면 현상문은 감탄사에 가깝다. 가령 "oh!"라는 감탄사를 말할 때 화자의 신체 안에 존재하는 놀람이 기인(source)이 되어 나타난 것이고, 반대로 oh!라는 감탄사가 발화된 것은 신체 안에 놀라는 기분이 있음을 함의하게 된다. 이러한 감탄사는 전형적으로 '지표'(index)로서의 성격을 가지는 언어기호이고, 화자 자신의 신체 안의 사적(private)인 과정의 존재를 시사한다는 의미에서 전형적으로 주관적인 성격을 띤 표현이라고 볼 수 있다. 체험을 체험적으로 나타내는 언어는 뛰어나게 주관적이라고 할 수 있다. 여기에서 말하는 체험적으로 나타낸다는 것은, 화자가 문제의 장면에 자신의 몸을 두고, 체험의 장(場)인 지금, 여기에 시좌(視座)를 두고 스스로의 마음에 떠오른 것을 언어화한다는 것이다.

2.2.2. 자기타자화 또는 자기분열

두 번째 이론적 틀의 수정으로 이케가미는 '자기분열'(자기타자화)와 '자기투입'(타자의 자기화)라는 인지적 과정의 관여를 중요한 요인으로서 상정하였다. 이케가미는 Langacker의 subjectivity 이론 안에서 자기분열이나 자기투입이라는 표현은 거의 의식적으로 피한 듯하다고 지적하며, 이에 대해 다음과 같이 설명하고 있다. 일반적으로 언어화된 사태 내용은 언어화의 조작보다 앞서서 발화 주체에 의한 인지적 파악(construal)의 대상이 되는 과정을 거치고 있다고 상정한다면, 자기가 1인칭 대명사로서 언어화되는 것이 고도로 의

무적인 언어 화자(영어 등)에게 있어서는, 자기도 그 이외의 언어화되는 사태 내용과 같이 인지적 처리의 대상으로서 (즉, 객체화로서) 파악되는 과정을 거친다고 생각할 수 있을 것이다. 영어 화자에게 있어서 타자에 대한 것과 같은 자세로 자기가 자기를 대하는 것(자기타자화)이 (일본어와 같은 언어화자와 비교하여 상대적으로) 보통 심적 조작이 되어 있지는 않을까라는 것이다.

인간에게 있어서 언어화의 영위가 기본적으로 하비투스(habitus)적인 성격이라고 한다면, 이 레벨에서의 자기 대상화, 객체화는 그다지 명확히 의식되는 것이 아니라는 것도 이해할 수 있을 것이다. 그러나, 만약 여기에서 한층 더 나아가, 언어화되는 사태 중에서 (이미 파악대상으로서 객체화되어 있는) 자기가 자기를 타자화하는 상황이 있다면 어떨까? 거기에서는 발화의 주체에게 있어서 이미 타자화되어 있는 자기가 또 자기를 타자화하는 것이 된다. 이 레벨에서 타자화되어 있는 자기는 재귀대명사의 형태로 언어화되는데, Haiman(1999: 24)은 이 점에 대해서 "독립적인 재귀대명사는 (주어로는) 분리한 별개의 존재를 나타낸다."라고 말한다. 이케가미는 이 레벨까지 오면, Haiman이 그런 것처럼 '자기분열'(self-split)이라는 말도 그다지 저항없이 사용할 수 있을 것이라고 말하며, 사태파악의 단계에서의 자기 타자화의 단계에서 파악되는 사태 중 자기에 의해 타자화되어 재귀대명사에 의해 명확히 언어화되는 자기까지를 포함하여 자기분열이라는 말을 적용하였다.

2.2.3. 자기투입 또는 공감

이케가미가 자기분열이라는 개념과 나란히 하나 더 도입한 것은 '자기투입'이라는 인지적 과정이다. Langacker는 "보다"라는 지각 레벨에서의 인지적 활동에 빗대어 무대 위에서 행해지는 사태와 무대 밖에서 그것을 바라보는 관객을 대비시킨다는 도식으로 종종 설명하였는데, 이케가미는 Langacker가 말하는 on-stage와 off-stage의 구별을 하지 않고 일본어 화자의 경우, 영어와는 대조적으로 자기-중심적인 사태파악의 성향이 강한 사실에 특히 유의하여 Langacker의 그라운드의 개념을 발화의 주체만으로 한정하였다. 이렇게 하면,

발화의 주체가 off-stage에 있고, 발화의 주체가 언어화되지 않는 형태의 subjectivity는 발화의 주체가 on-stage에 있고 스스로를 참조점으로 하면서 자기중심적인 주관적 파악을 하는 경우로 흡수된다. 즉, 어느 쪽도 발화의 주체가 on-stage에 있고, 발화 주체 자신을 파악의 원점으로 하여 파악의 대상 범위에 포함시키지 않게 된다. 또한 Langacker(1985)가 말하는 최적관측구도 (optimal viewing arrangement)는 발화의 주체가 자기분열이라는 인지적인 활동을 통해 자기를 타자화하고, 이렇게 타자화한 자기를 무대상에 남기고 무대 밖으로 내려가, 무대상의 타자화한 자기를 객관적으로 파악하는 구도, 즉 객관적 파악이 되는 경우이다. 무대 밖에 있는 발화 주체가 무대 위에 있는 타자에게 스스로를 동화시켜 그 타자가 원점이 되어 주관적 파악을 하는 경우를 공감 또는 자기투입이라고 하였다.

또한 자기(自己) 지각에 대해 생태심리학의 이론을 인지언어학에 적용한 혼다(本多 1994, 1997, 2005a-b)의 설득적인 연구 또한 흥미깊다. 혼다는 Neisser (1993)의 5종류의 자기인식 – ①interpersonal self(대인관계적 자기), ② ecological self(환경론적 자기), ③conceptual self(개념적 자기), ④(temporally) extended self((시간적으로)연장된 자기), ⑤private self(사적인 자기)을 인용하며 그중에서 주관적 파악과 관련있는 자기에 해당하는 것은 ①대인관계적 자기와 ②환경론적 자기라고 하였다. 여기에서 말하는 '대인관계적 자기'란 대상과의 대인적 또는 사회적인 관계로 인식되는 자기이며, '환경론적 자기'는 대상과의 공간적인 위치 관계에 있어서 인식되는 자기에 해당한다. 혼다는 환경론적 자기와 대인관계적 자기의 관계에 대해 동일한 자기인가, 별종의 다른 자기로 인정해야 하는가에 관해 종종 문제제기가 된다고 지적하며, 이는 Tomasello (1999)의 '9개월 혁명(the Nine-Month Revolution)'으로 설명 가능하다고 논하고 있다. 예컨대, 생후 6개월의 아기는 물건을 만지고 있을 때 가까이에 누군가가 있어도 거의 관심을 보이지 않고, 또 타자와 마주하고 있을 때는 가까이에 물건이 있어도 거의 관심을 나타내지 않는다. 이러한 '사물-자기'와 '타자-자기'라는 2항 관계가 생후 9개월에서 12개월에 걸쳐 통합되어 '공동주의(共同

注意)'에 의한 '사물-타자-자기'의 3항 관계가 성립한다는 것인데, 혼다는 자기 지각에 관해 이를 적용하였다. 즉, 독립하여 존재하는 환경론적 자기와 대인관계론적 자기가 9개월 혁명으로 통합되어 성립한 자기를 '직접 지각되는 자기'라고 하였다. 혼다가 말하는 직접 지각되는 자기가 언어에서 나타나는 방법은 다음과 같다.

(3) a. 言語において、音形をもった形式によって表現できるのは、話し手の視野の中に含まれるものに限られる。(언어에 있어서 음형을 가진 형식에 의해 표현할 수 있다는 것은 화자의 시야 안에 포함되는 것으로 한정된다.)

   b. 知覺における直接知覺される自己は視野の中にあるものではない。したがって、音形のある言語形式によって明示的に指示することはできない。すなわち知覺における直接知覺される自己に相当する言語表現の形式はゼロ形である。(지각에 있어서 직접 지각되는 자기는 시야 안에 있는 것이 아니다. 따라서 음형이 있는 언어형식에 의해 명시적으로 지시할 수 없다. 즉, 지각에 있어서 직접 지각되는 자기에 상당하는 언어표현의 형식은 제로 형태이다.)

<本多 2005b: 519, 밑줄은 필자>

혼다가 말하는 직접 지각되는 자기 중에서 (3b)는 이케가미의 자기 제로화라고 볼 수 있으며 이는 주관적인 사태파악의 중요한 지표가 된다.

3. 일본의 '사태파악' 연구 현황과 과제

2018년 7월 현재 CiNii[4]에서 '事態把握(사태파악)'을 키워드로 검색한 결

---

4   CiNii(https://ci.nii.ac.jp/)는 NII 학술정보 네비게이터로 보통 "サイニィ(사이니)"라고 부른다. 일본 내에서 출판된 모든 학술논문, 도서, 박사논문 등을 검색할 수

과, 약 90여 편의 논문이 검색되었다. 이들 연구들을 살펴보면 일본어의 특징이라고 일컬어지는 여러 현상 및 일본어 구문을 사태파악의 관점에서 고찰하여 분석한 연구, 언어유형론(linguistic typology)적 관점에서 모든 언어에는 선호하는 표현이 있다는 입장에서 일본어와 다른 언어의 사태파악을 비교 대조한 연구, 일본어 교육을 시작으로 언어교육 분야에서 일본어 학습자가 산출하는 부자연스러운 일본어에 주목하여 학습자 모어의 사태파악을 분석하여 이를 일본어교육에 응용하고자 한 연구, 사태파악과 문화적 유산물의 상동성(相同性) 등 문화까지 확장한 연구 등 다양한 연구가 진행되고 있다.

3.1. '사태파악'으로 본 일본어의 특징

주어생략(池上 2006, 2008, 2009, 2012 등), 수동표현(堀川・森・栗原 2003, 守屋 2011), 발견의 'た'(XuYufen 2008, 2009), 일본어의 종조사(終助詞) 'ね'(立部 2013), 복합동사의 형성(百留 2009) 등 기존의 객관적 언어분석의 입장에서 논의해 왔던 일본어의 문법 사항이나 표현들을 인지언어학의 사태파악의 관점에서 재분석하여 논한 연구들이 있다. 이들 연구는 일본어의 특징으로 나타난 여러 가지 현상들이 그 근저에는 일본어 화자의 주관적 파악의 경향이 강하게 관여하고 있음을 시사한 것으로 그 의의가 있다.

이러한 연구 중에서 하나를 소개하고자 한다. 오가미(大神, 2015)는 일본어의 다의구문 'XがYくなる(X가Y(아/어)지다)'를 인지언어학점 관점에서 분석하여, 이 구문은 비교라는 공통 인지 기반을 가지면서 시간과 사태파악의 시점이라는 두 가지 요소에 주목함으로써 변화・상태・실감의 3가지 특징이 나타난다고 분석했다. 즉, 시간적인 존재와 사태파악의 시점을 'XがYくなる'의 각 용법의 의미 변별적 요소로 보았다. 가령, (4a)~(4e)의 'XがYくな

___

있는 사이트로 일본 최대라고 볼 수 있다. 사태파악과 관련하여 주관성(화), 주체성 등도 키워드로 같이 검색할 수 있으나 2장에서 살펴본 바와 같이 혼란을 불러올 수 있으므로 이 글에서는 사태파악에 한정하였다.

る'는 각각 다른 용법으로 각각 용법 A, B, C, D, E에 해당한다. 용법 A, B, D, E는 시간경과를 동반하는 데에 반해, 용법 C만이 시간성을 동반하지 않는다고 분석했다. 또 사태파악의 시점에서는 용법 A, B, C, D는 각각 外の視点(밖의 시점)/객관적 파악, 용법 E만이 內の視点(안의 시점)/주관적 파악의 표현으로 규정된다고 하였다.

(4)　a. 水洗いすると，ウールのスカートが縮んで短くなってしまった。
　　　　물로 빠니 울 스커트가 줄어서 짧아져 버렸다. <용법 A>
　　b. 最近, 本校では女子生徒のスカートがどんどん短くなってきている。
　　　　요즘 본교에서는 여학생의 스커트가 점점 짧아지고 있다.
<용법 B>
　　c. ある女子高の制服は，スカートがふつうよりやけに短くなっている。
　　　　어느 여고의 교복은 스커트가 보통보다 엄청 짧아졌다. <용법 C>
　　d. 娘は急に背が伸び，一月前はぴったりだったスカートが短くなった。
　　　　딸은 갑자기 키가 커서 한 달 전에는 딱 맞았던 스커트가 짧아졌다. <용법 D>
　　e. 半年ぶりに着てみると，お氣に入りのスカートが短くなっている。
　　　　반 년만에 입어 보니 마음에 들었던 스커트가 짧아져 있다.
<용법 E>
<大神 2015: 177-180, 한국어는 필자>

　이와 같이 'XがYくなる(X가Y(아/어)지다)' 구문은 객관적인 변화만을 나타내는 것이 아니라 사태와 그 사태를 파악하는 인지적 활동을 반영하여 다양한 의미를 나타내고 있음을 알 수 있다. 이러한 결과는 통어적 구조가

동일한 표현을 문장의 구성요소인 어휘 항목의 의미만 주목해서는 보이지 않았을 것이다. 공통적인 인지 기반에 의한 것이라는 입장에서 분석함으로써, 사태와 인지, 언어의 관계에 대해 초점을 맞출 수 있을 것이다.

3.2. 모어 화자의 선호하는 표현과 '사태파악'

일본어 화자와 다른 언어 화자와의 사태파악을 비교한 연구 또한 활발히 이루어지고 있다. 지금까지 연구 동향을 보면 영어, 중국어, 한국어, 터키어, 러시아어, 독일어, 프랑스어 화자가 사태파악을 할 때 선호하는 표현의 유사점과 차이점에 대해 고찰을 시도한 여러 연구가 있다.

일본어와 영어를 비교하여 일본어 화자는 주관적 파악이 강하고, 영어 화자는 객관적 파악이 강하다는 것을 주장한 이케가미를 필두로, 일본어와 영어의 사태파악에 관한 연구는 활발히 진행되어 왔다. 예컨대, 이하라(井原 2016)는 감정·감각표현에서 영어와 일본어는 인칭 제한이 있다는 점에서 사태파악을 비교하였고, 구로타키(黒瀧 2005, 2013)[5]는 영어와 일본어의 양태(modality)를 비교하였다. 또한 다나카(田中 2013)는 아래와 같은 광고와 포스터, CM 등의 영어와 일본어를 비교하여, 일본어는 주관적 파악을 선호하고 청자 책임 언어,[6] 영어는 객관적 파악을 선호하고 화자 책임 언어라고 분석하였다.

---

5 구로타키는 영어는 ①통어구조 > deontic modality > epistemic modality와 ②통어구조 > deontic modality > speech-act modality의 두 가지 파생경로가 있지만, 주관적 파악을 선호하는 일본어는 epistemic modality를 원형으로 하고 거기에서 다양한 양태(deontic modality 외에 dynamic modality도 포함)가 발생한다고 고찰했다.

6 여기에서 말하는 '화자/청자책임'이란 Hynds(1987)에 의함. '화자책임적'은 화자가 상대방에게 의도가 충분히 전달되도록 이야기해야 한다는 생각을 의미하고, '청자책임적'은 청자는 상대방의 의도를 충분히 이해하도록 노력해야 한다는 생각을 의미한다. 다나카(2013)에 의하면 일본어의 청자 책임적인 경향은 일본어의 광고 표현에도 나타나 있어서 일본의 광고는 상품의 특징을 직접적으로 전달하는 방식보다 그 상품을 사용한 감상 등을 전면적으로 나타내어 독자가 메시지를 받아들이는 형식이 많다고 한다.

〈그림 1〉 JT((주)일본담배산업)의 광고 (田中, 2013)

　일본어와 다른 언어를 비교 대조한 연구는 영어가 가장 많은데, 두번째로 많은 언어는 중국어로, 중일 비교도 활발히 이루어지고 있고(徐一平 2018, 白晶 2013, 韓濤 2011, 徐愛紅 2011, 梁爽 2009, 盛 2006), 또 그 수는 많지 않으나 터키어(Tekmen Ayse Nur 2010, 2016), 독일어/프랑스어(大月 2016, 大薗 2016)와 일본어를 사태파악 관점에서 비교한 연구들도 서서히 나타나고 있다. 이들 선행연구에 의하면 일본어 화자는 영어 화자와 중국어 화자, 러시아화자, 독일어(프랑스어)화자, 터키어 화자에 비해 주관적 파악의 경향이 강하다는 것이다.

　또한 일본어와 언어유형론적으로 가까운 한국어와의 비교를 통해서도 일본어 화자 쪽이 한국어 화자보다 주관적 파악에 치우쳐져 있다는 것이 확인되었다(徐珉廷 2010, 2013a). 徐珉廷은 한국어에는 일본어의 보조동사 'ていく/くる'에 대응하는 '-(아/어) 가다/오다'라는 보조동사가 있는데도 불구하고 왜 한국어 화자는 본동사만으로 표현하거나 다른 표현을 사용하는가, 그 근저에는 양언어 화자의 사태파악이 다르다는 것이 관련되어 있음을 고찰했다. 그리고 그 결과를 토대로 다른 언어적 지표-'てもらう'와 주어 생략-에 대해서도 검토하여 일본어 화자는 사태에 스스로 몸을 두고 그 사태의 당사자로서 자기-중심적(ego-centered)인 자세로 사태를 보고 주관적 파악을 하는 경

향이 있지만, 한국어 화자는 일본어 화자보다 객관적 파악에 기울어져 있음을 고찰했다.

지금까지 연구결과를 종합하면 언어지표에 있어서 주관성의 정도(degree)를 볼 때 일본어가 가장 주관적 파악을 하는 경향이 높다는 것이 일관되게 확인되고 있다. 앞으로 좀 더 많은 언어와의 비교를 통해 일본어가 모든 언어 중에서 가장 주관적이라고 말할 수 있는가하는 가설에 대한 검증이 필요하겠다.

이러한 인지언어학의 연구성과는 언어교육에서도 응용하고자 하여 실증적인 연구로 이어졌다. 먼저 일본어 교육 분야에서 빠르게 그 움직임이 나타났다. 곤도・히메노・아다치(近藤・姬野・足立 2009, 近藤・姬野・足立・王 2000)는 중국인 일본어 학습자가 산출한 일본어가 일본어 화자가 다르다는 점에 주목하여 중국어 화자와 일본어 화자는 사태파악의 경향이 다를 수 있다는 가설을 세우고 그 타당성에 대해 앙케이트 형식으로 조사했다. 조사항목은 ①1인칭/2인칭, ②이동표현, ③자동사/타동사, ④수동표현, ⑤주고받기 표현, ⑥감정・감각, ⑦무조사, ⑧사태적파악, ⑨권유, ⑩신청의 10항목의 언어표현에 대한 21설문이다. 이 중, ①②③④⑤⑥⑨ 항목에 대해서는 일본어 화자보다 중국인 일본어 학습자 쪽이 주관적 파악의 경향이 낮게 관찰되었다고 보고하고 있다. 또한 이 연구그룹은 계속해서 한국인 일본어 학습자를 대상으로 같은 방법으로 조사[7]하였는데(近藤・姬野・足立 2014, 2015), ⑥ 감정・감각, ⑧사태적파악을 제외한 다른 항목에서는 거의 예상대로 일본어 화자가 가장 주관적 파악의 경향을 나타냈고, 중국어 화자가 객관적 파악의 경향이 강하고, 한국어 화자가 그 중간 정도에 위치한다는 결과를 얻었다. 또한 마쓰이(松井 2010)에 의해 담화 레벨에 있어서도 일본어 화자는 주관적 파악이 보이고 러시아인 일본어 학습자는 객관적 파악의 경향이 보여짐이 확

---

7 비슷한 연구로 鄭在喜(2014)가 있다. 한국인 일본어 학습자/중국인 일본어 학습자를 대상으로 11장면의 만화를 보여주고 스토리를 기술하게 하여 분석한 鄭在喜(2014)에서도 상급 일본어 학습자여도 일본어 화자와 사태를 파악하고 언어화하는 것이 다름이 확인되었다.

인되었다. 마쓰이는 일본어 화자와 러시아인 일본어 학습자를 대상으로 동일한 그림을 보여주고 그 발화 데이터를 분석했다.[8]

앞서 언급한 일본어와 한국어의 언어 차이에 의한 유형론적인 주관성의 개별성과 보편성에 관한 연구는 徐珉廷(2013b)에서 실증연구로 이어진다. 徐珉廷(2013b)에서는 일본어 화자와 한국어 화자의 사태파악의 다른 점과 유사점을 실증조사로 확인하고, 그 차이가 제2언어 습득의 전이로서 나타나는가에 대해 검토했다. 일본어 화자, 한국어 화자, 한국인 일본어 학습자, 일본인 한국어 학습자를 대상으로 시나리오 작성법으로 조사하여, 일본어 화자의 사태파악이 한국어 화자와 한국인 일본어 학습자보다 주관적인 경향이 있다는 것을 재확인했다. 또한 이러한 사태파악의 차이가 제2언어 습득에 미치는 영향을 검토한 결과, 한국인 일본어 학습자는 주관적인 사태파악의 과잉사용, 일본인 한국어 학습자에게는 회피가 보였다고 보고하고 있다.

두 언어 사이의 다른 점이 반드시 전이(transfer)로 나타나지 않는 사례도 실제 중간언어에서 많이 관찰되었으나, 성인 학습자에게 내재되어 있는 제1언어로서의 모어의 영향이 긍정적 전이 또는 부정적 전이가 생긴다는 것은 여러 연구에서 지적된 바와 같다. 화자가 발화에 앞서 먼저 언어화하려고 하는 사태의 어느 부분을 언어화하고 어느 부분을 언어화하지 않는가, 언어화하는 부분에 대해서는 어떤 시점에서 언어화하는가라는 인지적인 활동을 행한다고 한다면, 특히 성인 학습자의 경우 모어의 사태파악이 제2언어 습득에 어떠한 형태로든 영향을 미칠 것이라고 생각할 수 있다. 그러나 아직 이 분야의 연구는 미비하며 후속 연구가 계속 나와야할 것이다.

그런데, 일본어나 영어, 중국어, 한국어 등 각 모어 화자가 사태파악이라는 인지 과정을 몇 살 때쯤 획득하는 것일까? 사쿠라이(櫻井 2014)는 Berman & Slobin(1994)의 Frog Story 언어획득연구 프로젝트의 결과를 이용하여 일

---

8 사태파악 이론이 일본어 교육에 어떻게 응용되었는지 쉽게 읽고 싶은 독자에게는 이케가미・모리야(池上・守屋 2009)의『自然な日本語を教えるために－認知言語學をふまえて』와 곤도 히메노(2012),『日本語文法の論点43 －－「日本語らしさ」のナゾが氷解する』를 권한다.

본어와 영어를 비교하여, 언어발달단계에서 사태파악이 언제 획득되는지에 대해 분석 고찰했다. 사쿠라이는 타동적 관계가 나타날 장면에 대해 영어와 일본어에서 어떻게 표현되는지에 대해 살펴 보았는데, 3세와 5세/9세는 다른 양상을 보였다. 3세의 경우, 양언어에서 동작주나 피동작주에 대해 언급하지 않고 타동적 관계로 파악하지 않고, 사태를 크게 하나로 본 시점이 반영된 표현이 사용되었다. 9세와 5세의 경우는 좀 다른데, 영어는 타동적 관계가 명시되는 언어표현이 보이지만, 일본어는 그 일이 일어난 결과에 주목하여 타동사 관계가 반드시 명시되지 않는다는 점이다. 이 결과를 토대로 사쿠라이는 언어에 특징적으로 보이는 듯한 사태파악이 5세의 언어발달단계에서 획득되어진다고 고찰했다. 이 연구를 통해 이른바 영어 화자의 객관적 파악과 일본어 화자의 주관적 파악은 5세를 전후해서 나타난다고 추정할 수 있는데, 이 글에서는 타동사 관계를 통해서만 분석했기 때문에 앞으로 후속 연구가 나오길 기대한다.

4. 마무리

지금까지 일본 인지언어학에서 주로 다루고 있는 '사태파악' 연구에 관해 그 개념과 주요 쟁점, 탐구 현황에 대해 살펴보았다. 앞서 3장에서 탐구 현황을 살펴 볼 때 남아있는 과제에 대해 언급하였는데, 여기에서는 3장에서 언급하지 않은 부분을 중심으로 앞으로의 남은 과제에 대해 두 가지 관점에서 말하고자 한다.

첫 번째는 지금까지의 연구 결과를 토대로 앞으로의 언어 교육을 위한 연구에서 응용하여 실천면에 있어서 구체적인 방안을 제시해야 할 것이다. 사태파악을 토대로 한 교수법과 교재개발이 아직은 미비한 상황이다. 언뜻 보기에는 관계없이 보이는 듯한 문법형식 항목이라고 하더라도 실은 동일한 기인에 의한 것이라는 인식을 학습자가 납득하게 설명할 수 있다면 제2언어 학습에 도움이 될 것이다. 다시 말하면, 표현의 같고 다름은 표면적인 형식의 차이로 다루는 것에 그치는 것이 아니라 좀 더 깊게 화자의 인지적 활동의 차이로 인식되는 노력이 필요하며 이를 학습자에게 설명할 수 있는 교사상이 바람직할 것이다. 일본어교육 분야에서는 이런 연구가 조금씩 진행되고 있지만 다른 언어교육에서도 이같은 자세를 반영한 교수법과 교재 개발이 필요하다고 하겠다.

두 번째는 사태파악은 언어적 지표에만 국한되는 것이 아니라는 점이다. 즉, 모든 언어의 사태파악에는 선호하는 경향이 있고, 이에 의거하여 생겨난 언어표현과 언어구조, 언어사용의 각 레벨, 그 위에 문화적 구축물까지도 상동성(相同性)인 경향이나 형태를 찾을 수 있다. 여기에서 말하는 상동성이란 원래 생물학에서 19세기 중반부터 사용된 개념인데, "언어구조와 문화적 구축물등에 있어서 보여지는 구조적 평행성"을 말한다. 언어학 분야에서 이 상동성이라는 개념은 Hawkins(1972)의 카테고리 횡단적조화(cross-category harmony) 내지는 Whorf(1956)의 선호하는 표현(fashions of speaking)에 연결된다(池上1999). 이러한 관점에서 영어와 일본어에 나타나는 언어와 문화의 상동성을 보면, 영어의 결과지향/유계성(Bounded)과 일본어의 과정지향/무계성(Unbounded)이 언어구조, 언어사용, 문화적 구축물에서 상동성이 나타난다(多々良・谷・八木橋 2012).[9] 이처럼 각 언어문화에서 관찰되는 상동성의 근저에는 각 언어화자의 선호하는 사태파악의 존재가 있을 것이다. 이러한 관점에서 인간의 마음・언어・문화의 본질을 추구하는 흥미로운 연구들이 앞으로 계속 나오길 기대한다.

---

9 영어의 결과지향, 일본어의 과정 지향에서 분석 대상이 된 것은 언어구조(동사의 상(aspect)), 언어 사용(스포츠 신문 머릿기사),문화적 구축물(영화구조)이다. 또한 가산/불가산 명사의 구별의 기반이 되는 유계성/무계성이라는 특징은 명사뿐만이 아니라 동사에서도 나타나는데, 이 특징은 양언어의 이동표현, 민화, 스포츠 신문 보도의 담화구조, TV광고 등의 문화적 구축물까지 언어와 매우 유사한 특징을 나타낸다.

참고문헌

서민정(2010), 『<사태파악>의 한일대조연구: 'ていく/くる'와 '어 가다/오다'의 보조동사 용법을 중심으로』, 제이앤씨.

Berman, R. A. & D. I. Slobin(1994), *Relating Events in Narrative: A Crosslinguistic Developmental Study*, Hillsdale, N.J.: Lawrence Erlbaum Associates.

Haiman, J.(1999), Grammatical signs of the divided self: A study of language and culture, in M. K. Hiraga *et al.*(eds.), *Cultural, Psychological and Typological Issues in Cognitive Linguistics*, 213-234, Amsterdam: John Benjamins.

Hawkins, D.(1972), Philosophical redirection of educational research: Human nature and the scope of education, *National Society for the Study of Education Yearbook*, 71(1): 287-326.

Hinds, J.(1987), Reader versus Writer Responsibility, in U. Connor & R. B. Kaplan(eds.), *Writing across Languages: Analysis of L2 Texts*, Reading, 141-152, M.A.: Addison-Wesley.

Ikegami, Y. (2015), "Subjective construal" and "objective construal": A typology of how the speaker of language behaves differently in linguistically encoding a situation. 『認知言語學研究』 vol. 1, 1-21, Tokyo: 開拓社.

Langacker, R.(1985), Observation and speculations on subjectivity, in J. Haiman(ed.), *Iconicity in Syntax*, 109-150, Amesterdam: John Benjamins.

Langacker, R.(1990), Subjectification, *Cognitive linguistics* 1: 5-38.

Langacker, R.(1991), *Concept, Image and Symbol.: The Cognitive Basis of Grammar*, Berlin: Mouton de Gruyter.

Neisser, U.(ed.)(1993), *The Perceived Self: Ecological and Interpersonal Sources of Self-Knowledge*, Cambridge: Cambridge University Press.

Tomasello, M.(1999), *The Cultural Origins of Human Cognition*, Cambridge, M.A.: Harvard University Press.

Whorf, B. L.(1956), *Language, Thought, and Reality*, Cambridge, M.A.: The MIT Press. (有馬道子譯(1978) 『[完譯] 言語·思考·實在』 南雲堂 / 池上嘉彦

譯(1993)『言語・思考・現實』, 講談社).

池上　嘉彦(1999), "'Bounded' vs. 'Unbounded'と'Cross-category Harmony' (1)(24)"『英語青年』1999年4月号-2001年3月号.

池上 嘉彦(2003), "言語における＜主觀性＞と＜主觀性＞の言語的指標 (1)", 『認知言語學論考』3: 1-49, ひつじ書房.

池上 嘉彦(2004), "言語における＜主觀性＞と＜主觀性＞の言語的指標 (2)", 『認知言語學論考』4: 1-60, ひつじ書房.

池上 嘉彦(2006), 『英語の感覺・日本語の感覺: ＜ことばの意味＞のしくみ』, 日本放送出版協會, NHKブックス.

池上 嘉彦 (2009), "日本語話者における＜好まれる言い回し＞としての＜主觀的把握＞", (ことば工學研究會(第31回)シンポジウム 主觀性とパースペクティヴ)『ことば工學研究會』31: 23-29, ことば工學事務局.

池上 嘉彦・守屋 三千代(2009), 『自然な日本語を教えるために: 認知言語學をふまえて』, ひつじ書房.

池上 嘉彦(2011), "日本語話者における＜好まれる言い回し＞としての＜主觀的把握＞(＜特集＞主觀性とパースペクティブ)", 『人工知能學會誌』26(4): 317-322, 人工知能學會.

池上 嘉彦(2012), "＜言語の構造＞ から ＜話者の認知スタンス＞ へ : ＜主客合一＞ 的な事態把握と ＜主客對立＞ 的な事態把握 (文法研究の現在)", 『國語と國文學』89(11): 3-17, 明治書院.

井原 奉明(2016), "日本語と英語の感情・感覺表現: 事態把握・人称制限", 『學苑』906: 30-42, 光葉會.

上原 聰(2016), "ラネカーのsubjectivity 理論における「主体性」と「主觀性」: 言語類型論の觀点から", 中村 芳久・上原 聰(編)『ラネカーの(間)主觀性とその展開』, 開拓社.

大神 雄一郎(2015), "「スカートが短くなる」とき:「XがYくなる」構文の多義とその認知基盤", 『認知言語學研究』1: 176-201, 開拓社.

大月 實(2016), "英語・ドイツ語・フランス語に依る事態把握の特性について", 『外國語學研究』17: 53-59, 大東文化大學大學院外國語學研究科.

大薗 正彦(2016), "構文の適用可能性: 日獨語の好まれる事態把握との關連において", 『Sprachwissenschaft Kyoto』15: 1-22, 京都ドイツ語學研究會.

小野正樹・李奇楠(編)(2016), 『言語の主觀性－認知とポライトネスの接点』,

くろしお出版.

韓　濤(2011), "現代中國語における方向補語"來""去"の用法に關する一考察: 主觀的事態把握と「遠/近」の整列對應の觀点から",『愛知工業大學研究報告』46: 43-47, 愛知工業大學.

黑瀧　眞理子(2005),『DeonticからEpistemic への普遍性と相對性: モダリティの日英語對照研究』, くろしお出版.

黑瀧　眞理子(2013), "日英語の事態把握と間主觀的モダリティ: Potentiality, 狀況可能とEvidential Modalityの觀点から",『認知言語學論考』11: 313-345, ひつじ書房.

近藤　安月子・姬野　伴子・足立　さゆり(2009), "中國語母語日本語學習者の事態把握: 日中對照予備調査の結果から",『日本認知言語學會論文集』9: 1-11, 日本認知言語學會.

近藤　安月子・姬野　伴子・足立　さゆり [他]](2010), "中國語母語日本語學習者の事態把握: 日本語主專攻學習者を對象とする調査の結果から (ワークショップ　中國語母語日本語學習者の事態把握: 日本語主專攻學習者を對象とする調査の結果から)",『日本認知言語學會論文集』10: 691-706, 日本認知言語學會.

近藤　安月子・姬野　伴子(2012),『日本語文法の論点４３:「日本語らしさ」のナゾが氷解する』, 研究社.

近藤　安月子・姬野　伴子・足立　さゆり(2014), "韓國語母語日本語學習者の事態把握: 日韓對照言語調査の結果から",『日本認知言語學會論文集』14: 373-382, 日本認知言語學會.

近藤　安月子・姬野　伴子・足立　さゆり(2015), "日本語學習者と日本語母語話の事態把握の傾向差と相對的距離: 中國語母語および韓國語母語學習者を對象に",『日本認知言語學會論文集』15: 447-457, 日本認知言語學會.

櫻井　千佳子(2014), "言語獲得にみられる事態把握と場の言語學 (2013年日本認知言語學會全國大會　ワークショップ　場の理論と日本語の文法現象)",『日本認知言語學會論文集』14: 643-646, 日本認知言語學會.

澤田治美(編)(2011),『主觀性と主体性(ひつじ意味論講座第5卷)』, ひつじ書房.

徐　珉廷(2013a),『<事態把握> における日韓話者の認知スタンス: 認知言語學の立場から見た補助動詞的な用法の「ていく/くる」と「e kata/ota」の

主觀性』, ココ出版.

徐 珉廷(2013b), "日韓母語話者と韓國人日本語學習者の <事態把握>: シナリオ作成法調査の結果から", 『學苑』871: 51-65, 光葉會.

徐 愛紅(2011), "<事態把握> から見た中日兩言語の語り: 語順を中心に", 『日本語日本文學』21: 57-68, 創価大學日本語日本文學會.

徐 一平(2018), "「ナル表現」と「スル表現」から見た日本語と中國語 (國際連語論學會 連語論研究(8))", 『研究會報告』42: 3-11, 日本語文法研究會.

Xu Yufen(2008), ""タ"の表す「發見」について", 『日本語・日本文化』34: 23-40, 大阪大學.

Xu Yufen(2009), "見通しの狀況に用いられる"タ"", 『間谷論集』3: 79-96, 日本語日本文化教育研究會編集員會.

多々良直弘・谷みゆき・八木橋宏勇(2012), "英語と日本語に現れる言語と文化の相動性", 『櫻美林論考: 言語文化研究』3: 61-80, 櫻美林大學.

田中 優美子(2013), "日本語話者が好む公共廣告の表現: 日英<事態把握>の觀点から", 『日本認知言語學會論文集』13: 450-460, 日本認知言語學會.

立部 文崇(2013), "情報の歸屬性では說明できない終助詞「ね」の特質: 事態把握に關わる「伝達」と「確信」が談話に及ぼす作用", 『南山言語科學』8: 239-258, 南山大學大學院人間文化研究科言語科學專攻.

Tekmen Ayse Nur(2010), "トルコ語の「語り」における空間の構築 (ワークショップ「私たち」の<事態把握>と「語り」:「語り」の空間の構築と共有)", 『日本認知言語學會論文集』10: 728-731, 日本認知言語學會.

Tekmen Ayse Nur(2016), "トルコ語のOI-動詞と日本語の「なる」動詞の比較 (日本語・韓國語・トルコ語の <事態把握>と「ナル表現」)", 『日本認知言語學會論文集』16: 593-598, 日本認知言語學會.

鄭 在喜(2014), "日本語學習者の日本語產出における事態把握: 認知的な營みの異同を中心に", 『比較文化研究』113: 127-139, 日本比較文化學會.

中村芳久(2004), "主觀性の言語學: 主觀性と文法構造・構文(第1章)", 『認知文法論 II』, 大修館書店.

百留 康晴(2009), "複合動詞「落ち着き拂う」「出拂う」の語形成分析: 話者の<事態把握>のし方という觀点から(口頭發表・午後の部,日本語學會2008年度秋季大會研究發表會發表要旨)", 『日本語の研究』5(2): 119, 日本語學會.

白 晶(2013), "中國語母語話者の表出する日本語が不自然に聞こえる原因分析: 事態把握の視点から", 『中國研究論叢』 13: 145-153, 霞山會.

堀川智也・森篤嗣・栗原由加(2003), "事態把握の相違に基づく日本語受身文の分類", 『日本語・日本文化研究』 13: 29-38, 大阪外國語大學日本語講座.

本多 啓(1994), "見えない自分,言えない自分: 言語にあらわれた自己知覺(アフォーダンス: 反デカルトの地平<特集>)", 『現代思想』 22(13): 168-177, 青土社.

本多 啓(1997), "世界の知覺と自己知覺 (特集:認知言語學最前線)", 『英語青年』 142(12): 658-663, 研究社.

本多 啓(2005a), 『アフォーダンスの認知意味論: 生態心理學から見た文法現象』, 東京大學出版會.

本多 啓(2005b), "自己の直接知覺としてのSubjective Construal ([日本認知言語學會] シンポジウム Subjective Construalとは何か)", 『日本認知言語學會論文集』 5: 515-530, 日本認知言語學會.

松井一美(2010), "日本語母語話者とロシア語母語話者の日本語發話データにみる <主觀的把握> と <客觀的把握>", 『日本認知言語學會論文集』 10: 107-117, 日本認知言語學會.

守屋 三千代(2011), "廣告における受益可能表現: <事態把握> の觀点より", 『日本語日本文學』 21: 19-32, 創価大學日本語日本文學會.

梁 爽(2009), "<事態把握>と「語り」をめぐる日中兩國語話者の相違:「笑い」を中心に (<イマ・ココ>にこだわる日本語話者の「語り」)", 『日本認知言語學會論文集』 9: 584-587, 日本認知言語學會.

한·중 감정어

이 선 희*

1. 들머리

'감정(emotion)'은 인간이 인간이기 위한 속성으로 생존하는데 필수적인 요소이다. 여기에는 성별도 민족도 국적도 없다. 인간이면 누구나 느끼는 것이 감정이다. 그러므로 감정은 많은 학문 분야의 끊임없는 러브콜을 받아왔다. 감정이 언어학의 관심을 받은 것은 비교적 최근이다. 자율적인 체계로 언어를 파악해 온 구조언어학이나 생성언어학은 감정의 문제에 깊은 관심을 가지지 않았다. 또 감정 언어가 중시를 받았다고 해도, Kövecses(2000)가 지적한 바와 같이 2000년대 초반까지 감정 언어의 세 가지 유형, 즉 표현적 언어, 기술적 언어, 비유적 언어 중 주로 기술적 의미에 주안점을 두고 은유나 환유와 같은 비유적 언어는 큰 주목을 받지 못했다. 대부분의 학자들이 언어를 기술하는 자구적 표현만 진리를 나타내며, 비유적 표현은 개인적이고 감정의 실제 구성방식과 무관하므로 연구의 필요성이 없다고 본 것이다(Zoltán Kövecses,

---

* 계명대학교 중국어문학전공 교수, shlee007@kmu.ac.kr

김동환・최영호 역 2009: 29-30).

 '인지언어학(cognitive linguistics)'은 '감정'을 특히 언어 의미 연구의 중심 과제로 인식하며 이에 대해 집중 조명하였다. 언어사용의 주체로서 인간의 몸과 마음 그리고 문화적 맥락과의 유기적 관계를 파악하려고 하는 인지언어학의 관점에서는 감정을 인간의 가장 중요한 체험 요소의 하나로 간주하였다(임지룡 2006).

 이 글은 한・중 기본 감정 표현을 인지언어학적 관점에서 살펴봄으로써 인간의 감정어에 대한 한・중 대조연구의 현황을 조망하고자 한다. 이는 감정 표현의 은유적 개념화 양상과 신체어를 활용한 환유적 양상의 두 가지 측면에서 진행할 것이다.

 '기본 감정(basic emotion)'의 규정은 문화권과 학자에 따라 다르다. Frijda, Markan, Sato & Wiers(1995)는 11개 언어에서 일반적이고 보편적인 감정 범주로, '행복', '슬픔', '화', '공포', '사랑'의 5가지를 설정한 바 있다(Zoltán Kövecses, 김동환・최영호 역 2009: 27에서 재인용).

 한국과 중국도 인간의 기본 감정에 대한 연구를 끊임없이 해왔다. 특히 현대에 들어와서 한국어 감정어에 관한 탐구가 활발해지면서 기본 감정 범주에 대해서도 본격적인 관심을 가지게 되었다. 한국에서 진행된 연구들에 나타난 기본 감정 범주를 보면, 대체로 위 5가지 감정의 범위를 넘어선다. 몇몇 학자들의 견해를 정리하면 다음 <표 1>과 같다.

〈표 1〉 한국의 기본 감정 범주

논자	감정의 분류	개수
장효진(2001)	기쁨, 슬픔, 놀람, 공포, 혐오, 분노	6
김향숙(2003)	기쁨, 슬픔, 분노, 두려움, 사랑, 미움	6
임지룡(2006)	화, 두려움, 미움, 사랑, 슬픔, 기쁨, 부끄러움, 긴장	8
이미지(2012)	기쁨, 슬픔, 두려움, 노여움	4
이정희(2012)	기쁨. 슬픔, 두려움, 분노	4

위의 표를 보면 우선 장효진(2001)에서는 감정의 유형은 기쁨, 슬픔, 놀람, 공포, 혐오, 분노 6가지로 분류하였고, 김향숙(2003)에서는 인간의 감정에 대하여 기쁨, 슬픔, 분노, 두려움, 사랑, 미움으로 역시 6가지의 유형으로 나누었음을 알 수 있다. 임지룡(2006)에서는 이보다 범위를 확장하여 기본 감정을 화, 두려움, 미움, 사랑, 슬픔, 기쁨, 부끄러움, 긴장의 8가지로 구분하였고, 마지막 이미지(2012)와 이정희(2012)에서는 기쁨, 슬픔, 두려움, 노여움(분노)의 4가지로 분류하여 제시하였다.

중국어에서 감정에 대한 연구는 춘추전국시대까지 거슬러 올라가는데, 중국에서는 전통적으로 기본 감정의 범주를 6가지에서 7가지로 분류한 경우가 많다. 먼저, 유가 경전인『예기(禮記)』에서는 '喜(희), 怒(노), 哀(애), 樂(락), 愛(애), 惡(오), 欲(욕)'의 7가지로 분류하였다. 이와 대체로 유사한 것으로 노(魯)나라『좌전(左轉)』에서는 인간의 기본 감정을 '喜(희), 怒(노), 哀(애), 樂(락), 好(호), 惡(오)'의 6가지로 제시하였다. 노자(老子)도 감정의 유형을 '喜(희), 怒(노), 憂(우), 悲(비), 好(호), 憎(증), 慾(욕)' 7가지로 제시하였다. 순자(筍子)는 인간의 감정에 대하여 '好(호), 惡(오), 喜(희), 怒(노), 哀(애), 樂(락)'의 6가지로 분류하였다. 춘추전국 시기에 편찬된 중국 최초의 의서인『황제내경(皇帝內經)』은 인간의 기본감정을 '喜(희), 怒(노), 憂(우), 思(사), 悲(비), 恐(공), 驚(경)'의 7가지로 보았다. 한편 중국 불교에서는 '喜(희), 怒(노), 憂(우), 懼(구), 愛(애), 憎(증), 欲(욕)'을 칠정(七情)이라 하였다. 반면,『중용(中庸)』에서는 '喜(희), 怒(노), 哀(애), 樂(락)'의 4가지를 기본감정으로 분류하였다(宋雅麗 2015: 19-20, 김은영 2005 참조).

중국 고전에 나타난 감정 유형은 다음 <표 2>와 같이 정리할 수 있다.

〈표 2〉 중국의 기본 감정 범주

논자/출처	감정의 분류	개수
中庸	喜(희), 怒(노), 哀(애), 樂(락)	4
禮記	喜(희), 怒(노), 哀(애), 樂(락), 愛(애), 惡(오), 欲(욕)	7
左轉	喜(희), 怒(노), 哀(애), 樂(락), 好(호), 惡(오)	6

老子	喜(희), 怒(노), 憂(우), 悲(비), 好(호), 憎(증), 慾(욕)	7
筍子	好(호), 惡(오), 喜(희), 怒(노), 哀(애), 樂(락)	6
皇帝內經	喜(희), 怒(노), 憂(우), 思(사), 悲(비), 恐(공), 驚(경)	7
불교	喜(희), 怒(노), 憂(우), 懼(구), 愛(애), 憎(증), 欲(욕)	7

예로부터 중국에서 감정에 대한 탐구가 매우 활발하게 진행되어 왔음을
알 수 있다. 중국어(비교연구 포함) 기본 감정에 대한 최근의 연구를 보면,
기본 감정을 '喜(기쁨)', '怒(분노)', '哀(슬픔)', '惧(두려움)'의 네 가지로 분류
한 경우가 많다(張金偉 2006, 翟艷 2006, 趙明 2009, 賈佳蕾 2012, 金晶銀
2012 참조).

이상 한·중 양국의 기본 감정 범주에 대해 구체적으로 살펴보았다. 기본
감정의 설정에 문헌이나 학자에 따라 차이가 있지만, 대부분 '기쁨', '슬픔',
'분노', '두려움'의 4가지를 포함하고 있음을 알 수 있다. 이는 앞에서 Frijda등
이 11개 언어를 근거로 제시한 보편적인 감정 범위 5가지에서 '사랑'이 빠진
것이다.

한·중 감정어의 인지언어학적 연구 현황을 파악하기 위해 먼저 이와 관련
한 연구 성과들을 정량적으로 대략 살펴보고자 한다. 이를 위해 한·중 양국
의 대표적인 학술사이트인 RISS와 CNKI의 논문검색 기능을 활용하였다.
RISS에서는 한국어(한·중 비교 포함), CNKI에서는 중국어(한·중 비교 포
함)를 주요 조사대상으로 하였음을 밝힌다.

2. 한·중 감정어 연구 현황

2.1. 중국어 감정어 연구 현황

중국어 감정어에 대한 연구현황을 우선 개괄적으로 파악하기 위해, 필자는
2018년 9월 15일을 기준으로 中國知网 CNKI(China National Knowledge

Infrastructure) 사이트에서 검색 범위를 중국언어·문자의 학문분야로 설정하고, 제목에 '漢語(중국어)'와 '情感(감정)'을 포함한 논문을 검색해 보았다.[1] 그 결과, 모두 39개의 논문들이 도출되었는데, 유형별로 보면 석사논문이 13편(33.3%), 학술지 논문이 26편(66.7%)이다.[2] 학술지 논문이 두 배 정도이지만 이 분야의 학위논문도 상당수 발견할 수 있다. 시간으로 보면, 2005년도에 2편을 시작으로 2008년 이후 현재까지 매년 2편 이상씩 꾸준히 연구가 진행되어 오고 있는데, 이는 사이트에서 제공하는 다음 도표로 확인할 수 있다.

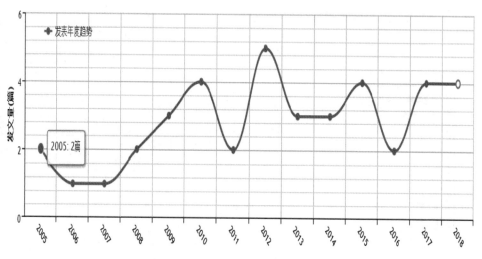

〈그림 1〉 중국어 감정어 관련 학위논문

이 사이트에서는 이들을 다시 세부 주제별로 중복을 허용한 분류 결과를

---

1 인지언어학과 관련이 없는 논문도 다량 검색이 되어 다시 주제를 '認知(인지)'로 설정하고 결과 내 재검색을 실시하였다.

2 이 글에서는 중국어 감정어의 인지적 연구현황을 조사하기 위하여 검색의 범위를 좁혀 제목에 '漢語(중국어)'를 포함한 논문을 검색대상으로 하였다. 때문에 제목에 '英漢(영중)'이 포함된 일부 감정표현의 인지적 연구에 대해서는 검색이 되지 않았다. 이는 2005년 이전에도 중국어 감정표현에 관한 인지적 연구가 일부 있었음을 의미한다.

제공하고 있는데, 중국어 감정어에 관한 인지언어학적 연구 중에 가장 많은 주제는 감정은유로 모두 17편의 논문이 이와 관련된다. 이어서 10편의 논문이 개념은유와 관련되며, 9편의 논문이 영중비교에 관한 것으로 나타나 이 분야의 연구가 다른 비교연구보다 더 활발히 진행되고 있음을 보여준다. 다음으로 많은 주제는 감정요소(6편), 유학생(5편), 유학파(4편), 인지대비(4편), 외국어로서의 중국어교육(4편), 은유인지(3편), 인지모델(3편), 은유표현(3편)의 순이다.

사이트에서 제공하는 학위논문 및 학술지 논문 39개 논문에 대한 주제별 분포상황은 다음과 같다.[3]

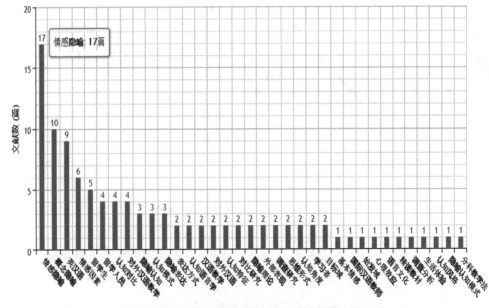

〈그림 2〉 감정어 관련 논문 주제 분류

___

3 한 논문이 개념은유와 영중 비교의 두 개의 주제와 관련이 될 수 있는데, 여기서는 이를 각각 통계에 포함하여 제공하고 있다.

중국 학술지 논문의 경우, 분량이 대부분 5쪽 이내의 짧은 내용으로 기본감정별 은유나 환유에 관한 연구는 주로 영중 대비연구가 많았다. 이 부분의 체계적인 연구 성과는 학위논문을 살펴보는 것으로 한다. 앞에서 언급한 13편의 중국어 감정어 관련 학위논문을 주제별로 살펴보면, 감정요소, 감정형용사, 감정은유, 감정학습, 감정색채 개념, 영·중 감정심리동사, 감정어 은유, 개념은유, 영중 비교 등으로 구분할 수 있다. 이들 중 다수가 인지언어학적 시각으로 진행한 중국어 감정 관련 연구임을 알 수 있다. 그 가운데 翟艶(2006)과 楊娟(2013), 賈彩云(2017)은 중국어를 대상으로 진행한 연구이고, 曹艶琴(2009), 賈佳蕾(2012), 黃金金(2014) 등은 영·중 비교 연구의 결과물이다.

한편, 중국어(비교연구 포함) 감정별 대략적인 연구 성과를 살펴보기 위해 다시 동일 사이트 중국 언어·문자 분야에서 '喜悅(기쁨)', '悲哀(슬픔)', '愛情(사랑)', '憤怒(분노)', '恐懼(두려움)'의 다섯 가지 기본감정을 제목에 포함하는 논문들을 검색하였다. 도출된 논문 중에 관련이 없는 논문들을 제외하고 감정표현의 인지언어학적 연구와 관련된 논문들을 감정별로 다시 분류하였다. 그 결과, '사랑'이 59편으로 가장 많고 이어 '분노'(41편), '기쁨'(29편)의 순으로 나타나 이 세 감정에 대한 연구가 활발히 진행되었음을 알 수 있다. 반면, '두려움'(11편)과 '슬픔'(3편)에 대한 연구는 상대적으로 적게 나타났다. 이를 순서로 정리하면 다음과 같다.[4]

사랑 > 분노 > 기쁨 > 공포 > 슬픔

구체적인 개별 감정에 대한 연구는 대부분 개념은유화의 양상을 고찰한 것들이며, 중국어를 대상으로 한 것보다 주로 영어나 한국어, 일본어 등 다른 언어와 중국어를 대조하는 연구가 주를 차지하고 있음을 확인하였다.

---

4 이는 대략적인 조사 결과로, 여기에는 학위논문과 학술지 논문이 모두 포함된다. 검색 방법에 따라서 수치에 다소 차이는 있겠지만 전체적인 연구 현황은 파악이 가능할 것으로 보인다.

이상으로 '중국어'와 '감정'이 제목에 포함된 연구의 주제를 살펴보았다. 중국어 감정어에 대한 인지언어학적 연구는 중국 내에서 10여 년 전부터 꾸준히 학자들의 관심을 받고 있으며, 은유와 관련된 연구 성과가 대다수를 차지하고 비교연구에서는 영어와 중국어를 대조한 연구들이 많이 진행되고 있음을 확인할 수 있다.

2.2. 한국어 감정어 연구 현황

중국어와 마찬가지로 한국어 감정어에 대한 대략적인 연구 현황을 파악하기 위해, 국내 학술사이트 RISS에서 9월 15일을 기준으로 제목에 '한국어'와 '감정'을 모두 포함한 논문들을 검색하였다.[5] 학위논문 23개와 학술지 논문 32편이 검색되었는데, 이 중에 관련이 적은 것들을 제외하고 감정어에 대해 연구를 진행한 학위논문이 16편, 학술지 논문이 25편 정도를 찾을 수 있다. 한국어 감정어 연구도 2000년대 이후 꾸준히 진행되고 있음을 알 수 있다. 제목을 통해 학위논문의 세부 연구 주제를 대략 살펴보면, 감정형용사나 감정 명사, 감정동사, 감정부사, 감정용언, 신체어 등 어휘의 각도에서 감정표현을 분석한 논문들이 다수를 차지한다. 그 외 한국어교육에 관한 연구와 한국어와 외국어의 비교연구도 학자들이 관심을 가지는 주제임을 확인할 수 있다(김향숙 2001, 차경미 2013 참조). 학술지 논문의 경우 주제가 좀 더 다양하지만 대체로 이와 유사한 주제들을 다루고 있었다.

한편, 한국어의 구체적인 감정별 연구현황을 살펴보기 위해 중국어와 마찬가지로 '기쁨', '슬픔', '사랑', '분노', '두려움'의 다섯 가지 어휘를 제목에 포함한 관련연구들을 조사해보았다.[6] 검색 결과, 한국어의 경우 학위논문과

---

5 범위를 좁히기 위하여 주제어를 '인지'로 설정하고 결과 내 재검색을 실시하였으나 검색된 논문이 1편에 불과하여, 주제어를 '감정'으로 설정하여 결과 내 재검색을 실시하였음을 밝힌다.

6 여기에는 한국어 감정표현 뿐만 아니라 한국어와 외국어를 비교한 연구도 포함되며, 외국어만을 대상으로 한 연구는 제외하였다. 범위를 축소하기 위하여 제목에

학술지 논문을 합쳐 '슬픔' 표현에 관한 연구가 11편으로 가장 많았으며, 다음으로 '기쁨'에 관한 연구가 9편, '분노'와 '사랑'에 관한 연구가 각각 8편과 7편이며, '두려움'에 관한 연구는 4편으로 가장 적었다.

슬픔 > 기쁨 > 분노 > 사랑 > 두려움

재미있는 점은 기본 감정 가운데 중국어에서 가장 적게 연구가 이루어진 '슬픔'이 한국어에서는 가장 많이 연구가 이루어졌다는 점이다. 이는 단순히 논문 편수만 고려한 것이기 때문에 이를 근거로 한국어에서 '슬픔' 표현에 대한 연구가 중국보다 미흡하다고 판단하기에는 무리가 있다. 그럼에도 불구하고 앞에서 중국어의 '사랑', '분노', '슬픔'에 관한 연구가 상당히 많이 이루어진 것과 비교하면, 한국어 개별 감정표현에 관한 연구의 전체적인 양은 많지 않음을 알 수 있다. 하지만, 한국어 감정어에 대한 임지룡(2006)의 연구는 한국어 기본감정표현에 대한 인지언어학적 시각으로 진행된 체계적이고 심도 있는 연구이며, 이는 이후에 이루어진 한·중 감정어 비교연구에도 큰 영향을 미쳤다.

이상으로 한국어의 감정어 연구 현황에 대해 대략적으로 살펴보았다. 다음 절에서는 한·중 기본감정표현 가운데 '기쁨'과 '분노'를 연구의 주요 주제인 개념적 은유와 환유의 두 가지 시각에서 구체적인 연구내용을 정리해보기로 한다.

다섯 가지 기본감정을 포함하는 논문을 각각 먼저 도출한 다음, 다시 '한국어'와 '감정'을 입력하여 결과 내 재검색을 실시하였다. 이렇게 도출된 논문 중에 이 글의 주제와 관련이 없는 논문은 제외하는 방식으로 조사를 진행하였다.

3. 한 · 중 감정어 연구의 주요 주제

추상적인 감정이 일상에서의 구체적인 경험을 토대로 개념화된다는 것은 잘 알려진 사실이다. '기쁨이 솟는다'와 '기쁨이 넘치다'는 모두 한국어에서 '기쁨'을 액체로 이해하고 있음을 보여준다. 이는 중국어 '喜氣洋洋(기쁨이 충만하다)', '洋溢着喜悦(기쁨이 넘치다)'도 마찬가지다. 이처럼 추상적인 목표영역(target domain)인 '기쁨'을 구체적인 근원영역(source domain)인 '액체'를 통해 개념화하는 것을 '개념적 은유(conceptual metaphor)'라고 한다. 한국어에는 부정적인 감정들을 '적'이라는 근원영역으로 이해하는 개념적 은유가 존재하는데, 이는 눈에 보이지 않는 추상적인 영역을 구체적이고 부정적인 대상인 '적'으로 이해한 것이다.

감정 표현을 연구하는 또 하나의 주요 시각은 생리적 환유이다. 우리가 어떤 감정 상태에 있을 때 신체의 생리적 반응을 동반하며, 이는 자연히 언어에도 반영된다. 한국어에서 화가 났을 때를 가리키는 '속에 불덩이가 치밀다'나 '도끼눈을 뜨다'와 같은 관용어는 '화'를 '속'이나 '눈'이라는 신체의 변화로 나타낸 것들이다. 이러한 표현이 가능한 이유는 감정과 그 신체적, 생리적 반응 간에 인과관계가 성립하기 때문으로 이해할 수 있다. 즉, 신체 반응의 결과를 통해 그 원인인 감정을 나타내는 것을 감정의 '생리적 환유(physiological metonymy)'라고 한다.

인지언어학과 관련하여 한 · 중 감정어 연구의 주요 주제는 이러한 기본감정표현의 개념적 은유와 개념적 환유이다. 많은 학자들이 한 · 중 기본 감정의 은유화와 환유화에 대해 눈에 띄는 성과를 도출하였는데, 지면관계상 여기서 기본 감정 전체의 연구 성과에 대한 개괄을 할 수는 없을 것이다. 다만 한 · 중 두 언어에서 감정이 어느 정도 유사한 양상으로 개념화되는가를 확인하기 위해 학자들의 연구 성과를 토대로 두 가지 기본감정 '기쁨'과 '분노'의 은유화와 환유화 양상을 각각 개괄하여 정리하기로 한다.

3.1. 한·중 '기쁨'의 개념적 은유화 양상

'기쁨'에 대한 한·중 개념화 양상에 대한 비교연구를 살펴보자.[7] 한국어 감정표현의 개념화 양상을 체계적으로 연구한 임지룡(2006)은 '기쁨'이 '그릇 속의 액체, 적, 물건, 식물, 음식물, 강물(바닷물), 폭풍우, 불, 실, 풍선'의 10가지 근원영역으로 개념화된다고 보았다. 이후 이루어진 '기쁨'의 개념화에 관한 한·중 비교 연구에서 한국어의 양상은 대부분 임지룡(2006)의 연구를 참고로 하고 있다. 이 글 역시 이 논의를 중심으로 분석하기로 한다. 한편, 중국어의 경우 왕여방(2006)은 중국어 '기쁨'을 개념화하는 근원영역으로 '액체, 구체물, 그릇, 꽃, 먹거리, 투쟁의 상대자, 기후, 빨간 색'의 8가지를 들고 있다. 이선희(2009)는 '기쁨'이 주로 '위, 액체, 빛, 열, 사물, 글씨, 달콤한 물질, 동식물, 붉은색, 음식, 실, 기후' 등의 12가지로 개념화된다고 보았다. 孫博(2015)는 '기쁨'의 은유화 양상을 존재론적 은유와 지향적 은유로 구분하여 각각 통계를 내었다. 그에 따르면 한국어는 '기쁨'을 개념화하는데 존재론적 은유가 99%를 차지하는 것으로 나타나 지향적 은유가 많이 사용되지 않는다. 하지만 중국어는 지향적 은유의 사용 비중이 31%로 높게 나타났다. 즉, 중국어는 '기쁨'을 사용하는데 [기쁨은 위]라는 지향적 은유를 상당히 많이 사용하는 언어라는 것을 보여준다. 이는 이선희(2009)에서 제시한 근원영역 '위'가 중국어에서 매우 보편적이라는 견해와 맥을 같이 한다. 孫博(2015)에서 제시한 중국어 '기쁨'의 근원영역은 '물건, 액체, 음식, 날씨, 적, 그릇, 불, 수, 식물, 글자, 위'로 모두 12가지이다. 孫博의 통계에 따르면, 이 가운데 한국어는 '물건'이 전체 용례의 50% 이상으로 가장 많은 비중을 차지하고, 다음으로 '액체'가 23%, '음식'이 9%, 날씨가 5%로 이 네 가지를 합치면 90% 이상으로 대부분을 차지한다. 중국어의 경우, 역시 '물건'이 가장 많이 사용되는 근원영

---

7 한국어에서 '기쁨'을 개념화하는 근원영역에 대해서는 학자들마다 약간씩 차이를 보인다. 이에 대해서는 3.3.에서 다시 논의하기로 하고, 여기서는 구체적인 논의를 생략한다.

역이나 비중은 33%로 한국어보다 낮으며, 뒤를 이어 '위'가 31%, '액체'가 23%, '그릇'이 7%, '음식'이 2%의 순이다. 요컨대, 두 언어에서 '기쁨'을 개념 화하는데 자주 사용되는 대표적인 근원영역을 사용빈도순으로 정리하면 다음 과 같다(孫博 2015: 74-76).

〈표 3〉 '기쁨'의 근원 영역

한국어		중국어	
물건	56%	물건	33%
액체	23%	위	31%
음식	9%	액체	23%
날씨	5%	그릇	7%
적	3%	적	2%
그릇	2%	음식	2%

한·중 두 언어 모두 '기쁨'은 '물건'으로 개념화하는 경우가 가장 많으며, 근원영역들의 사용빈도에서는 다소 차이가 있지만 종류는 대체로 유사함을 알 수 있다.

기쁨의 개념적 은유화 양상은 기쁨과 결합하는 서술어를 통해 구체적으로 나타나는데, 한·중 공통적으로 빈도수가 높은 근원영역에서 기쁨과 결합하는 서술어 표현은 다음과 같다.[8]

(1) a. 물건
    (한) 주다, 받다, 얻다, 숨기다, 나누다, 갖다, 잃다, 놓치다, 지니
        다, 선물하다, 크다, 작다……
    (중) 帶(가지다), 堆(쌓이다), 得到(얻다), 給予(주다), 隱藏(숨기

---

8 이 글에서는 감정표현의 개념화에 대한 본격적인 연구가 아니라 연구현황에 대한 개괄이므로 학자들의 견해를 종합하여 빈도수가 높은 몇 가지 근원영역을 소개하기로 한다. 개념화 양상에 대한 구체적인 예들은 학자들의 연구에 상세히 소개하고 있으므로 여기서는 생략한다.

다), 掩飾(덮어 숨기다), 分享(함께 나누다), 擁有(보유하
다), 懷(품다), 含(포함하다), 丟失(잃다), 大(크다), 小(작
다)……

b. 액체

(한) 넘치다, 차오르다, 차다, 가득하다, 빠지다, 잠기다, 솟구치
다, 가라앉다, 파도치다……

(중) 充滿(충만하다), 沸騰(끓다), 漾出(넘쳐흐르다), 浮上來(떠
오르다), 冒出來(뿜어나오다), 溢出來(넘치다), 滿溢(가득
차 넘치다), 洋溢(가득차다), 充滿(충만하다), 沉溺(빠지다),
沉浸(잠기다), 沉沒(물에 가라앉다), 沉潛(가라 앉아 잠기
다)……

c. 음식

(한) 맛보다, 취하다, 달콤하다, 머금다……

(중) 嘗(맛보다), 甛蜜(달콤하다), 沉醉(취하다), 陶醉(도취하
다)……

d. 날씨

(한) 밝다, 맑다, 젖다, 따뜻하다, 몰아치다……

(중) 明朗(밝다), 明媚(밝고 아름답다), 燦爛(찬란하다), 溫暖(따
뜻하다), 滿面春風(온 얼굴에 봄바람으로 가득 차다)……

근원영역 '위'는 임지룡(2006)에서 말한 '풍선'과 유사한 특징을 가지는 것
으로 볼 수 있다. 이를 알 수 있는 한·중 언어표현들은 다음과 같다.

(2) 위

(한) 부풀어오르다, 하늘로 뜨다, 들뜨다, 하늘로 뜨다……

(중) 興高采烈(매우 흥겹다), 神采飛揚(의기양양해하다), 喜上眉梢
(기뻐서 눈썹 꼬리가 올라가다), 情緒高漲(사기가 고조되다),
情緒高昂(감정이 고조되다)……

따라서 '위'도 넓게는 한국어와 중국어에서 공통으로 사용하는 근원영역으

로 이해할 수 있는데, 중국어에서 '기쁘다'를 나타내는 표현이 '高興'으로 본래 '위'의 의미를 내포하고 있으며, 이와 유사한 언어표현들이 다양하게 존재하는 것으로 보아 한국어보다 '위'라는 근원영역을 상대적으로 더욱 많이 사용한다고 할 수 있다. 그 밖에 왕여방과 이선희는 중국어에서는 '붉은색'이 '기쁨'을 개념화하는데 자주 사용되는 근원영역이라고 보았다. '붉은색'이 중국어에서 근원영역으로 자주 사용되는 것은 붉은색을 기쁨과 경사에 사용하는 중국문화와도 관련이 있기 때문일 것이다.

요컨대, 학자들마다 한·중 '기쁨'의 개념화에 사용되는 근원영역이 대체로 유사하며, 구체성에서 약간의 차이로 인해 근원영역의 개수는 다르지만 큰 차이는 발견되지 않는다.

3.2. 한·중 '분노'의 개념적 환유화 양상

감정은 신체와도 긴밀히 연결되어 있다. 주요 감정과 심장박동 및 체온 변화에 관한 상관관계를 보여주는 Ekman *et al.*(1983: 1209, 임지룡 2006: 15에서 재인용)의 실험 결과는 '분노(화)'의 감정상태일 때 심장박동과 체온이 가장 높다는 것을 보여준다. 심장 박동은 '분노', '두려움', '슬픔'의 감정을 느낄 때 비교적 증가하고, 체온은 '분노'를 느낄 때 엄청나게 높아진다. 이는 특히 '분노'의 감정이 생길 때 신체내외의 반응이 다른 감정보다 더욱 뚜렷이 나타남을 통해 알 수 있다. 따라서 '분노'는 생리반응을 나타내는 언어표현의 가짓수 또한 가장 많다. 이처럼 구체적인 신체의 반응을 통해 추상적인 감정을 표현하는 것은 개념적 환유화이다. 기본감정의 환유적 양상은 꾸준히 학자들의 관심을 받고 있으며, 연구 성과 또한 현재까지 이어지고 있다.

신체와 관련하여 감정표현 관용어나 성어 영역에서 한·중 대조연구도 최근 들어 점차 확대되고 있는 추세이다. 여기에는 '눈'과 '입' 등 오관(五官)이나 그 밖의 신체어와 관련된 관용표현에 대한 대조연구가 많이 진행되고 있다(宋雅麗 2015, JIANGMEIJING 2017, 최빈 2018). JIANGMEIJING(2017)은

'눈에 들다', '눈에 쌍심지를 켜다', '입을 삐죽이다', '입이 나오다'처럼 '눈'과 '입' 관련 표현을 포함한 한·중 감정 관용표현을 비교한 바 있다. 그는 한·중 두 언어 모두 '입' 보다는 '눈' 관련 표현을 포함한 관용어가 더 많으며, 긍정보다는 부정적인 의미를 전달하는 경우가 많음을 밝히고 있다. 그 외 감정유형별 관용표현에 대한 한·중 비교 연구는 주로 중국학자에 의해 진행되고 있다(邵青 2011, 莊瑩珊 2012, 루린지예 2016, WANGYULING 2017, 왕단나 2017).

이 장에서는 한·중 '분노'의 환유적 양상에 대한 주요 연구 성과들을 정리하기로 한다. 한국어의 양상은 임지룡(2006)의 연구, 중국어의 양상은 왕립향(2013), 邵清(2011)의 연구를 요약, 소개한다. 예문들 역시 이들의 연구에서 인용하였음을 밝힌다.

'분노'의 신체적 증상은 외부와 내부의 증상으로 나누어 살펴볼 수 있다. 외부적 증상은 '머리, 얼굴, 이마, 눈, 눈썹, 손, 발' 등 눈으로 확인할 수 있는 신체부위의 반응을 말하며, 내부적 증상은 눈으로 확인이 어려운 생리적 반응을 말한다. 한국어에서 '분노'를 표현하는데 사용되는 신체 외부 부위는 22개에 걸쳐 다양하게 나타나는데, 그 가운데 자주 나타나는 부위는 '눈', '얼굴', '이마', '입술' 등 얼굴 부위이다(임지룡 2006: 35-53).[9] 한국어에서 '분노'를 표현하는 데 자주 나타나는 부위는 순서대로 다음과 같다.

눈 > 얼굴 > 이마 > 입술 > 관자놀이 > 이, 몸체 > 목

중국어 역시 이와 거의 유사하다. 왕립향(2013)에 따르면, 중국어 표현에 나타나는 '분노'의 신체부위는 '머리, 머리카락, 얼굴, 이마, 눈, 눈물, 눈썹, 볼, 관자놀이, 코, 귀, 입, 입술, 이, 혀, 턱, 목, 몸체, 사지, 손, 주먹, 발, 등,

---

[9] 이들의 용례는 각각 '눈' 42개, '얼굴' 23개', '이마' 13개, '입술' 10개로, 한국어에서는 '눈'이 분노를 나타내는 데 월등히 많이 사용되고 있음을 알 수 있다(임지룡 2006: 53 참조).

허리, 손바닥, 손가락, 팔, 다리'의 29개 부위에 이른다. 이 가운데 '얼굴'이 가장 자주 나타나는 부위이고, 다음으로 '눈', '머리', '입', '이', '손'의 순이다 (왕립향 2013: 15-16).[10] 분노표현 관용어에 나타난 신체 부위의 출현양상을 조사한 邵清(2011: 34)의 결과는 얼굴과 눈이 함께 가장 많이 사용된다. 중국 어에서 '분노'를 표현하는 데 자주 나타나는 부위의 순서는 다음과 같다.

얼굴 > 눈 > 머리 > 입 > 이 > 손 > 몸체 > 입술 > 목

학자들의 연구에 따르면, 두 언어 모두 '분노'를 나타내는 신체 부위로 눈과 얼굴을 가장 많이 사용하는 것으로 나타났다. 한·중 두 언어에서 이와 관련 된 유사한 표현이 많은 것도 이 때문으로 이해할 수 있다. 가령, 한국어 '눈을 부릅뜨다'나 '화가 나서 얼굴이 새파랗게 되었다'는 각각 중국어에서 유사한 표현 '怒目圓睜'과 '气得臉色發青'을 찾을 수 있다. 차이점은 가장 많이 사용 되는 신체부위가 한국어는 '눈'이지만 중국어는 '얼굴'이라는 것이다. 또 한국 어는 이마와 입술의 변화를 나타내는 분노 표현이 많은데, 중국어는 머리(머 리카락)와 입과 관련된 분노 표현이 많은 것으로 나타났다.[11] 위의 신체부위로 나타내는 분노표현의 예를 몇 가지 살펴보면 다음과 같다.

(3) a. 눈
     (한) 눈을 부릅뜨다, 눈을 지릅뜨다, 눈을 부라리다, 눈알을 부라
          리다, 눈을 부라리다, 눈이 치켜떠지다, 눈을 치뜨다, 눈꼬리
          를 치켜뜨다, 눈이 샐쭉해지다, 눈이 씰룩하다, 도끼눈을 뜨
          다, 눈에 모가 서다, 눈이 세모꼴로 변하다, 눈이 찌푸려지
          다, 눈이 뒤집히다, 눈을 희번덕거리다, 눈알이 뒤집히다, 눈

---

10 이들의 용례는 '얼굴' 47개, '눈' 37개, '머리' 23개, '입' 16개, '이' 12개, '눈썹' 10개, '손' 9개로, 중국어에서는 '분노'를 나타내는데 '얼굴'과 '눈'이 모두 많이 사용되고 있음을 알 수 있다(왕립향 2013: 15-16 참조).

11 이러한 결과는 한·중 신체어를 통해 나타내는 분노표현 관용어에 대한 WANGXIAOLONG(2016)의 연구 결과와도 유사하다.

자위가 혀옇게 뒤집히다, 눈언저리가 일그러지다, 눈까풀이
떨다, 눈꺼풀이 부풀어 오르다

(중) 眼睛火紅(눈이 시뻘겋다), 眼圈都紅了(눈 주위가 빨개졌
다), 紅了眼(눈이 빨개졌다), 吹胡子瞪眼(콧수염을 불고 눈
을 지릅뜨다), 怒目圓睜(분해서 눈을 부릅뜨다), 眼珠子瞪
圓(눈을 부릅뜨다), 掀眉瞪眼(눈썹을 쳐들고 눈을 부라리
다), 直翻白眼(눈의 흰자위를 까뒤집다), 眼斜鼻子歪(눈과
코가 비뚤어지다), 眼睛都炸了(눈이 다 터졌다), 橫眉竪眼
(눈썹을 찌푸리고 눈이 곤두서다), 眼冒金星(눈에 불꽃이
일다), 兩眼冒火(두 눈에 불이 나다), 兩眼發紫(두 눈이 벌
게지다), 眼里布滿了血色(눈에 핏빛이 가득하다), 眼珠子
直往上翻(눈알이 위로 솟구친다)……

b. 얼굴

(한) 얼굴이 일그러지다, 얼굴이 굳어지다. 얼굴이 (부들부들) 떨
리다, 얼굴 근육이 부들거리다, 얼굴을 실룩거리다, 얼굴을
찌푸리다, 얼굴이 찡그려지다, 얼굴이 질리다, 샐쭉해지다

(중) 板臉(정색을 하다), 拉長臉(얼굴이 굳어지다), 甩臉子(얼굴
을 찡그리다), 滿臉通紅/火紅/發燒(온 얼굴이 뻘겋다/불같
다/열이 난다), 臉孔漲的通紅(얼굴이 뻘겋게 상기되다), 臉
蹦得發紅(얼굴이 발갛게 달아오르다), 紅漲了臉(얼굴을 붉
히다), 臉紅脖子粗(얼굴을 붉히며 목에 핏대를 세우다), 滿
臉血紅(얼굴이 온통 시뻘겋다), 面紅耳赤(귀밑까지 빨개지
다), 臉火辣辣的(얼굴이 뜨거워지다), 臉頰紅彤彤的(뺨이
벌겋다), 臉色都變了樣(낯빛이 변했다), 臉都變了顏色(안
색이 변했다), 臉色一陣紅一陣白(얼굴빛이 붉으락푸르락
하다)……

c. 이마

(한) 이마에 핏줄이 솟다, 이마에 핏대를 세우다, 이마에 힘줄이
솟다, 이마에 푸른 정맥이 부풀어오르다, 이맛살이 찌푸려
지다, 이마를 찡그리다, 이맛살이 일그러지다, 이맛살을 찡

그리다, 미간을 찡그리다, 미간을 찌푸리다, 미간을 좁히
다……

(중) 兩額爆出了靑筋(이마에 핏줄이 파랗게 돋아나다), 額頭上
的靑筋暴突(이마에 핏대를 세우다), 額頭靑筋暴現(이마에
푸른 정맥이 부풀어오르다)……

d. 머리(카락)

(한) 머리뚜껑이 열린다, 머리를 곤두세우다, 머리털이 일어서다

(중) 扭頭就走(고개를 돌려 가버리다), 頭腦發燒(머리에서 열이
나다), 頭冒烟(머리에서 연기가 나다), 禿腦袋上爆出火星
子(대머리에 불꽃이 튀다), 根里都憋紅了(머리뿌리도 새빨
개졌다), 白髮發抖, 怒髮冲冠(화가 머리끝까지 치밀어 오
르다), 怒髮三千丈(화난 머리카락이 삼천장이다)……

e. 입술

(한) 입술이 일그러지다, 입술을 뿌루퉁 내밀다, 입술이 떨리다,
입술을 떨다, 입술을 꼭 다물다, 입술을 깨물다, 입술을 실
룩거리다, 입술이 푸르족족해지다, 입술에 거품을 물다, 입
술이 파랗게 질리다……

(중) 嘴唇顫抖(입술을 떨다), 咬緊嘴唇(입술을 깨물다), 双唇發
抖(이빨로 아랫 입술을 깨물다), 牙齒咬着下嘴唇(이빨로
아랫입술을 깨물다), 臉靑唇白(굴은 새파랗고 입술은 하얗
다), 嘴唇發白(입술이 하얗다)……

학자들의 조사로 한·중 두 언어에서 '분노'를 표현하기 위해 대체로 유사
한 체외기관이 사용됨을 알 수 있다.

그 밖에 '분노'는 신체 내부에도 변화를 일으킨다. 한국어에서 '분노'는
'머릿속, 골, 가슴, 속, 부아/허파, 내장, 간, 비위, 배알/밸, 창자, 오장육부' 등
11개 부위의 변화로 나타난다. 그 가운데 출현빈도가 높은 것으로는 '가슴',
'속', '부아/허파' 등이다. 중국어의 경우 '분노'의 감정이 체내기관의 변화를
통해 드러나는 경우는 체외기관에 비해 훨씬 적다. 중국어의 '분노'는 '血

(피), 心/心臟(마음/심장), 肝(간), 肚子(복장), 胸口/胸腔(속), 肺(부아/허파),
五臟六腑(오장육부), 胃(비위)'의 8가지 신체 내부기관의 변화로 나타난다
(임지룡 2006: 53-62, 왕립향 2013: 52).[12] 여기서는 '가슴'과 '속'의 예를 보
기로 한다.

(4) a. 가슴
  (한) 가슴이 터질 듯하다, 가슴이 답답하다, 가슴이 뒤틀리다, 가
    슴이 떨리다, 가슴이 벌떡거리다, 가슴이 뜨거워지다, 가슴
    이 부글부글 괴다, 가슴에 불이 일다, 가슴에서 불꽃이 일다,
    가슴에서 불길이 솟구치다, 가슴속에서 불덩이가 치솟다,
    가슴에서 불길이 솟다, 온몸의 피가 가슴으로 모여들다
  (중) 胸口炸裂(가슴이 작렬하다), 胸腔里着了火(가슴 속에서 불
    이 났다)
b. 속
  (한) 속이 상하다, 속이 뒤집히다, 속이 뒤틀리다, 속이 꼬이다,
    속이 불끈하다, 속이 치밀다, 속을 긁다, 속이 끓다, 속에서
    불덩어리가 치밀다, 속에서 열불이 나다, 속에서 열화가 치
    밀어 오르다, 뱃속이 뜨거워지다
  (중) 心里直冒火(마음속에서 불이 치솟다), 心里直扑騰(속이 두
    근거리다)

학자들의 보고에 따르면, 한국어에서 '분노'를 나타낼 때, '부아가 치밀다,
부아가 나다, 부아가 치솟다'처럼 '부아/허파'가 상당히 많이 사용되는데 반해
중국어에 이에 대응하는 신체부위 '肺(폐)'는 많이 사용되지 않는다. 분노를
나타낼 때 중국어에서는 '窩着一肚子火/气)(뱃속에 불이/기가 잔뜩 차다)', '气
破肚皮(화가 나서 배가 터지다)'처럼 '배'를 의미하는 '肚子'를 사용하는 경우
가 많다. 또 한국어에서 '머릿속, 골, 내장, 창자'가 '분노'표현에 사용되지만,

---

12 邵淸(2011: 34)에 따르면, '분노' 표현 관용어에서 체외기관이 70%의 비중을 차지
하고, 체내기관은 30%에 불과하다.

중국어에서는 이들의 사용을 찾기가 어렵다(왕립향 2013, WANGXIAOHONG 2016, 왕단나 2017 참조).

이처럼 전체 환유적 개념화로 보면, 한·중 두 언어에서 체외기관의 사용은 대체로 유사하나 체내기관의 사용에 있어서 차이가 좀 더 크다는 것을 알 수 있다. 이는 눈으로 확인할 수 있는 신체변화는 유사하며 언어에 그대로 반영될 가능성이 높지만, 눈으로 보이지 않는 신체 내부의 생리적 변화는 신체기관에 대한 사람들의 사회문화와 전통의학 이론에서의 인식 차이 때문일 것으로 추측할 수 있다.

이상으로 한·중 두 언어의 감정표현 가운데 '기쁨'과 '분노'에 대해 각각 학자들의 연구를 종합하여 개념적 은유화와 개념적 환유화의 양상에 대해 살펴보았다. 이를 통해 '기쁨'과 '분노'는 한·중 두 언어에서 거의 유사한 은유화와 환유화 양상을 보이고 있음을 확인하였다. 이로써 기본감정이 우리의 일상적 체험에서 은유의 근원영역을 설정하고, 또 근본적으로 신체의 변화를 통해 이를 인식하기 때문에 한·중 두 언어에서도 보편성을 가지는 것으로 이해할 수 있다.

4. 앞으로의 과제와 전망

이제까지의 논의를 바탕으로 앞으로의 과제를 생각해보고, 한·중 감정어 탐색을 전망해보고자 한다.

4.1. 개념적 은유의 개괄과 정교화

많은 한·중 학자들의 노력을 통해 우리는 한·중 두 언어에서 기본 감정을 표현하는 은유의 근원영역이 대체로 유사한 양상으로 나타남을 알 수 있다. 앞에서는 그 예시로 '기쁨'을 통해 이를 확인하였다. 기본 감정의 개념적 은유화에 대해 학자들의 견해에서 사실 큰 차이는 발견되지 않지만 견해의 차이도 확인된다.

이는 감정의 은유화 양상을 보면 알 수 있는데, 구체적인 근원영역과도 연결된다. '기쁨'을 예로 들어, 한국어 감정표현 관용구의 개념화 양상을 연구한 김향숙(2001)은 '기쁨'의 의미를 크게 '생명력'과 '축제', '희망'으로 개념화한다고 보았다. 생명력은 다시 '충만한 생명력', '이완된 생명력', '고양된 생명력'으로 나누고, 이들은 다시 각각 '떨림, 따스함, 수분증가', '편안함, 시원함', '의기양양, 가벼움'을 하위은유로 분류하였다. 또 '축제'로 개념화한 경우에는 '웃음, 춤과 노래, 가득참'을, '희망'으로 개념화한 경우에는 '팽창, 빛, 힘참'을 하위은유로 제시하였다.

반면, 앞에서 임지룡(2006)은 '기쁨'이 '그릇 속의 액체, 적, 물건, 식물, 음식물, 강물(바닷물), 폭풍우, 불, 실, 풍선'의 10가지 근원영역으로 개념화한다고 소개하였다.

한국어와 중국어의 '기쁨'과 '슬픔'의 개념화 양상을 체계적으로 대조한 왕여방(2006)은 한국어 '기쁨'의 은유화 양상을 논의하면서, '액체, 그릇, 구체물, 꽃, 먹거리, 투쟁의 상대자'의 7가지 근원영역을 제시하였다. 그런데 왕여방(2006: 112)에서 '색채', '기후'가 중국어에서 근원영역으로 작용하지만 한국어에는 찾지 못했다고 하였지만, 孫博(2015: 75)는 오히려 '날씨'가 한국어에서 더욱 많이 나타나는 근원영역으로 보고하고 있다. 조민나(2013)은 한국어 '기쁨'이 '위로 향함', '그릇 속의 액체', '식물', '물체', '투쟁의 상대자', '빛', '가벼움', '음식', '술', '강물/바닷물', '폭풍우', '실', '풍선', '액체', '숫자', '수수께끼', '생물체', '편안함'의 18가지 근원영역으로 개념화한다고 하였다. 중국어의 경우도 마찬가지로 기본 감정을 개념화하는데 사용되는 근원영역에 있어서 학자들마다 차이가 있다. 물론 이는 학자들이 참고하는 코퍼스의 차이와 조사 대상과 범위에 기인한 것으로 이해할 수 있다. 즉, 코퍼스의 성격이 문학작품인가 구어인가에 따른 차이가 있을 수 있고, 조사 범위도 전체 감정표현인가 관용어인가에 따라 결과는 차이가 있을 수 있을 것이다. 하지만 이로 인해 한·중 기본 감정의 통합적이면서 체계적인 은유화 양상을 살펴보는데 어려움이 따른다. 이에 대한 후속적인 분석과 개괄이 필요해 보인다.

또한 한 감정의 은유화에 한·중 두 언어에서 동일한 근원영역이 나타나더라도 구체적인 적용범위에서 차이가 나타나는 경우가 있다. '기쁨'은 '실'로 개념화하는 은유는 한·중 두 언어에서 모두 나타난다. 하지만 한국어는 '기쁨을 자아내다'처럼 주로 동사를 통해 드러나는데, 중국어도 동일한 근원영역이 존재한다고 하여 이를 직역하면 자연스럽지 못한 표현이 된다. 중국어에서 감정은 '一絲喜悅(한 가닥 기쁨)'처럼 실을 의미하는 '絲'라는 양사의 사용으로 주로 나타나기 때문이다. 이는 중국어가 감정을 실처럼 가는 물건으로 개념화하고 있음을 보여준다. 따라서 동일한 근원영역의 구체적 적용범위에 대해서도 심도 있는 정교화가 필요하다. 이를 통해 한·중 감정어의 언어표면적인 개념화 이면에 작용하는 원리를 밝힐 수 있을 것이다.

4.2. 문화 변이에 대한 분석

중국어에서 '기쁨'을 은유화하는데 '붉은색'이 근원영역으로 사용된다고 보고된다. '滿面紅光(온 얼굴에 붉은 빛이 가득하다)'에서 '紅光'은 단지 건강하여 혈색이 좋다는 의미보다는 기쁨으로 가득 찬 모습을 형용하는 경우가 많다. 또 '紅白喜事(길흉사)'에서 '紅'은 기쁜 일인 혼사를, '白'는 슬픈 일인 상사를 의미한다. 하지만 한국어에는 이러한 은유는 일반적으로 사용되지 않는다. 역으로, 한국어에서 화가 나서 눈꼬리가 올라간 모습을 형용하는 표현으로 '봉의 눈을 뜨다'라는 관용어가 있다. 이때 '봉'은 '봉황'을 가리키는데, '봉황'을 길조로 여기는 중국어에는 이에 대응하는 표현이 존재하지 않는다. 또 한국어에서 흔히 '뿔이 나다'로 분노를 나타내는데, 중국어에는 마찬가지로 이러한 표현이 없다.[13] 그 밖에 '기쁨'을 중국어는 '눈썹'을 사용한 언어표

---

13 중국어에서 '馬生角(말에 뿔이 나다)'란 표현이 있는데, 이는 '가능성이 희박하다'를 의미한다.

현이 많다. '眉飛色舞(희색이 만면하다/득의만만하다)', '喜眉笑眼(얼굴에 기쁨이 가득하다', '眉開眼笑(싱글벙글하다)', '舒眉展眼/展眼舒眉(마음이 가볍고 즐거운 모습)', '揚眉吐氣(억압에서 벗어나 마음이 홀가분한 모습)', '喜上眉梢(기뻐서 눈썹 꼬리가 올라가다)' 등의 표현은 우리에게 중국어는 눈썹이 날아가거나(眉飛), 눈썹을 사용해 웃거나(喜眉), 눈썹을 펴거나(舒眉, 眉開) 치켜 올리는(揚眉) 모습 또는 눈썹꼬리(眉梢) 등으로 기쁨을 나타낸다는 것을 보여준다(이선희 2009: 396). 이러한 예들은 중국어에서 눈썹은 "내부 감정을 가장 명확히 표시하는 것"이라는 Yu(1995: 79, 김동환·최영호 역 2009: 275에서 재인용)의 주장이 설득력 있음을 확인시켜준다. 이 역시 한국어에서 찾기가 어려운 환유화이다. 또 앞에서 살펴본 '분노'를 개념화하는데 사용되는 체내기관에서도 한·중 두 언어는 차이를 보였다.

이처럼 감정을 이해하는데 사용되는 은유와 환유가 한·중 두 언어에서 대체로 유사한 양상을 보이면서도 일부 근원영역에서 차이를 보이는 경우 또한 존재한다. 이를 문화 간 은유와 환유의 변이로 본다. Kövecses(2009: 267)는 이러한 문화 간 변이에 대한 잠재적 근원으로 다음 다섯 분야를 제시한 바 있다.

(5) a. 감정에 대한 원형적 문화모형의 내용
     b. 문화적 문맥의 일반적 내용과 특정한 핵심 개념
     c. 개념적 은유와 개념적 환유의 범위
     d. 개념적 은유와 환유의 특별한 정교화
     e. 환유에 대비한 은유 강조나 그 역

한·중 감정어 연구에서 이제까지 밝혀진 차이를 이러한 문화 간 변이의 시각으로 좀 더 세밀한 분석이 필요하다고 하겠다.

4.3. 한·중 감정어 탐색의 전망

한·중 학계에서 인지언어학이 도입된 이후 '몸'과 '감정'에 대한 연구가
활성화되었고 이제까지 많은 성과를 거두었다. 이를 통해 우리는 기본감정이
기본적으로 언어보편성을 띠며, 한·중 두 문화에서도 은유와 환유적으로 대
체로 유사성을 가진다는 것을 확인할 수 있다. 이는 감정이 인류 보편적인
것이며 기본적으로 우리의 신체의 경험을 통해 이해된다는 인지언학적 이유
외에도 한국어와 중국어가 지정학적으로 역사적으로 밀접한 관계를 가지며
한자문화권에서 서로 영향을 주고받은 사실과도 무관하지는 않을 것이다. 지
금까지 축적된 한·중 두 언어의 기본 감정표현에 대한 은유와 환유에 관한
언어 묘사연구의 성과를 바탕으로 앞으로 감정어 연구의 전망을 해 볼 수 있
을 것이다.

첫째, 감정어 탐색의 범위를 한·중 개별 언어와 한·중 비교에서 한·중
·일, 한·영·중, 한·영·중·일 등으로 확대될 것으로 기대할 수 있다.
이것은 그동안 진행된 개별 언어의 연구 성과를 통합하고 개괄함으로써 가능
할 것이며, 이로써 감정어 탐색의 언어보편성을 확보하는데 한 걸음 더 다가
갈 수 있을 것이다.

둘째, 감정어 연구가 단순히 한·중 언어표현에 대한 묘사와 분석에 머물
지 않고, 한·중 또는 중·한 통번역, 한국어 및 중국어 교육, 한·중 문화와
사유방식 탐구 등의 영역으로 확장될 수 있을 것이다. 이미 관련 연구 성과들
이 출현하고 있으며, 이러한 추세는 점차 더욱 확대될 것으로 기대된다.

5. 마무리

이 글은 인지언어학전 시각에서 그동안 이루어진 한·중 감정어 탐구 현황
을 살펴보고, 앞으로의 과제를 생각해보는 것이 목적이었다. 이 글에서 논의

한 주요 내용을 정리하면 다음과 같다.

첫째, 2000년대 이후 감정어는 한국과 중국 두 나라에서 모두 학자들의 중시를 받아, 다양한 방면에서 활발한 탐구가 진행되고 있다. 한·중 대조연구는 특히, 감정형용사, 감정동사, 감정명사, 감정의태어 등 어휘 분야와 기본 감정에 대한 개념적 은유화와 개념적 환유화 양상에 대한 연구가 두드러지는 것으로 조사되었다. 한국어와 중국어 개별 언어의 감정표현 외에도 한·중, 한·영, 한·일 등 한국어와 다른 외국어와의 비교연구도 활발하며, 그 가운데 한·중 감정표현에 대한 연구 성과가 가장 많다.

둘째, 한·중 기본 감정 표현의 개념적 은유화와 개념적 환유화 양상에 대한 연구로 한·중 두 언어는 감정을 나타내는데 상당히 높은 유사성을 가지고 있다는 것이 입증되었다. 하지만 일부 양상의 차이를 보이는 경우도 있는데, 이는 사회와 문화, 사람들의 사고방식, 언어특징 등 여러 가지 원인 때문인 것으로 볼 수 있다.

셋째, 앞으로 감정어 연구는 이제까지 연구결과를 개괄하고 은유의 적용범위나 표현양상의 차이, 환유의 차이 등에 대한 심도 있는 분석을 통해 은유와 환유를 정교화하고, 문화변이에 대한 탐구를 시도해야 할 것이다. 또한 두 언어 사이뿐만 아니라 이의 성과를 통합하여 언어 유형학적 연구로 범위를 확대해 나감으로써 인간의 보편적인 감정이 언어에 구현되는 원리를 밝히는 작업에 더욱 정확하고 많은 언어 근거를 제공해야 할 것으로 보인다. 이러한 작업들은 한국인과 중국인에 대한 더욱 통찰력 있는 이해를 제공할 것이다.

넷째, 한·중 감정어 연구는 지금까지의 성과를 토대로 한·중 또는 중·한 통번역, 한국어 및 중국어 교육, 한·중 문화탐구 등의 연구가 점차 많아질 것으로 예상해 볼 수 있다. 앞으로 이 분야의 활발한 연구를 기대해본다.

참고문헌

김은영(2004), "국어 감정동사 연구", 전남대학교 대학원 국어국문학과 박사학위 논문.

김향숙(2001), "한국어 감정 표현 관용어 연구", 인하대학교 대학원 국어국문학과 박사학위논문.

김향숙(2003), 『한국어 감정표현 관용어 연구』, 한국문화사.

루린지예(2016), "한·중 감정 표현 오관(五官) 관용어 의미 대조 연구", 경희대학 교 대학원 국어국문학과 석사학위논문.

孫 博(2015), "한·중 감정표현 개념화양상 대조연구: '기쁨'과 '슬픔'을 중심으로", 전북대학교 일반대학원 국어국문학과 석사학위논문.

宋雅麗(2015), "韓·中 身體語의 感情表現 慣用語 比較 研究", 강원대학교 대학원 국어국문학과 석사학위논문.

왕단나(2017), "한·중 감정표현 관용어의 대조 연구: 분노 표현을 중심으로", 한양대학교 대학원 국어교육학과 석사학위논문.

왕립향(2013), "한국어와 중국어의 '화' 관련 감정표현의 환유적 양상 대조 연구: 신체 부위별 표현을 중심으로", 영남대학교 대학원 외국어로서의한국어교육 학 석사학위논문.

왕여방(2006), "기쁨과 슬픔의 표현 양상 한·중 대조 연구", 부산대학교 대학원 국어국문학과 석사학위논문.

WANGXIAOLONG(2016), "한·중 노여움 '怒' 관용어의 대조 연구-비유적 의미를 중심으로", 경희대학교 대학원 국제한국언어문화학과 석사학위논문.

WANGYULING(2017), "한·중 슬픔 관용어 대조 연구: 신체어의 환유 표현을 중심으로", 연세대학교 대학원 국어국문학과 석사학위논문.

이미지(2012), "한국어 교육을 위한 감정표현 어휘 연구", 부경대학교 대학원 국 어국문학과 박사학위논문.

이선희(2010), "한·중 "기쁨"의 개념화 연구", 『중국어문학지』 34: 391-422, 중국어문학회.

이정희(2012), "漢韓表示情感的人体詞結构槪念隱喩研究: 以喜·怒·哀·惧情 感爲主", 한국외국어대학교 대학원 중어중문학과 박사학위논문.

임지룡(2006), 『말하는 몸: 감정 표현의 인지언어학적 탐색』, 한국문화사.

莊瑩珊(2012), "韓‧中國語感情表現慣用語比較研究", 강원대학교 대학원 국어
　국문학과 석사학위논문.

장효진(2001), "감정동사 및 감정형용사 분류에 관한 연구",『한국정보관리학회
　학술대회논문집』8: 29-34, 한국정보관리학회.

JIANGMEIJING(2017), "'눈'과 '입' 관련 표현을 포함한 한‧중 감정 관용표현
　대비 연구", 아주대학교 대학원 국어국문학과 석사학위논문.

차경미(2013), "감정 어휘 교육 내용 연구", 서울대학교 대학원 국어교육과 석사
　학위논문.

최　빈(2018), "한‧중 신체 관련 '기쁨' 관용표현 대조 연구", 동국대학교 대학원
　국어국문학과 석사학위논문.

Kovecses, Z.(2000), *Metaphor and Emotion: Language, Culture, and Body in*
　Human Feeling, Cambridge: Cambridge University Press. (김동환‧최영호
　옮김(2009),『은유와 감정』, 동문선.)

曹艶琴(2009), "從認知角度看英語和漢語的情感隱喩", 西安電子科技大學 석사
　학위논문.

黃金金(2014), "英漢語情感類心理動詞的認知語義對比研究", 宁波大學 석사학
　위논문.

賈彩云(2017), "隱喩理論下情感形容詞的對外漢語敎學硏究", 西安外國語大學
　석사학위논문.

賈佳蕾(2012), "基于槪念隱喩理論的英漢語基本情感隱喩對比硏究", 吉林大學
　석사학위논문.

金晶銀(2012), "漢韓情感槪念隱喩對比硏究--以"喜、怒、哀、懼"爲語料", 中
　央民族大學 박사학위논문.

翟　艶(2006), "從認知角度看基本情感的漢語表達", 華東師范大學 석사학위논문.

邵　靑(2011), "中韓"憤怒"情感表達慣用語比較硏究-以換喩和隱喩爲中心", 山
　東大學 석사학위논문.

楊　娟(2013), "漢語情感話語的隱喩研究", 沈陽師范大學 석사학위논문.

張金偉(2006), "英漢基本情感隱喩表達式的對比研究", 南京師范大學 석사학위
　논문.

趙　明(2009), "英漢基本情感隱喩槪念對比",『湖南文理學院學報(社會科學版)』,
　119-121, 湖南文理學院.

한·중 색채어의 의미 확장

췌이펑훼이(崔凤慧) *

1. 들머리

이 글은 한국어와 중국어에 나타난 색채어의 의미 확장 연구의 현황과 과제를 인지언어학의 관점에서 살펴보는 데 목적이 있다.

Berlin & Kay(1969)가 색채어 위계의 보편성을 주장한 이후에 색채어 연구의 화두는 "What is the meaning of color?"였다.

의미 확장 양상을 시각화 한 모형은 크게 두 가지인데, '의미망(semantic network)'과 '의미연쇄(meaning chain)' 모형이다. 이 모형들은 원형의미를 기준으로 확장 양상을 도식화하는 방법이다. 두 모형 모두 원형과의 유사성을 바탕으로 한 은유와 인접성을 바탕으로 한 환유를 의미 확장 기제로 보고 있다. 그리고 이러한 확장 양상은 '방사상 구조(radial structure)'로 시각화할 수 있다(임지룡 2017: 450-451).

'개념적 은유(Conceptual Metaphor)'란 유사성 관계에 있는 두 경험의 영역

* 대구광역시 교육연수원 교사, cuifenghui84@hanmail.net

에서 '근원영역(source domain)'을 '목표영역(target domain)'[1]으로 구조화하는 것을 말한다.[2] 본질적으로 개념적 은유는 우리가 이 세상의 다양한 상황에 적용해 나가기 위해 새로운 언어적 범주를 만들기보다, 기존의 범주를 이용해서 그 의미를 확장하는 인지 전략이다(임지룡 2007: 5). '개념적 환유(Conceptual Metonymy)'는 개념적 은유와 달리 하나의 동일한 영역 또는 틀 안에서 '근원(source)'과 '목표(target)' 간의 '인접성'에 의해 활성화되며 한 실체를 사용하여 다른 실체를 대신하므로 지시의 기능을 갖는다.[3]

색깔에 대한 인식은 인간이 가진 인지적 지식의 일부이므로, 인간은 어떤 색깔을 통해 전달되는 의미를 알 수 있다. 특히 색채에 대한 정서적 반응은 개인과 과거의 경험, 개인이 소속된 사회의 문화적 배경, 또는 자연환경의 영향을 받아서 나타나게 된다(손용주 1996: 128). 따라서 각 문화마다 쓰이는 색채어가 다를 수 있고, 그들이 전달하는 의미도 다를 수 있다. 아래에서 색채어의 확장 의미에 대한 예문을 살펴보기로 한다.

---

1 '개념적 은유'란 근원영역과 목표영역 간의 사상으로, "나는 그녀의 마음을 열었다."라는 표현을 예로 들어 보면, 근원영역은 '문' 또는 '집'이며, 목표영역은 '마음'이다. 따라서 근원영역과 목표영역의 개념 요소들은 각각 '문을 여는 사람'은 '나', '문'은 '그녀의 마음'에 대응된다(줴이펑훼이 2012: 4).

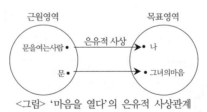

<그림> '마음을 열다'의 은유적 사상관계

2 이와 관련하여 Kövecses(2002: 16-25)는 "인간의 신체는 가장 중요한 근원영역이다. 왜냐하면 우리에게 인간의 신체는 명확히 윤곽이 지어져 있으며, 우리가 우리의 신체에 대해서 잘 알고 있다고 믿기 때문이다."라고 언급하였다.
3 환유의 유형은 크게 두 가지로 나누어져 있다. 첫째는 확대지칭 양상, 즉 부분이 전체를 지칭하는 환유이다. 둘째는 축소지칭 양상, 즉 전체가 부분을 지칭하는 환유이다.

(1) a. **빨간 책**은 19세 이하 사람에게 금지된 책이다.
     b. **黃色書籍是一大公害.** (음란 서적은 크나큰 공해이다.)

예문 (1a)의 '빨간 책'은 법률이나 명령으로 출판 및 판매를 금지한 특정한 서적 혹은 외설 서적을 속되게 이르는 말이며 외설물에 붙이는 빨간 딱지에서 유래되어 미성년자 관람불가의 책이라는 은유로 이해된다. 유사하게 예문 (1b)의 '黃色書籍(노란 서적)'는 '음란 서적'으로 이해되는데, '黃'은 중국어에서 '음란하다'의 뜻을 가지고 있다. 이것은 서양의 영향[4]을 받았는데, '노란색'은 중국에서 '반동', '음란' 등 부정적인 의미를 지니고 있다.

이를 통해 언어와 문화의 차이에 따라 같은 사물을 인지하는 방식이 다르다. 즉, 서로 다른 문화 방식과 생활 경험은 한국어와 중국어가 "음란하다"의 색채의 은유적 표현에 있어 각 언어의 고유한 특징을 가지도록 결정짓는 것이다.

이 글의 구성은 다음과 같다. 2장은 한·중 색채어 각각의 의미 확장 연구와 한·중 색채어의 대조 연구 현황을 살펴볼 것이다. 3장은 이러한 연구들의 한계와 그것에 대한 반성 및 전망을 고찰할 것이다. 4장은 앞에서 논의한 결과를 요약·정리할 것이다.

2. 한 · 중 색채어 의미 확장 연구의 현황

2.1. 한국어 색채어의 의미 확장 연구 현황

한국어 색채어에 대한 앞선 연구는 색채어에 대한 형태의미론적인 접근과

---

4 미국이나 유럽 등지에서 흔히 저질 삼류 소설이나 그런 기사들을 다루는 신문 등을 '옐로 페이퍼' 또는 '황색 언론'이라고 한다. 이는 그러한 인쇄물들에 쓰이는 종이가 저급한 싸구려의 노란색이었기 때문이다. 지금까지 중국에서 '黃片(노란 영화)'으로 '色情電影(야한 영화)'를 대신하는 것은 사회적으로 약속된 것이다. '야한 영화'에 대해 한국어에서 '빨간 영화'라고 한다. 이것은 양국 색채에 대한 또 다른 문화적인 차이라고 할 수 있다(췌이펑훼이 2009 참고).

기본 색채어를 중심으로 한 의미 확장에 대한 연구가 주류를 이룬다. 기본 색채어를 중심으로 한 의미 확장에 대한 연구를 아래에서 살펴보기로 한다.

2.1.1. 색채별 의미 확장

송현주(2003)에서는 국어 색채 형용사 중에서 고유어 5개 어휘 '검다, 희다, 붉다, 푸르다, 누르다'를 기본 색채 어휘로 선정해서 '검다', '까맣다', '희다', '하얗다'의 사전별 확장의미를 살폈고, 다의 확장 순서대로 '검다, 희다, 붉다, 푸르다, 누르다'의 사전 의미를 다시 배열해 보았다. 그 결과는 '구체물의 색 → 구체물의 상태(얼굴색 변화) → 집단의 양 → 거리나 시간 → 심리적 상태(마음)'의 방향으로 의미가 확장되었음을 주장하였다.

윤기한(2006)에서 색채별 의미 확장은 크게 '검다', '희다', '붉다', '푸르다', '누르다'의 5가지 계열로 나누어 각 계열의 형태별 어휘들이 각자 사용된 문맥적 환경과 지시물을 살펴보고 그들의 확장의미와 수식 받는 명사(참조물)를 논의했다. 여기에서 '희다' 계열에 대한 논의를 살펴보기로 한다.

'희다' 계열은 '희다', '하얗다, 허옇다'와 '해끔하다, 희끔하다, 해끄무레하다, 희끄무레하다, 해끔해끔하다, 해끗해끗하다, 희끔희끔하다, 희끗희끗하다' 세 가지 형태 영역으로 나누어진다. '하얗다, 허옇다'의 의미 확장은 다음 <표 1>과 같다.

〈표 1〉 '하얗다, 허옇다'의 의미 확장

의미	수식 받는 명사(참조물)
희다	구체물
추위	구체물
(공황)	얼굴
건강의 악화	얼굴, 피부
굉장히 많음	집단의 양
시간을 보냄, 나이가 듦	밤(시간)
기세가 높음	기운

2.1.2. 은유적 의미 확장

색채어의 은유적 확장 연구는 임혜원(2005), 유인선(2018) 등을 들 수 있다.

임혜원(2005)에서 각각의 색채가 가지는 의미와 형태를 고찰한 연구들에서 더 나아가 [빛]과 [색]의 은유적 확장 과정 '[빛]에서 [색]으로', '[빛]에서 [희망]으로', '[빛]에서 [활기]로', '[색]에서 [심리상태]로', '[색]에서 [성질]로', '[성질]에서 [가치]로', '[색]에서 [성(性)]으로'의 7가지 개념화 과정을 논의했다.

이러한 은유적 확장 과정을 바탕으로 '빛'과 '색'의 의미망은 다음 <그림 1>과 같다.

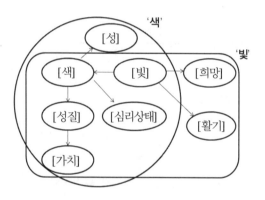

〈그림 1〉 '빛'과 '색'의 은유적 확장

<그림 1>에서 '색'이 '성' 개념으로 확장되고, '빛'이 빛의 속성에 의해 '활기'나 '희망'으로 확장된 부분을 제외하고, 언어적으로 '빛'과 '색'은 개념적으로 유사한 부분이 많다는 것을 알 수 있다.

유인선(2018)에서 후기 중세국어부터 근대국어 시기까지의 색채어 표현은 단일색채어 표현, 혼합색채어 표현과 복합구성 색채어 표현 두 가지로 나누어 각 계열 색채어 표현과 의미를 분석하여 의미 확장 양상을 도식화했다. 또한 색채어의 의미 확장 양상을 도식화했을 때, 색채어의 의미정보구조의 공간을

네 곳으로 구분했다. 우선 의미 확장 기제인 은유와 환유로 구분하고, 나아가 은유는 긍정과 부정으로, 환유는 신체와 대상물로 구분했다.

우선 단일 색채어류는 '푸른색'의 예를 들어, 푸른색 단일색채어는 은유를 통해 의미가 확장된 용례가 다른 색채어에 비해 상대적으로 많지 않다. 은유적으로 '푸른색'의 확장의미는 [검소함], [미녀], [평범함], [신성함] 등이 발견되었다. 표현 형태로는 '프르다/푸르다'가 있으며, 문법형태로는 접속형(VC), 관형사형(V-ETM)이 있다.

혼합색채어 용례 중 개념적 은유를 바탕으로 확장된 의미는 그 용례가 매우 드물다. 후기 중세국어와 근대국어시기를 통틀어도 아래 표에서 나타난 두 의미가 전부이다.

〈표 2〉 혼합색채어의 은유적 의미

은유적 의미	결합어1	대상어	결합어2	빈도(개)
평범함		감프르다(V-ETM)	머리털	1
좋음/신선함	털빛	프라발가ᄒ다(V-ETN)		1

<표 2>를 보면 혼합색채어의 은유적 확장 의미는 [평범함]과 [좋음/신선함]으로 나타난다. 전자는 '감프르다'의 관형사형(V-ETM)을 통해, 후자는 '프라발가ᄒ다'의 명사형(V-ETN)을 통해 의미가 확장된다.

혼합색채어는 '검프르다, 프라발가ᄒ다'와 같이 하나의 단어로서의 지위를 지닌 색채어이고, 복합구성색채어는 여러 가지 색채어가 복합적으로 작용하여 의미를 구성하는 단어의 지위를 지니지 않은 표현들을 지칭한다. 이러한 구성 표현 중 은유와 환유를 통하여 의미가 확장된 경우가 있는데, 후기 중세국어 시기에는 아래 용례만이 보인다.

(2) ᄀ샛 흔 小솔國귁王왕이 大땡光광明명王왕이 布봉施싱ᄒᄂ 德득을 숨구쳐 臣씬下행 모도 아닐오더 뉘 能눙히 波방羅랑奈냉國귁에 가 大땡光광明명王왕ㅅ 머리를 비러 오려뇨 … **블그며 거므며 흰** ᄆ지

게 나지여 바미여 長땽常썅 뵈오. ≪월인석보20: 33b≫

(2)는 한 사제가 소국왕(小國王)을 위하여 대광명왕(大光明王)의 머리(털)을 빌리러 바라내국(波羅奈國)에 갔을 때 여러 불길한 징조가 발생했다는 것을 묘사한 부분이다. 이 부분에서는 결합어 '무지개'와 검은색, 흰색, 붉은색 표현이 공기하여 [불길함]이라는 의미로 확장되었다는 사실을 분석할 수 있다.

근대 국어 시기에 들어서면, 은유로서 의미 확장이 된 경우는 [흉함], [결백함], [용맹함], [흉악함]과 같은 의미가 나타났다. 연속되는 색채어 분포를 살펴보면, 무채색끼리 연속된 경우와 무채색과 유채색이 연속된 경우, 유채색끼리 연속된 경우가 있었다. 하지만 혼합색채어가 연속형을 구성하는 경우는 발견할 수 없었다.

2.1.3. 환유적 의미 확장

색채어의 환유적 확장 연구는 장경현(2007), 유인선(2018) 등을 들 수 있다.

장경현(2007)에서 [흑/백] 계열어를 중심으로 속담 속 색채어의 의미를 살폈는데, 속담의 색채 표현은 은유에 의해 전이된 의미가 원래 의미를 완전히 대체하기보다는 환유에 의한 전이와 각 어휘 의미가 공존하고 있음도 볼 수 있다고 논의했다.

(3) **까마귀** 제아무리 흰 칠을 하여도 **백조**로 될 수 없다.

(3)은 '까마귀'와 '백조'에 색채어의 개념과 형태가 들어 있는데, [흑/백]이 나타내는 [부정/긍정]의 2차 의미가 실제 동물의 색깔과 연결되어 표현된다. '까마귀/백조'는 [흑/백], [긍정/부정]이라는 의미 확장 결과를 '사물-속성' 관계의 환유로서 담게 되었다. 이때 '까마귀/백조'는 물론 인간의 은유 표현이다 그러나 '실제의 동물 > 색채의 원형 대상 > 가치 의미'로 의미가 전이되는 과정에서 첫 단계는 환유에 더 가깝다고 할 수 있다.

유인선(2018)에서는 후기 중세국어부터 근대국어 시기까지 단일색채어 '검다, 희다, 붉다, 푸르다, 누르다' 뿐만 아니라 혼합색채어, 복합구성색채어의 환유적 의미 확장도 논의했다. 또한 단일색채어, 혼합색채어와 복합구성 색채어는 은유보다 환유를 통하여 의미가 확장되는 경우가 더 많음을 논의했다. 이러한 공간 구분을 바탕으로 혼합색채어의 의미 확장을 <그림 2>와 같이 정리했다.

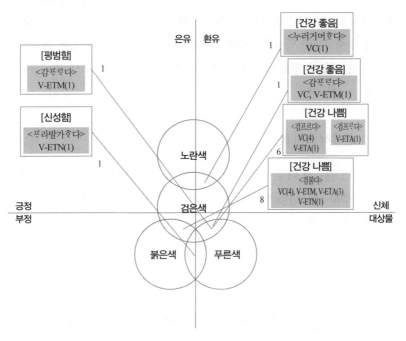

〈그림 2〉 혼합색채어의 의미 확장

<그림 2>에서 혼합색채어는 단일색채어와 마찬가지로 은유보다 환유를 통하여 의미가 확장되는 경우가 더 많음을 알 수 있다. 또한 환유로서 확장된 의미는 모두 신체 상태를 표현하고 있었으며, 대상물을 기반으로 하여 의미가 확장된 경우는 없었다.

2.2. 중국어 색채어의 의미 확장 연구 현황

중국어 색채어에 대한 앞선 연구는 한국어와 같이 색채어에 대한 형태의미론적인 접근과 기본 색채어를 중심으로 한 의미 확장에 대한 연구가 주류를 이룬다. 그중에 의미 확장 연구는 기본 색채어를 중심으로 한 은유적 의미 확장이 대부분이고 환유에 대한 연구는 한국어 색채어 연구에 비해 적다.

2.2.1. 색채별 의미 확장

일반적으로 현대중국어에는 단어조합 능력이 강하고 안정적인 것, 즉 지속적이거나 보편적인 기본색채어로 '白(흰색), 黑(검은색), 紅(빨간색), 綠(녹색), 黃(노란색), 藍(파란색), 灰(회색), 紫(보라색)'가 있다.[5]

구경숙(2010)은 중국어 어휘목록에서 중요한 위치를 차지하고 있는 색채어 어휘장 중 원형이론에 의거하여 기본색채어인 '白(흰색), 黑(검은색), 紅(빨간색), 黃(노란색), 靑(푸른색)'[6]을 분석대상으로 하여 색채어의 의미 확장에 대한 사전적 기술을 살펴 색채어의 확장 의미, 긍정의미와 부정의미 및 의미 영역[7]을 논의했다.

2.2.2. 은유와 환유적 의미 확장

중국어 색채어의 은유와 환유에 의한 고찰에 대해서 楊蕾(2009), 朴宝蘭(2009), 김순진·한용수(2015)를 살펴보기로 한다.

---

5 胡裕樹의 ≪現代漢語≫, 符淮青의 ≪現代漢語詞匯≫ 등에 따른 것이다.

6 구경숙(2010)에 의하여 '灰'와 '紫'는 독립된 개별가치가 아니라 분절된 전체 내에 있는 자리로부터 규정되는 위치 가치이고, '綠'와 '藍'은 원형의미 외에 확대의미를 갖지 않으므로 연구대상에서 제외하였다.

7 '원형의미'란 다의어 범주를 대표하는 범주의 기본적인, 전형적인 의미를 말하며, 확대의미란 파생, 전의된 의미를 말한다. 다의어의 의미 확대는 원형의미의 용법을 넓은 범위에 사용한 것으로 Heine et al.(1991: 48)에서는 개념영역의 일반적 확대 방향을 "사람 > 대상 > 활동 > 공간 > 시간 > 질(質)"로 나타냈다.

楊蕾(2009)에서는 '紅, 黃, 白, 黑, 綠, 藍, 紫, 灰, 褐'를 대상으로 하여 색채어의 확장의미 은유와 환유를 분류해서 살펴보았다. 여기서는 '綠(녹색)'의 의미 확장을 예로 살펴보기로 한다.

〈표 3〉'綠(녹색)'의 의미 확장

의미 범주	예문
綠色(녹색)	綠油油, 碧綠, 靑山綠水
暢通(막힘없이 잘 통하다), 方便快捷(편리하고 빠르다)	綠色通道
厭惡(미워하다), 嫉妒(질투하다)	綠帽子
生机(생기), 和平(평화), 希望(희망), 健康(건강)	綠灯, 綠色通道, 綠色食品

<표 3>을 보면 '綠(녹색)'의 확장의미는 '暢通(막힘없이 잘 통하다), 方便快捷(편리하고 빠르다)', '厭惡(미워하다), 嫉妒(질투하다)', '生机(활기), 和平(평화), 希望(희망), 健康(건강)'인 것을 알 수 있다. 그리고 확장의미는 <그림 3>과 같이 모두 다 은유적 확장으로 나타냈다.

暢通, 方便, 快捷
↑M
生机, 和平, 希望, 健康
↑M
綠
↓M
嫉妒, 厭惡

(M=Metaphor 즉 은유, Me=Metonymy 즉 환유)

〈그림 3〉'綠'의 은유적 확장

朴宝蘭(2009)에서는 중국어의 기본 색채어인 '紅, 黃, 綠, 白, 黑'의 은유적 의미를 분석하여 각 색채어가 긍정, 부정의 의미를 지니고 있는 것을 논의했다. 여기서 또 '綠(녹색)'의 의미 확장을 예로 살펴보기로 한다.

<표 4> '綠(녹색)'의 의미 확장

綠 (녹색)	褒義(긍정적인 의미)	綠色食品(녹색 식품)
	褒義(긍정적인 의미)	綠色奧運(녹색 올림픽)
	貶義(부정적인 의미)	綠帽子(녹색 모자)
	貶義(부정적인 의미)	綠林(관청에 반항하는 무리 또는 도적떼)

<표 4>를 보면 '綠(녹색)'의 확장 양상은 긍정과 부정으로 분류해서 '綠色食品(녹색 식품)', '綠色奧運(녹색 올림픽)'은 긍정적이고 '綠帽子(녹색 모자)', '綠林(관청에 반항하는 무리 또는 도적떼)'은 부정적인 의미를 가지고 있다는 것을 알 수 있다.

김순진·한용수(2015)에서 중국어의 기본 색채어인 '紅, 黃, 靑, 白, 黑'의 색채어를 기본의미와 확장의미로 나누어 분석하고 기본의미에서 확장의미로 파생되고 발전되는 과정은 은유와 환유로 분류해서 살펴보았다. 또한 은유와 환유의 분석에서 그 상징적 의미와 추상적인 의미를 치중하여 분석하고 색깔에 따라서 좀 다르기는 하지만 확장의미의 대부분은 은유이며, 일부가 환유임을 알 수 있다.

김순진·한용수(2015)에서는 청색을 '綠'와 '藍'의 색으로 구분해서 분석했다.[8]

---

8 고대 중국에서는 청색을 正色으로 보았다. 荀子의 「勸學」편에서 '靑出于藍而靑于藍(청출어람)'이란 말에서 알 수 있듯이 청색이란 더 짙으면 검정색이 되고 더 옅으면 파란색, 초록색이 되므로 고대 중국에서는 '綠'와 '藍', '黑'색을 구분하지 않고 썼음을 알 수 있다.

<표 5> '靑'의 의미 확장

의미 구분	해석	예문	은유	환유
기본 의미	靑色(廣義):남색, 파랑색, 검정색	靑山綠水		
	靑色(狹義):남색	靑色的襯衫		
	藍色:파랑색	藍色的天空		
	綠色:초록색	綠色的樹叶		
확장 의미	①나이가 어리거나 청년을 의미함	我們是靑梅竹馬的朋友	+	-
	②젊다	我們要珍惜美好的靑春	+	-
	③환경보호	專門經銷綠色産品	+	-
	④불륜	他還不知道自己戴了綠帽	-	+
	⑤풋곡식	誰家沒个靑黃不接的時候	-	+
	⑥비천하거나 공명을 취득하지 않음	当官的不知白袷藍衫的苦處	-	+
	⑦화학비료나 농약을 사용하지 않고 재배한 식물, 혹은 유기농 식품	最近綠色食品倍受歡迎	-	+

<표 5>의 ④-⑦은 모두 '녹색'에 바탕을 두고 '녹색'이라는 하나의 영역 안에서 그 의미를 확장하였기에 환유로 볼 수 있다. 특히 ④에서 '綠帽'는 불륜을 나타내는데 이것은 중국의 元, 明시대에 기녀(妓女)와 기원(妓院)에 종사하는 모든 남자들에게 반드시 녹색 두건을 두르게 했는데 이것이 현대까지 이어지면서 '불륜'을 의미하게 되었음을 논의했다.

이상으로 楊蕾(2009)와 朴宝蘭(2009)에서 '綠(녹색)'의 의미 확장에서 모두 다 은유로만 개념화되는 것을 알 수 있었다. 이 두 가지 연구 결과는 김순진·한용수(2015)의 연구에서 그 결과가 다르게 나왔다. 특히 '綠帽'의 확장 의미를 김순진·한용수(2015)에서는 환유로 분석했다.

2.3. 한·중 색채어 의미 확장의 대조 연구 현황

한·중 색채어에 대한 앞선 연구는 기본 색채어를 중심으로 한 의미 확장에 대한 연구가 주류를 이루고 있는데 그중에 기본 색채어를 중심으로 한 은유적 의미 확장에 대한 대조 연구가 대부분이다.

2.3.1. 색채별 의미 확장의 대조

한·중 색채별 의미 확장에 대해서는 장손(2017)과 이아정(2018)을 살펴보기로 한다.

장손(2017)에서는 한·중 '붉다' 계열 색채어의 기본 의미를 살펴보고 한·중 '붉다' 계열 단일어 색채어, 복합어 색채어의 확장 의미를 분석하며 한국어와 중국어의 공통점과 차이점을 밝혔다.

<표 6>을 보면 한국어 '붉다' 계열 색채어에는 '심한 정도, 이익을 추구함, 범죄 행위를 저질러 전과가 생김, 비천함, 벽사(辟邪)' 등의 의미가 있으나 중국어 '紅' 계열 색채어에는 이러한 의미가 없다. 중국어 '紅' 계열 색채어에는 '경사, 인간 세상, 운이 좋음, 이득, 번창함과 길조, 성공·인기, 질투, 혁명' 등의 의미가 있다. 특히 중국어에는 정치사상의 영향을 받은 '紅色政權'과 같은 색채어가 존재한다. 또한 중국어의 '赤脚医生(짧은 기간 의료 교육을 이수하고 농촌에서 농사와 의료를 겸하는 의료인)'은 한국어에는 없는 표현이다. 또한 한국어 '붉다'와 중국어 '紅'은 공통적으로 '공산주의'라는 상징 의미를 가지고 있지만 그 쓰임에는 차이가 있다. 사회주의 체제를 바탕으로 하는 중국에서는 '紅'(예를 들어 '思想紅' 등의 표현)이 긍정적인 의미로 사용되고 있는 반면, 한국에서는 북한과의 전쟁 경험 및 정치적 대립으로 인해 붉은색이 부정적 의미로 사용되고 있다.

〈표 6〉 한·중 '붉다' 계열 색채어 확장 의미

	의미	한국어	중국어
1	성격이 급함	없음	不分黑白
2	성공, 인기	없음	紅的發紫, 紅人, 人紅
3	활기가 넘침	없음	紅火, 開門紅
4	인간 세상	없음	看破紅塵
5	결혼	없음	紅衣裳, 紅內衣, 紅被褥

6	이득	없음	紅包
7	공산주의(긍정적)	없음	紅軍, 紅色政權
8	의료	없음	赤脚医生
9	심한 정도	새빨간 거짓말	없음
10	공산주의(부정적)	빨갱이, 붉은 사상	없음
11	품위가 낮음	빨간 상놈	없음
12	벽사	붉은 팥죽	없음
13	전과	빨간 줄이 그러지다	없음

이아정(2018)에서는 한국어와 중국어의 기본 색채어인 '검정'과 '黑', '하양'과 '白'의 기본의미를 긍정적 및 부정적 관점에서 추상화 원인으로 분석하여 확장의미와의 공통점과 차이점을 논의했다. 여기서 '검정'의 확장의미를 정리해서 예를 들기로 한다.

한·중 색채어 '검정'의 확장의미를 정리해 보면 다음 <표 7>과 같다.

〈표 7〉 한국어 '검정'과 중국어 '黑'의 확장의미 대조

			한국어 '검정'	예문	중국어 '黑'	예문
자연적 현상	긍정	예측하지 못함	×		○	黑馬
	중립	많음	○	사람이 까맣게 몰려 왔다	○	黑壓壓
		아득함	○	까마득한 옛날	×	
심리적 현상	부정	무지, 무식	○	까막눈	×	
		불길, 흉조	○	검은 구름	○	黑云
		음흉, 사악	○	검은손	○	黑手
	중립	깡그리	○	까맣게 모르다	×	
문화적 현상	긍정	잉여이익	○	무역흑자	○	貿易黑字
		정직	×		○	黑面包拯
	부정	잘못, 틀린 것, 사리에 맞지 않음	○	흑백을 가리다	○	分清黑白
		불법	○	검은돈	○	黑錢
		형벌, 불명예	×		○	抹黑
		반동, 반혁명	×		○	黑文

<표 7>에서 공통적으로 '검정'과 '黑'은 긍정적인 의미 '잉여이익', 중립적인 의미 '많음'과 부정적인 의미 '잘못, 틀린 것, 사리에 맞지 않음, 불법' 등을 갖는다. 한국어 '검정'에만 있는 확장의미는 부정적인 의미 '무지, 무식'과 중립적인 의미 '깡그리', '아득함' 등이 있다. 중국어 '黑'에만 있는 확장의미는 긍정적인 의미 '예측하지 못함', '정직'과 부정적인 의미 '반동, 반혁명', '형벌, 수치, 불명예' 등이 있다고 볼 수 있다.

2.3.2. 은유적 의미 확장의 대조 연구

한국어와 중국어 색채어의 은유적 의미 확장에 의한 연구는 장소뢰(2016), 췌이펑훼이(2015)를 살펴보기로 한다.

장소뢰(2016)에서는 한국어와 중국어 '청(靑)' 계열 색채어의 은유 의미를 살펴봤는데, 다음 <표 8>과 같다.

〈표 8〉 한 · 중 '청(靑)' 계열 색채어의 은유 의미 비교

한국어	은유 의미	중국어
푸른 과일/ 푸른 보리	미성숙함	買靑/賣靑
푸른 시절	젊음	靑年/年紀靑靑
푸르게/파랗게/새파랗게 자라다	생기다, 왕성함	
푸른 꿈	희망이나 포부 따위가 크고 아름다움	靑云之志
푸른 공기	매우 깨끗하고 깔끔함	
얼굴이 새파래졌다	화남/놀라움	
서슬이 푸르다/퍼렇다/시퍼렇다	기세가 등등함/날카로움	
	환경보호적임	綠色産品/綠色食品/綠色蔬菜/綠色奧運
	호의적임	靑睞/靑眼/垂靑
	아내가 바람 피움	綠帽子

위 표를 통해 한국어 '청(靑)' 계열 색채어와 중국어 '청(靑)' 계열 색채어는

모두 '미성숙함', '젊음'과 '희망이나 포부 따위가 크고 아름다움'이라는 은유 의미를 가지고 있다는 공통점이 있다. 하지만 한국어 '청(靑)' 계열 색채어는 '생기가 왕성함', '매우 깨끗하고 깔끔함', '화남/놀라움'과 '기세가 등등함/날 카로움'이라는 은유적 의미를 가지고 있는데 중국어 '청(靑)' 계열 색채어는 그런 의미를 가지고 있지 않다. 그리고 중국어 '청(靑)' 계열 색채어는 '환경 보호'와 '아내가 바람 피움'이라는 은유적 의미를 가지고 있는데 반해, 한국어 '청(靑)' 계열 색채어는 그런 의미를 가지고 있지 않다. 이것은 한·중 색채어 가 모두 음양오행설에 바탕을 두었지만 두 나라의 다른 문화 배경 때문에 서 로 다른 의미 변화 과정을 거쳤음을 보여 준다.

췌이펑훼이(2015)에서 한국어는 '마음'이라는 어휘소를, 중국어는 '心'이 라는 어휘소를 그 분석의 대상으로 삼고 기본 색채 어휘들이 검은색, 흰색, 빨간색, 노란색, 파란색, 회색으로 나누어 개념적 은유를 통해 각각 어떤 의미 인지를 논의했다.

두 언어에서 '마음'을 언어화하는 과정에 많은 부분이 서로 겹치거나 비슷 한 점이 있다. 즉, 양 언어에서 '마음씨가 좋음', '마음이 독함', '마음씨가 나 쁨'일 경우에 '마음'이 '검은색'으로, 우울할 경우에 '마음'이 '회색'으로 개념 화된다.

그리고 두 언어의 차이점도 살펴볼 수 있는데, 첫째, 한국어에서 '기분이 좋은 경우는 마음은 흰색'인데 중국어에서 '기분이 나쁜 경우는 마음은 흰색' 이다. 둘째, 한국어에서 '마음씨가 좋은 경우는 마음은 흰색'인데 중국어에서 는 '마음씨가 좋은 경우는 빨간색'이다. 셋째, 노란색에 대해서는 한국어에서 '황금만능주의'로 개념화하는데 중국에서는 '마음이 아플 때는 노란색이 다', '마음이 쓸쓸할 때는 노란색이다', '마음이 야할 때는 노란색이다'와 같은 세 가지로 개념화된다. 넷째, 파란색/푸른색에 대해서는 한국어에서 '젊은 마 음은 파란색이다'와 '패기가 있는 마음은 파란색이다' 두 가지로 나타나는데, 중국어에서는 '희망을 가지는 마음은 푸른색이다'와 '화날 때는 마음은 푸른 색이다'로 개념화되었다.

3. 한 · 중 색채어 의미 확장 연구의 과제

지금까지 살펴본 색채어 연구들은 다양한 관점에서 의미 확장을 다루었는데, 이와 관련하여 다음과 같은 과제가 놓여 있다.

첫째, '색채어' 연구 범위의 확장이다.

앞에 살펴본 한국어와 중국어의 연구를 보면 송현주(2003), 윤기현(2006), 朴宝蘭(2009), 구경숙(2010), 김순진·한용수(2015)에서는 현대국어의 기본 색채어인 '흰색(白), 검은색(黑), 빨간색(紅), 노란색(黃), 푸른색(青)'을 분석 대상으로 하여 유인선(2018)에서는 중세부터 근대 시기까지 이 5가지 기본 색채어, 혼합색채어와 복합색채어를 분석 대상으로 논의했다. 또한 임혜원(2005), 장경현(2007), 장소뢰(2016), 장손(2017), 이아정(2018)에서는 현대국어의 '색'과 '빛'을 대상으로 삼거나 단일 색채어 '검은색(黑)'과 '흰색(白)', '청색(青)', '빨간색(紅)' 등 한두 가지의 색채어를 분석 대상으로 삼았다.

한국어에서 색채어는 연구자에 따라 다양하게 범주화되어 왔는데, 일반적으로 우선 시기별로 '후기 중세국어, 근대국어, 현대국어'로 나눌 수 있다. 그리고 그 어원에 따라, '고유어, 한자어, 외래어'로 나눌 수 있고, 단어 형태에 따라 '단일색채어, 합성색채어, 파생색채어' 등으로 분류할 수 있다.

현대국어의 색채어를 예로 들어 그 분류 방식을 살펴보면, 고유어의 경우, '검다, 감다, 껌다, 깜다, 희다, 붉다, 붉다, 푸르다, 누르다'와 같은 '단순 색상어'가 있고, '시꺼멓다, 샛노랗다, 까망, 파랑'과 같은 '파생 색상어'와 '검붉다, 짙푸르다, 희끗희끗, 불긋불긋'과 같은 '합성 색상어'로 나뉘는 '복합 색상어'가 있다(손용주 1998 참조). 한자어의 경우, '紫, 赤, 朱, 紅, 黑'과 같은 '단일어'와 '朱黃, 淸白'과 같은 '합성어'와 '深紅, 軟綠'과 같은 '파생어'가 있다(김인화 1986). 끝으로 '에메랄드빛, 루비색'과 같은 외래어에서 기원한 색채어도 존재한다.

중국어의 경우는 일반적으로 시기별로 '고대한어, 현대한어'로 나눌 수 있고 단어 형태는 '단일 색채어, 합성 색채어, 파생 색채어'로 나눌 수 있다.

현대한어의 색채어를 예로 들어, 보편적으로 기본 색채어는 '白, 黑, 紅, 綠, 黃, 藍, 灰, 紫'로 나누어져 있다. 또 '紅'을 예로 들어 보면 '粉紅, 桃紅, 玫瑰紅, 洋紅, 紫紅, 褐紅, 橘紅, 深紅' 등이 포함되어 있다.

한국어와 중국어에서 색채어에 대해 이렇게 다양하게 분류되어 있는데 인지언어학의 관점에서 진행된 연구는 거의 대부분이 현대국어를 대상으로 하고 있다.[9] 이것은 방법론이 언어와 개념을 동시에 다루기 때문이다. 즉, 오늘날 연구자들은 후기 중세국어와 근대국어 시기의 사람이 아니므로 그 시대 언어사용자들의 개념을 정확히 판단하기 어렵다. 하지만 음운론에서 현대시기의 음운 규칙들을 바탕으로 앞선 시기를 '재구(reconstruction)'하듯이 의미론에서도 현대국어를 기반으로 이전 시대의 의미를 추론할 수 있고, 추론을 해야 한다. 왜냐하면 의미의 공시적인 분석은 결국 단편적인 의미 사용 양상만을 보여줄 뿐이며, 통시적인 분석이 보충되어야만 진정한 의미 사용 양상을 알 수 있을 것이기 때문이다. 따라서 한국어와 중국어에서 색채어 연구의 범위가 확장할 필요가 있다.

둘째, 개념적 은유와 환유의 개념을 확정해서 연구를 진행할 필요가 있다. 앞에 살펴본 연구들의 일부에서는 개념적 은유와 개념적 환유의 개념을 확정하지 못했다. 예를 들어, 중국어 기본 색채어 '綠(푸른색)'에 대한 의미 확장 양상에서 '綠帽子(녹색모자)'는 楊蕾(2009), 朴宝蘭(2009)에서는 은유로 논의했는데, 김순진·한용수(2015)에서는 환유로 논의했다.

'인지언어학'은 언어를 우리 인간의 구체적이고 추상적인 경험을 통해 형성된 심리적인 실체로 이해하고, 이러한 사고 패턴이 반영된 언어를 개념화 모형을 통해 분석하고자 하는 이론이다. 의미 확장 양상의 기제와 개념적 은유와 환유 이론은 모두 다 추상적인 사고 패턴이기 때문에 시각화 모형이나 개념화 모형을 통해서 분석할 필요가 있다. 이런 시각화 모형과 개념화 모형은 어떻게 도식화되는지, 어떤 한계가 있는지 등에 대해서 논의할 필요가 있다.

---

9 유인선(2018)에서는 후기 중세국어부터 근대국어 시기까지의 색채어 표현을 대상으로 삼아 논의했다.

마지막으로 무엇보다 중요한 과제는 말뭉치를 토대로 표현과 의미 확장 양상을 상세하게 다루어야 한다. 앞에 고찰했던 연구의 대부분이 단편적인 용례 조사를 바탕으로 색채어 표현과 의미를 해석하고 있다는 점이다. 특히 중국어 색채어에 대한 연구에서는 심지어 단어 하나만 가지고 논의한 경우도 있었다. 또한 예문 분석을 생략하거나 연구자의 주관에 따라서 분석하는 경우도 살펴볼 수 있었다. 이러한 점을 보완하기 위해, 다량의 말뭉치를 바탕으로 색채어 표현과 의미 양상의 다양성과 객관성을 동시에 확보할 수 있어야 한다. 따라서 말뭉치를 토대로 표현과 의미 확장 양상을 상세하게 다루어야 할 필요성이 있다.

4. 마무리

이 글에서 한국어와 중국어 색채어의 의미 확장 탐구 현황과 앞으로의 과제에 대해서 살펴보았다. 이제까지 논의한 바를 간추려 이 글을 마무리하기로 한다.

첫째, 한·중 색채어 의미 확장 양상에 대한 연구들을 살펴보았다. 대부분의 연구들은 현대국어의 5가지 기본 색채어, 즉 '흰색(白), 검은색(黑), 빨간색(紅), 노란색(黃), 푸른색(靑)'을 대상으로 단편적인 용례만을 이용하여 분석해 왔다.

둘째, 한·중 색채어는 은유를 통하여 긍정과 부정으로 수렴되는 의미로 확장되었고, 환유를 통하여 '신체 상태 표현, 심리 상태 표현'과 '대상물 지시 표현, 대상물 상태 표현'으로 의미가 확장되었다. 그러나 같은 용례가 연구자에 따라 은유로 개념화되기도 하고 환유로 개념화되기도 하는 대립이 나타났다.

셋째, 한·중 색채어의 의미 확장 연구는 몇 십 년 동안 큰 성과와 함께 보완해야 할 여지를 안고 있다. 이런 연구들을 위한 안팎의 과제를 점검하며 협업과 학제적 연구를 통해 의미 확장 연구의 새 지평을 열어가야 할 것이다.

넷째, 이 글은 조사된 문헌의 종류가 한정적이라는 점과 해석이 주관적일 수 있다는 점에서 한계가 있다. 그럼에도 불구하고, 이 글은 한·중 색채어의 의미 확장 연구 및 양 국어의 의미 연구에 대해 큰 의의가 있다.

참고문헌

구경숙(2010), "중국어 색채어의 의미확장 고찰", 『중국어문학논집』 61: 129-148, 중국어문학연구회.

김순진·한용수(2015), "중국어 색채어의 隱喻와 換喻에 의한 고찰", 『한중인문학연구』 46: 193-212, 한중인문학회.

김인화(1986), "현대 한국어의 색채어 연구", 이화여자대학교 대학원 국어국문학과 석사학위논문.

손용주(1998), "현대 국어 색상어의 겹침에 대하여", 『우리말글』 16: 93-108, 우리말글학회.

송현주(2003), "색채 형용사의 의미 확장 양상", 『언어과학연구』 24: 131-148, 언어과학회.

유인선(2018), "우리말 색채어 표현의 의미 확장 양상 연구", 부경대학교 대학원 국어국문학과 박사학위논문.

윤기한(2006), "현대국어 색채어의 의미 확장 고찰", 전남대학교 대학원 국어국문학과 석사학위논문.

이아정(2018), "긍정과 부정의 관점에서 본 한국어 색채어 '검정'과 '하양'의 교육 방안 연구", 부산대학교 대학원 국어교육과 석사학위논문.

임지룡(2007), "신체화에 기초한 의미 확장의 특성 연구", 『언어과학연구』 40: 1-31, 언어과학회.

임지룡(2016), "신체어의 의미 확장 양상과 해석", 『배달말』 59: 1-43, 배달말학회.

임지룡(2017), 『한국어 의미 특성의 인지언어학적 연구』, 한국문화사.

임지룡(2018), "'의미' 연구의 흐름과 전망", 『한국어 의미학』 59: 1-30, 한국어 의미학회.

임혜원(2005), "한국어 [빛]과 [색]의 은유적 확장", 『담화와 인지』 12(3): 101-119, 담화·인지 언어학회.

장경현(2007), "속담 속 색채어의 의미 연구: [흑/백] 계열어를 중심으로", 『인문논총』 57: 329-360, 서울대학교 인문학연구원.

장소뢰(2016), "한·중 '청(靑)'계열 색채어 비교 연구", 공주대학교 대학원 한국어교육학과 석사학위논문.

장 손(2017), "한·중 '붉다' 계열 색채어의 대조 연구", 서울시립대학교 대학원 국어국문학과 석사학위논문.

췌이펑훼이(2009), "한·중 완곡어 구성 방식의 대조 연구", 경북대학교 대학원 국어국문학과 석사학위논문.

췌이펑훼이(2012), "공간 은유의 구조에 대한 한 중 비교 연구: 어휘소 '마음(心)'을 중심으로", 『한국어 의미학』 37: 293-310, 한국어 의미학회.

췌이펑훼이(2015), "색채 은유에 관한 한·중 비교 연구", 『국어교육연구』 59: 297-320, 국어교육학회.

符淮靑(2004), 『現代漢語詞匯』, 北京大學出版社.

胡裕樹(1999), 『現代漢語(重訂本)』, 上海敎育出版社.

朴宝蘭(2009), "漢語基本顔色詞的槪念隱喩硏究", 夏旦大學語言學及應用語言學碩士學位論文.

楊蕾(2009), "現代漢語顔色詞之認知硏究", 揚州大學漢語言文字學碩士學位論文.

Berlin, B. & P. Kay(1969), *Basic Color Terms: Their Universality and Evolution*, Berkeley: University of California Press.

Kövecses, Z.(2002), *Metaphor: A Practical Introduction*, Oxford: Oxford University Press. (이정화·우수정·손수진·이진희 공역(2003), 『은유: 실용입문서』, 한국문화사.)

영어 관용어의 은유

박 경 선*

1. 들머리

이 글은 인지언어학의 관점에서 영어의 관용어(idioms)에 포함되어 있는 은유(metaphor)에 관한 국내외 주요 연구들을 살펴보고, 앞으로 연구해야 할 과제와 방향을 모색하는 것을 목적으로 한다. 이 글에서는 영어 관용어에 포함된 은유에 관한 연구와 영어와 한국어 관용어에 관련된 은유 비교 연구 및 그것을 이용한 인지적 학습 방법에 관한 연구에 한정하여 논의하며, 한국어 관용어의 은유만을 다룬 논문이나 영어와 한국어가 아닌 다른 언어 관용어와의 은유 비교 연구는 포함하지 않는다.

관용어에 관한 학자들의 견해는 다양하여 한 마디로 정의하기는 어렵다. 전통적인 견해에서 관용어는 개념체계와 관련 없는 단어들이 구성되어 고정된 의미를 지니므로 구성 성분에 대한 의미적인 분석이 불가능하다고 보았지만, 인지언어학에서는 관용어의 구성 성분 분석이 어느 정도 가능하며 많은

---

* 한국외국어대학교 강사, kspark2263@hanmail.net

관용어가 은유적인 개념이 동기가 되어 만들어졌으므로 관용어도 개념적이라고 보았다. 이 글에서 관용어란 구성 성분이 둘 이상의 어휘소인 구절이고 이 구성 성분의 어휘소 의미로부터 전체의 의미를 바로 도출해내기 어려운 표현을 뜻하며 숙어와 속담 등을 포함한다.

2. 주요 연구 주제와 쟁점

2.1. 관용어에 관한 인지언어학적 연구

관용어를 무조건 암기해야 하는 별개의 것으로 취급하였던 과거의 연구와는 달리, Lakoff & Johnson(1980)이 은유에 관한 연구에서 은유는 언어의 문제일 뿐만 아니라 인간의 개념체계를 구성하고 있으므로 인간의 사고과정이 은유적으로 구성되어 있음을 보인 이후로 많은 인지언어학자들이 관용어의 의미에 체계적인 개념 동기가 있음을 연구하였다. Sweetser(1990)도 우리가 일상생활에서 사용하는 많은 평범한 단어들조차 개념적 은유를 포함하고 있으며 그 어원으로부터 이를 알 수 있다고 하였다. 은유란 어떤 영역의 경험을 다른 영역의 경험을 통하여 이해하는 과정이며, 경험이 문화와 관련되어 있으므로 은유도 문화에 따라 다를 수 있다. 따라서 많은 경우에 원천 영역(source domain)과 목표 영역(target domain) 간에 개념적 사상(conceptual mapping) 또는 대응(correspondence)이 이루어짐으로써 관용어의 의미가 생겨나는 것이다.

Nunberg, Sag & Wasow(1994)는 관용어를 관용적으로 결합된 표현(idiomatically combining expressions)과 관용어구(idiomatic phrases)로 구별하면서, 모든 관용어들을 비합성적인 것으로 보았던 기존의 관용어에 관한 통사적인 연구는 대부분 잘못되었으며 많은 경우, 관용어를 구성하는 개별 단어들이 어느 정도 의미에 기여하고 있다고 보았다. 또한, 관용어에 나타나는 은유적 사상(metaphorical mapping)이 구체적으로 의미를 자세하게 설명해 주지 못한 경우라도 은유적 지시(metaphorical reference)는 특히 일반 담화에서 흔하게 나타난다고 하였다.

Kövecses & Szabó(1996)에 따르면, 대부분의 관용어 의미는 자의적인 것이 아니라 체계적인 개념적 동기가 많다고 하면서 관용어 의미에 동기를 부여하는 것은 은유, 환유(metonymy)[1] 및 관습적 지식이라는 인지 기제라고 주장하였으며 다음과 같은 문장에 관련된 'fire'의 개념적 은유를 제시하였다.

(1)　a. He was **spitting fire**.
　　　 ANGER IS FIRE[2]

　　 b. The **fire** between them finally **went out**.
　　　 LOVE IS FIRE

　　 c. The painting **set fire to** the composer's imagination.
　　　 IMAGINATION IS FIRE

　　 d. The killing **sparked off** riots.
　　　 CONFLICT IS FIRE

　　 e. Don't **burn the candle at both ends**.
　　　 ENERGY IS FUEL FOR THE FIRE

　　 f. The speaker **fanned the flames** of the crowd's enthusiasm.
　　　 ENTHUSIASM IS FIRE

Gibbs *et al.*(1997)은 은유가 언어에 나타나는 양상이 아니라 인간 인지의 일부를 구성하며, 개념적 은유가 사람들이 다양한 맥락에서 적절한 관용어를 사용하도록 영향을 준다고 주장하였다. 그들은 사람들이 관용어를 이해할 때 은유적인 생각이 즉각적으로 관여하는지를 알아보기 위하여 원어민 대학생을

1　환유는 어떤 사물이나 사람을 그 속성과 밀접한 관계가 있는 다른 낱말을 빌려서 표현하는 수사법이다.

2　영문으로 개념적 은유를 표시할 때에는 대문자로 한다.

대상으로 실험하였다. 실험 결과, 관용어는 개념적 은유를 통해서만 이해된다는 것은 아니지만, 개념적 은유가 적어도 일부 관용어의 즉각적인 이해에 어느 정도 관여한다는 것을 발견하였다.

이기동(1997)은 관용어에 체계성이 있으며 관용어에 대해서 화자들이 가지는 지식이 인간 사고의 일부를 이루고 있다는 외국 학자들의 연구를 통해 HAPPY IS UP, SAD IS DOWN, INFLATION IS AN ENTITY, ARGUMENT IS WAR, LOVE IS A JOURNEY와 같은 개념적 은유들을 소개하고, 영어 관용어 내의 은유개념을 조사하여 관용어가 은유뿐만 아니라 환유와 밀접한 관계가 있음을 보였다. 특히 눈(eye)을 포함한 관용어를 관찰하여 다음 예문 (2)에 LOOKING IS MOVING이란 개념적 은유가 있음을 설명하였다.

(2) a. Could you **run your eyes** over my report before I turn it in?
   b. The headline **caught our eyes**.
   c. He couldn't **take his eyes** off the picture.

신수임(2000)은 관용어의 비유적인 의미는 화맥(context)을 고려한 가운데 개념적 은유와 환유에 의해 분석될 수 있다는 견해를 밝혔다. 은유와 환유의 개념이 관용적 표현 아래 깔려 있음을 알면 관용어의 의미를 더 쉽게 이해할 수 있다는 것을 'head'와 'foot'을 포함한 관용어를 분석하여 다음과 같은 예문에 THE HEAD IS A CONTAINER, IDEAS ARE OBJECTS, HIGH STATUS IS UP, LOW STATUS IS DOWN, 『자랑스러움 또는 거만함은 위』[3]와 같은 개념적 은유가 존재함을 보여주었다.

(3) a. Billy would never have poured glue into his father's shoe if the neighbor's son hadn't been **putting ideas into his head**.
   b. He is **at the foot of class**.

---

3 한글로 개념적 은유를 표시할 때에는 『 』 사이에 넣기로 한다.

c. After his team won the championship, he can **hold his head high**.

박경선(2001)은 6개의 기본 색채어를 포함하는 영어의 관용적 표현을 분석하여 『속성은 색채』, 『정서는 색채』, 『온도는 색채』, 『신호는 색채』, 『사람은 식물』 등의 개념적 은유가 존재하며, 이러한 개념적 은유가 사람들의 마음과 언어 및 행동을 조직하는 개념체계의 일부를 구성하고 있음을 보였다. 『속성은 색채』라는 상위계층의 개념적 은유 아래 『나쁜 것은 검은색』, 『불법적인 것은 검은색』, 『믿을 수 없는 것은 검은색』, 『선한 것은 흰색』, 『순수함은 흰색』의 개념적 은유가 영어와 한국어의 관용어에 있음을 다음 예문 (4)에서 확인할 수 있다.

(4) a. You always **look on the black side**.
b. They bought butter on the **black market**.
c. The name *Tatkenski* is on the **black list** of the Secret Police.
d. **Two blacks don't make a white**.
e. **make one's name white again**
f. **검은손**
g. **검은돈**
h. **하얀 마음**

『정서는 색채』라는 상위계층의 개념적 은유 아래에는 『분노는 빨간색』, 『우울함은 청색』, 『질투는 녹색』이 있으며, 한국어에서는 우울함이나 질투를 청색이나 녹색으로 표현하지는 않으나 화난 것은 붉은 색깔로 나타낸다. 『온도는 색채』라는 개념적 은유는 한국어에서 많은 표현을 만들며 그 아래 『뜨거움은 빨간색』, 『차가움은 청색』이 있다. 이것은 물리적인 뜨거움이나 차가움뿐만 아니라 심리적인 뜨거움과 차가움도 나타낸다. 또, 『신호는 색채』 내에 『희망은 청색』, 『위험은 빨간색』이 있음을 다음 예문 (5)에서 알 수 있다.

(5) a. He is no friend of mine ─ it makes me **see red** every time I hear his name.

b. 얼굴이 **붉으락 푸르락**.

c. I'm **feeling** rather **blue** today.

d. She'll be **green with envy** when I tell hrer that I've bought myself a new car.

e. 투자 심리에 **불을 붙이다**.

f. 투자 심리가 극도로 **얼어붙었다**.

g. **See the red light**.

h. The government **gave the green light** to the minister's plans for reducing unemployment.

i. 미 금리 **파란 불**, 유가 **빨간 불**, 반도체 주 **노란 불**

이들 중 어떤 표현들은 서로 상충되듯이 보이더라도 사람들이 혼동하지 않고 그 의미를 받아들일 수 있는 것은 Lakoff & Johnson(1980: 19-20)에 제시된 '다른 종류의 경험적 근거(different kinds of experiential basis)'에 의한 것이라고 설명하였다. 예를 들어, (5e)와 (5f)는 『온도는 색채』에, (5g), (5h)와 (5i)는 『신호는 색채』에 근거를 둔 표현이며 사람들은 혼동하지 않고 이러한 표현을 사용하며 이해한다. (5e), (5f)와 관련하여 한국의 주식시장에서는 주가가 올라가는 것을 빨간색으로, 떨어지는 것을 청색으로 나타내며 영어로 *hot*은 주가가 오른 것을, *cold*는 내린 것을 의미하기도 한다. 그러나 미국의 주식시장에서는 주가가 올라가는 것을 검은색으로, 떨어지는 것을 빨간색으로 표시하는데 이것은 한국어에서처럼 『온도는 색채』에 바탕을 두지 않고 '흑자(be in the black), 적자(be in the red)' 개념에 근거하기 때문인데 이것도 위에 제시한 '다른 종류의 경험적 근거'로 설명된다고 주장하였다.

또한, 다음 예문 (6)에서와 같이 신체를 나타내는 단어들을 분석하여 영어와 한국어에 공통된 개념적 은유로서 『통제는 위』와 『체면은 얼굴』이 있고, 영어에는 없지만 한국어에서 나타나는 개념적 은유로서 『감정은 신체의 일부분』이라는 상위계층의 개념적 은유 아래에 『자존심은 코』와 『용기는 간』이라는 개념적 은유가 존재함을 분석하여 사람들이 가장 가까이 있어서 자주 경험할 수 있는 신체의 일부분으로 추상적인 개념을 이해하려는 경향이 있음을 보였다.

(6) a. Before his trial he was ashamed to be seen in public, but now that he has been proved not guilty he can **hold his head up** once more.

    b. When he failed to beat his opponent, he felt he had **lost face** with his friends, who all expected him to win.

    c. 얼굴을 못 들다

    d. 코가 납작해지다

    e. 간이 콩알만 해지다

최진희(2005)는 'hand'의 원형적인 의미가 환유와 은유에 의해 확장되어가는 과정을 살펴보고, 'hand'를 포함한 관용어의 예문들을 환유, 은유, 관습적 지식이라는 세 가지의 인지 기제(cognitive mechanisms)하에 의미 분석을 함으로써, 원형적이고 직설적인 의미로부터 일상생활에서의 경험과 세상 지식에 기반을 둔 환유나 은유에 의해 확장되어 비유적 의미를 나타냄을 보였다. 이러한 비유적인 의미는 사람들의 실생활에서의 경험을 통해 이루어지고 인지 구조 속에 내재되어 있기 때문에, 세상에 대한 경험과 지식을 통하여 쉽게 추론되고 이해될 수 있는 것이다. 이 글에서 제시된 'hand'와 관련된 개념적 은유는 다음과 같으며 이를 다음 예문 (7)에서 확인할 수 있다: ATTENTION IS HOLDING SOMETHING IN THE HAND, COOPERATION IS HOLDING SOMETHING IN THE HAND, CONTROL IS HOLDING SOMETHING IN THE HAND, POSSESSION IS HOLDING SOMETHING IN THE HAND, FREEDOM TO ACT IS HAVING THE HANDS FREE.

(7) a. Do these figures have anything to do with **the matter in hand**?

   b. Police have realized that they have to work **hand in hand** with
      local people to make neighborhoods safe to live in.

   c. They've still got an economic crisis **on their hands**.

   d. We can't **put our hands on** enough of these computers – they've
      been selling amazingly well.

   e. The team **gave me a free hand** in all editorial matters.

송부선(2006)은 영어와 한국어에서 '화'와 '행복'을 나타내는 관용어에 포함된 개념적 은유를 비교 분석하여 '화'에 관한 공통적인 개념적 은유로서 『화는 용기 속의 뜨거운 액체』, 『화는 불』, 『화난 사람은 위험한 짐승』, 『화는 투쟁에서의 적』이 있음을 보였다. 그러나 한국어는 오장육부, 이, 간, 뼈, 명치 등과 같은 다양한 신체부위를 사용하여 구체적으로 화를 개념화하는 것이 다르다고 하였다. '행복'에 관하여 영어와 한국어에서의 공통적인 개념적 은유로는 『행복은 위』, 『행복은 땅 위에서 뜨는 것』, 『행복은 밝음』이 있는 반면에, 한국어에만 있는 개념적 은유는 『행복은 얼굴에 피는 꽃』이 있으며 한국어에서는 행복의 정도를 농도 개념으로 표현하고 얼굴을 감정이 담기는 용기로 개념화하는 것이 차이점이라고 주장하였다. 또한, 감정의 개념화는 보편적인 신체적 현상의 동기로 생성되기 때문에 보편성을 가지는 동시에, 신체적 경험은 사회적 문화적 환경과 상호작용하므로 언어와 문화에 따라 개별성을 가진다는 Kövecses(2000)의 주장과 일치한다고 하였다.

유현대(2006)는 감정, 신체부위, 동물, 음식, 스포츠에 관한 한국어와 영어의 은유표현을 비교 연구하여 서로 공유되는 요소가 많은 인간의 감정, 신체부위, 동물에 관한 은유표현은 영어와 한국어에 유사점이 많지만, 각 나라마다 문화적 선호도가 차이 나는 분야인 음식과 스포츠는 은유 표현상 서로 공통되거나 일치하는 부분이 적음을 발견하였다. 은유 표현은 각 공동체의 사회 및 문화적 영향을 많이 받으므로, 은유 표현이 공통점이 많다는 것은 그 사회 및 문화적 요소가 서로 유사하거나 일치하는 점이 많다는 것을 의미하며 공통점이 적다는 것은 서로 문화적으로 공유되는 요소가 많지 않다는 것이다.

Ahn & Kwon(2007)은 좀 더 많은 'hand'를 포함하는 관용어들을 설명할 수 있도록 방향 은유(orientational metaphors)인 SURRENDERING ONESELF IS UP, BEING EASY IS DOWN, FINDING SOMETHING IS ON SOMETHING 를 첨가하였고 이것은 다음 예문 (8)에 나타나 있다.

(8) a. He tried to fix the car, but **threw up his hands** and walked away.
         (= give up)
     b. Our team is expected to win **hands down** at the final game.
         (= easily)
     c. She's only marrying him to **get her hands on** his money. (=attain)

Jeong(2009)은 많은 동물 관용어가 비유적 의미로 합성적 성격을 가지고 있고, 이 관용어들이 어떻게 사람의 감정과 행동을 은유적으로 개념화 하는지를 분석하여 다음 예문에서 알 수 있듯이 CAPABLE PEOPLE ARE WORTHY ANIMALS, INCAPABLE PEOPLE ARE DEFECTIVE ANIMALS, DANGEROUS PEOPLE ARE WILD ANIMALS 등의 개념적 은유가 사람이 지닌 특성이 동물의 특성으로 조직되는 개념체계를 보여줌을 밝혔다.

(9) a. I really thought I looked the **cat's whiskers** in that dress.
         (= a person or a thing that is excellent)
     b. His friend is a **dead duck**. (= someone who is sure to fail)
     c. John is such **a snake in the grass**. (= concealed danger)

그리고 동물의 행동이 사람의 행동으로 또는 사람의 감정으로 개념화되어 다음 예문 (10)에서 알 수 있듯이, FEARFUL BEHAVIOR IS ANIMAL RUNNING-AWAY BEHAVIOR, ARGUMENT IS ANIMAL FIGHTING, THE CAUSE OF ANGER IS A PHYSICAL ANNOYANCE, ANXIETY IS

AN ANIMAL와 같은 개념적 은유가 있음을 보였다.

> (10) a. He'll try to **duck out of** it. (= evade)
>   b. I don't want to **lock horns** with the boss. (= come into conflict)
>   c. She's a very good lawyer but she does sometimes **rub** clients **up the wrong way**. (= make someone angry)
>   d. It had been raining all day, and the kids **had ants in their pants**. (= feel nervous)

김주식(2010)은 관용어의 의미를 완전히 예측하기는 어려우나 그렇다고 해서 관용어 의미가 자의적이고 비체계적인 것은 아니라고 주장하면서, 개념적 은유, 개념적 환유, 관례적 지식과 같은 인지장치를 통해서 'fire'와 'hand'에 관련된 관용어의 의미에 체계성이 있음을 보였다. 즉, 관용어는 언어만의 문제가 아니고 개념적 체계에 근거하여 그 의미의 동기가 허용된다는 것이다. 다음 예문 (11)을 살펴보자.

> (11) a. **gain the upper hand** (= get a position of advantage)
>   b. to do something in an **underhanded** way (= do something in a sneaky or unfair way)

(11a)의 경우, *hand*는 THE HAND STANDS FOR CONTROL이라는 개념적 환유에 의해 동기가 허용되고, *upper*는 CONTROL IS UP이라는 개념적 은유에 의해 동기가 허용된다. (11b)의 *hand*는 THE HAND STANDS FOR THE ACTIVITY라는 개념적 환유에 의해, *under*는 ETHICAL/MORAL IS UP과 UNETHICAL/AMORAL IS DOWN이라는 개념적 은유에 의해 동기 허용이 된다.

Andrioai(2010)는 음식(food)이 생각(idea), 사랑(love), 삶(life) 등을 표현하는 개념으로 쓰임에 주목하여 다음과 같은 예문에 IDEAS ARE FOOD,

IDEAS ARE OBJECTS THAT COME INTO THE MIND, MIND IS CONTAINER, IDEAS ARE ENTITIES와 같은 개념적 은유가 있음을 보여주었다.

> (12) a. his **half-baked schemes**
> b. I can't **swallow that claim**.
> c. Let **somebody stew** for a while.
> d. This is the **meaty part of the paper**.
> e. **spill the beans** (= reveal a secret)

Lee(2012)는 영어와 한국어의 동물 비유어에 관한 비교 연구를 통하여 인간의 특성과 행동 및 모습을 동물의 관점에서 개념화하고 이해함을 보여주는 개념적 은유로서 HUMANS ARE ANIMALS가 있으며 그 하위 범주의 개념적 은유로 MISERABLE AND UNWORTHY MEN OR THINGS ARE DOGS, WISE PEOPLE ARE OLD FOXES, GREEDY AND GLUTTONOUS PEOPLE ARE PIGS가 있으며 그 외에도 PROFITABLE THINGS ARE COWS의 개념적 은유가 있음을 보여주었다. 다음 예문을 보자.

> (13) a. He said the old car was an **absolute dog** to drive. (=flop)
> b. 그는 술만 먹으면 **개**가 된다.
> (14) a. It is good to follow the **old fox**. (= Old animals are wise.)
> b. **늙은 여우**는 덫에 안 걸린다.
> (15) a. He made a **real pig** of himself at the restaurant.
> b. 그 **돼지**가 내 몫까지 챙긴 것이 틀림없다.
> (16) a. I've got a couple of **cash cows** that are bringing in lots of money.
> b. **소** 같은 성실함으로 그는 성공했다.

그에 따르면, 동물을 포함하는 다수의 비유적 표현들이 부정의 의미, 즉

『사람은 동물이다』(PEOPLE ARE ANIMALS)라는 개념적 은유를 내포하고 있었지만, 긍정의 의미를 포함하는 경우도 있었고, 또 동물을 사람에 비유하는 경우도 있었다. 개념적 은유의 중요한 특성인 단일방향성 사상(unidirectional mapping)으로는 그러한 동물의 긍정적인 면과『동물은 사람이다』(ANIMALS ARE PEOPLE)라는 개념적 은유가 설명이 되지 않지만 이런 두 가지 현상은 Lakoff & Turner(1989)의 존재의 대연쇄 은유(Great Chain of Being metaphor)를 통해서 설명할 수 있다고 주장하였다. 즉, 존재의 대연쇄 은유를 통하여 잘 이해되는 동물이나 식물 등의 관점에서 인간의 특성을 이해할 수 있으며, 동시에 더 잘 이해되는 인간 특성의 관점에서 잘 이해되지 못하는 생물이나 무생물을 이해할 수 있다.

노진서(2015)는 한국어와 영어의 '손' 관련 관용어를 비교 분석하여 의미의 보편성 문제를 다루었다. 한국어 사용자와 영어 사용자의 문화가 서로 다르므로 각기 다른 문화가 각각의 언어에 영향을 끼치기 때문에 두 언어의 양상이 상당히 달라야 함에도 불구하고 '손' 관용어들은 공통된 부분이 많은 이유를 '손' 관용어들이 신체화된 경험과 신체화된 인지에서 비롯되었기 때문인 것으로 보았다. 즉, 인간의 사고가 본질적으로 신체화된 경험에서 유래한다는 인지언어학의 체험주의(experientialism)로 설명할 수 있는데 이것은 인간이 가지고 있는 대부분의 개념이 신체 감각의 특성에 의하여 동기화 되어 있기 때문이다.

유선영(2015)은 인지언어학적 관점에서 영어 속담에 나타난 은유를 분석하여『사랑은 맹인』,『사랑은 무분별한 행동』,『사랑은 질병』,『사랑은 고통』,『사랑은 희망』,『사랑은 숨길 수 없는 행위』,『사랑은 전쟁』,『사랑은 불』등의 개념적 은유가 존재하므로 속담에 나타난 다양한 은유의 표현을 구조화하는 개념화 방식이 체험적 근거를 가지고 있으며 '사랑' 은유가 인간의 사고 속에 관습화되어 있음을 보여주었다. 다음은 위에 제시한 개념적 은유를 나타내는 예문들이다.

(17) a. But **love is blind,** and **lovers cannot see**. The pretty follies that
themselves commit.

b. If Jack's in love, he's **no judge** of Jill's beauty.

c. **Love is a sickness full of woes**, all remedies refusing.

d. Never love with all your heart, it only ends in **aching**.

e. **Love lives on hope**, and dies when hope is dead.

f. **Love**, the itch, and a cough **can not be hid**.

g. All's fair in **love and war**.

h. **Love is a flame** which sinks for lack of fuel.

2.2. 관용어의 인지언어학적 학습과 교육에 관한 연구

학생들이 영어 관용어를 무조건 암기하지 않고 좀 더 이해하여 배우도록 인지언어학의 개념적 은유나 환유 등을 수업에 활용하는 것이 관용어 학습에 효과적임을 입증하는 논문들을 살펴보면 다음과 같다.

Kövecses & Szabó(1996)는 개념적 은유를 아는 것이 관용어 학습을 용이하게 하는지 알아보기 위하여 엄격한 통계적인 분석을 하는 것은 아닌 비형식적인 실험을 하였다. 30명의 영어를 배우는 중급 수준의 성인 헝가리인들을 15명씩 A, B 두 집단으로 나누었다. A그룹의 학생들에게는 15분간 *up, down*이 포함된 구동사(phrasal verbs)의 뜻을 설명하고 암기하게 하였고, B그룹의 학생들에게는 같은 시간 동안 9개의 개념적 은유에 따라 설명한 후에 20개의 문제를 풀게 하였다. 1번부터 10번까지는 가르쳐 준 구동사 중에서 *up, down*을 채워 넣는 문제이고 11번부터 20번은 배우지 않은 구동사에 불변화사를 채워 넣는 문제이다. 실험 결과 1번부터 10번까지는 A, B그룹의 학생들의 평균 점수가 각각 73.33, 82이고, 11번부터 20번까지는 각각 52.66, 77.33이었다. 따라서 B그룹 학생들은 1-10번에서뿐만 아니라 11-20번에서도 은유적 동기(metaphorical motivation)를 이용하여 문제를 풀었음이 틀림없다. 여기서 사용한 9개의 개념적 은유는 다음과 같다. COMPLETION IS UP, HAPPY

IS UP, MORE IS UP, LESS IS DOWN, CONTROL IS UP, LACK OF CONTROL IS DOWN, UNKNOWN IS UP, OBSTRUCTION IS UP, WRITTEN AND RECORDED IS DOWN.

Park(2001)은 관용어의 의미가 임의적인 것이라기보다는 관용어를 구성하는 개별 단어들이 전체의 비유적인 의미에 어느 정도 기여하며, 관용어의 의미는 사용되는 문맥에 따라 결정될 수 있다고 주장하며, 많은 관용어에 개념적 은유가 존재함을 보이고, 영어와 한국어에 공통적인 개념적 은유와 언어 특정적인 은유가 있음을 밝혔다. 또한, 관용어에 대한 효율적인 교육방법을 모색하고자 한국인 영어 학습자들이 여러 유형의 관용어를 어떻게 이해하는지 두 가지를 실험하였다. 첫째, 문맥이 관용어 유형에 따라 관용어를 이해하는데 어떤 차이가 있는가? 실험 결과, 문맥이 관용어를 이해하는데 상당한 영향을 주며 관용어를 구성하는 각 단어들의 의미도 전체 관용어의 의미를 이해하는데 도움을 주지만 그 정도가 관용어의 유형에 따라 달랐다. 둘째, 개념적 은유가 관용어를 이해하는데 어떤 역할을 하는가? 학습자들에게 일부 관용어들을 'anger'와 'control'에 관한 개념적 은유로 설명하여 가르친 실험 집단이 그렇지 않은 통제 집단보다 배우지 않아서 모르는 관용어들을 'anger'와 'control'의 두 부류로 더 잘 분류하였다. 그러므로 영어의 관용어를 가르칠 때, 영어와 한국어에 같은 개념체계가 있는 경우에는 이를 활용하고 서로 개념체계가 다르거나 영어에는 있는데 한국어에는 없다면 영어에 존재하는 개념체계를 가르침으로써 효과적인 관용어 교육이 될 수 있음을 주장하였다.

장명순(2006)은 Kövecses & Szabó(1996)와 비슷한 비형식적인 실험을 하였다. 20개의 구동사를 이용하여 실험한 내용은 같으나 대상은 중학교 2학년 학생들이고 10명씩 A, B 두 그룹으로 나누었으며 각각의 학생들은 학기말 영어 시험 점수에 따라 비슷하게 선정하였으나 대체적으로는 A그룹의 학생들 점수가 좀 더 좋았다. 실험 결과 개념적 은유를 설명하여 가르친 B그룹의 학생들 점수가 1-10번 문제에서는 9점 차이로 더 좋았고 11-20번 문제에서는 14점의 차이로 더 좋았다. 즉, 개념적 은유를 배운 학생들은 배우지 않은 구동사의 경우에도 그것을 이용하였으므로 무조건 암기하도록 하는 것보다 개념적 은유를 가르치는 것이 한국인 학습자에게도 도움이 됨을 보였다.

김영실(2006)은 고등학생 18명을 대상으로 수업시간에 교사와 학생들이 나눈 대화 및 과제, 학습지 응답 등을 분석하여 영어 은유에 관한 학습자의 인식을 조사하였다. 실험 분석 결과 한국어 은유 표현을 알고 있을 때 그와 유사한 영어의 은유 표현을 쉽게 이해했으며, 영어 관용어의 경우 영어권 문화에 관한 학습자의 이해 정도가 은유 의미 유추에 큰 영향을 미침을 알 수 있었다. 따라서 언어 인지적인 차이가 문화의 차이에 기인하므로 교실 현장에서 영미 문화권의 사고와 문화체계를 학습자들에게 알려줌으로써 관용어 내의 은유를 이해하고 기억하는데 도움이 되며, 또 역으로 영어의 은유 표현을 학습하면 언어적 기능 향상뿐만 아니라 사회와 문화를 이해하는 데 도움을 준다고 주장하였다.

Andreou & Galantomos(2007)는 외국어의 은유와 관용구를 가르칠 때, 은유와 관용구에 대하여 인지언어학적으로 접근함으로써 학습내용을 더 잘 이해하고 오래 기억할 수 있음을 언급하고 은유와 관용구는 맥락 속에서 학습되어야 함을 지적했다. 또한, 외국어 학습자는 일상 언어생활에서 은유에 대해 민감해야 하며, 교사는 의사소통을 위한 학습 자료나 교재를 고안해야 한다고 주장했다. 인지 언어적 틀을 적용하는 데에는 중급 수준의 성인이 더 성공적인데 그 이유는 성인이 분석적 능력, 학습능력 및 추상적인 추론 등이 더 뛰어나기 때문이라고 언급하였다.

박영진·송무(2007)는 영어 관용어에 관한 연구가 활발하게 이루어지고 있으나 한국의 EFL교실에서는 영어 관용어 교육이 제대로 이루어지지 않고 있으므로 학교 현장에서 관용어를 효과적으로 학습하고 지도할 수 있는 방법을 제시하고 그 효과를 검증하였다. 영어 교육 현장은 아직 전통적인 관용어 이론에 매여 있고 교사들은 인지적인 교육 방법을 잘 알지 못하므로 관용어는 불투명하고 비합성적이라 기계적으로 암기해야 한다는 편견이 일반화되어 있지만, 분해 가능한 관용어가 분해 불가능한 관용어 보다 더 많은 수를 차지하고 있고, 관용어의 의미를 부여하는 동기와 인지 기제를 학습함으로써 학습자들에게 관용어 의미를 추론하도록 흥미를 유발시키며 오래 기억할 수 있음을 실험을 통하여 주장하였다.

송부선(2008)은 영어 구동사의 효율적인 학습 방안을 제시하였다. 인지언어학의 관점에서 대부분의 구동사의 의미가 자의적인 것이 아니라 신체적인 또는 물리적인 경험에서 형성되거나 개념적 은유를 반영하고 있음을 바탕으로 대학교 학생들에게 인지적 학습에 관한 실험을 실시하였다. 먼저 구동사에 대한 학생들의 이해 정도 평가 결과는 매우 낮았으며 무조건 암기하는 방식이었다. 6주에 걸쳐 개념적 은유를 비롯한 인지적 학습 후에 다시 조사하였더니 구동사의 이해 정도가 첫 주보다 많이 향상되었을 뿐 아니라 학생들이 구동사나 구동사를 구성하는 불변화사의 은유적 의미를 도출하여 이해하려는 노력을 보였다. 따라서 무조건 암기하는 방식 보다 체계적인 구동사 의미 형성 원리와 은유 등을 설명하는 인지적 학습이 동기와 흥미를 부여함을 주장하였다.

김명진(2008)은 영어 관용어 학습의 기제 중의 하나로 개념적 은유 이론이 중요함을 밝히고, 이 이론이 관용어 교육에서 효과가 있음을 증명하고자 했다. 첫 번째 실험에서는 분해 가능성이 모국어의 관용어 이해에 영향을 미치는 것처럼 영어의 관용어 이해에도 영향을 미치는지 그리고 어휘적 측면(분해 가능성)과 개념적 측면(개념적 은유) 중 어느 것이 영어 관용어 이해에 더 큰 영향을 미치는지에 대해 실험하였고 그 결과로 분해 불가능한 관용어보다 분해 가능한 관용어에 대해 피험자들이 더 높은 점수를 획득하였으므로, 분해 가능성이 영어 관용어 이해도에도 영향을 미친다는 것이 입증되었다. 그리고 개념적 측면이 관용어 이해도에 있어서 더욱 중요한 영향을 준다고 결과를 정리하였다. 두 번째 실험에서는 개념적 은유와 같은 인지적인 방법을 이용하는 것이 효과적임을 확인하였다. 개념적 은유를 사용할 경우 학습자들이 단순히 무의미하게 뜻을 암기하는 기계적 학습을 했을 때보다 더 큰 교육적 효과를 가져 올 수 있다. 또한, 학습자들에게 문화적인 측면을 함께 가르칠 필요가 있음도 확인하였다. 나라에 따라 특정 문화가 있으며 그 문화적인 측면을 가르쳐서 문화에 대한 이해가 수반될 때, 학습자의 관용어에 대한 흥미 또한 증가될 것이라고 주장하였다.

이신영(2009)은 은유적 인식을 통한 구동사 학습이 학습자들의 어휘 습득에 도움이 되는지 알아보고자 실험을 구성하였다. 4개의 불변화사 *up, down, on, off*를 포함한 구동사에 대하여, 중학교 1학년 두 개 반을 대상으로 은유적 개념을 이용한 구동사 수업이 효과적인지를 증명하고자 하였다. 실험 결과, 첫째, 은유적 인식을 통한 구절동사 학습은 이전의 기계적 암기에 의존했던 어휘수업에 비해 상위 50% 학습자들의 단기 기억과 장기 기억에 긍정적인 영향을 끼쳤다. 둘째, 은유적 인식은 상위 50% 학습자들에게 어휘 확장의 인지 전략으로 사용되었다. 학습자들이 학습하지 않은 구동사를 마주쳤을 때 은유를 통해 구동사를 학습한 학습자들은 은유라는 인지 전략이 구동사의 의미를 유추하고 확장하는데 유의미하다고 분석할 수 있다. 그러므로 단순히 어휘의 의미를 사전적으로 제시하는 것보다 학습자의 은유적 인식을 키우는 것이 학습자로 하여금 의미를 추론하고 확장시키는데 도움이 된다고 주장하였다. 이 실험에서 상위권 학습자들에게 영향을 주었다는 것은 학습자들이 아직 어린 중학교 1학년 학생들이라서 은유를 이해하는데 필요한 언어적 지식이 부족하기 때문에, Boers(2004)가 제시한 대로 학습자의 영어 구사능력이 중급 수준일 때 인지언어학적인 전략을 사용하기 가장 적절하다고 보는 것이 타당하다.

정세현·김현옥(2011)은 영어 구동사의 수업에서 개념적 은유를 활용한 인지전략의 효과를 알아보고자 고등학교 2학년 101명을 대상으로 실험하였다. 학생들을 세 개의 반으로 나누어, 통제 집단은 기존의 암기전략에 따른 구동사 학습을 진행한 반면, 실험 집단 1과 실험 집단 2는 개념적 은유전략을 교육하였고, 실험 집단 2는 은유전략 외에도 해당 구동사와 의미가 같은 단어를 추가적으로 제시하여 교육한 후에, 사후 검사와 후속 장기 기억 검사를 시행하였다. 사후 검사 결과, 개념적 은유와 언어 자료를 함께 사용한 실험 집단 2의 학생들의 학습효과가 가장 높게 나타났고, 다음이 단순 암기를 훈련한 통제 집단 그리고 개념적 은유만을 활용한 실험 집단 1의 순서였다. 반면에, 후속 장기 기억 검사에서는 개념적 은유만을 활용한 실험 집단 1의 학습효과가 가장 높게 나타났고, 다음이 통제집단 그리고 개념적 은유와 언어 자료가 함께 제시된 실험 집단 2의 순으로 나타났다. 이 결과는 제2외국어로서 영어 구동사의 학습에 있어서 가장 많이 활용되어온 암기 전략의 수월성으로 인해 은유를 교육한 전략 훈련이 크게 효과적이지 못한 것으로 보인다. 그러나, 연구 결과로 보아 개념적 은유에 기초한 인지 전략의 훈련이 구동사의 의미를 오래 기억하게 함을 알 수 있었다.

Vasilievic(2011)는 전혀 의미를 추론할 수 없는 소수의 관용어를 제외하고 대부분의 관용어는 의미적으로 동기화되어 있으므로 인지적인 학습이 필요하다고 주장하면서, 모국어가 영어가 아닌 일본의 대학교 1학년 학생들이 영어의 관용어를 익힐 때 개념적 은유 설명이 관용어를 기억하고 사용하는데 도움이 되는지 실험하였다. 특히 설명 후 바로 실시한 테스트에서나 몇 주 후에 실시한 테스트에서 모두 개념적 은유를 영어로만 제시하고 설명할 때 보다 영어와 모국어로 같이 설명할 때 학생들이 더 오래 기억하고 사용한다는 것을 보여주었다.

박영진(2015)은 다음 3가지의 질문에 답하기 위하여 실험을 진행하였다: 첫째, 개념적 은유와 환유에 대한 학습이 영어 표현 학습에 긍정적 효과를 미치는가? 둘째, 영어 관용어의 비자의성에 대한 인식이 영어 관용어 학습에 긍정적 효과를 미치는가? 셋째, 비유적 표현에 대한 이해가 영어 다의어 학습에 긍정적 효과를 미치는가? 실험 결과 개념적 은유/환유 실험에서 개념적 은유/환유를 학습한 학습자들은 가장 어려운 것으로 분류된 테스트 문항에서 분명하게 학습효과를 보였다. 학습과정에서는 개념적 은유/환유의 수업 방식을 귀납적 방식과 연역적 방식의 접근을 적절하게 배치하는 것이 학습자의 흥미를 돋우는데 도움이 되었다. 즉, 연역적인 방식으로 IDEAS ARE FOOD를 말해주고 해당되는 표현으로 "I just can't swallow that claim"를 가려내는 방식과 반대로 "Your claims are indefensible"과 "I've never won an argument with him"이라는 두 문장에서 개념적 은유인 ARGUMENT IS WAR를 추론해 나가는 학습은 학습자의 흥미를 자극할 수 있었다. 개념적 은유/환유는 학습자가 개념적 은유/환유를 이해할 만한 인지적 발달이 이루어진 중학교 고학년이나 고등학생들에게 적용하기에 더 적절했다. 관용어 학습과 다의어학습에 있어서도 인지적 방식이 더 유용함이 나타났다. 관용어 학습에 있어서는 관용어가 가지고 있는 속성에 따라 학습자의 테스트 결과에 크게 차이가 나타났는데, 인지적 방식으로 학습을 한 학생들은 그렇지 않은 학생들에 비해 성적이 훨씬 높았고, 3일 후에 이루어진 2차 테스트에서도 그 결과가 지속되었다.

권영도(2017)는 영어 관용어가 문화적 배경과 기원을 가지므로 학습자들에게 관용어를 가르칠 때 상황에 따라 다양한 관용어 교육방법을 알맞게 사용할 것을 주장하였다. 암기활동 교육의 경우 학습자들이 관용어를 오랫동안 기억할 수 없는 비실용적인 방식이므로 협력학습 방법과 인지지향 학습방법을 병행할 것을 주장하였다. 협력적 언어학습은 학생들이 서로 정보를 교환하고 그룹 활동에 기반을 두고 학습하는 것인데 저자가 구체적인 예를 제시하지 않아서 실제로 수업에 활용할 수 있는 방법을 더 연구해야 할 것이다. 인지지향 학습방법은 관용어의 기원을 논의하고 주제별로 분류하며 이미지를 통해 관용어를 기억하고 모국어와 제2언어를 비교함으로써 언어들 간의 차이점을 관찰하며 개념적 은유를 설명하여 관용어 교육을 하는 것이다. 개념적 은유에 따라 관용어를 분류하여 교육하면 암기방법 보다 오래 기억할 수 있다. 그러나 모든 관용어가 은유적으로 해석되는 것은 아니라는 것을 학습자들에게 명확히 알려주고 역사적으로 문화와 결속되어 있는 관용어의 경우에는 문화적 지식을 제공하고 다양한 자료와 방법을 이용할 필요성을 주장하였다.

3. 앞으로의 과제와 전망

관용어는 상당히 넓은 범위의 여러 종류의 유형으로 구성되어 있으므로,

모든 관용어에 똑같이 인지적인 접근법을 적용할 수는 없다. 어떤 관용어들은 너무나 불투명(opaque)하고 비합성적이므로 심상화 되기에 불충분하다. 개념적 은유를 포함하지 않는 일부 관용어도 있다. 게다가 한국어의 개념적 은유에 대한 지식이 영어의 개념적 은유와 다를 수도 있다. 그러므로 영어의 관용어에 포함된 한국어와 공통되는 개념적 은유와 언어 특정적인 개념적 은유에 관한 연구 자료가 축적될 필요가 있다.

영어 관용어의 개념적 은유에 관한 연구에서는 특히 'hand'에 관한 연구가 많고, 속담 분야에서는 '사랑'에 관련된 극히 일부의 속담만 분석된 상황이므로 연구해야 할 분야가 많다. 은유에 관한 연구는 인간 본성을 이해하고 사회와 문화를 이해하는데 큰 역할을 하고 있으므로 다양한 관용어와 속담에 관한 연구로 은유적 개념화 양상과 문화의 상관성을 더 밝힐 수 있기를 기대한다.

인지적 이론을 영어 교육에 적용하는 연구에서는 구동사의 경우 *up, down, out* 등 일부 불변화사에만 연구가 집중된 경향이 있으며, 영어와 한국어 간의 은유 표현의 비교 연구를 넘어서 교실 수업에서의 직접적 적용을 통한 은유 교수 학습 연구로 넓혀가야 한다.

인지적 학습에 관한 실험 및 연구를 통하여 인지적 동기부여를 통한 학습이 단순히 암기에 의존하는 학습보다 기억을 더 오랫동안 유지하게 해준다는 것이 밝혀졌고, 수업 장면의 모니터링을 통해서 인지 기제 교육을 받는 학습자들이 더 뛰어난 수업 집중 능력을 보여준다는 사실도 알려졌다. 이는 인지 기제 지도가 새로운 사실을 깨닫게 하는 지적 자극을 줄 수 있는 교육 방식이기 때문인 것으로 판단된다. 영어 학습자에게 현재의 방법보다 효과적인 영어 관용어 학습과 지도의 방법이 도입될 수 있음이 이론과 실험을 통해 나타났으므로, 남은 과제는 현장 교육에 실제로 도입하는 방법을 연구하는 것이라고 할 수 있다. 이를 위해서는 무엇보다 먼저 학습 과정에 필수적이면서 실제 생활에서도 사용 빈도가 높은 관용어의 목록이 작성되어야 하며, 그런 다음 이 관용어들의 인지 기제들을 설명해 주는 연구가 나와야 할 것이고 교사는 인지언어학의 핵심 개념들을 잘 파악하여 필요한 경우에 적절하게 적용할 수 있는 능력을 갖추어야 한다. 또한, 개념적 은유 학습의 장기적인 교육 효과에 대한 연구 및 인지적 수업을 위한 교재와 교실 활동에 관한 연구나 시청각 자료를 활용한 관용어 학습의 영향에 관한 연구 등으로 더욱 폭넓은 인지적 교육 방법이 제시되기를 기대해 본다.

4. 마무리

영어 관용어에 나타난 은유에 관한 연구와 영어 관용어 학습에 관한 연구를 살펴보았다. 영어 관용어 학습에 인지적 접근방식이 타당함의 근거로는 영어 관용어에 담겨있는 관습화된 사고에 익숙하지 않은 한국어 학습자에게 새로운 사고를 효과적으로 받아들일 수 있는 많은 동기화가 존재한다는 것이며, 이 동기화 방식은 개념적 은유나 환유 또는 관습적 지식과 같은 인지적 기제이다. 특히 은유는 단순한 시적 수사의 한 방법이 아닌 일상의 언어에서 활발히 쓰이고 있으며 우리의 개념을 형성하는 인지적 사고 과정의 일부이므로, 학습자의 사고력을 증진시키고 의사소통 능력을 향상시킨다. 따라서 영어 은유 표현의 학습은 영어 기능의 향상뿐만 아니라 영미 문화권의 사고와 문화체계를 이해하는데 도움이 된다. 그리고 전체 영어 관용어 중에 자의적인 관용어의 수보다 비자의적인 관용어의 수가 훨씬 더 많다. 이러한 비자의적인 영어 관용어를 기계적으로 암기하는 것이 아니라 개념적인 측면을 교육함으로써 학습자에게 학습 동기를 유발시키고 오래 기억하게 한다는 점에서 영어교육에 긍정적이다.

언어는 언어 사용자의 인지 구조와 관련된 의미 체계이므로 언어 학습도 언어 사용자의 인지 과정이나 신체적인 경험이나 문화적인 배경 등과 관련하여 이루어져야 할 필요가 있다. 그러므로 영어 관용어 학습에 인지언어학적 접근 방법의 적용을 더 적극적으로 연구하고 확대시켜야 할 필요가 있다.

참고문헌

권영도(2017), "은유에 기초한 영어 관용어교육 연구", 『인문사회 21』 8(3): 21-37, 아시아문화학술원.

김명진(2008), "개념적 은유 이론과 영어 관용어 학습", 이화여자대학교 대학원 영어영문학과 석사학위논문.

김영실(2006), "일상어로서의 영어 은유에 대한 EFL 학습자의 인식: 개념적 은유 이론에 기초한 질적 분석", 『응용언어학』 22(1): 165-187, 한국응용언어학회.

김주식(2010), "영어 관용어의 개념적 동기화", 『언어과학연구』 52: 17-36, 언어 과학회.

노진서(2015), "신체 어휘 관용어의 언어 보편성: 한·영 손 관용어의 비유 의미를 중심으로", 『한민족문화연구』 52: 7-28, 한민족문화학회.

박경선(2001), "영어와 한국어의 색채어와 신체어에 나타나는 개념적 은유", 『담화와 인지』 8(1): 69-84, 담화·인지 언어학회.

박영진(2015), "비유적 개념화 방식의 이해가 영어 학습에 미치는 효과", 경상대학교 대학원 영어교육학과 박사학위논문.

박영진·송무(2007), "영어 관용어의 인지 기제 교육의 학습 효과", 『영어교육연구』 19(4): 201-232, 팬코리아영어교육학회.

송부선(2008), "영어 구동사의 인지적 학습 방안", 『현대영어영문학』 52(4): 141-162, 한국현대영어영문학회.

송부선(2006), "영어와 한국어에서의 '화'와 '행복' 은유", 『한국어 의미학』 20: 121-137, 한국어 의미학회.

신수임(2000), "은유와 환유에 의한 영어 관용어의 이해: head, foot 관용어를 중심으로", 성균관대학교 대학원 영어영문학과 석사학위논문.

유선영(2015), "관용어로서의 속담에 관한 인지언어학적 고찰: 은유를 중심으로", 『신영어영문학』 61: 225-246, 신영어영문학회.

유현대(2006), "한국어와 영어의 은유표현 비교연구", 충남대학교 대학원 영어영문학과 석사학위논문.

이기동(1997), "관용어, 은유 그리고 환유 1", 『담화와 인지』 4(1): 61-87, 담화·인지 언어학회.

이신영(2009), "은유적 인식을 통한 구절동사 학습", 한국외국어대학교 교육대학원 영어교육전공 석사학위논문.

장명순(2006), "영어 관용어의 인지언어학적 접근", 금오공과대학교 교육대학원 영어교육전공 석사학위논문.

정세현·김현옥(2011), "개념적 은유를 활용한 영어 구동사 학습효과", 『교과교 육학연구』 15(4): 949-967, 이화여자대학교 교과교육연구소.

최진희(2005), "인지문법에서의 관용어 분석: hand를 중심으로", 연세대학교 대학 원 영어영문학과 석사학위논문.

Ahn, H. J. & Y. J. Kwon(2007), A study on Metaphor and Metonymy of *Hand*, 『언어과학』 14(2): 195-215, 한국언어과학회.

Andreou, G. & L. Galantomos(2007), Designing a conceptual syllabus for teaching metaphors and idioms in a foreign language context, *Porta Linguaforum* 9: 231-278.

Andrioai, G.(2010), Food Idioms in relation to Metaphor, *Interstudia* 6: 187-195.

Gibbs, R., J. Bogdanovich, J. Shkes, & D. Barr(1997), Metaphor in Idiom Comprehension, *Journal of Memory and Language* 37(2): 141-154.

Glucksberg, S. & M. McGlone(2001), *Understanding Figurative Language: From Metaphor to Idioms*, Oxford: Oxford University Press.

Jeong, K. E.(2009), Metaphorical Conceptualization of Animal Idioms in English, M.A. Thesis, Hankuk University of Foreign Studies.

Kövecses, Z.(2000), *Metaphor and Emotion*, Cambridge: Cambridge University Press.

Kövecses, Z. & P. Szabó(1996), Idioms: A view from cognitive semantics, *Applied Linguistics* 17(3): 326-355.

Lakoff, G. & M. Johnson(1980), *Metaphors We Live By*, Chicago: The University of Chicago Press.

Lakoff, G. & M. Turner(1989), *More Than Cool Reason: A Field Guide to Poetic Metaphor,* Chicago: The University of Chicago Press.

Lee, M. Y.(2012), A Comparative Study on Animal Figurative Speech in English and Korean, M.A. Thesis, Kyungpook National University.

Nunberg, G., I. Sag, & T. Wasow(1994), Idioms, *Language* 70(3): 491-538.

Park, Kyung-Sun(2001), A Cognitive Linguistic Approach to English Idioms: From a Pedagogical Perspective, Doctoral Dissertation, Hankuk University of Foreign Studies.

Sweetser, E.(1990), *From Etymology to Pragmatics*, Cambridge: Cambridge University Press.

Vasilievic, Z.(2011), Using conceptual metaphors and L1 definitions in teaching idioms to non-native speakers, *The Journal of Asia TEFL* 8(3): 135-160.

제4부

인지언어학 탐구의
지평 확장

기호적 의미의 체험주의적 탐구

노 양 진*

1. 들머리

1980년대 초 Lakoff & Johnson(1980)의 공동 작업으로 출간된『삶으로서의 은유』(*Metaphors We Live By*)는 '체험주의'(experientialism)라는 새로운 철학적 시각의 출발점을 알렸다. 인지언어학자인 레이코프와 언어철학자인 존슨의 주된 공동 관심사는 '은유' 문제였는데, 이들에 따르면 은유는 단순히 언어적 기술이 아니라 우리의 사고와 행위를 이끌어 가는 주도적 원리다. 이들의 주장이 사실이라면 우리의 사고와 행위는 사변적 전통의 철학이 가정해 왔던 것과는 매우 다른 방식으로 작동하며, 그것은 이성, 언어, 의미, 상상력, 도덕성 등 핵심적인 철학적 주제들에 대한 새로운 논의를 요구한다. 레이코프와 존슨의 철학적 논의는 이후『몸의 철학』(*Philosophy in the Flesh*)을 통해 훨씬 더 구제적인 형태로 체계화되었다.

체험주의의 태동과 전개에 결정적인 계기를 제공했던 것은 물론 레이코프

---

*   전남대학교 철학과 교수, yjnoh@chonnam.ac.kr

가 주도적으로 열었던 '인지언어학'(cognitive linguistics)일 것이다. 그러나 체험주의는 인지언어학에 국한되지 않고 다양한 경험과학의 탐구 성과를 흡수하면서 점차 논의의 폭을 넓혀 왔다. 특히 1970년대에 들어 등장한 '제2세대 인지과학'의 탐구 성과는 체험주의를 하나의 철학적 시각으로 확립하는 데 중요한 교두보를 마련해 주었다. 이후 존슨의 철학적 논의는 인식/인지 문제에서 도덕 문제로, 나아가 미학 문제로 확장되어 가고 있으며, 이 과정에서 점차 Dewey적 실용주의에 가까워지고 있다.

체험주의의 지속적 전개에도 불구하고 적어도 철학 분야에서 오늘날 체험주의의 위상은 여전히 유아기를 벗어나지 못하고 있는 것으로 보인다. 전통적 객관주의의 완고한 관성과 그것을 해체하려는 포스트모더니즘의 급진적 충격 사이에서 제3의 대안적 시각을 자처하는 체험주의는 오히려 방향성이 모호한 철학으로 읽힐 수도 있기 때문이다. 한편 대체적으로 체험주의에 적대적이지 않은 사람들조차도 신생의 철학이라고 할 수 있는 체험주의의 철학적 전망에 대해 여전히 유보적인 태도를 드러낸다. 철학 분야에서의 이러한 답보적 상황에 비추어 본다면 체험주의는 오히려 철학 이외의 영역에서 훨씬 더 활발하게 수용되고 논의되고 있는 편이다.[1] 체험주의에 대한 철학계의 이러한 불투명한 시각은 한 세기 전에 '실용주의'(pragmatism)를 제안했던 James의 말을 떠올리게 한다. James는 실용주의의 지적 상황에 대해 "새로운 이론은 처음에는 불합리하다고 공격받다가, 다음에는 참이긴 하지만 뻔하고 무의미하다고 인정되다가, 마지막에는 그것을 반대했던 사람들이 자신이 그것을 발견했다고 주장할 만큼 중요시된다"라고 말한다(정해창 2008: 288). 오늘날 철학계 안에서 체험주의는 James가 말했던 두 번째 단계에 가깝게 있는 것처럼 보인다.

새로운 철학적 시각으로서 체험주의의 생명력은 과거의 철학에 대한 급진적 비판에 있는 것이 아니라 핵심적인 철학적 문제들에 대한 대안적 해명과

---

1   최근 인지언어학 분야에서 체험주의와 관련된 논의는 일일이 열거하기 힘들 만큼 증가하고 있으며, 이러한 상황은 국내에서도 크게 다르지 않아 보인다. 인지언어학 분야를 제외하고 최근 체험주의와 관련된 다양한 분야의 국내 문헌은 노양진 (2013: 275-279) 참조.

논의의 가능성에 있다. 필자는 체험주의의 핵심적 기여의 하나로 물리적 경험과 기호적 경험의 두 층위를 구분하고, 그것을 포괄하는 새로운 해명의 통로를 제시한다는 점에 주목한다. 즉, 기호적 경험은 물리적 경험의 확장을 통해 드러나는 창발적 국면이며, 동시에 물리적 경험에 의해 강력하게 제약된다는 것이다. 체험주의의 이러한 해명을 토대로 필자는 이 글에서 기호적 경험 안에서 산출되는 '기호적 의미'가 우리의 물리적 경험에 근거하고 있다는 사실을 밝히려고 한다. 이러한 사실은 언어의 본성은 물론, 언어적 의미, 나아가 언어에 의존하는 의사소통 또한 기호적 경험의 구조 안에서 새롭게 탐색되고 해명되어야 한다는 것을 말해 준다.

2. 대응에서 사상으로

20세기 초반에 언어철학이라는 새로운 분과가 확립되면서 언어 문제는 철학적 논의의 전면에 드러나게 되었다. Wittgenstein은 철학사를 통해 반복된 혼동이 '언어의 논리에 대한 오해'에서 비롯되었다고 보았으며(이영철 2006 「서문」 참조), 이 오해의 뿌리가 의미와 무의미 사이의 혼동에 있다고 보았다. 이러한 혼동을 해소하기 위한 비트겐슈타인의 언어철학적 접근은 '대응'(correspondence)이라는 낡은 개념에 의지해 이루어진다. 즉, 한 문장의 의미는 그것에 대응하는 세계의 '사태'(state of affairs)에 의해 결정된다는 것이다. 이러한 구도 안에서 대응하는 사태가 존재하지 않는 문장은 근원적으로 무의미한(nonsensical) 문장이다.

비트겐슈타인은 이러한 구분을 통해 철학사를 통해 제기되었던 대부분의 철학적 물음들은 해결된 것이 아니라 해소되었다고 주장했으며, 이러한 혼동을 제거하는 것이 철학의 주된 임무라는 주장으로 나아간다. 철학은 과거의 이론이나 체계를 넘어서는 새로운 이론이나 체계를 구성하는 작업이 아니라 언어적 혼동을 해소하는 치유적 활동이라는 것이다. 서양철학의 완고한 전통을 거부하는 비트겐슈타인의 이러한 급진적 철학관의 등장을 흔히 '언어적 전환'(linguistic turn)이라고 부른다. 그러나 비트겐슈타인의 언어 이론의 축을 이루고 있는 '대응'이라는 불분명한 개념은 비트겐슈타인이 후기에 들어 언어에 대한 근원적 시각 전환을 통해 스스로 포기할 때까지 해명되지 않은 가정으로 남아 있었다. 비트겐슈타인은 언어가 마치 그림처럼 세계의 논리적 구조를 반영한다고 가정했으며, 이 때문에 그는 언어가 세계에 "잣대처럼 대어져 있다(이영철 2006)"라고 말한다. 그러나 후기의 비트겐슈타인 스스로 인정하는 것처럼 '대응'이라는 생각은 경험적 관찰의 결과가 아니라 선험적 요청의 산물이었던 것이다(이영철 2006: 107절 참조).

대응이라는 가정을 벗어난 비트겐슈타인의 후기 철학은 흔히 '일상언어학파'로 불리는 일련의 새로운 탐구를 선도했으며, 여기에는 Austin과 Ryle, 그리고 최근에 Searle이 주도적 역할을 했다. 이들은 언어가 독립적이고 자율적인 체계나 구조가 아니라 현재와 같은 몸을 가진 유기체로서 환경에 성공적으로 대처하기 위한 인간 활동의 한 국면으로 본다는 점에서 '실용주의적'이라는 말로 묶을 수 있다. 최근 '신체화된 경험'(embodied experience)의 본성과 구조에 대한 체험주의적 해명은 언어에 대한 실용주의적 탐구의 중요한 통로를 열어 준다. 물론 체험주의를 주도하는 레이코프나 존슨이 전통적인 미국의 실용주의를 직접 이어받은 것은 아니다. 오히려 독자적인 언어철학적 탐구를 확장해 가는 과정에서 제임스나 듀이의 실용주의와의 유사성이 점차 선명하게 드러난 것이라고 말하는 적이 더 정확할 것이다.

레이코프와 존슨의 개념적 은유 이론은 은유에 관한 탐구의 역사에 새로운 이정표를 세웠다. 은유가 단순히 언어적 기교의 문제가 아니라 우리의 사고와 행위의 주도적 원리라는 생각으로 바탕으로 전개된 이들의 은유 이론의 '은유적 사상'(metaphorical mapping)이라는 독특한 기제를 통해 설명된다. 즉, 은유는 한 영역의 경험을 다른 영역에 사상하는 것이며, 그 사상된 경험의 '관점에서'(in terms of) 다른 영역을 새롭게 이해하고 경험한다는 것이다. 이런 의미에서 레이코프는 은유를 '개념체계 안에서의 영역 간 교차 사상'(a cross-domain mapping in the conceptual system)이라고 정의한다(Lakoff 1993: 203).

Johnson(1987)은 『마음 속의 몸』에서 개념적 은유 이론을 확장함으로써 독창적인 '상상력 이론'을 통해 '신체화된 경험'(embodied experience)의 본성과 구조에 대한 체계적인 해명으로 나아간다(노양진 2000: 3-5장 참조). 존슨은 먼저 우리 경험을 물리적/신체적 층위와 정신적/추상적 층위로 구분하고 정신적/추상적 경험이 신체적/물리적 경험에 근거하여 확장되는 동시에 신체적/물리적 경험에 의해 강력하게 제약된다고 주장한다. 이때 정신적/추상적 경험 확장의 중심적 기제가 바로 '은유적 확장'이다. 존슨은 이러한 확장에 은유뿐만 아니라 환유(metonymy), 심적 영상(mental imagery), 원형효과(prototype effect) 등 비법칙적 기제들이 개입된다는 사실을 토대로 우리 경험의 본성을 '상상적'(imaginative)이라는 말로 특징짓는다.

필자는 은유적 사상이 단순히 은유의 구조를 설명하기 위한 기제가 아니라 우리 경험을 확장하는 핵심적 기제라는 점에 주목했으며, 이 과정에서 한 영역의 경험을 다른 영역의 경험의 관점에서 이해하고 경험한다는 기제가 사실상 '기호적 경험'(symbolic experience)의 구조를 설명해 주고 있다는 사실을 깨닫게 되었다. 즉, 주어진 '기표'(signifier)를 해석하기 위해서 우리는 이미 주어진 경험내용의 일부를 그 기표에 사상해야 하며, 그 사상된 기호내용의 관점에서 그 기표를 이해하고 경험하게 된다. 이런 의미에서 필자는 은유적 사상 개념을 '기호적 사상'(symbolic mapping)이라는 좀 더 넓은 개념으로 사용함으로써 기호적 경험의 본성과 구조에 대한 해명으로 나아갈 수 있다고 보았다.

이러한 시각에서 본다면 문자적이든 은유적이든 언어는 그 자체가 기호적 경험의 한 국면이다. 즉, 소리 언어나 문자 언어는 모두 기호적 해석의 대상, 즉 기표의 체계다. 언어가 기호적 해석의 대상이라는 사실이 흔히 간과되는 이유는 언어 기표가 사회적 '규약'을 통해 동일한 언어공동체 안에서 상당히 안정적으로 공유되어 사용되기 때문이다. 이 때문에 우리는 흔히 언어가 사용자와 상관없이 그 자체로 객관적 의미를 갖는다는 가정에 쉽게 빠져든다. 그러나 그 가정은 결코 옳은 것이 아니다. 소리든 문자든 언어 기표는 그 자체로 의미를 갖지 않는 물리적 대상이다. 그것은 기호적 해석, 즉 사용자의 경험내용의 일부를 사상하는 방식을 통해서만 비로소 '기호적 의미'를 산출한다. 동시에 이렇게 산출된 기호적 의미는 언어의 것이 아니라 우리의 것이다.

3. 기호적 의미의 원천

기호 문제는 지난 한 세기 동안 '기호학'(semiotics/semiology)이라는 새로운 학문을 통해 집중적으로 탐구되었다. 기호학은 크게 두 갈래의 전통을 이루면서 발전했는데, Saussure에서 출발한 구조조의 기호학과 Peirce에서 출발한 화용론적 기호학이 그것이다. 이러한 두 갈래의 흐름과 상관없이 기호학자들은 대부분 기호가 '다른 무엇인가를 대신 하는 무엇'이라고 정의하는 데 동의하지만 그 '대신한다'라는 작용이 어떻게 이루어지는지에 대해 구체적으로 해명하지 못했으며, 동시에 그 때문에 기호적 의미가 어디에서 어떻게 출발하며, 또 구성되는지에 대해서도 침묵할 수밖에 없었다. 필자는 체험주의의 은유 이론의 축을 이루고 있는 '은유적 사상'이라는 기제가 사실상 기호적 경험을 구성하는 핵심적 기제라고 보았으며, 그런 맥락에서 그것을 '기호적 사상'이라는 개념으로 확장했다. 즉, 물리적 경험은 기호적 사상이라는 기제를 통해 기호적 층위로 확장되며, 그것이 기호적 층위의 경험을 구성한다는 것이다.

한편 기호적 논의의 출발점에서 필자가 체험주의를 통해 깨닫게 된 것은 기호의 문제가 세계의 사태나 사건이 아니라 기호적 '경험'의 문제라는 시각이다. 그리고 그 기호적 경험은 '신체화된 경험'의 한 국면이며, 그 경험의 주인은 바로 우리 자신이다. 바꾸어 말하면 기호화는 우리 경험의 한 방식이다. 깜깜한 밤에 발부리에 부딪치는 돌은 그저 물리적 대상일 뿐이다. 그러나 다음날 그것이 돌부처라는 사실을 알게 되면 그것은 더 이상 단순한 물리적 대상이 아니다. 나는 그 돌부처의 기원이나 역사, 의미 등에 관해 생각하게 된다. 이때 내가 그 돌부처와 관련해서 떠올릴 수 있는 것은 나에게 이미 주어져 있는 경험내용이며, 나는 그 경험내용의 일부를 그 돌에 사상함으로써 그 사상된 경험내용의 관점에서 그 돌을 이해하고 경험하게 된다.[2] 이때 나는 기호적 경험 영역에 들어서게 된다. 내가 그 돌을 물리적으로 경험할 것인지, 기호적으로 경험할 것인지는 돌의 문제가 아니라 내 경험의 문제다.

여기에서 주목해야 할 중요한 사실은 기호적 경험이 그 출발점에서 물리적 경험에 근거하고 있다는 점이다. 바꾸어 말하면 기호적 경험이 출발하기 위해서는 물리적 경험이 주어져 있어야 한다는 것이다. 즉, 최초의 기호적 경험을 위해서는 나에게 사상해야 할 경험내용이 이미 주어져 있어야 하며, 이 최초의 경험내용은 물리적 층위의 경험을 통해 주어지기 때문이다.[3] 일단 기호적 경험이 출발하면 기호적으로 확장되어 주어진 새로운 경험내용은 우리 기억에 저장되어 또 다른 기호적 사상을 통해 확장될 수 있다. 이러한 중층적 사상 과정은 적어도 원리적으로 무한하다. 그러나 실제적으로 사용되는 기호적 사상이 무한히 중층적이지 않은 이유는 원리적인 이유 때문이라기보다는 우리의 실제적 이해가 제한되어 있기 때문이다.

'기호적 사상'이란 한 경험영역에 다른 경험영역의 경험내용을 부분적으로 사상하는 것이다. 이때 사상의 대상이 되는 것이 바로 기호적으로 해석해야 할 '기표'가 된다. 기호적 사상을 통해 우리는 그 기표를 사상된 경험내용의

---

2 기호적 사상은 단순한 일방적 사상이 아니라 포코니에와 터너가 제안하는 개념혼성의 과정을 거치게 된다. 즉, 내가 새롭게 사상하는 경험내용은 기표에 대해 내가 이미 갖고 있는 경험내용과 혼성되면서 새로운 기호내용, 즉 기호적 의미를 산출한다. 개념혼성에 관한 상세한 논의는 김동환·최호영(2009) 참조.

3 이러한 설명은 우리 경험의 발생적 측면을 보여 주려는 것이다. 우리 경험은 물리적 경험에서 출발하지만 이후의 기호적 사상은 반드시 일방적으로만 이루어지지는 않는다. 기호적 경험을 통해 구성된 추상적 경험내용이 물리적 경험에 거꾸로 사상되는 경우도 얼마든지 가능하기 때문이다. 일단 기호적 경험이 출발하면 그 사상은 양방적일 수 있다.

'관점에서' 이해하고 경험하게 된다. 필자는 기호적 사상의 과정을 다음과 같은 그림으로 도식화해 보았다(노양진 2009: 165-166).[4]

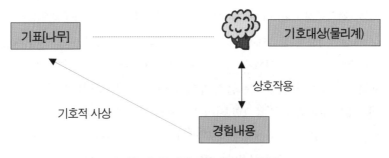

〈모형 1〉 물리적 기호대상과 기호화

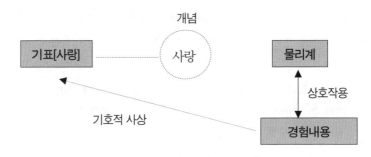

〈모형 2〉 추상적 기호대상과 기호화

필자가 주목한 것은 이 기호화의 과정이 특수한 선호나 선택의 문제가 아니라 우리 경험의 확장에 불가결한 통로라는 사실이다. 바꾸어 말하면 우리가 만약 기호적 경험 층위로 이행하지 않는다면 우리는 물리적 경험에 갇히게 된다. 물리적 경험 안에서 우리는 양적인 의미에서 더 넓은 물리적 경험을 가질 수는 있지만 기호적 층위에서 드러나는 창발적 확장은 이루어지지 않을 것이다.

---

4 필자는 처음 이 그림에서 '은유적 사상'으로 표시되었던 부분을 이후에 '기호적 사상'으로 바꾸어 사용하고 있다.

이러한 기호적 경험은 본성상 불완전성으로 특징지어질 수 있다.5 기호적 경험의 불완전성을 불러오는 핵심적 요소로 '기호적 사상의 부분성'을 들 수 있다. 우리가 특정한 기표에 우리 경험내용을 사상할 때 경험내용의 전부를 사상한다는 것은 근원적으로 불가능하다. 예를 들어 [나무]라는 언어 기표에 나무에 대한 나의 모든 경험내용을 동시에 사상할 수 있다면 나는 더 이상 [나무]라는 기표와 나무의 차이를 인지할 수 없게 된다. 즉, 나는 [나무]라는 기표를 경험하는 대신에 또 다른 나무를 경험하는 셈이며, 그것은 더 이상 기호적 경험일 수 없다. 우리는 기호화 과정에서 항상 관련된 경험내용의 일부만을 사상하며, 이 때문에 완전한 기호는 존재할 수 없다.

기호의 불완전성이 불러오는 필연적 귀결의 하나로 '기표의 전이'(metastasis of signifier) 현상을 들 수 있다. 기표의 전이란 우리가 동일한 기호적 의미라고 간주하는 것이 다양한 기표를 거치면서 변형되고 증식하는 현상을 말한다. 예를 들어 아스테카의 희생제는 이야기를 통해서, 또 문자를 통해 전해질 수 있다. 그것은 또다시 회화나 영상을 통해 전해질 수 있다. 소리언어나 문자, 회화, 영상은 모두 다양한 기표들이다. 특정한 기호적 의미는 무한히 다양한 기표들을 통해 전이된다. 이 기표의 전이 과정에서 원래의 기호적 의미가 완전히 동일하게 보존되거나 유지될 수는 없다. 기호적 의미는 기표들의 다양한 물리적 성질에 의해 영향 받기 때문이다.

기호적 경험의 본성적 불완전성이라는 분명한 사실 앞에서 또 다른 철학적 물음이 제기된다. 기호적 의미가 본성상 사적 경험의 국면일 뿐만 아니라 동시에 불완전한 것이라면 그것은 결코 객관적일 수 없기 때문이다.6 만약 기호

---

5 기호의 불완전성은 근원적으로 기호의 주인인 우리 자신이 생물학적으로 유한하다는 평범한 사실과 함께 기표로 사용되는 물리적 대상의 물리적 유한성에서 비롯된다. 여기에서는 이러한 일반적인 사실보다는 기호적 경험의 핵심적 기제인 기호적 사상의 특성에 초점을 맞출 것이다.

6 기호적 경험의 과정은 본성상 누구와도 공유되지 않는 사적 과정이며, 따라서 그 산물인 기호적 의미 또한 사적일 수밖에 없다. 언어가 기표의 체계라면 언어적 의미 또한 기호적 의미의 한 국면이다. 이러한 관점에서 기호적 의미로서의 언어적 의미의 객관성이라는 생각은 실제 언어에 대한 해명의 결과가 아니라 언어에 대한

적 의미에 아무런 교호 가능성도 없으며, 우리가 각자의 의미 안에 갇히게 된다면 우리는 의미의 허무주의라는 우려에 직면하게 된다. 이 때문에 철학자들은 이 불완전성을 비켜서서 의사소통에 이르는 경로를 제시하려고 했다. 다음 절에서 드러나게 될 것처럼 이들의 시도는 '우리의 것'에 대해 해명하는 것이 아니라 사실상 '우리가 원하는 것'의 모형을 그리고 있다.

4. 기호로서의 언어와 의사소통

언어는 본성상 규약적(conventional)이다. 우리가 사용하는 대부분의 언어는 특정한 언어집단에 의해 규약화된 기표(signifier)의 체계다.[7] 우리가 일상적으로 사용하는 소리 언어나 문자 언어는 기표의 체계이며, 그것들 또한 기호적으로 해석되어야 할 수많은 기표들 중의 하나다. 그럼에도 불구하고 흔히 다른 기표나 기표 체계에 비해 언어에 특수한 위상이 주어지는 이유는 언어의 정교한 체계성과 그에 따른 의사소통적 유용성이라고 할 수 있다.

[고양이]라는 문자 기표 자체가 고양이를 가리키는 것이 아니라 언어 사용

객관주의적 요청에 근거한 이론적 가정이다. 우리가 객관적 의미를 공유한다고 믿게 되는 주된 이유는 한 언어공동체 안에서 언어가 '규약'을 따라 공유되고 있다는 사실에 근거한 것으로 보인다. 그러나 규약을 따라 언어를 사용한다고 해도 언어 기표에 대한 개개인의 이해나 경험이 동일한 것은 결코 아니다. 즉, 우리는 규약화된 기표 체계를 사용하고 있을 뿐 특정한 기표에 대해 모두가 동일한 기호적 의미를 공유하는 것은 아니다. 좌회전 표지판은 하나의 기표다. 이 기표를 보고 좌회전을 하는 사람들이 모두 동일한 기호적 의미를 경험을 하는 것은 아니다. 대부분 사람들이 이 표지판을 따라 유사한 행동을 하는 것은 동일한 기호적 의미를 경험하기 때문이 아니라 규약을 위반했을 때 오는 불이익을 피하려는 사회적 행동일 뿐이다. Searle에 따르면 이처럼 기호적 과정을 거쳐 산출된 사회적 실재는 사회적 규약을 거쳐 일종의 강제성을 갖게 되는데, 설은 그것을 '의무력'(deontic power)이라고 부른다. 이렇게 구성된 사회적 실재는 그 사회적 구조가 유지되는 동안 나 또는 너의 의지와 상관없이 강제성으로 작동한다(Searle 2010 참조).

7   규약화되지 않은 수많은 기호적 경험이 있을 수 있지만 그것이 사적 경험 영역에 국한될 경우 그것을 '언어'라고 불러야 할 이유가 없어 보인다.

자인 우리가 그 기표를 고양이를 '가리키려는 의도'로 사용하는 것뿐이다. 우리는 [고양이]라는 기표에 고양이에 대한 우리 경험내용의 일부를 사상하며, 그 사상된 경험내용의 관점에서 [고양이]라는 기표를 이해하고 경험한다. 이때 내가 의미라고 부르는 것은 이러한 기호적 해석 과정을 거쳐 주어진 의미다. 즉, 그것은 기호적 의미의 일종이다.

의미가 단어 또는 문장의 성질이라는 생각은 오래되고 익숙한 것이기는 하지만 사실상 그 실질적 근거를 찾을 수 없다. 우리가 임의로 설정한 기표가 스스로 특정한 성질을 갖는다면 그것은 오히려 기이한 일이다. 그럼에도 이 믿음이 오랫동안 언어적 탐구를 지배해 왔던 이유는 우리가 실제 사용하는 언어가 규약적인 동시에 규범성을 갖는다는 현실적 조건 때문에 생겨난 자연스러운 믿음으로 보인다. 적어도 동일한 언어공동체 안에서 그 언어 사용자는 소리든 문자든 동일한 기표 체계를 사용하며, 이 때문에 동일한 의미, 즉 객관적 의미를 공유하는 것으로 가정되기 때문이다.

그러나 이러한 가정이 적절치 않다는 사실은 우리의 실제적 언어 사용 상황에서 너무나 선명하게 드러난다. 우리는 한국어의 [사랑]이라는 문자기표를 사용하지만 모든 한국어 사용자가 그 문자기표에 동일한 경험내용을 사상할 것으로 믿지 않는다. 대신에 우리는 각자 '사랑'이라고 불릴 수 있는 일련의 표현이나 행동의 묶음을 알고 있으며, 대체로 상대방이 '사랑'이라는 말을 사용할 때 그 묶음에 가까운 의미를 지니고 있을 것으로 추정한다. 그래서 누군가 "사랑한다"라고 말할 때 자신이 속한 언어공동체 안에서 사랑을 표현하는 원형적 표현이나 행동들에 근거해서 상대방이 전하려고 하는 의미를 추정한다. 이때 우리는 상대방이 사용하는 [사랑]이라는 언어 기표에 내 경험내용의 일부를 사상하는 방식으로 해석하는 것이다. [사랑]이라는 기표의 기호적 의미는 그렇게 주어진다. 이러한 관점에서 언어의 의미는 문장의 성질이 아니라 언어사용자의 경험의 파편을 가리키는 말이다.

그렇다면 이 기호적 경험은 어디에서 어떻게 출발하는 것일까? 필자는 기호적 경험의 출발점을 '경험의 유폐성'(incarceratedness of experience)에서 찾았다. 나는 타인의 경험에 직접 접속할 수 없으며, 그 반대도 마찬가지다. 나는 내 지각, 느낌, 의식, 기억, 상상 등 내 경험을 타인과 직접적으로 공유할 수 없다. 이런 의미에서 우리는 각자의 경험 안에 유폐되어 있다(노양진 2018: 165-166 참조). 이 유폐성을 비켜서는 유일한 길은 제3의 매개체에 의존하는 길이다. 나는 매개체를 사용해서만 나의 경험내용을 타자에게 표현할 수 있으며, 타자는 이 매개체를 해석함으로써만 나의 경험내용을 추정할 수 있다. 이 매개체가 바로 기호적으로 해석되어야 할 기표가 된다. 이런 의미에서 필자는 기호의 본성을 경험의 유폐성을 비켜서려는 '탈유폐성'(ex-carceration)으로 특징지었다(노양진 2018: 156 참조).

의사소통 과정에서 나는 표정이나 몸짓을 통해, 나아가 소리나 문자와 같은 매개물을 통해 내 경험내용을 타자에게 전달할 수밖에 없다. 이때 타자의 관점에서 내 표정이나 몸짓, 언어는 해석되어야 할 대상, 즉 기표가 된다. 기표는 동작이나 언어에 국한되지 않는다. 무한히 다양한 형태의 자연기표와 인공기표들이 있다. 우리를 둘러싼 사회적/문화적 실재(social/cultural reality), 목소리나 악기를 통해 소리를 산출하는 음악, 다양한 형태와 색상을 산출하는 시각예술이 사실상 모두 기호적 해석의 대상이 되는 기표들을 산출하고 있다.

한편 타자와의 의사소통은 타자의 경험에 직접 접속이 불가능하다는 바로 그 사실 때문에 이루어진다. 만약 우리가 타자와 동일한 경험내용을 갖고 있거나 타자의 경험내용에 직접 접속할 수 있다면 의사소통은 근원적으로 불필요하게 된다. 대신에 타자의 경험내용에 대해 우리가 할 수 있는 것은 그것을 표출하기 위해 사용되는 어떤 매개물, 즉 '기표'를 해석하는 일뿐이다. 그래서 타자와의 의사소통은 본성상 기호적일 수밖에 없다. 이런 의미에서 필자는 의사소통을 '탈유폐적 기호화의 과정'(ex-carcerating process of symbolization)으로 특징지었다(노양진 2018: 166 참조). 즉, 타자와의 의사소통은 처음부터 기호적 과정으로 이루어지며, 이 때문에 의사소통은 본성상 불투명성과 불완전성으로 특징지어진다.

의사소통에 관한 객관주의적 이론은 의사소통의 이러한 기호적 본성을 간과

하고 '이상적인' 의사소통의 모형을 제시하려고 했다. Habermas의 의사소통 이론이 그러한 객관주의적 태도를 대변한다. 하버마스의 의사소통 이론은 의사소통의 본성과 구조를 보여 주기보다는 우리가 도달해야 할 이상적인 의사소통을 향한 조건과 목표를 제시하고 있다(Harbermas 1979 참조). 그것은 의사소통의 본성과 구조를 보여 주지도 않으며, 나아가 사실상 결코 이상적이지도 않다. 하버마스가 그리는 이상적인 의사소통의 목표는 성공적인 '합의'(consensus)일 것이다. 그러나 하버마스의 기대와는 달리 불투명한 기호적 구조 안에서 이루어지는 우리의 실제적인 의사소통은 단일한 합의를 위한 것이 아니라 협력/비협력을 결정하기 위한 통로이기 때문이다.

기호적 경험에 관한 체험주의의 해명은 언어와 의미의 본성에 관해 매우 중요한 사실을 일깨워 준다. 이러한 해명에 따르면 언어는 기호적 경험의 중요한 한 국면을 이루고 있는 기표의 체계다. 언어사용자인 우리는 기표의 산출자인 동시에 해석자이며, 이러한 기호적 과정을 통해 새롭게 주어진 '기호적 의미'는 사실상 우리 경험내용의 파편을 가리킨다. 우리의 기호적 경험이 물리적 경험으로 토대로 확장된다는 사실을 상기하면 체험주의적 해명을 따라 기호적 의미의 궁극적 원천이 우리의 물리적 경험이라고 말할 수 있다. 그 물리적 경험의 출발점에는 우리의 몸과 두뇌, 그리고 환경의 복합적인 상호작용이 있다.

의미의 본성에 대한 이러한 해명을 가로막고 있었던 것은 의미의 객관주의라고 불리는 일련의 의미 이론들이다. 반성적으로 되돌아보면 지난 세기 중반까지도 표준적 의미 이론으로 간주되어 왔던 객관주의적 의미 이론은 비트겐슈타인의 말처럼 '일반성에 대한 열망'에 사로잡혀 있었던 것이다(이영철 2006: 40-42 참조). 이러한 열망을 벗어나면 언어는 매우 다른 모습으로 새롭게 드러난다. 체험주의는 언어에 대한 우리의 열망을 이론화하는 대신, 실제 우리 언어의 본성과 구조를 경험적으로 해명하는 것이 언어철학의 우선적 과제라고 본다. 이러한 체험주의적 해명을 통해 드러난 의미는 우리와 독립적인 세계의 사태도 아니며, 우리와 독립적인 언어의 속성도 아니다. 우리가 '언어

적 의미'라고 부르는 것은 사실상 언어라는 기표의 산출과 해석을 통해 주어
지는 기호적 경험의 파편을 말한다. 이러한 관점에서 경험의 주인인 우리 자
신이 바로 의미의 주인이며, 따라서 언어에 대한 실질적 탐구는 우리 경험에
대한 탐구가 되어야 한다.

5. 마무리

『삶으로서의 은유』 이래로 확장되어 가고 있는 존슨의 철학적 논의의 전반
적 구도는 점차 분명하게 듀이의 실용주의에 근접해 가고 있다. 그러나 인지
과학의 경험적 지식을 받아들인다고 해서 모든 철학적 탐구가 듀이적 실용주
의를 향하는 것도 아니며, 또 그래야 하는 것도 아니다. 인지과학은 경험과학
의 하나이며, 또 철학은 항상 경험적 지식을 넘어서는 방식으로 확장된다. 이
확장의 방식에는 어떤 선결적 원리도 없다. 경험적 지식 자체는 결코 완결되
지 않으며, 또 이 경험적 지식을 받아들이는 한 철학적 시각 또한 열려 있기
때문이다.[8] 체험주의는 그 한 갈래를 이루고 있다.

체험주의는 아직 '역사'라고 부르기에 너무나 짧은 탐구의 여정을 거쳤지
만 체험주의가 우리에게 전해 준 철학적 통찰은 결코 가볍지 않다. 체험주의
는 독창적인 은유 이론을 통해 언어의 본성에 대한 새로운 시각을 열어 주었
으며, 그것은 다시 언어적 탐구의 새로운 방향을 제시해 준다. 언어의 은유적
본성과 구조에 대한 체험주의의 시각은 언어가 본성상 기호적 경험의 한 국면
이라는 사실을 보여 준다. 기호적 경험은 물리적 경험을 토대로 기호적 사상
이라는 과정을 통해 확장된다. 체험주의의 이러한 해명이 옳다면 우리가 산출

---

8 필자는 최근 급속히 확장되어 가고 있는 '행화주의'(enactivism)가 또 다른 주목할
   만한 사례라고 본다. 로쉬(E. Rosch), 톰슨(E. Thompson), 바렐라(F. Varela) 등이 주도
   하는 행화주의는 인지과학적 성과를 받아들이면서 점차 '현상학'(phenomenology)에
   근접하는 양상으로 전개되어 가고 있다. 행화주의의 철학적 방향성에 관해서는
   Thompson(2010) 참조.

한 모든 의미는 물리적 층위의 경험에서 출발한다. 바꾸어 말하면 모든 의미의 원천은 우리의 물리적 경험에 있다.

한편 언어를 사용하는 의사소통은 본성적으로 기호적일 수밖에 없다. 우리는 서로의 경험에 직접 접속할 수 없기 때문이다. 우리는 의사소통을 위해 서로가 표출하는 다양한 기표를 해석해야 하며, 그런 의미에서 의사소통은 '탈유폐적 기호화의 과정'이다. 의사소통의 이러한 불투명성을 완화하는 유일한 장치는 '규약'이다. 언어라는 기표체계는 이러한 규약을 설이 말하는 사회적 실재의 하나가 된다. 그러나 규약을 사용한다고 해서 의사소통의 본성적 불투명성이 온전히 제거되지는 않는다. 오히려 체험주의의 이러한 분석은 의사소통 문제가 정확한 의미 전달이나 단일한 합의의 문제가 아니라 협력/비협력의 문제라는 사실을 일깨워 준다.

체험주의는 그 성장 과정에서 언어학적 탐구에 많은 부분을 빚지고 있지만 그렇게 축적된 철학적 통찰은 다시 언어적 탐구에 중요한 방향성을 제시해 준다. 언어학과 철학의 이러한 상보적인 공진화는 단지 언어학과 철학의 관계에 국한되는 것이 아니라 인간의 다양한 탐구 전 분야에서 크게 다르지 않을 것이다. 철학적 탐구가 철학만의 고유한 방법에 근거해서 수행될 것이라는 근세적 철학관을 벗어나면 철학은 다양한 경험과학과의 대화를 통해 진화할 것이며, 체험주의는 그것을 '경험적으로 책임 있는 철학'(empirically responsible philosophy)이라고 부른다(임지룡 외 옮김 2002: 42-43, 796-797 참조). 필자는 그것이 20세기 후반 이래로 분기 상태에 빠져 든 철학적 논의는 물론, 그 철학적 논의와 소통하고 있는 다양한 탐구 분과들에 제3의 통로를 열어 주는 도전적 제안이라고 본다.

참고문헌

노양진(2009), 『몸 · 언어 · 철학』, 서광사.

노양진(2013), 『몸이 철학을 말하다: 인지적 전환과 체험주의의 물음』, 서광사.

노양진(2018), 『철학적 사유의 갈래: 초월과 해체를 넘어서』, 서광사.

이영철 역(2006), 『논리-철학 논고』, 책세상.

이영철 역(2006), 『청색책 · 갈색책』, 책세상.

이영철 역(2006), 『철학적 탐구』, 책세상.

정해창 편역(2008), 『실용주의』, 아카넷.

Fauconnier, G. & M. Turner(2002), *The Way We Think: Conceptual Blending and the Mind's Hidden Complexities*, New York: Basic Books. (김동환 · 최영호 옮김(2009), 『우리는 어떻게 생각하는가: 개념적 혼성과 상상력의 수수께끼』, 지호.)

Habermas, J.(1979), What is universal pragmatics?, *Communication and the Evolution of Society* 1: 2-4.

Johnson, M.(1987), *The Body in the Mind: The Bodily Basis of Meaning, Imagination, and Reason*, Chicago/London: The University of Chicago Press. (노양진 옮김(2000), 『마음 속의 몸: 의미 · 상상력 · 이성의 신체적 근거』, 철학과 현실사.)

Lakoff, G. & M. Johnson(1980/2003), *Metaphors We Live By*, Chicago/London: The University of Chicago Press. (노양진 · 나익주 옮김(2006), 『삶으로서의 은유』(수정판), 박이정.)

Lakoff, G.(1993), The contemporary theory of metaphor, in Andrew Ortony(ed.), *Metaphor and Thought*, 2nd ed., Cambridge: Cambridge University Press.

Lakoff, G. & M. Johnson(1999), *Philosophy in the Flesh: The Embodied Mind and Its Challenge to Western Thought*, New York: Basic Books. (임지룡 · 윤희수 · 노양진 · 나익주 옮김(2002), 『몸의 철학: 신체화된 마음의 서구 사상에 대한 도전』, 박이정.)

Searle, J.(2010), *Making the Social World: The Structure of Human Civilization*, New York: Oxford University Press.

Thompson, E.(2010), *Mind in Life: Biology, Phenomenology, and the Sciences of Mind,* Cambridge, M.A.: Belknap Press.

명칭론(Onomasiology)과 어의론(Semasiology)

이 현 근*

1. 들머리

'하나의 개념(concept)이 어휘화될 때 왜 다양한 형태로 나타나는가? 개념
과 어휘가 일대일로 대응되지 않는 이유는 무엇인가? 동일한 대상물이 각각의
언어마다 다르게 개념화되고 어휘화되는 이유는 무엇인가?'라는 의문을 품어
본 적이 있을 것이다. 이러한 궁금증에 대한 실마리를 찾기 위한 연구를 넓은
의미에서 명칭론이라 부를 수 있다. 이 글의 목적은 인지언어학의 연구 방법
으로 어의론(semasiology) 외에도 명칭론(onomasiology)[1]이 있음을 보이려는
것이다.

Taylor(2002: 187)는 그의 책 *Cognitive Grammar*에서 어의론적 관점은 언

---

* 침례신학대학교 영어과 교수, hyunklee@kbtus.ac.kr

[1] onomasiology는 그리스어 동사 ὀνομάζω(onomāzo) '이름 붙이다, 명명하다'에서
파생되었고, semasiology는 그리스어 σημασία(semasia) '이름, 표기'에서 나왔다
(https://en.wikipedia.org/wiki/Onomasiology 참조).

어에서 세계로 연구해 가는 것으로 '이 표현에 의해 어떤 종류의 상황이 적절히 지시될 수 있는가?'를 묻는 접근법이고, 명칭론적 관점은 세계에서 언어로 연구해 가는 것으로 '이 상황을 적절히 묘사하기 위해 어떤 언어학적 표현이 사용되는가?'를 묻는 접근법이라고 정리하였다. 예를 들면 전자는 컵과 머그잔이라는 단어를 먼저 제시한 후 이들이 각각 어느 대상물에 적용되는지를 질문하고, 후자는 컵 모양의 사물을 먼저 제시하고 그에 어울리는 단어를 고르도록 질문하는 것이다. 이처럼 관점을 바꾸는 것은 작고 간단한 일이지만 그 결과는 상당히 달라질 수 있다.

원형 이론과 다의어는 인지언어학의 가장 중요한 연구 결과물들인데, 이는 어의론적 접근법의 산물이다.

먼저 원형 이론은 Rosch(1978)가 제기한 것으로 한 범주 내에서 어떤 구성원은 다른 구성원보다 중심에 있고, 다른 구성원보다 더 많이 사용되는 것을 주장한다. 서양에서는 Robin이, 한국에서는 까치나 참새가 펭귄이나 타조보다 더 원형적이다. 그런데 명칭론을 인지언어학계에 활발히 소개하고 있는 Geeraerts(1994)에 의하면 원형 이론은 어휘의 현저성을 잘 나타나므로 어의론의 대표적 주제이고, 이에 대조되는 기본 층위는 개념의 현저성을 잘 나타나므로 명칭론의 주제라 하였다. 그리고 Geeraerts(1988)는 원형 이론은 어의론의 대표적 현상이기는 하나 원형이 형성될 때에는 명칭론이 적용되어야 한다고 하였다.

다의어와 관련하여 Soares da Silva(2015)에 따르면 다의어는 하나의 의미가 어떻게 다양한 대상물에 적용되는 지를 연구하므로 어의론의 중요한 연구주제이나, 그에 대조되는 동의어나 유사동의어(near-synonymy)는 하나의 개념이 여러 가지 언어 기호로 표현되는 것을 연구하므로 명칭론의 연구주제라고 하였다.[2]

---

2 여기서 더 나아가서 Pitkänen-Heikkilä(2013)는 어휘론(lexicology)은 단어중심이고, 용어론(terminology)은 개념중심이라 하였다. 그 연장선상에서 보면 알파벳순서에 따른 일반 사전은 어의론의 입장에서 연구한 결과이며, 주제별로 분류한 시소러스(thesaurus)와 분류학(taxonomy)은 명칭론의 입장에서 연구한 결과이다. Sierra

제2장에서는 명칭론의 기원과 배경, 그리고 명칭론의 한국어 번역어를 살펴보고, 제3장에서는 명칭론의 세 가지 주요 주장이라 할 수 있는 개념과 어휘의 관계, 단어 형성, 및 어휘의 공시적 변이와 통시적·역사적 변화에 대하여 소개하려 한다. 제4장에서는 명칭론을 요약한 후, 미래에 대한 전망을 제시하겠다.

2. 명칭론의 시작과 한국 언어학계

2.1. 명칭론의 기원과 배경

미국의 주류 인지언어학계에서는 명칭론적 연구보다는 어의론적 연구를 주로 하고 있다. 이에 비해 유럽의 언어학자들은 어의론이 대한 관심이 컸다. 유럽 대륙학파에서는 이전부터 문헌학(philology)과 어원학(etymology) 등의 형태로 언어학과 연관된 분야가 지속적으로 연구되어 왔다. 이러한 학문적 전통 속에서 연구되었던 주제 중의 하나에 명칭론이 포함되어 있다.

어의론이라는 용어는 오스트리아 언어학자인 Zauner(1902)가 전통적인 혹은 고전적인 뜻으로 처음 사용한 것으로 알려져 있다(Blank & Koch 2003). 현재 명칭론을 연구하는 대표적인 학자로는 벨기에의 Geeraerts와 독일의 Koch, Grzega, Blank 등이 있다. 그리고 체코와 슬로바키아를 위시한 동유럽의 프라하학파에 속하는 Štekauer와 그의 동료들도 포함된다.

& Hernández(2013)는 명칭론적 사전에는 시소러스 외에도 그림사전, 역순사전, 동의어사전 등이 포함되는데, 이들은 단어가 생각나지 않을 때 사용하기 위해 만들어졌음을 언급하였다.

2.2. 한국 언어학계의 어의론과 명칭론

한국 언어학계에서 명칭론적 연구는 드물다. 그러므로 어의론과 명칭론이라는 용어가 어떻게 번역되는지를 살펴보는 것이 한국 명칭론의 연구사이면서 동시에 그 용어의 의미를 파악하는데 도움이 되는데, 크게 두 그룹으로 나뉜다.

임지룡(1999)은 Dirven & Verspoor(1998)의 *Cognitive Exploration of Language and Linguistics* 초판본을 이기동과 함께 번역하면서 제2장에서 어의론과 용어론이라 하였다. 후에 임지룡과 김동환(2003: 205)은 Taylor(2002)의 *Cognitive Grammar*를 번역할 때 어의론과 명칭론이라 하게 되고, 그 용어를 다른 책을 번역하면서도 계속 사용하고 있다. 이영훈(2011, 2012)은 조선왕조실록에 등장한 어휘인 '번역'을 개화기까지 추적하여 연구하면서 자신의 연구를 명칭론적 접근이라 하였다.

그와 대조적으로 박재연(2014)과 정한데로(2015) 등은 해석론과 표현론이라는 번역어를 사용하였다. 최근에 박혜진(2017)은 국어 시간에 새로운 대상물을 주고 이것의 이름을 만드는 실험을 하면서 표현론을 적절히 활용하였다.

이와 같이 현재 한국에서는 어의론과 명칭론, 해석론과 표현론이라는 두 가지 번역어가 사용되고 있다. onomasiology를 번역하는 과정에서 다양한 번역어가 존재하는 것은 동일한 대상물을 다양하게 표현하는 명칭론이 적용되고 있는 셈이다.

3. 주요 주제: 개념, 단어 형성, 및 언어 변이와 변화

본 장에서는 명칭론적 접근법으로 언어를 연구할 때 중요하게 여기는 주제들인 개념, 단어 형성, 그리고 어휘의 공시적 변이와 통시적 변화 등의 세 가지를 소개하려 한다.

3.1. 개념에서 어휘로

명칭론에서 가장 중시하는 것이 개념의 의미화 혹은 기호화이므로 개념은 명칭론에서 가장 중요한 부분을 구성한다.

ten Hacken & Panocová(2013)에 따르면 어의론과 명칭론의 대결 구도는 Saussure에서 시작되었다고 한다. Saussure(1966: 66-67)는 기호가 기표(signifiant; signifier)와 기의(signifié; signified)로 구성되어 있다고 하였다. 기표는 청각 영상(sound image)으로 언어적 형태를 말하고, 기의는 개념으로 언어적 의미를 말한다. 이 둘은 심리적으로 연합관계에 있다.

〈그림 1〉 ten Hacken & Panocová(2013)의 기의와 기표

어의론은 기표(형태)를 시작점으로 기의를 연구해 가는 것이고, 명칭론은 기의(개념)를 시작점으로 기표를 연구해 가는 것이다. 이것을 <그림 1>처럼 그릴 수 있다. 그들은 Saussure의 기의와 기표에 화살표를 더하여 방향성을 보임으로서 어의론과 명칭론을 간단하지만 명확히 설명하였다. 이 도표를 (1)과 같이 나타낼 수도 있다. (1a)는 단어의 의미를 찾아가는 어의론적 접근이고 (1b)는 개념이 단어로 되는 과정, 즉 개념에 명칭을 부여하여 기호화, 언어화하는 명칭론적 접근이다.

(1) a. 단어(형태, 기호) → 개념(의미): 어의론적 접근
　　 b. 개념(의미) → 단어(형태, 기호): 명칭론적 접근

Saussure이후 개념에 대한 중요한 연구로는 Odgen & Richards(1923: 11)의 기호론적 삼각형이 있다. 이 삼각형은 Saussure의 기의와 기표에 대상물을 더한 것이다. 즉, 언어 표현과 지시 대상 사이에 직접적인 연결은 불가능하고, 사람들의 두뇌 속에 있는 사고/개념이 이 둘을 연결한다는 것을 잘 보이고 있다.

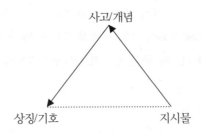

사고/개념

상징/기호   지시물

〈그림 2〉 Zhabotynska(2013)의 수정된 기호 삼각형

그런데 Zhabotynska(2013)는 <그림 2>처럼 삼각형에 화살표를 넣어 방향성을 추가하였다. 지시물에서 사고로, 사고에서 상징으로 만들어 가는 것은 명칭론이고, 그 역순으로 어휘의 의미를 찾아가면 어의론이다.

개념과 어휘의 방향성과 관련하여 Geeraerts(2010b)가 제시한 것도 있다. <그림 3>에서 보는 바와 같이 일반적으로 한 단어의 의미(concept A)는 점차 다양한 대상물(thing 1, thing 2)로 넓혀져 가며 다의성을 띄게 된다. 특정 단어의 의미를 찾아가는 과정은 어의론이다. 그에 비해 대상물이 갖고 있는 여러 개념 중에서 가장 특색 있는 것 하나를 선택하여 그 개념에 단어를 부여하는 것은 명명하기(naming), 즉 명칭론이다. 어떤 어휘의 의미를 연구하는 것, 다시 말해 '어떤 어휘의 의미가 이 개념이다'라고 하는 것과 어떤 개념이 어휘로 된다는 것은 정반대의 방향성을 갖는다. <그림 3>은 결국 Odgen & Richards의 기호 삼각형을 풀어 쓴 것과 같으며, 방향성을 첨가한 것이다.

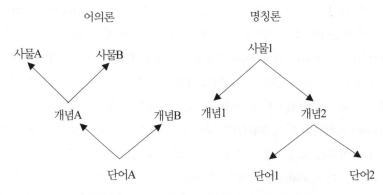

〈그림 3〉 Geeraerts(2010b)의 어의론과 명칭론

한편 Geeraerts(2017: 157)는 명칭론을 <그림 4>에서 구체적으로 예시하였다. 명칭론의 계층에는 형식적 층위, 개념적 층위, 외연적(대상물) 층위의 3계층이 있다고 한다.

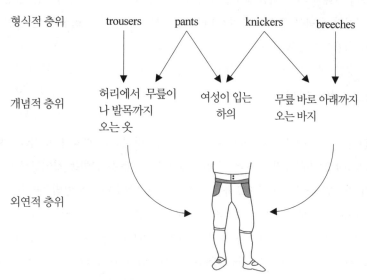

〈그림 4〉 Geeraerts(2017)의 명칭론적 3계층 구조

'일반적인 바지'라는 개념을 표현하려고 영어권에서는 *trousers*와 *pants*가 형식적 층위에서 주로 사용되고, '무릎 아래까지 오는 짧은 바지'라는 개념을 표현하려고 *knickers*와 *breeches*(무릎 밑을 조이는 반바지)가 형식적 층위에서 사용된다. 하나의 대상물을 다양하게 표현하는 것, 즉 하나의 개념을 표현하기 위해 두 개의 어휘가 각각 사용된 것은 명칭론에 속한다. 그리고 *pants*와 *knickers*는 하나의 의미(개념)만을 갖지 않고 두 개의 의미(개념)을 갖고 있다. 하나의 어휘가 조금 다른 두 가지 뜻으로 사용되는 것은 어의론에 속한다.

*knickers*와 *breeches*에 대하여 한국에서는 승마복이라 하는 경우가 조금 있으나, 명확한 한국어 번역형은 아직 존재하지 않는 것으로 보인다. 한국 사회에 무릎 밑까지 오는 바지에 대한 개념과 어휘가 없는 것은 서구와 한국이 사회문화적으로 다르기 때문이다. 한국에서는 무릎을 덮는 바지에 대한 필요성을 느끼지 않아서, 이에 연관된 어휘도 생성하지 않았다.

Saussure 및 Odgen & Richards의 개념에 대한 연구들은 Geeraerts에 의해 새롭게 확대되었다. 개념에서 출발하여 명칭을 갖는 과정을 연구하는 명칭론은 이처럼 개념을 중시한 이론이다. 이는 다음 절의 단어 형성과 언어 변이 등에 활용되고 있다.

3.2. 단어 형성

인지언어학에서는 일반적으로 단어 형성을 경시하는 경향이 있다(Onysko & Michel 2010). 그런데 단어 형성은 대상물에 이름을 붙이는 것이므로 명칭론적 접근법에서는 이를 중요하게 여긴다. 물론 단어 형성의 방법들을 분류하는 것이 아닌 개념화자가 개념을 선택하고 어휘로 만드는 과정을 중시한다.

이름을 부여하는 방법, 즉 새로운 어휘를 만드는 방법에 대해 Grzega & Schöner(2007: 41-51)는 다양한 방법을 제시하였다. 이들을 정리하면 결국 새 어휘를 만드는 방법은 세 가지이다. 첫째, 기존 어휘를 그대로 활용하여 사용하는 것으로 다의어로 만들거나 의미 변화를 일으키기, 둘째, 합성, 파생 등을 통해 기존 어휘를 활용하여 새 어휘를 생성하거나 외래어를 차용하기, 셋째, 앞의 두 방법과 다르게 전혀 새로운 어휘를 만들기이다. 둘째와 셋째 방법을 아우르는 Štekauer의 단어 형성 연구를 먼저 살피고, 합성과 차용에 대하여 다음 절에서 언급하겠다.

3.2.1. Štekauer의 단어 형성

Štekauer(2005)는 단어 형성의 방법을 구분하는 것에서 더 나아가 프라하학파의 기능적, 인지적 입장을 받아들여 단어 형성을 설명하였다. 이는 단어 형성 과정의 결과물(word-formedness)보다 단어 형성(word-formation)의 과정 자체를 중시하여 그것을 규명하려는 것과 같다.

Štekauer의 단어 형성부 모형인 <그림 5>를 보자. 단어 형성이 일어나는 곳은 단어 형성부인데, 그의 단어 형성부는 언어외적 실재(목표 대상물)에 대하여 언어집단 내에서 화자가 이름을 붙이려는 요구를 따라 작동한다. 화자는 실재 세계의 대상물을 보고 개념을 형성한다. 이 개념적 단계는 대상물의 특징이 일반화와 추상의 과정을 거쳐 개념화된 상태로 논리적 구조를 갖는다. 대상물을 물질, 행동(행동 자체, 과정, 및 상태), 질, 그리고 동반 환경(장소, 시간, 방법) 등의 일반적인 방법으로 분석하고 범주화한다. 여기까지는 언어외적인 면이다.

언어 내적으로 작용하는 것은 단어 형성부, 어휘부 및 통사부가 있다. 단어 형성부와 어휘부는 상호 연관되어 있기는 하나, 둘을 구분하여 다르게 보는 점이 독특하다. 어휘부에는 모든 단일어, 복합어, 차용어 등과 접사가 저장되어 있다. 즉, 단어 형성에 필요한 모든 것이 여기에 들어 있다.

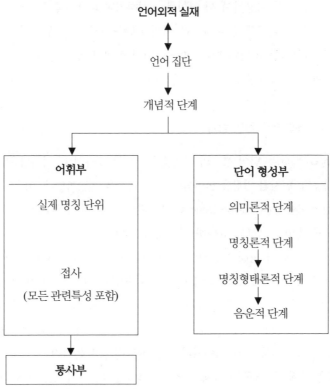

〈그림 5〉 Štekauer(2005: 213)의 단어 형성부 모형

　단어 형성부에서는 네 가지 과정을 거쳐 단어가 생성된다. 첫째 단계는 의미
론적 단계로서 의소(seme)에 의해 표현되는데, [±MATERIAL], [±HUMAN],
[±ADULT] 등과 같은 의미 표지를 사용하여 논리적 형태를 만든다. 둘째는
명칭론적 단계로서 대상물의 특징을 나타내는 여러 의소 중에서 현저한 것
하나가 선택되는 단계이다. Dirven & Verspoor(2004: 53)는 현저한 개념을
선택하기 위해 고민해야 되므로 이 부분을 명칭론적 갈등(onomasiological
struggle)이 있는 곳이라 하였다. 셋째는 명칭형태론적(onomatological) 단계인
데, 이 때 형태소 할당 원칙(MSAP: Morpheme to Seme Assignment Principle)
에 의해 의소에 대한 형태소가 배정된다. 마지막은 음운론적 단계로 할당된

형태소에 형태론적, 초분절적 규칙을 따라 음성 형태를 부여한다. Grzega (2005)는 명칭론적 단계는 추상적인 면에서 이름을 부여하고, 명칭형태론적 단계에서는 구체적인 면에서 이름을 부여하는 것으로 구분하고 있다. 이렇게 네 가지 과정을 포함하는 단어 형성부는 어휘부와 상호 유기적으로 작용한다. 어휘부와 통사부는 연결되어 있으나, 단어 형성부와 통사부는 생성문법의 주장과 달리 연결되어 있지 않다.

화자가 어떤 대상물의 이름을 붙이려는 것과 관련하여 명칭론에서는 두 가지를 중요시한다. 첫째, 목표 대상물의 특징들이 여러 가지 개념으로 추상되는 과정이 있다는 것과, 둘째, 여러 개념 중에서 화자의 의도를 따라 하나의 표현만 선택되는 것이다. 이는 단어 형성부 내의 명칭론적 단계에서 이루어진다. 둘째 부분이 명칭론의 핵심이라 할 수 있는데, 새로운 대상물에 이름을 붙일 때 여러 특징들 중에서 가장 부각되는 것 혹은 강조하고 싶은 것을 화자 (언어 집단)가 선택하는 것이다. 즉, 언어 사용자가 가능성이 있는 수많은 명칭 중에서 하나를 선택하는 과정이 명칭론적 단어 형성의 핵심이다.

3.2.2. 합성

어휘 표현의 다양성을 잘 보인 연구의 하나로 합성어를 들 수 있다. 합성어는 단일어와 달리 어떻게 생성되었는지를 추적하기 쉽기 때문에 만들어진 동기를 알 수 있으므로 그에 대한 연구가 활발하다. 합성어의 구조를 내심 합성어, 외심 합성어 등으로 분석하는 것은 어의론적 방법이 효과적이나, 합성어가 생성되는 과정을 한 언어 내에서 혹은 여러 언어들 사이에서 비교하는 것은 명칭론적 방법이 효과적이다.

합성어를 명칭론적 관점에서 분석한 Grzega(2009)는 명칭론이 언어외적 실제, 화자가 언어외적 대상물을 표기하려는 의도, 및 어휘를 찾는(붙이는) 과정의 세 가지를 중시한다고 하였다. 그리고 합성어를 생성할 때에도 이러한 명칭론의 일반적인 특성을 반영한다고 하였다. 즉, 화자가 대상물의 현저한 특징을 선택한 후 그것을 결합하여 합성어로 만든다. 특이하게도 Štekauer는 단어 형성법 중에 합성을 따로 구분하지 않고 이름이 부여되는 과정(name-giving process) 중의 하나로 합성을 취급한다.

합성어에 관한 대표적인 연구로 Dirven & Verspoor(2004: 15)의 말발굽에 씌우는 편자인 *horseshoe*와 *grand piano*에 대한 분석과, Radden과 Panther (2005)의 *screw driver*를 유럽 각 나라의 합성어로 표기한 것이 있다. 한국에서는 김해연(2007a, 2007b, 2009)의 콩글리시 연구, 이현근(2011)의 영어와 한국어 합성어 비교, 송현주(2015)의 '만년필' 연구 등이 있다. 이러한 연구는 명시적으로 명칭론을 적용한 것은 아니지만, 언어 간의 비교연구라는 면에서 명칭론이 적용된 셈이다.

3.2.3. 차용

명칭론자들은 동일한 개념을 각 언어마다 다르게 표현하는 것에 관심을 갖는데 차용어(borrowing)도 포함된다. Blank(2003)에 따르면 차용어에 관심을 갖는 이유는 기존 용어와 새로운 용어의 경쟁을 잘 보이기 때문이라 하였다. Kock(2002)는 단어 형성과 차용이 복합적으로 작용하여 만들어지는 세 가지를 소개하였는데, 첫째, 외국어 번역(loan translation), 둘째, 외국어 렌더링(loan rendition), 셋째, 유사 외래어(pseudo-loan)이 있다.

(2) a. En. sky · scraper < Fr. gratte-ciel
    b. ModE. super · man < G. Über · mensch
    c. G. Wolken · kratzer < En. sky · scraper
    d. ModE. brother · hood < Lat. frater · nitas
    e. K. 모닝콜(morning call) vs. En. wake-up call
    f. K. 핸드폰(hand phone) vs. En. cellphone/ mobile phone

첫째로 외국어 번역은 (2a, b)로 외국어를 글자 그대로 전체를 번역한 것이다. (2a)의 영어 *skyscraper*(하늘-긁어내는 도구)는 프랑스어로 *gratte-ciel*(긁어내는 세모꼴 연장-하늘)에서 온 것이다. (2b)의 독일어 *Übermensch*는 니체 철학의 '초인(超人)'이라는 개념에서 시작된 것으로 현대영어에서 *superman* 으로 되었다. 이 둘은 외국어를 그대로 번역한 것이다. 둘째로 외국어 렌더링 은 (2c, d)로 외국어 전체가 아닌 일부 개념을 차용한 것이다. (2c)의 독일어 *Wolkenkratzer*의 *Wolken*은 '구름'이고 *kratzer*는 '긁는 사람/긁는 도구(청소 도구)'로서 영어의 *skyscraper*(마천루)를 대신한 번역어이다. *kratzer*부분은 동 일하나, 하늘이 아닌 구름으로 약간 다르게 하였다. (2d)의 영어 *brotherhood* (형제애/형제 관계/단체/ 협회)는 라틴어 *fraternitas*에서 온 말이다. 이 라틴어 는 *frater*(남성)에 그러한 상태나 특성을 뜻하는 접미사 *nitas*가 붙어 '남성다 움, 형제회' 등을 뜻하는데, 영어의 '형제애'와는 조금 다르다. 이처럼 외국어 렌더링은 외국어 번역과 달리 의미를 모두 번역하지 않는다. 셋째로 유사 외 래어는 그리스어나 라틴어를 어원으로 하여 새롭게 만들어지는 microphone 같은 신고전적 합성어(neoclassical compound)를 말한다. 영어에는 없으나 영 어를 활용하여 한국어 어휘를 새롭게 만든 콩글리시도 포함된다. (2e)는 김해 연(2007b)이 제시한 것으로 영어로는 *wake-up call*이 옳은 표현이나 한국에서 는 '모닝콜'이라 한다. 그리고 (2f)의 '핸드폰'은 한국에서 주로 사용되는 표현 이며, 영어는 *cellphone/cellular phone/mobile phone* 등의 상응하는 어휘가 존 재한다. 이러한 것들은 모두 명칭 부여자(화자)가 외국어의 영향을 받아 기존 의 자국어와 외국어를 활용하여 새로운 어휘를 생성한 것이다. 외국어 번역은 명칭형태론적 수준에서, 외국어 렌더링은 명칭론적 수준에서 만들어지는 것 으로 본다. 유사 외래어는 단어 형성과 차용이 혼합된 형태이다.

이상과 같이 명칭론에서는 단어 형성과 관련하여 주어진 개념이 새로운 단어를 생성하는 여러 가지 방법을 연구하며, 특히 합성과 차용은 중요한 연 구 주제들이다.

3.3. 공시적 변이와 통시적 변화

단어 형성을 통해 생성된 어휘는 사회적, 지리적, 문화적 차이에 의해 공시적으로 변이(variation)하거나, 시간의 흐름과 함께 통시적으로 변화(change)를 일으키게 된다. 3.3.1.에서는 공시적인 입장에서 언어내적 변이와 언어 간 변이에 대하여 알아보고, 3.3.2.에서는 통시적인 입장에서 어의 변화를 알아보려 한다.[3] 물론 이 둘은 동시에 작용하기도 하므로 구별하기 어려울 때가 있다.

3.3.1. 어휘 변이: 공시적 의미 표현의 다양성

본 절에서는 명칭론의 관점에서 언어내적 변이와 언어들 사이에서 일어나는 변이를 소개하려 한다. Grondelaers & Geeraerts(2003)가 내린 정의에 의하면 어휘 변이는 명칭론의 문맥화되고 화용적인 개념이며, 특정 대상물을 지시하기 위해 특정한 명칭을 선택하는 것에 초점을 맞춘다.

언어 변이가 일어나는 원인으로 언어 자체의 음운, 형태, 통사적 요소에 의한 언어 내부적인 요인 외에도, 인종, 계층, 성별, 나이, 성별, 직업, 학력, 정치, 지역 등의 사회문화적 요인, 개인 성격에 따른 스타일이나 불안정성에 따른 심리적 요인이 있다.

한 언어 내에서의 변이는 어휘의 다양성을 야기한다. 그러한 예로 Geeraerts (1994)는 미국 영어와 영국 영어를 비교하며 어의론과 명칭론을 설명하였다. 영어의 변이에 대한 연구는 현재 캐나다 영어, 호주 영어, 뉴질랜드 영어, 인도 영어, 아프리카 영어, 싱가포르 영어 등에까지 지역적으로 확장되고 있다. 그

---

3 인지언어학이 사회적인 면을 다루어야 한다는 주장은 점점 많아지고 있다. Geeraerts(2010a) 그리고 Geeraerts *et al.*(2010)은 사회언어학에 대하여 연구해야 할 필요성을 강조하였다. Harder(2010)는 이제 사회적인 면을 연구할 때라고 주장하였고, Geeraerts & Kristiansen(2014)은 문화적 지역적 변이를 연구하는 것이 인지 언어학의 핵심이라 하였다. Divjak *et al.*(2016)은 인지 언어학의 과거와 미래를 정리하면서 인지 언어학이 두뇌 내부에만 머물러 있던 것을 사회적인 부분과 역사적인 부분으로 확대할 것을 건의하고 있다.

리고 Geeraerts(1997)는 네덜란드어가 지역마다 변이하는 것을 다루었다. 그 후 한 언어가 여러 나라에서 조금씩 다르게 사용되는 것도 연구하였는데, Geeraerts *et al.*(1999)은 네덜란드어가 벨기에와 네덜란드에서 어떠한 모습으로 변이되는지 비교하였다.

여러 언어 간의 변이를 명칭론적으로 비교한 Koch(2002: 1146)를 보자. 그는 *hair*관련 어휘들을 제시하였는데, 한국어의 예는 저자가 첨가하였다.

〈표 1〉 hair에 적용된 어휘

	머리	턱	(인간)몸	(동물)몸
영어	hair			
독일어	Harr			
러시아어	vólos			
라틴어	capillus		pilus	
프랑스어	cheveu		poil	
호피어	höömi	sowitsmi	pöhö	
한국어	머리카락	(턱)수염	털	
스와힐리어	unywele	udevu	laika	nyoyalunyoya

영어,[4] 독일어, 러시아어에서는 털이 난 위치에 따른 구별 없이 하나의 어휘가 사용된다. 라틴어와 프랑스어는 두 개의 어휘를 사용하나 적용 범위가 조금 다르다. 호피어와 한국어는 세 개의 어휘가 사용되고, 스와힐리어는 가장 많은 네 개의 어휘가 사용된다. 이러한 비교 연구는 Trier(1932)의 어휘장이론과 연관되어 있다.

언어 간의 변이에 대한 다른 연구로 Radden & Dirven(2007: 5)은 *fog, mist, haze*를 독일어와 네델란드어로 비교한 후, 문화특수적이라 하였다. Zenner *et al.*(2014)은 방대한 코퍼스를 활용하여 영어와 네덜란드어 핵심어들을 명칭론적입장에서 비교하였다. Koptjevskaja-Tamm *et al.*(2016)은 신체 부위, 친족

4　Koch의 도표는 영어에서 '턱수염'은 *mustache*, '콧수염'은 *beard*라고 하는 것이 반영되어 있지 않다.

관계, 색깔, 움직임, 지각과 같은 특정 영역을 언어마다 어떻게 범주화하는지, 그 범주화에는 어떤 매개 변수가 있는지, 언어 보편소(universal)는 있는지 등을 연구하였다.

공시적 언어 변이에 대한 연구는 언어내적으로 혹은 언어 간의 어휘 다양성을 보이는 것으로, 이는 하나의 대상물을 다양하게 표현하는 명칭론적 관점이 반영된 것이다.

3.3.2. 어휘 변화: 통시적 의미 변화

한 단어의 의미가 통시적으로 어떻게 변화하는 가를 연구하면 어의론적이라 할 수 있으나, 하나의 개념이 시대별로 어떤 단어 혹은 명칭으로 변화하는 가를 연구하면 명칭론적이라 할 수 있다. 본 절의 어휘 변화는 주로 어휘의 통시적, 역사적 의미 변화를 말하며, 역사 언어학이나 통시 언어학에서 다루어진다. Divjak *et al.*(2016)은 인지언어학이 공시적 연구에서 통시적 연구로 다시 돌아갈 때가 되었다고 하면서 이것이 가능하게 된 것은 방대한 데이터(코퍼스)에 접근할 수 있게 되었기 때문이라고 하였다.

Koptjevskaja-Tamm(2016)은 의미 전이는 통시적으로 혹은 공시적으로 두 쌍의 의미가 깊이 연관되어 있고, 한 의미는 다른 의미에 의해 동기화되어 있음을 기본적으로 인식하고 사용하는 용어라 하였다. 통시적인 변화의 예로는 라틴어 *caput 'head'*와 프랑스어 *chef 'chief'*가 서로 연관되어 있는 것을 들 수 있고, 공시적인 예로는 영어의 *head*는 신체의 제일 윗부분과 부서의 과장(department head)이 연관되어 있는 것을 들었다. 후자는 은유적 유사성의 예이다. 일반적으로 두 의미간의 연관성을 공시적으로 연구하면 다의어로, 통시적으로 연구하면 의미 변화로 연결된다. 그러나 그녀는 일부 특정 시점에 얽매이지 않는 범시태적(panchronic)으로 의미 변이를 이해하여야 한다고 하여 명칭론적 연구 가능성을 제시하였다.

그리고 Geeraerts(1983, 1997, 2002)는 언어의 역사적 변화를 연구하면서 많은 부분에서 명칭론에 의지하고 있다. Blank & Koch(1999)는 의미 변화를 연구하면서 인지언어학에 통시적 연구의 가능성을 보였는데, 통시적 인지 명칭론(diachronic cognitive onomasiology)이라는 용어를 사용하기 시작하였다. Koch(2002)는 특정 어휘가 시간이 흐르면서 새로운 의미를 어떻게 얻게 되는지를 연구하면 어의론적 접근이나, 특정 개념이 새로운 어휘로 어떻게 표현되는가를 연구하면 명칭론적 접근이 된다고 하였다.

통시적 의미 변화도 언어내적인 비교와 언어 간의 비교가 가능하다. 명칭론의 입장에서 언어내적인 분석을 한 것으로 Chersan(2012)의 *pickpocket* 연구, Brammesberger & Grzega(2001)의 *girl* 연구, Zhang *et al.*(2015)의 중국어 *woman*의 역사적 변화에 대한 연구 등이 있다. Soares da Silva(2015)는 포르투갈어가 포르투갈과 남미에서 어떻게 사용되는지 동의어를 통시적으로 연구하였다. 언어 간 연구도 시행되었는데, Blank(2003)는 *match*(성냥)와 *pupil*(홍채)의 역사적 변화를 여러 언어에서 비교하였다. Koch(2008)는 14개 언어의 눈 관련 어휘(eyelid, eyelash, eyebrow, eyeball)를 비교 연구하면서 어휘의 유형학과 보편소에 명칭론이 역할을 한다고 하였다.

통시적 명칭론을 한국어에 적용한다면 '한 개념을 과거에는 어떻게 표현하였는가'를 물으면 된다. 그것을 시대별로 연결하면 통시적 변화를 알 수 있고 그 특징을 찾을 수 있다. 그리고 외래어가 도입되는 것도 좋은 연구 재료이다. 한국어의 경우 조선시대까지 중국 한자, 일제 강점기의 일본어, 그리고 현대로 오면서 영어의 영향을 많이 받으면서 외래어와 외국어를 차용하였다. 특히 19세기와 20세기 초의 신문물을 받아들일 때 새로운 어휘들을 번역하였는데, 그 과정을 연구한 것으로 김형철(2010), 서상규 외(2016), 정한데로(2015) 등이 있다. 이들은 새로운 개념에 명칭을 붙여가는 과정을 잘 보이고 있다.

지금까지 제3장에서 명칭론의 주요 주장을 살펴보았다. 이를 세 가지로 정리하면 다음과 같다. 첫째, 명칭론은 개념이 어떻게 어휘로 되는지 즉 개념의 이름 붙이기를 연구하므로, 개념은 연구의 출발점이다. 둘째, 단어 형성은 명칭을 붙이는 역할을 하므로 명칭론에서 매우 중요한데, 대상물의 특징을 인식한 후 하나의 개념을 선택하여 이름을 붙이는 단계를 명칭론적 단계라 한다.

결국 이로 인해 '명칭론'이라는 용어가 탄생된 것이나 마찬가지이다. 셋째, 어휘 변이의 경우 언어 간의 혹은 언어내적으로 공시적 비교를 통해 어휘의 다양성이 잘 드러난다. 어휘 변화는 하나의 개념이 통시적으로 어떻게 표현되는 가를 비교할 때 잘 나타나며, 결국 이들은 명칭론적 접근법의 주된 연구 분야이다.

4. 마무리

어의론과 명칭론을 Geeraerts(2010a: 281)의 표를 통해 정리하면서 이 글을 마무리하려 한다. 그는 어휘 의미론을 네 가지로 분류하였다.

<표 2>에서 질적 어의론은 개별 단어의 층위에서 은유와 환유 같은 단어 의의들 간의 의미적 연결을 다루며 역사 의미론에 속한다. 양적 어의론은 한 단어 내에서 혹은 한 의미 내에서 현저성의 차이와 구조적 무게감이 다른 것과 같은 원형 효과를 다룬다. 즉, 다의어와 원형 이론을 말한다.

〈표 2〉Geeraerts(2010a: 281)의 어휘 의미론 분류

	어의론	명칭론
질적인 연구	의의와 의의들 간의 의미적 연결 (은유, 환유 등) ↑ 역사(문헌학) 의미론	어휘 항목들 간의 의미적 관계 (장, 분류학, 어휘 관계 등) ↑ (신)구조 의미론
양적인 연구	의의와 다의 항목 내의 원형 효과 ↑ 인지 의미론	범주들 간의 현저성 효과, 화용적 명칭론 ↑ 인지 의미론

질적 명칭론은 어휘 장이론, 분류학, 어휘 관계와 같은 어휘 항목들 간의 의미적 관계를 다루며 (신)구조(주의) 의미론이라 한다. 양적 명칭론은 범주들 간의 인지적 현저성의 차이, 즉 기본 층위 현상과 일반화된 명칭론적 고착화

(generalized onomasiological entrenchment)를 다룬다. 이것을 쉽게 설명하면 인지언어학의 핵심이라 할 수 있는 원형이론과 다의어는 어의론적 접근법의 산물이나, 그와 연관된 기본 층위와 동의어는 명칭론적 접근법의 산물이라는 것이다.

이 글은 명칭론만을 연구해야 한다고 주장하지 않는다. 오히려 어의론과 명칭론이라는 양방향에서 언어를 연구해야 한다고 본다. Dirven & Verspoor(2004: 44)는 어의론적 현저성과 명칭론적 현저성이 동시에 작용하여 대상물의 이름을 붙이게 된다고 하여, 어휘론은 어의론적 접근과 명칭론적 접근이 동시에 이루어져야 한다고 하였다. Štekauer et al.(2012: 238)도 어의론과 명칭론이 상호보완적임을 주장하였다. Glynn(2015: 75)은 전치사 over를 분석하면서 어의론적 분석은 명칭론적으로 미묘하게 변이하는 것을 같이 보아야 한다고 하였다. 즉, 어의론과 명칭론은 동시에 진행되어야 한다고 한 것이다. 어의론과 명칭론을 각기 한쪽으로만 일방적으로 연구하지 않고 양쪽 방향에서 고르게 연구한다면 인지언어학의 미래는 밝을 것이다.

참고문헌

김해연(2007a), "번역에서의 어휘의 형태와 의미의 관계에 대한 의미론적 분석", 『영어학』 7(2): 265-285, 한국영어학회.
김해연(2007b), "콩글리시 어휘의 유형과 형성의 인지적 동기", 『담화와 인지』 14(3): 25-52, 담화・인지 언어학회.
김해연(2009), "합성명사의 형성과 번역의 언어적 동기", 『담화와 인지』 16(1): 1-23, 담화・인지 언어학회.
김형철(2010), 『국어어휘연구』, 경남대학교출판부.
박재연(2014), "한국어 종결어미 '-구나'의 의미론", 『한국어 의미학』 43: 219-245, 한국어 의미학회.
박혜진(2017), "'새말 만들기' 과제 설계에 대한 연구", 『문법교육』 30: 67-100, 한국문법교육학회.

송현주(2015), 『국어 동기화의 인지언어학적 탐색』, 한국문화사.

서상규 외(2016), 『근대기 동아시아의 언어교섭』, 한국문화사.

이기동·임지룡 외 공역(1999), 『언어와 언어학: 인지적 탐색』, 한국문화사. (Dirven, R. & M. Verspoor(1998), *Cognitive Exploration of Language and Linguistics,* Amsterdam and Philadelphia: John Benjamins.)

이영훈(2011), "한국에서의 번역 개념의 역사: 조선왕조실록에서 본 '飜譯'", 『통번역학연구』 15: 129-151, 한국외국어대학교 통역번역연구소.

이영훈(2012), "한국어 번역 개념사의 명칭론적 접근: 조선왕조실록 탐구 (2)", 『번역학연구』 13(1): 167-203, 한국번역학회.

이현근(2011), "영어 합성어와 한국어 대응 합성어의 개념화", 『담화와 인지』 18(1): 133-152, 담화·인지 언어학회.

임지룡·김동환 옮김(2003), 『인지문법』, 한국문화사. (Taylor, J.(2002), *Cognitive Grammar,* Oxford: Oxford University Press.)

정한데로(2015), "단어 형성 과정의 개념화와 언어화: 19세기 말~20세기 초 자료의 의의", 『언어와 정보사회』 24: 125-158, 서강대학교 언어정보연구소.

Blank, A.(2003), Words and concepts in time: Towards diachronic cognitive onomasiology, in R. Eckardt, K. von Heusinger & C. Schwarze(eds.), *Words in Time,* 37-66, Berlin: Walter de Gruyter.

Blank, A. & P. Koch(eds.)(1999), Onomasiologie et étymologie cognitive: l'exemple de la TÊTE, in M. Vilela & F. Silva(eds.), *Actas do 1º Encontro Internacional de Linguística Cognitiva,* 49-71, Porto: Faculdade de Letras.

Blank, A. & P. Koch(2003), Kognitive romanische Onomasiologie und Semasiologie, in A. Blank & P. Koch(eds.), *Kognitive romanische Onomasiologie und Semasiologie,* 1-15, Tübingen: Niemeyer.

Brammesberger, A. & J. Grzega(2001), ModE girl and other terms for 'young female person' in English language history, *Onomasiology Online* 2: 1-8.

Chersan, I.(2012), Diachronic cognitive onomasiolgy and lexical change: The case of PICKPOCKETING, in E. Buja & S. Măda(eds.), *Structure, Use, and Meaning: Linguistic Studies,* 63-74, Casa Cartii de Stiinta: Cluj-Napoca.

Dirven, R. & M. Verspoor(2004), *Cognitive Exploration of Language and Linguistics,* 2nd ed, Amsterdam/Philadelphia: John Benjamins.

Divjak D., N. Levshina & J. Klavan(2016), Cognitive linguistics: Looking back, looking forward, DOI 10.1515/cog-2016-0095.

Geeraerts, D.(1983), Prototype theory and diachronic semantics: A case study, *Indogermanische Forschungen* 88: 1-32.

Geeraerts, D.(1988), Where does prototypicality come from?, in B. Rudzka-Ostyn(ed.), *Topics in Cognitive Linguistics,* 207-229, Amsterdam /Philadelphia: John Benjamins.

Geeraerts, D.(1994), Varieties of lexical variation, *Proceedings of Euralex 1994.*

Geeraerts, D.(1997), *Diachronic Prototype Semantics,* Oxford: Oxford University Press.

Geeraerts, D.(2002), The scope of diachronic onomasiology, in V. Agel, A. Gardt, U. Hass-Zumkehr & T. Roelcke(eds.), *Das Wort. Seine Strukturelle und Kulturelle Dimension,* 29-44, Tübingen: Niemeyer.

Geeraerts, D.(2010a), *Theories of Lexical Semantics,* Oxford: Oxford University Press.

Geeraerts, D.(2010b), Schmidt redux: How systematic is the linguistic system if variation is rampant?, in K. Boye & E. Engeberg-Pedersen(eds.), *Language Usage and Language Structure,* 237-262, Berlin/New York: Mouton de Gruyter.

Geeraerts, D.(2017), Entrenchment as onomasiological salience, in H.-J. Schmid(ed.), *Entrenchment and the Psychology of Language Learning: How We Reorganize and Adapt Linguistic Knowledge,* 153-74, Washington, D.C.: Mouton de Gruyter.

Geeraerts, D., S. Grondelaers & D. Speelman(1999), *Convergentie en divergentie in de Nederlandse woordenschat. Een onderzoek naar kleding - en voetbaltermen* [Convergence and divergence in the Dutch lexicon: An investigation into clothing and football terms], Amsterdam: Meertens Instituut.

Geeraerts, D. & G. Kristiansen(2014), Cognitive linguistics and language variation, in J. Littlemore & J. Taylor(eds.), *Bloomsbury Companion to Cognitive Linguistics,* 202-217, London: Bloomsbury Academic.

Geeraerts, D., G. Kristiansen & Y. Peirsman(eds.)(2010), *Advances in Cognitive Sociolinguistics,* Berlin/New York: Walter De Gruyter.

Glynn, D.(2015), Semasiology and onomasiology: Empirical questions between meaning, naming and context, in J. Daems, E. Zenner, K. Heylen, D. Speelman & H. Cuyckens(eds.), *Change of Paradigms ‑ New Paradoxes: Recontextualizing Language and Linguistics,* 47-80, Berlin/Boston: Mouton de Gruyter.

Grondelaers, S. & D. Geeraerts(2003), Towards a pragmatic model of cognitive onomasiology, in H. Cuyckens, R. Dirven & J. Taylor(eds.), *Cognitive Approaches to Lexical Semantics,* 62-92, Berlin/New York: Mouton de Gruyter.

Grzega, J.(2005), Onomasiologial approach to word-formation (A comment on Pavol Štekauer: Onomasiological approach to word-formation), *SKASE* 2: 76-80.

Grzega, J.(2009), Compounding from an onomasiological perspective, in R.Lieber & P. Štekauer(eds.), *The Oxford Handbook of Compounding,* 217-32, Oxford: Oxford University Press.

Grzega, J. & M. Schöner(2007), *English and General Historical Lexicology: Materials for Onomasiology Seminars, (Onomasiology Online Monographs Vol. 1.)* http://www1.ku-eichstaett.de/SLF/EngluVglSW/OnOnMon1.pdf.

ten Hacken, P. & R. Panocová(2013), The use of corpora in word formation research, *CORELA* 13: 1-10.

Harder, P.(2010), *Meaning in Mind and Society: A Functional Contribution to the Social Turn in Cognitive Linguistics,* Berlin/New York: Mouton de Gruyter.

Koch, P.(2002), Lexical typology from a cognitive and linguistic point of view, in M. Haspelmath, E. König, W. Oesterreicher & W. Raible(eds.), *Language Typology and Language Universals: An International Handbook Vol. 2,* 1142-1178, Berlin: Walter de Gruyter.

Koch, P.(2008), Cognitive onomasiology and lexical change: Around the eye, in M. Vanhove(ed.), *From Polysemy to Semantic Change: Towards a Typology of Lexical Semantic Associations,* 107-137, Amsterdam/Philadelphia: John Benjamins.

Koptjevskaja-Tamm, M.(2016), The lexical typology of semantic shifts: An introduction, in P. Juvonen & M. Koptjevskaja-Tamm(eds.), *The Lexical Typology of Semantic Shifts*, 1-20, Berlin/Boston: Walter de Gruyter.

Koptjevskaja-Tamm, M., E. Rakhilina & M. Vanhove(2016), The semantics of lexical typology, in N. Riemer(ed.), *The Routledge Handbook of Semantics*, 434-454, London: Routledge.

Ogden, C. K. & J. A. Richards(1923), *The Meaning of Meaning*, London: Routledge.

Onysko, A. & S. Michel(2010), Unravelling the cognitive in word formation, in A. Onysko & S. Michel(eds.), *Cognitive Perspectives on Word Formation*, 1-25, Berlin/New York: Mouton de Gruyter.

Pitkänen-Heikkilä, K.(2013), Term formation in a special language: How do words specify scientific concepts?, in P. ten Hacken & C. Hopkin(eds.), *The Semantics of Word Formation and Lexicalization*, 66-82, Edinburgh: Edinburgh University Press.

Radden, G. & R. Dirven(2007), *Cognitive English Grammar*, Amsterdam/ Philadelphia: John Benjamins.

Radden, G. & K.-U. Panther(2005), Towards of theory of motivation in language, Paper presented at the 9th International Cognitive Linguistics Conference, Seoul: Yonsei University.

Rosch, E.(1978), Principles of categorization, in E. Rosch & B. Lloyd(eds.), *Cognition and Categorization*, 27-48. Hillsdale, N.J.: Lawrence Erlbaum.

Saussure, F. de(1966/1916), *Course in General Linguistics*, New York: McGraw-Hill.

Sierra, G. & L. Hernadez(2013), Automatic construction of the knowledge base of an onomasiological dictionary, *Proceedings of the ICBO 2013 Workshops*.

Soares da Silva, A.(2015), Competition of synonyms through time: Conceptual and social salience factors and their interrelations, *Catalan Journal of Linguistics* 14: 199-218.

Štekauer, P.(2005), Onomasiological approach to word formation, in P. Štekauer & R. Lieber(eds.), *Handbook of Word Formation*, 207-232, Dordrecht: Springer.

Štekauer, P., S. Valera & L. Körtvélyessy(2012), *Word-formation in the World's*

Languages: A Typological Survey, Cambridge: Cambridge University Press.

Taylor, J.(2002), *Cognitive Grammar,* Oxford: Oxford University Press.

Trier, J.(1932), Das sprachliche Feld: eine Auseinandersetzung, *Neue Jahrbücher für Wissenschaft und Jugendbildung* 10: 428-449.

Zauner, A.(1902/1914), *Die romanischen Namen der Körperteile: Eine onomasiologische Studie,* Diss. Erlangen (Reprinted 1903 in *Romanische Forschungen* 14: 339-530).

Zenner, E., D. Speelman & D. Geeraerts(2014), Core vocabulary, borrowability and entrenchment: A usage-based onomasiological approach, *Diachronica* 31(1): 74-105.

Zhabotynska, S.(2013), Saussure's theory of the linguistic sign: A cognitive perspective, *19th ICL oral presentation 2013,* Geneva.

Zhang, W., D. Geeraerts & D. Speelman(2015), Visualizing onomasiological change: Diachronic variation in metonymic patterns for WOMAN in Chinese, *Cognitive Linguistics* 26(2): 289-330.

범주화

박 정 운*

1. 들머리

우리말에서 "장"이나 "권"과 같은 명사분류어는 어떤 명사와는 같이 사용될 수 있지만 (예, "연탄 두 장", "차표 두 장", "책 두 권") 함께 사용되지 못하는 명사도 있다(예, "*연탄 두 권", "*차표 두 권", "*책 두 장"). 즉, 명사분류어는 명사가 지시하는 것을 범주화한다. 차표, 연탄, 비누를 보고 사람들은 일반적으로 그들을 함께 묶지 않으나 그들이 명사분류어 "장"과 함께 사용될 수 있다는 것을 인식하게 되면 곧바로 그들의 공통점이 무엇인데 "장"과 함께 사용될 수 있는가를 생각하게 된다. 이는 사물이 공통적으로 가지고 있는 것에 기초하여 범주화된다는 것을 잘 보여준다.

범주가 공유된 속성에 의해 정의된다고 하는 생각은 일상의 민간이론일 뿐만 아니라 아리스토텔레스 이후 이 천년 넘게 이어져온 전문가 이론이기도 하다. 그러한 생각은 너무 오랜 기간 동안 의심 없이 받아들여져 왔기 때

한국외국어대학교 ELLT학과 교수, parkjw@hufs.ac.kr

문에 하나의 이론임에도 불구하고 이론 이상의 진리인 것처럼 인식 되어 왔다. 그런데 1950년대 이후 Wittgenstein(1953)을 기점으로 일련의 연구들에서 그러한 고전적 범주화 이론의 문제점들이 지적되었고, 그 이후 인류학, 심리학, 언어학 등의 분야에서 범주화에 대한 연구가 활발하게 진행되었다. 특히, 인지심리학자인 로쉬를 중심으로 한 많은 연구자들이 실험을 통해서 선험적인 고전적 범주화 이론과 대비되는 새로운 범주화 이론을 주창하게 되는데 이를 원형이론(prototype theory)이라 한다. 이 장에서는 고전적 범주화이론의 특성과 문제점을 간략하게 논의한 후 원형이론에 대해 심층적으로 살펴보고자 한다.

먹을 수 있는 것과 먹을 수 없는 것, 위험한 것과 위험하지 않은 것과 같은 것들을 구분하는 범주화의 능력 없이는 생명체는 물리적 세계에서 적절하게 기능할 수 없을 뿐만 아니라 적자생존을 할 수도 없을 것이다. 또한, 우리의 사고, 지각, 행동, 언어 등은 대부분 범주적으로 이루어지기 때문에 범주화에 대한 이해는 인간의 지적, 사회적 삶을 이해하는데 있어 매우 근본적이며 필수적이다. 그럼에도 불구하고 대부분의 언어학 이론에서 범주화는 주요 연구 주제로 다루어지지 않고 있는게 현실이다.

인지언어학은 왜 범주화 그 자체를 심각한 연구의 대상으로 삼고 있나? 이는 언어란 무엇인가에 대한 인지언어학의 근본적인 가정과 밀접하게 연결되어 있다. 주류 언어학인 생성문법에서는 언어가 일반 인지로부터 독립된 자립적인 것이라 가정하기 때문에 언어의 장치들이 일반 인지의 장치들과는 별개일 수 있다는 것을 함축하게 된다. 반면에, 인지언어학은 언어가 일반 인지의 통합적 한 부분이고 따라서 언어도 일반 인지의 장치들을 사용한다고 가정한다. 이러한 가정 하에서는 언어 범주가 개념 체계에 있는 다른 범주들과 같은 유형이어야 하고, 언어 범주의 본질에 대한 증거는 일반적 인지 범주의 이해에 기여해야 한다. 따라서 인지언어학은 일반 범주화의 특성과 원리에 대한 이해를 활용해 언어 범주들의 특성을 밝히는 한편, 풍부한 언어 범주들의 특성과 원리들을 규명함으로써 일반 범주화의 본질에 대한 이해에 기여할 수 있다고 믿기 때문에 범주화를 주요 연구 주제로 삼고 있다.

2. 고전적 범주화 이론

전통적으로 범주는 세상을 둘로 나누는 추상적인 용기로 은유적으로 이해되었다. 즉, 범주-용기는 사물을 그 안에 있는 것과 그 밖에 있는 것으로 나눈다. 그 안에 있는 사물들은 어떠한 공통의 속성들을 가져야 하고, 그러한 속성들을 갖지 못한 사물들은 그 밖에 위치하게 된다. 범주-용기 안에 있는 사물들이 공통으로 가지고 있는 속성들을 아리스토텔레스는 "에센스"라고 했고, 현대적으로 말하면 필요충분조건이 된다. 즉, 범주는 필요충분조건에 의해 정의되고 범주의 구성원들은 그러한 필요충분조건을 갖추어야만 한다.

예를 들어, '총각'이란 범주는 [미혼], [성인], [남자]라는 필요충분조건에 의해 정의되고 어떤 개체가 범주 '총각'의 구성원이 되기 위해서는 그러한 조건을 갖추어야만 한다. 이 예에서, 세 가지 조건은 개별적으로 각각 필요조건이다. 예를 들어, [미혼]이란 조건을 갖추지 않은 사람은 총각이 될 수 없기 때문에 [미혼]은 총각의 필요조건이다. 그리고 그 세 조건은 함께 충분조건이 된다. 예를 들어, [미혼]과 [성인]의 조건만 갖춘 사람은 총각이 되기에 충분하지 않은데 이는 [미혼]과 [성인]의 조건을 갖춘 사람으로는 처녀도 있기 때문이다. 즉, [미혼], [성인], [남자] 세 조건을 함께 갖추어야 총각이 되기에 충분하기 때문에 이 세 조건은 함께 충분조건이 된다.

범주가 공유된 속성, 즉 필요충분조건에 의해 정의된다는 것을 Lakoff(1987)는 "고전적 범주화 이론"이라 했다. Taylor(1989)는 그러한 이론이 아리스토텔레스의 시대까지 거슬러 올라가고 또 현대에 이르기까지 철학, 심리학, 언어학 등에서 범주화에 대한 지배적 이론이라는 점에서 "고전적"이라 할 수 있다고 했다.

고전적 범주화 이론에서는 범주가 공유된 속성, 즉 필요충분조건에 의해 정의되기 때문에 범주는 경계가 분명하고, 범주 구성원들은 동등한 자격을 갖게 된다. 필요충분조건에 의해 범주의 경계가 설정되면 범주는 세상을 그 안에 있는 것과 그 밖에 있는 것으로 분명하게 나눈다. 하나의 범주가 있을 때 개체들은 그 안에 있든지 그 밖에 있어야 하지 부분적으로만 범주에 속할 수는 없다는 의미에서 범주의 경계가 분명하다. 그리고 범주의 구성원들 각각은 범주를 정의하는 필요충분조건을 갖추고 있기 때문에 어느 구성원도 다른 구성원들에 비해 더 좋은 구성원이나 덜 좋은 구성원이 될 수 없다. 즉, 범주의 구성원들은 동등한 구성원 지위를 갖게 된다.

고전적 범주화 이론은 핵심 내용을 세 가지로 정리할 수 있다. 범주는 필요충분조건에 의해 정의되고, 범주의 경계가 분명하며, 범주 구성원의 지위는 동등하다. 이 천년 이상 당연시 되어 왔던 이러한 고전적 이론이 타당하지 않다는 논의들이 20세기 중반 이후부터 제기되었다. 다음 절에서는 그러한 논의들, 즉 원형이론의 모체가 되는 연구들을 살펴보겠다.

3. 원형이론의 태동

3.1. 비트겐슈타인: 범주 인식에 대한 패러다임 전환

고전적 범주화 이론에 대한 주요 반론은 일반적으로 Wittgenstein(1953)으로부터 시작된 것으로 인정된다. 고전적 이론에서는 범주가 구성원이 공유하는 필요충분조건으로 정의되기 때문에 구성원들에 초점이 맞추어져 있는 것처럼 보일 수도 있으나, 실은 그러한 필요충분조건은 개별 구성원의 특성을 밝히는 것이 아니라 범주의 경계를 정의한다는 점에서 범주를 경계의 시각에서 인식하는 이론이다. 범주화에 대한 비트겐슈타인의 핵심적 통찰력은 우리는 범주의 분명한 예들을 알 수 있고 범주의 경계에 대해 알지 못해도 범주를 다룰 수 있다는 것이다. 즉, 범주를 경계가 아닌 분명한 예(원형이론에서는 이를 원형이라 함)를 중심으로 인식해야 한다는 것이다. 이는 범주에 대한 인식을 경계 중심에서 원형 중심으로 패러다임을 전환시킨 것이다.

비트겐슈타인은 먼저 범주가 구성원이 공유하는 필요충분조건으로 정의되지 않는다는 것을 '게임'이란 범주를 통해 밝힌다.[1] '게임'이란 범주에는 축구와 같은 공으로 하는 게임, 바둑이나 윷과 같은 판을 가지고 하는 (판-)게임, 카드로 하는 게임, 올림픽게임, 수건돌리기와 같은 (놀이-)게임 등이 속하게 되는데 이들 구성원 모두가 공유하는 속성을 찾을 수 없다. 축구와 같은 게임에서는 승패가 있지만, 수건돌리기 (놀이-)게임에서는 승패가 없고, 윷 (놀이-)게임에서는 운이 중요하지만 테니스 게임에서는 스킬이 중요하다. 즉, 범주 '게임'의 구성원이 공유하는 속성이 없다는 것은 범주가 공유된 속성에 의해 정의된다는 고전적 이론에 심각한 문제가 된다. 그리고 범주를 정의하는 공통된 속성, 즉 필요충분조건이 없다면 경계의 시각에서 범주를 인식하는 고전적 이론이 유지될 수 없음을 시사한다.

범주 '게임'의 구성원 모두가 공유하는 속성이 없다면 그들이 어떻게 하나의 범주로 묶일 수 있는가? 그에 대한 답으로 비트겐슈타인은 "가족닮음" (family resemblances)이란 개념을 도입한다. 하나의 가족을 구성하는 구성원들은 체구, 이목구비, 눈의 색, 걸음걸이, 기질 등에서 다양한 방식으로 서로 닮지만 그들 모두가 공유하는 속성들을 가질 필요는 없다. 이러한 점에서 범주 '게임'은 가족과 같다. 즉, 범주 '게임'의 구성원들은 공유된 속성에 의해서가 아니라 서로서로 다양한 방식의 닮음을 통해 구성원이 된다는 것이다.

비트겐슈타인은 또한 '게임'과 같은 범주의 경계가 고정되어 있지 않고 확장될 수 있음을 보인다. 수가 정수에서, 유리수, 실수, 복소수, 초한수 등으로 확장되는 것과 같이 범주 '게임'도 확장될 수 있다(예, 비디오 게임). 물론,

---

1   Wittgenstein(1953)의 독일어 원서에서는 독일어 단어 "Spiel"을 사용하고 있는데 영어로는 "game"으로 번역된다. 'Spiel'이나 'game'의 범주에는 축구와 같은 게임도 포함되지만 수건돌리기와 같은 놀이도 포함된다는 점에서 한국어 '게임'의 범주와는 그 구성원이 다르지만 비트겐슈타인의 의도를 전달하기 위해 "게임"이란 단어를 사용하겠다.

특정한 목적에 의해 범주를 제한할 수도 있겠지만 범주가 확장될 수 있다는 것은 경계가 고정되어 있지 않다는 것을 의미한다. 범주가 확장될 수 있다는 사실 또한 고정된 명확한 경계의 시각에서 범주를 인식하는 고전적 이론과 부합하지 않다는 것을 보인다.

범주 '게임'이 경계를 정의하는 필요충분조건이 없고 또 확장될 수 있다면, 다시 말해 범주의 경계를 알 수 없다면 우리는 "게임"이란 단어를 사용할 수 없는 것인가? 비트켄슈타인은 그래도 여전히 우리는 게임이란 것을 구체적인 예들을 통해 설명할 수 있고 사용할 수 있다는 것이다. 즉, 알 수 없는 경계로 범주를 인식하는 것이 아니라 분명한 예들을 중심으로 범주를 인식한다는 것이다.

3.2. 벌린과 케이: 원형과 불명확한 경계

언어 상대성(linguistic relativity) 가설 하에서 색채어는 언어마다 자의적으로 이루어진다는 주장들이 일반적으로 받아들여지고 있었는데, 인류학자인 Berlin & Kay(1969)는 그러한 주장이 틀렸고 색채어에는 의미적 보편성이 있다는 가설을 실험을 통해 입증한다. 98개의 언어에서 (20개 언어는 원어민 화자와의 직접적인 연구로 나머지 78개의 언어는 문헌을 통해서) 각각의 언어에 있는 "기본 색채어"(basic color terms)를[2] 확정하고, 그들이 보이는 특성을 보니 색채어는 언어에 따라 자의적으로 구분되는 것이 아니라 다음과 같은 언어 보편적인 패턴을 보인다.[3]

---

2 기본 색채어의 기준은 다음의 네 가지이다: (a) 하나의 형태소 ("노랑"에 비해 "누르스름" 제외), (b) 다른 색채어에 포함되어 있지 않음 ("빨강"에 속한 "다홍"은 제외), (c) 제한적으로 사용되지 않음 (머리 등에 아주 제한적으로 사용되는 영어 blond와 같은 색채어 제외), (d) 색채어 하면 먼저 떠오르는 등 심리적 현저성이 있어야 함. 이 네 가지 기준으로 확정지을 수 없을 때는 다시 세 가지 추가적인 기준을 통해 정한다(Berlin & Kay 1969: 6-7).

3 한국어 기본 색채어는 한자어를 제외하면 다섯 색채어("하양, 검정, 빨강, 파랑, 노랑") 밖에 없어 아래의 위계에서 원저의 영어 색채어를 사용한다. 한국어 "파랑"

white/black > red > green/yellow > blue >
brown > purple/pink/orange/grey

즉, 어떤 언어에 두 개의 기본 색채어가 있다면 그것은 white와 black이고,
세 개의 색채가 있다면 white, black, red이고, 네 개의 색채어면 네 번째는
green 또는 yellow이고, 다섯 개의 색채어라면 다섯 번째는 네 번째 색채어가
아닌 색채어, 즉 yellow 또는 green이고, 여섯 개의 색채어라면 여섯 번째의
색채어는 blue이고, 다음은 brown이고, 그 다음으로는 purple, pink, orange,
grey가 다양한 방식으로 존재한다는 것이다.

Berlin & Kay(1969)는 면대면 연구를 한 20개 언어의 원어민 화자들에게
먼셀사에서 제공하는 329개의 컬러칩이 배열된 판을 보여주고, 피실험자의
언어에 있는 기본 색채어 각각에 대해 가장 좋은 예와 경계를 표시하게 하였
다. 그리고 각각의 피실험자에게 일 주일의 간격을 두고 적어도 세 번 같은
실험을 하였다. 각 기본 색채어의 가장 좋은 예("초점색")는 동일 언어의 화자
들 사이에서뿐만 아니라, 같은 기본 색채어를 가지고 있는 다른 언어의 화자
들 사이에서도 거의 같은 부분이 표시되었다. 또한 "파랑"과 같이 green과
blue를 포괄하는 기본 색채어를 가지고 있는 언어의 화자들은 가장 좋은 예로
green과 blue의 중간인 청록색(turquoise)이 아니라 green의 초점색이나 blue
의 초점색을 표시했다.[4] 반면에 기본 색채어의 경계 표시에서는 동일 기본
색채어를 가지고 있는 언어들의 화자들 사이에서도 다르고, 동일 언어의 화자
들 사이에서도 다르고, 심지어는 동일 화자의 매 실험에서도 차이를 보였다.

초점색의 존재는 색채 범주가 획일적이지 않다는 것을 보여준다. 즉, 가장
좋은 중심적인 구성원(초점색)이 있고 그렇지 않은 주변적인 구성원이 있다는
것은 범주의 구성원이 동등한 지위를 갖는다는 고전적 이론과 상치된다. 그리

은 영어의 green과 blue 영역을 포괄하는데 이러한 색채어는 일부 다른 언어에서도
나타나고 영어로는 "grue"(=green+blue)로 칭하기도 한다.

4   로쉬(Heider 1972, Rosch & Mervis 1975)는 색채어 습득 등의 실험에서 초점색이
심리적 실재성이 있음을 밝혔다.

고 기본 색채어의 경계가 분명하지 않다는 것도 범주의 경계가 분명하다고 하는 고전적 이론과 상치한다.

3.3. 브라운 그리고 벌린: 기본층위의 자각과 특성

범주화의 수직적 차원과 관련된 "기본층위"(basic level) 범주의 문제는 Brown(1958, 1965)으로 거슬러 올라간다. 브라운은 하나의 개체가 수직적 차원에서 다양하게 범주화 될 수 있음을 관찰한다. 예를 들어, 정원에 있는 개가 "개"일 뿐만 아니라 "진돗개"나 "동물"도 된다. 범주 위계에서 하나의 개체에 대한 가능한 모든 명칭 중에서 범주화의 특정 층위에 있는 명칭이 "우월적 지위"를 갖고 우리는 그러한 명칭이 "진짜 명칭"이라고 생각한다는 것이다. 브라운은 그러한 진짜 명칭은 간단하고, 더 자주 사용될 뿐만 아니라 꽃은 냄새를 맡고 개는 쓰다듬어 주는 등의 비언어적 행동과 연관성이 있다는 것을 밝힌다.

Brown(1965)은 아이들이 범주화를 변별적 행동의 층위인 기본층위(예, '꽃'과 '개')에서 먼저 시작하고, 상상력의 성취를 통해 '식물'이나 '동물'과 같은 상위층위의 범주로 올라가는 한편 '국화'나 '진돗개'와 같은 하위층위로 내려간다고 주장한다. 그러한 범주화의 첫 번째 층위는 (a) 변별적 행동의 층위, (b) 가장 먼저 습득되고 사물이 처음 명칭을 갖는 층위, (c) 명칭이 간단하고 가장 빈번하게 사용되는 층위, (d) "상상력의 성취"를 통해 만들어지는 상위층위나 하위층위와 대비되는 범주화의 자연스런 층위이다.

기본층위 범주에 대한 중요한 연구가 인류학자인 벌린을 중심으로 하는 일군의 학자들에 의해 이루어졌다(Berlin *et al.* 1974, Hunn 1977, Stross 1969). 대부분의 연구들이 멕시코 치네하파 지역의 테네하파에 살고 있는 첼탈어(Tzeltal) 화자들을 대상으로 식물과 동물의 민간분류에 대해 수행되었다.

Berlin *et al.*(1974)은 위계적 분류의 특정한 한 층위, 즉 속(genus) 층위가 첼탈어 화자들에게 여러 방식에서 심리적으로 기본적이라는 것을 발견했다.

참나무, 단풍나무, 토끼, 너구리 등이 속 층위의 식물과 동물의 예이다. 첼탈어 원어민과 함께 정글에 가서 식물들의 이름을 물어보니 쉽게 사오십 개의 식물들에 대해 명칭을 말하는데 주로 "참나무"나 "단풍나무"와 같은 속 층위에서 말을 했다. 첼탈어 원어민은 식물들을 종(species) 층위에서 구분할 수 있고 또 "설탕단풍나무" 등과 같은 종 층위 명칭들을 알고 있었으나 일반적으로 식물들을 속 층위의 명칭으로 불렀다. 또한 식물들의 이름을 댈 때 속 층위보다 상위 층위에 있는 "침엽수"나 "나무"와 같은 명칭을 사용하지 않았다.

속 층위는 민간 분류체계의 위계에서 중간에 위치하고 있으며 다음과 같은 측면에서 심리적으로 기본적인 층위가 된다.

- 사람들이 이 층위에서 사물의 이름을 부른다.
- 이 층위에 있는 이름들이 언어적으로 간단하다.
- 이 층위의 범주들이 문화적으로 더 큰 의미를 갖는다.
- 이 층위에서 사물들이 더 쉽게 기억된다.
- 이 층위에서 사물들이 하나의 게슈탈트로서 전체적으로 지각된다(이보다 낮은 층위에서의 식별을 위해서는 특정한 세부 사항들이 요구된다).
- 이 층위에서 아이들이 범주들을 먼저 습득한 후에 일반화를 통해 위계의 위로 올라가고 세분화를 통해 위계의 아래로 내려간다(Stross 1969).

고전적 이론의 관점에서 보면 분류체계에서 중간에 있는 특정 층위가 특별한 지위를 가질 이유가 없다. 위계적 분류체계의 중간에 위치한 특정 층위가 심리적 기본 층위임을 보이는 브라운의 논의와 벌린의 연구 결과는 범주화의 수직적 차원과 관련하여 고전적 범주화 이론이 타당하지 않음을 보여준다.

4. 원형이론

인지심리학자인 로쉬는 다양한 심리학적 실험을 통해 앞에서 살펴본 범주화와 관련된 연구들을 포함한 많은 개별적인 연구들을 통합하는 범주화 이론을 정립하는데 이를 "원형이론"(prototype theory)이라 한다. 로쉬의 연구 이전에는 심리학뿐만 아니라 언어학, 인류학, 철학 등 많은 분야에서 고전적 범주화 이론이 당연하게 받아들여졌다. 로쉬를 중심으로 한 일련의 연구자들이 한 범주화에 대한 연구는 실험 심리학에서 범주화 연구에 일대 혁명을 가져온 것으로 인정된다.

범주 체계는 수직적 차원과 수평적 차원이 있다. 수직적 차원은 진돗개, 개, 포유류, 동물과 같은 포함의 단계들과 관련된 범주 체계이다. 수평적 차원은 포함의 동일한 단계에서 범주들 사이의 분류와 관련된다. 즉, 개와 고양이, 자동차와 버스, 의자와 소파 등은 수평적 차원에서 분류되는 범주들이다. 원형 이론에서는 범주 체계의 수평적 차원과 수직적 차원에 관한 많은 실험 결과들을 내 놓았는데 수직적 차원과 관련된 연구 결과들을 "원형효과"(prototype effects)라 하고 수직적 차원과 관련된 연구 결과들을 "기본층위 효과"(basic-level effects)라고 한다.[5]

4.1. 원형효과

Rosch(1978)는 범주화의 두 가지 원리 중 하나로 최소한의 인지적 노력으로 최대한의 정보를 얻는 "인지적 경제성"을 든다. 인지적 경제성 원리에 따르면 범주가 서로 가능한 한 분명하게 분리되어야 한다. 범주들 사이의 분명한 분리라는 목적을 달성하기 위한 한 가지 방법은 구성원 자격에 대한 필요충분조건을 설정하는 것이다. 이 방법이 고전적 범주화 이론으로 구성원이 공유하는 속성으로 범주를 정의함으로써 범주의 경계를 분명하게 하는 것이다. 실질적으로 연속적인 범주들 사이의 분명한 분리를 달성하는 대안적인 방법은 경계가 아니라 분명한 예의 관점에서 범주를 보는 것이다. 이 방법은 범주에 대한 비트겐슈타인의 통찰력과 맥을 같이 한다. 즉, 우리는 범주의 확

---

5 "원형효과"와 "기본층위 효과"는 Lakoff(1987)의 용어를 따른 것이다.

실한 예를 판단할 수 있고, 경계에 대한 정보가 전무한 상태에서도 분명한 예들에 기초하여 범주를 다룰 수 있다는 것이다. 이처럼 경계가 아니라 가장 좋은 예의 관점에서 범주를 인식한다는 것이 원형이론의 핵심이다.

경계의 관점에서 범주를 인식하는 고전적 이론에서는 범주의 구성원들이 공유하는 속성으로 범주를 정의하기 때문에 어떤 구성원도 특별한 지위를 갖지 못한다. 즉, 각각의 구성원들이 범주의 구성원이 되기 위한 공유된 속성을 가지고 있기 때문에 범주 구성원이 좋은 구성원과 좋지 않은 구성원으로 나뉠 수가 없다. 로쉬의 범주화 연구는 구성원 사이의 비대칭성을 증명하는 데 초점이 맞추어져 있다. 범주의 구성원 사이에 비대칭성이 존재한다면 고전적 이론이 타당하지 않음을 증명하는 것이다. 반면에 범주의 가장 좋은 예나 예들이 존재하고(범주의 가장 좋은 예나 예들을 "원형"(prototype)이라 한다)그리고 대부분의 범주들이 경계가 분명하지 않다면 범주는 원형을 중심으로 가족닮음과 같은 기제들을 통해 형성된다는 것이 원형이론이다.

3.2에서 살펴본 Berlin & Kay(1969)의 기본 색채어 연구에서 사람들이 색채어 범주의 경계에 대해서는 서로 다르지만 분명한 예 또는 가장 좋은 예인 초점색에서는 일치한다는 것을 보았다. 로쉬를 중심으로 한 일련의 연구들은 피실험자들이 범주의 구성원들이 얼마나 좋은 예인지에 대해 일치하고, 범주의 경계에 대해서는 일치하지 않는 경우에서조차도 그러하다는 것을 잘 보여주고 있다(Rosch 1975; Rips, Shoben, & Smith 1973; Rosch & Mervis 1975).

로쉬는 다양한 실험들을 통해서 다양한 종류의 범주들에서 범주 구성원 사이의 비대칭성이 존재함을 증명하였다. 예를 들어, 피실험자들은 '새'의 범주에서 참새가 닭, 펭귄, 타조보다 더 좋은 예로 판단을 했다. "예의 좋음 정도"(goodness-of-example)를 알아보는 가장 기초적인 방법은 범주의 항목들을 주고 피실험자에게 직접 예의 좋음 정도를 평가하게 하는 것이다. Rosch (1975)는 '가구'나 '과일' 등과 같은 10개의 범주 각각에 대해, 예를 들어, '가구'의 경우 침대, 소파, 탁자 등의 항목들을 제시하고 피실험자들에게 1(매우 좋은 예)에서 7(매우 나쁜 예 또는 전혀 예가 아님)까지 점수를 매기게 했다.

고전적 이론에 따르면 구성원들의 지위가 동등하기 때문에 예의 좋음 정도를 평가하라는 것 자체가 말이 되지 않지만 피실험자들은 그러한 지시를 잘 이해했고 좋음 정도를 평가했다. 그리고 200명의 피실험자가 한 평가 점수를 신뢰할 수 있는 것은 각각의 범주 구성원들에 대한 피실험자들의 평가 점수가 신뢰할 수준으로 일치했기 때문이다. 이러한 실험들에서 밝혀진 범주의 가장 좋은 예를 "원형"이라 하고 구성원 사이의 비대칭성을 "원형효과"라고 한다.

심리학 연구의 방법으로 사용되는 모든 주요 종속 변수들에서 일관된 원형 효과가 나타난다.

정보처리의 속도: 반응 시간. 범주의 구성원 자격에 대한 피실험자의 판단 속도는 정보처리 이론의 연구에서 가장 널리 쓰이는 방법이다. 피실험자들에게 "X 항목이 Y 범주의 구성원이다"라는 말(예, "제비는 새다")의 진위를 가리게 하는 실험에서 맞다고 하는 반응이 비원형적인 구성원(예, 펭귄)보다 원형적인 구성원(예, 제비)에서 늘 더 빠르게 나온다(Rosch 1973).

학습의 속도와 아이들의 발달 순서. 학습의 속도와 아이들의 발달 순서는 심리학 연구에서 가장 널리 사용되는 방식이다. Anglin(1976)은 어린 아이들이 범주의 좋지 않은 예들보다 좋은 예들을 먼저 배운다는 증거를 제시한다. 또한 좋은 예와 좋지 않은 예를 검증하는 반응 시간에서 10세의 아이들이 어른들에 비해 훨씬 더 차이를 보이는데 이는 아이들이 범주의 좋지 않은 구성원보다 좋은 구성원을 먼저 습득한다는 것을 보여 준다(Rosch 1973).

항목 출력의 순서와 확률. 항목 출력은 일반적으로 저장, 검색 또는 범주 찾기 등의 양상을 반영하는 것으로 받아들여진다. 대학생들에게 '가구'나 '과일'과 같은 상위층위 범주의 예들을 열거하게 한 연구(Batting & Montague 1969)에서의 열거 순서가 원형성 평가와 상관관계가 있다는 것이 밝혀졌다(Rosch 1975). 또한 피실험자에게 범주의 구성원들을 열거하게 했을 때 원형적인 항목들이 가장 먼저 그리고 가장 빈번하게 언급되었다(Rosch, Simpson, & Miller 1976).

수행에 대한 선행 정보의 효과: 마중물. "마중물"(priming) 실험은 일련의 글자들을 주고 그것이 단어인지 여부를 묻는 단어 결정 태스크에서 흔히 사용된다. 테스트 항목에 앞서 의미적으로 관련된 단어나 동일한 단어를 제시하는 것이 피실험자의 반응을 빠르게 하는 효과가 있는데 이러한 현상을 마중물이라고 한다. 로쉬(Rosch 1975; Rosch, Simpson & Miller 1976)는 마중물 효과가 범주 구성원의 원형성과 상관관계를 가지고 있다는 것을 보여 준다. 예를 들어, 마중물 요소가 "과일"일 때 비원형적인 레몬보다 원형적인 사과에 훨씬 빨리 반응한다.

가족닮음. 범주의 원형적 구성원과 비원형적 구성원 사이에 지각되는 유사성을 "가족닮음"이라 할 때 원형적 구성원일수록 같은 범주의 다른 구성원들과 가족닮음이 높고, 대비되는 범주의 구성원들과는 가족닮음이 낮다(Rosch & Mervis 1975; Rosch, Simpson & Miller 1976).

이와 같은 원형효과가 존재한다는 것은 의심의 여지가 없다. 그러나 그러한 결과의 해석과 관련하여 오해와 논의가 있었다. 특히, 예의 좋음 정도 순위가 구성원 자격 정도의 직접적인 반영이라는 해석이다. 예를 들어, 예의 좋음 정도 점수를 주는데 있어 피실험자가 구성원 자격 정도에 대한 점수를 준다고 생각하는 것이다. 즉, '새'의 범주에서 예의 좋음 정도 평가에서 1(매우 좋은 예)에 가까운 평가를 받은 참새는 100 퍼센트에 가까운 구성원 자격이 있고 7(매우 좋지 않은 예)에 가까운 평가를 받은 펭귄은 낮은 퍼센트의 구성원 자격을 갖는다는 해석이다.

로쉬 자신도 1970년대 중반에는 정보처리 심리학의 영향을 받아 실험에서 나타나는 원형효과가 범주의 내적 구조의 특성을 반영한다고 생각했었다. 예를 들어, 예의 좋음 정도 평가가 범주의 내적 구조의 심적 표상을 직접적으로 반영할 수 있다는 것이다(Rosch 1975).[6]

이러한 해석에 기초하여 원형이론을 반박하며 고전적 이론이 타당하다는

---

6 원형적 범주 이론의 소개에서 흔히 볼 수 있는 범주 '새'의 내적 구조를 나타내는 그림에서 로빈(robin)이나 참새를 중앙에 위치시키고 펭귄이나 타조 등을 원 안의 끝 주변에 위치시키는 것이 예의 좋음 정도와 구성원 자격의 정도를 동등시하는 전형적인 예이다.

주장들도 있었다. Amstrong *et al.*(1983)은 '홀수'와 '짝수' 범주에 대해 로쉬 방식의 실험을 했다. 홀수는 2로 나누면 1이 남는 자연수로 경계가 분명하고, 구성원 자격이 공유된 속성에 의해 정의되는 고전적 이론에 잘 맞는 범주다. 그런데 일련의 홀수들을 주고 피실험자에게 예의 좋음 정도를 평가하게 했더니 원형 효과가 나타났다. 3이 홀수의 가장 좋은 예(로쉬의 1-7 등급에서 평균 1.6)로 그리고 447과 91이 가장 나쁜 예(평균 3.7)로 평가되었다. 제시된 모든 홀수가 평균 4(중간 정도 좋음) 이하로 나타나긴 했지만 어쨌든 원형효과를 보이고 있다. 이러한 결과를 두고 그들은 범주는 핵심(core)과 (구성원) 자격 확인 절차(identification procedure)로 구분하여 핵심은 필요충분조건에 의해 정의되고 자격 확인 절차는 본질이 아닌 우연적 요소들에 의해 결정된다고 주장하면서 원형이론을 비판하고 고전적 이론을 옹호하였다. 이와 같은 주장은 예의 좋음 정도를 구성원 자격의 정도와 동일시하는 해석 하에서 이루어진 것이다.

1970년대 후반 Rosch(1978)는 원형효과가 범주구조를 직접적으로 반영하고 원형이 범주의 심적 표상을 구성한다고 하는 생각을 명시적으로 포기했다. 즉, 원형은 범주에 대한 특정한 프로세싱 모델을 형성하지도 않고 범주의 표상 이론을 형성하지도 않는다는 입장을 천명한다. 실험의 결과들이 보여 주는 원형효과들은 그 자체로 프로세싱 모형이나 표상 이론을 형성하는 것이 아니라 다만 그러한 모형과 이론에 대한 제약이 된다는 것이다. 즉, 프로세싱 모형이나 범주 표상 이론은 원형효과와 상충되어서는 안 된다는 것이다. 그렇다면 원형효과를 유발하는 원인이 무엇인가? 이에 대해서 5절에서 논의하겠다.

4.2. 기본층위 효과

고전적 범주화 이론에서는 수직적 분류체계의 중간 층위에 있는 범주들이 특별한 중요성을 갖지 못한다. Berlin *et al.*(1974)과 Hunn(1977)은 첼탈어 식물과 동물 분류체계에서 중간에 위치한 생물학적 속(genus) 층위가 심리적으로 기본이 된다는 것을 보여주었다. 속 층위의 범주들은 수적으로 가장 많을 뿐만 아니라 더 높은 층위나 더 낮은 층위의 범주들을 알고 있음에도 불구하고 첼탈어 화자들이 가장 일반적으로 사용하는 범주들이다.

로쉬를 중심으로 한 일련의 학자들은 인지인류학자들의 기본층위 효과에 대한 연구를 인지심리학의 실험적 패러다임으로 확장시켰다. 그들은 린네 식의 과학적 분류체계에서 볼 수 있는 많은 층위들을 설정하지 않고 크게 세 개의 층위로 분류하였다.

상위층위(superordinate)	동물	가구
기본층위(basic level)	개	의자
하위층의(subordinate)	진돗개	회전의자

그들은 기본층위 범주가 상위층위 범주나 하위층위 범주보다 인지적으로 기본적이며 우선적임을 발견하였다(Rosch, Mervis, Gary, Johnson, & Boyes-Beam 1976). 기본층위는 다음과 같은 특성들을 갖는다.

하나의 시각적 이미지를 형성할 수 있는 가장 높은 층위이다. 우리는 기본층위 범주인 의자, 탁자, 침대 등에 대한 이미지를 떠올릴 수 있다. 그러나 상위층위 범주인 가구에 대한 일반화된 이미지를 만들어 낼 수 없다. 가구에 대한 이미지를 만들려고 하면 의자, 탁자, 침대 등의 이미지를 떠올릴 수 있는데 이들은 다시 기본층위 범주들의 이미지이다. 물론, 하위층위 범주인 회전의자나 식탁 등에 대한 이미지를 떠올릴 수 있다. 그러기 때문에 기본층위는 단일 영상을 떠올릴 수 있는 유일한 층위가 아니라 가장 높은 층위이다.

범주 구성원들의 전체적인 형태가 유사하게 지각되는 가장 높은 층위이다. 우리는 의자나 개를 그들의 전체적 형태로 알아볼 수 있다. 그러나 상위층이 범주인 가구나 동물은 형태로 그들을 알아볼 수 있는 일반화된 전체적인 형태가 없다. 하위층위 범주들도 전체적인 형태로 알아볼 수 있다. 따라서 기본층위는 구성원들이 게슈탈트 지각(전체적인 형태의 지각)에 의해 인식되는 유일한 층위가 아니라 가장 높은 층위이다.

범주의 구성원들과 상호작용하는데 있어 유사한 동작을 사용하는 가장 높은 층위이다. 기본층위 범주인 의자에 대해서는 앉는 동작을, 개에 대해서는 쓰다듬어 주는 동작을 한다. 그러나 상위층위 범주인 가구나 동물에 대해서는 각각에 해당되는 일반화된 동작이 없다.

지식의 대부분이 조직화되어 있는 층위이다. 기본층위 범주인 의자나 개 등에 대해서는 우리는 많은 지식을 가지고 있다. 반면에 상위층위 범주인 가구나 동물 등에 대해서는 상대적으로 제한적인 지식밖에 없다. 또한 하위층위 범주인 회전의자나 진돗개에 대해서는 그들의 속한 기본층위 범주에 대한 지식을 제외하면 역시 상대적으로 제한적인 지식만 있을 뿐이다.

이와 같은 특성들 외에도, 기본층위는 중립적인 문맥에서 주로 사용되고, 아이들이 가장 먼저 이름을 습득하고 이해하며, 단어의 형태가 가장 간단하다.

기본층위 범주가 상위층위 범주나 하위층위 범주에 비해 위에서 본 것과 같은 범주로서의 우월적 지위를 갖는 것은 기본층위가 다른 층위에 비해 범주화의 인지적 경제성 원리에 가장 잘 부합하기 때문이다. 최소한의 인지적 노력으로 최대한의 정보를 얻고자 하는 인지적 경제성의 원리에 부합하기 위해서는 같은 범주의 구성원들 사이는 가족닮음이 최대로 되어야 하고 대비되는 다른 범주의 구성원들과는 가족닮음이 최소화되어야 한다. 기본층위 범주는 이러한 특성을 잘 보여주고 있다. 반면 상위층위 범주(예, '동물')는 대비되는 범주(예, '식물')의 구성원들과 가족닮음이 낮지만 같은 범주의 구성원들 사이에 가족닮음이 상대적으로 낮다. 또한 하위층위 범주(예, '진돗개')는 같은 범주의 구성원들 사이에 가족닮음이 매우 높지만 대비되는 범주(예, '풍산개')의 구성원들과 가족닮음이 상대적으로 높다.

기본층위 범주화는 아이들의 범주화 능력 습득과 관련하여서도 기존의 이해와 큰 차이를 보인다(Rosch, Mervis, Gary, Johnson & Boyes-Beam 1976). 아이들의 범주화 능력에 대한 기존의 연구에서는 3세 아이들은 범주화를 완벽하게 습득하지 못하고 4세에 이르러서야 완벽하게 습득하는 것으로 알려졌다. 이러한 결론의 증거로 사용된 것이 주로 분류 태스크인데, 예를 들어, 소와 개를 같은 종류로 분류하는데 있어 3세 아이들은 55퍼센트 정도만 맞게 분류 하는 반면 4세 아이들은 96퍼센트의 정확도를 보인다. 이러한 결과를 보고 3세 아이들은 범주화를 완벽하게 습득하지 못한다는 결론을 내렸다. 그런데 소와 개를 같은 종류로 분류하는 것은 상위층위 분류가 된다. 반면에 서로 다른 소를 같은 종류로 분류하는 것은 기본층위 분류가 되는데 3세 아이들도 기본층위 분류를 완벽하게 한다. 범주화 능력의 습득은 먼저 기본층위에서 이루어지고 그 후에 수직적 범주화 능력을 습득한다는 것을 기본층위 범주화 이론을 통해 알 수 있게 되었다.

5. 원형효과의 원인

범주의 원형은 일반적으로 예의 좋음 정도에 대한 사람들의 판단에서 좋게 판단된 예들을 의미한다. 그런데 무엇이 예의 좋음 정도에 대한 판단을 가능 하게 하는 것인지는 명확하게 밝혀지지 않았다. '키가 큰 사람'이나 '빨강'과 같은 범주는 키가 크다는 것과 빨갛다는 것 자체가 등급화 되어 있기 때문에 구성원 자격이 내재적으로 등급화 되어 원형효과를 만들어 낸다. 반면에 '홀 수'나 '짝수'와 같은 범주는 구성원들이 공유하는 속성이 분명하여 경계 또한 분명한데도 원형효과를 나타낸다(Amstrong *et al.* 1983). Lakoff(1987)는 "이 상화된 인지모형"(idealized cognitive models)이라는 구조를 통해 우리는 지 식을 조직화하고, 원형효과는 그러한 인지 모형의 부산물이라는 주장을 한다. 즉, 이상화된 인지모형이 원형효과의 원인이라는 것이다.

Fillmore(1982)는 미혼, 성인, 남자라는 필요충분조건으로 정의되는 '총각' 이 원형효과를 보이는 현상을 논의하였다. 결혼하지 않고 오래 동안 동거해온 남자, 어려서 정글에 버려져 인간 사회와 교류 없이 성장한 남자, 교황 등이 총각의 필요충분조건을 갖추고 있지만 총각으로 불리는데 어려움이 있는데,

이는 "총각"이란 단어가 결혼과 결혼 적령기를 가지고 있는 인간 사회라는 "프레임"(frame)에 대비되어 정의되기 때문이라는 것이다.

결혼과 결혼 적령기를 가지고 있는 인간 사회라는 이상화된 인지모형(프레임)은 세상과 정확하게 부합하는 것은 아니다.[7] 그러한 인지모형은 대부분 세상의 모습과 잘 부합하지만, 세상에는 결혼이란 개념이 배제된 신부와 같은 사람도 있고 결혼을 생각할 수도 없는 정글에서 홀로 자란 사람도 있다. 여기서 원형효과가 발생한다. 즉, 그러한 인지모형과 세상의 부합 정도에 따라 범주 '총각'의 좋은 예가 될 수도 있고 좋지 않은 예가 될 수도 있다. 그러한 이상화된 인지모형에 대비해서는 '총각'은 등급화된 범주가 아니라, 총각이냐 아니냐의 이분화된 범주이다. 그리고 범주 '총각'의 원형효과는 세상의 실제 모습과 그러한 인지모형과의 부합 정도에 의해 발생하게 된다.

이상화된 인지모형에 의한 원형효과의 다른 예가 "군집모형"(cluster model)이다. 레이코프는 여러 모형들이 결합하여 군집을 형성하고, 이 군집이 개별적인 모형들보다 심리적으로 더 기본이 되는 모형을 군집모형이라 명명한다. 그리고 영어 범주 'mother'를 통해 그러한 군집모형의 특성을 논의한다.[8]

고전적 이론에 따르면 모든 어머니에게 동등하게 적용되는 필요충분조건이 있어야 하고, 그것은 아마도 "아이를 낳은 여자" 정도가 될 수 있을 것이다. 그러나 그러한 정의는 현실 세계에 존재하는 모든 경우를 다 설명하지는 못한다. '어머니'와 관련된 모형들은 아기를 낳은 사람인 출산 모형, 유전자를 제공한 여자인 유전 모형, 아이를 양육한 여자인 양육 모형, 아버지의 부인인 결혼 모형, 가장 가까운 여성 조상인 가계 모형 등이 있다. '어머니'란 개념은 일반적으로 그러한 개별 모형들이 결합하여 군집을 형성한 복잡한 모형이고 모든 개별 모형들이 다 결합된 전체가 이상화된 모형이다.

---

7 레이코프의 "이상화된 인지모형"은 필모어의 "프레임"과 기본적으로는 같은 개념인데 "프레임"이 일반적으로 더 많이 쓰이고 있다. Croft & Cruse(2004) 등도 범주화의 논의에서 "프레임"이라는 용어를 사용한다.

8 영어 "mother"는 한국어로 옮길 때 "어머니"가 되기도 하고 "모(母)"가 되기도 하기 때문에 아래 논의에서 두 용어를 함께 사용하겠다.

그러나 세상의 실제 모습은 그러한 이상화된 모형에 모두 부합하는 것은 아니다. 그러한 다양한 모형들이 때로는 개별적으로 때로는 몇 가지 모형이 결합하여 다양한 종류의 어머니를 만들어낸다. "유모", "생모", "의붓어머니", "양어머니", "입양모", "대리모", "유전자모", "미혼모" 등은 "어머니"의 이상적 인지모형과 완벽하게 일치하지 않음으로써 원형효과를 보이게 된다.

레이코프는 영어 'mother'와 같은 범주의 구조를 "방사상 구조"(radial structure)라고 하고 그러한 범주를 "방사상 범주"라 하여 범주 구조의 한 형태를 제시한다. 방사상 구조는 중심 구성원과 그 이형태 구성원들이 방사상의 모습으로 연결되어 있는 구조이다. 그런데 이형태 구성원들은 규칙에 의해 반드시 생성되는 것이 아니라 중심 구성원의 특성과 연계되어, 즉 동기부여를 받아 관습에 의해 확장된 구성원들이다. 예를 들어, '대리모'나 '유전자모'는 현대의학의 발전과 함께 생겨난 개념이다. 또한 한국어에서는 해산한지 오래되지 않은 여자를 "산모"라고 하는데 영어에서는 그러한 개념을 어휘화하지 않고 있다. 즉, 그러한 개념은 규칙에 의해 반드시 발생하는 것이 아니라 동기부여를 받아 관습에 의해 생기는 이형태들이다. 또한 '생모'는 '의붓어머니'나 '입양모'와 같은 개념이 있어야 그에 대비하여 발생하는 개념인데 이처럼 확장된 이형태에서 다시 확장하는 구조를 가지고 있기 때문에 방사상 구조라고 한다.[9]

레이코프는 원형효과의 주요 원인으로 환유모형(metonymic model) 몇 가지를 제시한다. 환유는 인지의 기본적 특성 중 하나로 어떤 것의 잘 이해된 또는 지각하기 쉬운 양상을 통해 그것의 다른 양상이나 부분 또는 그 전체를 나타내는 것이다. "서울과 평양 사이에 긴밀한 대화가 오가고 있다"에서 "서울"과 "평양"이 장소를 지시하는 것이 아니라 남한과 북한의 정부 당국자들을 나타낸다든지, "삼루수", 즉 삼루에 있는 "손"을 말함으로서 사람을 지시하는 것에서 볼 수 있듯이 환유는 우리의 일상 언어 사용에 팽배해 있는 현상이다.

---

9 인지언어학에서 어휘나 구문의 다의어 연구들이 보여 주는 전형적인 구조가 방사상 구조이다.

충정도 사람은 말이 느리다는 고정관념(stereotype)이 있는데 그러한 고정관념(말이 느린 사람)이 범주 '충청도 사람' 전체를 대표하게 된다. 고정관념 모형은 부분이 전체를 대표한다는 점에서 환유모형이다. 이 경우 말이 느린 충청도 사람은 그 범주의 좋은 예가 되고 말이 빠른 충청도 사람은 좋은 않은 예가 되어 원형효과를 만들어 낸다.

이상형과 전형(전형적인 예)도 각각 환유모형이 된다. 좋은 남편과 좋지 않은 남편은의 원형효과는 이상형 모형에 의해 발생하는 원형효과이다. 한국 사람들에게 사과나 배가 대추보다 '과일' 범주의 더 좋은 예가 되지만 아랍 사람들에게는 대추가 더 좋은 과일로 여겨지는 것은 '과일' 범주에서 전형적으로 접하게 되는 구성원들이기 서로 다르기 때문이고 이는 전형의 환유모형에 의해 발생하는 원형효과이다.

이 외에도 발명가 하면 에디슨을 떠올리는 귀감(paragon) 모형 등 원형효과의 원인으로 여러 환유모형을 제시한다. 원형효과의 원인에 대한 논의에서 레이코프는 원형이나 원형효과는 표면적 현상이고 그러한 표면적 현상을 야기하는 원인들을 밝힘으로써 범주에 대한 이해를 높일 수 있다고 강조한다.

6. 마무리

범주화는 인간의 가장 기본적인 인지적 능력 중 하나이다. 인간의 신경세포(neuron) 체계는 범주화를 할 수 밖에 없는 특성을 가지고 있다(Lakoff & Johnson 1999). 따라서 인간의 인지능력을 규명하고자 할 때 범주화의 이해는 필수적이다.

이 글에서는 이 천년 이상을 이어오고 있으며 여전히 많은 학문 분야에서 지배적인 고전적 범주화 이론과 그에 대한 대안적 이론으로 인지과학에서 널리 수용되고 있는 원형이론에 대해 살펴보았다. 특히, 고전적 이론의 문제점과 원형이론의 연구에서 밝혀진 원형효과와 기본층위 효과, 그리고 원형효과를 만들어 내는 원인을 중점적으로 살펴보았다. 현재까지의 원형이론이 가지고 있는 문제점(Croft & Cruse 2004), 언어 범주의 특성(Lakoff 1987, Taylor 1989), 범주가 세상에 객관적으로 존재하는지 아니면 우리의 정신에 존재하는지, 더 나가서는 범주 개념이 신체화(embodiment) 되어 있는지와 같은 좀 더 근본적인 문제들은 다루지 못했다.

범주가 고전적 범주화 이론에서처럼 경계의 문제를 중심으로 보아야 하는지 아니면 원형이론에서처럼 원형의 문제를 중심으로 보아야 하는지는 "무엇이 실재인가?"에 대한 형이상학의 본질적 물음과 직접적으로 연결되어 있어 쉽게 결정되기 어려울 것 같다. 다만 범주화에 대한 이론은 적어도 원형이론의 연구에서 밝혀진 사실들에 상충하지 않는 방식으로 이해되어야 할 것이다. 그리고 언어를 일반 인지능력의 통합된 한 부분으로 가정하는 인지언어학은 인지과학에서 밝혀진 사실들과 부합된 방식으로 이론을 정립하고 구체적인 연구를 진행한다. 따라서 인지과학에서 밝혀진 범주화의 사실들을 적극적으로 수용하고, 나아가 다른 어떤 현상보다 범주를 풍부하게 보여주는 언어의 범주에 대한 연구를 통해 범주화에 대한 일반적인 이해를 높이는데 기여할 수 있을 것이다.

참고문헌

Amstrong, S. L., L. R. Geitman & H. Gleitman(1983), What some concepts might not be, *Cognition* 13: 263-308.

Anglin, J.(1976), Les premiers temps de référence de l'enfant, in S. Ehrlich & E. Tulving(eds.), *Le Memoire Sémantique*, Paris: Bulletin de Psychologie.

Batting, E. & W. E. Montague(1969), Category norms for verbal items in 56 categories, *Journal of Experimental Psychology Monography* 80: No. 3, Pt. 2.

Berlin, B., D. E. Breedlove & P. H. Raven(1974), *Principles of Tzeltal Plant*

Classification, New York: Academic Press.

Berlin, B. & P. Kay(1969), *Basic Color Terms: Their Universality and Evolution*. Berkeley: University of California Press.

Brown, R.(1958), How shall a thing be called? *Psychological Review* 65: 14-21.

Brown, R.(1965), *Social Psychology*, New York: Free Press.

Croft, W. & D. A. Cruse(2004), *Cognitive Linguistics*, Cambridge: Cambridge University Press.

Fillmore, C.(1982), Frame semantics, in Linguistic Society of Korea(ed.), *Linguistics in the Morning Calm*, 111-138, Seoul: Hanshin.

Heider, E.(Eleanor Rosch)(1972), Universals in color naming and memory, *Journal of Experimental Psychology* 93: 10-20.

Hunn, E. S.(1977), *Tzeltal Folk Zoology: The Classification of Discontinuities in Nature*, New York: Academic Press.

Lakoff, G. (1987), *Women, Fire, and Dangerous Things: What Categories Reveal about the Mind*, Chicago: The University of Chicago Press.

Lakoff, G. & M. Johnson(1999), *Philosophy in the Flesh*, New York: Basic Books.

Rips, L. J., E. J. Shoben & E. E. Smith(1973), Semantic distance and the verification of semantic relations, *Journal of Verbal Learning and Verbal Behavior* 12: 1-20.

Rosch, E.(1973), On the internal structure of perceptual and semantic categories, in T. E. Moore(ed.), *Cognitive Development and the Acquisition of Language*, New York: Academic Press.

Rosch, E.(1975), Cognitive representation of semantic categories, *Journal of Experimental Psychology: General* 104: 192-233.

Rosch, E.(1978), Principles of categorization, in E. Rosch & B. B. Lloyd(eds.), *Cognition and Categorization*, 27-48, Hillsdale: Lawrence Erlbaum.

Rosch, E. & C. B. Mervis. (1975), Family resemblances: Studies in the internal structure of categories, *Cognitive Psychology* 7: 573-605.

Rosch, E., C. B. Mervis, W. D.Gray, M. D. Johnson & P. Boyes-Braem(1976), Basic objects in natural categories, *Cognitive Psychology* 7: 573-605.

Rosch, E., C. Simpson & R. S. Miller(1976), Structural bases of typicality effects,

Jounal of Experimental Psychology: Human Perception and Performance 2: 491-502.

Stross, B.(1969), Language acquisition by Tenejapa Tzeltal children, Doctoral dissertation, University of California at Berkeley.

Taylor, J. R.(1989), *Linguistic Categorization: Prototypes in Linguistic Theory*, Oxford: Oxford University Press.

Wittgenstein, L.(1953), *Philosophical Investigation*, New York: Macmillan.

원형의미론의 의미 분석

권 영 수*

1. 들머리

어휘의미를 정의할 때 우리들은 어떤 대상에 대한 관념으로 정의하는 전통적인 방법과 더불어 언어외적인 대상에 대한 관계로 기술하거나, 화자나 청자의 의식과 관련된 행동주의적인 관점 혹은 언어 사용방식에 대한 행위이론적인 개념 등의 방법을 사용한다.

구조의미론(structural semantics)에서는 개별 언어에서 획정된 어휘의 대립관계(opposition)와 연대관계(solidarity)를 통해 의미영역의 특정한 어휘장(lexical field)을 분절하는 것이 기본적인 입장이다. 여기에서 인간의 경험에 의한 어휘장들은 대체로 유사하게 형성되지만 개별 언어들은 독자적으로 형성된 경험이나 세계관을 갖기 때문에 유사한 의미 적용의 범위는 반드시 언어마다 동일한 것은 아니다. 필요충분자질을 통해 낱말의 의미를 정의하는 자질의미론(feature semantics)에서는 필수적인 자질들을 통해 어떤 대상을 지칭하

* 대구가톨릭대학교 영어과 교수, yskwon@cu.ac.kr

기 때문에 현실을 범주화할 때 내용으로 가정되는 특성들이 중요한 역할을 한다. 따라서 이 방법은 넓은 의미에서 구조의미론의 영역에 포함되는 것으로 볼 수 있다.

최근 의미론 내에서 구조의미론의 방식인 논리적인 의미론에서 인지의미론(cognitive semantics)으로의 패러다임 교체, 즉 개별언어적인 고찰방식에서 보편적인 언어고찰 방식으로 접근방식의 변화가 일어났다. 여기에서는 언어 외적인 현실을 분류할 때 낱말이 어휘적으로 무엇을 의미하는지의 문제와 하나의 낱말이 인식으로서 무엇을 함의하고 있는지의 문제와 같은 어휘장의 일차적인 구조에만 집중하기 때문에 분석적인 자질의미론과 대립되는 방식에 해당된다.

Berlin & Kay(1969)는 상이한 언어를 사용하는 피험자들을 통해 색채의 경계 긋기 테스트에서 언어마다 다소 상이한 결과는 있을지라도 어떤 색채 범주의 가장 훌륭한 표본으로 선택한 초점색체(focal colors)는 상당히 일치한다는 사실을 발견하였다. 그들은 이 결과에 따라 색채 스펙트럼은 언어에 의해 자의적으로 분할되는 것이 아니라 인간 정신에 의해 객관적인 분할이 수행된다는 생리학적인 기초를 마련하였다. 바로 이 연구결과에서부터 Rosch에 의한 원형(prototype)에 대한 사고가 전개된 것이다.

원형에 대한 사고는 개념적인 범주형성에서 필요충분조건에 의한 '아리스토텔레스적인 모델' 개념에서 전향적인 방법으로 간주되고, 이 개념이 의미론 연구에서 어느 정도 공감을 얻음으로써 구조의미론, 자질의미론과 함께 의미론의 실제적인 연구에서 한 방향으로 자리를 잡게 된 것이다. 본고에서는 인지의미론자들에 의해 코페르니쿠스적인 사고로 인정되는 원형이론의 의미 분

---

1 Rosch의 원형이론에 의한 급진적인 의미 분석 방법에 대해서 모든 학자들의 견해가 일치되는 것은 아니다. 가령 Givón(1986)은 원형의 개념을 필요충분조건에 의한 접근법과 Wittgenstein(1953)의 가계 유사성 이론과의 절충적인 방법으로 평가하기도 한다. 뿐만 아니라 Coseriu(1992)는 원형의미론이 원래 의도한 방식으로 대상을 인식하지 못한 상태로 의미론을 통해 원형에 의한 범주화 이론을 확인하고자 하는 것은 불가능하기 때문에 실패한 이론으로 치부하기도 한다.

석 방식에서의 유용성을 검토 평가함으로써 어휘의미론 내에서 원형의미론의 위치가를 고찰하고자 한다.

2. 원형이론의 성립

2.1. 원형과 범주화

Rosch(1975c)는 아리스토텔레스 명제에 대한 모순명제[2]를 통해 원형이론을 전개함으로써 참신성을 인정받을 수 있었다. 어떤 범주에서 가장 훌륭한 표본으로 간주되는 원형의 초기 개념은 개별 화자의 인식으로서 화자에 따라 상이할 수도 있다. 이로 인해 어떤 부류의 범주화 과정은 동일한 결과에 도달할 수도 없는 가능성 때문에 어휘의미론에 적합하지 않을 수도 있다.[3] 하지만 Langacker(1987: 62)에 따르면 일부 화자의 견해가 상이하다 하더라도 대부분의 언어공동체 구성원들에게는 일치한다는 사실이 입증되었기 때문에 원형의 인식영역을 기술하는 것은 원형의미론의 목표가 될 수 있는 것이다. 가령 BIRD 범주에 대한 원형은 개별적인 화자의 집에서 기르는 특정한 종류의 새의 개체가 아니라 robin, sparrow, swallow, eagle과 같은 하위범주들이다. 그래서 가장 훌륭한 예는 개별적인 표본이 아니라 하위범주나 유형을 파악하는 것이기 때문에 원형이 어휘의미론의 도구로 사용될 수 있다는 것이다.

---

2   Rosch의 원형이론은 첫째, 범주 구성원은 모두 다 동일한 위치가를 갖는 것은 아니고, 둘째, 범주는 항상 필요충분자질의 결합을 통해 정의되는 것도 아니고, 셋째, 범주는 항상 분명히 정의된 경계가 있는 것은 아니고, 넷째, 범주는 항상 자의적으로 형성되는 것은 아니고, 다섯째, 범주화에는 추상적 개념차원인 기저차원이 존재한다는 명제에서 출발한다.

3   Hampton(2016: 134-135)도 여기에 대해서 언어공동체의 화자 개개인은 원형에 있어서 개인적인 변이형으로 인해 의미에 대한 자기 자신의 유아론적(solipsistic)인 세계에 있을 수 있기 때문에 기억 속에 저장된 개개인 원형성은 낱말의미의 분석을 위해 적합하지 못한 것으로 비판하고 있다.

Heider(1971)에 따르면 의미적 지시관계(semantic reference)의 습득은 우선 가장 훌륭한 대표자와 관련되고 서서히 전체 범주로 확장된 후 이 개념과 밀접한 연관성이 있는 내포(intension)와 외연(extension)에 대한 사고와 결부된다. 내포적 의미는 어떤 사물의 부류 구성원들에 대한 속성들을 나열하는 것이고, 외연은 그 특성을 가지고 있는 대상들로 구성되는 것이다. 다양한 비판을 통해 Rosch(1975c)에서는 어떤 범주의 추상적인 대표, 범주 구성원 판단에서 비교의 기준이 되는 표본, 범주의 내적 구조 이미지에 대한 범주 구성원들의 적합성 판단 등 다양한 기준에 의해 원형이 보다 더 포괄적인 의미로 정의된다. 결국 Rosch(1978)는 원형이라는 개념이 어떤 범주의 일정한 구성원 자체가 아니라 단순히 편리한 문법적인 허구로서 실제로 언급되는 것은 원형성 정도에 대한 판단이라는 것이다. 따라서 원형은 지각적/자연적 원형에서부터 인위적/인지적 원형으로 지속적인 발전과 더불어 구조, 형성원칙, 대표성 및 기능의 영역으로 확대되었다.

원형 혹은 전형적인 범주 구성원은 Rosch에게 있어서 전일주의적인(holistic)[4] 인식이기 때문에 일정한 개별 요소들의 총체로서 개념화될 수는 없지만 어떤 범주의 기본적인 의미 혹은 핵심적인 의미를 포함하고 있다. Lakoff(1987: 45, 53)에 따르면 원형효과는 'large man'과 같은 유동적인 경계를 가진 범주에서뿐만 아니라 'bird'와 같은 명확한 범주를 갖는 범주에서도 나타난다는 것이다. 그래서 Mangasser-Wahl(2000b)은 1) 가장 빈도가 높은 대표자로서의 원형, 2) 중간 크기나 길이 같은 평균가로서의 원형, 3) 상관관계가 있는 속성 구조를 가진 대표자로서의 원형, 4) 가장 높은 범주 예측력(cue validity)을 가지고 있는 예로서의 원형, 5) 가장 높은 가계유사성을 지닌 구성원으로서의 원형, 6) 동일 범주의 구성원들과는 대부분의 속성을 공유하고 있지만, 다른 범주의 구성원들과는 거의 속성을 공유하지 않는 대표자로서의 원형과 같은

---

4 원자물리학에서 전용된 개념으로서 분석적으로 인식하는 것이 아니라 포괄적인 고찰방식에 의한 인식이다. 다시 말하면 범주의 경계가 필수적인 속성에 의해 명확하게 제시되는 것이 아니라 범주화는 원형과의 유사성에 의해 진행된다는 개념으로 이해된다.

다양한 원형 형성의 원칙들을 논의한다. 결국 원형은 특히 기저범주 형성과 밀접한 관계에 있고, 최대의 범주 예측력과 가계유사성 원칙을 통해 결부되는 것이다. Rosch(1977)에 의하면 원형은 범주 내에서 범주 조직을 위한 지시 관계점으로 도움이 된다. 그래서 원형은 최소의 인지소모를 통해 최대의 정보를 포착할 수 있게 해주는 도구가 되는 것이다. 언어학적인 시각에서 본다면 어떤 범주의 의미는 원형의 구성원들에 의해 영향을 받기 때문에 의미와 관련된 지시관계는 일차적으로 어떤 범주의 원형의 대표자를 염두에 둔 현상으로 볼 수 있다.

원형 연구의 또 하나의 근저는 기저층위 범주화(basic level categorization)이다. 원형 개념과 기저범주의 연관성은 범주화를 수직적 차원과 수평적 차원의 체계를 통해 언급될 수 있다. 범주화의 수직적 층위는 일반적으로 상위층위(superordinate level: FURNITURE), 기저층위(basic level: chair), 하위층위(subordinate level: beach chair)와 같은 개념으로 분류되고, 개별 화자의 전문적인 지식 정도에 따라 위로는 추상적인 상위개념, 아래로는 보다 특수한 하위개념을 통해서 상하로 확대될 수 있다. 바로 수평적인 범주화 층위에서 원형 개념이 도입된다. 가령 기저층위에서는 chair, table과 같은 다양한 범주로 분할되고, 그 범주들은 원형적인 대표자를 통해 정의된다. 'chair'라는 개념에는 전형적인 것에서부터 비전형적인 표본에까지 이르는데, 그 중심에는 항상 원형의 'chair'가 존재한다는 등급적인 사고가 필요하다. 상위층위에서는 원형으로 인정될 수 없는 전형적인 구성원들이(FURNITURE: table, lamp, chair) 존재하는 반면에 기저층위(TABLE)에서는 공통된 원형이 나타날 수 있기 때문에 기저층위에서의 원형 효과는 가장 훌륭한 표본으로서의 원형의 정의에 가장 근접되는 것으로 볼 수 있다. Voorspoels et al.(2008)의 실험에 따르면 상위층위의 자연언어 개념들은 전체적인 표상에 의하기보다 하위 구성원들을 나열함으로써 나타내기가 쉽다. 범주 사이의 모호한 경계는 모든 층위에서 다 나타나지만 Rosch(1975b)는 특히 기저층위에서 원형에 대한 구체적인 진술을 가능하게 하고, 낱말의 의미가 우리들 인지의 일부가 된다는 것을 입증한다. 결국 인지적인 경제성의 원칙과 최대의 범주 예측력이라는 원칙에 일치하는 범주화의 추상적인 층위가 있는데, 이 층위는 보다 일반적인 상위층위와 특수한 층위인 하위층위 사이에 계층의 중심에 있어서 범주 형성의 원칙은 보편적인 것 같지만 그 내용은 문화 의존적이다.

2.2. 원형이론의 발전 단계

Berlin & Kay(1969)는 언어와 문화에 관계없이 초점색채가 지각적 범주로서의 색채나 언어적, 의미적 범주로서의 색채명칭에 대한 의미 핵이 된다는데서 출발함으로써 순수하게 언어에 의존된 인지과정과 언어적인 범주화 과정에 대한 가정을 반박한다. Rosch(1973)는 여기에서 출발하여 문명화된 미국인과 원시민족인 Dani 족의 범주화 전략을 비교함으로써 개별언어적인 범주화는 보편적인 인지원칙을 따른다는 사실을 옹호하고(Heider 1972), 의미적 범주의 연구대상을 COLOR, FORM과 같은 지각적 범주에서 확대하여 FRUIT, BIRDS, ILLNESS, SPORT, VEGETABLE, VEHICLE과 같은 범주들을 포함시킨다.

Rosch(1975a)는 모든 범주 구성원이 등가일 뿐만 아니라 구성원 사이에 분명한 경계가 존재한다는 아리스토텔레스적인 범주시각에서 벗어나 내적인 원형구조를 기초로 유사성 원칙5을 구축함으로써 인지심리학적인 함의들을 전면으로 부각시킨다. 이와 더불어 주변적인 범주 구성원들은 원형범주 구성원들보다 다른 경계에 있는 구성원들과 더 많은 특성을 공유한다는 불명확한 범주 경계에 대한 가정을 수용한다. Rosch & Mervis(1975)는 원형이 범주

---

5 원형범주는 단일집합의 필요충분 특성에 의해 정의될 수 없고, 가계유사성 구조와 범주 구성원의 등급이 나타나고, 주변에서는 경계구분이 모호하다는데서 출발한다(Geeraerts 2016: 5-6). 유사성 원칙은 Wittgenstein의 가계유사성(family resemblance)이 자연범주의 내적구조에 전용된 개념으로 어떤 낱말로 표현되는 피지시체들은 반드시 공통의 요소를 지닐 필요는 없고, 다양한 표본들과 적어도 하나의 요소를 공유하면 충분하다는 가계유사성에 의해 범주의 소속성이 결정된다는 개념이다.

내에 존재하는 가계유사성을 최대화한다는 것을 언급함으로써 원형성, 가계유사성, 범주 예측력(cue validity)사이의 긍정적인 상관관계를 확인한다. 이 시점에 범주화의 수평적 차원의 원형과 수직적 차원의 기저층위(basic level)를 통한 범주화가 확정되고, 원형과 기저층위는 더 경제적이고 정보력이 있는 개념으로 인정된다. Rosch(1977)는 Saussure에 의한 언어기호 혹은 언어적인 범주의 자의성 명제와 모순되는 범주화의 보편적인 원칙인 유사성을 강조하지만 이 시점에도 인지적인 정보처리에 있어서 원형의 역할과 내적 구조의 정신적인 표현 문제에 대해서는 결정적인 해답을 제시하지 못한다.

원형과 기저층위 개념의 관련성은 수직적 층위와 수평적 층위로 이루어진 다차원적인 관계망 구조로 모델화된다. 범주화를 위해 가장 적합한 기능들을 가진 원형은 인지적으로 지름길 역할을 하고, 범주나 기저범주의 효과를 인지적인 코드로 번역한다. 그래서 Rosch(1977)에 따르면 인지적인 원칙이나 기저층위와 원형의 보편성 메커니즘은 문화적, 사회적인 변수들이 결정적인 역할을 하게 된다. Rosch(1978)는 수평적 차원에서의 원형과 범주체계에서 수직적 차원에서 기저층위 확정을 위해 범주 예측력, 전일주의적인 개념으로서의 유사성 집합이라는 방법을 사용한다.

Rosch & Mervis(1981)에서는 디지털 모델과 아날로그 모델의 이원론을 논의함으로써 플라톤 이후 모든 정의 방식이 분석적 원칙을 따랐다는 사실을 지적하면서 원형개념을 전일주의적인 원칙과 명시적으로 결부시킨다. 마지막 단계에서 Rosch(1988)는 원형이나 기저층위와 같은 표층적인 현상이 아니라 이 현상들이 생성되는 근원에 대한 원인을 입증하는데 더 중점을 두었다. 결국 범주 근원에 대한 원칙을 원형효과(prototype effects)의 생성원칙에 대한 문제로 취급한다. 즉, 이 단계에서의 원형은 표층적인 현상일 뿐이고 다양한 현상에 따라 상이하게 나타나기 때문에 원형효과라는 표현이 사용되고, 그 때문에 가계유사성 개념에 기초하는 다의어 관계(polysemy)로 확대된다. 이처럼 Rosch의 원형이론은 목표설정이나 관심의 방향에 따라 지각범주와 선언어적 범주화 단계(1971-1973), 의미적 범주의 확장 단계(1973-1975)와 인지적 원칙으로서의 원형성 단계로 구분될 수 있다.

3. 원형에 의한 의미기술

3.1. 범주의 내적 구조

자연범주의 구성원들은 대표성과 관련하여 전형성 등급이 나타나고, 원형과의 유사성 정도에 따라 서로 구별된다. 원형성(prototypicality)은 원형과의 근접성 정도에 따른 범주 구성원의 등급이다. 원형은 전형적인 속성을 지니고 있기 때문에 심리적, 인지적인 측면에서 이상적인 표본으로 간주된다. 그러나 추상적인 어휘소에서는 전체적인 범주를 인지하기 위한 중심적인 원형이 존재하기 어렵기 때문에 원형의 영역이 아주 제한된다. Cuyckens(1991)는 범주의 대표성이나 빈도와 더불어 원형을 규정하기 위해 중심성(centrality) 개념을 도입함으로써 원형의 사용방식을 확대하기도 했다. Geeraerts(2016)는 원형성 효과에 내재된 두 개의 중요한 구조적인 현상을 구별한다. 즉, 명확한 경계 부재를 나타내는 유연성(flexibility)과 구조적인 무게의 차이를 나타내는 현저성(salience)으로 구별한다. 또한 원형성은 정의와 관련된 내포적인 층위와 지시관계와 관련된 외연적 층위에서도 발견된다는 것이다.

전형성의 원칙은 대상어(object language)와 관련하여 범주 구성원의 대표성이 등급적일 수 있다는 인식을 암시한다. 이것은 구성원들이 다양한 특성을 지니고 있음에도 불구하고 범주 내에서 어느 정도의 응집력이 존재한다는 것을 내포한다는 의미이다. Geeraerts(1988: 223)에 따르면 전형성은 다양한 종류의 현상들을 일정한 인지적인 범주들로 분류하는데 도움이 될 뿐만 아니라 범주들의 유연성을 보증하고 최소의 인지적인 소모로 많은 정보가 처리되도록 하는데 기여한다. 따라서 전형성과 원형성 측면은 어휘화된 범주뿐만 아니라 메타언어(metalanguage) 범주에서도 요구되지만 원형구조를 제시하지 못하는 특정한 범주의 경우에는 전형성 측면만 전용될 수 있는 것이다. 그러나 Armstrong *et al.*(1983)는 전형적인 원형 범주인 FRUIT, CAR, PLANET 등과 같은 범주뿐만 아니라 STRAIGHT NUMBER, ODD NUMBER와 같은 잘 정의된 범주에서도 범주 구성원의 대표성 평가에서 피험자의 반응이 등급적이라는 사실을 입증함으로써 등급성이 단순히 범주 구성원에 대한 전형성을 나타내는 것이지, 범주 구성원의 지위와는 관계가 없다는 사실을 확인한 바 있다.

원형성의 개념을 메타언어적 차원으로 전용하는 것도 한계가 있다. Taylor(1995: 202-206)는 소유 속격(possessive genitive) 범주의 의미적 기초로 간주하는 소유의 개념을 전형적인 속성들로 특징짓고, 범주 내에서 전형적인 속성들의 존재 여부를 통해 등급화를 설명하고 있다. 가령 색채범주에서와는 달리 JOHN'S TRAIN이라는 범주나 THE CAT'S TAIL, JOHN'S HANDS, THE CAR'S DOOR와 같은 부분-전체관계들이 JOHN'S HOUSE와 같은 원형의 표본들과 관계가 있는지 불명확하다는 것이다. 이 범주들은 직관적으로 전형적인 구성원에 소속될 수 있을 것 같지만 제시된 속성을 근거로 판단하면 비전형적인 대표자로 간주된다. 이처럼 전형성 원칙은 잘 적용될 수 있지만 원형성에 대한 문제는 명확하지 못하다. 결국 범주 등급성에 대한 근거로서의 전형성은 어휘화된 범주뿐만 아니라 메타언어적 범주에서도 원형성보다 더 넓은 적용범위를 가지고 있어서 원형의 핵이 존재하지 않는 경우라도 전형성에 의해 원형효과가 나타날 수 있다는 것이다.

색채범주나 형태범주의 경우에는 범주의 인지과정에서 원형이 상당부분 관련되어 있어서 우리들의 인지가 결정적인 역할을 할 수 있지만 메타언어적 범주나 추상적 범주들은 인지적 원칙에 근거하는 원형이 존재하지 않는 경우도 있기 때문에 모든 범주에 대해 타당한 것은 아니다. Schmid(1998: 23-24)에 따르면 어떤 대상을 인식하기 위해 기저층위가 제일 중요한 역할을 하기 때문에 여기에서만 범주 구성원의 전체 형상인상이 일치되어 사고를 위해 필요한 일련의 공통 속성들이 장기기억으로의 저장이 가능하고, 또한 의미가 있다는 것이다. 결국 좁은 의미에서 원형구조는 추상범주에서 나타나기 어렵기 때문에 기저층위가 전체범주에 대한 타당한 윤곽을 가능하게 하고 공통의 형상과 정신적인 상을 가능하게 하는 가장 높은 차원이 되는 것이다.

인지심리학에서 비롯된 원형이론을 의미론에 원용한 것은 언어학에서 획기적인 일로 평가할 수 있다. 부류나 범주에 있어서 구성요소들의 소속성의 종류와 가계유사성 구조를 가정함으로써 의미론 내에서 원형이론이 일정한 역할을 할 수 있게 된 것이다. Cuyckens(1994: 180)에 따르면 어떤 범주의 구성원이나 개념의 예들이 소유하고 있는 속성을 찾는 것이 불가능하면 낱말 의미 혹은 어휘개념의 구조는 범주 구성원 사이에 가계유사성 관계가 포착되어야 한다는 것이다. 범주는 개념이나 의미가 아니라 어휘단위와 관련되는 것이기 때문에 가계유사성 모델은 어떤 낱말의 다양한 지시체나 범주를 지시할 수 있는 다의성 내지 다범주적인 해석으로 볼 수 있다. 즉, 가계유사성에서는 어떤 기준이 되는 원형이 요구되지 않기 때문에 범주의 소속성이 다양한 지시체에서 범주의 내적 구조는 연상관계에 의한 것이다. 가계유사성 개념이 원형이론에 도입됨으로써 원형으로 구조화된 범주의 개념이 변화되었다. 그래서 범주는 단일 유형의 지시체가 아니라 다양한 유형의 지시체나 하위범주들을 포함하기 때문에 다중지시적인 개념으로 나타난다. 범주의 모든 구성원이 가계유사성을 공유하고 다양한 하위범주를 포함하기 때문에 다의어 문제가 해결될 수 있는 가능성이 나타난 것이다. 이와 같이 가계유사성 구조를 채택함으로써 원형의미론은 다양한 의미를 동음이의어로 취급하는 핵심의미 접근법으로 간주될 수 있는 것이다.

3.2. 원형의 기저와 어휘의미

원형이론의 발전은 개념(concept) 연구의 급진적인 타결책으로 인정받는다. 어떤 개념을 가진 모든 예들은 공통의 필요충분자질을 공유한다는 고전적, 정의적인 개념과는 달리 원형이론에서의 개념의 예들은 공유하고 있는 속성들이 변할 수 있기 때문에 어떤 범주에 있어서 구성원 정도가 변할 수 있고, 특정한 원형 모델에서는 속성들이 중요도에 따라 계층적으로 배열될 수도 있다. 의미는 개념과 관련되기 때문에 원형은 의미이론과 의미 분석을 위하여 핵심적인 역할을 할 수 있는 것이다. 원형이론은 심리학자들의 관심사에서 발전되었기 때문에 언어학자들이 생각하는 범주와 반드시 동일한 것은 아니다. 결국 어떤 범주의 원형적인 구성원들이 반드시 언어학적으로 관여적인 것으로 볼 수는 없다. 그래서 기능범주들의 경우에는 심리학자들과 언어학자들의 관심사는 상이할 수 있는 것이다.[6]

의미 분석을 위한 원형의 적용은 학자에 따라 다양하게 나타난다. Geeraert (1988)는 네덜란드어 vers에 대해 두 개의 의미('new' / 'optimal')가 연접함으로써 생성되는 세 개의 의미전체('new'/ 'optimal'/ 'new', 'optimal')가 가계유사성을 이루고 있는 것으로 설명한다. 마찬가지로 가계유사성 개념에 의지하고 있는 Schlyter(1982)는 원형과의 비교원칙에 의해 아주 상이한 대상들도 원형과 유사하면 동일한 범주로 분류한다. 즉, 공통의 특성들을 거의 가지고 있지 않는 주변적인 대상들도 원형과의 유사성이나 가계유사성에 의해 동일한 범주에 소속시키는 것이다. Lakoff(1986)는 범주구별을 위한 부류 소속성 기준과 원형의 특성을 구별한다. 가령 BACHELOR 범주에서 [+human], [+male], [+adult], [-married]와 같은 자질들은 범주 소속성에 대한 특성들이고, [alone-living], [macho], [likes to cook]와 같은 특성은 원형자질로 구분한다. Langacker(1987)는 어떤 범주의 원형과 유사성을 근거로 범주의 단계를 제시한다. 가령 TREE 범주에 대해 palm과 pine의 소속성을 설명하기 위해 tree 위에 더 높은 단계를 요구한다. 즉, palm은 넓은 의미의 tree로서 가장 외부의 범주에 소속시키고, pine은 중간 범주에, oak나 fir는 가장 내부의 tree 범주에 소속시킨다. Kleiber(1993)는 고전적 원형이론에서의 인지적인 범주화

---

6 가령 pet이라는 낱말을 정의할 때 우리들은 dog, cat, horse와 같은 애완동물을 나열하지만 pet이 동물일지라도 dog은 반드시 pet이 아니기 때문에 pet과 개별 동물들 사이에는 의미적인 연관성이 없는 것이다.

는 원형이 가장 훌륭한 대표자로 인정되는 유사성 정도에 의존하지만 확대해석에서는 원형효과로 나타낸다.

자연언어의 어휘는 제한적이지만 기술되는 사물, 사건, 상황, 과정과 행위는 무제한적이다. 그래서 언어는 수식어를 사용하는 방식에 의해 특별한 대상들을 상세히 기술하는 능력이 있다. 즉, 우리들은 전통적인 어휘들을 사용함으로써 가까이에서 낱말을 변통하는 전략을 이용하는 것이다. 다시 말하면 단일 낱말들은 자주 의미에 있어서 원형적이지 못한 사물, 사건, 상황, 과정을 위해 확장되는 것이다. 어휘에서의 이 같은 경제 원칙은 어휘구조와 의미론의 여러 측면을 위해 중요성을 갖는다. 가령 규범적, 전형적인 의자에 대한 정의는 비 전형적인 의자들에 대해서는 그 정의에 의한 추론들이 적용될 수 없는 것이다. 또한 의자가 너무 약해서 사용될 수 없거나 장식만을 위해서 만들어졌을 수도 있기 때문에 '어떤 한 사람이 앉기 위한'이라는 의미의 가장 기본적인 부분까지도 특별한 의자를 위해서 사용될 수 없는 것이다. 그러나 경제원칙을 위해서 화자는 여전히 이 대상을 의자라는 범주로 언급하는 것이다. 이처럼 어휘 숫자의 제한성, 가능한 지시 관계의 무제한성, 그리고 최소의 노력의 원칙이 원형적이지 못한 사물이나 때에 따라서는 범주 외부에 존재하는 사물에까지 어떤 낱말들을 적용하는 것을 설명하기 위해 가계유사성 원리가 함께 작동하는 것이다.

의미 분석의 한 부분으로 낱말 정의, 적어도 내용어(content words)에 대한 정의는 동의어, 등가의 구(phrase) 혹은 속성의 목록을 이용하게 되지만 원형 이론에서는 의미 분석을 위해 개념이 중요한 요소가 되기 때문에 낱말의미들은 자주 명확한 경계를 갖지 않는다. 따라서 동위어(cohyponym)들 사이의 경계를 찾거나 낱말의미의 주변을 상세화 하는 의미 분석이 아니라 원형이 강조되고, 그것에 대한 변이를 예측하도록 제안하는 것이다. 개념의 경계를 제시하는 것은 방법론적으로 자질들의 상대적인 중요성을 결정하는 유용한 방식이지만 의미 분석의 목표는 아니다.

원형은 어떤 부류의 전형적인 대표자의 정신적인 표현으로 추상적, 개념적으로 표현된 자질구조가 아니라 직관적으로 표현된 인식구조이다. 여기에서 정신적인 표현은 일정한 개념을 나타내는 concept과는 구별되는 것으로 이같은 자질은 부류의 모든 구성원에게 부여될 필요가 없을 뿐만 아니라 불변자질도 아니다. 범주화 이론은 결국 어휘의 의미이론으로 귀결되는데, 여기에서는 어떤 범주의 대표자들 사이의 결부구조를 기술하는 가계유사성의 개념이 낱말의미와 관련된다. 즉, 어휘의미는 다른 낱말의 자질과 대립되는 공통의 자질을 통해 정의되는 것이 아니라 원형과의 유사성에 의존되어 있는 것이다. 물론 해당 범주의 가장 훌륭한 표본이나 가장 대표적인 예들이 낱말의 의미에 해당되는 것이 아니라 그들에 대한 심적인 표상과 같은 원형의 기저가 어휘의 미를 정의하는 것이다.

3.3. 원형의 보편성

원형이론의 주된 관심사 중의 하나는 원형의 보편성이다. Albrecht(1995: 26)에 의하면 구조의미론에서는 의미지식과 세계지식이 구별되기 때문에 의미가 개별언어적인 특징을 지니는 반면에 원형의미론에서는 보편적인 언어 특성이 인정된다. 다시 말하면 구조의미론에서는 의미를 구별시켜주는 의미소(seme)가 어떤 대상이나 사태를 정의하는 자질과 반드시 일치할 필요가 없고, 언어에 따라 특별한 의미소 결합을 통해 동일한 대상이나 사태가 상이하게 분류될 수 있는 반면에 원형의미론의 관심은 처음부터 개별언어적인 특성이 아니라 보편적 특징을 지니는 BIRD나 FRUIT 등과 같은 자연종 범주들이 관심의 대상이었다.

자연범주의 범주화에서는 보편적인 의미 특성이 추구된다. 하지만 범주화의 다양한 측면은 문화 의존적이어서 절대적인 보편성을 갖는 것으로 판단하기는 어렵다. 가령 Schlyter(1982: 20)는 COME 범주의 경우 개별 언어에서 차이점이 존재함에도 불구하고 come(영어), kommen(독어), venir(불어/스페인어), komma(스웨덴어)의 원형으로서 '어떤 X는 화자 쪽으로 움직이고, 사건 직후에 목표 지점인 화자가 존재하는 지점에 있다'는 특성을 공통적인 원형으로 제시하고 있다. 또한 Mangasser-Wahl(2000a: 82)은 방향이나 장소에 따라 다의적으로 사용되는 전치사 before/vor와 behind/hinter에 대한 원형의 사용을 규범적인 사용이나 관찰자의 시각에 따라 원형의 방향을 지정하고 영어나 독일어를 사용하는 국가에서만 나타나는 것이 아니라 보편적인 공통된 방향지정 방식에서 나타나는 것으로 해석한다. 그러나 Taylor(1995)도 서로 관련되어 있는 음소에 대한 정의를 통해 원형에 의한 접근 방식을 시도하고 있지만 영어와 결부된 현상을 제시함으로써 원형의 개별언어적 특성을 보여 주기도 한다.7 하지만 음절 구문 분야에서는 네덜란드어·아프리칸스어를 대조 시킴으로써 전체적으로 보편적 현상을 추구하고 있다.

의미자질과 관련해서도 보편적인 특징이 어느 정도 제한된다. 구조의미론과 원형의미론에서 공통으로 적용되는 의미자질은 구조의미론에서는 지위가 동등한 반면에 원형의미론에서는 전형성 정도에 따라 등급화 되어 있다. 의미자질을 기술하기 위해 대상언어와 동일한 언어를 피하기 위해 라틴어나 수학 기호 와 같은 특수한 언어나 기호를 사용하는 것이 아니라 두 의미론에서 공히 대상언어가 메타언어로 사용되고 있다. 그래서 원형의미론에서 의미자질 취급에서는 보편적인 특성이라기보다는 개별언어적 특성을 지니고 있는 것으로 해석할 수 있다.

이와 더불어 보편적 특징이 아니라 언어나 문화 의존적인 의미 특징이 나타나기도 한다. 명사범주에서 영어의 river는 독일어의 Strom과 Fluß로 분리되어 대응되고, 반대로 영어 ape과 monkey는 독일어 Affe 하나로 수렴된다. 뿐만 아니라 동사범주 영어의 eat는 독일어 essen과 fressen으로 분산된다. 범주 EAT의 원형은 동양에서는 숟가락이나 젓가락을 사용하는 것이 전형적인 반면에 서양에서는 나이프, 포크, 숟가락을 사용하는 것이 전형적으로 손가락으

---

7 Taylor(1995: 224-225) 영어 음소 /t/의 이음들을 분류하고 가계유사성 구조를 제시한다. 다의적인 형태의 의미관계와 /t/음소의 변이음들 사이의 관계는 유사하지만 음성적인 측면에서 /t/는 다른 이음들과 공통점을 지니지 않는 것으로 간주함으로써 원형의 개별언어적 특성을 나타내고 있다.

로 땅콩을 집어 먹는 것이나 손으로 과일을 먹는 것은 원형의 행위가 아니라 주변적인 행위이다. 이 경우의 원형은 문화 의존적인 성격을 띠고 있다. 결국 원형의미론은 절대적인 보편성을 추구하는 것은 불가능하고 엄격한 의미에서 암시적 보편의미론으로 정의내릴 수 있을 것이다.

4. 원형의미론에 대한 평가

원형의미론은 색채명과 같은 비 분석적인 의미뿐만 아니라 'bachelor'나 'to lie'와 같은 분석 가능한 의미에 대해서도 적용이 가능하다. 뿐만 아니라 중심적이고 전형적인 형태에 대한 적용과 더불어 어휘 이외의 영역에 적용하기 위해 이차적으로 파생된 기능과 형태에서도 원형의 방법이 가정되고 시도되었지만 체계적으로 사용된 것으로 평가하기는 어렵다.

구조의미론의 대상은 개별언어 내에서 그때그때의 의미를 구조화이기 때문에 실제의 사용에 도움이 되는 반면에 원형의미론에서는 낱말과 언급된 사실에 대한 관계가 중요하다. 그래서 구조의미론에서는 기능적인 단위의 변이형들을 확정하고 배열하기 때문에 개별 변이형들을 구별하는 원형의미론의 대상이 적용될 수 있는 반면에 원형의미론에서는 어휘 내에서 다양한 의미 사이의 대립과 구조화된 관계나 경계 긋기와 같은 구조의미론의 대상이 적용될 수는 없다. 이것은 적용영역의 장, 단점의 문제가 아니라 의미 분석에서의 지향하는 시각 차이에 의한 것이다. 그때문에 구조언어학의 방법은 언어에서 구조화되어 있는 것과 관련하여 의미론에도 적용되기 때문에 문법, 음성학, 형태론과 같은 영역에 까지 구조의미론의 현상형식을 확대하고 적용하는 것이 반드시 필요한 것은 아니다. 거기에 비해 원형의미론의 경우에는 동일한 방법에 대한 적용영역의 확대가 아니라 문제설정 자체의 변화가 중요하기 때문에 어떤 하나의 문법적인 범주가 원형에서부터 형성되는 것으로 가정하지 않고, 적용영역이 일차적 혹은 중심적, 혹은 이차적, 파생적인 영역이 가정되는 방식으로 확대될 수 있는 것이다. 따라서 구조언어학의 적용영역과 인지심리학적 의미에서 원형의 적용영역은 거의 연관성이 없다. 하지만 비록 시각 차이에 의한 것이긴 하지만 원형의미론의 적용영역 확장 가능성[8]은 의미 분석에서 큰 장점으로 평가할 수 있다.

이와 더불어 범주의 모호성을 설명할 수 있고, 주변적인 경우들을 정당화할 수 있다는 원형의미론의 주장에 대해 구조의미론은 모호성이라는 것이 단지 지시적인 특성, 즉 언급된 대상이 되는 사물에만 해당되는 것이지, 의미에는 해당되지 않기 때문에 경계의 모호성을 설명하는 것은 아니라고 항변한다. 언급되는 사물은 연속적이고, 의미를 분리된 것으로 파악하고, 부류와 구별하는 구조의미론만이 부류 사이에 존재하는 경계의 모호성을 인식할 수 있기 때문에 모호성을 단지 함의된 경계를 짓는 특성과 관련해서만 타당한 것으로 간주함으로써 원형의미론의 새로운 대상들에 대한 의미 포착방식을 인정하지 않으려고 한다. 하지만 새로운 대상은 어떤 존재로서 존재할 가능성이지 존재하는 부류를 나타내는 것은 아니기 때문에 그 대상의 의미에 대한 적용 가능성은 처음부터 주어져 있는 것은 아니다. 따라서 의미는 근본적으로 개방되어 있기 때문에 알려져 있지 않은 대상들도 이미 주어진 의미로 소급되고, 거기에서 새로운 것은 언급된 대상들의 부류에서 단지 주변적인 경우로서 존재하는 것으로 보는 원형의미론의 시각은 타당할 것으로 판단된다.

Aitchison(1987: 55)에 따르면 원형이론은 우리들이 손상된 표본을 수습할 수 있는 방법을 설명한다. 가령 분석적 의미론에서는 '날수 없지만 날개를 가진' robin을 새의 범주 혹은 '세 개의 발을 가진' 호랑이를 포유동물로 범주화하는 과정을 설명할 수가 없는 반면에 원형의 시각에 따라 그들을 비전

---

8 적용가능성과 관련하여 원형의미론은 구조의미론에서는 불가능한 색채 형용사와 같은 예, 인공물(찻잔)의 명칭(Lavob 1973), lie와 같은 추상적인 어휘(Coleman & Kay 1981), 분석적 의미론에 있어서 전형적인 예 bachelor(Fillmore 1982), mother(lakoff 1986), 동사 reiten(Schlyter 1982), 지시대명사(Fillmore 1985), 전치사(Vandeloise 1990), 문법규칙(Lakoff 1986)에서 시작하여 음운론과 형태론에까지 원용된다.

형적인 범주 구성원처럼 원형과 유사한 것으로 가정할 수 있는 것이다. 결국 원형의미론은 주변적인 경우들을 개별적으로 인정하기 위해 노력하는 전형적인 방식으로 간주할 수 있다. 따라서 원형의미론의 아날로그 방식의 시각은 분석적 의미론과 같은 디지털 모델에서는 해결하지 못한 어휘의 다의성 문제를 해결할 수 있는 훌륭한 수단으로 사료된다. 원형개념은 다의어 관계 분석에도 적용되고 확장되었지만 문제점도 나타난다. Taylor(2006: 240)에 따르면 가령 'bird'가 다른 종류의 생물에 적용될 수 있다는 사실 때문에 그 낱말 자체가 다의적이라는 것은 아니다. 하지만 생물에 사용되는 bird와 더불어 우리가 어떤 사람을 'rare bird'라고 말한다면 bird라는 낱말의 의미는 다의적이라고 할 수 있다. 다의어에서는 한 의미가 중심적인 의미이고, 다른 의미들은 은유나 환유의 과정을 통해 파생된 것으로 간주되는 것이다. 다양한 의미가운데 어떤 하나의 의미가 원형으로 간주되지만, 다의어 낱말의 각각의 의미도 그 자체로 원형 구조를 가지기 쉽다. 하지만 다의어에서는 실제로 어떤 의미가 원형인지 결정하기가 어렵기 때문에 원형개념의 적용에는 복잡한 상황이 존재한다.

유연성과 더불어 원형의미론에서의 또 한 가지 장점은 범주 내에서 이질성이 고려된다는 것이다. 등급성,[9] 즉 언급된 대상들의 이질성은 분명히 일상의 경험에서 얻어진 것이지만 여기에서는 단지 대상 내에서의 등급성이지 의미 내에서의 등급성은 아니다. 결국 등급성은 의미를 통해 주어진 부류의 정확한 경계 긋기와 명명을 근거로만 확정될 수 있는 정신적인 구조이다. 그래서 일정한 특성들을 원형적인 것으로 간주하면 그 등급성은 다른 것에 대해 어떤 부류의 경계구분이나 대부분의 구성원들에 대해 타당한 총칭적인(generic) 것이 된다.

Labov(1973)는 vase, glass, cup, bowl 같은 범주에서 cup을 bowl과 같은

---

9 가령 'If I were a bird, I could fly to you.'라는 발화를 한다면 화자는 BIRD 범주를 ostrich나 penguin이 아니라 sparrow나 swallow와 같은 구성원 상을 생각하거나, '내가 깃털을 가지고 있다면' 혹은 '내가 알을 낳을 수 있다면'과 같은 특성보다는 '내가 날수 있다면'과 같은 특성을 생각할 것이다.

표본과 구별하기 위해 '(1)음료를 마시기 위한 용기', '(2)대체로 넓이만큼 높다', '(3)손잡이가 있다', '(4)받침이 있다'는 원형적인 특성을 제시한다. 이 가운데 특성 (2)는 cup과 bowl에 다 해당되는 경우도 있기 때문에 절대적인 특성이 아니고, 모든 특성이 다 cup에 대해서 타당한 것도 아니다. 어떤 하나의 특성이 모든 개체에 대해 타당한 것이 아니라 이와 같은 특성이 많으면 많을수록 그 대상은 cup으로 언급될 가능성이 높은 것으로 해석한다. 범주 구성원의 지위를 결정할 수 있는 단일의 기준이 없기 때문에 실제로 등급성이 범주 구성원 지위의 척도가 될 수 있는 반면에 명확하게 정의될 수 있는 범주에서 나타나는 등급적 반응은 범주 구성원의 지위와 별 관계없는 것으로도 나타날 수 있다.

원형의미론의 또 다른 외관상의 장점은 의미구성을 위한 필수적인 특성들을 가정하지 않는 것이다. 여기에서는 사물의 총칭적인 특성 내지 부분적으로 주관적인 일반화를 근거로만 사물에게 부여할 수 있는 특성들이 관련된다. 분명히 어떤 대상의 범주 소속성을 입증할 때 일정한 특성들이 처음부터 가정되는 것은 바람직하지만 부분적으로 일정한 문맥에서만 알려져 있거나 가정되는 특성들도 있는 것이다. 가령 BIRD 범주에 대해 'laying eggs' 혹은 'having feather', 'being able to fly'와 같은 다양한 특성가운데 어떤 것이 가치있는 것으로 간주되는가의 문제이다. 또한 언어적인 소속 특성이 중요한 역할을 할 뿐만 아니라 사물에 대한 지식이나 추측을 근거로 가정되는 특성들도 마찬가지이다. The Russians drink much Wodka와 같은 진술들은 일반적으로 어떤 그룹에 의해 잘 알려져 있는 것을 명확하게 함으로써 총칭적으로 가정될 수 있는 것이다.

원형에 대한 근접원칙은 사물에 대한 우리들의 지식과 일치되는 원칙이다. 낱말에 대한 절대적인 사용방식은 일정한 문맥에서만 가능하다. 가령 lay/legen이 절대적인 사용에서 새, 특히 닭과의 결합으로 사용되는 것이 일반적이기 때문에 자동적으로 lay eggs/Eier legen으로 이해된다. 그래서 '알을 낳는다'는 특성은 새에게서 전형적일지라도 lay/legen에 대해서는 원형적인 것은 아니다. 절대적인 사용방식이 원형과 동일시될 수 없다는데 대한 더 명백한 증거는 동사 drink/trinken에서도 나타난다. drink/trinken은 단지 알코올과 관련해서만 절대적인 방식으로 사용된다. 물론 마시는 물과 같은 다른 음료를 나타낼 때는 I drink no water/Ich trinke kein Wasser처럼 더 정확히 상세하게 언급 되어야 한다. 그래서 절대적인 사용에서는 항상 그것이 어떻게 해서 생성되었고, 언어공동체 내에서 무엇을 의미하고, 어떻게 사용되는지 질문되어야 하는 것이다.

원형의미론은 어휘의미론과 사전편찬에서 발전적인 시각만 제시한 것이 아니고, 일상적인 추론과 발화의 해석과 관련해서 어떤 낱말의 개별 언어적인 내용과 언어외적인 지식사이를 구별하지 않음으로써 의미와 사물사이의 관계를 혼동하도록 하는 측면도 있다. 특히 사전편찬 영역에서 원형의미론은 어휘적인 정의를 무제한 확대하고, 언어적으로는 동등하지만 일정한 사물의 특성들을 수용하도록 제안하기 때문에 완전한 임의적 선택의 가능성을 열어두었다. Kleiber(1993)는 원형의미론이 최소의 어휘적인 정의 대신에 대상을 기술하는 것을 장점으로 인정하지만, 거기에서는 언어의 의미를 기술하고 분석하는 것이 중요하기 때문에 어떤 대상을 순수하게 기술하는 것은 학술적으로 허용되지 않을 수도 있다. 하지만 외국어 교수법에서 의미론의 적용을 위해서 분석적 방식과 더불어 원형에 대한 사고도 유용한 것으로 판단된다.

5. 마무리

개별 학자나 학파의 차이점을 도외시한다면 어휘의미론에서 낱말의미는 개별적인 의미자질로 분절될 수 있는 분석적인 의미개념과 전체적으로 더 이상 분절될 수 없는 것으로 파악하는 전일주의적인 의미개념으로 구분될 수 있다. 어휘의미론 내에서 전통적인 원자론적 방식에서 전일주의적인 방식으로의 시각 전환을 함으로써 특히 보편언어 이론에 토대를 두고 자연언어의 특성인 다의성 해석을 가능하게 한 것은 원형의미론의 호소력 있는 특징으로 간주될 수 있다.

범주화의 모델로서 원형에 대한 가설은 어휘의미론에 있어서 유형에 따라 불필요하기도 하고, 중요한 위치가를 차지하기도 한다. 이 사고는 분석적 의미개념에 대한 대안이 아니라 보완적인 관계에 있고, 그 가설을 통하여 분석적 의미론과는 다른 어휘론적인 목표에 도달될 수 있는 것이다. 심리학자들은 다의어 관계, 사회방언적인 특이성, 의사소통의 한정조건 분류의 내포적인 표시등 언어학적 이론 형성을 위해 꼭 필요한 언어기호의 질, 특수성에 관심을 두지 않을 수 있기 때문에 언어학에서 심리학적 제 개념들을 원용하는데 어려움에 직면할 수도 있다. 그래서 원형은 주로 구체명사 영역에서 확정되고, 일차적 개념들은 지각적 자질이 존재하는 경우에만 가능하다는 사실도 아직 해결되지 못한 상태로 남아있는 실정이다.

구조의미론은 개별 언어와 관련되는 의미이론인 반면에 원형의미론은 엄격한 의미에서 보편의미론은 아니지만 주된 관심사가 초 개별언어적인 문제와 결부되어 있어서 서로 대조된다. 특히 지각범주의 원형은 보편적 특성이 타당하기 때문에 개별적인 언어에 의존되어 있지 않는 반면에 의미범주와 관련된 원형은 범주형성의 원칙에서 내용적, 문화적으로 상이할 지라도 제한적으로만 보편적 특성을 갖는다. 따라서 원형적인 범주형성의 원칙들은 대체로 보편성을 갖지만 자연범주 영역에서의 범주내용은 상대적인 보편성을 지니고, 의미적 범주들의 범주구조에 대한 보편성은 상당히 제한되어 나타나기 때문에 전체적으로는 잠재적 보편성을 추구하는 특징이 나타난다.

분석적 의미론이나 범주화의 고전적인 방식이 실제에 적합하지 않는 면이 있는 것과 더불어 전일주의적인 고찰방식에 의거한 원형의미론도 일정한 영역에서는 타당성이 있는 것이다. 추상적 설명방법으로서의 범주화는 복합적인 실제를 완벽하게 설명하는 것이 근본적으로 불가능하다. 그러나 전일주의적인 시각의 원형의미론은 가능하면 복합적인 현실을 가깝게 접근하고자 하는 시도이기 때문에 기술력은 상당한 반면에 분석적 의미론에 비해 설명력은 떨어지는 것으로 볼 수 있다. 물론 복잡한 실제에 내재된 원칙들은 단순하기 때문에 언어에 사용된 원칙을 설명하기 위해서는 설명력을 지닌 분석적 의미론의 방식도 부정할 수 없는 것이다. 그래서 이 보완적인 시각의 두 단초는 서로 통합된 형태로 사용된다면 시너지 효과를 발휘할 수 있는 전략이 될 수 있을 것으로 사료된다.

참고문헌

Aitchison, J.(1987), *Worlds in the Mind: An Introduction to the Mental Lexicon*, Oxford/Cambridge: Blackwell.

Albrecht, J.(1995), Neue Antworten auf eine alte Frage, in U. Hoinkes(ed.), *Panorama der Lexikalischen Semantik*, 23-40, Gunter Narr.

Armstrong, S. L., L. Gleitman & H. Gleitman(1983), What some concepts might not be, *Cognition* 13: 263-208.

Berlin, B. & P. Kay(1969), *Basic Color Terms: Their Universality and Evolution*, Berkeley/Los Angeles: University of California Press.

Coleman, L. & P. Kay(1981), Prototype semantics: The English word LIE, *Language* 57: 26-44.

Coseriu, E.(1992), *Strukturelle und Kognitive Semantik.* Vorlesung WS 1989/90, Nachschrift v. U. Maier und H. Weber, Tübingen: Vervielf. MS.

Cuyckens, H.(1991), *The Semantics of Spatial Prepositions in Dutch*, A cognitive linguistic exercise, Antwerpen.

Cuyckens, H.(1994), Family resemblance in the Dutch preposition op, in M. Schwarze(ed.), *Kognitive Semantik/Cognitive Semantics*, 179-195, Tübingen: Narr.

Fillmore, C. J.(1982), Towards a descriptive framework for spatial deixis, in R. J. Jarvella & W. Klein(eds.), *Speech, Place, and Action: Studies in Deixis and Related Topics,* 31-59, Chichester: John Wiley.

Fillmore, C. J.(1985), Frames and the semantics of understanding, *Quaderni di Semantica* 12: 224-254.

Givón, T.(1986), Prototypes: Between Plato and Wittgenstein, in C. Craig(ed.), *Noun Classes and Categorization*, 78-102, Amsterdam: Benjamins.

Geeraerts, D.(1988), Where does prototypicality come from?, in O. Rudzka(ed.), *Topics in cognitive linguistics*, 207-229, Amsterdam/Philadelphia: Benjamins.

Geeraerts, D.(2016), Prospects and Problems of Prototype Theory, *Diacronia*: A53: 1-16.

Hampton, J-A.(2016), Categories, prototypes and exemplars, in N. Riemer(ed.), *The Routledge Handbook of Semantics*, 125-141, London/New York: Routledge.

Heider(Rosch), E.(1971), Focal color areas and the development of color names, *Developmental Psychology* 4: 447-55.

Heider(Rosch), E.(1972), Universals in color naming and memory, *Journal of Experimental Psychology* 93: 337-54.

Kleiber, G.(1993), *Prototypensemantik. Eine Einführung,* Übers von Michael Schreiber, Tübingen: Narr.

Labov, W.(1973), The boundaries of words and their meanings, in C. J. Bailey & R. W. Shuy(eds.), *New ways of analyzing variation in English*, 340-373, Washington, D.C.: Georgetown University.

Lakoff, G.(1986), Classifiers as a reflection of mind, in C. Craig(ed.), *Noun classes and Categorization*, 13-51, Amsterdam/Philadelphia: Benjamins.

Lakoff, G.(1987), *Cognitive Models and Prototype Theory*, in U. Neisser(ed.), Concepts and Conceptual Development: Ecological and Intellectual Factors in Categorization, 63-100, Cambridge, M.A.: The MIT Press.

Langacker, R. W.(1987), *Foundation of Cognitive Grammar*, vol. 1, California: Stanford University Press.

Mangasser-Wahl, M.(ed.)(2000a), *Prototypentheorie in der Linguistik,* Tübingen: Stauffenburg.

Mangasser-Wahl, M.(2000b), *Von der Prototypentheorie zur Empirischen Semantik. Dargestellt am Beispiel von Frauenkategorisierung*, Frankfurt am Main: Peter Lang.

Rosch, E.(1973), On the internal structure of perceptual and semantic categories, in T. E. Moore(ed.), *Cognitive Development and the Acquisition of Language*, 114-144, New York: Academic Press.

Rosch, E.(1975a), Cognitive reference points, *Cognitive Psychology* 7: 532-547.

Rosch, E.(1975b), Cognitive representations of semantic categories, *Journal of Experimental Psychology: General* 104: 192-233.

Rosch, E.(1975c), Universals and cultural specifics in human categorization, in R. W. Brislim, S. Bochner & W. J. Lonner(eds.), *Cross-Cultual Psychology*, 1-49, London/New York/San Francisco: Academic Press.

Rosch, E.(1977), Human categorization, in N. Warren(ed.), *Studies in Cross-Cultural Psychology*, 1-49, London/New York/San Francisco: Academic Press.

Rosch, E.(1978), Principles of categorization, in E. Rosch & B. Lloyd(eds.), *Cognition and Categorization*, 27-48, Hillsdale: Lawrence Erlbaum,

Rosch, E.(1988), Coherences and categorization: a historical view, in F. S. Kessel(ed.), *The Development of Language and Language Researchers*, 373-392, Hillsdale: Erlbaum.

Rosch, E. & C. B. Mervis(1975), Family resemblances: Studies in the internal structure of categories, *Cognitive Psychology* 7: 573-605.

Rosch, E. & C. B. Mervis(1981), Categorization of natural objects, *Annual Review of Psychology* 32: 89-115.

Schlyter, S.(1982), *Vagheit, Polysemie und Prototypentheorie,* Stockolm(Papers from the Institute of Linguistics, University of Stockolm 46).

Schmid, H-J.(1998), Zum kognitiven Kern der Prototypentheorie, *Rostocker Beiträge zur Sprachwissenschaft* 5: 9-28

Taylor, J.(1995), *Linguistic Categorization: Prototypes in Linguistic Theory,* Oxford: Clarendon Press.

Taylor, J.(2006), Prototype Semantics, in E. K. Brown & A. Anderson(eds.), *Encyclopedia of Language & Linguistics*, 238-240, Boston: Elsevier.

Vandeloise, C.(1990), Representation, Prototypes and Centrality, in S. Tsohatzitis (ed.), *Meaning and Prototypes: Studies in Linguistic Categorization*, 403-437, London: Routledge.

Voorspoels, W., W. Vanpaemel & G. Storms(2008), Exemplars and Prototypes in natural language concepts: A typicality-based evaluation, *Psychonomic Bulletin & Review* 15(3): 630-637.

Wittgenstein, L.(1953), *Philosophical Investigations*, transl. by G. E. M. Anscombe, N.Y.: MacMillan.

용례기반이론(Usage-based Theory)

김 아 림*

1. 들머리

인지언어학에서는 생성문법이론과 형태주의 이론과는 달리, 인간이 지니는 인지 기능과 언어 기능은 서로 매우 밀접한 관계를 이루고 있다고 본다. 즉, 언어 사용자들이 지니는 언어적인 지식은 그들이 겪는 신체를 통한 모든 인지 적인 경험과 체험을 바탕으로 하고 있다는 견해를 지닌다(Lakoff & Johnson 1999). 인지언어학과 그 핵심을 나누고 있는 이론이 바로 용례기반이론(usage-based theory)이다. 'Langue'와 'parole'을 구분하고 있는 Saussure(1916)를 비롯하여 인간의 머리속 지식인 언어능력(competence)와 실제 발화되는 언어수행(performance)의 차이를 분명히 두고 있는 Chomsky(1965)의 입장과는 반대로, 용례기반이론에서는 언어 사용자들이 지니는 언어 구조와 언어의 사용을 서로 분리된 것으로 보지 않는다.[1] 용례기반이론에 의하면, 언어적 지식은

*   뉴멕시코대학(University of New Mexico) 언어학과 방문연구원,
    mirhamik@hotmail.com

1   '용례기반(usage-based)'이라는 용어는 Langacker(1987)가 사용하기 시작했으나

언어의 실제 사용과 그 사용을 통한 일반화 과정의 결과물이다(Langacker 1987; Croft 1991; Goldberg 2006; Bybee 2010 등). 즉, 용례기반이론에서의 언어적인 지식이란, 언어 사용자들이 자신의 삶 전체에서 겪어온 언어 사용에 대한 경험이 전부 축적되어 그를 통해 만들어진 일반화를 의미한다. 여기서 언어 사용이라 함은 말하는 것, 듣는 것, 읽는 것 등을 모두 포함하는 것으로, 이러한 경험 하나 하나가 언어 사용자들의 언어 구조에 끊임없이 영향을 미치고 있다고 본다(Langacker 1987; Kemmer & Barlow 2000; Bybee 2010). 언어적 경험을 기억하여 저장하고, 또 그 기억을 다시 활성화 시키는 과정(Bybee 2007), 언어 경험을 통한 일반화 과정(Langacker 1987), 그리고 또한 담화 상에서 이루어지는 의식의 흐름(Chafe 1994)을 통하여 언어 구조는 끊임없이 역동적으로 변화되어 간다. 따라서 동일한 모국어를 구사하는 언어 사용자들이라도 각자 겪게 되는 언어적 경험에 따라 그 언어적 지식의 형태 또한 서로 조금씩 다를 수 있다. 뿐만 아니라, 끊임없이 새로운 언어적 경험이 지속적으로 축적되고 있기 때문에 그로 인해 언어 형태나 구조가 불변의 모습으로 고정되어 있는 것이 아니라 계속 변화하고, 또 나타나고 있다('emergent': Hopper 1987, 2008). 그렇기 때문에 언어 사용자들이 실제로 사용한 용례에서 발견되는 일정한 패턴이나, 각 패턴의 빈도수, 언어 변이나 변화 현상 등은 언어 사용자들이 지니고 있는 인지적 표상에 대한 직, 간접적인 증거가 될 수 있다.

용례기반이론은 또한, 언어를 형성하는 기제를 언어 내부에서 찾지 않고, 인간의 기본적인 뇌 기능들과 같은, 보다 더 포괄적이며 일반적인 신경학적 과정들 속에서(domain-general processes: Bybee & Beckner 2009) 찾고 있다. 용례기반이론은 이처럼 언어 외적에서 그 타당성을 찾고 있기 때문에 그 설명력이 높을 뿐만 아니라, 언어의 실제 용례에 대한 분석을 근본으로 삼는 방법

실제로 그 뿌리는 1960년대의 기능주의 유형론적 연구를 대표하는 Greenberg (1966)의 연구로 거슬러 올라갈 수 있으며, 1970년대에 접어 서며 Givón(1979), Hopper & Thompson(1980) 등으로부터 활성화 되었다(Bybee 2013).

론을 통해 보다 객관적이면서도 실증적인 증거를 제공하기 때문에 인지언어학의 기본 전제를 더 탄탄하게 뒷받침해주는 중요한 이론이다. 이 글은 용례기반이론의 기본이 되는 주요 개념들을 기술하고, 용례기반적 접근을 통한 언어학의 여러 분야의 연구들을 소개하는 것을 목적으로 한다.

2. 용례기반이론의 주요 개념

2.1. 용례기반이론의 영역일반적 과정들(domain-general processes)

용례기반이론에서는 언어의 구조가 형성되는 것이 언어에만 특성화된 기능을 통한 것이 아니라, 인간이 지니고 있는 일반적이면서도 또 기본적인 인지 과정을 통한 것이라고 설명한다. 언어라는 영역에만 국한되어있는 과정들이 아닌, 인간의 모든 인지 영역에 적용되는 심리학적, 신경학적 과정들이기 때문에 이를 영역일반적 과정(domain-general processes)이라 칭한다. 본 장에서는 용례기반이론이 토대로 하는 주요 영역일반적 과정 중, 대표적으로 청킹(chunking)과 범주화에 대해 소개하고자 한다.

2.1.1. 청킹(chunking)

Bybee & Beckner(2009), Bybee(2011)에서는 용례기반이론의 영역일반적 과정 중 하나로 청킹('chunking')을 예로 들고 있다. 청킹이란 순차적으로 등장하는 개별적인 여러 단위들이 반복적인 과정을 통해 하나의 덩어리, 즉 하나의 단위로 자동화(automation: Haiman 1994) 되는 과정을 의미한다(Bybee & Scheibman 1999; Bybee & Thompson 1997; Haiman 1994). 이는 인간의 근육과 연관된 운동 신경 기능에서도 쉽게 발견되는 과정으로, 순차적으로 일어나는 여러 움직임을 익힐 때에 무의식적으로 일어나는 과정이다. 예를 들어 '자전거 타기'와 같은 신체적인 동작을 처음 경험할 때에는 그 움직임의 순서를 의식적으로 익혀야하기 때문에 그 과정이 상당히 어렵게 느껴질 수 있다. 그러나 이를 지속적으로 반복할 경우 그 순서에 익숙해지게 되고, 점차적으로 그 세부적인 과정들을 의식하지 않고도 어려움 없이 자동적으로 행할 수 있게 된다. 연속적으로 일어나는 분리된 행위들(자전거의 핸들을 양손으로 잡는 행위 – 한 다리를 들어 올려 몸을 자전거 위에 걸치는 행위 – 한 발씩 페달 위에 올려놓는 행위 – 다리 근육을 움직여 바퀴를 돌리는 행위 – 등)이 지속적인 반복을 통해 자동화를 겪게 되고, 그로 인해 각 행위가 더 이상 분리되지 않은 채 '자전거 타기' 라는 하나의 행위로 인식되는 것이다. 또한, 인간은 순차적으로 발생하는 일련의 사건들뿐 아니라 동시에 발생하는 한 개 이상의 사건들에 대해서도 반복을 통해 쉽게 습득할 수 있는 능력을 지니고 있다. 하나 이상의 사건이 동시에 일어나는 경험이 자주 되풀이되면 그 전체를 역시 하나의 사건, 즉 하나의 덩어리로 인식하게 되는 것이다.

용례기반이론에서는 이러한 청킹 과정이 언어의 영역에서도 그대로 적용된다고 본다. 언어에 존재하는 모든 크고 작은 단위들(음소, 형태소, 단어, 구 등)은 모두 교차양상(cross-modal)의 관계를 보인다. 음성적인 형태가(수화의 경우 시각적인 형태가) 언제나 특정한 의미 혹은 기능과 함께 특정한 화용적 문맥 속에서 등장하기 때문이다. 언어 사용자들은 이들이 모두 동시에 발생하는 경험을 반복적으로 겪게 되고, 그로 인해 이들을 하나의 덩어리로 인식하여 하나의 형태소, 단어, 구 등으로 인지할 수 있게 된다. 따라서 언어에 존재하는 모든 단위들은 언어 사용자들이 겪은 체험을 통한 인지적, 신경학적 과정으로 이루어진 청킹의 결과물이라고 볼 수 있다.

2.1.2. 범주화(categorization)

인간이 지니는 인지적 표상은, 앞서 기술한 바와 같이 특정 사건들의 반복적인 체험으로 인하여 끊임없이 그 형태가 바뀌어 지고 있다. 그러나 한 사건이 '반복'되기 위해서는 인간은 서로 다른 두 개 이상의 사건들을 '동일한'

사건으로 인지하여야만 한다(Haiman 1997). 이렇게 여러 다른 사건이나 사물 등을 서로의 유사성을 기반으로 동일한 것으로 분류하는 과정이 바로 범주화 (categorization)이다. 범주화 역시 인간의 기본적인 인지 능력으로, 용례기반 이론의 핵심이 되는 영역일반적 과정 중 하나이다.

범주화에 대한 연구는 철학과 심리학 분야에서 많이 이루어져왔다. 특히 인지언어학에서는 '범주'라는 것이 필요충분조건으로 이루어진 뚜렷한 경계 를 지닌다는 고전적인 시각과는 대립되는 입장을 취한다. 그와는 반대로, 여 러 범주 간의 경계는 오히려 흐릿(fuzzy)하고 점진적이며(Labov 1973), 하나 의 범주 내부의 정중앙에는 '원형(prototype)'을 이루는 구성원이 있고 그것을 중심으로 원형과 가까운 '더 좋은 구성원'과 원형에서 더 멀어진 '덜 좋은 구성원'으로 이루어져 있다는 입장을 취하고 있다(Berlin & Kay 1969; Rosch 1973, 1975, 1978).

그러나 용례기반이론에서의 범주화는 원형 모형과는 조금은 다른 입장을 취한다. 용례기반이론에 의하면 인간이 체험하는 모든 경험들은 각자 개별적 인 경험 조각으로 기억 속에 저장된다. 따라서 범주는 '원형'이라는 추상적인 개념을 중심으로 이루어진 것이 아니라 인간의 경험을 담은 조각들의 표상으 로 이루어져있다. 이러한 조각들은 서로 간의 유사성을 기반으로 연결되어있 는데, 그 연결이 점점 밀집됨에 따라 일반화 과정을 거치게 되어 범주가 형성 된다. 이러한 범주화 과정은 시각 영역, 청각 영역 등 인간의 타 인지 영역의 범주뿐만 아니라 언어적 범주에도 그대로 적용된다(Bybee & Becker 2009). 언어에 존재하는 모든 항목들은 각자 세부적인 내부적 구조를 지니고 있으며, 각 항목의 실제 사용 사례 하나 하나가 모두 인간의 기억 속에 개별적으로 저장된다. 이런 방식으로 저장된 항목들은 서로 간의 유사성으로 연결된 다른 항목들 간의 밀집도에 따라 음소로 범주화되기도 하고(Miller 1994; Bybee 2001), 형태소로 범주화되기도 하며(Bybee & Moder 1983), 문법 구문으로 범주화되기도 한다(Goldberg & Giudice 2005; Bybee & Eddington 2006). 따 라서 이러한 범주화 과정을 거쳐 구성된 언어적 단위들은 서로 간의 경계가 뚜렷할 수 없으며 음성 분절음, 음소, 형태소, 단어, 구문 등의 단위들은 모두 일종의 연속체(continuum)로 이루어져있다. 각 단위가 지니는 속성도 고정되어있는 것이 아니며, 각 항목이 속할 수 있는 범주나 단위 또한 일정하게 고정되어있지 않다. 이들은 모두 언어 사용자들의 언어적 경험으로 축적되는 정보에 의하여 끊임없이 만들어지고, 또 변화되고 있다.

2.2. 빈도효과(frequency effect)

용례기반이론에서 청킹과 범주화와 더불어 함께 자주 등장하는 것이 바로 빈도 효과(frequency effect: Bybee 2006, 2013; Bybee & Becker 2009)이다. 용례 사용의 빈도란 크게 두 종류로 나뉘는데 첫째는, 하나의 항목이 해당 텍스트 안에서 출현한 총 빈도수를 의미하는 '출현빈도(token frequency)'이며, 둘째는, 동일한 패턴을 보이는 언어 항목의 개수를 의미하는 '유형빈도(type frequency)'이다. 2.2.1.에서는 출현빈도가 지닐 수 있는 세 가지 효과, 즉, '축약효과(reducing effect)', '보존효과(conserving effect)', 자율성효과(autonomy effect)'에 대해서 기술하고, 2.2.2.에서는 유형빈도가 지니는 생산성 효과에 대해 기술하겠다.

2.2.1. 출현빈도 효과(token frequency effect)

출현빈도는 언어적 표현에 '축약효과(reducing effect)'를 가져오기도 한다. 예를 들어, 출현빈도가 높은 단위들은 상대적으로 출현빈도가 낮은 단위들보다 훨씬 더 빠르게 음성적으로 축약되는 과정을 겪는다(Hooper 1976; Bybee & Scheibman 1999; Bybee 2000, 2001). 위에서 언급한 '자전거 타기'를 다시 한 번 예로 들면, 일련의 동작들이 잦은 반복을 거치게 될 경우 (즉 빈도수가 높아지면) 한 동작에서 다른 동작으로 넘어가는 과정의 속도가 점차 빨라지게 되고, 그 결과 전체의 과정 중 일부가 생략되거나 축약될 수도 있는데, 언어의 음성축약 과정도 이와 다르지 않다. 단어나 구와 같은 단위들도 그 형태가 높은 빈도로 출현하게 되면 발음을 하는 조음기관의 움직임이 점차 빨라지게 되며 그 결과 형태의 일부 혹은 전부가 생략될 수 있다. 영어에서 *going to, want to, have to*와 같은 표현들이 고빈도로 사용이 되면서 그 음성 형태가 *gonna, wanna, hafta*로 축약됨이 그 대표적인 예이다(Krug 2000).

출현빈도는 언어적 표현의 '보존효과(conserving effect)'를 일으킬 수도 있다. 보존효과란, 고빈도로 출현하는 표현들이 상대적으로 출현빈도가 낮은 표현들에 비해 형태가 덜 변화하고 그대로 보존되는 것을 일컫는다. 이는 위에서 기술한 축약효과와 마치 상충하는 것처럼 보일 수 있으나, 축약효과와 보존효과는 두 개의 서로 다른 인지적 기제에 의한 결과들이다(Bybee & Becker 2009). 축약효과는 출현빈도가 높아질수록 발음의 능숙도와 그 속도가 함께 높아짐으로 인해 나타나는 효과이며, 반면 보존효과는 출현빈도에 따라 해당 표현에 대한 뇌의 기억력이 더 강화되기 때문에 나타나는 효과이다. 이처럼 자주 사용됨에 따라 뇌의 기억 속에서 강하게 자리 잡는 과정을 'entrenchment'라고 부른다. 따라서 고빈도 표현일수록 기억 속에 강하게 자리 잡게 되어 그 형태가 장기적으로 활성화될 수 있다. 한번 강하게 자리 잡힌 표현들은 상대적으로 빈도가 덜한 표현들에 비하여 변화를 일으킬 수 있는 환경에서도 영향을 받지 않은 채 그 형태를 굳건히 유지할 수 있게 된다. 영어에서 불규칙 과거형을 지닌 동사들을 한 예로 들어볼 수 있다. 영어의 불규칙 동사 중 서로 비슷한 패턴을 보이는 동사로는 *weep/wept, creep/crept, leap/leapt, keep/kept, sleep/slept*가 있다. 이 중 *weep/wept, creep/crept, leap/leapt*에 대해서는 언어 사용자들이 규칙화를 적용시켜 형태를 바꾸어 사용하는 경향성을 보인다 (Hooper 1976; Bybee 1985; Bybee 2001). 즉, 규칙적인 과거형처럼 본동사에 *-ed*를 붙여 *weep/weeped, creep/creeped, leap/leaped*로 변형된 과거 형태 또한 실제 용례에서 발견된다. 반면, *keep/kept*와 *sleep/slept*의 경우 비슷한 패턴의 불규칙 형태를 보이지만 앞서 보인 동사들처럼 과거형이 규칙화되는 경향성을 전혀 보이지 않는다. 이는, 고빈도로 사용되는 *keep/kept*와 *sleep/slept*가 빈도가 낮은 타 불규칙 동사들에 비해 그 형태가 뇌의 기억력 속에서 훨씬 더 깊고 강하게 자리 잡고 있기 때문에 비슷한 패턴을 보이는 형태들이 규칙화 되어가는 환경에도 불구하고 여전히 본래의 불규칙 형태의 모습을 그대로 보존하고 있음을 보여준다.

출현빈도가 보이는 또 다른 효과는 '자율성효과(autonomy effect)'이다. 자율성(autonomy)이란, 형태론적으로 복합적인 표현들(하나 이상의 형태소로 이루어진 단어나 혹은 여러 단어로 이루어진 표현들)이 고빈도로 사용되면서 그 내부적인 구조가 희미해져 원래의 어원적 구조에서부터 벗어나 더 자율적인 특성을 띄게 되는 것을 의미한다(Bybee 1985). 영어에서 *be going to*의 경우가 자율성효과를 잘 보여주는 한 예이다. 이는 총 세 개의 단어로 이루어져있는 복합적 표현으로, 고빈도로 출현되어 문법화를 겪어 미래 시제를 뜻하게 되는데, 이로 인해 원래의 *be, go, to*의 의미를 상실하게 될 뿐 아니라 세 단어가 이루고 있던 원래의 통사적 구조에서도 투명성을 잃게 되어 미래시제를 의미하는 *be going to*라는 하나의 단위로서 자율성을 지니게 되는 것이다.

2.2.2. 유형빈도 효과(type frequency effect)

출현빈도뿐 아니라 유형빈도(type frequency) 또한 용례기반이론에서 중요한 역할을 지닌다. 한 구문이 지니는 도식의 빈자리에 얼마나 다양한 항목이 들어갈 수 있는지에 따라서 유형빈도가 결정된다(Bybee & Beckner 2009; Bybee 2013). 영어에서 'X를 미치게 만들다'를 의미하는 *drive X crazy* 구문을 예로 살펴보면, 이와 비슷한 패턴을 보이는 구문으로는 *drive X mad, drive X up the wall, send X crazy, make X crazy* 등이 있다. 이를 도식화시켜 정리한 것이 예 (1)이다. 도식 (1)에 의하면 본동사의 위치에 들어갈 수 있는 항목은 *drive, send, make* 밖에 없기 때문에 그 유형빈도는 3이지만, 주어 위치에 들어갈 수 있는 항목에는 제한이 없어 그 유형빈도가 거의 무제한이라고 볼 수 있다. 때문에 유형빈도는 구문의 생산성(productivity)과 직접적인 관계를 지닌다. 생산성이란, 특정한 패턴이 새로운 형태(새롭게 창조된 단어나 차용어와 같은 형태)에 적용될 수 있는 그 정도성을 의미하는데(Bybee 2001), 일반적으로 유형빈도가 높은 구문일수록 새로운 항목과 함께 쓰일 가능성이 높다(Bybee 1985; Bybee 2013). 그러나 생산성은 온전히 유형빈도에만 달려있는 것이 아니므로 그 외의 요인도 함께 살펴져야만 한다. 도식 (1)과 같이 구문 내에 빈자리를 지니는 경우는 대체적으로 의미적인 제약을 지닐 수 있으며, (1)의 형용사 자리에는 의미적으로 '광기'와 연관이 있는 형용사만 등장할 수 있다는 제약을 지닌다(Boas 2003; Bybee & Beckner 2009).

(1)

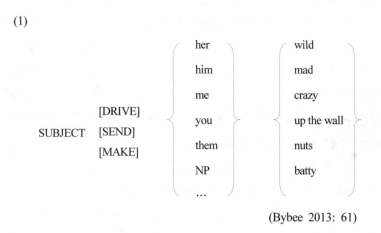

(Bybee 2013: 61)

2.3. 전형모형(exemplar model)과 네트워크모형(network model)

용례기반이론을 가장 잘 설명해주는 모형으로는 전형모형(exemplar model)과 네트워크모형(network model)이 있다. 이 두 가지 모형에 대해서 각각 2.3.1.과 2.3.2.에서 나누어 기술하겠다.

2.3.1. 전형모형(exemplar model)

인간의 뇌는 제한적인 저장 공간을 지닌다는 전제로, 언어의 원리를 최소한의 법칙들로 설명하려 했던 생성문법이론의 입장(Chomsky 1993, 1995; Radford 2004)과는 다르게 용례기반이론에서는 언어의 구조에 대하여 비최소주의적(non-minimalist) 입장을 취한다(Langacker 1987; Bybee & Becker 2009). 이러한 용례기반이론의 입장을 잘 나타내주는 것이 전형모형(exemplar model)이다. 앞서 인간이 체험하는 모든 경험은 각자 하나의 경험 조각으로 기억 속에 저장된다고 기술한 바 있다. 전형모형에서는 새로운 경험 조각이 기억에 추가 될 때에, 기억 속에 이미 저장되어있던 다른 경험 조각들과의 비교 과정을 반드시 거치게 되고, 그 비교 과정을 통해 범주화가 일어난다고 본다. 기억 속에 먼저 저장되어있는 조각이 바로 전형(exemplar)이다. 전형모형에 의하면, 언어적 표현의 모든 용례가 언어 사용자가 지니는 인지적 표상에 직접적인 영향을 미치게 되고, 새롭게 추가된 용례와 기존에 저장되어있던 전형이 서로 동일한 것이라고 판단될 경우 그 둘이 겹쳐져 기존 전형을 더 강화시켜주게 된다. 새로운 용례가 기존의 전형들과 겹쳐질 만큼 유사점이 발견되지 않을 경우에는 그 용례가 또 하나의 새로운 전형으로 자리 잡아 기억에 저장된다(Bybee & Becker 2009).

전형모형에서는 인간이 겪는 모든 경험 사례 각각과 관련한 수많은 풍부한 양의 정보가 전부 기억 속에 저장된다고 본다. 따라서 전형모형에서 보는 인간의 뇌는 거의 무제한의 저장 공간을 지닌다(Johnson 1997, Bybee 2001). Johnson(1997)에서는 전형이 지닐 수 있는 모습을 <그림 1>과 같이 요약하여 보여주고 있다.

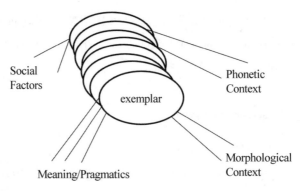

〈그림 1〉 전형의 표상과 관계

<그림 1>은 뇌에 저장되는 언어적 표현의 전형의 모습이다. 이는 언어적 표현이 하나의 전형으로 기억 속에 저장이 될 때, 그리고 그와 같은 범주로 속한 새로운 용례들이 추가되면서 강화되고 축적 될 때, 그 과정이 어떠한 형태로, 또한 어떠한 정보들과 함께 저장되는지 잘 요약해주고 있다. 한 언어적 전형이 저장될 때에는 그 표현의 음성적 형태와 의미뿐아니라 그와 더불어 다른 표현들과 결합될 때 필요한 형태론적 정보, 해당 표현의 화용적이며 문맥적인 정보, 해당 표현의 사용에 필요한 사회적인 요인들까지, 즉, 언어적 표현이 실제 사용되는 상황에 관련한 모든 정보가 함께 저장되고 기억됨을 보여준다.

한 전형에 대한 사용 빈도수가 증가할수록 그 전형은 더욱 활성화되고, 또한 함께 등장하는 다른 정보와 함께 더 강화된 상태로 기억 속에서 단단히 자리잡아가게 된다(entrenched). 하지만 그 반대로 특정 언어적 표현이 기억 속에서 하나의 전형으로 위치해 있다가도 언어 사용자가 이를 충분히 사용하지 않는다면 그 전형에 대한 기억이 상실될 수도 있다. 특정 근육을 장기간 사용하지 않으면 손실이 오듯 언어적 표현도 동일한 과정을 겪기 때문에 한번 전형으로 저장이 되었어도 장기간 활성화되지 않으면 기억에서 사라질 수 있는 것이다. 이처럼 전형모형을 통한 용례기반이론에서는 언어의 습득과정 뿐만 아니라 상실 과정에 대해서도 설명이 가능하다.

2.3.2. 네트워크모형(network model)

용례기반이론에서 중요한 역할을 하는 또 다른 모형은 네트워크모형(network model)이다. 이는 언어라는 것 자체가 하나의 거대한 네트워크라고 보는 입장이다(Croft 2007). 네트워크모형에서는 언어적 표현들이 기억 속에 아무런 체계가 없는 상태로 저장되는 것이 아니라, 그들 사이에 존재하는 유사점들로 서로 연결이 된 채 하나의 망을 이루며 저장된다. 이 연결망은 표현들 간의 의미적인 유사점뿐만 아니라 형태적, 음성적인 유사점으로도 이어져 있다.[2]

언어적 형태들이 음성적인 유사성으로 네트워크를 이루며 연결되어 있는 모습을 Bybee(2001)에서는 <그림 2>처럼 나타내고 있다. <그림 2>와 같은 네트워크가 형성되는 과정을 통해 언어 사용자들은 영어의 음절 끝자리에는 [ĕnd]와 같은 음성 조합이 가능하다는 일반화를 내릴 수 있게 된다.

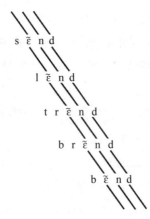

〈그림 2〉 *send, lend, trend, blend, bend* 어휘들 사이의
음성적 유사성에 의한 연결 (Bybee 2001: 22)

또한 음성적 요소와 의미적 요소가 함께 저장되어 네트워크를 이루는 모습은 <그림 3>으로 요약되어 있다. <그림 3>과 같은 연결 구조를 통하여 언어 사용자들은 영어의 동사가 뒤에 소리 [d]와 결합될 때에는 그 동사의 과거시제를 의미한다는 일반화를 내릴 수 있으며 또한 이 과정에서 접미사(suffix)라는 단위가 범주화되어 나타나는 것이 가능해진다.

---

2 이러한 관점을 뒷받침 해주는 연구로는 Pisoni, Nusbaum, Luce & Slowiaczek (1985)의 실험이 있다. Pisoni *et al.*(1985)에서 피실험자들은 노이즈가 덧대어진 단어를 듣고 그 단어를 식별해내는 실험에 참여했는데, 이들은 바로 앞서 들은 단어와 음성적인 유사성이 있을 때 해당 단어를 훨씬 더 잘 인식하는 경향성을 보였고, 또한 앞서 나오는 단어와 음성적인 유사성이 높을수록 그 인식도도 함께 높아진다는 경향성을 보여주었다.

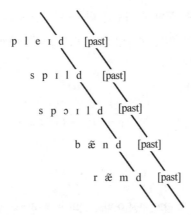

〈그림 3〉 영어의 *played, spilled, spoiled, banned, rammed* 사이의
음성적, 의미적 연결 (Bybee 2001: 23)

<그림 4>는 복합구조를 지니는 단어가 타 단어와 가지는 네트워크를 나타
낸 것이다. <그림 4>는 *unbelievable*과 같은 복합 단어들은 다른 단어들과의
유사점으로 연결된 네트워크를 통해서 그 내부적인 구조가 생겨나는 과정을
잘 보여준다.

〈그림 4〉 타 단어들과의 관계에서 나타나는 *unbelievable*의 내부 구조
(Bybee & Beckner 2009: 835)

이와 동일한 과정을 통해 단어보다 더 큰 단위인 속담이나 관용어구 또한 네트워크로 설명할 수 있다. <그림 5>는 속담 *pull strings*의 예를 보여준다.

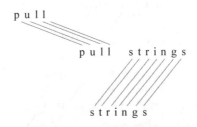

〈그림 5〉 **속담과 구성 어휘들 간의 관계** (Bybee 2006: 713)

<그림 5>에서 보여진 *pull strings*와 같은 표현들은, 속담으로 지니는 의미가 그 구성 어휘들이 지니는 의미의 합과 같지 않다는 특징이 있다. 전통적인 이론에서는 이와 같이 합성적인 의미를 지니지 않은 표현들은 특수한 경우로 취급하여 별로도 저장된다는 입장이었으나 용례기반이론에서는 합성적 의미를 지니는 구문과 그렇지 않은 구문을 구분하여 따로 저장할 필요가 없다 (Bybee & Beckner 2009). 반복적으로 등장하는 일련의 어휘들이 청킹 과정을 통해 서로 분리된 것이 아닌, 하나의 단위로 인식할 수 있음을 설명할 수 있을 뿐만 아니라, 동시에 <그림 5>와 같은 네트워크 모형을 통해 그 내부적 구조 또한 여전히 유지할 수 있기 때문이다.

3. 용례기반이론을 통한 언어학의 연구 분야

용례기반이론을 통한 언어학 연구는 언어 사용자들이 실제 사용한 언어 용례에서 일정한 패턴을 찾아내고, 또한 언어 사용자들의 언어 구조가 만들어 지는 유동적인 과정을 실제 용례를 통해 보여주는 연구를 모두 포함한다. 이 러한 연구는 이미 70년대부터 사회언어학 분야(대표적으로 Labov 1972;

Sankoff & Brown 1976; Poplack & Tagliamonte 1999; Poplack 2001 등)와 담화 속에서 등장하는 문법에 대한 연구 분야에서(대표적으로 DuBois 1985; Givon 1979; Hopper & Thompson 1980; Thompson & Hopper 2001 등) 이루어져 왔다고 볼 수 있다.

90년대에 들어오면서는 대량 말뭉치의 접근이 수월해짐으로 인해 이를 통하여 용례를 기반으로 한 다양한 언어적 분석이 가능해졌다. 국내에서도 한국어의 특정 구문이 지니는 의미, 기능, 또 그 범주화에 대해서 실제 용례 분석을 통해 기술하고, 또 그 사용 경향성을 분석하는 연구가 다양하게 이루어지고 있다. 임지룡(2005), 유현경(2008), 이정화(2009), 이은령(2013) 등이 대표적인 예이며, 구문의 의미 확장에 대한 연구로는 임지룡(2014) 등이 있다. 또한 유의어 관계를 형성하는 어휘들에 대한 용례기반적 연구로는 유현경(2007), 김해연(2012), 석수영(2014), 김아림·김바로(2018) 등을 찾아볼 수 있으며, 구문의 속성에 대해 용례를 이용하여 통계적으로 접근한 연구로는 강범모(2014) 등을 예로 들 수 있다.

특히 Croft(Croft 2000; Croft & Cruze 2004)는, 문법 구조는 의사소통을 목적으로 실제로 사용된 발화들을 통해 만들어지는 것이라 주장한 바 있는데, 또한 그렇기 때문에 억양단위(intonation unit)로 나뉘어져 있는 발화(utterance)야말로 언어의 가장 기본 단위라는 주장을 펼쳤다. 이와 같은 맥락으로, 자연적으로 발화된 대화 용례를 통해 구문의 기능 및 경향성을 분석한 연구로는 Kim(2015a, 2016, 2018), 김아림(2018) 등이 있다.

용례기반이론을 통한 연구 중 특히 용례의 빈도가 미치는 영향력에 초점을 맞춘 연구들이 최근에는 주를 이루고 있다. 용례의 빈도가 언어지식과 구조에 미치는 영향력에 대한 연구로는 대표적으로 Bybee & Hopper(2001), Bybee(2006, 2007, 2010), Goldberg(2006), Arnon & Snider(2010) 등이 있다.

용례의 빈도를 통해 언어의 변화과정을 설명하는 연구도 상당히 많은데, 특히나 언어의 기능이 점진적으로 문법성을 띄게 되는 과정을 설명하는 문법화 분야가 대표적인 예이다. 주목할 만한 연구로는 Hopper & Traugott(1993),

Bybee(2003a, 2003b, 2011)가 있다. 용례의 빈도가 문법화 과정에 미치는 영향을 다루는 한국어 연구로는 구현정·이성하(2001), Sohn(2006, 2010), Rhee(2014), Kim(2015b) 등을 찾아볼 수 있다. 또한, 용례기반적 접근을 통해 구문의 변화과정을 다루는 구문화(constructionalization)에 대한 연구로는 Traugott & Trousdale(2013)이 대표적이다.

2000년도 이후부터는 용례기반이론을 통해 언어습득과정을 설명하는 연구 또한 활발히 이루어지고 있다. 이는, 아이들은 이미 완벽한 형태의 언어구조를 지닌 채 태어난다는 입장을 고수하는 Chomsky(1986)와는 상충되는 연구들로, 어린아이들이 태어나서 성장해감에 따라 인지기능이 점차적으로 발달하게 되는데, 그 인지기능을 자신들이 체험하는 언어적 경험에 적용시키면서 그로 인해 언어적 지식을 점진적으로 축적해 나아간다는 입장을 취한다. 이러한 입장은 Tomasello(2000, 2003)를 시작으로, 그 이후 Childers & Tomasello (2001), Newport & Aslin(2004), Hudson Kam & Newport(2005), Goldberg (2006), Bavin(2009), Ambridge & Lieven(2011), Ibbotson, Theakston, Lieven & Tomasello(2011) 등 다양한 연구들로 이어지고 있다. 더 나아가 용례기반이론을 통해 제2언어, 혹은 외국어 습득과정을 설명하는 연구로는 Ellis(1996, 2006), Long(2003), Bybee(2008) 등을 찾아볼 수 있다.

4. 마무리

이 글에서는 인지언어학 내에서 중요한 역할을 하고 있는 용례기반이론에 대해서 살펴보았다. 용례기반이론은 실증적인 연구 방법론을 통해 보다 더 강한 설명력을 지니기 때문에 인지언어학의 입지를 탄탄하게 해주는 중요한 이론이다. 이 글에서 소개한 용례기반이론의 핵심은 다음과 같이 요약될 수 있다.

a. 언어 지식은 언어 사용자들의 경험을 통해 빚어지는 것이다. 언어적 경험이 축적되고 저장되는 과정을 통해 언어의 구조는 계속해서 만들어져가며 또 변화해간다.

b. 언어의 지식을 형성하는 기제들은 언어에만 특성화된 기능이 아니라 인간의 기본적인 인지적, 심리적, 신경학적 과정들이다. 개별적으로 분리되어있던 단위들이 반복을 통해 자동화되고 하나의 덩어리로 인식되는 청킹 과정, 여러 경험들 간의 유사성을 통한 범주화 과정 등이 대표적인 예이다.

c. 언어 지식에 대한 인간의 뇌의 저장 공간은 절대 협소하거나 부족하지 않다. 언어적 표현이 지니는 형태적, 의미/기능적, 문맥적, 상황적인 정보가 언어를 경험하는 매 순간마다 머릿속에 새롭게 축적, 저장된다.

d. 언어의 구조는 거대한 네트워크로 이루어져 있다. 이는 언어적 표현들이 지니는 형태적, 의미/기능적인 유사성으로 연결된, 굉장히 복잡한 구조의 네트워크이며, 모든 연결지점들은 사용 빈도에 따라서 그 활성화 정도가 달라진다. 사용 빈도가 높으면 언어 표현들을 변화시키거나, 때에 따라서는 기억 속에 깊숙이 자리 잡게 하여 그 형태/기능을 장기간 유지할 수도 있고, 사용 빈도가 낮은 표현들은 네트워크상에서 연결지점을 잃게 될 수도 있으며 더 나아가 기억에서부터 상실될 수도 있다.

e. 언어의 구조는 모든 것이 연결되어 있다. 모든 단위들은 네트워크 내에서 축적되어가는 정보에 대한 일반화 과정의 결과물이기 때문에 서로 분절되어있는 것이 아니라 모두 연속체를 이루며 연결되어 있다.

f. 언어의 구조는 언제나 유동적이다. 매 순간 새로운 경험이 새로이 축적되어 네트워크의 모습을 바꾸게 된다. 따라서 언어는 언제나 점진적으로 변화하고 있다.

참고문헌

강범모(2014), "부정 요소 '안' 과 용언의 결합 제약에 대한 통계적 분석", 『언어』 39(1): 1-25, 한국언어학회.

구현정·이성하(2001), "조건표지에서 문장종결표지로의 문법화", 『담화와 인지』 8(1): 1-19, 담화·인지 언어학회.

김아림(2018), "한국어 구어 비격식체 3인칭 대명사 '얘 / 걔 / 쟤'", 『언어와 언어학』 80: 1-20, 한국외국어대학교 언어연구소.

김아림·김바로(2018), "부끄러움/창피함/쑥스러움/수치스러움/수줍음 간의 관계 고찰: 공기 명사 및 네트워크 분석을 통한 문맥 분석", 『언어』 43(3): 469-501, 한국언어학회.

김해연(2012), "국어 문어 말뭉치에 나타나는 '차다', '춥다', '차갑다'의 용법과 의미 비교 연구", 『담화와 인지』 19(3): 59-86, 담화·인지 언어학회.

석수영(2014), "말뭉치에 기초한 '몸'과 '마음'의 인지적 의미 연구", 『한민족어문학』 67: 115-140, 한민족어문학회.

유현경(2007), "'속'과 '안'의 의미 연구", 『한글』 276: 133-154, 한글 학회.

유현경(2008), "관형사 '한'에 대한 연구", 『국어학』 53: 65-86, 국어학회.

이은령(2013), "'결국'의 의미와 화용적 기능", 『한민족어문학』 64: 5-36, 한민족어문학회.

이정화(2009), "한국어 직시적 이동사건의 의미에 대한 말뭉치 연구", 『한국어 의미학』 29: 177-199, 한국어 의미학회.

임지룡(2005), "감정의 색채 반응 양상", 『담화와 인지』 12(3): 75-99, 담화·인지 언어학회.

임지룡(2014), "'착하다'의 의미 확장 양상과 의의", 『언어』 39(4): 971-996, 한국언어학회.

Ambridge, B. & E. Lieven(2011), *Child Language Acquisition: Contrasting Theoretical Approaches*, Cambridge: Cambridge University Press.

Arnon, I. & N. Snider(2010), More than words: Frequency effects for multi-word phrases, *Journal of Memory and Language* 62: 67-87.

Bavin, L.(2009), *The Cambridge Handbook of Child Language*, New York: Cambridge University Press.

Berlin, B. & P. Kay(1969), *Basic Color Terms: Their Universality and Evolution*, Berkeley, Los Angeles: University of California Press.

Boas, H.(2003), *A Constructional Approach to Resultatives*. Stanford, California: Center for the study of language and information.

Bybee, J.(1985), *Morphology: A Study of the Relation Between Meaning and form*, Amsterdam: John Benjamins.

Bybee, J.(2000), The phonology of the lexicon: Evidence from lexical diffusion, in M. Barlow & S. Kemmer(eds.), *Usage Based Models of Language*, 65-85, Stanford: CSLI Publications.

Bybee, J.(2001), *Phonology and Language Use*, Cambridge: Cambridge University Press.

Bybee, J.(2003a), Mechanisms of change in grammaticalization: The role of frequency, in B. Joseph & R. Janda(eds.), *The Handbook of Historical Linguistics,* 602-623, Oxford: Blackwell.

Bybee, J.(2003b), Cognitive processes in grammaticalization, in M. Tomasello(ed.), *The New Psychology of Language*, vol. 2, 145-167, Mahwah, NJ: Lawrence Erlbaum.

Bybee, J.(2006), From usage to grammar: The mind's response to repetition, *Language* 82(4): 711-733.

Bybee, J.(2007), *Frequency of Use and the Organization of Language*, Cambridge: Cambridge University Press.

Bybee, J.(2008), Usage-based grammar and second language acquisition, in P. Robinson & N. Ellis(eds.), *Handbook of Cognitive Linguistics and Second Language Acquisition*, 216-236, New York, NY: Routledge.

Bybee, J.(2010), *Language, Usage, and Cognition*, Cambridge: Cambridge University.

Bybee, J.(2011), Usage-based theory and grammaticalization, in B. Heine & H. Narrog(eds.), *The Oxford Handbook of Grammaticalization*, 69-78, Oxford: Oxford University Press.

Bybee, J.(2013), Usage-based theory and exemplar representations of constructions, in T. Hoffman & G. Trousdale(eds.), *The Oxford Handbook of Construction Grammar*, 49-69, Oxford: Oxford University Press.

Bybee, J. & C. Beckner(2009), Usage-based theory, in B. Heine & H. Narrog(eds.), *The Oxford Handbook of Linguistic Analysis,* 827-855, Oxford: Oxford University Press.

Bybee, J. & D. Eddington(2006), A usage-based approach to Spanish verbs of 'becoming', *Language* 82(2): 323-355.

Bybee, J. & P. Hopper(2001), *Frequency and the Emergence of Linguistic Structure*, Amsterdam: John Benjamins.

Bybee, J. & C. Moder(1983), Morphological classes as natual categories, *Language* 59(2): 251-270.

Bybee, J. & J. Scheibman(1999), The effect on usage on degrees of constituency: The reduction of *don't* in English, *Linguistics* 37: 575-596.

Bybee, J & S. Thompson(1997), Three frequency effects in syntax, *Berkeley Linguistics Society* 23: 65-85.

Chafe, W.(1994), *Discourse, Consciousness, and Time: The Flow and Displacement of Conscious Experience in Speaking and Writing*, Chicago: Chicago University Press.

Childers, J. & M. Tomasello(2001), The role of pronouns in young children's acquisition of the English transitive construction, *Child Development* 37: 739-748.

Chomsky, N.(1965), *Aspects of the Theory of Syntax*, Cambridge, M.A.: The MIT Press.

Chomsky, N.(1986), *Knowledge of Language: Its Nature, Origin and Use*, New York: Praeger.

Chomsky, N.(1993), A minimalist program for linguistic theory, in K. Hale & S. Keyser(eds.), *The View from Building 20*, 1-52, Cambridge: MIT Press.

Chomsky, N.(1995), *The Minimalist Program*, Cambridge, M.A.: The MIT Press.

Croft, W.(1991), *Syntactic Categories and Grammatical Relations: The Cognitive Organization of Information*, Chicago: The University of Chicago press.

Croft, W.(2000), *Explaining Language Change: An Evolutionary Approach*, London: Longmans.

Croft, W.(2007), Beyond Aristotle and gradience: A reply to Aarts, *Studies in Language* 31: 409-430.

Croft, W. & C. Cruze(2004), *Cognitive Linguistics*, Cambridge: Cambridge University Press.

Dubois, J.(1985), Competing motivations, in J. Haiman(ed.), *Iconicity in Syntax*. 343-365, Amsterdam: John Benjamins.

Ellis, N.(1996), Sequencing in SLA: phonological memory, chunking and points of order, *Studies in Second Language Acquisition* 18: 91-126.

Ellis, N.(2006), Language acquisition as rational contingency learning, *Applied Linguistics* 27: 1-24.

Givon, T.(1979), From discourse to syntax: Grammar as a processing strategy, in T. Givon(ed.), *Discourse and Syntax (Sytax and Semantics 12)*, 81-113, New York: Academic Press.

Goldberg, A.(2006), *Constructions at Work: The Nature of Generalisations in Language*, Oxford: Oxford University Press.

Goldberg, A. & A. Giudice(2005), Subject-auxiliary inversion: A natural category, *The Linguistic Review* 22: 411-428.

Greenberg, J.(1966), *Language Universals: With Special Reference to Feature Hierarchies*, The Hague: Mouton.

Haiman, J.(1994), Ritualization and the development of language, in W. Pagliuca(ed.), *Perspectives on Grammaticalization*, 3-28, Amsterdam: John Benjamins.

Haiman, J.(1997), Repetition and identity, *Lingua* 100: 57-70.

Hooper, J.(1976), Word frequency in lexical diffusion and the source of morphophonological change, in W. Christie(ed.), *Current Progress in Historical Linguistics,* 96-105, Amsterdam: North Holland.

Hopper, P.(1987), Emergent Grammar, in J. Akse, N. Berry, L. Michaelis & H. Filip(eds.), *Berkeley Linguistic Society 13: General Session and Parasession on Grammar and Cognition,* 139-157, Berkeley, CA: Berkeley Linguistics Society.

Hopper, P.(2008), Emergent serialization in English: Pragmatics and typology, in J. Good(ed.), *Linguistic Universals and Language Change,* 252-284, Oxford: Oxford University Press.

Hopper, P. & S. Thompson(1980), Transitivity in grammar and discourse, *Language* 56(2): 251-299.

Hopper, P. & E. Traugott(1993), *Grammaticalization,* Cambridge: Cambridge University Press.

Hudson Kam, C. & E. Newport(2005), Regularizing unpredictable variation: The roles of adult and child learners in language formation and change,

Language Learning and Development 1(2): 151-195.

Ibbotson, P., A. Theakston, E. Lieven & M. Tomasello(2011), The role of pronoun frames in early comprehension of transitive constructions in English, *Language Learning and Development* 7(1): 24-39.

Johnson, K.(1997), Speech perception without speaker normalization, in K. Johnson & J. Mullennix(eds.), *Talker Variability in Speech Processing*, 145-165, San Diego, C.A.: Academic Press.

Kemmer, S. & M. Barlow(2000), Introduction: A usage-based conception of language, in M. Barlow & S. Kemmer(eds.), *Usage Based Models of Language*, 1-21, Stanford: CSLI Publications.

Kim, A.(2015a), Utterance-final -*ketun* in spoken Korean: A particle for managing information structure in discourse, *Journal of Pragmatics* 88: 27-54.

Kim, A.(2015b), *The Pragmatics and Evolution of the Utterance-Final Particles -Ketun and -Canha in Modern Spoken Korean*, Ph.D. dissertation, University of New Mexico.

Kim, A.(2016), Revisiting Korean long form negative question: A usage-based perspective, *Linguistic Research* 33(3): 371-394.

Kim, A.(2018), Utterance-final particle -*canha* in modern spoken Korean: A marker of shared knowledge, (im)politeness, theticity and mirativity, *Linguistics* 56(5): 995-1057.

Krug, M.(2000), *Emerging English Modals: A Corpus-Based Study of Grammaticalization*, Berlin: Mouton de Gruyter.

Labov, W.(1972), *Sociolinguistic Patterns*, Philadelphia: University of Philadelphia Press.

Labov, W.(1973), The boundaries of words and their meaning, in C. Bailey & R. Shuy(eds.), *New Ways of Analyzing Variation in English*, 340-373, Washington D.C.: Georgetown University Press.

Lakoff, G. & M. Johnson(1999), *Philosophy in the Flesh: The Embodied Mind and Its Challenge to Western Thought*, New York: Basic Books.

Langacker, R.(1987), *Foundation of Cognitive Grammar*, Stanford: Stanford University Press.

Long, M.(2003), Stabilization and fossilization in interlanguage development, in

C. Doughty & M. Long(eds.), *Hanbook of Second Language Acquisition*, 487-536, Oxford: Blackwell.

Miller, D.(1994), *Ancient Script and Phonological Knowledge*, Amsterdam: Benjamins.

Newport, E. R. Aslin(2004), Learning at a distance I: Statistical learning of non-adjacent dependencies, *Cognitive Psychology* 48: 127-162.

Pisoni, D., H. Nusbaum, P. Luce & L. Slowiaczek(1985), Speech perception, word recognition and the structure of the lexicon, *Speech Communication* 4: 75-95.

Poplack, S.(2001), Variability, frequency and productivity in the irrealis domain of French, in J. Bybee & P. Hopper(eds.), *Frequency and the Emergence of Linguistic Structure*, 405-428, Amsterdam: John Benjamins.

Poplack, S. & S. Tagliamonte(1999), The grammaticalization of *going to* in (African American) English, *Language Variation and Change* 11: 315-342.

Radford, A.(2004), *Minimalist Syntax: Exploring the Structure of English*, Cambridge: Cambridge University Press.

Rhee, S.(2014), Analogy-driven grammaticalization: A case of grammaticalization of sentence-final markers from concomitance-connectives, *Linguistic Research* 31(3): 591-614.

Rosch, E.(1973), On the internal structure of perceptual and semantic categories, in T. Moore(ed.), *Cognitive Development and the Acquisition of Language*, 111-144, New York: Academic Press.

Rosch, E.(1975), Cognitive representations of semantic categories, *Journal of Experimental Psychology*: General 104, 193-233.

Rosch, E.(1978), Principles of categorization, in E. Rosch & B. Lloyd(eds.), *Cognition and Categorization,* 27-48, Hillsdale NJ: Lawrence Erlbaum.

Sankoff, G. & P. Brown(1976), On the origins of syntax in discourse: A case study of Tok Pisin relatives, *Language* 52: 631-666.

Saussure, F.(1916), *Cours de Linguistique Générale*, Paris: Payot.

Sohn, S.(2006), Frequency effects in grammaticalization: From relative clause to clause connective in Korean, *Japanese/Korean Linguistics* 15: 184-195.

Sohn, S.(2010), The role of frequency and prosody in the grammaticalization of

Korean –canh-, in A. Van linden, J. Verstraete & K. Davidse(eds.), *Formal Evidence in Grammaticalization Research*, 245-273, Amsterdam: Benjamins.

Thompson, S. & P. Hopper(2001), Transitivity, clause structure, and argument structure: Evidence from conversation, in J. Bybee & P. Hopper(eds.), *Frequency and the Emergence of Linguistic Structure*, 27-60, Amsterdam: John Benjamins.

Tomasello, M.(2000), First steps towards a usage-based theory of language acquisition, *Cognitive Linguistics* 11: 61-82.

Tomasello, M.(2003), *Constructing a Language: A Usage-Based Theory of Language Acquisition*, Cambridge, M.A.: Harvard University Press.

Traugott, E. & G. Trousdale(2013), *Constructionalization and Constructional Changes*, Oxford: Oxford University Press.

한국어 기본 문형의 구문문법

정 해 권*

1. 들머리

언어 현상을 인지적 관점에서 접근하는 인지언어학에서는 기본적으로 언어가 어휘나 통사 등의 하위 체계로 구분된다는 생각에 반대하지만 실용적 차원에서 인지의미론과 인지문법론(문법에 대한 인지적 접근)을 구분하기도 한다(Evans & Green 2006: 28, 48).[1] 그런데 문법도 본질적으로 의미를 기반으로 한 체계이므로 인지문법론도 개념 구조의 본질적 양상에 대한 기술을 제공하는 인지의미론에 의존할 수밖에 없다. 따라서 인지언어학에서 의미와 문법은 독립적인 별개의 분야가 아니라 동전의 양면과 같이 상보적 관계로 간주된다.

---

* 한국외국어대학교 외국어로서의한국어교육전공 교수, haegwon@hufs.ac.kr

1 일반적으로 원어에서는 cognitive (approach to) grammar와 Cognitive Grammar를 구분하여 사용하는데, 이 장에서는 소문자 표기를 '인지문법론'으로, 대문자 표기를 '인지문법'으로 지칭한다. 또한 필요한 경우에 construction grammar (approach)와 Construction Grammar는 각각 '구문문법 접근'과 '구문문법'으로 구분하여 서술하지만 큰 무리가 없는 경우 통용하기도 한다.

한편 인지문법론은 문법에 대한 인지적 설명에서 어디에 중점을 두는지에 따라 인지문법(Cognitive Grammar)과 구문문법(Construction Grammar)이라는 두 가지 접근법을 취하고 있다. 먼저 인지문법은 문법을 구조화하는 원리를 인지 양상과 연결시켜 설명하고자 하는 입장이다(Langacker 1987, 1990, 2008). 그리고 인지문법의 한 분야로 간주되던 구문문법은 형태와 의미의 상징적 조합인 구문을 통해 문법을 구성하는 단위를 제공하고자 정립된 연구 영역이다(Fillmore, Kay & O'Connor 1988, Goldberg 1995, Croft 2001). 구문문법을 통해 인지언어학에서 통사론에 대한 논의가 활발해질 수 있는 토대가 마련되었는데, 이 글에서는 인지언어학 흐름에서 구문문법이 차지하는 위치를 살펴보고 이를 바탕으로 한국어 기본 문형에 대한 분석을 정리하고자 한다.

2. 구문문법

2.1. 구문: 형태와 의미의 쌍

언어에서 말이나 글로 표현되는 형태는 의미와 연결된 상징을 구성하고 이런 형태와 의미의 쌍을 상징적 조합(symbolic assembly)이라 한다(Evans & Green 2006: 6). 또한 완전히 숙달되어 자동적으로 수행되는 처리 활동의 정형(pattern)을 언어 단위라 하는데, 상징적 조합은 상징의 의미와 사용 방식에 대해 동의가 이루어진 관습적 언어 단위(linguistic unit)이다. 이처럼 인지언어학에서 언어는 관습적 언어 단위의 구조적 목록으로 간주된다(Langacker 2008: 222). 한편 구문문법에서 상징적 조합은 다른 용어로 구문(construction)이라 칭하는데 형태소, 단어, 구, 절(문장) 등에 대응하는 언어 단위이다.

전통적으로 구문(構文)은 '피동 구문'과 같이 쓰이는데, 문장의 형태적 짜임이나 통사 구조의 기본 형태로 여겨졌다. 그러나 생성문법에서는 통사 구문의 모든 특징을 일반 원리(규칙)에 의해 포착할 수 있다고 봄으로써 구문이라는 개념을 대체하려 하였다(Chomsky 1993: 4). 하지만 인지언어학에서 규칙이나 다른 구문 및 내부 성분의 의미로 나타낼 수 없는 독립된 의미를 전달하는 구조로 구문의 필요성이 제기되면서 다시 그 지위를 회복하게 되었다. 또한 구문문법에서는 구문의 개념이 확장되어 어휘, 형태, 통사의 모든 층위에서 문법 지식의 표상을 위한 모형으로 일반화되었다.

구문문법에서 구문 C는 형태와 의미의 쌍 $<F_i, S_i>$인데, F나 S의 어떤 양상이 C 내부의 성분이나 이미 정립된 다른 구문에 의해 전적으로 예측될 수 없다는 조건을 만족하는 것으로 정의된다(Goldberg 1995: 4). 즉, 구문은 다른 구문으로 알 수 없고 그 안의 단어들과 상호작용하지만 이와도 구별된 별도의 의미를 갖는 형태와 의미의 상징적 대응을 말한다. 또한 구문 도식은 순차적 배열의 자리(slot)로 구성된 공식으로 간주되며(Taylor 1995: 198), 구문 구조는 통사 기능이나 역할에 의해 자리가 식별된다.

다음 (1)과 같은 한국어 예문에서 'NP$_1$이 NP$_2$이다' 구문은 여러 의미를 갖는데,[2] (1a)의 두 명사구는 동일 지시를 나타내고, (1b)의 NP$_1$은 NP$_2$의 집합 구성원이라는 의미를 전달한다. (1a)와 (1b)는 두 명사구를 연결하는 계사(copula) 구문의 기본 의미를 벗어나지 않으므로 쉽게 이해될 수 있다.

(1) a. 저 아이가 내 동생이다.
     b. 그는 학생이다.
     c. 목구멍이 포도청이다.
     d. 물은 셀프이다.

하지만 (1c)와 (1d)는 문장을 구성하는 단어와 문법 요소만으로 이해할 수 없는 다른 의미를 나타내고 있다. 이를 (1c)의 속담과 같이 고정된 관용 표현으로 다룰 수도 있고, 문장의 한 요소인 '이다'의 다의성으로 처리하기도 한다

---

2 엄밀한 의미에서 'NP$_1$이 NP$_2$이다' 구문과 'NP$_1$은 NP$_2$이다' 구문은 정보 구조상 다른 의미를 전달하는 별도의 구문이지만 논항 구조와 의미역에 차이가 없다는 차원에서 편의상 같은 구문으로 언급한다.

(서강보 · 정해권 2018: 72).[3] 하지만 (2b-c)와 같이 관형절로 표시된 문장에서 '이다'가 동일한 의미를 전달할 수 없는 제약은 또 다른 설명을 요구하게 된다.

(2) a. 학생인(학생-이-ㄴ) 아이
 b. *포도청인 목구멍
 c. ??셀프인 물 좀 떠 와라.

따라서 (1c-d)의 특별한 의미는 내부의 '이다'보다 'NP$_1$이 NP$_2$이다' 구문 자체가 갖는 별도의 의미에서 기인한 것이라는 설명이 보다 자연스럽다. 즉, 문장의 성분들을 통해 구성되는 의미 이외에 비합성적인 의미는 구문에 의해 합성적으로 전달된다고 보는 것이다.

한편 복잡한 문장에서 변형이나 생략이 이루어진 것으로 보기도 하는데, 그 특별한 의미를 이런 과정으로 설명하기도 쉽지 않다. 예를 들어 (1d)의 의미를 재구성한 (3a-b)와 같은 문장에서 변형 및 생략이 일어나면, (3c)의 'NP$_1$이 NP$_2$하다'와 같은 형태가 예상되지만 이도 자연스럽지 않으므로 (1d)의 추가적인 의미는 구문 자체가 전달하는 것으로 보아야 할 것이다.

(3) a. 물 뜨기는 셀프로 한다.
 b. 물은 셀프로 한다(←가져다 마신다).
 c. *물은 셀프한다.

또한 (1c)와 같은 속담이나 관용어는 불규칙적이고 특이한 의미를 전달하는데, 그 단위가 일반 단어보다 크므로 작동 원리를 모르면 어휘소로 이해하기 어렵다. 이런 이유로 문장을 구성하는 성분 외에 특별한 의미를 나타내는 구문을 별도의 대상으로 구분하여 분석할 필요가 생겨났으며(Fillmore *et al.* 1988: 511), 그 특별한 의미도 구문이 갖는 별도의 의미로 설명하게 되었다.

---

3 '이다'에서 '-다'는 별도의 종결어미이므로 '이-'로 표시하는 것이 정확하지만 이해를 돕기 위해 관례에 따라 사전 표기형 '이다'로 표시한다.

여기서 더 나아가 Goldberg(1995: 118)는 특별한 구문뿐 아니라 타동 구문과 같은 일반적인 구문도 도식적 통사 구문으로 자체 의미를 갖는다고 제안하였다. 따라서 구문문법에서는 화자의 머릿속에 모든 문법 지식에 대한 균일한 표상이 일반화된 구문의 형태로 존재한다고 가정한다. 다시 말해 구문은 통사 구조의 기본 형태라고 할 수 있다(Croft 2007: 471, 463). 또한 구문들은 다른 언어 범주와 마찬가지로 방사 범주로 구성되며 연결망을 통해 서로 긴밀한 관계로 조직되어 있다고 본다.

2.2. 다양한 구문문법 접근

구문문법 접근은 Fillmore *et al.*(1988)의 관용어 분석을 통해 특이한 구문에서부터 규칙적인 구문까지 일관되게 자질 구조(feature structure)로 설명하려는 기본 원리가 소개되면서 시작되었다. 한편 Langacker(1987)로부터 논의된 인지문법은 비록 구문이라는 용어를 잘 사용하지 않았지만 통사적으로 구문문법 접근에 해당한다(cognitive grammar as a construction grammar). 그리고 원형 의미와 방사 범주를 바탕으로 한 Lakoff(1987)의 *There* 구문 분석에 이어 Goldberg(1995)가 제안한 논항 구조 구문문법(construction grammar on argument structure)에서 보다 발전하게 되었다. 이후에 Croft(2001)의 급진적 구문문법(radical construction grammar)과 더불어 Bergen & Chang(2005)의 신체적 구문문법(embodied construction grammar) 등이 개발되면서 구문문법에 대한 논의가 활발하게 계속되고 있다.

구문문법에 대한 다양한 접근들은 세 가지 본질적인 원리들을 공유하는데, ① 상징 단위로 독립된 구문의 존재, ② 문법 정보의 균일한 상징적 표상, ③ 구문의 분류적 조직(taxonomic organization)을 인정한다(Croft 2007: 479). 이 절에서는 이런 구문문법 접근들에 대해 간략하게 살펴보기로 한다.

2.2.1. 구문문법으로서의 인지문법

인지문법은 주어, 목적어 같은 통사 범주가 개념적 내용을 가지며, 문법도 경험에 관한 추상적(도식적) 의미 해석을 기초로 한 상징적 구성물이며, 도식 구문도 음운극과 의미극으로 구성된 상징적 대응으로 간주되는 언어 단위로 본다. 또한 반복되는 경험에서 추상적 언어 표상이 구축되고 원형 의미를 갖는 도식 구문이 확립된다는 사용 기반 모형(usage based model)을 제안하였다.

또한 인지문법은 <그림 1>과 같은 행동 모형을 통해 구문을 설명하는데, 문법 단위가 탄도체와 지표의 관계에서 발생하며, 구문 구성에 공통된 구조의 양상을 공유하는 대응이 존재한다고 본다.4

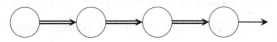

〈그림 1〉**행동 연쇄 모형** (Langacker 1990: 229)

원형적 행동 연쇄(action chain) 모형에서 에너지 원천은 탄도체(trajector)를 정교화하는 주어가 되고, 에너지 착지는 지표(landmark)인 목적어가 된다. 이는 능동태(active voice)의 타동(transitive) 구문으로 동작주(agent)가 피동작주(patient)에게 에너지를 전달함으로써 상태 변화를 일으키는 장면에 대응한다.5 그리고 탄도체가 스스로 상태 변화를 겪으면 자동(intransitive) 구문으로 표시되고, 동작주가 대상을 제3의 참여자에게 성공적으로 전달하는 상황은 이중타동(ditransitive) 구문으로 나타낸다. 이처럼 문장 의미를 완성하는 데 필요한 참여자 수를 나타내는 결합가(valence)도 구문에 대응한다는 면에서 상징적이며 등급적(gradient)이다.

---

4 구문문법의 구문은 형태소부터 문장까지 모두 지칭할 수 있지만 인지문법의 구문은 주로 절 단위 구조를 가리키는데, 이 장에서도 문형에 대해 다루므로 문장 단위 구문을 주로 언급한다.

5 다시 말해 타동 구문의 주어는 동사가 윤곽 부여하는 관계의 탄도체(일차적 전경)이며 목적어는 지표(이차적 전경)이다.

(4) a. **새가** 노래한다.

b. **새가** <u>나무에서</u> 노래한다.

c. ??새가 <u>나무에서</u> 예쁘다.

구문에서 머리어(head)는 윤곽 결정소(profile determinant)로 중심 의미를 결정하고 의존어(보충어)를 선택하는데, (4a)의 머리어인 '노래하다'의 관계적 의미 구조에 포함된 노래 부르는 주체라는 정교화 자리(elaboration site)에 '새'가 채워지는 것으로 표시된다. 즉, 정교화되는 자리는 완전한 의미를 위해 요구되기 때문에 의존적이다. 또한 (4b)의 '나무에서'는 '새가'보다 덜 현저한 하위 구조를 정교화하는 부가어(adjunct)로 표시되지만, (4c)처럼 모든 술어가 동일한 하위 구조를 정교화하는 것은 아니다.

이처럼 인지문법에서 구문은 복합적 상징 구조를 갖는 단위이지만 그 의미가 구성 성분으로부터 예측되는지의 여부는 고려하지 않으므로 전통적 구문에 가깝다.

2.2.2. 자질 구조 구문문법[6]

Fillmore와 Kay 및 동료들이 제안한 초기의 구문문법은 구문이 일련의 본원적(primitive) 원자 단위로 구성된 조합인데, 문법 특성은 값(value)을 갖는 자질(feature)로 일관성 있게 나타내며 자질들의 목록을 자질 구조라 칭하였다. 따라서 전체 구문은 부분을 이루는 단위에서 발견되지 않는 정보를 포함하는 자질 구조로 표시되는데(Kay & Fillmore 1999: 2), 복합 단위는 원자 단위로부터 도출되어 조합되고 이후에 구문에 포함된 화용 기능 등 정보 다발에 의해 전체적으로 이해된다고 설명한다.

---

6 The Construction Grammar라는 용어를 처음 사용하였으므로 고전적 구문문법이라고도 할 수 있으나 자질 구조를 중심으로 설명한다는 측면에서 '자질 구조 구문문법'이라 칭하기로 한다.

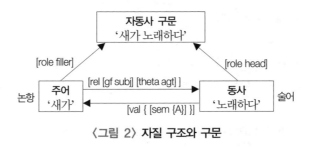

〈그림 2〉 자질 구조와 구문

<그림 2>에서 구문의 부분을 전체로 조합하는 데에 [role](역할), [val](값), [rel](관계)의 3가지 자질이 사용되었다. [role] 자질은 전체 구문과 각 부분을 연결하는데 [filler](보충어), [head](머리어) 등의 통사 역할을 규정한다. 부분 간의 관계는 [val] 자질과 [rel] 자질로 기술되는데, [val] 자질 구조는 술어에 대한 논항의 관계를 나타내고, [rel] 자질 구조는 각 논항에 대한 술어의 관계를 나타낸다. 구문에서 각 논항의 [rel]이 술어의 [val] 목록의 요소 중 하나와 대응하는 것이 결합가 원리(valence principle)이다. 한편 [sem] 자질은 의미 및 화용 정보를 표시한다. 이처럼 자질 구조 구문문법에서는 부분-전체의 관계(role)와 부분-부분의 관계(val과 rel)가 구분되는데, 부분-전체 관계는 통사적이지만 부분-부분 관계는 통사적이면서 동시에 의미적이다.

한편 구문 간의 도식적 관계는 분류적 망(taxonomic network) 또는 분류적 위계로 나타낼 수 있는데, 이런 분류적 관계는 구문이 다른 구문의 부분일 수도 있음을 의미한다. 그리고 최상위 층위에만 공통 정보가 표시되는 완전 상속(complete inheritance) 모형을 따라 하위 구문이 상위 구문의 모든 특성을 상속받는다고 가정한다.

하지만 자질 구조 구문문법은 구문도 내재된 언어 지식의 일부라고 보는 보편문법 가설을 바탕으로 한다. 그럼에도 불구하고 화용 정보 등을 포함한 구문이 합성되는 것이 아니라 이미 만들어진 별도의 구조라고 본다는 점에서 커다란 차이가 있으며, 구문의 문법적 가치를 회복하고 구문문법 접근을 제안하였다는 데에 의의가 있다.

2.2.3. 논항 구조 구문문법

Goldberg(1995)는 어휘 정보만으로 구문의 전체적인 그림을 제공하지 못하므로 내부 성분으로부터 예측할 수 없는 의미를 나타내는 단위로서 구문이 독자적인 지위를 갖는다고 주장하였다. 구문과 관련된 원형 의미는 인간의 경험을 나타내며, 기본적인 사건 유형(장면)을 부호화하는 구문 자체가 본원소라는 것이다. 즉, 사건이 의미 표상의 본원적 단위이며, 사건 구조에 따라 참여자 역할을 결정하는 틀(frame)이 제공된다. 따라서 구문에 의해 논항이 윤곽 부여되고 결합가 대신에 논항 구조라는 용어가 사용된다.7

<그림 3>의 타동 구문에 대한 표상에서 '의미'는 논항에 대한 구문의 의미 구조를 나타내고, '통사'는 문법 기능으로 실현되는 논항의 통사 구조를 나타낸다. '술어'와 빈 괄호는 구문에 사상된 동사와 참여자가 구문과 융합(fuse)하는 잠재력을 보여주며, 점선은 윤곽 부여되지 않을 수 있는 논항을 표시한다. 이처럼 구문은 주어나 목적어 같은 논항에 윤곽을 부여하고, 동사는 개념적 틀을 통해 참여자에게 어휘적으로 윤곽 부여한다. 따라서 구문은 가능한 의미 범위를 결정하고 동사는 가능한 의미 중 하나를 실현한다.

〈그림 3〉 타동 구문 : 주체가 대상에게 에너지를 전송한다.

예를 들어 (5a-a')의 영어 *survive*는 타동사 또는 자동사로 쓰이는데, 이는 사건의 의미에서 상정되는 대상이 문장 구조에서는 실현되지 않을 수도 있음을 보여준다.

---

7 논항 구조 구문문법은 본원적 문법 관계(주어, 목적어 등)와 본원적 통사 범주(명사, 동사 등)를 통해 구문을 표시하지만, 인지문법과 급진적 구문문법에서는 이런 문법 범주들이 본원적이라고 간주하지 않는다.

(5) a. *He survived the battle.*
    a'. *I'll survive.*
    b. 그는 (전투에서) 살아남았다.
    b'. 큰 은행은 금융 **위기를 살아남**을 수 있다는 확신을 ….

그런데 (5b)의 한국어 '살아남다'는 자동사이지만, 의미 구조에서 'X에서'라는 정교화 자리를 가지고 있으므로 타동 구문을 통해 표현되는 (5b')와 같은 실례가 발견된다.[8] 이처럼 동사 의미가 구문 의미로 표상되는 사건 유형(event type)의 하위 유형에 속한다면 그 연결이 인가(sanction)될 수 있다. 이는 동사가 특정 구문에 사용되면서 백과사전적 지식의 다양한 양상이 활성화되어 조화를 이루기 때문이다.

구문은 원형 의미에서 연상되는 다의성을 가진 방사진 범주로 구성된 의미망으로 모형화될 수 있는데(Evans & Green 2006: 545-546), 유사한 구조는 유사한 의미를 나타낼 수 있으므로 문법 특성을 공유하는 구문들이 어느 정도의 의미 특성을 공유하는 것을 동기화(motivation)라 한다. 구문들은 상속을 통해 상위 구문에서 하위 구문으로 관련 속성을 연결하는데, 한 구문의 구조가 다른 구문에서 상속되는 정도에 따라 동기화된다. 또한 상속 연결은 다의성(polysemy) 연결, 실례(instance) 연결, 은유적 확장(metaphorical extension) 연결, 하위부분(subpart) 연결로 구분된다(Goldberg 1995: 67-70).

논항 구조 구문문법에서는 완전 상속 대신 특수한 정보의 상속이 봉쇄될 수 있는 보통(normal) 또는 당연(default) 상속을 상정함으로써 덜 규칙적이고 예외적인 경우도 설명한다. 즉, 구문은 발화 구조에 대한 부분적 명세화(partial specification)만 제공하는데, 구문이 너무 추상적이면 원형 의미를 알기 어렵고 모두 똑같이 실례화되는 문제가 있기 때문이다(Goldberg 1995: 35).

---

8 구문문법에서 (5a)와 (5a')의 동사를 동일한 것으로 간주함으로써 별도의 불필요한 의미를 상정하지 않고 구문 차이로 의미 차이를 설명하므로 경제적이라는 장점을 갖는다(Goldberg 1995: 9-13).

2.2.4. 급진적 구문문법

급진적 구문문법은 철저한 비환원주의 입장에서 구문만이 유일한 본원적 요소라고 인정한다. 따라서 문법 범주도 자립적 위상을 갖지 못하고 구문을 통해 정의되며, 구문과 별도로 정의되는 도식적 원자 단위는 거부된다. 예를 들어 동사가 자동사와 타동사로 정의되는 것이 아니라 본원소인 구문에 의해 자동사나 타동사라는 범주로 실현되는 것이라고 설명한다.

<그림 4>에서 구문에 대한 통사 구조의 부분은 요소(element), 의미 구조의 부분은 성분(component)으로 구분되는데, 요소와 성분 사이에 굵은 선으로 표시된 연결이 상징 단위를 나타낸다. 또한 성분 사이에 존재하는 의미 관계로 사건과 참여자 관계를 기술한다.

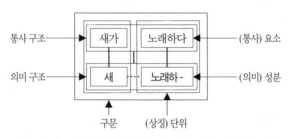

〈그림 4〉 구문의 (통사) 요소, (의미) 성분, (상징) 단위

표면적으로 나타나는 통사 관계는 구문 전체에서 형태와 의미 사이의 상징 관계를 부호화하는데, 유일한 통사 관계는 전체 구문과 통사 요소 사이의 전체-부분 관계뿐이다. 따라서 '머리어, 의존어, 논항' 등의 통사 개념도 구문이 갖는 의미로부터 정의된다.

또한 언어 유형론의 의미 지도(semantic map) 모형에서 논의된 보편적 개념 공간(conceptual space)을 통해 인접된 영역은 서로 관련된 의미적 유사성을 띠며 여러 언어에서 하나의 형태로 표시될 가능성이 높은 상대적 거리를 갖는다고 가정한다.

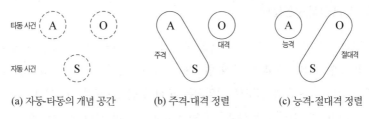

〈그림 5〉 개념 공간과 격 정렬 의미 지도

예를 들어 <그림 5>의 (a)와 같이 자동 사건과 타동 사건의 참여자에 대한 개념 공간을 상정할 수 있는데, 언어마다 자동 사건의 참여자가 타동 사건의 어떤 참여자와 유사하다고 해석하는지에 따라 상이한 부호화가 나타난다. (b)의 주격-대격 정렬(nominative-accusative alignment)에서는 타동 구문의 A와 자동 구문의 S를 같게 표시하고 타동 구문의 O를 다르게 표시한다. 하지만 능격-절대격 정렬(ergative-absolute alignment)에서는 자동 사건의 S를 타동 사건의 O와 유사하게 해석하여 (c)와 같은 사상을 나타낸다.

이처럼 급진적 구문문법에서는 구문이 언어에 따라 구조적으로 다르게 나타날 수도 있으나 근본적으로 언어 보편적 개념 공간의 영역들에 사상되는 것으로 설명한다.

2.2.5. 신체화 구문문법

신체화 구문문법은 다른 접근들과 구문에 대한 가정들을 공유하면서도 구문 지식의 형성 과정보다 이에 대한 이해와 실시간 처리에 더 관심을 두고 신체화된 지식과의 관계에 대해 설명한다. 청자가 발화를 들을 때 구문을 구조화된 구문 목록에 사상하여 실례화(instantiation)를 인식하는데, 동시에 발화 해석의 기초가 되는 개념적 표상을 재현(reenactment)하는 시뮬레이션을 수반하여 이해를 촉진시킨다는 것이다. 이처럼 신체화된 경험이 개념적 표상을 발생시키고, 언어를 처리하는 과정에서 구문에 명시된 신체화 도식으로부터 개념적 표상이 재현되어 이해할 수 있게 된다. 예를 들어 타동 구문은 타동

사건을 정신적으로 재현하며 한 참여자가 다른 참여자에게 에너지가 전달되는 과정을 연상시킨다. 또한 방사 범주에서 원형 의미는 현저한 경험에 근거한 것이며, 덜 기본적인 주변 의미들은 일상의 비전형적인 경험을 반영한 것으로 간주한다.

이상에서 살펴본 구문문법 접근들은 사건 구조에 대한 인지적 해석을 바탕으로 의미에 대응하는 형태의 상징적 구조로 독립된 의미를 갖는 구문을 상정한다. 그리고 경험을 통해 사용 기반으로 확립된 구문의 통사 구조는 의미 구조를 반영하고 가정한다. 이런 구문문법의 관점을 통해 사건 구조와 관련된 한국어 기본 문형을 새롭게 파악할 수 있다.

3. 한국어 기본 문형

3.1. 절, 구문, 문형

인간이 인지하는 사물들은 시간의 흐름 속에 서로 관계를 맺는데, 사건의 참여자로서 과정에 윤곽을 부여하는 동사와 함께 절 또는 문장을 구성한다.[9] 문장 구조는 경험에 기초하며, 문장 유형(문형, 文型)은 경험의 현저한 측면과 관련된다(Langacker 2008: 355).[10] 즉, 인간이 반복적으로 경험한 사건에 대한 개념적 범형(archetype)은 문장 요소의 배열을 결정하는 데 중요한 요인이 되고 문장 구조의 원형으로 작용하며, 문장 구조가 나타나는 구문이 문형에 대한 논의의 출발점이 된다.

문장은 의미를 이해하고 표현하는 단위이자 언어를 배우는 단위이다. 아이

---

9 절(clause)과 문장(sentence)은 구분되는 개념이나 이 장에서는 주어가 하나만 나타나는 절인 단문(simple sentence)을 기준으로 기본 문형을 다루므로 이들을 특별히 구별하지 않고 사용한다.

10 구문은 개념을 표상하며 구문을 통해 나타나는 문형(sentence type)은 현저한 참여자로 구성된 문장 구조의 유형이다(정주리 2000: 290).

들은 의사소통 과정에서 어른의 발화를 통해 게슈탈트적으로 특정 상황과 연관 지어 표현되는 문장 구조를 이해하는 과정에서 사용 기반으로 문법을 습득한다. 즉, 아이들은 자신들이 접하는 여러 가지 상황에서 구체적인 언어 표현을 통해 특정 구조를 배우게 되고 이를 상당히 많이 반복하고 일반화면서 추상적인 구문을 익히게 된다(Tomasello 2003: 94, 98). 또한 이렇게 습득된 언어 구조는 이후 다양한 문장을 이해하거나 표현하는 틀이 된다.

언어 교육에서도 문장에 나타난 단어 배열의 유형인 문형(sentence pattern)을 이용한 반복 연습을 강조하는데, 이는 문형이 언어 학습의 기반이라고 보기 때문이다(김진우 1966: 88).[11] 또한 문형은 수많은 구체적인 문장을 대표하는 제한된 수의 추상적인 형식으로 정의되는데(신서인 2017: 38), 이는 아동이 구체적인 문장 실례를 일반화하여 추상적인 구문을 습득하는 과정과 유사한 측면이 있다.

3.2. 타동 구문과 자동 구문

원형적 사건 유형은 이에 대응하는 구문으로 부호화되는데, 구문은 관련된 사건 원형을 부호화하는 당연 수단(default mean)을 제공한다. 언어적으로 중요한 행동 연쇄는 하나의 연결에 두 참여자가 상호작용하는 것인데, 기본 개념적 범형을 나타내는 규범적(canonical) 사건으로서 타동 사건은 범형적인 두 참여자인 동작주와 피동작주에게 초점을 맞춘 원형적 행동으로 구성된다(Langacker 1990: 229). 두 참여자 사건을 가장 원형적인 것으로 해석하는 언어는 타동 구문을 주격-대격으로 부호화하는데, 한국어도 이에 속한다.[12]

---

11 특히 구조주의 언어학과 행동주의 심리학을 바탕으로 제창한 청화식 교수법(audio-lingual method)에서 문형 연습(pattern drill)을 강조한다.

12 능격-절대격 언어에서는 한 참여자 사건을 가장 원형적인 사건으로 해석한다.

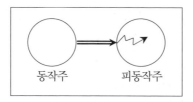

〈그림 6〉 **타동 사건의 에너지 연쇄** (Langacker 1990: 245)

　타동 구문은 <그림 6>과 같은 타동 사건에 대한 해석을 바탕으로 부호화하는 문장 구조인데, 이 구문의 원형적 주어는 동작주이고 목적어는 피동작주이며 원형적 타동사는 동작주가 피동작주에게 미치는 작용에 윤곽을 부여한다(Langacker 2008: 358). 타동 구문은 동작주의 행동이 구체적인 개별 피동작주에게 영향을 미쳐 변화하도록 하는 원형 의미를 나타낸다(García-Miguel 2007: 764). 즉, 타동 구문은 높은 타동성(transitivity, Hopper & Thompson 1980: 252)에 대응하는 전형적인 문장 구조이지만, 구문의 실례는 원형적인 경우부터 주변적인 경우까지 다양하게 분포할 수 있다(Taylor 1995: 218-220).

　(6)　[NP주어-이 NP목적어-를 V-어미]13
　(7)　a. 민호가 영희를 잡는다.　　　　　　　　　　　　　(타동 구문)
　　　　b. 민호가 영희를 만난다. → 민호가 영희와 만난다.　　(상호 구문)
　　　　c. 민호가 학교를 간다. → 민호가 학교에 간다.　　(처소 이동 구문)
　　　　d. 민호가 이 노래를 좋아한다. → 나는 이 노래가 좋다.(감정 구문)
　　　　e. 민호가 잠을 잔다. → 민호가 잔다.　　　　　　　(동족 구문)
　　　　f. 민호가 자리를 앉다. → 민호가 (자리에) 앉다.　　(비타동 구문)

　한국어에서 (6)의 구조가 가장 원형적인 타동 구문을 표시하는데, 주체가 대상에게 에너지를 전송한다는 원형 의미를 나타내는 (7a)와 같은 경우에서 다의성 연결로 확장된다. (7b)의 일방향적 상호 구문, (7c)의 이동 구문, (7d)의

---

13 일상적인 구어에서는 'NP주어-∅ NP목적어-∅ V-어미'와 같이 조사가 부재한 구조가 주로 쓰이지만 이 장에서는 조사가 나타난 구문만을 대상으로 논의한다.

감정 타동 구문은 타동 사건과의 유사성을 통해 은유적으로 확장된 연결로 설명된다(정해권 2017: 112). 한편 (7e)와 (7f)의 자동 구문은 타동 구문의 하위부분이지만 독립된 구문이므로 하위부분 연결로 연결된다.[14] 또한 (7f)는 일부 용례만 사용되는 실례 연결로 사용 기반 모형의 기초가 된다.

한편 자동 구문은 (7e)와 같이 제2참여자의 의미가 동사와 밀접한 관련되어 다소 잉여적인 논항으로 실현되는 동족(cognate) 구문이나 자동 구문에서 좀 더 정교화된 (7f)의 비타동 구문과 연결된다. 따라서 자동 구문은 <그림 7>과 같이 타동 구문에서 하위부분 연결로 일부만 상속된 구조로 분석된다.[15]

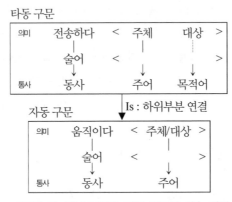

〈그림 7〉 타동 구문과 자동 구문의 상속 연결

그런데 한국어 자동 구문은 단일 참여자가 에너지 근원이자 착지인 상황을 나타내는 원형적 사건 구조뿐만 아니라 형용사를 통해 대상의 속성이나 상태도 서술한다. 이는 한국어 형용사가 동사와 같이 직접 서술어로 사용되어 단일 참여자에 대한 상태를 서술할 수 있기 때문이다. 즉, 형용사 구문은 단일

---

14 축소된 행동 연쇄로 에너지 원천과 착지가 하나의 참여자로 나타나는 행동인 자동 사건도 중요한 원형적 사건 유형이다(Langacker 2008: 356).

15 transitive는 문자적으로 '이송'으로 번역되나 관례에 따라 ransitive('이송')는 '타동', intransitive('非타동')는 '자동'이라 한다.

참여자에 대한 서술이라는 유사성을 바탕으로 자동 구문에서 확장된다.16

(8)　[NP주어-이 V-어미]

(9)　a. 민호가 달린다. ← 무엇이 어찌한다　　　　　(자동 구문)
　　　b. 민호가 멋있다. ← 무엇이 어떠하다　　　　　(속성 구문)
　　　c. 민호가 외롭다.　　　　　　　　　　　　　(단일 감정 구문)

(8)과 같이 표시되는 한국어 자동 구문도 다의성을 보이는데, (9a)의 참여자 역할은 행동주(actor/undergoer)이지만, (9b)의 참여자는 대상(theme)이며 (9c)의 참여자는 경험주(experiencer)를 나타낸다. 따라서 (9a)와 (9b)의 구문을 다른 문형으로 구별하기도 하지만, 이는 서술어에 나타나는 단어 부류의 차이이지 문장 구조의 차이가 아니므로 별도의 문형으로 구별하지는 않는다.

3.3. 서술 구문

한국어 '아니다, 되다'는 (10a)와 같이 특별한 보어와 함께 별도의 구문을 구성한다. (10b)의 '이다'도 이와 다른 별도의 문형으로 구분하기도 하지만, '이다'와 '아니다'는 긍정과 부정의 계사이고 두 명사구를 연결하여 서술하는 의미를 공유하므로 가족 닮음(family resemblance)의 원리에 따라 하나의 구문으로 볼 수 있다(정해권 2016: 146).17

(10)　a. [NP주어-이 NP보어-이 '아니/되'-어미]
　　　b. [NP주어-이 NP보어-'이'-어미]18

(11)　a. 민호는 대학생이다.　　　　　　　　　(긍정 서술 구문)
　　　b. 민호는 대학생이 아니다.　　　　　　　(부정 서술 구문)

16　"나는 봄이 좋다."처럼 두 논항을 갖는 형용사 서술 구문도 가능하다.
17　'이-'와 '아니-'가 주어-보어 구성이라고 보는 입장도 있다(최현배 1961: 768-769).
18　명사구-'이다' 전체가 서술어라기보다 명사구는 보어, '이다'는 서술어로 분석된다.

c. 민호가 대학생이 된다.   (변성 구문)

그런데 문형이 무수한 문장의 뼈대가 되는 구조를 나타낸다는 관점에서 '이다, 아니다, 되다'만을 위한 문형을 따로 두는 것은 다소 편협한 설정이다. 따라서 '이다, 아니다, 되다' 구문도 (12)와 같이 주어와 보어로 구성된 서술 구문으로 재설정할 수 있는데, 서술 구문은 주체와 관련된 대상에 대해 서술한다는 원형 의미를 나타낸다.

(12) [NP주어-이 NP보어-이 V-어미]
(13) a. 민호가 손이 크다.   (대상 부분 구문)
     b. 나는 봄이 좋다. → 나에게 봄이 좋다.   (감정 보어 구문)
     c. 학생이 둘이 왔다.   (대상 반복 구문)

또한 (13)의 주격중출(이중주어) 구문도 서술 구문에서 다의적으로 확장되는데, 서술어가 계사뿐 아니라 형용사(13a-b)도 쓰이고 다시 일부 동사(13c)까지 확장되는 양상을 확인할 수 있다. 이는 두 논항이 의미적으로 밀접한 관련성을 갖는다는 특성이 서술 구문의 원형 의미와 모순되지 않기 때문이다.
한편 (14)와 같이 '이다'의 특별한 용법으로 하나의 논항만 나타나는 제시(thetic) 구문이 존재하는데(임동훈 2005: 119), 이는 단일 참여자를 제시한다는 의미를 가지며 서술어는 '이다'로 제한된다.

(14) [NP주어-'이'-어미]
(15) a. 민호다. / 불이야!   (제시 구문)
     b. 할머니시다. / 하늘이시여!

제시 구문은 <그림 8>처럼 서술 구문에서 논항이 하나만 나타나는 하위부분 연결로 상속되며, 서술어가 '이다'만 실현되는 실례 연결로 상속된다. 제시문은 주어가 없다고 보기도 하지만, (15b)에 결합된 '-시-'를 통해 단일 논항인 주어가 약화되는 전략이 사용된 것으로 분석할 수도 있다(Sasse 1987: 560).

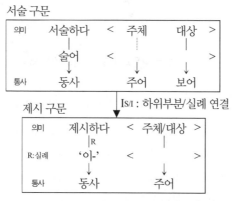

〈그림 8〉 서술 구문과 제시 구문

한편 (16)과 같이 소위 필수적 부사어가 나타나는 사격(oblique) 보어 구문을 별도로 상정할 수 있는데, 이들은 서술 구문과 타동 구문 사이에 타동성이 낮은 사건 유형을 나타내는 구문이다. 다만 이런 유형은 비전형적이고 주변적인 사건 유형을 나타내므로 기본 문형에 포함시키지는 않는다.

(16) a. [NP주어-이 NP부사어-와 V-어미]
  b. [NP주어-이 NP부사어-에 V-어미]
(17) a. 민호가 영희와 사귄다.   (상호 구문)
  b. 민호가 대회에 참석한다.   (처소 구문)
  c. 민호가 학교에 간다. ↔ 민호가 학교를 간다.   (이동 구문)
  d. 민호가 말썽이다/걱정이다.   (심리 서술 구문)
  d'. 별이 반짝인다. ↔ 별이 반짝한다.   (반복 서술 구문)

사격 보어 구문은 자동 구문과 타동 구문 사이에 타동성 척도에 따라 <그림 9>와 같은 연속체 상에 배열될 수 있는데, 이는 논항이 필수적 성분이라도 사건에 대한 표상이 등급적임을 보여준다.

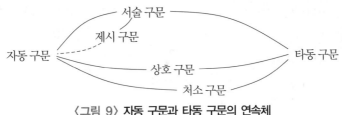

〈그림 9〉 자동 구문과 타동 구문의 연속체

예를 들어 (17c)의 이동 구문은 자동 구문도 가능하지만 처소 구문이나 타동 구문으로도 나타낼 수 있는데, 이는 사건에 대한 화자의 상이한 해석에 따라 연속체 상의 구문을 선택하여 표현한 것이다(최예빈·정해권 2018: 197). 또한 (17d-d')와 같은 동작성 서술에서 타동 구문과의 연속성이 관찰된다(서강보·정해권 2018: 66). 다만 제시 구문은 추상적인 구문 도식으로 발달하지 못하고 특정 실례에 의한 구문 섬(constructional island)으로 남아 있다(Tomasello 2003: 126). 따라서 제시 구문과 자동 구문이 하나의 참여자만 나타나는 점이 유사하더라도 매우 낮은 관련성을 갖는다.

3.4. 이중타동 구문

행동 연쇄에서 세 참여자 사건에 대한 가장 일반적인 구문은 수여자인 동작주가 주어이고 대상이 목적어로 해석되며 '수혜적 전이에서 능동적 수령자'인 제3참여자가 여격 형태로 부호화되는 것이다(Geeraerts 1998: 203). 즉, (18)과 같은 이중타동 구문의 원형 의미는 동작주가 수령자에게 성공적으로 대상을 전달한다는 전형적인 세 참여자 사건 구조를 표상한다(Goldberg 1995: 39).

(18) [NP주어-이 NP목적보어-{에게/에} NP목적어-를 V-어미]
(19) a. 민호가 순이에게 꽃을 주었다.　　　　　　　(수여 구문)
　　 b. 민호가 가방에 책을 넣었다.　　　　　　　(수여 위치 구문)
　　 c. 민호가 순이에게 일을 시켰다.　　　　　　(사동 구문)

한국어 이중타동 구문에서 유정물 수령자는 (19a)와 같이 '에게' 여격어로
표시되지만, 비의지적 무정물 수령자는 (19b)와 같이 '에'와 결합한 목적보어
를 통해 수여 위치를 나타내는 차이가 있다. 또한 이중타동 구문은 (19c)처럼
사동주에 의해 타동 사건이 유발되는 세 참여자 사동(causative) 사건도 나타
낼 수 있는데, 이는 사동주의 힘에 의해 피사동주가 행동을 수행하게 하는
의미를 표시한다. 즉, 이중타동 구문과의 동기화에 의해 사동주의 지시에 의
한 업무 수행이 수령자에게 전달되는 것으로 해석된다.

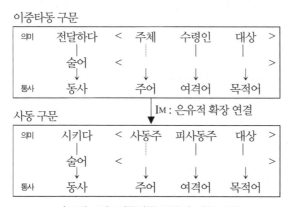

〈그림 10〉 이중타동 구문과 사동 구문

이처럼 구체적인 물건과 추상적인 업무 지시가 성공적으로 수령자에게 전
달된다는 유사성을 바탕으로 <그림 10>과 같이 은유적 확장 상속에 의해 수
여 구문에서 사동 구문으로 연결된다.

(20) [NP주어-이 NP목적보어-를 NP목적어-를 V-어미]]
(21) a. 민호가 순이를 꽃을 주었다.   (대격 수여 구문)
     b. 민호가 순이를 일을 시켰다.   (대격 사동 구문)

한편 세 참여자 사건의 제3참여자에 대한 또 다른 해석은 (20)과 같은 대격
중출(이중목적어) 구문으로 나타낼 수 있는데, 수령자를 여격이 아닌 대격으

로 표시한다. 또한 (21a)의 수여 구문뿐 아니라 (21b)의 사동 구문도 나타낼 수 있지만, 무정물 수령지는 대격중출 구문으로 나타낼 수 없다.

(22) [NP주어-이 NP목적어-를 NP부사어-로 V-어미]]
(23) a. 민호가 순이를 며느리로 삼았다.　　　　　(속성 교체 구문)
　　 b. 우리가 그를 반장으로 뽑았다. → 우리가 반장에 그를 뽑았다.
　　 c. 민호가 마당을 나무로 꾸몄다. → 민호가 마당을 나무를 꾸몄다.

　또한 동작주가 피동작주의 속성을 바꾸는 사건에 대해 (22)와 같은 속성 교체 구문이 대응되는데, (23a-c)의 '로' 부사어는 피동작주의 신분이나 부분으로 해석된다. 이는 경우에 따라 이중타동 구문(23b)이나 대격중출 구문(23c)으로 나타낼 수 있으나 이들도 주변적인 사건 유형에 해당한다.

4. 마무리

　기본 문형은 문형 가운데 구체적인 문장들을 대표하는 꼴(型)을 지칭하는데(고영근·구본관 2008: 271), (24)와 같이 서술어 종류에 따라 구분하기도 한다. 하지만 서술어가 문장 구조를 결정한다는 관점에서 '이다, 아니다, 되다' 같은 세부 항목에 치중하면서 이중타동 구문과 같은 문형은 배제되었다.

(24) a. 무엇이 어떠하다 : 달이 밝다.　(고영근·구본관 2008: 271-272)
　　 b. 무엇이 어찌한다 : 별이 반짝인다.
　　 c. 무엇이 무엇이다 : 저것이 책이다.
　　 d. 무엇이 무엇을 어찌한다 : 학생이 글을 읽는다.
　　 e. 무엇이 무엇이 아니다 : 저것이 책이 아니다.
　　 e'. 무엇이 무엇이 되다 : 물이 얼음이 된다.

한편 문장 성분을 중심으로 정리한 (25)에서는 좀 더 다양한 문형을 제시하고 있지만, 필수 부사어가 불명확하게 예시하고 있을 뿐만 아니라 '아니다, 되다'에 대해서만 제한적으로 보어를 설정하고 있으므로 재검토가 요구된다.

(25) a. 주어+서술어 : 꽃이 핀다.   (김정숙 외 2005: 54-55)
　　 b. 주어+부사어+서술어 : 영미가 의자에 앉았다.
　　 c. 주어+목적어+서술어 : 영미는 준호를 사랑한다.
　　 d. 주어+보어+서술어 : 준호는 어른이 되었다.
　　 e. 주어+목적어+부사어+서술어 : 영미는 준호를 천재로 여긴다.

그러나 서술어나 문장 성분뿐 아니라 사건 구조라는 본원적 요소를 바탕으로 원형적 행동 연쇄 모형에 따라 문형을 보다 명확하게 정리할 수 있는데, 원형적인 한 참여자 사건은 자동 구문으로, 두 참여자 사건은 타동 구문으로, 세 참여자 사건은 이중타동 구문의 문장 구조로 (26)과 같이 표시된다.

(26) a. [NP주어-이 V-어미]
　　 b. [NP주어-이 NP목적어-를 V-어미]
　　 c. [NP주어-이 NP목적보어-{에게/에} NP목적어-를 V-어미]
　　 d. [NP주어-이 NP보어-이 V-어미]

형용사 구문은 자동 구문과 동일한 구조이므로 별도의 문형으로 설정할 필요가 없다. 또한 '이다, 아니다, 되다'에 의한 구문은 개별 항목 기반의 구문섬이므로 추상적 구문으로 분류되지 않고, 대신에 두 참여자의 긴밀한 관련성이라는 유사성을 통해 (26d)와 같은 서술 구문으로 일반화할 수 있다.

(27) a. [NP주어-이 NP부사어-와 V-어미]
　　 b. [NP주어-이 NP부사어-에 V-어미]
　　 c. [NP주어-이 NP목적보어-를 NP목적어-를 V-어미]
　　 d. [NP주어-이 NP목적어-를 NP부사어-로 V-어미]

구문문법 관점에서 기본 문형은 원형적인 사건 구조에 대한 해석을 바탕으로 대응하는 구문에서 나타나는 문장 구조로 설정할 수 있다. 따라서 필수 논항을 갖는 (27)의 문장 구조는 기본 문형으로 설정되기도 하지만, 타동성 등에서 주변적인 경우를 나타내므로 한국어에 나타나는 문장 구조일 수는 있으나 원형적 장면을 나타내는 '기본' 문형으로 분류하기는 어렵다.

이처럼 기본 문형을 구문으로 파악하면 목적어는 타동사가 필요로 하는 성분이고 타동사는 목적어를 요구하는 동사라는 순환적 설명을 피할 수 있다는 장점이 있다(Goldberg 1995: 10). 또한 사동화도 사동주 추가에 의해 자동구문이 타동 구문으로, 타동 구문이 이중타동 구문으로 확장되는 것으로 쉽게 설명된다. 그리고 "날씨가 풀렸다, 문이 열립니다"와 같은 문장을 능동문이 없는 피동문으로 설명하지 않고 비의지적 단일 참여자 사건을 나타내는 자동구문으로 타동 사건의 피동태와는 차이가 있음을 설명할 수 있다. 이뿐 아니라 구문은 아직 원형적 모형과 통합되지 않은 새로운 사건 연쇄를 문장 구조와 혼성(blending)하여 이해할 수 있는 입력을 제공한다(Turner 2007: 391). 이처럼 구문은 인지적 기반을 바탕으로 문장에 대한 보다 정확한 설명을 제공할 수 있으므로 한국어 문장 구조를 설명하는 데에도 도움이 된다.

참고문헌

고영근·구본관(2008), 『우리말 문법론』, 집문당.

김정숙·박동호·이병규·이해영·정희정·최정순·허용(2005), 『외국인을 위한 한국어 문법 1』, 커뮤니케이션북스

김진우(1966), "기본문형의 설정", 『어학연구』 2(1): 85-103, 서울대학교 언어교육원.

서강보·정해권(2018), "한국어 계사 '이-'의 다의성과 의미 지도", 『담화와 인지』 25(4): 55-75, 담화·인지 언어학회.

신서인(2017), 『한국어 문형 연구』, 태학사.

임동훈(2005), "'이다' 구문의 제시문적 성격", 『국어학』 45: 119-144, 국어학회.

정주리(2000), "구성문법적 접근에 의한 문장 의미 연구", 『한국어학』 12: 279-307, 한국어학회.

정해권(2016), "한국어 주격중출에 대한 구문문법적 접근", 『국어학』 78: 139-164, 국어학회.

정해권(2017), "한국어 감정 구문의 문법 표상과 개념적 사상", 『담화와 인지』 24(2), 95-114, 담화·인지 언어학회.

최예빈·정해권(2018), "한국어 이동 구문의 의미 확장과 상적 의미", 『담화와 인지』 25(1): 195-215, 담화·인지 언어학회.

최현배(1961), 『우리말본』, 정음문화사.

Bergen, B. K. & N. C. Chang(2005), Embodied construction grammar in simulation-based language understanding, in M. Fried & J. Östman(eds.), *Construction Grammars: Cognitive Grounding and Theoretical Extensions*, 147-190, Berlin/New York: John Benjamins.

Chomsky, N.(1993), A minimalist program for linguistic theory, in K. Hale & S. J. Keyser(eds.), *The View from Building* 20: 1-52, Cambridge: MIT Press.

Croft, W.(2001), *Radical Construction Grammar: Syntactic Theory in Typological Perspective*, Oxford: Oxford University Press.

Croft, W.(2007), Construction grammar, in D. Geeraerts & H. Cuyckens(eds.), *The Oxford Handbook of Cognitive Linguistics,* 463-508, Oxford: Oxford University Press.

Croft, W. & D. A. Cruse(2004), *Cognitive Linguistics*, Cambridge: Cambridge University Press. (김두식·나익주 옮김(2010), 『인지언어학』, 박이정.)

Evans, V. & M. Green(2006), *Cognitive Linguistics: An Introduction*, Edinburgh: Edinburgh University Press. (임지룡·김동환 옮김(2008), 『인지언어학 기초』, 한국문화사.)

Fillmore, C. J., P. Kay & M. C. O'connor(1988), Regularity and idiomaticity in grammatical constructions: The case of let alone, *Language*, 501-538.

García-Miguel, J. M.(2007), Clause Structure and Transitivity, in D. Geeraerts & H. Cuyckens(eds.), *The Oxford Handbook of Cognitive Linguistics,* 753-781, Oxford: Oxford University Press.

Geeraerts D.(1998), The semantic structure of the indirect object in Dutch, in W.

V. Langendonck & W. V. Belle(eds.), *The Dative: Theoretical and Contrastive Studies*, vol. 2, 185-210, Amsterdam: John Benjamins.

Goldberg, A.(1995). *A Construction Grammar: Approach to Argument Structure*, Chicago: The University of Chicago Press. (손영숙·정주리 옮김(2004), 『구문 문법』, 한국문화사.)

Hopper, P. J. & S. A. Thompson(1980), Transitivity in grammar and discourse. *Language* 56(2): 251-299.

Kay, P. & C. J. Fillmore(1999), Grammatical constructions and linguistic generalizations: The what's X doing Y? Construction, *Language* 75(1): 1-33.

Lakoff, G.(1987), *Women, Fire, and Dangerous Things*, Chicago: The University of Chicago Press. (이기우 옮김(1995), 『인지 의미론: 언어에서 본 인간의 마음』, 한국문화사.)

Langacker, R. W.(1987), *Foundations of Cognitive Grammar: Theoretical Prerequisites*, vol. 1, Stanford: Stanford University Press. (김종도 옮김(1999), 『인지문법의 토대 1』, 박이정.)

Langacker, R. W.(1990), *Concept, Image and Symbol: The Cognitive Basis of Grammar*, Berlin: Mouton de Gruyter. (나익주 옮김(2005), 『개념·영상·상징 : 문법의 인지적 토대』, 박이정.)

Langacker, R. W.(2008), *Cognitive Grammar: A Basic Introduction*, Oxford: Oxford University Press. (나익주·박정운·백미현·안혁·이정화 옮김(2014), 『인지문법』, 박이정.)

Sasse, H-J.(1987), The thetic/categorical distinction revisited, *Linguistics* 25: 511-580.

Taylor, J. R.(1995), *Linguistic Categorization: Prototypes in Linguistic Theory*, 2nd edn, Oxford: Clarendon Press.

Tomasello, M.(2003). *Constructing a Language: A Usage-based Theory of Language Acquisition*, Cambridge, M.A.: Harvard University Press. (김창구 옮김(2011), 『언어의 구축: 언어 습득의 용법 기반 이론』, 한국문화사.)

Turner, M(2007), Conceptual Integration, in D. Geeraerts & H. Cuyckens(eds.), *The Oxford Handbook of Cognitive Linguistics,* 377-393, Oxford: Oxford University Press.

삶을 지배하는 전쟁 은유

백 미 현[*]

1. 들머리

"유럽은 '戰時 동원령' 러시아 전선이 달아오른다"는 러시아에서 전쟁이 발발하여 군사들을 소집한다는 내용으로 이해될 것이다. 그러나 이 구절은 모일간지 스포츠섹션(조선일보)에서 2018년 러시아 월드컵 개막을 앞둔 시점에 나온 기사 제목이다. 또한 '천당과 지옥 오간 무적함대 부활의 꿈' 역시 축구기사이다(한겨레). 심지어 '전도폭발훈련 훈련생 모집', '전도폭발훈련 훈련팀', '기도 300용사 모집'이라는 표현도 아이러니하게도 본질적으로 평화를 추구하는 모 종교의 슬로건이다. 현재 중국과 미국사이의 '무역전쟁'도 한창 진행 중이다. 이밖에도 '총대를 메다', '실탄이 없다', '확인사살', '무더위와의 전쟁', '담배와의 전쟁', '취업전쟁', '뉴스 파이터' 등은 전쟁과 상관없는 영역에서 흔하게 발견되는 표현들이다.

물리적 충돌인 전쟁의 목적은 뛰어난 지휘관이 전략을 잘 구축하고 그 지휘

---
[*] 충남대학교 영어영문학과 교수, mbaek@cnu.ac.kr

하에서 군대는 고도의 훈련을 하여 전력을 키우고 최첨단의 무기로 무장하여 최소한의 희생으로 승리하여 원하는 것을 얻는 것이다. 현대 한국사회에서는 이러한 전쟁 개념이 스포츠, 정치, 교육, 무역을 이해하는데 광범위하고 무의식적으로 사용되고 있다.

이 글에서는 스포츠, 교육, 정치, 무역 및 사랑과 같은 감정 영역 등에서 표현되는 전쟁 은유를 통해 현대사회를 지배하고 있는 사고 프레임을 정의하고 이해하는데 목적을 둔다. 2장에서는 개념적 은유를 간단히 소개하고, 3장에서는 물리적 충돌인 전쟁의 양상이 다양한 비전쟁의 영역에서 어떻게 개념화되고 있는지 예시를 통해 살펴보고, 4장에서 마무리를 한다.

2. 개념적 은유

은유를 시적 표현 도구나 언어적 유희의 언어 영역으로 한정하여 정의하는 전통적 정의와 달리, 인지언어학에서는 인간이 생각하고 행동하는 방식으로 일상적으로 편재하는 개념적 은유(conceptual metaphor)로 정의한다(Lakoff & Johnson 1980). 은유란 추상적인 개념을 구체적인 개념을 통해 이해하는 인지기제이다. 다시 말해서 구체적 개념인 근원영역(source domain)은 추상적 개념인 목표영역(target domain)에 대응된다. 은유는 속성에 따라 3가지 유형으로 구분된다. 첫째, 구조적 은유(structural metaphor)는 근원영역과 목표영역 간 의미구조의 유사성에 기초하여 성립된다. 시간이라는 추상적 개념을 돈이라는 구체적 개념으로 이해하는 은유의 예시는 다음과 같다.

(1) [시간은 돈(TIME IS MONEY)] 은유
    a. You're **wasting** my time.
    b. This gadget will **save** you hours.
    c. How do you **spend** your time these days?
    d. You need to **budget** your time.

e. He's living on **borrowed** time. (Lakoff & Johnson 1980: 7-8 부분 인용)

두 번째, 위-아래, 앞-뒤, 접촉-분리, 중앙-주변, 원-근처럼 물리적 공간에서 신체가 경험한 위치나 방향에 기초하여 보다 추상적 개념을 이해하는 방향 은유(directional metaphor)가 있다:

(2) [행복은 위(HAPPY IS UP); 슬픔은 아래(SAD IS DOWN)]

    a. I'm feeling **up**.

    b. That **boosted** my spirits.

    c. My spirits **rose**.

    d. I'm feeling **down**.

    e. I **fell** into a depression.

    f. My spirits **sank**.

(3) [의식은 위(CONSCIOUS IS UP); 의식은 아래(UNCONSCIOUS IS DOWN)]

    a. Get **up**. Wake **up**.

    b. I'm **up** already.

    c. He **rises** early in the morning.

    d. He **fell** asleep.

    e. He **dropped** off to sleep.

    f. He's **under** hypnosis.

    g. He **sank** into a coma. (Lakoff & Johnson 1980: 15)

마지막으로 목표영역인 추상적인 개념에 물리적 공간에서 경험한 물체(object)과 물질(substance)로 어떤 존재론적 위상을 부여하여 이해하는 존재 은유(ontological metaphor)가 있다:

(4) [마음은 기계(THE MIND IS A MACHINE)] 은유

a. We're still trying to **grind out** the solution to this equation.

b. My mnd just isn't **operating** today.

c. I'm a little **rusty** today. (Lakoff & Johnson 1980: 27)

여기서는 은유의 본질과 전통적인 은유 및 현대적, 다시 말해서 인지언어학적 언어학의 주요 프레임으로 작용하는 상세한 은유 정의를 상술하지는 않는다. 개념적인 은유를 파악하는 것은 우리가 일상적으로 사용하는 언어표현을 통해서 가능하다. 본 연구에서는 근원개념으로서 다양한 목표개념에 사상되는 [전쟁]의 구조적 은유를 살펴본다.

3. [전쟁] 은유의 양상

전쟁이라는 물리적인 충돌은 인류가 존재한 이후 줄곧 겪어온 매우 격렬하고 부정적인 경험이다. 특히, 한국인은 비교적 최근까지도 침략과 전쟁을 경험했고 지금도 전 세계는 끊임없는 전쟁과 테러 공포 속에 살고 있다.

다음의 예시는 문자 그대로 전쟁을 기술한다.

(5) a. N. Korea to Trump: We Can Fire Missile 'at Any Time' (2017.01.05. TIME)

b. Turkey nightclub was hit by 'war machine,' owner says…

c. 나토는 이날 684회의 출격을 단행, 방공시스템과 지상병력 등 군사시설은 물론 수도 베오그라드를 비롯한 세르비아공화국 주요 도시의 전력시설에 대한 공습에 나섰다. (1999.05.23. 조선일보)

그러나 **fire missile, war machine, 출격, 폭격, 미사일 2발 발사**와 같은 용어는 전쟁이라는 개념 영역이외의 다른 영역의 표현에서도 많이 발견된다. 물리적 갈등에서 강도가 매우 높은 전쟁은 인간의 삶에서 매우 흔한 구체적인 경험이기에 우리가 쉽게 이해할 수 있고, 이와 유사한 의미 구조를 갖는 다른 개념을 이해하는 데 사용된다. 현대 사회는 모든 것이 전쟁처럼 치열하다. 상대방을 적군처럼 생각하고, 좋은 첨단 무기를 들고 잘 활용하고, 노련한 지휘관의 지도로 각종 전략이 구축되어, 효과적으로 전투를 치루고, 승리를 해야 생존한다. 승자는 모든 것을 얻지만, 싸움에 패한 패자는 모든 것을 잃기에 생사가 걸린 치열한 행위이다. 한국은 특히 전쟁을 근원개념으로 사용하는 목표개념들이 많다. Lakoff & Johnson(1980: 4)이 예시한 [논쟁은 전쟁]은유를 살펴보자.

(6) ARGUMENT IS WAR

Your claims are **indefensible**.

His **attacked every weak** *point* in my argument.

His criticisms were **right on target**.

I **demolished** his argument.

I've never **won** an argument with him.

You disagree? Okay, **shoot***!*

If you use that **strategy**, he'll **wipe you out**.

He **shot down** all of my arguments. (Lakoff & Johnson 1980: 4)

영어와 마찬가지로 논의를 전쟁이나 싸움으로 보는 것은 한국어에서도 흔히 발견된다. 최근 한국 종편 방송의 정치토론 프로그램 '썰戰'의 기획의도를 살펴보자.

(7) '시청자들의 눈높이에 맞춘 신개념 이슈 리뷰 토크쇼! 성역과 금기 없는 다양한 시선을 가진 각계각층 입담가들의 하이퀼리티 뉴스 털기 프로그램으로, 시청자들이 세상을 바라보는 시각을 한 층 업그레이드 시켜주는 독한 **혀들의 전쟁 <썰전>**'

'썰전'이나 '독한 혀들의 전쟁'의 표현은 정치와 관련된 논의란 점에서 전쟁의 은유가 더욱 적나라하게 드러난다. 한자어 '논쟁(論爭)'이 의미하듯이 논의는 전쟁처럼 공격하고, 전략을 구축하고, 상대방의 약점을 이용하고, 상대방을 넘어뜨리고, 밀어버리고, 방어하고, 반격하고, 이기고 전리품을 획득하는 것이 목적이다. '설전(舌戰)'은 환유이기도 한데, 말, 즉 논의의 도구로 사용되는 신체일부인 혀는 논쟁을 하는 토론자를 의미하는 것이다. 또 다른 시사방송인 MBN의 '뉴스파이터(News Fighter)'도 프로그램 이름에서 보듯이 기자 를 전사로 기술함으로써 뉴스보도의 치열성을 전쟁으로 빗대서 표현하고 있다.

본 장에서는 논의 영역 이외에서도 입시, 정치, 스포츠, 그리고 무역 등이 전쟁의 의미구조나 요소로 경험되고 이해되는 양상을 예시들을 통해 살펴본다.

3.1. [입시는 전쟁] 은유

나익주·백미현(2014)은 교육에서 발견되는 다양한 은유양상을 분석하였다. 예시(8)-(10)는 [교육은 식물재배] [교육은 건물] [교육은 여행] 은유로 교육 본연의 정의를 보여준다.

(8) a. 소통의 촉진자, 자기성찰로의 안내자, 학습의 길을 함께 가는 동반자, 인내하며 기다려 주는 조력자로서, 교사가 삶의 동력을 제공할 때 학생들은 생기를 갖고 이 세상에 우뚝 서서 **뿌리를 내릴 것이다.**
     b. **새싹이 많은 자양분과 물을 먹고 자라듯이** 학생들은 교사의 사랑과 열정을 **먹고 자란다.**
(9) a. 앞으로 백년의 세월을 일관성 있게 나아갈 수 있는 전북교육의 **토대를 탄탄하게 구축하겠다.**
     b. 학력저하는 결과적으로 **교육 붕괴**를 가져오게 되므로 교육 관계자는 **주춧돌을 놓는** 신중한 자세로 교육에 임해야 할 것이다.

(10) a. 그 이후에 우리의 교육은 **여러 갈래의 길을 걸어오고** 있습니다.

b. 교사는 그저 **안내자일 뿐 스스로 갈 길을 찾는** 아이들은 스스로의 삶을 더 나은 방향으로 변화시킬 수 있다. (나익주·백미현 2014: 33-34)

반면 [교육은 상거래] 은유도 발견된다. 학교, 교사가 공급자나 생산자로 은유화되고, 학생이나 학부모는 수요자나 소비자로 은유화되고, 교육활동 전반에 관여한 학교, 학생, 학부모, 교사 모두가 상품으로 이해되어 은유화된다.

(11) a. 학교운영위원회(학운위)는 비공개적이고 폐쇄적인 학교 운영을 지양하고, **교육소비자인 학생과 학부모의 요구를** 교육당국이 체계적으로 반영함으로써 개방적이고 투명한 학교를 **운영할** 목적으로 도입된 제도다.

b. 수업 잘 하는 교사의 자세 등 **명품 수업** 구현을 위한 것으로 교사 마인드, 교수 방법, 교육과정에 근거한 학생 중심 수업 설계 등. (나익주·백미현 2014: 35-36, 41)

특히 한국 사회에서 대학 입시는 전쟁과 같은 치열한 과정으로 인식된다. 입시는 전쟁이며, 수험생은 군인이고, 합격은 승리, 불합격은 패배, 명문대는 전리품으로, 학교장은 입시라는 전쟁을 총괄 지휘하는 총사령관, 교사는 지휘관, 학부모는 수험생을 지원하는 전쟁지원자이다. [입시는 전쟁] 은유와 그 세부 은유인 [수험생은 군인] [합격은 승리] [불합격은 패배] [명문대는 전리품] [학교장은 총사령관] [교사는 지휘관] [학부모는 전쟁지원자] 등이 우리들의 마음속에 깊이 새겨져 있다. 물론 입시를 전쟁 과정으로 이해하는 것은 최근에 생긴 것은 아니지만, 과거 어느 때보다 [입시는 전쟁] 은유가 언어적으로 다양하게 발현되고 있다. 나익주·백미현(2014: 44-46)의 예시와 논의를 인용해본다.

(12) a. 입시 **정보 전쟁** / 입시 **전쟁 잔혹사**

   b. 지난 18일 서울 ○○대학교 새천년 홀에서 2014대입 수시지원 **전략 설명회**가 열리고 있다.

   c. 부디 실적으로 검증받고 지옥 같은 **입시 전선을 돌파**해야 하는 이 땅의 **입시 전사들에게 신뢰의 교두보**가 되는 솔루션이 되기를 희망한다.

   d. 수학의 공식처럼 자로 잰 듯 딱딱 맞아 떨어지는 객관식 지식, 군더더기 없는 단답형 지식으로 **무장된 고교생들이 입시전선을 뚫고** 대학에 들어가면,

   e. **시계 제로의 대입 전선** 문교부의 철저한 **입시정보원 봉쇄작전** 때문

   f. 살벌한 '일사오정신'(하루 4시간 자면 합격하고 5시간 자면 낙방한다)과 **'졸면 죽는다'는 구호** 아래 **전쟁터에 병졸을 내몰** 듯 교사와 학생을 **'입시전선'으로 내몰았고**…

   g. 고3이 시작되는 겨울방학, 대입 성공을 위해서 **전략**이 반드시 필요하다! 수능1등급으로 향하는 과목별 학습 **전략**을 콘서트 현장에서 전격 공개합니다.

   h. 사교육비 **폭탄 해체 방법** (나익주·백미현 2014: 44-46)

입시와 전쟁의 개념적 대응은 (12)의 표현에 분명히 예시되어 있다. 원래 '전선, 전략, 전사, 무장, 정보원, 전쟁 잔혹사, 봉쇄, 돌파하다, 싸우다, 전선을 뚫다, 시계 제로의 전선, 전선으로 내몰다, 구호' 등은 '전쟁'을 기술하는 데 쓰이는 표현이다. 하지만 (12)에서 이러한 각종 전쟁관련 용어는 물리적으로 적과 싸우는 '전쟁' 아니라 대학입시를 준비하는 과정에서 발생하는 현상이다. 전쟁이 터지면, 적군이 있고, 전쟁에서 이기기 위한 전략을 효율적으로 세워야 한다. 같은 속성이 입시에도 그대로 적용되어 대학 입시를 치루는 경쟁자가 곧 나의 적군이며, 시험을 잘 치르기 위한 각종 계획과 책략이 있다. 수험생은 군인으로, 높은 점수를 받기 위한 각종 계획과 지식은 효과적인 전투를 수행하기 위한 첨단 무기에, 합격자는 승리자이고, 불합격자는 패자에 대응한다.

전선에서 치열하게 싸우는 전사들이 적의 방어선을 뚫고 승리를 거두는 것처럼, 입시에서도 수험생들이 다른 수험생들과 치열하게 싸워 합격한다. 전쟁의 승자는 전리품을 획득한다. 지휘관은 '입시 전선에서 싸워야 하는 전사'인 제자들을 가르치는 교사이다. 대학 입시와 같은 주요 시험은 마치 세계 대전을 치루는 것 같다. 학생들의 참고서 제목도 '완전 정복'이다. 물리적 전쟁을 시뮬레이션 하면서 훈련을 받듯이 학생들도 '실전 문제집'을 반복해서 풀어서 진짜 시험에 익숙해져야 한다. '입시 전선에 친구 없다!'라는 단언은 현재의 한국 사회에 대한 자신의 인식을 겉으로 드러내고 있고, 현재 한국 사회의 대다수 구성원들은 이러한 인식을 분명히 공유하고 있다.

[입시가 전쟁]인 이 상황에서는 대부분의 학부모와 학생들은 승자가 되면 명문대 학벌과 특권이라는 전리품을 얻지만 패자가 되면 모든 것을 잃는다는 절박한 심정으로 입시 전쟁에서 총력전을 벌여야 한다.[1]

흥미롭게도 미국의 교육, 특히 입시관련 영역은 '전쟁'으로 이해되는 것 같지 않다. 다음은 인터넷 잡지 Education Week에 표현된 일부 전쟁표현인데, 입시자체가 전쟁으로 표현되는 것은 발견하지 못했다. 단지, 교육정책이나 교육과정에 관련하여 전쟁 표현이 발견될 뿐이다.

(13) a. It's Time to End the **Curriculum Wars** - The K-12 Contrarian (2015.10.12.)

b. Did a **War on Teachers** Lead to New Shortages? - Rick Hess Straight Up (2016.02.08.)

c. In White House Bid, Wis. Gov. Walker Vows **War on Public-Employee Unions** - Politics K-12 (2015.09.15.)

d. Principals Tell Scott Walker: Your **War on 'Big Government'** Isn't Helping Schools - State EdWatch (2015.08.11.)

e. Three **Strategies** to Improve Teacher Evaluation (2016.04.27.)

---

1 전쟁과 같은 치열한 교육의 병폐는 [교육은 환자] 은유와 관련된다(나익주 · 백미현 2014: 46-47).

3.2. [정치는 전쟁] 은유

정치 역시 정당이 권력을 쟁취하기 위한 경쟁과 전쟁의 양상이다. 최근 미국 대선의 선거 양상을 보도한 The Washington Post지 정치면 헤드라인에서 발췌된 예시로 *winner, loser, political battles, target, warrior, attack* 등의 전쟁 어휘를 통해 치열했던 미국 대선의 선거전을 짐작할 수 있다.

(14) a. **Winners and losers** of the biggest state political **battles** of the year so (2017.7.15. *TWP*)

b. Here are the eight Trump Cabinet picks Democrats plan to **target** (2017.01.01. *TWP*)

c. Hillary Clinton **attacks** 'fake news' in post-election appearance on Capitol Hill (2016.12.08. *TWP*)

d. Harry Reid bids farewell to the Senate, where he was both **warrior** and deal maker (2016.12.09. *TWP*)

e. Trump is all the talk on Twitter in **battleground states**, but the focus on issues ranges widely (2016.10.19. *TWP*)

f. 53 percent of people in new WaPo-ABC poll say Hillary Clinton **won** the debate (2016.10.02. *TWP*)

g. The Democratic Party **builds a war room to battle** Trump (2017.01.04. *TWP*)

h. Trump tweets praise of Putin for **attack on** Clinton (2016.12.24. *TWP*)

i. DNC chair candidates race into North Carolina **fight** (2016.12.17. *TWP*)

j. Obama says 'we will' **retaliate against** Russia for election hacking (2016.12.17. *TWP*)

현재 한국은 '프레임 전쟁' 중이다. 특히 한국에서도 선거는 전쟁의 양상으로 이해된다(임혜원 1997 참조). 2017년 모 일간지의 '민주, ○○○○귀국 앞두고 **화력 총동원해 공격**, 가장 **위협적인 상대**이긴 한 모양'이라는 표현에서 보듯이 정치는 전쟁인 것이다. 선거에서 여당이나 야당이 각각 국민의 마음을 얻어 이겨 승리하는 것이 목표인 선거전(選擧戰)이다. 다음은 한국에서 정쟁(政爭)을 보여주는 은유 표현들로 2017년 대선 기간 신문기사의 헤드라인에서 뽑아온 예시이다.

(15) a. 야, "대여 **전면 투쟁**" 선언 (2008.06.26. MBC)

b. 대여**강공**에 **전리품** 한가득 ○○당⋯ (2018.12.28. 헤럴드경제)

c. '국민 여론' **무기**로 지지 호소할 듯

d. ○○○정권 연장 도와선 안돼⋯○○○**공격에 가세** (2017.01.03. 쿠키뉴스)

e. 싱겁게 끝난 1차 변론⋯대통령-국회 법정 밖서 **치열한 공방** 예고 (2017.01.03. 연합뉴스)

f. 싱겁게 끝난 **탐색전**(2017.01.02. 헤럴드경제)

g. ○○○·○○○ 측 **설전** "정계은퇴" vs "○○**홍위병**"(종합) (2017.01.03. 노컷뉴스)

h. ○○○ '**독설 화살**', 이번에는 ○○○를 **쐈다** (2017.01.03. 이데일리)

i. ○○○ "○○○ **장수 기질**, 난 **사령관**⋯최고의 팀원" (2017.01.03. 뉴스1)

j. ○○○헌재 불출석에 野 '**맹공**'⋯○○○는 '침묵' (2017.01.03. 매일경제)

k. ○○○ "악성종양 근절" ○○핵심에 **직격탄** (2017.01.03. 파이낸셜뉴스)

l. ○○○-○○○'**신경전**' **정면충돌**⋯"인적청산 쇄신 시작" (2017.01.03. 머니투데이)

m. 대선 **전초전** vs 신인 데뷔전⋯피말리는 '**낙동강 전투**' (2012.02.28. Jtbc뉴스)'

n. ○○○**유탄**에 '샤이 ○○○' 늘었나⋯충청권 지지율, ○○○

에 갑절이상 앞섰다가 **역전 당해** (2017.01.03. 조선일보)

이밖에도, 탄핵 정국과 대선 출마에 대한 견제와 경쟁은 지원사격과 같은 수많은 전쟁 용어를 통해 격렬한 정도를 표출하고 있다. 다음 발췌문은 여야 관계가 협력의 관계가 아닌 '주적 관계'로 변화되면서 상대당에 대한 '적의'를 드러내고 자신들의 투쟁의지를 다지기 위해서 군사용어가 이러한 상황을 설명하는 데 잘 맞아떨어지고 있음을 언급하는 기사의 일부내용이다.

> (16) '우리가 '1차 **저지선**'은 확보했다'… '이제는 '입법**전쟁**'이라며 야당에 '**선전포고**'를 선언, '**전투 모드**'를 자초했다는 지적을 받는다…여야 **대치가 장기화** 조짐에 들어서면서…요즘 "**남한산성전으로 전략이 바뀌었다**"고 말한다 …'본회의장 옥쇄 **투쟁**은 입법**전쟁** 최후의 **결전**이 될 것'이라고 선언하기도 했다…'국회가 ○○의 더러운 '**전쟁터**'로 전락했다'고 일갈하기도 했다…(선근형 [왜…] 의사당에 난무하는 '전쟁용어', 경향신문 2009.1.1.)

적어도 일당 체제가 아닌 국가에서 권력쟁취라는 치열한 경쟁이 전쟁의 양상으로 개념화되는 것이다.

다음 헤드라인은 '개헌'이라는 동일한 정치적 사안에 대해 **전쟁**과 **열차**라는 어휘 선택을 하고 있다. 두 일간지가 '개헌'에 대해 서로 다른 정치적 프레임을 기반으로 기사를 작성했음을 알 수 있다.

> (17) a. '○○○○ '**개헌전쟁**' **방아쇠 당겼다**' (2018.3.14. 조선일보)
> b. '대통령 개헌안으로 **與野 개헌전쟁** 서막' (2018.3.14. 조선일보 팔면봉)
> (18) '文대통령 '**개헌 열차**' 출발했다' (2018.3.26. 한겨레)

또한 '트럼프, 첫 **포문** "북핵 완성? 그럴 일 없을 걸!"', '김정은 신년사에 **직격**

탄…'이라는 최근 모 일간지(조선일보 2017. 1.4일자 A1면) 헤드라인 제목에서 북한 핵 개발에 대한 미국 대통령 당선자의 강력한 첫 구두 대응을 **포문, 직격탄**이라는 전쟁 어휘로 표현하였는데, 흥미롭게도 미국 언론은 이러한 전쟁 용어를 사용하지 않았다. 사실 이러한 현상은 실제로 현대 한국 사회를 지배하는 사고방식, 즉 은유가 무엇인지를 보여주는 바이다.

(19) a. Trump **insists** North Korean intercontinental missile 'won't happen', berates China, The Latest: Trump **says** North Korean ICBM 'won't happen' (2017.01.03. *The Washington Post*)

b. Facing growing North Korea nuke threat, Trump **vows**: It won't happen! (2017.01.03. *CNN*)

국내뿐만 아니라 국제 관계나 정세 역시 전쟁은유로 표현된다.

(20) a. 3차 회담서 배제된 中…주도권 위한 **샅바싸움** 시작한다. (2018. 4.30. 이데일리)

b. 비핵화-**신호탄 쏜** 남북, 두 달간 릴레이 외교전 (2018.4.28. 세계일보)

3.3. [스포츠는 전쟁] 은유

스포츠 역시 전쟁처럼 승리를 하는 것이 목표이다. 다음 미국 스포츠 기사에서 발견되는 *battle, wire-to-wire victory* '계속된 전쟁', *shot* '총격', *a defensive struggle* '방어에서의 고전' 등은 모두 전쟁 용어들이다.

(21) a. Rangers gain perspective on three-overtime **battle**. (2012.5.5. Tarik El-Bashir. *The Washington Post*)

b. Training **camp** position **battles**: Redskins have options at outside linebacker (2017.7.19. *The Washington Post*)

c. Indonesian Football **Battle** Paused to Avoid FIFA Sanctions. Ahmad Pathoni, (2012.6.11. *The Wall Street Journal*)

d. Bodemeister nearly pulled off a **wire-to-wire victory**. (2012.5.7. Andrew Beyer. *The Washington Post*)

e. Feng Shanshan Pursues **Wire-to-Wire Victory** at the U.S. Women's Open. (2017.7.15. *The New York Times*)

f. Injury-riddled Phillies may get one more **shot at** reviving the season. (2013.5.13. James Wagner. *The Washington Post*)

g. Alabama Has a Dangerous **offense-on Defense**. (2017.1.4. *The Wall Street Journal*)

h. The Golden State **warriors** began the postseason on April 16 and concluded it on June12, and only once in that time did they make a false step. (2017.6.17. *The New York Times*)

i. Wizards' **defensive struggles** follow them home in 112-107 loss to Mavericks (2017.3.16. *The Washington Post*)

j. In first round, Cavs win **a defensive struggle**. Christian Swezey. (2014.5.14. *The Washington Post*)

k. What a comeback! U.S. women's soccer scores 3 late goals to **defeat** Brazil. (2017.7.31. *The Washington Post*)

한국의 스포츠 뉴스에서 가장 많이 보이는 것은 단연코 전쟁은유이다. 많은 스포츠 뉴스 기사의 헤드라인은 **배수진, 각개격파, 속전속결, 격전, 평가전, 라이벌전, 중동 원정, 출격**과 같은 전쟁 용어로 잡히고 있다. 스포츠는 '전쟁'이다. 유능한 '지휘관'의 '전략'과 '명령'에 따라 잘 '훈련'된 선수들은 '전사'(**홍○○ 사단, 소총부대, 호화군, 군인, 특공대, 돌격대, 복병, 저격수, 태극전사, 용병**)가 되어 '전장'에 '출전'하여 '무기'를 장착하고 잘 다루며 '공격'(**홈런포에 기름칠, 추○○ 6호포, 주포 김○○은 포탄 장전 중, 중거리포** 동점골 **작렬, 대포알** 같은 강스파이크', **LG 대포 6발, 막강화력, 대포알 슈팅, 한방**)과 '수비'(특급 **방패, 철통방어, 수비, 1위 사수, 난공불락**)를 하면서 '승리'해야 한다(윔블던 **제패, 무적함대 격파**). 경기에서 우리나라 선수들이 이기면 신문 헤드라인은 '승전보'를 알린다. [스포츠는 전쟁]과 그 세부 은유로 [운동선수는 전사] [감독은 지휘관] [경기장비는 무기] [선수는 무기] [정예 선수는 폭격기/핵잠수함] [운동수비는 전쟁수비] [경기전략은 전쟁전략] [경기장은 전쟁터] 등의 은유가 표현된 일간지 기사 헤드라인의 예를 좀 더 살펴보자.

(22) [불꽃 튀는 유로 2012] 폴란드-러시아, 만나면 **전쟁**이다. (2012.6.14. 중앙일보)

(23) a. 패배 막지 못한 '지구**특공대**' 구○○-지○○…영 평점 혹평. (2017.3.13. 스포츠조선)

　　 b. 레알 마드리드, 토트넘 **공격수** ○리 '눈독' (2017.1.3. SBS뉴스)

　　 c. **무적함대, 전차군단** 상대 '월드컵 무승 징크스' 깰까 (2010.7.6. 스포츠조선)

(24) a. [프로야구] 동점 **솔로포**에 결승 득점 (2012.5.3. 중앙일보)

　　 b. 김, 쐐기 3점포 '돌아온 **거포** 본능' (2016.7.22. 동아일보)

　　 c. 허○○호 비밀 **병기**, '박○○ 시프트' (2010.5.10. KBS뉴스)

　　 d. 2경기 8골 호주의 **창**…한국 **방패** '진짜시험대' (2017.1.17. 조선일보)

　　 e. 부산 야구의 혼, '작은 **탱크**' 박○○ (2006.9.5. 오마이뉴스)

　　 f. [프로야구] 승자 없었던 괴물·**핵잠수함** 첫 **맞대결** (2012.5.26. 중앙일보)

　　 g. 폴란드 **폭격기 격추** 세네갈, 아프리카 자존심 지켰다 (2018.6.20. 조선일보)

(25) a. 팀 **승리** 이끈 송○○, KCC 시즌 10승 (2017.1.3. OSEN)

　　 b. 잇단 **승전보**에 불붙은 '축구 열기' (2018.9.8. Jtbc뉴스)

　　 c. 김○○-이○○ 폭발 여배구, 세계최강 중국 **격파**했다. (2018.5.17. 중앙일보)

　　 d. 1조 2900억원 투자…아브라모비치, 9년 만에 유럽 **정복**… (2012.5.21. 조선일보)

이 밖에도 '무더위 5강 **싸움**, 안방마님은 괜찮나요(2017.7.29. 스포츠 조선)', ''**필승** 절실' 슈틸리케호, **수비안정**은 K리그에 맡겨라(2017.6.13. OSEN)', '카타르**戰** 열쇠 '중동파 3인방'이 쥐고 있다(2017.6.13. OSEN)', '신○용, "**전술** 완전 변화, **공격** 앞으로는 계속"(2017.5.25. OSEN)', '서전 **완패**' 아르헨, 득점 위한 뒷공간 **침투 훈련** (2017.5.21. OSEN)', '새벽을 여는 **女전사들** "목표는 계주 금메달"(2017.7.25. 뉴시스)', '넵스와 다시 손잡은 박○현, US오픈서 데뷔 **승** 정조준(2017.7.14. OSEN)' 등, 스포츠를 전쟁으로 기술한 기사 헤드라인의 예는 압도적으로 많다.

3.4. [상거래는 전쟁] [무역은 전쟁]은유

상거래나 국가 간의 무역 역시 전쟁의 면모를 갖는다. 예시 (26)는 물건을 팔기위한 전략이다. 고객을 목표물로 삼아 겨냥하고, 군사작전처럼 판촉 활동을 시작하고, 포로처럼 시장을 포획하는 것이다.[2]

> (26) a. **Target** an audience.
> b. Launch a **campaign**.
> c. **Capture** the market.

다음은 Kovács(2007)가 예시한 비즈니스, 재정, 경제의 언어에서 발견되는 전쟁 은유(BUSINESS IS WAR)이다. 비즈니스 세계가 전쟁처럼 치열함을 보여주는 증거이다.

> (27) a. G○○○○○, having made many **enemies**, must now **fight** *many battles*.
> b. The euro usually gets caught in the **crossfire** of serious dollar

---

2 *campaign*은 원래 라틴어 *campus* 'field'에서 유래된 것으로 '군사행동', '선거운동' 등의 다양한 의미로 사용된다.

versus yen **fire fights**.

c. Italy again **in the firing line**.

d. The main **battlefield** at present is retail trade.

e. American stock exchanges: **Redrawing the battle lines**.

f. Even so the **ceasefire** may not last.

'신○○ 롯데주식 팔기로...**실탄** 7000억 확보, 왜?(2017.09.13. 조선비즈)'
나 '막 오른 5G 주파수 **쟁탈전**-통신 빅뱅이냐 **승자**의 저주냐 5조 '**쩐의 전쟁**'(2018.05.21. 매일경제)처럼 한국 경제 분야에도 전쟁 은유는 매우 흔하다.

국제간 비즈니스인 무역은 훨씬 더 공격적인 양상을 보인다. **'방아쇠 당겨진 2차 무역전쟁**(2018.06.15. 서울경제)', '고래 **싸움**에 새우 등터지는 한국(2018.06.16. 서울경제)' 등의 기사 제목은 최근 G2 미국과 중국 간 글로벌 무역전쟁과 그 여파에 대한 우려를 담고 있다.

(28) a. 사상 최고의 호황을 이어가고 있는 메모리 반도체 시장에 **전운이 감돌고 있다.** (2017.11.4. 조선비즈)

b. 최근 국내 화장품 시장에 가을 색조화장품 **전쟁이 벌어지고 있다.**
(2015.10.16. 한국일보)

c. 미중 **무역전쟁 '개시'**···폭탄 주고 받기에 한 유탄 가능성↑
(2018.6.17. 국제경제)

d. 개전 임박한 **미중 무역전쟁** (2018.6.17. 월간시이오앤)

e. 트럼프 대 시진핑 **"눈에는 눈"**···사상최대 110조원 **무역전쟁**
(2018.6.17. 중앙일보)

f. 트럼프, **무역전쟁 방아쇠 당겼다**···중국 제품에 고율관세 승인
(2018.6.15. 연합뉴스)

g. '무협 "미·중 **기술패권 전쟁**, 한국기업 간접 피해 우려"'
(2018.6.17. 파이낸셜뉴스)

h. 시진핑 신중 당부에도 트럼프 **'관세폭탄'**···EU도 **"美에 보복"**
(2018.6.15. 서울경제)

3.5. 기타

전쟁은 사랑과 같은 목표영역을 이해하는 데도 활용된다.

(29) LOVE IS WAR

He is known for his many **rapid conquests**.

She *fought for* him, but his mistress **won out**.

He **fled from** her **advances**.

She **pursued** him **relentlessly**.

He is slowly **gaining ground** with her.

He **won** her hand in marriage.

He **overpowered** her.

She is **besieged** by suitors.

He has to **fend** them **off**.

He **enlisted the aid** of her friends.

He **made an ally** of her mother.

Theirs is a **misalliance** if I've even seen one.

(Lakoff & Johnson 1980: 49)

(30) a. 사랑을 **쟁취하다**

b. 친구 사이에 **연적**이 되는 그런 진부한 거 난 싫더라

c. **애정전선**에 문제없다

d. 송○○, 처가 부모님 사랑 **쟁취** 위해 손아래 동서와 **대결**…**승자**는

e. **전쟁** 같은 사랑

<그림 1>은 공중화장실에서 흔하게 볼 수 있는 소변기 이용안내 사항이다. 역시 전쟁 은유이다.

〈그림 1〉 전쟁 은유 예시

4. 마무리

개념적 은유란 사람들이 생각하는 방식이다. 이런 점에서 현대 사회에서 유독 전쟁을 근원영역으로 하여 스포츠, 정치, 경제, 그리고 입시를 이해하는 경향이 강하다는 것은 눈여겨볼 만하다. 현대 한국 사회는 치열한 경쟁으로 치닫고 있다. 경쟁의 최대치는 전쟁이다. 이러한 경쟁적인 사고가 전쟁은유의 양산을 낳는 것 같다. 굳이 전쟁으로 이해될 필요도 없는 영역까지도 우리는 전쟁으로 이해한다. 무의식적으로 구축된 전쟁에 대한 강박적인 관념은 특히 스포츠, 정치, 교육이 공정한 규칙대로 협력하고 평화롭게 진행될 수도 있다는 사고를 막을 수 있어 우려스럽다.

이 글에서 스포츠, 무역, 정치, 입시를 전쟁으로 표현한 예시들은 현대 한국 사회에서 전쟁같이 경쟁(競爭)적인 삶의 면모를 절실히 반영한다. 첫째, 전쟁이란 무조건 승리해야 하는 치열한 싸움이다. 전쟁에서 아군과 적군이 있듯이, 정치에서는 여당과 야당이 있고, 운동 경기에서는 우리 팀과 상대방 선수들이 있고, 입시에서는 나와 상대 수험생들이 있다. 그리고 국제 무역은 상대 국가가 이겨야 하는 대상이 된다. 이 둘은 서로 협력하는 관계보다는 서로 이기려고 경쟁하는 관계이다. 승자와 패자가 있으며, 공격과 방어를 효과적으로 전개해야 하고, 반격도 하고, 복수도 있고, 게릴라전도 한다. 전장에서 승자는 막대한 이익을 누리지만, 패자는 막대한 손해를 감수해야 한다. 따라서 이겨야 한다. 때로는 휴전을 하기도 하고 잠시 후퇴도 하고, 협약도 하지만, 최종 목표는 승리인 것이다. 정치의 승리자는 여권으로서 정치의 권력을 차지하고, 스포츠에서의 승자가 많은 영광과 명예를 누린다, 입시에서의 승리자는 좋은 학벌로 인해 미래의 부와 명예가 보장된다고 믿는다. 사업과 무역이라는 경제 영역에서도 상대에 대해서 더 많은 물건을 팔고 이익을 남겨야 승리자가 된다.

둘째, 전쟁에서 군인을 이끌 지휘관이 있듯이, 정치나 스포츠, 입시, 무역에서도 역시 능력 있는 지휘관이나 감독, 컨설턴트가 존재한다. 또한 군대는 효과적인 전투를 위해 전략과 첨단 무기와 훈련된 병사가 있어야 한다. 스포츠에서는 감독과 스텝이 상대방의 경기 전력을 비교·분석하고, 선수들에게 최첨단 운동 장비를 제공하여 훈련시키고 명령한다. 총선이나 대선기간 동안 정치단체들은 정책 공약 등을 내세우며 민심을 잡고자 한다. 입시에서도 좋은 선생님, 참고서, 학원 등의 지원 도구가 필요하다. 무역에서도 다양한 무역 전략을 수립하고 첨단 정보 시스템을 도입하고, 심지어는 산업스파이까지 고용한다.

다음 도식은 근원영역인 '전쟁'의 개념을 이루는 의미 요소들이 정치, 스포츠, 교육, 무역과 같은 목표영역에 사상되는 것을 간단히 정리하여 보여준다.

근원영역	목표영역			
전쟁	선거	스포츠	입시	무역
군사, 군대	후보자	선수	수험생	기업인, 상공인
지휘관	선거참모	감독, 코치	교사, 부모	CEO
전장	선거구	경기장	시험장	시장
무기, 장비, 훈련	득표수단, 유세	운동기구, 훈련	참고서, 공부	기술, 자본, 생산품
전략, 정보	당선 전략, 정보	승리 전략, 정보	입시 전략, 정보	판매전략, 정보
승리, 패배 등	당선, 낙선 등	승리, 패배 등	입학, 불입학 등	이익, 파산 등

〈그림 2〉 **근원 영역 [전쟁]의 목표 영역 [선거][스포츠][입시][무역] 사상**

이 글에서는 근원영역 [전쟁]이 다양한 목표영역에 사상되는 예를 제시하는데 초점을 두고, 전쟁은유가 우리의 삶을 지배하게 된 역사적 배경과 같은 동기는 고찰하지 않았다. 여기서 다루고 예시한 전쟁 은유가 모든 문화나 언어에서 동일하게 관찰되는 것은 아닌 것 같다. 예컨대 입시 중심의 경쟁적인 교육의 양상이 없는 국가에서는 전쟁 은유가 거의 성립되지 않을 것이고, 양당이 확보되지 않은 정치 구조에서는 서로 다른 정치적 관점에 대해 시비를 하지 않을 것이다. 추후 연구로 전쟁은유의 범언어적/문화적 보편성 고찰은 은유 번역이라는 점에서 의미 있을 것이다. 또한 '속도전', '모내기 전투' '학습도 전투이다'와 같은 표현에서 볼 수 있는 북한의 전쟁은유도 흥미로운 연구 주제가 될 것이다.

참고문헌

나익주·백미현(2014), "한국인의 삶을 지배하는 교육 은유", 『담화와 인지』 21(2): 25-53, 담화·인지 언어학회.

임혜원(1997), "선거 기사문에 나타난 은유: [선거는 전쟁이다]", 『담화와 인지』 4(1): 85-110, 담화·인지 언어학회.

Kovács, É.(2007), On the Use of Metaphors in the Language of Business, Finance and Economics.

Lakoff, G.(2006), *Thinking Points: Communicating Our American Values and Vision*, New York: Farra, Straus and Giroux. (나익주 옮김(2007), 『프레임 전쟁: 보수에 맞서는 진보의 성공 전략』, 창비.)

Lakoff, G. & M. Johnson(1980), *Metaphors We Live By*, Chicago: The University of Chicago Press.

기사출처: 경향일보, 국제경제, 네이버뉴스, 노컷뉴스, 뉴스I, 뉴스I코리아, 매일경제, 서울경제, 세계일보, 연합뉴스, 오마이뉴스, 월간시오오앤 Column, 이데일리, 조선일보, 조선비즈, 조선스포츠, 중앙일보, 파이낸

셜뉴스, 머니투데이, 쿠키뉴스, 한겨레신문, 한국일보, 해럴드경제, CNN, Education Week, Jtbc뉴스, KBS뉴스, MBC뉴스, The New York Times, OSEN, SBS뉴스, The Wall Street Journal, The Washington Post 등

몸짓언어에 대한 인지언어학적 고찰[*]

임 혜 원[**]

1. 들머리

언어의 기원과 관련된 여러 가지 설 가운데 인간의 언어가 손짓에서 기원했을 것이라고 보는 설이 있다. 이러한 주장을 하는 사람들은 손짓도 음성언어만큼 정교해서 의미를 전달하고 의사소통 기능을 수행하는 데 부족함이 없다는 점을 그 근거로 들었다. 그저 숨 쉬듯 의미를 전달할 수 있는, 손짓보다 편리한 방법이 생겨 의사소통의 주요 수단이 음성언어로 대체되었을 뿐이라는 설명이다(Corballis 2012).

손짓언어가 의미를 전달하는 기능이 있음이 분명한데도 손짓을 포함한 몸짓(gesture)은 음성언어의 보조적 수단으로서 감정적 정보를 전달한다는 정도로 다루어졌을 뿐 오랜 기간 언어학의 연구 대상에서 사실상 배제되어 있었다.

이 글의 일부 논의는 2016년 9월 24일 전주교육대학에서 개최된 한국화법학회 전국학술대회에서 '토론 참여자의 무의식적 손짓언어에 반영된 영상도식 연구'라는 제목으로 발표된 바 있다.
** 상명대학교 계당교양교육원 교수, hyewonlim@smu.ac.kr

19세기 말 언어의 기원에 대한 연구가 금지되다시피 되면서 의사소통 행위로서의 몸짓은 거의 다루어지지 않다가 20세기 중반 행동주의 심리학의 성장과 함께 인간의 무의식적 행동 양상에 대한 관심이 높아지면서 언어학과 심리학 영역에서 몸짓언어가 본격적으로 논의되기 시작했다.

몸짓을 인지언어학적 입장에서 다룬 연구들에서는 몸짓이 음성언어와 마찬가지로 의미를 전달하는 기능을 할 뿐만 아니라 개념화의 근거가 된다는 점에서 몸짓을 중요하게 다루고 있다. 최근 학계에서는 은유나 영상도식과 같은 인지 기제와 언어적 발화와 함께 나타나는 몸짓과의 관련성을 중심으로 풍부한 논의들이 이루어지고 있지만, 국내 학계에서는 이와 같은 주제에 대한 관심이 적은 편이다. 몸짓언어를 연구하고 기술하는 데 있어 여러 가지 어려움이 있기는 하나 해외 연구 사례를 통해 몸짓과 개념구조와의 관련성이 입증된 만큼 이제는 한국어 사용자의 몸짓언어도 인지언어학적 관점에서 연구되어야 할 필요성이 제기된다. 이 글에서는 최근 인지언어학적 입장에서 논의되고 있는 손짓언어 연구들을 개괄하고 한국어 사용자의 몸짓언어를 인지언어학적으로 분석하기 위한 방법론을 모색해 보고자 한다.

2. 연구 동향

2.1. 몸짓언어의 의미

누구나 말을 하면서 손짓과 몸짓을 사용한다. 일찍이 Mehrabian(1972)이 의사소통에서 음성언어의 비중을 단 7%로 보고 손짓, 몸짓, 자세, 어조 등의 비언어적인 요소의 비중을 93%로 본 것을 비롯하여 비언어적인 요소가 의사소통에서 차지하는 비중이 높다는 데는 이견이 없다.

비교문화 관점에서 몸짓언어를 연구한 학자들은 문화에 따라 상이한 몸짓에 주목하지만, 생물학이나 진화심리학적 관점에서 인간의 행동을 연구하는 학자들은 문화를 초월한 몸짓의 보편성에 주목한다. 이러한 관점을 취하는 학자들은 무의식적 몸짓이라도 의미가 없는 몸짓은 없고 그와 같은 몸짓을 하는 데는 생물학적 기원이 있는 것으로 보고 있다. 이러한 생각은 신체화에 뿌리를 두고 있는 인지언어학자들의 몸짓언어에 대한 생각과 맞닿아 있다고 볼 수 있다.

Bavelas *et al.*(1992)에서는 사람들이 대면하지 않은 상황에서도 상호작용적 몸짓(interactive gestures)을 사용한다고 하였으며, Krauss *et al.*(2000)과 Casasanto & Lozano(2007)에서는 사람들이 몸짓을 쓰지 말고 말을 하라는 요구를 받고 말을 하게 될 때 불편함을 느낀다고 하였다. McNeill(1992)은 언어적 표현과 비언어적 표현이 조화를 이루지 않을 때 언어적 의미가 제대로 전달되지 않는다고 하였고, Beattie & Sale(2012)에서는 몸짓과 음성언어가 일치하지 않을 때 의미론적 의사소통뿐만 아니라 화자에 대한 평가에도 부정적인 영향을 끼친다는 점을 실험적으로 증명하였다. 이와 같은 논의는 몸짓언어가 음성언어와 마찬가지로 의미 전달 기능이 있다는 점을 보여준다. 또한 어떠한 대상을 언급하기에 앞서 손짓이 먼저 나타나는 경향이 있다거나 (Collett 2003) 언어 체계가 단어를 바로 인출할 수 없을 때 가끔씩 손짓이 관련 정보를 활성화하거나 단어를 기억해 낼 수 있도록 도와준다는(Frick-Horbury & Guttentag 1998, Brown 2012) 논의는 몸짓이 의미를 드러내는 데 있어서 언어보다 더 적극적인 수단일 수 있음을 입증한다.[1]

몸짓언어를 음성언어처럼 분절 가능한 발화로 보아야 한다는 논의들도 있다. Condon & Ogston(1966, 1967)은 몸짓도 어절 단위, 음운적 변화에 따라 규칙성이 있고 대화에서 발화처럼 기능한다고 하였다. Kendon(1972)은 몸짓

---

[1] 나선형 계단을 말하려는 사람은 그가 실제로 '나선형 계단'이라고 말하기 전에 손으로 나선형 모양을 그려 보인다는 것이다. 17세기에 인간의 몸짓을 연구한 존 불워(John Bulwer)는 '언제든지 혀보다 앞서서 산파역을 하는 손이 생각을 이끌어 낸다. 손짓은 여러 번 우리의 의도를 암시하고 말 이전에 의미의 상당 부분을 전한다.'고 했다면서 말보다 앞서 선수를 치는 몸짓의 이러한 속성은 우리의 생각이 말 이전의 행동에 영향을 끼칠 수 있다는 것을 보여준다고 하였다(Collett 2003/박태선 옮김 2004: 33-34).

도 언어적 발화처럼 구절 단위로 분석될 수 있다고 하였으며, Kendon(1988)에서는 몸짓이 발화의 구성요소로 사용될 수 있으며 규칙적으로 사용되면 몸짓은 단어와 같이 기능할 수도 있다고 하였다. Bavelas & Chovil(2000)은 언어적 발화의 의미를 해석하는 과정에 시각적 의미 정보도 관여하게 된다면서 청각적이고 시각적인 의사소통 행위가 통합된 전체로 이루어지는 메시지 모델을 제안하였다. McNeill & Duncan(2000) 역시 몸짓을 엄연한 발화 형식으로 보고 언어적 발화와 몸짓 발화가 통합되어 하나의 개념 단위(idea unit)를 이루고 있으며 언어적 발화와 몸짓 발화가 함께 의미를 전달한다고 하였다.

Iverson(1998)과 Tracy & Matsumoto(2008)는 선천적 시각 장애를 가진 화자가 그러한 장애가 없는 화자와 같은 방식의 손짓과 몸짓을 사용한다고 하였는데, 이와 같은 논의는 손짓이 단순히 음성언어 정보를 보조한다거나 시각적인 장면을 묘사한 것이 아니라 의미를 드러내는 보편적인 방식일 수 있다는 점을 시사한다. 이러한 점에서 McNeill(1992: 12)은 손짓이나 몸짓이 기억과 사고가 가시화된 것이며 정신적 영상(mental image)의 표현이라고 하였으며, 그러한 몸짓은 정신적 내용을 실시간으로 그리고 즉각적으로 보여준다고 하였다(McNeill & Duncan 2000: 143). Iverson & Goldin-Meadow(1998)에서도 선천적인 시각 장애인의 손짓 양상을 관찰해 보면 손짓이 지시 기능을 넘어 사고 내용을 표현하는 기능이 있다는 것을 알 수 있다고 하였다.

체험주의(experientialism) 관점을 수용하는 인지언어학에서는 신체화 논의와 관련하여 몸짓언어가 음성언어의 관계가 긴밀한 것으로 보고 있다. 신체화(embodiment)는 개념이 신체적 경험에 근거하여 구조화된다는 의미의 용어로, 인지언어학자들은 신체화의 많은 부분이 일상언어의 구조와 의미 속에 내재되어 있고 개념화에 있어서 중심적인 역할을 한다고 하였다.

Matlin(2014/2015: 411)에 따르면 최근 신체화된 인지(embodied cognition)에 대한 인지심리학자들의 관심이 커지고 있다고 하였다. Hostetter & Alibali(2008)를 비롯한 신체화된 인지 관점을 취하는 학자들은 사람들이 자신들이 가지고 있는 지식을 표현하기 위해 몸을 사용한다는 것을 강조하고 있다. 손짓이나 몸짓을 사용할 때 운동 체계와 음성언어 처리 방식은 지속적으로 연결되어 있다는 것이다. Roth & Lawless(2002)에서도 몸짓은 신체화된 인지라고 할 수 있는 육체적 경험과 언어 표현 사이의 연결 고리일 수 있다고 하였으며 동작의 연쇄는 운동감각적 도식(kinesthetic schemata)에 근거한다고 하였다. 이처럼 몸짓언어를 연구하는 학자들 다수는 몸짓언어가 음성언어와 마찬가지로 개념을 전달하는 역할을 하고 있을 뿐만 아니라 의사소통 과정에서 몸짓언어와 음성언어가 상호작용을 하는 것으로 보고 있다.

Armstrong et al.(1995: 32-35)에서는 의사소통이 지각 경험과 운동 신경 체계와 관련되어 있기 때문에 언어는 몸짓으로부터 진화되었을 것이라면서 문법, 인지능력, 신체적 움직임 간의 긴밀한 상관관계를 고려했을 때 몸짓의 본성을 이해하기 위해서는 몸짓언어가 인지언어학적으로 연구되어야 한다고 하였다. McNeill(2005: 3)의 지적처럼 인간의 언어, 몸짓, 사고는 모두 뇌신경의 활성화에서 비롯되었고 음성언어와 몸짓은 모두 개념을 전달하는 표현 방식으로서 그 방식이 유사하며 인지공간 속에서 영상화된 개념구조는 언어나 몸짓을 통해 드러나기 때문이다. Sweetser(2007)에서는 몸짓과 언어적 발화가 단일한 신경 패키지(neural package)로 함께 생성되고 언어공동체에 의해 이것이 공유될 수 있다고 하였다. 이때 정신공간(mental space) 이론이 매우 유용하며 몸짓언어는 인지언어학적으로 연구될 때 더 잘 설명될 수 있다고 하였다. 이 밖에도 Deane(1993), Sweetser(1998), Cienki & Müller(2010), Montredon et al.(2010: 180), Zlatev(2014) 등 다수의 언어학자들이 몸짓언어가 인지언어학적으로 이루어져야 하며, 영상(image)과 언어 범주 내용과의 조화 관점에서 다루어져야 한다고 하였다. 몸짓언어에 대한 인지언어학적 접근이 이루어진 국내 연구로는 임지룡 · 김영순(1999, 2000), 김영순(2000, 2002), 임혜원(2010, 2015a, 2015b, 2017, 2018), 권익수 외(2015), 이정은 외(2016) 등이 있다.

그 밖의 몸짓언어에 대한 국내 연구로는 이석주(2000), 한국기호학회(2001, 2002), 임성우(2006), 신현숙 · 박인철(2006) 등과 같은 기호학적인 입장, 류관수(1997), 황순희(1997), 홍민표(2007), 이노미(2008), 김수정(2011) 등과 같은 비교문화 관점의 연구들을 들 수 있다. 동영상 자료 분석을 통해 의사소통 기능을 하는 몸짓언어를 다루었던 연구로 손세모돌(2002), 임규홍(2003), 도원영(2008) 등이 있었지만 이후 후속 연구자에 의한 활발한 연구로 이어지지는 못 한 것으로 보인다. 그러나 최근에는 의사소통에서 사용되는 비언어적 요소에 대한 연구의 필요성이 제기됨에 따라 화자의 비언어 행위를 문자화한 이른바 '다면 말뭉치'를 구축하기 시작했다(김한샘 2015: 160). 이와 같은 자료의 구축은 앞으로 한국어 사용자의 손짓과 몸짓을 분석하고 활용하기 위해 매우 중요한 작업이라고 할 수 있다.

2.2. 영상도식과 몸짓언어

인지적 기제 가운데 특히 영상도식이 손짓과 몸짓에 반영되어 있는 것으로 보는 연구자들이 있다. 영상도식(image schema)에 대한 심층적 논의는 Johnson(1987)에서 시작되었다고 할 수 있는데, 영상도식은 지각과 운동 등 세상에 대한 다양한 경험 속에서 얻은 비교적 단순화된 추상적 의미 구조를 말한다.[2] Cienki(2005)는 신체화된 경험에 기초를 두고 있는 영상도식이 추상적 개념을 다루는 몸짓을 규명하는 데 도움이 된다고 하였으며, Cienki(2015)에서는 음성언어와 동시에 실현되는 몸짓 분석에 영상도식을 활용하는 것은 당연한 일이라고 하였다.

Johnson(1987: 93)은 바로 이 영상도식이 우리 인식의 근거로 작용하는 동시에 우리의 인식을 제한한다면서 우리가 사용하는 일반적인 도식을 그릇

---

2 Johnson(1987: 28-29)은, 영상도식을 지각과 운동 경험을 통해 얻어진 것들을 의미 있게 만들기 위해 질서를 잡아가는 활동(에서)의 반복적, 역동적, 규칙적 유형이며, 경험과 이해를 조직화하는 구조라고 하였다. 또한 영상도식은 구조에 의해 관련되는 소수의 기본 요소와 부분으로 구성되어 있고, 반복적으로 작용할 수 있는 정도의 일반성과 추상성 수준에서 유연성을 가지고 존재하기 때문에 우리의 경험을 조직화하는 주된 수단이 될 수 있다고 하였다.

(CONTAINER), 균형(BALANCE), 힘(FORCE), 경로(PATH), 연결(LINK), 중심-주변(CENTER-PERIPHERY), 가까움-멂(NEAR-FAR), 척도(SCALE), 부분-전체(PART-WHOLE), 가득함-빔(FULL-EMPTY) 등으로 제시하였다 (Johnson 1987: 126). 또한 Johnson(1992)에서는 인간의 움직임을 인지, 언어에 대한 외부적 육체적 세계의 지각과 관련시켜 설명하였는데, 인간의 감각 운동 활동들에서 대상, 윤곽과 배경, 원인-경로-목표, 억제, 강압, 균형과 같은 순환 구조, 곧 영상도식을 반복적으로 인지할 수 있다고 하였다. 이와 같은 설명은 몸짓과 영상도식이 밀접한 관계에 있음을 의미한다.

  말할 때 동시에 실현되는 몸짓의 형태에 영상도식이 반영되어 있음을 밝힌 연구로는 Cienki(1998, 2005), Bressem(2008), Williams(2008) 등이 있다. Cienki(1998)는 영어권 화자들이 좋지 않거나 부도덕한 것 등 부정적인 것을 말할 때는 아래로 향하는 손짓을 자주 사용하고, 반대로 좋거나 도덕적인 것을 말할 때는 위를 향하는 손짓을 자주 사용하는 경향을 보인다고 하였다. 이것은 척도(SCALE) 도식에 바탕을 둔 개념적 은유 [좋은 것은 위, 나쁜 것은 아래(GOOD IS UP; BAD IS DOWN)] (Lakoff & Johnson 1980)가 몸짓언어에 반영된 예로 볼 수 있다. 또한 Cienki(2005)는 그릇(CONTAINER), 주기 (CYCLE), 힘(FORCE), 대상(OBJECT), 경로(PATH) 같은 영상도식이 실제 대화 속 몸짓에서 사용되는 것을 보여주었으며, Bressem(2008)은 경로(PATH), 상호작용(INTERACTION), 직선(STRAIGHT), 위-아래(UP-DOWN)와 같은 영상도식이 몸짓에 실현된다고 하였다. 또한 Williams(2008)는 경로(PATH), 근원-경로-목적지(SOURCE-PATH-GOAL)와 같은 영상도식이 몸짓에서 관찰됨과 동시에 손가락의 움직임으로 확장된다고 하였다. 영상도식이 몸짓에 반영되어 있다는 논의의 결과는 최근에 HCI(Human Computer Interaction) 동작 설계에 이용될 수 있다는 주장으로도 이어지고 있다(Lücking *et al.* 2016).

  영상도식이 음성언어에 수반되는 몸짓언어에 반영되고 있다는 관점에서 진행된 국내 연구로는 임혜원(2010, 2017, 2018)이 있다. 이 연구를 통해 척도

도식(SCALE)이 인간의 몸짓언어 소통 방식에 반영되어 있다고 하였으며, 한국어 사용자의 손짓언어에 힘도식(FORCE)과 그릇도식(CONTAINER)이 반영되어 있다고 하였다.

2.3. 은유와 몸짓언어

은유 연구에서 Lakoff & Johnson(1980)은 매우 의미 있는 업적이다. 은유에 대해 현대적으로 재조명했을 뿐만 아니라 이전에 문학이나 수사학에서만 다루어졌던 은유를 언어학 영역에서 다루게 된 기점이 되기도 했기 때문이다. 은유는 어떤 개념을 다른 개념을 통해 이해하고 경험하는 방식으로, Lakoff & Johnson(1980)은 이 과정을 근원영역(source domain)과 목표영역(target domain) 사이의 사상(mapping)으로 보았다. 체험주의 입장에서는 경험이 신체적, 물리적 층위인 자연적 층위와 정신적, 추상적 층위인 기호적 층위의 두 층위로 존재한다고 보는데, Johnson(1987)은 은유적 개념화 과정을 자연적 층위에서 기호적 층위로의 투사(projection)라고 하고 이 은유적 투사가 신체적 층위의 경험을 추상적 층위의 경험으로 확장해 가는 중심적 방식이라고 하였다.

Lakoff & Johnson(1980)의 논의에서 중요한 지적은 인간의 개념체계가 은유적으로 구성되어 있고, 우리의 경험 방식이 은유의 문제라고 한 점이다. Johnson(1987: xv, 11)도 은유는 우리가 생각하고 이해한 경험을 가지게 해주는 중요한 인지구조이고 은유에 의해 사고한다고 하였으며, 이러한 점에서 Lakoff(1987: 68)는 은유를 이상적 인지모형(idealized cognitive model, ICM) 가운데 하나로 다루었다. 이와 같은 논의는 언어 의미 연구에 있어서 변화를 가져 왔다. 언어학자들은 언어 의미가 신체적 경험과 상황, 문맥을 떠나 논의될 수 없다는 생각에 동의했고, 이와 같은 생각은 인지언어학의 태동과 성장에 있어서 중요한 이론적 바탕이 되었다.

McNeill(1992)에 이르러서는 몸짓언어도 언어표현과 마찬가지로 인지언어학적으로 분석되어야 한다고 주장한다. McNeill(1992: 11-12)은 발화와 동시에 실현되는 몸짓은 무의식적으로 내적 사고와 세상의 사건과 행위들을 이해하는 방식을 보여준다면서 몸짓이 사고와 개념화의 측면을 드러낼 수 있다고 하였다. 또한 몸짓을 일차적으로 심상적인(imagistic) 것과 비심상적인(non-imagistic) 것으로 나누고 심상적 몸짓은 대상의 모습을 묘사하고 행위를 보여주거나 동작의 양상을 보여주는 몸짓으로, 여기에는 도상적(iconic) 몸짓과 은유적(metaphoric) 몸짓이 해당된다고 하였다. 이때 도상적 몸짓은 구체적인 개체나 행위의 영상을 표상한 몸짓을 말하며,[3] 은유적 몸짓은 은유적 개념화의 두 영역인 근원영역과 목표영역 중 근원영역을 몸짓으로 표상한 경우로 주로 추상적 개념을 표현할 때 사용된다. 비심상적 몸짓에는 직시적(deictic) 몸짓과 박자를 맞추는 몸짓(beats)이 있다고 하였다.

은유적 몸짓은 구체적인 실체가 존재하지 않는 경우라도 손짓을 통해 말하고자 하는 대상을 형태가 있는 것으로 간주하고 지시할 수도 있도록 만들어 준다. 따라서 음성언어와 함께 나타난 은유적 몸짓을 사용한 경우, 음성언어와 몸짓언어는 각각 목표영역 개념과 근원영역 개념을 전달하는 수단이 됨으로써 McNeill & Duncan(2000)이 주장했던 것처럼 언어적 발화와 몸짓 발화가 통합되어 하나의 개념 단위를 이루는 모습을 보여주기도 한다.

Sweetser(1998)에서는 은유적 손짓은 은유적 언어 발화와 도상적 손짓과 함께 나타난다면서 공간화 은유가 그대로 손짓에 반영되어 있다고 하면서 음성언어 발화와 함께 경로를 따라 움직이는 손의 모습이 관찰되는, 이른바 [생각은 공간을 통한 움직임이다] 은유가 나타난다고 하였다. 이후 실제로 음성언어 내용과 몸짓언어가 표상하는 것과의 상관관계를 규명하기 위해 연구자들의 활발한 분석과 논의로 이어졌다.

Cienki & Müller(2008: 498)에서는 은유성(metaphoricity)은 본질적으로 역

---

3 도상적 몸짓은 말에서 언급된 자질을 수행한 경우를 의미하는데, 대상이 어디를 올라가려고 한다고 말하면서 위쪽으로 향해 움직이는 손짓을 하는 것을 그 예로 들 수 있다(McNeill 1992: 78).

동적이며 구체화된 인지 형태라고 하면서, 심상적이고 신체화된 명제적 사고 모델이 말하기와 몸짓에서 상호작용하며 새로운 은유 표현을 유발할 수 있으며 모든 표현에서 역동적으로 작용한다고 하였다. 이와 관련하여 Cornejo *et al.*(2009)은 은유를 이해하기 위해 몸짓 정보가 어떻게 활용되는지 뇌과학적으로 살펴보았는데, 은유 이해 단계에서 상대의 언어를 이해하기 위해 몸짓과 언어 정보가 실시간으로 결합된다는 것을 보여주었다.

Casasanto & Lozano(2007)에서는 은유적 몸짓은 추상적인 생각을 실제 물리적 공간 속에서 표현하는 방법이라고 하면서 실험을 통해 글자 그대로의 몸짓과 은유적 몸짓 모두 공간 도식과 일치하며 은유적으로 공간화된 몸짓은 주로 화자에 대한 내부 인지 기능 정보를 제공한다고 하였다. Casasanto(2008)는 말할 때 나타나는 자연스러운 몸짓이 단어, 생각, 움직임과 어떻게 관련이 있는지 살핀 연구로, 반복적 운동이 은유적 내용을 기억하고 말하는 데 영향을 준다는 것을 실험으로 보여주었다. 박자를 맞추는 은유적 손짓(metaphorical beat gestures)은 단어보다는 담론을 지배하는 은유적 도식과 전체적으로 관련된다고 하였으며, 특정한 움직임이 공간화된 내용으로 사고를 공식화하고 단어로 포장하는 과정에서 양방향으로 상호작용한다고 하였다.

Chui(2011)는 은유적 몸짓은 반복적 신체 경험과 일상적/문화적 경험에서 인지적 사고와 개념적 은유의 실재에 대한 증거가 된다면서 은유적 사고가 은유적 몸짓과 함께 실현되면 소통에 역동성을 드러낸다고 하였다. 따라서 은유적 몸짓은 실시간 다중양상(multimodal) 소통에서 추가정보를 제공하는 역할을 한다고 하였다. Lhommet & Marsella(2014)에서는 은유적 몸짓은 생각, 추론 및 언어 생산의 정신적 상태와 전개 과정과 관련이 있다면서 기본적인 개념적 은유를 사용하여 정신 공간의 추상 요소를 몸짓을 통해 구체적 물리적 요소에 사상되는 연산 모델을 제안하였다. Lhommet & Marsella(2016)에서는 사람들은 은유를 사용하여 추상적 대상과 담론 구조를 몸짓으로 바꾸는데, 이때 기본 은유와 영상도식이 몸짓의 근간을 이룬다고 하였다. 이와 같은 논의를 통해 일차적 은유(primary metaphor)와 영상도식을 사용하여 물리적으로 신체화된 문맥에 다양한 소통적 의도를 부여하는 연산 모델의 확장을 보여주었다.

이 밖에도 은유적 몸짓과 음성언어가 일치하지 않을 때 의미론적 의사소통과 화자의 평판에 부정적인 영향을 끼친다는 점을 실험적으로 증명한 연구(Beattie & Sale 2012), 말로도 설명하기 어려운 수학적 개념을 전달할 때 전문 수학자가 사용하는 은유적 몸짓에 대한 연구(Núñez 2008) 등 은유적 몸짓과 관련하여 다양하고 흥미로운 논의들이 이루어지고 있다.

은유적 몸짓에 대해 분석한 국내 연구로 권익수 외(2015), 이정은 외(2016)을 들 수 있다. 이 연구들 역시 언어적 발화와 마찬가지로 몸짓언어에도 개념 구조가 표상될 것이라면서 권익수 외(2015)에서는 환유와 은유에 바탕을 둔 군대수신호를 분석했으며, 이정은 외(2016)에서는 미국 대선후보자들의 손짓언어를 [모임은 원(ASSEMBLIES ARE CIRCLES)], [생각은 물체(IDEAS ARE OBJECTS)], [상태는 장소(STATES ARE LOCATIONS)], [행동은 이동(ACTIONS ARE MOTIONS)] 은유 중심으로 살펴보았다. 이 은유들은 존재론적 은유와 사건 구조 은유를 기반으로 한 기본적 층위의 은유이기 때문에 한국어 화자의 손짓언어에도 유사한 방식으로 나타날 가능성이 있어 이후 연구에서 기대할 수 있는 연구 주제로 생각된다.

3. 몸짓언어에 대한 인지언어학적 분석

몸짓언어를 연구했던 학자들은 몸짓도 엄연한 발화 형식이며, 언어적 발화와 마찬가지로 어절과 구절 단위로 분석 가능하다고 하였다(Condon & Ogston 1966, 1967, Kendon 1972, McNeill & Duncan 2000). 언어표현과 함께 실현되는 몸짓언어의 형태와 의미를 분석하려면 몸짓 요소를 전사(transcription)해야 하는데 사실 이것부터가 단순한 작업이 아니다.

Kendon(2004)은 동작이 시작되려고 하는 준비 단계, 동작이 가장 두드러지는 곳인 스트로크, 동작이 모두 끝나 원래 위치로 돌아오는 복귀, 이 과정을 합하여 하나의 몸짓 단위(gesture unit)로 보고, 다음과 같은 방식으로 손짓을 전사한 바 있다.

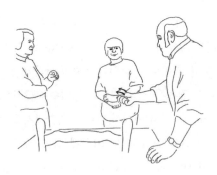

MC: He used to go down there and throw (.........) ground rice over it
|~~~~~~~~******/******-.-.-.-.-.|

lifts hand   wrist extn   wrist extn   hand lowered
from table   to table

〈그림 1〉 Kendon(2004)의 전사

(그림 출처: http://rstb.royalsocietypublishing.org/content/369/1651/20130293)

<그림 1>에서 사용된 기호는 다음과 같은 의미를 지니고 있다.

(1) a. | 몸짓 구(gesture phrase)의 경계
      b. /   스트로크와 스트로크의 경계
      c. ~~~   준비(preparation)
      d. ***   스트로크(stroke)
      e. -.-.-.   복귀(recovery)

이와 같은 기호를 사용한 전사 방식은 몸짓언어가 사용되는 대략적인 양상과 음성언어와의 일치 정도를 보여줄 수 있다.[4]

---

4 (1)과 같은 기호를 사용하여 전사하고 몸짓언어를 분석한 국내 연구로는 이정은

은유적 손짓 가운데 가장 자주 쓰이는 경우가 근원영역을 그릇으로 하고 있는 경우가 아닐까 한다. 그릇도식(CONTAINER)은 우리에게 '안'과 '밖'에 대한 이해 방식을 주는 하나의 패턴이다. 우리가 어떤 대상에 대하여 '안'이나 '밖'을 생각할 수 있는 것은 그 대상에 내부, 경계, 외부라는 구조와 내용물을 설정할 수 있기 때문이다. 우리는 우리의 인지공간에 이러한 구조를 설정하는 하나의 모형으로 그릇도식을 가지고 있으며, 거의 모든 대상에 그릇도식을 투사하여 그릇과 내용물의 관점에서 이해할 수 있다. Johnson(1987: 23)은 안-밖 지향성이 있는 그릇도식을 다음과 같이 나타냈다.

〈그림 2〉 포함(CONTAINMENT)

우리는 우리의 신체를 비롯하여 거의 모든 대상을 그릇과 관련지어 이해할 수 있다. 피부를 경계로 하여 나와 세상을 구분하고 나를 안쪽으로 세상을 바깥쪽으로 인지하며, 나아가 대부분의 공간 개념, 소속이나 사건, 행위 등의 추상적 개념도 그것들의 요소와 전체 관계 속에서 그릇도식을 통해 이해한다 (Johnson 1987: 21-23). Lakoff & Johnson(1980: 29)은 그릇도식을 투사하여 이해하는 방식인 그릇은유(container metaphor)를 가장 기본적인 존재론적 은유(ontological metaphor)로 보았다. 우리말에도 그릇도식을 투사하여 이해하는 방식이 반영된 언어표현들이 있다(임혜원 2014: 216-223).

(2) a. 밥이 잘 안 **들어가**.
　　b. 말도 못 **꺼냈어**.

외(2016), 임혜원(2016, 2017, 2018)이 있다.

c. 귀에 쏙쏙 **들어오는** 강의.

d. 큰아이는 외국에 **나가** 있다.

e. 둘째는 올해 대학에 **들어갔다.**

f. 휴가 **나왔다며**?

g. 인터넷 **들어가** 봐.

h. 국수는 끼니에 안 **들어가.**

i. 일상을 **벗어나** 보자.

j. 요즘 **들어** 왜 그런지 모르겠다.

우리는 몸을 통해 세상을 경험하게 되는데, 우리 몸이 일단 그릇으로 이해된다. 몸을 그릇으로 인지하면 음식이나 말, 생각 등을 내용물의 이동과 관련지어 표현하며, 집을 포함한 건물, 경계선이 없는 공간도 우리의 인지 공간속에서는 경계선을 설정하고 그 공간을 어떠한 대상이 들어갔다 나왔다 하는것으로 간주하기도 한다. 이를 포함하여 어떠한 포함 관계, 소속, 범위나 범주, 나아가 시간 개념까지 경계선을 그어 내용물이 그 경계선 안에 있고 없는 것으로 인지하기도 한다. 이와 같은 개념화 방식은 (2)에 제시한 것처럼 그대로언어표현에 반영되어 있으며, 언어표현과 함께 나타나는 손짓에도 반영되어있는 것으로 보인다.

(3)

어쨌든 가족 전원이 동의하면 제3의 기관 정도에서 한 번 확인해 주는 절차는
| ~~~~**********-.-.-. | ~~~**********__** | **********-.-.-. |
(100분토론 680회)

(3)의 화자는 연명 치료 판단의 객관성을 확보하기 위해 환자의 가족이 동의하고 나서라도 다른 기관에서 확인해 주는 의사 결정이 있어야 한다는 언어적 발화를 하면서 동시에 마치 대상을 쓸어 모아 둥근 대상을 만들어 잡는손짓을 하더니 오른손이 그 둥근 대상으로부터 벗어났다가 다시 안쪽으로 들

어오는 것과 같은 손짓을 하였다. 이때 처음에 취했던 둥근 대상을 잡았던 것과 같은 손짓을 그만두고도 이후 발화와 함께 그 둥근 대상이 여전히 그 허공에 존재하는 것으로 간주한 손짓이 연속으로 나타나는 것을 볼 수 있다. 이것은 Sweerser(1998)에서 지적했던 것과 같이 어떠한 대상에 대해 특정 공간으로 설정하고 이 공간을 이동하는 손의 움직임으로써 다른 대상과의 의미 관계를 표시하려고 하는 것으로 볼 수 있다. '의사결정'을 그릇으로, 가족과 기타 의견을 '의사결정'이라는 그릇의 내용물로 간주하고 여러 의견이 '의사결정'이라는 그릇으로 이동하는 것으로 인지하기 때문에 나타난 손짓이라고 할 수 있다. 화자는 '의사결정'과 '의견'을 포함관계로 인지하기 때문에 이와 같은 손짓이 나타난 것이다. 이와 같이 사람들은 말을 할 때 마음속에 떠오르는 개념적 영상들을 무의식적으로 손으로 그리고 있다.

(4)

자료를 못 갖고 왔습니다. 그러면 대리결정 단계로 넘어가게 되는 겁니다.
| ~~~~~****************** | ~~~~~~~~~~~~~~~~~~~~~~~****************** |
(100분토론 680회)

(4)의 화자 역시 (3)의 화자와 유사한 방식의 손짓을 하고 있는 것을 볼 수 있다. 화자의 손짓을 보면 우리 눈에 보이지는 않지만 양손이 움직이는 범위 안에서 경계선이 있는 어느 정도의 또 다른 공간을 상정하고 있으며 어떠한 대상이 그 공간 속으로 이동하거나 밖으로 이동하는 것과 같은 손짓을 하고 있다. 이때, 어떠한 사건의 과정이나 특정한 공간을 그릇으로 간주하고 '자료'와 같은 대상을 그것의 내용물로 간주하여 그것이 그릇 안으로 이동하는 것으로 인지하며, 상황의 부정 또는 종결을 그릇으로부터의 이탈로 인지하고 있다는 것을 화자의 손짓을 통해 알 수 있다.

(5)

미국에서의 시행착오들이 우리에게 반영이 돼서
| ~~~~~~~~~~~~~~~~~~~~~~~~~~~~~~~******** |
(100분토론 680회)

　우리의 인지 공간 속에서 '나'는 언제나 안쪽이다. '나'가 포함된 '우리' 개념도 언제나 안쪽이며, 반대로 '남'이나 '너희'는 내 쪽과 구분해야 하므로 경계선 바깥쪽이 된다. 그래서 자기와 관련된 사람을 챙기는 행위에 대해 '팔은 안으로 굽는 법'이라는 표현도 사용하게 된다. 우리나라, 우리 사회는 안쪽에 해당하는 개념이고 다른 나라는 바깥쪽이 된다. 이러한 관계는 거의 항상 그릇도식을 통해 이해하는 것으로 보인다. (5)의 화자는 '미국'을 우리가 아닌 타인으로 인지하면서 '미국에서의 시행착오들'이 바깥쪽에서 우리나라를 의미하는 안쪽 공간으로 이동하는 손짓을 하였다.

(6)

중소병원의 감염관리에 대해 정부에서 전폭적인 지원을 쏟아 부어야 하는
| ********************* | ~~~~~~~~~~******************** |
(100분토론 681회)

　화자는 '중소병원의 감염관리에 대해 전폭적인 지원을 쏟아 부어야 한다'는 발화를 하면서 벌리고 있던 양손을 가운데 쪽으로 좁히면서 무언가를 털어서 쏟아 넣는 것과 같은 손짓을 하고 있다. 이때 그릇은 '중소병원의 감염관리'이며 내용물은 '정부의 지원'이 된다고 볼 수 있다. 화자는 지원을 '쏟아 부어야 한다'는 은유적 표현과 대상을 쏟아 붓는 것과 같은 은유적 손짓을 함께 사용하고 있는데, 이러한 자료들은 언어적 발화와 몸짓 발화가 의미를 전달하는 개념 단위의 역할을 한다고 하는 McNeill & Duncan(2000)의 주장의 근거

가 된다고 할 수 있다.

(7)

협   회   거기도 참여가 돼 있어요.
/**********/   /***************/
(100분토론 639회)

(7)의 화자는 특정 협회가 정책 결정에 참여한다는 의미의 발화를 하면서
특정 공간으로 대상이 이동을 하는 것과 같은 손짓을 하고 있다. 정책 결정
집단 범주에 '협회'를 포함시킨다는 의미가 대상의 그릇으로의 이동 손짓으로
실현된 것이라고 볼 수 있다. 이와 같은 손짓을 통해 우리가 내용물과 내용물
을 포함하는 전체의 의미 관계를 그릇도식을 통해 이해하고 있음을 알 수 있
다. 이처럼 그릇도식은 기본 도식으로서 우리의 경험 내용을 다루는 다양한
문맥에서 폭넓게 활용되고 있으며 언어표현뿐만 아니라 손짓언어에서도 그릇
도식이 반영되어 있음을 볼 수 있다. 또한 이와 같은 접근을 통해 몸짓언어가
영상도식이나 은유와 같은 개념구조를 표상하는 발화 수단으로서 분석될 수
있음을 알 수 있다.

4. 마무리

언어는 언어사용자의 경험과 인지과정에서 분리되어 연구될 수 없으며, 의
미라는 것도 우리의 신체적/물리적 경험과 지식에 의해 부여된다. 인지언어학
자들은 영상도식이나 은유 같은 개념구조가 우리의 인지과정에 실재하며 언
어 의미라는 것도 언어만의 문제가 아닌 개념적인 것임을 확신한다. 따라서
인간의 의사소통 행위는 개념적인 행위이며, 의사소통에 관여하는 비언어적
행위도 개념의 전달 방식 차원에서 함께 연구되는 것이 타당하다고 생각한다.

앞서 논의한 바와 같이 해외에서는 음성언어와 몸짓언어의 관계와 몸짓언어의 개념 전달 기능에 관하여 인지언어학적 관점에서 풍부한 논의들이 이루어지고 있다. 개념화 관점에서 몸짓언어가 인지언어학적으로 고찰되어야 할 근거들이 속속 도출되고 있지만 국내에서의 몸짓언어에 대한 연구 실적이나 관심은 너무나 적어 대조를 이룬다. 아직도 국내에는 몸짓은 언어학의 연구대상이 아니라고 생각하는 학자도 적지 않으며 연구 주제로서의 몸짓언어에 대해 타당성과 객관성을 의심하는 학자들도 많다.

물론 추상적 층위의 영상도식이나 개념적 은유를 물리적으로 실현된 몸짓과 연관시켜 분석한다는 것은 어려운 문제이다. 몸짓언어를 사용하는 양상이나 정도에 따라 개인차와 개별성이 있다는 점이나 연구를 위해 몸짓언어를 전사하는 데 너무나 많은 시간과 노고가 필요하다는 점도 몸짓언어 연구에 있어서 큰 어려움이 아닐 수 없다. 또한 손짓을 포함한 몸짓의 의미와 기능 연구는 개인 연구자의 소수의 논의만으로 모두가 동의할 만한 결론을 도출해 내기 어렵다는 한계점을 가지고 있다. 빈도가 낮고 분석 대상이 적어도 연구의 결론이 유의미하지 않은 것은 아니지만, 많은 양의 자료 분석 결과들이 모여야 비로소 한국어 화자의 몸짓언어 양상이라고 말할 수 있다. 한국어 사용자의 몸짓언어 정보를 기술하기 위한 연구자들의 관심이 많이 모아지길 기대해 본다.

참고문헌

구현정·전영옥(2013), 『의사소통의 기법』, 박이정.
권익수·이정은·전진리·박영은(2015), "군대 수신호에 나타난 도상성과 개념적 은유 분석", 담화·인지 언어학회 2015 가을학술대회 발표논문집, 57-67.
김수정(2011), "한일 신체언어 비교 연구", 『언어사실과 관점』 27: 93-116, 연세대학교 언어정보연구원.
김영순(2000), "한국인 손동작의 의미와 화용", 『한국어 의미학』 6: 27-47, 한국어

　　　의미학회.

김영순(2001), "손짓기호로 광고 텍스트 읽기", 『기호학연구』 10: 115-138, 한국
　　　기호학협회.

김영순(2002), "신체언어 연구의 생태학적 관점", 『현대문법연구』 29: 139-165,
　　　현대문법학회.

김영순·김연화(2007), 『몸짓기호와 손짓언어』, 한국문화사.

김영순·임지룡(2002), "몸짓의사소통적 한국어 교수법 모형", 『이중언어학』 20:
　　　1-24, 이중언어학회.

김한샘(2015), "한국어 화자의 비언어 행위 연구: 감탄사에 동반하는 몸짓을 중심
　　　으로", 『반교어문연구』 40: 157-181, 반교어문학회.

나익주(1995), "은유의 신체적 근거", 『담화와 인지』 1: 187-213, 담화·인지 언어
　　　학회.

도원영(2008), "말하기에서의 동작언어에 대한 고찰: 자기소개와 프레젠테이션을
　　　중심으로", 『한국어학』 39: 191-221, 한국어학회.

류관수(1997), "비교 문화 관점에서 본 한미어 간의 비언어적 갈등", 『비평문학』
　　　11: 155-166, 한국비평문학회.

박정운(1998), "앞으로 한 달 뒤에 만납시다: 시간의 개념적 은유", 『언어와 언어
　　　학』 23: 85-110, 한국외국어대학교 언어연구소.

박진호(2010), "언어학에서의 범주와 유형", 『인문학연구』 17: 265-290, 경희대학
　　　교 인문학연구소.

손세모돌(2002), "신체언어 연구: 발표에서의 신체 동작을 중심으로", 『한말연구』
　　　10: 115-156, 한말연구학회.

신현숙·박인철(2006), 『기호, 텍스트 그리고 삶』, 도서출판 월인.

이노미(2008), "문화간 비언어적 커뮤니케이션에서의 한국과 아시아 지역 손짓언
　　　어의 비교 연구", 『커뮤니케이션학연구』 16(2): 5-34, 한국커뮤니케이션학회.

이석주(2000), "신체언어와 의사전달", 『국어교육』 101: 65-93, 한국국어교육연
　　　구회.

이선영(2015), "교실 의사소통에서 '손짓언어'의 연구 쟁점과 적용 가능성 탐색",
　　　『화법연구』 30: 249-277, 화법학회.

이정은·전진리·박영은·권익수(2016), "미국 대선 후보 공개토론회에 나타난
　　　손짓언어: 은유적 손짓을 중심으로", 『담화와 인지』 23(2): 53-79, 담화·인
　　　지 언어학회.

임규홍(2003), "한국어 혼자 말하기에서 '손짓언어' 사용의 분석 연구", 『담화와 인지』 10(1): 191-215, 담화·인지 언어학회.

임성우(2006), "대화에 나타나는 신체언어의 의사소통적 역할: 대화분석론 관점을 예로 들며", 『독일어문학』 34: 315-334, 독일어문학회.

임지룡(2002), "기본 감정 표현의 은유화 양상 연구", 『한국어학』 17: 135-162, 한국어학회.

임지룡(2006), 『말하는 몸』, 한국문화사.

임지룡(2007), "신체화에 기초한 의미 확장의 특성 연구", 『언어과학연구』 40: 1-31, 언어과학회.

임지룡·김영순(1999), "의미작용과 기호작용의 통합", 『현대문법연구』 18: 129-146, 현대문법학회.

임지룡·김영순(2000), "신체언어와 일상언어 표현의 의사소통적 상관성", 『언어과학연구』 17: 59-78, 언어과학회.

임혜원(2004), 『공간 개념의 은유적 확장』, 한국문화사.

임혜원(2010), "동작언어 분석을 통한 영상도식의 신체화 연구: 척도 도식을 중심으로", 『언어와 언어학』 48: 135-164, 한국외국어대학교 언어연구소.

임혜원(2013), 『언어와 인지』, 한국문화사.

임혜원(2015a), "한국어사용자의 손짓언어 연구: 잡기/쥐기 손짓을 중심으로", 『화법연구』 30: 303-323, 화법학회.

임혜원(2015b), "손날의 의미/기능 연구: 토론 참여자의 손짓언어를 중심으로", 『언어와 언어학』 69: 107-128, 한국외국어대학교 언어연구소.

임혜원(2017), "힘 영상도식의 신체화 연구: TV 토론프로그램 참여자의 손짓을 중심으로", 『담화와 인지』 24(1): 93-112, 담화·인지 언어학회.

임혜원(2018), "그릇도식의 신체화 연구: 토론 참여자의 손짓언어를 중심으로". 『언어와 언어학』 78: 99-126, 한국외국어대학교 언어연구소.

장영희(2006), "비언어적 행위 표현에 대한 연구", 『국어문학』 41: 221-247, 국어문학회.

한국기호학회(2001), 『몸짓언어와 기호학』, 문학과지성사.

한국기호학회(2002), 『몸의 기호학』, 문학과지성사.

홍민표(2007), "한국, 일본, 중국, 미국인의 신체언어에 관한 대조사회언어학적 연구", 『일어일문학연구』 61: 359-380, 한국일어일문학회.

황순희(1997), "비언어적 의사소통에 관한 연구 1", 『기호학연구』 3: 314-334, 한국기호학협회.

Alibali, M., S. Kita & A. Young(2000), Gesture and the process of speech production: We think, therefore we gesture, *Language and Cognitive Processes* 15: 593-613.

Armstrong, D. F., W. C. Stoke & S. E. Wilcox(1995), *Gesture and the Nature of Language*, Cambridge: Cambridge University Press. (김영순 외 옮김 (2001), 『몸짓과 언어 본성』, 한국문화사.)

Bavelas, J. B.(1994), Gestures as part of speech: Methodological implications, *Research on Language and Social Interaction* 27: 201-221.

Bavelas, J. B. & N. Chovil(2000), Visible acts of meaning: An integrated message model of language use in face-to-face dialogue, *Journal of Language and Social Psychology* 19(2): 163-194.

Bavelas, J. B., N. Chovil, D. A. Lawrie & A. Wade(1992), Interactive gestures, *Discourse Pocesses* 15(4): 469-489.

Beattie, G & L. Sale(2012), Do metaphoric gestures influence how a message is perceived? The effects of metaphoric gesture-speech matches and mismatches on semantic communication and social judgment, *Semiotica* 192: 77-98.

Birdwhistell, R. L.(1952), *Introduction to Kinestics: An Annotation System for Analysis of Body Motion and Gesture*, Washington: Foreign Service Institute.

Bressem, J.(2008), Clusters of image schematic patterns in coverbal gestures, Talk presented at the third conference of the German Cognitive Linguistics Association, Germany, September, 2008.

Carroll, D. W.(2008), *Psychology of Language*, Nelson Education. (이광오 · 박현수 옮김(2009), 『언어심리학』, 박학사.)

Casasanto, D.(2008), Conceptual affiliates of metaphorical gestures, Paper presented at the International Conference on Language, Communication, & Cognition, Brighton, UK.

Casasanto, D & S. Lozano(2006), The Meaning of Metaphorical Gestures, in A. Cienki & C. Müller(eds.), *Metaphor and Gesture*, Amsterdam, the Netherlands: John Benjamins. <www.lingo.stanford.edu/sag/papers/Casas-Loza no-forthc.pdf>

Chui, K.(2011), Conceptual metaphors in gesture, *Cognitive Linguistics* 22(3): 437-458.

Cienki, A.(1998), STRAIGHT: An Image Schema and its Metaphorical Extensions, *Cognitive Linguistics* 9(2): 107-149.

Cienki, A.(2005), Image schemas and gesture, in B. Hampe(ed.), *From Perception to Meaning: Image Schema in Cognitive Linguistics*, vol. 29, Berlin: Mouton de Gruyter.

Cienki, A.(2010), Why study metaphor and gesture?, in Cienki, A. & C. Müller(eds.), *Metaphor and Gesture*, 5-25, Amsterdam: John Benjamins.

Cienki, A.(2015), Image schemas and mimetic schemas in cognitive linguistics and gesture studies, in M. J. P. Sans(ed.), *Multimodality and Cognitive Linguistics*, 195-209, Amsterdam: John Benjamins.

Cienki, A. & C. Müller(eds.)(2010), *Metaphor and Gesture*, Amsterdam: John Benjamins.

Cienki, A. & C. Müller(2008), Metaphor, gesture, and thought, in R. W. Gibbs, Jr.(ed.), *The Cambridge handbook of metaphor and thought*, 483-501, Cambridge: Cambridge University Press.

Collett, P.(2003), *The Book of Tells*, London: Doubleday. (박태선 옮김(2004), 『몸은 나보다 먼저 말한다』, 청림출판.)

Condon, W. S. & R. Ogston(1967), A segmentation of behavior, *Journal of Psychiatric* 5: 221-235.

Corballis, M.(2012), *Pieces of Mind: 21 short walks around the human brain*, Auckland: Auckland University Press. (김미선 옮김(2013), 『뇌, 인간을 읽다』, 반니.)

Cornejo, C., F. Simonetti, A. Ibáñez, N. Aldunate, F. Ceric, V. López & R. Núñez(2009), Gesture and metaphor comprehension: electrophysiological evidence of cross-modal coordination by audiovisual stimulation, *Brain and Cognition* 70(1), 42-52.

De Waal, F.(1982), *Chimpanzee Politics*. Baltimore, M.D.: Johns Hopkins University Press.

Deane, P. D.(1991), Syntax and the brain: Neurological evidence for the spatialization of from hypothesis, *Cognitive Linguistics* 2(4): 361-367.

Deane, P. D.(1993), *Grammar in Mind and Brain: Explorations in Cognitive Syntax*, Berlin/New York: Mouton de Gruyter.

Ekman, P.(2003), *Emotions Revealed*, New York: Times Books. (이민아 옮김(2006), 『얼굴의 심리학』, 바다출판사.)

Farb, P.(1973), *Word Play: What Happens When People Talk*, New York: Vintage Books. (이기동 외 옮김(2000), 『말의 모습과 쓰임』, 한국문화사.)

Frick-Horbury, D. & R. E. Guttentag(1998), The effects of restricting hand gesture production on lexical retrieval and free recall, *American Journal of Psychology* 111(1)c: 43-62.

Gu, Y., E. Mol, M. Hoetjes & M. Swerts(2013), What can Chinese speakers' temporal gestures reveal about their conception of time?, Proceedings of TiGeR 2013 conference, Tilburg, Netherlands.

Hall, E. T.(1959), *The Silent Language,* New York: Doubleday. (최효선 옮김(2000), 『침묵의 언어』, 한길사.)

Hostetter, A. B. & M. W. Alibali(2008), Visible embodiment: Gestures as simulated action, *Psychonomic Bulletin and Review* 15: 495-514.

Iverson, J. M.(1998), Gesture when there is no visual model: The Nature and Function of Gesture in Children's Communication, *New Directions for Child Development* 79: 89-116.

Iverson, J. M. & S. Goldin-Meadow(1998), Why people gesture when they speak, *Nature* 396: 228.

Johnson, M.(1987), *The Body in the Mind*, Chicago: The University of Chicago Press.

Johnson, M.(1992), Philosophical implications of cognitive semantics, *Cognitive Linguistics* 3(4): 345-366.

Johnson, M.(2007), *The Meaning of the Body: Aesthetics of Human Understanding*, Chicago: The University of Chicago Press. (김동환 · 최영호 옮김(2012), 『몸의 의미』, 동문선.)

Kendon, A.(1972), Some relationships between body and speech, in A. Siegman & B. Pope(eds.), *Studies in Dyadic Communication*, 177-210, New York: Pergamon Press.

Kendon, A.(1988), How gestures can become like words, in F. Poyatos(ed.),

Crosscultural Perspectives in Nonverbal Communication, 131-141, Toronto: C. J. Hogrefe, Publishers.

Kendon, A.(2004), *Gesture: Visible Action as Utterance*, Cambridge: Cambridge University Press. (김현강 외 옮김(2012), 『제스처』, 박이정.)

Kövecses, Z.(2002), *Metaphor: A Practical Introduction*, Oxford: Oxford University Press. (이정화 외 옮김(2003), 『은유』, 한국문화사.)

Krauss, R. M., Y. Chen & R. F. Gottesman(2000). Lexical Gestures and Lexical Access: A Process Model, in D. McNeill(ed.), *Language and Gesture*, 261-283, Cambridge: Cambridge University Press.

Ladewig, S. H.(2011), Putting the cyclic gesture on a cognitive basis, CogniTextes 6. <http://cognitextes.revues.org/406>

Lakoff, G.(1987), *Women, Fire, and Dangerous Things*, Chicago: The University of Chicago Press.

Lakoff, G. & M. Johnson(1980), *Metaphors We Live By*, Chicago: The University of Chicago Press.

Lakoff, G. & M. Johnson(1999), *Philosophy in the Flesh: The Embodied Mind and Its Challenge to Western Thought*, New York: Basic Books. (임지룡 외 옮김(2002), 『몸의 철학: 신체화된 마음의 서구 사상에 대한 도전』, 박이정.)

Lakoff, G. & M. Turner(1989), *More than Cool Reason: A Field Guide to Poetic Metaphor*, Chicago: The University of Chicago Press.

Lhommet, M. & S. Marsella(2014), Metaphoric gestures: Towards grounded mental spaces, in T. Bickmore *et al.*(eds.), *Intelligent Virtual Agents*, vol. 8637: 264-274. Boston, M.A.: Springer International Publishing.

Lhommet, M. & S. Marsella(2016), From embodied metaphors to metaphoric gestures, Proceedings of the 38th Annual Meeting of the Cognitive Science Society.

Lücking, A., A. Mehler, D. Walther, M. Mauri & D. Kurfürst(2016), Finding Recurrent Features of Image Schema Gestures: the FIGURE corpus. Conference: 10th International Conference on Language Resources and Evaluation.

Matlin, M. W.(2014), *Cognitive Psychology*, Hoboken N.J.: Wiley. (민윤기 옮김(2015), 『인지심리학』, 박학사.)

McNeill, D.(1992), *Hand and Mind*, Chicago: The University of Chicago Press.

McNeill, D.(2005), *Gesture and Thought*, Chicago: The University of Chicago Press.

McNeill, D. & S. Duncan(2000), Growth points in thinking-for- speaking, in D. McNeill(ed.), *Language and Gesture*, 141-161, Cambridge: Cambridge University Press.

Mehrabian, A.(1972), *Nonverbal Communication*, Illinois/Chicago, Aldine-Atherton.

Montredon, J., A. Amrani, M. Benoit-Barnet, E. C. You, R. Llorca & N. Peuteuil(2010), Catchment, Growth Point, and Spatial Metaphor, in A. Cienki & C. Müller(eds.), *Metaphor and Gesture*, 171-194, Amsterdam: John Benjamins.

Morris, D.(1977/2002), *Peoplewatching*, Random House. (김동광 옮김(2004), 『피플워칭: 보디랭귀지 연구』, 까치.)

Núñez, R.(2008), A fresh Look at the foundations of mathematics: Gesture and the psychological reality of conceptual metaphor, in A. Cienki & C. Müller(eds.), *Gesture and Metaphor*, 93-114, Amsterdam: John Benjamins

Pease, A.(2004), *The Definitive Book of Body Language*. (서현정 옮김(2005), 『보디랭귀지』, 베텔스만.)

Roth, W. M.(2001), Gestures: their role in teaching and learning, *Review of Educational Research* 71(3): 365-392.

Roth, W. M. & D. V. Lawless(2002), How does the body get into the mind?, *Human Studies* 25: 333-358, DOI:10.1023/ A:1020127419047.

Roth, W.-M. & D. Lawless(2002), Scientific investigations, metaphorical gestures, and the emergence of abstract scientific concepts, *Learning and Instruction* 12: 285-304.

Sternberg, R. J.(2003), *Cognitive Psychology*, Belmont, C.A.: Thomson/ Wadsworth. (김민식 외 옮김(2005), 『인지심리학』, 박학사.)

Sweetser, E.(1998), Regular metaphoricity in gesture: bodily-based models of speech interaction, in *Actes du 16e Congrès International des Linguistes* (CD-ROM). Elsevier.

Sweetser, E.(2007), Looking at space to study mental spaces: Co-speech gesture as a crucial data source in cognitive linguistics, in M. Gonzalez-Marquez, I. Mittelberg, S. Coulson & M. J. Spivey(eds.), *Methods in Cognitive Linguistics*, 201-224, Amsterdam/Netherlands: John Benjamins.

Taylor, J.(2002), *Cognitive Grammar*, Oxford: Oxford University Press. (임지룡 · 김동환 옮김(2005), 『인지문법』, 한국문화사.)

Tracy, J. & D. Matsumoto(2008), The spontaneous expression of pride and shame: evidence for biologically innate nonverbal displays. *Proceedings of the National Academies of Sciences* 105: 11655-11660.

Williams, R. F.(2008), Path schemas in gesturing for thinking and teaching, Talk presented at the third conference of the German Cognitive Linguistics Association, September, 2008.

Zlatev, J.(2014), Image schemas, mimetic schemas, and children's gestures, *Cognitive Semiotics* 7(1): 3-29.

접속어미 '-면'의 다의성과 통사·의미 확장

김 종 록[*]

1. 들머리

접속어미 '-면'에 대해서는 최현배(1937) 이래 주로 통사 의미적인 특성을 논리적으로 밝히는 데 그 연구가 집중되었다. 그러나 언어현상은 논리적인 면만으로는 설명할 수 없는 부분이 많이 있음을 감안하면 접속어미 '-면'의 본질적이고 인지적인 측면을 새롭게 조망을 해 볼 필요가 있다.

지금까지 국어를 대상으로 한 인지언어학적 연구는 주로 '얼굴, 눈, 입, 손' 등의 신체어나 '달다, 짜다, 맵다' 등의 미각어, '희다, 검다, 푸르다' 등의 색채어, '따뜻하다, 차갑다, 뜨겁다' 등의 온도어 그리고 '형, 누나, 오빠, 언니' 등의 친족명칭을 나타내는 어휘를 중심으로 이들의 다의성과 의미확장 원리를 밝히는 데 힘써 왔고 그 연구 성과도 매우 크다.[1]

하지만 국어의 조사나 어미와 같은 문법 형태도 다의적 속성을 다분히 지니

---

[*] 한동대학교 글로벌리더십학부 교수, kjr@handong.edu
[1] 이들 국어 어휘를 대상으로 한 인지언어학적 연구 성과에 대해서는 배도용(2002), 임지룡(2008) 등 참조.

고 있기 때문에 이들에 대해서도 인지언어학적 관점에서 살펴볼 필요가 있는데[2] 이에 대한 논의는 많지 않은 편이다. 예컨대, 일찍이 구현정(1998)에서는 조건 표지 '-면'을 '인과' 및 '양보'관계 표지와 관련지어 인지언어학적으로 살펴본 바가 있고, 정수진(2014)에서는 국어 접속어미 전체를 대상으로 인지언어학의 관점이동과 시점이동이라는 점에 착안하여 국어 접속문의 유형을 체계화하고 의미구성 양상을 분석한 바 있다.

본고에서는 먼저 대표적인 국어사전들에서[3] '-면'을 어떻게 다루고 있는지를 살펴본 후에, 기존의 학술논저에 밝혀져 있는 '-면'의 통사 의미적 기능을 인지언어학적 관점에서 되살펴 보기로 한다.

2장에서는 본고의 주요 연구방법인 통사와 의미 확장에 대한 인지언어학 이론과 문법화에 대해 간략하게 살펴보고, 3장에서는 '-면'의 기본의미와 그 기본의미가 확장되어 가는 과정 및 그들 간의 상관성, 그리고 '-면'이 형성하고 있는 다의적 의미망과 그것이 지니고 있는 인지언어학적 의미에 대해 기술해 보기로 한다.

요컨대, 본고에서는 접속어미 '-면'을 인지언어학적 관점에서 살펴보되, '-면'의 중심의미가 무엇이며, 중심의미의 어떤 요소가 주변의미로 확장이 되는지, 그리고 의미의 확장 방향이 구체적으로 어디를 향하는지, 그렇게 되는데는 어떤 원리가 작용하는지 등에 대해 차근차근 고찰해 가도록 하겠다.

---

2 인지언어학의 초기 개척자인 Langacker(2002: 234-235)에서는 어휘형태소와 마찬가지로 문법형태소도 다의성이 있으며, 이 다의성이 사소한 속성이 아니라 심리적 실재성을 가진 의미구조이자 인간의 인지능력과 맞물려 발생한 체계라고 하면서 문법형태소의 인지언어학적 탐구가 필요함을 역설하였다.

3 표준국어대사전(1999, 이하『표준』), 연세한국어사전(1998,『연세』), 고려대 우리말큰사전(2009,『고려』) 등을 기본자료로 삼았다.

2. 통사 · 의미 확장과 문법화에 대한 인지언어학 이론

1990년대 초에 국내 학계에 인지언어학이 도입된 이래 범주화와 원형이론, 단어의 의미확장, 은유 및 환유, 정신공간과 혼성이론, 도상성, 인지문법, 문법화 등에 의한 논의가 활발하게 이루어졌고 그 성과 또한 매우 큰데, 이는 인지언어학 이론이 구조의미론과 생성의미론의 이론적 한계를 어느 정도 극복할 수 있는 방편이 될 수 있었기 때문이다.[4]

본고의 기초이론이 되는 '문법화(grammarticalization)'에 대한 정의는 여럿 있지만 가장 보편적으로 받아들여지고 있는 것은 Jerzy Kurytowicz(1975: 52) 이다. 그에 의하면, 문법화란 "한 형태소가 어휘적 지위에서 문법적 지위로, 혹은 파생형에서 굴절형으로의 변화처럼 덜 문법적인 것으로부터 더 문법적인 것으로 범위가 증가되는 현상"(이성하 1998: 23에서 재인용)으로, 문법화는 특정한 언어에 국한된 현상이 아니라 보편적 현상이며, 단회적이 아니라 점진적으로 일어나고, 어휘에서 문법소로 이어지는 변화가 연속성을 지니고 있다고 할 수 있다(이성하 1998: 23-24).

본고의 연구 대상인 접속어미 '-면'도 국어사의 관점에서 볼 때 시대적 변화와 함께 다양한 형태 · 통사적 변화를 겪어왔을 뿐 아니라 의미기능 또한 확장되어 왔는데, 그러한 변화와 확장 과정을 '문법화(grammarticalization)' 이론을 통해 설명할 수 있다. 본고에서는 이와 같은 관점에서 '-면'의 문법화 과정을 살펴보되 특히 Hopper(1991)에[5] 제시되어 있는 탈범주화(decategorialization), 의미지속성(persistence), 분화(divergence), 단일 방향성(unidirection) 가설 등의 개념을 통해 '-면'의 문법화 과정이 인지언어학적으로 어떤 의미를 갖는지 살펴보기로 한다.

4 　인지언어학의 이론적 우수성 및 연구방법, 국내외의 연구성과 등에 대해서는 임지룡(2008: 3-34) 참조.

5 　Hopper(1991)에서는 문법화의 원리로 층위화(Layering), 분화(divergence), 전문화(specialization), 의미지속성(persistence), 탈범주화(decategorialization) 등의 5가지를 제시한 바 있다(이성하 1998: 173-189).

먼저, 탈범주화(decategorialization)란 어원어들이 문법소로 변해가는 과정에서 명사나 동사와 같은 1차적 문법범주의 특성을 잃어버리고 형용사나 분사, 전치사, 그리고 후치사와 같은 2차적 문법범주의 특성을 띠게 되는 현상으로, 형태론적이고 구문론적인 고유특성을 잃어버리고 점차적으로 부차적 범주의 특성을 띠는 쪽으로 변화하는 것을 말하며, 문법화의 변이는 범주상 (1)과 같은 방향으로 일어난다고 알려져 있다(이성하 1998: 186-187).

(1) 명사/동사 → 형용사/부사 → 전후치사/접속사/조동사/대명사/지시사

예컨대, 현대영어의 'considering'은 {Carefully considering, Having carefully considered} all evidence, the panel delivered its verdict'에서와 같이 부사의 수식을 받기도 하고 분사구문과 완료구문을 형성할 수도 있을 뿐 아니라, 분사구문과 주절의 주어의 일치도 잘 지켜지고 있음을 보면 동사적 특징을 잘 유지하고 있다. 그러나 {Considering/*Having carefully considered} you are short, your skill at the basketball is unexpected'의 경우에는 'Considering'이 '동사'에서 2차범주인 '접속사'로 완전히 변해서 탈범주화가 된 것을 알 수 있다.

이와 같은 탈범주화는 대부분의 언어에 나타나는 보편적 현상이어서 영어뿐만 아니라 국어의 보조동사 구성에서도 흔히 볼 수 있다.

(2) a. 순희가 사과를 다 먹어 **버렸다**.
   b. 어머니를 잘 도와 **드렸다**.

(2)에서 '버리다, 드리다'는 본동사로 쓰였을 때의 의미, 즉 '가지거나 지니고 있을 필요가 없는 물건을 내던지거나 쏟거나 하다, [주다]의 높임말'이라는 의미로 사용된 것이 아니라, 앞의 본동사에 '[완료], [봉사]' 등의 상적(aspect)인 의미를 더해주는 기능을 하고 있다. 즉, (2)에 사용된 '버리다, 드리다'는

문법화가 진행되면서 '본동사'에서 '보조동사'로 문법범주가 바뀌었을 뿐 아니라, 상(aspect)적인 의미를 새로 획득하면서 본동사를 보조하는 역할을 하게 되었다고 할 수 있다. 이와 마찬가지로 접속어미 '-면'도 역사적 변화과정을 통해 통사의미적으로 기능이 확장되면서 탈범주화를 하게 되는데 이에 대해서는 3.2.에서 자세히 논증하기로 한다.

하지만 이들 보조동사로 사용된 '버리다, 드리다'는 이들이 원래부터 가지고 있었던 원의미를 모두 상실한 것은 아닌데, 이것은 Hopper(1991)가 제시한 의미지속성(persistence) 원리로 설명할 수 있다. 즉, (2)에 보조동사로 사용된 '버리다, 드리다'는 이들이 문법화가 많이 진행된 후에도 그 본동사로서 가지고 있던 본래 의미를 어느 정도 지니고 있다는 것이다. 예컨대, '버리다'의 사전적 의미는 '못된 성격이나 버릇 따위를 떼어 없애다, 가정이나 고향 또는 조국 따위를 떠나 스스로 관계를 끊다, 종사하던 일정한 직업을 스스로 그만두고 다시는 손을 대지 아니하다' 등의 의미를 지니는 바(『표준』 p.2616), 이는 '어떤 일이 끝나거나 관계가 단절되거나, 생각이 없어지는 것'으로 대부분 [부정]적 견해나 행동이 내포되어 있음을 알 수 있으며, 이러한 인지적 의미는 아래와 같이 본동사에서 보조동사로 문법범주가 바뀐 이후에도 지속되고 있다.

(3) a. 동생이 과자를 다 먹어 **버렸다**.
　　 b. 약속 시간에 늦게 갔더니 친구들은 모두 가 **버리고** 없었다.
　　 c. 이가 쑤시면 치과에 가서 치료를 하거나 빼어 **버려야** 할 것 아니예요?

(3)의 보조동사 '버리다'는 선행하는 동사 '먹다, 가다, 빼다'의 행동이 끝났음, 즉 [완료] 되었음을 나타냄과 동시에 그러한 행동이 이루어진 결과가 말하는 이의 [아쉬움]을 나타내거나 그러한 [아쉬움]을 넘어 [부정적 부담을 덜게 됨] 또는 [속시원함]의 의미를 나타내고, 이는 결국 보조동사로 문법화가 진행된 '버리다'가 [완료>아쉬움], [완료>비부담/속시원함]의 의미를 새로 획득하

게 됨으로써 본동사로서 가지고 있던 '단절, 없어짐, 끊어짐'이라는 원래 의미를 어느 정도 지속적으로 가지고 있음을 알 수 있다.

이러한 의미 특성 때문에 '그는 전재산을 탕진해 버렸다, 그녀는 이번 사업에도 실패해 버렸다'라는 부정적 명제의 문장은 자연스럽지만, '?그는 열심히 노력해 버렸다, ?그녀는 피아노 연주를 좋아해 버렸다'라는 문장은 부자연스러울 수밖에 없다.

그리고 '드리다'의 경우도 이와 동일한 의미지속성(persistence) 원리로 설명할 수 있다. 즉, '드리다'의 사전적 의미는 "'주다'의 높임말, 윗사람에게 그 사람을 높여 말이나 인사, 결의, 축하 따위를 하다, 신에게 비는 일을 하다" 등의 의미로 사용되며(『표준』 p.1735), '화자보다 나이가 많거나 상위직급, 또는 존경의 대상이 될 만한 대상을 높이거나 존중하는 것'으로 매우 [긍정]적이고 [유익]할 뿐 아니라 [존중]하는 인지적 의미를 내포하고 있고, 이러한 의미는 아래와 같이 보조동사로 범주가 바뀌어 쓰인 이후에도 지속이 된다.

(4) a. 아버지께 시험에 합격했다는 소식을 알려 **드렸다**.
    b. 그는 아주머니의 짐을 들어 **드리고** 나서야 제길을 떠났다.
    c. 할머니의 어깨를 주물러 **드렸다**.(『표준』 p.1735)

(4)의 보조동사 '드리다'는 '알리다, 들다, 주무르다'라는 행위를 통해서 '아버지, 아주머니, 할머니'에게 [봉사(service)]를 했고, 그 결과가 대상이 되는 분들에게 [유익]하고 [긍정]적으로 나타났음을 의미하며, 이는 본동사로서의 '드리다(give)'가 지니고 있던 의미가 [높임>유익/도움>봉사]라는 보조적 의미로 변했고, 이와 동시에 동시에 [긍정]적 의미를 지닌 본동사와만 함께 쓰일 수 있게 됨으로써 탈범주화하여 보조동사로 쓰인 경우에도 본래의 의미를 어느 정도 유지할 수 있게 되었다.[6]

---

6 접속어미 '-면'도 문법화가 진행되면서 탈범주화가 되기는 하지만 본래의 의미를 어느 정도 유지하고 있는데, 이에 대해서도 3.2.에서 자세히 논하기로 한다.

이러한 의미 특성 때문에 '?그는 아버지의 잘못을 **비난해** 드렸다, ?영수는 선생님을 **배신해** 드렸다, ?그녀는 할머니를 야단쳐 드렸다 ; ?동생의 실수를 **벌해** 드렸다. ?친구를 **없신여겨** 드렸다'와 같은 문장은 매우 어색하거나 비문이 될 수밖에 없다.

그리고 분화(divergence)란 같은 어원에서 나온 여러 형태의 문법소들이 의미 기능상 나누어지는 현상으로 대부분의 언어에 나타나고 있는데 국어 접속어미의 문법화 현상을 설명하는 데도 매우 유용하다. 예컨대, [계기]관계 접속어미 '-자'가 역사적 변화와 문법화 과정을 통해서 (5)와 같이 [양보]관계 접속어미로 분화하였다.

(5) a. 까마귀 **날자** 배 떨어진다.
　　 b. 네가 아무리 노력해 **보았자** 소용없을 거야.

(5a)의 '-자'는 앞절의 명제가 이루어진 후에 뒷절의 명제가 순차적으로 이루어짐을 나타내는 [계기]관계 접속어미이고, (5b)의 '-었자'는 '불구하고'의 의미를 지닌 [양보]관계 어미이다. 이 '-었자'는 선어말어미 '-었-'과 [계기]관계 접속어미 '-자'가 통합된 형태이지만, 단순히 [과거]의 의미가 '-자'에 더해진 것이 아니라, 이 통합체가 비환원적 융합형으로 변하면서 새로운 의미, 즉 [양보]관계 어미가 만들어졌다는 것이다. 분화의 형태와 방법, 그리고 원인은 여러 가지가 있을 수 있는데, 후술하겠지만 접속어미 '-면'도 역사적 변화 과정을 통해 매우 다양한 형태로 분화가 되었음으로 확인하게 될 것이다.

이와 아울러 Bybee *et al.*(1994)에서 제시한 단일 방향성(unidirection) 가설도 접속어미 '-면'의 문법화 과정을 설명하는 데 매우 유용하다. 단일방향성 가설이란 문법소의 변화 방향은 단일한 방향성을 띤다는 것인데, 의미상으로는 구체적인 것에서 추상적인 것으로, 음운상으로는 자립적인 것에서 의존적인 것으로, 범주상으로는 어휘적인 것에서 문법적인 것으로 변화가 일어나지만, 그 역방향으로는 절대 일어나지 않는다는 것이다. Bybee *et al.*(1994)에서는 'I am'이 'I'm'으로 변화가 일어났는데, 즉 자립적인 be 동사 'am'이 의존적인 후접어 ''m'의 형태로 변화가 일어나지만 그 역방향으로는 절대 변화가 일어나지 않는다는 것이다(이성하 1998: 193-194).

국어의 접속어미 '-면'은 역사적 변화과정을 통해서 단일한 방향으로 문법화가 진행되기는 하지만 다양한 형태로 통사·의미가 확장되었는데, 이에 대해서도 3.2장에서 구체적으로 논의하기로 한다.

요컨대, 접속어미 '-면'의 문법화 과정은 이론적으로는 탈범주화(decategorialization), 의미지속성(persistence) 원리, 분화(divergence), 단일방향성(unidirection) 가설 등으로 설명이 가능하며, 이를 통해 '-면'의 문법화가 범언어적인 원리와 부합되게 진행이 되어 왔고, 그에 대한 인지언어학적인 해석 또한 가능하다는 것을 3장에서 논증해 가도록 하겠다.

3. 접속어미 '-면'의 다의성과 통사·의미 확장 양상

3.1. 주요 사전에서의 '-면'의 기술

먼저 접속어미 '-면'의 통사·의미적 사용양상을 『표준』, 『연세』, 『고려』를 중심으로 살펴봄으로써 한국인들의 일상 언어생활에서 '-면'이 어떻게 사용되고 있는지 분석해 보기로 한다.

〈표 1〉 사전에 기술된 '-면'의 통사·의미 정보

[표준]	[연세]	[고려]
1. 불확실하거나 아직 이루어지지 않은 사실을 가정하여 말할 때 쓰는 연결어미	I. 연결어미	연결어미
2. 일반적으로 분명한 사실을 어떤 일에 대한 조건으로 쓰는 연결어미	1. 단순한 가정적인 조건 2. 실현을 전제로 한 가정적 조건 ㉠실현이 불확실한 가정적 조건	1. 어떤 사실을 가정하여 조건으로 삼음 2. 주로 '하다, 좋다, 싶다' 앞에 쓰여 희망이나 바람을 나타냄
3. 현실과 다른 사실을 가정하	㉡실현이 확실한 가정적 조건	3. 앞절의 내용이 뒷절의 내용

여 나타내는 연결어미. 현실이 그렇게 되기를 희망하거나 그렇지 않음을 애석해 하는 뜻을 나타냄 4. 뒤의 사실이 실현되기 위한 근거 따위를 나타내거나 수시로 반복되는 상황에서 그 조건을 말할 때 쓰는 연결어미	ⓒ실현이 불가능한 가정적 조건 3. 뒷절에 작용하는 근거나 조건 4. 으레 그렇게 된다는 법칙적인 조건 5. 습관적이고 반복적인 조건	에 대한 근거나 전제가 됨을 나타냄
	II. ('-면 하다/싶다/좋겠다'의 꼴로 쓰이어) 1. 희망이나 바람	조사 1. 모음으로 끝나는 명사의 뒤에 붙어, 주로 '~면~'의 구성으로 쓰여, 앞말을 지정하여 드러남을 나타내는 보조사
	III. 1. 뒷절의 내용을 말하는 데에 근거가 됨 2. (시간을 나타내는 명사와 '이다'의 아래 쓰이어) 시간적 조건 3. 예를 들어 설명하는 말들과 어울려 뒷내용을 설명함 IV. (뒷 말이 생략된 채 '-었으면'의 꼴로 종결어미처럼 쓰이어) 그렇게 되기를 바라거나 희망함을 나타냄	

<표 1>은 세 사전에 기술되어 있는 통사·의미정보를 사전에 실려있는 순서대로 제시한 것인데,7 세 사전의 의미분류 방식과 의미제시 순서가 약간 다르기는 하지만, '-면'이 공통적으로 가지고 있는 의미기능으로 [조건]을 들고 있다. 하지만 이 [조건]에 대한 개념이 사전마다 조금씩 다르다. 『표준』에서는 아래와 같은 예를 들고 [조건]의8 의미를 2항과 4항의 두 가지로 세분하고 있다.

---

7 논의의 편의를 위하여 "모음이나 'ㄹ'로 끝나는 용언, '이다'의 어간 또는 선어말어미 '-시-'의 뒤에 붙어" 등과 같은 형태음운 정보는 제시하지 않았다.

8 대괄호 [   ]는 '의미기능'에 해당되며 필자가 설명의 편의를 위해 넣은 것이다.

(5) a. 봄이 오면 꽃이 핀다.

　　b. 누구나 부지런히 일하면 성공한다.

　　c. 꼬리가 길면 잡힌다.

　　d. 그녀는 눈만 뜨면 책을 읽는다.

　(5a, b)는 '일반적으로 분명한 [사실]을 어떤 일에 대한 [조건]으로 말할 때' 쓰인다면서 예를 든 것인데, (5a)는 자연의 순리와 법칙을 나타내기 때문에 일반적인 분명한 사실로 받아들여질 수 있다. 그러나 (5b)는 부지런히 일하면 성공하는 사회가 되면 좋겠지만 아무리 부지런히 일해도 성공하지 못하는 경우가 얼마든지 있을 수 있기 때문에 일반적으로 분명한 사실이라 하기 어려워서 부적절한 예로 보인다.

　『표준』의 1항에 해당되는 문장을 『연세』의 2ⓛ항에서는 '실현이 확실한 [가정]적 [조건]'의 의미기능을 지니는 것으로 해석하면서 '이리하여 봄이 4월로 접어들면 봄나물은 한결 흔해진다'는 예를 들어 두고 있는데, 이를 볼 때 동일한 명제에 대한 의미해석을 두 사전이 매우 달리하고 있음을 알 수 있다. 즉, 『표준』에서는 '[사실]적 [조건]'의 의미기능을 지니는 것으로 보았다면, 『연세』에서는 '[가정]적 [조건]'의 의미기능으로 보고 있는 것인데, 이것은 결국 이 둘 가운데 하나의 의미기술이 잘못 되었거나, [가정]이라는 단어의 개념을 서로 달리하고 있기 때문으로 보인다.

　『고려』에는 『표준』의 1항과 정확하게 일치하는 항은 제시되어 있지 않지만, 굳이 찾는다면 1항 정도가 있다. 그러나 이 항의 예로 제시해 둔 '두 사람은 만나기만 하면 싸운다, 나는 배가 고프면 잠을 자지 못한다'는 문장은 『고려』의 1항의 설명처럼 '[가정]적 [조건]'에 해당한다고 할 수 있으며, 『표준』에 제시되어 있는 일반적으로 분명한 [사실]적 [조건]에 해당되지 않아서 이 두 사전 역시 [가정]이나 [조건]의 개념을 서로 달리하고 있음을 알 수 있다.

　그리고 (5c, d)는 『표준』에 '뒤의 사실이 실현되기 위한 [근거] 따위를 나타내거나 수시로 [반복]되는 상황에서 그 [조건]을 말할 때' 사용되는 것으로 기술되어 있는데, 이 두 항목이 왜 이렇게 하나의 항으로 기술되어야 하는지에 대한 근거가 매우 약하다. 왜냐하면 이른바 '[근거]적 [조건]'의 예로 들어 둔 (5c)는 인간의 삶에서 볼 때 으레 그렇기 마련이라는 의미를 지니고 있어서 삶의 일반적 법칙에 가까운 것이라면, '[반복]적 [조건]'의 예로 든 (5d)는 앞 절의 [조건]이 충족되면 뒷절의 행위가 늘 [반복]적이고 [습관]적으로 이어진 다는 의미를 담고 있기 때문이다.

(5c)를 『연세』에서는 4항에 '꼬리가 길면 잡히는 법이다'를 예로 들면서 '[법칙]적인 [조건]'의 의미를 지니는 것으로, 그리고 (5d)의 경우에는 '길에서 개를 만나면 언제나 쓰다듬은 버릇이 생겼다'를 예로 들면서 '[습관]적이고 [반복]적인 [조건]'의 의미를 지니는 것으로 구분해 놓았는데, 이는 매우 바람 직한 처리 방식이라 할 수 있다. (5c, d)에 해당되는 항목을 『고려』에서는 아 애 설정해 놓지 않고 있는데, 『고려』의 의미 서술의 내용상 '어떤 사실을 [가 정]하여 [조건]'으로 삼는 1항 정도에 해당하지 않을까 한다.

앞서 간략하게 언급을 한 바와 같이 『연세』의 주목되는 특징은 '-면'이 가 지고 있는 주요 의미기능을 [조건]이라고 보고, 이를 6가지로 분류해 놓았다 는 점이다. 먼저 [I. 연결어미]에서 5가지 [조건] 의미를 제시하고 [III]에서 1가지 [조건]의미를 더 제시해 두고 있는데, 나름대로 일관성 있게 자료를 잘 정리해 놓았다는 점에서 의의가 있다고 할 수 있다. 그러나 아래 문장을 어떻 게 해석하느냐에 따라 이 6가지 [조건]의 분류가 달라질 수 있다.

(6)　a. 사 먹지 않고 집에서 김치를 담으면 지출을 줄일 수 있다.
　　　b. 저 고개만 넘으면 내 고향 마을이다.

먼저, 『연세』에는 (6a)에 사용된 '-면'을 '[단순]한 [가정]적인 [조건]'의 의 미기능을 갖는 것으로, (6b)는 '실현을 전제로, 실현이 [확실]한 [가정]적 [조 건]'의 의미를 지니고 있는 것으로 설명하고 있는데, '사 먹지 않고 집에서 김치를 담그는 것'은 [단순]한 일이고, '저 고개를 넘는 것'은 [확실]한 일인 지 의문이다. 예컨대, 김치를 담그는 것을 아예 못하거나 아주 지극히 싫어하는 경우라면 [단순]한 [가정]이라 할 수 없으며, 고개가 아주 높거나 중턱에 산적이라도 있는 경우라면 [확실]한 [가정]이라고 하기가 어려울 수 있기 때문이다.

그리고 (6a)의 뒷절을 '(사 먹지 않고 집에서 김치를 담으면) 내 손에 장을 지지겠다'라고 바꾸면, '사 먹지 않고 집에서 김치를 담는 것'은 매우 [불확실]한 [가정]이 될 수밖에 없는데, 이에 대해서는 3.2.에서 후술하도록 한다.

둘째, '-면 하다/싶다/좋겠다' 구성을 [희망]이나 [바람]의 의미기능을 지니고 있는 것으로 세 사전에 명시되어 있다.

(7) a. 눈이 오면 좋을 텐데.
   b. 너와 같이 가면 좋을 텐데.
   c. 바빠서 어렵겠지만 내가 있는 광안리 바닷가를 한 번 다녀갔으면 좋을 텐데
   d. 약속만 취소되면 집에서 쉴 수 있을 텐데

(27)의 '-면'은 [조건]의 의미보다는 화자의 이루어질 수 없는 또는 이루어지기 매우 어려운 [희망], [소망], [바람] 등을 실제로 나타내는 데 쓰이는 바, 중요한 것은 뒷절의 종결어미로 '-을 텐데, -겠다' 등의 형태가 주로 쓰인다는 사실이다. 이미 현대국어에서 '-면 하다/싶다/좋다' 구성이 일종의 관용구(idiomatic structure)를 형성하고 있기는 하지만, (7d)처럼 절 형태의 명제가 와도 종결어미로 '-을 텐데' 구성이 쓰이면 [희망], [바람]의 의미를 나타낼 수 있다. 즉, 굳이 '-면 하다/싶다/좋겠다' 구성이 아니어도 [희망]이나 [바람]의 의미를 나타낼 수 있기 때문에, 이러한 구성을 취해야만 [희망], [바람]의 의미를 나타내지는 않는다는 사실을 간략하게 지적해 두고자 한다.

셋째, 세 사전에 공통적으로 뒷절의 내용에 대한 [근거]나 [전제]가 됨을 나타내는 기능이 있다고도 명시가 되어 있다.

(8) a. 철수가 오늘 잘 노는 것을 보면 좀 나은 모양이다.(『연세』 p.692)

b. 그 사람도 알고 보면 괜찮은 사람이야.(『고려』 p.2099)
c. 꼬리가 길면 잡힌다.(『표준』 p.2130)

  (8a, b)에는 공교롭게도 앞절의 서술표현으로 '-을 보다, -고 보다' 구성이 쓰이고 있고, 이를 바탕으로 '-면'이 뒷절에 대한 [근거] 또는 [전제]의 의미를 가지고 있다고 했는데, 이렇게 특정한 '구성'을 전제로 의미기능을 규정하는 것이 바람직한지 의문이 든다. 왜냐하면 특정한 구성마다 각기 다른 의미기능이 있는 것으로 사전을 기술한다면 그 수가 매우 많아질 수밖에 없고 그렇게 된다면 그 의미기능을 체계적으로 기술하는 것이 매우 어려워질 것이기 때문이다.

  그리고 (8d)는 『연세』(p.692)에서는 '으레 그렇게 된다는 [법칙]적 [조건]'의 의미를 지니는 것으로 명시하고 있는데 굳이 따진다면 꼬리가 길어지면 잡히는 것이 세상사의 당연한 이치임을 감안하면 굳이 이를 [근거]라고 하기보다는 『연세』처럼 해석하고 처리하는 것이 합리적인 것으로 보인다.

  끝으로 접속어미 '-면'이 [조건]의 의미기능만을 가지고 있느냐 아니면 [가정]의 의미기능도 가지느냐 하는 것인데, 『표준』에서는 <표1>에서 보듯이 1항에 '-면'의 가장 중요한 의미기능으로 '불확실하거나 아직 이루어지지 않은 사실을 [가정]하여 말할 때' 사용된다고 명시하고 있고, 3항에서도 '현실과 다른 사실을 [가정]하여 나타내는 연결어미로, 현실이 그렇게 되기를 [희망]하거나 그렇지 않음을 [애석]해 하는 뜻을 나타낼 때' 사용된다고 설명하면서, '-면'이 [조건]과 더불어 [가정]의 의미도 가지고 있는 것으로 기술되어 있다.

  그러나 『연세』와 『고려』에서는 '-면'이 [가정]의 의미기능은 가지고 있지 않은 것으로 서술되어 있으며, 『표준』의 1항에 대당되는 예를 『연세』와 『고려』에서는 [조건]의 의미로 해석하고 있고, 3항은 [희망]의 의미를 가진다는 것은 세 사전이 동일하나, 『표준』에서는 [가정]을 전제한 [희망]과 [애석]이라면 『연세』와 『고려』에서는 [조건]이나 [가정]이라는 말을 없이 [희망]과 [바람]의 의미기능을 지니고 있다고 설명하고 있다.

아무튼, 세 사전이 [가정]이라는 단어의 개념을 달리 사용하고 있는 것은 분명한데, 이에 대해서도 3.2.에서 자세히 살펴보기로 한다. 그리고 세 사전이 나름대로의 기준을 설정하여 일관성 있게 '-면'의 의미기능에 대해 설명해 두고 있다는 점에 대해서는 높이 평가할 만하며, 그 이전의 사전들에 비해서 발전된 면이 있다고 할 수 있다. 하지만 위의 세 사전 모두 너무 의미기능만을 중심으로 설명하고 있어서 아쉬움이 남는다. 사전을 편찬함에 있어서 중요한 것 가운데 하나가 형태 음소론적인 정보와 아울러 통사론적인 정보, 나아가 문화적이고 화용론적인 정보 등도 가능한 한 자세히 명시해 두어야 사용자들이 편리하게 사전을 사용할 수 있다는 사실을 지적해 두고자 한다.

끝으로 『연세』의 경우에는 어느 사전보다 '-면'을 비롯한 문법소에 대한 정보를 다른 두 사전에 비해 훨씬 자세하고 일관성 있게 제시해 두었다는 점에서 한층 더 발전된 모습의 사전이라 할 수 있다.

3.2. '-면'의 다의성 획득 과정과 통사·의미 확장

3.2.1. '-면'의 원형의미 및 1단계 의미확장

접속어미 '-면'과 관련된 형태로는 '-(는/ㄴ)다면, -(이)라면, -자면, -더라면, -었더라면, -었었더라면, -겠다면, -었겠더라면' 등이 있는데, 이들은 모두 '-면'과 선어말어미 또는 종결어미와 통합되어 있는 형태들이다. 이들 가운데는 문법화(grmmaticalization)가 완료되어[9] 하나의 단일 형태의 어미로 바뀐

---

9 문법화(grmmaticalization)가 '과정성'을 전제로 한 개념이어서 '완료'라는 용어를 사용하는 데 문제가 있을 수 있다. 그러나 본고의 논의 대상인 접속어미 '-면'의 경우에 적어도 현대국어에서 선어말어미나 보조사 등이 '-면'과 통합되면서 그들이 원래 가지고 있던 문법 기능을 완전히 상실하고 새로운 하나의 문법소로 융합되는 현상을 지칭하는 개념으로 사용하기로 한다. 이러한 현상과 관련하여 안명철(1992: 84-88), 이필영(1993: 117-118)에서는 이러한 융합형을 환원적 융합형과 비환원적 융합형으로 구분한 바 있는데, 김종록(2008: 69-73)에서는 이에 더하여 통사·의미적 기능의 변화, 보조사의 교체와 탈락 가능성, 형태 및 의미기능의 융합여부 등을 환원적 융합형과 비환원적 융합형의 판별기준으로 제시하였다. 본고

것이 있는가 하면, 각 문법요소들이 단순히 준말형태로 축약되어 있는 형태가 있는데, 이들의 문법화 정도와 의미기능에 대해 논증해 가기로 한다.

이와 아울러 '-면'이 지니고 있는 의미기능으로는 '일반적 조건, 당위법칙적 조건, 시간적 조건, 가정적 조건, 가정, 희망·바람, 주제 제시, 대립' 등이 앞서 살펴본 사전들과 선행연구에 제시되어 있는데, 이들 가운데 어느 것이 원형의미(prototypical meaning)이고, 또 다의적으로[10] 확장된 의미들(extended meaning) 간의 상관관계가 어떠한지를 임지룡(2009: 193-226)에 제시되어 있는 다의적 용법 간의 의미 연쇄(meaning chain)의 원리를 적용하여 규명해 보기로 한다.

(9) a. 당신이 내게 5억을 주면 내 아파트를 당신에게 넘기겠소.
     b. 자기 또는 배우자의 직계존속을 살해하면 사형, 무기 또는 7년 이상의 징역에 처한다.
     c. 꼬리가 길면 (범인이) 잡히기 마련이에요.
     d. 봄이 오면 꽃이 핀다.

(9)는 이른바 [조건]관계[11] 접속문이다. 여기에 사용된 접속어미 '-면'은 앞

에서는 김종록(2008)에 제시된 기준에 따라 '-면'과 통합되어 있는 형태의 문법화 완료 여부를 검증해 가기로 한다.

10 임지룡(2009: 198-222)에서는 다의어의 기준을 폭넓고 유연하게 해석하여, 다의적 용법 간에 두 가지 이상의 핵심의미(core meaning)를 설정하여 원형의미와의 관련 성을 부여하기도 하고, 다의적 용법 간의 의미 연쇄(meaning chain)의 원리를 적용 하여 원형의미와의 관련성을 부여하기도 하고, 빈도수와 문법정보를 고려하여 부 여하기도 하였는데, 본고에서는 의미연쇄의 원리를 '-면'의 다의적 확장 현상에 적용하기로 한다.

11 '-면'이 가지고 있는 의미기능에 대해서는 최현배(1937/1965: 285), 이상태(1977, 1978), 김진수(1983), 정정덕(1986), 서태룡(1988), 박승윤(1988), 최재희(1991), 서 정섭(1992), 서정수(1994: 1117-1125), 윤평현(1997, 2002, 2005: 120-128) 등에서 이미 자세히 논증이 되었기 때문에, 본고에서는 '-면'이 지니고 있는 구체적인 개별 의미기능에 대해서는 더 이상 깊이 논하지 않기로 한다. 다만 '-면'의 원형의미 기능을 확인하고, 이 원형의미가 어떤 방식과 방향으로 문법화가 되면서 확대되어 갔는지에 초점을 두고 살펴보기로 한다.

절의 내용이 뒷절의 내용이 실현되는 데 필요한 '조건(protasis)'이 되고, 뒷절은 앞절의 내용을 전제로 그에 따른 '결과(apodosis)'가 되고 있다. (9a)의 앞절 '당신이 내게 5억을 주-'는 뒷절 '내 아파트를 당신에게 넘기-'의 전제 [조건]이 되고, 이 조건이 충족되면 당연히 뒷절의 행위가 수반되는 [결과]가 오게 된다. 물론 앞절의 명제내용이 뒷절의 명제내용을 실현하기 위한 여러 조건 중의 하나이기 때문에 필요조건이 될 뿐 충분조건이 되는 것은 아니다. 이와 같은 류의 접속문은 앞절에 현실적이고 객관적인 상황이 제시되어 있을 뿐 아니라, 개별적이고 단회적이며 일반적 상황이 제시되어 있기 때문에 매우 보편성을 띄고 있는 [조건] 접속문이라 할 수 있다.

> (10) a. 네가 내게 5억을 주면 내 아파트를 당신에게 넘기겠다.
>   b. 내가 그녀에게 5억을 주었으면 당신 아파트를 내게 넘겼겠어?
>   c. 내가 그대에게 5억을 주면 당신 아파트를 내게 넘기시오.
>   d. 그 사람이 우리에게 5억을 주겠으면 이 아파트를 그 사람에게 넘기자.
>   e. 그 사람이 당신에게 5억을 주시면 이 아파트를 그 사람에게 넘기겠네요!

게다가 (9a)를 계열관계(paradigmatic relation)에 있는 여러 요소로 교체한 (10)은 앞절과 뒷절의 주어나 서술어, 선어말어미, 서법 등의 사용에 있어서 앞절과 뒷절의 문법적 제약이 적어서 매우 중립적이라고 할 수 있기 때문에 (9a)는 '-면'으로 이루어진 대표적인 접속문 형태라 할 수 있다. 따라서 본고에서는 (9a)에 사용된 '-면^1'이 일반적이고 중립적이며 문법적 제약이 가장 적다는 점을 감안하여 '-면^1'을 [일반적 조건]이라 칭하고 '-면'의 원형의미 (prototypical meaning)로 설정하기로 한다.

> (11) -면^1('-면'의 원형의미) : [일반적 조건]

(9a)에 사용된 원형의미로서의 [일반적 조건]을 갖는 '-면¹'이 앞절과 뒷절의 명제내용과 논리구조에 따라 점차 의미를 확장해¹² 가게 되는데, (9b)의 경우에는 뒤절의 내용, 즉 '사형, 무기 또는 7년 이상의 징역에 처하-'는 전제 [조건]이 앞절 내용, 즉 '자기 또는 배우자의 직계 존속을 살해하-'이며, 이 조건이 충족되면 뒷절과 같은 사회적으로 합의된 적정한 결과의 처벌이 뒤따르게 된다는 것인데, 굳이 따진다면 (9b)의 '-면²'는 형사소송법 제250조 '살인, 존속살해'에 관한 것으로 매우 규범적이고 사회적 규약을 이끌어 내는 조건문을 만드는 기능을 지니고 있다고 할 수 있다.

다시 말하면, 사실은 (9b)의 법률조항 제250조의 원문은 접속어미 '-면'을 사용한 '조건문'으로 표현되어 있는 것이 아니라, "자기 또는 배우자의 직계존속을 살해한 자는 사형, 무기 또는 7년 이상의 징역에 처한다."와 같이 보조사 '-는'으로 표현되어 있는데, 이는 '자기 또는 배우자의 직계존속을 살해한 경우에는/ 살해한 자로 말하자면' 정도의 의미를 지니고 있어서 (9a)와는 매우 다른 양상을 보이기 때문에 이때의 '-면²'는 (9a)의 [일반적 조건]의 '-면¹'과는 달리 구분할 필요가 있다.

또한 인지적인 면에서도 앞절에 자기든 배우자든 존속 살인을 하면 사회적 규범과 법률면에서 보았을 때 죄값을 마땅히 받아야 하고, 그러한 행위에 값하는 처벌이 귀결절에 당연히 따를 수 있음이 예견이 되는 바, 그 예상치가 그대로 뒷절에 [결과]로 오게 되기 때문에 '사형, 무기 또는 7년 이상의 징역' 정도의 처벌은 당연한 귀결이 될 수 있다. 따라서 '-면²'는 (9b)의 앞절과 뒷절

---

12 다의어의 의미확장은 언어적, 인지적, 경험적 근거에 따라 분류될 수 있는데, 임지룡 (2009: 209-214)에서는 경험적 의미확장(사람> 사물> 활동> 공간> 시간> 질), 인간 경험의 경향성과 상보성을 중심으로 한 타당한 확장경로에 따라 다의적 의미확장이 이루어짐을 밝히고 있다. 특히, 경향성과 상보성을 중심으로 한 타당한 확장경로에는 첫째, '사람 → 동물 →식물 → 무생물'로의 확장, 둘째 '공간 → 시간 → 추상'으로의 확장, 셋째 '물리적 위치 → 사회적 위치 → 심리적 위치'로의 확장, 넷째 '문자성 → 비유성 → 관용성'으로의 확장, 다섯째 '내용어 → 기능어'로의 확장 등 다섯 가지를 제시하고 있는데, 본고에서 논하고 있는 접속어미 '-면'과 같은 문법소의 문법화, 즉 재문법화(re-grmmaticalization)에 대한 것은 언급되어 있지 않기 때문에 본고에서 특별히 이와 관련된 몇 가지 원리를 제안하고자 한다.

이 그와 같은 규범적이고 사회적인 규약 관계가 만들어지도록 하는 기능을 지니고 있는데, 이로써 [일반적 조건]이 '-면¹'이 통사·의미적으로 분화 (divergence)가 되면서 다의적 의미확장(extended meaning)이 이루어진 결과라 할 수 있다. 또한 '-면¹'이 기본적으로 지니고 있는 [접속]과 [조건]이라는 어원적 의미(etymological meaning)가 여전히 [규범적 조건 접속]이라는 의미로 '-면²'에 그대로 지속이 되기 때문에 의미지속성(persistence) 면에서도 '-면²'의 문법화 과정을 설명할 수 있다. 이러한 의미지속성 때문에 '-면²'의 문법적 제약이 상당 부분 '-면¹'과 동일하다.

게다가 (9a)는 개인 간의 개별적인 계약일 뿐 아니라 단회적인 거래에 관한 것이기 때문에 화자와 청자가 처한 상황에 따라 아파트의 거래 가격 5억이 많은 돈일 수도 있고 적은 돈일 수도 있기 때문에 앞절과 뒷절의 의미적 상관관계가 매우 약하다는 점에서도 (9b)와는 매우 큰 차이가 있다. 따라서 이와 같은 기능을 지닌 '-면²'를 [규범적 조건]이라고 칭하기로 한다.

(12) -면²('-면¹'의 확장의미) : [규범적 조건]

(9c)는 [규범적 조건]의 접속어미 '-면²'가 좀 더 다의적으로 확장된 형태를 보여준다. (9c)는 세상의 당연한 이치(理致)를 말한 것으로 누가 봐도 '꼬리가 길-'이라는 [조건]이 충족되면 언젠가는 반드시 '(범인이) 잡히기 마련이-'라는 [결과]가 오는 것은 세상의 순리이고 당위적인 이치이자 관습이다. 이는 어떤 면에서 언중들의 마음속에 '당연히, 그리고 반드시' 잡혀야 한다는 인지적 의식이 반영된 결과라 할 수 있고, 그러한 예견된 [결과]가 뒷절에 명시되어 있는 조건 접속문이다. 이와 같은 당위적이고 관습적인 관계가 형성되도록 하는 조건관계 접속어미 '-면³'은 국어 속담에 흔히 나타난다.

(13) a. 고운 일 하면 고운 밥 먹는다.
　　　b. 말 타면 경마 잡히고 싶다.

c. 장사가 나면 용마 나고 문장 나면 명필 난다.

d. 참을 인자 셋이면 살인도 피한다.

(13)은 앞절 명제 내용과 뒷절의 명제 내용이 서로 밀접한 관련성을 지니고 있을 뿐 아니라 우리 사회의 오랜 관습이나 전통을 반영하고 있고 그 문장 구조 또한 비교적 단순한 관용구(idiomatic structure) 형태를 취하고 있어서 언중들이 쉽게 기억하고 사용하기에 편하다.

이와 같이 '-면3'에 의해 형성되는 [당위]적이고 [관습]적인 조건문은 앞절과 뒷절의 의미적 상관관계가 매우 높아서 서로 [인과]적 성격을 띠기 마련이기 때문에 (14)와 같이 [원인·이유] 관계 접속어미 '-니까'로 바꾸어 써도 그 의미를 전달하는 데 문제가 생기지 않는다.

(14) a. 고운 일 하니까 고운 밥 먹는다.

b. 말 타니까 경마 잡히고 싶다.

c. 장사가 나니까 용마 나고 문장 나니까 명필 난다.

d. 참을 인자 셋이니까 살인도 피한다.

따라서 [규범적 조건]을 나타내는 '-면2'가 의미적으로 더욱 분화(divergence)하여 '-면3'의 [당위적 조건]이라는 의미로 다의적 의미확장(extended meaning)을 이루었고, [접속]과 [조건]이라는 원의미를 '-면3'이 여전히 가지고 있기 때문에 '-면2'의 의미지속성(persistence)이 여전히 계속 유지되고 있다고 할 수 있다. 이러한 조건관계 어미 '-면3'을 본고에서는 [당위적 조건]이라고 부르고자 한다.

(15) -면3('-면2'의 확장의미): [당위적 조건]

끝으로 (9d)는 자연의 섭리를 표현한 것으로 앞절인 '봄이 오-'의 전제 [조건]이며, 그러한 [조건]이 충족되면 특별한 일이 없는 한 필연적으로 뒷절 '꽃이 피-'는 결과가 오게 된다는 것을 표현한 조건 접속문으로 (9d)의 앞절은 사실상 뒷절 내용의 결과를 함의하고 있다고 보아야 하기 때문에 [조건]의 의미가 상당이 많이 다의적으로 확대된 것이라 할 수 있다.

인지적인 면에서 보았을 때, (9d)의 앞절 내용은 자연법칙이기 때문에 화자와 청자가 그 사실을 너무나 잘 알고 있고, 그것이 확실하기 때문에 그러한 '봄'이라는 자연 환경적 [조건]이 주어지면 꽃이 피는 것은 [필연]이라는 의미를 담고 있고, 접속어미 '-면4'가 앞절과 뒷절이 이러한 관계가 되도록 맺어주는 기능을 하고 있다. 이와 같은 [조건] 접속어미 '-면4'를 영어로는 표현할 때는 일반적으로 [조건]관계를 나타내는 접속사 'If'를 사용하기보다는 [때·시간]를 나타내는 'When'을 사용하여 'When spring comes, it blooms'라고[13] 표현하는데, 앞절과 뒷절의 관계가 인식론적으로 의심의 여지없이 너무나 자명한 경우에 이러한 표현을 사용한다. 즉, 역으로 봄이 올지 안 올지 잘 모르거나 불확실한 경우에는 이런 표현을 사용할 수 없다는 것이다.

이것은 (9c)의 경우와 마찬가지로 '봄이 오니까 꽃이 핀다'와 같이 '-면'을 '-니까'로 바꾸어 써도 표현의도에 별로 차이가 없다는 점에서 양자가 어느 정도 공통점이 있다고 할 수 있다.

    (16) a. When he gets there, call me.
         b. If he gets there, call me.
         c. 그곳에 {도착할 때, 도착하면4} 제게 전화해 주세요.

(16a)의 'When'은 의문사가 아니라 접속사로 사용되고 있고, 그 의미도 화자와 청자가 이미 (16a)의 주어 'he'가 그곳에 도착할 예정이라는 사실을 알고 있고 또 확실하다고 믿고 있는 경우이다. 이때는 이미 'he'가 도착하는 것이 [확실]해서 굳이 [조건]의 의미를 지닌 'If'를 사용하지 않아도 되기 때문에

---

13 이런 현상에 대해서는 일찍이 박승윤(1988: 3), 서정수(1994: 1122)에서 지적한 바 있다.

일반적으로 'When'을 사용한다.

이와 달리 (16b)처럼 'If'가 사용된 경우에는 화자와 청자가 (16b)의 앞절의 내용, 즉 그가 그곳에 도착할지 도착하지 못할지를 화청자가 확실하게 알고 있지 않을 때 즉, '혹시 잘 모르겠지만 만약에라도 그가 그곳에 도착하게 되면' 정도의 의미를 지니고 있어서 인식론적으로 보았을 때 양자의 표현의도가 매우 다르다고 할 수 있다. 요컨대, 국어의 경우에는 (9d)와 같은 상황에서는 [조건]관계 접속어미 '-면^4'을 사용하여 [필연적인 때]를 표현하는데, 이와 같은 형태의 접속어미 '-면^4'를 [자연법칙적 조건]이라고 칭하고자 한다.

(17) -면^4('-면^3'의 확장의미) : [자연법칙적 조건]

요컨대, 접속어미 '-면^1'은 [일반적 조건]이라는 원형의미를 지니고 있으며, 이 원형의미가 '-면^2'의 [규범적 조건], '-면^3'의 [당위적 조건], '-면^4'의 [자연법칙적 조건]으로 의미가 점차 확장되어 갔는데, 이것을 접속어미 '-면'의 1단계 의미확장(first stage meaning extension)이라고 칭하고자 한다. 이 1단계 의미확장은 동일한 접속어미 내에서 의미기능이 확장된 것으로 통사적 변화를 수반하지 않으며, 원형의미를 대부분 유지하면서 앞절과 뒤절 명제의 내용과 그 상관관계에 따른 의미확장이 이루어진 형태라 할 수 있다. 그리고 이러한 1단계 의미확장은 문법화의 측면에서는 분화(divergence)와 의미지속성(persistence) 원리로 설명할 수 있다.

3.2.2. '-면'의 2단계 확장의미

[1] [가정] 표현

접속어미 '-면'의 2단계 의미확장은 형태적인 면에서의 변화가 동반될 뿐 아니라, 통사·의미적인 면에서도 탈범주화(decategorialization)와 분화(divergence)를 통해서 [조건]에서 [가정]으로 다의적 확장(extended meaning)이 됨으로써 의미기능 범주의 변화(meaning function category changing)가 뒤따른다는 점에서 1단계와는 큰 차이가 있다.

먼저 형태면에서 [조건] 관계의 어미는 접속어미 '-면'이라는 단일형태로 존재하지만, 2단계에서는 '-(는)다면, -(이)라면, -(었)다면, -(었었)더라면, -(었)더라면, -자면, -겠다면' 등으로 나타나는 바, 이들은 '-는 다고 하면, -이라고 하면, -었다고 하면, -었었다고 하면, -었더라고 하면, -자고 하면, -겠다고 하면'의 통합된 것으로 문법화가 진행이 되면서 비환원적 융합형으로[14] 변한 것이라 할 수 있다. 접속어미 통합형이 비환원적 융합형이 되어서 새로운 하나의 접속어미 형태로 만들어지는 것을 본고에서는 형태확장(extended form)이라고 칭하기로 하고, 이를 '-(다/라)면[5]'이라 부르기로 한다. 이러한 형태확장은 한국어의 경우 접속어미 뿐만 아니라 통시적 과정을 통해 새로운 형태의 조사와 종결어미가 만들어질 때도 흔히 나타나는 현상이기 때문에 보편성을 띄고 있다고 할 수 있고, 그런 의미에서 접속어미 '-면'의 형태확장은[15] 너무나 자연스러운 현상이 아닐 수 없다.

(18) a. 해가 서쪽에서 뜬다면 너와 결혼할 수 있을 거야.
　　 b. 내가 새라면 네게 날아갈 수 있을 텐데.
　　 c. 한국전쟁이 일어나지 않았더라면 우리 가족이 절대 헤어지지 않 았겠지.
　　 d. 네가 그때 현명한 판단을 내렸었더라면 지금 훨씬 잘 살 수 있었 을 텐데.
　　 e. 나중에 산삼이라도 캐게 된다면 네게 선물하마.
　　 f. 영수가 미국으로 유학을 굳이 가겠다면 경제적으로 지원해 주어 야겠지.

---

14 접속어미의 문법화에 따른 비환원적 융합형의 형성에 대해서는 김종록(2008: 69-73) 참조.

15 선어말어미와 보조사, 종결어미 등이 접속어미와 통합됨으로써 형태확장을 이루어 가는 것에 대해서는 김종록(1998, 2001, 2002, 2007a, 2007b, 2008) 참조.

(18a, b)의 앞절 명제는 현실적으로 불가능한 것을 [가정]하여 표현한 것이고, (18c, d)은 이미 지나간 역사적 사실을 되돌려 표현한 [역사적 가정]으로 과거 사실의 반대상황을 제시한 것이며, (18e, f)는 아직 이루어지지 않은 미래의 일을 상상한 것을 [가정]하여 표현한 것인데, 이들을 각각 가정법 현재, 가정법 과거, 가정법 미래라고 칭할 수 있을 것이다.

환언하면, 현대 한국어에서 (18a, b)의 가정법 현재(present subjunctive)는 현재 사실이 아니거나 사실인지 아닌지 [불확실]하거나 혹은 [불가능]한 일을 임시로 [가상(假想)]하여 표현하는 방식으로, 인지적인 측면에서 보았을 때, '현재'로서는 '해가 서쪽에 뜨는 것, 인간이 새가 되는 것'은 불가능한 일이며, 언젠가는 그렇게 되는 것이 가능하다 하더라도 불확실하거나 불분명할 수밖에 없는 것을 나타낸다.

가정법 현재는 앞절의 이러한 가상적인 전제가 실현된다면 뒷절의 명제내용도 실현될 수 있다는 것인데 결국에는 앞절의 내용 실현이 불가능하거나 불확실 하기 때문에 뒷절의 서술어에는 [추측], [예측], [예상]의 의미를 지닌 요소들이 올 수밖에 없다. 따라서 화자는 '해가 서쪽에서 뜨는 일은 없을 것이기 때문에 너와 절대로 결혼할 수 없다, 내가 새가 아니기 때문에 네게 절대로 날아갈 수 없다'는 의미를 전달하기 위하여 위의 문장을 사용했다고 할 수 있다.

가정법 현재는 '만약 ⋯⋯-(는)다면5, ⋯⋯-을 텐데'의 통사형식을 주로 취하고 있으며, 앞절 서술어에는 [현재]시제 선어말어미 '-는, ∅'이 사용되고, 뒷절의 종결어미로는 [추측]의 양상을 나타내는 요소가 많이 쓰인다. 여기에다 문장의 앞머리에 '만약, 만일, 혹시' 등의 [가정]의 의미를 지닌 문장부사가 오고, 서술어에 [추측]을 나타내는 '-을 텐데, -을 것이다, -겠다, -지 싶다' 등의 구성이 함께 쓰이면 가정법 현재의 의미가 보다 더 분명하게 드러난다. 종결어미로는 평서형, 의문형, 명령형, 청유형, 감탄형 등이 제약없이 사용될 수 있다.

(18c, d)의 가정법 과거(past subjunctive)는 과거의 일이 사실이 아니거나, 사실인지 아닌지 [불분명]한 것을 [가상]하여 표현하는 방식으로, 인지적으로

보았을 때 과거에 대한 [후회]나 [연민], 그리고 되돌릴 수 없는 [희망사항]을 표현한 것이라 할 수 있다. 인간의 삶에서 이런 상황은 얼마든지 발생할 수 있기 때문에 이와 같은 가정법 과거는 사용빈도가 더 높아질 것으로 보인다.

(18c, d)는 인지적인 측면에서 보았을 때, '과거'에 이미 '한국전쟁이 일어났고, 현명한 판단을 내리지 못한 것'이 사실이기 때문에, 그래서 '가족들이 벌써 헤어졌고, 지금 훨씬 못 살고 있는 것'이기에 후회스럽거나 안타깝다는 의미를 담고 있다.

환언하면, 가정법 과거는 앞절의 이러한 가상적인 전제가 실현되었더라면 뒷절의 명제내용이 실현되었는데, 결국에는 앞절의 내용 실현이 되지 않았기 때문에 뒷절의 명제도 실현되지 않았다는 것을 뜻하며, 결국에는 앞절과 뒤절의 명제내용이 과거의 일에 대한 [바람]을 서술했기 때문에 뒤절의 서술어에도 [추측], [예측], [예상]의 의미를 지닌 요소들이 올 수밖에 없다. 따라서 화자는 '한국전쟁이 일어났기 때문에 우리가족이 헤어질 수밖에 없었다, 현명한 판단을 내리지 못했기 때문에 현재 잘못 살고 있다'는 의미를 표현하고 있다.

가정법 과거는 '만약 ····-었다면5/었더라면5, ····-었을 텐데'의 통사형식을 주로 취하고 앞절 서술어에는 [과거]의 의미를 지닌 선어말어미 '-었, -었었, -었더-' 등이 사용되며, 뒷절의 종결어미로는 [과거-추측]의 양상을 나타내는 '-었을 것' 같은 요소가 많이 쓰인다. 여기에다 문장의 앞머리에 '만약, 만일, 혹시' 등의 [가정]의 의미를 지닌 부사가 오고, 뒤절 서술어에 [추측]을 나타내는 '-었을 텐데, -었을 것이다, -었겠다, -었지 싶다' 등이 함께 쓰이면, 가정법 현재와 마찬가지로 가정법 과거의 의미가 보다 더 분명하게 드러난다. 종결어미로는 평서형, 의문형, 명령형, 청유형, 감탄형 등이 제약없이 사용될 수 있다.

(18e, f)의 가정법 미래(future subjunctive)는 미래에 도저히 일어날 것 같지 않는 일을 임시로 가상하여 표현하는 방식으로, 인지적으로 보았을 때 [미래]에 대한 [기대]나 [희망사항]을 표현한 것이라 할 수 있다. 가정법 미래가 사용

된 (18e, f)는 인지적인 측면에서 보았을 때, 미래에라도 '산삼을 캐는 것은 매우 어려울 것이고, 경제적인 형편으로 보아 미국으로 유학을 가는 것이 거의 불가능한 것'으로 예상이 되기 때문에 '선물을 하고, 학비를 지원해 주는 것'이 매우 어려울 것이라는 의미를 담고 있다.

가정법 미래는 '혹시라도 ····-겠다면5/-가 된다면5, ····-을 텐데'의 통사형식을 주로 취하며, 앞절 서술어에는 [미래]시제 선어말어미 '-리-, -겠-' 등이 사용되고, 뒷절의 종결어미로는 [미래-추측]의 양상을 나타내는 '-을 텐데' 같은 요소가 많이 쓰인다. 여기에다 문장의 앞머리에 '혹시(라도), 만약, 만일' 등의 [가정]의 의미를 지닌 부사가 쓰이고, 뒷절 서술어에 [추측]을 나타내는 '-을 텐데, -을 것이다, -겠다, -겠지 싶다' 등이 함께 쓰이면 역시 가정법 미래의 의미가 보다 더 분명하게 드러난다. 종결어미로는 평서형, 의문형, 명령형, 청유형, 감탄형 등이 제약없이 사용될 수 있다.

따라서 현대국어에 들어와서 [조건]관계 접속어미 '-면¹'이 선어말어미와 종결어미 등이 통합되면서 '-는다면5'류의 비환원적 융합형이 만들어짐으로써 형태적 분화(divergence)가 이루어졌고, 의미면에서도 '-는다면5' 구성이 [조건]에서 [가정]으로16 다의적 확장(extended meaning)이 이루어졌을 뿐 아니라, 통사구조(syntactic structure)도 달라졌기 때문에 탈범주화(decategorialization)까지 이루어졌다고 할 수 있다. 본고에서는 이를 접속어미 '-면'의 2단계 의미확장(second stage meaning extension)이라고 칭하고자 한다. 2단계 의미확장은 문법화의 측면에서는 분화(divergence)와 의미지속성(persistence) 원리로 설명할 수 있었다.

[2] [바람/희망] 표현
접속어미 '-면¹'의 또 하나의 2단계 의미확장은 '-으면 하다' 구문의 형성

---

16 김종록(1998: 357-356)에서는 외국인들에게 한국어를 가르치는 데는 '가정법'을 설정하는 것이 매우 유용하다는 것을 역설하면서, 한국어의 가정법 세 가지를 설정하고 그에 따른 통사·의미적 특성에 대해 자세히 설명해 두고 있다.

이다.

(19) a. 네가 이제는 고국으로 돌아왔으면 한다.
    b. 내가 올해는 네게 이번 생일에 조그마한 선물이라도 꼭 주었으면 한다.
    c. 갈등하는 기간이 좀 더 짧았으면 싶습니다.
    d. 이제는 모든 것을 용서하고 서로 화합을 했으면 싶다.
    e. 네가 이번 입시에 실패했음을 받아들였으면 싶다.
    f. 종군 위안부 문제를 한국과 일본이 함께 잘 해결해 갔으면 좋겠다.
    g. 네 잘못을 솔직하게 받아들였으면 좋겠다.
    h. 이번 동계 올림픽에서 네가 금메달을 꼭 땄으면 좋겠다.

(19a)는 '-으면 하다'를 '네가 이제는 고국으로 돌아오기를 바란다/희망한다'라는 말로 바꾸어 써도 별다른 의미 차이가 없기 때문에 기본적으로는 화자의 화자의 [바람]이나 [희망]을 표현한 것이라 할 수 있고, [일반적 조건]의 의미를 지닌 '-면¹'이 [희망]과 [바람]의 의미로 의미가 확장되었다고 볼 수 있는데, 이러한 기능을 지닌니고 있는 접속어미를 '-면⁶'이라 칭하고자 한다.

(19b-h)도 기본적으로는 [바람]이나 [희망]의 의미를 지니고 있으나, 화행적(speech acts)인 면에서는 선행하는 명제내용의 의미에 따라 매우 다양한 의미로 사용될 수 있다. 예컨대, (19b)는 '화자가 청자에게 선물을 줄 것을 약속한다'는 [약속/자기 다짐]의 의미를 지니고 있으며, (19c)는 '갈등하는 시간을 단축하라'는 [지시]의 의미를, (19d)는 '서로 화합하기를 권한다'는 [권유/설득], (19e)는 '입시에 실패했다는 사실을 받아들이고 (새 출발을 하라)'는 [수긍], (19f)는 '위안부 문제를 한국과 일본이 함께 잘 풀어가라'는 [합의], (19g)는 '네 잘못을 인정하고 받아들이라'는 [시인], 그리고 (19h)는 '올림픽에서 네가 금메달을 꼭 따기를 기대한다'는 [기대]의 의미를 지니고 있는데, 이로써 '-면¹'이 '-면⁶ 하다' 구문을 이루면서 의미와 표현기능이 매우 다양한 방식으

로 확대가 되어 있다는 것을 알 수 있다.

물론 아래와 같이 '-으면6 좋았겠다/싶었다/했었다' 등과 같이 [과거]시제 선어말어미가 쓰이면 화자의 뒤늦은 [후회], [아쉬움], [연민] 등의 의미를 나타낸다.

> (20) a. 네가 이제 고국으로 돌아왔으면 했었다.
>   b. 내가 올해는 네게 이번 생일에 조그마한 선물이라도 꼭 주었으면 싶었다.
>   c. 갈등하는 기간이 좀 더 짧았으면 좋았겠다.

(20a)는 고국으로 돌아오기를 바랐으나 현실적으로 그러하지 못했으며 그 것이 [아쉬움]을 나타내는 표현이며, (20b)는 선물이라도 꼭 주기를 바랐으나 주지 못했고 그래서 [후회]를 한다는 의미를, (20c)는 실제로는 갈등하는 기간 이 너무 길어서 [연민]의 마음까지 든다는 의미를 담고 있어서, 앞절에서 살펴 본 [가정] 표현과 일맥상통하는 면이 없지 않다. 하지만 가정법은 현재·과거·미래의 상황에서 사실이 아니거나, 사실인지 아닌지 불확실하거나 혹은 불가 능한 일을 임시로 가상하여 표현하는 방식이기 때문에 [바람]이나 [희망]의 의미를 지닌 '-면 하다' 구성과는 통사·의미적으로 큰 차이가 있다.

그리고 '-면6 하다' 구성은 보조사와의 결합에도 제약이 있을 뿐 아니라, 둘 사이에 부사와 같은 다른 성분을 넣을 수가 없으며, '하다/좋다/싶다' 이외 의 다른 서술어가 올 수 없다.

> (21) a. 네가 이제는 고국으로 돌아왔으면-{은, 도, 야, *만, ?*까지, ?*마 저, ?*조차} {한다, 하지}.
>   b. 내가 올해는 네게 이번 생일에 조그마한 선물이라도 꼭 주었으면 -{은, 도, 야, *만, ?*까지, ?*마저, ?*조차} 좋겠다.
>   c. 이제는 모든 것을 용서하고 서로 화합을 했으면-{은, 도, 야, *만, ?*까지, ?*마저, ?*조차} 싶다.

d. 네가 이번 입시에 실패했음을 받아들였으면 {*더, *매우, *아주} 한다.

e. 갈등하는 기간이 좀 더 짧았으면 {*더, *매우, *아주} 싶습니다.

f. 이번 동계 올림픽에서 네가 금메달을 꼭 땄으면 {더, 매우, 아주} 좋겠다.

g. 이제는 모든 것을 용서하고 서로 화합을 했으면 {싶다, *원한다, *바란다.}

h. 종군 위안부 문제를 한국과 일본이 함께 잘 해결해 갔으면 {좋겠다, *원한다, *바란다.}

(21a-c)에서와 같이 보조사 '-은, -도, -야'는 결합이 가능하나 그 외의 보조사는 결합이 될 수 없고, (21d-f)에서 보듯이 '-으면7 하다/싶다' 사이에는 부사를 삽입할 수 없을17 뿐 아니라, 서술어로 '원하다, 바라다' 등의 일반동사가 쓰일 수 없는데, 이는 '-으면6 하다'가 하나의 관용적 특성을 보이기 때문이고, 이러한 특성들을 보이는 것은 결국 [바람]과 [희망]의 '-면7'이 원형어미 '-면1'로부터 탈범주화(decategorialization)가 되면서 통사 의미적으로 분화(divergence)가 완료되었음을 나타낸다. 본고에서는 이와 같이 통사적으로는 '-으면 하다/좋다/싶다' 구문으로 통사적 확장을 이루고, 의미적으로는 [조건]에서 **[바람(wish)]과 [희망(hope)]**으로 다의적 확장을 이룬 것을 '-으면6'으로 칭하고자 한다.

3.2.3. '-면'의 3단계 확장의미

[1] 관용구 형태

접속어미 '-면'의 3단계 의미확장은 형태와 의미면에서 탈범주화(decategorialization)와 분화(divergence)를 통해서 문법범주가 변화한다는 점에서 2단

---

17 그러나 '-으면7 좋겠다'의 경우에는 '더, 매우, 아주'와 같은 정도부사의 삽입이 가능한데, 이는 '좋다'가 본래의 어휘적 의미를 그대로 지니고 있기 때문으로 보인다.

계와 차이가 있다.

먼저 형태면에서 (22)와 같이 관용구(idiomatic structure) 형태로 나타나며, 이들은 문법화가 2단계에서보다 더 진행되어 단일한 문법표현 단위로 고착되었다.

(22) a. 예를 들면, 무조건 고분고분하는 것도 큰 문제라는 것이다.
　　b. 다시 말하면, 이건 제가 누이에게 선물하는 겁니다.
　　c. 같은 값이면, 더 좋은 것을 고르십시오.
　　d. 어떤 학생은 공부를 잘해서 걱정인가 하면 어떤 학생은 너무 잘해서 걱정이다.
　　e. 적진으로 들어가면 들어갈수록 위험도는 더 높아졌다.
　　f. 죽으면 죽었지 그런 부도덕한 일을 못합니다.
　　g. 모르면 몰라도 아마 그런 일은 절대 없을 거야.

(22a)의 '예를 들면'은 'for example'의 의미로 '예를 들-{거든, 어야}'와 같이 다른 [조건]관계 접속어미로 바꾸어 쓸 수 없을 뿐 아니라 '{*공(功), *찬사, *칭찬}을 들면'에서와 같이 그 앞에 선행하는 단어 '예(例)'와 조사 '-를'까지도 바꾸어 쓸 수 없기 때문에 완전한 관용구를 이루었음을 알 수 있다. (22b-g)도 마찬가지 현상을 나타낸다.

(23) a. 예를 들-{면, *거든, *아야} 무조건 고분고분하는 것도 큰 문제라는 것이다.
　　b. 다시 말하-{면, *거든, *아야}, 이건 제가 누이에게 선물하는 겁니다.
　　c. 같은 값이-{면, ?*거든, *아야}, 더 좋은 것을 고르십시오.
　　d. 어떤 학생은 공부를 잘해서 걱정인가 하-{면, *거든, *아야} 어떤 학생은 너무 잘해서 걱정이다.
　　e. 적진으로 들어가-{면, *거든, *아야} 들어갈수록 위험도는 더 높아졌다.

f. 죽{면, *거든, *아야} 죽었지 그런 부도덕한 일을 못합니다.

g. 모르-{면, *거든, *아야} 몰라도 아마 그런 일은 절대 없을 거야.

(23b)는 (23a)와 완전히 같은 현상을 보이고 있고, (23c)는 '같은 값이거든'이 쓰일 수 있으나 이때는 관용구로서라기보다는 일반 [조건] 접속문의 앞절로서의 역할을 할 때라고 할 수 있다.

(23d-g)는 위와는 약간 다른 양상을 보이는데, (23d)의 '~인가/는가 하면~'은 그 앞과 뒤에 오는 구절이 자유롭기는 하지만, '-는 ⋯⋯-어서 ⋯⋯-인가 하면 -는 ⋯⋯-어서 ⋯⋯-이다'와 같이 관용적 표현형태를 띨 뿐 아니라 의미면에서도 앞절 명제와 뒷절 명제가 서로 [대조]의 의미를 나타내는 구성을 해야 한다는 점이다. 단, '-인가 하면'을 '-이었는가 하면, -일겠는가 하면' 등과 같이 시제 형태는 어느 정도 자유롭게 바꾸어 쓸 수 있다.

(23e)의 '~으면 ~을수록'도 그 앞에 다양한 구절이 쓰일 수 있지만, '보면 볼수록, 가면 갈수록, 사랑하면 사랑할수록, 예쁘면 예쁠수록' 등과 같이 동일한 단어가 와야 하며, 뒷절의 명제 내용은 앞절의 내용을 바탕으로 긍정적이든 부정적이든 '그 정도가 심해지고 높아진다'는 의미 구성이 되어야 한다.

(23f)의 '~으면 ~었지'의 경우에도 '(노래를) 부르면 불렀지, 먹으면 먹었지, 가면 갔지, 예쁘면 예뻤지, 크면 컸지' 등과 같이 동일한 단어가 쓰여야 하고, 뒷절에는 '못하다, 안 하다' 등의 부정표현이나 반어적 표현이 일반적으로 사용된다. (23g)의 '~으면 ~어도'는 '네가 오면 몰라도 내가 갈 수는 없다, 네가 잡으면 몰라도 나는 절대 잡지 않을 거야'에서 보듯이, '-어도' 앞에는 반드시 '모르다'라는 단어가 와야 하며, 뒷절 명제에는 부정표현이 쓰여야 할 뿐 아니라 서술어도 '~으면'의 앞에 쓰인 단어와 동일하거나 동일한 의미의 유의어가 쓰여야 한다는 제약이 있다.

따라서 (22)와 같이 관용적 형태를[18] 이루게 하는 접속어미 '-면7'이라 칭하

---

18 (22a-g)의 '-면8'은 통사의미적 제약이 서로 다르기 때문에 관용구를 형성함에 있어서 문법화 정도에 차이가 있음을 알 수 있는데, 이를 본고에서는 '관용구의 정도성'이라 칭하기로 한다. 이런 관점에서 다른 관용구를 자세히 살펴볼 필요가 있다.

고자 한다. 이 '-면7'은 [일반적 조건]의 의미를 지닌 '-면1'에서 통사·의미적으로 분화가 되었을 뿐 아니라 탈범주화 되었다고 할 수 있다. 그러나 (22)의 '-면7'은 [조건]의 의미를 기본적으로 가지고 있어서 의미지속성(persistence)은 유지하고 있음을 알 수 있다.

[2] 종결어미 형태

'-으면7 하다/좋다/싶다' 구문의 '-면7'이 종결어미화를 함으로써 또 하나의 3단계 의미확장이 이루어졌다.

(24) a. 나도 이번엔 꼭 삼성고시에 합격했으면
     b. 올해에는 문재인 정부가 탈원전 정책을 반드시 철회해 주었으면
     c. 나도 너처럼 고향에 꼭 가 봤으면
     d. 빨리 네 건강이 회복되었으면

(24)에서와 같이 형태면에서 '-면'이 종결어미로 쓰이고 있고, 의미면에서는 [바람]과 [희망]을 넘어 [아쉬움]으로까지 다의적 확장이 이루어졌으며, 통사적으로는 구(phrase) 접속어미로서의 '-면7'이 '종결어미'로서의 어미로 분화 및 탈범주화가 이루어져서 좀더 문법화가 진전되었다고 할 수 있는데, 이와 같이 종결어미와 된 것을 '-면8'라고 칭하고자 한다.

물론 (24)는 '-으면 하다/좋다/싶다'에서 '하다/좋다/싶다'가 생략된 형태이기는 하지만 이와 같은 문장이 흔히 각종 문헌에 사용되고 있고, 그 의미기능 또한 다른 종결어미와 구별이 되기 때문에 종결어미로 불러도 무난할 것으로 보인다. 또한 '나도 그 일을 다 끝냈거든요, 나는 잘 몰랐다니까요'에서 보듯이 접속어미 '-거든, -니까' 등도 종결어미로 사용되고 있는 데서도 알 수 있듯이 국어의 접속어미 가운데 일부가 종결어미화 하는 현상은 국어 문법사적인 면에서는 보편적 현상이라 할 수 있다.

[3] 조사 형태

3단계의 의미확장은 어미의 차원을 넘어 보조사로 탈범주화가 명백하게 일어나는 경우도 있다.

(25) a. 그는 공부면 공부, 운동이면 운동 못하는 게 없다.
　　 b. 그녀는 옷이면 옷, 구두면 구두 모두 비싼 것만 산다.
　　 c. 영수는 영화를 감상하는 것이면 영화를 감상하는 것, 음악을 연주하는 것이면 음악을 연주하는 것 싫어하는 게 없다.
　　 d. 그는 날이면 날마다 찾아오는 거렁뱅이가 아니다.
　　 e. 날이면 날마다 그렇게 술을 마시면 어떡하니?
　　 f. 순희는 날이면 날마다 저 세상으로 떠난 님을 그리워했다.

(25)는 '-(이)면'이 보조사로 쓰인 경우로, (25a-c)는 '~이면 ~'의 구문형태를 취하며, '-(이)면'의 앞과 뒤에 오는 단어나 구(phrase)가 오되 동일한 것이 반드시 와야 하는 제약이 있다. '어떤 것을 지정하여 드러냄'의 의미를[19] 지니고 있다. 단지 '-(이)면'의 '이'를 지정사 '이다'의 어간으로 볼 수도 있고, 활음소로도 볼 수 있는데 (25)에서는 '-이면' 앞에 주어를 설정하는 것이 어려울 뿐 아니라 '공부이-{*었, *겠, *더, *리, *시}-으면 공부'에서와 같이 선어말어미가 쓰일 수 없기 때문에 '서술성'을 완전히 상실하여 '지정사'에서 '보조사'로 문법화가 완료된 것으로 보고자 한다.

(25d-f)는 '~(이)면 ~마다'의 구문 형태를 취하고 있고, '-이면'과 '-마다'에 선행하는 명사는 동일해야 할 뿐 아니라 아얘 '날'이라는 명사만이 올 수 있기 때문에 완전한 형태의 관용구라 할 수 있으며, '늘, 항상, 언제나'이라는 단일 시간부사로서의 의미를 지니고 있다.

따라서 이와 같이 '-면[1]'에서 완전히 분화하여 탈범주화를 이룬 보조사로서

---

19 조사 '-(이)면'은 『연세』(p.1461)와 『고려』(p.1951)에는 표제어로 등재가 되어 있으나, 『표준』에는 등재가 되어 있지 않은데, 문법화가 완료된 형태이기 때문에 등재하는 것이 바람직하다고 본다.

의 '-(이)면9'이라 칭하고자 한다.

[4] 단어형태

3단계의 의미확장의 마지막 형태는 조사의 차원을 넘어 파생 접미사로 탈범주화를 이룬 경우이다.

(26) a. 그러면, 왜냐하면, 왜냐면, 이를테면
     b. 글핏하면, 번쩍하면, 볼작시면, 아무러면, 애면글면(몹시 힘에 겨운 일을 이루려고 갖은 애를 쓰는 모양), 야다하면(어찌할 수 없이 긴급하게 되면), 어쩌면(확실하지 아니하지만 짐작하건대), 언뜻하면, 오면가면, 자칫하면, 적이나하면(형편이 다소나마 된다면), 쩍하면(번쩍하면), 툭하면, 하마터면

(26a)는 '그러하-면, 왜-이-냐고 하-면, 이-를 터-이-면'이 형태통합을 이루어서 접속부가가 된 경우인데, 이때의 '-면'은 부사 파생접미사로서의 기능을 지니고 있다. '왜냐하면'은 문법화가 더 진행이 되면 '왜냐면' 형태가 되기도 한다. (26b)는 '애면글면'과 같이 양태부사로 쓰이거나 '하마터면' 등과 같이 문장부사로 쓰이는 경우가 많은데, 이들도 '-면'에 의해 파생된 부사라 할 수 있다.

이와 같은 형태를 이루게 하는 부사파생 접사를 '-면10'이라 할 수 있는데, 부사파생접사는 원형의미를 지닌 접속어미 '-면1'이 최종적으로 문법화를 이룬 것이라 할 수 있다.

3.3. '-면'의 다의적 의미망 구축 및 인지언어학적 해석

지금까지 접속어미 '-면'의 통사 의미적 확장과정을 살펴보았는데, 이를 바탕으로 '-면'의 의미망을 구조적으로 나타내면 다음과 같다.

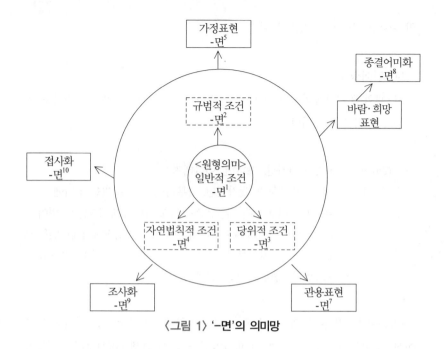

〈그림 1〉 '–면'의 의미망

먼저, '–면¹'의 원형의미는 [일반적 조건]이었으며, 이것이 [규범적 조건]의 '–면²', [당위적 조건]의 '–면³', [자연법칙적 조건]의 '–면⁴'으로 확장이 되었는데, 이들은 [조건]의 의미 범주에 들기 때문에 이들은 모두 1단계 의미확장이라 할 수 있다.

2단계에서는 [가정] 표현의 '–면⁵'와 [바람]과 [희망]의 '–으면 하다'의 '–면⁶'로 확장이 되었는데, 이들은 [조건]이라는 의미범주를 벗어났을 뿐 아니라 통사적으로도 원형의미로서의 [일반적 조건]과 매우 다르기 때문에 2단계 의미확장이라 할 수 있다. 그리고 3단계에서는 [관용표현]의 '–면⁷', [종결어미화]의 '–면⁸', [조사화]의 '–면⁹' 마지막으로 [접사화]의 '–면¹⁰'으로 의미적 확장을 이루었다고 정리할 수 있다.

4. 마무리

지금까지 인지언어학적 관점에서 국어 접속어미 '-면'의 중심의미가 무엇이며, 이 중심의미가 어떤 경로를 통해 확장되어 갔고, 이 중심의미와 확장의미가 어떤 연관성을 가지고 있는지를 살펴보았는데 그 결과는 요약하면 다음과 같다.

첫째, 본고에서는 『표준』, 『연세』, 『고려』 사전에 실려있는 표제어 '-면'의 수록 내용을 분석 비평하고 그 대안을 모색하였다.

둘째, 문법화의 이론 가운데, 탈범주화, 의미지속성, 분화, 단일방향성 이론을 접속어미 '-면'의 연구에 활용하였으며 이 이론은 매우 유용했다.

셋째, '-면'의 중심의미는 [일반적 조건]이며, 이 중심의미가 1차적으로 [규범적 조건], [당위적 조건], [자연법칙적 조건]으로 확장되었다.

넷째, '-면'의 중심의미가 2차적으로 [가정], [바람·희망]의 의미로 확장되었으며, 이와 동시에 통사·의미적 변화가 있었다.

다섯째, 3차적으로 [바람·희망]의 의미를 지닌 구접속 어미에서 [문장종결]의 어미로 바뀌기도 하고, 접속어미로서의 '-면'이 [관용화]된 구를 만드는 어미 및 새로운 단어를 [파생]시키는 접미사로 바뀌기도 하였다.

여섯째, 접속어미 '-면'은 중심의미 '-면'을 중심으로 그 의미와 통사기능이 점차 확장되어 갔으며, 그러한 확장은 앞으로도 계속될 것으로 보이며, 이러한 의미와 통사기능의 확장은 다른 접속어미에도 동일하게 나타날 것으로 보인다.

참고문헌

고려대학교 민족문화연구원 국어사전편찬실(2009), 『고려대 한국어대사전』, 고려대학교 민족문화연구원.

구현정(1998), "조건의 의미에 과한 인지적 접근", 『어문학연구』 7: 1-32, 상명대학교 어문학연구소.

국립국어연구원(1999), 『표준국어대사전』, 두산동아.

권재일(1985), 『국어의 복합문 구성 연구』, 집문당.

김동환(2005), 『인지언어학과 의미』, 태학사.

김주식 옮김(2006), 『문법화의 본질』, 한국문화사.

김진수(1983), "가정·조건문과 원인·이유문 고찰", 『어문연구』 12: 71-98, 충남대학교 문리과대학 어문연구회.

김종록(2008), 『외국인을 위한 표준 한국어 문법』, 박이정

김종록(2007a), "선어말어미 '-는, -느-' 통합형 접속어미의 사전 표제어 분석", 『어문학』 95: 23-54, 한국어문학회.

김종록(2007b), "선어말어미 '-리-' 통합형 접속어미의 사전 표제어 분석", 『어문학』 98: 67-93, 한국어문학회.

김종록(2008), "보조사 '-는' 통합형 접속어미의 사전 표제어 분석", 『어문학』 102: 67-87, 한국어문학회,

박승윤(1988), "국어의 조건문에 대하여", 『언어』 13(1): 1-14, 한국언어학회.

배도용(2002), 『우리말의 의미 확장 연구』, 한국문화사.

백락천(1999), "문법화와 통합형 접속어미", 『동국어문학』 10·11: 259-282, 동국어문학회.

서정섭(1992), "조건과 양보의 '-아야'", 『어학』 19: 179-194, 전북대학교 어학연구소.

서정수(1994), 『국어문법』, 뿌리깊은나무.

서태룡(1988), 『국어활용어미의 형태와 의미』, 탑출판사.

송창선(2010), 『국어통사론』, 한국문화사.

안명철(1992), "현대국어의 보문 연구", 서울대학교 대학원 국어국문학과 박사학위논문.

연세대 언어정보개발연구원(1998), 『연세한국어사전』, 두산동아.

윤평현(1997), "국어 접속어미에 의한 가정표현 고찰", 『국어국문학연구』 19: 93-114, 원광대학교 국어국문학과.

윤평현(2002), "한국어 접속어미의 의미", 『한국어학』 17: 111-134, 한국어학회.

윤평현(2005), 『현대국어 접속어미 연구』, 박이정.

이상태(1978), "'-면'무리 이음월에 대하여", 『배달말』 2(1): 23-58, 배달말학회.

이상태(1995), 『국어 이음월의 통사 · 의미론적 연구』, 형설출판사.

이상태(1997), "조건문 연구", 『논문집』 17(2): 53-62, 경상대학교.

이성하(1998), 『문법화의 이해』, 한국문화사.

이필영(1993), 『국어의 인용구문 연구』, 탑출판사.

임지룡(2008), 『의미의 인지언어학적 탐색』, 한국문화사.

임지룡(2009), "다의어의 판정과 의미 확장의 분류 기준", 『한국어 의미학』 28: 193-226, 한국어 의미학회.

임지룡(2017), 『한국어 의미 특성의 인지언어학적 연구』, 한국문화사.

임지룡 외(2014), 『문법교육의 인지언어학적 탐색』, 태학사.

정병철(2008), "시뮬레이션 의미론에 기초한 동사의 의미망 연구", 경북대학교 대학원 국어국문학과 박사학위논문.

정수진(2013), "국어 연결어미의 의미 구조에 대한 인지언어학적 탐색", 『한글』 302: 199-222, 한글 학회.

정수진(2014), "인지언어학의 '해석'에 기초한 국어 접속어미의 유형과 의미구성 분석", 『언어과학연구』 70: 405-432, 언어과학회.

정정덕(1986), "조건관계 접속어미 연구", 『어학논지』 1: 33-46, 창원대학교.

최웅환(2002), "국어 접속문의 통사적 표상에 대한 연구", 『언어과학연구』 23: 225-248, 언어과학회.

최재희(1991), 『국어의 접속문 구성 연구』, 탑출판사.

최현배(1937/1985), 『우리말본』, 정음사.

Bybee, J. L., P. William & D. P. Revere(1994), The Evolution of Grammar: *Tense, Aspect, and Modality in the Language of the World*, Chicago/London: The University of Chicago Press.

Langacker, R. W.(2002), *Concept, Image, and Symbol: The Cognitive Basis of Grammar*, second edition, Berlin/New York: Mouton de Gruyter.

Hopper, P. J.(1991), On some principles of grammaticalization, in Traugott & Heine, *Approaches to Grammaticalization* vol. 2, 17-35, Amsterdam: John Benjamins.

중세한국어 'X듣다'의 다의성과
의미 확장

가와사키 케이고(河崎啓剛)*

1. 들머리

1.1. 인지언어학과 중세한국어

본고는 종래 단순히 "달리다"[走]의 의미라고만 인식되어 온 중세한국어의 동사 '듣-'(주로 비통사적 합성동사 'X듣-')의 정확한 의미와 그 다의성에 대해, 인지의미론(cognitive semantics)적 관점에서 '이미지 스키마'(image schema, '영상도식')와 의미 확장 양상에 주목함으로써 자세히 분석해 보고자 하는 글이다.

필자는 늘 인지언어학적 언어관에 입각하여 언어를 바라보려고 노력하는

데, 전공분야인 한국어사 연구에 있어서도 곳곳에서 구체적인 문제들을 설명하기 위해 인지언어학적 접근 방식을 취하면서 나름대로 이러한 방식의 중요성을 강조해 왔다. 그러나 안타깝게도 일반적으로는 그러한 인지언어학적 접근을 강조한 한국어사 연구는 드문 편이었다고 해야 할 것이다.

이에 필자는 이 글을 인지언어학과 한국어사 연구라는 현재까지 잘 이루어지지 않았던 두 분야의 교류와 소통의 필요성을 제기할 수 있는 기회로 삼아, 이 'X돋-'의 다의성이라는 주제를 통해 하나의 초보적 연구를 진행하여 제시해 보고자 한다.

1.2. 선행연구

허웅(1975)은 '-돋-'을 파생접미사(파생풀이씨)로 분류하면서 아래와 같이 기술하였다.

「-돋-」
> 긋(←긏)-돋다(止): 入聲은 쎨리 긋돋는 소리라(훈, 언해)
> 타-돋다: 늘근 괴 남기 올오더 흔번[sic][1] 티돋라 늘근 지쥐 不足홀식
> （남명, 상:2)
> 나-돋다(奔): 암 사스미… 仙人을 보고 나돋ㄴ니라(석보 11:25)
> 맛(←맞)-돋다(會): 흣다가 또 이 스싀 맛돋로믈 因ㅎ야 =若復因此
> 際會(능엄 5:29), 淸河公이 즈릆길흐로 玉冊을 傳호믈 맛돋라 =
> 際會淸河公 間道傳玉冊(두언 24:13)
> 솟-돋다(湧): 내 모미 自然히 솟돋라 하ᄂᆶ 光明中에 드러(월석 2:62)
> 씨-돋다(覺): 즈올져기라도 이 부텻 일후므로 들여 씨돋긔 호리이다
> （석보 9:20-1)
> 낫-돋다(進): 어마니미 드르시고 안답끼샤 낫돋라 아ᄂᆞ샤 것ᄆᆞᄅᆞ죽
> 거시ᄂᆞᆯ(월석 21:217)

---

1 "번"은 "적"의 誤字이다.

넘-돋다: 히 하늘콰 모도매 <u>넘둗라</u> 氣盈이 드외오(능엄 6:17)

다-돋다(臨): 硏은 다돋게 알씨라(월석, 서:18-9)

「낫돋다」, 「나돋다」, 「티돋다」와 「솟돋다」의 네 말은 「돋-」의 움직씨로
서의 뜻이 꽤 강하게 남아 있어서 합성어로 보아질 정도이다. 그러나 「씨
돋다, 긋돋다, 맛돋다」의 「-돋-」에서는 '달리다'의 뜻이 없어졌으므로, 이
한 떼의 말을 모두 파생어로 보았다.(허웅 1975: 199)

이처럼 허웅(1975)은 '돋-'을 "달리다"의 의미로 보고 그 의미가 "남아 있
는 것"과 "없어진 것"의 두 가지가 있다고 기술하였는데, 이와 같은 견해가
현재까지도 '돋-'에 대한 일반적인 인식이라고 보아도 무방할 것이다.

그런데 이와 같은 "0이냐 1이냐" 식의 이분법적인 설명이 정말로 그 의미의
본질을 잘 포착했다고 할 수 있을까? 현대어의 '닫-'[走]은 "달리다"의 의미라
고 볼 수 있겠지만, 중세어에서도 비슷한 용법이 보인다고 해서 그것을 바로
중세어 '돋-'의 '본래적 의미' 혹은 '주된 의미'라고 믿어 버리는 것은, 우리가
항상 경계해야 할 '현대어 화자의 편견'일 수 있다. 또한 우리가 잘 이해할
수 없는 '-돋-'의 용법을 만났을 때 단순히 "그 의미가 없어졌다"라고 처리하
는 것은 쉽지만, 그렇다면 처음에는 도대체 어떤 동기(motivation)로, 다른 것
이 아닌 '돋-'이 그 표현에 필요했던 것인가 하는 점을 고려하지 않으면 안
될 것이다.

본고는 그러한 문제의식을 출발점으로 삼아, 우리가 현재까지 잘 파악하지
못했던 '돋-'의 의미에 초점을 맞추어 그 정확한 의미가 무엇인지를 추구해
보고자 한다.

또한 졸고(2010) 역시 본고처럼 '이미지 스키마'(image schema)와 의미 확
장이라는 관점에서 한국어의 동사 '나' 및 관련 어휘들의 의미에 대해 논의한
연구인데, 여기에서도 '돋-'의 의미에 대해 다른 각도에서 논의한 바 있다(졸
고 2010: 83-85). 이는 종래 "의미가 같다"고 처리되어 왔던 '돋-'과 '돌아-'[2]

---

2   여기에 들어간 파생접미사 '-아-'는 이현희(1987), 구본관(1997) 등에서 "의미와
    통사범주를 바꾸지 않는 접미사류"로 처리한 바 있다.

사이에 명확한 의미 차이가 있음을 논의한 것인데, '둘이-'는 주로 한문 '馳' ('驅', '騁')와 대응하는 반면, '돋-'은 '避走', '亡走', '追逐', '悶走', '奔浪', '奔', '狂亂欲走' 등과 비교적 다양하게 대응함을 지적하였다. 그 결론 부분을 인용해 보자.

> 결론부터 말하자면, '돋-'은 대체로 자기가 움직이려고 하는 의지나 방향성과는 별로 상관없을 수가 있으며, 突發的으로 크게 움직이는 것을 의미하되 실제로 '달리는' 동작과는 꼭 상관이 없을 수도 있는 것으로 분석된다. …(中略)… 다른 예들도 모두 散發的, 突發的, 非意圖的으로 달리는 것이며, 자기의 의지에 의해 일정한 방향을 잡아 일직선으로 달려가는 느낌이 나지 않는 듯하다.
> 거기에 비해 '둘이-'는, '돋-'의 使動詞이자 '再歸使動'3에 의한 自動詞로서의 用法도 가지고 있으며, 그 경우('再歸使動'의 경우: 인용자 주) 자기자신의 의지에 의해 방향성을 잡고 달려가는 것을 의미하고 있으며, 또 자기가 타는 말이나 자기 다리를 달리게 함으로써 일직선으로 '달려가는' 동작을 가리키고 있다.(졸고 2010: 85, 밑줄은 인용자)

본고의 논의는, 이와 같은 졸고(2010)의 '돋-' 관련 논의와도 상호보완적인 관계에 있다고 할 수 있다.

---

3 여기서 '再歸使動'이란 '再歸動詞(reflexive verb)'의 개념과 유사한데, 후자가 형식적으로 '자기자신을 목적어로 한 타동사'라면, 전자는 '자기자신을 피사동주(causee)로 한 사동 형식'을 포착하려는 개념이다. 즉, 형식적으로는 자기자신(이나 자신의 신체 일부 등)에 대한 사동을 표현함으로써, 전체로서는 자동사적인 의미를 지닌 구문을 만들어, 표현적 효과로서는 자신이 그 일에 대해 '주체적으로 관여함'을 적극적으로 드러내는 효과를 노리는 용법이라고 규정할 수 있다. 자세한 논의는 졸고(2010: 82-86)를 참조.

1.3. 연구 범위 및 연구 방식

먼저 결론부터 제시하여 '돋-'의 의미를 개관하자면, '돋-'의 다의성 (polysemy)은 본장 말의 <표 1>처럼 정리된다.

본고에서는 '돋-'의 '본래적 의미'를 (A)계열 [突·達]의 (A1)일 것으로 보고, 종래부터 잘 알려져 왔던 (B)계열 [急走] 쪽의 의미는 결국 (A1′)에서 확장 (extension)되어 나온 2차적인 의미 계열일 것으로 보고자 한다. 이 확장 현상은, 현대어 '뛰-'가 원래 jump의 의미였다가 run의 의미까지 확장된 것과 一脈相通한 현상이라고 볼 수 있다.

또한 'X돋-'의 의미가 이처럼 (A1)의 의미에서 [出現], [醒]의 의미나 (A2) [到達]의 의미로 확장되어 가는 현상은, 표에서 예시한 것처럼 영어의 부사 'up'에서도 평행적 현상이 나타나는 것으로 보여 흥미롭다.

(B)계열의 의미를 더욱 세분화하여 자세하게 분석해 보는 것도 의미 있는 작업이 되겠지만, 본고에서는 지면의 관계상 지금까지 그다지 주목을 받지 못했던 (A)계열 쪽에 초점을 맞춰 논의하고자 한다.

다의어(polyseme)의 의미를 기술할 때, 그 본질에 다가가기 위해서는 고전적인 '항목 단순나열' 방식이 아니라 '가족 유사성'(family resemblance)의 존재를 고려한 '망(network)의 기술', 즉 각 항목들 사이의 유기적 관계를 잘 보여줄 수 있는 기술이 필요할 것이다. 본고에서 도입하는 A, A1, A1′, A2, … 식의 기호 사용은, 가능한 한 'X돋-'의 의미 체계를 충실하게 기술해 보고자 하는 본고의 시도의 일환이다.

이 항목들은 모두 별개로 존재하는 것이 아니라, 서로 밀접하게 관련되면서 유기적인 망(network)을 이루고 있다. 예를 들어 A1의 의미가 A2의 의미로 확장되었다고 할 때, 어떤 용례는 A1, 어떤 용례는 A2에 속하겠지만, 또 어떤 용례는 "A1이기도 A2이기도 하"거나, "A1의 성질도 일부 남아 있는 A2"일 수도 있는 것이다.

〈표 1〉 중세어 '돋-'의 의미[4]

(A) '돋-'[突·達] (주로 'X돋-'의 꼴로 나타남)

"돌발적으로 (위쪽으로) 이동하여, 목표영역으로 도달함" 정도의 틀(image schema)이다. 여기서 '돌발적'이란 말은, "갑작스러움"과 "처음의 순발력만으로 목표까지 바로 도달하는 이미지"를 표현하고 있다.

(A1) '솟돋-'류 [急上昇(과 到達)]

ex. 솟돋-[踊], 티돋-, 내돋-[踊, 出現], 씨돋-[醒]

   cf. 현대어 '뛰다'[jump], '뛰어 오르다'

      영어 jump up, soar up, rush up

      show up[나타나다], turn up[나타나다], come up[발생하다]

      wake up[깨다]

(A1') '낫돋-'류 [急發進(과 到達)]

ex. 낫돋-[卽前], 내돋-[挺身出]

  → (B) '돋-'[急走] cf. 현대어 '뛰다'[run]

(A2) '다돋-'류 [(移動과) 到達]

ex. 거러돋-[걸어서 到達], 다돋-[到達], 내돋-[到達]

   cf. walk/come up (to~)[(~한테) 오다], catch up (with~)[따라잡다]

      end up[마무리되다], grow up[다 크다],

      fill up[다 채우다], make up[다 만들다]

(A3) '굿돋-'류 (접미사화)

ex. 넘돋-[餘], 굿돋-[閉鎖], 맛돋-[撞]

   cf. 근대어 '막두른 골'[死術衕]

(B) '돋-'[急走] (본동사로서도 'X돋-'의 꼴로도 쓰임)

(A1')의 의미에서 2차적으로 파생되어 나온 의미 계열일 것으로 분석된다. (본고에서는 자세히 다루지 않는다.)

---

4 표 중의 이미지 스키마(image schema)를 표현한 도식 중에서, 굵은 선은 초점화된 부분(profile, '윤곽')을, 가는 선은 의미구조상으로는 존재하나 초점화를 받지 않은 바탕(base, '토대')에 해당함을 나타낸다.

2. '돋-'[突·達]을 포함하는 'X돋-'

2.1. (A1) '솟돋-'류 [急上昇(과 到達)]

솟돋-[踊], 티돋-, 내돋-[踊, 出現], 씨돋-[醒, 起]

이 (A1)은 '돋-'이 지니는 다양한 의미 중에서 가장 본래적인 의미일 것으로 분석된다. 여기에 속하는 예들은 모두 [急上昇(과 到達)], 즉 "돌발적으로 위쪽으로 이동(하여, 목표영역으로 도달함)" 정도의 공통적인 의미적 틀 (image schema)을 가지고 있다. 다음의 (1) '솟돋-', (2) '티돋-', (3) '내돋-'의 예들을 보자.

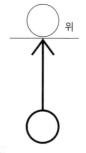

(1) a. 萬靈諸聖이 다 날ᄃᆞ려 니ᄅᆞ샤ᄃᆡ " … 네 ᄒᆞ마 맛
　　　나ᅀᆞ바니 前生ㄱ 罪業을 어루 버스리라" ᄒᆞ실ᄊᆡ
　　　내 모미 自然히 솟ᄃᆞ라 하ᄂᆞᆳ 光明中에 드러(爾旣
　　　遭逢。宿業可脫。予乃身自踊躍。入天光中。
　　　<釋通:15c12>)<月釋2:62b>
　　　萬靈 諸聖이 다 나에게 말씀하시기를 " … 너는
　　　이제 (부처님을) 뵈었으니, 前生의 罪業을 벗어
　　　날 수 있을 것이다" 하시니, 내 몸이 저절로 펄쩍 뛰어올라 하늘
　　　光明 중에 들어가
　　b. 魔王이 제 모긧 주거믈 앗다가 몯ᄒᆞ야 大怒ᄒᆞ야 虛空애 솟ᄃᆞ라셔
　　　닐오ᄃᆡ(魔卽自欲 挽此屍却 如似蚊子欲移須彌 不能令動 魔欲解
　　　項死屍 亦復如是 魔大瞋恚 踊身虛空 而作是言<阿育:119a13>)
　　　<月釋4:22b>
　　　魔王이 자기 목에 껴진 주검의 花鬘을 빼려다가 못해, 화를 내서
　　　공중에 뛰어올라 있으면서 말하기를 …
　　c. 世尊이 … 그 堀애 드러 안ᄌᆞ샤 十八變ᄒᆞ야 뵈시고 모미 솟ᄃᆞ라
　　　돌해 드르시니 믈근 거우루 ᄀᆞᆮᄒᆞ야(勸請世尊還入窟中。…身上

出水身下出火作十八變。 …釋迦文佛踊身入石 猶如明鏡人見面
像<三昧:681a28>)<月釋7:55a>

世尊이 … 그 동굴에 들어가 앉으셔서 十八變하는 것을 보여주
신 후, 몸이 **뛰어올라** 돌 안에 들어가시니, 맑은 거울 같았다.

(2) 늘근 괴 남기 올오디 흔 적 티드라 늘근 짇죄 不足홀시 몸 드위텨
    싸해 디ᄂ니<南明上2a>

늙은 고양이가 나무에 올라가는데, 한 순간에 **치닫다가** 늙은 재주가
부족해서 몸이 뒤집혀 땅에 떨어지는데

(3) a. 그제ᅀᅡ 舍利弗이 虛空애 올아 … 東녀긔셔 수므면 西ㅅ녀긔 내
      돋고, 西ㅅ녀긔셔 수므면 東녀긔 내**돋고** …(時舍利弗身昇虛
      空…東沒西踊西沒東踊…<釋迦:65c15>)<釋詳6:33b-34a>

그때에야 舍利弗이 공중에 올라가 … 동쪽에서 숨으면 서쪽에
뛰어나오고, 서쪽에서 숨으면 동쪽에 **뛰어나오고** …

   b. '如意'는 ᄠᅳ다히 홀 씨니 새ᄀᆞ티 ᄂ라 ᄃᆞ니시며 먼 ᄯᅡ홀 갓갑게
      ᄆᆡᆼᄀᆞ라 가디 아니ᄒᆞ샤도 다ᄃᆞᄅ시며 이에셔 수머 뎌에 가 내ᄃᆞᄅ
      시며 흔 念에 즉자히 다ᄃᆞᄅ시며 …(是變化神通力有四種 一者
      身飛虛空如鳥飛行 二者遠能令近 三者此滅彼出 四者猶如意疾
      彈指之頃有六十念 一念中間能越無量阿僧祇恒河沙國土 隨念
      卽至… <禪要:295c23>)<月釋4:40b>

'如意'는 뜻대로 한다는 말이니, 새처럼 날아다니시거나, 먼 땅을
가깝게 만들어서 가지 않으셔도 다다르시거나, **여기서 숨었다가
저기서 뛰어나오시거나**, 순간에 바로 다다르시거나 …

한편 다음 (3')의 '내돋-'은 [急上昇(과 到達)]의 의미에서 [出現]의 의미로
확장되어 있다. 여기서는 (3) '내돋-'의 용법과의 연속성도 충분히 인정할 수
있을 것이다.

(3') 버거 南門 밧긔 나가시니 淨居天이 病흔 사ᄅᆞᆷ 도외야 긿 ᄀᆞ새 누
     엣거늘 太子ㅣ 무르신대 뫼ᅀᆞᆸ 臣下ㅣ 對答ᄒᆞᅀᆞᄫᅩ디 "이ᄂ 病흔
     사ᄅᆞ미니이다." … 王이 臣下ᄃᆞᆯᄃᆞ려 무르샤ᄃᆡ "길흘 조케 ᄒᆞ라 ᄒᆞ다

니 엇뎨 病혼 사ᄅᆞᄆᆞᆯ ᄯᅩ 보게 ᄒᆞᆫ다?" 對答ᄒᆞᅀᆞᄫᅩ
ᄃᆡ "슬ᄒᆞ미ᅀᅡ ᄀᆞ장 ᄒᆞ얀마른 아모디셔 온(ㄴ) ᄃᆡ
몰로리 믄득 알ᄑᆡ 내ᄃᆞᄅᆞ니 우리 罪 아니이다."
王이 하ᄂᆞᆳ 이린 ᄃᆞᆯ 아ᄅᆞ시고 罪 아니 주시니라.
<釋詳3:17a-18a>

다음으로 南門 밖으로 나가시니 淨居天이 병든
사람이 되어 길가에

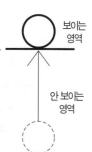

보이는 영역

안 보이는 영역

누워 있었는데, 이에 대해 太子가 물으시니 모셨던 臣下가 답하기를
"이는 병든 사람입니다." … 王이 臣下들에게 따지시기를 "내가 길
을 깨끗하게 하라고 했는데 어찌 병든 사람을 또 보게 하느냐?" 하셨
는데 대답하기를 "살펴보기야 힘껏 했는데, 어디서 온 지도 모를 그
사람이 갑자기 앞에 나타난(뛰어나온) 것이니 우리 罪가 아닙니다."
王은 하늘의 일임을 이해하시고 罪를 묻지 않으셨다.

여기서는 '갑자기 나타난 일'을 '안 보이는 영역에서 보이는 영역으로의
순간적 이동'처럼 인식하여, 그것을 [急上昇(과 到達)]의 의미를 가진 '내ᄃᆞᆮ-'
에 의해 은유적으로(metaphorically) 표현한 것이라고 설명된다. (cf. 영어
'show/ turn up'[나타나다], 'come up'[발생하다])

이어서 다음의 'ᄭᆡᄃᆞᆮ-'[醒]의 예도 살펴보자. 중세어 'ᄭᆡᄃᆞᆮ-'은 대부분의 경
우 현대어 '깨닫-'과 같은 의미라고 보아도 무방한데, 다음 두 예에서는 'ᄭᆡᄃᆞᆮ-'
이 '꿈에서 깨다'의 뜻으로 쓰이고 있어서 주목된다.

(4) a. 魔王 波旬이 ᄭᅮ(믈) ᄭᅮ오(딕) 지븨 어듭고 모시 여위오 … 諸天이
제 말 從티 아니ᄒᆞ야 背叛ᄒᆞ거늘 ᄭᆡᄃᆞ라 두리여…(爾時. 波旬臥
寐。夢中見三十二變。宮殿闇冥。宮殿汚泥。入於邪徑。池水
枯竭。 … 諸天捨去。不從其敎。從夢而起恐怖毛豎。<釋
迦:31c03>) <月釋4:5b>
魔王 波旬이 꿈을 꾸었는데, 집이 어둡고, 연못이 마르고, … 諸
天이 자기 말을 따르지 않아 背叛하였는데, 깨고 나서 두려워하

여…

b. 王ㄱ 쑤메 집 보히 것거늘 씨드라 너교디 “당다이 迦葉尊者ㅣ
入滅ᄒ시놋다” ᄒ야(王於睡夢 屋之大梁折 乃寤方知 迦葉入滅
<成道註:15c15>)<釋詳24:6a>
王의 꿈에서 집의 들보가 꺾였는데, 깨고 나서 생각하기를 “이건
迦葉尊者가 入滅하심에 틀림없다” 하여

비록 예는 적지만, '씨돈-'에 원래 ①“깨닫다”[悟]의 뜻뿐만 아니라 ②“꿈
(잠)에서 깨다”[醒]의 뜻도 있었다는 사실을 확인하기에 충분하다. 뿐만 아니
라 여기서 전자보다 후자가 더 신체적이고 기본적인 의미라고 볼 수 있기 때
문에, 오히려 ②[醒] 쪽이 '씨돈-'의 본래적 의미이며, 거기서 은유적으로
(metaphorically) ①[悟]의 의미가 나왔다고 보는 것이 자연스러울 것이다.

그런데 그 ②“꿈에서 깨다”[醒]의 의미는, “꿈에서 갑
자기 떠올라, 현실 세계로 도달함”처럼 (A1)'솟돈-'류의
틀로 이해할 수 있다. 즉, 이 역시 각성(잠에서 깸)이라는
상대적으로 추상적인 상태변화(목표영역, target domain)
가, 상방으로의 물리적 이동이라는 상대적으로 더욱 신체
적이고 기본적인 경험(근원영역, source domain)을 바탕
으로 한 은유(metaphor)를 통해서 이해되고 있는 것이라고 볼 수 있을 것이다.
(cf. 영어 'wake up'[깨다])

2.2. (A1') '낫돈-'류 [急發進(과 到達)]

'낫돈-'[卽前], '내돈-'[挺身出]

이는 (A1) '솟돈-'류에서 '위쪽 목표를 향한 동작'이었던 것이 '앞쪽 목표를
향한 동작'으로 바뀜으로써 형성된 의미이다. 즉, 중력을 거스르는 수직방향
으로의 힘찬 순발적 동작이, 수평방향으로의 동작으로 확장된 셈이다. 다음

예들을 보자.

(5) a. 그 띄 忍辱太子ㅣ 깃거 어마넚긔 드러가 슬ᄫᅩ디
"…" 어마니미 드르시고 안 답ᄭᅵ샤 낫ᄃ라 아ᄂᆞ샤
것ᄆᆞᄅ죽거시ᄂᆞᆯ 츤 믈 ᄯᅳ리여ᅀᅡ ᄭᆡ시니라(忍辱太
子卽入宮中, 到其母所, …而作是言：『…』其母
聞是語已, 心生悶絶, …卽前抱其太子悶絶, 以冷
水灑面, 良久乃穌<報恩:138b05>)<釋詳11:20b>
그때 忍辱太子가 기뻐하여 어머님 방에 들어가
말씀드리기를 "…" 하였다. 어머님은 들으시고 안타까워하셔 **뛰
어가 껴안으셔** 기절하셨는데, 찬물을 뿌린 후에야 깨셨다.

b. 그 띄 導師ㅣ 이 말 다ᄒᆞ고 命終ᄒᆞ거늘 善友太子ㅣ **낫ᄃ라 아나**
목노하 울오…(爾時導師作是語已 氣絶命終 爾時善友太子**卽前**
抱持導師 擧聲悲哭…<報恩:144c03>)<月釋22:42a>
그때 導師는 이 말을 다하고 죽었는데, 善友太子는 **뛰어가 껴안**
아 목놓아 울고…

(6) 밦 中에 놀라아 우를 쏘리 잇거늘 죵이 다 머리ᄅᆞᆯ 움치고 잇거늘
金氏 **ᄒᆞ오ᅀᅡ 내ᄃᆞᄅ니** 버미 ᄒᆞ마 남지ᄂᆞᆯ 므러 둗거늘(夜半忽有人驚
呼聲 婢僕皆縮頸 金**挺身出** 虎已攫夫去)<三綱烈34>
밤중에 갑자기 놀라 부르짖는 소리가 있어서 종들이 다 머리를 움츠
리고 있었는데, 金氏가 혼자 **뛰어나가니** 범이 이미 남편을 물고 도
망가고 있었다

이들은 한문 '卽前', '挺身出' 등의 번역이다. 일차적으로는 사람이 "달리
는 동작"을 표현하는 말이 아니라, "急發進[5]과 到達"이라는 부분에 초점이

---

5 다만 16세기의 '낫둘-'에서는 다음과 같은 용법도 보인다. 즉, "갑작스러운 순간적
인 동작"이라는 의미가 사라지고, 단지 "앞으로 나아가다"의 의미만을 나타내게
된 것이다.
主簿ㅣ **낫ᄃ라** 닐오디(主簿進曰)<飜小10:4a>
主簿가 **나아가서** 말하기를

있다는 점에 주의가 필요하다.

즉, 상술한 바와 같이 오히려 (B)계열의 "달리다"[急走]의 의미는 이 (A1′)에서 이차적으로 확장되어 나온 의미라고 분석된다. 이 (A1) → (A1′) → (B)의 확장은, 현대어의 '뛰-'[jump]가 "달리다"[run]의 의미까지 나타내게 되는 확장과 평행적인 현상이기에 주목된다.

2.3. (A2) '다돈-'류 [(移動과) 到達]

'거러돈-'[걸어서 到達], '내돈-'[到達], '다돈-'[到達]

"急上昇"이나 "急發進"의 의미가 상대적으로 배경화되어 단순한 "移動" 정도의 의미가 되고 반대로 "到達" 쪽의 의미가 초점화가 되면, [到着·到達]의 의미가 나온다.[6]

먼저 '거러돈-', '내돈-'의 예를 살펴보자.

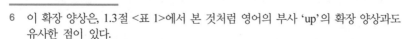

(7) 물도 몯 기드려 雞足山애 거러드ᄅ니 그 뫼히 ᄒ
     마 어우롓더라(不俟駕奔 至山前 其山已合<成道
     註:15c15>)<釋詳24:6b>
     **말도 못 기다려 雞足山에 걸어서 도착했는데 그
     산은 이미 닫혀 있었다.**
(8) 須達이 … 精誠이 고죽ᄒ니 밤누니 번ᄒ거늘 길
     흘 ᄎ자 부텻긔로 가는 저긔 城門애 내드라 하ᄂᆞᆯ
     祭ᄒ던 싸ᄒᆞᆯ 보고 절ᄒ다가 忽然히 부텨 向ᄒ 모ᅀᆞᄆᆞᆯ 니ᄅ즈니(須達…
     企望至曉 當往見佛 誠款神應 見地明曉 尋明卽往 羅閱城7門 夜三

---

6 이 확장 양상은, 1.3절 <표 1>에서 본 것처럼 영어의 부사 'up'의 확장 양상과도
   유사한 점이 있다.
7 羅閱(羅閱祇)는 범어 rāja-grha의 음역어로, 摩竭陀(Magadha)國의 수도 王舍城
   을 가리킨다.

時開 初夜中夜後夜 是謂三時 中夜出門見有天祠 卽爲禮拜忽忘念
佛<釋迦:64a18>)<釋詳6:19a>
須達이 … 精誠이 올곧기 때문에 밤눈이 밝은데, 길을 잘 찾아 부처
님께 가고 있을 때, 城門에 다다라서(나와서, 뛰어나와) 天祠가 있는
것을 보고 절하다가 홀연히 부처님을 향한 마음을 잊어버리니

(7)의 '거러 돋-'은 먼저 형태 측면에서, 본고에서 다루고 있는 예들 중에서
유일하게 통사적 합성동사를 이루고 있다는 점이 주목된다. 이 '돋-'을 "달리
다"의 의미로 해석할 수 없음은 분명하다. (8)의 '내돋-'은 "城門애"라는 到達
點을 논항으로 명시하고 있다는 점에서 (6)에서 본 '내돋-'과는 다르다. 이
역시 한문 底經을 보아도 "달리다"의 의미로 번역할 만한 요소는 없다. "(서둘
러) 도착하다" 정도의 의미로 해석하는 것이 좋을 것이다.

다음으로 용례가 매우 많은 '다돋-'[到達][8]의 예들을 살펴보자.

(9) a. 큰 毒蛇ㅣ 핏 내 맏고 ᄃᆞ라 오다가 남진과 죵괘 길헤셔 자거늘
         죵 몬져 쏘아 주기고 남지늬게 다ᄃᆞ라 ᄯᅩ 쏘아 주기니(有大毒蛇
         聞新血香 卽來趣我 未至我所 我夫及奴眠在道中 蛇至奴所 尋便
         螫殺　前至夫所　夫眠不覺　亦螫殺夫<報恩:153a01>)<月釋
         10:24a>
         큰 毒蛇가 피 냄새를 맡고 달려오다가, 남편과 종이 길에서 자고
         있는데 종을 먼저 쏘아 죽이고, 남편에게 다다라 또 쏘아 죽이니
     b. 如意ᄂᆞᆫ 뜬다히 홀 씨니 새ᄀᆞ티 ᄂᆞ라 ᄃᆞᆫ니시며 먼 ᄯᅡ홀 갓갑게 ᄆᆡᆼ
        ᄀᆞ라 가디 아니ᄒᆞ샤도 다ᄃᆞᄅᆞ시며 이에셔 수머 뎌에 가 내ᄃᆞᄅᆞ시
        며 ᄒᆞᆫ 念에 즉자히 다ᄃᆞᄅᆞ시며…(是變化神通力有四種 一者身飛
        虛空如鳥飛行 二者遠能令近 三者此滅彼出 四者猶如意疾 彈指

---

8 여기서 '다'는, "接觸"이나 "衝突" 정도의 의미를 나타내는 접두사일 것으로 분
   석된다. (ex. '다디르-'[대지르다, 들이받다], '다잋-'[부딪다, 치다], '다완-'[부딪다,
   다그치다]) 이것이 원래 어떤 동사에서 유래했을 가능성을 배제할 수는 없으나,
   중세어 공시적으로는 접두사로 볼 수밖에 없다는 점에서, 다른 예들과는 차이가
   있기는 하다.

之頃 有六十念 一念中間 能越無量阿僧祇恒河沙國土 隨念卽
至…<禪要:295c23>)<月釋4:40b>

如意는 뜻대로 한다는 말이니, 새처럼 날아다니시거나, 먼 땅을
가깝게 만들어 가지 않으셔도 다다르시거나, 여기서 숨었다가 저
기서 내달으시거나, 순간에 바로 다다르시거나 …

이들은 "到着, 到達"의 의미로 해석되지만, 여전히 "急發進", 즉 갑작스러
운 이동의 의미도 남아 있다고 볼 만한 문맥들이다.

다음 예들도 보자.

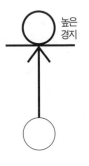

높은
경지

(10) a. 부텨 니르시논 解脫을 우리도 得ᄒ야 "涅槃애
다ᄃ론가" ᄒ다소니 오ᄂᆞᆯ날 이 ᄠᅳᆮ들 몰 아ᅀᆞᆼ
리로다(佛說一解脫義, 我等亦得此法到於涅
槃, 而今不知是義所趣<法華:06b05>)<釋詳
13:43b>
부처님께서 말씀하시는 解脫을 우리도 得하
여 "우리도 涅槃에 다다랐나" 했었는데, 이제
또 이 뜻을 모르겠습니다.
b. 七覺支는 覺애 다ᄃᆞᆫ는 이롤 닐구베 ᄂᆞ호아 닐온 마리니<月釋
2:37a>
七覺支는 覺에 다다르는 일을 일곱 가지로 나눠서 말한 것이니
(10') a. 乃講劘研精於舊卷ᄒ며 鬠括更添於新編ᄒ야 【…研은 다ᄃᆞᆮ게
알 씨라 아못 것도 至極ᄒᆫ 거시 精이라…】 <月釋1:月釋序18b>
【…研은 다다르게 안다는 말이다. 어떤 것이라도 至極한 것이
精이다…】
a'. 녯 글워레 講論ᄒ야 ᄀᆞ다ᄃᆞ마 다ᄃᆞᆮ게 至極게 ᄒ며 새 ᄆᆡᇰᄀᆞᆫ 글
워레 고텨 다시 더어<月釋1:月釋序19a>
옛날 글에 대해서는 講論하여 가다듬어 다다르게 至極하게 하며,
새로 만드는 글에 대해서는 고쳐 또 추가하여

(10)은 도달한 곳이 '涅槃'이나 '正覺' 등 '매우 높은 경지'라고 볼 수 있는 예들인데, 이러한 용법에서 (10')와 같은 용법이 나온 것이라고 볼 수 있다. 즉, (10')에서는 구체적인 도달지를 말하지 않아도, '다듣-' 단독으로 "매우 높은 경지에 도달함"을 나타내고 있다.[9] 또한 여기에는 (A1)의 "上昇"이라는 원형적 의미가 남아 있는 것이라고 볼 수도 있을 것이다.

또한 다음 예들도 살펴보자.

(11) a. 善男子아 내(H) 涅槃홀 時節이 다드라 잇느니 네 床座롤 이대 노흐라 오늜 바미 涅槃호리라.(善男子！我涅槃時到、滅盡時至, 汝可安施床座, 我於今夜當般涅槃<法華:53c09>)<釋詳20:15b>
善男子여, 나는 涅槃할 때가 이미 다 왔으니, 너는 누울 자리를 잘 깔아 다오. 나는 오늘 밤에 涅槃할 것이다.

b. 그 쁴 모딘 노미 比丘를 주규리라 ᄒᆞ야 比丘 ᄃᆞ려 닐오듸 "뎌 즁아 닐웨 ᄒᆞ마 다듣거다"(時彼凶惡人語此比丘。期限已盡。比丘以偈答曰。<釋迦:77c15>)<釋詳24:15b>
그때 모진 놈이 比丘를 죽이려고 比丘에게 말하기를 "저기 중아, 이제 7일이 다 되었다"

c. 삿기 빈 사ᄉᆞ미 次第 다듣거늘 그 사ᄉᆞ미 惡鹿王의 ᄉᆞᆲᄫᅩ듸 "삿기 나코 죽가지이다"(一雌鹿鹿有胎。故告王延。俟後期不允乃投善鹿王。<成道註:07b14>)<月釋4:64a>
새끼 밴 사슴이 차례가 다 왔는데, 그 사슴이 惡鹿王께 말씀드리기를 "새끼 낳은 후에 죽고 싶습니다"

이들은 "[時間, 時機 등]이 다 되다"의 뜻인데, 여기서는 관찰자나 (유정성이 높은) 주체가 제자리에 멈추어 있고, 어떤 時點이나 차례가 시간의 흐름을

---

9 중국어 '至' 역시 '到達'의 의미에서 '至極히/한'의 의미로의 확장을 보여주는데 (ex. 至道, 至人, 至誠, 至德, 至寶, 至願, 至近, 至急, 至難…), 한국어 '다듣-' 은 이 '至'의 번역어로서 그 확장 양상까지 영향을 받은 것일 가능성도 고려해 볼 만하다. 참고로 일본어에서도 동사 'itar-'[至]의 활용형 'itatte(至って)'(lit. "다다라") 가 동시에 '至極히'의 의미를 나타내는 부사로 쓰이기도 한다.

타서 그 주체가 있는 곳에 도달한다는 '視點의 전환'이 보인다.10

또한 (A1)에서 살펴본 '내돋-'[踊, 出現]의 경우처럼, 의미적인 초점이 "出現함"에 있다고 볼 만한 예들도 발견된다.11

> (12) 셜흔여듧벤 내 成佛ᄒ야 나랏 衆生이 니블 오시 ᄆᆞᅀᆞ매 머거든 즉자히 다ᄃᆞ디 아니ᄒᆞ면 正覺 일우디 아니호리이다(設我得佛 國中人天 欲得衣服隨念卽至 如佛所讚應法妙服自然在身 若有裁縫染治浣濯 者 不取正覺<無量壽:269a03>)<月釋8:65a>
> **38 번째는, 제가 成佛하여서, 나라의 衆生들이 입을 옷이 마음만 먹으면 바로 손에 다다르게 되지 않는다면, 저는 正覺을 이루지 않겠습니다.**

이 예는 단지 한문 '至'의 직역일 뿐이라고 볼 수도 있겠으나, 그래도 『月印釋譜』의 자료적 성격상, 이 한국어 표현도 어느 정도는 자연스럽게 받아들일 만한 표현이었다고 보아야 할 것이다.

또한 이 '다ᄃᆞ-'[到達]에서는, 주로 『杜詩諺解』에서, 주로 '-오매 다ᄃᆞ랫-'(다ᄃᆞ라 잇-)'의 꼴로, 한문 ①'垂'(거의 ~해 가고 있다)나 ②'屬'(막 ~할/인 때에 속한다) 등의 번역어로서 相的인(aspectual) 의미를 나타내는 용법들이 관찰된다.

먼저 ①'-오매 다ᄃᆞ랫-'[垂(거의 ~해 가고 있다), 將近]의 용례들을 살펴보자.

> (13) a. 늘구메 다ᄃᆞ라셔 사호맷 붑소리 슬푸믈 아쳐러 듣노니(垂老惡聞 戰鼓悲)<杜詩15:39a 蘇端薛復筵簡薛華醉歌>
> **막 늙어 가면서 싸움의 북소리의 슬픔을 듣는 것은 싫은데**
> b. 納采코져 호매 다ᄃᆞ랫더니 鄭氏의 ᄆᆞ아자비 셔욿 글워리 오니 ᄯᅥ

---

10 이는 동사 '디나-'[過]가 본래 주체의 물리적 이동을 나타내는 동사였다가 '視點의 전환'으로 인해 '[時間]이 디나-'의 용법을 획득하게 된 과정과도 같다(졸고 2010: 77-78).

11 앞에서 본 (9b)의 예들에서도 이 "出現"의 의미와의 연속성이 보이는 듯하다.

롤 ᄒᆞ마 他族을 與許ᄒᆞ야 親혼 이리 停罷ᄒᆞ니
라(垂欲納采러니 鄭氏伯父의 京書ㅣ 至ᄒᆞ니
女子ᄅᆞᆯ 已許他族ᄒᆞ야 親事ㅣ 遂停ᄒᆞ니라)
<杜詩8:69a>

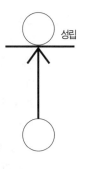

이제 막 納采하고자 했더니 서울에서 鄭氏의
伯父의 편지가 왔는데, 그 딸을 이미 다른 집
에 시집보내기로 했다고 해서, 결혼 이야기는
파담이 되었다

c. 노픈 믌겨리 지븨 두위이주메 다ᄃᆞ랫고 믈어디는 빙애는 平床을
지즐 둣ᄒᆞ도다(高浪垂飜屋 崩崖欲壓床)<杜詩16:44b 觀李固請
司馬弟山水圖 3/3>

높은 물결이 거의 집을 뒤집을 정도이고 무너질 듯한 벼락은 침대
를 압박하는듯 하네

d. 萬里예 므의여이 罪 니벳는 나래 ᄆᆞᅀᆞᆷ 슬코 / 百年에 中興ᄒᆞ신
제 주구메 다ᄃᆞ랫도다(萬里傷心嚴譴日 百年垂死中興時)<杜詩
23:39a 送鄭十八虔貶台州司戶ᄒᆞ노라>

萬里 밖에서 (당신이) 큰 죄를 덮어쓰고 있는 날에 마음 슬퍼하고
/ 百年에 中興하신(肅宗이 賊에서부터 수도 長安을 되찾으신)
이때에 (당신은) 막 죽어 가고 있네

이들은 어떤 사태의 성립에 "到達한" 상태가 아니라, "거의 到達하려고
하는", "到達해 가고 있는" 상태를 표현하고 있다. 즉, '-앳-(-아 잇-)'과의 결
합에 힘입어 "到達 직전의 이동 과정" 쪽으로 초점(profile, '윤곽')이 이동한
것이라고 볼 수 있다. 원래 '둗-'이 지니는 '급속한 이동'의 의미가, "막 ~하
려는 참이다"라는 예정상(prospective aspect)의 의미를 강조한다고 볼 수도
있다.

다음으로 ②'-오매 다ᄃᆞ랫-'[屬(막 ~할/인 때에 속한다)] 쪽을 살펴보자. 흥
미로운 것은, 똑같은 한문 '屬'에 대해, (14) '다ᄃᆞ랫-'과 (15) '브텟-', 즉 '다
ᄃᆞᆮ-'과 '븥-'의 두 가지 번역어가 구별되어 있다는 사실이다.

(14) a. 王錄事ㅣ 草堂 고툴 貲財룰 브텨 보내디 아니
호믈 爲ᄒ야 믜노라 // 어젓긔 봀 비룰 시름호
매 다ᄃ랫더니 싀오져 홀 저긔 能히 니저리아
(昨屬愁春雨 能忘欲漏時)<杜詩7:20b 王錄事
許修草堂貲不到聊小詰>

나는 王錄事가 내 草堂을 고칠 돈을 보내주
지 않은 것을 미워한다 // 어제는 <u>계속 봄비를</u>
<u>걱정했었는데</u> 비가 막 새려고 할 때에 설마 당신이 잊어버렸을
수는 없겠지

성립

b. 肝肺ㅣ 이우러 <u>오란 사호매 다ᄃ랫ᄂ니</u> 여위여 쎄 나 中腸을 덥
다노라(肺萎屬久戰 骨出熱中腸)<杜詩25:6b 又上後園山脚>

<u>(병에 걸려)</u> 肝肺가 이울어 (나라뿐만 아니라 나 역시) <u>오랜 싸움</u>
<u>에 시달려 있는데</u> / 여위어 뼈가 나와 뱃속이 뜨겁네

(15) a. 世人이 다 鹵莽ᄒ니 내(L) 道ㅣ <u>艱難호매 브텟도다</u>(世人共鹵奔
吾道屬艱難)<杜詩3:24b 空囊>

세상 사람들은 다 대충 살고 있는데 / 나의 (지켜야 할) 길은 <u>가난</u>
<u>함에 속해 있구나.</u>

b. ᄀᄅ미 어위니 雲霧ㅣ 조차 잇고 / 樓ㅣ 외ᄅ외니 <u>나죗 개요매</u>
<u>브텟도다</u>(湖闊兼雲霧 樓孤屬晚晴)<杜詩14:14a 陪裴使君登岳陽
樓>

호수가 넓어 구름과 안개가 나 있고 / 누각이 홀로 서 있는데 晚晴
(저녁에 하늘이 개는 일)<u>에 속해 있구나</u>(晚晴 속에 홀로 서 있는
누각이 아름답구나).

c. 時節이 비록 <u>브ᅀ왜요매 브터 이시나</u> 이론 뜯 마존 사ᄅ미 賞玩
호미 貴ᄒ니라(時雖屬喪亂 事貴賞匹敵【言裴鄭이 氣類相求也
ㅣ라】)<杜詩19:28a 鄭典設自施州歸>

時節은 비록 <u>喪亂 때에 속해 있으나</u> / 일은 同志들끼리 즐기는
것이 貴한 것이다

'다ᄃ랫-'과 '브텟'이 이처럼 類義語 관계를 이루고 있다는 점은 주목할

만하다. 일본어에서는 'tuk-'[到,付]이라는 하나의 단어가 "到着하다, 다다르다"(着く)의 의미와 "付着하다, 붙다"(付く)의 의미를 모두 나타내는 다의어를 형성한다는 사실도 상기된다.

여기서는 '다돈-'은 '-앳(-아 잇-)'과 결합하면서 상(aspect)적으로는 '결과 상태의 지속'(resultative)을 나타내고 있지만, 이때 ('사태의 성립'을 향한) '이동 과정' 쪽의 의미는 배경화되면서, '다드랫-' 전체가 마치 하나의 상태동사처럼 상태적인 의미를 표현하고 있다. 다만 그 배경화된 '이동 과정'의 존재가, 그것이 항구적으로 그랬던 것이 아닌 '일시적 상태'에 불과함을 암시하고 있다고 볼 수도 있다.

(14) '다드랫-'[屬]과 (15) '브텟-'[屬] 두 가지의 의미적 구별에 대해 검토해보자면, 대체로 다음과 같이 일반화할 수 있을 것이다.

'-오매 다드랫-' "어떤 심정·병에 막 시달리는 상태이다"
　　　　　　　(內的인 심정·병의 일시적 상태)

'-오매 브텟-' "때가 막 어떤 때에 속한다"
　　　　　　　(外的인 정세의 일시적 상태)

만약에 그렇다면 그 차이는 본래 '다돈-'[到達]이 전형적으로는 (유정성이 높은) 주체의 이동과 도달을 나타내는 말인 반면, '븥-'[付着]은 전형적으로는 사물의 부착이나 종속적 관계(附屬, 依支, 起因 등)를 나타내는 말이라는 의미적 차이에서 기인한 것이라고 설명될 가능성이 있다. 즉, 전자의 '-오매 다드랫-'은 '주체의 내적 상태의 遷移'를, 주체의 '空間的인 移動'으로 비유하고 있다고 보는 것이다.

다만 이 부분에 대해서는 예가 많지 않기 때문에 성급한 일반화는 삼가야 할 것이다. 앞으로 더욱 신중한 검토가 요망된다.

2.4. (A3) '긋돋-'류 (접미사화)

'넘돋-'[餘], '긋돋-'[閉鎖], '맛돋-'[撞]

이상에서 살펴본 (A1)(A1′)(A2)의 의미에서는, 'X돋-'은 선행요소 'X'와는 상관없이 공통적으로 '(유정성이 높은) 주체의 이동'의 의미가 중심이었다는 점에서, 'X돋-'의 의미적인 '핵'은 그러한 의미를 가져오는 후부요소 '돋-' 쪽에 있다고 볼 수 있다.

그런데 본절에서 살펴보고자 하는 (A3)은 바로 그 점에서 차이가 난다. 즉, 여기서 다루는 예들은 'X돋-'의 전체 의미가 결국 크게는 선행요소 X('넘-', '긋-', '맛-')의 의미라고 볼 수 있다는 점에서 알 수 있듯이, 이들 'X 돋-'의 의미적인 '핵'은 선행요소 X 쪽에 있으며, '돋-'은 그 '방식(manner)'만을 규정할 뿐이다. 그러한 점에서, (A3)에서는 비통사적 합성동사 'X돋-'의 후부요소가 접미사화되었다(적어도 한 걸음 더 문법화가 진행되었다)고 볼 만하다.

먼저 '넘돋-', '긋돋-'의 예를 살펴보자. 이들은 각각 단 한 예씩밖에 발견되지 않는다.

(16) 흔 히 열두 ᄃ래 各各 三十日옴 혜면 三百六十日이 딀딀흔 數ㅣ어늘 히 하ᄂᆞᆯ콰 모도매 넘ᄃ라 氣盈이 ᄃ외오 ᄃ리 히와 모도매 不足ᄒ야 朔虛ㅣ ᄃ외ᄂᆞ니 氣盈 朔虛ㅣ 어우러 閏ᄃ리 나ᄂᆞ니라<楞嚴6:17b>

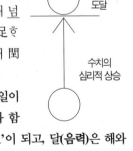

기준치 도달

수치의 심리적 상승

1년 12개월에 각각 30일씩 계산하면 360일이 기준이 되는 숫자인데, 해(양력)는 하늘과 함께 비교하면 남아서(기준을 넘어서) '氣盈'이 되고, 달(음력)은 해와 함께 비교하면 부족해서 '朔虛'가 되는데,[12] 氣盈·朔虛가 합쳐져

---

12 해당 예문의 직전에 나타난 숫자를 이용해서 실제로 계산해 보자면, 양력으로는 1년이 365+235/940, 약 365.25일이기 때문에 360을 기준으로 삼는다면 5.25일

서 윤달이 생기는 것이다

(17) 入聲은 샐리 긋돋ᄂᆞᆫ 소리라<訓諺14a>

入聲(-k, -t, -p)은 빨리 끊는 소리이다

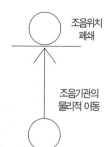

조음위치
폐쇄

조음기관의
물리적 이동

(16) '넘돋-'[餘]은 "(수치가 360일이라는 기준에 到達하고) 넘다/남다"의 의미일 것이며, (17) "샐리 긋돋ᄂᆞᆫ 소리"는 중국 中古音의 四聲 중 하나인 入聲에 대한 음성학적 설명인데, "(혀나 입술 등의 조음기관이 순발적으로 움직이다가, 갑자기 조음위치에 도달하는 식으로) 끊는 소리"의 의미일 것으로 분석된다.13 즉, '긋돋ᄂᆞᆫ' 것은 크게는 '*긋ᄂᆞᆫ'(끊는) 것인데, "'돋-'의 방식(manner)으로 끊는" 것임을 표현하고 있다.

'맛돋-'[撞]은 세 예 정도가 관찰되는데, 현대어로는 '맞아떨어지다', '마주치다' 정도로 번역되는 말이다.

(18) a. 닐온 말마다 맛당ᄒᆞ야 살와 살와 놀히 맛ᄃᆞᄅᆞ면【"두 사리 서르 맛돋다" ᄒᆞᄂᆞᆫ 마론 싀승과 弟子와 ᄒᆞ야 工夫ㅣ ᄒᆞᆫ가지로ᄆᆞᆯ 니르니라】(一一下語ㅣ 諦當ᄒᆞ야 箭箭ㅣ 柱鋒ᄒᆞ면)<蒙山19a>

하는 말마다 다 마땅하여 화살과 화살이 촉이 맞아떨어지면【"두 화살이 서로 맞아떨어지다"라는 말은, 스승과 弟子가 工夫(학문을 닦음)가 一致함을 말한 것이다】

또 다른
개체

개체의
물리적 이동

"남"게 되는 한편, 음력으로는 1년이 354+348/940, 약 353.37일이기 때문에 5.63일 "不足"하다고 하는 이야기다. 즉, 음력으로는 1년당 5.25+5.63≒11일 정도씩, 양력(태양 운행에 의한 계절, 24절기)과의 차이가 생기기 때문에 적절하게 윤달을 넣어서 조절한다는 말이다.

13 '긋-'[截]은 이처럼 비통사적 합성동사의 선행요소가 되면서 의미론적 핵을 가지는 데(ex. '긋누르-'[눌러 끊다(금지하다)], '긋버히-'[베어 끊다]), 여기의 '긋돋-'도 예외가 아닌 셈이다.

b. 믄득 맛도로매 ᄆᆞᅀᆞᆷ맷 길히 ᄒᆞᆫ 디위 그츠면 곧 키 아로미 이시리
니【築着磕着ᄋᆞᆫ 맛돋다 ᄒᆞ논 마리니 工夫ㅣ 니거 씌드롧 時節
이니 녜 香嚴和尙이 工夫ㅣ 至極ᄒᆞ야셔 忽然히 집터 닷다가 지
벽으로 대수 튼 소리에 알며 靈雲和尙도 工夫ㅣ 至極ᄒᆞ야셔 桃
花ㅅ 곳 보고 아니 다 이 築着磕着ᄋᆞᆯ 디내야ᅀᅡ 아ᄅᆞ시니라】(忽
然築着磕着에 心路一斷ᄒᆞ면 便有大悟ᄒᆞ리니)<蒙山9b>

**홀연히 맞아떨어짐에 心路가 한 번 그치면 곧 큰 깨달음이 있을
것이니【'築着磕着'은 '맞아떨어지다'라는 말이니, 工夫(학문을
닦음)가 익어 깨달을 때인데, 옛날에 香嚴和尙은 工夫가 至極해
서 忽然히 집터를 청소하다가 쪼가리로 대숲을 친 바로 그 소리
에 깨닫게 되며, 靈雲和尙도 工夫가 至極해서 복숭아 꽃을 보고
깨닫게 되니, 다 이 '築着磕着'을 경험해야 깨달으신 것이다】**

c. 寒山과 拾得과를 서르 맛나 웃ᄂᆞ니 또 니ᄅᆞ라 므스글 웃ᄂᆞ뇨? 흔
디 ᄒᆞ녀 거르믈 드디 몯ᄒᆞ논 둘 우서 니ᄅᆞᄂᆞ다…【…寒山과 拾
得을 맛드라 흔디 ᄒᆞ녀 거르믈 드디 몯ᄒᆞ논 둘 우서 니ᄅᆞᄂᆞ
다…】(寒山·拾得을 相逢笑ᄒᆞᄂᆞ니 且道笑箇甚麼오 笑道同行
ᄒᆞ야 步不擡ᄒᆞᄂᆞ다…【…撞著寒山與拾得ᄒᆞ야 笑道同行ᄒᆞ야
步不擡ᄒᆞᄂᆞ다…】)<金三5:9b-10a>

**寒山과 拾得을 만나게 돼서[14] 웃는데, 또 말해 보거라, 도대체
무엇을 웃느냐? 함께 다녀도 (寒山은 가야 하고, 拾得은 와야 하
기 때문에) 걸음을 걷지 못하는 것을 웃어서 말한다. …【…寒山
과 拾得을 마주쳐(우연히 만나) 그들이 함께 다녀도 걸음을 걷지
못하는 것을 웃어서 말하는 것이다…】**

이는 결국 "(서로가 제각각 움직이다가 갑자기 부딪쳤다는 식으로 교묘하
게, 다른 개체와) 만나다/맞다/一致하다" 정도의 의미일 것으로 분석된다. 여
기서는 움직이는 것이 하나냐 둘이냐에 따라 "到達"의 의미에서 "一致"의

---

14 종래 그다지 주목되지 않았던 사실이지만, 중세어 '맛나'는 현대어 '만나'와는
달리 "의도적으로 만남"의 의미는 나타낼 수 없고 "우연히 만나게 됨"의 의미만을
나타낸다는 점을 염두에 둘 필요가 있다.

의미까지의 연속성을 보여주는데, 이때 漢語에서 '到(達)', '(一)致', '至'의 세 글자가, 자형상으로 같은 '至'를 공유하면서 하나의 단어족(word family)을 이루고 있을 가능성이 있다는 점도 혹시 우연한 一致가 아닐지도 모른다. 차후 신중한 검토가 요망된다.

참고로 17세기말의 예이긴 하지만 『譯語類解』에 보이는 '막드론'(막돈-)도 (A3)으로 분류될 수 있다.

(19) 막드론 골(死衚衕)<譯語上6b>
막다른 골목
(19') a. 四無碍는 네 가짓 <u>마즌 더</u> 업수미니<釋詳13:39b>
   四無碍는 네 가지의 '막힌 데 없음'이니
   b. 五通 메운 술위는 <u>마즌 길</u> 업스니<月千43b 其一百十九>
   五通(다섯 가지 神通力)을 메운 수레는 막힌 길 없으니

즉, (19) '막드론 골'은 크게는 '*마즌 골'(막힌 골목)의 일종인데, 여기서 '막힌'은 '길이 험난해서' 막힌 것도 '차가 많아서' 막힌 것도 아닌, '돈-'의 방식(manner)으로, 즉 "잘 이동하다가 갑자기 끝에 다다르는 식으로" 막힌 골목임을 표현한 말이다.

이상에서 우리는 종래 잘 알려지지 않았던 (A) '돈-'[突·達]의 의미와 그 확장 양상에 대해 살펴보았다. 이들은 "'달리다'의 의미가 사라졌다"라고만 볼 것이 아니라, 공통되는 고유의 의미적 틀(image schema)을 가지고 있었을 것으로 결론지을 수 있다.

3. 본동사 '돈-'과의 관계

지금까지 본고에서 주목해 온 (A) '돈-'[突·達]의 의미는 주로 비통사적 합성동사 'X돈-'에서 관찰되는 의미임은 상술한 바와 같다. 그렇다면 본동사

'돋-'에는 그러한 의미가 없을까?

실상 본동사 '돋-' 중에도 그러한 의미와 관련지어서 볼 만한, 즉 '돋-'의 '본래적 의미'에 가깝다고 생각되는 예들을 찾을 수 있다. 예를 들어 『杜詩諺解』에 나타난 다음의 '돋-'[突] 및 '돋-'[騰] 등의 예들을 살펴보자.

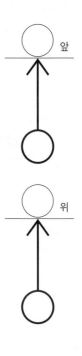

(20) a. 새 지손 글 외오거늘 다시 드로니 黃初ㅅ 글워레
　　　 드라 디나도다(再聞誦新作　突過黃初詩)<杜詩
　　　 19:25a 蘇大侍御訪江浦賦八韻記異>
　　　 나는 그가 새로 지은 詩를 읊은 것을 다시 들었는
　　　 데, 黃初 시대의 詩들마저 꿰뚫고 나갔네
　　 b. 州牧이 나며 縣令이 드라 온 빈 느느니 모딘 龍
　　　 과 돈는 즘싱이 어즈러이 드라 숨놋다(牧出令奔
　　　 飛百艘　猛蛟突獸紛騰逃)<杜詩16:54b 荊南兵馬
　　　 使太常趙公大食刀歌>
　　　 (趙大常이 탄 배가 盜賊을 평정하러 오는 것을
　　　 보고) 刺史나 縣令은 奔走하여 마중 나가 백 척
　　　 이나 되는 배를 냈고, 맹렬한 龍도 돌진하는 짐승
　　　 도(=盜賊들이 다) 어지럽게 뛰어 도망가네
　　 c. 믜얫거늘 뮈우저 ᄒ다가 ᄀ쟝 기우러뎟ᄂ니 이
　　　 엇뎨 돋고져 ᄒ는 ᄠ디 이시리오(絆之欲動轉欹
　　　 側　此豈有意仍騰驤)<杜詩17:27a 瘦馬行>
　　　 (이 야윈 말은) 매어져 있는 것을 움직이려고 하니 더욱 기울어져
　　　 버렸는데, 이 어찌 예전처럼 뛰어오르고자 하는 마음이 남아있을
　　　 까?

먼저 (20b)의 "돋는 즘싱"[突獸]에서는 '돋-'이 "突進하다"의 의미를 나타내고 있는데, (A) '돋-'[突·達], (A1') "急發進"의 의미가 드러나는 전형적인 예라고 볼 수 있다. 또한 (20a)의 '드라 디나-'는 한문 '突過'의 번역인데, V₁=
'돋-'[突]이 V₂='디나-'[過]의 '방식(manner)'을 규정하는 통사적 합성동사이

다. 杜甫가 신진기예의 시인 蘇渙이 넘치는 詩才와 젊은 힘으로 黃初 시대의
詩들까지 섭렵하여 자기 것으로 만든 것을 보고, '꿰뚫고(突進하고) 나갔다'
고 비유하며 칭찬한 것이다.

(20c)의 '騰', '騰驤'은 "뛰어오르다"를 의미하는 말이다. (A1) "急上昇"의
의미가 잘 드러나는 예라고 할 수 있다. 또한 (20b)의 'ᄃᆞ라 숨'은 한문 '騰逃'
의 번역인데, 이처럼 "뛰어오르다"의 의미를 지닌 'ᄃᆞᆮ-'이 "도망가다"의 뜻으
로 쉽게 확장되는 것은, 현대한국어 '뛰-'의 경우와도 마찬가지다.

마지막으로 다음의 '(믌결) ᄃᆞᆮ-'[奔浪, 奔波]도 살펴보자.

(21) a. 鼉ㅣ 우르니 ᄇᆞᄅᆞ매 믌겨리 돋고 고기 뛰노니 ᄒᆡ 뫼헤 비취옛도
다(鼉吼風奔浪 魚跳日映山)<杜詩21:44b 暫如臨邑至嵠山湖亭
奉懷李員外率爾成興>
악어가 포효하니 그 바람에 큰 물결이 일고 물고기가 뛰는데, 해
가 산에 비쳐져 있네
b. 니건 ᄒᆡ예 믌결 돋ᄃᆞ시 기튼 盜賊을 ᄠᅩ출 저긔(去歲奔波逐餘寇)
<杜詩17:27a 瘦馬行>
작년에 파도가 밀려가듯이 남은 盜賊을 쫓아갈 때

(21a) 한문 '奔浪'은 "세차고 거친 파도(가 읾)"을 의미한다. 여기서 'ᄃᆞᆮ-'은
"(파도가) 크게 일다" 정도의 의미로 해석된다. 역시 (A1)의 "急上昇", 즉 "순
간적으로 위로 올라가는 동작"과 관계가 깊어 보인다.

한편 漢文 '奔波'는 "큰 파도처럼 세차게 밀려옴"을 의미한다. (21b)의 "믌
결 돋ᄃᆞ시"는 바로 그 뜻이며, 'ᄃᆞᆮ-'은 "(파도가) 밀려 나감" 정도로 해석된다.
(21a)와 (21b)의 차이는 이른바 수직방향과 수평방향의 차이라고 볼 수 있는
데, '파도' 현상에 있어서는 물리적으로 수직방향과 수평방향의 운동이 바로
연결된다는 점에서, 두 가지 뜻을 하나의 단어 'ᄃᆞᆮ-'이 모두 나타낼 수 있다는
사실을 잘 이해할 수 있을 것이다. 이 '수직방향 → 수평방향'이라는 확장은
우리가 이미 살펴본 '(A1) → (A1′)'의 확장, 즉 '뛰-' 및 'ᄃᆞᆮ-'의 'jump → run'

이라는 확장과도 유사성을 보인다.[15]

이상의 (20, 21)과 같은 본동사 '돋-'의 의미는, 비록 수가 적어 중세어 '돋-'의 '주된 의미'라 할 수는 없더라도, 적어도 본고의 관점에서는 '돋-'의 '본래적 의미'에 가까운 것으로 보인다.

4. 마무리

이상 본고에서는 종래 정확히 파악되지 못했던 '돋-'(X돋-)의 의미와 의미 확장 양상에 대해, 인지의미론적 관점에서 자세히 논의해 보았다.

종래에는 "달리다"의 의미가 "약간 남아 있다"거나 "없어졌다"는 식으로 다소 애매하게 처리되었던 'X돋-'의 용례들을 검토하여, 그것들에 확실한 고유의 의미적 틀(image schema)이 있다는 사실을 확인할 수 있었고, 또한 '돋-'이 원래 어떤 동기(motivation)로 그 표현들에 들어가게 되었는지에 대한 설명 가능성을 제시하였다는 점도 본고의 성과라 하겠다. 한편으로 종래부터 잘 알려져 왔던 "달리다" 관련 의미 계열(B계열)에 대해서는 자세하게 논의하지 못하였는데, 차후의 과제로 기약해 두기로 한다.

또한 본고는 인지언어학적 접근에 의한 중세한국어 연구의 필요성과 유효성을 필자 나름대로의 관점에서 강조해 보았다. 필자의 능력적 한계도 있어서 매우 초보적인 수준에 머물 수밖에 없었으나, 본고가 한국어사와 인지언어학이라는, 현재까지 잘 연결되지 않았던 두 분야가 향후 더욱 활발히 교류되고 소통하기 위한 작은 포석이 될 수 있다면 필자로서는 충분히 만족스러울 것이다.

---

15 참고로 일본어에서는 이와 같은 '수직방향→수평방향'의 의미 확장 현상은 잘 보이지 않는 듯하다(cf. 【run ↔ jump】hasir-[走]/kake-[驅] ↔ tob-[跳], 【(파도가) 일다 ↔ 밀려가다】tat-[立]/okor-[起] ↔ yose-[寄]). 즉, 이러한 확장은 한국어에 특징적인 현상이라 할 수 있을 것이다.

참고문헌

가와사키 케이고(2010), "중세한국어 '나다'류 어휘의 의미에 관한 연구", 서울대학교 대학원 국어국문학과 석사학위논문.

구본관(1997), "의미와 통사범주를 바꾸지 않는 접미사류에 대하여: 15세기 국어 파생접미사를 중심으로", 『국어학』 29: 113-140, 국어학회.

이현희(1987), "중세국어 '둗겁-'의 형태론", 『진단학보』 63: 133-150, 진단학회.

허 웅(1975), 『우리 옛말본: 15세기 국어형태론』, 샘문화사.

志部昭平(1990), 『諺解三綱行實圖硏究』, 東京: 汲古書院.

鈴木虎雄(1928-1931), 『杜少陵詩集』(續國譯漢文大成; 文學部 第4卷-第6卷下), 東京: 國民文庫刊行會[鈴木虎雄註解(1978), 『杜甫全詩集』 第一卷~第四卷 復刻愛藏版, 日本図書センター 所收].

鈴木虎雄・黑川洋一(1963-1966), 『杜詩』 第一冊~第八冊, 東京: 岩波文庫.

Lakoff, G. & M. Johnson(1980), *Metaphors We Live By*, Chicago: The University of Chicago Press.

<사전류>

국립국어연구원(1999), 『표준국어대사전』, 두산동아.

劉昌惇(1964), 『李朝語辭典』, 연세대학교 출판부.

임지룡・요시모토 하지메・이은미・오카 도모유키 옮김(2004), 『인지언어학 키워드 사전』, 한국문화사. (原著 辻幸夫編(2002), 『認知言語學キーワード事典』, 東京: 硏究社.)

한글 학회(1992), 『우리말 큰사전』, 어문각.

辻幸夫編(2013), 『新編 認知言語學キーワード事典』, 東京: 硏究社.

漢語大詞典編輯委員會漢語大詞典編纂處 編纂(1990-93), 『漢語大詞典』(全13冊), 上海: 漢語大詞典出版社.

<중세・근대한국어 자료>

국립한글박물관, 디지털한글박물관 (http://archives.hangeul.go.kr/)

문화재청, 국가문화유산포털 (http://www.heritage.go.kr/)

訓民正音諺解	디지털한글박물관(월인석보1·2 권두).
月印千江之曲	許雄·李江魯(1962),『(註解)月印千江之曲 上』, 新丘文化社.
釋譜詳節(3)	千柄植(1985),『釋譜詳節 第三 注解』, 亞細亞文化社.
釋譜詳節(6,9,13,19)	디지털한글박물관.
釋譜詳節(11)	국가기록유산포털.
釋譜詳節(20,21)	개인 소장(복사본).
釋譜詳節(23,24)	金英培(1972),『釋譜詳節 第卄三·四注解』, 一潮閣.
月印釋譜(1·2,4,15,21,23,25)	디지털한글박물관.
月印釋譜(9-14,17-18,20,22)	국가기록유산포털.
月印釋譜(7,8)	『역주 월인석보 제7·8』(세종대왕기념사업회, 1993).
楞嚴經諺解	국가기록유산포털.
法華經諺解(1)	『역주 법화경언해 권1』(세종대왕기념사업회, 2000).
法華經諺解(2-7)	『活字本 法華經諺解(二,三,四,五,六,七)』(弘文閣, 1997).
蒙山法語諺解	『蒙山和尙法語略錄諺解』(亞細亞文化社, 1980).
三綱行實圖(成宗版)	志部昭平(1990),『諺解三綱行實圖硏究』, 東京:汲古書院.
杜詩諺解	『杜詩諺解(7,8,16,20-25)』(弘文閣, 1985).
	『杜詩諺解(6,17)』(弘文閣, 1985).
	『杜詩諺解(14,15)』(弘文閣, 1988).
杜詩諺解(13,21)	국가기록유산포털.
杜詩諺解(17-19)	『韓國語硏究』2(韓國語硏究會, 2004).
金剛經三家解(보림사)	국가기록유산포털.
南明集諺解	『觀音經諺解·阿彌陀經諺解·南明泉繼頌諺解(上·下)· 禪家龜鑑諺解【合本】』(弘文閣, 2002).
飜譯小學(8,9,10)	『飜譯小學(八·九·十)(合本)』(弘文閣, 1984).
譯語類解	디지털한글박물관.

<佛經文獻> (『釋譜詳節』 및 『月印釋譜』의 底經)

『大正新脩大藏經』 1-85, 東京: 大正一切經刊行會, 1924-1932.
『卍新纂大日本續藏經』 1-90, 東京:國書刊行會, 1975-1989.
CBETA 中華電子佛典協會(http://www.cbeta.org/).
SAT大正新脩大藏經テキストデータベース(http://21dzk.l.u-tokyo.ac.jp/SAT/), 大
藏經テキストデータベース硏究會(SAT).

文獻名	略號	T 大正新脩大藏經 X 卍新纂大日本續藏經
大方便佛報恩經	報恩	T03 No.156
妙法蓮華經	法華	T09 No.262
佛說無量壽經	無量壽	T12 No.360
禪法要解	禪要	T15 No.616
佛說觀佛三昧海經	三昧	T15 No.643
釋迦譜	釋迦	T50 No.2040
阿育王傳	阿育	T50 No.2042
釋迦如來成道記註	成道註	X75 No.1509
釋氏通鑑	釋通	X76 No.1516

다의어 'that'의 의미 구조 분석

나 익 주*

1. 들머리

언어의 본질을 밝혀내는 데 일반 인지 능력을 고려해야 한다는 인지언어학의 주장이 타당함을 맨 처음 입증한 것은 인지언어학이 막 태동하던 시점인 1980년에 나온 어휘의미론에 대한 두 편의 논문 – 전치사 over의 다의성을 분석한 Brugman(1980)의 연구와 불변화사 up과 out의 다의성을 분석한 Lindner(1980)의 연구 – 이었다. 이들은 over, up, out 등의 불변화사가 다수의 의미로 구성된 범주이며, 각 불변화사의 의미들 중에는 원형적인 의미들과 비원형적인 의미들이 있으며 그 의미들은 은유나 환유, 영상도식변형과 같은 인지적 장치에 의해 서로 연결되어 있다는 것을 밝혀냈다. 그 이후로 climb, take, run 등의 동사가 보여주는 다의성이나 hand, face, line 등의 명사가 보여주는 다의성을 분석한 수많은 연구가 나왔다.

이 글에서는 that의 다양한 의미 – 한정사, 지시대명사, 관계대명사, 접속사

---

* 한겨레말글연구소 연구위원, nazalea@naver.com

등- 에 린드너나 브르그만의 의미망 접근을 적용할 수 있는지 살펴보고자 한다. 사전에서는 that의 의미를 크게 지시적인 기능(1a-b)과 비지시적인 기능으로 나누고 다시 비지시적인 기능을 접속사 용법(1c)과 관계대명사 용법(1d)으로 나누어 제시한다. 사전의 이 처리 방식을 면밀히 검토해 보면, 의미론적으로 결코 사소하지 않은 한 가지 의문이 일어난다. (1)에 예시된 that의 다양한 용법은 서로 연관성을 찾아보기 힘든 우연히 동일한 소리(즉, 형태)를 가지고 있는 동음이의적인 현상인가, 아니면 이러한 용법 사이에 어떤 상호 연관성이 존재하는 다의적 현상인가?

(1) a. **That** book is much thicker than this one. (한정사)
 b. **That**'s a good idea. (지시대명사)
 c. I knew **that** he'd never get here in time. (접속사)
 d. the book **that** I've just written. (관계대명사)

영어의 수많은 낱말 중의 하나인 that이 보여주는 다양한 용법을 세밀하게 분석한다고 해서 어휘의미론의 중요한 본질이 다 밝혀질 것으로 기대할 수는 없다. 하지만 어떤 언어에서나 자주 사용되는 낱말은 다의성을 지니고 있기 때문에, that에 대한 상세한 분석은 다의어의 본성의 많은 부분을 밝혀줄 것으로 기대된다. that의 다양한 용법들 사이에 존재하는 상호 관련성을 밝혀내어, 다음 주장을 뒷받침하고자 한다. 첫째로, that은 서로 체계적으로 관련된 의미를 구성원으로 갖는 범주이다. 둘째로, that의 지시적 용법이 다른 용법에 비해 더 원형적이다. 셋째, that의 접속사로서의 용법과 관계대명사로서의 용법도 지시적인 의미에도 지시적 특성이 들어있다. 넷째, 지시적 용법과 비지시적 용법이 동일한 형태 that(/ðæt/, /ðət/)에 대응하는 것은 우연적 현상이 아니라 무언가 공통적인 속성이 존재하기 때문이다.

2. 이론적 배경: 다의성의 처리방식

한 낱말이 지닌 여러 의미들 사이에 관련성이 있는 것으로 지각되는 현상인 다의성을 처리하는 방식은 크게 두 가지 방식이 대립한다. 하나는 추상화 접근방식(abstractionist approach)이고 또 다른 하나는 의미망 접근 방식(network approach)이다. 이 두 접근은 다의어가 많은 의미들을 구성원으로 가지고 있는 범주에 해당한다는 점은 다 인정하고 있으나, 범주의 정의 방식에 대한 모형이 다르다. 달리 말하면 범주화에 대한 견해의 차이가 다의어의 처리 방식에 대한 차이를 가져온다.[1]

추상화 접근 방식은 성분분석의 입장과 범주화의 기준 속성 모형에 근거한다. 다의어는 필연적으로 의미 성분 자질들의 관점에서 정의되는 하나의 추상적인 핵심 의미(core sense)로부터 모든 개별 의미들이 도출될 수 있고, 다의어의 의미로서 장기기억 속에 저장되는 것은 오직 단일한 이 추상적인 핵심 의미라고 주장한다. 즉, 어떤 다의어이든 오직 하나의 정의만을 자신의 의미로 필요로 한다고 본다. 따라서 어떤 낱말이 여러 의미를 지닐 때 그 낱말의 추상적인 핵심의미는 그 모든 가능한 의미들을 다 포괄할 수 있어야만 한다. 추상화 접근 방식에 따른 다의어의 구체적 분석으로 몇 개의 영어 동사를 분석한 Bendix(1966)와 전치사 'over'의 의미를 분석한 Bennett(1973), line의 26개 의미들을 실험적으로 분석한 Caramazza & Grober(1976), 동사 take와 give의 의미를 도식적으로 분석한 김명숙(1984), 동사 bear와 hit, kick의 의미를 분석한 Ruhl(1988) 등이 있다.

의미망 접근방식에서는 한 낱말이 둘 이상의 의미를 지닐 때 그 의미들 사이의 체계적인 관련성을 찾으려 시도하며, 그중의 어떤 의미(들)가 다른 의미들에 비해 더 원형적이며 그 의미들 사이에는 가족유사성이 있다고 주장한다. 의미망 접근방식은 범주화의 원형모형에 근거해 다의어의 의미가 추상적

---

[1] 범주화의 모형과 다의성 처리 방식에 대한 이론적 논의는 Langacker(1987, 1991, 2008), Taylor(1995)를 보라.

인 핵심의미나 원형 그 자체가 아니라 여러 의미들이 서로 연결된 망 전체라고 주장한다. 이 접근 방식을 따라 다의성을 분석한 앞선 연구에는 over가 수많은 의미로 이루어진 범주임을 밝혀낸 Brugman(1981)과 Lakoff(1987), 불변사 up과 down, in, out의 다의성을 체계적으로 분석한 Lindner(1980, 1983), take의 많은 의미들이 어떻게 연결되는지를 밝혀낸 Norvig & Lakoff (1988), 영어 동사 break와 한국어 동사 '깨다'의 은유적 의미 확장을 다룬 김명숙(1992), line의 40여 개 의미들이 은유와 환유, 윤곽부여, 틀 첨가의 기제를 통해 서로 얽히고설켜 있는 범주임을 밝혀낸 나익주(2003), 영어 동사의 다의성을 종합적으로 분석한 이기동(2015) 등이 있다.

다의어가 예문들 속에 다양하게 나타나는 의미들을 그 구성원들로 갖는 범주에 해당한다는 것을 인정한다는 점에서는 추상화 접근방식이나 의미망 접근방식 중 어느 것이 더 타당하다고 주장할 수 없다. 하지만 모든 개별 의미들을 다 포괄할 수 있는 추상적인 핵심의미를 뽑아내어 표면에 출현하는 그 의미들을 그 추상적인 의미 아래에 동등한 구성원 지위를 부여하고자 시도하는, 범주화의 기준 속성 모형에 근거한 추상화 접근방식은 여러 문제에 부딪친다. 먼저, 어떤 다의어에 대해서든 의미성분을 이용하여 추상적인 핵심의미를 아무리 잘 정의한다고 해도 모든 개별 의미를 다 포괄할 수는 없다. 그리고 그 개별 의미들 사이에도 어떤 의미들은 다른 의미들에 비해 그 낱말의 더 자연스런 의미로 판단되는 것을 부인할 수 없다. 또한 그 개별 의미들 사이에 연결되는 체계성을 설명하지 못한다.

반면, 의미망 접근방식은 추상화 접근 방식이 직면하는 문제점을 야기하지 않는다. 구체적으로 범주화의 원형모형에 근거하여 다의어의 원형적인 의미(들)를 자세히 정의하고 다른 비원형적인 의미들이 은유나 환유, 영상도식 변형, 윤곽 부여, 초점 조절과 같은 다양한 인지 기제를 통해 서로 연결되고 그 의미들 사이에 가족유사성이 존재하는 범주라고 주장하는 이 접근방식에서는 어떤 의미들이 어떤 다의어의 기준속성들을 다 충족시키지 않아도 원형적인 의미에 대한 유사성 정도에 따라 해당 어휘 범주의 구성원 자격을 인정

받을 수 있기 때문이다.

한정사와 지시부사(강화부사), 지시대명사, 접속사, 관계대명사로 사용되는 that의 다양한 용법을 검토하여 이 용법(의미)들이 서로 연결되어 있음을 보여 줌으로써 다의성에 대한 의미망 접근의 타당성을 뒷받침하고자 시도한다.

3. that의 다의성 분석

영어 사전에서는 주로 that의 문법적 기능을 중심으로 대명사로서의 용법과 한정사로서의 용법, 부사로서의 용법, 관계대명사로서의 용법, 접속사로서의 용법을 구별하여 that의 의미를 기술하고 있다. 이러한 방식의 기술에서는 that의 다양한 용법 사이에 어떠한 의미적 관련성이 있는지에 대해 아무런 언급을 하지 않는다. 특히 that의 관계대명사 용법이나 접속사 용법은 의미적으로 다른 용법과 전혀 관련이 없는 것처럼 기술되어 있다. 의미적으로 전혀 관련성이 없다면 왜 다른 어떤 낱말이 아니라 이렇게 다양한 문법적 기능을 하필 that으로 나타내고 있을까? 여기에서는 that의 이 다양한 용법들 사이에 어떤 관련성이 존재할 수 있는지 그 가능성을 탐구한다.

3.1. that의 개념적 바탕

정관사 the나 this, that 등 한정사(determiner)의 사용을 정의하는 개념적 바탕에는 대화에 참여하는 화자와 청자, 발화 장소, 발화 시간은 물론 화자와 청자가 장면이나 상황을 인식할 때 불러내는 영역이 들어간다. 한정사의 의미를 정확히 이해하려면, 화자와 청자의 인식 방식을 포함하는 이 추상적 영역(인식 공간이라 불리는)을 참조해야 한다. 이 인식 공간은 인식하는 개인들(화자와 청자)과 식별되는 대상들로 구성된다.

일반적으로 한정사는 이 인식 공간에서 화자가 일반적인 배경 역할을 하는 수많은 대상들로부터 식별 가능한 어떤 특정 대상을 주의의 초점으로 선별해

낼 때 청자도 역시 그 특정 대상을 식별하는 인식적 관계를 가리킨다. 인식하는 개인들인 화자와 청자가 어떤 특정 대상을 발화 상황의 주의 초점으로 선별하고 나면, 이 대상은 이 인식 공간에서 화자와 청자의 주위에 있게 된다. 그런데 한정사 that의 의미를 한정사 this의 의미와 구별하기 위해서는 화자와 청자의 '주위'를 '근접 지역'(proximal zone)과 '원격 지역'(distal zone)으로 나눌 필요가 있다. 한정사 that은 화자와 청자가 화행 참여자이자 식별자로서 자신들의 개념적 우주이자 일반적 배경인 수많은 대상들로부터 주의의 초점으로 선별해낸 어떤 식별 가능한 특정 대상을 가리킨다. 이때 이 특정 대상은 화자와 청자의 주위 내 원격 지역에 있다.[2] 이 의미를 도식적인 그림으로 나타내면 다음과 같다.[3]

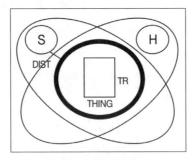

〈그림 1〉 한정사 that

---

2 한정사 that과 비교할 때, 한정사 this는 인식 공간에서 화자가 자신과의 거리가 상대적으로 가깝다고 인식하는 지역 내의 특정 대상을 식별하고 청자도 역시 그 개체를 식별하는 관계를 가리킨다. 한정사 the가 식별해내는 대상은 '근접' 대 '원격'과 관련해서 중립적이다.

3 이 그림은 Langacker(1982: 50)가 정관사 the의 의미로 제시한 도식에 원격 지역을 나타내는 DIST를 추가한 것이다. 이 그림에서 S와 H는 각각 화자와 청자를 나타내고, DIST는 화자가 자신의 인식 공간에서 식별하는 대상이 원격 지역에 있음을 나타낸다. S와 H를 둘러싼 타원은 각각 화자의 인식 공간과 청자의 인식 공간을 상징하고 두 타원이 교차하는 부분은 화자와 청자가 공유하는 인식 공간을 나타낸다. TR은 한정사의 의미 내에 들어 있는 탄도체(trajector)를 나타내고, 가운데 짙은 동그라미는 화자와 청자가 공통적으로 식별하는 대상이 존재한다는 것을 나타낸다.

3.2. 한정사 that의 원형적 의미(들): '물리적 공간 내 지시'

아래의 예문에서 보듯이 한정사로서의 that의 가장 원형적인 용법은 구체적인 형태와 분명한 경계를 지니고 있고 물리적 공간상에 존재하는 사람이나 물건을 가리키는 명사와 결합할 때 명확히 드러난다. (1a)-(1b)에서 that은 화자가 청자와 인식적으로 공유하는 구체적인 물리적 공간 내에서 어떤 특정한 물건(드레스, 박스)을 선별해내고 청자도 역시 그 물건을 식별하는 관계를 지칭한다(그림 2a-b 참조). (1c)에서는 that이 화자가 자신의 눈앞에 물리적으로 있을 것으로 예상했으나 보이지 않는 어떤 사람(청자의 아들 중 한명)을 마음속에서 떠올리고 청자는 바로 그 사람을 식별하는 관계를 지칭한다(그림 2c 참조). (1d)에서는 that이 화자가 마음속에 떠올리는 어떤 특정한 강아지에 대해 논평한다(그림 2d 참조).[4] that의 이러한 용법을 포함한 문장을 발화할 때, 화자는 흔히 마음속에서 불러내는 물건을 손끝으로 가리키는 동작을 수반한다.

(2) a. I don't like **that dress**.

   b. Put **that box** down before you drop it.

   c. Where is **that son** of yours?

   d. **That puppy** is quite cute.

---

4 이 글에서 제시하는 예문은 옥스퍼드 온라인영어 사전과 웹스터 영어사전, 롱맨 영어사전, 다음 영어사전, 네이버 영어사전에 발췌한 것이다. 양적 연구를 추구하지 않기 때문에, 사전에서 발췌한 예문의 수나 양에 대한 통계는 구체적으로 제시하지는 않는다.

 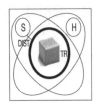 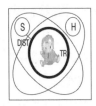 

a. that dress   b. that box   c. that son   d. that puppy

〈그림 2〉 한정사 that

3.3. that의 의미 확대: 은유와 도식화에 의한 확대

직시사인 that의 의미와 관련해, 화자가 마음에 떠올리는 영역은 3차원의 구체적인 공간만이 아니다. 시간 영역이나 담화 영역, 의사소통 영역도 that의 의미를 명시하는 인식영역이 된다.

3.3.1. 시간 영역 내 지시: 한정사 that

어떤 시점에 어떤 장소에서 어떤 발화를 할 때, 화자는 발화시점을 참조점으로 사용해 발화시가 아닌 다른 어떤 시점을 지시하기 위해 that을 사용한다. 이때 청자도 역시 화자가 의도하는 그 시점의 위치를 자연스럽게 식별해야 한다. 그렇지 않다면, 이것은 화자와 청자가 인식 영역을 충분히 공유하지 못하고 있기 때문이다. 다음과 같은 예문에서 분명히 드러나듯이 한정사 that의 이 용법에 필요한 인식 영역은 공간 영역이 아니라 시간 영역이다.

(3)   a. By **that time**, however, a robust bankruptcy community was ready to respond.

       b. He lived in Mysore at **that time**.

       c. The story was published in a Sunday newspaper later **that week**.

       d. When her cell phone alarm rang later **that morning**, Josie turned it off and fell back asleep instantly.

e. In addition, Bannon received about $100,000 in salary **that year** as part-time chairman of the Government Accountability Institute.

    (3a)-(3b)는 각각 화자가 묘사하는 사건-어떤 파산공동체의 대응 준비 완료와 그 사람의 마이소르(Mysore) 시 거주-이 발화시점으로부터 상당한 거리에 있는 특정한 시점에 발생했다는 것을 나타내는데, that time은 이 발생 시점이 대화에서 이미 언급되었거나 대화 맥락으로부터 추론할 수 있기 때문에 청자도 역시 화자가 마음속에서 불러내는 이 시점이 구체적으로 언제인지를 쉽게 파악할 수 있다는 것을 나타낸다. 이것은 (3c)-(3e)의 that week와 that morning, that year도 마찬가지다. (3c)에서 that week은 이미 대화상에서 도입되었거나 대화 맥락으로부터 추론할 수 있는 특정한 주(週)의 한 일요신문에 해당 기사가 실렸으며, 화자가 마음속에서 떠올리는 이 특정한 주(週)를 청자도 충분히 알 수 있다는 관계를 지시한다. (3d)의 종속절은 특정한 시점에 그녀의 이동전화 자명종이 울린 사건을 지시하는데, 이 종속절의 that morning은 이 특정한 시점이 대화상에 이미 도입되었거나 대화맥락으로부터 추론할 수 있으며 따라서 청자도 역시 화자가 마음속에 염두에 둔 이 시점에 심적으로 접근할 수 있다는 것을 나타낸다. (3e)에서는 that year는 수많은 년도(年度) 중에서 배넌(Bannon)이 연봉으로 대략 십만 달러를 받았다는 특정한 년도가 대화상에서 이미 언급되었으며, 따라서 화자가 마음속에 떠올리는 이 특정한 년도에 청자도 심적으로 충분히 접근할 수 있는 그 특정한 해를 가리킨다.

    시간 영역 내의 특정한 시점을 가리키는 that의 용법은 공간 영역 내의 특정한 지점을 가리키는 that의 용법에서 은유적으로 확대된 것이다. 발화자는 어떤 장소에서 어떤 시점에 특정한 문장을 발화하면서 자신의 위치에서 어느 정도 떨어진 지점에 있는 물리적 대상을 가리키기 위해 한정사 that을 사용한다. 마찬가지로 발화자는 발화시점보다 상당히 앞에 있거나 상당히 뒤에 있는 어떤 시점을 나타내기 위해 that을 사용한다(아래 (4) 참조). 이것은 영어 화자들이 시간을 공간의 관점에서 은유적으로 이해한다는 것을 보여준다. 구체적으로 그들은 은유적으로 시간을 공간으로 인식하고, 날이나 주, 년과 같은 기간을 공간상의 위치로 개념화한다. 이러한 이해 방식을 인지언어학의 용어로 표현하면, 화자와 청자 둘 다 심적으로 접근 가능한 '시간 영역 내의 특정한 시점'을 가리키는 that의 기능은 개념적 은유 [시간은 공간적 배경]과 [기간은 구역], [시점은 위치]를 통해 '공간 영역 내의 특정한 지점'을 가리키는 that의 원형적 의미에 연결된다.[5]

(4) a. At **that time**, there were fewer than 10 women guides in Botswana.
b. We have a seminar on **that day**.
c. I'm afraid I have another appointment for **that day**.

3.3.2. 사건 영역 내 지시: 한정사 that

한정사로서 that은 구체적인 물건이나 특정한 시점을 가리키는 명사만을 수식하는 것이 아니고, 공간 영역 속에 존재하는 것이 아니라 발생하는 사건을 가리키는 명사도 수식한다. 다음 예문에서와 같이 that와 결합하는 sunset (해넘이), death(죽음), action(행동), murder(살인) 등이 바로 그러한 부류의 명사이다.

(5) a. Look at **that sunset**.
b. **That action** is the height of hypocrisy.
c. And even if I die in the act, **that death** will be a glory.
d. They're trying to frame someone for **that murder**.
e. **That incident** changed their lives.

---

5 개념적 은유 이론의 핵심적 개념과 가정, 종류에 대해서는 Lakoff & Johnson(1980, 1999)를 보라.

(5a)는 어떤 곳에서 시각적으로 식별할 수 있는 사건 – 해넘이 – 이 일어나는 바로 그 시점에 화자가 함께 있는 청자에게 건네는 발화이다. 이 문장에서 that은 발화시에 주변에 존재하는 많은 사건들 중에서 화자가 자신의 관심을 끌고 있는 원격 지역의 사건인 해넘이에 청자도 역시 쉽게 접근할 수 있다는 것을 가리킨다. 이것은 (5b)-(5d)에서도 마찬가지다. (5b)에서는 that이 화자와 청자가 공유하는 인식 영역 내의 여러 행동 중에서 발화 순간에 화자가 심리적인 거리감을 두고 '위선의 극치'라고 묘사하는 그 행동이 무엇인지를 청자도 역시 알 수 있다는 것을 나타낸다. (5c)에서는 that이 발화 순간에서 화자가 마음속에 염두에 둔 아직은 발생하지 않은 잠재적 사건인 '죽음'에 청자도 역시 심적으로 접근할 수 있다는 관계를 지칭한다. 그리고 (5d)에서는 that이 '살인'이라는 많은 사건 중에서 화자가 발화 순간에 마음속으로 떠올리는 '살인' 사건이 어떤 것인지 청자도 역시 알 수 있다는 것을 가리킨다. 포괄적인 범주인 '사건'이라는 점만을 제외하면, 이것은 (5e)에서도 동일하다. 특정한 사건의 지시와 식별이라는 that의 이 의미는 존재론적 은유 [사건은 물건]을 통해 that의 원형적 의미에 연결된다.

3.3.3. 추론 영역 내 지시: 한정사 that

발생하는 사건이나 일과 마찬가지로 질문이나 대답, 제안, 판단, 결론 등도 구체적인 공간 속에서 직접 관찰할 수 있는 형태를 지닌 대상이 아니라, 논리적 추론 과정이나 인지 과정에서 출현하는 부류의 정신 활동이다.[6] 이러한 활동은 추상적인 개념으로 구성된다. 비록 직접 눈으로 보거나 만져볼 수 있는 것은 아니지만, 이러한 개념이 존재한다는 것을 부인하는 사람은 아무도 없다. 오히려 우리는 의사소통 과정에서 이러한 추상적인 개념을 흔히 구체적인 물건으로 이해한다.[7] 바로 이 존재론적 은유 [추상적인 개념은 구체적인

---

[6] 전통문법에서 추상명사라 부르는 부류에 속하는 '아이디어', '제안', '질문', '대답', '판단' 등은 사건이나 과정을 지칭하는 언어 표현과 마찬가지로 Lyons(1977: 445)의 이른바 2차 개체(second-order entities) 부류에 속한다.

물건] 덕택에, 우리는 결정이나 판단과 같은 추상적인 개념도 역시 구체적인 물건처럼 지시하고 식별할 수 있게 된다. 아래 (6)의 예문에서 제안, 의안, 의문, 대답, 판단, 결정, 결론 등 한 무리의 의미로 구성된 추상적 개체를 수식하는 한정사 that은 그러한 추상적 개체 중에서 화자가 발화 순간에 떠올리는 특정한 개체에 청자도 역시 심적으로 접근할 수 있다는 것을 나타낸다.

(6) a. We turned thumbs down to **that suggestion**.
　　 b. I entirely agree with **that proposition** and I hope that the Minister will be able to respond positively.
　　 c. I guess the boys up at Albany can deal with **that question**.
　　 d. **That answer** is equivalent to death.
　　 e. There are any number of snobberies and misconceptions in **that judgment**.
　　 f. An appeals court upheld **that decision** a week later.
　　 g. What has led you to **that conclusion**?
　　 h. Let me start with **that comment**.

3.3.4. 비교 영역 내 지시: 지시부사 that

that은 한정사로서 단지 명사만을 수식하는 것이 아니라, 대상의 내재적인 속성(예: 크기, 길이, 높이 등)이나 성질(예: 착함, 악함), 상태(예: 온도), 사람들의 감정 경험(예: 두려움, 당황함, 놀람), 대상에 대한 사람들의 평가적 판단(예: 좋음, 나쁨), 수량(예: 많음, 적음)을 나타내는 형용사 앞에 위치하는 부사

7　이러한 이해 방식은 의사소통의 구조를 이해하는 주요한 방식이다. 이러한 이해 방식에 최초로 주목한 사람은 마이클 레디(Michael Reddy)이다. 그는 이른바 도관 은유(conduit metaphors)가 언어적 의사소통에 대한 우리의 이해 방식을 구조하는 주요한 은유이며, 크게 [아이디어/의미는 물건]과 [언어 표현은 그릇], [의사소통은 전달하는 것]이라는 세 하위은유로 구성된다고 주장하며, 도관 은유를 예시하는 수많은 언어 표현─예를 들면, It's hard to *get* that idea *across to* him, Don't *force* your **meanings** *into* the wrong words, The **meaning** is right there *in* the words. 등─을 제시했다.

로서 그러한 형용사를 수식할 수도 있다. 이 경우에 that은 명사가 가리키는 대상의 속성이나 상태, 성질, 경험, 수량을 나타내는 형용사를 수식하는 일종의 강화사로서 '매우'(very)나 '그렇게'(to that extent), '그 정도로'(to such a degree)를 의미한다.

강화사로서의 that의 기능은 앞에서 논의한 한정사로서의 that의 기능과 의미적 연관성이 전혀 없는가? 그렇지 않다. 오히려 직관적으로는 이 두 부류의 기능 사이에 상당한 의미적 연관성이 존재한다고 느껴진다. 구체적으로 이들을 연결하는 기제는 무엇인가? (7)의 예문을 중심으로 'that + 형용사' 구조의 의미가 'that + 명사' 구조의 의미에 연결되는지 살펴보기로 하자.

(7) a. Tom is not **that tall**, considering he's 16.
b. It was **that big**, perhaps even bigger.
c. My arm doesn't reach **that far**.
d. It isn't all **that cold**.
e. The film wasn't all **that good**.
f. I'm sorry, I hadn't realized the situation was **that bad**.
g. I couldn't get out of the house fast enough, I was **that embarrassed**!
h. I'm not **that frightened** of my wife.
i. I didn't like the book **that much**.

(7a)에서 형용사 tall(키가 큰)의 의미는 자신이 서술하는 대상(예: Tom)이 수평축으로부터의 거리를 측정하는 척도상에서 어떤 표준적인 기준(norm)을 초과하는 관계를 나타내고, that tall(키가 아주 큰)는 이 초과의 정도가 더 심한 관계를 나타내므로 that은 강화 부사의 기능을 수행한다(<그림 3> 참조). 일상적으로 사물들의 어떤 속성이나 특성을 평가할 때, 우리는 흔히 각 사물이 해당 척도상의 어떤 한 점을 차지한다고 간주하며 표준이 되는 어떤 기준을 정하여 그 기준과 각 점 사이의 거리를 측정하여 평가한다. 어떤 두 도시

간 거리를 측정할 때 자신에게 가까운 도시를 기준점으로 정하는 것처럼, 어떤 특성을 비교할 때에도 흔히 우리는 은유적으로 자신이 기준점에 서 있다고 생각한다. 따라서 어떤 사물의 속성이 표준이 되는 기준과의 차이가 클수록, 화자는 그 사물이 자신과의 심리적 거리가 멀다고 생각한다(형용사 tall과 '부사 that+tall'을 도식화한 <그림 3>에서 n은 표준적인 기준을 나타낸다.).

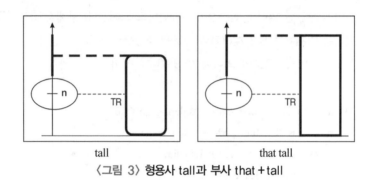

〈그림 3〉 형용사 tall과 부사 that+tall

속성의 비교에 대한 이러한 우리의 일상적인 은유적 개념화-[어떤 속성의 표준은 화자의 위치]와 [어떤 속성의 표준으로부터의 일탈은 화자에게서 멀어짐]-가 바로 (7a)에서 that이 수행하는 강화사로서의 기능을 that의 한정사 기능과 연결하는 인지적 기제이다. 마찬가지로 이 은유적 이해를 통해 'that+형용사' 구조를 포함하고 있는 나머지 문장 (7b)-(7h)에서도 크기나 거리, 날씨 상태, 옳고 그름의 판단, 감정 상태를 묘사하는 형용사와 결합해 그러한 상태나 성질의 정도를 강화하는 that의 기능이 한정사로서의 that의 기능에 연결된다.

3.3.5. 의사소통 영역 내 지시: 지시대명사 that

뒤따라오는 명사를 직접 수식하는 한정사로서의 that의 용법과 달리, 지시 대명사 that은 명사와 결합하지 않고 단독으로 사용되어 대화상에서 이미 언급되었던 대상이나 직접 언급되지 않았다 하더라도 대화의 맥락상에서 식별할 수 있는 대상을 가리킨다. 더 나아가 지시대명사 that은 아래에 제시한 대화에서 보듯이 구체적인 사물이 아니라 대화나 담화 맥락에서 이미 제시된 서술을 가리킬 수 있다. 화자가 대명사 that으로 지시하고자 하는 이 서술은 이미 주어진 정보이기 때문에 발화 순간에 청자도 역시 이 서술을 정확하게 이해할 수 있다.

(8) A: I've never been to Paris.
     B: **That**'s a pity. You should go one day.
(9) A: She said she'd met you in England.
     B: **That**'s true.

대화 (8)에서 that은 청자 A가 발화했던 문장의 전체 내용– '청자 A가 파리에 한 번도 가본 적이 없다'는 것– 을 가리킨다. 반면에 대화 (9)에서는 that이 청자 A가 발화했던 문장의 일부인 종속절의 내용– 즉 '그녀가 화자 B를 영국에서 보았다'는 것– 을 가리킨다. 이 두 대화에서 that이 어떤 문장의 전체를 가리키든 그 일부인 내포절을 가리키든 청자 A는 화자 B가 that으로 가리키는 내용이 무엇인지 바로 알 수 있다. 그 내용은 화자 B의 발화 직전에 청자 A 자신이 (화자로서) 직접 발화한 것이기 때문이다.

대화의 진행 과정에서 화자는 지시대명사 that으로 대화상대자의 진술만을 지시하는 것이 아니다. 아래 예문에서 보듯이 대화상대자의 발화에 반응하면서 발화를 좀 더 상세히 하고자 할 때 자신의 앞선 발화를 지칭할 수도 있다. (10a)에서 that은 '화자가 늘 타고 다니던 기차의 운행이 취소되었다'는 것을 가리키고, (10b)에서는 that이 '그녀가 많이 아팠다'는 것을 가리키며, (10c)에서는 '우리(화자와 청자)가 노르웨이로 여행 갔다'는 것을 가리킨다.

(10) a. My usual train was cancelled. **That**'s why I'm so late.
     b. I didn't know she'd been so ill. **That**'s terrible.

c. Do you remember when we went to Norway? **That** was a good
trip.

화자가 지시대명사 that을 사용해 대화상대자의 진술을 가리키든 자신의
진술을 가리키든 이 진술은 문장이나 절의 형식을 지니고 있으며 진리치를
따질 수 있는 명제이다. 그렇다면 대화 맥락상의 앞선 명제를 가리키는 대명
사 that의 기능은 that의 다른 의미에 어떻게 연결되는가? 형식의미론에서 흔
히 문장의 의미는 참이나 거짓이다. 도관 은유에 따르면, 의미는 은유적으로
물건으로 개념화된다. 따라서 의미를 담고 있는 명제도 당연히 물건으로 개념
화된다. 즉, 은유적으로 [명제는 물건]이고, [담화는 물리적 공간]이다. 바로
이 개념적 은유로 인해 앞선 발화를 지시하는 대명사 that의 의미는 화자에게
가까운 구체적 물건을 지시하는 that의 원형적인 의미에 연결된다.

3.3.6. 도식화에 의한 확대: 지시대명사 that

한정사로서 that의 의미는 발화 시점에 화자가 염두에 두고 지시하고자 하
는 대상을 청자도 식별할 수 있는 관계를 나타낸다. 이 관계 속의 대상은 도식
적으로만 제시되며 that이 수식을 받는 명사와 결합할 때에야 비로소 그 대상
의 구체적인 정체가 드러난다. 한정사 that의 수식을 받는 명사가 지시하는
대상의 유형은 3차원의 공간에 분명히 존재하며 시각적으로 확인할 수 있는
사람이나 동물, 구체적 물건은 물론 시간과 공간 속에 존재하는 것이 아니라
발생하는 사건이나 행위, 그리고 우리의 사고 과정 속에 존재하는 추상적인
개념이나 명제에 이르기까지 아주 다양하다. 지시대명사 that의 기능을 도식
적인 그림으로 나타내면 다음과 같다.

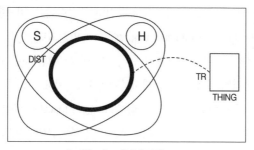

〈그림 4〉 지시대명사 that

　이 그림에서 화자의 인식 공간과 청자의 인식 공간을 상징하는 두 타원이 교차하는 부분은 화자와 청자가 공유하는 인식 공간을 나타내며, 가운데 짙은 동그라미는 화자와 청자가 심적으로 접근하는 구체적인 물건뿐만 아니라 시간이나 사건, 명제, 추론을 비롯한 추상적인 개체를 다 포괄한다. Lyons(1977: 445)의 용어로 말하자면, 1차 개체와 2체 개체, 3차 개체를 다 포괄한다. 이 도식적인 대상이 구체적으로 무엇인지는 주로 사용되는 지시대명사를 서술하는 '동사＋보어' 결합이 알려준다. 먼저 that을 서술하는 술어가 이 that이 지시하는 대상이 사람인 경우를 살펴보자.

(11) a. **That** is John.　　　　　　　　cf. **That man** is John.
　　b. Is **that** the girl you told me about?
　　c. Do you call **that** a gentleman?
　　d. "Hello. Is **that** Jean?" she said when she heard a voice answer
　　　 the phone.

　(11a)는 화자가 청자에게 자신에게서 조금 떨어진 곳에 있는 사람의 정체에 대해 서술하는 발화이다. 이 문장을 발화하는 순간에 그 사람을 가리키는 손짓을 함께 한다면 화자는 'that man'이라고 사용하지 않아도 별 어려움 없이 자신의 의도를 청자에게 전달할 수 있다. 이것은 (11b)-(11c)에서도 마찬가지이다. (11b)는 화자가 자신에게서 떨어진 곳에 있는 특정한 사람이 청자가

그 이전에 언급했던 바로 그 사람인지 확인하는 발화이다. 이러한 상황에서는 Is 'that girl' the girl you told me about?이라고 말한다면, 오히려 잉여적이고 어색한 표현이 될 것이다. 화자가 자신이 염두에 둔 어떤 사람에 대한 청자의 의견에 대해 반어적으로 이견을 제시하는 (11c)에서도, 그 사람을 지칭하기 위한 표현으로 굳이 that man을 사용할 필요 없이 that으로 충분하다. (11d)는 화자가 전화 수화기에서 흘러나오는 목소리의 주인공이 누구인지 확인하기 위해 청자에게 건네는 발화이다.

화자는 자신이 염두에 두고 있고 청자도 분명히 알 수 있다고 생각하는 물건이나 사건, 행동에 대해 서술하고자 할 때에도 'that + 명사' 구조가 아니라 that을 사용해 발화할 수 있다. 이 대상은 (12a)에서와 같이 발화 순간에 화자와 청자가 시각적으로 직접 접근할 수 있는 대상일 수도 있고, (12b)-(12d)에서와 같이 심적으로 추적해야 접근할 수 있는 대상일 수도 있다.

(12) a. **That** tastes good.   cf. **That pie** tastes good.
      b. **That** was the best time.
      c. **That** was a beautiful catch.
      d. **That** was a difficult problem to resolve.

또한 지시대명사 that은 지칭하는 대상이 구체적 공간이나 정신적 공간이 아니라 이미 발화된 텍스트 내에 존재하는 경우에도 사용할 수 있다. 이 경우에는 지시대명사 that이 주로 바로 앞선 절이나 문장에 대조와 비교의 목적으로 제시된 활동이나 추상적인 개념을 가리키는데, this는 가까이에 있는 대상을 가리키고 that은 더 멀리 있는 대상을 가리킨다. 그래서 (11a-c)에서 this는 앞 절에 제시된 play(놀이)와 diligence(근면), vice(악)를 가리키는 반면, that은 이 들보다 더 멀리 있는 표현인 work(일)와 talent(재능), virtue(선)를 가리킨다.

(13) a. **Work** and play are both necessary to health; this gives us rest, and **that** gives us energy.

b. Both **talent** and diligence are indispensable to the attainment of success in life; this of course is more important than **that**.

c. **Virtue** and vice are before you: this leads you to misery, **that** to peace.

3.3.7. 담화 영역 내 약화된 지시: 접속사 that

전통문법에서는 that을 지시사와 접속사로 명확히 구별해 이 둘 사이에 어떤 의미적 연관성이 있을 것이라 가정하지도 않았고 그 가능성을 탐구하지도 않았다. 따라서 (한정사와 지시대명사 용법을 포괄하는) 지시사 that$_1$과 접속사 that$_2$는 우연히 형태(즉, 소리)가 동일한 동음이의 현상의 사례이며, 접속사 that은 주절과 종속절을 연결하는 문법적 기능을 수행할 뿐 한정사나 지시대명사 that의 '지시적' 의미와 아무런 연관성이 없다고 가정했다. 이러한 태도는 변형생성문법에서도 그대로 유지되었다. know, say, think, believe, tell 등의 목적어 절 앞에 오는 접속사 that은 변형규칙에 따라 아무런 의미 변화 없이 삽입하거나 생략할 수 있다고 주장했다.[8] 이러한 주장에 따르면, 아래에 제시한 세 쌍의 문장들은 아무런 의미 차이 없이 화자가 자의적으로 선택할 수 있는 일종의 자유 변이에 해당한다.

(14) a. She said the story was true.

a'. She said **that** the story was true.

b. I think she's already gone home.

b'. I think **that** she's already gone home.

---

8 동사만이 that-절을 목적으로 취하는 것이 아니라, surprised, glad, sorry, afraid, sure, certain 등 화자의 감정이나 심리 상태를 나타내는 형용사 뒤에도 that-절이 올 수 있다. 이 경우에도 I was afraid (that) I might wound her pride나 I am glad (that) you were not hurt in the accident와 같은 문장에서 보듯이 that은 생략할 수 있다.

c. I'm sure he'll be all right.

c'. I'm sure **that** he'll be all right.

하지만 아무런 의미 변화를 초래함이 없이 화자가 자의적으로 접속사 that을 생략하는 것이 정말로 가능할까? 이것은 직관적인 측면에서도 언어 경제성의 측면에서도 자연스럽지 않다. 원래 생략해도 되는 낱말을 굳이 삽입했다가 생략하는 과정을 다시 거칠 이유가 없기 때문이다. 또한 목적어 역할을 하는 종속절 앞에 왜 (one, two, here, there 등이 아니라) 굳이 that을 사용하는 것일까? 그 이유는 접속사 that이 지시사 that의 의미에 어떤 식으로든 연결되기 때문이 아닐까? 실제로 Bolinger(1977: 11-13)는 "형태가 다르면 의미도 다르고 의미가 다르면 형태가 다르다"고 주창하며, 접속사 that을 포함한 문장과 그렇지 않은 문장 사이에 어떤 의미적 차이가 있는지를 밝혀냈다.9

다음은 볼린저가 자신의 주장을 뒷받침하기 위해 검토한 한 쌍의 문장이다.10 문장의 의미를 단지 진리치로 간주하는 논리학자들의 입장에서나 이 두 문장이 세계 내에 객관적으로 존재하는 동일한 장면을 지칭한다고 주장하는 지시적 의미론의 관점에서는 이 두 문장의 의미가 같다고 말할 수 있다. 하지만 문장의 의미는 진리치가 전부가 아니라 그 이상을 담고 있으며, 언어 표현의 의미는 단순히 이미 존재하는 객관적 장면을 지시하는 것만이 아니라 그 장면을 구성하고 해석하는 방식과도 밀접한 관련이 있다.

(15) a. The forecast says it's going to rain.

---

9 Bolinger(1977: ix-x)는 비지시적인 it과 존재 구문의 there, 접속사 that이 문법적 기능만을 수행할 뿐 의미적 기여를 하지 않는다는 변형생성문법의 주장에 대해 "어떤 언어에서든 살아남아 있는 모든 낱말은 의미적 기여를 해야 한다"고 반박하고, '의미적 기여를 하지 않는 문법 형태소'를 '정신은 없는 육체'에 비유해 '의미 없는 형태소'(mindless morphs)라 칭하며 그 존재를 부정한다.

10 이외에도 Bolinger(977: 11-12)는 I thought you need some help 대 I thought **that** you need some help와 같은 쌍이 어떤 의미적 차이를 지니는지 상세히 설명하고 있다.

b. The forecast says **that** it is going to rain.

위의 두 문장은 어떤 의미적 차이가 있는 것일까? 발화 맥락을 고려하면, 완전히 동일한 의미를 지니는 것으로 보이는 이 두 문장도 섬세한 의미적 차이가 드러난다고 주장한다. 볼린저에 따르면, 화자가 사무실에 들어가면서 주변 사람들을 의식하지 않고 무심코 날씨에 대해 말하는 상황이라면 that을 포함하지 않은 (15a)가 적절한 발화이지만 (15b)는 어색한 발화이다. 반면에 화자가 사무실에 들어서는 그 순간에 누군가가 그에게 "내일 날씨 어때"(What's the weather tomorrow?)라고 묻는 상황이라면 that을 포함한 (15b)가 더 적절한 표현이다. 종속절이 단절된 무언가를 나타내는 것이 아니라 대화상에서 (that으로 가리킬 수 있는) 이미 언급된 문제를 나타내는 경우에는 ∅-종속절보다 that-종속절이 더 적합하다.

이 대조는 접속사 that이 (비록 **That puppy** is quite cute에서 한정사 that이 수행하는 지시적 기능만큼 명확히 드러나지는 않지만) 여전히 지시적 기능을 수행하고 있다는 것을 보여준다. 따라서 종속절을 이끄는 접속사 that의 의미도 that의 원형적인 의미('지시적 기능')에 연결된다고 할 수 있다.

3.3.8. 담화 영역 내 약화된 지시: 관계대명사 that

영어에서 관계대명사는 선행사의 유형에 따라 사용하는 그 종류가 다양하다. 대부분의 영문법 서적과 사전에서는 선행사가 사람일 때는 관계대명사 who를 사용하고 선행사가 사람이 아닐 때에는 which를 사용하며, 관계대명사 that은 의미 변화를 초래함이 없이 who와 which를 대체할 수 있다고 설명한다. 다음 예문은 이러한 설명을 예시한다.

(16) a. The people **who** called yesterday want to buy the house.

b. The people **who(m)** we met in France have sent us a card.

c. Houses **which** overlook the lake cost more.

d. It was a crisis **which** she was totally unprepared for.

(17) a. The people **that** called yesterday want to buy the house.

b. The people **that** we met in France have sent us a card.

c. Houses **that** overlook the lake cost more.

d. It was a crisis **that** she was totally unprepared for.

관계대명사에 대한 이러한 설명에서도 여전히 드는 의문이 있다. 아무런 의미적 차이가 없다면 도대체 무엇 때문에 관계대명사 who나 which를 that으로 바꾸는 수고를 해야 하는가? 차라리 that을 관계대명사에서 제외하면 더 경제적이지 않을까? 그렇지만 어떤 조건에서는 선행사가 사람이든지 사람이 아니든지에 관계없이 반드시 관계대명사 that을 사용해야 한다는 것을 보면, 관계대명사 that의 존재 이유는 나름대로 있는 것으로 보인다. 다음에서 보듯이, 선행사 역할을 하는 명사 앞에 'the + 최상급', 'the + very', 'the + only', 'the + first', 'the + same' 등이 위치할 때에는 반드시 관계대명사를 써야 한다.[11]

(18) a. It's *the best* novel **that** I've ever had.

b. He is *the only* man **that** I love.

c. This is *the very* book **that** I wanted to buy.

d. He is the *first man* **that** reached the North Pole.

(18)과 같은 문장에서는 관계대명사 who나 which를 쓸 수 없고 that을 써야 한다고 기술했을 뿐, 그 이유에 대한 해명을 시도한 연구는 없었다. 하지만 '형태가 다르면 의미가 다르고 의미가 다르면 형태가 다르다'는 관점에서 보면, 이러한 문장에서 that을 써야만 하는 의미적인 동기가 있어야 한다. 선행사

---

11 물론 이것이 반드시 관계대명사로 that을 사용해야 선행사 조건의 전부는 아니다. 선행사가 부정어(예: no나 little)의 수식을 받는 경우나, 선행사가 -body나 -thing으로 끝나는 경우(예: everything, anything, nobody 등), 사람과 사물로 결합된 선행사의 경우에도 관계대명사 that을 사용해야 한다.

인 명사를 수식하는 'the + very'나 'the + only', 'the + first', 'the + same'의 의미는 해당 명사의 사례들이 대화의 맥락에 이미 들어와 있음을 알려주는 역할을 한다. 그리고 뒤따르는 관계절은 화자와 청자에게 이미 구정보인 이러한 사례들 중의 특정 사례를 지칭한다. 이 '구(舊)정보' 특성이 이러한 문장에서 관계대명사로 who나 which가 아니라 that을 사용해야 한다는 제약으로 작용한다. 왜냐하면 구(舊)정보 특성은 that의 원형적 의미인 '지시적 기능'과는 자연스럽게 양립할 수 있지만, 신정보를 요구하는 의문사적 성격을 여전히 가지고 있는 관계대명사 which/who와의 결합은 잘 어울리지 않기 때문이다.[12]

선행사가 'the + 최상급', 'the + very', 'the + only', 'the + first', 'the + same' 등의 수식을 받는 경우에는 관계대명사로 that을 사용해야 하고, 계속적 용법의 경우에는 that이 아니라 who/which를 사용해야 한다. 이러한 제약 조건이 없는 경우에도 관계대명사 that를 사용하느냐 which를 사용하느냐에 따라 문장의 용인 가능성이 다를 수 있다(Bolinger 1977: 12). 이것은 관계대명사 that과 관계대명사 who/which 사이에 섬세한 의미적 차이가 존재할 수 있다는 것을 암시한다.

(19) a. This letter that came yesterday, {**that**/?**which**} you remember had no stamps, was postmarked four weeks ago.

b. This letter that came yesterday, {***that**/**which**} incidentally had no stamps, was postmarked four weeks ago.

볼린저는 관계대명사 that은 의미적으로 지시사 that의 흔적을 가지고 있으

---

12 관계대명사 which/who의 의미에 의문사로서의 흔적─'새로운 정보를 요구함'이라는─ 이 여전히 남아있다는 사실은 *I have three coats, **that** are black. 대 I have three coats, **which** are black.에서와 같이 관계대명사의 계속적 용법에서 that을 사용할 수 없다는 제약으로도 작용한다. 관계대명사의 계속적 용법은 선행사에 대한 부가적 논평이어서 신정보를 담고 있기 때문에, 맥락상에서 이미 제시된 구정보를 지칭하는 that의 기능과는 잘 어울리지 않기 때문이다.

며 관계대명사 which와 who는 의미적으로 의문사로서의 기능을 여전히 가지고 있다는 관점에서, 이 두 문장이 관계대명사 that과 관계대명사 which 사이에 드러나는 용인 가능성의 차이를 설명한다. 주제(letter)에 대한 정보 – '즉 그 편지에 우표가 붙어 있지 않았음'이라는 정보 – 를 청자가 이미 알고 있음을 암시하는 삽입절 you remember로 인해, (19a)에서는 약하지만 지시적 기능의 흔적을 가지고 있는 that를 써야 자연스러운 문장이 되고 which를 쓰면 어색한 문장이 된다. 물론 화자가 청자의 기억을 새롭게 하여 그 주제를 다시 도입하고자 하는 의도로 말한다면, (19a)에서도 which를 사용할 수도 있지만 말이다. 반면에 보통 청자의 관심을 담화상의 새로운 부차적 주제에 돌리도록 요구하는 낱말 incidentally(우연히도)로 인해, (19b)에서는 관계대명사로 which를 사용하는 것이 자연스럽고 that을 쓰면 문장이 어색하게 된다. 이 낱말은 담화 상에 이미 도입된 무언가를 지시하는 기능을 수행하는 that과는 양립 가능하지 않으며 어떤 새로운 '의문'을 제기하는 낱말인 which와는 아주 자연스럽게 양립 가능하기 때문이다.

볼린저의 주장을 요약하면, 관계대명사 which를 관계대명사 that으로 자의적으로 대체하는 것이 아니라, 청자에게 선행사에 대한 새로운 정보를 요구하지 않는 경우 – 즉 이미 도입된 정보만을 지시하는 경우 – 에 화자가 관계대명사 that를 선택한다는 것이다.[13] 이 주장은 관계대명사로 쓰이는 경우에도 that이 비록 미세할지라도 여전히 '지시' 개념을 담고 있다는 것을 의미한다. 그리고 관계대명사 that의 용법은 개념적 은유 [정보는 물건]과 [담화/텍스트는 물리적 공간]을 통해 that의 '지시적' 용법에 연결된다.

---

13 관계대명사 who와 관계대명사 that의 의미적 대조에 대해서도 동일한 설명을 제시할 수 있다. 실제로 Bolinger(1977: 12-13)는 I want to get word to him as soon as possible about someone else {**that** / **who**} I knew was available.라는 문장의 쌍에서 화자가 선행사(someone else)에 대해 상대방이 이미 알고 있는 정보를 다시 말하는 경우에는 관계대명사로 that을 사용하고, 선행사에 대해 무언가 새로운 정보를 추가해 말하는 경우에는 who를 사용한다고 주장한다. that을 사용하는 문장에서는 '어떤 다른 사람을 활용할 가능성'이 중요한 문제가 아니지만, who를 사용하는 문장에서는 그 가능성에 대한 새로운 정보를 청자에게 제공한다.

that의 모든 의미들에는 정도의 차이는 있지만 '지시' 개념이 들어 있다. that의 가장 원형적인 의미는 화자와 청자의 인식 영역 중에서 '물리적 공간'을 참조하는 '물리적 공간 내 지시'이며, 다른 의미들은 [기간은 공간적 배경], [사건은 물건], [개념은 물건] 등 여러 개념적 은유를 통해서 이 원형적인 의미에 연결되고 있고, 지시대명사 that의 의미가 that의 의미들에 연결되는 데에는 도식화 기제가 작용하고 있다. 지금까지 논의한 that의 의미들이 서로 연결되는지를 다음과 같은 그림으로 표현할 수 있다.[14]

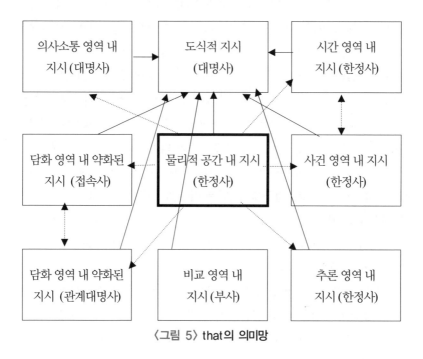

〈그림 5〉 that의 의미망

14　이 그림에서 가운데 짙은 부분은 that의 가장 원형적인 의미를 나타내고, 실선 화살표는 도식과 실례라는 도식적 관계를 나타내며, 점선 화살표는 은유에 의한 확장을 나타낸다.

4. 마무리

　대부분의 사전에서 that의 용법을 한정사(지시형용사)와 지시대명사, 접속사, 관계대명사로 분류해서 그 의미를 제시해 왔다. 세밀하게 들여다보면, 이 분류는 한정사와 지시대명사 용법을 묶은 that의 지시적 용법과, 접속사와 관계대명사 용법을 묶은 비지시적 용법으로 나뉜다. 사전의 분류에서는 지시적 용법의 하위 용법들 사이에서는 의미적 관련성을 느낄 수 있지만, 지시적 용법과 (접속사 용법이든 관계대명사 용법이든) 비지시적 용법 사이에서 의미적 관련성을 찾기 힘들다. 이 연구에서는 that의 비지시적 용법이 의미적으로 that의 지시적 용법에 연결된다는 것을 밝혀내고자 시도했다.

　이 목적을 위해 먼저 지시적 용법의 다양한 하위 용법을 살펴보았으며, 'that + 명사' 구조로 사용되는 한정사 용법 중에서 구체적인 3차 공간의 사물을 지칭하는 명사를 수식하는 경우를 that의 가장 원형적인 의미(들)로 설정하고, that의 다른 의미들이 어떻게 이 원형적인 의미에 연결되는지를 해명하고자 시도했다. 한정사로서의 that의 용법은 발화 순간에 화자가 마음속에 떠오르는 대상에 심적으로 접근할 수 있는 매우 도식적인 관계를 지칭한다. 이 도식적인 관계는 that이 수식을 받는 명사와 결합할 때야 비로소 구체화된다.

　한정사로서 that의 가장 원형적인 용법은 (that book, that dress, that son 등에서처럼) 구체적인 형태와 분명한 경계를 지니고 3차원의 물리적 공간에 존재하는 사람이나 물건을 지칭하는 명사를 수식하는 관계를 가리킨다. 또한 한정사 that의 용법은 3차원 공간 내에 안정적으로 존재하는 물건만을 한정하는 관계가 아니라, (that time, that morning, that year 등에서와 같이) 시간 영역 속에 존재하는 추상적인 대상을 한정하고, (that sunset, that murder, that action에서처럼) 시간과 공간 속에서 존재한다기보다 발생하는 사건이나 과정, 상태를 한정하며, (that suggestion, that comment, that decision에서처럼) 정신 영역의 활동을 한정하는 관계로 확장되었다.

　한정사 that의 의미 확장에는 개념적 은유 [시간은 공간적 배경], [사건은 물건], [추상적인 개념은 구체적인 물건] 등이 작용한다. 또한 강화사 역할을 수행하는 that의 의미는 개념적 은유 [어떤 속성의 표준은 화자의 위치]와 [어떤 속성표준으로부터의 일탈은 화자에게서 멀어짐]을 통해 한정사 that의 의미에 연결되고, 수식을 받는 명사 없이 지시대명사로 사용되는 that의 용법은 [명제는 물건]과 [담화는 물리적 공간]이라는 개념적 은유와 도식화 과정을 통해 that의 한정사 용법에 연결된다. 그리고 얼핏 보기에 지시적 기능을 수행하지 않는 것으로 보이는 that의 접속사 용법과 관계대명사 용법에도 비록 한정사나 지시대명사, 강화부사 that의 용법보다는 지시적 기능이 약할지라도 여전히 '지시' 개념이 들어있다.

이 글에서 that의 용법을 살펴보았지만, 아직도 어떻게 that의 지시적 의미와 연결되는지에 대해 다루지 못한 용법도 남아있다. 직관적으로는 감정의 원인이나 추론의 이유를 나타내는 that-절이나 인과관계를 나타내는 that-절, 강조구문의 that-절, 동격 관계의 that-절에 사용된 접속사 that에도 여전히 '지시' 개념이 들어있을 것으로 판단하지만, 구체적으로 어떤 부류의 지시인지에 대해서는 앞으로 밝혀야 할 과제이다.

참고문헌

김명숙(1984), "도식적 개념 분석-take와 give의 예", 『언어』 9(2): 447-473, 한국 언어학회.

김명숙(1992), "영향동사의 의미 확대 현상 연구", 연세대학교 대학원 영어영문학과 박사학위논문.

이기동(2017), 『영어 전치사 연구: 의미와 용법』, 교문사(개정판).

이기동(2015), 『인지문법에서 본 영어 동사 사전』, 한국문화사.

나익주(2001), "다의어 line의 의미 구조 분석", 『담화와 인지』 8(2): 47-72, 담화·인지 언어학회.

Bennett. D. C.(1973), *A Stratificational View of Polysemy*, New Haven: Linguistic Automation Project, Yale University.

Bendix, E.(1966), *Componential Analysis of General Vocabulary: The Semantic Structure of a set of verbs in English, Hindi, and Japanese*, Bloomington: Indiana University.

Bolinger, D. & D. L. M. Bolinger(1977), *Meaning and Form,* Hague: Mouton.

Brugman, C.(1981), The Story of '*over*', Berkeley, C.A.: University of California Master's Thesis.

Collins Publishers(1987), *Collins Cobuild English Language Dictionary*, London/Glasgow: Collins Publishers.

Lakoff, G.(1987), *Women, Fire, and Dangerous Things: What Categories Reveal about the Mind,* Chicago: The University of Chicago Press.

Lakoff, G. & M. Johnson(1980), *Metaphors We Live By,* Chicago: The University of Chicago Press.

Lakoff, G. & M. Johnson(1999), *Philosophy in the Flesh,* New York: Basic Books.

Langacker, R.(1986), An Introduction to Cognitive Grammar, *Cognitive Science* 10: 1-40.

Langacker, R.(1987), *Foundations of Cognitive Grammar I: Theoretical Prerequisites*, Stanford: Stanford University Press.

Langacker, R.(1991), *Concept, Image, and Symbol: The Cognitive Basis of Grammar,* Berlin: Mouton de Gruyter.

Langacker, R.(2008), *Cognitive Grammar: A Basic Introduction*, Oxford: Oxford University Press.

Lindner, S. J.(1980), A Lexico-Semantic Analysis of English Verb-particle Constructions with UP and OUT, San Diego: University of California Doctoral Dissertation.

Lindner, S. J.(1982), What goes up doesn't necessarily come down: The Ins and Outs of opposites, *Chicago Linguistic Society* 16: 428-451.

Lyons, J.(1977). *Semantics* 2, Cambridge: Cambridge University Press.

Longman Group Ltd(ed).(1987), Longman Dictionary of Contemporary English, Harlow and London: Longman Group Ltd.

Ruhl, C.(1988), *On Monosemy: A Study in Linguistic Semantics*, Albany, N.Y.: State University of New York Press.

Norvig, P. & G. Lakoff(1987). Taking: A study in lexical network theory, *Berkeley Linguistic Society* 12: 195-206.

Taylor, J. R.(1995), *Linguistic Categorization: Prototypes in Linguistic Theory,* Oxford: Clarendon Press.

영·한·중의 푸른 계열 색에 대한 의미 해석

임 수 진*

1. 들머리

빛이 사물에 비춰지면 그 사물은 색을 띄게 되고, 우리는 눈을 통해 그 색을 지각한다. 그리고 생리적으로 지각된 그 색은 우리 인간의 언어로 표현되고 인지된다. 즉, 색의 지각은 동일할지라도 인간의 '언어'로 표현될 때 그 표현 방식에 따라 색의 인지는 달라질 수 있다.

여기서 우리는 색의 인지에 관하여 크게 두 가지 관점을 생각해 볼 수 있다. 한 가지는 언어가 인간의 사고방식에 영향을 끼친다는 사피어-우프[1]의 가설에 기초하여 색채어와 그 색의 범주(색상에 관한 언어의 구조화)는 문화에 따라

---

* 영남대학교 교양학부 교수, sjlim@yu.ac.kr

1 사피어-우프 가설(The Sapir-Whorf Hypothesis)에 따르면, 언어적 상대성은 강하게는 "우리가 구사하는 언어는 우리의 사고방식을 결정한다"로, 약하게는 "우리가 구사하는 언어는 우리의 사고방식에 영향을 준다"로 요약된다(Kövecses 2006: 34).

영·한·중의 푸른 계열 색에 대한 의미 해석 **967**

인위적이며 임의적으로 결정된다는 상대적 관점이다. 또 다른 한 가지는 인간이 색을 인식할 때, 문화와 시대를 초월하여 모든 언어는 공통적이며 전형적인 색의 범주가 존재한다(Berlin & Kay 1969)는 보편적 관점을 생각해볼 수 있다.

예를 들어, 한국인과 에스키모인이 보는 흰색이 같다할지라도 그것을 지칭하는 색채어와 색의 범주는 다를 수 있다. 눈 속에 살고있는 에스키모인들에게는 눈이 생존에 매우 중요하기 때문에 흰색을 그들은 적어도 17가지 이상으로 구분한다(진실로 2003: 1). 그럼에도 불구하고, 흰색이라는 색의 초점이 한국인과 에스키모인의 색채어에 공통적으로 존재함은 분명하다. 이와 같이 색에는 상대성과 보편성을 동시에 가지고 있는 것이다.

또한 색채어는 단순히 색을 지칭하는 역할뿐만 아니라 일상생활에서 우리의 감정과 비유적 의미를 전달하는 의사소통의 중요한 수단이 되기도 한다. 그러므로 색채어가 지칭하는 색의 범주뿐만 아니라 그 색채어가 가지는 의미적 특성을 찾아 언어별로 분석하고 비교해보는 것은 색채어의 보편성과 상대성(특이성)을 알아볼 수 있는 의미있는 연구가 될 것이다.

지금까지 색채어에 관한 연구의 주된 흐름은 색의 인지와 기본색채어의 선정에 관한 연구에서 기본색채어의 의미에 관한 연구로 이어지고 있다. Berlin & Kay(1969)를 시작으로, 이러한 색에 관한 연구는 전세계적으로 본격화 되었으나 1990년대 후반까지도 이들 연구들은 '색의 이름과 구분, 그리고 기본색채어의 선정'에 그 초점을 두고 이루어졌다. Berlin & Kay(1969)는 서로 다른 언어일지라도 색채어를 설정하는데 몇가지 중요한 보편적 규칙들이 존재하며, 기본색채어로 black, white, red, yellow, green, blue, orange, brown, pink, purple, grey임을 주장하였고, Corbett & Davies(1997)는 색의 명칭기준의 하나로서 심리적으로 색의 현저한 특징을 인지하는 것과 관련되어있음을 뒷받침하였다. 이에 더 나아가 Wierzbicka(1990, 2006)는 색의 '관찰'만이 보편적 개념이므로 '색'은 보편적 개념이 될 수 없고 따라서 색의 보편성은 존재하지 않는다고까지 주장하였다.

2000년대에 들어와서 이러한 연구는 '색의 의미'에 관한 연구로 이어져 국내외에서 더욱 활발히 이루어졌는데, 이는 주로 크게 개념적 은유와 환유이론을 바탕으로 한 색채어의 의미와 상징성에 관한 연구와 문법적·음운적 변이에 따른 의미파생에 관한 연구로 이루어졌다. 이러한 선행연구로 박경선 (2001)은 영어와 한국어의 색채어에 나타나는 개념적 은유를 조사하고 개념적 은유들이 색채어를 포함한 다수 표현들에 동기를 부여하고 있음을 주장하였으며, 임수진(2006)은 영어와 한국어에서 기본색채어의 상징적 의미를 분석하고 이 둘 언어에서 발현되는 공통된 특징들을 찾아내 정리하였다. 또 Allan(2009)은 지시대상의 시각적 특성에 기반하여 영어 기본색채어의 비유적 의미를 알아보고자 하였으며, Aliakbari & Khosravian(2013)은 속담에서의 색채어의 분포를 알아보고 색채어의 의미가 언어사용자의 이념이나 가치에서 은유적으로 어떻게 반영되었는가를 조사하였다. 또한 문법적·음운적 변이에 따른 의미파생에 관한 연구로는 김기찬(2000)이 영어와 한국어의 기본색채어의 의미를 분석하며 한국어의 자·모음 대립과 접사에 따른 의미적 특성을 자세히 논한 바 있고, 최은정(2005)은 색채어의 문법적 범주(명사, 형용사)와 형태(합성어, 복합어, 파생어등)에 따라 한국어와 프랑스어의 색채어 의미자질을 대조 분석하였다. 또 김선희(2013)는 한국어와 일본어에서 기본 색채어휘의 음운변화(자모음 교체와 음절 삽입)와 접사(접두어와 접미어)에 따른 의미표현의 차이에 관하여 분석하였다.

이와 같이 색채어에 관한 연구는 양과 질적인 면에서 엄청난 발전을 거듭하여 왔다. 그러나 지금까지 색채어에 관한 선행연구들 특히 색채어에 관한 대조연구를 살펴보면, 대부분 연구대상의 언어에서 기본색채어를 설정하고, 그 기본색채어들의 의미와 색채어 체계내 발전단계를 획일적으로 비교 분석하는 경우가 주를 이루었다. 더구나 이러한 연구들은 언어적 특성으로 인하여 동일한 색채어에 대하여 언어별 색의 인지와 그것이 지칭하는 실제 색의 범위에 따른 차이를 배재한 채 색채어의 의미를 비교함으로써 발생할 수 있는 문제점들을 설명하지 않았다.

따라서 이 글에서는 연구대상을 기본색채어가 아닌, 언어에 따라 색의 인지에서 상당한 차이를 보이는 '푸른 계열의 색'을 분석 대상으로 삼고, 영어와 한국어 그리고 중국어에 있어서 색의 인지와 범주, 그리고 색채어의 의미해석에 관하여 심층 분석하고 언어 간 비교를 통하여 언어의 보편성과 특이성을 알아보고자 한다.

2. '푸른 계열 색'의 언어기술

푸른 계열 색에 관한 언어별 의미해석을 분석하기 위해서는 먼저 언어별로 푸른 계열에 해당하는 색채어의 범주를 선정하여야 한다. 이를 위해 영어와 한국어, 중국어의 기본색채어 체계에서 푸른 계열의 색에 해당하는 색의 범주를 설정하고자 한다.

영어에서는 일반적으로 기본색채어를 11개로 설정하고 있는데, 이것은 Berlin & Kay(1969)의 기본색채어를 정의하는 기준을 따른 것으로, 그 기준은 대략적으로 다음과 같다.

    (1) a. 기본색채어는 단일어휘이다.
          b. 하나의 기본색채어가 가지는 의미가 다른 색채어의 의미범위에
             포함되지 않는다.
          c. 기본색채어는 일부 대상물에만 적용되어서는 안 된다.
          d. 기본색채어는 심리적으로 뚜렷하게 인지된다.
          e. 기본색채어는 대상물의 이름으로 나타나지 않는다.
                                  (Berlin & Kay 1969: 6)

이상과 같은 조건으로 영어의 기본색채어를 분류하면, 'white, black, red, green, yellow, blue, brown, purple, pink, orange, grey'이다. 또한 Berlin & Kay는 모든 언어에는 보편적인 색채가 존재하며, 이 색채범주는 일정한 단계

로 진화한다고 주장하면서 진화순서를 단계별로 제시하였다.

(2) white → red → green → yellow → blue → brown → purple
     black   yellow → green   pink
                                                    orange
                                                    grey

이러한 관점에서는, 한국어의 기본색채어는 green과 blue를 합쳐놓은 GREEN[2]을 하나 더 추가하여 12가지로 보고 있다. 그러나 국어학 전반에서 한국어의 기본색채어는 통상 5가지로, 고유의 색채형용사인 '희다, 검다, 붉다, 누르다, 푸르다'로 받아들여지고 있다(김영옥 1986, 박선우 1985, 이승애 1997, 정재윤 1988). 그 기준은 크게 다음과 같이 요약된다.

(3) a. 기본색채어는 접사가 붙지 않는다.
     b. 차용어는 기본색채어가 아니다.
     c. 기본색채어는 채도와 명도가 가장 높은 중심색상(초점색상)이어
        야 한다.

즉, 하얗다, 까맣다, 빨갛다, 노랗다, 파랗다는 '-앟다'라는 중간 접사가 첨가되었기 때문에 기본색채어가 될 수 없고, 분홍색이나 자색 등은 중국어에서 차용된 색채어이기 때문에 한국어의 기본색채어로 부적합하다(김기찬 2000).
중국어에서의 기본색채어는 '黑, 赤, 靑, 白, 黃'으로, 이는 음양오행설을 근간으로 한다. 음양오행설은 고대 중국철학에서 우주의 형성과 작용을 설명하기 위한 우주론적 원리로서(Yu 2005: 20), 삼라만상을 대응시켜 이 세상을 그 이미지에 맞는 색으로 이해한 것이라 할 수 있다(이금희 2007).[3] 학자에

---

2 Berlin & Kay(1969)의 연구에서 GREEN은 green이 blue에서 분리된 범주가 아니라 초점색상이 green에 있음을 의미한다. 이후, Berlin 부부의 공동연구에서 green과 blue를 포괄하는 색의 범주에 대해 grue라는 명칭을 붙여 설명하였다(Berlin & Berlin 1975).

따라 단어조합의 능력이 강하고 안정적인가를 기준으로 靑을 다시 綠과 藍으로 구분하여 기본색채어를 6가지로 보는 경우도 있다(구경숙 2010).

이렇게 서로 다른 언어 - 영어와 한국어, 중국어에서 기본색채어를 기준으로 언어별 사용되는 여러 색채어들을 비교해보면, 대략적으로 색의 범주가 구분되고 푸른 계열의 색에 해당하는 색채어들을 찾아볼 수 있다. 영어에서는 green과 blue가 분명하게 구분되어 사용되어지는 것과는 달리 한국어나 중국어에서는 기본색채어가 적은 만큼 푸른 계열의 색이라 하면 그것이 지칭하는 색의 범주가 매우 넓다. 즉, 한국어의 푸른색은 녹색과 파란색 모두를 의미할 수 있으며, 중국어에서의 푸른색(靑)은 더 넓게 청색뿐만 아니라 녹색, 남색, 그리고 문맥에 따라서는 흑색까지 지칭할 수 있다.

〈표 1〉 언어별 푸른 계열 색상을 지칭하는 색채어

언어	영어		한국어		중국어		
기본 색채어	green	blue	푸르다		靑		
하위 색채어			푸르다	파랗다	綠	靑	藍

그럼 다음 장에서 푸른 계열의 색에 해당하는 이 색채어[4]들을 중심으로 그것의 의미와 해석에 관하여 좀 더 자세히 분석하기로 한다.

3. '푸른 계열 색'의 의미

색채어는 그 색을 나타내는 기본의미 외에도 그 언어가 속해있는 사회적,

---

3 좀 더 구체적으로는 음양성은 세상만물을 음과 양의 대립체계로 파악하고, 오행설은 오행의 요소(水, 火, 木, 金, 土)를 통해 우주 삼라만상의 작용과 반작용을 이해하고 설명하는데 사용된다(임지룡 2006: 458).

4 이 논문의 연구대상 색채어는 접사에 의한 파생이나 품사변화에 따라 다시 구분하지 않았다. 즉, '새파란, 파랑색' 등의 색채어를 모두 '파랗다'로 본다.

문화적, 시대적 배경을 바탕으로 다양한 문맥속에서 그 의미가 확대된다. 따라서 푸른 계열의 색 범주에 속하는 언어별 색채어들의 기본 의미와 그것의 확장된 의미를 알아보고 비교하여 언어적 특성을 찾아보고자 한다.

3.1. 영어

영어에서 푸른 계열의 색의 범주에 속하는 색채어는 green과 blue로서 이 둘은 명확히 구분되어 사용되어진다. 사전상의 첫 번째 의미를 기본의미로 설정하면, green은 '풀이나 에머랄드의 색(coloured like grass or emerals)'이 며 blue는 '하늘이나 바다의 색(a color of the sky or sea)'으로 정의되어 있 다.[5] 먼저, green의 의미가 확장되는 경우를 예문을 통해 살펴보자.

(4) a. Its scent reminded him of wide-open, **green** fields covered with sweet flowers.

b. This can best be achieved by electing **Green** politicians to parliament.

c. Girls were more aware of **green** issues than boys, and were more likely to buy **green** products.

d. Others prefer to eat them when they are still **green**, when the acid taste predominates.

e. While people in the south of England favored Wiltshire bacon smoked over oak, people in the north liked '**green** bacon'.

f. Many participants still survive, and help to keep the memory **green.**

g. 'It didn't send its **green** reporters to war, nor did it leave its stale reporters at home.'

h. Murray hesitated and his complexion turns slightly **green** at the

---

5 *Collins Cobuild Advanced Learner's English Dictionary* (fourth edition 2003), *Longman English Dictionary Online* (http://www.ldoceonline.com) 참조.

idea of a wide-awake, close-up view of the corpse.

(4a)의 예문은 green이 기본 의미로서, 문자 그대로 '녹색'을 의미하여 green field는 풀로 뒤덮힌 들판을 연상케 한다. (4b)의 예문에서 Green politician은 환경보호를 지지하는 정치인으로, (4c)에서 green issue, green product는 환경문제, 친환경적 상품으로 해석되는데 이때 green은 자연을 대표하는 색으로 '환경보호와 관련된' 의미로 확장되고 있음을 알 수 있다. (4d)에서 green은 '설익은'의 뜻으로, green은 주로 '어린' 식물이나 완전히 '익지 않은' 과일 등에서 볼 수 있는 색이므로 이러한 상태를 이 색채어가 대신하는 것으로 보여진다. (4e)의 green bacon은 훈제하지 않고 건조시키지 않은 베이컨을 의미하는데, 이때 green은 '본래 고유의 상태, 손을 타지 않은 원상태'로의 의미를 가지게 된다. 다음 예문 (4f)의 'to keep the memory green'은 기억을 생생하게 유지한다는 뜻으로, green은 '강하고 활발한'의 의미로 확장되었다. (4g)의 green reporters는 미숙한 기자들을 뜻하는데, 이때 green은 '순진하고 경험이 없는' 상태를 의미한다. 마지막으로, 예문 (4h)에서 안색이 green으로 바뀌었다는 것은 그의 안색이 창백해졌다는 뜻으로 green이 '창백하고 아파보이는'의 의미로 확장된다는 것을 보여준다.

그러면 blue의 의미가 확장되는 경우를 예문을 통해 살펴보자.

(5)　a. A single tiny cloud appeared above the ridge but soon dissolved into the **blue** sky.

　　b. The baby turned **blue** whenever she cried, and the doctor said it would be a miracle if she lived past her first month.

　　c. He grabs the shredded pieces of his drawing: the **blue** fox howling at the moon.

　　d. Maybe the rain brings more **blue** mood for me and a three year anniversary reminds me to look back to see what happened in the days before.

e. We have the same sort of content as the women's classes but there is the odd slightly **blue** joke, too.

f. The **blue** political parties, meanwhile, are closing the floodgates with all their might.

(5a)는 blue의 기본의미로 사용된 예문으로서 blue sky는 말 그대로 '파란 하늘'을 의미한다. (5b)에서 turned blue는 파랗게 질렸다는 뜻으로, 병이나 호흡곤란 등의 결과로서 '사람의 피부색이 파란색을 띤다'는 의미로 확장되었다. (5c)의 blue fox는 짙은 회색의 여우를 의미하는 것으로, blue가 고양이나 여우 등 동물의 털에 쓰이면 '굉장히 어둡고 짙은 회색'을 나타낸다. (5d)의 blue mood는 우울한 마음으로, 이때 blue는 '슬픈 또는 우울한'의 의미로 확대되었다. (5e)에서 blue joke는 성적 농담을 의미하는 것으로 blue의 색채어가 영화나 이야기 등과 결합하여 쓰이면 '성과 관계된' 내용으로 의미확장된다. (5f)에서 blue political parties는 보수정당을 의미하는 것으로, 이념 또는 정치와 관련하여 blue는 '보수'의 의미로 확대되어 대부분의 나라에서 보수주의와 우파를 나타낸다.

3.2. 한국어

사전상의 정의를 살펴보면 한국어의 기본색채어인 '푸르다'는 '사물이나 그 빛이 맑은 하늘이나 풀과 같은 색을 띤 상태'로서 녹색과 파란색을 모두 지칭한다.[6] 즉, 사전상의 정의도 그것이 지칭하는 색의 범주가 달라질 수 있음을 보여준다. 이와 같이, 한국어에서 푸른색의 인지는 상당히 그 경계가 모호하고 따라서 그것이 지칭하는 색채어의 의미는 의미확장을 통해 더욱 큰 차이를 만들어낼 수 있다. 다음의 예문을 통해 푸른색의 기본 의미에 대해 생각해 보자.

---

6   국립국어원 표준국어대사전(http://stdweb2.koean.co.kr) 참조.

(6) a. **푸른** 가을하늘

b. 비온 뒤라 앞산이 한결 더 **푸르러** 보인다.

c. 섬진강강물이 **푸르게** 흐르는강변, 영산댁과 함께 살던 그곳이 눈 앞에 지나갔다. (박경리, 토지)

d. 그 명랑한 종소리는, 맑고 **푸르게** 개인아침, 한없이 높은 하늘로 퍼지는데, 아이들은 와아 소리를 지르며 앞을 다투며 달려간다. (심훈, 상록수)

(6)의 예문들은 모두 '푸르다'의 기본의미로 해석되고 있는데, (6a)에서 '푸른'은 파란색을 가리키고, (6b)의 예문에서는 녹색을, (6c)와 (6d)의 예문에서는 푸른색의 범주를 정확하게 나타낼 수 없다. 그것은 (6a)와 (6b)에서 색채어 '푸르다'는 각각 '가을하늘'과 '앞산'이라는 어휘와 함께 쓰이면서 모호했던 푸른색의 범주가 구체적으로 결정되는데 반해 (6c)는 섬진강물의 깊이와 투명도에 따라서, 또 (6d)의 '맑고 푸른 아침'은 그 정경을 그리는 사람에 따라서 얼마든지 푸른색이 가리키는 색의 범주와 의미가 달라질 수 있다.

다음은 푸른색의 의미가 확장되는 경우를 살펴보자.

(7) a. 논의 벼는 눈이 모자라게 한창 **푸르고**, 그 외의 다른 것들도 구색을 갖추어 심어져 있었다. (최정희, 천맥)

b. 김씨들의 세도는 더욱더 빛나고 **푸르렀다**. (박종화, 전야)

c. 한창 **푸른** 시절을 덧없이 보낸다.

d. 젊은이들에게 **푸른** 미래가 보장되어 있다.

e. **푸른** 공기를 들이마시다.

f. **푸른** 기운이 도는 그 예리한 검이 나는 무섭다.

(7a)에서 벼가 푸르다는 것은 벼가 익지 않았다는 뜻으로, 푸른색상이 곡식이나 열매 따위에 쓰여 '아직 덜 익은 상태'를 의미한다. (7b)에서 '푸르다'는 권세가 더욱 강해졌다는 의미로, '세력이 당당하고 세지다'는 의미로 확장되었다. (7c)에서 푸른 시절은 젊은 시절을 뜻하는 것으로, '푸르다'가 '젊음과

생기가 왕성함'을 나타내는 경우이다. (7d)의 푸른 미래는 희망적인 미래로 해석되는데, 푸른색은 '원대하고 아름다운 희망이나 포부'의 색을 나타낸다. (7e)의 푸른 공기는 맑은 공기를 뜻하는 것으로 이때 푸르다는 '맑고 신선함'을 나타낸다. 마지막으로 (7f)에서 푸른 기운은 서늘한 기운을 의미하는데, 푸른색이 서늘한 느낌을 대표하는 색으로 의미확장된 경우이다.

(7a)-(7c)의 푸른색은 모두 녹색을 지칭하는데 반해, (d)는 희망적인 의미로 확장된 '푸르다'가 해석과 별도로 색의 인지에서 실질적으로 그것이 인지되는 색의 범주는 모호하고 사람에 따라서 녹색을 떠올릴 수도 있고 파란색을 떠올릴 수 있다. (7e)의 경우도 마찬가지인데 '푸르다'의 색채어를 산에서 맡는 신선한 공기를 떠올린다면 녹색을, 아주 맑고 깨끗한 숲속 개울물을 연상한다면 파란색을 떠올릴 수도 있을 것이다. (7f)의 경우, 빛에 반사되는 검날의 색을 떠올려 '녹색'이나 '파란색', 혹은 '녹색과 파란색이 혼재하는 푸른색'으로 인지될 수 있다.

이와 같이, 한국어의 푸른계열 색채어는 문맥속에서 결합하는 어휘에 따라, 혹은 한국어 모국어 화자의 인지과정에 기반한 주관적 선택으로 색의 범주가 구분됨을 알 수 있다.

다음의 예문을 생각해보자.

(8)　a. **푸른** 저고리에 다홍 치마가 어울릴까?
　　b. **푸른** 저고리에 **파란** 옷고름이 어울릴까?

(8a)에서 푸른색은 사실상 그것이 지칭하는 색의 범주를 녹색(green)과 파란색(blue) 중 어느 것인지 정확히 가리키지 않는다. 그러나 (8b)의 예문에서는 자연스럽게 푸른색은 녹색을 지칭하게 되는데 이에서 푸른색이 파란색의 색채어와 함께 사용될 때 푸른색은 색의 범주에서 녹색으로 구분되고, 파란색이 청색으로 구분되는 것을 알 수 있다.

한국어에서 푸른 계열의 색에 속하는 또 다른 색채어 파란색을 살펴보자.

(9) a. 멀리 길가에 **파란** 지붕이 듬성듬성 보였다.

b. 그의 말을 듣고서 그녀의 하얀 얼굴이 **파랗게** 질렸다.

c. 별안간 선혜의 눈빛이 **시퍼렇게** 변했다.

(9)의 예문들은 색채어 '파랗다'가 모두 청색(blue)을 가리키는 경우로서, (9a)는 '파란'이 기본 의미로 해석되었고 (9b)의 얼굴이 파랗게 질렸다는 표현은 겁에 질렸다는 뜻으로 파란색이 얼굴이나 입술 등의 신체부위와 결합하여 '춥거나 겁에 질린 상태'로 의미가 확장되는 것을 보여준다. (9c)에서 시퍼런 눈빛은 화가 남을 뜻하는 것으로 파란색이 '성이 나서 냉랭하거나 사나운 기색'을 나타낸다. 이와 같이 파란색이 청색(blue)을 가리키는 경우가 많으나 파란색이 청색만을 가리키는 것은 아니다. 다음의 예문을 보자.

(10) a. **새파랗게** 어린것이 감히 어디 말대꾸냐?

b. **파랗게** 돋아나는 새싹

(10a)의 예문에서, 파란색은 '아주 젊음'을 의미하는 것으로 색의 인지는 사람에 따라 녹색(green) 또는 청색(blue)으로 달라질 수 있다. 그 이유는 연상(association)의 차이에서 찾아볼 수 있다. 먼저 녹색으로 인지하는 경우는 어린 사람과 어린 싹을 연관지어, 은유(사람은 식물, 인생은 식물의 성장)와 환유(녹색은 식물을 대표한다)를 통하여 새파랗게 어린것이라는 표현에서 '파랗다'는 녹색을 떠올리게 되는 것이다. 반면 어린 아이의 새하얀 피부에서 보이는 파란 핏줄을 떠올리는 사람은 '파랗다'를 청색으로 인지하게 된다. (10b)의 예문에서는 파란색이 새싹이라는 어휘와 함께 쓰이면서 녹색을 의미하는 경우로, 파란색도 푸른색과 마찬가지로 녹색과 청색을 모두 의미할 수 있음을 알 수 있다.

3.3. 중국어

중국어에서 푸른 계열의 색은 청(靑)색, 녹(綠)색, 남(藍)색을 지칭할 수 있으며, 문맥에 따라 흑(黑)색까지도 포함한다(이금희 2007).

먼저 기본색채어인 靑은 生과 丹이 합쳐져 이루어진 글자로서 生은 새싹을, 丹은 물을 들이는 원료인 광물을 뜻하여, 붉은 돌(丹)의 틈에서 피어나는 새싹(生)은 더욱 푸르러 보인다는 뜻에서 '푸르다'를 기본의미로 갖는다.[7] 다음의 예문을 통해 靑의 색의 범주와 의미확장을 살펴보도록 하자.

    (11) a. 靑天
          b. 靑草
          c. 靑年, 靑春男女
          d. 靑果
          e. 靑皮
          f. 靑白, 白眼靑眼

(11a)의 靑天은 푸른 하늘을, (11b)의 靑草는 푸른 풀을 뜻하여 둘 다 靑이 기본의미인 '푸르다'로 사용된 예이다. (11c)의 靑年, 靑春男女는 각각 성인 남자, 십대후반에서 이십대의 남자와 여자를 뜻하는 것으로, 이때 靑은 '젊음'을 의미한다. (11d)의 靑果는 싱싱한 과일과 채소를 가리키는데, 이 경우 靑은 '신선한 상태'를 나타낸다. (11e)의 靑皮는 덜 익은 귤껍질을 가리키는 것으로 이때 靑은 '익지 않은 상태'를 의미한다. (11f)에서 靑白은 검고 하얗다는 뜻으로 옳고 '그르다'의 의미로 확장되고, 白眼靑眼은 하얀 눈과 검은 눈의 뜻으로 이는 흰자가 많이 보이는 흘겨보는 눈초리와 검은 눈동자로 바라보는 정다운 눈초리를 이르는 말로서, 靑은 이 경우 '긍정'의 의미로 확장되었다.

위의 예문 (11)에서, 푸른 계열의 색을 나타내는 靑은 (11a)靑天과 (11b)靑

---

7   네이버 어학사전(http://hanja.naver.com) 참조.

草에서 보여지듯 靑이 결합되는 어휘(天, 草)에 따라 인지되는 색의 범주는 각각 청색(blue)과 녹색(green)으로 달라질 수 있다. (11d)의 靑果, (11e)의 靑皮에서 보여 지는 靑의 확장 의미(신선한 상태, 익지 않은 상태)는 녹색과 관련된 연상 작용에 의한 것이다. (11c)의 靑年, 靑春男女에서도 靑은 녹색으로 인지되어 의미가 이해되는데 그것은 한창 푸른 잎사귀나 봄철을 인생으로 보는 은유(인생은 식물이다, 인생은 계절이다 등)에 의해 의미확장되었다고 볼 수 있다. 흥미로운 점은 (11f)의 靑白, 白眼靑眼에서 靑의 푸른색이 흑색으로 인지된다는 것인데, 이것은 세상만물을 음양의 관계에서 파악하고 어두운 것을 흑으로 보는 중국문화의 영향으로 여겨진다.

중국어에서 푸른 계열의 색에 속하는 또 다른 색채어인 綠은 기본색채어인 靑과는 달리 색의 범주가 비교적 분명하다. 다음의 예문을 살펴보자.

(12) a. 綠林, 綠苔
    b. 靑山綠水
    c. 綠髮
    d. 綠色革命
    e. 綠色商品, 綠地事業

(12a)의 綠林, 綠苔는 푸른 숲, 푸른 이끼라는 뜻으로 綠의 기본의미인 '푸르다'로 쓰인 예이다. (12b)에서 靑山綠水는 산골짜기에 흐르는 맑은 물을 이르는 말로 이때 綠은 '청명, 깨끗한 상태'을 의미한다. (12c)의 綠髮은 검고 윤택 있는 고운 머리털을 가리키는 것으로, 이때 綠은 '검은빛'을 의미한다. 이는 (11f)와 마찬가지로 푸른색이 검은색을 지칭하는 경우로, 환유에 의해 綠은 '자연'을 대표하고, 나아가 '자연적 상태'를 나타낸다. 머리(髮)와 결합하여 綠髮은 모발의 가장 자연적 상태를 나타내고, 중국인들에게 가장 자연적 상태의 모발은 검은 머리이기 때문에 綠이 '검은색'으로 의미확장 되었으리라 추측할 수 있다. (12d)에서 綠色革命은 품종 개량 또는 관개기술 개량 등으로 생산력 증대를 위한 농업기술 개혁운동을 이르는 말로서 이때 綠은 '농업'의

뜻으로 해석되었다. (12e)에서 綠色商品, 綠地事業은 각각 친환경제품, 자연 보전과 공해 방지를 위하여 풀이나 나무를 심는 사업을 뜻하는 것으로 이때 綠은 '환경보호'의 의미로 확장되었다.

푸른 계열 색채어인 綠은 '풀'의 색으로서 자연을 대표하는 환유에 의해 의미를 확장시켜가기 때문에, 그것이 지칭하는 색의 범주에서도 주로 녹색 (green)을 지칭하고 청색(blue)을 지칭하는 경우는 찾아 볼 수 없었다.

(13) a. 湛藍的天空, 蔚藍的大海
　　 b. 藍圖
　　 c. 僧伽藍摩
　　 d. 青出於藍

(13a)의 湛藍的天空, 蔚藍的大海은 각각 짙푸른 하늘과 바다를 일컫는데, 藍은 일반적으로 青과 綠에 비하여 상대적으로 명도와 채도가 낮은 푸른 계열 의 색 범주를 가리킨다. (13b)의 藍圖는 청사진을 뜻하는 것으로, 이때 藍은 '미래의 계획 혹은 미래상'의 의미로 확장된다. (13c)의 僧伽藍摩는 여러 승려 들이 살면서 한데 모여 불도를 닦는 곳으로 藍은 '사원 또는 절'의 의미로 확장되었다. (13d)의 青出於藍은 푸른색이 쪽(한해살이 풀)에서 나왔지만 쪽 보다 더 푸르다는 뜻으로, 제자가 스승보다 낫거나 후세사람이 전대의 사람을 능가할 때 비유하는 말로서 이때 藍은 '스승이나 전대의 사람'의 의미로 확장 된 경우이다. 여기에서 藍이 지칭하는 색의 범주는 湛藍的天空, 藍圖에서처 럼 짙고 어두운 청색(dark blue), 또는 蔚藍的大海, 僧伽藍摩, 青出於藍과 같 이 청색과 녹색이 혼재된 짙은 청록색(dark bluish green)을 가리킨다.

4. 비교와 대조

푸른 계열의 색에 관한 색채어의 범주는 언어별로 상당한 차이를 보였다. 영어에서 푸른 계열의 색채어 green과 blue는 색의 인지에서 서로 중첩되는 부분 없이 명확히 구분되어 쓰여짐을 알 수 있다. 그러나 영어와 달리, 한국어에서 푸른 계열의 색채어 '푸르다'와 '파랗다'는 그것이 지칭하는 색의 범주가 명확히 구분되지 않고 모호하다. 즉, '푸르다'와 '파랗다'가 녹색(green) 또는 파란색(blue)을 나타낼 수 있고, 혹은 녹색과 파란색이 혼재된 색을 지칭할 수도 있기 때문이다. 그럼에도 불구하고 이 색채어가 결합하는 어휘가 무엇이냐에 따라 녹색(green)과 파란색(blue)으로 구별되는 경우가 있으며(예를 들어 푸른 산, 푸른 하늘), 색채어 인지과정에서 한국어 모국어 화자의 주관적인 선택으로 색의 범주가 결정되어 객관화하기 어려운 경우도 있음을 보였다(예를 들어 푸른 강물, 푸른 공기). 특히, 한국어에서 색채어 '푸르다'와 '파랗다'가 함께 쓰이면(예를 들어, 푸른 저고리에 파란치마) 자연스럽게 그 색의 범주에서 푸르다는 녹색(green)을, 파랗다는 파란색(blue)을 나타내며 푸른 계열의 색채어가 상보적 관계를 보이는것이 흥미롭다.

중국어에서 푸른 계열의 색에 관한 색채어는 靑, 綠, 藍으로 한국어보다 더 다양하고 그 색의 범주도 넓다. 靑은 그것이 지칭하는 색의 범주가 명확하지 않다는 점에서 한국어의 푸른 계열 색채어와 닮았다. 즉, 靑은 靑草와 같이 녹색(green)을 나타내기도 하고 靑天과 같이 파란색(blue)을 가리킬 수도 있으며, 靑白에서처럼 검은색을 나타낼 수도 있다. 綠은 주로 녹색(green)을 지칭하고 綠髮과 같이 검은색을 지칭하는 경우는 있으나, 파란색(blue)을 나타내는 경우는 없다는 점에서 靑과 차이를 보인다. 또 다른 푸른 계열 색채어인 藍은 靑이나 綠에 비하여 상대적으로 명도와 채도가 낮은 색의 범주를 나타내며, 짙고 어두운 청색(dark blue) 또는 짙고 어두운 청록색(dark bluish green)을 가리킨다. 특히, 중국어에서 푸른 계열의 색채어가 검은색을 지칭할 수 있다는 점은 다른 언어와 구별되는 큰 특징이다.

영어, 한국어, 중국어의 푸른 계열 색채어의 범주를 비교 정리하면 다음과 같다.

〈표 2〉 언어별 푸른 계열 색채어의 범주

언어 \ 푸른 계열의 색	기본 색채어	하위 색채어	색의 범주
영어	green	-	green
	blue	-	blue or grey
한국어	푸르다	푸르다	green or blue or green+blue
		파랗다	blue or green or blue+green
중국어	靑	綠	green or black
		靑	green or blue or black
		藍	blue or blue+green

푸른 계열 색채어의 의미를 살펴보면, 풀이나 하늘과 같은 자연물을 원형으로 삼고 있다는 점에서 언어는 다르지만 색채어의 기본의미에서는 크게 다르지 않았다.

영어, 한국어, 중국어에서 푸른 계열 색채어의 해석된 의미들을 비교하면 다음과 같은 점들을 발견할 수 있다. 먼저, (4)-(13)의 예문 분석에서 보았듯, 언어에 따라 차이는 있지만 대체적으로 푸른 계열의 색채어가 파란색(blue)보다는 녹색(green)을 지칭하는 경우에 의미확장이 상대적으로 더 활발히 일어남을 알 수 있다(예를 들어, 한국어에서 green으로 인지되는 '푸르다와 파랗다'의 의미해석이 blue로 인지되는 '푸르다와 파랗다'의 의미해석보다 더 다양하다). 특히, 푸른 계열 색채어가 녹색(green) 또는 파란색(blue), 혹은 녹색과 파란색이 혼재된 색을 지칭할 수 있는 한국어의 경우, 동일한 하나의 색채어에서도 그 색채어가 해석되는 의미들이 파란색(blue)으로 인지되는 경우보다는 녹색(green)으로 인지되는 경우가 더 많다. 예를 들어, 한국어 색채어 '푸르다'가 green으로 인지되는 의미해석은 아래 <표 3>에서 보는바와 같이 6가지(1-6)가 나올 수 있는 반면 '푸르다'가 blue로 인지될 경우에는 가능한 해석(4-6)이 반으로 줄어드는 것을 알 수 있다.

〈표 3〉 '푸르다'의 색의 범주와 의미

푸르다	의미	예
green	1. 덜 익은	벼는 한창 **푸르고**
	2. 세력이 당당하고 센	세도는 더욱 **푸르렀다**
	3. 젊은, 생기 왕성한	한창 **푸른** 시절
green or blue	4. 원대한 희망, 포부	**푸른** 미래
	5. 맑고 신선한	**푸른** 공기
green or blue or green+blue	6. 서늘한 기운	**푸른** 기운이 도는 검

또한 영어, 한국어, 중국어가 가지는 푸른 계열 색채어의 확장된 여러 의미를 비교해보면, 세 언어 모두에서 공통적으로 발견되는 의미해석은 푸른 계열 중에서도 녹색(green)에서 파생된 의미들('덜 익은 상태', '젊음' 등)임을 알수 있었다. 즉, 언어는 다르지만 녹색의 인지와 의미해석은 크게 다르지 않다는 것인데 이는 '풀'이라는 자연물을 녹색(green)의 원형물로 보고, 이와 관련된 인지기제 - 환유(녹색은 풀을 대표한다, 풀은 자연을 대표한다 등)와 은유(인생은 자연이다 등)가 세 언어에서 비슷하게 작용하기 때문이다. 이는 색의 인지와 색채어의 의미해석에 있어서, 언어의 보편성을 보여주는 단면이라 할수 있다.

그에 비해, 푸른 계열 색채어가 파란색(blue)으로 인지되었을 때 파생된 의미들을 비교해보면 세 개의 언어 모두에서 공통된 의미해석을 찾아보기 어렵다.

〈표 4〉 영어, 한국어, 중국어의 파란색(blue)에서 파생된 의미 비교

색의 범주	영어	한국어	중국어
blue	외설적인, 성적인 슬픈, 우울한 보수적인 피부색이 파란색을 띄는 어둡고 짙은 회색의	냉랭하거나 사나운 추위나 겁에 질린 원대한 희망, 포부 맑고 신선한	미래의 사원 스승

특히 중국어에서 푸른 계열의 색채어가 검은색(black)으로 인지되기도 하는데, 이 경우 의미확장을 살펴보면 색의 인지와 색채어의 의미해석에서 언어의 특이성은 그 언어가 속한 문화에 기인함을 알 수 있다. 예를 들어, 白眼靑眼에서 靑의 푸른색이 검은색으로 인지되는 것은 세상만물을 서로 반대되는 두 가지 기운인 음과 양의 관계에서 파악하고 밝은 것을 백(白), 어두운 것을 흑(黑)으로 보는 중국문화의 영향으로 볼 수 있다. 또한 綠髮에서 綠은 환유에 의해 자연을 나타내고, 이는 머리와 결합하여 자연적 상태의 모발을 의미하게 되므로 검은색으로 인지된다. 왜냐하면 중국인의 원 모발 색이 검은색이기 때문이다.

5. 마무리

색채어는 단순히 색을 지칭하는 역할뿐만 아니라 일상생활에서 우리의 감정과 비유적 의미를 전달하는 의사소통의 중요한 수단이 된다. 그러므로 색채어의 의미 해석을 언어별로 분석하고 비교해보는 것은 언어의 보편성과 특이성을 알아볼 수 있는 좋은 지표가 된다. 따라서, 이 글에서는 언어에 따라 색의 인지에서 상당한 차이를 보이는 '푸른 계열의 색'을 분석 대상으로 삼고 영어, 한국어, 중국어의 푸른 계열 색채어에 관하여 색의 인지와 그것이 지칭하는 실제 색의 범위에 따른 차이를 밝히고, 이에 따라 푸른 계열 색채어의

의미해석을 비교·분석하였다. 그 결과를 간단히 요약하면 다음과 같다.

첫째, 푸른 계열의 색에 관한 색채어의 범주는 언어별로 상당한 차이를 보이며 언어적 특성을 나타내었다. 영어의 푸른 계열 색채어는 색의 인지에서 서로 중첩되는 부분 없이 쓰였지만 한국어의 푸른 계열의 색채어는 그것이 지칭하는 색의 범주가 명확히 구분되지 않고 녹색(green) 또는 파란색(blue), 혹은 두 가지가 혼재된 색을 지칭하였다. 그러나 색채어가 결합하는 어휘에 따라서 녹색(green)과 파란색(blue)으로 구별되기도 하고 또는 한국어 모국어 화자의 주관적 선택으로 색의 범주가 결정되는 경우도 있었다. 중국어의 푸른 계열 색채어는 그것이 지칭하는 색의 범주가 명확하지 않다는 점에서 한국어와 유사하였지만 녹색(green)과 파란색(blue) 이외에도 검은색(black)을 나타내는 특징을 보였다. 특히, 중국어의 錄은 녹색과 검은색을 지칭할 수 있으나 파란색(blue)을 나타내는 경우가 없다는 점에서 한국어의 푸른 계열 색채어와 구별되었다.

둘째, 푸른 계열 색채어의 의미들을 비교하면 영어, 한국어, 중국어에서 대체적으로 푸른 계열의 색채어가 파란색(blue)보다는 녹색(green)을 지칭하는 경우에 의미확장이 더 활발히 일어났다. 또한 영어, 한국어, 중국어 세 언어 모두에서 공통적으로 발견되는 의미해석은 푸른 계열 중에서도 녹색(green)에서 파생된 의미들이었다. 이러한 공통점을 보이는 것은 색의 인지와 의미해석에 있어서 언어의 보편성을 보여주는 단면으로, 언어가 다름에도 불구하고 녹색(green)을 인지하고 의미해석 하는데 공통된 인지기제가 작용함을 알 수 있다. 그에 비해, 푸른 계열 색채어가 파란색(blue)으로 인지되었을 때 파생된 의미들을 비교해보면 세 개의 언어 모두에서 공통된 의미해석을 찾아보기 어렵다. 특히 중국어에서 푸른 계열의 색채어가 검은색(black)으로 인지되는 경우, 그것의 의미해석에서 언어의 특이성은 그 언어가 속한 문화에 기인함을 알 수 있다.

참고문헌

구경숙(2010), "중국어 색채어의 의미확장 고찰", 『중국어문학논집』 61: 129-148, 중국어문학연구회.

김기찬(2000), "영어와 한국어의 기본 색채어의 비교 분석", 『언어과학연구』 18: 21-48, 언어과학회.

김선희(2013), "한국어와 일본어의 기본색채어휘 분석", 『일본어교육연구』 27: 31-44, 한국일어교육학회

김영옥(1986), "색채의 우리말 표현에 관한 고찰", 한양대학교 교육대학원 미술교육전공 석사학위논문.

박경선(2001), "영어와 한국어의 색채어와 신체어에 나타나는 개념적 은유", 『담화와 인지』 8(1): 69-83, 담화·인지 언어학회.

박선우(1985), "현대 국어의 색채어에 대한 연구", 고려대학교 대학원 국어국문학과 석사학위논문.

이금희(2007), "색채어에 반영되는 중국인의 감정색채", 『중국언어연구』 24: 535-556, 한국중국언어학회.

이승애(1997), "국어 색채어의 의미구조 연구", 경희대학교 대학원 국어국문학과 석사학위논문.

임지룡(2006), 『말하는 몸: 감정표현의 인지언어학적 탐색』, 한국문화사.

임수진(2006), "영어와 한국어의 기본색상어에 대한 비교분석", 경북대학교 대학원 영어영문학과 석사학위논문.

진실로(2003), "색채어 번역: 'green'과 'blue' 범주를 중심으로", 『번역학 연구』 4: 29-47, 한국번역학회.

정재윤(1988), "우리말 색채어 낱말밭", 『국어교육』 63: 105-131, 한국국어교육연구회.

최은정(2005), "한국어와 프랑스어의 색채어체계 대조연구", 『한국언어문화학』 2(1): 269-289, 국제한국언어문화학회.

Aliakbari, M. & F. Khosravian(2013), A Corpus Analysis of Color-term Conceptual Metaphors in Persian Proverbs, *Procedia - Social and Behavioral Sciences* 70: 11-17.

Allan, K.(2009), The Connotation of English Color Terms: Color-based

X-Phemisms, *Journal of Pragmatics* 41: 626-637.

Berlin, B. & P. Kay(1969), *Basic Color Terms: Their Universality and Evolution,* Berkeley/Los Angeles: University of California Press.

Berlin, B. & E. Berlin(1975), Aguaruna Color Categories, *American Ethnologist* 2(1): 61-87.

Corbett, G. G. & I. R. Davies(1997), Establishing Basic Color Terms: Measures and Techniques, in C. L. Hardins & L. Maffi(eds.), *Color Categories in Thought and Language*, 197-223, Cambridge: Cambridge University Press.

Kövecses, Z.(2006), *Language, Mind, and Culture: A Practical Introduction*, New York: Oxford University Press.

Yu, N.(2005), The Chinese Heart as the Central Faculty of Cognition, in Proceedings of the 9th Internal Cognitive Linguistic Conference on Language, *Mind and Brain*, 18-25.

Wierzbica, A.(1990), The Meaning of Color Terms: Semantic, Culture and Cognition, *Cognitive Linguistics* 1: 99-150.

Wierzbica, A.(2006), The Semantics of Color: A New Paradigm, in C. Biggam & C. Kay(eds.), *Progress in Color Studies*, vol. 1, 1-24, Amsterdam/ Philadelphia: John Benjamins.

한 · 태 비기본 색채어의 의미 구성

티띠왓 앙쿨(ติติวัฒ องกูล)[*]

1. 들머리

이 글은 한국어와 태국어에서 비기본 색채어의 의미 구성을 살펴보는 데 목적이 있다. '색'은 사물의 여러 가지 현상을 설명할 수 있으며, 색을 표현할 때도 '분홍색 · 분홍빛', '주황색 · 주황빛'과 같이 '색'이라는 단어 대신 '빛'이라는 단어로 바꿔 쓸 수 있다는 언어적 특성이 있다.

Berlin & Kay(1969)는 색채어의 원형을 탐색하였고, 그 특징에 기초하여 기본 색채어와 비기본 색채어를 구분하였다. 세계 98개 언어를 대상으로, 7단계에 11가지의 기본 색채어를 제시하였다. 그리고 비기본 색채어는 일반적으로 기본 색채어처럼 광범위하게 사용되지 않고, 합성 어휘소이며, 채도, 동시 대비, 색온도의 초점을 두거나 다른 색채어의 의미 내에 포함된다.

한국어에서 색채어에 관한 연구는 그 특성의 연구(김창섭 1985, 정재윤

* 시나카린위롯대학교(มหาวิทยาลัยศรีนครินทรวิโรฒ) 한국어학과 교수,
titiwat@g.swu.ac.th

1990, 구본관 2008)와 의미적 확장 연구(송현주 2003, 김영철 2003)의 두 부분으로 나눌 수 있다.

첫째, 색채어의 특성 연구에서 김창섭(1985)은 색채어의 빛 형용사는 색깔, 명암, 청탁, 유채색, 무채색으로 구분하고 국어 색채어를 시각 형용사의 하위 범주로 정의하였다. 정재윤(1990)은 색의 짙고 옅음의 정도에 따라 하위 분화되는 색채어의 어휘 분화 양상을 광선 의미와 색상 의미, 공간 의미 등으로 분류했다. 구본관(2008)은 한국어 색채어의 전반적인 특성을 제시하고, 색채어는 색상, 명도, 채도의 강화와 같은 인지 과정이 작용하는 것으로 볼 수 있었다.

둘째, 의미적 확장 연구에서 이경자(1985: 453)는 색채어의 의미와 범주를 조사하고, 색채에 따라 구체적 사물이나 추상적 개념으로 확장된다. 그리고 송현주(2003)는 '검다, 희다, 붉다, 푸르다, 누르다'의 5개 색채어의 확장의미에서는 '구체물의 색 → 구체물의 상태(얼굴색 변화) → 집단의 양 → 거리나 시간 → 심리적 상태(마음)'의 방향으로 의미가 확장됨을 보였다.

태국어에서 색채어에 관한 연구는 색채어의 특성 연구(Naksakul 1985, Prasitratthasin 1995)와 색채어의 의미적 확장 연구(Tawichai 2006, Yingyot 2016)로 크게 나뉜다.

첫째, 색채어의 특성 연구에서 Naksakul(1985)은 태국어의 색채어는 기본 색채어, 비교적 색채어, 외국어로부터 들어온 색채어, 고유 색채어의 4가지로 정의하였다. Prasitratthasin(1995)은 Berlin & Kay(1969)에서 제시한 기본 색채어를 태국어에 적용해 살펴보았는데, 태국어는 7단계에 포함된다고 주장하였다.

둘째, 의미적 확장 연구에서 Tawichai(2006)에서는 태국어 색채어의 의미 확장을 제시하였다. 여기에서 태국어 색채어는 색과 관련이 있는 단어를 사용하여 감정을 표현하는 것으로 살펴보았다. 그리고 Kanchina(2016)는 '빨간색, 녹색, 검은색, 흰색, 분홍색'의 5개 색채어의 확장의미에서는 빨간색이 주로 나타나고, 감정의 의미를 나타낸다고 주장했다.

이 연구들은 기본 색채어에 관한 형태적 양상과 의미적 양상을 소개하고 Berlin & Kay의 연구 방법을 통해 기본 색채어 현상의 분석에 적용함으로써 그 연구 방법의 적용 가능성과 설명력을 확보했다는 점에서 그 의의를 찾을 수 있다. 하지만 기본 색채어의 형태적·의미적 양상에 대한 연구만 있을 뿐, 비기본 색채어의 의미 구성에 대한 연구는 부족하다. 따라서 이 글에서는 한국어와 태국어에 대한 비기본 색채어의 의미 구성을 살펴보기로 한다.

이 글의 구성은 다음과 같다. 2장에서는 비기본 색채어의 의미 구성 기제를 제시하고, 3장에서는 한국어와 태국어의 비기본 색채어에 대한 의미 구성을 살펴볼 것이다.

2. 의미 구성의 기제

단어는 둘 이상의 어휘가 결합되면서 복합적 의미를 구성하는데, 이 의미는 다면적 그리고 다의적 측면으로 나누어 살펴볼 수 있다. 아래에서는 다면적 측면에서 '국면'의 기제를, 다의적 측면에서 '개념적 은유', '개념적 혼성'의 기제를 살펴보기로 한다.

2.1. 국면

한 단어의 의미는 여러 국면 중에 한 면이 문맥에서 강조된다. 즉, '국면(facet)'은 다른 측면에서 통합된 하나의 의의로 기능하는 의미 요소이다. 이 국면은 상호 의존적인데, 문맥을 통해 한 국면이 분리되어 강조되기도 하고 동시에 해석되기도 한다. Cruse(1995)는 '책'의 의미를 구성하는 [외형]과 [내용]의 의미 요소를 '국면'으로 정의한다. 그 예는 다음과 같다.

(1) a. 흰 책
     b. 재미있는 책

(1a)의 '흰 책'이 표지나 책 겉면 등에서 흰색을 띠는 부분으로, 수식어 '흰' 이 책의 외형과 관련되는 반면, (1b)의 '재미있는 책'은 책의 외형이 아니라 책이 담고 있는 내용을 의미한다.

2.2. 개념적 은유

'개념적 은유 이론(Conceptual Metaphor Theory)'[1]은 두 가지 기본적인 생각을 담고 있는데, 은유가 순수한 어휘적 현상이라기보다는 인지적 현상이라는 것과 은유가 두 영역 간의 사상으로 분석된다는 것이다. 즉, 개념적 은유는 이해의 대상이 되는 추상적인 목표영역과 이해의 수단이 되는 구조화된 근원영역으로 구성되어 있다. 개념적 은유의 본질은 "A is B"라고 할 수 있으며, 인지하려고 하는 추상적인 대상 A를 '목표영역(target domain)', 지각하려고 하는 구체적인 대상 B를 '근원영역(source domain)'이라고 한다. 예를 들면 (2)와 같다.

(2) a. 그는 우리 논거 중 모든 약한 부분들을 공격했다.
b. 논쟁에서 완전히 이겼다.
c. 우리가 개고기 논쟁에서 졌다.

(2)는 은유적 언어 표현의 예이며, 이는 [논쟁]과 [전쟁]이라는 개념적 은유를 통해 구조화된다. 여기에서 [전쟁]은 '근원영역'이고, [논쟁]은 '목표영역'

1　은유는 구조화된 영역들 즉, 근원영역과 목표영역 사이에 일련의 체계적 대응관계가 형성된다. 그리고 각 영역의 개념적 요소나 속성이 대응하는 것을 '사상(mapping)'이라고 한다. 예를 들어, 우리는 사랑하는 연인을 여행자로, 사랑 관계의 사건들을 여행으로, 관계의 목표를 여행의 목적지로 빗대어서 표현한다. 또한 사랑이 좌초되었다는 식의 표현을 통해 사랑 관계 자체를 탈 것으로 표현하기도 한다. 나아가 연인 사이의 진전을 여행한 거리로 표현하며, 경험한 어려움을 장애물로, 사랑 관계의 목표 달성을 위해 할 일을 선택하는 것을 여행의 목적지로 가는 길에 대한선택으로 표현한다. 이와 같이 개념적 은유는 두 영역 사이의 체계적인 대응관계 즉, 은유는 체계적인 사상을 통하여 형성된다(Lakoff & Johnson 2003: 83, Kövecses 2010: 7).

이다. '논쟁'에 대해서 이야기할 경우 '방어하다', '공격하다', '이기다', '지다', '무너뜨리다'와 같이 '전쟁'의 영역을 기반으로 이해하는 것이다. 이처럼 은유의 본질은 한 종류의 사물을 다른 종류의 관점에서 이해하고 경험하는 것이다(Lakoff & Johnson 2003: 5).

2.3. 개념적 혼성

Fauconnier & Turner(2002)에 의해 주창된 '개념적 혼성'은 이미 인지언어학에서 논의되어 오던 Lakoff & John(1980)의 '개념적 은유 이론'과 Fauconnier (1997)의 '정신공간 이론'의 확장으로 볼 수 있다.

'개념적 혼성 이론'은 '통합 연결망(integration network)'[2]을 통해 의미구성의 동적인 양상에 중심적으로 관여하고 그 구조의 부분으로 정신공간과 정신 공간 구성에 의존한다. '개념적 혼성'은 의미구성 방식을 명시적으로 보여줄 수 있는데, 둘 이상의 '입력 공간(input space)'에서 작용하는 ① 입력공간의 구축, ② 입력공간들 간의 부분적 '사상(mapping)', ③ 입력공간에서 '혼성공간(blended space)'[3]으로의 선택적 '투사(projection)'를 포함하는 인지과정이다.

---

2   개념적 통합 연결망에서 네 가지 정신공간의 관계가 나타나 있으며 '입력공간1', '입력공간2', '혼성공간' 외에 상단에 '총칭공간'이 있다. '총칭공간'은 두 입력공간이 공유하는 추상적인 구조와 조직을 반영하는 포괄적 구조이며, 두 입력공간 사이의 공간횡단 사상을 한정해 주는 역할을 한다(Fauconnier 1997: 150).

3   '혼성공간'이 두 입력공간의 선택적 투사로 형성되는 공간이며, '입력공간'에 새로운 의미구조가 여기에서 구성될 수 있다(Fauconnier 1997: 150).

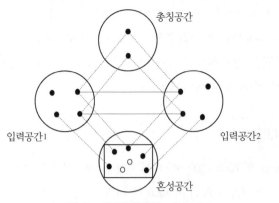

〈그림 1〉 개념적 통합의 기본 구조

이 이론은 '개념적 은유'에서 '근원영역(source domain)'과 '목표영역(target domain)'의 두 공간만이 의미구성에 기여하는 것으로 보았으나, 위의 <그림 1>에서 보듯이 '총칭공간'과 '혼성공간'을 포함한 네 개의 공간이 의미 구성에 기여한다고 본다. '입력공간₁'과 '입력공간₂' 사이에서 교차적으로 사상⁴되고, 혼성공간으로 투사된다. 이러한 네 개의 공간 설정을 통해, '개념적 혼성 이론'은 어휘에서 담화 층위까지 다양한 의미 현상을 유연하게 설명할 수 있다.

3. 한·태 비기본 색채어의 의미 구성

이 절에서는 한국어와 태국어의 기본 색채어를 살펴보고, 한국어와 태국어에 나타난 비기본 색채어의 의미 구성 양상을 살펴볼 것이다.

3.1. 색채어의 특성

Berlin & Kay(1969)는 색채어의 원형 효과를 고찰하였다. 세계 여러 지역

---

4 '사상(mapping)'은 인간 상상력의 풍부함과 복잡성을 모형화하는 기계가 되었다 (임지룡 2017: 22).

의 98개 언어에서 색채어를 연구하면서 7단계에 11가지의 기본 색채어를 주
장하였다. 다른 언어일지라도 색채어를 설정하는데 몇 가지 중요한 보편적
규칙들이 존재하며, 모든 언어가 '검은색', '흰색', '빨간색', '노란색', '녹색',
'청색', '갈색', '자주색', '핑크색', '오렌지색', '회색'의 11가지 집합에서 기본
적인 색채어를 선택한다고 결론 내렸다. 7단계에 이르는 11가지[5]의 기본 색채
어는 <표 1>과 같다.

〈표 1〉 색채어의 7단계

단계	색채 어수	색채 용어						
I	2	흰색	검은색					
II	3	흰색	검은색	붉은색				
III	4	흰색	검은색	붉은색	[녹색, 노란색]			
IV	5	흰색	검은색	붉은색	녹색	노란색		
V	6	흰색	검은색	붉은색	녹색	노란색	청색	
VI	7	흰색	검은색	붉은색	녹색	노란색	청색	갈색
VII	8-11	흰색	검은색	붉은색	녹색	노란색	청색	갈색	보라색 분홍색 주황색 회색

<표 1>에서 전 세계의 색채어는 적게는 2개에서 많게는 11개에 걸쳐 있다
(임지룡 2018). 한국어의 기본 색채어는 '검은색 흰색 붉은색 노란색 푸른색'
의 5가지로 V유형에 해당하며, 태국어의 기본 색채어는 '흰색, 검은색, 붉은
색, 녹색, 노란색, 청색, 갈색, 보라색, 분홍색, 주황색, 회색'의 11가지로 VII유
형에 해당한다. 기본 색채어는 다음과 같은 특성을 가진다(Berlin & Kay

5　Berlin & Kay(1969: 96)에서는 색채어를 '까맣다, 하얗다, 빨갛다, 파랗다, 녹색,
　노랗다, 갈색, 자색, 분홍색, 등색, 회색'의 총 11가지로 색채어를 제시하였지만,
　색채어 범주로는 8가지로 국한된다. 그리고 오렌지색을 기술하였지만 한국어에서
　'주황'이 더 자주 사용된다.

1969: 6-7).

> (3) a. 기본 색채어는 단일 어휘소로, 적색, 녹색, 청색 등이 있다.
>   b. 한 색채어의 의미가 다른 색채어의 의미 내에 포함되지 않는다면, 그것은 기본 색채어이다. 진홍색의 의미는 적색의 의미 내에 포함되기 때문에 기본 색채어가 아니다.
>   c. 한 색채어의 사용이 단 하나의 사물에 국한되지 않는다면 그것은 기본 색채어이다.
>   d. 기본 색채어는 일반적으로 알려져 있다. 노란색은 기본 색채어인 반면에 강청색(鋼靑色)은 광범위하게 사용되지 않기 때문에 기본 색채어가 아니다.

(3)에서 제시한 기본 색채어의 특성을 통해 비기본 색채어의 특성을 살펴볼 수 있다. 비기본 색채어는 일반적으로 광범위하게 사용되지 않고, 합성 어휘소이며, 채도, 동시대비, 색온도의 초점을 두거나 다른 색채어의 의미 내에 포함된다. 비기본 색채어는 기본 색채어의 하위유형으로 분류될 수 있으며, 채도, 동시대비, 색온도 등을 표현할 수 있게 수식어, 다른 색채어, 물질의 명칭을 이용해서 결합된다. 가령, 비기본 색채어는 한국어에서 진한 녹색, 호박색, 청백색 등, 태국어에서 สีแดงเลือดหมู(dark red), สีเขียวขี้ม้า(olive green), สีดำแดง(red black) 등이 포함된다.

또한 비기본 색채어는 단순히 색깔을 지칭하는 기능뿐만 아니라 감정과 같은 비유적 의미를 나타낼 수도 있다. 따라서 이 글에서는 색채어 중에서 비기본 색채어의 의미구성을 언어별로 비교하여 각 언어의 보편성과 특이성을 살펴볼 것이다.

3.2. 국면

사전에 나타난 '색'에 대한 용법을 통해 비기본 색채어의 성격을 살펴보기로 한다. (4)는 한국어의 '색'에 대한 『표준국어대사전』에서의 정의이고, (5)

는 태국어의 '색'에 대한 『태국왕립대사전』에서의 뜻풀이이다.

(4) a. 빛을 흡수하고 반사하는 결과로 나타나는 사물의 밝고 어두움이
        나 빨강, 파랑, 노랑 따위의 물리적 현상. 또는 그것을 나타내는
        물감 따위의 안료.
     b. 같은 부류가 가지고 있는 동질적인 특성을 가리키는 말.
     c. 색정이나 여색, 색사(色事) 따위를 뜻하는 말.
     d. 『불교』 물질적인 형체가 있는 모든 존재.
     e. (일부 명사 뒤에 붙어) '색깔'의 뜻을 나타내는 말.

(5) a. 빛의 특성을 눈으로 볼 수 있는 하얀색, 검은색, 빨간색, 녹색 등
        이다.
     b. 오일스테인, 염료, 유화를 눈으로 보일 수 있는 하얀색, 빨간색,
        녹색 등이다.

(4), (5)에 따르면 색채는 물리적, 심리적 의미를 가지고 있다. 각 언어에
나타난 물리적 의미에 따르면, 색채는 물리적 성질에 따라 '색상', '명도', '채
도'와 같은 속성으로 구분될 수 있다. 다음은 색에 대한 속성이다.

(6) a. 색상: 빨강, 노랑, 파랑 등
     b. 명도: 색 표면의 반사율의 크기 즉, 명암의 차이
     c. 채도: 색의 흐리거나 선명함

(6)은 색의 속성인데, 이를 통해 색채어를 분석할 수 있다. (6a)에서 '색상'
은 '단일색상⁶이나 혼합색상'과 같이 색의 속성을 표현하는 색채어의 이름
체계까지 포함한다. (6b)에서 '명도'는 색의 반사율에 따라 명도의 고저가 달
라지는데, 색의 밝고 어두운 정도를 의미한다. (6c)에서 '채도'는 색 입체의

6　단일어 색채어는 다른 파생어와 합성어 색채어를 형성된 기준이다. 한국어의 단일
　　어 색채어는 '검다', '희다', '붉다', '누르다', '푸르다'의 다섯 가지가 있다.

중심축에 따라 색의 연하거나 진한 정도, 선명하거나 탁한 정도를 의미한다. 이주연 외(2008)에 따르면 색채어를 수식하는 어휘들에 '선명하다', '흐리다', '탁하다', '진하다', '연하다', '밝다', '어둡다' 등을 제시했다. 이에 대응하는 태국어는 'ใส(clear)', 'ขุ่น(cloudy)', 'ทึบ(dull)', 'อ่อน(soft)', 'เข้ม(strong)', 'สว่าง (bright)', 'คล้ำ(dark)'이다.

(7) 선명하다, 흐리다, 탁하다, 진하다, 연하다, 밝다, 어둡다
(8) ใส(clear), ขุ่น(cloudy), ทึบ(dull), เข้ม(strong), อ่อน(soft), สว่าง(bright), คล้ำ(dark)

(7)은 한국어, (8)은 태국어로 색채어를 수식할 수 있는 어휘들이다. 예를 들어, 한국어에서 '선명하다'는 '선명한 색'과 결합할 수 있고, 태국어는 'ใส' 라는 표현과 대응된다. 형태적으로 한국어는 활용을 하는 반면, 태국어는 그 어휘가 그대로 결합되는 방식이다. '색'과 결합되는 측면에서 한국어와 태국어의 의미는 유사하다. 즉, 비기본 색채어이다.

아래에서 한국어와 태국어에서 비기본 색채어에 나타난 '국면'의 양상을 살펴보자.

(9) 내년 주목할 만한 컬러는 '선명한 분홍'(Fuchia), '연한 노랑' (Moscato). (뉴스핌 2018.11.28.)
(10) บลัชออนชมพูทึบ(dull pink blusher)

(9)에서 한국어 '선명한 분홍'은 비기본 색채어로, '선명하다'는 색의 채도 와 관련되므로 '선명한 분홍'은 색의 '채도'라는 국면이 부각되어 나타났다. 그리고 (10)에서 태국어 'ชมพูทึบ(dull pink)'은 '탁한 분홍'을 의미하는데, (9) 와 마찬가지로 '채도'라는 국면이 부각된다.

이처럼 색채에서 '채도'라는 국면이 유사한 쓰임을 나타내는데, '명도'와 '색상'의 쓰임이 다를 수 있다. 즉, 한국어와 태국어의 같은 기본 색채어인

'빨간색'을 표현하는데도 색채의 속성인 '명도'와 '색상'은 다르므로 한국어와 태국어의 '빨간색'은 색 값이 다르게 된다.

3.3. 개념적 은유

'공감각'은 감각들 간의 연합으로, 예를 들어 소리를 듣거나 냄새를 맡을 때 빨간색이나 파란색을 느낄 수 있는 상태이다. 티띠왓 앙쿨(2012)에 따르면 색채어에 대해서도 '싸늘한 색'과 같은 공감각 표현이 사용된다. 이는 '촉각', '미각', '청각' 등과 같은 '근원영역'에서 시각적인 무채색, 유채색, 동시대비, 색온도 등과 같은 '목표영역'으로의 확장인데, 이를 도식화하면 <그림 2>와 같다.

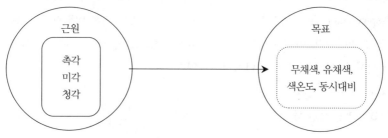

〈그림 2〉 촉각, 미각, 청각 → 색(시각)

<그림 2>와 같이 '촉각', '미각', '청각'과 같은 영역이 '시각' 영역으로 확장되는데, 또 다른 색채어에 속성인 '무채색', '유채색', '동시대비', '색온도' 등에 대한 표현으로 나타낼 수 있다.7 예를 들어, 한국어의 '싸늘한 색'과 태국

---

7 '무채색(achromatic colors)'은 흰색, 검정색, 그리고 밝기가 다른 회색들이다. '유채색(chromatic colors)'은 파랑, 빨강, 초록, 노랑 등이 해당되며, 이는 '빛깔이나 색조'이라고도 한다. 또한, 인간에게 색을 변별해 주는 몇 가지 방법이 더 있다. '동시대비(simultaneous color contrast)'는 어떤 부분을 다른 색으로 둘러싸서 안에 둘러싸인 부분의 색이 다르게 보일 때 나타난다. '색온도(color temperature)'는 공기 중 태양빛의 산란을 통해 그 전체적인 색감이 달라지는 것을 말한다. 파란색이 강해질수록 색온도가 높아지고, 붉은색이 강해질수록 색온도는 낮아진다.

어의 'สีเย็น(cool color)'은 비기본 색채어인데 '싸늘한, เย็น(cool)'은 '촉각' 영역으로, '색, สี(color)'의 '시각' 영역으로 전이되며, '색온도가 높은 색'이라는 뜻을 나타낸다.

아래에서 비기본 색채어이면서 공감각 표현을 나타내는 예를 살펴보기로 한다.

(11) 외할머니가 사주신 매운 색 네발자전거
(12) เสื้อผ้าสีเผ็ดจด!!(spicy color shirt)

(11)에서 한국어 '매운 색'은 비기본 색채어인데, '매운'은 '미각' 영역의 속성으로, '색'이라는 '시각' 영역으로 전이된다. '매운 색 네발자전거'는 '색온도가 낮고 채도가 빨강'이라는 뜻을 암시한다. (12)에서 태국어 เสื้อผ้าสีเผ็ดจด(spicy color shirt)'은 '한 대상 안에 여러 색깔이 있으면서 명도가 높고 밝은 색'을 의미한다. 이러한 '미각' 영역에서 '시각'으로 전이되는 현상은 <색채는 음식이다>라는 은유로 개념화될 수 있다.

3.4. 개념적 혼성

이 절에서는 '식물', '동물' 등과 같은 어휘와 결합하여 비기본 색채어를 나타내는 양상을 살펴보기로 한다. 이것은 앞서 살펴본 '색'의 속성인 [색상], [명도], [채도]가 [색]과 [빛]의 형식으로 결합되면서 의미가 구성된다. 다음의 예를 살펴보자.

(13) 완두색, 호박색, 송화색, 도홍색, 치자색, 포도색, 하엽색
(14) สีลินจี(lychee), สีเขียวใบแค(green leaf), สีจำปา(magnolia champaca)

(13), (14)는 식물명과 결합한 '색'으로, 한국어에서 '완두색', '호박색', '송화색', '도홍색', '치자색', '포도색', '하엽색' 등이 있고, 태국어에서 'เขียวใบแค

(green leaf)', '쉬ิ่นจี่(lychee)', 'สีจำปา(magnolia champaca)' 등이 있다. 이 중에서 한국어에서는 '연두색', 태국어에서는 '쉬ิ่นจี่(lychee)'의 의미 구성을 살펴보자.

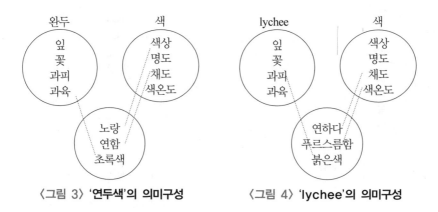

〈그림 3〉 '연두색'의 의미구성   〈그림 4〉 'lychee'의 의미구성

<그림 3>와 같이, 한국어 '연두색'은 '노랑과 연한 초록의 중간색'이라는 의미를 나타내는데, '초록빛 록(綠)'과 '콩 두(豆)'가 합성된 '녹두색'이라고도 하고, '연할 록(軟)'과 '콩 두(豆)'가 합성된 '연두색(軟豆色)'이라고도 한다. <그림 4>에서 태국어 쉬ิ่นจี่(lychee)'는 '약간 색온도가 푸르스름하고 붉은색과 자주색의 중간색'이라는 뜻을 나타낸다. '개념적 혼성' 도식에서 비기본 색채어는 무채색, 유채색, 색상, 명도, 채도, 색온도, 동시대비 등에 대한 여러 색채의 속성을 걸쳐 더 혼합하여 사람마다 지각하기에 정확하지 않은 색채라고 할 수 있다.

다음으로, '색'이 동물명과 결합하여 의미 구성을 (15), (16)의 용례로 살펴보기로 한다.

(15) 아황색(鵝黃色)
(16) ควายเผือก(buffalo taro)

(15), (16)에서는 동물과 결합한 '색'이다. '아황색' 및 'ควายเผือก(buffalo taro)'의 의미구성을 나타내면 다음과 같다.

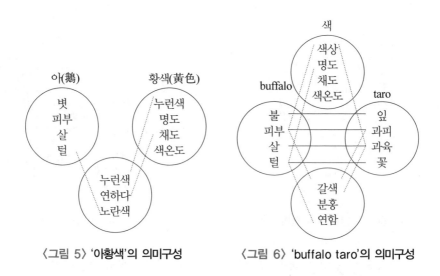

〈그림 5〉 '아황색'의 의미구성   〈그림 6〉 'buffalo taro'의 의미구성

<그림 5>와 같이, 한국어에서 '아황색(鵝黃色)'은 '아(鵝)'는 '거위'라는 뜻이며, 여기에서는 '노란 거위 새끼 빛깔'이라는 의미를 담고 있고, '황색(黃色)'과 합쳐서 '아황색(鵝黃色)'이라는 것은 '연한 초록색과 노란색의 중간색'이라는 의미이다. 아황색은 연황색이라고도 하고 거위색이라고도 한다. 노란 거위 병아리의 빛깔에서 유래되었다. <그림 6>에서 태국어인 'ควายเผือก(buffalo taro)'은 식물과 동물의 어휘소를 결합한 태국어의 비기본 색채어인데, 직역하면 'ควาย(buffalo)'는 '물소'이고, 'เผือก(taro)'은 '토란'이다. 번역하면 'ควายเผือก(buffalo taro)'은 '알비노 물소(albino buffalo)'를 의미하는데, 'สีควายเผือก(buffalo taro)'이 같은 경우는 '연한 갈색이 섞인 분홍색과 흰색의 중간색'이라는 의미를 암시한다.

여기에서는 '개념적 혼성'을 바탕으로 색채어의 의미구성의 도식을 살펴보았다. 한국어와 태국어의 비기본 색채어는 사물, 자연, 동물 등을 이용해 결합한 색깔을 나타낸다는 공통점이 있지만, 태국어의 'ควายเผือก(buffalo taro)' 같

은 경우는 동물의 어휘인 '쿠웨(buffalo)'와 식물의 어휘인 '픗아(taro)' 그리고 색깔(color)이 한 단어로 결합되어 하나의 색깔을 표현할 수 있는 것은 독특한 경우라고 할 수 있다.

4. 마무리

이 글에서는 한국어와 태국어 비기본 색채어의 의미 구성을 인지언어학적 관점에서 살펴보았다. 이를 위해, 언어의 다면적 측면과 다의적 측면을 검토하고, 비기본 색채어에 관한 의미 구성의 기제인 '국면', '개념적 은유', '개념적 혼성'을 제시하였고, 한국어와 태국어에 나타난 비기본 색채어의 의미 구성 양상을 살펴보았다. 지금까지 논의한 것을 요약하면 다음과 같다.

첫째, 다면적 측면에서는 색상, 명도, 채도인 색채 속성에 따라서 비기본 색채어를 나타낼 수 있는데, 한국어와 태국어의 색채의 속성들이 유사하게 나타났다.

둘째, 비기본 색채어의 의미 구성은 개념적 은유의 기제에 따라 촉각 영역에서 시각 영역으로 확장되었는데, 한국어에서 '싸늘한 색'과 태국어에서 '씨옌(cool color)'과 같이 유사한 점이 있었다. 반면 미각 영역에서 시각적으로 전이된 현상에서 한국어는 '매운 색'과 '싱거운 색'을 나타냈고, 태국어는 '매운 색', '싱거운 색', '시큼한 색', '달콤한 색'을 나타낸 것으로 살펴보았다.

셋째, 비기본 색채어의 의미 구성을 개념적 혼성의 기제에 따라 살펴보았다. 한국어와 태국어에서 '사물', '자연'과 '동물'과 결합된다는 공통점을 살펴보았으며, 어떤 색채는 열매껍질의 색깔을 쓰고 어떤 색채는 열매 과육의 색깔을 쓴다는 점에서 차이점도 있었다. 또한 태국어에서는 식물과 동물의 어휘를 결합하여 하나의 색깔을 표현했지만, 한국어는 이러한 경우가 나타나지 않았다.

비기본 색채어는 색채어나 감각어에 관한 형용사와 '식물, 동물, 사물 등'에 관한 명사와 합성되어 색채의 속성인 색상, 명도, 채도 등에 대해서 표현한다.

이것은 각 나라별 사회, 문화, 생활과 자연현상이 다르므로 독특한 방식을 보인다.

참고문헌

구본관(1998), "'푸르다'와 '파랗다'", 『한국문화』 22: 15-50, 서울대학교 한국문화연구소.

구본관(2004), "중세국어 'X호- + -이' 부사 형성", 『국어국문학』 136: 105-134, 국어국문학회.

구본관(2007), "접두사의 통시적인 발달 과정에 대하여: '휘-', '민-/맨-', '새-/샛-/시-/싯-'을 중심으로", 135-156, 남성우 외, 『국어사 연구와 자료』, 태학사.

구본관(2008), "한국어 색채 표현에 대한 인지언어학적 고찰", 『형태론』 10(2): 261-285, 형태론연구회.

김성대(1979), "우리말 색채어의 낱말밭: 조선시대를 중심으로", 『한글』 164: 87-119, 한글 학회.

김영우(1988), "파생 색채어의 형태·의미론적 특성", 『언어과학연구』 15: 75-105, 언어과학회.

김영우(1998), "한·독·영 색채어 형태론", 『독일어문학』 8: 33-62, 한국독일어문학회.

김영철(2003), "우리말 관용어의 상징 의미 연구: 색채어를 대상으로", 『국어문학』 38: 55-72, 국어문학회.

김창섭(1985), "시각 형용사의 어휘론", 『관악어문연구』 10: 149-176, 서울대학교.

송현주(2003), "색채 형용사의 의미 확장 양상", 『언어과학연구』 24: 131-148, 언어과학회.

옥윤학(1999), "영어의 기본 색채용어", 『새한영어영문학』 41: 239-254, 신한영미어문학회.

이경자(1985), "색채어의 범주와 의미고찰", 『어문론지』 4-5: 443-458, 충남대학교 문리과대학 국어국문학과.

이주연 외(2008), "한국 표준색이름 체계 개편에 따른 초 중등학교 색채 교수 학습 방법 연구", 『造形教育』 32: 385-448, 韓國造形教育學會.

임지룡(1998), "다의어의 비대칭 양상 연구", 『언어과학연구』 15: 309-331, 언어과학회.

임지룡(2002), 『국어 의미론』, 탑출판사.

임지룡(2008), 『의미의 인지언어학적 탐색』, 한국문화사.

임지룡(2017), 『(개정판) 인지의미론』, 한국문화사.

임지룡(2018), 『한국어 의미론』, 한국문화사.

정성환(2017), "전통색명의 한글화에 관한 연구", 『브랜드디자인학연구』 15: 171-184, 한국브랜드디자인학회.

정수진(2012), "개념적 혼성 이론에 기초한 한국어 의미구성", 『어문학』 116: 81-102, 한국어문학회.

정재윤(1988), "우리말 색채어의 낱말밭", 『국어교육』 63: 105-131, 한국국어교육연구회.

정재윤(1988), "우리말 시각 어휘의 의미 분석", 『한국언어문학』 28: 537-549, 한국언어문학회.

티띠왓 앙쿨(2012), "한국어와 태국어의 공감각 표현에 대한 인지언어학적 대조연구", 경북대학교 대학원 국어국문학과 석사학위논문.

홍선희(1982), "우리말의 색채어 낱말밭", 『한성어문학』 1: 121-136, 한성대학교.

Berlin, B. & P. Kay(1969), *Basic Colour Terms*, Berkeley: University of California Press.

Cruse, D. A.(1986), *Lexical Semantics,* Cambridge: Cambridge University Press.

Cruse, D. A.(1995), "Polysemy and related phenomena from a cognitive linguistic viewpoint", in P. Saint-Dizier & E. Viegas(eds.), *Computational Lexical Semantics*, 33-49, Cambridge: Cambridge University Press.

Cytowic, R.(1993), *The Man Who Tasted Shapes*, New York: G. P. Putnam's Sons.

Engchuan, S.(2000), Color terms and the concept of color of The Thais in The Sukhothai period and at the present time, Th.D., Chulalongkorn University.

Fauconnier, G.(1997), *Mappings in Thought and Language*, Cambridge: Cambridge University Press.

Fauconnier, G. & M. Turner(2002), *The Way We Think: Conceptual Blending and The Mind's Hidden Complexities*, New York: Basic Books.

Goldstein, B. E.(1999), *Sensation & Perception*, Pacific Grove: Brooks/Cole. (정

찬섭 외 역(1999), 『감각과 지각』, 시그마프레스.)

Geeraerts, D.(1994), *The Structure of Lexical Variation*, Berlin/New York: Mouton de Gruyter.

Geeraerts, D.(1997), *Diachronic Prototype Semantics*, Oxford: Clarendon.

Geeraerts, D.(2006), *Words and Other Wonders*, Berlin/New York: Mouton de Gruyter.

Greeraerts, D. & H. Cuyckens(2007), *The Oxford Handbook of Cognitive Linguistics*. Oxford: Oxford University Press. (김동환 역(2011), 『인지언어학 옥스퍼드 핸드북』, 로고스라임.)

Kanchina, Y.(2016), "Colors as conceptual metaphors and metonymies of feelings in Thai", *Humanities Journal* 23(2): 178-210, Kasetsart University

Kay, P. & C. K. McDaniel(1978), The linguistic significance of the meanings of basic color terms, *Language* 54: 610-646.

Langacker, R. W.(1991), *Concept, Image, and Symbol: The Cognitive Basis of Grammar*, Berlin/New York: Mouton de Gruyter.

Lakoff, G. & M. Johnson(1980), *Metaphors We Live By*, Chicago: The University of Chicago Press. (노양진·나익주 역(1995), 『삶으로서의 은유』, 서광사.)

Lakoff, G. & M. Johnson(1999), *Philosophy in the Flesh: The Embodied Mind and its Challenge to Western Thought*, New York: Basic Books.

Lakoff, G. & M. Johnson(2003), *Metaphors We Live By*, Chicago: The University of Chicago Press.

Lordee, S.(2018), Color terms and the concept of color in lanna language, Th.D., University of Phayao.

Naksakul, K.(1985), "Color terms in thai", *Thai Language and Literature* 2(1): 43-52.

Prasitratthasin, A.(1995), *Zhuang and Thai Color Terms and Color Perception*, Chulalongkonmahawitthayalai.

Radden, G. & Z. Kövecses(1999), "Towards a theory of metonymy", in K. U. Panther & G. Radden(eds.), *Metonymy in Language and Thought*, 17-59, Amsterdam: John Benjamins.

Ramachandran, V. S.(2003), *The Emerging Mind,* Profile Books. (이충 역(2006), 『뇌가 나의 마음을 만들다』, 바다출판사.)

Rodsap, N.(2013), Thai color terms that were collected in Matichon Dictionary, *Parichartjournal* 54: 63-77.

Tawichai, S(2006), Conceptual metaphors of anger in Thai, *Journal of the Faculty of Arts* 29: 209-232.

| 찾아보기 |

| 지은이 소개 |

임지룡	경북대학교 국어교육과 교수
가와사키 케이고	테이쿄대학 강사
강보유	복단대학 한국어문학과 교수
권연진	부산대학교 언어정보학과 교수
권영수	대구가톨릭대학교 영어과 교수
권익수	한국외국어대학교 ELLT학과 교수
김동환	해군사관학교 영어과 교수
김령환	경북대학교 강사
김미형	상명대학교 한국언어문화학과 교수
김아림	뉴멕시코대학 언어학과 방문 연구원
김억조	동국대학교 국어국문학과 교수
김종록	한동대학교 글로벌리더십학부 교수
김진해	경희대학교 후마니타스칼리지 교수
노양진	전남대학교 철학과 교수
나익주	한겨레말글연구소 연구위원
리우팡	웨이팡대학 한국어학과 교수
박경선	한국외국어대학교 강사
박정운	한국외국어대학교 ELLT학과 교수
백미현	충남대학교 영어영문학과 교수
서민정	쇼와여자대학 국제학과 교수
서혜경	대구광역시 교육청 교육연구사
석수영	상하이외국어대학 한국어통번역과 교수
송현주	계명대학교 타불라라사칼리지 교수
왕난난	안산사범대학 국제교류학과 교수

요시모토 하지메 도카이대학 국제교육센터 교수

윤희수 금오공과대학교 인문사회과학부 교수

이선희 계명대학교 중국어문학전공 교수

이현근 침례신학대학교 영어과 교수

임수진 영남대학교 교양학부 교수

임태성 경북대학교 강사

임혜원 상명대학교 계당교양교육원 교수

정병철 경남대학교 국어교육과 교수

정수진 경북대학교 강사

정해권 한국외국어대학교 외국어로서의한국어교육전공 교수

최진아 대구광역시 교육청 장학사

훼이펑훼이 대구광역시 교육연수원 교사

티띠왓 앙쿨 시나카린위롯대학교 한국어학과 교수

함계임 한국외국어대학교 언어연구소 책임연구원

홍기선 서울대학교 영어영문학과 교수

|임지룡 교수 경력 및 논저 목록|

■ 대학 경력

1983.09. ~ 1987.02.   경상대학교 사범대학 국어교육과 조교수

1987.03. ~ 2019.08.   경북대학교 사범대학 국어교육과 교수

1994.01. ~ 1995.02.   맨체스터대학 언어학과 객원교수

2007.04. ~ 2009.03.   경북대학교 사범대학 학장·교육대학원 원장

2011.09. ~ 2013.08.   경북대학교 대학원장·부총장

■ 학회 경력

1990.12. ~ 1991.12.   문학과언어연구회 회장

1992.03. ~ 1996.03.   국어교육학회 회장

2002.07. ~ 2003.06.   문학과 언어학회 회장

2005.07. ~ 2007.06.   담화·인지 언어학회 회장

2007.02. ~ 2009.02.   한국어 의미학회 회장

2010.04. ~ 2012.03.   한글 학회 대구지회 회장

2010.12. ~ 2012.11.   우리말교육현장학회 회장

2014.03. ~ 2016.02.   국어교육학회 회장

2016.01. ~ 2017.01.   한국어문학회 회장

2016.03. ~ 현재   한글 학회 부회장

■ 수상 경력

1977.11.   전국대학생 논문발표대회(인문분야) 최우수상

1998.01.   언어과학회 봉운학술상

2004.02.   현대문법학회 두현학술상

2011.12.   심악이숭녕 국어학저술상

2012.10.   대구광역시 문화상

2014.05.   원암학술상

■ 저서

권재일·임지룡 외 13명(1985), 『국어통사론』, 430쪽, 진명문화사.

임지룡(1989), 『국어 대립어의 의미상관 체계』, 206쪽, 형설출판사.

임지룡 외(1990), 『국민 학교 국어: 말하기-듣기(4-1)』, 112쪽, 대한 교과서 주식 회사.

임지룡 외(1990), 『국민 학교 국어: 말하기-듣기(4-2)』, 96쪽, 대한 교과서 주식 회사.

임지룡(1992), 『국어의미론』, 386쪽, 탑출판사.

박영수·임지룡 외 13명(1993), 『언어학 개론』, 401쪽, 형설출판사.

남기심·임지룡 외 24명(1997), 『한국 언어와 문학의 이해』, 332쪽, 경북대학교출 판부.

임지룡(1997), 『인지의미론』, 492쪽, 탑출판사.

김종택·임지룡·이문규·최웅환(1998), 『화법의 이론과 실제』, 301쪽, 정림사.

김광해·권재일·임지룡·김무림·임칠성(1999), 『국어지식탐구: 국어교육을 위한 국어학개론』, 542쪽, 박이정.

임지룡·이은영·김영순·김선정(2000), 『한국어 길잡이1』, 178쪽, 정림사.

임지룡 외(2001), 『표준한국어 교본』, 190쪽, 경북대학교 어학당.

김대행·임지룡 외(2002), 『고등 학교 국어(상)』, 389쪽, (주)두산.

김대행·임지룡 외(2002), 『고등 학교 국어(하)』, 373쪽, (주)두산.

김수업·서혁·안동준·이부련·임지룡·정재찬(2003), 『외국의 국어 교육과정 1: 일본·중국·영국·프랑스의 교육과정』, 306쪽, 나라말.

김수업·서혁·안동준·이부련·이재승·임지룡·정재찬(2004), 『외국의 국어 교육과정2: 캐나다·미국·호주의 교육과정』, 395쪽, 나라말.

김종택·임지룡·이문규·최웅환·이종열·정수진(2005), 『생활 속의 화법』, 392쪽, 정림사.

임지룡·이은규·김종록·송창선·황미향·이문규·최웅환(2005), 『학교문법 과 문법교육』, 685쪽, 박이정.

임지룡(2006), 『말하는 몸: 감정 표현의 인지언어학적 탐색』, xii+515쪽, 한국문화 사. (대한민국학술원 기초학문육성 우수학술도서 선정.)

임지룡(2008), 『의미의 인지언어학적 탐색』, xv+491쪽, 한국문화사. (대한민국학 술원 기초학문육성 우수학술도서 선정, 심악이숭녕 국어학저술상 수상 저서.)

임지룡・임칠성・심영택・이문규・권재일(2010),『문법 교육론』, 427쪽, 역락.

임지룡・송창선・이문규・송지혜・정수진・홍미주・송현주(2013),『삶을 위한 화법』, 230쪽, 정림사.

임지룡・김령환・김억조・김옥녀・서혜경・송현주・이주익・임태성・정병철・정수진・최진아(2014),『문법교육의 인지언어학적 탐색』, 388쪽, 태학사.

임지룡・나익주・김동환・요시모토 하지메・임혜원・김령환・김억조・임태성・정수진・석수영・리우팡・왕난난・췌이펑훼이・정영복・최진아・송현주・김소연・추정문(2015),『비유의 인지언어학적 탐색』, 494쪽, 태학사.

임지룡・김동환・김옥녀・요시모토 하지메・정수진・송현주・나익주・김령환・임태성・서혜경・왕난난・석수영・서민정(2016),『어휘 의미의 인지언어학적 탐색』, 376쪽, 태학사.

임지룡(2017),『한국어 의미 특성의 인지언어학적 연구』, xvi+657쪽, 한국문화사. (한국연구재단 2010년도 우수학자지원(인문사회) 과제 결과물.)

임지룡・김령환・김억조・김정아・남택승・송현주・이소림・임태성・함계임・요시모토 하지메・리우팡・석수영・왕난난(2017),『의미관계의 인지언어학적 탐색』, vii+363쪽, 한국문화사.

임지룡(2017),『<개정판> 인지의미론』, xi+547쪽, 한국문화사.

임지룡(2018),『한국어 의미론』, vii+518쪽, 한국문화사.

임지룡・김동환・김령환・김억조・김학훈・송현주・임태성・정병철・정수진・리우팡・왕난난(2018),『동기화의 인지언어학적 탐색』, vii+270쪽, 한국문화사.

임지룡 외 57명(2019),『한국어 의미 탐구의 현황과 과제』, vii+1564쪽, 한국문화사.

임지룡 외 38명(2019),『인지언어학 탐구의 현황과 과제』, vii+1032쪽, 한국문화사.

■ 번역서

임지룡 · 윤희수 옮김(1989), 『어휘의미론』, xvi+396쪽, 경북대학교출판부. (Cruse, D. A.(1986), *Lexical Semantics*, Cambridge: Cambridge University Press.)

임지룡 · 윤희수 옮김(1993), 『심리언어학: 머릿속 어휘사전의 신비를 찾아서』, xiv+356쪽, 경북대학교출판부. (Aitchison, J.(1987/1994/2003), *Words in the Mind: An Introduction to the Mental Lexicon,* Oxford: Basil Blackwell.)

임지룡 · 김동환 옮김(1998), 『인지언어학 개론』, 455쪽, 태학사. (Ungerer, F. & H. J. Schmid(1996/2006), *An Introduction to Cognitive Linguistics*, London and New York: Longman.)

이기동 · 임지룡 · 윤희수 · 박정운 · 홍성훈 · 이정화 · 이한규 · 구현정 · 이성하 · 김규현 옮김(1999), 『언어와 언어학: 인지적 탐색』, xv+393쪽, 한국문화사. (Dirven, R. & M. Verspoor(eds.)(1998/2004), *Cognitive Exploration of Language and Linguistics*, Amsterdam : John Benjamins. (문화체육관광부 우수학술도서 선정.)

임지룡 · 김동환 옮김(2002), 『언어의 의미: 의미 · 화용론 개론』, 750쪽, 태학사. (Cruse, D. A.(2000), *Meaning in Language*, Oxford: Oxford University Press.)

임지룡 · 윤희수 · 노양진 · 나익주 옮김(2002), 『몸의 철학: 신체화된 마음의 서구 사상에 대한 도전』, 898쪽, 박이정. (Lakoff, G. & M. Johnson(1999), *Philosophy in the Flesh: The Embodied Mind and Its Challenge to Western Thought,* New York: Basic Books.)

임지룡 옮김(2003). 『언어학개론』, xiv+364쪽, 한국문화사. (Aitchison, J.(1999, fifth edition), *Linguistics*, London: Hodder and Stoughton Teach Yourself Books.)

임지룡 · 김동환 옮김(2003), 『인지언어학 입문』, xxv+364쪽, 한국문화사. (Lee, D.(2001), *Cognitive Linguistics: An Introduction*, Oxford: Oxford University Press.)

임지룡 · 요시모토 하지메 · 이은미 · 오카도 모유키 옮김(2004), 『인지언어학 키워드 사전』, xv+349쪽, 한국문화사. (Tsuji, Y.(ed.) (2002), 『認知言語學 キ—ワード事典(*An Encyclopedic Dictionary of Cognitive Linguistics*)』,

東京: 硏究社.)

임지룡·김동환 옮김(2005), 『인지문법』, xix+708쪽, 한국문화사. (Taylor, J. R.(2002), *Cognitive Grammar*, Oxford: Oxford University Press.)

임지룡·김동환 옮김(2006), 『은유와 영상도식』, x+473쪽, 한국문화사. (Peña, M. S.(2003), *Topology and Cognition: What Image-schema Reveal about the Metaphorical Language of Emotion*, Muenchen: Lincom Europa.)

임지룡·김동환 옮김(2008), 『인지언어학 기초』, xxxii+885쪽, 한국문화사. (Evans, V. & M. Green(2006), *Cognitive Linguistics: An Introduction*, Edinburgh: Edinburgh University Press.)

임지룡·윤희수 옮김(2008), 『의미관계와 어휘사전』, 460쪽, 박이정. (Murphy, M. L.(2003), *Semantic Relations and the Lexicon: Antonymy, Synonymy, and Other Paradigms*, Cambridge: Cambridge University Press.)

임지룡·요시모토 하지메·박수경 옮김(2008), 『언어의 인지과학 사전』, 766쪽, 박이정. (Tsuji, Y.(ed.)(2001). 『ことばの認知科學事典(*A Companion to the Cognitive Science of Language*)』, 東京: 大修館書店.)

임지룡·윤희수 옮김(2009), 『인지문법론』, 558쪽, 박이정. (Radden, G. & R. Dirven(2007), *Cognitive English Grammar*, Amsterdam: John Benjamins.) (문화관광부 우수학술도서 선정.)

임지룡·김동환 옮김(2010), 『인지언어학 용어사전』, xxii+460쪽, 한국문화사. (Evans, V.(2007), *A Glossary of Cognitive Linguistics*, Edinburg: The Edinburg University Press.)

임지룡·김동환 옮김(2010), 『의미론의 이해』, xxii+460쪽, 한국문화사. (Löbner, S.(2002), *Understanding Semantics*, Oxford: Oxford University Press.)

임지룡·김동환 옮김(2010), 『인지언어학 개론』, 511쪽, 태학사. (Ungerer, F. & H-J. Schmid(2006), *An Introduction to Cognitive Linguistics(Second Edition)*, Harlow: Pearson Longman.)

임지룡·김동환 옮김(2010), 『언어·마음·문화의 인지언어학적 탐색』, 629쪽, 역락. (Kövecses, Z.(2006), *Language, Mind, and Culture: A Practical Introduction*, Oxford: Oxford University Press.)

임지룡·김동환 옮김(2012). 『인지언어학적 어휘의미론』, 519쪽, 경북대학교출판부. (Evans, V.(2009), *How Words Mean: Lexical Concepts, Cognitive Models and Meaning Construction*, Oxford: Oxford University Press.)

임지룡·김동환 옮김(2013), 『어휘 의미론의 연구 방법: 역사의미론에서 인지의미론까지』, 446쪽, 경북대학교출판부. (Geeraerts, D.(2010), *Theories of Lexical Semantics*, Oxford: Oxford University Press.)

임지룡·윤희수 옮김(2013), 『의미론의 길잡이』, xxiv+648쪽, 박이정. (Riemer, N.(2010), *Introducing Semantics,* Cambridge: Cambridge University Press.)

임지룡·김동환 옮김(2015), 『영어의 인지언어학적 접근법: 기본적·방법론적·학제적·응용적 양상』, 563쪽, 경북대학교출판부. (Brdar, M. Omazic, M. & V. P. Takac(2009). *Cognitive Approaches to English*, Newcastle upon Tyne: Cambridge Scholars Publishing.)

임지룡·김동환 옮김(2015), 『비유 언어: 인지언어학적 탐색』, xxiv+429쪽, 한국문화사. (Dancygier, B. & E. Sweetser(2014), *Figurative Language,* New York: Cambridge University Press.)

임지룡·윤희수 옮김(2017), 『의미론: 언어 의미의 인지적 설명』, xvii+331쪽, 한국문화사. (Hamawand, Z.(2016), *Semantics: A Cognitive Account of Linguistic Meaning*, Sheffield, U.K.: Equinox.)

임지룡·김동환 옮김(2018), 『인지언어학 핸드북』, 967쪽, 박이정. (Dabrowska, E. & D. Divjak(eds.)(2015), *Handbook of Cognitive Linguistics*, Walter de Gruyter: GmbH & Co KG.)

■ 논문

임지룡(1977), "국어 의미의 애매성 고찰", 『전국대학생 논문 발표집(인문분야)』 2: 1-23, 중앙대학교 학도호국단.

임지룡(1980), "국어에 있어서의 시간과 공간 개념", 『국어교육연구』 12: 111-126, 국어교육연구회.

임지룡(1981), "존칭보조어간 '-겨-' 설정 시론", 『문학과 언어』 2: 51-72, 문학과 언어연구회.

임지룡(1982), "상대성 접속어미에 관한 연구", 경북대학교 대학원 국어국문학과 석사학위논문.

임지룡(1982), "상대성 접속어미에 관한 연구", 『동양문화연구』 9: 189-227, 경북대학교 동양문화연구소

임지룡(1983), "의미중복에 대하여", 『배달말』 8: 35-60, 배달말학회.

임지룡(1984), "중학교 국어 교육과정의 흐름 검토", 『모국어교육』 2: 21-52, 모국어교육학회.

임지룡(1984), "공간감각어의 의미 특성", 『배달말』 9: 119-137, 배달말학회.

임지룡(1985), "어휘체계의 빈자리에 대하여", 간행위원회 편, 『소당 천시권 박사 화갑기념 국어학논총』, 447-470, 형설출판사.

임지룡(1985), "대등합성어의 의미분석", 『배달말』 10: 87-114, 배달말학회.

임지룡(1986), "극대칭 그림씨의 의미기능", 간행위원회 편, 『백민 전재호 박사 화갑기념 국어학논총』, 473-489, 형설출판사.

임지룡(1986), "의미지도의 한 원리: '엄마 아빠' '딸 아들'의 어순을 바탕으로", 『모국어교육』 4: 95-124, 모국어교육학회.

임지룡(1986), "해인사 소장 유가문집 목판본을 배달말 학회가 찍어낸 경위에 대하여", 『배달말』 11: 235-252, 배달말학회.

임지룡(1987), "국어과 '언어' 영역에 대하여", 『모국어교육』 5: 33-63, 모국어학회.

임지룡(1987), "어휘대립의 중화 현상", 『국어교육연구』 19: 83-114, 국어교육연구회.

임지룡(1987), "정도그림씨의 의미대립 특성", 『언어』 12(1): 150-168, 한국언어학회.

임지룡(1988), "극성의 의미대립 양상", 『국어교육연구』 20: 79-101, 국어교육연

구회.

임지룡(1989), "대립어의 의미습득에 대하여", 『모국어교육』 7: 153-179, 모국어
　　교육학회.

임지룡(1989), "국어 대립어의 의미 상관체계에 관한 연구", 경북대학교 대학원
　　국어국문학과 박사학위논문.

임지룡(1989), "국어 분류어휘집의 체제와 상관성", 『국어학』 19: 395-425, 국어
　　학회.

임지룡(1989), "대립어의 유표성에 대하여", 간행위원회 편, 『이정 정연찬선생 회
　　갑기념 국어국문학 논총』, 878-895, 탑출판사.

임지룡(1989), "교육과정 운영과 국어교육", 『교육연구』 9(1): 7-11, 한국교육생산
　　성연구소.

임지룡(1990), "의미의 성분분석에 대한 종합적 검토", 『국어교육연구』 22:
　　101-131, 국어교육연구회.

임지룡(1990), "음운구조와 어휘구조의 상관성", 『주시경학보』 6: 73-92, 탑출판사.

임지룡(1991), "국어의 기초어휘에 대한 연구", 『국어교육연구』 23: 87-131, 국어
　　교육연구회.

임지룡(1991), "의미의 본질에 대한 심리언어학적 해석", 『언어연구』 8: 57-74,
　　대구언어학회.

임지룡(1991), "의미의 상하관계에 대하여", 간행위원회 편, 『들메서재극박사 환
　　갑기념논문집』, 693-705, 계명대학교출판부.

임지룡(1992), "국어 의미론 연구사", 『국어국문학 40년』, 509-556, 국어국문학회.

임지룡(1993), "의미범주의 원형탐색에 관한 연구", 『국어교육연구』 25: 115-151,
　　국어교육연구회.

임지룡(1993), "원형이론과 의미의 범주화", 『국어학』 23: 41-68, 국어학회.

임지룡(1995), "유상성의 인지적 의미분석", 『문학과 언어』 16: 121-150, 문학과
　　언어연구회.

임지룡(1995), "환유의 인지적 의미특성", 『국어교육연구』 27: 223-254, 국어교육
　　연구회.

임지룡(1995), "은유의 인지적 의미특성", 『한국학논집』 22: 157-175, 계명대학교
　　한국학연구소.

임지룡(1996), "국어 어휘/의미연구의 성과와 전망", 『광복50주년 국학의 성과』,
　　303-334, 한국정신문화연구원.

임지룡(1996), "말실수의 인지적 분석", 『문학과 언어』 17: 57-79, 문학과 언어연구회.

임지룡(1996), "은유의 인지언어학적 의미분석", 『국어교육연구』 28: 117-150, 국어교육연구회.

임지룡(1996), "다의어의 인지적 의미 특성", 『언어학』 18: 229-261, 한국언어학회.

임지룡(1996), "의미의 인지모형에 대하여", 『어문학』 57: 321-340, 한국어문학회.

임지룡(1996), "혼성어의 인지적 의미 특성", 『언어연구』 13: 191-214, 대구언어학회.

임지룡(1997), "유표성의 인지적 의미분석", 간행위원회 편, 『일암김응모 교수 회갑기념논총: 한국어학의 이해와 전망』, 239-266, 박이정.

임지룡(1997), "새 낱말 창조의 인지적 연구", 『국어교육연구』 29: 201-234, 국어교육학회.

임지룡(1997), "21세기 국어어휘 의미의 연구 방향", 『한국어 의미학』 1: 5-28, 한국어 의미학회.

임지룡(1997), "영상도식의 인지적 의미 분석", 『어문학』 60: 189-212, 한국한국어문학회.

임지룡(1997), "학교 문법의 새 교과서 내용 검토", 『한글사랑』 4: 66-80, 외솔회.

임지룡(1997), "어휘론, 의미론, 사전 편찬학", 『국어학 연감』, 135-159, 국립국어원.

임지룡(1998), "인지 의미론", 간행위원회 편, 『한결 이승명 박사 화갑기념논총: 의미론 연구의 새 방향』, 35-64, 박이정.

임지룡(1998), "안동방언의 청자대우법", 간행위원회 편, 『청암 김영태 박사 화갑기념 논문집: 방언학과 국어학』, 461-484, 태학사.

임지룡(1998), "어휘력 평가의 기본개념", 『국어교육연구』 30: 1-41, 국어교육학회.

임지룡(1998), "인지언어학을 통한 국어과 교과 연구 방법", 『국어교육연구』 9: 24-38, 국어교육학회.

임지룡(1998), "주관적 이동표현의 인지적 의미 특성", 『담화와 인지』 5(2): 181-206, 담화·인지 언어학회.

임지룡(1998), "다의어의 비대칭 양상 연구", 『언어과학연구』 15: 309-331, 언어과학회.

임지룡·김영순(1999), "The Grammar-Discourse Relationship of Korean, German and English", 『한국어교육』 10(2): 295-312, 국제한국어교육학회.

임지룡·김영순(1999), "의미작용과 기호작용의 통합", 『현대문법연구』 18: 129-146, 현대문법학회.

임지룡(1999), "감정의 생리적 반응에 대한 언어화 양상", 『담화와 인지』 6(2): 89-117, 담화·인지 언어학회.

임지룡·김영순(2000), "한국어 교육을 위한 의존문법과 격문법의 적용가능성", 『어문학』 69: 115-138, 한국어문학회.

임지룡·김영순(2000), "담화매체의 기호체계에 관하여", 『독일어문학』 11: 447-467, 한국독일한국어문학회.

임지룡(2000), "한국어 이동 사건의 어휘화 양상", 『현대문법연구』 20: 23-45, 현대문법학회.

임지룡·김영순(2000), "신체언어와 일상언어 표현의 의사소통적 상관성", 『언어과학연구』 17: 59-78, 언어과학회.

임지룡(2000), "Gilles Fauconnier 정신공간 이론", 이기동 편저, 『인지언어학』, 35-62, 한국문화사.

임지룡(2000), "국어지식 영역의 교재 구성 방안: 대단원 '우리말 사랑'을 중심으로", 『국어교육연구』 32(1): 1-26, 국어교육학회.

임지룡(2000), "'화'의 개념화 양상", 『언어』 25(4): 693-721, 한국언어학회.

임지룡(2000), "모둠 활동을 통한 능동적 소설 수업 방안", 『중등교육연구』 46: 59-82, 경북대학교 중등교육연구소.

임지룡(2001), "'기쁨'과 '슬픔'의 개념화 양상", 『국어학』 37: 219-249, 국어학회.

임지룡(2001), "'두려움'의 개념화 양상", 『한글』 252: 109-143, 한글 학회.

임지룡(2001), "'미움'의 개념화 양상", 『어문학』 73: 173-201, 한국어문학회.

임지룡(2001), "'긴장'의 개념화 양상", 『담화와 인지』 8(2): 205-227, 담화·인지 언어학회.

임지룡(2001), "다의어 '사다', '팔다'의 인지의미론적 분석", 『국어국문학』 129: 165-190, 국어국문학회.

김영순·임지룡(2002), "몸짓 의사소통적 한국어 교수법 모형", 『이중언어학』 20: 1-24, 이중언어학회.

임지룡(2002), "'영어: 영국의 국가 교육과정'에 대하여", 『국어교육』 108: 25-66, 한국어교육학회.

임지룡(2002), "교사 손동작의 의사소통적 상호작용", 『중등교육연구』 49: 65-88, 경북대학교 중등교육연구소.

임지룡(2002), "현대 국어 어휘의 사용 실태와 조어론적 특성", 『배달말』 30: 41-67, 배달말학회.

임지룡(2002), "'시간'의 개념화 양상", 『어문학』 77: 201-222, 한국어문학회.

임지룡(2002), "담화와 텍스트 분야의 연구 동향과 과제", 박영순 편, 『21세기 국어학의 현황과 과제』, 93-114, 한국문화사.

임지룡(2002), "의미론 분야 연구사", 『국어국문학회 50년』, 383-422, 태학사.

임지룡(2002), "기본 감정표현의 은유화 양상 연구", 『한국어학』 17: 135-162, 한국어학회.

임지룡(2002), "중등학교 국어과에서 매체 언어 교육의 실태와 과제", 『중등교육연구』 50: 41-78, 경북대학교 중등교육연구소.

임지룡(2002), "글쓰기를 위한 문법교육 텍스트", 『국어교육연구』 34(1): 217-248, 국어교육학회.

임지룡·배문경(2003), "여성 발화의 화용적 특성 연구", 『문학과 언어』 25: 161-202, 문학과언어연구회.

임지룡(2003), "Aspects of Metaphorical Conceptualisation of Basic Emotions in Korean", 『현대문법연구』 32: 141-167, 현대문법학회.

임지룡(2003), "감정 표현의 관용성과 그 생리적 반응의 상관성 연구", 『기호학연구』 14: 53-94, 한국기호학회.

임지룡(2004), "인지언어학의 현황과 전망", 『숭실어문』 19: 51-90, 숭실어문학회.

임지룡(2004), "동의성의 인지적 해석", 『국어교육연구』 36: 223-246, 국어교육학회.

임지룡(2004), "국어학과 인지언어학", 『나라사랑』 108: 47-74, 외솔회.

임지룡(2004), "장면의 인지적 해석에 관한 연구", 『성곡논총』 35: 45-89, 성곡학술문화재단.

임지룡(2004), "환상성의 언어적 양상과 인지적 해석", 『국어국문학』 137: 167-189, 국어국문학회.

임지룡(2004), "국어에 내재한 도상성의 양상과 의미특성", 『한글』 266: 169-205, 한글 학회.

임지룡·서혜경·최진아(2004), "제7차 국어과 교육 과정의 운용 실태 연구", 『중등교육연구』 52(2): 59-80, 경북대학교 중등교육연구소.

임지룡(2005), "'사랑'의 개념화 양상", 『어문학』 87: 201-233, 한국어문학회.

임지룡·김영순(2005), "중등학교 미디어교육을 위한 문화기호학적 방법론", 『중등교육연구』53(1): 165-188, 경북대학교 중등교육연구소.

임지룡(2005), "해방 60년 우리 말글의 연구 성과와 과제: 의미론 연구를 중심으로", 『우리말글』34: 1-28, 우리말글학회.

임지룡(2005), "'부끄러움'의 개념화 양상", 『어문학』89: 27-56, 한국어문학회.

임지룡·박채형·송영민·장명희(2005), "국어지식 영역의 교수 학습 방법 연구: 8학년 2학기 '낱말 형성법' 단원의 새말 만들기를 중심으로", 『국어교육연구』38: 149-192, 국어교육학회.

임지룡·최진아(2005), "국어과 교육 과정의 내용 선정과 조직에 대한 탐색: 국어지식 영역을 중심으로", 『중등교육연구』53(3): 231-255, 경북대학교 중등교육연구소.

임지룡(2005), "감정의 색채 반응 양상", 『담화와 인지』12(3): 75-99, 담화·인지언어학회.

임지룡(2005), "오행설과 관습적 언어 표현에서 감정과 신체 기관의 상관성", 『언어과학연구』35: 191-214, 언어과학회.

임지룡(2006), "의미 구조의 비대칭성", 간행위원회 편, 『이병근 선생 퇴임기념 국어학논총』, 893-913, 태학사.

임지룡(2006), "환유 표현의 의미특성", 『인문논총』55: 265-299, 서울대학교 인문대학 인문학연구소. ((재수록) 홍사만 외 지음(2009), 『국어 형태·의미의 탐색』, 315-344, 역락.)

임지룡(2006), "감정의 인지작용 양상", 『국어교육연구』39: 131-164, 국어교육학회.

임지룡(2006), "개념적 은유에 대하여", 『한국어 의미학』20: 29-60, 한국어 의미학회.

임지룡(2006), "한글날의 참된 의미를 찾아서", 『새국어생활』16(3): 5-17, 국립국어원. ((일부 재수록) 한철우 외 17인(2013), 『중학교 국어 6』, "한글의 우수성", 174-177, 비상교육.)

임지룡(2006), "의미교육의 학습 내용에 대하여: 제7차 교육과정과 교과서를 중심으로", 『한국어학』33: 87-116, 한국어학회.

임지룡(2006), "인지언어학적 관점에서 본 의미의 본질", 『한국어 의미학』21: 1-29, 한국어 의미학회.

임지룡(2007), "신체화에 기초한 의미 확장의 특성 연구", 『언어과학연구』40: 1-31, 언어과학회.

임지룡(2007), "연결 도식과 그 은유적 확장", 『한글』 276: 105-132, 한글 학회.

임지룡(2007), "인지의미론 연구의 현황과 전망", 『우리말연구』 21: 51-104, 우리말학회.

임지룡(2007), "시점의 역전현상", 『담화와 인지』 14(3): 179-206, 담화·인지 언어학회.

임지룡(2008), "국제화 시대에 대비한 외국어 및 우리말 교육의 바른 길", 『담수』 37: 54-74, 사단법인 담수회.

임지룡(2008), "한국어 의미 연구의 방향", 『한글』 282: 195-234, 한글 학회.

임지룡(2009), "다의어의 판정과 의미 확장의 분류 기준", 『한국어 의미학』 28: 193-226, 한국어 의미학회.

임지룡(2009), "20세기의 국어 어휘와 어휘연구", 『국어국문학』 152: 63-98, 국어국문학회.

임지룡(2009), "비유의 새로운 이해", 『국어교육연구』 20: 11-42, 경상북도 중등국어교육연구회.

임지룡·정병철(2009), "의미망 분석과 다의성 판정의 원리", 『담화와 인지』 16(3): 195-216, 담화·인지 언어학회.

임지룡(2010), "감정의 그릇 영상 도식적 양상과 의미특성", 『국어학』 57: 31-73, 국어학회.

임지룡(2010), "어휘의미론과 인지언어학", 『한국어학』 49: 1-35, 한국어학회. ((재수록) 윤평현 선생 정년퇴임 기념논총 간행위원회(2016), 『국어의미론의 새로운 인식과 전개 3: 국어의미론의 접목과 확장』, 11-42, 역락.)

임지룡·김억조·서혜경·최진아·추정문(2010), "관찰 추천을 통한 언어 영재의 선발 방안", 『중등교육연구』 58(3): 261-288, 경북대학교 중등교육연구소.

임지룡(2010), "국어 어휘교육의 과제와 방향", 『한국어 의미학』 33: 259-296, 한국어 의미학회.

임지룡(2011), "국어 어휘범주의 기본층위 탐색 및 의미특성 연구", 『담화와 인지』 18(1): 153-182, 담화·인지 언어학회.

임지룡(2011), "다의어와 다면어의 변별 기준과 의미 특성", 『언어과학연구』 58: 169-190, 언어과학회.

임지룡(2011), "민간 모형의 의미 특성", 『한글』 294: 89-123, 한글 학회.

임지룡·고춘화(2012), "국어교사의 수업능력 향상을 위한 "국어 교재연구 및 지도법: 강좌의 내용 구성", 『중등교육연구』 60(1): 265-293, 경북대학교 중등교육연구소.

임지룡(2012), "현대 국어 동물 속담의 인지언어학적 가치론", 『국어교육연구』 50: 377-404, 국어교육학회.

임지룡·송현주(2012), "감각 동사의 의미 확장 양상 연구", 『담화와 인지』 19(1): 155-179, 담화·인지 언어학회.

임지룡(2012), "어휘의미론의 흐름과 특성", 『한말연구』 31: 195-227, 한말연구학회.

임지룡(2013), "문법 교육의 인지언어학적 탐색", 『국어교육학연구』 46: 7-44, 서울대학교 국어교육연구소.

임지룡·김령환(2013), "어순에 반영된 인지적 특성", 『한글』 300: 119-158, 한글학회.

임지룡·김억조(2013), "'틀리-'의 형용사 용법과 의미에 관한 연구", 『어문학』 121: 53-72, 한국어문학회.

임지룡(2014), "한국어의미론과 인지심리학의 접점 및 전망", 『어문연구』 79: 81-115, 어문연구학회.

임지룡(2014), "감정의 문화적 변이 양상: '화'를 중심으로", 『한국어 의미학』 44: 199-234, 한국어 의미학회.

임지룡(2014), "비유의 성격과 기능", 『한글』 306: 75-100, 한글 학회.

임지룡(2014), "'착하다'의 의미 확장 양상과 의의", 『언어』 39(4): 971-996, 한국언어학회.

임지룡(2015), "대립어 작용 양상의 인지의미론적 특성", 『우리말연구』 40: 65-100, 우리말학회.

임지룡(2015), "대립어의 머릿속 작용 양상", 『한글』 307: 171-207, 한글 학회.

임지룡(2015), "청자대우법의 화계와 해석", 『언어과학연구』 72: 347-376, 언어과학회.

임지룡(2015), "학교문법 상대 높임법의 새로운 이해", 『한민족어문학』 69: 359-398, 한민족어문학회.

임지룡·함계임(2015), "도상성을 적용한 한국어 색채 어휘 변별 방안", 『언어와 문화』 11(1): 139-162, 한국언어문화교육학회.

임지룡(2015), "학교문법 다의어 교육 내용의 현황과 대안", 『우리말연구』 42: 61-97, 우리말학회.

임지룡(2015), "'기쁘다'와 '즐겁다'의 의미 차이", 『어문학』 129: 23-49, 한국어